Akademie der Wissenschaften
zu Berlin

The Academy of Sciences
and Technology in Berlin

Forschungsbericht 5

Zukunft des Alterns
und gesellschaftliche Entwicklung

Akademie der Wissenschaften zu Berlin
The Academy of Sciences and Technology
in Berlin

Forschungsbericht 5

Arbeitsgruppe:
Altern und gesellschaftliche Entwicklung

Paul B. Baltes (Sprecher)
Wolfgang Gerok
Hanfried Helmchen
Ursula Lehr (bis 1989)
Karl Ulrich Mayer (stv. Sprecher)
Jürgen Mittelstraß
Ursula M. Staudinger
Elisabeth Steinhagen-Thiessen
Heinz-Günter Wittmann (†)

Wissenschaftliche Redaktion:
Ursula M. Staudinger

Walter de Gruyter · Berlin · New York · 1992

Inhalt

Vorwort   VII

Danksagungen   XV

I. Problem »Zukunft des Alterns und gesellschaftliche Entwicklung«

   1. Gerontologie: Begriff, Herausforderung und Brennpunkte
      Paul B. Baltes & Margret M. Baltes   1

   2. Der alte Mensch in der Vergangenheit
      Peter Borscheid   35

   3. Demographische Alterung: Ein Überblick unter besonderer Berücksichtigung der Mortalitätsentwicklungen
      Reiner H. Dinkel   62

II. Forschungsbeiträge aus einzelnen Disziplinen

   4. Biologie des Alterns (Ontogenese und Evolution)
      David B. Danner & Heinz C. Schröder   95

   5. Innere Medizin und Geriatrie
      Elisabeth Steinhagen-Thiessen, Wolfgang Gerok &
      Markus Borchelt   124

   6. Psychiatrie des höheren Lebensalters
      Heinz Häfner   151

   7. Altern in psychologischer Perspektive
      Franz E. Weinert   180

   8. Arzneimittelwirkungen im Alter
      (Bedingungen – Besonderheiten – Folgerungen)
      Helmut Coper & Gert Schulze   204

   9. Altern in soziologischer Perspektive
      Martin Kohli   231

  10. Alter im interkulturellen Vergleich
      Georg Elwert   260

  11. Philosophische Anthropologie und Ethik der späten Lebenszeit
      Thomas Rentsch   283

  12. Sozialrecht
      Hans F. Zacher   305

III. Konzepte

  13. Alter im Lebenslauf
      Andreas Kruse   331

14. Normales, krankhaftes und optimales Altern: Variations- und Modifikationsspielräume
Wolfgang Gerok & Jochen Brandtstädter 356
15. Zeitformen des Lebens: Philosophische Unterscheidungen
Jürgen Mittelstraß 386
16. Lebenserfahrung und Lebenssinn
Ursula M. Staudinger & Freya Dittmann-Kohli 408
X 17. Individuelles und gesellschaftliches Potential des Alterns
Matilda W. Riley & John W. Riley, Jr. 437

IV. Szenarien und Institutionen

18. Sexualität, Partnerschaft und Familie älterer Menschen
Leopold Rosenmayr 461
19. Altern und Generationenbeziehungen: Aussichten für das kommende Jahrhundert
Vern L. Bengtson & Yvonne Schütze 492
20. Bildung und Arbeit in einer alternden Bevölkerung
Karl Ulrich Mayer 518
21. Sterben und Tod im Alter
Reinhard Schmitz-Scherzer 544
y 22. Altern und Gesundheitswesen: Probleme und Lösungen aus der Sicht der Gesundheitsökonomie
Walter Krämer 563
x 23. Altern und Soziale Sicherung
Richard Hauser & Gert Wagner 581
√ 24. Europäische Perspektiven der Alternspolitik
Anne-Marie Guillemard 614
25. Besondere Perspektiven des Alterns und des Alters im vereinten Deutschland
Margret Dieck 640
26. Altersfreundliche Umwelten: Der Beitrag der Technik
Andreas Kruse 668

V. Integrative Perspektiven

27. Wissenschaft und Altern
Jürgen Mittelstraß et al. (erweiterte Arbeitsgruppe) 695
28. Gesellschaft, Politik und Altern
Karl Ulrich Mayer et al. (erweiterte Arbeitsgruppe) 721

Autorenindex 759

Sachindex 784

Vorwort

Von Alter und Altern ist zunehmend die Rede, in Wissenschaft, in Politik und im Alltagsleben. Alter und Altern stehen im Zentrum der Wahrnehmung und Problemstellung westlicher Industriegesellschaften. Das vorliegende Buch schaltet sich in diese Diskussion ein und sucht dabei sowohl wissenschaftlichen als auch gesellschaftspolitischen Perspektiven gerecht zu werden.

Andere wichtige deutsche Beiträge auf diesem Gebiet sind der erste Teil des »Altenberichts« der Bundesregierung von 1990 und der Kommissionsbericht »Altern als Chance und Herausforderung« des Landes Baden-Württemberg aus dem Jahr 1988. International ist vor allem der 1991 erschienene und vom amerikanischen Institute of Medicine (U.S. Academy of Sciences) betreute Report »A National Research Agenda on Aging« erwähnenswert. Sein Schwerpunkt liegt allerdings lediglich in der Analyse und künftigen Institutionalisierung gerontologischer Forschung. Im Vergleich mit diesen Veröffentlichungen ist das besondere Kennzeichen des vorliegenden Bandes seine integrative Behandlung von Aspekten sowohl der Forschung als auch der Politik.

A. Altern in Wissenschaft und Gesellschaft

Herausforderung für die Wissenschaft ist nicht nur die Tatsache, daß die Alternsforschung (Gerontologie) weitgehend Neuland ist, sondern auch der Umstand, daß es kaum ein Gebiet gibt, das von so vielen Seiten zugänglich ist und so viele Facetten unseres Lebens berührt. Um das Alter und das Altern in seinen vielfältigen körperlichen, psychischen, sozio-ökonomischen und sozialpolitischen Aspekten zu verstehen, bedarf es einer besonderen, die Disziplinen übergreifenden (transdisziplinären) Anstrengung. Es reicht nicht aus, daß es eine gute Biologie, eine gute Psychologie, eine gute Ökonomie, eine gute Soziologie oder auch eine gute Geisteswissenschaft des Alterns gibt. Natürlich ist es wichtig, diese disziplinären Zugänge zu fördern. Es ist aber ebenso bedeutsam und wahrscheinlich mit größeren intellektuellen Schwierigkeiten verbunden, diese Forschungslinien zusammenzuführen, die wissenschaftliche Analyse auf systemische Vernetzungen und Wechselwirkungen zu richten, um Alter und Altern in ihrer Gesamtheit und als Gestalten des Lebens zu verstehen.

Die Herausforderung für die Gesellschaft, vornehmlich für die Wirtschafts- und Sozialpolitik, besteht darin, nach Strukturen und Regelungen zu suchen, die dem Menschen in allen Lebensetappen eine faire Chance zu weiterer Entwicklung und einem guten (erfüllten) Leben geben; und dies in einer Situation, in der die Bevölkerung immer älter wird. Diese gesellschaftliche Lage, oft mißverständlich und negativ als »Vergreisung« der Gesellschaft gekennzeichnet, gibt aber nicht nur Anlaß zu resignativem Pessimismus. Das Alter ist in einer interessanten Weise noch jung! Erst in diesem Jahrhundert hat die menschliche Zivilisation es in westlichen Industrienationen zustande gebracht, daß die meisten Menschen älter als 70 Jahre werden. Die Optimierung dessen, was im Alter prinzipiell möglich ist, hat folglich noch keine lange Tradition. Als Gesellschaft stehen wir erst am Anfang eines »Lernprozesses« über das Alter. In diesem Sinne ist das Alter noch jung, sein Potential noch weitgehend unausgeschöpft, eine differenzierte »Kultur des Alterns« gilt es erst noch zu entwickeln.

B. »Altern und gesellschaftliche Entwicklung«: eine Arbeitsgruppe der
    Akademie der Wissenschaften zu Berlin

Weil das Alter und das Altern ein Brennpunkt moderner Gesellschaften geworden sind, war es nicht überraschend, daß die im Jahre 1987 gegründete und auf eine enge Verknüpfung von Grundlagenforschung und gesellschaftlicher Praxis angelegte Akademie der Wissenschaften zu Berlin sich diesem Themenkreis mit Überzeugung zuwandte. In einer ihrer ersten Sitzungen und mit starker Unterstützung ihres Präsidenten, Horst Albach, rief sie eine multidisziplinäre Arbeitsgruppe mit dem Titel »Altern und gesellschaftliche Entwicklung« ins Leben.

Von den dreißig Gründungsmitgliedern der Akademie erklärten sich sechs bereit, den Kern dieser Gruppe zu bilden: der Psychologe Paul Baltes, Max-Planck-Institut für Bildungsforschung (Berlin), der Internist Wolfgang Gerok, Universität Freiburg, der Ökonom Hans-Jürgen Krupp, Deutsches Institut für Wirtschaftsforschung (Berlin), die Gerontologin Ursula Lehr, Universität Heidelberg, der Philosoph Jürgen Mittelstraß, Universität Konstanz, und der Biologe Heinz-Günter Wittmann, Max-Planck-Institut für Molekulare Genetik (Berlin). Die Arbeitsgruppe wurde bald durch drei externe Experten ergänzt: den Psychiater Hanfried Helmchen, Freie Universität Berlin, den Soziologen Karl Ulrich Mayer, Max-Planck-Institut für Bildungsforschung (Berlin), und die Geriatrie-Medizinerin Elisabeth Steinhagen-Thiessen, Freie Universität Berlin. Die wissenschaftliche Koordination der Arbeitsgruppe übernahm die Psychologin Ursula Staudinger.

Nach intensiven Diskussionen setzte sich die Arbeitsgruppe im Frühjahr 1988 zwei eng miteinander verknüpfte Ziele (siehe Jahrbuch der Akademie, 1989, S. 412 – 431). Erstens sollte ein Perspektiven-Band »Zukunft des Alterns und gesellschaftliche Entwicklung« erstellt und Ende 1991 vorgelegt werden. Der vorliegende Band ist das Ergebnis eben dieser Zielsetzung. Zweitens wollte die Arbeitsgruppe, gemeinsam mit einer mehrere Berliner Institutionen umfassenden Projektgruppe, eine empirische und repräsentative Studie über alte und hochbetagte Menschen in Berlin durchführen. Die Fertigstellung dieser sogenannten Berliner Altersstudie (BASE) ist für Ende 1993 ins Auge gefaßt. In und an der Studie arbeiten gegenwärtig etwa 30 Wissenschaftler(innen) aus Biologie, Innerer Medizin, Psychiatrie, Psychologie, Soziologie und Ökonomie. Mehr als 1.000

alte und hochbetagte Menschen aus Berlin (West) haben bereits an ihr teilgenommen.

Die Arbeitsgruppe begann zügig mit der Verfolgung beider Zielsetzungen. Schon nach einem Jahr (im Frühjahr 1989) lag ein etwa 200 Seiten langer Text vor, der auch Grundlage für die Bewilligung einer Drittmittel-Finanzierung durch das Bundesministerium für Forschung und Technologie war. Die Akademie der Wissenschaften zu Berlin stand allerdings unter keinem glücklichen politischen Stern. Bereits nach einem Jahr fand sie sich von politisch motivierter Schließung bedroht. Notwendige und ursprünglich geplante Zusatzberufungen in die Arbeitsgruppe waren nicht mehr möglich. Im Jahre 1991 wurde die Akademie »offiziell« geschlossen.

Trotz dieser Widrigkeiten gelang es der Arbeitsgruppe, ihre Planungen zu realisieren, und dies, obwohl Lebens- und Schicksalswege einiger ihrer Mitglieder die Arbeit nicht begünstigten. Zwei der ursprünglich sechs Akademie-Mitglieder (Krupp, Lehr), die in der Anfangsphase wichtige Akzente gesetzt und Beiträge geliefert hatten, mußten ihre Mitarbeit wegen der Übernahme wichtiger politischer Ämter zunächst reduzieren und schließlich ganz beenden. Sehr bald (1988) schied Hans-Jürgen Krupp aus, der Finanzsenator in Hamburg wurde. Ursula Lehr, die das Amt der Bundesministerin für Jugend, Familie, Frauen und Gesundheit übernahm, sah sich ab 1989 nicht mehr in der Lage, in der Arbeitsgruppe mitzuwirken. Tragisch war der plötzliche Tod von Heinz-Günter Wittmann im Jahre 1990. Seine Kompetenz im Bereich der Biologie und sein enthusiastischer Einsatz für die Ziele der Arbeitsgruppe waren unersetzlich. In dieser »Notsituation«, in der Ersatzberufungen aus dem genannten Grund unmöglich waren, konnte die Arbeitsgruppe glücklicherweise ad hoc die Mitarbeit vor allem dreier Wissenschaftler gewinnen, des Psychiaters Heinz Häfner, Zentralinstitut für Seelische Gesundheit, des Gerontologen Andreas Kruse, Universität Heidelberg, und des Ökonomen Gert Wagner, Deutsches Institut für Wirtschaftsforschung (Berlin). Diese Wissenschaftler haben wesentlich zur Gestaltung des vorliegenden Bandes beigetragen.

C. Ein Perspektiven-Band über die Zukunft des Alterns: Ziele und Inhalt

Was ist das Besondere an dem vorliegenden Band? Sein zentrales Anliegen ist es, gerontologische Grundlagenforschung in verschiedenen Einzeldisziplinen und deren Nutzbarmachung für politische Problemstellungen integrativ und leserfreundlich darzustellen. Wie im Mandat der Akademie der Wissenschaften zu Berlin angelegt, sollten Grundlagenforschung und gesellschaftliche Praxis miteinander verbunden werden. Der Band zielt deshalb darauf ab, sowohl den an Gerontologie interessierten Wissenschaftlern und Studenten als auch der interessierten Öffentlichkeit (Personen aus Politik, Verwaltung und Wirtschaft) Fach-, Orientierungs- und Handlungswissen über das Alter und die älter werdende Bevölkerung zu vermitteln.

Das Buch ist in fünf Teile gegliedert. Der *erste, einführende* Teil soll den Leser an die Gerontologie und an das Problem »Zukunft des Alterns und gesellschaftliche Entwicklung« heranführen. Zunächst wird die Entwicklungsgeschichte der Gerontologie als Wissenschaft beziehungsweise als Forschungsfeld dargestellt, einige ihrer Grundfragen und Brennpunkte werden erläutert; es wird ausgeführt, daß Gerontologie in Deutschland etwa im Vergleich mit den USA der besonderen Förderung bedarf. In zwei weiteren Kapiteln, über historische Veränderungen und demographische Entwicklungen, wird die historische und gesellschaftliche Bedingtheit des Alters und des Alterns aufgezeigt.

Im *zweiten* Teil des Bandes, *Forschungsbeiträge aus einzelnen Disziplinen,* kommt die Grundlagenforschung zu Wort. Die Autoren waren gefordert, fachlich umfassende, aber leserfreundliche Beiträge zu schreiben. In diesen Beiträgen sollte in konzentrierter Form über den Forschungsstand der einzelnen Disziplinen informiert, sollten Schwerpunkte künftiger Forschung aufgezeigt und Hinweise auf Anwendungen der Forschung in der gerontologischen Praxis gegeben werden. Diese Beiträge sollten aber auch für den Fachwissenschaftler von Interesse sein, vor allem für diejenigen Alternsforscher, die sich als Bestandteil eines interdisziplinären Forschungsfeldes verstehen und sich deshalb kontinuierlich mit den Gerontologie-Entwicklungen in anderen Disziplinen vertraut machen mit dem Ziel, deren Erkenntnisse in ihre eigenen Disziplinen und Forschungen einzubringen.

Der *dritte* Teil des Bandes enthält einen ersten Versuch, interdisziplinär zu wirken und Themenbereiche beziehungsweise *Konzepte* darzustellen, die »universalistische« Brennpunkte des Alters sind und das »Menschliche« im Prozeß des Alterns ausmachen. Zunächst zeigen wir auf, daß Alter und Altern immer im Kontext des gesamten Lebensverlaufs zu sehen sind. Das Alter ist Bestandteil einer umfassenderen »ontogenetischen« Einheit, seine Vorstufen liegen in früheren Lebensperioden, seine Sinnhaftigkeit beinhaltet nicht nur die Gegenwart des Altseins, sondern auch die Bewältigung des verflossenen Lebens und der Zukunft. Ein Kapitel über die Begriffe des normalen, krankhaften und optimalen Alterns veranschaulicht, daß das Alter viele Gesichter hat und daß es beeinflußbar ist, sowohl durch die Schaffung objektiv besserer Lebensbedingungen als auch durch die Schaffung einer subjektiven und individualisierten Alterskultur, die die Stärken und Schwächen des Alterns konstruktiv verarbeitet.

Die Bedeutung dieser Tatsache, daß Altern ein menschliches und unvollendetes Produkt ist, wird in der Behandlung kultur- und geisteswissenschaftlicher Fragen konkretisiert. Die entsprechenden Kapitel über Theorien des guten Lebens, über Lebenssinn und Lebenserfahrung, über Handlungs- und Lebenszeit, über latente Potentiale des Alters schöpfen aus dem reichen Fundus historischer, philosophischer, theologischer, kulturanthropologischer und sozialwissenschaftlicher Arbeit über die conditio humana. Sie weisen auch darauf hin, daß »gutes« Altern stets neu gewonnen und gestaltet werden muß, daß

Menschen ganz unterschiedlich altern, daß es keine vorgefertigen und gut verpackten Programme vom Altwerden gibt.

Im *vierten* Teil des Buches, *Szenarien und Institutionen*, wird die gesellschaftliche Realität, die Welt der gesellschaftlichen Institutionen (Familie, Generationsbeziehungen, Bildung und Arbeit, Gesundheitssystem, Sterben und Tod, soziale Sicherung usw.) hinsichtlich ihrer Rolle für die Gestaltung und die Gestaltbarkeit des Alter(n)s untersucht. Wir wollten in diesen Kapiteln nicht nur die gesellschaftliche Gegenwart darstellen, sondern auch nach alternativen Strategien und gesellschaftlichen Formen suchen, die aufgrund der in den ersten Teilen des Buches dargestellten Forschungsergebnisse prinzipiell möglich sind. Wesentliche Punkte dieser Forschungsergebnisse waren beispielsweise die große Variabilität im Alter, subjektiv und objektiv, und die gesellschaftliche Notwendigkeit, auf diese Variabilität in differenzierter Weise einzugehen. »Den« alten Menschen gibt es nicht.

Wo es machbar und sinnvoll war, haben die Autoren dieser Bitte entsprochen und Lösungsutopien entwickelt oder Empfehlungen ausgearbeitet, die es uns erleichtern sollten, unseren Blick über die Begrenztheiten und Horizonte der gesellschaftlichen Gegenwart hinaus zu richten. Die Zukunft ist natürlich nie sicher vorhersagbar, bestenfalls ist sie in ihren Rahmenbedingungen und Wirkungszusammenhängen im Sinne von »Wenn-Dann-Vorhersagen« eingrenzbar. In der Tat wurden auch wir während der Bearbeitung dieser gesellschaftspolitischen Themenkomplexe Zeugen einer gesellschaftlichen und politischen Wende von außerordentlicher Tragweite: der Einigung Deutschlands. Ursprünglich war der vorliegende Perspektiven-Band auf die alte Bundesrepublik Deutschland begrenzt. Lediglich ein Kapitel über europäische Perspektiven der Alternspolitik war geplant. Um so dankbarer waren wir, als wir mit Margret Dieck, der Leiterin des Deutschen Zentrums für Altersfragen, eine Autorin gewinnen konnten, die innerhalb kürzester Zeit und aufgrund intensiver Einzelgespräche mit DDR-Experten in der Lage war, ein beeindruckendes Bild dieser neuen gesellschaftspolitischen Situation zu zeichnen.

Der abschließende, *fünfte* Teil dieses Buches, *Integrative Perspektiven: Wissenschaft und Politik*, war für die Arbeitsgruppe die vielleicht größte Herausforderung an ihre intellektuellen Reserven, ihre Kooperationsfähigkeit und an ihr Durchstehvermögen. Da war nicht nur der Umstand, daß es immer schwierig ist, auf Gruppenbasis Schlußfolgerungen zu erarbeiten, die gerade bei großen konsensuellen Anstrengungen noch ein hinreichendes Maß an Markanz, Dynamik und Innovation enthalten; es wird ja gelegentlich darauf hingewiesen, daß der Mittelweg der einzige sei, der nicht nach Rom führe. Da war auch die Tatsache der disziplinären Unterbesetzung durch den bereits erwähnten Verlust dreier Akademie-Mitglieder. Notgedrungen suchten wir weitere externe Hilfe bei Kolleginnen und Kollegen; und diese wurde großzügig und kompetent gewährt. Die Namen dieser für die Gestaltung des fünften Teils so wesentlichen Personen finden sich auf den Titelseiten der entsprechenden Kapitel 27 und 28.

Ihnen sei an dieser Stelle ganz besonders gedankt, auch dafür, daß die meisten von ihnen an mehreren Sitzungen der Arbeitsgruppe teilgenommen haben.

Worum geht es in diesem fünften Teil? Vor dem Hintergrund der vorausgehenden Kapitel versuchte die Arbeitsgruppe, integrative Perspektiven zu entwickeln, Prioritäten und Schwerpunkte für die Zukunft der Altersforschung und der Alterspolitik zu setzen. Es soll nicht verschwiegen werden, daß um die Inhalte, Perspektiven und Prioritäten dieser Kapitel lange und intensiv gerungen wurde. Autorenkollektive mit unterschiedlichen intellektuellen, professionellen und politischen Werdegängen und Vorstellungen sprechen nicht mit einer Zunge und nicht aus einem Herzen. Als Herausgeber wissen wir, daß es hier und da noch latente Dissense gibt und einzelne Autoren andere Akzente gesetzt oder andere Formulierungen gewählt hätten, wenn sie nur für sich gesprochen hätten. Um so beeindruckter sind wir, daß es der Arbeitsgruppe gelang, die Texte einstimmig zu verabschieden und gemeinsam zu tragen – und dies trotz hoffentlich immer noch vorhandener Direktionalität und Brisanz.

In Kapitel 27, *Wissenschaft und Altern*, wagt die Arbeitsgruppe eine zusammenfassende Bewertung gerontologischer Forschungsthemen. Es wird beispielsweise dargelegt, warum die Altersforschung sowohl der disziplinären als auch der transdisziplinären Verankerung und Institutionalisierung bedarf. Das heißt, es ist einerseits wünschenswert, die Alters- und Alternsthematik in unterschiedlichen Forschungsdisziplinen zu verankern, diese quasi zu »gerontologisieren«. Andererseits ist es, um die Gesamtheit des Alterns zu erforschen und zu lehren, gleichzeitig notwendig, transdisziplinäre gerontologische Schwerpunkte, das heißt vor allem Forschungsinstitute und Lehrstühle, zu schaffen. Hier besteht in Deutschland ein deutliches Defizit.

Eine Aufstellung von disziplinären und transdisziplinären Forschungsprioritäten und Forschungsdefiziten bildet das Kernstück dieses Kapitels. Wenn der Leser an einer ergänzenden oder alternativen Darstellung gerontologischer Forschungsprioritäten interessiert sein sollte, empfehlen wir den anfangs erwähnten Report des nordamerikanischen Institutes of Medicine, der etwa parallel zu dem vorliegenden Unterfangen und ohne wechselseitige Kommunikation verfaßt wurde.

Schließlich enthält dieses Kapitel auch Hinweise auf ethische, rechtliche und forschungspraktische Probleme. Wegen der körperlichen, psychischen und sozialen Verletzbarkeit vieler älterer Menschen, aber auch wegen der großen Unterschiede in ihrer Vitalität und Motivationslage, erschien uns diese Thematik besonders bedeutsam. Wir wissen noch zu wenig über das, was ältere Menschen selbst als ihren Bedarf und ihre Bedürfnisse akzentuieren, und ebenso haben sich Wissenschaftler noch zu wenig damit auseinandergesetzt, wie mit Fragen der Selbstbestimmung älterer Menschen ethisch verantwortlich umzugehen ist.

Wir betonen auch, daß Wissenschaftler sich nicht nur auf die Analyse der gegenwärtigen Realität älterer Menschen konzentrieren sollten. Die gegenwärtige Realität des Alters offenbart nur in einem sehr begrenzten Umfang das, was im Alter prinzipiell möglich ist. Die Optimierung und humane Gestaltung des Alterns und des Alters haben noch keine gesellschaftliche Tradition, diese muß erst geschaffen werden. Gerontologie, als interventive Wissenschaft, kann hierzu Wesentliches leisten. Dies ist vielleicht einer der wichtigsten Beiträge der Gerontologie des letzten Jahrzehnts. Sie hat gezeigt, daß das Alter positive Reserven enthält, die weit über das hinausgehen, was unsere üblichen und eher negativ gefärbten Vorstellungen vom Alter erwarten lassen. Es gibt also durchaus wissenschaftlich begründete Ansätze für eine, wenn auch vorsichtige, Aufbruchsstimmung des Alters.

Das abschließende Kapitel 28, *Gesellschaft, Politik und Altern*, versucht auf der Grundlage der vorausgegangenen Kapitel und insbesondere der im vierten Teil präsentierten Zukunftsszenarien Schlußfolgerungen für gesellschaftliches Handeln und für politische Interventionen zu ziehen. Es ist nicht möglich und würde eher zu Mißverständnissen führen, wenn hier versucht würde, den Kern dieser gesellschaftspolitischen Aussagen auf wenige Punkte zu reduzieren. Nur soviel sei gesagt: Einerseits geben wir in diesem Kapitel eine Art »Entwarnung«. Die Arbeitsgruppe glaubt nicht, daß eine immer älter werdende Bevölkerung das gegenwärtige Gesellschaftssystem überlastet, weder im ökonomischen noch im gesundheitlichen Bereich. Im Gegenteil, wir argumentieren, daß die Variabilität im Alter so groß ist, daß eine einfache Sichtweise des »alten« Menschen ungerechtfertigt ist. Ferner erklären wir; daß vieles, was dem Alter angelastet wird (etwa die Kostensteigerung der gesundheitlichen Versorgung) andere Ursachen hat, also Ursachen, die nichts mit dem Altern der Bevölkerung zu tun haben. Ebenso glaubt die Arbeitsgruppe, daß es den so oft in den Medien beschworenen »Krieg zwischen den Generationen« in dieser Form nicht gibt. Die Spannung zwischen den Generationen ist nämlich qualitativ ganz anders angelegt als die konfliktuelle Dynamik zwischen anderen gesellschaftlichen Gruppierungen. Wir können als Einzelpersonen nicht gleichzeitig Mann und Frau oder schwarz und weiß sein. Wir nehmen aber alle gleichzeitig (antizipatorisch und aktuell) am Altern teil, und aus diesem Grunde steht uns allen das Alter sehr nahe.

Andererseits argumentieren wir, daß eine immer älter werdende Gesellschaft und die Gestaltung eines »modernen« Alters Umstrukturierungen und Neuorientierungen erfordern. Man denke nur an die Frage eines menschenwürdigen und selbstbestimmten Sterbens oder an die Tatsache, daß die sozialen Ungleichheiten unserer Gesellschaft (z. B. im Bildungs- und Einkommensniveau) gerade im Alter ihren deutlichsten und letztgültigen Niederschlag finden. Weniger gebildete und weniger wohlhabende ältere Menschen sterben im Durchschnitt früher. Wir haben, vielleicht gerade weil der deutsche Wohlfahrtsstaat sich die Minimierung beziehungsweise Verringerung von sozialen Ungleichheiten zum Ziel gesetzt hat, hohe Erwartungshaltungen entwickelt und sind wegen dieser Standards relativ schnell bereit, die gegenwärtige gesellschaftliche Lage kritisch zu beurteilen.

Auf jeden Fall sagen wir voraus, daß es immer stärker zu einem Maßstab für den Stand unserer Zivilisation werden wird, wie unsere Gesellschaft mit dem Alter umgeht, ob es ihr gelingt, auch das Alter zu einer sinnvollen Phase des menschlichen Lebens zu machen. Wenn der vorliegende Band zu einer Erhellung dieser Zielsetzung und ihrer Realisierung beitragen sollte, hat er sein wichtigstes Ziel erfüllt. Wir hoffen, daß das Buch »gut« altert und nicht nur in Bibliotheken verstaubend ruht.

Im Oktober 1991

Paul B. Baltes, Berlin
Jürgen Mittelstraß, Konstanz

Danksagungen

Die im Namen der Arbeitsgruppe wirkenden Herausgeber haben vielen für ihre Beiträge zu danken. Zunächst danken wir unserem institutionellen Initiator und Träger, der Akademie der Wissenschaften zu Berlin. Ohne die Akademie und die tatkräftige Unterstützung durch ihren Präsidenten, Horst Albach, ihren Generalsekretär, Wolfgang Holl, sowie die Mitarbeiter der Geschäftsstelle wären dieser Perspektiven-Band und der damit zusammenhängende Diskurs zwischen den Welten der Disziplinen und zwischen der Welt der Grundlagenforschung und derjenigen der gesellschaftlichen Praxis nicht entstanden.

Ebenso danken wir dem Bundesministerium für Forschung und Technologie für die geleistete finanzielle Unterstützung und dem Bundesministerium für Familie und Senioren, das die Finanzierung dieses Projektes seit Anfang 1992 verantwortlich übernommen hat. In unseren, im Namen der Arbeitsgruppe ausgesprochenen Dank schließen wir ferner die Heimatinstitutionen der einzelnen Arbeitsgruppenmitglieder ein, vor allem aber das Max-Planck-Institut für Bildungsforschung. Es hat gemeinsam mit der Geschäftsstelle der Akademie die organisatorische Betreuung des Projektes sichergestellt.

Die Autorinnen und Autoren der einzelnen Beiträge sind natürlich die eigentlichen Träger dieses Buches. Wir danken ihnen ganz besonders für ihre Bereitschaft, ihre Beiträge im Diskurs mit anderen entstehen zu lassen. Denn wie es der Zielsetzung und dem Arbeitsstil der Akademie der Wissenschaften zu Berlin entsprach, entstanden die Kapitel nicht in den Elfenbeintürmen ihrer Autoren. Sie sind nicht nur das Produkt zahlreicher Arbeitssitzungen, sondern sie profitierten auch wesentlich von sorgfältiger Kommentierung und Kritik durch ein wahres »Kollegium« externer Fachgutachter: B. Badura, H. von Benda, H. Bertram, F. Böckle, C. Conrad, R. van Dülmen, L. Eckensberger, O. Ewert, D. L. Featherman, W. Franz, K. Friedrich, C. H. Fuchs, H. P. Galler, E. E. Geißler, C. F. Graumann, G. O. Hagestad, J. Heckhausen, P. Herder-Dorneich, H. Hilz, O. Höffe, S. Hoyer, F.-X. Kaufmann, W. Klein, T. Klie, D. L. Knook, K. Kühn, H. Lang, H. Lauter, H. W. Leibowitz, K. Lorenz, C. Lucke, M. Mitterauer, E. W. Müller, W. Müller, R. Münz, H. Nowotny, E. Olbrich, M. Perlmutter, B. Peter, P. M. Roeder, A. Rossi, R.-M. Schütz, H.-D. Schneider, B. Schulte, F. W. Schwartz, R. Schwarzer, K.-P. Schwitzer, H.-G. Soeffner, D. Specht, H. B. Stähelin, M. Stolleis, H. P. Tews, W. Thiel, H. Thomae, H. Thomas, O. M. Ungers, M. Wagner, E. Weber, G. Wick, L. Wilk und R. Winau. Wir wissen, daß die Kapitel dieses Bandes ohne die Arbeit und den Rat dieser Gutachter weniger Qualität hätten.

Neben dieser fachlichen Kritik und dem freundlichen Rat durch externe Gutachter wurden die Kapitel auch stilistisch redigiert und auf Lesbarkeit überprüft. Kristina Zerges leistete diese Arbeit mit großer Kompetenz, Einfühlungskraft und Kooperationsfähigkeit. Wir sind ihr auch deshalb besonders verpflichtet, weil sie in der Lage war, diese Leistung trotz Zeitdrucks und unter Hintansetzung anderer Aufgaben zu erbringen.

An der Textredaktion waren weitere Personen beteiligt: Vera Stutz danken wir für ihren unermüdlichen Einsatz beim Auffinden fehlender und bei der Vereinheitlichung vorhandener Literaturangaben. Sven Poser, Peter Wittek und Jürgen Baumgarten gaben den Kapiteln mit viel Sprachgefühl bei der Fahnenkorrektur den letzten Schliff. Sven Poser hat sich desweiteren um die sorgfältige und sachkundige Zusammenstellung der Register verdient gemacht.

In Jane Johnston danken wir der Leiterin unseres Arbeitsgruppensekretariats. Ihre Beiträge zum Gelingen dieses Unterfangens sind zu zahlreich, als daß sie alle genannt werden könnten. Sie scheute keinen Aufwand, zum Beispiel auch, wenn es darum ging, Arbeitssitzungen an Wochenenden zu organisieren und zu betreuen. Sie war es, die für die sekretarielle Endfassung der Manuskripte verantwortlich war, die mit viel Professionalität die Grafiken in eine einheitliche Form brachte und auf deren kompetente und freundliche Hilfe man immer rechnen konnte, wenn es darum ging, administrative Probleme im Vorgriff zu vermeiden oder im Nachgriff zu lösen. Unterstützt wurde sie von Manuela Giertz, die es mit viel Einsatzbereitschaft und Besonnenheit auch in Zeiten größter Arbeitsbelastung verstand, gute Laune auszustrahlen.

Die letzten, aber wichtigsten und persönlichsten Dankeszeilen widmen wir Ursula Staudinger, verantwortlich für die wissenschaftliche Redaktion dieses Buches. Eben erst promoviert, trat Ursula Staudinger ihre erste Stelle als wissenschaftliche Mitarbeiterin der Akademie an, verantwortlich für die Koordination der Arbeitsgruppe, zunächst also mit eher organisatorischen Aufgaben und der Assistenz des Sprechers (Baltes) und seines Stellvertreters (Mayer) beauftragt. Im Laufe des Projektes wurde Ursula Staudinger zur geschätzten Autorin und Kollegin in der Arbeitsgruppe. Sie erfüllte ihre Rolle mit intellektueller Vitalität, Führungskraft und einem hohen Maß an sozialer Intelligenz. Als Herausgeber dieses Bandes glauben wir im Namen aller Beteiligten zu sprechen, wenn wir Ursula Staudinger nicht nur den hochverdienten Dank der Arbeits-Gemeinschaft entgegenbringen, sondern ihr gleichzeitig unseren Respekt und unsere Bewunderung zollen.

Im Oktober 1991   Für die Arbeitsgruppe:
                                         Paul B. Baltes, Berlin
                                         Jürgen Mittelstraß, Konstanz

I. Problem »Zukunft des Alterns und gesellschaftliche Entwicklung«

1. Gerontologie: Begriff, Herausforderung und Brennpunkte

PAUL B. BALTES & MARGRET M. BALTES

Zusammenfassung

Die vorliegende Darstellung der Gerontologie umfaßt drei Teile. In einem ersten wird die Geschichte der Gerontologie beschrieben. Der zweite Teil beschäftigt sich mit begrifflichen und definitorischen Fragen. In einem dritten Teil werden illustrativ einige Brennpunkte gerontologischer Forschung und Praxis dargestellt. Drei Schwerpunkte werden durchgehend hervorgehoben: Erstens die Bedeutung der Interdisziplinarität, weil Alter und Altern sowohl körperliche als auch psychische, soziale und gesellschaftlich aggregierte Phänomene beinhalten. Zweitens die Tatsache, daß Alter und Altern historisch und ontogenetisch bedingt sind und es deshalb beträchtliche Variationen zwischen Personen und Kulturen im Prozeß und Ergebnis des Alterns gibt. Drittens die Perspektive, daß das Alter einen noch wenig ausgestalteten Bereich der menschlichen Zivi-

Prof. Dr. Dr.h.c. Paul B. Baltes ist Direktor am Max-Planck-Institut für Bildungsforschung in Berlin und Honorarprofessor an der Freien Universität Berlin. Er ist Sprecher der Arbeitsgruppe »Altern und gesellschaftliche Entwicklung« der Akademie der Wissenschaften zu Berlin. Forschungsinteressen: Entwicklungspsychologie der Lebensspanne, Gerontologie, Kognitionspsychologie, gesellschaftlicher Wandel.

Prof. Dr. Margret M. Baltes ist Professorin für Psychologische Gerontologie an der Freien Universität Berlin (Abteilung Gerontopsychiatrie sowie Institut für Psychologie). Forschungsgebiete: Sozialpsychologie des Alterns, Theorien des guten (erfolgreichen) Alterns, soziale Mikro-Ökologie von Altersheimen, psychologische Diagnostik der senilen Demenz.

lisation darstellt. Es ist deshalb besonders bedeutsam zu vermitteln, daß Alter und Altern nicht nur das sind, was die biologische Natur uns als quasi-natürlichen Prozeß vorgibt, und auch nicht nur das, was die gegenwärtige Kultur uns als das Wesen des Alter(n)s präsentiert. Das latente Potential des Alters und des Alterns ist zu einem wesentlichen Teil noch unbekannt. Hierin liegt die besondere Herausforderung an uns in Wissenschaft und Gesellschaft.

A. Einleitung

Soweit unser Wissen in die Menschheitsgeschichte zurückreicht, hat es immer schon einzelne Menschen gegeben, die sehr alt wurden. In der Tat scheint sich die »maximale« Lebensspanne, das Alter, welches die Ältesten in der jeweiligen historischen Zeit erreichten, während der letzten Jahrtausende nur wenig ver-ändert zu haben. Es ist aber eine Errungenschaft des 20. Jahrhunderts, daß mehr als die Hälfte aller Menschen in hochentwickelten Ländern älter als 70 Jahre werden und somit die Lebensperiode erreichen, die man als das »Alter« beschreibt. Und es ist durchaus möglich, daß sich dieser Trend in der mittelbaren Zukunft fortsetzt und bald zwei Drittel aller Menschen in den Industrienationen 70 Jahre und älter werden (Brock, Guralnik & Brody, 1990; Dinkel, Kapitel 3 in diesem Band).

Es ist daher verständlich, wenn die Wissenschaft vom Altern, die Gerontologie, in den letzten Jahrzehnten zunehmend an Bedeutung gewonnen hat. Das Altern nimmt einen zentralen Platz im persönlichen und gesellschaftlichen Bewußtsein ein. Wie man alt wird, wie und wo man stirbt, ob und wie man den Verlauf des Alterns mitsteuern kann, inwieweit die Gesellschaft eine an-gemessene Kultur des Alters anbietet, all dies sind Fragen, die die Wissenschaft mehr und mehr beschäftigen.

Neben ihrer relativen Neuheit als Wissenschaftsfeld und den damit verbun-denen Unsicherheiten und Leerstellen ist die Gerontologie besonders durch zwei Herausforderungen geprägt. Da ist als erstes die Suche nach einer umfassenden Betrachtungsweise, nach Interdisziplinarität und systemischer Integration. Einer der berühmtesten Alternsforscher, der Amerikaner James E. Birren, schrieb vor kurzem sinngemäß etwa folgendes: Das Alter und das Altwerden sind zu wichtig, als daß man ihre Behandlung einzelnen wissenschaftlichen Disziplinen und gesellschaftlichen Bereichen überlassen sollte. Im Gegenteil, Altern ist gleich-zeitig ein körperliches, psychisches, soziales und gesellschaftliches Phänomen, und von daher gilt es, Wissen aus unterschiedlichen beruflichen und gesell-schaftlichen Lebensbereichen zusammenzuführen (M. Baltes, Kohli & Sames, 1989; Birren, 1988; Lehr & Thomae, 1987; Maddox, 1987).

Zu dieser Suche nach einer breit angelegten Gesamtschau und Integration unseres Wissens über das Alter und das Altern gesellt sich als zweite Heraus-forderung die Frage nach einer auf Aktivität und Gestaltung hin ausgerichteten interventionistischen Grundhaltung. Gerontologie ist für viele ihrer Vertreter

Wissenschaft und Praxis zugleich. Es geht bei dieser Grundorientierung nicht nur darum, die gegenwärtige Realität des Alters und des Alterns zu beschreiben und analytisch aufzuarbeiten, sondern auch Möglichkeiten und Erscheinungsformen zu erkunden, die über die gegenwärtige Realität des Alters und des Alterns hinausgehen. Fundierte Hinweise für eine bessere Zukunft des Alters und des Alterns, also für eine praktische Gerontologie, sind gefragt.

Für viele Wissenschaftler birgt eine solche auf Aktivität ausgerichtete Grundorientierung latente und manifeste Gefahren der Politisierung und des Abgleitens vom Pfad wissenschaftlicher Neutralität und Objektivität. Dennoch scheint eine große Zahl von Gerontologen diese Gefahren nicht zu scheuen. Wahrscheinlich sind zwei Gründe dabei ausschlaggebend. Zum einen ist unsere Vorstellung vom Alter derart eng mit negativen Erwartungen (wie Krankheit, Gebrechlichkeit, Unselbständigkeit) verknüpft, daß die Suche nach einer Veränderung des Status quo naheliegt. Wir alle möchten »besser« alt werden. Zum anderen ist unter Gerontologen die kulturkritische Position weit verbreitet, daß das Alter in vieler Hinsicht ein noch kaum ausgestalteter Abschnitt der Menschheitsentwicklung ist (P. Baltes, 1989; Brandtstädter, 1990; Geißler, 1990; Riley & Riley, Kapitel 17 in diesem Band; Rosenmayr, 1990). Da das Altwerden eines so großen Teils der Bevölkerung in der Tat eine noch sehr neue Entwicklung ist, leuchtet es unmittelbar ein, daß es noch keine differenzierte, hochentwickelte »Kultur« des Alters geben kann; eine Alterskultur, die so angelegt wäre, daß sie das qualitativ Bestmögliche aus dieser Lebensphase macht. Es ist daher für viele Gerontologen eine Art Selbstverständlichkeit, das Alter und das Altwerden nicht nur zu beschreiben, sondern auch zu »optimieren« (vgl. auch Gerok & Brandtstädter, Kapitel 14 in diesem Band).

Diese beiden Herausforderungen machen deutlich, wie anspruchsvoll und umfassend der Aufgabenbereich der Gerontologie ist (M. Baltes, 1987; Lehr, 1991; Maddox, 1987; Rowe & Kahn, 1987). Um so wichtiger ist die Einsicht, daß die gegenwärtige Gerontologie trotz rapider Fortschritte diesen Herausforderungen nur begrenzt begegnen kann. Es gibt zwar eine gleichsam explosionsartige Zunahme in der Quantität und Qualität gerontologischer Forschung, aber die bisher gewonnenen Erkenntnisse sind doch relativ gering. Es besteht ein starkes Mißverhältnis zwischen Anspruch und Wirklichkeit. Gerontologisches Wissen ist in einem dreifachen Sinn unfertig. Es ist zunächst unfertig im üblichen Sinn des Verlaufs wissenschaftlichen Erkenntnisgewinns: Die Entwicklung einer Wissenschaft ist immer unvollendet. Weiterhin ist gegenwärtiges gerontologisches Wissen unfertig, weil die Gerontologie eine noch sehr junge Wissenschaft ist. Und schließlich ist gerontologisches Wissen nicht zuletzt deshalb unfertig, weil die menschliche Zivilisation erst jetzt das Phänomen des hohen Alters einholt. Dabei bewirkt die Schnelligkeit der das Alter betreffenden evolutionären Entwicklung, daß sich das Phänomen, noch während es untersucht wird, verändert.

Die in solchen Überlegungen zum Ausdruck kommende Zurückhaltung gegenüber dem gerontologischen Erkenntnisstand sollte jedoch nicht mißverstanden werden. Es gibt bereits wichtige Erkenntnisse über das Alter und das Altern, aber es gilt weit mehr zu erkunden und wahrscheinlich auch weitere Territorien zu entdecken, die bisher noch verborgen sind. Aus diesen Gründen und wegen der direkten oder antizipatorischen Betroffenheit des einzelnen ist es nicht verwunderlich, wenn gerontologische Forschung gegenwärtig in entwickelten Ländern eine Art Hochkonjunktur hat. Die Situation in Ländern der Dritten Welt wird von der Aging Unit der Vereinten Nationen dokumentiert (UN, 1989). Von besonderer gesellschaftspolitischer und forschungsstrategischer Bedeutung ist die Tatsache, daß in einigen dieser Länder das Altern der Bevölkerung außerordentlich rapide verläuft.

B. Zur Geschichte und Institutionalisierung der Gerontologie

Obwohl es immer schon bedeutende Beiträge zur Thematik des Alter(n)s gab (beispielsweise Ciceros »De Senectute« 44 v. Chr.; Bacons »Historia Vitae et Mortis« 1638; Tetens »Philosophische Versuche über die menschliche Natur und ihre Entwicklung« aus dem Jahre 1777; oder Quetelets »Sur l'homme et le développement de ses facultés« 1835), ist die Gerontologie als institutionalisierte Wissenschaft ein Ergebnis der letzten Jahrzehnte. Im Vergleich zu einer Wissenschaftsgestalt, wie sie von Wissenschaftshistorikern beschrieben wird, ist die Gerontologie noch im Kindes- oder Jugendalter (vgl. Lepenies, 1978). Eine gute Übersicht über die philosophische (Vor-)geschichte der Gerontologie bietet Rosenmayr (1990).

Einige der wesentlichen historischen Ereignisse in der jüngeren Geschichte der Gerontologie sind in Tabelle 1 zusammengestellt. Die von Gruman (1979) edierte Zusammenstellung historischer Dokumente und das im Jahre 1972 erstmals veröffentlichte Lehrbuch zur Psychologie des Alterns von Ursula Lehr (1991) enthalten ausführlichere Darstellungen. Deutschland, die Sowjetunion und die Vereinigten Staaten waren historisch gesehen die Zentren der frühen Entwicklung der Gerontologie im 19. und zu Beginn des 20. Jahrhunderts. Während dieser Zeit lag die wissenschaftliche Erforschung der Alternsvorgänge vor allem im Zuständigkeitsbereich der Medizin, der heutigen Geriatrie. In dieser frühen medizinischen Alternsforschung waren deutsche Wissenschaftler führend.

Im Vorwort zu dem ersten wichtigen, im Jahre 1914 erschienenen amerikanischen Buch über Geriatrie von Nascher (Geriatrics), der auch den Begriff »geriatrics« geprägt haben soll (Nascher, 1909), steht beispielsweise das folgende:

>»Germany has proven its supremacy as the modern leader in medical science through its contributions to what Doctor Nascher proposes to teach under the heading of geriatrics« (Nascher, 1914, S. xvii).

Tabelle 1: Einige historische Markierungen der Gerontologie.

Zeit	Begriff/Publikation	Institutionalisierung
1903	Gerontologie als Begriff (Metchnikoff: *Etude sur la nature humaine*)	
1909	Geriatrie als Begriff (Nascher)	
1938	Zeitschrift für Altersforschung (Leipzig: Bürger)	
1939	Cowdry: *Problems of Ageing*	Clubs for Research on Aging (England, USA)
		U.S. National Advisory Committee on Gerontology (Stieglitz, Shock)
1942		American Geriatrics Society
1945		The Gerontological Society of America
1946	Journal of Gerontology	National Institutes of Health/USA: Gerontological Research Unit (Shock)
1950		International Association of Gerontology
1952		Institut für Gerontologie, Kiew (Akademie der medizinischen Wissenschaften, UdSSR)
1955		Gerontologische Gesellschaften in Österreich und der Schweiz
1959	Birren: *Handbook of Aging and the Individual*	Gesellschaft für Gerontologie der DDR
1960		Gerontological Society of Japan
1967		Deutsche Gesellschaft für Gerontologie (BRD)
1968	Zeitschrift für Gerontologie	
1973		British Society of Gerontology
		Deutsches Zentrum für Altersfragen
1974		National Institute on Aging, USA

Und es folgt die Aufzählung einer ganzen Reihe von deutschen Medizinern, die Bücher über das Alter veröffentlicht haben: Fischers *Tractatus de senio* aus dem Jahre 1766; Canstatt, 1839; Geist, 1860; Mettenheimer, 1863; Schwalbe, 1909; Lindheim, 1909 und Arne Faber, 1912. Diese hervorragende Pionierrolle der deutschen Alterns- und Altersforscher ging allerdings nach dem Zweiten Weltkrieg verloren. Sie hat auch in der deutschen Medizinerausbildung keinen wesentlichen Niederschlag gefunden (Lehrstühle für Geriatrie sind in Deutschland Mangelware). In Westeuropa war gerontologische Forschung nach dem Zweiten Weltkrieg vor allem in Großbritannien stark vertreten. Eine Reihe von gerontologischen Forschungsinstitutionen wurden dort, unter anderem durch die Nuffield-Stiftung, besonders gefördert.

International besonders einflußreich waren die amerikanischen Handbücher von Cowdry (1939) und Birren (1959) sowie die Gründung der amerikanischen Gesellschaft für Gerontologie im Jahre 1945, wie überhaupt der Institutionalisierungsprozeß der Gerontologie in den USA auch heute noch am weitesten fortgeschritten ist. Der Gründung einer gerontologischen Gesellschaft in den Vereinigten Staaten folgte sehr bald im Jahre 1950 die Initiierung einer Internationalen Gesellschaft für Gerontologie (International Association of Gerontology). Nationale Gründungen gerontologischer Fachgesellschaften gehörten in den meisten hochentwickelten Ländern zum Szenario der späten 50er bis frühen 70er Jahre (DDR: 1959 Gesellschaft für Gerontologie der DDR; Japan: 1960 Gerontological Society of Japan; Bundesrepublik Deutschland: 1967 Deutsche Gesellschaft für Gerontologie; Großbritannien: 1973 British Society of Gerontology).

Neben der Gründung eines Gerontologischen Instituts in Kiew (1952) war international auch die Gründung eines National Institute on Aging (NIA) in den Vereinigten Staaten im Jahre 1974 als Bestandteil der National Institutes of Health von herausragender symbolischer und wissenschaftspolitischer Tragweite (das U.S. National Institute on Aging hatte seit den vierziger Jahren Vorläufer in NIH-Forschergruppen um Shock und Birren). Die Altersforschung wurde durch die Gründung des NIA-Instituts zu einem anerkannten Teil des amerikanischen Wissenschaftsestablishments. Im Jahre 1990 verfügte dieses National Institute of Aging der USA über einen jährlichen Forschungshaushalt von etwa 250 Millionen Dollar. Nach einem im Jahr 1991 veröffentlichten Bericht der American National Academy of Sciences (Institute of Medicine, 1991) beträgt der Gesamtetat für die Altersforschung in den USA gegenwärtig 600 Millionen Dollar. Aufgrund der gesellschaftlichen Dringlichkeit der Altersprobleme wird in dem Bericht sogar vorgeschlagen, diesen Betrag um 50 Prozent zu erhöhen. Der institutionalisierte gerontologische Forschungskontext in Deutschland mutet dagegen eher bescheiden an.

Erwähnenswert ist außerdem der Institutionalisierungsschub, der von den in den 50er und 60er Jahren begonnenen ersten großen Längsschnittstudien des Alterns ausging (Maddox, 1987). Diese meist an Universitäten lokalisierten Langzeitstudien waren lebendige Zentren gerontologischer Forschung und Ausbildung (z. B. in den USA: Chicago, Duke; Bundesrepublik Deutschland: Bonn).

Es war schließlich aber vor allem das letzte Jahrzehnt, die 80er Jahre, in denen der eigentliche Durchbruch der Gerontologie als wissenschaftliche Institution auf breiter Ebene gelang. In Deutschland wird Gerontologie nun an einer Reihe von Universitäten und Forschungsinstituten, wie zum Beispiel Max-Planck-Instituten, gepflegt (z. B. Berlin, Bonn, Bremen, Dortmund, Erlangen, Heidelberg, Herne/Bochum, Jena, Kassel, Leipzig, Lübeck, Mannheim, München, Rostock, Trier; vgl. auch Tokarski, 1989). Die Zahl der an Gerontologie interessierten Einzelwissenschaftler wächst rapide. Gegenwärtig hat zum Beispiel die Gerontological Society of America, die größte gerontologische Wissenschaftlergemeinde, etwa 8.000 Mitglieder, von denen etwa die Hälfte Wissenschaftler(innen) im engeren Sinn sind; die bundesdeutsche Gesellschaft für Gerontologie zählte im Jahre 1990 etwa 800 Mitglieder.

Diese Zahlen erfassen aber bei weitem nicht alle Wissenschaftler, die an gerontologischen Fragestellungen arbeiten. Viele an der Erforschung von gerontologischen Phänomenen interessierte Wissenschaftler oder Forschungsinstitute sind nicht unbedingt Mitglieder der gerontologischen Vereinigungen; um wieviele es sich dabei handelt, ist nur schwer abzuschätzen. Daß Wissenschaftler nicht Mitglieder von gerontologischen Fachorganisationen sind, hängt unter anderem mit der historischen Jugend der Gerontologie zusammen, aber auch damit, in welchem Maße der einzelne von der Nützlichkeit der von der eigentlichen gerontologischen Forschergemeinde propagierten Interdisziplinarität überzeugt ist.

Viele Forscherpersönlichkeiten – und dies entspricht der Binnendifferenzierung der Wissenschaft – konzentrieren sich vielmehr auf Fragestellungen, die aus ihren Disziplinen entstehen und diese Disziplinen weiterentwickeln. Ähnliches gilt für Forschungsinstitute (z. B. das Mannheimer Zentralinstitut für Seelische Gesundheit), die in ihrem Profil einen beträchtlichen gerontologischen Schwerpunkt haben können, ohne sich primär als Gerontologie-Zentren zu verstehen. So gibt es inzwischen in fast allen Hauptdisziplinen der »Lebenswissenschaften« (z. B. Biologie, Medizin, Psychiatrie, Psychologie, Soziologie, Philosophie) gerontologische Spezialisierungen oder gerontologische Forschungsschwerpunkte und eine Vielzahl von entsprechenden Begriffen (wie Geriatrie, Gerontopsychiatrie, psychologische Gerontologie, Gerontolinguistik, anthropologische Gerontologie, Biogerontologie, politische Gerontologie, soziale Gerontologie, geriatrische Gerontologie, Cytogerontologie, historische Gerontologie, Psychogeriatrie, Neurogerontologie usw.).

Diese Vielfalt von gerontologischen Akzentuierungen und Schwerpunktbildungen ist einerseits beredter Ausdruck einer vor allem in Nordamerika bereits institutionalisierten gerontologischen Expansion und der Tatsache, daß sich fast alle Lebenswissenschaften der Alter(n)sthematik zuwenden. Andererseits macht diese Vielfalt auch deutlich, daß die Zielsetzung einer interdisziplinären Gesamtschau oder Integration nicht zu einem Imperativ der Gerontologie erhoben werden sollte. Es gibt gute berufs- und wissenschaftspolitische Gründe, die disziplinäre Tiefe und die interdisziplinäre Breite gleichzeitig zu fördern. Eine solche Sichtweise scheint auch die Entwicklung der Hochschulen, zumindest in den USA, zu kennzeichnen. Was die Einrichtung von Lehrstühlen oder Lehr- und Forschungszentren angeht, stehen in denselben Hochschulen zwei sich wechselseitig befruchtende Zielsetzungen nebeneinander: Erstens die verschiedensten Disziplinen und Professionen durch alter(n)srelevante Forschung und Lehre zu »gerontologisieren« und zweitens Institute und Lehrstühle zu schaffen, die Gerontologie (bzw. deren Subgebiete wie etwa Geriatrie) als interdisziplinäre Gestalt zum Thema haben.

C. Einige gerontologische Begriffe

1. Gerontologie und Geriatrie

Der Begriff der Gerontologie zur Charakterisierung der Wissenschaft des Alters und des Alterns wurde nachweislich zum ersten Mal von Elie (Il'ya) Metchnikoff, dem russischen Nobelpreisträger (1908 mit Paul Ehrlich) und Pasteurs Nachfolger als Direktor des Pasteur-Instituts in Paris, in seinem 1903 erschienenen Buch »Etude sur la nature humaine« benutzt. Gleichzeitig prophezeite Metchnikoff (1903) der Gerontologie eine wichtige Zukunft: Er halte es für sehr wahrscheinlich, daß die wissenschaftliche Bearbeitung des Alters und des Todes große Veränderungen in der letzten Lebensperiode mit sich bringen werde. Die Kreation des Wortes Geriatrie (geriatrics) als Bezeichnung des medizinischen Spezialgebiets, das sich mit Altern und dem Alter beschäftigt, wird meist, wie erwähnt, dem amerikanischen Mediziner Nascher (1909; 1914) zugeschrieben und als Gegenstück zum Begriff Pädiatrie gedeutet. Allerdings gab es bereits vor der Zeit Naschers eine Reihe von auch deutschsprachigen Lehrbüchern mit altersmedizinischem Schwerpunkt.

Achenbaum und Levin (1989) legen in einer wissenschaftshistorisch wichtigen Studie dar, daß der Gebrauch des Begriffes »Gerontologie« keinesfalls eindeutig ist, sondern voller latenter und manifester intellektueller und wissenschaftspolitischer Dynamik. Seine bisherige Durchsetzungskraft liegt wesentlich darin begründet, daß er weitgehend frei von inhaltlichen und methodischen Akzentsetzungen ist. So wird Gerontologie meist relativ weit verstanden als »*the study of aging from the broadest perspective*«, wie es etwa im Glossar des amerikanischen National Institute on Aging vorgeschlagen wird.

Wenn man eine spezifischere Definition der Gerontologie anstrebt, schlagen wir die folgende vor:

> *Gerontologie beschäftigt sich mit der Beschreibung, Erklärung und Modifikation von körperlichen, psychischen, sozialen, historischen und kulturellen Aspekten des Alterns und des Alters, einschließlich der Analyse von alternsrelevanten und alternskonstituierenden Umwelten und sozialen Institutionen.*

In diesem weiten Sinne ist Gerontologie anderen Termini (wie etwa dem medizinischen Begriff Geriatrie), die ebenfalls auf eine Charakterisierung gerontologischer Forschung und Praxis zielen, konzeptuell übergeordnet. Die Geriatrie beispielsweise, als medizinische Spezialisierung, ist ein Teil der Gerontologie. Die vorgelegte Definition der Gerontologie hat wie alle Definitionen auch gewisse Nachteile. Ein Nachteil ist möglicherweise, daß sie die strukturelle und temporale Einbettung des Alter(n)s in andere Lebenszusammenhänge (wie Lebenslauf und gesellschaftlicher Wandel) und die wichtige Rolle von kulturell-symbolischen Bedeutungssystemen im Hinblick auf das Alter(n) nicht hinreichend verdeutlicht. Schließlich soll erwähnt werden, daß die Gerontologie nicht nur die Suche nach »universalistischen«, allgemeinen Prinzipien eines durchschnittlich alternden Menschen einschließt. Im Gegenteil: Ein wichtiger Akzent der Gerontologie liegt in der Erforschung der Variabilität des Alter(n)s, deren Entstehungsbedingungen und deren gesellschaftlicher Bedeutung.

2. Die Unterscheidung zwischen Alter und Altern

Von besonderer Bedeutung ist die Unterscheidung zwischen Alter und Altern. In dieser Unterscheidung spiegelt sich die Tatsache, warum man sowohl von Alters- wie Alternsforschung spricht und warum auch im Englischen zwischen »old age« und »aging« unterschieden und gelegentlich der Begriff Alternsforschung (aging research) dem Begriff Gerontologie vorgezogen wird.

Wenn der Begriff *Alter* benutzt wird, stehen die älteren Menschen und das Resultat des Altwerdens im Vordergrund; das Alter als Lebensperiode und die Alten als Bestandteil der Gesellschaft. Wenn dagegen von *Altern* gesprochen wird, liegt der Schwerpunkt auf der Untersuchung von Prozessen und Mechanismen, die zum Alter führen und die dem Altwerden zugrunde liegen.

Setzt man den Schwerpunkt auf den Begriff des Alterns, erweitert sich die lebenszeitliche Spanne, die für die Analyse des Alters und des Alterns als relevant angesehen wird. Da wichtige Bedingungen und Vorläufer des Alterns in frühen Lebensabschnitten und der gesamten Lebensgeschichte gesucht werden, wird argumentiert, daß das Altern schon bei der Zeugung beziehungsweise der Geburt und in früheren historischen Perioden beginnt (P. Baltes, 1990; Finch, 1990; Kruse und Riley & Riley, Kapitel 13 und 17 in diesem Band). Den Fokus auf das Altern zu legen, akzentuiert die Einsicht, daß das Wesen des Alters auch Ausdruck dessen ist, was ontogenetisch und evolutionär vorher war. In den Verhaltens- und Sozialwissenschaften sind die Entstehung einer Lifespan-Psychologie und einer Lebensverlaufs-Soziologie konkrete Beispiele für diesen, die gesamte ontogenetische Lebenszeit umfassenden, Zugang zu gerontologischen Fragestellungen (P. Baltes, 1990; Brandtstädter, 1990; Kohli und Kruse, Kapitel 9 und 13 in diesem Band; Mayer, 1990; Riley & Riley, Kapitel 17 in diesem Band).

3. Was bedeutet Altern und Alter?

Hinsichtlich der inhaltlichen Spezifizierung von Alter und Altern gibt es deutliche Variationen. Besonders eindrucksvoll sind die Unterschiedlichkeiten der Positionen in verschiedenen Disziplinen, etwa die Behandlung der Begriffe in der Biologie versus in den Verhaltens-, Sozial- und Geisteswissenschaften. Die folgende Gegenüberstellung von unterschiedlichen Denktraditionen ist sicher in gewisser Weise eine Vereinfachung, da es durchaus Überlappungen, wechselseitige Befruchtungen und integrative Bemühungen gibt (z. B. Finch, 1990). Dennoch ist diese Gegenüberstellung sinnvoll, weil sie die jeweils dominanten Zugangswege in den biologischen und geisteswissenschaftlichen Disziplinen typisiert.

Die Bedeutung von Alter und Altern (old age, aging, senescence) innerhalb der *biologischen Wissenschaften* ist vor allem durch zwei Denkrichtungen gekennzeichnet (Danner & Schröder, Kapitel 4 in diesem Band; Hayflick, 1987; Müller & Rohen, 1981; Rockstein, Chesky & Sussman, 1990). Erstens kennzeichnet die Phase des Alters den Teil des ontogenetischen Lebens, der postreproduktiv ist. Zweitens ist Altern durch alle diejenigen altersbezogenen Veränderungen (age changes) definiert, die eine Verringerung der biologischen Kapazität beziehungsweise Funktionstüchtigkeit beinhalten und dadurch direkt oder indirekt die Sterbewahrscheinlichkeit vergrößern. Biologen berichten zwar durchaus von Steigerungen der körperlichen Funktionsfähigkeit auch im Alter, wie zum Beipiel einer größeren Effektivität des Immunsystems, das aufgrund früher »erlebter« Läsionen und Infektionen im Alter besser und schneller auf solche Angriffe reagieren kann. Solche Befunde werden dann aber auf *theoretischer* Ebene eher einer Konzeption der Entwicklung (growth) und nicht der des Alterns (aging) zugeordnet.

Dieser von Biologen präferierte definitorische Bezugsrahmen macht einerseits deutlich, daß für biologische Gerontologen die Erforschung der Mortalität und ihrer Entsprechungen, der Langlebigkeit (longevity) und des Überlebens, zentral ist. Andererseits impliziert diese Definition, daß Alternsphänomene für Biologen fast immer Phänomene des Verlusts, des Abbaus sind: Die Niere altert, sobald sie beginnt, weniger gut zu funktionieren; unsere Augen altern, sobald die Sehkraft nachläßt. Alter(n) oder »senescence« kann demnach für Biologen als das ontogenetische Gegenstück zum Phänomen der »Entwicklung« oder des »Wachstums« (growth) betrachtet werden.

Eine derart auf Abbauprozesse angelegte Definition von Alter(n) hat wissenschaftsstrategisch gewisse Vorteile. Beispielsweise können unterschiedliche Teile oder Funktionssysteme des Körpers unterschiedlich altern, denn die Definition läßt den Zeitpunkt im Lebenslauf offen, zu dem das Alter(n) beginnt. Es könnte prinzipiell körperliche Funktionen geben, die überhaupt nicht altern, weil sie keinen alter(n)sbezogenen Funktionsverlust aufweisen. Ferner ist die Stoßrichtung gerontologischer Forschung eindeutig: Es geht darum, Abbau- und Verlustprozesse zu verstehen, sowie darum, diese zu verringern (zu verlangsamen) oder gar aufzuheben.

Geistes-, Sozial- und Verhaltenswissenschaftler engagieren sich dagegen für eine von Grund auf anders angelegte Definition von Alter(n). Sie akzeptieren einerseits die oben beschriebene »biologische« Sichtweise, daß es ein Kennzeichen des Alter(n)s ist, wenn der Körper biologisch weniger adaptations- und funktionsfähig ist, wenn er biologisch vulnerabler wird. Andererseits argumentieren sie, daß diese Tatsache keinesfalls bedeuten muß, daß menschliches Verhalten (Denken, Fühlen, Handeln) im Alter nur durch Abbauprozesse gekennzeichnet ist. Ganz im Gegenteil, da Alter(n) auch ein psychologisch und kulturell geschaffenes und geprägtes Phänomen ist, kann es ebenso wachstumsartige, positive Aspekte beinhalten, wie bereits Cicero (44 v. Chr.) festgestellt hat. Das Alter(n) hat mehrere Gesichter (Baltes & Baltes, 1990).

Wie können positive Aspekte des Alter(n)s aussehen, wenn es gleichzeitig biologische Abbauprozesse gibt (P. Baltes, 1989; Riley & Riley, Kapitel 17 in diesem Band; Rosenmayr, 1990; Staudinger, Cornelius & P. Baltes, 1989)? Das zentrale Argument lautet, daß die Kraft des Wissens, der Einfluß der Kultur einschließlich ihrer technologischen Aspekte, ausgeprägter wirksam sein können als die Kraft der Biologie. Menschen, die lesen können (dies ist eine kulturelle Leistung), sind im Umgang mit bestimmten Informationen und kognitiven Problemen effektiver als Menschen, die nicht lesen können, und dies, obwohl letztere biologisch »stärker« sein mögen. Es wird trotz einer biologischen Schwächung des alternden Organismus positive Aspekte des Alter(n)s geben können, solange es Älteren gelingt, bestimmte Wissens- und Handlungskörper zu entwickeln und zu pflegen, die altersspezifisch sind (Rosenmayr, 1990). Unsere alltäglichen Vorstellungen vom Lebensablauf legen nahe, daß Weisheit und Lebenserfahrung derartige »altersfreundliche« Wissens- und Handlungskörper sein könnten (P. Baltes & Smith, 1990; Staudinger & Dittmann-Kohli, Kapitel 16 in diesem Band).

Ob im Alter(n) positive Aspekte, »Entwicklungsprozesse« realisiert werden können, hängt wesentlich davon ab, ob es eine Lebens- beziehungsweise Alter(n)skultur gibt, die den älteren Menschen Wissen, externe Ressourcen, Rollen und andersartige Gelegenheiten bietet und zu nutzen erlaubt, die ontogenetischen »Fortschritt« ermöglichen. Es ist nicht nur eine Argumentationslinie in der Kulturanthropologie, daß Fortschritt trotz Bescheidung und Mangel möglich ist (z. B. Gehlens [1956] Begriff von Kulturentwicklung als Bewältigung des »biologischen Mängelwesens« Mensch), sondern auch Bestandteil des heutigen öffentlichen Diskurses. Zumindest seit der Publikation »Grenzen des Wachstums« (Limits of Growth) des Club of Rome (1972) hat sich ein allgemeines Bewußtsein herausgebildet, daß ein Mehr an Wachstum nicht eine Verbesserung bedeuten muß und daß Fortschritt auch dann oder sogar gerade deshalb möglich ist, wenn es Begrenzungen gibt (vgl. auch P. Baltes, 1990; Labouvie-Vief, 1981; Nisbett, 1980). Warum sollte diese Sichtweise nicht auch auf das Alter(n) zutreffen?

Geistes-, Sozial- und Verhaltenswissenschaftler legen uns also nahe, die historisch dominante biologische, *unidirektionale* Definition von Alter(n) als Funktionsverlust oder Leistungsabbau nicht zur Leitlinie unseres Denkens und der gerontologischen Forschung werden zu lassen. Für die den Geisteswissenschaften nahestehenden Wissenschaftler ist Alter(n) ein *multidirektionales* und »richtungsoffenes« Phänomen, das sowohl positive als auch negative Aspekte beziehungsweise Veränderungen beinhalten kann. Eine derartig offene Definition vom Wesen des Alter(n)s ist wissenschaftsstrategisch und gesellschaftspolitisch anregend. Es bedarf zunächst der Überzeugung von den positiven Aspekten des Alter(n)s, um solche zu suchen, zu finden oder sie durch gesellschaftliche

Innovationen zu kreieren. Mittlerweile hat diese durch die Geistes-, Sozial- und Verhaltenswissenschaften angeregte offenere Definition von Alter(n) auch in biologischen Arbeiten ihren Niederschlag gefunden (Finch, 1990). Auch die Altersmedizin ist zunehmend darauf ausgerichtet, durch das Streben nach Prävention und aktivierender Rehabilitation, das Alter(n) als ein multidirektionales Geschehen zu verstehen (Schütz, 1987; Steinhagen-Thiessen, Gerok & Borchelt, Kapitel 5 in diesem Band).

Die hier vorgenommene Gegenüberstellung von biologischen und geisteswissenschaftlichen Grundhaltungen zum Thema des Alter(n)s sollte nicht mißverstanden werden. Das Ziel war nicht, biologische Forschung summarisch als unidirektional und zum Defizitbild des Alterns beitragend zu bewerten. Biologische Altersforschung ist differenzierter und durchaus alternsoptimierend angelegt. Sie konzipiert beispielsweise Altern als ein dynamisches und auf Überleben angelegtes System von miteinander zusammenhängenden Prozessen von generativen, regenerativen und degenerativen Prozessen (Danner & Schröder, Kapitel 4 in diesem Band; Häfner, 1986; Platt, 1991; Schneider & Rowe, 1990). Hier ging es lediglich darum darzustellen, daß der dominante theoretische Zugang in der Alternsbiologie auf die Beschreibung, Erklärung und Modifikation von Verlaufsprozessen und Systemzusammenhängen ausgerichtet ist, die *per definitionem* einen Funktionsverlust implizieren. Dieser definitorische Rahmen von Altern schließt nicht aus, daß es auch Menschen gibt, die in ihrem Alter wenig Funktionsverlust, also wenig »Altern« in diesem biologischen Sinne, aufweisen. Noch schließt diese definitorische Begrenzung aus, daß Biologen aktiv versuchen, die Mechanismen zu verstehen, die zur körperlichen Vitalität beitragen und das Leben verlängern.

D. Moderne Gerontologie: Einige Brennpunkte und Perspektiven

Was sind Beispiele für wichtige Fragestellungen und Brennpunkte der Gerontologie? Eine ausführliche und alle Disziplinen gleich gewichtende Darstellung würde den Rahmen dieses Kapitels und die Kompetenz der Autoren überschreiten. Die vielleicht beste multidisziplinäre Zusammenstellung findet man in drei Handbüchern, die sich im letzten Jahrzehnt aus dem 1959 herausgegebenen Handbuch-Klassiker von Birren (1959) entwickelt haben und jetzt jeweils in der dritten Auflage vorliegen (Binstock & George, 1990; Birren & Schaie, 1990; Schneider & Rowe, 1990), sowie in der von Maddox im Jahre 1987 edierten Encyclopedia of Aging. Auch die deutschsprachige Veröffentlichung von Oswald, Herrmann, Kanowski, Lehr und Thomae (1984) enthält eine lexikonartige Zusammenstellung wichtiger gerontologischer Forschungsergebnisse. Zusätzlich gibt es eine Reihe von deutschsprachigen Publikationen, die sich mit disziplinspezifischen Fragestellungen beschäftigen (vgl. Tab. 2).

Tabelle 2: Zusammenstellung einiger wichtiger deutschsprachiger Veröffentlichungen über Altern und das Alter*.

Améry, J. (1987). *Über das Altern. Revolte und Resignation.* Stuttgart: Klett.

Ariès, Ph. (1980). *Geschichte des Todes.* München: Hanser.

Assmann, A. (Hrsg.) (1991). *Weisheit.* München: Wilhelm Fink.

Baltes, M. M., Kohli, M. & Sames, K. (Hrsg.) (1989). *Erfolgreiches Altern − Bedingungen und Variationen.* Bern: Huber.

Borscheid, P. (1987). *Geschichte des Alters. 16.-18. Jahrhundert.* Stuttgart: Franz Steiner. (Als Taschenbuch: München: Deutscher Taschenbuch Verlag, 1989.)

Beauvoir, S. de (1972). *Das Alter.* Reinbek: Rowohlt.

Ehmer, J. (1990). *Sozialgeschichte des Alters.* Frankfurt/M.: Suhrkamp.

Elwert, G., Kohli, M. & Müller, H. K. (Hrsg.) (1990). *Im Lauf der Zeit. Studien zur gesellschaftlichen Konstruktion von Lebensaltern.* Saarbrücken: Breitenbach.

Ferber, C. v., Radebold, H. & Schulenburg, J. M. v. d. (Hrsg.) (1989). *Die demographische Herausforderung: Das Gesundheitswesen angesichts einer veränderten Bevölkerungsstruktur.* Gerlingen: Bleicher.

Häfner, H. (1986). *Psychische Gesundheit im Alter.* Stuttgart: Gustav Fischer.

Hagestad, G. O. (1989). Familien in einer alternden Gesellschaft: Veränderte Strukturen und Beziehungen. In M. M. Baltes, M. Kohli & K. Sames (Hrsg.), *Erfolgreiches Altern − Bedingungen und Variationen* (S. 42 − 46). Bern: Huber.

Kisker, K. P., Lauter, H., Meyer, J.-E., Müller, C. & Strömgren, E. (Hrsg.) (1989). *Alterspsychiatrie* (Psychiatrie der Gegenwart 8). Berlin: Springer-Verlag.

Kommission »Altern als Chance und Herausforderung« (1988). *Bericht der Kommission.* Erstellt i.A. der Landesregierung von Baden-Württemberg. Stuttgart: Eigenverlag.

Koty, J. (1934). *Die Behandlung der Alten und Kranken bei den Naturvölkern.* Stuttgart: Hirschfeldt.

Krämer, W. (1989). *Die Krankheit des Gesundheitswesens.* Frankfurt: Fischer

Krupp, H.-J., Galler, H. P., Grohmann, H., Hauser, R. & Wagner, G. (Hrsg.) (1981). *Alternativen der Rentenreform '84.* Frankfurt/M.: Campus.

Lehr, U. (1991). *Psychologie des Alterns* (7. Aufl.). Heidelberg: Quelle & Meyer.

Lehr, U. & Thomae, H. (Hrsg.) (1987). *Formen seelischen Alterns.* Stuttgart: Enke.

Mannheim, K. (1964). Das Problem der Generationen. (Erstausgabe 1928). Wieder abgedruckt in K. Mannheim (hrsg. von H. Maus & F. Fürstenberg), *Soziologische Texte: Band 28. Wissenssoziologie* (S. 509 − 565). Neuwied: Luchterhand.

Nies, H. & Munnichs, J. (Hrsg.) (1986). *Sinngebung und Altern.* Berlin: Deutsches Zentrum für Altersfragen.

Nowotny, H. (1989). *Eigenzeit. Entstehung und Strukturierung eines Zeitgefühls.* Frankfurt/M.: Suhrkamp.

Platt, D. (Hrsg.) (1983). *Handbuch der Gerontologie: Band 1. Innere Medizin.* Stuttgart: Gustav Fischer.

Platt, D. (Hrsg.) (1991). *Biologie des Alterns.* Berlin: de Gruyter.

Rosenmayr, L. (1990). *Die Kräfte des Alters.* Wien: Edition Atelier.

Rosenmayr, L. & Kolland, F. (Hrsg.) (1988). *Arbeit − Freizeit − Lebenszeit. Grundlagenforschung zu Übergängen im Lebenszyklus.* Opladen: Westdeutscher Verlag.

Schröder, H. C. (1986). Biochemische Grundlagen des Alterns. *Chemie unserer Zeit, 60,* 128 − 138.

14 Baltes & Baltes

Tabelle 2: (Fortsetzung)

Segalen, M. (1990). *Die Familie. Geschichte, Soziologie, Anthropologie.* Frankfurt/M.:
Campus.
Sozialbeirat (1981). *Langfristige Probleme der Alterssicherung in der Bundesrepublik*
Deutschland. Gutachten des Sozialbeirats und der Wissenschaftlergruppe des Sozial-
beirats (veröffentlicht durch den Bundesminister für Arbeit und Sozialordnung). Bonn:
Eigenverlag.
Steinhagen-Thiessen, E. & Herkommer, B. (1989). Konzept der geriatrischen Rehabili-
tation. *Geriatrie Praxis, 1,* 32−36.
Tews, H. P. (1979). *Soziologie des Alterns.* Heidelberg: Quelle & Meyer.
Thomae, H. (1988). *Das Individuum und seine Welt* (2., völlig neu bearb. Aufl.).
Göttingen: Hogrefe.
Zacher, H. F. & Mager, C. (Hrsg.) (1991). *Alterssicherung im Rechtsvergleich.* Baden-
Baden: Nomos.

* Die Zusammenstellung resultiert aus Nominationen der Autoren dieses Bandes.

Der folgenden Auswahl von illustrativen Beispielen gerontologischer For-schung und Praxis liegen drei Überlegungen zugrunde. Erstens wurde versucht, den bisher erwähnten Perspektiven (etwa der Unterscheidung zwischen biolo-gischen und geisteswissenschaftlichen Zugangswegen zur Definition des Alterns) eine breitere Basis zu geben. Zweitens wurden Beispiele ausgewählt, die sich disziplinen-übergreifend darstellen lassen, um den multi- und interdisziplinären Kontext der Gerontologie zu verdeutlichen. Und drittens waren wir an Beispielen interessiert, die den Zusammenhang zwischen Forschung und deren Anwen-dung, etwa auf gesellschaftspolitischer Ebene, deutlich machen. Denn ein Schwerpunkt dieses Buches ist es, Forschung und gesellschaftspolitische Praxis miteinander zu verbinden.

1. Differentielles Altern: Wie ähnlich sind wir uns im Altern?
Einer der wichtigsten Befunde in der Gerontologie ist, daß ältere Menschen sehr verschieden voneinander sind und sehr unterschiedlich altern. Oft wird argumentiert, daß die Variabilität zwischen den Menschen (interindividuelle Variabilität) im Alter sogar größer sei als in früheren Lebensperioden. Nach unserer Ansicht ist letztere Interpretation allerdings strittig, da das vorhandene Datenmaterial sich vor allem auf das frühe Alter bezieht und es gute Gründe gibt anzunehmen, daß die interindividuelle Variabilität im hohen Alter geringer werden könnte. Wenn es beispielsweise ein »starkes« genetisch gesteuertes Alternsprogramm gäbe, könnte dies eher in Erscheinung treten, wenn die meisten Menschen ihrem »natürlichen« Tode relativ nahe sind. Dies trifft deutlich eher auf das hohe als auf das junge Alter zu.
Die bisher vorliegenden großen Längsschnittstudien der Erwachsenenent-wicklung und des Alter(n)s weisen alle in dieselbe Richtung: Ein wesentliches

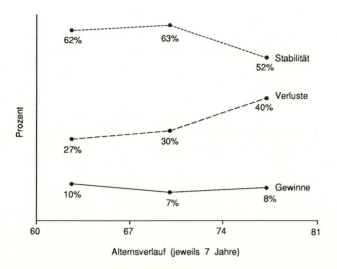

Abbildung 1: Die Ergebnisse der Seattle-Längsschnittstudie zum Altern der Intelligenz zeigen, daß es auch im höheren und hohen Alter eine große Vielfalt an Entwicklungs-verläufen gibt. Selbst mit 78 Jahren zeigen noch acht Prozent der Untersuchten ein Leistungswachstum in Intelligenztests, 52 Prozent sind in ihren Leistungen im Vergleich zum letzten Erhebungszeitpunkt stabil und 40 Prozent zeigen einen Abbau (nach Schaie, 1983).

Kennzeichen des Alterns ist, daß der Verlauf von Person zu Person und Bereich zu Bereich sehr verschieden ist (Lehr & Thomae, 1987; Maddox, 1987). Vor diesem Hintergrund der Komplexität und Heterogenität des Alterns ist es auch verständlich, daß Bernice Neugarten schon 1974 vor einer Fixierung der Le-benszeit, mit der das Alter(n) beginnt, wie etwa das Alter von 65 Jahren, gewarnt und gleichzeitig als »Notlösung« vorgeschlagen hat, zumindest zwi-schen jungen Alten (ca. 60 – 75 Jahre) und alten Alten (älter als 75 Jahre) zu unterscheiden (Karl & Tokarski, 1989; Neugarten & Neugarten, 1989). Es ist wahrscheinlich richtig, daß die relative Ähnlichkeit innerhalb dieser Alters-gruppierungen etwas größer ist als die zwischen den jungen und alten Alten. Dieser Tatbestand darf aber nicht darüber hinweg täuschen, daß die Variabilität innerhalb jeder dieser Altersgruppierungen außerordentlich groß ist.

Dieser Befund einer beträchtlichen interindividuellen Variabilität trifft auf alle Facetten des Alter(n)s zu: biologische, psychische und soziale. In der Tat ist es bisher nicht gelungen, einen einzigen Indikator zu finden, der so hoch mit dem chronologischen Alter korreliert, daß er als prototypische »Markie-rungsvariable« des Alter(n)s gelten könnte. Abbildung 1 illustriert das Phänomen des differentiellen Alterns für das Beispiel der Intelligenz aufgrund von Längs-schnittdaten der Seattle Longitudinal Study (Schaie, 1983).

Wahrscheinlich sind vor allem drei Quellen für die Heterogenität im Alterungsprozeß verantwortlich. Erstens, und wie unten ausgeführt werden wird, gibt es wahrscheinlich kein genetisches Programm, das allein den Alternsprozeß zu erklären vermag, so daß der *relative* Einfluß unterschiedlicher Lebensbedingungen auf das Altern im Vordergrund steht. Mit anderen Worten setzt das Genom einen breiten Entfaltungsrahmen, in dessen Grenzen die physische und kulturelle Umwelt machtvolle Gestaltungskraft besitzt. Zweitens wirken Unterschiede in Anlage- und Umweltbedingungen wahrscheinlich eher kumulativ, ihre Effekte vergrößern sich somit mit gelebter Lebenszeit (Plomin & Thompson, 1988). Diese Individualisierung der Lebenswege im Alter wird wahrscheinlich auch noch dadurch verstärkt, daß die gesellschaftliche Regulation des Lebens im Alter eher nachläßt (Kohli und Mayer, Kapitel 9 und 20 in diesem Band). Drittens wird die interindividuelle Variabilität durch eine Vielfalt pathologischer Ereignisse und Episoden, die das »normale« Altern überlagern können, vergrößert werden (Fozard, Matter & Brant, 1990; Gerok & Brandtstädter, Kapitel 14 in diesem Band; Häfner, 1986; Rowe & Kahn, 1987; Schütz, 1987). Altern ist nicht identisch mit Krankheit. Dies trifft auch dann zu, wenn Krankheiten im Alter vermehrt auftreten. Die Unterscheidung zwischen *normalem* und *pathologischem* Altern ist eine der grundlegendsten in der gerontologischen Forschung.

Der wissenschaftliche Befund einer beträchtlichen Variabilität oder Heterogenität des Alternsprozesses zwischen Personen (interindividuell) und bei der einzelnen Person selbst (intraindividuell) ist ein erstes Beispiel für die Bedeutung gerontologischer Forschung für Fragen der Praxis und Politik (vgl. Späth & Lehr, 1990). Wenn sich ältere Menschen (gleichen Lebensalters) in ihren physischen, psychischen und sozialen Kapazitäten beziehungsweise Ressourcen derart unterscheiden, scheint es wenig sinnvoll, das chronologische Alter einer Person (etwa das Alter 65 Jahre) zu einem umfassenden Maßstab für die gesellschaftliche Steuerung und Strukturierung des Lebensverlaufs zu machen (Mayer et al., Kapitel 28 in diesem Band). Im Gegenteil, vor dem Hintergrund einer so großen interindividuellen Variabilität des Alternsverlaufs scheint es vielmehr angemessen, einen gesellschaftlichen Kontext zu schaffen, der der Individualität des älteren Menschen, seinen verschiedenen Stärken und Schwächen, einen hinreichenden Entfaltungsraum anbietet. In der Zielsetzung, eine bessere Übereinstimmung zwischen Individualität des Alterns und gesellschaftlichen Ressourcen und Möglichkeiten zu schaffen, liegt eine der wichtigsten Herausforderungen der Zukunft. Eine hierauf bezogene Entwicklung in den USA ist zum Beispiel die fast vollständige Abkehr von bürokratischen Pensionierungsregeln, die primär am chronologischen Alter festgemacht sind.

2. Die menschliche Lebensspanne und Langlebigkeit: Eine Illustration des Zusammenspiels von Biologie und Kultur

Ein zweiter Brennpunkt gerontologischer Forschung ist die Untersuchung von Faktoren der Langlebigkeit und der Grenzen der menschlichen Lebensspanne. Wir haben dieses Beispiel auch deshalb ausgewählt, weil es erlaubt, das komplexe Zusammenspiel von biologischen und kulturellen Faktoren zu erläutern und die für viele Gebiete der Gerontologie intellektuell zwingende Notwendigkeit eines interdisziplinären Zugangs darzulegen. Um das Hauptergebnis vorwegzunehmen: Biologisch-genetische Konzeptionen stoßen auf Schwierigkeiten, wenn es darum geht, allein durch sie zu erklären, warum es das Alter(n) überhaupt gibt. Variationen in der Lebenslänge, etwa in der Lebenserwartung verschiedener historischer Generationen oder ethnischer Subgruppen, werden aber dann verständlich, wenn der Einfluß sozio-kultureller Faktoren und deren Zusammenspiel mit genetischen Faktoren in den Vordergrund tritt.

Beginnen wir mit dem ersten Fragenkomplex, dem nach den Ursachen des Alter(n)s und der damit zusammenhängenden Frage nach der maximalen Lebensspanne. Wissenschaftlich begründete Antworten auf die Frage nach der Rolle des Alter(n)s und des Todes, der evolutionären Entstehung und Bedeutung von Alter(n) und Tod, fehlen weitgehend noch. Führende Biologen haben argumentiert, daß die Frage nach dem Alter und dem Tod falsch gestellt sei. Die angemessene Frage sei nicht die nach dem Tod, sondern vielmehr die nach den Ursachen langen Lebens (Hayflick, 1987). Es ist nämlich nicht unmittelbar ersichtlich, warum evolutionär-biologische Selektionsprozesse dazu geführt haben sollen, daß es ein Leben jenseits der Reproduktionsphase gibt.

Warum ist die Erklärung der Entstehung genetisch vorgegebener, aus der Evolution gewachsener biologischer »Programme« des Alterns nicht einfach? Weil genetische Selektionsprozesse prinzipiell (oder primär) nur solche Phänomene betreffen, die reproduktionssensitiv sind, also mit der selektiven Reproduktionskraft (reproductive fitness, d. h. die Erzeugung überlebensfähiger Nachkommen) des einzelnen zusammenhängen. Alter(n) ist also primär ein postreproduktives Phänomen, das auftritt, nachdem der Hauptanteil von genetischen Prozessen der Selektion wirksam geworden ist. Was soll in der post-reproduktiven Phase direkt wirksam sein, das sich im Genom der nächsten Generation niederschlägt? Bestenfalls handelt es sich dabei um »indirekt« vermittelte genetische Selektionseffekte, etwa derart, daß länger Lebende auch die Möglichkeit haben, das Überleben ihrer Enkelkinder und anderer Nachkommen durch familien- und generationsübergreifendes Versorgungsverhalten positiv zu beeinflussen. Die Suche nach solchen post-reproduktiven genetischen Selektionsprozessen wird zudem dadurch erschwert, daß es zumindest bei hochentwickelten Organismen während der Evolution keine klar erkennbare Phase der Post-Reproduktion gab (Hayflick, 1987). In der »Natur« starben und sterben infrahumane Organismen normalerweise, *bevor* sie »alt« geworden sind.

Die meisten genetisch oder biologisch orientierten Versuche, Alternstheorien zu formulieren, stehen also zunächst vor einer Art Evolutions-Vakuum. Die durch die biologische Evolution entstandenen genetischen »Potentiale« oder »Vor-Programme« stecken zwar einen Rahmen für den Entwicklungsspielraum des Lebens ab. Sie enthalten aber wahrscheinlich weniger Information über den Ablauf des Alterns und des Todes als über den früherer reproduktiver Lebensphasen. Biologische Alternstheorien sind daher meist so angelegt, daß sie aus den Prozessen des *Lebens* und der *Entwicklung* (des körperlichen Wachstums und der Reproduktion) Konsequenzen für das Alter und den Tod ableiten, die »evolutionär-nicht-intendiert« sind (Finch, 1990; Hayflick, 1987; Schröder, 1986; Vijg & Papaconstantinou, 1990). Ein erstes Beispiel für diese Sichtweise ist das Postulat von spät wirkenden Genen, die schädlich sind (late life deleterious genes) und deren potentiell negative »Spätwirkungen« prä-reproduktiv nicht erkannt und somit nicht durch Mutation und Selektion eliminiert wurden. Ein zweites, konzeptuell verwandtes Argument ist die Vorstellung, daß es gerade die Wachstumsprozesse der ersten Lebensphasen sind, die im Alter zu negativen Auswirkungen führen; ein Beispiel wäre der »trade-off« zwischen dem Aufbau des Knochensystems in der Kindheit und den Spätkonsequenzen dieses Wachstumsprozesses im Alter, da der Knochenaufbau der ersten Lebenshälfte in der zweiten Lebenshälfte möglicherweise zur Entwicklung von arteriosklerotischen Schäden beiträgt (Finch, 1990).

Worin liegt die Bedeutung der Problematik einer »einfachen« biologischen Theorie des Alter(n)s und der relativ großen menschlichen Lebensspanne für die interdisziplinäre Forschung? Für den Kultur-, Sozial- und Verhaltenswissenschaftler ist das mögliche Fehlen eines genetisch gesteuerten Programms des Alter(n)s (bzw. einer Schwächung der evolutionären Selektion für Alter(n)sprozesse) zwar auch ein »Problem« der biologischen Theorienbildung. Aber dieser Sachverhalt beinhaltet geradezu eine Herausforderung und einen Beweis für die Bedeutung und Wirksamkeit kultureller Faktoren, für die Rolle der Geisteswissenschaften und für die Notwendigkeit interdisziplinären Denkens und Forschens. Das Fehlen einer überzeugenden biologischen Theorie des Alter(n)s erleichtert es, darzulegen, daß das Alter(n) zu einem wesentlichen Teil ein Produkt der menschlichen Kultur ist. Wir Menschen werden alt und immer älter, weil die menschliche Kultur Umweltbedingungen schafft, die das Altwerden ermöglichen; und dies trifft selbst auf die infrahumane Welt zu. Auch Tiere erreichen im »künstlichen« Zoo oder im Forschungslabor ihre längste Lebensdauer.

Die Untersuchung der Langlebigkeit und der menschlichen Lebensspanne macht deutlich, warum interdisziplinäre Kooperation ein Kennzeichen der Gerontologie ist. Selbstverständlich kann sich eine menschliche Kultur nur in den Grenzen entfalten, die biologisch prinzipiell möglich sind. In diesen Grenzen hat die menschliche Kultur allerdings eine massive Verlängerung des gelebten Lebens erreicht. Obwohl sich die *maximale* Lebensspanne und die Lebenserwartung nach Erreichen des höheren Erwachsenenalters (60 − 70 Jahre) in den letzten Jahrhunderten nur wenig verändert zu haben scheinen, ist das *durch-schnittliche* Lebensalter vor allem im 20. Jahrhundert massiv angestiegen, in der westlichen Welt etwa von durchschnittlich 45 Jahren um 1900 auf durchschnittlich etwa 75 Jahre zu Ende des 20. Jahrhunderts (vgl. Dinkel, Kapitel 3 in diesem Band). Ferner zeigt sich eine zunehmende Konvergenz in der Einschätzung der Länge der für den Menschen »maximal« möglichen Lebenszeit. Man spricht von einem biologischen Maximalalter von etwa 110 bis 120 Jahren, wobei selbst unter »optimalen« Bedingungen die wahrscheinliche Spannbreite des Maximalalters für die meisten Menschen zwischen 80 und 100 Jahren liegen dürfte (Fries, 1990; Hayflick, 1987). Das biologisch mögliche Maximalalter von 110 bis 120 Jahren ist prinzipiell ganz wenigen vorbehalten. Wenn man von innovativen und gegenwärtig nicht vorhersagbaren Forschungsbefunden absieht, gibt es unter Gerontologen wenig Unterstützung für die Vorstellung, daß die menschliche Lebenszeit bis auf 140 bis 150 Jahre verlängert werden könnte, oder etwa für die Idee, daß der Tod völlig vermeidbar sei.

Schließlich bieten die Langlebigkeitsforschung und ihr Pendant, die Mortalitätsforschung, beträchtliches Wissen an, was die Verhaltensfaktoren und gesellschaftlichen Bedingungen angeht, die die realisierte Lebensspanne regulieren (Brock, Guralnik & Brody, 1990; Gerok & Brandtstädter und Krämer, Kapitel 14 und 22 in diesem Band). Einerseits gab es im 20. Jahrhundert vor allem aufgrund des medizinischen Fortschritts eine deutliche Verschiebung der Todesursachen, beispielsweise von Akuterkrankungen hin zu chronischen Erkrankungen. Andererseits wird immer deutlicher, daß neben genetischen Faktoren vor allem Bildung, Gesundheitsverhalten und medizinische Versorgung dazu führen, daß Risikofaktoren für eine Lebensverkürzung minimiert und Schutzfaktoren für ein langes Leben maximiert werden. Diese Schutz- und Risikofaktoren sind auch im Alter ungleich verteilt; oder vielleicht hinterläßt die relative Ungleichheit der genetischen und sozialen Lebenschancen ihre deutlichsten und wenig korrigierbaren Spuren sogar im Alter (Mayer, 1990; Plomin & Thompson, 1988). Hier eröffnet sich ein weites Feld, das auch deutlich macht, wie sehr eine Gesellschaft Verantwortung für die Tatsache mitträgt, daß es beträchtliche Unterschiede in der Lebensspanne und Lebensqualität verschiedener sozialer Schichten und ethnischer Gruppen gibt.

3. Was ist im Alter möglich? Latente Entwicklungs- und Handlungsreserven

Wir haben schon erwähnt, daß das Alter(n) wahrscheinlich eine evolutionär, aber auch kulturhistorisch wenig ausgestaltete Phase des menschlichen Lebens darstellt. Es ist unwahrscheinlich, daß die bisherige Kulturentwicklung das Alter(n) bereits weitgehend »optimiert« hat. Im Gegenteil ist es eher so, daß das latente Potential des Alter(n)s gegenwärtig wegen einer fehlenden Alter(n)skultur unterschätzt wird. Riley und Riley sowie Mayer (Kapitel 17 und 20 in diesem Band; vgl. auch Rosenmayr, 1990) verdeutlichen diese Argumentationslinie, indem sie darlegen, wie sehr die gegenwärtige gesellschaftliche Institutionalisierung des Lebensverlaufs das Erwachsenenalter und nicht das Alter zum Höhepunkt des menschlichen Lebens erklärt.

Ungeachtet der Richtigkeit dieser kulturhistorischen Interpretation gibt es einen weiteren Grund, warum wir relativ wenig über die Handlungs- und Entwicklungsreserven des Alter(n)s wissen: Es gibt kaum Interventionsforschung, die es erlauben würde, die Bandbreite (die Plastizität) des im Alter prinzipiell Möglichen abzuschätzen. Nach unserer Einschätzung ist dieser Mangel an Interventionsforschung auch das Resultat eines weitverbreiteten negativen Altersstereotyps, das motivationshemmend wirkt, wenn es darum geht, das prinzipiell Mögliche im Alter zu erkunden (das im Jahre 1954 veröffentlichte »frohe« Manifest von Wilhelm Spohr, *Glorie des Alters*, ist hier eine bemerkenswerte Ausnahme). Es fällt im allgemeinen schwer, an das Positive im Alter zu glauben. So hat es Jahrzehnte gedauert, bis Forschungsprojekte realisiert wurden, in denen das latente Potential älterer Menschen systematisch durch auf Verbesserung und Optimierung angelegte Interventionen erkundet wurde.

In der Tat hat die gezielte Suche nach latenten Potentialen des Alter(n)s Ergebnisse erbracht, die unsere bisherige Vorstellung vom Alter deutlich verändern. Ein erstes Beispiel kommt aus der Forschung zum Altern der Intelligenz (Kliegl & P. Baltes, 1987; Lindenberger, Smith & P. Baltes, 1989; Sternberg, 1990; Weinert, Kapitel 7 in diesem Band; Willis & Schaie, 1986). Das früher weitverbreitete Bild vom Altersabbau der Intelligenz ist differenzierter geworden. Einerseits gibt es durchschlagende Befunde zur altersabhängigen Verlangsamung des Denkens und zur Fehlerhaftigkeit des Gedächtnisses, vor allem im hohen Alter. Andererseits wird zunehmend anerkannt, daß derartige Alternsverluste nicht bedeuten, daß diese Alternsprozesse nicht beeinflußbar sind, und weiterhin, daß es auch Bereiche der Intelligenz gibt, in denen über die Lebensspanne hinweg Stabilität oder sogar Wachstum vorliegen.

So hat man beispielsweise in Lern- und Übungsstudien beobachtet, daß viele (die Ausnahme sind wahrscheinlich an Demenz erkrankte) ältere Menschen durchaus fähig sind, ihr Leistungsniveau in Intelligenztests bis auf das Niveau zu steigern, das sie als Erwachsene (ohne Übung) aufwiesen; und dies auch in den Bereichen der Intelligenz, in denen Verluste mit zunehmendem Alter besonders ausgeprägt sind, wie etwa im Gedächtnis. Ferner hat man Bereiche des Denkens und Wissens identifiziert, in denen ältere Menschen durchaus Höchstleistungen erbringen können. Es sind dies all diejenigen Bereiche, in denen Lebens- und Kulturwissen besonders ausgeprägt sind. Berufliches Spezialwissen und Weisheit (P. Baltes & Smith, 1990; Staudinger, 1990; Sternberg, 1990) sind Beispiele, bei denen Stabilität oder sogar positive Effekte des Alter(n)s aufgezeigt werden konnten, zumindest was den Alternsbereich der »jungen Alten« betrifft.

Ein zweites, im Ansatz ähnliches Beispiel kommt aus der biologisch-medizinischen Forschung über das Altern der körperlichen Vitalität. Auch hier ist nachgewiesen worden, daß ältere Menschen in der Lage sind, durch bestimmtes

Übungsverhalten den üblichen alternsabhängigen Abbau bestimmter körperlicher Funktionen zu verlangsamen. Die Teilnahme an körperlichen Trainingsprogrammen hat dazu geführt, daß der übliche Altersabbau von Knochenmineralien und Muskelenzymen deutlich verringert werden konnte (Bortz, 1989; Fries, 1989; Goldberg & Hagberg, 1990; Steinhagen-Thiessen, 1986). Die Grenzen derartiger Interventionen sind jedoch noch unbekannt. Es gibt aber immer weniger Zweifel daran, daß ein wesentlicher Teil des körperlichen Vitalitätsverlustes im Alter durch Verhalten beeinflußbar ist, daß latente Reserven vorhanden sind.

Ein dritter Hinweis auf das Vorhandensein latenter Handlungs- und Entwicklungsreserven ist die Tatsache, daß einzelne Personen im Alter durchaus Höchstleistungen vollbringen können: Adenauer, Goethe, Golda Meir, Horowitz, Rubinstein werden oft als öffentlich bekannte, »erfolgreich gealterte« Menschen beschrieben. Aber auch der 72jährige Leichtathlet gehört dazu, der in der Lage war, die Marathonstrecke in der beachtlichen Zeit von circa drei Stunden und 15 Minuten zurückzulegen und mit dieser Zeit mit guten 30jährigen Marathonläufern konkurrieren kann. Man fragt sich, ob derartige Ausnahmeleistungen nicht nur »genetische« Sonderfälle sind, sondern zum »Normalfall« werden könnten, wenn angemessene Lebensumstände und persönliche Leistungsmotivation vorliegen (Ericsson, 1990).

Es gibt durchaus Forschungsergebnisse, die einen gewissen Optimismus über das latente Potential und die Bandbreite des Alter(n)s als gerechtfertigt erscheinen lassen. Zwar trifft es höchstwahrscheinlich zu, daß im Alter eine biologische Schwächung des Organismus der Regelfall ist. Diese Situation ist vor allem dann im Einzelfall gegeben, wenn Altern mit Krankheit verknüpft ist (Schütz, 1987) oder Lebensumstände vorliegen, die die Grenzen menschlicher Kapazität erproben (beim Bergsteigen im Vergleich zum sonntäglichen Spaziergang). Es trifft aber ebenso zu, daß die latenten Handlungs- und Entwicklungsreserven vieler älterer Menschen größer sind, als wir dies meist annahmen. Das Alter(n) beinhaltet Potentiale, die bisher nur wenig ausgeschöpft sind.

Positive Ergebnisse hinsichtlich latenter Entwicklungs- und Handlungsreserven älterer Menschen tragen auch zu der Einsicht bei, daß Befunde über das Alter(n) stark historisch bedingt sind. Die jetzt gemessene »Realität« des Alter(n)s ist keinesfalls generalisierbar und als die endgültige zu verstehen. Sie beschreibt lediglich die Situation, die aufgrund des gegenwärtigen Entwicklungsstands der Kultur möglich ist. Wenn im Labor gezeigt werden kann, daß viele ältere Menschen in der Lage sind, ihre Gedächtnis- und Denkprozesse zu verbessern und das Niveau ihrer körperlichen Vitalität positiv durch Übung und andere Arten des Gesundheitsverhaltens zu beeinflussen, so ist dies das Fundament, auf dem gesellschaftliche Reformen für ein besseres Alter(n) entworfen werden können (Baltes & Baltes, 1990; Fries, 1990; Späth & Lehr, 1990). Reformen in Richtung auf ein »vitaleres« Altern werden davon ausgehen müssen, daß der hierzu erforderliche persönliche und gesellschaftliche Einsatz in einigen Fällen beträchtlich sein kann. Die Grundlagenforschung hat lediglich gezeigt, daß dies prinzipiell möglich ist.

4. Zukunftsmodelle des Alter(n)s

Die letzten Bemerkungen haben unseren Blick bereits auf die Zukunft gelenkt. In der modernen Welt wird im Durchschnitt länger gelebt. Aber bedeutet längeres Leben auch einen Gewinn an gutem Leben; »to not only add years to life, but life to years«, wie es ein Motto der amerikanischen Gesellschaft für Gerontologie fordert? Ein weiterer Brennpunkt gerontologischer Forschung ist die Frage nach dem künftigen Erscheinungsbild des Alter(n)s in einer älter werdenden Gesellschaft (Bromley, 1988; Dinkel, Kapitel 3 in diesem Band; Fries, 1990; Krämer, Kapitel 22 in diesem Band; Schneider & Guralnik, 1990).

Werden die künftigen, immer älter werdenden Generationen im Alter gesünder oder kränker als die heutige sein? Ist es möglich, im hohen Alter »gesund« zu sterben, oder wird es immer mehr ältere Menschen geben, deren Alter(n) durch Morbidität und Verlust der persönlichen Handlungskontrolle geprägt ist? Je nachdem wie diese Fragen beantwortet werden, gibt es ganz unterschiedliche Vorstellungen darüber, ob eine immer älter werdende Gesellschaft eher positiv oder negativ gesehen wird; etwa vor dem Hintergrund von Fragen der Alter(n)skosten oder des persönlichen Wohlbefindens.

Die intellektuelle Dynamik dieses Themas kann an der Gegenüberstellung zweier Extrempositionen verdeutlich werden (Baltes & Baltes, 1990; Fries, 1983; 1990; Krämer, Kapitel 22 in diesem Band). Eine optimistische Zukunftsperspektive wird vor allem von dem amerikanischen Mediziner Fries vertreten. Sie basiert auf zwei Grundannahmen (vgl. Abb. 2). Die erste ist die bereits erwähnte Begrenzung der maximalen Lebenszeit durch ein biologisch festgelegtes Höchst-

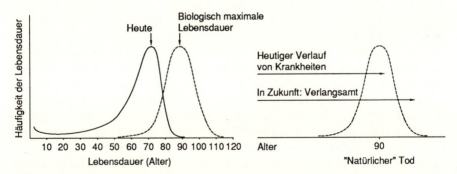

Abbildung 2: Die linke Hälfte der Abbildung verdeutlicht die Annahme einer biologisch fixierten maximalen Lebensdauer. Die rechte Bildhälfte deutet an, daß die Manifestation chronischer Krankheitsverläufe in der Zukunft unter optimalen Bedingungen jenseits des »natürlichen« Todes verschoben werden könnte (modifiziert nach Fries, 1989).

alter, von Fries auf durchschnittlich 90 Jahre geschätzt. Der Tod tritt ein, sobald dieses Maximalalter erreicht ist. Die zweite Grundannahme von Fries besagt, daß die Auftretenswahrscheinlichkeit und der zeitliche Verlauf von Krankheiten künftig derart verringert oder verlangsamt werden können, daß die virulente Manifestation dieser Krankheiten in Zukunft »jenseits« des biologischen Maximalalters, und somit nicht mehr in der Lebenszeit, liegen könnte (eine Vorstellung, die übrigens bereits bei Schopenhauer in seinem im Jahre 1851 veröffentlichten Essay über die Lebensalter erwähnt wird).

Eine zweite Extremvision der Zukunft des Alter(n)s ist derjenigen von Fries diametral entgegengesetzt (Schneider & Guralnik, 1990). Die Basis für diese pessimistische Vorhersage ist die Existenz von Alter(n)skrankheiten oder alternskorrelierten Erkrankungen (vgl. auch Häfner und Steinhagen-Thiessen, Gerok & Borchelt, Kapitel 6 und 5 in diesem Band). Wie im rechten Teil der Abbildung 2 dargestellt, gibt es Krankheiten, deren Wahrscheinlichkeit mit dem Alter stark zunimmt. Beispiele sind die Alzheimer-Demenz oder die Wahrscheinlichkeit und der Schwierigkeitsgrad von Hüftfrakturen. Je länger Menschen leben, desto wahrscheinlicher ist es aus dieser Sicht, daß Alter(n) mit erhöhter Morbidität und fehlender Vitalität einhergeht. So sagen Brody, Brock und Williams (Siegler, 1989, S. 120) beispielsweise für die mittelbare Zukunft (ohne entscheidende Veränderungen im Gesundheitssystem) voraus, daß im Durchschnitt für jedes »gute, gesunde« Jahr der Lebensverlängerung im Alter etwa dreieinhalb eher kranke Jahre hinzukommen.

Das gegenwärtige Forschungsprofil erlaubt es nicht, sich aufgrund guter Evidenz für die eine oder die andere der beiden Zukunftsvisionen zu entscheiden (vgl. auch Dinkel und Krämer, Kapitel 3 und 22 in diesem Band). Wahrscheinlich sind beide Entwicklungstrends wirksam. Sollte die Friessche optimistische Auffassung zutreffen, so wird diese wahrscheinlich erst in einigen Jahrzehnten empirisch greifbar sein, da die heutige durchschnittliche Lebenserwartung noch deutlich unter der von Fries postulierten maximalen biologischen Lebensspanne liegt und auch im Friesschen Modell noch stark mit Krankheiten belastet ist. Weiterhin ist — wie erste Studien zeigen (House, Kessler, Herzog, Mero, Kinney & Breslow, 1990) — zu erwarten, daß die von Fries vorhergesagte Reduktion der Morbidität im Alter zunächst auf die höheren sozialen Schichten begrenzt ist. Ferner gibt es auch deutlich historische Akzentverschiebungen in dem, welche Zustände Gesundheitspraktiker (wie Ärzte), Gesundheitsforscher und Patienten als Krankheit diagnostizieren. Solche Zukunftsprojektionen leiden sicher darunter, daß sie innovative Erkenntnisse (wie etwa die gegenwärtig nicht vorhandene Prävention oder Therapie der Alzheimer-Demenz) nicht einkalkulieren können. Ob das Alter, insbesondere das hohe Alter, in Zukunft mehr oder weniger Potential für Lebensqualität aufweisen wird, hängt zudem ganz entscheidend von der gesellschaftlichen und wissenschaftspolitischen Bereitschaft ab, gerontologische Forschung stärker zu fördern, als dies gegenwärtig der Fall ist, um damit die Voraussetzungen für ein »optimales« Alter(n) zu ermöglichen (Mayer et al. und Mittelstraß et al., Kapitel 28 und 27 in diesem Band).

Schließlich beeinflussen auch allgemeine Gesellschaftsströmungen, wie Altern in Zukunft realisierbar sein wird (Bengtson & Schütze, Kapitel 19 in diesem Band; Höffe, 1989; Rosenmayr, Kapitel 18 in diesem Band). In den USA wird beispielsweise offen diskutiert, ob die bisherige Solidarität zwischen den Generationen der – zumindest für die unmittelbare Zukunft zu erwartenden – überproportionalen Zunahme von altersbezogenen Kosten standhalten wird (Schneider & Guralnik, 1990). Es wird auch aufgrund neuerer amerikanischer Daten deutlich (House et al., 1990), daß die optimistische Zukunftsversion à la Fries (Komprimierung der Morbidität auf eine kurze Phase im hohen Alter) gegenwärtig lediglich für die höheren Sozialschichten zutrifft. Untere soziale Schichten zeigen dagegen eher das Muster einer zunehmenden Altersmorbidität, das Resultat einer lebenslangen Situation sozialer Ungleichheit, die im Alter ihren letzten Höhepunkt erlebt. Ein ähnlicher Befund wird von Kruse (1991) für die alten Länder der Bundesrepublik Deutschland berichtet. Seine empirischen Ergebnisse weisen darauf hin, daß die internen und externen Ressourcen von älteren Menschen in den untersten sozialen Schichten derart begrenzt sind, daß die Kompensation gesundheitlicher und mentaler Kompetenzen nur schwerlich gelingen kann. Ebenso wird öffentlich diskutiert, inwieweit proaktive Lösungen der eigenen Lebensbeendung, das heißt selbst-reguliertes Sterben, nicht nur zu Brennpunkten der künftigen Ethikdiskussion avancieren, sondern auch gesellschaftlich ermöglicht werden. So gibt es Länder, in denen eine gewisse Selbststeuerung des Sterbeprozesses bereits jetzt, wenn auch zurückhaltend, etwa durch Sterbe-Testamente (living will; Kastenbaum, 1987; Schmitz-Scherzer, Kapitel 21 in diesem Band) vorbereitet wird.

5. »Gutes« Altern

Ein weiterer Brennpunkt der modernen Gerontologie ist der Versuch, konzeptuell und empirisch den Rahmen für eine Theorie und Praxis des »guten« Alter(n)s vorzulegen. Gelegentlich wird auch von »optimalem«, »positivem« oder »erfolgreichem« Altern gesprochen (Baltes & Baltes, 1990; M. Baltes, Kohli & Sames, 1989; Brandtstädter, 1990; Gerok & Brandtstädter, Kapitel 14 in diesem Band; Rowe & Kahn, 1987). Ein derartiger Versuch stößt zunächst auf intellektuellen und emotionalen Widerstand, denn auf den ersten Blick sind Alter und Güte beziehungsweise Erfolg ein widersprüchliches Wortpaar. Auch könnte man kritisieren, dem Begriff des erfolgreichen Alter(n)s hafte der Geruch eines versteckten Sozialdarwinismus und gefährlichen Konkurrenzdenkens an, und er sei deshalb ein wenig wünschenswerter Ausdruck westlich-kapitalistischer Denktradition.

Der im Thema gutes oder erfolgreiches Altern angelegte Widerspruch kann jedoch stimulierend wirken. Er fordert heraus und weckt das Bedürfnis nach Erkenntnis und Reflexion. Wir sind gefordert, Altern und das Alter nicht nur als etwas Fixiertes, etwas »natürlich« Gegebenes hinzunehmen, sondern die »Natur« des Alter(n)s als gestaltbar und veränderbar zu begreifen und zu überprüfen, was prinzipiell machbar ist. Gleichzeitig regt das Konzept dazu an, über den Begriff des Erfolgs nachzudenken und vielleicht auch umzudenken. Die explizite Nennung der Themen Erfolg und Güte macht deutlich, daß es latente und manifeste gesellschaftliche Normen gibt, die als Regulatoren des Alterns wirken. Diese Normen müssen offengelegt und bewertet werden. »Erfolg« im fortgeschrittenen Alter könnte zum Beispiel nach anderen Kriterien bemessen sein als in früheren Lebensabschnitten (Tews, 1990). Für Vertreter des Konzeptes »erfolgreiches Alterns« scheint gerade die Wahl eines widerspruchsvollen und ambivalenten Begriffs geeignet, um ein Hinterfragen anzuregen und das Problem als Herausforderung zu verstehen.

– Die Frage der Kriterien

Gutes oder erfolgreiches Alter(n) zu definieren, ist nicht einfach. Unter experimentell-biologisch ausgerichteten Gerontologen steht die Länge des Lebens, das erreichte Alter als Prototyp im Vordergrund. Dieses Kriterium macht aber bereits deutlich, wie kompliziert das Problem ist, wenn man ein langes Leben in einer Art Gewinn-Verlust-Bilanzierung zu bewerten sucht. Denn die ältesten Menschen sind nicht notwendigerweise diejenigen, die in allen Lebensbereichen »erfolgreich« waren. »Weltrekordler« in Lebenszeit gehören vielleicht auch zu denjenigen, die am meisten gedarbt, die viele Krankheiten durchgemacht oder die meisten Freunde verloren und an den meisten Gräbern gestanden haben. Eine ähnliche Problematik trifft auf den zweiten Prototyp eines Kriteriums für gutes Altern zu, das vor allem von sozialwissenschaftlich ausgerichteten Gerontologen oft benutzt wird: Lebenszufriedenheit. Es gibt lebenszufriedene Menschen, deren Persönlichkeit und Lebensumstände von außen betrachtet als bedenklich erscheinen, wie zum Beispiel manche Stadt- oder Landstreicher. Umgekehrt gibt es aber auch weniger lebenszufriedene Menschen, von denen man es jedoch erwarten würde, etwa Künstler oder Genies.

Diese Beispiele verdeutlichen, daß gerontologische Forschung über gutes Alter(n) mehrere Kriterien gleichzeitig berücksichtigen muß, und ferner, daß eine Beantwortung der Frage nicht wertfrei und ohne das Gesamtphänomen betreffende Überlegungen möglich ist. Quantitative (objektive) und qualitative (subjektive) Aspekte des Lebens und Sterbens müssen gemeinsam berücksichtigt werden (M. Baltes, Kohli & Sames, 1989; Rentsch und Staudinger & Dittmann-Kohli, Kapitel 11 und 16 in diesem Band). Jede Definition, die den einen oder anderen Aspekt monothematisch in den Vordergrund stellt, greift zu kurz und läuft Gefahr, die individuellen und gesellschaftlichen Variationsmuster oder Wertprioritäten nicht hinreichend zu beachten. Forschungsstrategisch sollte das Kriteriumsprofil »pluralistisch« angelegt sein, so daß es eine Vielfalt von Kombinationen und Gewichtungen zuläßt.

Die folgenden Aspekte gehören zu den Kriterien, die bisher vorwiegend in der Erforschung des Themas guten oder erfolgreichen Alter(n)s einzelner Menschen im Vordergrund stehen: *Lebenslänge, körperliche Gesundheit, seelisch-geistige Gesundheit, soziale und gesellschaftliche Produktivität, psychosozialer Entwicklungsstand, Lebenssinn, Lebenszufriedenheit und Selbstwirksamkeit beziehungsweise persönliche Handlungskontrolle.* Dieses Kriterienbündel kann — auf gesellschaftlicher Ebene aggregiert — auch wie folgt verstanden werden: Gutes oder erfolgreiches Altern liegt dann vor, wenn im Durchschnitt, bei gleichzeitiger Minimalisierung von körperlicher, mentaler und sozialer Gebrechlichkeit beziehungsweise deren psychischer Bewältigung (Coping), immer länger gelebt wird. Mehr Jahre *und* mehr Lebensqualität sind die übergreifenden Suchkriterien.

Im folgenden werden zwei Beispiele skizziert, die diesen Brennpunkt weiter konkretisieren. Das erste bezieht sich auf den Versuch, die Optimierungs-, Schutz- und Risikofaktoren zu identifizieren, die ein Altwerden ermöglichen, das dem oben angeführten Kriterienbündel und den Suchkriterien nahe kommt. Das zweite beschreibt die Rahmenbedingungen eines Modells erfolgreichen psychologischen Alterns.

— Wissen über Optimierungs-, Risiko- und Schutzfaktoren

Gerontologische Forschung hat zu einer extensiven Liste von Optimierungs-, Schutz- und Risikofaktoren geführt, die es zu beachten gilt, wenn es darum geht, menschliches Leben sowohl quantitativ (Lebenslänge) als auch qualitativ (Lebensqualität) zu verbessern. Das Spektrum reicht von medizinischen Präventions-, Therapie- und Rehabilitationsmaßnahmen bis zur Stärkung von gesundheitsoptimierendem Verhalten in Familie, Freizeit und Beruf mit Hilfe psychischer Strategien der Bewältigung (Coping) und des geistigen Trainings (Filipp, Ferring & Klauer, 1989; Gerok & Brandtstädter, Kapitel 14 in diesem Band; Olbrich, 1989; Schütz, 1987; Steinhagen-Thiessen, Gerok & Borchelt und Weinert, Kapitel 5 und 7 in diesem Band). Der Implementierung solcher Optimierungsstrategien ist gemeinsam, daß sie zum Aufbau und zur Beibehaltung von Kapazitätsreserven beziehungsweise zur Bewältigung von kritischen Lebensherausforderungen und somit zu einer Verlangsamung negativer Alter(n)sprozesse führen. Je höher die allgemeinen körperlichen, mentalen und sozialen Kapazitätsreserven, desto wahrscheinlicher wird gutes Altern, gleichgültig nach welchem Kriterium man es bestimmt.

Ein medizinisch ausgerichtetes Beispiel für die Umsetzung gerontologischer Grundlagenforschung in alter(n)srelevante Optimierungsstrategien, die gesellschaftspolitisch und individuell praktikabel sind, ist das 1989 erschienene populärwissenschaftliche Buch »Aging Well« von Fries. Tabelle 3, die wegen ihrer schlagwortartigen und populärwissenschaftlichen Formulierung vielleicht naiv wirkt, faßt die Alter(n)serscheinungen zusammen, die nach dem Stand unseres heutigen Wissens durch korrektive beziehungsweise gesundheitsfördernde Maß-

Tabelle 3: Beispiele einer angewandten Gerontologie. Persönliche Optimierungs-strategien des Alterns (die Vorschläge stellen den Versuch dar, Ergebnisse aus der Grundlagenforschung für die Lebenspraxis und individuelle Strategien »er-folgreichen Alterns« umzusetzen; modifiziert nach Fries, 1989, S. 18 ff.).

Modifizierbare Alterserscheinungen	Präventive Strategien (Beispiele)
Körperliche Leistungsfähigkeit	Bewegung, Gewichtskontrolle, nicht rau-chen
Beweglichkeit	Dehnungsübungen
Herzleistungsreserve	Aerobic-Übungen
Blutdruck	Bewegung, Reduktion von Salzzufuhr, Fett-leibigkeit
Herzerkrankungen	Ernährung, Bewegung und ähnliches ge-sundheitsbewußtes Verhalten
Krebs	Ernährung, nicht rauchen und ähnliches ge-sundheitsbewußtes Verhalten
Arthritis	Übungen, Gewicht kontrollieren
Geistige Leistungsfähigkeit	Training, Übung

Nichtletale Krankheiten	Präventive Strategien (Beispiele)
Osteoarthritis	Bewegung, Gewicht kontrollieren
Brüche	Bewegung, Gewicht kontrollieren
Krampfadern	Bewegung, Gewicht kontrollieren, nicht rauchen
Thrombophlebitis	Bewegung, Gewicht kontrollieren, nicht rauchen
Gallenblasenentzündung	Bewegung, Gewicht kontrollieren, Ernäh-rung
Geschwüre	Nicht rauchen, mäßiger Alkoholkonsum, mäßiger Arzneimittelkonsum, Ernährung

Letale Krankheiten	Präventive Strategien (Beispiele)
Arteriosklerose	Ernährung, Bewegung, nicht rauchen, Ge-wicht kontrollieren, hohen Blutdruck kon-trollieren
Krebs (Lungen-, Brust-, Colon-, Mund-, Leber-, Esophaguskrebs)	Nicht rauchen, Ernährung, Gewicht kon-trollieren, mäßiger Alkoholkonsum
Emphysem	Nicht rauchen
Zirrhose	Mäßiger Alkoholkonsum
Diabetes	Ernährung, Bewegung, Gewicht kontrollie-ren
Trauma	Mäßiger Alkoholkonsum, Sicherheitsgurt

nahmen mehr oder weniger veränderbar sind. Wenn der einzelne und die Gesellschaft, so Fries, diese Interventionsmöglichkeiten in einer Art konzertierten Aktion umsetzen, wird die Wahrscheinlichkeit erhöht, daß gutes Altern vorliegt, daß wir im Durchschnitt nicht nur länger, sondern auch »gut« altern. Wichtig ist zu erkennen, daß ein wesentlicher Teil der Bedingungsfaktoren für gutes Altern in jüngeren Lebensperioden zu finden ist. Diese Sichtweise entspricht der in der Gerontologie so bedeutsamen Tradition eines das gesamte Leben umfassenden, sogenannten »lifespan«- oder »lifecourse«-Ansatzes: Das Altern beginnt bei der Geburt und wird von der Natur des gesamten Lebensverlaufs beeinflußt (P. Baltes, 1990; Kohli und Kruse, Kapitel 9 und 13 in diesem Band; Mayer, 1990).

– Ein psychologisches Modell erfolgreichen Alterns

Das zweite Beispiel ist der Versuch, die Rahmenbedingungen und die Dynamik einer psychologischen Theorie guten oder erfolgreichen Alter(n)s zu beschreiben (Baltes & Baltes, 1990). Dieses Modell geht von verschiedenen Annahmen über das Wesen des Alter(n)s aus. Diesen Rahmenbedingungen entsprechend wird dann eine Bewältigungsstrategie vorgeschlagen, die sogenannte *Optimierung durch Selektion und Kompensation*, die es dem einzelnen erlaubt, seinen individuellen Alternsprozeß proaktiv zu beeinflussen, und dies trotz zunehmender Begrenzungen.

In Abbildung 3 sind zunächst die wichtigsten Rahmenbedingungen dargestellt, die das Wesen des Alter(n)s kennzeichnen. Eine erste, Altern als Spezialisierung (Kanalisierung), ist Ausdruck der beträchtlichen Individualität im Altern. Gutes Altern ist immer eine Form kulturell und psychologisch angelegter Spezialisierung. Die zweite Rahmenbedingung, Verlust an biologischen Entwicklungs- und Kapazitätsreserven, macht deutlich, daß gutes oder erfolgreiches

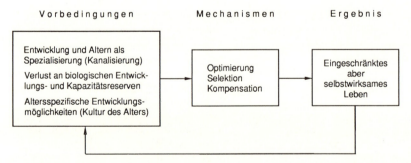

Abbildung 3: Ein psychologisches Modell erfolgreichen Alterns. Optimierung durch Selektion und Kompensation (nach Baltes & Baltes, 1990). Die mit dem Altern einhergehenden Veränderungen werden dadurch aufgefangen und transformiert, daß Prozesse der Selektion und Kompensation weiterhin eine Optimierung in bestimmten Lebensbereichen ermöglichen.

Altern immer auch eine gewisse Beschränkung beinhalten muß, was die Bandbreite des Realisierbaren anbelangt. Wir erleben diese Einschränkung einerseits besonders dann, wenn wir uns ein breites Spektrum an Höchstleistungen abfordern oder wenn wir an Krankheiten leiden. Diese Verluste an Kapazitätsreserven schließen andererseits auch Tatbestände ein, die menschliche Grenzsituationen darstellen: Chronische Erkrankungen mit ihren endgültigen körperlichen Einschränkungen oder der herannahende Tod sind Beispiele. Die dritte Rahmenbedingung, Entwicklungsmöglichkeiten durch eine Alter(n)skultur, bezeichnet die Tatsache, daß es bestimmtes Wissen und bestimmte Lebensformen (wie Weisheit) geben kann, die durch langes Leben und die Bewältigung von Lebensaufgaben und schwierigen Lebenssituationen (z. B. Krankheit) gefördert werden, die also zu den möglichen Stärken des Alters gehören.

Der rechte Teil der Abbildung 3 charakterisiert *eine* individuelle Alter(n)sstrategie, die diesen Rahmenbedingungen entspricht. Kann man sich vorstellen, daß trotz reduzierter Kapazitätsreserven, trotz eines deutlich erhöhten Morbiditätsprofils gutes oder erfolgreiches Altern möglich ist? Vorgeschlagen wird, daß hierbei drei Prozesse besonders wirksam sind. Der erste Prozeß, die Optimierung, bezieht sich auf eine Annahme, deren Gültigkeit sich in gerontologischer Forschung etwa zur Intelligenz oder zur körperlichen Vitalität gezeigt hat. Die Annahme besagt, daß Menschen in der Lage sind, ihre körperlichen und mentalen Reserven zu üben und zu stärken. Der zweite Prozeß ist die Selektion. Wegen geringerer Reserven und der erhöhten Morbidität im Alter ist es notwendig, sich weniger vorzunehmen und sich auf weniger Lebensbereiche zu konzentrieren beziehungsweise Lebensziele den Gegebenheiten anzupassen (z. B. Brandtstädter, 1989). Der dritte Prozeß der vorgeschlagenen Alter(n)sstrategie bezieht sich auf Kompensationsprozesse. Diese können intern (z. B. Wissen um Gedächtnistechniken) und extern (z. B. altersfreundliche Verkehrstechnologie, medizinische Prothetik) sein (Kruse, Kapitel 26 in diesem Band). Kompensationsprozesse setzen ein, wenn irreversible Einschränkungen in der Bandbreite und Ausfälle bestimmter Funktionsbereiche, etwa durch Krankheiten, erlebt werden.

Wichtig ist, daß dieses psychologische Modell »guten« Alterns zwar in seinen Grundprinzipien auf alle Menschen anwendbar ist und Allgemeingültigkeit haben soll, daß es aber in seinen Spezifitäten und seiner temporalen und inhaltlichen Ausgestaltung der Lebenssituation des einzelnen angepaßt ist. Dem Pianisten Rubinstein wird nachgesagt, daß er die Schwächen des Alters dadurch bezwingt, daß er weniger Stücke spielt (Selektion), diese häufiger übt (Optimierung) und vor schnelleren Passagen Verlangsamungen einführt, um so das Nachfolgende durch die Kontrastierung schneller erscheinen zu lassen (Kompensation).

Der Prozeß der Optimierung durch Selektion und Kompensation läßt sich auch anhand »altersfreundlicher« Umgebungen wie Altenpflegeheimen veranschaulichen (M. Baltes, Wahl & Reichert, im Druck). Im Idealfall sind Altenpflegeheime, wenn als altersfreundliche Umwelten konzipiert, gleichzeitig auf die drei Elemente des Modells eingestellt: Optimierung zeigt sich in den Möglichkeiten der Lebensführung, in denen Kapazitätsreserven gestärkt werden und Weiterentwicklung angestrebt wird. (Dieser Aspekt ist wahrscheinlich das in heutigen Altenpflegeheimen am wenigsten realisierte Ziel.) Selektion drückt sich darin aus, daß im Altenpflegeheim die räumliche und soziale Umwelt eine geringere Bandbreite umfassen und unter Umständen auch Aktivitäten gepflegt werden (wie Methoden der Lebensbilanzierung; Staudinger, 1990), die für den einzelnen eher Neuland darstellen. Kompensation betrifft das in Altenpflegeheimen oft im Vordergrund stehende Spektrum technologischer und medizinischer Unterstützung. Zukunftsweisend sind natürlich Alteninstitutionen, die ein Gleichgewicht zwischen den drei Prozessen finden und zusätzlich, im Hinblick auf die beträchtliche individuelle Variabilität (differentielles Altern), hinreichende Flexibilität ermöglichen.

Diese vorangegangenen Beobachtungen über gutes Altern und ein psychologisches Modell guten oder erfolgreichen Alterns sind als Anregungen gedacht. Das dargestellte Modell ist einfach, vorläufig und sicherlich nur eines von vielen möglichen. Wichtig an diesem Beispiel sind drei Punkte:

Erstens basieren alle Überlegungen zum guten Altern auf der Annahme, daß Alter(n) nicht ein quasi-natürlicher Prozeß ist, der weitgehend fixiert ist. Das Alter stellt einen noch wenig ausgestalteten Bereich der menschlichen Entwicklung dar. Dementsprechend ist das Potential des Alter(n)s noch weitgehend unbekannt, es bedarf der Exploration und Aktivierung. Zweitens sind wir, als Personen und als Gesellschaft, Mitgestalter des Alterns. Wie das Alter(n) aussieht, ist zu einem wesentlichen Teil das Resultat unserer persönlichen und gesellschaftlichen Bemühungen um gutes Altern und dessen Variationen.

Und drittens ist das Alter eine Lebensphase mit vielen Gesichtern. Dazu gehört der Umgang mit körperlichen, mentalen und sozialen Verlusten. Die potentiellen Stärken des Alter(n)s und dessen Schwächen gleichzeitig im Auge zu behalten und zu meistern, ist die besondere Herausforderung an die Zukunft. So kann es gelingen, auch im Alter für einen zunehmend größeren Anteil der Bevölkerung eine angemessene Lebensqualität zu verwirklichen, die den Ansprüchen einer hochentwickelten menschlichen Zivilisation genügt. In China sagt man: »Die heutigen Generationen bauen die Straße, auf der die nächste fährt«.

Literaturverzeichnis

Achenbaum, W. A. & Levin, J. S. (1989). What does gerontology mean? *The Gerontologist*, 29, 393 – 400.

Baltes, M. M. (1987). Erfolgreiches Altern als Ausdruck von Verhaltenskompetenz und Umweltqualität. In C. Niemitz (Hrsg.), *Der Mensch im Zusammenspiel von Anlage und Umwelt* (S. 353 – 377). Frankfurt/M.: Suhrkamp.

Baltes, M. M., Kohli, M. & Sames, K. (Hrsg.) (1989). *Erfolgreiches Altern: Bedingungen und Variationen*. Bern: Huber.

Baltes, M. M., Wahl, H.-W. & Reichert, M. (im Druck). Successful aging in institutions? *Annual Review of Gerontology and Geriatrics*.

Baltes, P. B. (1989). Das Doppelgesicht des Alterns. In Max-Planck-Gesellschaft (Hrsg.), *Max-Planck-Gesellschaft Jahrbuch* (S. 41 – 60). Göttingen: Vandenhoeck & Ruprecht.

Baltes, P. B. (1990). Entwicklungspsychologie der Lebensspanne: Theoretische Leitsätze. *Psychologische Rundschau, 41*, 1 – 24.

Baltes, P. B. & Baltes, M. M. (1990). Psychological perspectives on successful aging: The model of selective optimization with compensation. In P. B. Baltes & M. M. Baltes (Eds.), *Successful aging: Perspectives from the behavioral sciences* (pp. 1 – 33). New York: Cambridge University Press.

Baltes, P. B. & Smith, J. (1990). Weisheit und Weisheitsentwicklung: Prolegomena zu einer psychologischen Weisheitstheorie. *Zeitschrift für Entwicklungspsychologie und Pädagogische Psychologie, 22*, 95 – 135.

Binstock, R. H. & George, L. K. (Eds.) (1990). *Handbook of aging and the social sciences* (3rd ed.). New York: Academic Press.

Birren, J. E. (Ed.) (1959). *Handbook of aging and the individual: Psychological and biological aspects*. Chicago, IL: University of Chicago Press.

Birren, J. E. (1988). A contribution to the theory of the psychology of aging: As a counterpart of development. In J. E. Birren & V. L. Bengtson (Eds.), *Emergent theories of aging* (pp. 153 – 176). New York: Springer.

Birren, J. E. & Schaie, K. W. (1990). *Handbook of the psychology of aging* (3rd ed.). San Diego, CA: Academic Press.

Bortz, W. M., II (1989). Redefining human aging. *Journal of the American Geriatrics Society, 37*, 1092 – 1096.

Brandtstädter, J. (1989). Optimale Entwicklung als Problem der Selbstregulation von Entwicklungsprozessen. In M. M. Baltes, M. Kohli & K. Sames (Hrsg.), *Erfolgreiches Altern: Bedingungen und Variationen* (S. 319 – 323). Bern: Huber.

Brandtstädter, J. (1990). Entwicklung im Lebensablauf: Ansätze und Probleme der Lebensspannen-Entwicklungspsychologie. *Kölner Zeitschrift für Soziologie und Sozialpsychologie, 42* (Sonderheft 31), 322 – 350.

Brock, D. B., Guralnik, J. M. & Brody, J. A. (1990). Demography and epidemiology of aging in the United States. In E. L. Schneider & J. W. Rowe (Eds.), *Handbook of the biology of aging* (pp. 3 – 23). San Diego, CA: Academic Press.

Bromley, D. B. (1988). Approaching the limits. *Social Behavior, 3*, 71 – 84.

Club of Rome (1972). *Grenzen des Wachstums*. Stuttgart: Deutsche Verlagsanstalt.

Cowdry, E. V. (1939). *Problems of ageing*. Baltimore, MD: Williams & Wilkins Co.

Ericsson, K. A. (1990). Peak performance and age: An examination of peak performance in sports. In P. B. Baltes & M. M. Baltes (Eds.), *Successful aging: Perspectives from the behavioral sciences* (pp. 164 – 195). New York: Cambridge University Press.

Filipp, S.-H., Ferring, D. & Klauer, T. (1989). Subjektives Alterserleben – Ein Merkmal erfolgreichen Alterns? In M. M. Baltes, M. Kohli & K. Sames (Hrsg.), *Erfolgreiches Altern: Bedingungen und Variationen* (S. 296 – 300). Bern: Huber.

Finch, C. E. (1990). *Longevity, senescence, and the genome*. Chicago, IL: University of Chicago Press.

Fozard, J. L., Matter, E. J. & Brant, L. J. (1990). Next steps in describing aging and disease in longitudinal studies. *Journal of Gerontology: Psychological Sciences*, 45, 116 – 127.

Fries, J. F. (1983). The comparison of morbidity. *The Milbank Quarterly*, 61, 397 – 419.

Fries, J. F. (1989). *Aging well*. Reading, MA: Addison-Wesley.

Fries, J. F. (1990). Medical perspectives upon successful aging. In P. B. Baltes & M. M. Baltes (Eds.), *Successful aging: Perspectives from the behavioral sciences* (pp. 35 – 49). New York: Cambridge University Press.

Gehlen, A. (1956). *Urmensch und Spätkultur*. Bonn: Athenäum.

Geißler, E. E. (Hrsg.) (1990). *Bildung für das Alter – Bildung im Alter*. Bonn: Bouvier.

Goldberg, A. P. & Hagberg, J. M. (1990). Physical exercise in the elderly. In E. L. Schneider & J. W. Rowe (Eds.), *Handbook of the biology of aging* (pp. 407 – 428). San Diego, CA: Academic Press.

Gruman, G. J. (Ed.) (1979). *Roots of modern gerontology and geriatrics*. New York: Arno Press.

Häfner, H. (1986). *Psychologische Gesundheit im Alter*. Stuttgart: Gustav Fischer.

Hayflick, L. (1987). Biological aging theories. In G. L. Maddox (Ed.), *The encyclopedia of aging* (pp. 64 – 68). New York: Springer.

Höffe, O. (1989). Normative Gerontologie: Der tauschtheoretische Entwurf einer neuen Disziplin der Sozialethik. *Jahrbuch für christliche Sozialwissenschaften*, 30, 135 – 148.

House, J. S., Kessler, R. C., Herzog, A. R., Mero, R. P., Kinney, A. M. & Breslow, M. J. (1990). Age, socioeconomic status, and health. *The Milbank Quarterly*, 68, 383 – 411.

Institute of Medicine (1991). *Extending life, enhancing life. A national research agenda on aging*. Washington, DC: National Academy Press.

Karl, F. & Tokarski, W. (Hrsg.) (1989). *Die »neuen« Alten*. Kassel: Gesamthochschulbibliothek.

Kastenbaum, R. (1987). Gerontology. In G. L. Maddox (Ed.), *The encyclopedia of aging* (pp. 288 – 290). New York: Springer.

Kliegl, R. & Baltes, P. B. (1987). Das Janusgesicht des Alters: Über Wachstum und Abbau in Intelligenz und Gedächtnis. In E. H. Graul, S. Pütter & D. Loew (Hrsg.), *Medicenale XVII* (S. 1 – 22). Iserlohn: Medice.

Kruse, A. (1991). *Kompetenz im Alter und ihre Bezüge zur objektiven und subjektiven Lebenssituation*. Habilitationsschrift, Fakultät der Sozial- und Verhaltenswissenschaften der Universität Heidelberg.

Labouvie-Vief, G. (1981). Proactive and reactive aspects of constructivism: Growth and aging in life-span perspective. In R. M. Lerner & N. A. Busch-Rossnagel (Eds.), *Individuals as producers of their development* (pp. 197 – 230). New York: Academic Press.

Lehr, U. (1991). *Psychologie des Alterns* (7. Aufl.). Heidelberg: Quelle & Meyer.

Lehr, U. & Thomae, H. (Hrsg.) (1987). *Formen seelischen Alterns*. Stuttgart: Enke.

Lepenies, W. (1978). Wissenschaftsgeschichte und Disziplingeschichte. *Geschichte und Gesellschaft*, 4, 437 – 451.

Lindenberger, U., Smith, J. & Baltes, P. B. (1989). Das Altern der Intelligenz: Möglichkeiten und Grenzen. *Münchener Medizinische Wochenschrift*, 131, 93 – 96.

Maddox, G. L. (Ed.) (1987). *The encyclopedia of aging*. New York: Springer.

Mayer, K. U. (1990). Lebensverläufe und sozialer Wandel. Anmerkungen zu einem Forschungsprogramm. *Kölner Zeitschrift für Soziologie und Sozialpsychologie, 42* (Sonderheft 31), 7 – 21.

Metchnikoff, E. (1903). *The nature of man* [Etude sur la nature humaine]. New York: Putnam.

Müller, W. E. G. & Rohen, J. W. (Hrsg.) (1981). *Biochemical and morphological aspects of ageing.* Wiesbaden: Steiner.

Nascher, I. L. (1909). Geriatrics. *New York Medical Journal, 90,* 359.

Nascher, I. L. (1914). *Geriatrics: The diseases of old age and their treatment, including physiological old age, home and institution care, and medico-legal relations.* Philadelphia, PA: P. Blakeston's Son & Co.

Neugarten, B. L. & Neugarten, D. A. (1989). Policy issues in an aging society. In M. Storandt & G. R. VandenBos (Eds.), *The adult years: Continuity and change* (pp. 143 – 167). Washington, DC: American Psychological Association.

Nisbett, R. E. (1980). *History of the idea of progress.* New York: Basic Books.

Olbrich, E. (1989). Erfolgreiches Altern aus funktionalistischer und interpretativer Perspektive. In M. M. Baltes, M. Kohli & K. Sames (Hrsg.), *Erfolgreiches Altern: Bedingungen und Variationen* (S. 314 – 318). Bern: Huber.

Oswald, W. D., Herrmann, W. M., Kanowski, S., Lehr, U. M. & Thomae, H. (Hrsg.) (1984). *Gerontologie.* Stuttgart: Kohlhammer.

Platt, D. (Hrsg.) (1991). *Biologie des Alterns.* Berlin: de Gruyter.

Plomin, R. & Thompson, L. (1988). Life-span developmental behavioral genetics. In P. B. Baltes, D. L. Featherman & R. M. Lerner (Eds.), *Life-span development and behavior* (Vol. 8, pp. 1 – 31). Hillsdale, NJ: Erlbaum.

Rockstein, M., Chesky, J. & Sussman, M. (1990). Comparative biology and evolution of aging. In C. E. Finch & L. Hayflick (Eds.), *Handbook of the biology of aging* (pp. 3 – 36). New York: Van Nostrand Reinhold.

Rosenmayr, L. (1990). *Die Kräfte des Alters.* Wien: Edition Atelier.

Rowe, J. W. & Kahn, R. L. (1987). Human aging: Usual and successful. *Science, 237,* 143 – 149.

Schaie, K. W. (1983). The Seattle Longitudinal Study: A twenty-one year exploration of psychometric intelligence in adulthood. In K. W. Schaie (Ed.), *Longitudinal studies of adult psychological development* (pp. 64 – 135). New York: Guilford Press.

Schneider, E. L. & Guralnik, J. M. (1990). The aging of America: Impact on health costs. *Journal of the American Medical Association, 263,* 2335 – 2340.

Schneider, E. L. & Rowe, J. W. (1990). *Handbook of the biology of aging* (3rd ed.). San Diego, CA: Academic Press.

Schopenhauer, A. (1974). *Aphorismen zur Lebensweisheit.* Stuttgart: Kröner. (Erstausgabe 1851).

Schröder, H. C. (1986). Biochemische Grundlagen des Alterns. *Chemie unserer Zeit, 60,* 128 – 138.

Schütz, R.-M. (Hrsg.) (1987). *Alter und Krankheit.* München: Urban & Schwarzenberg.

Siegler, I. C. (1989). Developmental health psychology. In M. Storandt & G. R. VandenBos (Eds.), *The adult years: Continuity and change* (pp. 119 – 142). Washington, DC: American Psychological Association.

Späth, L. & Lehr, U. (Hrsg.) (1990). *Altern als Chance und Herausforderung* (Bd. 1 & 2). Bonn: Verlag Bonn Aktuell.

Spohr, W. (1954). *Glorie des Alters*. Berlin: Peters.

Staudinger, U. M. (1990). Lebensrückblick: Ein Weg zur Weisheit? *Psychologie Heute*, *17*, 60–64.

Staudinger, U. M., Cornelius, S. W. & Baltes, P. B. (1989). The aging of intelligence: Potential and limits. *The Annals of the American Academy of Political and Social Science*, *503*, 43–59.

Steinhagen-Thiessen, E. (1986). Influence of age and training on bone and muscle tissue in humans and mice. In M. Bergener, M. Ermini & H. B. Stähelin (Eds.), *Dimensions in aging* (pp. 133–142). London: Academic Press.

Sternberg, R. J. (Ed.) (1990). *Wisdom: Its nature, origins, and development*. New York: Cambridge University Press.

Tews, H. (1990). Leistung im Strukturwandel des Alters. In R. Schmitz-Scherzer, A. Kruse & E. Olbrich (Hrsg.), *Altern — Ein lebenslanger Prozeß der sozialen Interaktion* (S. 357–363). Darmstadt: Steinkopff.

Tokarski, W. (1989). *Zur Situation von Lehre und Studium der Gerontologie in der Bundesrepublik* (Kasseler Gerontologische Schriften, Bd. 7). Kassel: Gesamthochschulbibliothek.

UN — United Nations (Economic and Social Council) (1989). *Second review and appraisal of the implementation of the International Plan of Action on Aging* (Report No. E/1989/13). Wien: United Nations.

Vijg, J. & Papaconstantinou, J. (1990). Aging and longevity genes: Strategies for identifying DNA sequences controlling the life span. *Journal of Gerontology*, *45*, 179–182.

Willis, S. L. & Schaie, K. W. (1986). Practical intelligence in later adulthood. In R. J. Sternberg & R. K. Wagner (Eds.), *Practical intelligence in an everyday world* (pp. 236–268). New York: Cambridge University Press.

2. Der alte Mensch in der Vergangenheit

PETER BORSCHEID

Zusammenfassung

Das Ansehen der alten Menschen unterlag in der Geschichte heftigen Wandlungen. Der frühen Neuzeit erschien der alte Mensch als Bürde und Jammergestalt. Erst der Prozeß der Versittlichung und Sozialdisziplinierung steigerte seit dem späten 17. Jahrhundert die Achtung vor den alten Mitmenschen. Er gipfelte in der zweiten Hälfte des 18. Jahrhunderts in einer Inthronisation des Alters. Die tiefgreifenden ökonomischen und sozialen Veränderungen seit der Wende zum 19. Jahrhundert führten zunächst nicht zu einer gesellschaftlichen Abwertung der Alten. Diese wurden jedoch in eine Idylle abgeschoben, in der sie zwar Achtung genossen, aber nicht mehr als Autoritäten wirken konnten. Erst seit dem ausgehenden 19. Jahrhundert wurde Jugend zum neuen Programm.

Für den mitteleuropäischen Raum ist auch in vorindustrieller Zeit das Streben der Älteren nach Unabhängigkeit von der nachfolgenden Generation typisch. In den Regionen, in denen sich Mehrgenerationenhaushalte bildeten, führten vor allem demographische oder sachliche Zwänge dazu. Erstrebt wurde eine räumliche Trennung von den eigenen Kindern, nicht die weiten Entfernungen, aber doch trennende Wände.

Bis ins 20. Jahrhundert hinein galt für die überwiegende Mehrheit der Menschen Arbeit bis an das Lebensende als unabdingbares Muß. Ausgehend von den Staatsbeamten und in Verbindung mit dem steigenden Lebensstandard, der Rationalisierung der Wirtschaft und der Entwicklung von Rentensystemen bildete sich in der Zeit der Weimarer Republik der Ruhestand als eigenständige und allgemeingültige Lebensphase heraus.

A. Das Ansehen der alten Menschen in der Öffentlichkeit

Im Jahre 1896 meldet sich äußerst selbstbewußt die junge Generation zu Wort. In München erscheint erstmals die Zeitschrift »Jugend«. Sie und der nach ihr benannte Jugendstil stehen für Aufbruch und Dynamik; sie sind Symbol für

Prof. Dr. Peter Borscheid ist als Historiker und Wirtschaftswissenschaftler Inhaber des Lehrstuhls für Sozial- und Wirtschaftsgeschichte an der Philipps-Universität Marburg. Sein Forschungsgebiet umfaßt in den letzten Jahren insbesondere die Historische Familienforschung, die Geschichte des Alters, die Historische Demographie sowie die Versicherungsgeschichte.

Abbildung 1: Links – Titelseite der Zeitschrift »Jugend« (1896, 1 [Heft 12]); rechts – Titelseite der Zeitschrift »Jugend« (1897, 2 [Heft 23]).

geniale Originalität, nicht für rückwärtsgewandten Eklektizismus. Auf dem Titelblatt des zwölften Heftes packen zwei junge Schöne einen alten Mann am Arm und tragen ihn fast mühelos wie eine Feder hinweg (s. Abb. 1, links). Wenn man so will, schaffen sie ihn beiseite. Jetzt wird Altes zu Grabe getragen; das Alter verliert das Sagen. Fortan lauscht die Jugend nicht mehr andächtig den Worten von Greisen, wie seit den Tagen von Joachim Heinrich Campe in unzähligen Variationen dargestellt, jetzt rennen alte Männer und Frauen ganz verzückt der Jugend hinterher und ergötzen sich an deren Melodie, wie auf einem anderen Titelbild der »Jugend« skizziert. Die junge Generation der Jahrhundertwende macht aus den alten Menschen Statisten, sie erklärt sie kurzerhand als innovationsfeindlich und damit als wenig nützlich (s. Abb. 1, rechts).

Dieser Bruch in der gesellschaftlichen Bewertung des Alters hat viele Zeitgenossen zutiefst schockiert. Er hat sie die Wirklichkeit des Gestern vergessen lassen und zu einer Verklärung der Vergangenheit geführt. Dem mit Problemen beladenen Heute stellten sie fortan eine heile Welt von Gestern gegenüber. Es entstanden idyllische Bilder von der Großfamilie, in der Alt und Jung in vollkommener Harmonie Schutz, Anerkennung und sinnvolle Aufgaben fanden. Immer öfter wiederholten sie voller Inbrunst romantische Legenden von der Glückseligkeit vorindustrieller Lebensformen und sahen in Diskriminierung und Elend von alten Menschen in der Gegenwart ein junges Phänomen, eine Geburt des Industriezeitalters.

Entgegen dieser heute noch weitverbreiteten Auffassung ist jedoch auch die vorindustrielle Gesellschaft bisweilen nicht sehr sanft mit ihren alten Mitmenschen umgegangen. Je nach Epoche und Land wechselten die Einstellungen gegenüber dem Alter. Mißachtung folgte auf Achtung, Verunglimpfung auf Huldigung. Das Ansehen der Alten unterlag heftigen, zum Teil dramatischen Wandlungen. Im Alltag war ihre Behandlung sehr stark von Schichtenzugehörigkeit, Geschlecht und Besitz abhängig. Dabei galt der als alt, dessen körperliche und geistige Kräfte – als Vorboten des Todes – schwanden, nicht jedoch der, der ein bestimmtes kalendarisches Alter überschritten hatte. Alt war, wer sich alt fühlte, wer die Hausherrenstellung auf Jüngere übertrug oder mit entsprechender Kleidung seiner Umwelt sein Alter signalisierte, etwa die Witwe, die nicht mehr heiraten wollte. Alter war bis ins frühe 20. Jahrhundert weitgehend gleichbedeutend mit Invalidität, es war biologisch determiniert. Erst seit dieser Zeit ist die Altersphase sozial gesetzt und wird durch die Regeln der gesetzlichen Rentenversicherung bestimmt.

1. Das Altersbild im Wandel der Geschichte

Bei näherer Betrachtung der deutschen Geschichte der letzten 500 Jahre schwindet jede Euphorie über die angeblich verlorengegangene traute Übereinstimmung zwischen den Generationen. Vor allem in der frühen Neuzeit waren die Menschen bis nach dem Dreißigjährigen Krieg weit davon entfernt, in

Ciceros Lobrede auf die Alten einzustimmen oder gar einer Gerontokratie das Wort zu reden. Der alte Mensch des 16. und 17. Jahrhunderts war in den Augen der Zeitgenossen kein vollwertiges Mitglied der Gesellschaft. Er erschien in der Literatur, auf der Bühne des Theaters und erst recht in der Realität als unnütz, Bürde und Jammergestalt. Zwar blieb in der christlichen Lehre und den moralischen Schriften der Grundgedanke der Antike von der Wertschätzung des Greisenalters weiter lebendig, aber bis in die rauhe Wirklichkeit drang diese Lehre kaum einmal vor. Der, den »im Arsch das Schindermesser sticht«, wie sich Sebastian Brant 1494 im »Narrenschiff« ausdrückt, war der Verachtung durch seine Mitmenschen preisgegeben, wurde zum Spott der Kinder, die nur auf seinen baldigen Tod und eine reiche Erbschaft hofften (zitiert nach Keller, 1964, S. 216). Die sogenannten Großeltern waren eigentlich die Kleinen: etwas tapsig und nicht ganz gescheit, kindisch und hilfsbedürftig, hinfällig am Leib, hinfällig auch im Kopf.

Das Alter war mit dem Makel des Zerfalls behaftet, mit Abbau und Rückbildung aller früheren Fähigkeiten. Es wurde als Krankheit und Invalidität interpretiert, in ihm vereinten sich alle Gebrechen, die ein Leben voll von kräftezehrender Arbeit und frierend-feuchter Armut als tiefe Spuren hinterlassen hatte. Die zeitgenössische Medizin vermochte diese Gebrechen nicht zu lindern, sie vermochte lediglich die Leiden zu verlängern. Das Alter geriet als Vorstufe des Todes in den Sog der zeitgenössischen Darstellungen, die den Tod in extremster Grausamkeit und ekelhafter Scheußlichkeit zeigten, als Aas, als Würger, als Knochenmann, der den Sündern den Angstschweiß auf die Stirn trieb. Aus dieser Sicht wird es verständlich, daß der Tod oftmals eine wirkliche Erlösung bedeutete, eine Erlösung von den vielen Übeln dieser Welt; hinter ihm wartete das ewige Paradies (Borscheid, 1987, S. 13 – 37).

Das 16. und frühe 17. Jahrhundert verherrlichten die Jugend, die vor Kraft strotzenden jungen Männer, nicht die verbrauchten Alten mit ihren tausend Zipperlein. Vom Alter wurde der allgemeine Lebensstil nicht beeinflußt. Die Zeitgenossen vergötterten die Jugend, die im Angesicht der vielen Grausamkeiten und Epidemien, der Kriege und Pestwellen das Leben voll auszukosten vermochte. Wo die Menschen von einer fast närrischen Liebe zum Leben erfaßt wurden, wo Raub und Kampf, Quälen und Töten, Fressen und Saufen sowie eine derbe Erotik Triumphe feierten – Norbert Elias hat dies anschaulich geschildert (Elias, 1978) –, störten der griesgrämige Alte und das von Krankheiten verseuchte Alter. Das Toleranzpotential blieb unterentwickelt. Wo die rohe Freude am prallen Leben regierte, sahen sich die Schwachen und Ängstlichen brüsk an die Wand gedrückt. Lebensgenuß und moralischer Verfall gingen über die Probleme der alten Menschen achtlos hinweg. Die ganz wenigen Ansätze zur sozialen Aufwertung der älteren Generation verloren sich in den Wirren des Dreißigjährigen Krieges mit seiner Menschenverachtung, seinem Haß und dem Zusammenbruch aller Zivilisation. Die alten Menschen sahen sich jetzt in ihrem Ansehen auf einem absoluten Tiefpunkt.

Der alte Mensch konnte erst dann wieder auf gesellschaftliche Aufmerksamkeit und Zuneigung hoffen, wenn es gelang, den allgemeinen Verlust an Humanität aufzuheben und die Achtung vor den Mitmenschen fest zu verankern. Das sollte eine der großen Leistungen des späten 17. und besonders des 18. Jahrhunderts werden. Im Anschluß an den großen Krieg setzte ein Prozeß der Versittlichung ein, der in der zweiten Hälfte des 18. Jahrhunderts in eine Inthronisation des Alters mündete. Man erkannte jetzt, wie der englische Philosoph Thomas Hobbes 1651 im »Leviathan« anmerkte, daß der ungezügelte Naturzustand des Menschen eine Schlacht aller gegen alle ist (Hobbes, 1984). Der deutsche Völkerrechtler Samuel Pufendorf stellte 1672 an die Spitze seiner gesellschaftlichen Pflichtenlehre das Verbot, andere zu schädigen, und forderte Achtung gegenüber den Mitmenschen. Er und andere drängten, am Aufbau einer humaneren Gesellschaft mitzuwirken. Ein tiefgreifender Prozeß der Versittlichung und Sozialdisziplinierung begann und wirkte sich nicht zuletzt zum Wohle der alten Menschen aus. Der deftigen Derbheit des 16. Jahrhunderts wurde die Höflichkeit entgegengesetzt, die für die Älteren das Zusammenleben mit den Jüngeren wesentlich erleichterte.

Auch die vielen pietistischen Zirkel arbeiteten auf eine Reformation der Welt hin. Sie forderten Toleranz und halfen, ehemalige christliche Begriffe ins Weltliche zu wenden und zu rationalisieren. Dichter brachten seit Beginn des 17. Jahrhunderts vermehrt den pietätlosen Sohn, der gegen seinen Vater revoltierte, auf die Bühne, führten ihn bis an den Rand des moralischen Abgrunds, um bei den Zuschauern Ekel vor einem solchen Verhalten zu erwecken. Zugleich wurde es Mode, in pathetischen »Trauercarmina« und »Klagezypressen« die verstorbenen Eltern zu ehren. Gerade die Leichenpredigten trugen sehr viel zur gesellschaftlichen Höherbewertung des Alters bei. In der Staatsverwaltung begann sich gleichzeitig das Anciennitätsprinzip durchzusetzen. Alles dies sind Hinweise, daß dem Alter bereits im frühen 18. Jahrhundert in der Öffentlichkeit Achtung und Verehrung zuteil wurden. In der »Tuba Rustica« des bayerischen Barockpredigers Christoph Selhamer aus Weilheim heißt es: »Insgemein halt man eben das, was alt ist, für das Best« (zitiert nach Böck, 1953, S. 49).

In der nachfolgenden Zeit vertiefte die Aufklärung diese Glückseligkeitslehre des Naturrechts und zielte unter anderem auf eine sittliche Vervollkommnung und geistige Höherbewertung der Persönlichkeit. Die Vertreter der Aufklärung forderten mit Nachdruck die Verwirklichung einer sittlichen Gemeinschaftsordnung. Sie fanden unter anderem in den »Moralischen Wochenschriften« ein wirkungsvolles Sprachrohr, das nicht nur die höchsten Gesellschaftsschichten erreichte. Diese Schriften vermittelten das Idealbild des weisen, genügsamen und zufriedenen Menschen, der die Freuden des Lebens mit Bedacht genießt. Es kam den physischen Möglichkeiten der Alten naturgemäß eher entgegen als die draufgängerische und rohe Umgangsart des 16. Jahrhunderts. Fortan konnte die ältere Generation auf vielen Gebieten mit der jüngeren mithalten und ihre Erfahrungen voll zur Geltung bringen. Schriftsteller beklagten zur Mitte des

Jahrhunderts nicht mehr die Leiden des Alters, sie schilderten nicht mehr in porentiefem Realismus die Qualen der alten Menschen, sondern rühmten ihre Weisheit. Gleichzeitig rückte auch die Malerei das Alter vermehrt in den Mittelpunkt, während die jüngeren Generationen eher zur Staffage wurden.

In der zweiten Hälfte des 18. Jahrhunderts entzündete sich eine heftige Diskussion über die Beeinflußbarkeit der Lebensdauer, worauf das 16. Jahrhundert noch keinen Gedanken verwandt und lediglich im Alter auf eine rasche Erlösung von den Qualen des Diesseits gehofft hatte. Wenn auch die Medizin letztlich noch keine wirkliche Hilfestellung zu geben vermochte, so war doch entscheidend, daß sich die Menschen jetzt über die Verlängerung des Lebens Gedanken machten und für dieses Leben zu kämpfen begannen. Der Arzt Christoph Wilhelm Hufeland verursachte seit 1796 mit seiner Schrift »Makrobiotik oder die Kunst das menschliche Leben zu verlängern« geradezu eine Volksbewegung (Hufeland, 1975). Zur gleichen Zeit und in gleichem Sinne setzte sich der Mensch in der darstellenden Kunst, zum Beispiel in den Radierungen von Daniel Chodowiecki, vermehrt gegen den Tod zur Wehr; er ließ sich nicht mehr nur mit hängenden Armen ins Grab begleiten. In der Öffentlichkeit feierte man jeden hohen Geburtstag als einen neuen Triumph der Menschheit über den Tod. Angebliche Wundertäter, die für viel Geld die Verlängerung des Lebens versprachen, erfuhren regen Zulauf, so der berühmte de Cagliostro. Die Kirche drohte den Sündern nicht mehr nur mit Höllenqualen im Jenseits, sondern bereits mit einem Alter voller Pein und Einsamkeit, weil ein ehrwürdiges Alter jetzt zu einem erstrebenswerten Gut geworden war.

2. Die Alten in Literatur und Kunst

Die Zeit der Empfindsamkeit hat schließlich die alten Menschen auf den Thron gehoben; sie hat aus ihnen wahre Helden gemacht. Die Greise, die in den Gedichten und Erzählungen von Christian Fürchtegott Gellert auftauchten, waren keine senil-hinfälligen Zittergestalten mehr, sie waren ehrfurchtgebietende Persönlichkeiten. Sie waren es, die in der neuen pädagogischen Literatur eines Joachim Heinrich Campe oder Friedrich Eberhard von Rochow als Erzähler auftraten; sie allein besaßen Lebensweisheit, ihr Alter verlieh ihnen Autorität.

Eine Wende schien sich anzudeuten, als Ende der 60er Jahre des 18. Jahrhunderts die Generation der Stürmer und Dränger die Bühne betrat, den selbstbewußten Kraftkerlen huldigte und dabei die Gellertsche Tränensucht weit hinter sich ließ. »Vergreisung« wurde zu einem der Lieblingsworte, mit denen man der Beharrungssucht der Zeit den Fehdehandschuh hinwarf. Das heißt nicht, daß der alte Mensch jetzt erneut herabgesetzt wurde, sondern lediglich, daß die Jüngeren eine deutliche Aufwertung erfuhren. Sie waren nicht mehr bereit, die Augen vor den Schwächen und Nachteilen des Alters zu verschließen, wollten und konnten andererseits aber auch nicht mehr die Regeln der Höflichkeit und Sittlichkeit ablegen. Sie fühlten instinktiv, daß in einer in Bewegung geratenen Welt zur Zeit der Französischen Revolution der Informationsvorsprung der Alten dahinzuschmelzen begann und die Forderung nach Flexibilität und Innovationsbereitschaft den Fähigkeiten des Alters zuwiderlief. Die Erziehung verbot es aber, diese naturgegebenen Nachteile dem Alter gegenüber offen und rücksichtslos zu demonstrieren. Es gehörte zum guten Ton, die Gefühle des anderen zu schonen. Das aber hatte zur Folge, daß die Höflichkeit, die auf Sympathie, Achtung und Neugierde aufbaute, ausgehöhlt wurde und nur noch Schonung und Entlastung bedeutete.

In der Literatur nahmen die Söhne der Romantik gegenüber ihren Vätern eine ausgesprochen zärtliche Haltung ein; sie begegneten ihnen mit »Andacht« und steigerten den Elternkult aus der Zeit der Empfindsamkeit ins Extrem. Und während es seit 1830 für die führenden Vertreter des Realismus modern wurde, Vater und Mutter zu verdammen, sank die Auffassung der Romantiker in tiefere Bevölkerungsschichten ab und verfestigte sich hier zu einer neuen, allgemeingültigen Norm. In der darstellenden Kunst wurde die Gartenlaube, die das alte Ehepaar wie mit einen Schutzschirm umgab, zum Symbol für diesen Schonraum, in den die alten Menschen seit Beginn des 19. Jahrhunderts abgeschoben wurden.

Es ist dies die Zeit des Biedermeier, eine Zeit, in der das städtische Wirtschaftsbürgertum angesichts der gärenden Unruhe im politischen und gesellschaftlichen Leben und der zunehmenden Rationalität des Denkens in die Häuslichkeit floh und in einer inneren Emigration Halt und Orientierung suchte. Es reagierte auf die Massenverarmung der Frühindustrialisierung mit einer Suche nach einer schöneren Welt, nach einer idealen Gegenwelt, die man rückwärts gewendet ins Reich der Geschichte verlagerte. Hier gab es sich seinen Träumen und Hoffnungen hin, hier suchte es das Heil, das im Statischen lag, und wich der Dynamik aus.

Zum Symbol dieser Häuslichkeit und Innerlichkeit wurde die Familie. Kein Zeitalter zuvor hatte sie jemals in einem solchen Ausmaß verherrlicht, sie mit Pathos und Metaphysik umkleidet und inmitten einer mit Problemen überladenen Welt gen Himmel gehoben. Die Familie, die Mehrgenerationenfamilie zumal, erschien als der eigentliche Garant für Zufriedenheit und Sicherheit. Die sich innig zugetane Dreigenerationenfamilie wurde geradezu als die normale Familie der älteren Gesellschaft gesehen. 1857 schrieb Adalbert Stifter in seinem Roman »Der Nachsommer«:

> »Die Familie ist es, die unsern Zeiten not tut, sie tut mehr not ... als Verkehr, Handel, Aufschwung, Fortschritt, oder wie alles heißt, was begehrenswert erscheint« (Stifter, 1954, S. 819).

Repräsentanten der Traumwelt ohne Eisenbahnen und Fabrikschlote waren die Alten. Sie strahlten im Kreise ihrer Enkelkinder Ruhe und selbstgefällige Behaglichkeit aus; sie standen für Frieden, Sicherheit und ein »gemütvolles Klima«; sie waren Träger der alten Tugenden. Sie blieben in der Zeit der Restauration die pädagogischen Leitbilder.

Die Alten im Kreise ihrer Familie, von dem Literaturwissenschaftler Friedrich Sengle als »seelisch-geistige Grundlage der Biedermeierkultur« bezeichnet, gehörten zu den beliebtesten Motiven der Zeit (Sengle, 1971, S. 57). Immer wieder war vom Oheim die Rede, der für seinen Neffen sorgte, vom Tantchen, das selbstlos im Hause half, oder von den Großeltern, die im Haushalt oder bei der Kindererziehung den Jüngeren zur Seite standen. Keine andere Zeit brachte eine solche Fülle von Familienbildern hervor mit einem bemerkenswerten Übergewicht an Kindern und Alten, die weit entfernt waren von jeder Armut und jedem Konflikt. Ludwig Richters »Großmutter und Enkelin« oder Ferdinand G. Waldmüllers »Christtagsmorgen« sind Beispiele hierfür (s. Abb. 2). Später popularisierte die bürgerliche Zeitschrift »Die Gartenlaube« diese Idylle noch weiter. Diese Einstellung gegenüber den alten Menschen fand auch Ausdruck in den neuen, privaten Familienfesten der Zeit, in Geburtstagen oder Weihnachtsfeiern. Gleichzeitig flossen die Familienromane über von Vater- und Großvaterliebe, von Mutter- und Großmutterliebe, »von allen möglichen Sentimentalitäten und Weichlichkeiten«, wie bereits 1836 Wolfgang Menzel in seiner »Deutschen Literatur« vermerkte (Menzel, 1836, S. 90).

Abbildung 2: F. G. Waldmüller »Christtagsmorgen« (1844); Österreichische Galerie, Wien.

Alle diese Darstellungen des Alters suchten keine intellektuelle Auseinandersetzung mit der Situation der Alten, sondern verherrlichten einen vermeintlichen
paradiesischen Zustand. Der rauhe Alltag mit seiner Not in frierend-feuchter
Einsamkeit, seinen Konflikten und Krankheiten fand hier keinen Platz. Jakob
Grimm gab in seiner berühmt gewordenen »Rede über das Alter«, die er 1860
vor der Königlichen Akademie der Wissenschaften zu Berlin hielt, dieser Einstellung gewissermaßen die akademische Weihe und Begründung (Grimm, 1863).
Altern hieß zwar Verlust an körperlichen Vorzügen, aber einen Zugewinn an
geistigen. Im Alter zeigt sich die Vernunft »in ihrem reinsten Licht«, hieß es
bereits 1816 in Macklots Conversationslexikon (1816, S. 160). Dies galt jedoch
nur für die, die sich um die Gesellschaft verdient gemacht hatten, für die
Großväter und Großmütter, nicht jedoch für die »egoistischen« alten Jungfern
und Hagestolze.

Obwohl das Altersbild des Biedermeier eine Idylle aufzeichnete, wurde es
doch aufgrund seiner andauernden Wiederholung in der Malerei, der Literatur
und den populären Trivialromanen letztlich ernst genommen. Es wurde zu
einem gesellschaftlichen Leitbild, das man in die Realität umzusetzen versuchte.
Es wies den Älteren eine gesellschaftlich anerkannte Funktion und damit ein
gewisses Prestige zu. Dies zeigte sich auch daran, daß der Centralverein für das
Wohl der arbeitenden Klassen zur Mitte des Jahrhunderts die Einrichtung von
Altenheimen diskutierte, sich aber letztlich für ein Verbleiben des alten Men-
schen in der Familie aussprach. Dort könne er »in der Verbindung mit der
Familie selbst als Erzieher der neuen Geschlechter noch besser wirken als der
Mönch in seinem Kloster«, heißt es (Köllmann & Reulecke, 1980, S. 503).

Im Vergleich zur zweiten Hälfte des 18. Jahrhunderts waren die alten Menschen von Beginn des 19. Jahrhunderts bis weit ins Kaiserreich hinein zwar
keine Autoritäten mehr, aber sie wurden doch noch immer geachtet. Ihre
Mitmenschen verneigten sich zwar vor den Nischen, die den Alten zugewiesen
waren, sie suchten aber nicht deren Rat. In dieser den wirtschaftlichen und
sozialen Wandel überdauernden Achtung des Alters spiegelte sich auch die
Verteilung wirtschaftlicher Verfügungsgewalt wider. Hierin kam zum Ausdruck,
daß die ältere Generation noch immer wie in der Agrargesellschaft an den
Schalthebeln wirtschaftlicher Macht saß, daß die Jüngeren noch immer von
ihrem Wohlwollen abhängig waren und daß die Möglichkeiten, aus eigener
Kraft, ohne väterliches Erbe, zu Wohlstand und Ansehen zu gelangen, weiterhin
sehr begrenzt blieben. So vermochten letztlich die Vordenker unter den Literaten,
denen seit der Zeit der Jungdeutschen das pietätvolle Getue mehr oder weniger
zuwider war, dieses allgemeingültige Altersbild stets nur leicht anzukratzen,
aber bis zum Ende des Jahrhunderts niemals zu stürzen.

Dennoch deuteten bereits in den 80er Jahren des 19. Jahrhunderts viele
Zeichen auf eine bald bevorstehende Wende hin. In die Zeit der beginnenden
Hochindustrialisierung und der Arbeiterfrage paßten die idyllischen Altersbilder
nicht mehr hinein. Neben der Literatur dokumentierte die Malerei diesen

Stimmungsumbruch. Die Künstler plazierten die Alten jetzt nicht mehr in die Gartenlaube, sondern schafften sie ins Altersheim; sie umgaben sie nicht mehr mit einer Traumwelt, sondern mit der Wirklichkeit. Max Liebermann mit seinem Gemälde »Garten im Altmännerhaus in Amsterdam« aus dem Jahre 1880 oder Gotthardt Kuehls »Altmännerhaus in Lübeck« sind zwei Beispiele hierfür (s. Abb. 3). Diese Maler analysierten und kritisierten zwar noch keine sozialen Probleme wie später Otto Dix oder George Grosz, aber sie gaben doch bereits reale Zustandsschilderungen, die die tiefe Kluft zwischen Ideal und Wirklichkeit verdeutlichten. Die alten Menschen waren nicht mehr von einer sie schützenden Familie umgeben; sie sahen sich allein gelassen und hilflos. Der stolze Blick auf das Erreichte war Verzweiflung und Resignation gewichen, er ging ins Leere. Ferdinand Hodlers »Enttäuschte Seele« von 1889 erlaubt einen Blick in einen sinnlosen Alltag voll von Not. Neben den selbstbewußten, wohlhabenden Patriarch der bürgerlichen Malerei trat der arme, einsame Alte.

Zur gleichen Zeit meldete die Jugend lautstark ihre Rechte an und bekundete ihren Willen, die Zukunft selbst in die Hand zu nehmen. Der ausgereifte alte Mensch mußte jetzt vermehrt dem leistungsfähigen, starken und dynamischen jungen Menschen Platz machen. Bart, Spitzbauch und Kneifer, mit denen sich bis dahin Jüngere ausstaffiert hatten, um älter zu wirken und in Beruf und Gesellschaft ernst genommen zu werden, wichen jetzt den Symbolen der Jugend: einem sportlich geübten Körper und einer körperbetonten Mode. Dem jugendlichen Sieger, so wie er sich im neuen Wettkampfsport und in den seit 1896 wieder eingeführten Olympischen Spielen präsentierte, gehörte die Verehrung. Dieses neue Ideal fand in Hugo Höppener, genannt Fidus, seinen populärsten Vertreter. In seinen jugendlichen Gestalten fanden Jugendbewegung, Reformpädagogik, Ernährungsreform und Freikörperkultur auf naive Art ihren Niederschlag. Fidus setzte Natürlichkeit mit Jugend gleich. Er und seine Zeitgenossen huldigten den schönen Körpern und nicht mehr den gütigen, erfahrenen Geistern. Jugend wurde seit der Jahrhundertwende zum neuen Programm. Es stand für Daseinsfreude und Genußfähigkeit. Auch die Älteren hatten sich dem unterzuordnen; sie hatten sich auf jung zu trimmen. Dies gilt vor allem für die Weimarer Zeit.

In der Literatur häuften sich zur Jahrhundertwende die Angriffe auf die Älteren und steigerten sich bis zur Verhöhnung (Wais, 1931, S. 12 ff.). Wie im westlichen Ausland (Achenbaum, 1978; Haber, 1983) so weisen auch in Deutschland vielfältige Indikatoren das späte 19. und das frühe 20. Jahrhundert als die entscheidende Übergangsphase zu einer negativen Bewertung des Alters aus, die kurz vor und nach dem Ersten Weltkrieg voll zum Ausbruch kam. Im Jahre 1913 trat der radikalste Flügel der Jugendbewegung mit der Schülerzeitschrift »Der Anfang« an die Öffentlichkeit. Darin ist zu lesen, was als Programm zu verstehen ist:

> »Die Jugendbewegung drängt in die Familie. Es stehen sich nicht mehr ungeratene Kinder und grausame Eltern gegenüber, sonder ganz klar abgegrenzt: die junge und

Abbildung 3: G. Kuehl »Altmännerhaus in Lübeck« (1886); Nationalgalerie, Berlin.

die alte Generation. Damit wird der Kampf, der sich blutig im Inneren der Familie abgespielt hat, auf freies Feld verlegt und wird endlich zum Kulturkampf« (Der Anfang, 1913, 1, S. 231).

Zur gleichen Zeit arbeitete der junge Fritz von Unruh an seinem Schauspiel »Stürmer«, in dem er jede Sympathie für die ältere Generation leugnet und diese nur als lächerliche Karikaturen zeichnet.

Bereits vor dem Ersten Weltkrieg hatte ein Teil der jungen Generation offen gegen die Konventionen des bürgerlichen Daseins revoltiert. Sie hatte mit archaischen Kulthandlungen und anti-radikalen Ritualen eine Gegenkultur des Jungen gegen das Alte zelebriert und ihre Identität im Gegensatz zur Vätergeneration gefunden. Das Kriegserlebnis steigerte diese Bewegung, die auf eine tiefgreifende gesellschaftliche Erneuerung abzielte, noch weiter. Der Generationenkonflikt brach offen aus, als die zurückkehrenden Kriegsteilnehmer keine Gestaltungsmöglichkeiten sahen und sich als »verlorene Generation« fühlen mußten, zumal mit der Inflation ihre Erbaussichten schwanden. Aufmerksame Zeitgenossen registrierten die völlige Verschiedenheit der jungen und alten Generation sowie die Ehrfurchtslosigkeit der modernen Jugend (Mommsen, 1985, S. 59). Die Nationalsozialistische Deutsche Arbeiterpartei (NSDAP) nahm diesen Jugendmythos für sich in Anspruch und beschimpfte lauthals die »Republik der Greise«, so Joseph Goebbels (Goebbels, 1926, S. 5). Der Jugendprotest bereitete mit seiner stark emotionalisierten Sprache und seinen irrational gefärbten Ideen jenes Klima der nationalen Aufbruchstimmung vor, das das Wachstum der nationalsozialistischen Bewegung begünstigte. Dieser Generationskonflikt entsprang sozialen Konfliktlagen, es handelte sich keinesfalls nur um einen Wertewandel, der sich abgehoben von der Realität auf der Überbauebene vollzog (Mommsen, 1985, S. 62 f.).

Im Jahre 1934 schrieb Hitlers Pressechef Otto Dietrich in »Mit Hitler an die Macht«: »Jugend ist Ringen nach fortschreitender neuer Lebensgestaltung. Nationalsozialismus ist organisierter Jugendwille« (Dietrich, 1941, S. 135). Doch obwohl das Regime vorgab, gegen die »Vergreisung« der alten Welt anzugehen, ebbte die Beschwörung der Jugend bald ab. Die Idee der permanenten Erneuerung vertrug sich nicht mit der völkischen Introvertiertheit der Bewegung, nicht mit dem Spießertum, das sich unter den Nationalsozialisten immer mehr breitmachte. Der faschistische Jugendmythos entleerte sich schnell, als aus den Nationalsozialisten »alte Nazis« wurden (Radkau, 1985, S. 114–121).

3. Die Alten und die medizinischen Theorien

Der Ansehensverlust des Alters und der gleichzeitige Triumph der Jugend spielten sich nicht allein in den Schriften der Literaten und auf den Gemälden der Künstler ab. Sie fanden ihren Niederschlag in vielen Lebensbereichen, zum Beispiel in der Werbung und in der Mode. Entscheidend aber waren vor allem medizinische Theorien. Sie haben die soziale Rolle der alten Menschen seit dem ausgehenden 19. Jahrhundert ganz entscheidend geprägt (Schmortte, 1990, S. 15 ff.). In ihrem Bemühen, die Gesetze des Lebens und der Natur zu erforschen, hatten sich die Vertreter der naturwissenschaftlich orientierten Medizin darangemacht, auch die Gesetze des Alterns aufzudecken. Alter und Tod, die von den Ärzten bis zu dieser Zeit als naturgesetzlich hingenommen worden waren, wurden nun einer eingehenden Diagnose unterzogen. Diese neue Einstellung einer durch spektakuläre Erfolge selbstbewußt gewordenen Wissenschaft zeigte sich symbolhaft in den zeitgenössischen Interpretationen des Todestanzes. Während in der frühen Neuzeit Freund Hein immer über den Arzt siegte, trieb dieser jetzt den Sensenmann immer öfter in die Flucht: zuerst mit der Spritze, dann mit den Röntgenstrahlen.

Die Ärzte hörten auf, in der Altersschwäche nur mehr eine natürliche Begleiterscheinung der zweiten Lebenshälfte zu sehen, sondern interpretierten sie auch als Krankheit und Funktionsstörung. Sie nahmen nicht mehr, wie noch Christoph Wilhelm Hufeland, den ganzen Menschen mit Geist und Leib in den Blick, sondern nur noch seinen Körper. Anstelle von Altersschwäche war fortan die Rede von Krankheiten der Herzen und Krankheiten der Gefäße, die es zu heilen galt. Man sprach von Abnutzung und Verschleiß, die zu beheben waren. Nicht gerade Unsterblichkeit war das Ziel, aber doch ein Alter ohne physische Gebrechen. Der Arzt C. Canstatt machte 1839 mit seinem zweibändigen Werk »Die Krankheiten des höheren Alters und ihre Heilung« den Anfang. 1854 folgte das Standardwerk des Franzosen Maxime Durand-Fardel »Traité clinique et pratique des maladies du vieillards«, der sich ausdrücklich auf Canstatt beruft. Alle Alterungstheorien, so konträr sie in einzelnen Punkten auch waren, stimmten darin überein, daß Altern ein degenerativer Prozeß sei, ein Abbau von Fähigkeiten, eine Rückbildung körperlicher und geistiger Leistungsfähigkeit. Von dieser Sicht blieben andere Wissenschaften nicht unberührt. Um die Wende zum 20. Jahrhundert forderten Juristen in konsequenter Weiterführung dieser Theorien, dem alten Menschen im Strafrecht eine Sonderstellung einzuräumen, da sie glaubten, einen engen Zusammenhang zwischen Alter und Kriminalität nachweisen zu können. Dahinter verbarg sich das Bewußtsein von einer Art generellen Altersunmündigkeit, von einer gesellschaftlichen Ausgrenzung und von gravierenden gesellschaftlichen Defiziten der Alten (Schmortte, 1990, S. 24 ff.).

Diese Mängel erschienen den Medizinern als Herausforderung. Sie wurden verstanden als Verpflichtung, das Alter, so wie es ist, zu bekämpfen. Sie führten zu verschiedenen Verjüngungslehren, die seit Beginn des neuen Jahrhunderts in der Öffentlichkeit einige Aufmerksamkeit erregten, obwohl sie für die Schulmedizin eher marginal waren. Ihr bekanntester Apostel war der Physiologe Eugen Steinach, der mit seinen »Untersuchungen über die Jugend und das Alter«, vorgetragen im Dezember 1912 vor der Wiener Akademie der Wissenschaften, für erhebliches Aufsehen sorgte. Er hatte an männlichen Ratten den Samengang unterbunden und anschließend eine vermehrte Vitalität festgestellt.

Später übertrug er die Hoden junger Tiere auf alte, wodurch sich deren Lebensdauer verlängert haben soll. Der Chirurg Robert Lichtenstern brachte Steinachs Versuche an Ratten beim Menschen zur Anwendung. Steinach, Lichtenstern und vor allem der in Paris lebende Serge Voronov, der Affenhoden auf Menschen transplantierte, gingen davon aus, daß die Rückbildung eines einzelnen Organs das Altern aller anderen nach sich ziehe. Steinach sah in der von ihm so genannten »Pubertätsdrüse«, den Leydigschen Zwischenzellen des Hodens, dieses zentrale Organ. Alle diese Experimente lösten in der zeitgenössischen Presse wahre Begeisterungsstürme aus. Georg Wolff urteilte 1920 in »Westermanns Monatsheften« überschwenglich:

> »Damit hat sich das Wunder vollzogen! ... Die Verjüngungskur, der Stein der Weisen, dessen Wunderwirkung die Alchimisten vergebens suchten, scheint gefunden zu sein« (Wolff, 1920, S. 316).

Zwei Jahre später kam ein Film über Steinachs Versuche ins Kino. Wie ernst diese Experimente in der Öffentlichkeit genommen wurden, zeigen die Stellungnahmen von Juristen, die befürchteten, daß eine allgemeine Verjüngung der Bevölkerung sich arbeitsmarktpolitisch negativ auswirken könnte, da die Greise fortan noch länger auf ihren Posten kleben würden. In der Versicherungswirtschaft diskutierte man die Auswirkungen von Verjüngungsoperationen auf die Zahlungsfähigkeit der Rentenversicherung. Auch der deutsche Chirurg Ferdinand Sauerbruch hat im Jahre 1939 noch einmal die Verjüngungsexperimente aus der Ära Steinach aufgegriffen. Rückblickend bleibt festzustellen, daß Steinach unbewußt die ersten Versuche einer Hormontherapie bei alten Menschen unternommen hat.

B. Die soziale Lage der alten Menschen

Die schöngeistige Literatur, die darstellende Kunst, die Predigten der Pfarrer und die Anstandsbücher verkündeten eine Lebensnorm, nach der sich die Menschen ausrichten sollten. Sie legten die Grenzlinie fest, bei deren Überschreitung der einzelne mit gesellschaftlichen Sanktionen zu rechnen hatte. Sie beschrieben jedoch nicht die Realität, sie sagten nichts darüber aus, wie die Menschen wirklich lebten. Die offizielle Lobpreisung des Alters erwies sich in der rauhen Wirklichkeit oft genug als oberflächliche Politur, die bei der geringsten Störung sofort rissig wurde. Auch war die hohe Stellung des alten Menschen im Alltag zunächst eine Frage der Schichtenzugehörigkeit, des Vermögens, zum Teil des Geschlechts und hing stark von religiösen Bindungen ab. Sie war als Sozialutopie eine Orientierungsmarke, auf die es hinzuarbeiten galt.

Bis ins 20. Jahrhundert hinein war vor allem die eigene Arbeitskraft die wichtigste Stütze für die alten Menschen, nicht die Familie und nicht die Heimatgemeinde. Arbeit bis ins »Grab« galt für die überwiegende Mehrheit der Bevölkerung als unabdingbares Muß. Einen arbeitsfreien Lebensabend konnten sich nur die Allerreichsten erlauben, und dies war eigentlich bis in die Zeit der

Bundesrepublik immer nur eine verschwindend kleine Minderheit. Mit dieser lebenslangen Arbeit war vor allem im mittel- und westeuropäischen Raum ein deutlicher Drang zur Unabhängigkeit im Alter verbunden, eine Unabhängigkeit in erster Linie von der nachfolgenden Generation. Während in Ost- und Südosteuropa im 18. und 19. Jahrhundert große und komplexe Mehrgenerationenhaushalte dominierten, denen ältere Personen vorstanden (Mitterauer & Sieder, 1980), wiesen die Haushalte in England bereits in der frühen Neuzeit extrem gegensätzliche Strukturen auf. Hier überwogen modern anmutende Kernfamilienhaushalte, wobei unter den Älteren alleinlebende Ehepaare und sogar Einpersonenhaushalte die Regel waren. Das heißt aber auch, daß als Konsequenz dieser Lebensweise der öffentlichen Altersversorgung in Form der Armenunterstützung eine sehr große Bedeutung zukam und zukommen mußte (Ehmer, 1990, S. 19 – 23).

1. Die Situation auf dem Land

Die in Mitteleuropa dominierenden Sozialformen bewegten sich in vorindustrieller Zeit zwischen diesen beiden Extremen mit markanten Unterschieden zwischen Stadt und Land, zwischen sozialen Schichten und Regionen. Dabei fiel auf dem Land der jeweiligen Art der Besitzübertragung eine ganz entscheidende Bedeutung für die Generationenbeziehungen und die Stellung der alten Menschen zu. In den Realteilungsgebieten, das heißt in den Gebieten, in denen das Erbe zu gleichen Teilen unter den Erbberechtigten aufgeteilt wurde, reichte aufgrund der zunehmenden Güterzersplitterung der einzelne Besitz kaum einmal aus, drei Generationen zu ernähren. Die Älteren traten zu Lebzeiten lediglich kleinere Teile ihres Grundbesitzes an die eigenen Kinder ab. Das allgemein hohe Heiratsalter und die großen Geburtenabstände führten in Verbindung mit der relativ geringen Lebenserwartung dazu, daß das Ehepaar auch gegen Ende seines Lebens nicht selten mit eigenen Kindern zusammenlebte. Nicht kulturelle Normen waren hier für das Zusammenwohnen von Jung und Alt entscheidend, sondern die demographischen Verhältnisse, nicht die Unterstützungspflicht der Kinder gegenüber ihren Eltern, sondern das relativ hohe Alter der Frau bei der Geburt des letzten Kindes.

Davon zu unterscheiden ist die soziale Lage der Älteren in den Anerbengebieten. Die Größe der meisten dieser Höfe, die geschlossen an den jeweiligen Nachfolger übergeben wurden, eröffneten ihren Besitzern die Möglichkeit eines arbeitsarmen oder -freien Lebensabends. Zum materiellen Symbol eines solchen Ruhestandes wurde das Ausgedinge als einer hauswirtschaftlichen Form der Altersversorgung. Je nach Größe und Tragfähigkeit des Hofes wies es verschiedene Formen auf, die bei den größeren Höfen aus einem eigenen Haus mit Garten und Stall bestanden, bei kleineren Besitzungen lediglich aus einem einzelnen Raum. Dieses Ausgedinge, das im 17. Jahrhundert erstmals größere Bedeutung erlangte, um im Laufe der agrarischen Revolution des 19. Jahrhunderts seine größte Verbreitung zu finden, ist während der Industrialisierung immer wieder als altengerechte Lebensform glorifiziert worden. In der Wirklichkeit war es jedoch mit einem ganz erheblichen Konfliktpotential behaftet, da der Besitzübergabe die Normierung fehlte. Immer wieder entzündete sich ein Streit zwischen den Generationen an der Frage, wann die jüngere den Besitz überschrieben bekam und damit in Verbindung mit der Heirat zu einem vollberechtigten Mitglied der Dorfgemeinschaft aufstieg, wogegen der Altbauer gleichzeitig an Status einbüßte.

Die bäuerlichen Übergabeverträge, in denen oft bis zum letzten Detail alles festgelegt wurde, von der sonntäglichen Kutschenfahrt bis zum Sitzplatz des Altbauern, sind Ausdruck eines latenten Mißtrauens und der Sorge, übervorteilt zu werden. Streit und Prozesse um die Versorgung der Alten und die Pflichten der Jungen gehörten zum Alltag. Das bäuerliche Nebeneinander der Generationen war weit von aller Idylle entfernt. Bei der Hofübergabe hat oft der Egoismus die Feder geführt, andernfalls wäre das Eingreifen des Gesetzgebers kaum notwendig geworden, der bereits im 18. Jahrhundert die Altenteilsverträge von Gerichts- und Verwaltungsbehörden überprüfen ließ, um eine zu frühe Hofübergabe zu unterbinden und für ein ausgewogenes Verhältnis zwischen ausbedungenen Lasten und den Erträgen des Hofes zu sorgen. In Sachsen, Hessen und Baden waren Ausgedinge sogar zeitweilig verboten. Zwar war die Hofübergabe letztlich immer ein Tauschhandel, aber der Übergebende hatte dabei doch meistens die besseren Karten. Er konnte in der Regel die Konditionen diktieren, und wenn der potentielle Jungbauer darauf nicht eingehen wollte, waren in dieser Zeit der rapiden Bevölkerungsvermehrung meistens andere nur zu gerne bereit, an seine Stelle zu treten. Bei der Übergabe des Vermögens war äußerste Vorsicht angebracht, da der Lebenslauf kaum planbar war und von vielen Zufälligkeiten abhing. Letztendlich sollte man jedoch nie vergessen, daß der Rückzug auf das Altenteil niemals zur normalen Lebenssituation der älteren Menschen auf dem Lande gehörte. Gleichwohl zeigt die Existenz des Ausgedinges, daß auch die ländliche Bevölkerung, wenn es ihr Besitz zuließ, den räumlichen Abstand zwischen den Generationen gesucht hat, nicht die weiten Entfernungen, aber doch Trennwände, weil im alltäglichen, hautnahen Zusammenleben eine Menge Zündstoff entstand (Borscheid, 1987, S. 192 – 213).

Das Ausgedinge hat auch für die vielen kleinen Bauern oft als Handlungsmuster bei nachlassender Arbeitskraft gedient. Sie überschrieben zum Beispiel einen Acker einem Jüngeren gegen die Abtretung eines Teils der Erträge. Die ländlichen Unterschichten aber mußten selbst auf solche rudimentären Formen einer Altersversorgung verzichten. Sie konnten sich glücklich schätzen, wenn ihnen der Übergang zu weniger anstrengenden Arbeiten ermöglicht wurde. Totengräber und Mesner waren fast immer alte, invalide Männer, und im textilen Heimgewerbe übernahmen meist ältere Männer und Frauen die einfacheren Arbeiten, was andererseits aber auch mit Einkommensverlusten verbunden war.

Problematisch war stets die Lage der alternden Dienstboten, die es zu keinem eigenen Besitz gebracht hatten. Eine feste Bleibe fand nur, wer ein Leben lang immer auf demselben Hof gearbeitet hatte, er gehörte gewissermaßen zum Inventar. Wer dagegen zum mobilen »Flugsand« des ländlichen Proletariats zählte und als Tagelöhner von einem Hof zum anderen zog, dem blieb vom Mittelalter bis ins frühe 20. Jahrhundert bei Invalidität, und das heißt vornehmlich im höheren Alter, nur die sogenannte »Einlege«. Er wurde auf eine sehr demütigende Art von einem Hof zum anderen weitergereicht und erhielt für jeweils kurze Zeit abseits der Hausgemeinschaft eine spärliche Verpflegung und in einer Ecke von Stall oder Scheune eine Schlafgelegenheit.

2. Die Situation in der Stadt

Die weitverbreitete Ansicht, in vorindustriellen Gesellschaften hätten die Menschen ihr Alter im »Schoße ihrer Familie« verbracht, ist ein Mythos (Mitterauer & Sieder, 1980, S. 38–63). Gerade in den Städten Mittel- und Westeuropas haben die älteren Menschen ganz bewußt eine Trennung der Generationen gesucht, indem sie, sofern sie verheiratet waren, die Führung eines eigenen Haushaltes beibehielten. In den Städten des vorindustriellen England lebten rund 44 Prozent aller Ehepaare im Alter von 65 Jahren aufwärts völlig allein. In Mitteleuropa dagegen war diese Haushaltsform kaum vorzufinden. Hier dominierten komplexe Haushalte mit eigenen Kindern, Verwandten, Dienstboten oder Untermietern, wobei für die Anwesenheit von eigenen Kindern nicht soziale Normen, sondern demographische Bedingungen ausschlaggebend waren. So schieden denn auch mit zunehmendem Alter der Eltern immer mehr Kinder aus diesen Haushalten aus, obwohl die Pflegebedürftigkeit der älteren Generation gleichzeitig zunahm.

Im Gegensatz zum agrarischen Bereich entfiel für die Handwerker die enge Bindung an den immobilen Boden, der für den Bauern zwar der einzige Garant für das Lebensnotwendige war, gleichzeitig aber auch eiserne Kette der Generationen und bleierne Bürde. Die in den Städten höher entwickelte Geldwirtschaft gestattete es, finanzielle Vorsorge für das Alter mit Hilfe von Geldvermögen, Verpfründungen oder Leibrenten zu treffen, wenn auch der Abschluß eines solchen spekulativen Vertrags nicht so sehr zur Mentalität der zünftigen Handwerker paßte und für die meisten aus finanziellen Gründen unerschwinglich blieb. Auch haben die Arbeitsbedingungen der meisten Handwerksberufe die räumliche Trennung von Jung und Alt begünstigt. Während der Jungbauer auf das Wohlwollen des Altbauern angewiesen war, war der junge Meister in weitaus geringerem Grade vom elterlichen Erbe abhängig, auch nicht von der Übergabe von Grund und Boden. Andererseits konnten die meisten Berufe auch im höheren Alter ausgeübt werden, da sie nur relativ geringe körperliche Kräfte erforderten. So gingen in der Stadt die Generationen — wann immer möglich — auf Distanz zueinander; auch hier suchten sie nicht die weite Entfernung, sondern blieben gewissermaßen in Sicht- und Rufkontakt. Nur so gelang es, in einer gewissen Harmonie zu leben und eine »Intimität auf Abstand« (Rosenmayr & Rosenmayr, 1978, S. 184 ff.) zu entwickeln.

Neben eigenen, abhängigen Kindern haben vor allem Ledige diese Haushalte älterer Ehepaare ergänzt. Ihre schwache wirtschaftliche Stellung und Ehelosigkeit bedingten sich gegenseitig. Bei Arbeitsunfähigkeit fanden diese Menschen in den Armenhäusern oder den Armenstuben der Spitäler eine endgültige Bleibe. Dagegen vermochten Witwer und Witwen in vorindustrieller Zeit ihre haushaltsrechtliche Unabhängigkeit in der Mehrzahl der Fälle weiterhin zu wahren. Im mitteleuropäischen Raum führten etwa 80 Prozent der Witwer und 70 Prozent der Witwen ihren eigenen Haushalt weiter fort. Dies änderte sich im Zeitalter der Industrialisierung für Arbeiterfamilien in Nordamerika ebenso wie in Europa. Vor allem die hohen Mietkosten in den industriellen Ballungszentren führten in Verbindung mit der geschlechtsspezifischen Arbeitsteilung dazu, daß sich Witwer vornehmlich in Untermiete begaben und Witwen zu den eigenen Kindern zogen.

Der Zugang zu anderen Formen der Altersversorgung blieb diesen Menschen versperrt, da vor allem in den schnell wachsenden Industriezentren der Ausbau der traditionellen Institutionen zur Altersversorgung mit dem rapiden Bevölkerungswachstum nicht mehr Schritt halten konnte. Diese Übergangs- und Umstellungsphase endete erst zu Beginn der zweiten Hälfte des 20. Jahrhunderts mit Einführung der »dynamischen« Renten in der staatlichen Rentenversicherung. Seitdem steigt die Anzahl der Menschen, die im Alter als Alleinstehende einen eigenen Haushalt führen, geradezu sprunghaft an (Ehmer, 1990, S. 136 – 154). Im 19. Jahrhundert lebten ältere Menschen in einer Vielfalt an Haushalts- und Familienformen. Das 20. Jahrhundert hat diese Variationsbreite drastisch eingeschränkt. Als Wohnform setzte sich das Alleinleben durch: das Alleinleben des alten Ehepaares oder das Alleinleben von Witwer und Witwe. Das Modell der bürgerlichen, auf Privatheit und Intimität gegründeten Familie findet hier seine extremste Ausgestaltung.

3. Materielle Bedingungen und Berufsgruppen

Es bleibt die Frage nach den materiellen Bedingungen, in denen die alten Menschen in den verschiedenen Berufsgruppen gelebt haben. Für die bäuerliche Bevölkerung des deutschen Südwestens, der seine Überbevölkerung immer nur auf dem Wege der Auswanderung etwas abbauen konnte, liegen seit dem ausgehenden 18. Jahrhundert statistische Berechnungen vor. Sie zeigen, daß im Lebenszyklus die ersten Ehejahre die eigentliche Problemphase darstellten, nicht aber das Alter. Weil die Eltern in der Regel immer den Großteil des Vermögens für sich selbst zurückbehielten, mußte jedes Kind mit relativ wenig auskommen, und vom Ehepartner war nur ganz selten mehr zu erwarten. Erst wenn sich die Kinder von Mitessern zu Mitarbeitern wandelten, besserte sich die Lage dieser Familien ganz erheblich. Aufgrund der Auszahlung von Erbteilen sank das Vermögen dieser bäuerlichen Familien auf ein absolutes Minimum ab. Wenn der Mann das 65. Lebensjahr erreicht hatte, erholten sich die meisten Familien von diesem Vermögensabfluß jedoch wieder sehr rasch. Das alte Ehepaar lebte genügsamer, die Kinder saßen nicht mehr mit am Tisch, und bisweilen hatte man sich ein Leibgeding ausgehandelt.

In ihrer Wellenbewegung besaßen die Lebensläufe dieser Bauern große Ähnlichkeit mit denen der Handwerker, nur daß das Niveau letzterer im Durchschnitt deutlich tiefer lag. Auch das Handwerkerehepaar hatte in vorindustrieller Zeit sein vergleichsweise bestes Auskommen im höheren Alter, wenn es durch Verminderung des Personals und der Ansprüche die Kosten senken konnte. Ebenso verschafften die Zünfte den älteren Meistern verschiedene Vorteile, zumal die Macht dieser Meister bisweilen sehr groß war. Schwer lösbare Probleme stellten sich erst ein, wenn das Leben viel länger währte als vorgesehen. Mit dem 80. Lebensjahr gingen die Vermögen der Handwerker in der Regel schlagartig zurück; jetzt fehlten wegen Arbeitsunfähigkeit die Einnahmen, und nur die wenigsten konnten von ihrer materiellen Substanz leben. Nicht ein bestimmtes Alter, sondern die Invalidität markierte einen wahrnehmbaren Einschnitt im Leben dieser Menschen (Borscheid, 1987, S. 213).

Während der ersten Hälfte des 19. Jahrhunderts, als der zunehmende Bevölkerungsdruck bei ungenügendem wirtschaftlichem Ausbau des Landes zu einer bedrohlichen Massenverarmung führte, verlor für den Großteil der Gewerbetreibenden dieser traditionelle Vermögenszyklus seine Gültigkeit. Materiell ging es im Handwerk mit zunehmendem Alter eindeutig bergab. Dies gilt in gleichem Maße für die Industriearbeiterschaft. Wenn dennoch die »soziale Frage« des alternden Fabrikarbeiters im gesamten 19. Jahrhundert nur äußerst selten thematisiert wurde, vielmehr die jüngeren im Zentrum der Debatten standen, dann hat dies mehrere Ursachen. Es war nichts Neues, daß die Masse der Bevölkerung lebenslang nahe der Armutsgrenze lebte und im Alter vollkommen verarmte. Massenwohlstand war im wahrsten Sinne des Wortes undenkbar. Von den älteren Menschen, vor allem von der Arbeiterschaft, ging kaum ein Problemdruck aus. An der gesamten Bevölkerung des Deutschen Reiches hatten im Jahr 1871 die über 65jährigen lediglich einen Anteil von 4,6 Prozent; im Jahr 1987 kam diese Altersgruppe auf 15,3 Prozent, mit wachsender Tendenz. Noch eindeutiger befanden sich die Älteren in den jungen Industriestädten in der Minderheit. Ihr Anteil schwankte hier zwischen einem und zwei Prozent. Insgesamt waren die Arbeiter im höheren Alter aufgrund der bekannten »Ungleichheit vor dem Tod« gegenüber den Gleichaltrigen aus anderen Berufen unterrepräsentiert. Schließlich bedeutete das Alter für die Arbeiterschaft keine eigenständige Lebensphase, für die spezielle Gesetze Gültigkeit hatten. Man ging von lebenslanger Arbeit aus, von der man lediglich im Falle von Invalidität »befreit« wurde. So war denn auch die staatliche Rentenversicherung bei ihrer Einführung im Jahre 1889 zunächst eine fast reine Invalidenversicherung. Lediglich aus Gründen der Verwaltungsvereinfachung zahlte man ab dem 70. Lebensjahr an alle Empfangsberechtigten eine Rente, da man mit Recht annahm, daß ein Arbeiter in diesem Alter in der Mehrzahl der Fälle in seiner Arbeitsleistung stark beeinträchtigt ist. Die Rente sollte nur den Rückgang der Arbeitseinkommen kompensieren; der Gesetzgeber ging ganz selbstverständlich davon aus, daß sich auch ein 70jähriger Arbeiter nicht zur Ruhe setzte, vielmehr weiterhin leichtere Arbeiten ausführte. An einen Ruhestand dachte in diesem Fall noch kaum jemand. Dieser bildete sich für die Masse der Bevölkerung erst nach dem Ersten Weltkrieg heraus (Borscheid, 1986; Reif, 1982, S. 1 – 94).

C. Die Entstehung des Ruhestandes

Lebenslange Arbeit ist in der Geschichte für die große Masse der Bevölkerung allzeit ein unabdingbares Muß und eine Selbstverständlichkeit gewesen. Ein arbeitsfreier Lebensabend gehörte nie zur Kultur der überwiegenden Mehrzahl der Menschen in Mittel- und Westeuropa. Er lief ihrem Denken zuwider, zumal er, wie auch das Ausgedinge zeigt, mit einem Statusverlust verbunden war, sich nicht mit dem bürgerlichen Arbeitsethos vertrug und bei Gleichsetzung von Alter und Invalidität auf eine gesellschaftliche Nutzlosigkeit hindeutete. Der Ruhestand ist ein junges Phänomen. Er steht in Verbindung mit dem Aufbau neuer und allgemeingültiger Formen der Altersversorgung, mit der zunehmenden Rationalisierung des gesamten Lebens und mit dem steigenden Lebensstandard (vgl. Mayer, Kapitel 20 in diesem Band).

1. Die Herausbildung von Pensionssystemen

Zentral für die Entstehung und Verallgemeinerung des Ruhestandes ist die schrittweise Herausbildung von Pensionssystemen. Auch diese rüttelten zwar zunächst nicht am Grundsatz der lebenslangen Arbeit und traten nur bei nachgewiesener Invalidität in Kraft. Sie ersetzten jedoch die alte patriarchalische Fürsorgepflicht für Untergebene, systematisierten sie aber gleichzeitig und übertrugen sie auf den Staat. Am Anfang dieser gesamten Entwicklung stand das Problem der Hinterbliebenen von Pfarrern, Staatsbeamten und Militärs. Im Gegensatz zu den Frauen von Bauern und Handwerkern fehlte ihnen nach dem Tod ihres Ehemanns jede materielle Stütze. Sie besaßen keinen Bauernhof oder Meisterbetrieb, den sie bei einer Wiederverheiratung – der in vorindustrieller Zeit bevorzugtesten, da wirkungsvollsten Form der Hinterbliebenenversorgung
– oder beim Abschluß eines privaten Versorgungsvertrages hätten als Trumpfkarte einbringen können. Die Gründungen der Pfarrers- und Beamten-Witwenkassen seit dem ausgehenden 16. und vor allem seit Mitte des 18. Jahrhunderts sind darauf zurückzuführen (Wunder, 1985). Sie ermöglichten den Witwen bei entsprechend hohen Beiträgen einen zwar kargen, aber doch arbeitsentlasteten oder sogar -freien Lebensabend. Die Kassen des 18. und 19. Jahrhunderts vollzogen trotz ihrer technischen Unzulänglichkeiten einen entscheidenden Schritt in Richtung auf eine Rationalisierung des Versorgungswesens. Sie führten

weg von den alten Gnadenpensionen, die ganz vom Wohlwollen der Herrscher abhingen, und koppelten die Pensionshöhe an die gezahlten Beiträge.

Ähnliche Überlegungen gaben den Ausschlag für den Aufbau von ersten, noch sehr unausgereiften Pensionssystemen im Militärwesen, als die absolutistischen Herrscher nach der Errichtung stehender Heere die invaliden Soldaten gemäß ihrer Fürsorgepflicht nicht sich selbst überlassen konnten. Die ersten Einrichtungen knüpften noch direkt an die Tradition der Armenversorgung an. Für arbeitsunfähige Soldaten wurden spezielle Häuser eingerichtet. Das Hôtel des Invalides in Paris aus dem Jahre 1674 steht am Beginn dieser Entwicklung; England (1682), Preußen (1705) und Österreich (1728) folgten dem französischen Beispiel. Ein Recht auf Versorgung besaßen die invaliden Soldaten jedoch noch nicht (Borscheid, 1987, S. 265 f.).

Im ausgehenden 18. Jahrhundert mehrten sich die Versuche, Pensionssysteme zu institutionalisieren, die nicht mehr auf individuellen Gnadenakten der Herrscher beruhten, sondern objektiviert waren, da das bisherige System angesichts des wachsenden Beamtenapparats an die Grenzen seiner Administrierbarkeit stieß. 1781 legte Joseph II. mit seiner »Pensions-Normale« ein erstes umfassendes Pensionsgesetz im deutschen Sprachraum vor, das die mittleren und höheren Beamten erfaßte. Entscheidend war, daß künftig nicht mehr die Bedürftigkeit für eine Pension ausschlaggebend war, sondern nur noch die Invalidität. Der Staatsbeamte besaß erstmals einen Rechtsanspruch, und die Höhe der Pension wurde abhängig vom vorangegangenen Gehalt und den Dienstjahren. Dem österreichischen Beispiel folgten alsbald Bayern (1803/05), Baden (1809), Württemberg (1817) und deutlich später auch Preußen (1872). Auch in Frankreich verabschiedete die Nationalversammlung 1790 eine entsprechende Regelung. Noch immer aber galt der Grundsatz der lebenslangen Arbeit. Auch blieben die unteren Beschäftigungsgrade der Staats- und Kommunalverwaltungen von diesem Pensionssystem ausgeschlossen (Wunder, 1986, S. 21 – 59).

Eine wesentliche Antriebskraft für diese Neuerungen war das Bemühen der aufgeklärten absolutistischen Herrscher, die Bevölkerung und vor allem die Beamtenschaft zu disziplinieren. So wie der Staat mit allen Mitteln versuchte, den Menschen die bürgerlichen Tugenden Ordnung, Fleiß und Sparsamkeit zu vermitteln, so suchten auch die Regenten mit dem Lockmittel der Pensionen, ihren Beamten die notwendige Disziplin einzuimpfen. Nicht anders verfuhren wenig später die industriellen Unternehmer, als sie für ihre »Betriebs-Beamten« und Arbeiter Altersversorgungskassen einrichteten und deren Leistungen unter anderem von der Loyalität der Arbeitnehmer abhängig machten.

In der gesamten Einrichtung von Pensionssystemen findet der Übergang zu einem entwicklungsgeschichtlichen Denken seinen Niederschlag. Für immer mehr Menschen gewann die Lebensperspektive als eine vorausschauende »Langzeitperspektive« an Bedeutung, sie löste eine gewisse Planlosigkeit im Zukunftsdenken ab. Letztlich ist die Einrichtung von Pensionssystemen Teil der vielfältigen Bemühungen, das gesamte Staatswesen wie auch das gesamte Leben planbarer und kalkulierbarer, rationaler und effizienter zu gestalten. Gerade die staatlichen Leistungssysteme eigneten sich für eine derartige Rationalisierung.

Die Vertreter der Aufklärung forderten von ihren Mitmenschen, sich das Paradies bereits im Diesseits zu schaffen und nicht nur auf das Jenseits zu vertrauen. Ein Paradebeispiel für die Realisierung dieses selbstbewußten Denkens wurde im Bereich der Alters- und Hinterbliebenenversorgung die Entwicklung der Lebensversicherung. Sie erfreute sich seit dem ausgehenden 18. Jahrhundert vor allem bei Vertretern des aufgeklärten Bürgertums als Ausweis ihrer Fortschrittlichkeit großer Nachfrage. Mit ihrer Verbindung von Wahrscheinlichkeitsrechnung und demographischen Gesetzen, wie sie sich in den Sterbetafeln niederschlägt, wies sie einen Weg, das Leben in einer zentralen Frage berechenbarer zu gestalten und das Alter von dem Zwang zur Arbeit zu entlasten (Borscheid, 1987, S. 278 – 290; Borscheid, 1988).

Für die Arbeiter, vor allem für die Fabrikarbeiter, wurde die soziale Sicherung der Bergarbeiter in der zweiten Hälfte des 19. Jahrhunderts zum Vorbild. Die seit dem Mittelalter bekannte, aber nicht immer und überall praktizierte Knappschaftsversorgung bei Krankheit und Invalidität beruhte auf der Verpflichtung des Landesherren, für die ihm direkt unterstellten Arbeiter in Notfällen aufzukommen. Die Knappschaften wurden 1854 in Preußen Träger einer öffentlich-rechtlichen Arbeiterversicherung, die auch eine Invaliden- und damit eine Alterssicherung enthielt. Die staatliche Sozialversicherung der Arbeiter hat in den 80er Jahren dieses System in seinen Grundprinzipien übernommen, nicht zuletzt, um sich nach französischem Vorbild die politische Loyalität der Arbeiter zu erkaufen. Die Einführung der Rentenversicherung wurde um die Jahrhundertwende in den Industriestaaten zur Notwendigkeit, weil immer mehr Menschen ihre Einkommen allein aus Lohnarbeit bezogen und über keine anderen Subsistenzmittel verfügten. Dabei spielte auch die Auffassung von sozialen Normen und Verpflichtungen eine entscheidende Rolle. Die Sozialversicherung steht am Anfang einer neuen »industriellen Moralökonomie« (Kohli, 1987, S. 393 – 416). Ihr liegt das Prinzip zugrunde, daß ein Arbeiter, der sein Leben und seine Arbeitskraft für seine Arbeitgeber hergibt, auch Anspruch hat auf eine gewisse Sicherung bei Krankheit, Invalidität und Alter. Dabei besteht das »moralische Universum« nicht mehr nur aus dem Verwandtschaftsnetz und der lokalen Gemeinschaft der vorindustriellen Zeit, sondern aus dem »neuen Nationalstaat« (Kohli, 1987, S. 399).

2. Die Etablierung des Ruhestandalters

Von besonderer Bedeutung für die Erweiterung des normalen Lebenslaufschemas, das in der traditionellen europäischen Kultur lediglich durch Geburt, Heirat und Tod bestimmt worden war, wurde die Festlegung eines starren Berechtigungsalters in den verschiedenen Rentensystemen. Es war in der preußischen Beamtenversorgung seit dem Jahre 1886 auf das 65. Lebensjahr festgesetzt, in der staatlichen Invaliden- und Altersversicherung der Arbeiter auf das 70. Lebensjahr. Das Ruhestandsalter diente anfangs lediglich der Verwaltungsvereinfachung und wurde als eine Spezialform von Invalidität gesehen. Es war eine Rechengröße, mehr nicht. In Verbindung mit anderen objektivierbaren Kriterien wie Arbeitsdauer und Verdienst machte es dieses Versorgungssystem kalkulierbarer und schuf damit eine Grundvoraussetzung für seine Finanzierbarkeit. Das Ruhestandsalter war aber noch immer nicht gleichbedeutend mit dem Beginn eines Ruhestandes, vielmehr konnte und sollte der Rentenempfänger dem Arbeitsmarkt auch weiterhin zur Verfügung stehen. Die Rente — und daraus erklärt sich zum Teil ihre geringe Höhe — galt nur als Ersatz für die nachlassende Arbeitskraft. Industrie und Kommunalverwaltungen hatten sich vielfach darauf eingestellt, indem sie für ältere Arbeiter die leichteren Arbeiten reservierten. Der Badewächter und Nachtwächter in der Schwerindustrie oder der Torhüter und Rathausdiener in der Stadtverwaltung sind Beispiele für solche Auffangstellen (Reif, 1982, S. 36). In den 90er Jahren des 19. Jahrhunderts führten neben dem Staat verschiedene Großunternehmen das 65. und sogar das 60. Lebensjahr als Pensionsgrenze ein, auch wenn die Bezieher noch weiterhin im Betrieb arbeiteten. Im westlichen Ausland ging man zur gleichen Zeit ähnliche Wege. England zum Beispiel führte in den 90er Jahren im Staatsdienst die Versetzung in den Ruhestand mit dem 65. Lebensjahr ein.

Diese Festlegung von Anspruchsgrenzen und Anspruchsalter hat die Herausbildung des Ruhestandes gefördert, da sie in entscheidendem Maße zu einer Chronologisierung des Lebenslaufs beitrug. Das Anspruchsalter wurde zu einer Orientierungsmarke und schließlich zu einem echten Wendepunkt. Diese Tendenz wurde beschleunigt, da gleichzeitig der medizinische Diskurs über »Altersschwäche« und die Gleichsetzung der letzten Lebensphase mit Invalidität die alten Menschen für das industrielle System abwerteten. Die medizinischen Theorien gingen ein in die Debatten über Rationalisierung, die zu Beginn des 20. Jahrhunderts zuerst in den USA im Zusammenhang mit der Weiterentwicklung des Industrie- und Dienstleistungssektors geführt wurden. Der Taylorismus, der mit seinen Zeit- und Bewegungsstudien die Arbeitsleistungen des einzelnen einer rigorosen Prüfung unterzog und bisher nie gekannte Vorschläge zur Beschleunigung der Arbeitsabläufe entwickelte, leitete eine neue Phase industrieller Produktion ein. In seiner ausgeprägtesten Form setzte er die Menschen mit Maschinen gleich. In Deutschland erlebte er seinen Höhepunkt in der Zeit zwischen der Währungsreform von 1923/24 und der Weltwirtschaftskrise. Dabei setzten die Arbeitswissenschaftler — analog zu den medizinischen Theorien — Alter mit abnehmender Effizienz, rückläufiger Produktivität und fehlender Flexibilität gleich. Der zentralen Forderung nach Produktivitätssteigerung standen die alten Menschen entgegen; sie behinderten die Rationalisierung.

Unter dem Eindruck dieser Debatte standen die berühmten Untersuchungen des Vereins für Socialpolitik über »Auslese und Anpassung der Arbeiterschaft«. Sie gipfelten in dem Resümee von Alfred Weber, daß das 40. Lebensjahr den

»entscheidenden Knick« in der Leistungsfähigkeit des Industriearbeiters dar-
stelle; danach ginge es mit diesem kontinuierlich bergab (Weber, 1911, S. 384).
In den USA forderte man gleichzeitig ganz konsequent die automatische und
zwangsweise Pensionierung der Arbeiter bei Erreichen einer bestimmten Altersgrenze. Sie wurde erstmals im Jahre 1929 eingeführt, und zwar in Kalifornien
mit dem 70. Lebensjahr. Als wenig später im Anschluß an die Weltwirtschaftskrise die wirtschaftliche Globalsteuerung einsetzte, fiel der Zwangspensionierung bei der Bewältigung der Massenarbeitslosigkeit eine wichtige Rolle zu. Sie
sollte helfen, die weniger leistungsfähigen Gruppen vom Arbeitsmarkt fernzu-
halten. Obwohl die Zwangspensionierung in Deutschland keine Anwendung
fand, führte die gesamte Debatte doch dazu, daß ältere Arbeiter immer seltener
eingestellt wurden oder erst gar nicht um Arbeit nachsuchten, vielmehr einen
Antrag auf Alters- oder Invalidenrente stellten. In den späten 20er Jahren sank
die Erwerbstätigkeit der über 65jährigen fast schlagartig auf unter 30 Prozent
ab (Ehmer, 1990, S. 78 – 86). Das Hinausdrängen der Älteren aus der Wirtschaft
erforderte eine deutliche Anhebung der Renten. Dies gelang jedoch erst in der
Zeit zwischen 1957 und 1972 mit der »Dynamisierung« der Renten und einer
starken Ausweitung des Kreises der Empfangsberechtigten.

3. Standardisierung des Lebenslaufs

Seit den späten 20er Jahren des 20. Jahrhunderts wurde in Deutschland der
Lebenslauf des »Normalbürgers« in seiner heute noch gültigen Form institutionalisiert, geregelt und standardisiert. Diese Institutionalisierung ist als ein notwendiges Korrelat zur Freisetzung des Individuums von der früheren äußeren
Kontrolle zu sehen. Den Menschen wurde damit ein neues, festes Gerüst für
ihre Lebensplanung in die Hand gegeben. Gleichzeitig wurde das Alter, das bis
dahin lediglich ein Status war, zu einem eigenständigen Lebensabschnitt und
zu einer Lebensform (Kohli, 1985, S. 2 f.; vgl. auch Kohli und Kruse, Kapitel 9
und 13 in diesem Band).

Zu dieser Standardisierung des Lebenslaufs und der Verallgemeinerung des
Ruhestandes trug ebenso die Konzentration der Sterblichkeit auf die höheren
Lebensalter bei. Noch im 19. Jahrhundert war das Sterberisiko für alle Altersgruppen relativ hoch (vgl. hierzu Dinkel und Schmitz-Scherzer, Kapitel 3 und
21 in diesem Band). Heute ist die Streubreite des Sterbealters relativ gering; das
durchschnittliche Sterbealter ist erstmals in der Geschichte zur Norm geworden.
Der weitaus größte Teil der Bevölkerung erreicht heute das Rentenalter, und
jene, die es erreichen, gehen in der Regel auch in den Ruhestand. In den Jahren
1881 bis 1890 erreichten in Deutschland erst 19,7 Prozent der Männer das
damalige Rentenalter von 70 Jahren; 1983 dagegen erreichten 73,1 Prozent das
für die Arbeiter seit 1916 gültige Rentenalter von 65 Jahren. Gleichzeitig sank
die Erwerbstätigkeit im Alter von 65 und mehr Jahren im Deutschen Reich
beziehungsweise der Bundesrepublik von 58 Prozent im Jahre 1895 auf 2,1
Prozent im Jahre 1985 ab. In Großbritannien, Frankreich und den USA folgte

die Entwicklung demselben Trend, nur lag sie auf einem etwas höheren Niveau (Ehmer, 1990, S. 137). Diese Daten lassen aber auch erkennen, daß der Ruhestand bereits vor dem Ersten Weltkrieg für einen Teil der Bevölkerung Wirklichkeit war. Er wurde realisiert und vorgelebt vor allem von den höheren und mittleren Staats- und Betriebsbeamten, aber auch von einem Teil der bäuerlichen Bevölkerung, der von den Fortschritten in der Landwirtschaft profitierte.

Mit der Verallgemeinerung des Ruhestandes hat der Generationenvertrag, der bis in die Zeit der Industrialisierung individuell ausgehandelt worden war, eine neue Gestalt angenommen (vgl. auch Bengtson & Schütze, Kapitel 19 in diesem Band). Heute ist es Aufgabe des Staates, das Konfliktpotential, das immer mit solchen Verträgen verbunden war und ist, in den Griff zu bekommen. Dies setzt ein hohes Maß an Vertrauen in das staatliche System voraus (vgl. Guillemard und Hauser & Wagner, Kapitel 24 und 23 in diesem Band). Zur Lösung dieser Aufgabe ist viel Können, Fingerspitzengefühl und vorausschauende Planung nötig. Zwar hat sich in allen westlichen Industrieländern im 20. Jahrhundert das numerische Verhältnis zwischen erwerbstätiger und nichterwerbstätiger Bevölkerung zunehmend »entlastet«, andererseits aber hat sich das Gewicht der einzelnen Altersgruppen drastisch verändert. Während um 1900 die »Belastung« noch überwiegend von den Kindern ausging, hat sie sich in den letzten Jahrzehnten vor allem auf die höheren Altersgruppen verlagert (Ehmer, 1990, S. 211). Hier liegen die neuen sozialen Herausforderungen.

Literaturverzeichnis

Achenbaum, W. A. (1978). *Old age in the new land. The American experience since 1790.* Baltimore, MD: John Hopkins University Press.

Böck, K. (1953). *Das Bauernleben in den Werken bayerischer Barockprediger.* München: Schnell & Steiner.

Borscheid, P. (1986). Verdienst, Einkommen und Vermögen älterer städtischer Arbeiter während der Industrialisierung. In H.-J. Teuteberg (Hrsg.), *Stadtwachstum, Industrialisierung, Sozialer Wandel* (S. 255 – 276). Berlin: Duncker & Humblot.

Borscheid, P. (1987). *Geschichte des Alters. 16.-18. Jahrhundert.* Münster: F. Coppenrath.

Borscheid, P. (1988). *Mit Sicherheit leben. Die Geschichte der deutschen Lebensversicherungswirtschaft.* Greven: Eggenkamp.

Dietrich, O. (1941). *Mit Hitler an die Macht* (30. Aufl.). München: Eher.

Ehmer, J. (1990). *Sozialgeschichte des Alters.* Frankfurt/M.: Suhrkamp.

Elias, N. (1978). *Über den Prozeß der Zivilisation* (Bd. 1, 6. Aufl.). Frankfurt/M.: Suhrkamp.

Goebbels, J. (1926). *Die zweite Revolution. Briefe an Zeitgenossen.* München: Eher.

Grimm, J. (1863). *Rede auf Wilhelm Grimm und Rede über das Alter.* Berlin: Dümmler.

Haber, C. (1983). *Beyond sixty-five. The dilemma of old age in America's past.* Cambridge, MA: Cambridge University Press.

Hobbes, T. (1984). *Leviathan.* Frankfurt/M.: Suhrkamp.

Hufeland, C. W. (1975). *Die Kunst, das menschliche Leben zu verlängern.* Stuttgart: Hippokrates.

Keller, A. v. (1964). *Hans Sachs Werke* (Bd. 7). Hildesheim: Hiersemann.

Kohli, M. (1985). Die Institutionalisierung des Lebenslaufs. *Kölner Zeitschrift für Soziologie und Sozialpsychologie, 37*, 1 – 29.

Kohli, M. (1987). Ruhestand und Moralökonomie. In K. Heinemann (Hrsg.), *Soziologie wirtschaftlichen Handelns* (S. 393 – 416). Opladen: Westdeutscher Verlag.

Köllmann, W. & Reulecke, J. (Hrsg.) (1980). *Mittheilungen des Centralvereins für das Wohl der arbeitenden Klassen.* Hagen: v.d. Linnepe.

Macklots Conversationslexikon (1816). Karlsruhe: Macklot.

Menzel, W. (1836). *Deutsche Literatur* (2. Teil). Stuttgart: Hallberger.

Mitterauer, M. & Sieder, R. (1980). *Vom Patriarchat zur Partnerschaft.* München: C. H. Beck.

Mommsen, H. (1985). Generationskonflikt und Jugendrevolte in der Weimarer Republik. In T. Koebner (Hrsg.), *»Mit uns zieht die neue Zeit«. Der Mythos Jugend* (S. 50 – 67). Frankfurt/M.: Suhrkamp.

Radkau, J. (1985). Die singende und die tote Jugend. In T. Koebner (Hrsg.), *»Mit uns zieht die neue Zeit«. Der Mythos Jugend* (S. 97 – 127). Frankfurt/M.: Suhrkamp.

Reif, H. (1982). Soziale Lage und Erfahrungen des alternden Fabrikarbeiters in der Schwerindustrie des westlichen Ruhrgebietes während der Hochindustrialisierung. *Archiv für Sozialgeschichte, 22*, 1 – 94.

Rosenmayr, L. & Rosenmayr, H. (1978). *Der alte Mensch in der Gesellschaft.* Reinbek bei Hamburg: Rowohlt.

Schmortte, S. (1990). Alter und Medizin. Die Anfänge der Geriatrie in Deutschland. *Archiv für Sozialgeschichte, 30*, 15 – 41.

Sengle, F. (1971). *Biedermeierzeit* (Bd. 1). Stuttgart: J. B. Metzler.

Stifter, A. (1954). *Der Nachsommer. Eine Erzählung.* Augsburg: Adam Kraft.

Wais, K. K. T. (1931). *Das Vater-Sohn-Motiv in der Dichtung 1880 – 1931.* Berlin: de Gruyter.

Weber, A. (1911). Das Berufsschicksal der Industriearbeiter. *Archiv für Sozialwissenschaft und Sozialpolitik, 34*, 377 – 405.

Wolff, G. (1920). Die experimentelle Verjüngung. *Westermanns Monatshefte, 129*, 314 – 317.

Wunder, B. (1985). Pfarrwitwenkassen und Beamtenwitwen-Anstalten vom 16.-19. Jahrhundert. *Zeitschrift für historische Forschung, 12*, 429 – 498.

Wunder, B. (1986). *Geschichte der Bürokratie in Deutschland.* Frankfurt/M.: Suhrkamp.

3. Demographische Alterung: Ein Überblick unter besonderer Berücksichtigung der Mortalitätsentwicklungen

REINER H. DINKEL

Zusammenfassung

Demographische Alterung läßt sich auf unterschiedliche Arten definieren und messen, wobei das Durchschnitts- oder Medianalter und das Maß von Billeter die relativ am ehesten geeigneten Meßkriterien darstellen. Demographische Alterung kann von Fertilitäts-, Mortalitäts- und Wanderungsentwicklungen ausgelöst werden, wobei in diesem Artikel schwerpunktmäßig die mortalitätsbedingte Alterung betrachtet wird.

Demographische Alterung durch Mortalitätsvariation läßt sich am Konzept der Sterbetafel untersuchen. Neben einer Beschreibung bisheriger Entwicklungen deutscher Sterbetafeln, einschließlich der Unterscheidung der Geschlechter, werden auch Methoden der Sterblichkeitsprognose diskutiert und eine Fortschreibung des Bestandes der Bevölkerung über 65 Jahre in der »neuen« Bundesrepublik bis zum Jahr 2020 vorgenommen.

Demographische Alterung durch Mortalitätsreduktion steht in unmittelbarem Zusammenhang mit der Morbiditätsentwicklung. Die Interdependenzen dieser beiden Größen werden auch anhand spezifischer Berechnungsverfahren diskutiert.

A. Demographisches Altern: Begriff und Ursachen

1. Definition und Meßkonzepte demographischer Alterung

»Alterung« gehört gegenwärtig zu den meisterwähnten sozialen Phänomenen. Allerdings ist damit nicht immer »demographische Alterung«, also die Alterung von Bevölkerungen, gemeint. Im Gegensatz zur allgegenwärtigen Präsenz dieses Begriffes steht die Erfahrung, daß es nur sehr wenige wissenschaftliche Auseinandersetzungen mit der Frage gibt, welche exakte Definition und welches empirische Meßkonzept am ehesten in der Lage sind, demographisches Altern zu beschreiben.

Prof. Dr. Reiner H. Dinkel ist Professor für Quantitative Verfahren der Demographie an der Universität Bamberg. Forschungsschwerpunkte: Demographie, Sozialepidemiologie und Sozialpolitik.

Alterung auf der Ebene von Individuen, wie sie typischerweise in Biologie oder Medizin betrachtet wird, ist eine Erfahrung, die sich am direktesten mit dem Titel eines von Riley, Abeles und Teitelbaum (1982) herausgegebenen Sammelbandes beschreiben läßt: »Aging from birth to death«. Demographische Alterung muß einen anderen Ansatzpunkt wählen. Alle in demographischen Gesamtheiten lebenden Personen altern im individuellen Sinne permanent, zugleich aber wachsen der Gesamtheit durch Geburten und Wanderungen neue Individuen hinzu. Demographisches »Altern« ist die Umschreibung von »durchschnittlichen Veränderungen von Bevölkerungsgesamtheiten«, von Altersstrukturen.

Diese weiche Formulierung läßt erkennen, daß der konkrete Begriffsinhalt sehr stark von der genauen Definition abhängt. Unbestritten ist, daß demographisches Altern ein Vorgang sein muß, der in kalendarischen Dimensionen verläuft, während die biologische Eigenzeit eines Individuums durchaus vom Julianischen Kalender verschieden sein kann. Aussagen über große Gesamtheiten sind aber nur möglich, wenn wir uns an die von der Statistik vorgegebene Kategorisierung in Kalender- und Lebensjahre halten. Wessen Geburtstag länger zurückliegt, der ist im demographischen Sinne älter, auch wenn funktionale Maßstäbe ein anderes Bild ergeben.

Alterung bezieht sich auf die zeitliche Veränderung von Zuständen. Ein Konzept zur Ermittlung demographischen Alterns muß also einerseits Zustände bewerten, das heißt zwei aktuelle Altersstrukturen der Populationen A und B miteinander vergleichen können. Es muß aber andererseits auch zeitliche Veränderungen dieser Strukturen beschreiben können.

Altersstrukturen werden normalerweise in Form von »Bevölkerungspyramiden« verdeutlicht, in denen nach Geschlecht (und Familienstand) getrennt die Besetzung der Wohnbevölkerung in den einzelnen Altersstufen zu einem bestimmten Stichtag von unten (Alter 0 Jahre) nach oben (Alter 100 Jahre) aufgetragen ist. Abbildung 1 stellt die Alterspyramide der Wohnbevölkerung der beiden deutschen Staaten am 31. Dezember 1988 dar. Die jeweils innere Kurve beschreibt die Besetzungszahl der »alten« Bundesländer, die äußere Kurve die aggregierte Besetzung beider Staaten.

Drei Informationen sind dabei besonders bemerkenswert. Die aufeinanderfolgenden Altersstufen sind zum Teil sehr stark unterschiedlich besetzt, wobei die zahlreichen Ein- und Ausbuchtungen gewissermaßen ein Abbild der jüngeren deutschen Geschichte sind. Überraschend ist, daß sich trotz 40 Jahren getrennter Entwicklung die Altersstruktur der ehemaligen DDR nur bei der Besetzung der allerjüngsten Altersstufen von jener der alten Bundesländer unterscheidet. Die zusammengefaßte Bevölkerungspyramide weist somit unverändert alle Unregelmäßigkeiten auf, die seit Jahren Gegenstand der öffentlichen Diskussion sind (vgl. Dieck, Kapitel 25 in diesem Band). Auch das vereinigte Deutschland bleibt das bislang extremste Beispiel dafür, wie sich als Folge eines Geburtenrückgangs

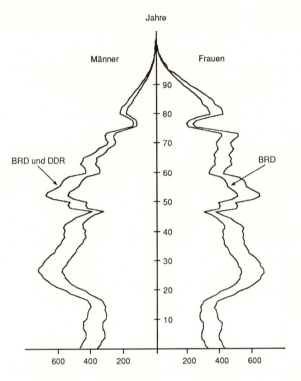

Abbildung 1: Die Alterszusammensetzung der Bundesrepublik Deutschland und der DDR am 31. Dezember 1988 (in Tausend).

die Alterspyramide so umformen kann, daß höhere Altersstufen deutlich stärker besetzt sind als niedrigere.

Von den vielfältigen Versuchen, demographische Alterung zu definieren und zu messen (vgl. Dinkel, 1989), werden zwei Varianten besonders häufig angewandt. In den meisten Veröffentlichungen zu diesem Thema wird – oft sogar ohne explizite Betonung – demographische Alterung als »Anteil der Bevölkerung oberhalb eines bestimmten Alters« ausgedrückt. In der Regel wird dabei das Alter von 60 oder 65 Jahren als Grenze gewählt. Demographisches Altern in diesem Sinn findet statt, wenn eine Population eine Erhöhung des Bevölkerungsanteils der Personen oberhalb von 60 oder 65 Jahren erlebt. Im Vergleich zweier Populationen A und B ist jene älter, bei der dieser Anteil, oft sogar unangemessenerweise bewertend als »Alterslastquote« bezeichnet, größer ist.

Wie irreführend die Wahl dieses Kriteriums sein kann, macht ein internationaler Vergleich deutlich. Die höchsten Bevölkerungsanteile oberhalb von 60 oder 65 Jahren weisen im Moment die skandinavischen Länder oder die Schweiz auf. Sowohl die alten als auch die neuen Bundesländer liegen nach diesem Kriterium nur im europäischen Mittelfeld. Auch Japan, ein nach anderen Kriterien besonders stark überaltertes Land, besitzt (noch) einen relativ geringen Bevölkerungsanteil der Personen oberhalb von 60 oder 65 Jahren. Die Ursache dafür ist, daß in solchen Ländern im Moment vor allem die oberen Altersstufen der Männer, die in die beiden Weltkriege verwickelt waren und dort eine erhöhte Sterblichkeit erfuhren, gering besetzt sind.

Abbildung 1 macht eine weitere wichtige Schwäche dieses Maßes erkennbar. In der Bundesrepublik Deutschland ist sowohl der Anteil der sehr alten Personen relativ klein (kleiner jedenfalls, als er es ohne die Sondereinflüsse gewesen wäre) als auch der Anteil der Kinder und Jugendlichen. Wenn demographische Alterung auch etwas über zeitliche Veränderungen aussagen soll, darf nicht außer Betracht bleiben, daß eine geringe Besetzung heutiger Altersgruppen von Kindern und Jugendlichen morgen zu einer geringen Besetzung von Elternjahrgängen und übermorgen zu einer veränderten Zahl von Alten führen wird. Maße für demographisches Altern sollten somit stets die gesamte Altersstruktur und deren Veränderung bewerten und nicht nur einzelne Altersgruppen.

Im Sinne dieser Kritik erweist sich ein anderes Kriterium als eindeutig überlegen. Demographische Alterung läßt sich auch durch Veränderungen des Durchschnitts- oder des Medianalters charakterisieren. Eine Bevölkerung altert im Sinne dieses Maßes, wenn ihr Durchschnitts- oder Medianalter steigt. Eine Population A ist demographisch älter als Population B, wenn sie ein höheres Durchschnitts- oder Medianalter besitzt. Diesem Maß wird häufig entgegengehalten, Abweichungen vom Durchschnitt nach oben und unten gleich zu bewerten. Die Schwäche, mehrere möglicherweise divergierende Entwicklungen auf verschiedenen Altersstufen durch Aggregation unangemessenerweise auszugleichen, ist aber bei allen Meßkonzepten unvermeidlich, die Veränderungen komplexer Gesamtheiten, wie einer Altersstruktur, durch einen einzigen Index auszudrücken versuchen.

Das Durchschnittsalter besitzt unter anderem die positive Eigenschaft, daß man mit seiner Hilfe die Gesamtbevölkerung mit einzelnen ihrer Teile (so z. B. die Erwerbstätigen oder die kranke Bevölkerung mit der Gesamtbevölkerung) vergleichen kann. Praktisch bedeutsam ist allerdings eine zweite Schwäche, der erhebliche Datenbedarf. Für die überwiegende Zahl der Länder dieser Erde ist es noch immer nicht möglich, eine nach Einzelaltern tiefgegliederte Altersstruktur zu erheben, wie sie für die Ermittlung des Durchschnittsalters notwendig ist.

Ein gerade im Hinblick auf die erforderlichen Daten besonders einfach zu konstruierendes Maß für demographische Alterung ist das von Billeter (1954) vorgeschlagene, aber kaum beachtete Maß »J«. Benötigt werden Kenntnisse über die Zahl oder Anteile dreier Bevölkerungsgruppen, der noch nicht reproduktiven Bevölkerung (Alter 0 bis 14 Jahre), der Bevölkerung im reproduktiven

Alter (Alter 15 – 49 Jahre) und der nicht mehr reproduktiven Bevölkerung (Alter 50 + Jahre). Dann ist:

$$J = (P_{0-14} - P_{50+}) / P_{15-49}$$

Trotz der schematisch anmutenden Konstruktion, der geringen Anforderungen an die Daten und der allerdings nur scheinbaren Ähnlichkeit mit der sogenannten »Gesamtlastquote« besitzt dieses Maß eine erstaunliche Flexibilität und gibt in der Regel eine ähnliche Auskunft wie das schwieriger zu konstruierende Durchschnittsalter (vgl. Dinkel, 1989 für die Darstellung der Entwicklung in beiden Teilen Deutschlands bis 1988).

Soll die Alterung von Bevölkerungen auf der Ebene aggregierter Besetzungszahlen dargestellt werden, dürften trotz der vorgetragenen Einwände das Durchschnitts- oder Medianalter und das Maß von Billeter insgesamt gesehen die brauchbarsten Summenmaße darstellen. Stehen dagegen Einzelaspekte der Alterung im Blickpunkt, wie es in der folgenden Abhandlung am Beispiel der Mortalität der Fall sein wird, gibt es in der Regel spezifischere Maße, die der jeweiligen Fragestellung angemessener sind. Aus diesem Grund wird auf die hier vorgestellten Summenmaße demographischer Alterung im weiteren nicht mehr Bezug genommen.

2. Ursachen demographischer Alterung

In einer »stabilen« Bevölkerung (bei dauerhaft konstanten Fertilitäts-, Mortalitäts- und Wanderungsraten) ist auch die Altersstruktur konstant. Jede einmalige oder dauerhafte Änderung von Fertilitäts-, Mortalitäts- oder Migrationsraten hat aber zeitweise oder dauerhafte Alterung oder Verjüngung der Altersstruktur der betroffenen Population zur Folge. In konkreten Bevölkerungen (wie der deutschen) ändern sich fast zwangsläufig gleichzeitig sowohl Fertilitäts-, Mortalitäts- als auch Wanderungsraten. Auch in der Vergangenheit war keiner dieser Parameter je über längere Zeit konstant, so daß real beobachtete Alterungsvorgänge stets einer Mischung von Ursachen zuzuschreiben sind. Da Änderungen in den Besetzungen einzelner Jahrgänge ganz unten (im Alter 0 Jahre) beginnen können, dann aber notwendigerweise bis zum Alter von 100 Jahren durchlaufen, beeinflussen auch einmalige Änderungen eines demographischen Parameters (nur während eines einzigen Kalenderjahres) die Altersstruktur der Bevölkerung über einen langen Zeitraum von bis zu einem Jahrhundert.

Wie sich (dauerhafte oder einmalige) Änderungen der *Fertilität* auf die Altersstruktur auswirken, läßt sich relativ einfach darstellen. Eine nur kurzzeitige (einmalige) Reduktion der Geburtenzahlen bei ansonsten unveränderter langfristiger Geburtendynamik reduziert zuerst den Bestand niedriger Altersstufen und wirkt damit »alternd«. Jahrzehnte später aber wird der Bestand höherer Altersstufen reduziert und eine zeitweise »Verjüngung« diagnostiziert.

Dauerhafte Fertilitätsreduktionen bedeuten eine immer stärkere Reduktion der jüngeren gegenüber vorangegangenen (älteren) Jahrgängen. Bei jedem denkbaren Meßkonzept (bei der sogenannten »Alterslastquote« allerdings erst nach langer Zeit) resultiert daraus eine dauerhafte »Alterung«. Wenn die Fertilitätsreduktion ein bestimmtes Ausmaß überschreitet, dann entsteht das in Abbildung 1 für Deutschland erkennbare und in der Öffentlichkeit vielbeachtete Phänomen des »Umkippens der Bevölkerungspyramide«. Eine derart starke Verformung der Altersstruktur ist grundsätzlich nur durch Fertilitätsreduktion erreichbar, selbst extremste Veränderungen der Mortalität könnten allein eine solche Entwicklung nicht bewirken.

Die Auswirkungen von *Mortalitätsvariationen* auf die Alterung sind insgesamt schwieriger zu beurteilen, da Mortalitätsvariationen eine Doppelwirkung besitzen (können). Bei der Beurteilung der dauerhaften Wirkungen von Sterblichkeitsveränderungen kommt es darauf an, in welcher Altersstufe die Mortalitätsreduktion stattfindet. Reduziert sich die Sterblichkeit dauerhaft besonders stark vor und innerhalb der reproduktiven Altersstufen, dann resultiert nicht nur eine dauerhaft größere Anzahl an Überlebenden in allen folgenden Altersstufen, die für sich gesehen eindeutig »alternd« wirkt. Gleichzeitig steigt die Anzahl potentieller Mütter und Väter, so daß bei unveränderten Fertilitätsraten aufgrund der Mortalitätsreduktion auch die Zahl der Geburten dauerhaft ansteigt.

Dieser geburtenerhöhende (und damit »verjüngende«) Effekt von Mortalitätsreduktionen wird von vielen Beobachtern besonders bei Entwicklungsländern gewichtiger eingeschätzt als der »alternde« Effekt erhöhter Überlebensraten. In den entwickelten Ländern sind die potentiellen Mortalitätsfortschritte in den ersten Lebensjahren zum größten Teil bereits realisiert. Mortalitätsfortschritt ist heute und noch ausgeprägter in der Zukunft in diesen Ländern nahezu ausschließlich gleichbedeutend mit »Alterung« der Bevölkerung, da selbst eine Reduktion der Sterblichkeit in den mittleren Altersstufen auf längere Sicht auch zu einem Anstieg der Besetzung in den höchsten Altersstufen führen wird.

Die Wirkungen von grenzüberschreitenden *Wanderungen* auf die Alterung der Bevölkerung ähneln denen der Sterblichkeit. Finden Zu- oder Abwanderungen bereits in oder noch vor den reproduktiven Altersstufen statt, treten als Folge der Wanderungen auch dauerhafte Fertilitätsreaktionen ein. Unabhängig davon aber »wandert« die Erhöhung oder Reduktion in der Besetzung einzelner Altersstufen aufgrund von Zu- oder Abwanderung durch alle Altersstufen hindurch. Was in den ersten Jahren nach der Zuwanderung »verjüngend« wirkt, wird einige Jahrzehnte später zu einer »Alterung«. Für die Beurteilung der Alterungswirkungen von Wanderungen kommt es somit auf die ganz exakte Altersstruktur der Zu- und Abwandernden an. Wandern beispielsweise kontinuierlich viele ältere Personen ab, eine numerisch kleinere Zahl von Jugendlichen dagegen ebenso kontinuierlich zu, kann trotz eines permanent negativen Wanderungssaldos ein dauerhaft verjüngender Effekt der Wanderungen auf die Bevölkerungsdynamik und Altersstruktur eintreten (vgl. Dinkel, 1990).

In diesem Zusammenhang ist interessant, zu welchen Anteilen die einzelnen demographischen Ursachen für konkrete Alterungsvorgänge der letzten Jahrzehnte verantwortlich waren. Für die Antwort auf diese Frage kommt es vor allem auf das gewählte Definitionskriterium für Alterung an. In rein komparativ-statistischer Betrachtung läßt sich beispielsweise die Wirkung von Mortalitäts- oder von Fertilitätsvariationen auf das Durchschnittsalter der Gesamtbevölkerung relativ einfach angeben. Vergleicht man verschiedene stabile Bevölkerungen mit unterschiedlicher Fertilität und gleicher Mortalität einerseits oder mit identischer Fertilität, aber verschiedener Mortalität andererseits, wird ein Standardergebnis der mathematischen Demographie bestätigt: *Fertilitätsvariationen besitzen für Veränderungen der Altersstruktur größere Bedeutung als Mortalitätsvariationen.*

Im Modellsterbetafelsystem von Coale und Demeny (1983) läßt sich diese Aussage mit Zahlen belegen. Im Verlaufstyp »East« (der in etwa Sterblichkeitsverhältnissen wie in Deutschland entspricht) bedeutet beispielsweise eine Lebenserwartung von 80 Jahren im Vergleich mit einer Lebenserwartung von 60 Jahren, daß in der jeweiligen stationären Bevölkerung das Durchschnittsalter statt 36,2 Jahre 41,0 Jahre beträgt. Schrumpft bei einer Lebenserwartung von 60 Jahren eine Bevölkerung mit einer stabilen Rate von minus ein Prozent, liegt das Durchschnittsalter bei 41,3 Jahren. Läge die stabile Wachstumsrate bei einer Lebenserwartung von 60 Jahren dagegen bei plus zwei Prozent (was durchaus noch im realistischen Bereich liegt), entstünde ein Durchschnittsalter von nur 27,0 Jahren. Diese Zahlen zeigen, daß fertilitätsbedingte Änderungen der Wachstumsrate einer Population um nur einen Prozentpunkt vergleichbare Wirkungen auf das Durchschnittsalter der stabilen Bevölkerung haben wie eine Variation der Lebenserwartung um 15 oder 20 Jahre. Wir sollten bei solchen Schlußfolgerungen allerdings nicht den komparativ-statistischen Charakter dieser Aussagen aus den Augen verlieren, der für Entwicklungen in der realen Welt häufig wenig aussagekräftig ist.

Den relativen Beitrag von tatsächlichen Fertilitäts-, Mortalitäts- und Wanderungsvariationen auf die Entwicklung des Durchschnittsalters in den USA und in Schweden haben Preston, Hines und Eggers (1989) untersucht und festgestellt, daß in diesen beiden Ländern der Anstieg des Durchschnittsalters der Bevölkerung zu einem relativ großen Anteil auf Mortalitätsentwicklungen zurückgeht. Die Autoren betonen gleichzeitig, daß in den letzten Jahrzehnten sowohl Schweden als auch die USA zu jenen Ländern gehörten, in denen die Fertilitätsentwicklungen (zumindest im Vergleich zur Bundesrepublik) relativ moderat verliefen.

Einen noch stärkeren Beitrag der Mortalitätsentwicklung zur Alterung konstatieren Caselli und Vallin (1990) für Italien und Frankreich zwischen 1952 und 1986. In diesem Fall wird allerdings die Alterung durch den Anteil der

Personen oberhalb von 60 Jahren gemessen. Der in Italien besonders ausgeprägte Geburtenrückgang der letzten Jahre konnte sich auf dieses Maß naturgemäß (noch) nicht oder nur marginal auswirken, so daß im Grunde deutlicher formuliert werden sollte, daß die am Beginn dieses Jahrhunderts stattgefundenen Veränderungen in der Fertilität eine deutlich geringere Auswirkung auf den heutigen Anteil der Personen oberhalb von 60 Jahren gehabt haben als die seitherigen Veränderungen der Überlebensverhältnisse.

Auch ohne eine endgültige Klärung der relativen Bedeutung von Fertilitäts- und Mortalitätsentwicklungen darf konstatiert werden, daß die früheren und noch im Gange befindlichen Veränderungen in der Sterblichkeit einen bedeutsamen Beitrag zur »demographischen Alterung« leisten. Insofern erscheint es zulässig, sich im weiteren auf den Mortalitätsaspekt zu konzentrieren, ohne deshalb die Bedeutung von Fertilitätsvariationen für Alterungsvorgänge zu leugnen.

B. Mortalitätsentwicklung als Ursache demographischer Alterung

1. Die Entwicklung der Sterblichkeit in Deutschland seit 1871

Zuverlässige und allgemeinverbindliche Informationen über die Sterblichkeitsentwicklung in Deutschland besitzen wir seit der Reichsgründung im Jahr 1871. Um den isolierten Einfluß der Sterblichkeitsentwicklung auf die Alterung zu beschreiben, bietet sich das Konzept der *Sterbetafel* als Darstellungsform an. Zu deren Konstruktion wird automatisch eine sogenannte stationäre Bevölkerung unterstellt, da bei jeder Sterbetafel die Überlebensverhältnisse von 100.000 Neugeborenen bis zu dem Alter (in der Regel 100 Jahre) betrachtet werden, in dem auch das letzte Mitglied gestorben ist.

Bei Sterbetafeln sind zwei strikt zu unterscheidende Konstruktionsprinzipien von Bedeutung. Dem eigentlichen Wortsinn nach läßt sich eine Absterbeordnung einer Population nur durch die sogenannte *Kohortensterbetafel* darstellen. Dabei wird ein bestimmter Geburtsjahrgang (eine Kohorte) von 100.000 Neugeborenen über einen Zeitraum von 100 Jahren beobachtet und die auftretende Sterblichkeit gemessen. Über die tatsächlich erfahrene Sterblichkeitsentwicklung weiß man aber selbstverständlich erst Bescheid, wenn alle Mitglieder der Kohorte gestorben sind. Obwohl diese Meßmethode zum Beispiel bei allen Bewertungen von medizinischen Interventionen die einzig angemessene ist, hat sie doch den bedeutsamen Nachteil, daß eine solche Sterbetafel erst dann konstruiert werden kann, wenn alle Mitglieder der Kohorte gestorben sind. Zudem ergeben sich über derart lange Meßzeiträume stets eine ganze Reihe methodischer Schwierigkeiten.

In der statistischen Praxis ist man deshalb dazu übergegangen, sogenannte *Periodensterbetafeln* zu konstruieren, wobei besonders in Deutschland der Zusatz »Periode« gar nicht erst gemacht wird, da in der offiziellen Statistik keine anderen als Periodentafeln erstellt werden. Bei einer Periodensterbetafel dienen die Sterblichkeitserfahrungen eines einzigen Kalenderjahres (z. B. das Volkszählungsjahr 1987, ergänzt durch Informationen über das Jahr 1986 und 1988) als Grundlage der Berechnung. Aus dem durchschnittlichen Bestand und der Zahl der Sterbefälle 50jähriger im Jahr 1987 kann man beispielsweise die Wahrscheinlichkeit errechnen, zwischen dem 50. und 51. Geburtstag zu sterben. Gleiches kann man auch für 20jährige oder 90jährige tun und alle Werte zu einer Sterbetafel zusammenfassen.

Man erhält dann eine summarische Information über die aktuellen Sterblichkeitsentwicklungen, also das *mittlere Sterbealter in der hypothetischen stationären Bevölkerung*. Gerade aber die häufig im Mittelpunkt des Interesses stehende Größe, die sogenannte *»Lebenserwartung bei Geburt«* (e_0) oder in irgend einem anderen Alter x (e_x), erhält man dabei nicht. Da ein Neugeborener des Jahres 1980 das Alter von 80 Jahren erst im Jahr 2060 durchleben wird, ist die momentane Sterblichkeit im Alter von 80 Jahren kein Maßstab seiner eigenen Sterblichkeit in diesem Alter. Die heutige Sterbewahrscheinlichkeit im Alter von 80 Jahren wurde für eine Personengesamtheit gemessen, die zwei Weltkriege durchlief und auch in ihrem sonstigen Lebensablauf mit Sterberisiken konfrontiert wurde, wie sie für den Geburtsjahrgang 1980 in dieser Form sicher nicht relevant sein werden.

In Tabelle 1 sind für eine Reihe von Sterbetafeln des Deutschen Reichs, der Bundesrepublik und der DDR zwischen 1871 und 1987 die Werte der »Lebenserwartung bei Geburt« und der »Lebenserwartung im Alter von 60 Jahren« für beide Geschlechter dargestellt. Auf den ersten Blick scheint dabei ein überraschender Widerspruch zu den vorangegangenen Aussagen über die Bedeutung des Sterblichkeitsrückgangs für die Alterung in Deutschland zu bestehen. Besonders bei Männern fällt der Anstieg der Lebenserwartung im Alter von 60 Jahren von 12,1 Jahren in der Sterbetafel 1871/80 bis zu den 17,6 Jahren in der neuesten Sterbetafel 1986/88 der Bundesrepublik oder den 16,1 Jahren in der Sterbetafel der DDR von 1987/88 nur sehr gering aus. Ein derart geringer Zugewinn an Lebensjahren für Ältere in rund 120 Jahren scheint allen Aussagen über den zwischenzeitlichen medizinischen, ökonomischen und sozialen Fortschritt zu widersprechen.

Spätestens an dieser Stelle sollte man sich allerdings die Definition von e_0 (oder e_{60}) etwas genauer betrachten. Die Lebenserwartung im Alter von 60 Jahren ist die Summe aller von der Sterbetafelpopulation oberhalb von 60 Jahren noch zu durchlebenden Lebensjahre, geteilt durch die Gesamtzahl der Personen, die das Alter von 60 Jahren erreichten. Der entscheidende Fortschritt in der Sterbeentwicklung aber zeigt sich in der Größe, die bei der Definition von e_{60} im Nenner steht. Von 100.000 Geborenen erreichten in der hypothetischen (Perioden-)Sterbetafel 1871/80 nur 36.293 Frauen und 31.124 Männer ein Alter von 60 Jahren. In der Sterbetafel 1986/88 der Bundesrepublik erreichen das gleiche Alter dagegen 91.569 Frauen und 83.763 Männer, in der Sterbetafel

1987/88 der DDR mit 89.746 Frauen und 79.862 Männern nur unwesentlich weniger.

Tabelle 1: Die Lebenserwartung bei Geburt (e_0) und im Alter von 60 Jahren (e_{60}) in deutschen Periodensterbetafeln (jeweiliger Gebietsumfang) für beide Geschlechter (F, M).

Zeitpunkte	$e_0(F)$	$e_0(M)$	$e_0(F) - e_0(M)$	$e_{60}(F)$	$e_{60}(M)$	$e_{60}(F) - e_{60}(M)$
Deutsches Reich						
1871/80	38,5	35,6	2,9	12,7	12,1	0,6
1881/90	40,3	37,2	3,1	13,1	12,4	0,7
1891/00	44,0	40,6	3,4	13,6	12,8	0,8
1901/10	48,3	44,8	3,5	14,2	13,1	1,1
1911	50,7	47,4	3,3	14,2	13,2	1,0
1924/26	58,8	56,0	2,8	15,5	14,6	0,9
1932/34	62,8	59,9	2,9	16,1	15,1	1,0
Bundesrepublik Deutschland						
1946/47	63,4	57,7	5,7	17,0	15,2	1,8
1949/51	68,5	64,6	3,9	17,5	16,2	1,3
1960/62	72,4	66,9	5,5	18,5	15,5	3,0
1964/66	73,5	67,6	5,9	18,9	15,5	3,4
1970/72	73,8	67,4	6,4	19,1	15,3	3,8
1974/76	74,8	68,3	6,5	19,7	15,6	4,1
1980/82	76,9	70,2	6,7	20,8	16,5	4,3
1985/87	78,4	71,8	6,6	21,7	17,3	4,4
1986/88	78,7	72,2	6,5	22,0	17,6	4,4
Deutsche Demokratische Republik						
1946	52,3	46,6	5,7	13,2	11,6	1,6
1949	64,1	58,9	5,2	16,2	14,9	1,3
1952	69,1	63,9	5,2	17,8	15,9	1,9
1955	70,6	66,2	4,4	18,4	16,3	2,1
1960	71,4	66,5	4,9	18,2	15,6	2,6
1968	74,4	69,2	5,2	19,5	16,4	3,1
1972	73,7	68,5	5,2	18,6	15,4	3,2
1980	74,9	69,0	5,9	19,0	15,6	3,4
1985	75,5	69,5	6,0	19,2	15,7	3,5
1987/88	75,9	69,8	6,1	19,6	16,1	3,5

Vor allem das Maß e_x ist deshalb nicht geeignet, Sterblichkeitsentwicklungen sinnvoll abzubilden. Will man die Veränderung in der Besetzung oberer Altersstufen aufgrund der Sterblichkeitsreduktion zwischen 1871 und 1987 kennzeichnen, sollte man anstelle des Maßes e_0 besser den Anteil der Lebensjahre messen, der in der jeweiligen Sterbetafelpopulation oberhalb eines bestimmten Alters verbracht wird. Da in der Sterbetafel definitorisch jedweder Fertilitätseinfluß ausgeschlossen und stets eine hypothetische Population mit jeweils 100.000 Neugeborenen betrachtet wird, gelten gegenüber diesen Anteilen nicht die gleichen Einwände, wie sie für konkrete Bevölkerungen angebracht sind.

In der (hypothetischen) Sterbetafelpopulation des Deutschen Reichs von 1871/80 waren 6,47 Prozent der Männer und 7,5 Prozent der Frauen 65 Jahre oder älter, in der Sterbetafelpopulation der Sterbetafel 1986/88 der Bundesrepublik Deutschland sind dies 14,8 Prozent der Männer und 19,8 Prozent der Frauen. Der Anteil der über 65jährigen Männer ist somit um das 2,29fache gestiegen, der der gleichaltrigen Frauen um das 2,65fache. Betrachtet man allein die Altersgruppe 75 Jahre und älter, dann ist der Anteil der Männer zwischen den Sterbetafeln 1871/80 und 1986/88 um das 3,5fache und der Anteil der Frauen um das 4,76fache gestiegen. Weitaus am stärksten sind aber die Anteile der allerhöchsten Altersstufen angewachsen. Der Anteil der 85jährigen Männer stieg zwischen diesen beiden Sterbetafeln um das 7,76fache und der der gleichaltrigen Frauen sogar um das 13,78fache.

Zur richtigen Interpretation dieser Zahlen muß betont werden, daß dabei stets stationäre Bevölkerungen verglichen werden, die sich allein durch die Sterblichkeitsentwicklung unterscheiden. In den tatsächlichen Altersstrukturen der Jahre 1871 und 1987 finden sich entsprechende Werte allein schon wegen der vorangegangenen und seitherigen Fertilitätsentwicklung, den Zu- und Abwanderungen und den Einflüssen der Weltkriege nicht in dieser Größenordnung wieder. Die Zahlenangaben weisen aber auf einen grundsätzlich bestehenden Zusammenhang hin: Selbst wenn ein Mortalitätsfortschritt allein bei den allerjüngsten Altersstufen stattfindet, erhöht er nach einer bestimmten Zeit auch die Zahl der Überlebenden in den höheren Altersstufen. Findet die Sterblichkeitsreduktion aber, wie dies tatsächlich der Fall ist, gleichzeitig (wenn auch in unterschiedlicher Intensität) auf allen Altersstufen statt, dann muß zwangsläufig der relativ größte Fortschritt bei der Erlebenswahrscheinlichkeit in den allerhöchsten Altersstufen auftreten.

In den ersten Jahrzehnten dieses Jahrhunderts ist die Sterblichkeit der Säuglinge und Kleinkinder besonders stark gesunken, während im Moment die Sterblichkeit in den Altersstufen oberhalb von 60 Jahren am stärksten zurückgeht. Zur Verdeutlichung dieser Aussage sind in Abbildung 2 die fünfjährigen Sterbewahrscheinlichkeiten für Frauen aus den verschiedenen deutschen Sterbetafeln dieses Jahrhunderts eingetragen. Im Altersbereich zwischen 70 und 80 Jahren stirbt ein Großteil der Bevölkerung, und niemand wird ernsthaft erwägen, daß die fünfjährigen Sterbewahrscheinlichkeiten in diesem Altersbereich je

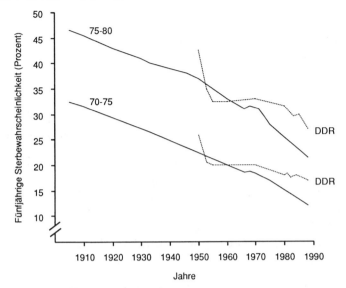

Abbildung 2: Fünfjährige Sterbewahrscheinlichkeiten für Frauen in verschiedenen deutschen Sterbetafeln zwischen dem Alter von 70 und 75 Jahren sowie zwischen dem Alter von 75 und 80 Jahren (in Prozent).

zu Null werden oder sich diesem Wert auch nur annähern. Aufgrund des bereits in der ersten Hälfte dieses Jahrhunderts realisierten Fortschritts sollte man eher erwarten, daß sich die weiteren Reduktionen der Sterbewahrscheinlichkeiten mit zunehmendem Fortschritt abflachen. Der Blick auf Abbildung 2 zeigt aber, daß im Verlauf dieses Jahrhunderts die Sterbewahrscheinlichkeiten in den betrachteten Altersstufen nicht nur annähernd einem linearen Trend folgend zurückgegangen sind. Noch überraschender ist, daß sich trotz des immer kleiner werdenden Spielraums für weitere Verbesserungen *der Rückgang der Sterbewahrscheinlichkeiten in den letzten Jahren zumindest in den alten Bundesländern eher beschleunigt als verringert hat.*

In Abbildung 2 wurden auch die entsprechenden Werte aus den Sterbetafeln der ehemaligen DDR eingetragen, die auf eine spezifische Entwicklung hinweisen (vgl. dazu auch Tab. 1), deren Erklärung bislang noch aussteht. Während sich im Verlauf der 50er Jahre die Sterblichkeit der DDR an das Niveau der westlichen Bundesländer annäherte und zeitweise sogar darunter lag, trat am Ende der 70er Jahre für beide Geschlechter eine zunehmende Auseinanderentwicklung ein. Zwar sanken auch in der DDR in den betrachteten Altersstufen die Sterbewahrscheinlichkeiten weiter, die Lücke zwischen den »alten« und »neuen« Bundesländern wuchs aber von Jahr zu Jahr.

Wenn in den letzten 100 Jahren ein praktisch kontinuierlicher Rückgang der Sterblichkeit in den oberen Altersstufen eingetreten ist, dann wird sofort klar, daß die in Periodensterbetafeln errechnete Lebenserwartung bei Geburt in keiner einzigen Sterbetafel der Vergangenheit auch nur annähernd etwas mit dem zu tun haben konnte, was die zu diesen Zeitpunkten Neugeborenen tatsächlich im Verlauf ihres weiteren Lebens »erlebten«. Eine im Jahr 1890 geborene Frau war zwar einer Säuglingssterblichkeit wie in der Sterbetafel 1891/1900 ausgesetzt. In der Altersstufe 30 bis 35 Jahre war für sie aber nicht mehr das Sterberisiko aus der Sterbetafel von 1891/1900 relevant. Als sie 30 oder 35 Jahre war, galt für diesen Altersabschnitt der entsprechende Wert aus der Sterbetafel 1924/26. Im konkreten Alter von 60 Jahren traf für diese Frau dann die Sterblichkeit aus der Sterbetafel von 1949/1951 zu.

Da die Überlebenswahrscheinlichkeiten auf allen Altersstufen in diesem Jahrhundert zum Teil sogar beträchtlich angestiegen sind, war die tatsächliche (zum Zeitpunkt der Geburt naturgemäß unbekannte) Lebenserwartung dieser Frau wesentlich höher, als es die Sterbetafel von 1891/1900 vermuten ließ (vgl. Dinkel, 1984). Die entscheidende Frage aber ist, ob gleiches oder ähnliches, was für die Vergangenheit diagnostiziert wurde, auch für die Zukunft angenommen werden darf.

2. Der Sterblichkeitsunterschied zwischen den Geschlechtern

Tabelle 1 enthält Angaben über eine Frage, die als »männliche Übersterblichkeit« große Aufmerksamkeit in der wissenschaftlichen Diskussion fand (vgl. Lopez & Ruzicka, 1983; Nathanson, 1984; Preston, 1976). Bei den Periodensterbetafeln des Deutschen Reichs machte die Differenz in der Lebenserwartung bei Geburt rund drei Jahre aus. Nach dem Kriegsende stieg diese Differenz in den Sterbetafeln sprunghaft an und wächst auch in den letzten Jahren noch leicht. Im internationalen Vergleich ist eine Differenz von etwa sechs bis sieben Jahren aber nicht außergewöhnlich. Die maximale Differenz in der Lebenserwartung der Geschlechter wird mit über zehn Jahren in der Sowjetunion beobachtet, während sie in den meisten Ländern bei rund fünf bis sieben Jahren liegt. Im internationalen Vergleich zeigt sich ähnlich wie in Tabelle 1, daß die männliche Übersterblichkeit während des gesamten 19. Jahrhunderts annähernd konstant war und erst in den letzten 50 Jahren angewachsen ist.

In jenen Entwicklungsländern, für die verläßliche Sterblichkeitsmessungen existieren, ist die Differenz in e_0 geringer und nimmt ähnliche Werte an wie im Deutschland des letzten Jahrhunderts. Aber auch hier werden nur selten Werte gemessen, die eine größere Sterblichkeit des weiblichen Geschlechts anzeigen. Die ersten geschlechtsspezifischen Sterbetafeln mit sorgfältiger Auswahl der Daten stammen aus dem 18. und frühen 19. Jahrhundert, und bereits dort wird eine geringere Sterblichkeit von Frauen gemessen (vgl. Casper, 1835). Mit dieser Aussage soll nicht bestritten werden, daß zu einzelnen Zeiten und in spezifischen sozialen oder regionalen Gruppen die Sterblichkeit von Frauen größer war oder noch heute ist. Für viele Länder bestehen noch immer Unterschiede in der männlichen Übersterblichkeit zwischen Stadt und Land mit relativ ungünstigeren Werten für Frauen in ländlichen Regionen (Lopez, 1984).

Grundsätzlich aber darf konstatiert werden, daß trotz des für Männer nicht existierenden zusätzlichen Sterblichkeitsrisikos »Müttersterblichkeit« die kürzere Lebensspanne von Männern ein universelles Phänomen ist (als Überblick über die langfristige Entwicklung der geschlechtsdifferenzierten Mortalität vgl. Stolnitz, 1956; Tabutin, 1978). In erstaunlichem Widerspruch dazu weist ein Vergleich der geschlechtsspezifischen Krankheitshäufigkeiten (für die Bundesrepublik siehe dazu den regelmäßig durchgeführten Mikrozensus des Statistischen Bundesamts) auf fast allen Altersstufen höhere Krankheitsraten für Frauen auf. Dieses Faktum hat seinerseits zu einer kontroversen Diskussion geführt (vgl. Gerok & Brandtstädter und Krämer, Kapitel 14 und 22 in diesem Band; Verbrugge, 1984).

Die differentielle Sterblichkeit der Geschlechter beginnt bereits im Moment der Geburt. Zumindest für Deutschland zeigen alle für das gesamte 19. Jahrhundert verfügbaren Daten übereinstimmend, daß in der Altersstufe Null bis Eins trotz möglicherweise bestehender Sohnespräferenz die Sterblichkeit männlicher Säuglinge größer war als die weiblicher. Diese Erfahrung hat sich, wenn auch auf sehr niedrigem Niveau, bis heute erhalten. Auch für die Sterblichkeit zwischen dem dritten und neunten Schwangerschaftsmonat wurde − sogar auf einem noch höheren Niveau − eine Übersterblichkeit männlicher Föten festgestellt (vgl. dazu mit divergierenden Positionen McMillan, 1979; Waldron, 1983).

Als Erklärung für die männliche Übersterblichkeit und deren Veränderung in den letzten Jahrzehnten stehen sich − mit einer Reihe von Zwischenpositionen − zwei Pole gegenüber, die man vereinfacht mit »Natur« versus »Verhalten« kennzeichnen kann. Die Tatsache, daß es männliche Übersterblichkeit bereits vor der Geburt gibt, deutet auf grundlegende biologische Unterschiede zwischen den Geschlechtern hin, die allein durch die unterschiedlichen Anforderungen für die Reproduktion begründet sein könnten. Eine frühe französische Sterblichkeitsmessung von Deparcieux (1746; zitiert nach Knapp, 1874) basiert auf Daten aus Mönchs- und Nonnenklöstern, wo es nur geringe Verhaltensunterschiede geben konnte. Gleichwohl unterscheiden sich die geschlechtsspezifischen Mortalitäten dieser Personengruppen kaum von denen der restlichen Population. Dies ist ein weiterer Indikator dafür, daß es rein biologische Unterschiede in der Mortalität der Geschlechter geben muß.

Die epidemiologisch zweifelsfrei erwiesene Bedeutung von Risikofaktoren wie Rauchen, Alkohol oder bestimmten Ernährungsbestandteilen (Cholesterol) vor allem für die Herz-Kreislauf- und Krebsmortalität unterstützt allerdings die Gegenposition. Beispielsweise ist die Lungenkrebssterblichkeit für Männer (noch) weitaus größer ist als die für Frauen. Dies geht sicherlich zu einem erheblichen Anteil auf das unterschiedliche Raucherverhalten der Geschlechter in der Vergangenheit zurück. Gerade die Tatsache, daß bei den heutigen Jugendlichen die Häufigkeit des Rauchens kaum mehr geschlechtsdifferenziert ist, läßt viele Beobachter allerdings für die Zukunft eine Angleichung weiblicher an die höheren männlichen Sterberaten, für die mit dem Rauchen verbundenen Todesursachen, vorhersagen.

Die These vom generell größeren und damit sterblichkeitserhöhenden Streß männlicher Lebensrollen, etwa durch verstärkte Berufstätigkeit, dürfte allerdings kaum durchzuhalten sein. Dagegen spricht nicht nur, daß etwa Kindererziehung nicht weniger Streß verursacht als Berufstätigkeit. Gerade in der ehemaligen DDR, wo Frauen zu gleichen Anteilen berufstätig waren wie Männer und eher eine Mehrfachbelastung trugen, besteht eine kaum geringere Übersterblichkeit der Männer als in den »alten« Bundesländern. Auch das Beispiel Japans, wo für beide Geschlechter − beginnend mit der Kindergartenerziehung bis zum Ende des Berufslebens − die »Streßbelastung« überdurchschnittlich groß sein dürfte, spricht gegen einen streng kausalen Einfluß von Streß auf die Sterblichkeit. Trotz der sicherlich vorliegenden mortalitätserhöhenden langfristigen Wirkungen des Atomkriegs besitzt Japan heute für beide Geschlechter mit rasch steigender Tendenz die weltweit höchsten gemessenen Werte für die Lebenserwartung bei Geburt.

Die Ursachen für die männliche Übersterblichkeit müssen bei den einzelnen Todesursachen manifest werden. Im Fall von Sterblichkeitsunterschieden durch Verkehrsunfälle oder Lungenkrebs dürfte der Verhaltensfaktor klar dominieren. Gleiches gilt aber nicht unbedingt bei der numerisch besonders wichtigen Sterblichkeit aufgrund von Herz-Kreislaufkrankheiten. Gerade die geringe kardio-vaskuläre Sterblichkeit ist es im übrigen, die zu den besonderen Entwicklungen in Japan geführt hat. »Natur« und »Verhalten« wirken sicherlich zusammen, um das heutige Ausmaß der männlichen Übersterblichkeit hervorzubringen. Diese Überlegungen stellen zugleich einen Ansatzpunkt dar für die Behandlung der Frage, welche Sterblichkeitsentwicklungen man in der Zukunft erwarten darf.

Bevor wir uns dieser Frage zuwenden, soll in Kohortenbetrachtung ein etwas anderes Bild von der Entwicklung der männlichen Übersterblichkeit in Deutschland gegeben werden. Zu diesem Zweck müssen wir Kohorten anstelle von Periodensterbetafeln betrachten (vgl. Dinkel, 1984; 1986) und ein anderes Maß für Übersterblichkeit wählen. In den Abbildungen 3a und 3b ist männliche Übersterblichkeit in einem Alter x ($0_k(x)$) definiert als Quotient aus der Erlebenswahrscheinlichkeit von Alter x für Frauen der Kohorte k und des entsprechenden Wertes für Männer der Kohorte k. Die jeweiligen Werte der Erlebenswahrscheinlichkeiten für Männer und Frauen sind Kohortensterbetafeln zu entnehmen, wobei allerdings naturgemäß nur die bislang bekannten (d. h. bereits tatsächlich durchlebten) Werte der einzelnen Kohorten betrachtet werden können.

Das Maß $0_k(x)$ für die Geburtsjahrgänge in Deutschland (beginnend mit dem Geburtsjahrgang 1871) zeigt, daß infolge der allgemeinen Sterblichkeitsreduktion auch die Übersterblichkeit von Männern bis etwa zum Alter von 25 Jahren (vgl. Abb. 3a) für die nach 1900 geborenen Jahrgänge zurückgegangen ist.

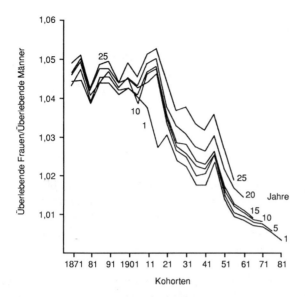

Abbildung 3a: Die männliche Übersterblichkeit in Kohortenbetrachtung bis zum Alter von 25 Jahren.

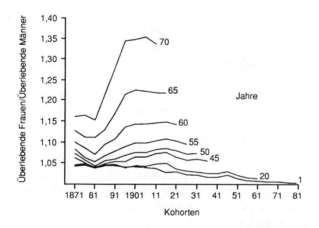

Abbildung 3b: Die männliche Übersterblichkeit in Kohortenbetrachtung oberhalb vom Alter 50 Jahre.

Zumindest in diesem Altersbereich haben sich die relativen Überlebenschancen für Männer verbessert. Die gleiche Aussage gilt allerdings nicht mehr in den Altersstufen oberhalb von 50 Jahren (vgl. Abb. 3b). Soweit dies die bisher bekannten Daten bereits zu zeigen vermögen, dürfte hier ein Kohorteneffekt wirken. Es sieht so aus, als wäre die Übersterblichkeit in den oberen Altersstufen besonders ausgeprägt für jene Männerjahrgänge, die in die beiden Weltkriege und deren langfristige Konsequenzen verwickelt waren (vgl. Dinkel, 1985). Ein endgültiger Nachweis dieser Hypothese muß aber der Zukunft vorbehalten bleiben. Die Antwort auf diese Frage wird jedoch zwangsläufig Auswirkungen darauf haben, wie wir uns die zukünftige Entwicklung der Mortalität vorzustellen haben.

3. Die Zukunft der Mortalitätsentwicklung

Ein Blick auf Abbildung 2 macht deutlich, daß es wenig sinnvoll ist, für Prognosen zu unterstellen, die letzten bekannten Werte der Sterbewahrscheinlichkeiten würden von nun an in alle Zukunft unverändert bleiben. Wie bei jeder anderen Aussage über zukünftige Entwicklungen besitzen wir auch zu dieser Frage kein sicheres Wissen. Die Vergangenheit lehrt zumindest, daß Sterblichkeitsveränderungen weitaus systematischer verlaufen als viele andere dynamische Prozesse und somit einer Prognose grundsätzlich zugänglich sein sollten.

Nimmt man trotz der Erfahrungen eines schnellen Fortschritts in der Vergangenheit an, daß es in Zukunft keine weitere Erhöhung der Überlebenswahrscheinlichkeiten geben wird, kann das natürlich Ausdruck einer generell pessimistischen Sichtweise sein. Die menschliche Lebensspanne ist grundsätzlich begrenzt. Dieser Tatbestand kann durch keinen medizinischen Fortschritt außer Kraft gesetzt werden. Eine neuerliche Verdopplung der Lebenserwartung bei Geburt (wie in den letzten 100 Jahren erlebt) ist folglich außerhalb jeder Reichweite. Die ältesten Personen, deren Sterbealter als gesichert gelten kann, haben ein Alter in der Nähe von oder knapp über 120 Jahren erreicht. Wenn in einer derart großen Beobachtungsmenge von Milliarden von Menschen niemand diesen Wert überschritten hat, dürfen wir annehmen, daß es sich dabei um die unter günstigsten Umständen erreichbare Lebensspanne handelt.

Die durchschnittliche Lebensspanne aller Neugeborenen wird sicherlich nie auch nur annähernd in die Nähe dieses genannten »Maximalwertes« kommen können. Nur eine extrem kleine Minderheit eines Geburtsjahrgangs erreicht das Maximalalter, während die Lebenserwartung bei Geburt *das durchschnittliche Sterbealter* der stationären Bevölkerung angibt. Gerade der momentan so rasche Anstieg der Lebenserwartung in Japan (der Wert von e_0 im Jahr 1987 liegt für Frauen bei 82 und für Männer bei 76 Jahren) zeigt aber, daß es auch für Deutschland (»alte« wie »neue« Bundesländer) nach wie vor ein grundsätzliches Potential für einen weiteren Anstieg der Lebenserwartung bei Geburt zumindest um einige Jahre gibt.

Es stellt sich in diesem Zusammenhang jedoch die Frage, ob ein solcher prinzipiell existierender Spielraum auch tatsächlich genutzt werden kann. Verwiesen wird in diesem Zusammenhang einerseits auf die rasch zunehmende Umweltbelastung, andererseits auf den Anstieg lebensbedrohender »Großrisiken« wie zum Beispiel die Strahlenbelastungen, die negativen Wirkungen wachsender Agglomeration oder das Auftreten neuer Todesursachen wie Aids.

Den Einfluß der Umweltbelastungen auf die Mortalitätsentwicklungen scheint gerade der Vergleich zwischen der Bundesrepublik Deutschland und der ehemaligen DDR zu bestätigen. Bemerkenswert ist allerdings, daß in der ehemaligen DDR gerade jene Todesursachen (wie Tumore, Erkrankungen von Lunge und Bronchien), die relativ am stärksten »umweltabhängig« sein dürften, eine geringere Rolle spielten als in den »alten« Bundesländern. Die höhere Gesamtsterblichkeit der DDR ging während der letzten Jahrzehnte in erster Linie auf die besonders hohe kardio-vaskuläre Mortalität zurück. Ein Vergleich der Häufigkeit des Auftretens kardio-vaskulärer Risikofaktoren in beiden Teilen Deutschlands (vgl. Bormann, Heinemann & Hoeltz, 1991) zeigt, daß mit Ausnahme des Rauchens (das in den »alten« Bundesländern deutlich häufiger war und noch ist) die anderen Risikofaktoren (Bluthochdruck, Übergewicht, Alkoholkonsum, Hypercholesterolämie) in der ehemaligen DDR sehr viel häufiger auftreten. Die an sich plausible Hypothese von der besonderen Rolle der Umweltfaktoren dürfte somit insgesamt bestenfalls als Teilerklärung in Frage kommen.

Die durch Medien beeinflußte Öffentlichkeit neigt dazu, ein neu entstandenes Bewußtsein für Schädigungen und den Willen zur Korrektur mit deren Erstauftreten zu verwechseln. Sterblichkeitsrelevante Umweltbelastungen treten mindestens schon seit 100 Jahren auf. Trotz oder vielleicht gerade wegen chemisch behandelter Lebensmittel ist die aus dem Bereich der Ernährung stammende Infektionsgefahr im letzten Jahrhundert deutlich gesunken, was sich im fast völligen Rückzug der Infektionskrankheiten als Todesursache manifestiert. Der Sterblichkeitsrückgang der letzten Jahrzehnte hat gezeigt, daß zumindest bislang die positiven Auswirkungen der industriellen Lebensweise die negativen überwogen. Gerade das wachsende Umweltbewußtsein gibt trotz begründeter Vorsicht Anlaß zur Hoffnung, daß dies auch weiterhin der Fall sein könnte.

Auch das Auftreten neuer Todesursachen, wie Aids, ist ein Beispiel für die veränderten Möglichkeiten, neuen Gefahrenpotentialen durch neue Anstrengungen technischer und sozialer Art zu begegnen. Der Ansteckungsverlauf bei Aids ist − zumindest in Deutschland − nicht mit früheren epidemischen Neuansteckungsverläufen zu vergleichen. Auch ohne Kenntnis von Behandlungsverfahren wurde in wenigen Jahren erreicht, daß die Zahl der Neuansteckungen wieder absolut zurückgeht. Man könnte damit Aids gewissermaßen als erstes Beispiel dafür anführen, wie eine neuauftretende Todesursache mit den Mitteln der Massenkommunikation erfolgreich »bekämpft« werden kann.

Entgegen der extrem hohen Aufmerksamkeit bleibt die Todesursache Aids in Deutschland weit hinter anderen Ursachen wie Unfällen oder Selbstmorden zurück. Erfolgreiche Anstrengungen zur Reduktion der Unfallmortalität würden somit gewichtigere Folgen für die Entwicklung der Lebenserwartung bei Geburt haben als das Neuauftreten von Aids. Alles in allem gibt auch das Beispiel Aids keinen Anlaß zu grundsätzlichem Pessimismus im Hinblick auf weitere Verbesserungen der Überlebenschancen in der Zukunft.

Bei Mortalitätsprognosen stellt sich vor allem die Frage nach der angemessenen Methode. Grundsätzlich ist bei derartigen Fragestellungen die »Königsmethode« stets die auf einer Theorie basierende Prognose. Mit der Akzeptanz oder Überprüfung der Theorie ergibt sich dabei zugleich eine Aussage über die Akzeptanz oder Relevanz der Prognose. Sterblichkeitstheorien zur theoretischen Begründung und Beschreibung von Sterbetafelverläufen nehmen einen prominenten Raum in der Geschichte der Demographie ein, beginnend mit den heute noch angewendeten Modellen von Gompertz (1825) und Makeham (1867). Bei aller Plausibilität können diese beiden zitierten Modelle, wie auch die große Zahl der seither vorgeschlagenen mathematischen Sterbekurven (vgl. Pollard, 1987), die Wirklichkeit nicht in einer solchen Eindeutigkeit abbilden, daß man etwa schlußfolgern könnte, wenn für die ersten 50 Lebensjahre ein bestimmter Verlauf gilt, dann kann man diesen Verlauf zweifelsfrei bis zum Lebensende weiterführen. Eine solche deterministische Vorstellung von Sterblichkeitsabläufen würde beispielsweise implizieren, daß periodisch auftretender medizinischer oder technischer Fortschritt keinerlei Bedeutung für die Mortalitätsentwicklung im Lebensablauf besitzt.

Als Alternative zu solchen eher »mechanistischen« Prognosemethoden wird häufig ein Verfahren gewählt, das in anderen Zusammenhängen als Delphi-Methode bezeichnet wird. Dabei gibt man entweder ein als plausibel angenommenes »biologisches Grenzalter« vor, oder man verwendet auf den einzelnen Altersstufen jene Sterberaten, die als beste aus allen bekannten aktuellen Sterbetafeln ausgewählt werden (vgl. Bourgeois-Pichat, 1952 oder für Deutschland Hußmanns, 1984). Bei einer solchen Vorgehensweise kann es beispielsweise geschehen, daß der angenommene prognostische Endwert für die Altersstufen 15 bis 20 Jahre aus der Sterbetafel Norwegens im Jahr x, der Wert auf der Altersstufe 55 bis 60 Jahre aus der Sterbetafel Japans im Jahr y stammt. Wir wissen beispielsweise, daß die niedrige Sterblichkeit in der Altersstufe 55 bis 60 Jahre für Männer in Japan auf die sehr geringe Sterblichkeit an Ischämischen Herzkrankheiten (ICD 410−414) zurückgeht, die in Deutschland weit höher ist (vgl. Junge, 1985). Damit ist aber auch klar, daß die Vorgabe japanischer Überlebensraten als Beschreibung für die Zukunft der Sterblichkeitsentwicklung in Deutschland wenig plausibel ist.

Wenn Gesamtentwicklungen sehr stark von ganz spezifischen Zusammenhängen hinsichtlich einzelner Todesursachen dominiert werden, dann würde es sich anbieten, eine Prognose der Gesamtsterblichkeit aus einer Prognose für die einzelnen Todesursachen zusammenzusetzen. Ein wichtiges Argument zugunsten einer solchen Vorgehensweise ist zudem, daß über Kausalitäten bei einzelnen Todesursachen sehr viel mehr bekannt ist als über die Gesamtentwicklung. So könnten wir aus Kenntnissen über heutiges Raucherverhalten die Lungenkrebssterblichkeit sicherlich genauer prognostizieren als über ganz generelle Verlaufs-annahmen. Wegen des extrem großen Aufwandes wurde eine solche Progno-sevariante bislang allerdings nur von Lopez und Hanada (1982) durchgeführt, und auch dort nur für einzelne Todesursachen.

Bei aller grundsätzlichen Eignung dieser Methode muß aber gleichzeitig ihre Begrenztheit verdeutlicht werden. Aufgrund der Interdependenz der einzelnen Todesursachen ist die Beschreibung der Summe der Einzelentwicklungen bei der Sterblichkeit noch nicht zugleich eine Beschreibung der Gesamtentwicklung. Wenn wir zum Beispiel aufgrund rückläufiger Raucheranteile einen Rückgang der Lungenkrebssterblichkeit prognostizieren, dann kann zwangsläufig die Sterblichkeit bei anderen Ursachen nicht unverändert bleiben, denn die vom Tod durch Lungenkrebs geretteten Personen sind von diesem Moment an nicht unsterblich. Auch die ohnehin schon komplizierte Prognose für einzelne To-desursachen kommt somit nicht ohne eine (zumindest im Moment noch nicht verfügbare) Beschreibung der Interdependenz der Sterberisiken aus.

Wenn wir berücksichtigen, daß zumindest in Deutschland die bisherige Entwicklung der Überlebenswahrscheinlichkeiten bei Frauen relativ regulär verlief (vgl. Abb. 2), kann man daraus eine vorsichtige Schätzhypothese über den weiteren Fortschritt auf der Basis der Kohortenverläufe ableiten (vgl. Dinkel, 1986). Dabei sollte allerdings berücksichtigt werden, daß sich weiterer Fort-schritt um so schwerer realisieren läßt, je höher das bereits erreichte Niveau ist. Bei Männern verliefen die bisherigen Entwicklungen weitaus weniger regulär. In diesem Fall bietet es sich an, die zukünftige Sterblichkeitsentwicklung auf der Basis einer zu begründenden Annahme über die weitere Entwicklung der männlichen Übersterblichkeit zu prognostizieren.

Welche konkrete Schätzannahme auch immer gemacht wird, ein Ergebnis erscheint fast zwingend. Die allein auf Mortalitätsentwicklungen beruhende demographische Alterung hat im Moment noch keineswegs ihren Endzustand erreicht. Selbst ein sich verlangsamender Fortschritt in der Sterblichkeit auf einzelnen Altersstufen oder eine Stagnation auf anderen führt in den höchsten Altersstufen zu einem relativ gesehen ungebrochen starken Fortschritt an Über-lebenswahrscheinlichkeit. Der mögliche Fortschritt in den jungen Altersgruppen ist zum größten Teil bereits ausgeschöpft, denn bereits heute erreichen (in Periodensterbetafeln) mehr als 90 Prozent aller Neugeborenen ein Alter von 60 Jahren. Weiterer medizinischer Fortschritt muß deshalb heute und in der Zu-kunft bedeuten, daß absolut und relativ der Anteil der besonders hohen Le-bensalter am stärksten anwächst.

4. Eine »Fortschreibung« der Besetzungszahlen der hohen Altersgruppen in
   der Bundesrepublik Deutschland für die nächsten Jahrzehnte
   Aus mehreren Gründen ist es kurz nach der Wiedervereinigung der beiden deutschen Staaten besonders schwierig, eine Bevölkerungsprognose durchzufüh-ren, die den vorher formulierten Forderungen entspricht. Für die Zukunft ist vor allem wichtig, ob:

– die 1989 und 1990 beobachteten (und sicherlich durch politische Entwicklungen verstärkten) Zuwanderungsströme dauerhaft anhalten;
– der im Sommer 1990 in den neuen Bundesländern einsetzende starke Geburtenrückgang nur eine kurzzeitige Reaktion auf einen »Anpassungs-
schock« war oder ob er eine dauerhafte Entwicklung einleitet;
– die in Abbildung 2 beschriebene Auseinanderentwicklung der Sterblichkeit
zwischen den alten und neuen Bundesländern auch in der Zukunft anhalten
wird.

Angesichts dieser ungewöhnlich großen Unsicherheitsfaktoren erscheint eine
»echte« theoriegestützte Bevölkerungsprognose für die »neue« Bundesrepublik
Deutschland (noch) nicht sinnvoll. In Abbildung 1 wird deutlich, daß sich die
alten und neuen Bundesländer in der bestehenden Altersstruktur sehr stark
ähneln. Die bereits heute existierenden ungleichen Besetzungszahlen der Altersstufen werden in Zukunft rein »altersstrukturbedingte« Veränderungen auslösen, die auch ohne Annahmen über zukünftige Veränderungen von Fertilität,
Mortalität und Wanderungen beschrieben werden können.

In Tabelle 2 wird für die Wohnbevölkerung des vereinigten Deutschland eine
Fortschreibung der Besetzungszahlen der Altersstufen über 65, über 75 und über
85 Jahren vorgenommen. Ausgangspunkt ist die Summe der Bevölkerungsbe-
stände der beiden deutschen Staaten nach Einzelaltern am 31. Dezember 1988.
Bei dieser Modellrechnung wird angenommen, daß es vom 31. Dezember 1988
an keinerlei Zu- oder Abwanderungen mehr gibt. Zwar hat es seither weiterhin
Wanderungen in erheblichem Umfang gegeben, da wir deren exakte Altersstruktur aber im Moment noch nicht kennen, müssen wir davon abstrahieren.

Für die Mortalität in den nächsten Jahrzehnten wird bei dieser Modellrechnung angenommen, daß im neuen (vergrößerten) Bundesgebiet für den gesamten

Tabelle 2: Absolute Besetzungszahlen in den Altersgruppen über 65 Jahren in
der Bundesrepublik Deutschland (alte und neue Bundesländer) in Millionen für
beide Geschlechter unter Annahme konstanter Sterblichkeit und Nullwande-
rungen.

| | Männer | | | Frauen | | | beide Geschlechter | | |
	65+	75+	85+	65+	75+	85+	65+	75+	85+
1988	3,951	1,727	0,262	7,749	3,901	0,756	11,700	5,628	1,018
1990	4,035	1,710	0,295	7,915	3,985	0,853	11,950	5,695	1,148
1995	4,545	1,507	0,242	8,074	3,735	1,082	12,619	5,245	1,425
2000	5,084	1,643	0,336	8,097	3,966	1,134	13,181	5,609	1,470
2005	6,008	1,960	0,280	8,654	4,009	0,970	14,662	5,969	1,250
2010	6,233	2,223	0,333	8,656	4,011	1,098	14,889	6,234	1,431
2015	6,235	2,665	0,415	8,562	4,420	1,095	14,797	7,085	1,510
2020	6,317	2,600	0,463	8,663	4,321	1,086	14,980	6,921	1,549

Betrachtungszeitraum jene Sterblichkeit gilt, wie sie in der neuesten allgemeinen Sterbetafel von 1986/88 für die »alten« Bundesländer errechnet wurde. In den ersten Jahren nach 1988 entsteht dadurch wahrscheinlich ein etwas zu günstiges Bild, da in den neuen Bundesländern im Moment − wie behandelt − ungünstigere Sterblichkeitswerte gelten. Spätestens ab 1995 dürfte aber der weiter anhaltende Sterblichkeitsfortschritt dafür sorgen, daß tatsächlich mehr Personen, als in Tabelle 2 angenommen, oberhalb der hier betrachteten Altersgrenzen am Leben bleiben. Für ein solches Ergebnis dürfte darüber hinaus auch die zukünftige Zuwanderung sorgen.

Tabelle 2 stellt aus den verschiedenen behandelten Gründen *keine echte demographische Prognose der Besetzungszahlen in den oberen Altersstufen bis zum Jahr 2020 dar*. Sie gibt vielmehr an, welche Besetzungsänderungen der oberen Altersstufen sich bis zum Jahr 2020 allein aufgrund der bereits im Jahr 1988 bestehenden Unregelmäßigkeiten der deutschen Altersstruktur ergeben (würden). Die darauf aufbauenden Ergebnisse können, auch ohne echten Prognosecharakter zu haben, zumindest die Größenordnung der in Zukunft auftretenden Veränderungen verdeutlichen.

Auch wenn die Sterblichkeit während der nächsten drei Jahrzehnte in Deutschland unverändert bleiben würde (was nicht zu erwarten ist) und wenn es nach dem 31. Dezember 1988 keine Nettozuwanderungen mehr gäbe, würde die Besetzung der oberen Altersstufen deutlich anwachsen. Dabei sind vor allem zwei Ergebnisse wichtig:

− *Der prozentual stärkste Zuwachs an Wohnbevölkerung wird in den allerhöchsten Altersstufen auftreten.* Während nach der Modellrechnung die Wohnbevölkerung oberhalb von 65 Jahren (nur) um 28 Prozent anwachsen würde, entsteht für beide Geschlechter gemeinsam oberhalb von 85 Jahren ein Zuwachs um 52 Prozent.

− *Absolut und relativ am stärksten nimmt in den nächsten Jahrzehnten die Besetzungszahl der Männer in den allerhöchsten Altersstufen zu.* Trotz höherer Sterblichkeit steigt vor allem der Anteil der Männer in den höchsten Altersstufen besonders stark, weil es in einigen Jahrzehnten keine kriegsbedingten Unterbesetzungen der Männerjahrgänge mehr geben wird.

Diese beiden Ergebnisse entstehen − wie betont − bereits unter der Annahme konstanter Sterblichkeit und sind ausschließlich Reflex der bereits im Jahr 1988 bestehenden Unregelmäßigkeiten der Altersstruktur. Zukünftiger Sterblichkeitsfortschritt wird diese Entwicklung nur noch verstärken. Um die resultierenden Prozentanteile an der zukünftigen Gesamtbevölkerung exakt festzulegen, müßten Annahmen über die Fertilität und über Zuwanderungen gemacht werden, was frühestens in einigen Jahren sinnvoll getan werden kann. Gleichwohl ist die Aussage zulässig, daß in der Bundesrepublik Deutschland in den nächsten Jahrzehnten die Bevölkerung in den oberen Altersstufen (die »jungen« und die »alten« Alten) *absolut und relativ stark zunehmen wird*.

C. Der Zusammenhang von Mortalität und Morbidität

1. Alterung und Krankheitshäufigkeit

Wenn in den nächsten Jahrzehnten Zahl und Anteil der Senioren ansteigen, muß dies auch gewichtige Konsequenzen für das öffentliche Gesundheitswesen haben. Für beide Geschlechter sind Krankheitshäufigkeit und Pflegebedürftigkeit stark altersabhängig. Mit zunehmendem Alter steigen die Krankheits- und Pflegehäufigkeiten überproportional stark an, was in den »alten« Bundesländern unter anderem in den regelmäßigen Zusatzerhebungen zum Mikrozensus erkennbar wird, die eine Messung von »Krankheit« auf der Basis einer Selbsteinstufung der Betroffenen vornehmen.

Jede Messung von »Morbidität« hat die grundsätzliche Schwäche der unklaren Abgrenzbarkeit. Während der Tod ein eindeutig definierbares Ereignis ist, lassen die Begriffe »Krankheit« oder »Pflegebedürftigkeit« zwangsläufig Spielraum für subjektive Beurteilung. Es darf somit nicht verwundern, wenn selbst für identische Zeiträume unterschiedliche Zahlenangaben über das Ausmaß und die Altersabhängigkeit der Morbidität entstehen. Das relativ »härteste« Kriterium für die Morbidität ist sicher die »Einweisungshäufigkeit in ein Akutkrankenhaus«, wo bestenfalls am Rande subjektive Elemente wirksam sind.

In Tabelle 3 sind für die alten Bundesländer die Anteile der Älteren an der Wohnbevölkerung verglichen mit den Anteilen dieser Bevölkerungsgruppe im Jahr 1989 (gemäß Mikrozensus) an allen »Kranken und Unfallverletzten«. Es zeigt sich, daß unter den Kranken und Unfallverletzten die älteren Personen beider Geschlechter zwei- bis dreimal so häufig vertreten sind wie in der Wohnbevölkerung.

Wählt man zur Darstellung der Morbidität das härtere Kriterium »Krankenhausaufenthalt«, wobei in Tabelle 3 zwischen den Patienten aller Krankenhäuser (gemäß Mikrozensusbefragung) und der Einweisung in ein Akutkrankenhaus (gemessen im sogenannten Diagnose- und Therapieindex von Infratest-Gesund-

Tabelle 3: Die Anteile der Alters- oder Jahrgangsgruppen im Jahr 1989 (getrennt nach Geschlecht: m, w; nach Dinkel, Görtler & Milenovic, 1990).

Alter (Jahre) Geburtsjahrgang	65 – 74 1923 – 1914		75 – 84 1913 – 1904		85 + 1903 und früher	
	m	w	m	w	m	w
an der Gesamtbevölkerung	6,20	9,72	4,01	7,87	0,72	1,99
an allen Kranken und Unfallverletzten	13,06	18,40	9,70	19,56	1,82	4,73
an allen Patienten in Akutkrankenhäusern	11,25	11,94	11,41	12,79	1,99	4,11
an den Patienten aller Krankenhäuser	14,13	16,93	9,87	18,75	1,07	3,91

heitsforschung) unterschieden wird, entsteht nur ein geringfügig anderes Bild. Die »jungen Alten« sind vor allem in den Akutkrankenhäusern der Bundesrepublik weniger stark überrepräsentiert als bei einer Selbsteinstufung der Morbidität. Bei den »alten Alten« aber, deren Anteil in den nächsten Jahrzehnten besonders stark ansteigen wird, findet sich auch im Akutkrankenhaus die gegenüber dem Bevölkerungsanteil mehr als verdoppelte Morbidität wieder.

2. Führt die steigende Lebenserwartung zu einer weiter steigenden
   Krankheits- und Pflegefallhäufigkeit:
   Die »Disability-Free Life Expectancy« als empirische Antwort?

Auch wenn die vorhandenen Sterbetafeln für beide Geschlechter einen säkularen Zugewinn an Lebensjahren anzeigen, kommt es doch entscheidend darauf an, in welchem gesundheitlichen Zustand diese »gewonnenen Jahre« verbracht werden. Von einem »echten« Gewinn an Lebenserwartung, darin sind sich viele Beobachter einig, kann nur dann gesprochen werden, wenn die zusätzlichen Lebensjahre ganz oder mindestens teilweise in einem Zustand der geistigen und körperlichen Gesundheit sowie Leistungsfähigkeit verbracht werden. Die in der wissenschaftlichen Literatur zu dieser Frage bislang geäußerten Meinungen schwanken zwischen extremem Pessimismus einerseits, daß nahezu alle gewonnenen Lebensjahre im Zustand von Krankheit oder Pflegebedürftigkeit verbracht werden, und dem Optimismus auf der anderen Seite, daß mit dem Anstieg der Lebenserwartung auch eine Reduktion der Morbidität einhergeht. Besonders in den USA haben in diesem Zusammenhang vorgetragene Thesen von Fries (1980; 1990) zu einer intensiven und kontroversen Diskussion geführt (vgl. Gerok & Brandtstädter; Krämer; Steinhagen-Thiessen, Gerok & Borchelt, Kapitel 14, 22 und 5 in diesem Band).

Wir wollen uns die Fragestellung zuerst in ihrer theoretisch »idealen« Konstellation verdeutlichen und anschließend einen vielbeachteten Versuch beschreiben, die Zusammenhänge konkret empirisch zu messen. In Abbildung 4 ist der in seiner Gesamtheit bekannte tatsächliche Verlauf der Kohortensterbetafel 1871 dargestellt (zu den Daten vgl. Dinkel, 1984). Bei diesem Geburtsjahrgang durchlebte in jeder einzelnen Altersstufe ein bestimmter (im Moment unbekannter) Anteil der Überlebenden dieses jeweilige Lebensjahr im Zustand der Gesundheit, andere im Zustand gesundheitlicher Beeinträchtigung, wobei wir uns im Moment über genaue Definitionen dieser Begriffe keine Gedanken machen wollen.

Die gesamte Fläche unter der Kurve der Erlebenswahrscheinlichkeiten stellt die Summe der von allen 100.000 Lebendgeborenen des Jahrgangs 1871 durchlebten Lebensjahre dar, die Fläche zwischen den Kurven I und II bezieht sich auf die Summe der im »nicht-gesunden« Zustand verbrachten Lebensjahre. Natürlich können wir im nachhinein diese Unterscheidung zwischen Gesunden und »Nicht-Gesunden« in den einzelnen Altersstufen nicht mehr messen, so daß wir Kurve II als rein hypothetisch verstehen müssen. Von den später geborenen Jahrgängen wissen wir, daß sie in ihrem bisher bekannten Verlauf der Überle-

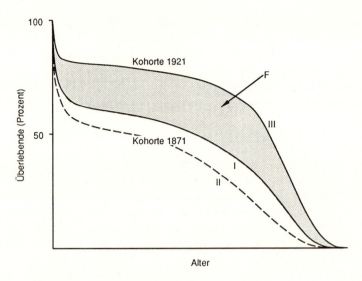

Abbildung 4: Überlebensverläufe der Männer der Geburtsjahrgänge 1871 und 1921.

benskurve insgesamt deutlich mehr Lebensjahre durchliefen und sicherlich auch im bislang noch unbekannten weiteren Verlauf der Überlebenskurve durchlaufen werden. In Abbildung 4 ist beispielhaft der bereits bekannte Verlauf der Überlebenskurve des Geburtsjahrgangs 1921 als Kurve III eingetragen und um eine Prognose für den weiteren Verlauf ergänzt.

Die unbekannte Antwort auf die Frage, in welchem gesundheitlichen Zustand die von Kohorte 1921 im Vergleich zu Kohorte 1871 gewonnenen Lebensjahre (Fläche F in Abb. 4) verbracht werden, kann und muß zwischen zwei denkbaren Extremen liegen: Bei ganz besonders pessimistischer Betrachtung könnten alle innerhalb von F liegenden Jahre in gesundheitlicher Beeinträchtigung verbracht werden. Die extrem optimistische Annahme wäre, daß Kohorte 1921 die gleiche Zahl von im Zustand der gesundheitlichen Beeinträchtigung durchlebten Jahren aufweist wie Kohorte 1871 und alle »gewonnenen« Jahre im Zustand der Gesundheit verbracht würden.

Wir wollen zuerst auf ein theoretisches Argument eingehen, das helfen sollte, das mögliche Ergebnis auf ein etwas kleineres Spektrum zu verengen. Nach der »Theorie heterogener Populationen« (vgl. Vaupel, Manton & Stallard, 1979) setzt sich jede Kohorte von Neugeborenen, hinsichtlich der späteren Überlebenschancen, aus unterschiedlichen Risiken zusammen. Während »gute« Risiken ohne Beeinträchtigung von außen ein überdurchschnittlich langes Leben erwarten dürfen, sterben »schlechte« Risiken aufgrund ihrer biologischen Prädispositionen relativ eher. Trifft dies zu, dann besteht mit steigendem Alter (mit zunehmender Risikoselektion) der überlebende Anteil einer Kohorte zu einem immer größer werdenden Teil aus »guten« Risiken. Dies würde bedeuten, daß bei Kohorten wie der Kohorte 1871, bei denen bereits in frühen Lebensjahren eine intensive Selektion stattfand, in einem Alter von 80 oder 85 Jahren die wenigen überlebenden Mitglieder zum größten Teil aus »guten« Risiken bestehen.

Bei später geborenen Jahrgängen (wie der Kohorte 1921) ist im Alter von 80 oder 85 Jahren noch ein viel größerer Teil der ursprünglich geborenen Mitglieder am Leben. Diese Überlebenden setzen sich (noch) zu einem größeren Teil aus »schlechteren« Risiken zusammen, da bei ihnen die Risikoselektion noch nicht in der gleichen Intensität stattgefunden hat. Die gegenüber der Kohorte 1871 in einem bestimmten Alter zusätzlich lebenden Mitglieder von Kohorte 1921 weisen somit im Durchschnitt eine weniger günstige Risikostruktur auf. In der Fläche F sollten sich demnach zwar nicht etwa ausschließlich Kranke befinden, aber der durchschnittliche Gesundheitszustand der zusätzlich durchlebten Lebensjahre sollte alles in allem etwas ungünstiger sein als bei den überlebenden Mitgliedern von Kohorte 1871 des gleichen Alters. Folglich würde für Kohorte 1921 (und noch stärker für später geborene Jahrgänge) insgesamt der Anteil der nicht im Zustand der Gesundheit verbrachten Jahre zumindest leicht ansteigen.

Ein weiteres Argument stützt diese theoretische Schlußfolgerung. Bei später geborenen Jahrgängen leben zum größten Teil aufgrund erfolgreicher medizinischer Interventionen (Operationen, medikamentöse Therapien, Bestrahlungen etc.) mehr Kohortenmitglieder länger. Es wurden bei ihnen gesundheitliche Störungen behandelt, die bei früher geborenen Jahrgängen noch zum Tod führten. Erfolgreiche medizinische Interventionen können den Betroffenen aber häufig nicht in den ursprünglichen Zustand der vollständigen Gesundheit zurückführen, sondern erhalten sie bei weiterbestehender Beeinträchtigung, zum Beispiel als chronisch Kranke, am Leben. Wenn etwa die durchschnittliche Überlebensdauer nach einer bestimmten Krebstherapie von zwei auf acht Jahre ansteigt, ist dies gleichbedeutend mit der Aussage, daß Zahl und Anteil der »nicht-gesunden« Lebensjahre der Gesamtbevölkerung ansteigen.

Ein Ausgangspunkt für den Versuch einer empirischen Beantwortung der oben gestellten Frage ist das Konzept der »disability-free life expectancy« (DFLE), das im wesentlichen die Aufteilung einer Periodensterbetafel nach den beiden Zuständen »gesund« und »nicht-gesund« bedeutet. Dieses Konzept wurde erstmals von Sullivan (1971) vorgeschlagen und seither für eine Reihe von Ländern − allerdings jeweils mit Periodendaten − angewandt (vgl. Robine, 1989).

Bei jeder Sterbetafelkalkulation wird auch »die Zahl aller von der Sterbetafelpopulation in der Altersstufe zwischen x und x + 1 durchlebten Jahre« gemessen. Nehmen wir an, in einer bestimmten Sterbetafel wird ermittelt, daß die Sterbetafelpopulation zwischen 80 und 81 Jahren genau 30.000 Lebensjahre durchlebt (wobei jeweils 30.000 Personen je ein Jahr durchleben). Bei einer durch Umfrage gemessenen Krankheitshäufigkeit von 20 Prozent im vollendeten

Alter von 80 Jahren entstehen daraus 6.000 »im Zustand der Krankheit durchlebte Lebensjahre«. Summiert man über »gesunde« Lebensjahre oberhalb von
Alter x und teilt durch die Zahl aller Personen, die Alter x lebend (gesund)
erreichen, erhält man DFLE für alle Personen (für alle Gesunden) im Alter x.

Unsere ursprünglich gestellte Frage war: Wie teilen sich die durch den
Mortalitätsrückgang zusätzlich gewonnenen Lebensjahre auf in Jahre, die im
Zustand der Gesundheit verlebt werden, und in Jahre, die im Zustand der
Krankheit oder Behinderung verbracht werden? Crimmins, Saito und Ingegneri
(1989) haben mit empirischen Daten ansatzweise versucht, diese Frage für die
USA zu beantworten. Die Autoren haben für die Jahre 1970 und 1980 auf der
Basis von Querschnittdaten der Mortalität und von Selbsteinschätzungsdaten
des Gesundheitszustands die DFLE errechnet und in einzelne Bestandteile zerlegt
(vgl. Tab. 4).

Tabelle 4: Jahre, die von der Sterbetafelpopulation der USA in verschiedenen
gesundheitlichen Zuständen verbracht werden (nach Crimmins et al., 1989,
Tab. 4).

	Männer 1970	1980	Frauen 1970	1980
Lebenserwartung bei Geburt	67,0	70,1	74,6	77,6
Disability-free life expectancy (bei Geburt)	54,8	55,5	60,4	60,4
Jahre mit Beschränkungen bei wichtigen Aktivitäten	4,1	4,4	6,8	8,2
Jahre mit Unfähigkeit, wichtige Tätig-keiten selbst auszuüben	3,8	5,3	1,7	2,0
Jahre in Anstalten für Krankheit und Pflege	0,6	0,6	1,1	1,4
Lebenserwartung im Alter 65 Jahre	13,0	14,2	16,8	18,4
Disability-free life expectancy (im Alter 65 J.)	6,4	6,6	8,7	8,9
Jahre mit Beschränkungen bei wichtigen Tätig-keiten	1,9	2,0	4,0	4,6
Jahre mit Unfähigkeit, wichtige Tätigkeiten selbst auszuüben	3,4	4,1	1,5	1,7
Jahre in Anstalten für Krankheit und Pflege	0,5	0,6	1,1	1,4

Die Antwort scheint eindeutig und zugleich sehr pessimistisch zu sein, wie
die Verfasser dieser Studie selbst schlußfolgern. Der Zugewinn an Lebensjahren
von 3,1 Jahren für Männer und 3,0 Jahren für Frauen besteht danach fast
vollständig aus Lebensjahren, die in irgendeinem Stadium der Behinderung oder
Krankheit verbracht werden. Der relativ »harte« Indikator »verbrachte Lebensjahre in Krankenhaus, Heimen für körperlich und geistig Behinderte oder
Pflegeheimen« zeigt allerdings bei Männern überhaupt keine und bei Frauen
nur leichte Änderungen. Fast alle »gewonnenen« Lebensjahre bei Frauen werden

nach dieser Interpretation im Zustand zumindest geringer Behinderung oder mit Beschränkung bei der Ausübung wichtiger Tätigkeiten verbracht. Bei Männern handelt es sich sogar zu einem erheblichen Teil um Jahre, in denen eine völlige Unfähigkeit besteht, wichtige Tätigkeiten selbst auszuüben.

Zum größten Teil gehen die Ergebnisse der Studie von Crimmins und anderen (1989) allerdings auf eine unangemessene Interpretation der Ursprungsdaten zurück. Zwischen 1970 und 1980 haben sich die Sterbetafeln der USA (wie die anderer Länder) in erster Linie hinsichtlich der Erlebenswahrscheinlichkeiten in den höheren Lebensaltern verändert. Auch die tatsächliche Altersstruktur der USA hat sich besonders in den höchsten Altersstufen verschoben. Wie die Daten von Crimmins und anderen (1989, S. 239) auch zeigen, haben sich in den USA zwischen 1970 und 1980 aber die Anteile derer, die »wichtige Tätigkeiten nicht selbst ausführen können«, und die Anteile der Personen, »die bei wichtigen Tätigkeiten eingeschränkt sind«, ausschließlich in den Altersstufen unterhalb von 65 Jahren erhöht. In diesen Altersstufen aber unterscheiden sich die Sterbetafeln von 1970 und 1980 nur marginal.

Somit geht die sowohl bei Männern als auch bei Frauen größere Zahl »nichtgesunder« Jahren bei der Sterbetafel von 1980 nicht ursächlich auf die Verlängerung der Lebensspanne zurück. Es handelt sich um einen reinen Periodeneffekt (um eine gestiegene Krankheitshäufigkeit auf verschiedenen Altersstufen), dem man keine unangemessene Kohorteninterpretation geben darf. Auch ohne jede Veränderung in der Lebenserwartung hätten sich zwischen 1970 und 1980 die Krankheits- und Behinderunghäufigkeiten nahezu in der gleichen Größenordnung verändert, was allein auf unterschiedliche Messungen der subjektiven Kriterien von Behinderung zwischen den beiden Befragungszeitpunkten zurückgehen könnte. Wäre die Lebenserwartung zwischen 1970 und 1980 konstant geblieben, hätte allerdings niemand die (voreilige) Schlußfolgerung gezogen, daß es gerade die zusätzlich gewonnenen Jahre gewesen sein sollen, die fast ausschließlich im Zustand der gesundheitlichen Beeinträchtigung verbracht werden.

Diese prinzipielle Unangemessenheit einer kohortenanalytischen Interpretation von Querschnittdaten wird in einer ähnlichen Analyse von House, Kessler, Herzog, Mero, Kinney und Breslow (1990) durchaus betont. Dort wird für die USA mit ähnlichen Daten und für etwa den gleichen Zeitraum festgestellt, daß der Zuwachs an chronischer Krankheit und Behinderung für die USA stark sozio-ökonomisch differenzierend verlief und sich vor allem auf die unteren sozialen Klassen konzentrierte.

Mit dem Konzept der DFLE, vor allem bei der Verwendung von Periodendaten, kann man nicht unterscheiden, ob die veränderte Zahl der Jahre in gesundheitlicher Beeinträchtigung gerade aus dem Bereich jener Jahre stammt, die »zusätzlich« durchlebt werden. Das Konzept der DFLE läßt somit zwar das Ergebnis nach wie vor offen, bietet aber einen prinzipiellen Weg zu einer Klärung der Zusammenhänge. Wenn sowohl die Sterbetafeln als auch die Krankheits-

und Behinderungsraten für aufeinanderfolgende Kohorten konsequent gemessen werden und wenn es gelingt, die Kriterien für Krankheit oder Pflegebedürftigkeit über längere Zeiträume unverändert zu halten, könnte die avisierte Fragestellung tatsächlich beantwortet werden.

D. Demographische Alterung: Ein universelles Phänomen

Bislang wurde fast ausschließlich die Situation in Deutschland betrachtet. Zumindest was die Entwicklung der Mortalität betrifft, lagen die beiden deutschen Staaten unter den entwickelten Ländern aber bestenfalls im »Mittelfeld«. Berücksichtigt man die außergewöhnlichen Fertilitätsentwicklungen der letzten Jahrzehnte, dürfte Deutschland — besonders in den nächsten Jahrzehnten — gleichwohl zu einem Beispiel besonders intensiv verlaufender demographischer Alterung werden.

Da demographische Alterung ziemlich einmütig mit einem Anstieg der Belastungen für staatliche Institutionen wie Alterssicherung oder Gesundheitsvorsorge gleichgesetzt wird, stellt sich besonders die Frage, ob demographische Alterung auch ein für Entwicklungsländer relevantes Phänomen ist oder werden wird. Angesichts der sprichwörtlichen Bevölkerungsexplosion in der sogenannten »Dritten Welt« sollte, so scheint es auf den ersten Blick, zumindest die demographische Alterung die Entwicklungsländer »verschonen« und ihnen damit wenigstens in dieser Hinsicht Belastungen ersparen.

Die vorangegangenen Überlegungen zu den Ursachen demographischer Alterung zeigen aber, daß jeder dauerhafte und von allen Seiten so dringend angemahnte Fertilitätsrückgang notwendigerweise gleichbedeutend ist mit einem Anstieg des Durchschnittsalters. Gleichzeitig bedeutet eine Reduktion der Mortalität, die ebenfalls mit weltweiten Anstrengungen gefördert wird, eine Verstärkung demographischer Alterungsprozesse. Berücksichtigt man, daß sehr viele unterentwickelte Länder von einem sehr hohen Sterblichkeitsniveau ausgingen und die Wachstumsraten der Bevölkerung in der Vergangenheit sehr hoch waren, dann muß jede anhaltende Reduktion des Bevölkerungswachstums in den unterentwickelten Ländern *zwangsläufig zu einem ebenso schnellen Alterungsprozeß* führen. Was in Ländern wie Deutschland mehr als ein Jahrhundert dauerte, würde dabei in weniger als der halben Zeit ablaufen müssen.

Tatsächlich erleben viele Entwicklungsländer in der Mortalitätsentwicklung gegenwärtig ganz ähnliche Prozesse, wie sie für Deutschland in der ersten Hälfte dieses Jahrhunderts typisch waren. Besonders die Säuglings- und Kindersterblichkeit geht rasch zurück (für einen internationalen Vergleich der Mortalität in den ersten Lebensjahren vgl. Hill & Pebley, 1989). Allein dadurch wird auch in diesen Ländern ein demographischer Alterungsprozeß ausgelöst, wie er in Europa bereits heute bekannt ist.

Bei der Fertilität (und in einem überraschend engen Zusammenhang damit bei der gesamten wirtschaftlichen Entwicklung) zeigt sich in der vormaligen

»Dritten Welt« bereits seit Jahrzehnten eine Auseinanderentwicklung: In einigen Regionen (dem gesamten Kontinent Afrika sowie in Teilen Südostasiens und einigen arabischen Ländern) sind die Fortschritte bei der Mortalitätsreduktion nur gering, gleichzeitig sinkt aber auch die durchschnittliche Kinderzahl kaum oder steigt – wie in einigen Ländern Afrikas – sogar noch an. Die Folge in diesen Ländern ist eine Bevölkerungsexplosion mit Verdopplungszeiten zwischen 20 und 30 Jahren ohne irgendeine Bremswirkung.

In vielen anderen Ländern (vor allem in Ostasien, aber auch in Lateinamerika) steigt die Lebenserwartung relativ schnell, und gleichzeitig ist die Fertilität bereits deutlich zurückgegangen. Für dieses Entwicklungsmuster ist nicht nur das Beispiel China typisch, sondern auch ganz andere Staaten, wie etwa Indonesien, wo man derartige Entwicklungen nicht unbedingt vermuten würde.

In Ländern, in denen das Bevölkerungswachstum bereits zurückgeht, ist die demographische Alterung eine unvermeidbare Begleiterscheinung mit allen daraus folgenden Anpassungszwängen. Wo die Bevölkerung heute noch uneingeschränkt wächst, wird eine irgendwann stattfindende Reduktion dieses Wachstums früher oder später ähnliche Konsequenzen haben. Demographische Alterung ist somit kein Spezifikum der »industriellen Lebensweise«. Sie ist ein universelles Phänomen, das zwangsläufig mit jeder Reduktion von Bevölkerungswachstum einhergeht.

Literaturverzeichnis

Billeter, E. P. (1954). Eine Maßzahl zur Beurteilung der Altersverteilung einer Bevölkerung. *Schweizerische Zeitschrift für Volkswirtschaft und Statistik. 90*, 496–505.

Bormann, C., Heinemann, L. & Hoeltz, J. (1991). *Kardiovaskuläre Risiken in Deutschland-Ost und -West*. München: Infratest-Gesundheitsforschung.

Bourgeois-Pichat, J. (1952). Essai sur la mortalité »biologique« de l'homme. *Population, 7*, 381–394.

Caselli, G. & Vallin, J. (1990). Mortality and population ageing. *European Journal of Population, 6*, 1–25.

Casper, J. L. (1835). *Die wahrscheinliche Lebensdauer des Menschen*. Berlin: Dümmler.

Coale, A. & Demeny, P. (1983). *Regional model life tables and stable populations* (2nd ed.). New York: Academic Press.

Crimmins, E. M., Saito, Y. & Ingegneri, D. (1989). Changes in life expectancy and disability-free life expectancy in the United States. *Population and Development Review, 15*, 235–267.

Dinkel, R. H. (1984). Sterblichkeit in Perioden- und Kohortenbetrachtung. *Zeitschrift für Bevölkerungswissenschaft, 10*, 477–500.

Dinkel, R. H. (1985). The seeming paradox of increasing mortality in a highly industrialized nation: The example of the Soviet Union. *Population Studies, 39*, 87–97.

Dinkel, R. H. (1986). Theorie und Technik demographischer Prognose. *Allgemeines Statistisches Archiv, 70*, 28–51.

Dinkel, R. H. (1989). *Demographie: Band 1. Bevölkerungsdynamik*. München: Vahlen-Verlag.

Dinkel, R. H. (1990). Der Einfluß von Wanderungen auf die langfristige Bevölkerungs-dynamik. *Acta Demographica*, *1*, 47 – 62.

Dinkel, R. H., Görtler, E. & Milenovic, I. (1990). Krankheit und Krankenhausaufenthalt der über 65-jährigen: Eine Bestandsaufnahme der Situation in bundesdeutschen Akut-krankenhäusern im Jahr 1989. *Zeitschrift für Gerontologie*, *23*, 235 – 245.

Fries, J. F. (1980). Aging, natural death, and the compression of morbidity. *New England Journal of Medicine*, *303*, 130 – 135.

Fries, J. F. (1990). Medical perspectives upon successful aging. In P. B. Baltes & M. M. Baltes (Eds.), *Successful aging. Perspectives from the behavioral sciences* (pp. 35 – 49). Cambridge, MA: Cambridge University Press.

Gompertz, B. (1825). On the nature of the function expressive of the law of human mortality and on a new mode of determining the value of life contingencies. *Philo-sophical Transactions of the Royal Society*, *115*, 513 – 585.

House, J. S., Kessler, R. C., Herzog, A. R., Mero, R. P., Kinney, A. M. & Breslow, M. J. (1990). Age, socioeconomic status, and health. *The Milbank Quarterly*, *68*, 383 – 411.

Hußmanns, R. (1984). Tendenzen der Entwicklung der Alterssterblichkeit. In F. Putz & K. Schwarz (Hrsg.), *Neuere Aspekte der Sterblichkeitsentwicklung* (S. 193 – 212). Wiesbaden: Deutsche Gesellschaft für Bevölkerungswissenschaft.

Hill, K. & Pebley, A. R. (1989). Child mortality in the developing world. *Population and Development Review*, *15*, 657 – 687.

Junge, B. (1985). Decline in mortality in Japan, USA, and the Federal Republic of Germany – The contribution of the specific causes of death. *Klinische Wochenschrift*, *63*, 793 – 801.

Knapp, G. F. (1874). *Theorie des Bevölkerungswechsels*. Braunschweig: Guerin.

Lopez, A. D. (1984). Age – cause of death contributions to widening sex differentials in mortality: An international comparison. In F. Putz & K. Schwarz (Hrsg.), *Neuere Aspekte der Sterblichkeitsentwicklung* (S. 35 – 70). Wiesbaden: Deutsche Gesellschaft für Bevölkerungswissenschaft.

Lopez, A. D. & Hanada, K. (1982). Mortality pattern and trends among the elderly in developed countries. *World Health Statistics Quarterly*, *35*, 203 – 244.

Lopez, A. D. & Ruzicka, L. T. (Eds.) (1983). *Sex differentials in mortality*. Canberra: Australian National University.

Makeham, W. M. (1867). On the law of mortality. *Journal of the Institute of Actuaries*, *13*, 325 – 358.

McMillan, M. M. (1979). Differential mortality by sex in fetal and neonatal deaths. *Science*, *204*, 89 – 90.

Nathanson, C. A. (1984). Sex differences in mortality. *Annual Review of Sociology*, *10*, 191 – 213.

Pollard, J. H. (1987). Projection of age-specific mortality rates. *Population Bulletin of the United Nations*, *21 – 22*, 55 – 69.

Preston, S. (1976). Mortality pattern in national populations. New York: Academic Press.

Preston, S., Hines, C. & Eggers, M. (1989). Demographic conditions responsible for aging. *Demography*, *26*, 691 – 704.

Riley, M. W., Abeles, R. P. & Teitelbaum, M. S. (1982). *Aging from birth to death*. Boulder, CO: Westview Press.

Robine, J.-M. (1989). Estimation de la valeur de l'espérance de vie sans incapacité (EVSI) pour les pays occidentaux au cours de la dernière décennie quelle peut être l'utilité de ce nouvel indicateur de l'état de santé? *World Health Statistics Quarterly, 42,* 141 – 150.

Stolnitz, G. J. (1956). A century of international mortality trends. *Population Studies, 10,* 17 – 42.

Sullivan, D. F. (1971). A single index of mortality and morbidity. *HSMHA Health Reports, 86,* 347 – 354.

Tabutin, D. (1978). La surmortalité féminine en Europe avant 1940. *Population, 33,* 121 – 148.

Vaupel, J. W., Manton, K. & Stallard, E. (1979). The impact of heterogeneity in individual frailty on the dynamics of mortality. *Demography, 16,* 439 – 454.

Verbrugge, L. (1984). Longer life but worsening health?: Trends in health and mortality of middle-aged and older persons. *The Milbank Quarterly, 62,* 475 – 519.

Waldron, I. (1983). Sex differences in human mortality: The role of genetic factors. *Social Science and Medicine, 17,* 321 – 333.

II. Forschungsbeiträge aus einzelnen Disziplinen

4. Biologie des Alterns (Ontogenese und Evolution)

DAVID B. DANNER & HEINZ C. SCHRÖDER

Zusammenfassung

Dieses Kapitel gibt einen Überblick über den gegenwärtigen Forschungsstand zur Biologie der Alterung mit Betonung des Aspektes der *Ontogenese und Evolution*. Zentrale Themen sind die Suche nach »Alterns-Genen«, die dabei erzielten Erfolge und Mißerfolge, die Vorstellung ausgewählter Alternstheorien wie der Theorie der freien Radikale, der Reparatur-Mechanismus-Theorie und der Theorie des genetisch »programmierten Alterns«, die Beeinflußbarkeit des Alterns durch diätetische Restriktion sowie die Bedeutung des Alterns »in vitro« und der bekannten Syndrome vorzeitigen Alterns als »Alternsmodelle«. Zur Vervollständigung des großen Spektrums *molekular-gerontologischer Grundlagenforschung* wird auch auf die Ergebnisse weiterer Teilbereiche dieses faszinierenden und sich durch die Entwicklung moderner gentechnologischer und zellbiologischer Methoden in einem rasanten Aufschwung befindlichen Forschungsgebietes hingewiesen.

Dr. Dr. David B. Danner ist Senior Research Investigator am Laboratory of Molecular Genetics, Department of Health and Human Services, National Institute on Aging, Baltimore, MD, USA. Seine Forschungsgebiete umfassen unter anderem die genetischen Grundlagen des Alterungsprozesses.
Prof. Dr. Dr. Heinz C. Schröder ist Biochemiker und Arzt und ist Lehrstuhlinhaber am Institut für Physiologische Chemie der Universität Mainz. Seine Forschungsgebiete umfassen molekularbiologische und zellbiologische Aspekte der Genexpression, molekulare Gerontologie, molekulare Virologie und Pharmakologie.

Dieses Kapitel ist Herrn Prof. Dr. H.-G. Wittmann, Max-Planck-Institut für molekulare Genetik, Berlin, gewidmet (siehe auch Vorwort).

A. Einführung

Es mag überraschend sein: Unter den Experten gibt es keine allgemein akzeptierte Definition des Alterns. Und dies, obwohl das »Alter« einer Person auf den ersten Blick vorhersagbar und deutlich sichtbar erscheint. So fällt es uns leicht, das Alter von Leuten, die wir treffen, zu schätzen, nicht nur in jungen Jahren, sondern auch über die weit größere Zeitspanne des Erwachsenenlebens. Wir können auch beschreiben, welche typischen Veränderungen mit dem Altern eintreten, und Ärzte sind in der Lage, detaillierte Auskünfte über alternsabhängige Änderungen einer Vielzahl von Funktionen des Organismus zu geben.

Das Problem, Altern zu definieren, beruht zum Teil auf den Unterschieden zwischen einzelnen Individuen und zum Teil auf den Unterschieden zwischen den verschiedenen Arten (Finch & Schneider, 1985; Schneider & Rowe, 1990; Strehler, 1977). Beispielsweise sind bei Achtzigjährigen arteriosklerotische Veränderungen (Verkalkung der Arterien) viel häufiger als bei Dreißigjährigen, aber die Unterschiede im Ausmaß dieser Veränderungen sind so groß, daß manche Achtzigjährige in der Tat mehr normale Blutgefäße besitzen als manche Dreißigjährige. Niedere Organismen wie die Fruchtfliege (*Drosophila melanogaster*) haben ebenfalls eine begrenzte und vorhersagbare Lebensspanne, entwickeln aber keine Arteriosklerose. Wie können wir dann ihr »Altern« mit dem des Menschen vergleichen oder sogar sicher sein, daß es ein und derselbe Prozeß ist?

Unsere Ansicht ist, daß Altern bei einer Vielzahl von Organismen gemeinsame Merkmale besitzt, obgleich sich die Alternsanzeichen stark unterscheiden. Wir werden deshalb eine Definition des Alterns benutzen, die sich auf zeitabhängige, irreversible und vorhersagbare Veränderungen in jeder vorhandenen Spezies bezieht. Solche Veränderungen führen zu einem fortschreitenden Funktionsverlust aller Gewebe und letztendlich zum Tod. Dabei sollen eindeutige Umwelteinflüsse, zum Beispiel Unfälle, ausgeschlossen sein (Hofecker, Skalicky, Kment & Niedermüller, 1980; Sames, 1989; Strehler, 1977). Man sollte im Gedächtnis behalten, daß diese Definition eine Prämisse und keine bewiesene Tatsache ist. In Anbetracht der Begrenztheit unseres gegenwärtigen Wissens über Altern wäre es natürlich auch möglich, daß zum Beispiel die Alternsmechanismen bei verschiedenen Arten unterschiedlich sind. Und selbst wenn letztendlich gezeigt würde, daß Altern durch ein und denselben Prozeß verursacht ist — etwa durch das Auftreten von Schäden an Molekülen wie der DNA (Desoxyribonukleinsäure; Gensler & Bernstein, 1981; Zahn, 1983) —, wäre man immer noch berechtigt, anzunehmen, daß das schädigende Agens und dessen Zielmolekül bei verschiedenen Spezies ganz unterschiedlich sind.

Wird Altern durch ein »genetisches Programm« bestimmt? Die Alternative wäre ein Prozeß aus eher zufälligen Schadensereignissen. Die Diskussion über eine genetische Kontrolle des Alterns leidet an einer zweifachen Konfusion: einerseits einer semantischen Konfusion über eine geeignete Definition eines genetischen Programms und andererseits einer intuitiven Konfusion darüber, ob ein genetisches Programm zur Erzeugung vorhersagbarer Veränderungen notwendig ist. Versuchen wir zunächst, diese beiden Punkte zu klären.

Was ist eine geeignete Definition eines genetischen Alternsprogramms? Ein Problem beim Versuch dieser Definition ist, daß es viele Typen von Genen gibt, die auf sehr verschiedenen Wegen zum Altern beitragen könnten. Üblicherweise wird eine Unterscheidung zwischen »Langlebigkeits-Genen« (longevity genes, longevity assurance genes oder longevity determinant genes) gemacht, die eine Verlangsamung des Alterungsprozesses bewirken, und »Seneszenz-« oder »Alterns-Genen« (senescence genes oder aging genes), die den Alterungsprozeß beschleunigen. Bestimmte Gene können auch die Merkmale beider Klassen haben; diese besonders interessante Gruppe von Genen könnte in einem frühen Lebensabschnitt die Langlebigkeit fördern und später zum Altern beitragen.

Die semantische Konfusion, die das Thema »programmiertes Altern« ausgelöst hat, besteht zwischen denjenigen, die der Auffassung sind, daß sowohl die Langlebigkeits-Gene als auch die Seneszenz-Gene potentiell zum programmierten Altern beitragen, und denjenigen, die lediglich die Alterns-Gene in die Diskussion eines genetischen Alternsprogramms mit einbeziehen. Die erste Gruppe könnte dabei – unter Anführung der Vererblichkeit der artspezifischen Lebensspanne, der Ergebnisse der Zwillingsforschung oder der genetisch verursachten Progerie-Syndrome (Erbkrankheiten mit vorzeitiger Vergreisung) – argumentieren, daß Altern genetisch programmiert sein muß, während die zweite Gruppe – unter Hinweis auf das Fehlen dramatischer Änderungen in der Genexpression im höheren Alter – sagen könnte, daß Altern eher nicht genetisch programmiert ist.

Intuitiv scheint die Annahme, daß die begrenzte Lebensspanne einer Art durch Alterns-Gene programmiert ist, sinnvoll zu sein, denn definitionsgemäß bestimmen die Alterns-Gene aktiv die Lebensspanne. Es ist jedoch intuitiv nicht einleuchtend, daß auch Langlebigkeits-Gene dazu in der Lage sind. Ohne Alterns-Gene würde Altern aufgrund einer Anhäufung zufälliger Schäden ablaufen. Durch die Wirkung der Langlebigkeits-Gene würde dies aufgeschoben, aber nicht verhindert werden. Es stellt sich deshalb die Frage: Ist es möglich, daß zufällige Schäden, die auf eine Anzahl im wesentlichen identischer Organismen wirken, vorhersagbare Alternsänderungen in einer Population hervorrufen können? Es mag überraschend klingen: die Antwort ist »Ja«. Dieses Prinzip findet man sogar beim simplen »Zerbrechen« oder »Kaputtgehen« unbelebter Gegenstände. Das Trinkglas und das Automobil sind zwei solcher Gegenstände, deren Altern quantitativ analysiert wurde (daß auch anorganische Materialien, wie Glas, selber »altern«, wollen wir hier außer Betracht lassen). Die eigene Erfahrung lehrt uns, daß Trinkgläser keine vorhersagbare »Lebensspanne« besitzen; dies kann auch experimentell gezeigt werden. Automobile können jedoch eine vorhersagbare »Lebensspanne« besitzen. In zwei Studien wurde gezeigt, daß ihre »Überlebenskurve« ganz ähnlich zu derjenigen einer Population lebender Organismen ist.

Die Vorhersagbarkeit der »Lebensspanne« eines Automobils hängt von der Art des Zusammenwirkens der verschiedenen Faktoren ab, die an seinem »Altern« beteiligt sind. Ein Schaden an einem Teil eines Autos erhöht die Wahrscheinlichkeit des Auftretens eines Schadens an einem anderen Teil, und so weiter. Dies macht die »Todes-Wahrscheinlichkeit« am Beginn der Lebensspanne sehr gering und später sehr hoch. Ein solches Zusammenwirken von Schadensereignissen ist typisch für komplexe Strukturen, deren Funktion – wie im Falle lebender Organismen – von einer Wechselwirkung aller Teile abhängt, und weniger typisch für einfache Strukturen wie ein Trinkglas. In Erweiterung dieser Analogie kann man vielleicht besser verstehen, wie ein Automobil oder ein menschliches Lebewesen durch die Art und Weise, in der es aufgebaut ist, für eine spezifische Lebensspanne »programmiert« sein könnte.

B. Alternsveränderungen in Säugetieren

Altern verursacht eine große Vielfalt von Veränderungen in Zellen und Geweben (Platt, 1976). Wir werden uns auf diejenigen Veränderungen konzentrieren, die in ihrer Manifestation besonders universell zu sein scheinen.

Idealerweise würden universelle Veränderungen, die auf dem Altern von Säugetieren beruhen, in allen Säugerspezies, in allen Organismen jeder einzelnen Spezies und in allen Geweben jedes einzelnen Organismus auftreten. Die hier diskutierten Veränderungen sind diejenigen, die unter den bis jetzt bekannten am besten diesen Anforderungen genügen. Allerdings sollte man sich der begrenzten Bedeutung dieser Daten bewußt sein. Alternsabhängige Veränderungen des Menschen sind im allgemeinen gut dokumentiert (vgl. auch Gerok & Brandtstädter und Steinhagen-Thiessen, Gerok & Borchelt, Kapitel 14 und 5 in diesem Band). Nicht-menschliche Säugerspezies sind weniger gut untersucht, und viele überhaupt nicht.

1. Gewebeveränderungen

Bei der Betrachtung unter dem Mikroskop zeigen die meisten alternden Gewebe Veränderungen, die mit kleineren, zufällig verteilten Schäden in Einklang stehen (Platt, 1976). Der Verlust eines kleinen Bruchteils der Parenchymzellen, dem charakteristischen Zelltyp jedes Gewebes, wird beobachtet (eine Art »Atrophie«). Allerdings kommt es nicht zu einem generellen Verlust an Parenchymzellen in allen Geweben. So scheint zum Beispiel der Verlust von Neuronen (Nervenzellen) in der Substantia nigra ausgeprägter zu sein als derjenige in anderen Hirnregionen (dieser Verlust führt möglicherweise zur Parkinson-Krankheit). Fibroblasten und andere Zellen, die Narbengewebe bilden, sind im Alter zahlenmäßig erhöht und bilden vermehrt narbenspezifische Proteine. Oft wird eine Infiltration weißer Blutzellen gesehen, was typisch für

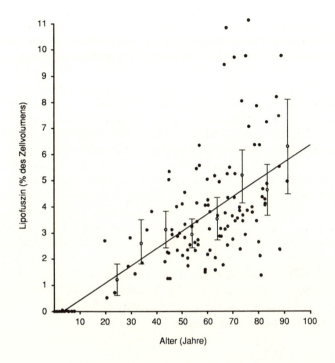

Abbildung 1: Anstieg des Lipofuszingehaltes in menschlichem Myocard mit zunehmendem Alter. Das »Alterspigment« Lipofuszin findet sich vor allem in Leber, Herz und Gehirn. Die mittlere Zuwachsrate pro Jahr beträgt 0,03 Prozent des Herzvolumens (0,06% des Volumens der Herzmuskelzellen). Der mittlere Lipofuszingehalt im menschlichen Herzen im Alter von 90 Jahren liegt damit bei sechs bis sieben Prozent des Herzmuskelzellvolumens (nach Strehler, 1977).

einen chronischen Entzündungsprozeß ist. Abbauprodukte, wie das Lipofuszin, häufen sich aufgrund intrazellulärer Selbstverdauung an. Abbildung 1 zeigt den (linearen) Anstieg des Lipofuszingehaltes in menschlichem Myocard (Herzmuskel) mit dem Alter. Allerdings muß betont werden, daß das »Alterspigment« Lipofuszin bereits in den Zellen Neugeborener zu finden ist und nach dem gegenwärtigen Wissensstand zu keiner Beeinträchtigung der Zellfunktion führt. Am größten ist die Atrophie in Geweben, die hauptsächlich aus sich nicht mehr teilenden Zellen (postmitotische Zellen) bestehen, wie Herz und Hirn. In Geweben, deren Zellen sich noch teilen können (mitotische Zellen), wird eine kompensatorische Hyperplasie (Vermehrung) der Parenchymzellen gesehen; so können beispielsweise nebeneinander hyperplastische Drüsen und atrophische Drüsen gefunden werden. Oft findet man aber auch eine Polyploidie der Parenchymzellen (Vermehrung der Chromosomenzahl). Ein teilweiser Verlust der normalen Gewebearchitektur kann etwa in der Basalschicht der Epidermis beobachtet werden. Weiterhin treten in den meisten Geweben vermehrt Metaplasien (nicht-korrekte Differenzierung), atypische Zellen und präkanzeröse Zellveränderungen auf. Diese Veränderungen sind ähnlich denjenigen, die in jüngeren Organismen, zum Beispiel in der Lunge, durch bestimmte Arten von Schädigungen (Zigarettenrauch) verursacht werden. Zusammen mit diesen strukturellen Veränderungen weisen die meisten Gewebe einen mehr oder weniger leichten Funktionsverlust auf. Dieser zeigt sich oft erst dann, wenn die Gewebe und Zellen besonderen Belastungen oder Ansprüchen an ihre funktionelle Leistung ausgesetzt werden. Der Verlust an Parenchymzellen trägt jedoch nur zu einem geringen Teil zu der herabgesetzten Funktion bei. Tatsächlich ist für einige Gewebe — wie das Nervensystem — der Zellverlust im Verlauf der Entwicklungsphase viel größer als während des Alterns. Kein Gewebe zeigt die exponentielle Geschwindigkeit des Zellverlustes, die man für einen hypothetischen intrazellulären Prozeß erwarten würde, der Altern durch simples »Töten« der Zellen hervorruft (und nicht durch Schädigung der Zellen). Insbesondere gibt es keinen überzeugenden Hinweis auf einen globalen Verlust von Stammzellen (Vorläuferzellen in einem frühen Differenzierungsstadium). In Geweben, deren Zellen ihre Fähigkeit zur Teilung behalten, ist die Zellantwort auf Mitogene mit dem Alter herabgesetzt; aber wiederum findet die größte Veränderung eher früh als spät im Leben statt.

2. Extrazelluläre Veränderungen

Mit dem Alter nimmt die Bildung extrazellulärer Faser- und Matrixproteine zu. Diese unterliegen einem langsameren Stoffwechsel als in jungen Geweben. Da die Quervernetzung von Kollagenmolekülen zunimmt, steigt die »Steifheit« der Gewebe an (Vogel, 1989). Die Menge einiger Proteoglykane (mit Eiweißkörpern verknüpfte Ketten von Zuckermolekülen im Extrazellulärraum) nimmt ab, so daß weniger Wasser pro Gewebeeinheit gebunden wird, was ebenfalls die Gewebe-»Steifheit« steigert. Die Elastizität nimmt ab, da Elastinfasern fragmentieren und Minerale binden. In den meisten Geweben erscheinen extrazelluläre, mikroskopisch sichtbare Aggregate aus partiell abgebauten Proteinen (wie »Beta-Amyloid« in Hirn-»Plaques«). Diese extrazellulären Veränderungen können zu einer Belastung der Funktion führen; zum Beispiel ist die zunehmende »Verhärtung« der Blutgefäßwände wahrscheinlich ein Hauptgrund für das Auftreten eines erhöhten systolischen Blutdrucks im höheren Lebensalter (was allerdings relativ unproblematisch ist, wenn der diastolische Blutdruck konstant bleibt).

3. Veränderungen in den Zell-Interaktionen

Für eine einwandfreie Funktion eines vielzelligen Organismus müssen die Zellen in der Lage sein, miteinander zu kommunizieren. Durch die Anwendung moderner biochemischer und molekularbiologischer Techniken konnte in den letzten Jahren eine Reihe von »Signal-Molekülen«, die zur interzellulären Kommunikation benutzt werden, entdeckt werden. Zusätzlich zu den schon länger bekannten Nerven- und Hormon-Wegen wurde eine Vielzahl von »Zytokinen« – kleinen, diffusiblen Molekülen – entdeckt. Auch durch die von den Zellen abgelagerten extrazellulären Matrix-Materialien können Wachstumssignale an andere Zellen, die an dieser Matrix haften, übermittelt werden. Die meisten dieser – für den Alterungsprozeß sicherlich wichtigen – Signalwege sind jedoch noch nicht in ihrer Abhängigkeit vom Altern studiert worden.

Mit dem Alter kommt es zu einem Verlust von Rezeptoren für Dopamin (D_2-Typ) im Corpus striatum (einer bestimmten Hirnregion), von Rezeptoren für Adrenalinderivate (β-adrenerger Typ) im zerebellären Cortex und von Rezeptoren für Estrogen im Uterus. Die Ergebnisse weisen auf eine enge Verknüpfung zwischen dem Rezeptorverlust und der Funktionsabnahme dieser Gewebe hin. Zumindest in einigen Systemen scheint auch die Post-Rezeptorfunktion beeinträchtigt zu sein. Zum Beispiel scheinen sowohl der Estrogen/Estrogen-Rezeptor-Komplex als auch die Chromatinstellen, an die er bindet, mengenmäßig mit dem Alter abzunehmen. Die »Mobilisierung« von Calcium wird normalerweise durch eine Vielzahl von Signalstoffen bewirkt und zur Regulation vieler Zellfunktionen, wie Muskelkontraktion oder Zellteilung, benutzt. Die Induktion der Mobilisierung von Calcium scheint mit dem Alter beeinträchtigt zu sein; interessanterweise können derartige Defekte durch Gabe von exogenem Calcium oft umgekehrt werden.

4. Intrazelluläre Veränderungen

Viele Untersuchungen wurden über die Bildung von RNA (Ribonukleinsäure dient unter anderem als Überträger [Bote oder »Messenger«] der genetischen Information von der DNA zu den Orten der Proteinsynthese in der Zelle) und Proteinen in alternden Zellen durchgeführt (Schröder & Müller, 1991). Einige Untersuchungen konzentrierten sich auf globale Veränderungen wie die Geschwindigkeiten der Synthese und des Abbaus der Gesamt-Messenger-RNA (mRNA), während sich andere detaillierter mit spezifischen mRNAs und Proteinen befaßten. Globale Studien haben eine Reihe übereinstimmender Veränderungen gezeigt, die alle mit einer Verlangsamung des RNA- und Protein-Metabolismus im Einklang stehen. In den meisten experimentellen Systemen wurde eine Abnahme der Geschwindigkeit der RNA-Synthese und des RNA-Abbaus sowie der Proteinsynthese und des Proteinabbaus mit dem Alter gezeigt. Dagegen blieben die Gesamtmengen an RNA und Protein pro Zelle relativ konstant. Wie in Abbildung 2 gezeigt, ist man heute in der Lage, detaillierte Aussagen darüber zu machen, bei welchen Schritten der RNA-Synthese altersabhängige Störungen auftreten können (Müller, Agutter, Bernd, Bachmann & Schröder, 1984; Müller, Wenger, Bachmann, Ugarkovic, Courtis & Schröder, 1989; Schröder, Bachmann, Diehl-Seifert & Müller, 1987). Die geringste Übereinstimmung zeigen die Daten über den Proteinabbau, vielleicht deswegen, weil verschiedene Wege für den Abbau von Proteinen existieren, die bis jetzt noch

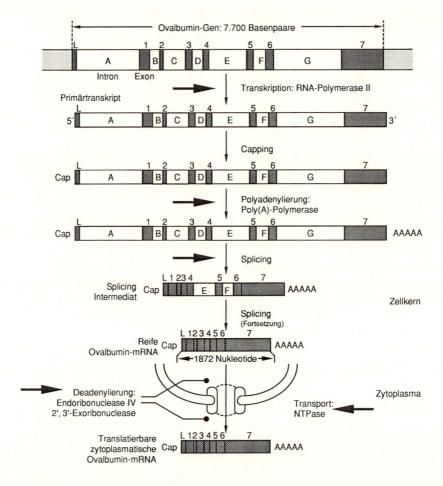

Abbildung 2: Alternsabhängige Änderungen der Synthese der mRNA im Zellkern. Gezeigt ist ein Schema der Synthese (»Transkription«) und postranskriptionalen »Reifung« der mRNA für das Protein Ovalbumin. Die Pfeile geben diejenigen Schritte an, bei denen alternsabhängige Änderungen beobachtet werden konnten: Transkription, Polyadenylierung, Splicing und Kern-Zytoplasma-Transport. Bei der Polyadenylierung kommt es zur Anheftung einer Kette aus 200 Adenylsäure-Nucleotidbausteinen an die mRNA; dies ist notwendig zum Transport der mRNA aus dem Zellkern in das Zytoplasma. Im Verlauf des Splicing werden die nicht-kodierenden Introns herausgespalten und die kodierenden Exons miteinander verknüpft. Der Transport der mRNA aus dem Zellkern in das Zytoplasma findet durch die Kernporen statt und ist ein energieabhängiger Schritt, der durch ein Enzym (»NTPase«) vermittelt wird. Die Aktivität dieses Enzyms wird durch die Polyadenylsäurekette der mRNA stimuliert (modifiziert nach Schröder, 1986).

nicht getrennt in Abhängigkeit vom Alter untersucht wurden. Eine Konsequenz der längeren Lebenszeit der Proteine in alternden Zellen ist eine größere »Gelegenheit« für Konformationsänderungen und daraus folgendem Funktionsverlust. Verschiedene Studien weisen darauf hin, daß solche Änderungen häufiger in alten Zellen auftreten.

In einer Reihe von Studien wurde nach erhöhten Fehlerraten bei der Synthese von Makromolekülen in alternden Zellen gesucht, einem Postulat der »Fehlerkatastrophentheorie« des Alterns (Orgel, 1963; 1970). Diese Theorie besagt, daß sich mit der Zeit ein »circulus vitiosus« entwickeln kann, bei dem eine − aufgrund eines Fehlers − defekte RNA-Polymerase (RNA synthetisierendes Enzym) oder andere defekte synthetische Enzyme »fehlerhafte« mRNAs bilden, die dann zur Synthese weiterer defekter Kopien dieser Enzyme führen. Die Folge ist ein exponentieller Verlust der Genauigkeit der RNA- und Protein-Synthese. Es wurden jedoch keine überzeugenden experimentellen Beweise für das Auftreten erhöhter Fehlerraten im Alter gefunden. So kommt es im Alter auch nicht zu einer generellen Zunahme fehlerhafter Proteine, wie es von der Fehlerkatastrophentheorie postuliert wird.

C. Evolution des Alterns

1. Vergleich des Alterungsprozesses in den verschiedenen Arten

Nahezu alle Lebewesen erfüllen unsere simple Definition des Alterns insoweit, als sie sich im Laufe der Zeit auf einem vorhersagbaren »Abwärtskurs« befinden, der unabhängig von der äußeren Umgebung abläuft und im Tod endet. Verschiedene Ausnahmen von diesem Verlauf sollten erwähnt werden. Bakterien scheinen überhaupt nicht zu altern. Ciliaten existieren sowohl als alternde als auch als nicht-alternde Arten. Hefe, die sich durch Sprossung vermehrt, scheint zu altern, nicht dagegen Hefe, deren Vermehrung durch Spaltung erfolgt. Bestimmte Pilze scheinen ein hochreproduzierbares »Alternsmuster« zu haben. Einige Baumarten besitzen eine außerordentlich lange Lebenszeit, manchmal Tausende von Jahren. Organismen mit einem einzigen Reproduktionszyklus − wie der pazifische Lachs, der Oktopus und einige Beutelmäuse − unterliegen nach der Fortpflanzung einem raschen Tod.

Solche Ausnahmen können Spezialfälle sein, nicht typisch für das Altern der meisten Organismen. Wenn sich Bakterien oder sich spaltende Hefe teilen, ist jede Tochterzelle im wesentlichen äquivalent. Irgendein »Alter«, das solche Organismen akkumulieren, beeinflußt deshalb beide Tochterzellen gleichermaßen. Ein wie auch immer gearteter Alterungsprozeß, der solche Organismen nach einer definierten Zeitperiode tötet, würde deshalb das Risiko beinhalten, daß die ganze Spezies eliminiert wird. Im Gegensatz dazu kann Altern von Metazoen (vielzellige Tiere) oder knospender Hefe in einigen Zellen stattfinden (den somatischen Zellen bzw. Mutterzellen), während die reproduktiven Zellen (Keimzellen bzw. Tochterzellen) intakt bleiben.

Einige Bäume besitzen eine außerordentlich lange scheinbare Lebensspanne, da sie als ein »Klon« sich teilender Zellen wachsen. Im Querschnitt parallel zum Boden nimmt dieser Klon die Gestalt eines Ringes lebenden Gewebes nahe der Rinde und dem wachsenden Äußeren an. Zellen in der Wachstumszone sind gerade gebildet worden und deshalb jung; mit der Zeit bilden sie neue Zellen, die noch weiter außen liegen, und bleiben dann selbst zurück, um zu altern; schließlich werden sie die ältesten Zellen im Ring; die noch weiter innen liegenden Zellen sind bereits abgestorben. Da der Wachstumsring im Vergleich zum Durchmesser des Baumes schmal ist, ist die wirkliche Lebensspanne einer gegebenen Zelle viel kürzer als die des Baumes und eher typisch der Lebensspanne somatischer Zellen in anderen Organismen. Ein derartiger Klon von Zellen könnte im Grunde »unsterblich« sein.

2. Vor- und Nachteile des Alterns für die Evolution

Was macht Altern zu solch einem weitverbreiteten Merkmal lebender Organismen? Auf den ersten Blick könnte man erwarten, daß Altern aus der Sicht der Evolution »unerwünscht« ist, da es die Zeit, während der sich Organismen fortpflanzen, begrenzt. Aber könnte nicht Altern ebensogut auch einige für die Evolution wünschenswerte Eigenschaften besitzen? Oder ist Altern zwar unerwünscht, jedoch unvermeidbar aufgrund einiger Zwänge, denen Organismen im Verlauf ihres Aufbaus unterliegen? Oder ist es einfach so, daß der Aufbau eines vielzelligen Organismus, der über einen längeren Zeitraum am Leben bleibt, eine komplexe genetische Aufgabe ist und daß die Evolution deshalb einen größeren Zeitraum benötigt, um dieses Ziel zu erreichen? Betrachten wir nun jede dieser Möglichkeiten.

Es wurde behauptet, daß Altern im Sinne der Evolution wünschenswerte Eigenschaften besitzt. Es ist nicht schwierig, sich vorzustellen, daß eine programmierte zahlenmäßige Abnahme einer Population die verbleibenden Individuen, zum Beispiel durch das verbesserte Nahrungsangebot, begünstigen würde. Ein entscheidender Punkt ist, daß die jüngeren Mitglieder einer Population immer die Quelle für neue Mutationen sind, die möglicherweise die »Fitneß« einer Spezies verbessern; wenn Altern bevorzugt das Überleben der Jungen begünstigt, beschleunigt es deshalb den Prozeß der Evolution und würde damit einen »Selektionsdruck« für seine eigene Existenz bewirken. Ein Hauptproblem bei diesem Gedanken ist jedoch, daß er sich auf eine Evolutionskraft beruft, die auf dem Überleben einer Gruppe (»Gruppenselektion«) beruht und die stärker als die auf dem Überleben des Individuums beruhenden Evolutionskräfte sein würde. Tatsächlich haben aber viele Evolutionsexperimente außerhalb des Gebietes der Alternsforschung gezeigt, daß Gruppenselektion in der Regel eine schwächere Kraft ist. Auf der anderen Seite ist es durchaus möglich, daß die bekannten Beispiele von Altern aufgrund eines Programms von Alterns-Genen Ausnahmen von dieser Regel darstellen. Einige weniger typische Alternsfälle können deshalb auf evolutionär wünschenswerten Eigenschaften des Alterns beruhen.

Altern wurde auch als nachteiliger Prozeß betrachtet, der aber unausweichlich ist. Diese Ansicht geht von der Annahme aus, daß Mutationen, die zu alternsabhängigen Funktionsverlusten führen, eine geringere evolutionäre Kraft zeigen, da ihre schädlichen Effekte später in der reproduktiven Periode auftreten. Zum Beispiel kann die Natur – im Extremfall – nicht direkt gegen eine Mutationsveränderung, die einen Organismus, nachdem er seine Fortpflanzung beendet hat, tötet, selektionieren. Deshalb wird argumentiert, daß Organismen dazu neigen, spätwirkende, schädliche Mutationen wahllos zu akkumulieren. Einige dieser Gene könnten früh im Leben durchaus wünschenswert sein (antagonistische Pleiotropie). Ein Beispiel wäre ein Gen für ein energieproduzierendes Enzym, das daneben toxische »freie Radikale« erzeugt. Deshalb können diese Gene einen mächtigen Evolutionsdruck ausüben, um irgendeinem schwachen Druck gegen sie, der auf spätwirkende negative Effekte zurückzuführen ist, entgegenzuwirken und zu übertreffen. Derartige Gene würden natürlich Eigenschaften sowohl der Langlebigkeits- als auch der Alterns-Gene besitzen. Eine entscheidende Voraussage von Modellen, die auf einer antagonistischen Pleiotropie basieren, ist, daß eine Verkürzung der Reproduktionsphase einer Nicht-Inzucht-Population mit der Zeit zu einer kürzeren Lebensspanne führen würde; eine Verlängerung dieser Phase würde die Lebensspanne vergrößern. In verschiedenen Labors wurde dieses Prinzip an der Fruchtfliege getestet und bestätigt. Deshalb scheint es wahrscheinlich zu sein, daß eine antagonistische Pleiotropie bei der Evolution des Alterns zumindest einiger Organismen eine Rolle spielt.

Eine andere Sicht des Alterns ist, daß »Immortalität« und »Reproduktion« in evolutionärem Wettstreit miteinander stehen; genauer gesagt, daß die Energie, die zur Reparatur und zur Erhaltung des alternden Organismus benutzt wird, aus dem Bereich der Aktivitäten, die für die Fortpflanzung benötigt werden, entnommen wird (disposable soma theory). Im Grunde würde dies für einen starken Evolutionsdruck in Richtung auf eine kürzere Lebensspanne sorgen. Gleichzeitig würde es vermutlich einen genetischen Selektionsdruck geben, der dafür sorgt, daß die Lebensspanne für die Fortpflanzung lange genug ist, wobei sich dieses »lange genug« durch die Umgebungsbedingungen der jeweiligen Spezies bestimmt. Mit anderen Worten, die Spezies würde eine für ihre »Umwelt-Nische« geeignete Lebensspanne entwickeln.

Diese Theorie kann man als einen Spezialfall der antagonistischen Pleiotropie (AP)-Theorien der Evolution des Alterns betrachten. Es ist eine AP-Theorie, da nach ihr Altern die Folge einer Anhäufung von Mutationen in einem bestimmten Satz von Genen ist, die in den späteren Lebensabschnitten schädlich sind, jedoch zu großen Fitneß-Vorteilen in einem frühen Abschnitt der Lebensspanne führen. Es ist ein Spezialfall, da sie den Satz von Genen nennt, der kritisch für diesen

Prozeß ist — Reparaturgene —, und die Fitneß-Gewinne (Energieeinsparungen)
und -Verluste (molekulare Schäden) definiert, die schädliche Mutationen in
dieser Klasse von Genen produzieren würden.

3. Artunterschiede in der Lebensspanne

Keine dieser Theorien befaßt sich mit der Frage der Evolution der unterschiedlichen artspezifischen Lebensspannen. Alle behaupten, daß Altern aufgrund eines Evolutionsdruckes unausweichlich ist, aber keine erklärt, warum
die Lebensspanne einer Spezies nicht ein Jahr oder eine Million Jahre beträgt.
Warum liegt die maximale menschliche Lebensspanne bei ungefähr 115 Jahren,
während Fruchtfliegen nur ein bis zwei Monate leben? Wenn die Lebensspanne
von der ökologischen Nische abhängt, wie bestimmt die Nische wiederum die
Lebensspanne? An dieser Stelle muß betont werden, daß die »maximale Lebensspanne« nicht mit der »durchschnittlichen Lebenserwartung« verwechselt
werden darf, die sich im Verlauf der letzten 100 Jahre vor allem durch die
Fortschritte der Medizin drastisch erhöht hat (vgl. Dinkel und Gerok & Brandtstädter, Kapitel 3 und 14 in diesem Band).

Für den Menschen mit einer der längsten Lebensspannen kann man argu-
mentieren, daß die Langlebigkeit noch in »Evolution« begriffen ist (vgl. Abb. 3);
sie mag eine höhere genetische Komplexität erfordern, zum Beispiel bessere
Reparaturenzyme, als sogar der Mensch bisher Zeit hatte, sie zu entwickeln.
Im Prinzip kann man dieses Argument ebensogut auf die Fruchtfliege anwenden.
Der Mensch mag sich auf schnellerem Wege zur Langlebigkeit entwickelt und
die Fruchtfliege »überholt« haben. Eine mögliche Schwierigkeit bei diesem
Argument ist jedoch, daß die Evolution bei Organismen mit einer kürzeren
Generationszeit gewöhnlich schneller ist. Es kann allerdings sein, daß Tiere mit
einem großen Hirn einem stärkeren Selektionsdruck in Richtung auf eine lange
Lebensspanne ausgesetzt sind, so daß sie sich relativ schneller dahin entwickeln.

Ein kürzlich durchgeführtes Experiment liefert einen anderen Einwand gegen
die Vorstellung, daß die Fruchtfliege gegenwärtig dabei ist, sich in Richtung
einer längeren Lebensspanne zu entwickeln. Es wurde gezeigt, daß »transgene«
Fliegen (Fliegen mit einem neuen, durch den Menschen in ihr Genom eingefüg-
tem Gen) mit einer gesteigerten Expression des Elongationsfaktors 1 alpha
(EF1a) eine um 40 Prozent größere Lebensspanne haben (Shepherd, Walldorf,
Hug & Gehring, 1989). Vermutlich würde dies eine sich leicht im Verlauf der
Evolution entwickelnde Mutation sein — zum Beispiel durch eine Mutation in
der DNA-Sequenz, die das entsprechende Gen reguliert. Wenn dies so ist, warum
ist dann aus der Sicht der Lebensspanne EF1a normalerweise »unzureichend«?
Ergebnisse wie dieses können andeuten, daß es »kompensierende« Kräfte gibt,
die in den meisten Organismen danach streben, die Entwicklung der Lebensspanne über eine bestimmte Länge hinaus zu verhindern.

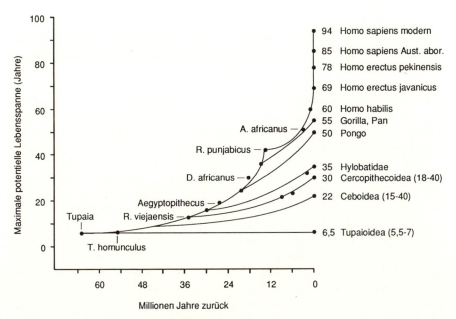

Abbildung 3: Anstieg der maximalen potentiellen Lebensspanne im Laufe der Primaten-evolution. Die beobachteten maximalen Lebensspannen der heute lebenden Arten sind rechts angegeben. Die Lebensspannen der ausgestorbenen Arten sind Schätzwerte (nach Cutler, 1975).

D. Strategien für Langlebigkeit

Welche Mechanismen stehen einem Organismus zur Verfügung, der einem Druck ausgesetzt ist, seine Lebensspanne zu erhalten oder zu steigern? Falls Altern ein »Programm« ist, das auf Alterns-Genen basiert, dann ist das Programm der Mechanismus. Falls Altern auf zufälligen Schäden beruht, dann stehen den Zellen drei Strategien zur Verfügung:
— »Ausverdünnen« der geschädigten Moleküle durch Zellteilung;
— Begrenzung des Schadens durch die Synthese von »protektiven Molekülen« (Schutz-Molekülen) und
— Reparatur des Schadens durch Ersetzen aller oder eines Teils der geschädigten Moleküle.

Einzellige Organismen, die sich durch Spaltung teilen, können zur Erhaltung der Unsterblichkeit alle drei Strategien benutzen. Ähnlich können Metazoen (vielzellige Organismen) alle drei benutzen, um unbegrenzt ihre Keimbahn zu erhalten. Im Falle somatischer Gewebe können jedoch Metazoen auf Teilung basierende Reparatur-Strategien nur für Gewebe benutzen, die nicht ihren Wert verlieren, wenn sie ersetzt werden. Zum Beispiel kann beim Menschen die Haut im Verlauf des Lebens ständig ersetzt werden, aber nicht das Hirn, ohne Verlust der im Verlauf der Zeit akkumulierten, in den Nervenzellen und ihren Verbindungen gespeicherten Information. Ein anderer Nachteil der »Ersatz-Teilung« in Metazoen besteht darin, daß die Teilung die Bildung von Krebszellen begünstigt. Protektive Moleküle sind ebenfalls nur von begrenztem Nutzen: so kann die Zelle nur eine begrenzte Anzahl von ihnen bereithalten. Der Nutzen von Reparatursystemen wird zum einen dadurch eingeschränkt, daß sie Energie benötigen, die die Zelle sonst für andere Zwecke benutzen würde, und zum anderen dadurch, daß sie sehr komplex sein können und somit eine lange Evolutionszeit für ihre Entwicklung benötigen.

Eine weitere interessante Frage, die aus dem Blickwinkel der Evolution geprüft werden kann, ist das Problem »multifaktorielles« *versus* »unifaktorielles« Altern. Die meisten populären Alternstheorien diskutieren einen spezifischen Mechanismus als *die* Ursache des Alterns. Im Gegensatz dazu legen einige Argumente aus der Evolutionstheorie nahe, daß Altern eine Vielzahl von Ursachen haben könnte, vielleicht ebenso viele Ursachen wie die Zahl der Dinge, die in einem gegebenen Organismus falsch werden können. Wenn wir akzeptieren, daß Altern aufgrund der Akkumulation von Mutationen stattfindet, deren negative Effekte zu einem späten Zeitpunkt in der Lebensspanne auftreten und die Fitneß-Vorteile in einer frühen Lebensphase haben (antagonistische Pleiotropie oder AP), dann scheint die Meinung richtig zu sein, daß der Organismus so viele dieser AP-Mutationen akkumulieren sollte, wie er erwirbt, da es keine offensichtliche Gegenkraft gibt, solche Mutationen zu beseitigen. In der Tat existiert eine starke Selektionskraft, all diese Mutationen zu bewahren, da sie (per definitionem) die Fitneß in frühen Lebensabschnitten verbessern.

Was passiert nun, wenn »sekundäre« Mutationen auftreten, die den Zeitpunkt (das Alter) verändern, zu dem die negativen Effekte dieser AP-Mutationen gespürt werden? Einige sekundäre Mutationen werden bewirken, daß die negativen AP-Effekte früh im Vergleich zu der durch die Umwelt bestimmten Lebensspanne eintreten. Diese Mutationen werden wahrscheinlich verloren werden, da Organismen, die sie besitzen, eine Abnahme der Fitneß erleiden werden und zugrunde gehen. Sekundäre Mutationen, die die negativen AP-Effekte später auftreten lassen, können an sich neutral sein und so beibehalten werden. Wenn sie jedoch dem Organismus zusätzliche Lasten aufbürden, können auch sie schnell verloren werden. Ein Beispiel wäre ein verbessertes Reparaturenzym, das mehr Energie benötigt, um seine Arbeit durchzuführen. Mit solchen Evolutionskräften am Werk ist es vernünftig zu postulieren, daß viele der verschiedenen Alterungsprozesse, die im Organismus akkumulieren, danach streben, so zu mutieren, daß die Summe all dieser schädlichen Prozesse den Organismus zu der »geeigneten« Zeit tötet — das heißt nahe dem Alter, bei dem die äußere Umgebung den Organismus ohnehin getötet haben würde.

Somit legen es Argumente aus der Evolutionslehre nahe, daß Altern multifaktoriell ist und daß jeder beitragende Mechanismus mit der Zeit so reguliert wird, daß er das »geeignete« Maß an schädlichen Effekten liefert. Eine Folgerung aus dieser Vorstellung ist, daß der plötzliche Verlust irgendeines der beitragenden Alternsmechanismen nur kleine Verbesserungen in der Lebensspanne bringen würde.

E. Ausgewählte Alternstheorien

Im Spaß ist gesagt worden, daß es mehr Theorien des Alterns als Forscher auf diesem Gebiet gibt. Gewiß wurden viele Alternstheorien vorgeschlagen. Ob sie richtig waren oder nicht, sie waren nützlich bei der Planung von Experimenten, die uns einen besseren Einblick in den Vorgang des Alterns gegeben haben. In dieser Übersicht werden wir nur wenige dieser Theorien vorstellen; für den interessierten Leser sind im Literaturverzeichnis eine Reihe ausführlicherer Übersichtsartikel angegeben (Butler, Schneider, Sprott & Warner, 1987; Müller, Bachmann & Schröder, 1987; Schröder, 1986; Strehler, 1977).

1. Theorie der »freien Radikale«

Die Hauptenergiequelle für aerobe Organismen ist per definitionem die Oxidation von Nahrungsmolekülen. Ein Nebeneffekt der Gegenwart von molekularem Sauerstoff in Zellen ist, daß Sauerstoff unter Bildung von hochreaktiven Zwischenprodukten, die wiederum lebenswichtige Moleküle der Zelle wie DNA, RNA, Protein und Lipid schädigen können, zusätzliche Elektronen aufnehmen kann (Adelman, Saul & Ames, 1988; Schröder, 1989). Durch eine Reihe von Reaktionen, bei denen jeweils ein einziges Elektron hinzugefügt wird, entstehen dabei aus Sauerstoffmolekülen (O_2) Superoxidradikale, Wasserstoffperoxid, Hydroxylradikale und schließlich Wasser. Ein exzellenter Beweis, daß diese Zwischenprodukte für den lebenden Organismus toxisch sind, ist, daß Zellen aller Spezies komplexe enzymatische und nicht-enzymatische Abwehrmechanismen zur Entfernung dieser reaktiven Verbindungen entwickelt haben. Das Enzym Superoxid-Dismutase (SOD) überführt Superoxidradikale zu Wasserstoffperoxid; die Katalase und die Glutathion-Peroxidase überführen Wasserstoffperoxid in Wasser. Vitamin E blockiert die Lipid-Peroxidation. Urate, Carotinoide und Flavinoide wirken in wäßriger Lösung als Antioxidantien.

Trotz dieser hochwirksamen Abwehrmechanismen kann in lebenden Zellen eine geringe Konzentration an Sauerstoffradikalen gemessen werden, und die Produkte der Schädigung der DNA und Lipide können im Urin nachgewiesen werden. Das Ausmaß dieser Schäden ist hoch; im Falle der DNA werden beim Menschen pro Zelle und Tag Tausende solcher Produkte gefunden. Die Menge dieser Produkte verhält sich umgekehrt proportional zur Lebensspanne; in Mäusen werden 18mal mehr als in Menschen nachgewiesen. Interessanterweise steigt die Menge an Oxidantien mit dem Alter und kürzeren artspezifischen Lebensspannen an, während die Kapazität der antioxidativen Abwehrsysteme gleichbleibt (Farmer & Sohal, 1989). Bei Primaten besteht eine direkte Proportionalität der Höhe des Quotienten aus der spezifischen Aktivität der Superoxid-

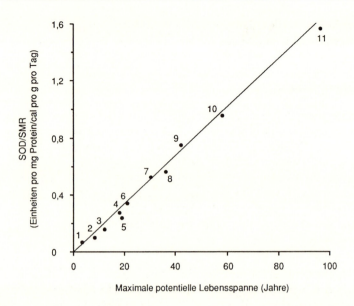

Abbildung 4: Beziehung zwischen dem Quotienten aus der Aktivität der Superoxid-Dismutase (SOD) und der spezifischen metabolischen Rate (SMR) und der maximalen Lebensspanne bei zwei Nagetieren und neun Primatenspezies. 1: Hausmaus, 2: Hirschmaus, 3: Spitzhörnchen, 4: Totenkopfaffe, 5: Buschbaby, 6: Tamarin, 7: Grünaffe, 8: Rhesusaffe, 9: Pavian, 10: Orang-Utan, 11: Mensch. Die spezifische metabolische Rate ist ein Maß für den Sauerstoffverbrauch pro Körpergewichtseinheit (nach Tolmasoff et al., 1980).

Dismutase und der spezifischen metabolischen Rate zu der Länge der potentiellen maximalen Lebensspanne (Tolmasoff, Ono & Cutler, 1980; vgl. Abb. 4).

Leider war es schwierig, brauchbare und genaue Tests der »freien Radikal-Theorie« zu finden. Reaktive Sauerstoffspezies sind wegen ihrer niedrigen Konzentration und kurzen Lebensdauer schwierig zu messen. Versuche, die Lebensspanne von Tieren durch Fütterung mit Antioxidantien zu erhöhen, hatten unterschiedlichen Erfolg. In den Fällen, in denen es gelang, erwies es sich als schwierig, Gewichtsverluste und einen »diätetischen Restriktions«-Effekt auszuschließen. In den Fällen, in denen es nicht gelang, war es unklar, ob das Antioxidans überhaupt seinen intrazellulären Zielort erreicht hatte oder ob eine kompensatorische »Herunter«-Regulierung anderer antioxidativer Abwehrmechanismen stattfand. Außerdem gibt es auch eine Reihe von Befunden, die nicht im Einklang mit der Theorie stehen: Zum Beispiel zeigten Ratten, die wegen diätetischer Restriktion länger lebten, keine Änderungen der metabolischen Rate. Allerdings mag dies kein wirklicher Widerspruch sein, da diätetische Restriktion auch zu einem Anstieg der SOD- und Katalase-Konzentration führt.

Ein weiterer Einwand ist, daß vorzeitige (prämature) Alterns-Syndrome (Progerie-Syndrome) nicht mit einem höheren Grad an Peroxidation verknüpft sind;
jedoch kann – zumindest theoretisch – der diesen Syndromen zugrundeliegende Mechanismus ein ganz anderer als der des normalen Alterns sein. Weiterhin schädigt Röntgenbestrahlung Organismen durch freie Radikal-Interme-
diate, führt aber nicht zu einer schnelleren Alterung der Tiere. Da wir nicht
wissen, welche Veränderungen in jungen Tieren einen beschleunigten Alterungsprozeß hervorrufen, und da bestrahlte Tiere sowohl eine höhere Krebshäufigkeit als auch kürzere Lebensspannen haben, bleibt es möglich, daß
Bestrahlung einen vorzeitigen Alterungsprozeß erzeugt, der für uns schwer zu
erkennen ist. Alternativ könnte man argumentieren, daß sich die strahlungser-
zeugten freien Radikale in einem kritischen Punkt (etwa der molekularen
Zusammensetzung, der intrazellulären Lokalisierung oder den Konzentrations-
kinetiken) von denjenigen unterscheiden, die als Neben- oder Zwischenprodukt
des oxidativen Metabolismus gebildet werden.

2. Reparatur-Mechanismus-Theorie

Es ist klar, daß das Genom, also die Gesamtsumme der DNA in jeder Zelle,
dauernd geschädigt wird und daß ohne eine wirksame DNA-Reparatur alle
Zellen schnell sterben würden (Gensler & Bernstein, 1981; Kirkwood, 1989;
Medvedev, 1989). Von dieser Beobachtung ist es nur ein kleiner Schritt zu der
Behauptung, daß ein ungenügendes Maß an DNA-Reparatur der Mechanismus
des Alterns ist, entweder weil die Reparatur von Anfang an nicht ausreichend
ist oder weil die Reparaturkapazität mit dem Alter abnimmt. Die DNA ist ein
besonders lockendes Ziel in dem weiten Feld der auf Schädigungen basierenden
Theorien des Alterns, da sie eine Art »Achillesferse« in der Zelle ist. Die Gene
in der DNA sind, wenn sie verlorengehen, nicht ersetzbar (anders als zum
Beispiel Proteine), und es gibt nur zwei Allele (Kopien) eines spezifischen Gens
in der diploiden Zelle, verglichen mit vielleicht Hunderten von mRNA-Mole-
külen und Tausenden von Proteinmolekülen, die diesem Gen entsprechen. Es
hat sich deshalb eine große Zahl sehr effizienter Reparaturenzyme entwickelt,
um die DNA aus diesem wichtigen Grund zu erhalten, so daß die Lebensspanne
sicherlich nicht durch eine unzureichende DNA-Reparatur-Kapazität limitiert
sein kann. Es wurde sogar gezeigt, daß die Expression einiger an der Reparatur
beteiligter Enzyme mit dem Alter zunimmt (Schröder, Steffen, Wenger, Ugarkovic & Müller, 1989)

Eine aufregende Entdeckung auf diesem Gebiet war der Nachweis einer
Korrelation zwischen der Lebensspanne einer Spezies und der Reparatur von
Schäden durch Ultraviolett (UV)-Licht, gemessen als »unscheduled« DNA-
Synthese, das heißt einer DNA-Replikation, die nicht aufgrund von Zellteilung
erfolgt (Hart & Setlow, 1974). Allerdings scheint es unwahrscheinlich zu sein,
daß Organismen wegen UV-Schäden altern, da UV-Strahlung die Haut nicht
genügend durchdringt, um innere Organe zu schädigen. Es ist jedoch möglich,

daß sich andere Formen von DNA-Schäden innerhalb der Zelle ereignen, die UV-ähnliche Läsionen hervorrufen.

Die Experimente, die zum Testen dieser Theorien entworfen wurden, verliefen größtenteils enttäuschend. Es war sehr schwierig, eine unzweideutige und reproduzierbare alternsabhängige Akkumulation von DNA-Schäden zu zeigen, vielleicht aus technischen Gründen. Es wurde gezeigt, daß in der Säugetier-DNA mit dem Alter zunehmend »alkali-labile« Stellen auftreten, aber ob sie wirkliche Schäden darstellen, ist unklar. Zum Beispiel haben normale Spermazellen junger Spender ebenfalls sehr hohe Zahlen an alkali-labilen Stellen. Widersprüchlich sind die Ergebnisse darüber, ob es mit dem Alter zu einer erhöhten Zahl an Chromosomenaberrationen (Änderung der Struktur und Zahl der Chromosomen) oder Mutationen spezifischer Gene kommt. Viele DNA-Reparaturmängel wurden als Defekte einzelner Gene erkannt, wie beim Bloom-Syndrom (Krankheitsbild mit fetalem Zwergwuchs und einer Reihe weiterer Symptome), aber Patienten mit diesem und ähnlichen Syndromen scheinen trotzdem nicht vorzeitig zu altern, wie man es erwartet haben könnte.

Ein interessantes neues Ergebnis ist die Beobachtung eines Anstiegs der Zahl der DNA-Addukte (Anlagerung fremder Substanzen an die DNA) mit dem Alter; dabei wurde eine Technik benutzt, die durch radioaktive Markierung den Nachweis sehr niedriger Mengen solcher Addukte erlaubt. Die Untersuchung der chemischen Natur dieser Läsionen und der Nachweis, daß sie schädlich sind (im Gegensatz zu einigen physiologischen Modifikationen), stehen noch aus.

Bei der Betrachtung solcher und anderer Untersuchungsergebnisse sollte man sich immer wieder vor Augen führen, welchen Einfluß der Zufall auf unsere Fähigkeit, die Effekte von DNA-Schäden nachzuweisen, hat. Stellen wir uns zwei Organismen vor, von denen jeder eine einzige Mutation in einem einzigen Gen in jeder Zelle hat. In dem einen Organismus ist jede Mutation in demselben Gen; in dem anderen sind die Mutationen unter 1.000 Genen zufällig verteilt. Wenn bestimmte Gene gewählt werden, werden beide Organismen sterben, weil dazu die betroffenen Zellen zu wenig von einem lebenswichtigen Genprodukt haben werden. Wenn wir jedoch darangehen, ihre Gewebe zu analysieren, um die Ursache ihres Todes festzustellen, werden wir nur in dem ersten Organismus eine dramatische Änderung der Menge eines bestimmten (des einzigen betroffenen) Genproduktes finden, nicht dagegen in dem zweiten Organismus, bei dem die Änderung irgendeines der betroffenen Genprodukte, die wir prüfen, weniger als ein Tausendstel ist. Somit hätten wir selbst mit unseren modernen und hochempfindlichen analytischen Techniken große Schwierigkeiten, die Effekte eines Schadens nachzuweisen, wenn der Schaden zufällig verteilt ist.

Es ist durchaus möglich, daß die bei den bisherigen Untersuchungen über DNA-Schäden angewandten Techniken nicht ausreichten, um alternsabhängige Änderungen zu erfassen. Beispielsweise nehmen wir an, daß die DNA auf vielfältige Weise geschädigt werden kann, aber wir wissen nicht, welcher Typ von Schaden wichtig ist, und wissen deshalb nicht, wonach wir zu suchen haben. Wir wissen, daß nicht alle Regionen der DNA gleichermaßen im Genom wichtig sind, aber die früheren Techniken erlaubten es nicht, auf spezifische Bereiche der DNA zu sehen. Jüngste Experimente außerhalb des Gebietes der Alternsforschung haben gezeigt, daß zum Beispiel die Effizienz der DNA-Reparatur davon abhängen kann, ob die DNA-Region transkribiert wird, und sogar davon, welcher Strang der DNA transkribiert wird. Und wie viele Läsionen sind wirklich erforderlich, um Altern zu verursachen? Wenn, wie man annimmt, nur etwa zehn Prozent des Genoms die für die Synthese der Proteine und die Kontrolle der Genexpression benötigte Information enthalten, könnte es sein, daß bereits zehn Läsionen pro Zelle beträchtliche Funktionsstörungen in einer Zellpopulation hervorrufen. Der wahre Wert würde wahrscheinlich größer sein (vielleicht 300 Läsionen pro Zelle), da viele dieser Gene in einem gegebenen Zelltyp sicher nicht in Gebrauch sind und da eine Kopie des Gens manchmal zur Erfüllung der normalen Funktion ausreichen kann. Die Akkumulation dieser Zahl spezifischer Läsionen würde jedoch bei 3.000 nichtspezifischen Modifikationen immer noch schwierig zu beobachten sein.

Bei der Behauptung, daß DNA-Schäden einfach nicht die Ursache des Alterns sein können, wurde sogar von vorsichtigeren Schätzungen ausgegangen. Diese Schätzungen basieren auf der Annahme, daß auch mit nur einer der beiden Kopien (Allele) eines Gens »in working order« nahezu immer ein normaler Phänotyp resultiert. In diesem Fall müßte die DNA-Schädigung beide Allele eines einzelnen Gens in einer Zelle inaktivieren, um eine Funktionsstörung zu verursachen. Ausgehend von 10.000 aktiven Genen und einer Läsion in einem dieser Gene würde dies 10.000 andere, zufällig verteilte Läsionen erfordern, um eine vernünftige Wahrscheinlichkeit von einer Läsion in der zweiten Kopie dieses Gens zu ergeben, ein Schadensausmaß, das höher ist als die bekannte Mutationsrate. Die Annahme, daß ein funktionelles Allel Normalität für 99 Prozent der Gene bedeutet, ist jedoch problematisch: Gewiß gibt es gute Beispiele, daß der Verlust eines Allels die Zelle selten tötet, aber um Altern zu verursachen, könnte auch ein 50prozentiger Abfall in der Zellfunktion ohne Zelltod ausreichend sein. Schließlich ist der Phänotyp des Alterns in vielen Geweben einfach ein 50prozentiger Abfall in der Funktion, die dieses Gewebe leistet; der Tod tritt gewöhnlich ein, wenn diese vergleichsweise kleine Änderung zur Folge hat, daß der Organismus den Kampf gegen Krebs, Infektionen oder eine andere Störung der Homöostase verliert.

Intuitiv erscheint es plausibel, daß DNA-Schäden beim Altern eine Rolle spielen. Schließlich scheint die Krebshäufigkeit, wahrscheinlich wegen akkumulierter DNA-Schäden, mit dem Alter anzusteigen. Die »Zielzone« für karzinogene Schäden ist wahrscheinlich extrem schmal: Nur ein kleiner Prozentsatz der vielleicht 100.000 Gene in einer menschlichen Zelle — insbesondere Onkogene und Tumor-Suppressor-Gene, vielleicht auch einige DNA-Reparaturgene — kann so mutiert werden, daß er zu dem onkogenen Phänotyp beiträgt, und diese Gene müssen oft in sehr spezifischer Weise verändert werden, um zu Krebs zu führen (wie durch Veränderung bestimmter DNA-Basen im *ras*-Proto-Onkogen). Dies bedeutet, daß die effektive Genom-Zielgröße für die Verursachung der meisten bösartigen Tumore extrem klein ist. Ebenso müssen typischerweise mehrere »Krebs«-Gene durch diesen Mechanismus aktiviert werden, so daß exponentielle Schadensmengen erforderlich sind. Was passiert dann mit der Zelle als Ergebnis der vermutlich großen Menge an Zufallsschäden, die nicht innerhalb der Zielzone der Krebsgene anfallen? Könnte Altern durch diesen Schadenstyp verursacht sein, den wir noch nicht in der Lage waren zu beobachten? Leider sind diese Argumente von Natur aus intuitiv und haben, zumindest bis jetzt, keine strenge experimentelle Unterstützung erlangt.

3. Nicht-enzymatisches »Bräunen«

Bei nicht-behandeltem Diabetes mellitus kommt es zum Auftreten hoher Konzentrationen an Blutglukose (Blutzucker). Es wurde gezeigt, daß dieser Zucker im Blut mit Hämoglobin chemisch unter Bildung von glykosyliertem Hämoglobin A1c reagieren kann. Die Konzentration von A1c kann deshalb auch zur Überwachung der Wirksamkeit einer Insulintherapie benutzt werden. Die chemische Reaktion der Glukose mit Hämoglobin ist ein Spezialfall einer allgemeinen Reaktion, die mit Aminogruppen an vielen Proteinen und sogar an DNA stattfinden kann. Es wurde deshalb behauptet, daß die Akkumulation von solchen glykosylierten Makromolekülen ein zum Alterungsprozeß beitragender Faktor sein kann, da Glukose im ganzen Körper gefunden wird. Ein anderes Beweisstück, daß dieser Schadenstyp wichtig sein kann, war der Befund, daß Makrophagen (»Freßzellen«, die zum Beispiel an der Entzündungsreaktion beteiligt sind) spezifische Rezeptoren zur Entfernung glykosylierter Proteine aus der Zirkulation entwickelt haben. Die Glykosylierung der DNA konnte auch im Reagenzglas gezeigt werden.

Ein Hauptnachteil der Theorie über nicht-enzymatisches »Bräunen« als einzige »Ursache« des Alterns ist die offensichtliche Tatsache, daß Diabetes nicht ein vollausgeprägtes Syndrom vorzeitigen Alterns verursacht. Es trifft jedoch zu, daß Diabetes die Entwicklung vieler im Alter häufig auftretender Krankheiten begünstigt, und es kann sein, daß dieser Schaden deshalb zum Altern beiträgt, zum Beispiel durch die Erzeugung von Katarakten (grauem Star) oder durch die Zerstörung der Blutgefäßwände.

4. Theorie des genetisch »programmierten Alterns«

In der Einführung zu diesem Beitrag unterschieden wir aufgrund jeweils positiver oder negativer Wirkung auf den Alterungsprozeß zwischen »Seneszenz«- und »Langlebigkeits«-Genen. Die meisten Programm-Theorien des Alterns konzentrieren sich auf eine Rolle für die Seneszenz-Gene. Experimentelle Tests solcher Theorien suchen typischerweise nach einer mutmaßlichen Subklasse der Seneszenz-Gene, die während der Lebensspanne des Organismus

»angeschaltet« (induziert) oder »abgeschaltet« (reprimiert) wird. Eine attraktive Eigenschaft der induzierten oder reprimierten Seneszenz-Gene ist, daß sie im Prinzip identifiziert werden können. Man benutzt dazu Methoden, die sich bei der Aufklärung der Mechanismen, die an der Entwicklung eines Organismus, der Entstehung von Tumoren und der Immunantwort beteiligt sind, als außerordentlich fruchtbar erwiesen haben. Im allgemeinen wird bei solchen Versuchsansätzen angenommen, daß das Anschalten (oder Abschalten) der primären Seneszenz-Gene zu einer Kaskade sekundärer Genaktivierungen führt; einige der dabei gebildeten Genprodukte sollten relativ häufig und auf verschiedene Weise nachweisbar sein. Sogar wenn solche Genprodukte selten sind, stehen Techniken zu ihrer Identifizierung zur Verfügung, wie beispielsweise die »Subtraktions-Hybridisierung«, bei der mRNAs, die für einen Zelltyp spezifisch sind, aufgrund ihres Unvermögens, an DNA-Kopien der mRNAs eines Vergleichszelltyps zu binden, isoliert werden (McClung et al., 1989).

Viele Beispiele für die Vorhersagbarkeit alternsabhängiger Änderungen wurden als Beweise zur Unterstützung der Programm-Theorien vorgebracht. Leider ist die Vorhersagbarkeit alleine eine schwache Unterstützung für Programm-Theorien, die spezifisch auf den Seneszenz-Genen basieren. »Experimente der Natur«, wie die Existenz der durch ein einziges Gen verursachten vorzeitigen Alternssyndrome, wurden ebenfalls als Beispiele für »programmiertes Altern« vorgebracht. Diese Beispiele leiden an der Schwäche, daß solche Syndrome leicht durch einen Defekt in einem Langlebigkeits-Gen verursacht sein könnten. Ein anderes »Experiment der Natur«, an dem wahrscheinlich aktive Seneszenz-Gene beteiligt sind, ist der »Steroid-Suizid-Phänotyp«, der beim pazifischen Lachs, den Beutelmäusen und dem Oktopus gesehen wird und dazu führt, daß diese Tiere bald nach ihrer Fortpflanzung sterben. Dieser »Alterns«-Verlauf scheint jedoch nicht typisch für den langsamen Verlust der Funktion zu sein, der in allen anderen alternden Organismen gesehen wird, und ist deshalb wahrscheinlich ein irreführendes Beispiel. Überdies erlangen die Tiere, wenn die Hormon-Überdosis verhindert wird, immer noch keine Unsterblichkeit, was darauf hindeutet, daß sowohl auf Seneszenz als auch auf Langlebigkeit basierende Alternsprogramme am Werk sein können.

Von mehreren Dutzend spezifischer Proteine und mRNAs konnte gezeigt werden, daß sich ihre Häufigkeit mit dem Alter verändert. Selten betragen diese Änderungen das Zehnfache, meist sind sie viel geringer. Im Gegensatz dazu können die mengenmäßigen Änderungen der Expression wichtiger Gene im Verlauf der Entwicklung und Differenzierung mehrere Größenordnungen umfassen. Dennoch könnte man hier argumentieren, daß man bis jetzt noch nicht die richtigen Gene geprüft hat, um »programmierte« Änderungen zu finden. Die Analyse des Gesamtproteins aus Nematoden (Fadenwürmern wie *Caenorhabditis elegans*), der Fruchtfliege und drei Rattenorganen (für die Ratte wurden die Proteine *in vitro* aus mRNA synthetisiert) durch zweidimensionale Gelelektrophorese zeigte eine Anzahl kleiner Änderungen, aber wiederum nicht das erhoffte Muster des Auftretens und/oder Verschwindens mehrerer »Flecken« mit dem Alter. Auf analoge Weise wurde die Gesamt-mRNA aus Mäusen durch Klonierung von cDNAs und Testung der etwa hundert häufigsten auf altersabhängige Änderungen analysiert: Mehrere Klone mit vier- bis 17fachen Änderungen wurden gefunden, aber keine Klone mit Änderungen, die dramatischer waren (Friedman, Wagner & Danner, 1990). Schließlich wurde auch die Methode der »Subtraktions-Hybridisierung« angewandt, um mRNAs zu isolieren, die spezifisch für junge und alte Rattenhirne sind. Aber die Ergebnisse waren eher zufällig, und es konnte kein Klon gefunden werden, der sich im Durchschnitt, wenn eine größere Zahl von Tieren untersucht wurde, als spezifisch für junge Tiere erwies.

Diese negativen Experimente widerlegen nicht die Programm-Theorien des Alterns, die spezifisch auf induzierten und reprimierten Seneszenz-Genen beruhen; es ist immer noch möglich, daß die interessierenden Gene bei der Suche »durch das Netz geschlüpft« sind. Sie zeigen jedoch, daß es nicht einfach ist, zu einem Beweis zu gelangen. Beispielsweise kann es sein, daß die Änderungen während der Entwicklung auftreten, so daß sie durch all die anderen »Gen-Schaltungen«, die während dieser Zeit stattfinden, verdeckt werden. Oder es kann sein, daß sie zu einem besonderen Zeitpunkt in der Stammesentwicklung der Zellen eintreten, zum Beispiel wenn eine Stammzelle »bereit« zur terminalen Differenzierung wird, so daß die Expression nur vorübergehend ist und nur bei einer kleinen Anzahl von Zellen stattfindet. Oder es kann sein, daß sie nur in einigen wenigen Genen stattfinden, die nicht häufig exprimiert werden, und nicht eine Kaskade dramatischer Änderungen in häufigeren Genen in Gang setzen.

5. »Schrittmacherorgane«

Theorien über »Schrittmacherorgane« basieren auf der Vorstellung, daß ein bestimmtes Gewebe für das Überleben des Gesamtorganismus geschwindigkeitsbegrenzend ist. Im Endeffekt verschieben solche Theorien das Problem, wie das kontrollierende Gewebe selbst altert. Zwei beliebte Kandidaten für ein »Schrittmacherorgan« sind das Immunsystem und das neuroendokrine System.

Die Immuntheorien des Alterns gründen sich auf die offensichtlich immunbezogenen Probleme des höheren Lebensalters: Autoimmunität, Krebs und Infektion. Es ist richtig, daß die Immunfunktion mit dem Alter abnimmt: Defekte im Hinblick auf ihre spezifischen Funktionen sowie ihre Fähigkeit zur Zellteilung als Antwort auf bestimmte Stimuli werden in der Funktion sowohl der B- als auch der T-Zellen gesehen. Es ist jedoch sicherlich nicht richtig, daß diese Immundefekte Altern verursachen. Zwar ist Krebs ein zuverlässiges Merkmal des Alterns und eine der Haupttodesursachen, und das Immunsystem ist zweifellos an der Verhütung von Krebs beteiligt. Auf der anderen Seite scheint aber eine andere Haupttodesursache beim Menschen – die kardiovaskulären Krankheiten – keine immunologische Ursache zu haben. Überdies hat die

Bedeutung von Infektionen bei »terminalen« Krankheitszuständen in diesem Jahrhundert mit der verbesserten Hygiene und der Verfügbarkeit von Antibiotika nachgelassen. Während es offenkundig ist, daß die Autoimmunreaktivität mit dem Alter ansteigt, trifft dies letztlich auf die Häufigkeit »echter« Autoimmunkrankheiten nicht zu. Eine andere Vorhersage einiger dieser Theorien, daß Mäuse mit einem defekten Immunsystem schneller altern, konnte ebenfalls nicht bestätigt werden.

Vielleicht findet sich das beste Beispiel eines »aktiv programmierten Alterns« in Arten, die sich nur einmal fortpflanzen und dann sterben, wie der Beutelmaus, dem pazifischen Lachs und dem Oktopus. In diesen Organismen löst die Paarung eine Art »endokrinen Selbstmord« aus, der durch eine dramatische Überproduktion von Steroidhormonen verursacht wird. Eine Blockierung dieses Prozesses stoppt den programmierten Tod, aber der Organismus wird dadurch nicht unsterblich, was nahelegt, daß in diesen Organismen sowohl aktive als auch konstitutive Alternsprogramme wirksam sind.

Diese Alternsverläufe sind jedoch atypisch; dem Menschen und anderen Organismen ähnlicher ist das durch Glukokortikoide (Streßhormone) beschleunigte Altern, das in der Ratte gesehen wird. In diesen Tieren kann sich ein »circulus vitiosus« entwickeln: Die Glukokortikoid-Produktion durch die Nebennierenrinde kann genau *die* Zellen im Hypothalamus töten, die der Hypophyse signalisieren, kein ACTH zu bilden, also das Hormon, das die Nebennierenrinde stimuliert, Glukokortikoide zu bilden.

Angesichts solch dramatischer Beispiele für durch endokrine Veränderungen verursachtes Altern scheint es nicht abwegig zu sein, die Vorstellung, daß das neuroendokrine System, speziell die Hypophyse, ein »Schrittmacher-Organ« für das Altern darstellt, in Erwägung zu ziehen. Leider gibt es wenig Evidenz dafür, daß der mit der Paarung in Zusammenhang stehende Tod oder ein Streßhormon-Rückkoppelungsmechanismus zum menschlichen Altern beiträgt.

F. Altern »*in vitro*«

Heute kann man sich kaum vorstellen, wie viele Biologen noch vor 30 Jahren fest davon überzeugt waren, daß in Gewebekultur alle Zellen unbegrenzt wachsen würden. Nur mit großer Beharrlichkeit konnten die ersten Arbeiten, die eine begrenzte Lebensspanne für normale Zellen zeigten, publiziert werden, und dann auch nicht in den angesehendsten Fachzeitschriften. Dieses frühe Mißverständnis war das Ergebnis der Arbeit mit unsterblichen (gewöhnlich Krebs-) Zellen und schlechter Kulturtechnik (Finch & Schneider, 1985).

Als die Bedeutung der limitierten Zellteilung klar wurde, kam auf dem Gebiet der Alternsforschung eine große Begeisterung auf: Vielleicht könnte jetzt Altern »*in vitro*« studiert werden, ein im Prinzip viel einfacheres Modellsystem. Diese Haltung wurde noch bestärkt, als Korrelationen zwischen der Teilungsfähigkeit und der Jugendlichkeit oder Langlebigkeit einer Spezies aufgefunden wurden (Hayflick, 1966; Schachtschabel, 1989). Bald wurde jedoch klar, daß wirkliches Altern nicht auf mangelhafter Teilungsfähigkeit beruhte. Ein offensichtlicher Punkt war, daß, wenn alle Zellteilungen benutzt würden, menschliche Lebewesen sehr viel größer sein würden, als sie es jetzt sind. Experimentell wurde gezeigt, daß Altern »*in vitro*« und »*in vivo*« signifikante Unterschiede bei Fibroblasten zeigt. Die Relevanz des »*In-vitro*-Alterns« ist heute umstritten. Es mag noch von Bedeutung sein für bestimmte alternsabhängige Störungen des Wachstums wie eine beeinträchtigte Immunzellteilung, schlechte Wundheilung, Osteoporose (Knochenatrophie) und vielleicht auch die Atherosklerose, wenn Endothelzellen betroffen sind. Ob es irgendeine Bedeutung für das Altern postmitotischer Gewebe wie das Hirn hat, ist unklar.

G. Diätetische Restriktion

Eine faszinierende Beobachtung, die bei vielen Spezies (aber bis jetzt leider nicht beim Menschen) reproduziert werden konnte, ist, daß eine Einschränkung (Restriktion) der Nahrungsaufnahme zu einer Verlängerung der Lebensspanne, manchmal sogar um 50 Prozent, führt (Platt, 1976). Größere Anstiege in der Lebensspanne werden erzielt, wenn mit der Einschränkung der Ernährung früh begonnen wird und sie alle Nahrungsstoffe umfaßt, aber sie hat sogar noch einen Effekt, wenn bei reifen Tieren begonnen wird. Eine proteinarme Diät führt zu einem Abfall der Tumorhäufigkeit, hat aber einen geringeren Effekt auf die Lebensspanne; eine kohlenhydratarme Diät ist besser als eine fettarme Diät, eine fettreiche Diät führt jedoch manchmal zu einer verringerten Lebensspanne. Wahrscheinlich ist die Einschränkung der Kalorienzahl entscheidend. Eine Anzahl alternsassoziierter Krankheiten wird durch die Nahrungseinschränkung verlangsamt.

Obgleich faszinierend in seiner breiten Anwendbarkeit, ist die Bedeutung dieser Ergebnisse für das menschliche Altern unklar. Bei Menschen korreliert eine lange Lebensspanne mit einer bestimmten Höhe des Körpergewichts; zu magere und zu dicke Individuen haben kürzere Lebensspannen. Die »normale« oder »physiologische« Nahrungsmenge für eine Ratte ist eine Streitfrage; könnten nahrungsrestringierte Ratten normal sein und »ad libitum«-ernährte Ratten anormal? Der Versuch, Altern durch ein Verstehen eines gleichermaßen komplexen Phänomens wie die diätetische Restriktion zu erklären, ist eher entmutigend.

H. Vorzeitiges Altern

Wenn genetische Krankheiten des Menschen mit seinem Alterungsprozeß verglichen werden, um Syndrome des vorzeitigen (prämaturen oder beschleunigten) Alterns zu definieren, werden nur schwache Zusammenhänge gefunden (Martin, 1978). In einfachen Worten: Keine bekannte Änderung in einem einzigen Gen wird aus einem zehnjährigen Jungen einen Greis machen. Diese Erkenntnis steht im Einklang mit der Tatsache, daß unsterbliche Organismen oder solche mit viel längeren Lebensspannen als andere Vertreter ihrer Art sogar in sehr großen und schwer mutagenisierten Populationen nicht erzeugt werden. Sie legt nahe, daß kein einzelnes Gen für den Alterungsprozeß geschwindigkeitsbegrenzend ist. Verschiedene Syndrome bewirken Veränderungen mit einigen Ähnlichkeiten zu denjenigen des Alterns (segmentales Altern); die drei bekanntesten sind das Down-Syndrom, das Hutchinson-Gilford-Syndrom und das Werner-Syndrom.

Das *Down-Syndrom*, das beste »Ebenbild« des Alterns, beruht auf dem Vorhandensein einer Extra-Kopie (Trisomie) des Chromosoms 21. Nicht alle Gene auf dem Chromosom 21 müssen zur Ausbildung des Syndroms in dreifacher Ausfertigung vorhanden sein, und die Beschreibung der Gene, die beteiligt sind, ist ein Feld aktiver Forschung. Es ist interessant, daß das Gen für eine der beiden Formen der Superoxid-Dismutase wahrscheinlich Teil dieser Region ist (zur Erinnerung: Superoxid-Dismutasen sind die Enzyme, die für die Elimination toxischer Superoxidradikale, die mit dem Altern in Zusammenhang gebracht werden, zuständig sind). Phänotypisch zeigen Down-Syndrom-Patienten eine Ergrauung der Haare mit Glatzenbildung, eine Akkumulation von Lipofuszin, Tumoren, Amyloidose, Autoimmunität, Gefäßkrankheiten, Katarakte, mikroskopische Veränderungen im Gehirn, die von denjenigen der Alzheimer-Krankheit ununterscheidbar sind (Müller-Hill & Beyreuther, 1989), und eine deutlich herabgesetzte Lebenserwartung.

Die Ursache des *Hutchinson-Gilford-Syndroms*, auch Progerie genannt, ist eine seltene (1 auf 8 Millionen) dominante Mutation. Die Patienten sind bei der Geburt normal, entwickeln schwere Veränderungen, von denen manche ähnlich denjenigen des Alterns sind, und sterben an den Komplikationen der Atherosklerose durchschnittlich im Alter von etwa zwölf Jahren. Sie wachsen langsam, haben wenig Haare oder eine Verminderung des subkutanen Fettgewebes, reabsorbieren ihre Schlüsselbeine und ersetzen sie durch Bindegewebe, haben einen schmalen Kiefer und einen großen Kopf, und oft verlieren sie den Kopf des Hüftknochens durch einen nicht-infektiösen Prozeß. Ihre Intelligenz ist normal. Eine Reihe von Merkmalen, die typisch für das Altern sind, einschließlich Krebs, Katarakt, Diabetes oder erhöhte Blutlipidspiegel, entwickeln solche Patienten nicht. Sie scheiden große Mengen an Hyaluronsäure mit ihrem Urin aus; *in vitro* bauen ihre Zellen nicht genügend Hyaluronsäure ab. Es wurde behauptet, daß die überschüssige Hyaluronsäure das Syndrom durch Blockierung des Wachstums der Blutgefäße verursachen kann. Gewiß scheint das Syndrom eher ein Problem ungenügenden Wachstums als ein Problem der DNA-Schäden zu sein, da das Wachstum der Bindegewebe so schwach ist und die Krebsraten so niedrig.

Das *Werner-Syndrom* ist ebenfalls selten. Es beruht auf einem autosomal rezessiven Gendefekt. Die Patienten sind während der Kindheit normal, aber stoppen als junge Teenager das Wachstum, und es entwickelt sich eine Anzahl

alternsähnlicher Veränderungen. Die Patienten sterben meist an den Komplikationen der Atherosklerose in den Vierzigern. Ergrauen der Haare, Katarakte,
gealterte Haut, atrophische Muskeln, herabgesetzte Produktion an Geschlechts-
hormonen, Osteoporose und Diabetes werden beobachtet. Wunden heilen
schlecht, und es kommt zur Bildung von Geschwüren. In zehn Prozent der Fälle
entwickeln sich Tumoren mit einer hohen Rate an Sarkomen und Meningiomen
(bösartige, auf dem Blutwege metastasierende Geschwülste mit Ursprung im
Bindegewebe bzw. bösartige Tumoren der Hirn- und Rückenmarkshäute). Wer-
ner-Fibroblasten zeigen eine eingeschränkte Teilungsrate in Gewebekultur, die
durch Ko-Kultivierung mit SV40-transformierten Zellen korrigiert werden kann;
der Mechanismus dieses Effektes ist unbekannt. Chromosomale Translokatio-
nen sind häufig. Hyaluronsäure und Fibronektin sind erhöht. Eine erhöhte
Anzahl an Chromosomenbrüchen wird gesehen, obgleich die DNA nicht empfindlicher gegenüber strangbruch-induzierenden Chemikalien ist. Ebenfalls werden in SV40-transformierten Werner-Zellen vermehrt DNA-Schäden in Form
von Deletionen im Vergleich zu SV40-transformierten normalen Zellen gesehen
(Fukuchi, Martin & Monnat, 1989).

Somit gibt es einige Anzeichen, daß das Werner-Syndrom auf DNA-Schäden
beruhen kann. Gegenwärtig wird versucht, dieses Gen zu identifizieren. Da das
Gen rezessiv ist, erscheint das Syndrom gewöhnlich in Ehen zwischen Blutsver-
wandten (z. B. zwischen Base und Vetter ersten Grades). Durch Analyse der
DNA ist es anhand des Familienstammbaums möglich, die Frage zu beantworten, welche gemeinsamen chromosomalen Regionen die Mutter und der Vater
an den Patienten gegeben haben. Eine dieser Regionen wird das Werner-Gen
enthalten. Mit einer genügenden Zahl solcher Familien ist es möglich zu
bestimmen, welche Region alle Familien mit ihrer Nachkommenschaft teilen.
Solch eine Strategie erfordert einen großen Arbeitsaufwand, und sogar wenn
sie Erfolg hat, kann das interessierende Gen immer noch schwierig zu isolieren
sein, da es nur ein Prozent der chromosomalen Region umfassen kann, die auf
diesem Weg identifiziert wurde. Dennoch ist es ein aufregender erster Schritt.

I. Zukünftige Forschungsziele

In der Krebsforschung ist es heute leicht, einem Wissenschaftler, der gerade
dieses Gebiet betritt, zu empfehlen, was er untersuchen sollte, und vorauszusagen, wo die aufregendsten Entdeckungen im nächsten Jahrzehnt gemacht
werden. Möglich ist dies, da die grundlegende Theorie der Karzinogenese,
besonders der Rolle der Onkogene und der Tumorsuppressorgene, im Umriß
vorhanden ist, und es ist ziemlich klar, was getan werden muß, um sie mit
spezifischen Details zu füllen. Unglücklicherweise existiert für das »Altern« kein
solches Grundgerüst, an dem zu bauen ist. Viele Experimente wurden durchgeführt, um die große Vielzahl der Alternstheorien zu testen, aber keine dieser
Theorien hat sich als überzeugend erwiesen. Argumente aus der Evolutions-

theorie legen es nahe, daß Altern ein multifaktorieller Prozeß ist, aber dies ist natürlich noch schwerer zu prüfen.

Was kann man tun? Gewiß liegt eine Aufgabe für die Forschung in der Verfeinerung der Modellsysteme zum Studium des Alterns, die bereits in der Literatur beschrieben wurden, obgleich wir nicht sicher sein können, daß eine solche Forschung für das menschliche Altern von Bedeutung ist. Gute Beispiele für solche Aufgaben sind das Langlebigkeitsgen (age-1) in Nematoden oder das Gen für das Werner-Syndrom. Möglicherweise kann auch Forschung, die darauf abzielt, »Alters«-Krankheiten wie die Atherosklerose oder die Alzheimer-Krankheit zu verstehen, neue Einblicke in die Grundmechanismen des Alterns geben; gewiß sollte derartige Forschungsarbeit auf jeden Fall getan werden. Da viele Phänomene des Alterns im Einklang mit einem auf Schäden basierenden Prozeß stehen, hat die Forschung zur Identifizierung protektiver und reparativer Gene, die für verschiedene Klassen von Molekülen verantwortlich sind, eine hohe Priorität. Selbst wenn wir durch eine Kombination verschiedener Mechanismen altern, ist es durchaus wert, die einzelnen Komponenten zu untersuchen, die diesen Prozeß bestimmen.

Wenn auch der Nachteil der Alternsforschung darin besteht, daß bislang eine Richtung fehlt, in die wir unsere Anstrengung lenken, so ist es doch ein Vorteil, daß neue Techniken und Methoden für die Forschung vorhanden sind. In der Vergangenheit war es zum Beispiel leicht zu zeigen, daß bestimmte Änderungen mit dem Alter eintreten, aber es war schwierig zu zeigen, daß diese Änderungen für das Altern notwendig sind. Mit der Verfügbarkeit transgener Organismen, insbesondere Mäusen und Fruchtfliegen, ist es jetzt möglich, diese Frage direkt zu entscheiden. Ein Beispiel dafür, der Anstieg der Lebensspanne der Fruchtfliege, erzeugt durch die Blockierung des typischen Abfalls des Elongationsfaktors 1 alpha, wurde bereits erwähnt. Es würde gewiß von Interesse sein, protektive und reparative Gene auf diese Weise zu überexprimieren und vielleicht Gene eines Organismus mit einer ganz unterschiedlichen Lebensspanne zu benutzen: des Menschen. Das Ziel molekularbiologisch-gerontologischer Grundlagenforschung sollte jedoch nicht ein Hinausschieben der maximalen Lebensspanne des Menschen sein. Vielmehr sollte es der angewandten Forschung durch ein Verstehen der molekularen Mechanismen, die dem Alternsprozeß zugrunde liegen, möglich werden, die Bedingungen zu finden, unter denen »optimales Altern« innerhalb der bestehenden Grenzen wirklich werden kann (vgl. auch Baltes & Baltes und Gerok & Brandtstädter, Kapitel 1 und 14 in diesem Band).

Literaturverzeichnis

Adelman, R., Saul, R. L. & Ames, B. N. (1988). Oxidative damage to DNA: Relation to species metabolic rate and life span. *Proceedings of the National Academy of Sciences of the USA, 85*, 2706–2708.

Butler, R. N., Schneider, E. L., Sprott, R. L. & Warner, H. R. (Eds.) (1987). *Modern biological theories of aging*. New York: Raven.

Cutler, R. G. (1975). Evolution of human longevity and genetic complexity governing aging rate. *Proceedings of the National Academy of Sciences of the USA, 72,* 4664–4668.

Farmer, K. J. & Sohal, R. S. (1989). Relationship between superoxide anion radical generation and aging in the housefly, Musca domestica. *Free Radical Biology & Medicine, 7,* 23–29.

Finch, C. E. & Schneider, E. L. (Eds.) (1985). *Handbook of the biology of aging* (Vol. 2). New York: Van Nostrand Reinhold.

Friedman, V., Wagner, J. & Danner, D. B. (1990). Isolation and identification of aging-related cDNAs in the mouse. *Mechanisms of Ageing and Development, 52,* 27–43.

Fukuchi, K.-I., Martin, G. M. & Monnat, R. J., Jr. (1989). Mutator phenotype of Werner syndrome is characterized by extensive deletions. *Proceedings of the National Academy of Sciences of the USA, 86,* 5893–5897.

Gensler, H. L. & Bernstein, H. (1981). DNA damage as the primary cause of aging. *Quarterly Review of Biology, 56,* 279–303.

Hart, R. W. & Setlow, R. B. (1974). Correlation between deoxyribonucleic acid excision repair and life-span in a number of mammalian species. *Proceedings of the National Academy of Sciences of the USA, 71,* 2169–2173.

Hayflick, L. (1966). Senescence and cultured cells. In N. W. Shock (Ed.), *Perspectives in experimental gerontology* (pp. 195–211). Springfield, IL: Charles C. Thomas.

Hofecker, G., Skalicky, M., Kment, A. & Niedermüller, H. (1980). Models of the biological age of the rat. I. A factor model of age parameters. *Mechanisms of Ageing and Development, 14,* 345–359.

Kirkwood, T. B. L. (1989). DNA, mutations, and aging. *Mutation Research, 219,* 1–7.

Martin, G. M. (1978). Genetic syndromes in man with potential relevance to the pathobiology of aging. In D. Bergsma & D. H. Harrison (Eds.), *Birth defects: Original article series* (Vol. 14, pp. 5–39). New York: The National Foundation – March of Dimes.

McClung, J. K., Danner, D. B., Stewart, D. A., Smith, J. R., Schneider, E. L., Lumpkin, C. K., Dell'Orco, R. T. & Nuell, M. J. (1989). Isolation of a cDNA that hybrid-selects antiproliferative mRNA from rat liver. *Biochemical and Biophysical Research Communications, 164,* 1316–1322.

Medvedev, Z. A. (1989). DNA – Information and aging: The balance between alteration and repair. In D. Platt (Ed.), *Gerontology* (pp. 3–29). Berlin: Springer-Verlag.

Müller, W. E. G., Agutter, P. S., Bernd, A., Bachmann, M. & Schröder, H. C. (1984). Role of post-transcriptional events in ageing: Consequences for gene expression in eukaryotic cells. In M. Bergener, M. Ermini & H. B. Staehelin (Eds.), *Thresholds in aging* (pp. 21–56). London: Academic Press.

Müller, W. E. G., Bachmann, M. & Schröder, H. C. (1987). Molecular biological aspects of aging. In M. Bergener (Ed.), *Psychogeriatrics: An international handbook* (pp. 12–42). New York: Springer.

Müller, W. E. G., Wenger, R., Bachmann, M., Ugarkovic, D., Courtis, N. C. & Schröder, H. C. (1989). Poly(A) metabolism and aging: A current view. *Archives of Gerontology and Geriatrics, 9,* 231–250.

Müller-Hill, B. & Beyreuther, K. (1989). Molecular biology of Alzheimer's disease. *Annual Review of Biochemistry, 58*, 287 – 307.

Orgel, L. E. (1963). The maintenance of the accuracy of protein synthesis and its relevance to aging. *Proceedings of the National Academy of Sciences of the USA, 49*, 517 – 521.

Orgel, L. E. (1970). The maintenance of the accuracy of protein synthesis and its relevance to aging: A correction. *Proceedings of the National Academy of Sciences of the USA, 67*, 1476 – 1480.

Platt, D. (1976). *Biologie des Alterns*. Heidelberg: Quelle & Meyer.

Sames, K. (1989). Biologische Parameter gesunden Alterns. In M. M. Baltes, M. Kohli & K. Sames (Hrsg.), *Erfolgreiches Altern* (S. 196 – 200). Bern: Huber.

Schachtschabel, D. O. (1989). Parameter der Zellalterung in vitro. In M. M. Baltes, M. Kohli & K. Sames (Hrsg.), *Erfolgreiches Altern* (S. 211 – 216). Bern: Huber.

Schneider, E. L. & Rowe, J. W. (Eds.) (1990). *Handbook of the biology of aging* (Vol. 3). San Diego, CA: Academic Press.

Schröder, H. C. (1986). Biochemische Grundlagen des Alterns. *Chemie in unserer Zeit, 20*, 128 – 138.

Schröder, H. C. (1989). Superoxidradikale, Genexpression und Alterung: Reparable Schäden auf der Ebene der DNA und irreparable Schäden auf der Ebene der mRNA Reifung. In M. M. Baltes, M. Kohli & K. Sames (Hrsg.), *Erfolgreiches Altern* (S. 259 – 269). Bern: Huber.

Schröder, H. C., Bachmann, M., Diehl-Seifert, B. & Müller, W. E. G. (1987). Transport of mRNA from nucleus to cytoplasm. *Progress in Nucleic Acid Research and Molecular Biology, 34*, 89 – 142.

Schröder, H. C. & Müller, W. E. G. (1991). Zellkern und Zellorganellen. In D. Platt (Hrsg.), *Biologie des Alterns* (S. 25 – 53). Berlin: de Gruyter.

Schröder, H. C., Steffen, R., Wenger, R., Ugarkovic, D. & Müller, W. E. G. (1989). Age-dependent increase of DNA topoisomerase II activity in quail oviduct; modulation of the nuclear matrix-associated enzyme activity by protein phosphorylation and poly(ADP-ribosyl)ation. *Mutation Research, 219*, 283 – 294.

Shepherd, J. C. W., Walldorf, U., Hug, P. & Gehring, W. J. (1989). Fruit flies with additional expression of the elongation factor EF-1 alpha live longer. *Proceedings of the National Academy of Sciences of the USA, 86*, 7520 – 7521.

Strehler, B. L. (1977). *Time, cells, and aging*. New York: Academic Press.

Tolmasoff, J. M., Ono, T. & Cutler, R. G. (1980). Superoxide dismutase: Correlation with life-span and specific metabolic rate in primate species. *Proceedings of the National Academy of Sciences of the USA, 77*, 2777 – 2781.

Vogel, H. G. (1989). Mechanische Altersparameter des Bindegewebes. In M. M. Baltes, M. Kohli & K. Sames (Hrsg.), *Erfolgreiches Altern* (S. 223 – 225). Bern: Huber.

Zahn, R. K. (1983). Measurements of molecular weight distributions in human muscular deoxyribonucleic acid. *Mechanisms of Ageing and Development, 22*, 355 – 379.

Danksagung

Die beiden Autoren möchten George M. Martin, Caleb Finch, Richard Cutler, Michael Rose, George Roth, Raj Sohal, Dennis Miller, Michael Altus, Elizabeth Burke und Werner E. G. Müller für ihre vielen hilfreichen Kommentare und Korrekturen danken.

5. Innere Medizin und Geriatrie

ELISABETH STEINHAGEN-THIESSEN, WOLFGANG GEROK &
MARKUS BORCHELT

Zusammenfassung

Aufgrund der demographischen Entwicklung hat die Geriatrie in den letzten
Jahren an Bedeutung gewonnen. Mehr als zwei Drittel der internistisch erkrank-
ten Patienten gehören heute zur Gruppe der über 65jährigen. Ihre fachgerechte
Betreuung erfordert ein abgestuftes Versorgungssystem mit stationären, teilsta-
tionären und ambulanten Diensten und dem Schwerpunkt der geriatrischen
Rehabilitation. Der geriatrische Patient unterscheidet sich nicht nur durch das
Alter, sondern beispielsweise auch durch die veränderte Reaktionsweise des
Körpers auf Krankheiten. Bei der Behandlung des geriatrischen Patienten müssen
neben den somatischen immer auch die psycho-sozialen Aspekte berücksichtigt
werden.

Es ist heute noch nicht möglich, in jedem Fall eindeutig die Grenze zwischen
physiologischen Alterungsprozessen und pathologischen Veränderungen zu zie-
hen. Dieses gilt insbesondere für die häufigsten Krankheiten im Alter, die
Arteriosklerose und die Osteoporose. Vielversprechend scheinen jedoch erste
Hinweise darauf zu sein, daß sich mit Hilfe der primären Prävention der
Zeitpunkt der Manifestation dieser Krankheiten hinauszögern läßt.

A. Bedeutung der Geriatrie heute

Die Geriatrie als Disziplin der Medizin hat leider in Deutschland bisher relativ
wenig Attraktivität im Fächerkanon der Medizin erlangt, obwohl über zwei
Drittel der internistischen Patienten zur Gruppe der über 65jährigen gehören.

Prof. Dr. Elisabeth Steinhagen-Thiessen ist Fachärztin für Innere Medizin, Professorin
an der Freien Universität Berlin und Chefärztin der Abteilung Geriatrie III des Max-
Bürger-Krankenhauses, Berlin. Arbeitsschwerpunkte: Geriatrie, Rehabilitation, Lipid-
stoffwechsel, Prävention von Risikofaktoren.
Prof. Dr. Wolfgang Gerok ist Professor für Innere Medizin und Ärztlicher Direktor an
der Medizinischen Klinik an der Universität Freiburg. Seine Forschungsgebiete sind die
Biochemie und die Molekularbiologie der Leberkrankheiten.
Markus Borchelt ist Arzt und wissenschaftlicher Mitarbeiter der Arbeitsgruppe »Altern
und gesellschaftliche Entwicklung« der Akademie der Wissenschaften zu Berlin. Er ist in
der Forschungseinheit »Innere Medizin und Geriatrie« der Berliner Altersstudie tätig.
Seine Forschungsinteressen sind die klinische Geriatrie, Osteoporose und Multimedika-
tion.

Der Fortschritt der Medizin einerseits und die demographische Entwicklung andererseits stellen die Medizin vor neue Aufgaben und Verpflichtungen. Sie muß in Zukunft vermehrt medizinische, therapeutische und pflegerische Einrichtungen bereitstellen, die einer altengerechten Gesundheitsversorgung auf der Höhe der gesellschaftlichen Möglichkeiten und der gerontologischen Erkenntnisse gerecht werden.

Dabei ist das Ziel der medizinischen Behandlung des älteren Menschen nicht immer ausschließlich die völlige Wiederherstellung der Gesundheit und des seelischen Wohlbefindens, sondern die Befähigung zu einem Höchstmaß an Selbständigkeit und Gesundheit im Rahmen gegebener Grenzen und Möglichkeiten. Häufig ist daher in der Geriatrie Besserung und nicht Heilung, restitutio ad optimum und nicht, wie beim jüngeren Patienten, *ad integrum* das Behandlungsziel.

Auf den ersten Blick gibt es in der Behandlung des älteren Patienten oft keine spektakulären Erfolgserlebnisse, wenngleich Diagnostik und Therapie in der Geriatrie viel schwieriger sind und mehr Fachwissen und Erfahrung des Mediziners und der anderen beteiligten Berufsgruppen verlangen. In der Geriatrie muß man sich oft mit Erfolgen in kleinen Schritten, langsamer Besserung und einer oft nur partiellen Rehabilitation zufriedengeben.

Wenn sich auch die Altersmedizin mit den typischen Charakteristika des älteren Menschen befaßt und Rehabilitation im Zentrum ihres Bemühens steht, ist hier durchaus kein therapeutischer »Nihilismus« angezeigt. Die Bedeutung der Geriatrie läßt sich aus den typischen Merkmalen, die den geriatrischen Patienten und die Besonderheiten des alternden Organismus charakterisieren, gut ermessen. Eigenheiten des alternden Organismus sind (nach Steinmann, 1978a):
— Strukturelle und funktionelle Veränderungen der Gewebe und Organe mit Abnahme der Leistungsfähigkeit und Belastbarkeit;
— Tendenz zur Immobilisierung;
— Veränderung des psychischen Verhaltens mit zunehmenden Anpassungsschwierigkeiten;
— Abnahme der psychosomatischen Impulse;
— Auftreten einer multiplen Pathologie (Multimorbidität).
Die Geriatrie ist nicht nur eine Sparte der Medizin, sondern es geht in der Geriatrie um Alterungsprozesse an sich, um die Gesundheit und auch um Krankheiten.

Das charakteristische Merkmal der Geriatrie ist die Verzahnung von somatischen, sozialen und psychischen Aspekten. Daraus folgt, daß die Beschäftigten — zum Beispiel in einer geriatrischen Klinik — interdisziplinär arbeiten müssen. Teamarbeit ist für alle in der Geriatrie Tätigen unerläßlich. Darüber hinaus sollte sich jeder bewußt sein, daß Altern per se keine Krankheit ist.

B. Grundlagen der Geriatrie

Es soll nachfolgend versucht werden, typische Charakteristika biologischer Prozesse des Alterns anhand ausgewählter Beispiele in stark komprimierter Form aufzuzeigen. Aus der Vielfalt möglicher Beispiele für altersabhängige physiologische und morphologische Organveränderungen sind das kardiovaskuläre System und der Stütz- und Bewegungsapparat ausgewählt worden. Zum einen im Hinblick auf ihre Bedeutung für die Geriatrie, zum anderen eignen sich diese Beispiele auch zur Darlegung unterschiedlicher Auffassungen über die Verknüpfung zwischen Alterungs- und Krankheitsprozessen.

Ein großer Teil dessen, was heute über altersabhängige Veränderungen von Organfunktionen bekannt ist, basiert auf Erkenntnissen, die im Rahmen von großangelegten Longitudinalstudien gewonnen werden konnten. Hier sind beispielhaft besonders die Studien in Baltimore und Göteborg hervorzuheben. Die Baltimore Longitudinal Study of Aging (Shock et al., 1984) begann 1958 und wird noch heute fortgesetzt. Sie umfaßt ein breites Spektrum an Untersuchungen, konzentriert sich aber vor allem auf medizinisch-klinische, physiologische und anthropometrische Variablen. Und obwohl bis 1985 nur ein geringer Teil der vorhandenen Daten ausgewertet worden ist, konnte für mehrere sehr unterschiedliche Parameter (z. B. Kreatinin-Clearance, Größe, Gewicht, Serum-Cholesterin) eindeutig belegt werden, daß die aus Querschnittstudien bekannten Altersdifferenzen in der Regel nur einen groben Anhaltspunkt für Alterungsverläufe geben können.

Die Göteborg-Longitudinalstudie (Svanborg, 1977), 1971/72 initiiert und ebenfalls bis heute fortgesetzt, fokussiert im Vergleich zur Baltimore-Studie stärker auf das höhere Alter. Parallel zur repräsentativen Ausgangsstichprobe von 70jährigen wurden 1976/77 und 1981/82 die Geburtskohorten 1906/07 und 1911/12 aufgenommen. Aufgrund dieses Designs konnten gleichzeitig Alternsverläufe und Kohortenunterschiede identifiziert und analysiert werden. Ein in seiner Bedeutung für die Diagnose und Therapie von Krankheiten im Alter herausragender Aspekt dieser Studie ist besonders in dem Bemühen um die Erstellung altersabhängiger Referenzwerte für eine große Anzahl von Blutuntersuchungen zu sehen (Svanborg, 1977).

1. Veränderungen von Organfunktionen

Einleitend sei darauf hingewiesen, daß sowohl die getrennte Betrachtung von Funktion und Morphologie als auch von Einzelorganen und Gesamtorganismus den Wechselwirkungen zwischen den einzelnen Veränderungen nicht gerecht wird. Die Herzfunktion wird beispielsweise von altersabhängigen Veränderungen der Lunge beeinflußt, die wiederum von Veränderungen im Stütz- und Bindegewebe abhängig sind. Diese Wechselwirkungen zwischen Organveränderungen spielen in der Geriatrie eine große Rolle und werden weiter unten näher ausgeführt.

– Veränderungen der Herz-Kreislauf-Funktion.

Untersuchungen über altersabhängige Veränderungen der Herzfunktion haben gezeigt, daß es zu einer Abnahme der Herzfrequenz und besonders auch ihrer spontanen, atmungsabhängigen und neurohormonalen Modulation kommt (Kostis, Moreyra, Amendo, Di Pietro, Cosgrove & Kuo, 1982). Über eine Erhöhung des Schlagvolumens kann allerdings das Herzzeitvolumen als funktionell entscheidende Größe über längere Zeit konstant gehalten werden. In bezug auf das Füllungsvolumen der linken Herzkammer am Ende der Diastole (Füllungsphase der Herzkammern) konnte gezeigt werden, daß dieses trotz einer verzögerten diastolischen Füllungsrate konstant bleibt. Die verzögerte Kammerfüllung wird wiederum zurückgeführt auf die altersabhängige Verlängerung der Herzmuskelentspannung (Lakatta & Yin, 1982). Insgesamt lassen sich die vorliegenden Erkenntnisse dahingehend zusammenfassen, daß der Alterungsprozeß per se nicht zu einer obligatorischen Verschlechterung der Ruhefunktion des Herzens führt. Allerdings stimmen nicht alle Autoren mit dieser Ansicht überein (Weisfeldt, Gerstenblith & Lakatta, 1985), wobei die Ergebnisse der verschiedenen Studien stark von der Auswahl der Probanden abhängig sind. Neben Herzerkrankungen beeinflussen eine ganze Reihe pathologischer Prozesse unterschiedlichster Ätiologie (z. B. Infektionen der Atemwege, Anämie, hypertone Krise, Sepsis usw.) ebenso wie eine große Anzahl Medikamente die Herzfunktion.

Demgegenüber treten unter Belastung einige deutlich altersabhängige Veränderungen der Herzfunktion auf, die die maximale Belastbarkeit herabsetzen. Es ist jedoch bisher nicht eindeutig geklärt, zu welchem Anteil auch Einschränkungen in der Funktion der Skelettmuskulatur und der Lunge limitierend wirken. Die Belastungsreaktion des gesunden Altersherzens läßt sich dahingehend zusammenfassen, daß es (im Vergleich zum jüngeren Erwachsenen) zu einem deutlich geringeren Anstieg der Herzfrequenz, zu einem insgesamt größeren Füllungsvolumen zum Ende der Herzaktionsphasen (Füllung bzw. Auswurf) bei vergleichsweise geringerer Zunahme der pro Einzelschlag geförderten Blutmenge kommt (Lakatta, 1983). Trotz der (wahrscheinlich) zusätzlich bestehenden, verminderten Sensibilität des Herzmuskels gegenüber biogenen Aminen (Adrenalin, Noradrenalin) – mit geringerer Zunahme der Kontraktilität und größerem peripheren Widerstand – ist über den *Frank-Starling-Mechanismus* (Verlagerung der Herzachse) auch das gesunde Altersherz in der Lage, die ineffektive Herzfrequenzsteigerung und die unzureichende Senkung des endsystolischen Füllungsvolumens zu kompensieren und das Herzzeitvolumen über eine deutliche Anhebung des Schlagvolumens dem gesteigerten Bedarf anzupassen (Rodeheffer, Gerstenblith, Becker, Fleg, Weisfeldt & Lakatta, 1984). Andererseits benötigt der ältere Organismus mehr Zeit, um nach einer Belastung zur Ausgangssituation zurückzukehren (Shock, 1985).

Von seiten des kardiovaskulären Systems ist damit die Herabsetzung der maximalen Belastbarkeit im Alter durch die Grenzen des Frank-Starling-Mechanismus gegeben. Es erscheint jedoch unwahrscheinlich, daß die veränderte Belastungsreaktion des Herzens der einzige limitierende Faktor ist. Die Bedeutung von altersabhängigen Lungenveränderungen in diesem Zusammenhang ist schwierig zu untersuchen, da einerseits die Lunge zu den Organen gehört, die im Lauf des Lebens erheblichen Umwelteinflüssen ausgesetzt sind, andererseits schon aufgrund der großen Häufigkeit von Herz- und Lungenerkrankungen kaum Untersuchungen an streng ausgewählten, älteren Probanden durchgeführt werden können (Culver & Butler, 1985).

Diese Erkenntnisse können exemplarisch auch für altersabhängige Veränderungen anderer Organfunktionen stehen. Im Hinblick auf funktionelle Reserven und Adaptivität (vgl. Coper & Schulze, Kapitel 8 in diesem Band) verschiedener Funktionssysteme können daher vier für das Alter typische Charakteristika allgemein formuliert werden: Erstens können Organfunktionen durch den Einsatz verschiedener kompensatorischer Mechanismen aufrechterhalten werden. Zweitens kommt es zu einer Verminderung der Kapazitäts- oder Leistungsreserven. Der Organismus weist daher drittens eine erhöhte Vulnerabilität gegenüber plötzlichen Störungen der Homöostase auf. Und schließlich verlängert sich viertens die Dauer der Erholungsphasen bis zur Wiederherstellung der Homöostase.

– Veränderungen des Muskel- und Knochenstoffwechsels.

Tierexperimentell konnte an Mäusen nachgewiesen werden, daß einige der für den Muskelstoffwechsel wichtigen Enzyme (Creatinkinase, Aldolase und Superoxid-Dismutase) eine vom Alter der Tiere abhängige biologische Aktivität zeigen. Die Form dieser verschiedenen Enzymaktivitätskurven weist dabei große Ähnlichkeiten auf: Die Aktivität nimmt während der Adoleszenz kontinuierlich zu, erreicht im mittleren Lebensabschnitt ein Plateau und fällt dann im Altersverlauf stetig ab (Reznick, Steinhagen-Thiessen & Gershon, 1982). Werden diese Tiere einem Trainingsprogramm unterzogen, dann nimmt die biologische Aktivität der Enzyme deutlich zu, auch dann, wenn mit dem Training erst im mittleren Lebensalter begonnen wurde. Die Ergebnisse der parallel dazu durchgeführten Untersuchungen zum Knochenstoffwechsel (Gehalt des Oberschenkelknochens an Kalzium, Phosphat und Magnesium) sind im Prinzip identisch (Steinhagen-Thiessen, Reznick & Ringe, 1984).

Auch die altersabhängigen Veränderungen im Mineralgehalt menschlicher Knochen sind mittels spezieller Röntgentechniken inzwischen gut dokumentiert. Verschiedene Untersuchungen an Extremitätenknochen und an Lendenwirbelkörpern haben übereinstimmend eine Zunahme des Knochenmineralgehaltes bis etwa zum 30. Lebensjahr und im weiteren Alternsverlauf eine kontinuierliche Abnahme des Mineralgehaltes des Skeletts nachgewiesen. Das Skelettsystem der Frauen erreicht dabei einen deutlich niedrigeren Mineralisationsgrad und verliert pro Jahr mehr Kalzium als das der Männer. Bezüglich der weiteren Entwicklung des Knochenmineralgehaltes im hohen Lebensalter (nach dem 80. Lebensjahr)

liegen zum Teil widersprüchliche Ergebnisse vor. Einerseits wird eine Verlangsamung, andererseits aber eine Beschleunigung des Kalkverlustes konstatiert
(Ringe & Steinhagen-Thiessen, 1984). Zur Zeit fehlen für diese Altersgruppen
jedoch Untersuchungen an ausreichend großen, repräsentativen Stichproben,
um endgültige Aussagen treffen zu können.

Analog zu den tierexperimentellen Ergebnissen konnte auch beim Menschen
ein positiver Effekt körperlichen Trainings auf den Mineralisationsgrad des
Skelettsystems allgemein nachgewiesen werden. Ein wichtiges Ergebnis dabei
ist, daß dieser Effekt auch noch im höheren Alter zu erzielen ist.

Diese Beispiele können wiederum exemplarisch aufzeigen, daß die meisten
Alterungsprozesse sowohl durch intrinsische als auch durch extrinsische Faktoren beeinflußt werden. Außerdem wird deutlich, daß Verhaltensweisen und
-änderungen auch im hohen Alter sowohl einen negativen als auch einen
positiven Einfluß auf Gesundheit und Funktionalität von Organsystemen ausüben können. Schließlich machen die Beispiele deutlich, daß typische Verläufe
von Alterungsprozessen identifiziert werden können, Altern insgesamt jedoch
ein individueller Vorgang ist.

2. Morphologische Organveränderungen

Die morphologischen Veränderungen sind im wesentlichen charakterisiert
durch Atrophie (Schwund an Organmasse, Geweben oder Zellen), Hypertrophie
(Organvergrößerung durch Größenzunahme der einzelnen Zelle) und Hyperplasie (Organvergrößerung durch Zunahme der Zellzahl). Hypertrophie und
Hyperplasie stellen dabei vielfach eine Kompensation der Atrophie dar. Es
werden jedoch auch abgestorbene organspezifische Zellen durch Bindegewebe
und Fett ersetzt. Außerdem häufen sich in den Geweben Stoffwechselprodukte,
die nicht oder schlecht abbaubar sind (z. B. Lipofuszin intra- und Amyloid
extrazellulär; vgl. Danner & Schröder, Kapitel 4 in diesem Band).

Für die meisten dieser Prozesse konnte ein enger Zusammenhang mit dem
Alter aufgedeckt werden. Auch eine kausale Beziehung zu pathologischen Prozessen kann vielfach hergestellt werden (z. B. zwischen Hypertrophie und Lei-
stungsinsuffizienz des Herzmuskels). Es gelingt jedoch nicht, die beobachteten
morphologischen Organveränderungen in eine direkte Beziehung zu bestimmten
Funktionsverlusten zu setzen, die letztlich die Lebensdauer des Organismus
terminieren würden. Von vielen Autoren wird zusammenfassend hervorgehoben,
daß die Veränderungen insgesamt zu einer erhöhten Anfälligkeit und verminderten Widerstandsfähigkeit gegenüber Verletzungen oder besonderen Belastungen führen: »... one does not die from the physiological aging process but from
a distinct pathological event« (King, 1988, S. 325).

– Gefäßwandveränderungen: normal oder pathologisch?

Es ist heute noch nicht möglich, Gefäßwandveränderungen eindeutig nach
altersabhängig-physiologischen und alterskorreliert-pathologischen Verände-

rungen zu unterscheiden. Eine der Modellvorstellungen über die Zusammenhänge zwischen Alterung und Veränderungen im vaskulären System geht davon aus, daß sich auch bei einem Menschen ohne irgendeinen der zahlreichen Risikofaktoren eine Arteriosklerose entwickelt, wenn er nur lange genug lebt. Einige Autoren schätzen in neueren Arbeiten jedoch, daß das Einwirken dieser Risikofaktoren die Variabilität bei der Entwicklung und Ausprägung kardiovaskulärer Erkrankungen nur zu einem Anteil von etwa 20 Prozent (in bezug auf den pathomorphologischen Schweregrad) bis etwa 50 Prozent (in bezug auf die klinische Symptomatologie) erklären kann (Goldbourt & Neufeld, 1986). Dies hat wiederum zu der Annahme geführt, daß es entweder zusätzliche, noch zu identifizierende Risikofaktoren gibt oder daß Unterschiede auf der Ebene der Gefäßwand existieren, die die Anfälligkeit für eine arteriosklerotische Entwicklung wesentlich beeinflussen. Dabei stehen drei Zelltypen im Mittelpunkt des Interesses: die Endothelzellen, die glatten Muskelzellen und die in arteriosklerotischen Läsionen zu findenden Makrophagen, die wahrscheinlich aus dem Blut eingewanderten Monozyten entsprechen.

Der Beginn der arteriosklerotischen Entwicklung wird seit den Arbeiten von Ross und Glomset (1976) in einer Schädigung des Endothels (vor allem aufgrund einer Hypercholesterinämie und Hypertonie) gesehen. Im weiteren Verlauf kommt es zu einer Aggregation von Blutplättchen (Thrombozyten), die einen Faktor freisetzen, der stimulierend auf Wachstum und Migration der glatten Muskelzellen wirkt. Vermutlich führen weitere noch ungeklärte Mechanismen dazu, daß aus dem Blut Monozyten einwandern, die im Gewebe zu Makrophagen werden und Lipide akkumulieren (Schaumzellen). Dieser Prozeß resultiert insgesamt in einer Verdickung der Arterienwand mit Einengung der Gefäßöffnung, wodurch das Endothel oberhalb dieser Verdickung wiederum vermehrt den Scherkräften des Blutstroms ausgesetzt wird.

Mit zunehmendem Alter, so vermutet man heute auf der Grundlage einiger tierexperimenteller Versuche und In-vitro-Untersuchungen an humanen Endothelzellkulturen, kommt es wahrscheinlich über eine Verminderung der Zellzahl und Vergrößerung der Einzelzelle zu einer *Häufung* von Endothelverletzungen und/oder einer *unzureichenden Reparatur* solcher Verletzungen. Sowohl für arterielle Endothelzellen als auch für die glatte Muskulatur der Arterien konnte in vitro ein limitiertes Replikationspotential nachgewiesen werden. Es wird deshalb vermutet, daß Alterungsprozesse auch hier nicht unidirektional verlaufen, sondern zu einem paradox erscheinenden Nebeneinander von aufbauenden und abbauenden Prozessen führen.

– Morphologie der Skelettalterung: Resorption und Apposition

In Analogie zu dem vorausgegangenen Abschnitt lassen sich auch in bezug auf die altersabhängigen Veränderungen des Skelettsystems auf- und abbauende Veränderungen unterscheiden: Einerseits nimmt die Gesamtmenge an Knochengewebe ab, andererseits kommt es zu Neubildungen von knöchernen Strukturen

(Knochenappositionen) an den Stellen, wo Sehnen und Bänder ansetzen und Zugkräfte auf den Knochen einwirken. Die Knochenveränderungen äußern sich vorwiegend in einer Verschmälerung der Kortikalis (z. B. Grund- und Deckplatten der Wirbelkörper) und einer Verminderung der Knochenbälkchen, vornehmlich an den stammfernen Enden der Extremitätenknochen, wo sich nur eine schmale Kortikalis befindet.

Knochenappositionen bestehen wiederum aus Lamellenknochen, und in aller Regel findet man gleichzeitig eine Kalkeinlagerung in den entsprechenden Sehnen oder Bändern. Der Knochenanbau (Apposition) im Bereich der »Knochenhaut« (Periost) geschieht möglicherweise lebenslang, so daß die Durchmesser der Knochen bis zum Lebensende geringfügig, aber kontinuierlich zunehmen (Ringe & Steinhagen-Thiessen, 1988).

Die Ursache für diese morphologischen Knochenveränderungen, die eng mit dem Kalzium-Phosphat-Stoffwechsel und der Abnahme des Knochenmineralgehaltes zusammenhängen, ist bislang noch unbekannt. Inzwischen sind jedoch einige wesentliche Faktoren identifiziert, die die individuelle Ausprägung der Veränderungen entscheidend variieren können. Aufgrund des erheblichen Geschlechtsunterschiedes hat man die Bedeutung endokriner Faktoren erkannt (hormonelle Veränderungen bei der Frau nach den Wechseljahren). Körperliches Training mit mechanischer Beanspruchung des Skelettsystems verzögert die involutiven Prozesse, längerfristige Behandlung beispielsweise mit Kortisonpräparaten wirkt wiederum beschleunigend. Eine weitere wesentliche Erkenntnis ist, daß der (etwa im 35. Lebensjahr erreichte) maximale skelettale Mineralgehalt (»peak skeletal mass«) für die weitere Entwicklung von entscheidenderer Bedeutung ist als der nachfolgend eintretende Mineralverlust (Nordin, im Druck). Dieser maximale Mineralisationsgrad ist wiederum stark abhängig von Umweltfaktoren (z. B. Nährstoffversorgung während des Wachstums).

Von seiten der Morphologie muß aber — auch wenn in der Regel von einer »Entmineralisierung« gesprochen wird — festgehalten werden, daß es sich bei diesen altersabhängigen Skelettveränderungen (abgesehen von den periostalen Appositionen) um eine Atrophie des Skelettsystems handelt, das heißt, es findet insgesamt ein Verlust an Knochengewebe statt. Das verbleibende Gewebe ist aber normal mineralisiert.

In bezug auf typische, sich altersabhängig entwickelnde, morphologische Organveränderungen kann festgehalten werden, daß diese morphologischen Organveränderungen in aller Regel nicht per se zu einem terminalen Funktionsverlust führen, sondern eher zu einer Funktionseinschränkung mit erhöhtem Risiko akuter Dekompensation bei ungewöhnlichen Belastungen. Schließlich scheinen Art und Ausprägung dieser Veränderungen im wesentlichen über eine Modulation von intrinsischen Prozessen bestimmt zu werden, die durch eine Vielzahl von Einflußfaktoren hervorgerufen werden können, die über die Zeit kontinuierlich oder diskontinuierlich auf den Organismus einwirken.

C. Krankheiten im Alter

1. Der geriatrische Patient

Der geriatrische Patient ist durch verschiedene Merkmale charakterisiert: durch sein biologisches Alter, sein Leiden an mehreren Erkrankungen (Polypathie, Multimorbidität), eine veränderte und oft unspezifische Symptomatik, durch längere Krankheitsverläufe und verzögerte Genesung, durch die veränderte Reaktion auf Medikamente (Pharmakokinetik und -dynamik), schließlich durch Demobilisierungssyndrome und psycho-soziale Symptome.

Es gibt keine *typischen* Alterskrankheiten, wie auch Altern keine Krankheit ist. Aber es gibt bestimmte Krankheitskonstellationen, die für den geriatrischen Patienten typisch sind:

– Krankheiten, die gehäuft im Alter auftreten, zum Beispiel Altersdiabetes, Prostatakarzinom;
– Krankheiten, die schon viele Jahre bestehen, etwa Arthrosen, chronische Emphysembronchitis;
– akute Erkrankungen, zum Beispiel Schenkelhalsfrakturen;
– Funktionseinbußen bestimmter Organe, die aber per se noch keine Krankheit darstellen, beispielsweise das Nachlassen der Sehkraft bei fortschreitender Linsentrübung.

Je stärker die Multimorbidität ausgeprägt ist, desto eher kommt es zum Auftreten von akuten Krankheiten. Steinmann (1978b) hat dies als innere Krisendisposition beschrieben. Sie beruht auf einer Abnahme der Adaptationsfähigkeit im Alter. Als Beispiel für die oft zu beobachtende unspezifische Symptomatik bei alten Patienten sei der »stumme« Herzinfarkt, der ohne Schmerzsymptomatik verläuft, genannt. Weiterhin zeigt der geriatrische Patient typischerweise kein ausgeprägtes Fieber bei akuten Erkrankungen. Der verlängerte Krankheits- und Rekonvaleszensverlauf läßt sich allein schon durch die somatischen Polypathien und durch die bestehenden altersentsprechenden physiologischen Veränderungen einzelner Organe erklären.

Bezüglich der Resorption, des Transportes, der Verteilung und Ausscheidung von Pharmaka bestehen beim geriatrischen Patienten deutliche Unterschiede zu jüngeren Patienten, die der Grund für die oft veränderte Pharmakokinetik (Aufnahme, Verstoffwechselung und Ausscheidung von Medikamenten durch den Organismus) und Pharmakodynamik (Wirkungsmechanismus von Medikamenten auf den Organismus) sind (vgl. Coper & Schulze, Kapitel 8 in diesem Band). Hinzu kommt, daß die Multimorbidität immer die Gefahr der Polypragmasie (»Vielgeschäftigkeit«) und Polypharmakotherapie (Behandlung mit einer Vielzahl von Arzneimitteln) birgt und es gerade bei geriatrischen Patienten zu unerwünschten Interaktionen verschiedener Pharmaka kommen kann. Außerdem muß bedacht werden, daß mit zunehmendem Lebensalter und der Einnahme von mehreren Medikamenten die Einnahmegenauigkeit rapide nachläßt und daß Medikamente fast nie an geriatrischen »Probanden« erprobt werden.

Die Immobilisierung des geriatrischen Patienten birgt aufgrund der Polypathien, seiner veränderten Adaptationsfähigkeit und seiner sozialen Gegebenheiten besondere Gefahren: wie beispielsweise Kontrakturen, Decubitus (Wundliegen), Pneumonien, Thrombose und Inkontinenz. Durch den Verlust an Mobilität kann es zu Muskelatrophien und zu Osteoporose kommen, dadurch wiederum zu Gangunsicherheit und Frakturen. Diese und andere katastrophale Folgen der Immobilisierung verlangen deshalb von allen, die mit dem geriatrischen Patienten zu tun haben, Aufmerksamkeit gegenüber diesen Gefahren und rechtzeitige prophylaktische Maßnahmen. Der geriatrische Patient ist deshalb so kurz wie möglich zu immobilisieren und so früh wie möglich zu mobilisieren.

Die umfassende Behandlung des geriatrischen Patienten ist um so erfolgreicher, je mehr es dem behandelnden Arzt gelingt, die individuellen Bedingungen des Patienten in die Behandlung mit einzubeziehen. Fast immer ist der Arzt jünger als der Patient, deshalb sind in der Behandlung und der Betreuung des geriatrischen Patienten die Einstellung des Arztes dem Alter gegenüber und die Bewältigung des eigenen Älterwerdens von besonderer Bedeutung.

2. Arteriosklerose

Die WHO (World Health Organization) hat die Arteriosklerose als eine Kombination von verschiedenen Veränderungen der Intima und Media der Arterien definiert. Diese Veränderungen in unterschiedlicher Ausprägung sind: plaqueförmige Ansammlungen von Lipiden, komplexen Kohlenhydraten, Blut und Blutbestandteilen, fibrinösem Gewebe und Kalkablagerungen. Die Begriffe Atherosklerose und Arteriosklerose werden weitgehend synonym verwandt, da die Arteriosklerose fast immer mit einer Lipideinlagerung der Gefäßwand einhergeht. Es besteht eine lineare Beziehung zwischen dem Auftreten der atheromatösen Einlagerungen und dem Alter. Fibrinöse Plaques treten erst im zweiten Lebensjahrzehnt auf. Sie nehmen dann in der Häufigkeit von Jahrzehnt zu Jahrzehnt zu. Komplizierte Plaques, das heißt fibrinöse Plaques mit sekundärer Blutung, Thrombose und Verkalkung werden erst ab dem vierten Lebensjahrzehnt beobachtet (vgl. Abb. 1).

– Genese und Epidemiologie

Epidemiologische Daten zeigen uns, daß die Arteriosklerose eine der Haupttodesursachen und die häufigste Ursache für Frühinvalidität in westlichen Industriestaaten ist. Die Epidemiologie der Arteriosklerose ist beispielhaft in der Framingham-Studie untersucht worden (Kannel, McGee & Gordon, 1976). Man begann 1948 gesunde Probanden im Alter von 30 bis 59 Jahren in die Studie einzubeziehen und untersuchte sie zweimal im Jahr vor allem bezüglich kardiovaskulärer Faktoren. Später entstanden weitere großangelegte epidemiologische Studien. Sie alle zeigen, daß bestimmte »Endpunkte« der Arteriosklerose

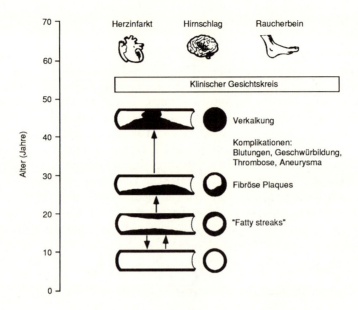

Abbildung 1: Entwicklung der Arteriosklerose (modifiziert nach Wissler & Vesselinovitch, 1987).

wie zum Beispiel der Herzinfarkt bei scheinbar gesunden Probanden vorhersag-bar sind. Diese Vorhersagbarkeit stützt sich auf die Ermittlung des Risikoprofils. Darüber hinaus stellte man fest, daß Patienten mit einer koronaren Herzkrank-heit fünfmal mehr gefährdet sind, eine Claudicatio intermittens (vorübergehen-des Hinken) zu bekommen, als Herzgesunde. Menschen über 45 Jahren mit Angina-pectoris-Beschwerden haben ein siebenmal höheres Risiko, an einem Herzinfarkt zu erkranken, als Patienten ohne derartige Beschwerden. All diese epidemiologischen Studien haben uns die hohe Prävalenz der klinischen Folgen der Arteriosklerose evident aufgezeigt.

Die Hauptrisikofaktoren der Entstehung der Arteriosklerose sind: Hyper-cholesterinämie, Bluthochdruck und Zigarettenrauchen. Zu den Risikofaktoren »zweiter Ordnung« gehören: die Zuckerkrankheit, Bewegungsmangel, Überge-wicht und die Hyperurikämie (erhöhter Harnsäuregehalt des Blutes). Für die Entstehung der koronaren Herzkrankheit steht dabei die Hypercholesterinämie, für den Schlaganfall der Bluthochdruck und für die periphere Verschlußkrank-heit das Zigarettenrauchen an erster Stelle unter den genannten Risikofaktoren. Wenn mehrere Risikofaktoren gleichzeitig bestehen, was fast immer der Fall ist, addieren sich diese nicht, sondern sie potenzieren sich sogar in ihrer Wirkung. Die einzelnen Risikofaktoren stehen untereinander in enger Wechsel-beziehung. Die Arteriosklerose ist in erster Linie eine erworbene Krankheit. Die meisten Risikofaktoren sind vermeidbar (vgl. auch Gerok & Brandtstädter, Kapitel 14 in diesem Band). Erst in zweiter Linie spielen genetische Faktoren wie familiäre Hypercholesterinämie, essentieller Hypertonus oder Diabetes mellitus Typ I bei der Arterioskleroseentstehung eine Rolle.

Charakteristisch ist die jahrzehntelange symptomarme Entstehung der Arteriosklerose. Die klinischen »Endpunkte« der arteriosklerotischen Gefäßveränderung sind die koronare Herzkrankheit mit dem Herzinfarkt, dem akuten Herztod oder der Angina pectoris, die cerebrovaskuläre Insuffizienz mit dem Schlaganfall und die periphere Verschlußkrankheit mit der Claudicatio intermittens.

– Die koronare Herzkrankheit

Die koronare Herzkrankheit (KHK) gehört heute zu den größten Gesundheitsproblemen in den westlichen Ländern. In den USA gibt es für diese Erkrankungen zuverlässige Statistiken. Danach sterben in den Vereinigten Staaten in einem Jahr 550.000 Menschen am Koronartod, 680.000 Menschen pro Jahr werden wegen eines Herzinfarktes stationär aufgenommen. 1984 errechnete Schettler, basierend auf den amerikanischen Daten, die Krankheitskosten für die KHK, die in der Bundesrepublik Deutschland jährlich entstehen, mit 30 Milliarden Mark (zitiert nach Assmann, 1988). Die Risikofaktoren »1. Ordnung« der KHK sind mit abnehmender Priorität: die Hypercholesterinämie, der Bluthochdruck und das Zigarettenrauchen. In den vergangenen Jahren konnte durch mehrere Interventionsstudien gezeigt werden, daß durch Verminderung dieser Risikofaktoren eine positive Beeinflussung der Inzidenz der KHK zu erreichen ist. In der LRC-PPT-Studie (Lipid Research Clinic Primary Prevention Trial, 1984) wurde ermittelt, daß bei zehn Prozent Senkung des Cholesterinspiegels bereits eine Senkung der KHK um 20 Prozent erreicht werden kann.

Da es sich bei der Genese der KHK einerseits um somatische Zustände wie die Hypercholesterinämie, den Bluthochdruck und die Zuckerkrankheit handelt und andererseits um verhaltensbedingte Ursachen wie zu fettreiche Ernährung und Bewegungsmangel, muß es entsprechende Strategien zur Prävention der KHK geben. Neben einer Bevölkerungsstrategie sollte eine Individual- oder Hochrisikostrategie durchgeführt werden (Assmann, 1988).

– Cerebrovaskuläre Insuffizienz

Die cerebralen Durchblutungsstörungen lassen sich in vier verschiedene Stadien einteilen. Im Stadium 1 handelt es sich um ein asymptomatisches Krankheitsbild. Meist wird durch eine Ultraschall-Untersuchung gelegentlich eine Verengung (Stenose) oder ein Verschluß der hirnversorgenden Arterien diagnostiziert. Im Stadium 2 kommt es bei der transitorischen ischämischen Attacke (TIA; vorübergehende Minderdurchblutung des Gehirns) zu neurologischen Symptomen, die allerdings binnen 24 Stunden vollständig rückläufig sind. Stadium 3 ist gekennzeichnet durch progrediente neurologische Ausfälle, die innerhalb von 24 bis 48 Stunden ihr Maximum erreicht haben. Im Stadium

4 schließlich treten die neurologischen Symptome mit einem »Schlag« auf. Sie bleiben bestehen oder bilden sich in der Folgezeit zum Teil zurück. Dies ist der komplette Schlaganfall.

Die Zahl der Neuerkrankungen an asymptomatischen Stenosen und Verschlüssen der hirnversorgenden Gefäße pro Jahr sind für die Bundesrepublik Deutschland nicht bekannt. Die Inzidenz von transitorisch ischämischen Attakken (Stadium 2) wird mit 30 bis 120 pro 100.000 Einwohnern pro Jahr angegeben. Die Inzidenzrate nimmt mit zunehmendem Alter eindeutig zu. Die Neuerkrankungsrate für den Schlaganfall wird hingegen mit jährlich 110 bis 290 pro 100.000 Einwohnern angegeben. Die Mortalität aufgrund cerebraler Durchblutungsstörungen liegt in der Bundesrepublik Deutschland laut Angaben des Statistischen Bundesamtes von 1981 bei 40.048 Männern und 64.155 Frauen (Diener, 1989). Die TIA sind deshalb sehr ernst zu nehmen, da sie als Vorboten eines Schlaganfalls gelten. Zehn bis 40 Prozent der Patienten, die eine TIA durchgemacht haben, erleiden einen Schlaganfall.

Der Schlaganfall wird durch verschiedene Ursachen ausgelöst (vgl. Tab. 1). In den ersten drei Wochen nach einem erlittenen Schlaganfall sterben 25 bis 30 Prozent der Patienten, etwa 50 bis 75 Prozent der Patienten erholen sich und können rehabilitiert werden. 25 Prozent der Schlaganfallpatienten bleiben voll pflegebedürftig.

Tabelle 1: Ursachen des Schlaganfalls (nach Davis et al., 1987: Rochester Stroke Study).

Ursachen	Prozent
durch Thrombembolien	79
durch Hirnblutung	10
durch Subarachnoidalblutung	6
andere, schwer zu klärende Ursachen	5

Die wichtigsten Risikofaktoren für einen Schlaganfall sind: koronare Herzkrankheit, Bluthochdruck, Zuckerkrankheit und Rauchen. Weitere signifikante Risikofaktoren für diese cerebrovaskuläre Arteriosklerose sind Fettstoffwechselstörungen, Übergewicht und Alkoholkonsum. Mit dem Schlaganfall einher gehen meist kardiale Erkrankungen, wie in erster Linie die KHK, die Herzinsuffizienz, die absolute Arrhythmie und die periphere Verschlußkrankheit.

Da wir heute wissen, daß die Lebenserwartung der Patienten mit asymptomatischen Karotisstenosen, transitorisch ischämischen Attacken und Schlaganfällen deutlich vermindert ist, sollte neben den Strategien zur Prävention die

Aufmerksamkeit auch auf der Prophylaxe des Reinsultes (erneuter Schlaganfall) und auf der Vorbeugung des akuten Herztodes liegen.

– Periphere Arteriosklerose

Der Herzinfarkt und der Schlaganfall beeindrucken die Öffentlichkeit mehr als die Erkrankung der peripheren Arteriosklerose. Die Claudicatio intermittens ist ein Beispiel für die Manifestation der Arteriosklerose an den peripheren Gefäßen. Das »intermittierende Hinken« tritt nach körperlicher Belastung auf und entsteht durch eine Mangeldurchblutung aufgrund eines arteriosklerotischen Verschlusses oder einer Gefäßverengung. Mit zunehmendem Alter beobachtet man, daß die Verschlüsse der Arterien im Becken- und im Oberschenkelbereich häufiger sind. Darüber hinaus tritt dieses Krankheitsbild überaus häufig zusammen mit der Zuckerkrankheit auf. Die klinischen Symptome korrelieren nicht immer mit dem Schweregrad der peripheren Arteriosklerose. Ein guter indirekter Parameter für die Funktionseinbuße ist die Gehstrecke, die der Patient noch schmerzfrei bewältigen kann. Die klinischen Beschwerden bei diesen Gefäßstenosen werden mit zunehmendem Alter eher weniger wahrgenommen, da die körperliche Leistungsfähigkeit aufgrund kardialer und pulmonaler Einschränkung und Einschränkung des Bewegungsapparates vermindert ist. Das heißt, der geriatrische Patient bemerkt seine Beschwerden erst in einem sehr fortgeschrittenen Stadium.

Die Geschlechts- und Altersverteilung für die periphere Arteriosklerose und die KHK sind gleich. Die KHK wird viermal häufiger bei Patienten mit Claudicatio intermittens als in einer Kontrollgruppe beobachtet. Außerdem ist die häufigste Todesursache bei Patienten mit Hauptdiagnose Claudicatio intermittens der Herzinfarkt. Wenn Patienten mit Claudicatio intermittens mit dem Rauchen aufhören und sich darüber hinaus körperlich betätigen, kommt es in 40 Prozent der Fälle zu einer signifikanten Besserung des Krankheitsbildes. Neben den medikamentösen Therapien stehen die chirurgischen Therapieverfahren wie zum Beispiel aortofemorale Bypässe zur Verfügung.

Dennoch sollte auch hier wie bei den anderen Krankheitsbildern der Arteriosklerose die Prävention höchste Priorität haben. Derzeit werden Daten für die Bundesrepublik Deutschland zur ökonomischen Evaluation der Prävention von Herz-Kreislauf-Erkrankungen erhoben, zu deren Bewertung die Kosten der Intervention einerseits und die Einsparungen durch die Interventionen andererseits gegenübergestellt werden sollen. Ein Gewinn an »qualitätsbereinigten« Lebensjahren oder die sogenannte »minimale Morbidität« sollte zu einem erfolgreichen Altern beitragen.

3. Osteoporose

Die Osteoporose ist eine Erkrankung, die vorwiegend jenseits des 60. Lebensjahres auftritt und vor allem Frauen betrifft. Sowohl ihrer Häufigkeit nach als auch aufgrund der Konsequenzen für die betroffenen Patienten kann sie etwa gleichrangig neben die Arteriosklerose, Hypertonie und die degenerativen Gelenkerkrankungen gestellt werden. Das damit immer stärker werdende Forschungsinteresse hat inzwischen zu einer Verbesserung der diagnostischen Möglichkeiten geführt, gleichzeitig aber auch zu Problemen der Definition, der Festlegung diagnostischer Kriterien und der Therapie.

— Epidemiologie und sozio-ökonomische Bedeutung

Gesicherte Prävalenzraten der Osteoporose (Erkrankungshäufigkeiten in der Bevölkerung zu einem bestimmten Zeitpunkt) liegen für die Bundesrepublik Deutschland noch nicht vor, aber man kann davon ausgehen, daß etwa sechs bis zwölf Prozent der Gesamtbevölkerung an einer Osteoporose leiden. Diese Zahl bezieht sich jedoch nur auf die primären Osteoporosen, die bereits mit Beschwerden und Frakturen oder Wirbelkörperdeformierungen einhergehen. In etwa 80 Prozent dieser Fälle handelt es sich um die postmenopausale Osteoporose der Frau. Bezogen auf die Altersgruppe der über 60jährigen Frauen erhält man deshalb auch geschätzte Prävalenzraten zwischen 20 und 30 Prozent. Das würde bedeuten, daß fast jede dritte Frau im Alter von über 60 Jahren an einer manifesten Osteoporose leidet. Für die Betroffenen bedeutet dies in aller Regel chronische Schmerzen, wiederholte Krankenhausaufenthalte infolge von Frakturen, drohende Immobilisierung und soziale Isolation.

Auf die sozio-ökonomische Bedeutung dieser Erkrankung wird ebenfalls verstärkt hingewiesen. Ringe (1991) leitet beispielsweise aus gesicherten epidemiologischen Daten der Niederlande ab, daß allein die Schenkelhalsfrakturen, die zum weit überwiegenden Teil osteoporotisch bedingt sein dürften, für das Gesundheitswesen der Bundesrepublik Deutschland Kosten von jährlich etwa 600 Millionen Mark verursachen (vgl. Schneider & Guralnik, 1990).

— Definition und Einteilung

Das Fehlen gesicherter epidemiologischer Daten basiert auch auf dem Fehlen einer einheitlichen Definition der Osteoporose. Zur Illustration des Problems sollen hier die Osteoporose-Definitionen einiger Arbeitsgruppen genannt werden: Osteoporose wird als eine absolute Verminderung der Knochenmasse definiert, die bei minimalen Traumen zur Fraktur führt (Riggs & Melton, 1986). Osteoporose ist aber auch per se definiert als ein Skelettverlust, der über das altersentsprechende Ausmaß hinausgeht und zu Wirbelkörperdeformierungen geführt hat, für die keine adäquaten Traumata eruierbar sind (Dambacher, Ittner & Ruegsegger, 1986). Ebenso liegt eine Osteoporose dann vor, wenn die Konzentration des Knochengewebes beziehungsweise des Knochenminerals mehr als zwei Standardabweichungen unter dem Mittelwert junger Erwachsener gleichen Geschlechts liegt (Nordin, 1987). Schließlich ist die Osteoporose allgemein definiert durch eine Verminderung der Knochenmasse pro Volumeneinheit mit der Folge mechanischer Insuffizienz. Klinisch ist sie als ein Schmerzsyndrom bei mechanischer Skelettinsuffizienz und erhöhter Frakturneigung infolge pathologischen Knochenmasseverlustes zu definieren (Ringe & Stein-hagen-Thiessen, 1988).

Zwei zentrale Probleme scheinen eine eindeutige und klinisch praktikable Definition zu erschweren. Zum einen macht die Interpretation eines quantifi-zierten Knochenmasseverlustes Schwierigkeiten. Die entwickelten quantitativen Meßmethoden ermöglichen zwar inzwischen eine valide und reproduzierbare Messung des Knochenmineralgehaltes an verschiedenen Skelettabschnitten, eig-nen sich aber nicht für Screening-Untersuchungen. Weiterhin hat die Erarbeitung der Standards für diese Methoden gezeigt, daß der Streubereich des Normalen sehr breit ist und mit zunehmendem Alter eher noch größer wird. Folgt man beispielsweise der Definition von Nordin (1987) und beschränkt sich auf dieses Kriterium, so würde man bei Frauen über 80 Jahren in fast 100 Prozent der Fälle eine Osteoporose diagnostizieren müssen.

Zum anderen ist aber auch die Forderung eines Nachweises bereits stattge-fundener Frakturen für die Diagnose nicht unproblematisch. In diesem Fall verlagern sich die Unschärfen in den vorklinischen Bereich. Die Diagnose kommt praktisch zu spät, denn die anti-osteoporotische Therapie kann die Zusam-mensinterung eines Wirbelkörpers nicht rückgängig machen. Zudem weisen Frakturen der Extremitätenknochen eine nicht geringe Mortalitätsrate auf – Schenkelhalsfrakturen sind zum Beispiel mit einem Mortalitätsrisiko von bis zu 20 Prozent innerhalb der ersten drei Wochen verbunden. Da eine allen Erfor-dernissen (in bezug auf Diagnostik, Therapie, Prophylaxe) gerecht werdende Definition zur Zeit noch aussteht, wird der Begriff Osteoporose relativ breit eingesetzt, so daß teilweise auch physiologische Altersveränderungen mit dieser Krankheitsbezeichnung belegt werden.

D. Spezifische Behandlungsmöglichkeiten in der Geriatrie

1. Geriatrische Einrichtungen

Für eine altengerechte Medizin brauchen wir neue Konzepte der medizini-schen Versorgung. Die Akut-Krankenhäuser in ihrer jetzigen Organisationsform sind in mehrfacher Hinsicht ungeeignet für die Versorgung von älteren Men-schen und Hochbetagten. Deshalb gibt es auch in der Bundesrepublik Deutsch-land in zunehmendem Maße Spezialeinrichtungen für die Geriatrie. In den USA, in England, Holland, Schweden und einigen anderen Ländern bestehen bereits seit zehn bis 15 Jahren die unterschiedlichsten Geriatrie-Einrichtungen. In den meisten Fällen handelt es sich um eigenständige geriatrische Abteilungen in Akut-Krankenhäusern oder um geriatrische Fachkrankenhäuser.

Aus der bisherigen Erfahrung ist abzuleiten, daß geriatrische Einrichtungen eine differenzierte Binnenstruktur bei einem nach außen abgestuften System mit teilstationären und ambulanten Diensten aufweisen sollten (vgl. Tab. 2). Die drei Organisationsformen geriatrischer Einrichtungen werden im folgenden kurz beschrieben.

Tabelle 2: Gesundheitssystem für ältere Menschen.

	stationär	Organisationsform teilstationär	ambulant
Institution Betreuungs- form	Geriatrische Klinik* Geriatrisches Pflegeheim	Geriatrische Tagesklinik*	Sozialstation Arztpraxis Therapeutenpraxis Betreutes Wohnen Geriatrische Beratungsstellen*
Medizinische Leistung	Diagnostik, Akutbehandlung Medizinische Versorgung, aktive Pflege, Erhaltungstherapie	Diagnostik, Behand-lung, Rehabilitation, Prävention Aktive Pflege, Erhal-tungs-Therapie, Prä-vention	Häusliche Krankenpflege Medizinische Versorgung Rehabilitation und Erhaltungs-Therapie Ganzheitliche Betreuung Beratung zu Gesundheits-versorgung und Alten-pflege

* Einrichtung eines geriatrischen Fachkrankenhauses.

– Stationäre Einrichtungen

Weder von ihrer Arbeitsweise noch von ihrer Ausstattung her sind Akut-Krankenhäuser in der Regel der geeignete Ort für die Rehabilitation älterer Patienten. Sie sind auf die vollständige Wiederherstellung der Gesundheit eines Patienten nach einem akuten Krankheitsgeschehen ausgerichtet. Deshalb do-minieren tendenziell in der Diagnostik und Therapie die Verfahrensweisen einer kurativen Organmedizin, die angesichts der Multimorbidität und der Gefähr-dung durch Immobilisierung bei älteren Patienten in den meisten Fällen nicht angewandt werden können oder sollten. Die geriatrische Akut-Klinik nimmt entweder rehabilitationsfähige Patienten direkt auf oder übernimmt sie aus anderen Akut-Krankenhäusern. Eine ihrer Hauptaufgaben ist die gezielte Re-habilitation, nämlich die *Wiederherstellung der größtmöglichen Selbständigkeit trotz eventuell bleibender Behinderung.*

Darüber hinaus ist die Prüfung und Abklärung der Pflegebedürftigkeit geriatrischer Patienten eine ihrer verantwortungsvollsten Aufgaben. Außerdem sollte bei einer differenzierten Binnenstruktur dieser stationären Einrichtung immer ein Teil der Ressourcen für die Versorgung von chronisch kranken geriatrischen Patienten vorgesehen sein. Bei dieser Art der Langzeitversorgung (Pflegeheim) handelt es sich um Patienten, die ständig von Ärzten überwacht werden müssen und auch ein hohes Maß an pflegerischer Versorgung benö-tigen.

– Teilstationäre Einrichtungen

Die *Geriatrische Tagesklinik* ist das Bindeglied zwischen stationärer und ambulanter Versorgung. Der teilstationäre Bereich innerhalb der geriatrischen Versorgung dient der Verkürzung oder sogar der Vermeidung eines stationären Aufenthaltes. Der Patient bekommt in vollem Umfang eine ganzheitliche medizinische Diagnostik und rehabilitative Therapie bei gleichzeitigem Verbleib in seinem sozialen Kontext.

Die personelle Ausstattung einer Tagesklinik entspricht der einer geriatrischen Rehabilitationsstation. Hier ist auch das therapeutische Team das Kernstück dieser Einrichtung. Allerdings müssen alle Patienten, die in die Tagesklinik eingewiesen werden, transportfähig und so selbständig sein, daß sie sich am Abend, in der Nacht oder am Wochenende selbst versorgen oder von ihren Angehörigen versorgt werden können.

Das Tagespflegeheim dient älteren Menschen, die tagsüber Pflege und aktivierende Betreuung benötigen. Am Abend, in der Nacht und am Wochenende werden diese Funktionen von Angehörigen übernommen. Im Gegensatz zur Tagesklinik, in der die geriatrischen Patienten nur für eine begrenzte Zeit aufgenommen werden, können geriatrische Patienten in einem Tagespflegeheim dauerhaft versorgt werden.

– Ambulante Dienste

Beim geriatrischen Patienten kommt es auf die Kontinuität in der medizinischen Versorgung an. Deshalb ist eine enge Verzahnung von stationären, teilstationären und ambulanten Einrichtungen notwendig. Die Gefahren im ambulanten Sektor liegen in der oft fehlenden Koordination und Kommunikation der Beteiligten (vgl. Tab. 2), so daß schnell Versorgungslücken für den Patienten entstehen können.

Die Leistungen der Sozialstationen in der Kranken- und Hauspflege sind akzeptiert und gesetzlich geregelt, allerdings beschränken sich Beratungsstellen für geriatrische Patienten und deren Angehörige derzeit noch auf einzelne Modellprojekte. In einem abgestuften Gesundheitssystem für ältere Menschen sollte es eine regional zuständige Beratungsstelle mit einer multiprofessionellen Personalbesetzung (z. B. Therapeuten, Ärzte, Sozialarbeiter, Pflegepersonal usw.) geben.

2. Pflege und Probleme der Pflegebedürftigkeit

Da das Konzept einer modernen Geriatrie vorrangig von rehabilitativen Aspekten getragen ist, steht auch bei der Pflege eine aktivierende therapeutische Pflege im Vordergrund. Das heißt, Pflege ist grundsätzlich Hilfe zur Selbsthilfe. Die pflegerische Betreuung begleitet den Patienten rund um die Uhr und bei allen Verrichtungen des täglichen Lebens. Um so wichtiger ist es, daß auf der Grundlage von Pflegeplanung und Pflegedokumentation gearbeitet wird. In die Pflegeplanung gehen außer den pflegerischen Problemen und Lösungsmöglichkeiten auch die häuslichen, sozialen und räumlichen Bedingungen des Patienten ein.

Die Pflege in der Geriatrie sollte sowohl Qualifikationsanteile der Kranken-pflege als auch der Altenpflege beinhalten: Aktivitäten und Beziehungspflege sind gegenüber der Grund- und Behandlungspflege keinesfalls nachrangig. Auch der alte Mensch bedarf in hohem Maße der sorgfältigen und gewissenhaften Information über sich selbst und seine Umwelt. Eine seelsorgerische Betreuung im weitesten Sinne kann eine große Hilfe bei der Lösung der vielfältigen Probleme sein.

Von allen Mitarbeitern haben die Pflegekräfte den intensivsten Kontakt zu den Angehörigen der Patienten, die sie für eine aktive Rolle im Pflege- und Rehabilitationsprozeß gewinnen sollten. In bezug auf die künftige Versorgung werden sie dankbar sein für praktische Hinweise auf Hilfsmittel und Pflege-techniken. Der wichtigste Leitsatz in der Geriatrie für das Verhalten der Pfle-gekräfte gegenüber dem Patienten ist: *Stete Forderung, aber keine Überforde-rung.*

Mit zunehmendem Lebensalter tritt der Begriff der Selbsthilfefähigkeit immer mehr in den Vordergrund, und das Hauptinteresse bei den Hochbetagten richtet sich darauf, Pflegebedürftigkeit zu vermeiden oder soweit wie möglich aufzu-schieben. Dennoch zeigen empirische Forschungsergebnisse, daß das Pflegeper-sonal das intendierte Ziel der Selbsthilfe oft nicht realisiert. Beispielsweise haben Margret Baltes und Mitarbeiter intensive Studien in Altersheimen durchgeführt, in denen die Interaktionsmuster zwischen älteren Menschen und dem Pflege-personal im Kontext von Selbstpflege beobachtet wurden. Dabei wurde in allen Altersheimen festgestellt, daß das Pflegepersonal nach einem »Skript der Ab-hängigkeitsunterstützung« handelt: Autonome Selbstpflege der älteren Men-schen wurde weitgehend ignoriert, fehlende Selbständigkeit (Abhängigkeit) un-terstützt, selbst in Situationen, in denen ältere Menschen zu autonomer Selbst-pflege fähig waren (Baltes & Wahl, 1987). Pflegebedürftigkeit bedeutet immer eine große Einbuße an Unabhängigkeit und Selbstbestimmung, oft auch Verlust der gewohnten Umgebung. Für den betroffenen Patienten bedeutet dies weiter-hin einen Rollentransfer. Einen älteren Menschen als pflegebedürftig einzustu-fen, ist eine der verantwortungsvollsten und oft auch folgenschwersten Aufga-ben.

Aufgrund der geschichtlichen Entwicklung des Sozial- und Gesundheitswe-sens einerseits sowie der Rechtsprechung andererseits steht in Deutschland nicht die ärztliche, sondern die pflegerische Leistung beim Pflegebedürftigen im Vor-dergrund. Die Sozialhilfe ist in erster Linie der zuständige Kostenträger, wenn keine Selbstfinanzierung der Pflegeleistung möglich ist. Wenngleich die Bedin-gungen, unter denen die Krankenkassen heute Leistungen, zum Beispiel häus-liche Krankenpflege, bezahlen, gelockert wurden, ist die Grenze zwischen Pfle-gebedürftigkeit und Behandlungsbedürftigkeit oft nicht zu ziehen. Im Sozial-gesetzbuch V und im Rehabilitationsangleichungsgesetz von 1974 sind neue

Leistungsrechte beschrieben, die sich mit der Vermeidung von Pflegebedürftigkeit, der Beseitigung von Behinderung und deren Verschlimmerung befassen. Auch in diesem Rahmen ist die Diskussion um eine Pflegeversicherung zu sehen (vgl. Dieck, Kapitel 25 in diesem Band).

Neben ambulanten Diensten und teilstationären Einrichtungen wie dem Tagespflegeheim ist das Pflegeheim sicher die umstrittenste Einrichtung für den älteren Menschen. Die Einweisung in ein Pflegeheim wird immer als etwas Negatives, als »Einbahnstraße« erlebt. Auch für die Pflegebedürftigen in Institutionen muß alles getan werden, um die körperliche und geistige Tätigkeit aufrechtzuerhalten, damit keine erworbene Unselbständigkeit entsteht. Deshalb spielt die therapeutisch-aktivierende Pflege eine so wichtige Rolle.

Schließlich ist noch die Belastung von pflegenden Angehörigen zu nennen. Auch hier sollten größte Anstrengungen unternommen werden, ihnen die Bedingungen, unter denen sie die Angehörigen pflegen, zu erleichtern, zum Beispiel durch sogenannte Entlastungsaufenthalte in Urlaubszeiten, durch Beratungsstellen und ambulante Dienste.

3. Rehabilitation in der Geriatrie

Die Anwendung der Rehabilitation auf den älteren und hochbetagten Patienten und sein Recht auf diese Maßnahmen erfordern eine Neudefinition und Erweiterung der hergebrachten Konzepte der Rehabilitation. Die versicherungsrechtliche Aufhebung von Leistungsbeschränkungen bei älteren Patienten ist zwar eine wesentliche, nicht jedoch die einzige Voraussetzung dafür, die Rehabilitationsmöglichkeiten älterer Menschen zu verbessern. 1974 wurde das Rehabilitationsangleichungsgesetz verabschiedet. Dieses Gesetz beinhaltet die soziale Integration als Ziel medizinischer und therapeutischer Rehabilitation. Seither liegen eindeutige Rechtsgrundlagen für die geriatrische Rehabilitation vor: Vermeidung, Verminderung oder Hinauszögern von Pflegebedürftigkeit und Anerkennung des Krankenhauses als Einrichtung für medizinische Rehabilitation.

Die Verhaltensweisen der älteren Bevölkerung und die Veränderung der Altersstruktur in der Bevölkerung, mit einer starken Zunahme der Hochbetagten, haben dazu beigetragen, daß bei allen Verantwortlichen von der Bundesregierung bis zu den regionalen Leistungsträgern jetzt mehr Bereitschaft vorhanden ist, die Unzulänglichkeit der bestehenden Versorgungssituation für ältere Patienten zu beseitigen und durch den Einsatz von Rehabilitationsleistungen und durch ein abgestuftes Versorgungssystem zu verbessern. Damit verbunden ist die Einsicht, daß bei einem immer ungünstiger werdenden Verhältnis zwischen Hilfe- und Pflegebedürftigen einerseits und zur Hilfe Fähigen andererseits die Wiederherstellung der Selbständigkeit erkrankter älterer Menschen eine sozialpolitische Zielsetzung von hoher Priorität ist.

In der Geriatrie unterscheidet man drei Formen der Rehabilitation (Steinmann, 1976):

- die *präventive Rehabilitation* mit dem Ziel der Erhaltung der Leistungsfähigkeit und der Verhütung oder Verminderung von Altersabbau;
- die *allgemeine Rehabilitation*, die durch aktivierende Pflege und Therapie zumindest den Status quo des chronisch kranken Patienten erhält und langfristig auch Verbesserungen bewirken kann;
- die *gezielte Rehabilitation*, die krankheitsbezogen vorgeht und verlorengegangene Fähigkeiten durch gezieltes Training wiederzugewinnen sucht.

Geriatrische Rehabilitation arbeitet gezielt nicht nur in bezug auf die spezifischen Krankheitsfolgen, sondern sie bereitet den Patienten auch gezielt auf die Bewältigung seiner ganz konkreten individuellen Lebenssituationen vor. Geriatrische Rehabilitation leitet sich aus einem ganzheitlichen Therapiekonzept ab, das die Wechselwirkung zwischen der Krankheit des älteren Menschen, seinen körperlichen Fähigkeiten, seinem psychischen Befinden und seinen sozialen Gegebenheiten berücksichtigt.

Die Zielrichtung dieses Ansatzes ist die Optimierung der Selbständigkeit. Während die Innere Medizin als kurative Medizin auf das Heilen, das heißt auf Wiederherstellung möglichst *ad integrum* gerichtet ist, sieht die Geriatrie ihre Aufgabe darin, dem alten Patienten auch unter der Voraussetzung bleibender Beeinträchtigungen die Fortführung seines Lebens in den vertrauten Bezügen und Verhältnissen zu ermöglichen. Auch ein kleines Quantum an neugewonnener Selbständigkeit und Unabhängigkeit von fremder Hilfe ist dabei oft schon ein Zugewinn an Lebensqualität.

Geriatrische Rehabilitation beginnt deshalb mit einer spezifischen geriatrischen Diagnostik. Sie beeinhaltet eine umfassende, interdisziplinäre Abklärung aller Probleme und Ressourcen eines Patienten. Gestützt auf diese Erkenntnis, erfolgt eine Einschätzung des vorhandenen Rehabilitationspotentials, wird ein Rehabilitationsziel formuliert und ein Therapieplan aufgestellt. Von Anfang an dient die Therapie auch der Vorbereitung der Entlassung in eine ganz konkrete räumliche, soziale, familiäre und wirtschaftliche Situation, an deren Bewältigung der Rehabilitationsverlauf gemessen wird.

Das höchste Ziel ist immer, einen rehabilitierten Patienten wieder in seine alte Umgebung zu entlassen, sei es in die eigene Wohnung, zu Familienangehörigen oder ins Seniorenheim. Um die Fähigkeit zu selbständiger Lebensführung wiederzugewinnen, lernt er in der Therapie, trotz einer oft bleibenden Beeinträchtigung möglichst unabhängig von fremder Hilfe mit den praktischen Anforderungen des täglichen Lebens fertig zu werden. Es gibt Patienten, für die das Erreichen von Rollstuhlfähigkeit bereits die äußerste Stufe der Rehabilitation darstellt; auch dies bedeutet ein Stück Unabhängigkeit.

Zu den Therapiezielen in der Geriatrie gehört auch die individuelle Verarbeitung der Krankheit selbst, das Akzeptieren von pflegerischer und praktischer Hilfe und die Anpassung der Zukunftsplanung an die neuen Gegebenheiten: die soziale und psycho-soziale Rehabilitation. Die soziale Dekompensation von älteren Patienten während eines stationären Aufenthaltes kann stark vermindert werden, indem vielfältige Kontakte und Kommunikationsmöglichkeiten mit den Mitpatienten, mit Angehörigen und Besuchern angeregt und gefördert werden. Nach der Entlassung aus einer geriatrischen Klinik sind oft noch weiterführende therapeutische Maßnahmen notwendig, um das Wiedererlernte zu erhalten.

Wie schon bei der Diagnostik ist auch bei der Aufstellung eines Therapieplanes und bei der Formulierung eines Rehabilitationszieles das interdisziplinäre geriatrische Team beteiligt. Unter der verantwortlichen Leitung eines Arztes, der die Therapien anordnet und überwacht, arbeitet ein therapeutisches Stationsteam, dessen Zusammensetzung von Patient zu Patient variieren kann, nach einem für alle verbindlichen Konzept.

Die wesentlichen Prinzipien dieses Konzeptes sind: Teamarbeit; therapeutische, aktivierende Pflege; stete Forderung, aber keine Überforderung des Patienten; Rehabilitation des ganzen Menschen, Einzelaspekte sind dem Prinzip der Ganzheitlichkeit unterzuordnen. Zum therapeutischen Team auf der Rehabilitationsstation gehören außer dem bereits weiter vorne genannten Pflegedienst noch weitere Einrichtungen, die im folgenden kurz beschrieben werden.

– Der ärztliche Dienst

Die Rolle des Arztes im Team der geriatrischen Rehabilitation unterscheidet sich deutlich von der eines Arztes im Akut-Krankenhaus. Als Leiter und Koordinator des therapeutischen Teams muß er gute Kenntnisse über die Behandlungsmöglichkeiten der beteiligten Berufsgruppen haben. Nur so ist er in der Lage, die Durchführung der von ihm verordneten Therapien wirksam zu überwachen und notfalls den Therapieplan oder die Therapieziele zu korrigieren (zur Arzneimitteltherapie im Alter vgl. Coper & Schulze, Kapitel 8 in diesem Band).

Der Arzt in der Geriatrie hat es nicht nur mit den medizinischen Befunden seiner Patienten zu tun. Er muß immer die gesamte Lebenssituation vor Augen haben und bei jeder Intervention abwägen, ob sie letztlich auch ein Mehr an Lebensqualität für den Patienten bedeuten wird. Er kann sich nicht auf die Verordnung von Maßnahmen der Behandlungspflege beschränken, er muß darauf achten, daß therapeutisch-aktivierend gepflegt wird. Er fordert, falls notwendig, nicht nur Röntgen- und Laboruntersuchungen an, sondern vermittelt auch ein Gespräch mit dem Krankenhaus-Seelsorger, mit dem Sozialdienst oder dem Psychologen.

– Die Physiotherapie

Da man heute viel mehr Gewicht auf aktive Therapien legt und passive Maßnahmen zurücktreten, nimmt die Krankengymnastik innerhalb der Physiotherapie einen im Vergleich zu früheren Auffassungen viel größeren Raum ein, während Massagen und Packungen ihre bevorzugte Stellung verloren haben.

In der medizinischen Rehabilitation älterer Patienten ist die Krankengymnastik die am häufigsten verordnete Behandlung, die nahezu jeder geriatrische Patient erhält. Sie arbeitet auf der Grundlage neurophysiologischer Ansätze (wie

z. B. dem Bobath-Konzept) und setzt schon beim akut erkrankten, noch bett-lägerigen Patienten ein. Sie besteht in dieser Frühphase aus der richtigen Lagerung und aus der Vorbereitung auf die Mobilisierung. In der anschließenden Phase der Bewegungstherapie stehen die Wiedergewinnung, Erhaltung und Verbesserung der Mobilität im Vordergrund. Auf die Therapiephase der Lagerung, der Frühmobilisierung und der Bewegungstherapie folgt ein Therapieabschnitt, in dem entweder vorübergehend oder auf Dauer Hilfsmittel und Übungsgeräte eingesetzt werden (Deltarad, Rollator, Gehbarren, Schlingentisch, Schienen und Prothesen usw.). Ziel ist immer die Erlangung der größtmöglichen körperlichen Selbständigkeit der Patienten.

– Massage und Bäder
Innerhalb der geriatrischen Rehabilitation bietet dieser Therapiebereich ein breites Spektrum an Behandlungsmöglichkeiten mit teils aktiven und teils passiven Maßnahmen an. Indikationsgebiete sind Erkrankungen des Bewegungsapparates im umfassenden Sinne, Zirkulationsstörungen, dermatologische Erkrankungen und psychische Veränderungen. Angewandt werden verschiedene Massagearten (klassische Massage, Bindegewebsmassage, Periostmassage), Lymphdrainage, Wärme- und Kältetherapie (Heublumen- und Eispackungen, Heißluft, feuchte Wickel u. a.), Elektrotherapie, Inhalationen und Hydrotherapie.

– Die Ergotherapie
Im Zusammenhang mit ihrer Aufgabenstellung in der Rehabilitation ist es in den letzten Jahren zu einer Umorientierung innerhalb der Ergotherapie gekommen. An Stelle der erholsamen und belebenden Aktivitäten, die die Beschäftigungstherapie – zusätzlich – anbietet, ist in der Ergotherapie die *funktionelle Therapie* mit dem Ziel in den Vordergrund getreten, dem erkrankten älteren Menschen, der unter Umständen mit bleibender Behinderung rechnen muß, zu besserer Lebensqualität zu verhelfen.

Zur Wiederherstellung und Erhaltung der Selbständigkeit im lebenspraktischen und im psycho-sozialen Bereich werden in der Ergotherapie vor allem die sensomotorischen, aber auch die geistigen, emotionalen und sozialen Fähigkeiten der Patienten geschult. Zur ergotherapeutischen Rehabilitation gehören die Aufgabenbereiche der motorisch-funktionellen Therapie, insbesondere der oberen Extremitäten; das Training der Aktivitäten des täglichen Lebens, wie zum Beispiel An- und Auskleiden, Zähneputzen, Haarkämmen, Benutzen von Hilfsmitteln; neuropsychologisches und psycho-soziales Training zur Verbesserung von Wahrnehmung, Orientierung, Gedächtnis, Kommunikations- und Kontaktfähigkeit; und schließlich Hausbesuche und Anpassung der Wohnung an die Bedürfnisse behinderter Patienten.

– Die Logopädie
Die Logopädie behandelt in der geriatrischen Rehabilitation Aphasien und motorische Sprachstörungen, Schluckstörungen und Stimmstörungen, wobei die

verschiedenen Formen von Aphasie und Schluckstörungen am häufigsten vorkommen. Voraussetzung für eine rehabilitative Therapie der verschiedenen Aphasiesyndrome ist eine ausführliche logopädische Diagnostik, die die Ätiologie und den Schweregrad der aphasischen Störung feststellt und die Klassifizierung der Aphasie vornimmt.

Das Ziel logopädischer Behandlung ist es, die für den Patienten bestmögliche sprachliche Kommunikationsfähigkeit wiederherzustellen. Bedingung für eine günstige Prognose bei aphasischen Störungen sind ein intaktes Gedächtnis und gut erhaltene Intelligenz des Patienten. Bei der Behandlung von Schluckstörungen ist das therapeutische Ziel, den Patienten wieder das selbständige Essen und Trinken zu lehren, um ihn ohne Sonde entlassen zu können.

– Der Sozialdienst

Der Sozialdienst in den stationären und teilstationären Einrichtungen der geriatrischen Rehabilitation trägt wesentlich zur Realisierung des Therapiezieles der Geriatrie bei. Für die Einschätzung der Ursachen, des Verlaufs und der Auswirkung der Erkrankung sowie für die Planung von Therapie- und Rehabilitationsmaßnahmen ist eine umfassende Kenntnis der Lebensumstände eines Patienten erforderlich. Auch für die Prognose der Rehabilitationschancen und für die Formulierung eines Behandlungszieles sind die Feststellungen der Sozialanamnese in bezug auf die häusliche Situation und auf die räumlichen, sozialen und wirtschaftlichen Bedingungen der Selbstversorgung von entscheidender Bedeutung.

Ein anderer Aufgabenbereich des Sozialdienstes liegt auf dem Gebiet der Beratung und Vermittlung bei Verlegung, Entlassung oder Übersiedlung in ein Heim, bei Problemen mit der Finanzierung der Behandlungskosten oder der Beantragung einer Pflegschaft, eines Schwerbehinderten- oder Telebus-Ausweises. Rechtzeitig vor der Entlassung vermittelt der Sozialdienst die erforderlichen Hilfen für die weitere Versorgung eines Patienten, wie zum Beispiel »Essen auf Rädern«, häusliche Krankenpflege oder Hauspflege durch eine Sozialstation, Kontakt zu Selbsthilfegruppen oder zu ehrenamtlichen Helfern.

– Der psychologische Dienst

Im Team der geriatrischen Rehabilitation hat die Psychologie ein vielfältiges Einsatzgebiet. Von zentraler Bedeutung für die gesamte Rehabilitationsplanung ist die Leistungs- und Persönlichkeitsdiagnostik, die der Psychologe durchführt. Diese Befunde finden Berücksichtigung bei der psychotherapeutischen Therapie und Beratung.

Für die gezielte Rehabilitation, insbesondere von Schlaganfallpatienten und der großen Gruppe der Patienten mit Hirnläsionen, ist eine neuropsychologische Funktionsdiagnostik, die sich mit Kognition, Gedächtnis, Konzentration, räumlicher Koordination und Intelligenz befaßt, unerläßlich. Die psychotherapeutische Betreuung (Einzeltherapie und gruppentherapeutische Angebote) beinhaltet die Erarbeitung von individuellen Bewältigungsstrategien sowie die Behandlung von reaktiven Syndromen und Entspannungsübungen.

4. Geroprophylaxe

Unter »Geroprophylaxe« werden alle prophylaktischen Maßnahmen verstanden, die den negativen Aspekten des Alters entgegenwirken, das heißt, sie beziehen sich gezielt auf den letzten Lebensabschnitt. Neben den medizinischen Aspekten der Prävention umfaßt die Geroprophylaxe auch die psycho-sozialen Aspekte des Alters im weitesten Sinne.

Die klassischen medizinischen Risikofaktoren wie hohes Cholesterin, Übergewicht, Bluthochdruck, Nikotinabusus, Alkoholgenuß, Bewegungsmangel und anderes mehr spielen die Hauptrolle bei der Entstehung vieler Krankheiten im Alter und haben daher für die Morbidität und Mortalität große Bedeutung. Sie sind aber in aller Regel beeinflußbar, oft sogar vermeidbar. Dies haben hinsichtlich der Morbidität die verschiedenen, großangelegten Interventionsstudien (Helsinki-Heart-Study, 1987; Lipid Research Clinic Primary Prevention Trial, 1984; Multiple Risk Factor Intervention Trial, 1986) zeigen können. Für den letzten Lebensabschnitt, der oft durch Multimorbidität gekennzeichnet ist, muß deshalb die Prävention gezielt verbessert und ausgebaut werden. Nach Fries sind in den USA erste Erfolge präventiver Maßnahmen zu erkennen (vgl. Tab. 3). Dabei sollten im Sinne der Geroprophylaxe von den ambulant behandelnden

Tabelle 3: Erfolge präventiver Maßnahmen (nach Fries, März 1990 durch persönliche Mitteilung).

Abnahme der Morbidität von	ist
Arteriosklerose Lungenkrebs (Männer)	dokumentiert
Dickdarmkrebs Hautkrebs Zuckerkrankheit Trauma	erreichbar
Emphysem Leberzirrhose Lungenkrebs (Frauen)	wahrscheinlich

Ärztinnen und Ärzten regelmäßige Vorsorge- und Kontrolluntersuchungen durchgeführt werden können (vgl. auch Baltes & Baltes und Gerok & Brandtstädter, Kapitel 1 und 14 in diesem Band).

Diese Untersuchungen des älteren Patienten durch den Hausarzt reichen allein nicht aus. Außerdem müssen die sozialen Aspekte berücksichtigt werden.

Hier ist als eine der wichtigsten Präventivmaßnahmen die Vermittlung von bedarfsgerechten Wohnungen für den einzelnen älteren Menschen zu nennen. Dies kann sich von der Adaptation der eigenen Wohnung bis zum Umziehen in eine Altenwohnanlage erstrecken. Darüber hinaus gehört zur sozialen Geroprophylaxe die Aufrechterhaltung von sozialen Netzwerken: Aktivitäten in Seniorenklubs, Selbsthilfegruppen, Teilnahme an Bildungswochen, Besuche von Seniorenvolkshochschulen. Wenn es gelingen sollte, in diesem Bereich kontinuierlich Geroprophylaxe zu betreiben, scheint eine deutlich verminderte oder aufgeschobene Morbidität für den letzten Lebensabschnitt erreichbar zu sein.

Literaturverzeichnis

Assmann, G. (Hrsg.) (1988). *Fettstoffwechselstörungen und koronare Herzkrankheit*. München: MMV Medizin Verlag.

Baltes, M. M. & Wahl, H. W. (1987). Dependence on aging. In L. L. Carstensen & B. A. Edelstein (Eds.), *Handbook of clinical gerontology* (S. 204–221). New York: Pergamon.

Culver, B. H. & Butler, J. (1985). Alterations in pulmonary function. In R. Andres, E. L. Bierman & W. R. Hazzard (Eds.), *Principles of geriatric medicine* (pp. 280–287). New York: McGraw-Hill.

Dambacher, M. A., Ittner, J. & Ruegsegger, P. (1986). Osteoporose – Pathogenese, Prophylaxe, Therapie. *Der Internist, 27*, 206–213.

Davis, P. H., Dambrosia, J. M., Schoenberg, B. S., Schoenberg, D. G., Pritchard, D. A., Lilienfeld, A. M. & Whisnant, J. P. (1987). Risk factors for ischemic stroke: A prospective study in Rochester, Minnesota. *Annals of Neurology, 22*, 319–327.

Diener, H. C. (1989). *Prävention und Therapie des Schlaganfalls*. München: Arcis.

Goldbourt, U. & Neufeld, H. N. (1986). Genetic aspects of arteriosclerosis. *Arteriosclerosis, 6*, 357–377.

Helsinki-Heart-Study (Ed.) (1987). Primary prevention trial with gemfibrozil in middle-aged men with dyslipidemia. *New England Journal of Medicine, 317*, 1237–1245.

Kannel, W. B., McGee, D. & Gordon, T. (1976). A general cardiovascular risk profile. The Framingham-Study. *American Journal of Cardiology, 38*, 46–51.

King, D. W. (1988). Pathology and aging. In B. Kent & R. N. Butler (Eds.), *Human aging research. Concepts and techniques* (pp. 325–340). New York: Raven Press.

Kostis, J. B., Moreyra, A. E., Amendo, M. T., Di Pietro, J., Cosgrove, N. & Kuo, P. T. (1982). The effect of age on heart rate in subjects free of heart disease. Studies by ambulatory electrocardiography and maximal exercise stress test. *Circulation, 65*, 141–145.

Lakatta, E. G. (1983). Determinants of cardiovascular performance: Modulation due to aging. *Journal of Chronic Diseases, 36*, 15–30.

Lakatta, E. G. & Yin, F. C. P. (1982). Myocardial aging: functional alterations and related cellular mechanisms. *American Journal of Physiology, 242*, H927-H941.

Lipid Research Clinic Primary Prevention Trial (1984). I. Reduction of incidence of coronary heart disease. *Journal of the American Medical Association, 251*, 351–364.

Multiple Risk Factor Intervention Trial (1986). Coronary heart disease death, non-fatal acute myocardial infarction and other clinical outcomes in the multiple risk factor intervention trial. *American Journal of Cardiology, 58*, 1–13.

Nordin, B. E. C. (1987). The definition and diagnosis of osteoporosis [editorial]. *Calcified Tissue International, 40,* 57 – 58.

Nordin, B. E. C. (in press). Prediction and prevention of osteoporosis. In M. Bergener, M. Ermini & H. B. Stähelin (Eds.), *Challenges in aging.* London: Academic Press.

Reznick, A., Steinhagen-Thiessen, E. & Gershon, D. (1982). The effect of exercise on enzyme activities in cardiac muscles of mice of various ages. *Biochemical Medicine, 28,* 347 – 352.

Riggs, B. L. & Melton, L. J. (1986). Involutional osteoporosis. *New England Journal of Medicine, 314,* 1676 – 1686.

Ringe, J. D. (Hrsg.) (1991). *Osteoporose. Pathogenese, Diagnostik und Therapiemöglichkeiten.* Berlin: de Gruyter.

Ringe, J. D. & Steinhagen-Thiessen, E. (1984). Diagnostisches Vorgehen bei Osteoporose. *Zeitschrift für Rheumatologie, 43,* 285 – 290.

Ringe, J. D. & Steinhagen-Thiessen, E. (1988). Erkrankungen des Knochens. In E. Lang (Hrsg.), *Praktische Geriatrie* (S. 503 – 509). Stuttgart: Enke.

Rodeheffer, R. J., Gerstenblith, G., Becker, L. C., Fleg, J. L., Weisfeldt, M. L. & Lakatta, E. G. (1984). Exercise cardiac output is maintained with advancing age in healthy human subjects. *Circulation, 69,* 203 – 213.

Ross, R. & Glomset, J. A. (1976). The pathogenesis of atherosclerosis. *New England Journal of Medicine, 295,* 420 – 425.

Schneider, E. L. & Guralnik, J. M. (1990). The aging of America: Impact on health costs. *Journal of the American Medical Association, 263,* 2335 – 2340.

Shock, N. W. (1985). Longitudinal studies of aging in humans. In C. E. Finch & E. L. Schneider (Eds.), *Handbook of the biology of aging* (pp. 721 – 743). New York: Van Nostrand Reinhold.

Shock, N. W., Greulich, R. C., Andres, R., Arenberg, B., Costa, P. T., Lakatta, E. G. & Tobin, J. D. (1984). *Normal human aging: The Baltimore Longitudinal Study of Aging* (NIH Publ. No. 84, 2450). Washington, DC: U.S. Government Printing Office.

Steinhagen-Thiessen, E., Reznick, A. & Ringe, J. D. (1984). Age dependent variations in cardiac and skeletal muscle during short and long term tread-mill running of mice. *European Heart Journal, 5,* 27 – 30.

Steinmann, B. (1976). Die Rehabilitation im Alter. *Zeitschrift für Gerontologie, 9,* 195 – 197.

Steinmann, B. (1978a). Medizinische Aspekte des Alterns. *Der Internist, 19,* 405 – 409.

Steinmann. B. (1978b). Krankheiten im Alter. *Diagnostik, 14,* 329 – 331.

Svanborg, A. (1977). Seventy-year-old people in Gothenburg. A population study in an industrialized Swedish city: II. General presentation of social and medical conditions. *Acta Medica Scandinavica, 611* (Suppl.), 5 – 37.

Weisfeldt M. L., Gerstenblith G. & Lakatta E. G. (1985). Alterations in circulatory function. In R. Andres, E. L. Bierman & W. R. Hazzard (Eds.), *Principles of geriatric medicine* (pp. 248 – 279). New York: McGraw-Hill.

Wissler, R. W. & Vesselinovitch, P. (1987). The pathologenesis of atherosclerosis. In S. R. Bates & E. C. Gangloff (Eds.), *Atherogenesis and aging* (pp. 7 – 19). New York: Springer.

6. Psychiatrie des höheren Lebensalters

HEINZ HÄFNER

Zusammenfassung

Psychische Krankheiten weisen im höheren Lebensalter zunächst die gleiche Vielfalt, dieselben Ursachen und Erscheinungsbilder auf wie im mittleren Lebensalter. Sie sind allerdings häufiger von körperlichen Krankheiten begleitet und verlaufen eher chronisch. Mit weiter steigendem Alter nehmen dann funktionelle Störungen wie Angst und Depression deutlich ab, während die auf degenerative Hirnveränderungen zurückgehenden Krankheiten stark ansteigen. Die häufigste Alterskrankheit überhaupt – Demenz – beginnt mit einer Rate von circa ein Prozent zwischen 60 und 65 Jahren und steigt, nach Verdopplung etwa alle fünf Lebensjahre, auf mehr als 30 Prozent jenseits des 90. Lebensjahrs an.

Während die überwiegend arteriosklerotisch bedingte vaskuläre Demenz Ansatzpunkte wirksamer Prävention aufweist, ist die überwiegend genetisch bedingte Alzheimersche Krankheit derzeit noch keiner Vorbeugung und nur in bescheidenem Ausmaß einer symptomatischen Therapie zugänglich. Demenz ist die häufigste Einzelursache von Pflegebedürftigkeit. Rund 80 Prozent aller pflegebedürftigen Demenzkranken werden zu Hause versorgt, was mitunter erhebliche Folgen für Lebensqualität und psychische Gesundheit der pflegenden Angehörigen hat. Die in Heimen versorgten Demenzkranken weisen überwiegend schwere Pflegeprobleme auf, was zu großen Belastungen des Heimpersonals führt, zumal sie fast alle auch im Heim sterben.

A. Einleitung

Die Beschäftigung der Psychiatrie mit den Erkrankungen des höheren Lebensalters reicht weit zurück. Symptomatik und Verlauf der senilen Demenz wurden beispielsweise von Esquirol und Parent-Duchâtelet (1833) und Kraepelin (1903/04) in heute noch gültiger Form beschrieben, die Depressionen im höheren Lebensalter von Griesinger (1845) und Fürstner (1889). Die demographischen Veränderungen der Weltbevölkerung, vor allem das lineare Wachstum der

Prof. Dr. Dr. Dr. h.c. Heinz Häfner ist Direktor des Zentralinstituts für Seelische Gesundheit, WHO Collaborating Centre for Research and Training in Mental Health und Professor für Psychiatrie an der Universität Heidelberg. Seine Hauptarbeitsgebiete sind psychiatrische Epidemiologie, Psychogeriatrie und Schizophrenieforschung.

Altenbevölkerungen in den westlichen Industrienationen, haben das Interesse an psychischen Krankheiten des höheren Lebensalters stark anwachsen lassen.

Gegenstand der Psychiatrie des höheren Lebensalters sind Erscheinungsbild, Verlauf und Ausgang derjenigen psychischen Erkrankungen, die ausschließlich oder stark gehäuft im höheren Lebensalter auftreten. Außerdem sucht sie nach ihren Ursachen, nach auslösenden Faktoren und nach Möglichkeiten der Prävention und Therapie mit dem Ziel der Erhaltung eines gesunden und unabhängigen Lebens im Alter.

B. Gibt es eine unspezifische, alterstypische Charakteristik psychischer Krankheiten?

Erscheinungsbild, Verlauf und Folgen vieler auch in früheren Lebensabschnitten auftretender Erkrankungen sind im höheren Lebensalter durch biologische Faktoren des Alternsprozesses mitbestimmt. Die Bedeutung psychosozialer Faktoren — obwohl für funktionelle psychische Störungen und für die Lebensqualität im Alter immer noch höchst relevant — nimmt, relativ gesehen, in hohem Alter ab. Die Zahl von Erkrankungen, an denen eine Person gleichzeitig leidet, üblicherweise als Multimorbidität bezeichnet, nimmt mit dem Alter deutlich zu. In einer kürzlich abgeschlossenen Bevölkerungsstudie über 65jähriger von Welz, Lindner, Klose und Pohlmeier (1989) in der niedersächsischen Gemeinde Duderstadt, in der sowohl die psychischen als auch körperliche Krankheiten erfaßt wurden, waren nur 5,6 Prozent der 189 untersuchten 65jährigen gesund, 22,2 Prozent litten an einer oder zwei, 32,2 Prozent an drei oder vier, 19,4 Prozent an fünf oder sechs und 20,6 Prozent an mehr als sechs Erkrankungen. Mit zunehmend hohem Alter nimmt sowohl die Zahl gleichzeitig bestehender Erkrankungen pro Person als auch der Anteil degenerativer Erkrankungen wie Herzgefäßkrankheiten, Gelenkleiden, Altersdemenz und Augenleiden deutlich zu. Krankheiten im höheren Lebensalter sind häufiger erschwerend mit aktuellen medizinischen Begleitproblemen verbunden, die auf altersabhängig verminderte Abwehr- oder Anpassungsfunktionen des Organismus zurückgehen. Sie verlaufen häufiger chronisch und enden in unvollständiger Heilung oder bleibender Behinderung.

Die generelle Frage, ob es spezifische alterstypische Charakteristika bereits früher auftretender psychischer Erkrankungen gibt, ist häufig diskutiert worden. In den meisten Studien, die üblicherweise mit Patienten und nicht der Normalbevölkerung durchgeführt werden, war sowohl von einer Tendenz zur Nivellierung und Entstrukturierung profilierter Syndrome als auch von einer karikierenden Steigerung abnormer Charakterzüge berichtet worden (Ciompi, 1972; Riegel, 1955; Scheid, 1933; Schulte, 1958). Aussagekräftiger, aber vom Einfluß beginnender Hirnveränderungen nicht eindeutig zu trennen, sind Beobachtungen von altersspezifischen Veränderungen bei lange bestehenden funktionellen Psychosen. Sie zeigen überwiegend einen Rückgang und nur selten eine Verstärkung der expansiven Komponenten des Krankheitsgeschehens, insbesondere starker Erregung und anderer akuter Krankheitserscheinungen. Gleichzeitig verbessern sich, besonders bei einem Teil der Schizophrenen, die Bewältigung der alltäglichen Lebensaufgaben und die soziale Anpassung (Bleuler, 1972; Ciompi & Müller, 1976; Harding, Brooks, Ashikaga, Strauss & Breier, 1987). In diesen Veränderungen des Erscheinungsbildes funktioneller psychischer Erkrankungen finden alterstypische Entwicklungen der Persönlichkeit und der Lebenssituation ihren Niederschlag. Hierzu zählen die Abnahme von Triebdynamik und Aggressivität, die auch in einem starken Rückgang der Kriminalität Ausdruck findet, sowie Veränderungen der Wert- und Interessenstruktur, die im Alter von Leistung, Konkurrenz und Eroberung verstärkt auf Bewahrung und Anpassung übergeht. Von vielen psychischen Erkrankungen im höheren Lebensalter ist bekannt, daß sie nicht auf eine einzige Ursache, sondern auf das Zusammenwirken mehrerer Faktoren zurückgehen können. So können zum Beispiel eine genetisch übermittelte Disposition, Persönlichkeitsfaktoren, Lebensstile, chronische körperliche Erkrankungen, Schmerzzustände oder auch Besonderheiten der Lebenssituation – etwa Vereinsamung – und belastende Lebensereignisse zusammenwirken.

C. Epidemiologie psychischer Störungen im höheren Lebensalter

1. Wie erhält man zuverlässige Daten?

Verläßliche Aussagen über die Häufigkeit psychischer Erkrankungen im höheren Lebensalter können sich weder auf die Todesursachenstatistik noch auf Krankenhausstatistiken stützen. Da psychische und Hirnkrankheiten nur selten die unmittelbare Todesursache bilden, bleiben sie bei der Todesursachenfeststellung meistens unberücksichtigt. Für die Krankenhausstatistik gilt, daß nur ein kleiner Teil der psychisch kranken alten Menschen zur stationären Aufnahme kommt. Die Mehrzahl der pflegebedürftigen alten Menschen werden zu Hause oder in Pflegeheimen versorgt (Cooper & Bickel, 1987). Bevölkerungsstudien zur Häufigkeit psychischer Erkrankungen im höheren Lebensalter sind deshalb nur dann aussagekräftig, wenn sie sowohl die in Privathaushalten als auch die in Alteneinrichtungen lebenden und in Krankenhäusern versorgten alten Menschen einbeziehen.

2. Häufigkeit aller psychischen Störungen im höheren Lebensalter

Angaben über die Prävalenz aller psychisch Kranken in der Altenbevölkerung enthält nur ein Teil der psychogeriatrischen Bevölkerungsstudien. Unter Prävalenz wird die Anzahl oder Rate aller Personen in einer gegebenen Bevölkerung verstanden, die in einer gegebenen Zeit, meist innerhalb eines Jahres, eine bestimmte Krankheit aufweisen; Inzidenz hingegen ist die Zahl oder Rate der in dieser Zeitspanne erstmals auftretenden Krankheitsfälle. Tabelle 1 gibt einen Überblick über insgesamt elf Studien aus fünf Ländern. Das Ergebnis dieser

Tabelle 1: Psychische Störungen in der Bevölkerung über 65 Jahre (in Prozent). Ergebnisse aus Feldstudien (nach Cooper, 1986).

Autor	Untersuchungsgebiet	Anzahl der Probanden	Schwere organische Psychosyndrome	Leichte organische Psychosyndrome	Funktionelle Psychosen	Neurosen und Persönlichkeitsstörungen	Gesamt[1]
Sheldon (1948)	Wolverhampton, England (städtisch)	369	3,9	11,7	–	12,6	28,2
Primrose (1962)	N.-Schottland (ländlich)	222	4,5	–	1,4	12,6	–
Nielsen (1962)	Samsø (ländlich)	978	3,1	15,4	3,7	6,8	29,0
Kay et al. (1964)	Newcastle, England (städtisch)	443	5,7	5,7	2,4	12,5	26,3
Parsons (1965)	Swansea, Wales (städtisch)	228	4,4	–	2,6	4,8	–
Ben-Arie et al. (1983)	Kapstadt, Südafrika (städtisch)	139	3,6	5,0	5,1	17,9	31,6
Cooper & Sosna (1983)	Mannheim (städtisch)	519	6,0	5,4	2,2	10,8	24,4
Weyerer & Dilling (1984)	Oberbayern (halb-ländlich)	295	– 8,5 –		3,4	10,2	23,1
Meyers et al.[2,3] (1984)	New Haven, USA	236 M	6,3	11,5	2,2	2,3	(12,3)
		375 F	4,2	11,6	5,9	5,4	(13,2)
	Baltimore, USA	351 M	5,7	14,2	1,2	7,6	(15,3)
		572 F	4,8	16,6	3,3	15,6	(17,8)
	St. Louis, USA	218 M	4,6	18,4	0,5	1,7	(8,8)
		358 F	3,6	15,0	3,1	4,0	(8,8)
Weissmann et al.[2] (1985)	New Haven, USA	2588	3,4	12,7	1,8	4,6	22,5
Fichter et al. (1988)	Oberbayern (halb-ländlich)	358	– 8,7 –		1,7	8,7	19,1

[1] In den Gesamtraten sind nur die vier hier aufgeführten Kategorien berücksichtigt. Aus den Samsø- und Newcastle-Studien liegen höhere Prävalenzschätzungen vor; sie enthalten verschiedene »borderline«-Syndrome.

[2] Aus diesen Studien liegen 6-Monats-Prävalenzraten vor.

[3] Wegen multipler Diagnosen sind die mitgeteilten Gesamtraten kleiner als die Summe der hier aufgeführten Diagnosen.

methodisch einigermaßen vergleichbaren und hinreichend aussagekräftigen Studien ist, daß etwa ein Viertel der untersuchten über 65jährigen Bevölkerungen an einer nicht geringfügigen psychischen Störung irgendwelcher Art leidet. Die Unterschiede zwischen den untersuchten Industrienationen sind dabei gering. Die beiden in der früheren Bundesrepublik Deutschland durchgeführten Studien von Cooper und Sosna (1983) und Dilling, Weyerer und Fichter (1989) legen ihrer Falldefinition die Krankheitsschweregrade zwei bis vier des »Clinical Psychiatric Interview Schedule« zugrunde. Werden auch alle Fälle des Schweregrads eins gezählt, das heißt Vorhandensein einzelner Symptome, die weder eine ärztliche Intervention erfordern noch Behinderungen bewirken, dann kommen noch einmal etwa gleich hohe Fallraten hinzu.

In der oberbayerischen Feldstudie von Dilling und anderen (1989) ist die Gesamtprävalenz in zwei im Abstand von fünf Jahren aufeinanderfolgenden Querschnittserhebungen mit demselben diagnostischen Instrumentarium ermittelt worden. Zu beiden Zeitpunkten lagen die Fallraten nach der erwähnten Definition jenseits des 64. Lebensjahrs nicht höher als zwischen dem 45. und dem 64. Lebensjahr. Zwischen 20 und 44 Jahren waren die Raten geringfügig niedriger. Ähnlich liegen die Verhältnisse bei den Ergebnissen des Mini-Finland Health Survey (Lehtinen et al., 1990) und der in fünf verschiedenen Regionen der USA durchgeführten »Epidemiologic Catchment Area«-Studie (Myers et al., 1984). Die Zugehörigkeit zur Altersgruppe über 64 Jahren scheint verglichen mit dem jüngeren Erwachsenenalter auf die Häufigkeit aller psychischen Störungen zusammen nur sehr geringen Einfluß zu haben. Anders im hohen Lebensalter: Hier kommt es durch einen steilen Anstieg psychoorganischer Syndrome zu einer deutlichen Zunahme und starken Verschiebung der Zusammensetzung der psychiatrischen Morbidität (Häfner, 1986; zur Häufigkeit von Drogen- und Alkoholabhängigkeit im höheren Lebensalter vgl. Coper & Schulze, Kapitel 8 in diesem Band).

3. Suizid im höheren Lebensalter

Die Altersverteilung der Suizidraten für Männer zeigt in der früheren Bundesrepublik Deutschland ein »ungarisches Muster«, das heißt einen linearen Altersanstieg. Bei Frauen ist dieser Trend deutlich weniger ausgeprägt. Die wenigen Untersuchungen in der früheren Bundesrepublik Deutschland, die Auskunft über altersabhängige Häufigkeiten von Suizid*versuchen* geben, zeigen ein gegenläufiges Muster: Abfall mit zunehmendem Alter. Suizidversuche sind in den meisten Ländern bei Frauen deutlich häufiger als bei Männern (Häfner, 1989). Das Verhältnis von vollendeten Suiziden zu Suizidversuchen betrug 1985 in der Mannheimer Bevölkerung für Frauen der Altersgruppe 15 bis 19 Jahre 1:59 und für Männer der gleichen Altersgruppe 1:12, während es für 70- bis 74jährige nur noch 1:1,8 bei Frauen und 1:1,4 bei Männern betrug (Schmidtke, Häfner, Möller, Wedler & Böhme, 1988).

An den drastischen Altersunterschieden im Verhältnis von Suizidversuchen zu vollendeten Suiziden sind zwei Faktorenbündel beteiligt: Das Risiko tödlichen Ausgangs schwerer Verletzungen oder Vergiftungen und damit auch von Suizidversuchen steigt mit dem Alter linear an. Das zweite Faktorenbündel hat mit der Veränderung des suizidalen Verhaltens selbst zu tun. Im jungen Erwachsenenalter stellen Konflikte und chronische Probleme in menschlichen Beziehungen das häufigste Motiv suizidalen Handelns dar (Häfner, Welz, Gorenc & Kleff, 1983). Die Schwelle zur risikoarmen Selbstschädigung mit Appellcharakter ist im jüngeren Lebensalter ungleich niedriger als im höheren. Aus diesem Grunde überwiegen bei jugendlichen Suizidversuchern in der früheren Bundesrepublik Deutschland Vergiftungen mit ziemlich ungefährlichen Schlaf- und Beruhigungsmitteln (Häfner & Schmidtke, 1987). Im höheren Lebensalter scheint dagegen der Entschluß zum suizidalen Handeln ungleich seltener, aber überwiegend ernsthafter zu sein. Deshalb überwiegt im Alter, vor allem bei Männern, der Anteil harter Methoden, wie Erhängen, Erschießen, Ertränken. Die Motive suizidalen Verhaltens im höheren Lebensalter sind in erster Linie schwere, meist lebensbedrohliche chronische Krankheiten, der Tod des Ehepartners und subjektiv empfundene Einsamkeit, wobei die Bereitschaft zum Selbstmord meist durch eine depressive Verstimmung vermittelt wird (Häfner, 1989; Häfner & Schmidtke, 1987).

4. Psychische Störungen durch altersabhängige Hirnkrankheiten

Die häufigste und folgenschwerste psychische Erkrankung im hohen Lebensalter ist die Altersdemenz. Demenz ist zugleich die häufigste einzelne Ursache von Pflegebedürftigkeit im Alter. Demenz bezeichnet im Unterschied zur angeborenen geistigen Behinderung

> »eine erworbene globale Beeinträchtigung der höheren Hirnfunktionen, einschließlich des Gedächtnisses, der Fähigkeit, Alltagsprobleme zu lösen, der Ausführung sensomotorischer und sozialer Fertigkeiten, der Sprache und Kommunikation sowie der Kontrolle emotionaler Reaktionen ohne ausgeprägte Bewußtseinstrübung. Meist ist der Prozeß progredient, jedoch nicht notwendigerweise irreversibel« (WHO, 1986, S. 11).

Von der Demenz abzugrenzen sind zunächst die akuten exogenen Reaktionstypen. Hierzu gehören die mit Bewußtseinsstörungen im Sinne von Vigilanzminderung und Desorientierung einhergehenden passageren Syndrome (Verwirrtheitszustände, amnestische Syndrome und Delir). Abzugrenzen von Demenz sind weiter die meist chronisch verlaufenden, hirnorganisch bedingten Persönlichkeitsveränderungen ohne kognitive Beeinträchtigungen und Gedächtnisausfälle, etwa Stirnhirnsyndrome, und schließlich die amnestischen Syndrome ohne kognitive Defizite.

Die Häufigkeit mäßig schwerer und schwerer Demenz schwankt bei den in Tabelle 2 aufgeführten 15 Studien zwischen drei und 7,7 Prozent mit einem

Tabelle 2: Prävalenz von Demenz in der Altenbevölkerung (in Prozent): Ergebnisse aus Feldstudien (nach Cooper & Bickel, 1989, vom Autor modifiziert).

Autor	Land	Altersgruppe	N	Prävalenz	
				schwere oder mittelschwere Demenz	leichte Demenz
Essen-Möller et al. (1956)	Schweden	60+	443	5,0	10,8
Nielsen (1962)	Dänemark	65+	978*	5,9	15,4
Primrose (1962)	Großbritannien	65+	222*	4,5	–
Kay et al. (1964)	Großbritannien	65+	505*	5,6	5,7
Hasegawa (1974)	Japan	65+	4.716	3,0	1,5
Kaneko (1975)	Japan	65+	531	7,2	52,7
Broe et al. (1976)	Schottland	65+	808	3,8	4,3
Sternberg & Gawrilowa (1978)	UdSSR	60+	1.020	3,6	21,0
Cooper & Sosna (1983)	BRD	65+	519*	6,0	5,7
Campbell et al (1983)	Neuseeland	65+	541*	7,7	–
Weissman et al. (1985)	USA	65+	2.588	3,4	12,7
Folstein et al. (1985)	USA	65+	923	6,1	–
Sulkava et al. (1985)	Finnland	65+	1.866	6,7	–
Copeland et. al. (1987)	Großbritannien	65+	1.070	5,2	–
Weyerer & Dilling (1984)	BRD	65+	295	3,5	5,0
				Mittel: 5,15	

* Einschließlich in Institutionen lebender älterer Menschen

Durchschnitt von etwa 5,3 Prozent. Der Schweregrad einer Demenz ist durch ein Ausmaß kognitiver Defizite, Gedächtnisausfälle und ähnlichem definiert, das mindestens partielle Hilfsbedürftigkeit zur Folge hat. Zwei der drei bisher in der früheren Bundesrepublik Deutschland durchgeführten repräsentativen Bevölkerungsstudien (Mannheim: Cooper & Bickel, 1989 und Cooper & Sosna, 1983; Oberbayern: Dilling et al., 1989 und Weyerer & Dilling, 1984; Duderstadt: Welz et al., 1989) zeigen für beide Geschlechter zusammen eine Prävalenzrate von sechs Prozent in der über 64jährigen Bevölkerung.

5. Leichtere psychoorganische Syndrome

Die Häufigkeit leichterer psychoorganischer Syndrome, die in vielen Feldstudien als eine Kategorie zusammen mit kurzzeitigen Verwirrtheitszuständen und beginnenden Demenzprozessen erhoben werden, schwankt von Studie zu Studie erheblich. Tabelle 2 zeigt einen Schwankungsbereich von 1,5 bis 52,7 Prozent. Gründe dafür sind zum einen die unterschiedlichen Falldefinitionen, zum anderen Schwierigkeiten in der Abgrenzung von normaler Vergeßlichkeit im Alter in Bevölkerungsstudien. Die Feldstudien in Mannheim und Oberbayern kamen zu Raten von etwa sechs Prozent. Nachdem die durchschnittliche Krankheitsdauer vom Zeitpunkt der Diagnose einer mäßigen bis erheblichen Demenz bis zum Tode etwa vier Jahre (Bickel & Cooper, 1989), die Gesamtverlaufsdauer nach Auftreten der ersten kognitiven Defizite bis zum Tode jedoch rund acht Jahre beträgt (Häfner, 1991), ist zu vermuten, daß die Zahl der an beginnender und leichter Demenz Leidenden jener der an mäßiggradiger bis schwerer Demenz Leidenden annähernd gleich ist. Der Anteil aller an Demenzprozessen Leidenden ist damit in den untersuchten Bevölkerungen und wahrscheinlich in der gesamten Bundesrepublik derzeit auf rund zehn bis zwölf Prozent der über 64jährigen zu schätzen.

6. Altersdemenzen

Demenz ist zunächst eine klinische Diagnose. Eine eindeutige Klärung ihrer Ursachen ist nur aus neuropathologischen Untersuchungen des Gehirns zu gewinnen. Die bisher vorliegenden neuropathologischen Untersuchungsserien (Tomlinson & Henderson, 1976; Tomlinson, Irving & Blessed, 1970) lassen erwarten, daß in den europäischen Ländern rund 50 bis 60 Prozent der über 64jährigen Demenzkranken an einer primären Demenz vom Alzheimer-Typus leiden. Weitere rund 20 Prozent leiden an einer sogenannten vaskulären, das heißt auf Erkrankungen der Hirngefäße zurückgehenden Demenz. Weitere 20 bis 30 Prozent weisen entweder beide Ursachen auf oder gehen als sekundäre Demenz auf eine Vielfalt anderer Ursachen zurück.

7. Behandelbare oder reversible Demenzformen

Die weitaus meisten, vor allem die primären, auf eine Degeneration von Ganglienzellen zurückgehenden Altersdemenzen verlaufen fortschreitend und irreversibel. Cummings und Benson (1983) fanden an 708 Patienten aus sieben gepoolten klinischen Studien immerhin bei rund 20 Prozent der als dement diagnostizierten Kranken eine *sekundäre* Demenz, teilweise auf der Basis einer reversiblen Erkrankung. Die klinische Verlaufsstudie von Hutton (1981) zeigte, daß sechs bis elf Monate nach Behandlung der jeweils zugrundeliegenden Ursache etwa bei der Hälfte der Fälle von sekundärer Demenz eine Besserung oder Beseitigung der Symptomatik erreicht werden konnte.

Ein »sekundäres« Demenzsyndrom kann grundsätzlich durch mehr als 60 verschiedene Erkrankungen verursacht werden. Zu den behandelbaren Ursachen gehören einmal raumfordernde Prozesse des Schädelinneren wie Tumoren und Blutungen. Ihre praktische Bedeutung wird daran deutlich, daß Kohlmeyer (1989) bei 1.000 Patienten, die eine Demenz aufwiesen und im Zentralinstitut für Seelische Gesundheit (Mannheim) konsekutiv aufgenommen worden waren, im Computertomogramm des Schädels in fünf Prozent der Fälle eine sofort behandlungsbedürftige Erkrankung des Schädelinneren fand. Andere mögliche Ursachen sekundärer Demenzen sind entzündliche Erkrankungen des Gehirns und seiner Häute und Systemerkrankungen metabolischer, endokriner und toxischer Ätiologie, chronische Anämien, Vitaminmangelerkrankungen und Elektrolytabweichungen im Serum.

Wenn Vigilanz, kognitive und Gedächtnisfunktionen etwa durch eine Depression oder durch die Überdosierung von Beruhigungsmitteln nur blockiert sind, spricht man von Pseudodemenz. Zur Überdosierung von Beruhigungsmitteln kommt es vor allem dadurch, daß alten Menschen wegen Unruhe oder Schlafstörungen Beruhigungs-, Schlafmittel oder Neuroleptika verordnet werden, ohne daß Einnahme und Wirkung sorgfältig kontrolliert werden (Biedert, Schreiter & Alm, 1987).

8. Primäre und vaskuläre Demenzformen

Die häufigste Ursache einer Altersdemenz ist die 1906 erstmals von A. Alzheimer beschriebene Degeneration von Ganglienzellen mit Anhäufung bestimmter Formen eines unlöslichen Proteins (Amyloid A4) im Gehirn. Die vaskulär bedingten Hirnabbauprozesse, die zur Altersdemenz führen, können durch multiple Hirninfarkte, die sogenannte Multi-Infarkt-Demenz, durch gefäßbedingte Erweichung des Marklagers im Gehirn oder durch begleitende Degeneration von Ganglienzellen verursacht werden. Die Erweichung des Marklagers ist meist als periventrikuläre, das heißt die Hirnkammern umgebende, Dichteminderung im Computertomogramm feststellbar. Sie wird als Leuko-Araiosis bezeichnet (Hachinski, Potter & Merskey, 1987). Die Unterscheidung von Multi-Infarkt-Demenz und anderen Formen von vaskulärer Demenz scheint für den Verlauf allerdings wenig bedeutsam zu sein (Kohlmeyer, 1988).

9. Der Einfluß des Alters auf die Häufigkeit von Demenzerkrankungen

Die Prävalenz für schwere und mäßig schwere Demenz steigt, wie die Abbildung 1 an acht Studien aus acht verschiedenen Ländern ausweist, von etwa ein bis vier Prozent der 65- bis 69jährigen auf Werte zwischen acht und

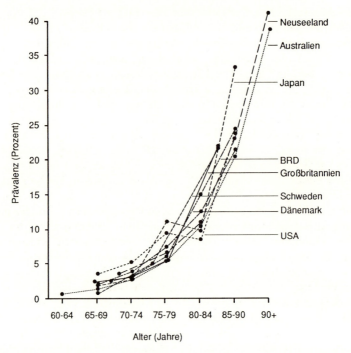

Abbildung 1: Altersbezogene Prävalenzraten für mittelschwere und schwere Demenz aus acht Bevölkerungsstudien (nach Cooper & Bickel, 1989, ergänzt durch den Autor).

15 Prozent bei 80- bis 84jährigen und auf fast 40 Prozent bei den über 90jährigen an. Jorm, Korten und Henderson (1987) haben 21 zwischen 1945 und 1985 publizierte Studien auf der Basis eines statistischen Schätzmodells analysiert und gefunden, daß sich die Prävalenzraten von der Altersgruppe 60 bis 64 Jahre bis zur Altersgruppe 90 bis 95 Jahre im exponentiellen Anstieg alle 5,1 Jahre verdoppeln. Was jenseits des hohen Alters von 90 bis 95 Jahren geschieht, ist wegen der kleinen Zahl verfügbarer Fälle derzeit unbekannt. Sollte der exponentielle Anstieg theoretisch bis zur maximalen Lebensdauer des Menschen anhalten, so würde dies die Annahme unterstützen, daß Altersdemenz Ausdruck eines physiologischen Alternsprozesses ist, während die asymptotische Annäherung an ein Erkrankungsrisiko zwischen 30 und 50 Prozent eher mit der Annahme einer dominant mendelnden Krankheit vereinbar wäre.

Jorm und andere (1987) analysierten außerdem sieben Studien mit altersspezifischen Daten für vaskuläre Demenz einerseits und primäre oder Alzheimersche Demenz andererseits. Mit Ausnahme einer einzigen Studie aus den USA zeigten alle befriedigende Übereinstimmung mit dem Modell des exponentiellen

Anstiegs, wobei sich die Prävalenzraten für vaskuläre Demenz alle 5,3 Jahre, jene für Alzheimersche Demenz alle 4,5 Jahre verdoppelten.

Im Gegensatz zum Altersanstieg, der in allen bisher untersuchten Ländern parallel verläuft, zeigen die relativen Anteile von Alzheimerscher und vaskulärer Demenz Länderunterschiede. Die zitierten Werte von Tomlinson und anderen (1970) und Tomlinson und Henderson (1976) scheinen für die meisten europäischen Länder zu gelten. In vier japanischen und zwei russischen Studien war die Prävalenzrate für vaskuläre Demenz im Vergleich zur Alzheimerschen Demenz signifikant höher (Jorm et al., 1987). Die wahrscheinlichste Deutung dieses Befundes besteht in der Annahme, daß eine höhere Morbidität an Arteriosklerose der Hirngefäße den Anteil an Multi-Infarkt-Demenz erhöht, denn die genannten Länder weisen oder wiesen bis Anfang der 60er Jahre unverhältnismäßig hohe Mortalitätsraten für Schlaganfälle auf.

10. Inzidenz (Ersterkrankungshäufigkeit) von Altersdemenz

Abbildung 2 zeigt aus drei europäischen Bevölkerungsstudien die Inzidenzraten für Altersdemenz aufgegliedert nach Altersdekaden. Für die 60- bis 69jährigen liegen die Raten zwischen 0,3 und 0,5 Prozent, für 70- bis 79jährige zwischen 1,2 und 2,3 Prozent und für 80jährige zwischen 3,3 und 3,9 Prozent. Das bedeutet, daß sich die Inzidenzraten jenseits des 60. Lebensjahrs etwa alle zehn Lebensjahre verdoppeln. Der exponentielle Anstieg der Prävalenz von Altersdemenz ist also nicht nur durch die Ansammlung chronischer Fälle, sondern in erster Linie durch den exponentiellen Anstieg des Erkrankungsrisikos selbst bedingt.

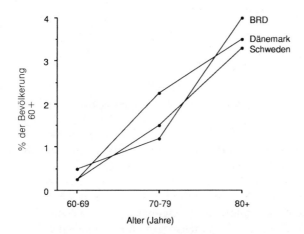

Abbildung 2: Altersbezogene Inzidenzraten für mittelschwere und schwere Demenz aus drei Bevölkerungsstudien (Männer und Frauen; nach Häfner, 1991).

Nur in wenigen Bevölkerungsstudien sind Inzidenzraten für verschiedene Typen von Demenz ermittelt worden. Die von Cooper und Bickel (1989) in Mannheim auf der Basis der im CAMDEX (einem zuverlässigen und sehr differenzierten Instrument für die Diagnostik von Demenzen) enthaltenen Kriterien für über 65jährige ermittelten Jahresinzidenzraten betrugen 9,4 an Alzheimer Demenz erkrankte Personen auf 1.000 Einwohner, 6,3 pro 1.000 für Multi-Infarkt-Demenz und Mischtypen und 2,1 pro 1.000 für sekundäre Demenz. Diese Raten stimmen weitgehend mit den neuropathologisch validierten Häufigkeitsanteilen überein (Mölsä, Paljärvi, Rinne, Rinne & Säkö, 1985; Tomlinson & Henderson, 1976).

D. Ursachen, Präventions- und Behandlungsmöglichkeiten der wichtigsten auf Hirnkrankheiten zurückgehenden psychischen Störungen (psychoorganische Syndrome)

1. Senile Demenz vom Alzheimer-Typ

Die Alzheimersche Krankheit ist die häufigste altersspezifische Erkrankung überhaupt. Das wird am späten Manifestationsalter und am exponentiellen Anstieg im hohen Lebensalter deutlich. Sie geht mit dem Verlust von Ganglienzellen und der Ablagerung von amyloidhaltigen »Plaques« und »Fibrillen« vorwiegend in der Hirnrinde des Schläfen- und Scheitellappens, im Hippokampus und in den Basalkernen einher. Der Zelltod wird möglicherweise durch die Anhäufung des wasser- und fettunlöslichen kleinen Polypeptids (43 Aminosäuren), des Beta-Amyloid-Proteins oder Amyloids A4, gefördert, die dem neuropathologisch sichtbaren Untergang von Ganglienzellen mehrere Jahre »vorauszugehen« scheint. Es entsteht durch den Bruch eines größeren, in der Zellmembran liegenden Vorläuferproteins, des Prä-A4 (695 Aminosäuren; Kang et al., 1987). Dieses für die Funktion der Nervenzellmembran im allgemeinen und für die Erregungsübertragung – Neurotransmission – im besonderen notwendige Amyloid-Protein Prä-A4 wird von einem auf dem Chromosom 21 im Band q11 bis q21 gelegenen Gen kodiert.

Einen Hinweis auf die genetische Steuerung der Amyloidgenese bei der Alzheimerschen Erkrankung gibt die Tatsache, daß bei an der Trisomie 21, dem Down-Syndrom, Erkrankten die Beta-Amyloid-Bildung und alle für die Alzheimersche Erkrankung typischen Veränderungen im Gehirn in wesentlich früherem Lebensalter auftreten als bei der übrigen Bevölkerung, nämlich in nahezu 100 Prozent der Fälle jenseits des vierten Lebensjahrzehnts (Heston, 1982; Wisniewski, Wisniewski & Wen, 1985). Da diese Kranken zusätzlich mindestens über einen langen Arm des Chromosoms 21, das heißt über drei statt der normalen zwei Genloci verfügen, was offenbar zu einer verstärkten Amyloid-A4-Bildung und zu früherem Krankheitsbeginn führt, ergeben sich bedeutsame Hinweise auf die genetischen Ursachen der Beta-Amyloid-Bildung und der Krankheit.

Inzwischen sind autosomal dominante Erbgänge an einer größeren Zahl von Familien mit jüngerem und hohem Ersterkrankungsalter nachgewiesen worden (Bird et al., 1990; Breitner & Folstein, 1984). Außer den autosomal dominant mendelnden Familien gibt es eine große Zahl sporadischer Fälle und familiärer Formen mit bisher ungeklärten Erbgängen. An der Bedeutung des *genetischen Ursprungs der Alzheimerschen Krankheit* in einer großen Zahl der Fälle kann aber kaum mehr Zweifel bestehen (St. George-Hyslop et al., 1990).

Die Genetik hat jedoch Schwierigkeiten mit der Erklärung des enormen Altersanstiegs der Erkrankungshäufigkeit, die jenseits des 90. Lebensjahrs auf 30 Prozent der altersgleichen Bevölkerung oder darüber anwächst. Es ist offen, ob sich die Zunahme bei maximaler Lebensdauer des Menschen 100 Prozent annähern würde. Wir kennen bisher kein anderes Erbleiden — es sei denn, man definiert den Tod als solches —, das in bestimmten Altersgruppen in allen untersuchten Populationen in solcher Häufigkeit auftritt. Eine mögliche Erklärung ist die Tatsache, daß fast alle Genträger erst in einem Alter erkranken, in dem die biologische Selektion nicht mehr wirksam ist. Die alternative Erklärung wäre, daß die Alzheimersche Erkrankung ein Teil des bei allen Individuen ablaufenden genetisch gesteuerten Alternsprozesses selbst ist, eine Annahme, der allerdings eine Reihe von Befunden entgegensteht (Roth & Mountjoy, 1989). Das außergewöhnlich späte Auftreten der Alzheimerschen Krankheit läßt auch an die Möglichkeit der Beteiligung von Umweltfaktoren denken.

Toxische Umweltsubstanzen wie Aluminium oder organische Lösungsmittel sind frühzeitig als Risikofaktoren diskutiert worden. Aluminiumsalze sind in niedriger Konzentration im Zentrum der senilen Plaques gefunden worden und können bei Tieren die Entwicklung von Neurofibrillen bewirken. Letztere unterscheiden sich allerdings von den Alzheimer-Fibrillen. Norwegische und australische Studien, die erhöhte Raten von Todesfällen durch Alzheimersche Erkrankung in Gegenden mit erhöhter Aluminiumkonzentration im Trinkwasser berichteten (z. B. Edwardson, Klinowski, Oakley, Perry & Candy, 1986; Flaten, 1987), haben sich als fehlerhaft, vor allem hinsichtlich der Todesursachenfeststellung, erwiesen (Jorm, Henderson & Jacomb, 1989). Eine kürzlich in England und Wales durchgeführte Studie (Martyn et al., 1989), die einen Zusammenhang zwischen Aluminiumgehalt im Trinkwasser und den in Schädelcomputertomographie-Abteilungen als »wahrscheinlich Alzheimersche Demenz« diagnostizierten Patienten feststellte, weist große methodische Mängel auf. Fallkontrollstudien zur Frage der erhöhten *Aluminiumzufuhr*, einschließlich langfristiger Einnahme von magensäurebindenden, aluminiumhaltigen Medikamenten (Antacida), erbrachten mit Ausnahme einer Studie (Graves, White, Koepsell & Reifler, 1987) durchweg negative Ergebnisse (vgl. Amaducci et al., 1986; Henderson, Jorm & Korten, 1989). Ein Beitrag erhöhter Aluminiumzufuhr zum Risiko, an Alzheimerscher Demenz zu erkranken, ist deshalb derzeit nicht zu belegen. Das gleiche gilt für *Immun- und Virustheorien*.

Es ist lange bekannt, daß die Dementia pugilistica, eine Demenzform, die als Folge wiederholter *Schädeltraumen* bei professionellen Boxern, Veränderungen vom Alzheimer-Typ im Gehirn bewirkt (Rudelli, Strom, Welch & Ambler, 1982). Retrospektive Fallkontrollstudien an Alzheimer-Patienten zeigen überwiegend höhere Raten von Schädeltraumen vor dem Auftreten von Demenz im Vergleich zu Kontrollfällen. Auf der Basis gepoolter Daten aller bis dahin publizierten Studien fand Mortimer (1989) einen hochsignifikanten Zusammenhang zwischen früher erlittenen Schädelhirntraumen und dem Erkrankungsrisiko für Alzheimersche Demenz. Der Beitrag dieser Traumen zum gesamten Erkrankungsrisiko ist jedoch wahrscheinlich bescheiden.

Mit neueren Methoden durchgeführte Studien (Cooper & Bickel, 1989; Magnússon & Helgason, 1989) zeigen keinen signifikanten Unterschied in der alterskorrigierten *Erkrankungshäufigkeit der Geschlechter.* In seiner Metaevaluation der Bevölkerungsstudien zur Alzheimerschen Erkrankung kam Mortimer (1989) zu dem Ergebnis, daß man nicht von einer Korrelation zwischen Krankheitsrisiko und *Sozialklasse, Berufsstatus, Erziehungsniveau* oder prämorbider Intelligenz ausgehen kann.

Zwei neuere Studien in Neapel und Shanghai ergaben allerdings ein deutlich erhöhtes Risiko für das Auftreten der Alzheimerschen Demenz bei Analphabeten. Dieses Ergebnis bedarf jedoch noch der sorgfältigen Replikation unter Kontrolle konfundierender Faktoren − etwa erhöhte Raten an Down-Syndrom oder anderer relevanter genetischer Belastungen −, bevor der Zusammenhang als bestätigt gelten kann. In ihrer Untersuchung kurzfristig wirksamer Risikofaktoren fanden Cooper und Bickel (1989), daß weder schwere *körperliche Beeinträchtigung* noch niedriger *sozialer Status* oder *Alleineleben* über 64jähriger einen signifikanten Einfluß auf das Risiko hatten, sieben bis acht Jahre später an Demenz zu erkranken. Der ausschlaggebende Risikofaktor war hier der Nachweis kognitiver Defizite bei der Erstuntersuchung, der die Wahrscheinlichkeit des Auftretens einer mittelschweren bis schweren Demenz in der Beobachtungsperiode um rund 300 Prozent erhöhte. Dieses Ergebnis ist wahrscheinlich trivial. Kognitive Defizite im höheren Lebensalter sind ein Indikator einer beginnenden Demenz, weshalb sie sich auch zur frühen Verdachtsdiagnostik von Demenzprozessen eignen.

Nach diesen Ergebnissen läßt sich vorerst die Annahme, daß ein *dauerhaftes Training von Hirnfunktionen* das Erkrankungsrisiko an Alzheimerscher Demenz vermindert, weder bestätigen noch widerlegen. Das gleiche gilt für die Annahme, daß früher erfahrene Bedingungen des sozialen Umfelds oder individuelle Lebensstile, die über sehr lange Zeit oder kurzfristig einwirken, zum Erkrankungsrisiko beitrügen.

2. Erscheinungsbild und Verlauf von primärer Demenz

Die Erkrankung beginnt in der Regel mit leichten kognitiven Defiziten, Gedächtnisausfällen und gestörter Sprachfunktion, vorwiegend Beschreibungs- und Benennungsstörungen. Im weiteren Verlauf treten räumliche und zeitliche

Desorientierung mit Umherirren und schließlich apraktische Erscheinungen, das heißt Ausfälle konzeptueller Handlungsmuster, auf, die sich auf alltägliche Verrichtungen wie zum Beispiel Hausarbeiten, An- und Auskleiden, Türenschließen auswirken. Erscheinung, Ausdruck und Verhalten des Kranken erscheinen anfangs auf den ersten Blick normal. Erst bei gezielter Befragung oder neuropsychologischer Untersuchung werden die Defizite hinter der erhaltenen Fassade deutlich. Werden die Störungen bewußt wahrgenommen, was am Anfang häufig der Fall ist, kommt es mitunter zu schweren reaktiven Depressionen. Im weiteren Verlauf verschwindet die Depression auch ohne Behandlung. Zunehmend kommt es zu Gleichgültigkeit und Apathie mit Desinteresse an sich selbst und an der persönlichen Umgebung. Mehr und mehr treten Antriebsarmut und psychomotorische Verlangsamung in den Vordergrund. Der Kranke vernachlässigt sich selbst. Die Angehörigen leiden oft unter der schwer verstehbaren Entleerung der persönlichen Beziehung, vor allem wenn der Kranke seine Nächsten nicht mehr erkennt.

Gelegentlich treten psychoseähnliche Zustände mit Agitiertheit, Aggressivität und einfachen paranoiden Ideen auf. Im fortgeschrittenen Stadium werden die Kranken völlig hilflos. Die einfachsten Dinge des täglichen Lebens, Erhaltung der Hygiene, Ankleiden, Essen, Blasen- und Mastdarmentleerung, können nicht mehr aus eigener Initiative geleistet werden. Im Endstadium sind die Kranken bettlägerig, völlig hilflos, stumm und ohne Antrieb, bis sie meist an einer nicht mehr zu bekämpfenden Infektion wie Harnwegsinfekten oder Lungenentzündung sterben.

Die durchschnittliche Dauer der Krankheit beträgt vom Beginn der Demenz mit ersten Zeichen kognitiven Abbaus bis zum Tode rund sieben bis neun Jahre. Diese Dauer ist relativ unabhängig vom Erkrankungsalter (Bird et al., 1990). Wesentliche Unterschiede zwischen vaskulärer und Alzheimerscher Demenz bestehen hinsichtlich der Krankheitsdauer nicht.

Eine wirksame *Prävention* und eine ursächliche *Therapie* der Alzheimerschen Krankheit gibt es bis heute nicht. Für die symptomatische Behandlung bestehen einige Ansatzpunkte, wobei die Beeinflussung von Begleitsymptomen wie Erregungszuständen, Aggressivität, Schlafstörungen und nächtlichem Schreien ein wichtiger Aspekt ist (die medikamentöse Behandlung und die theoretischen Grundlagen werden von Coper & Schulze, Kapitel 8 in diesem Band, abgehandelt). Hier sind je nach Art der Verhaltensstörung eine klare Tagesstrukturierung zur Aufrechterhaltung des Schlaf-Wach-Rhythmus, verhaltenstherapeutische Verfahren, Orientierungsübungen und Toilettentraining ebenso wichtig wie eine gezielte, niedrig dosierte neuroleptische Therapie von Erregungszuständen oder Wahnsymptomen. Die Anwendung solcher Verfahren ist gerade in Alten- und Altenpflegeheimen, aber auch in pflegenden Familien hilfreich.

3. Vaskuläre oder Multi-Infarkt-Demenz

Hinweise auf eine vaskuläre Demenz geben ein wechselnder, schubweiser Krankheitsverlauf, Schlaganfälle oder transiente ischämische Attacken − kurzfristige regionale Krisen der Blutversorgung des Gehirns mit vorübergehenden Ausfällen − in der Vorgeschichte, neurologische Herdsymptome und ein unausgeglichenes Muster von Ausfällen. Die Effizienz der Diagnose beträgt unter Anwendung der derzeit verfügbaren Instrumente für die Unterscheidung von der primären Demenz (Alzheimer), validiert an neuropathologischen Befunden, rund 80 Prozent (Sulkava et al., 1985; Tierney et al., 1988). Sie kann vor allem durch Schädelcomputertomographie- und Magnetresonanztomographie-Befunde verbessert werden. Eine quantitative und lokalisatorische Analyse der cerebralen Durchblutung, der Sauerstoffaufnahme und des Glukoseverbrauchs ist mit der Positronenemissionstomographie möglich (Heiss, Pawlik, Herholz & Wienhard, 1986).

Ursache der vaskulär bedingten Demenz sind häufig kleine aufeinanderfolgende Hirninfarkte oder Veränderungen der Mikrozirkulation im Bereich der kleinsten Gefäße, die zu Erweichungen des Marklagers führen. Die häufigsten Ursachen von Hirninfarkten scheinen Bluthochdruck, unverhältnismäßig starkes Absinken des Blutdrucks, Vorhofflimmern und Embolien aus arteriosklerotischen Veränderungen der Gefäßinnenwand zu sein (Frackowiak, 1986).

Prävention von vaskulärer Demenz hat an der Grundkrankheit, das heißt überwiegend an der Arteriosklerose, anzusetzen (vgl. Steinhagen-Thiessen, Gerok & Borchelt, Kapitel 5 in diesem Band). Das bedeutet, daß die Risikofaktoren, die für das Entstehen einer Arteriosklerose von Bedeutung sind, vermutlich auch Einfluß auf das Risiko haben, an vaskulärer Demenz zu erkranken: Übergewicht, relativ niedriger HDL- oder deutlich erhöhter LDL-Cholesterinwert im Serum, Diabetes mellitus und lang bestehender Bluthochdruck. Wahrscheinlich spielt auch erhöhter Nikotin- und Alkoholgenuß eine bedeutsame Rolle. Chronischer, schwerer Alkoholmißbrauch führt auch ohne Schädigung des Gefäßsystems zur Hirnatrophie, die von der primären Atrophie vom Alzheimer-Typus jedoch klar zu unterscheiden ist.

Der Rückgang von Todesfällen durch Schlaganfälle und von Schlaganfallmorbidität, der in mehreren Staaten, zum Beispiel in den USA und Japan, zu verzeichnen ist, geht vermutlich auf eine Veränderung des Lebensstils beziehungsweise der Ernährungsgewohnheiten zurück. Er könnte sich mit einer entsprechenden Verzögerung auch auf einen Rückgang der Multi-Infarkt-Demenz-Häufigkeit, für die es noch keine hinreichend vergleichbaren zeitübergreifenden Daten gibt, auswirken. Die symptomatische *Behandlung* der Multi-Infarkt-Demenz entspricht im wesentlichen denselben Prinzipien, die bei der Behandlung der primären Demenz vom Alzheimer-Typ Anwendung finden.

4. Verwirrtheitszustände und andere psychoorganische Syndrome

Es treten im Alter eindeutig gehäuft auch kurzzeitige Verwirrtheitszustände auf, die sich klar von den chronisch progredient verlaufenden, im Ausmaß der Symptomatik nur begrenzt schwankenden Demenzprozessen unterscheiden lassen. Ihre Dauer erstreckt sich von wenigen Stunden bis zu wenigen Tagen. Ein Teil geht auf Schwankungen der Sauerstoffversorgung des Gehirns zurück, die ihrerseits Folge von Herzrhythmusstörungen, starkem Blutdruckabfall oder cerebralen Gefäßprozessen sind. Verwirrtheitszustände können auch durch erhebliche psychische Belastungen ausgelöst werden, etwa im Zusammenhang mit Umzügen oder mit dem Tod naher Angehöriger, und zwar besonders bei älteren Menschen, deren kognitive und emotionale Funktionsfähigkeit durch psychoorganische Veränderungen bereits eingeengt ist. Schließlich spielen Medikamente eine bedeutsame Rolle, wobei nicht nur Überdosierung oder Interaktionen der bei alten Menschen häufig verordneten blutdrucksenkenden Mittel, sondern auch singuläre Wirkungen einzelner Substanzen, etwa von Antidepressiva, Neuroleptika, Diuretika und Glykosiden, eine Rolle spielen (z. B. Liston, 1982).

Ein nicht geringer Teil von Verwirrtheitszuständen im höheren Lebensalter hat einfache diätetische Ursachen, beispielsweise die Verschiebung des Elektrolytgleichgewichts durch inadäquate Ernährung, Diuretika oder durch unzureichende Flüssigkeitszufuhr. Exikose, daß heißt Flüssigkeitsdefizite des Blutplasmas, und Elektrolytverschiebungen, die nicht sofort therapeutisch ausgeglichen werden, sind mit dem Risiko zunehmender Verschlimmerung und tödlichen Ausgangs belastet. Daher sind eine rasche diagnostische Abklärung der zugrundeliegenden Ursachen und die Einleitung therapeutischer Maßnahmen unerläßlich. Sie bestehen im Fall der Elektrolytverschiebung und des Flüssigkeitsdefizits in der einfachen Maßnahme einer Infusion von Flüssigkeit mit ausgleichendem Elektrolytgehalt. Einfache nächtliche Verwirrtheitszustände können durch Strukturierung des Schlaf-Wach-Rhythmus mit hinreichender Aktivierung während der Tageszeit und gegebenenfalls mit kleinen Dosen von Neuroleptika behandelt werden.

5. Symptomatische und Pseudodemenzen

Von großer Bedeutung ist die Unterscheidung der symptomatischen und der Pseudodemenzen von den auf Degenerationsprozesse des Gehirns zurückgehenden irreversiblen Demenzformen. Ihre Therapie ist um so aussichtsreicher, je früher die Diagnosestellung erfolgt.

Besondere Beachtung verdienen die »Pseudodemenzen«. Chronifizierte Depressionen können gerade bei älteren Menschen mit Einbußen der kognitiven und Gedächtnisleistungen, mit allgemeiner Verlangsamung, Antriebsarmut und Selbstvernachlässigung einhergehen und, besonders bei alleinlebenden alten Menschen, das Vollbild einer Demenz vortäuschen (Wells, 1979). Die Klagen solcher Patienten über Vergeßlichkeit und Einbußen der geistigen Leistungsfähigkeit können sich auch in objektiv nachweisbaren Defiziten niederschlagen, ohne daß eine echte Demenz zugrunde liegt (Folstein & McHugh, 1978). Die diagnostische Unterscheidung stützt sich dabei auf negative Befunde im Computertomogramm oder im Magnetresonanztomogramm, auf depressive Episoden in der Vorgeschichte, auf die Überschätzung der kognitiven Beeinträchtigung durch Depressive gegenüber ihrer Unterschätzung oder Nichtwahrnehmung durch Demente, auf die Feststellung depressiver Wahninhalte und Suizidideen bei Depressiven oder von Orientierungsstörungen und sprachlichen Defiziten bei Dementen. Die Tatsache, daß depressive Zustände auch im Alter gut behandelbar sind, unterstreicht die Notwendigkeit rascher und sorgfältiger diagnostischer Klärung.

E. Funktionelle psychische Störungen im höheren Lebensalter

1. Depressive Zustände

Depressive Symptome finden sich etwa in zwei Drittel bis drei Viertel aller funktionellen psychischen Störungen im höheren Lebensalter, häufig kombiniert mit anderen psychischen Störungen. Da Depressivität eine kontinuierlich verteilte Krankheitsdimension ist, die von sehr leichten, kurzfristig depressiven Verstimmungen bis zu schweren depressiven Psychosen reicht, sind epidemiologische Daten davon abhängig, wo der Schwellenwert gesetzt und wie eine depressive Erkrankung definiert wird. Werden auch leichte depressive Syndrome ohne Krankheitswert mitgezählt, so erreichen die Krankheitsraten Werte um 20 Prozent und mehr (nach Krauss, Cornelsen, Lauter & Schlegel, 1977 in Göttingen bei über 70jährigen 22,9%; nach Welz et al., 1989 in Duderstadt bei über 65jährigen 20,4%). Unterscheidet man zwischen schweren Depressionen mit psychiatrischer Behandlungsbedürftigkeit oder der engdefinierten Kategorie psychotischer Depressionen einerseits und leichteren depressiven Verstimmungen (»minor depression« oder »dysthymia«) andererseits, so fallen die Ergebnisse, abhängig von den zur Anwendung kommenden Erhebungsinstrumenten, in beiden Gruppen ziemlich unterschiedlich aus. Die Anteile für die nach unterschiedlichen Kriterien definierten schweren Depressionen schwanken zwischen 1,1 Prozent in Kopenhagen (Bollerup, 1975) und 5,4 Prozent in New Haven (Weissman & Myers, 1978). Die Bevölkerungsstudien zeigen weitgehend konsistent, daß die Häufigkeit von schweren Depressionen mit dem Alter nicht ansteigt. Wie im mittleren Lebensalter sind die Prävalenzraten für schwere depressive Syndrome bei Frauen annähernd doppelt so hoch wie bei Männern.

Die Ursachen für schwere depressive Erkrankungen im höheren Lebensalter weichen nicht erheblich von jenen im mittleren Lebensalter ab. Den kleineren Anteil der Morbidität stellen die familiär gehäuft auftretenden bipolaren oder manisch-depressiven und die monopolaren oder rein depressiv verlaufenden affektiven Psychosen. Körperliche Erkrankungen und Behinderungen erhöhen das Risiko, im höheren Lebensalter an Depressivität zu erkranken (vgl. Tab.

Tabelle 3: Risikofaktoren von Depression im Alter (in Prozent). Eine Kontrollstudie (nach Murphy 1982).

Vorhergehende Situation	Depressive Patienten (N = 119)	Gematchte Kontrollgruppe (N = 168)	Relatives Risiko
Körperliche Akuterkrankung	27,7	6,0	6,1
Andere schwere Lebensereignisse (*ohne* Krankheit)	23,5	16,7	1,5
Chronische körperliche Krankheit oder Behinderung	42,0	19,0	3,1
Schwere Familien- oder soziale Schwierigkeiten	51,3	26,2	3,0

3). Das gilt insbesondere für leichtere, aber chronisch verlaufende depressive Zustände, aber auch für die Gruppe der funktionellen psychischen Störungen allgemein. Weitere ätiologische Faktoren, die quantitativ ins Gewicht fallen, sind die bereits erwähnte Erfahrung des beginnenden geistigen Abbaus am Anfang eines Demenzprozesses und schwere situative Belastungen.

Ein charakteristisches Belastungsereignis im höheren Lebensalter, das mit einem hohen, zum Teil 50 Prozent überschreitenden Risiko des Auftretens einer reaktiven Depression verbunden ist, stellt der Tod des Ehepartners dar (z. B. Veiel, 1986). Im nachfolgenden Jahr ist das Risiko des hinterbliebenen Partners für eine größere Zahl körperlicher Erkrankungen, für Suizid und Mortalität überhaupt signifikant erhöht. Wahrscheinlich wird ein wesentlicher Teil der Folgen durch ein Defizit an Selbsterhaltungsmotivation über die Vernachlässigung diätetischer Regeln, notwendiger Behandlung oder die Inkaufnahme von Risiken in der reaktiven Depresssion vermittelt. Präventive Ansätze liegen voraussichtlich in der rechtzeitigen Entwicklung von Bewältigungsstrategien, in der Mobilisierung sozialer Unterstützung aus dem engeren sozialen Netzwerk der Betroffenen und schließlich in der Frühbehandlung der auftretenden reaktiven Depression.

Soziale Isolierung galt lange als die bedeutsamste Ursache von Depression im Alter. Die wenigen methodisch sorgfältig durchgeführten Studien zu diesem Thema brachten jedoch unterschiedliche Resultate. Alleinleben war nicht signifikant mit vermehrten psychischen Erkrankungen verbunden. Die Mehrzahl alter Menschen war hier offenbar in der Lage, ein hinreichendes Maß sozialer Kontakte über verschiedene Kommunikationswege, auch über das Telefon, mit nahen Angehörigen aufrechtzuerhalten.

Ausschlaggebend für die Verletzbarkeit gegenüber sozialer Isolierung scheint der bis ins Alter praktizierte Lebensstil zu sein. Lediglich bei denjenigen alten

Menschen, die erheblichen Mangel an sozialen Kontakten und sozialer Integration aufwiesen und sich zugleich subjektiv einsam fühlten, war die Häufigkeit funktioneller psychischer Störungen deutlich erhöht (Cooper & Sosna, 1983).

2. Angstzustände im höheren Lebensalter

Angstzustände im höheren Lebensalter haben bisher nur wenig Beachtung gefunden. Ersterkrankungen an Angstzuständen verschiedener Art steigen, ähnlich wie jene an depressiven Zuständen, gegenüber den vorausgehenden Lebensphasen des Erwachsenenalters nicht an, sondern fallen eher deutlich ab (Burke, Burke, Regier & Rae, 1990; Lehtinen et al., 1990). Weniger ausgeprägt ist der Häufigkeitsabfall bei den Prävalenzraten der Angstzustände, das heißt der Gesamtzahl an Angstsymptomen Erkrankter unabhängig vom Krankheitsbeginn. Angst als Symptom ist häufig mit anderen psychischen Störungen im höheren Lebensalter verbunden, etwa mit Verwirrtheitszuständen und anderen exogenen Psychosen, mit Demenz und vor allem mit depressiven Verstimmungen oder paranoiden Syndromen.

3. Paranoide Syndrome unterschiedlicher Ätiologie

Während die Prävalenz der paranoid-halluzinatorischen Syndrome im Rahmen schizophrener Erkrankungen im höheren Alter leicht, die Ersterkrankungshäufigkeit aber stark abnimmt (Häfner et al., 1989), treten paranoide Reaktionen und chronische paranoide Entwicklungen gehäuft auf. Sie betreffen oftmals Erlebnisse der Beeinträchtigung und Bedrohung in der eigenen Wohnung und erstrecken sich vom wahnhaften Erleben, daß Vermögensbestandsteile oder Gegenstände des täglichen Bedarfs, etwa Kleidungsstücke, Brille oder Gebiß, durch Einbrecher oder Verwandte entwendet werden, bis hin zum Verfolgungswahn mit der Überzeugung, die Nachbarn produzierten üble Nachrede, schädigenden Lärm oder übelriechende Gase, die sie in die Wohnung des Betroffenen einleiten. Wahrscheinlich entwickelt ein Teil der mit erhöhter Angstbereitschaft belasteten Personen, die im früheren Erwachsenenalter andere Angstthemen hatten, im höheren Lebensalter solche alterstypischen paranoiden Ängste oder Wahnideen.

Die Ätiologie dieser paranoiden Syndrome ist sicher vielfältig. Christenson und Blazer (1984) fanden in einer der wenigen Bevölkerungsstudien zu diesem Thema bei vier Prozent der untersuchten über 65jährigen einen Verfolgungswahn, wobei rund drei Viertel der Kranken unter Sehstörungen und etwa die Hälfte unter Hörstörungen litt, während die Anteile von Sinnesdefekten in der Vergleichsbevölkerung um rund ein Drittel niedriger lagen. Übereinstimmend zeigen alle Studien zu diesem Thema, daß Sinnesdefekte das Risiko paranoider Störungen im Alter erhöhen, wobei es hier offenbar häufiger um echte Verfolgungssyndrome geht. Das Bestehen psychoorganischer Veränderungen, überwiegend im Sinne einer leichten Demenz, erhöht ebenfalls das Risiko der Entwicklung von paranoiden Syndromen im Alter, wobei der Bestehlungswahn eine besondere Rolle spielt (Christenson & Blazer, 1984). Wahrscheinlich ist die Vorstellung, die aus Vergeßlichkeit verlegten oder nicht wiedergefundenen Gegenstände des täglichen Bedarfs wie Schmuckstücke oder Brillen seien gestohlen worden, eine, wenn auch defizitäre, protektive Leistung, die dazu dient, die schmerzliche Einsicht des Gedächtnisschwunds zu vermeiden.

Der gesamte Fragenkomplex ist bisher wissenschaftlich unzureichend aufgearbeitet. Aus diesem Grunde stehen derzeit auch noch wenig Kenntnisse über präventive und therapeutische Möglichkeiten zur Verfügung.

F. Versorgung psychisch Kranker und Pflegebedürftiger im Alter

1. Medizinische und soziale Versorgung

Aus Bevölkerungsstudien in Mannheim (Cooper & Sosna, 1983) und Göttingen (Krauss et al., 1977) ist deutlich geworden, daß rund 90 Prozent der Altenbevölkerung im Verlaufe eines Jahres, in Mannheim sogar 77,3 Prozent innerhalb von drei Monaten vor der Erhebung, einen Hausarzt aufgesucht haben. Ähnlich hohe Raten ergab eine vom Sozialministerium Baden-Württemberg in Auftrag gegebene Studie (Ministerium für Arbeit, Gesundheit und Sozialordnung Baden-Württemberg, 1983). Wenn der Hausarzt über hinreichende diagnostische Möglichkeiten und therapeutische Kompetenz verfügt, so kann man davon ausgehen, daß er – in der Regel aus der Allgemeinmedizin oder der inneren Medizin kommend – am ehesten geeignet ist, der Multimorbidität älterer Menschen und der Bedeutung ihres persönlichen und familiären Hintergrunds gerecht zu werden.

Bei der Inanspruchnahme ambulanter sozialer oder pflegerischer Dienste steht nach allen bisher vorliegenden Studien (Cooper & Sosna, 1983; Ministerium für Arbeit, Gesundheit und Sozialordnung Baden-Württemberg, 1983; Ministerium für Wissenschaft und Kunst Baden-Württemberg, 1990) die Sozialstation im Vordergrund. In Mannheim wurden 4,1 Prozent der über 65jährigen regelmäßig, 9,6 Prozent mindestens einmal im Laufe eines Jahres von Mitarbeitern einer Sozialstation aufgesucht (Cooper & Sosna, 1983). Ob die Gesamtzahl und das durchschnittliche Ausmaß der Inanspruchnahme ausreichen, ist eher unwahrscheinlich. Im Vordergrund der Tätigkeit der Sozialstationen steht die Gewährung vielfältiger Hilfen für erheblich behinderte, vor allem pflegebedürftige ältere Menschen, die in Privathaushalten versorgt werden. Unerwartet gering mit 0,6 Prozent der Altenbevölkerung im Laufe eines Jahres ist dagegen in Mannheim und wahrscheinlich auch anderswo die Konsultationsrate von Sozialarbeitern oder Sozialdiensten im engeren Sinne, obwohl die Stadt und die paritätischen Wohlfahrtsverbände über einen sehr gut besetzten Sozialdienst verfügen. Die vielfältigen Bedürfnisse nach sozialen Hilfen, die im hohen Lebensalter bei abnehmender Kapazität zur selbständigen Lebensbewältigung steil zunehmen, ließen erwarten, daß die sozialen Dienste einen fühlbaren Beitrag zur sozialen Unterstützung und Versorgung alter Menschen leisten. Daß dieser Beitrag nicht erbracht wird, hat wahrscheinlich mit zwei Gründen zu tun: der Abneigung alter Menschen gegenüber sozialen Hilfen und der überspezialisierten Ausbildung von Sozialarbeitern, die weder spezifische Kenntnisse noch Motivation für Hilfestellungen im Alter vermittelt.

2. Epidemiologie der institutionellen Versorgung Pflegebedürftiger
    Obwohl derzeit mit steigendem Trend gut 50 Prozent der Pflegetage in den Krankenhäusern der früheren Bundesrepublik Deutschland durch über 60jährige in Anspruch genommen werden, ist der Anteil alter Menschen in öffentlichen psychiatrischen Krankenhäusern, die früher einen bedeutsamen Teil der Versorgung dauernd Pflegebedürftiger getragen hatten, in den letzten 20 Jahren in den alten Bundesländern kontinuierlich und teils erheblich zurückgegangen (Jaeger, 1987; Ministerium für Wissenschaft und Kunst Baden-Württemberg, 1990). Unter der Voraussetzung, daß genügend bessere Alternativen in Form ärztlich gut versorgter Pflegeheime einerseits und einer guten medizinisch-psychiatrischen Akutversorgung in den Krankenhäusern der Grund- und Regelversorgung andererseits angeboten werden, ist diese Entwicklung zu begrüßen.
    Die mehrfach zitierte Studie der Arbeitsgruppe Cooper in Mannheim fand, daß 3,9 Prozent der über 65jährigen Bevölkerung in Wohn- und Altenpflegeheimen untergebracht sind. Für die frühere Bundesrepublik Deutschland schätzte Rückert (1987) ohne tragfähige Daten den Anteil auf vier bis fünf Prozent. In den USA werden etwa fünf Prozent, in Großbritannien etwa sechs Prozent (Murphy, 1989), in den Niederlanden etwa zwölf Prozent der über 65jährigen in Heimen und heimähnlichen Einrichtungen der stationären Altenhilfe versorgt.

3. Psychischer und körperlicher Zustand von Heimbewohnern
    41,8 Prozent der Heimbewohner waren in Mannheim psychisch krank. Der Anteil psychisch Kranker unter Wohn- und Altenheimbewohnern entsprach mit etwa 24 Prozent jenem der in Privatwohnungen Lebenden, während er bei den Bewohnern von Pflegeheimen rund 57 Prozent erreichte. Der überwiegende Teil von ihnen weist schwere psychische Störungen, vor allem Demenzzustände kombiniert mit körperlichen Beeinträchtigungen auf (vgl. Tab. 4). Deutlich ist vor allem, daß die Heimbewohner häufiger als die in Privathaushalten Wohnenden an einer Gehbehinderung leiden. Damit sind für das Personal der Heime erhebliche Pflegeprobleme, von der notwendigen Begleitung bei kleinen Gängen bis hin zu schwerer körperlicher Anstrengung bei der Pflege Bettlägeriger, verbunden.

4. Mortalität von Heimbewohnern
    Die Mannheimer Altenheimstudie (Bickel & Jaeger, 1986) ließ erkennen, daß der niedrige Anteil von 3,9 Prozent der Altenbevölkerung, der sich zu einem gegebenen Zeitpunkt in Heimen befindet, zur Unterschätzung des Versorgungs-

Tabelle 4: Körperliche Behinderung in der Mannheimer Altenbevölkerung. Ein Vergleich zwischen Privathaushalten und Heimen (in Prozent; nach Cooper, Mahnkopf & Bickel, 1984).

| | mittlere bis schwere Beeinträchtigung von: | | |
	Sehfähigkeit	Hörvermögen	Beweglichkeit
in Privathaushalten (alterskorrigiert)	29,1	26,3	38,5*
in Heimen	28,3	22,8	60,0

* p < 0,001

beitrags der Heime Anlaß gibt, denn etwa fünfmal so viele, nämlich 18,4 Prozent der über 65jährigen, waren in Heimen gestorben. Von den Wohnheimbewohnern selbst starben 31 Prozent, von Altenheimbewohnern 54 Prozent und von Pflegeheimbewohnern 71 Prozent im Heim. Der überwiegende Anteil der nicht im Heim Verstorbenen starb in Krankenhäusern (Bickel & Jaeger, 1986).

Das bedeutet, daß ein beträchtlicher Teil alter Menschen erst relativ kurz vor dem Tod ins Pflegeheim gebracht wird. Diese Gruppe Schwerkranker oder Pflegebedürftiger verlangt einen stark erhöhten Pflegeaufwand mit allen Konsequenzen für Personalstärke, -ausbildung und -belastung. Das bedeutet zum anderen, daß vom Heimpersonal ein verständnisvoller und hilfreicher Umgang mit Sterbenden und mit ihren Angehörigen in der Todesfallsituation erwartet wird (vgl. hierzu Schmitz-Scherzer, Kapitel 21 in diesem Band). Wenn man die Versorgung in der Familie der institutionellen Versorgung vorziehen will, dann wird man im Hinblick auf die demographischen und die epidemiologischen Trends damit rechnen müssen, daß der Anteil der erst relativ kurz vor dem Tode ins Heim kommenden und damit besonders intensiver Pflege bedürftigen alten Menschen weiter deutlich anwachsen wird. Um diesen schwierigen Aufgaben in adäquater Weise zu begegnen, müssen personell gut ausgestattete Pflegeheimplätze mit intensiver ärztlicher Betreuung in hinreichender Zahl in den Gemeinden zur Verfügung stehen, die vor allem eine differenzierte Versorgung mit hinreichendem qualitativen Standard gewährleisten. Die Anbindung solcher Pflegeheime an das regionale Krankenhaus und seine geriatrische Abteilung – sofern es darüber verfügt – oder an eine internistische Abteilung hat sich dabei als günstig erwiesen. Die geriatrischen Krankenhausabteilungen selbst sollten differenziert gestaltet werden, um solche Aufgaben auch in Zusammenarbeit mit stationären Einrichtungen intensiver Altenpflege außerhalb des Krankenhauses zu übernehmen (vgl. auch Steinhagen-Thiessen, Gerok & Borchelt, Kapitel 5 in diesem Band).

5. Bedarfsentwicklung der pflegenden Altenhilfe

Geht man von den sechs Prozent der über 65jährigen aus, die an mäßiger oder schwerer Demenz leiden, dann wird nur rund ein Fünftel in Heimen oder Krankenhäusern versorgt. Das bedeutet, daß der weitaus überwiegende Teil der pflegebedürftigen psychisch kranken alten Menschen, nämlich etwa vier Fünftel, derzeit in der eigenen Familie versorgt wird. Diese Situation entspricht einer Sozialpolitik, die das Ziel einer Verstärkung der generationsüberschreitenden familiären Solidarität anstrebt, was immer ihre finanz- und sozialpolitischen Vorstellungen dazu sein mögen. Diese Politik stößt jedoch zunehmend auf Grenzen in Gestalt der abnehmenden Verfügbarkeit pflegefähiger und -bereiter Angehöriger bei gleichzeitig wachsender Zahl pflegebedürftiger alter Menschen. Das Studium der Bedarfssituation in Mannheim zeigt, daß die Versorgung der Pflegebedürftigen diese Grenze bereits erreicht hat. Wahrscheinlich gilt diese Aussage für die meisten Großstädte der alten Bundesländer. Es wird daher notwendig werden, die Angebote der stationären Altenhilfe auszudehnen, aber zugleich die Dienste der offenen Altenhilfe zu fördern. Sie sollen dazu beitragen, die Fähigkeit der Versorgung alter Menschen in ihrer eigenen Wohnung solange wie irgend möglich aufrechtzuerhalten und pflegende Familienangehörige zu unterstützen.

6. Belastung pflegender Angehöriger

Die Befragung Angehöriger, die in der Pflege Dementer tätig sind, ergab, daß die damit verbundene Belastung nicht nur zur Einschränkung der eigenen Lebensmöglichkeiten, sondern relativ häufig auch zu psychischen Störungen führt (Ministerium für Arbeit, Gesundheit und Sozialordnung Baden-Württemberg, 1983). Der Verlust von Blasen- und Mastdarmkontrolle mit Kotschmieren und aggressives Verhalten von Kranken werden als besonders belastend empfunden. Diese Belastungsfaktoren spielen auch in der institutionellen Pflege Dementer, etwa beim Personal von Pflegeheimen und geriatrischen Krankenhäusern, eine bedeutsame Rolle (Morris, Morris & Britton, 1988).

Eine Entlastung des Personals von Pflegeheimen in der Wahrnehmung dieser schwierigen Aufgaben kann durch adäquate Ausbildung, Weiterbildung und durch eine hinreichende Personalstärke erreicht werden. Vergleichbares muß auch zur Entlastung der pflegenden Angehörigen überlegt werden. Sie bedürfen der instrumentellen Unterstützung durch Dienste der offenen Altenhilfe und der Nachbarschaftshilfe. Die finanzielle Gewährleistung einer vierwöchigen Pflege durch das Gesundheitsreformgesetz ist ein Schritt in die richtige Richtung. Eine zunehmende Bedeutung bei der emotionalen, aber auch der praktischen Unterstützung nehmen inzwischen Beratungsdienste und Angehörigengruppen ein, die von kompetenten Fachleuten geleitet und beraten werden (Bruder, 1988; Schreiter-Gasser, im Druck).

Literaturverzeichnis

Amaducci, L. A., Fratiglioni, L., Rocca, W. A., Fieschi, C., Livrea, L., Pedone, D., Bracco, L., Lippi, A., Gandolfo, C., Bino, G., Prencipe, M., Bonatti, M. L., Girotti, F., Carella, F., Tavolato, B., Ferla, S., Lenzi, G. L., Carolei, A., Gambi, A., Grigoletto, F. & Schoenberg, B. S. (1986). Risk factors for clinically diagnosed Alzheimer's disease: A case-control study of an Italian population. *Neurology, 36*, 922 – 931.

Bickel, H. & Cooper, B. (1989). Incidence of dementing illness among persons aged over 65 years in an urban population. In B. Cooper & T. Helgason (Eds.), *Epidemiology and the prevention of disorders* (pp. 59 – 76). London: Routledge.

Bickel, H. & Jaeger, J. (1986). Die Inanspruchnahme von Heimen im Alter. *Zeitschrift für Gerontologie, 19*, 30 – 39.

Biedert, S., Schreiter, U. & Alm, B. (1987). Behandelbare Demenzen. *Nervenarzt, 58*, 137 – 149.

Bird, T. D., Hughes, J. P., Sumi, S. M., Nochlin, D., Schellenberg, G. D., Lampe, T. H. & Nemens, E. J. (1990). A proposed classification of familial Alzheimer's disease based on analysis of 32 multigeneration pedigrees. In K. Maurer, P. Riederer & H. Beckmann (Eds.), *Alzheimer's disease* (pp. 51 – 57). New York: Springer.

Bleuler, M. (1972). *Die schizophrenen Geistesstörungen im Lichte langjähriger Kranken- und Familiengeschichten.* Stuttgart: Thieme.

Bollerup, T. R. (1975). Prevalence of mental illness among 70 year olds domiciled in nine Copenhagen suburbs: The Glostrup survey. *Acta Psychiatrica Scandinavica, 57*, 327 – 339.

Breitner, J. C. S. & Folstein, M. F. (1984). Familial Alzheimer dementia: A prevalent disorder with specific clinical features. *Psychological Medicine, 14*, 63 – 80.

Bruder, J. (1988). Alterskrankheit und Familie. In E. Lang (Hrsg.), *Praktische Geriatrie* (S. 91 – 95). Stuttgart: Enke.

Burke, K. C., Burke, J. D., Regier, D. A. & Rae, D. S. (1990). Age at onset of selected mental disorders in five community populations. *Archives of General Psychiatry, 47*, 511 – 518.

Christenson, R. & Blazer, D. (1984). Epidemiology of persecutory ideation in an elderly population in the community. *American Journal of Psychiatry, 141*, 1088 – 1091.

Ciompi, L. (1972). Allgemeine Psychopathologie des Alters. In K.P. Kisker, J.-E. Meyer, M. Müller & E. Strömgren (Hrsg.), *Psychiatrie der Gegenwart* (Bd. 2/2, S. 1001 – 1036). Berlin: Springer-Verlag.

Ciompi, L. & Müller, C. (1976). *Lebensweg und Alter der Schizophrenen.* Berlin: Springer-Verlag.

Cooper, B. (1986). Mental illness, disability and social conditions among old people in Mannheim. In H. Häfner, G. Moschel & N. Sartorius (Eds.), *Mental health in the elderly* (pp. 35 – 45). Berlin: Springer-Verlag.

Cooper, B. & Bickel, H. (1987). Old people in hospital: A study of a psychiatric high-risk group. In M. C. Angermeyer (Ed.), *From social class to social stress* (pp. 235 – 246). Berlin: Springer-Verlag.

Cooper, B. & Bickel, H. (1989). Prävalenz und Inzidenz von Demenzerkrankungen in der Altenbevölkerung. Ergebnisse einer populationsbezogenen Längsschnittstudie in Mannheim. *Nervenarzt, 60*, 472 – 482.

Cooper, B., Mahnkopf, B. & Bickel, H. (1984). Psychische Erkrankung und soziale Isolation bei älteren Heimbewohnern: eine Vergleichsstudie. *Zeitschrift für Gerontologie, 17,* 117 – 125.

Cooper, B. & Sosna, U. (1983). Psychische Erkrankung in der Altenbevölkerung. *Nervenarzt, 54,* 239 – 249.

Cummings, J. L. & Benson, D. F. (1983). *Dementia. A clinical approach.* Boston, MA: Butterworths.

Dilling, H., Weyerer, S. & Fichter, M. (1989). The Upper Bavarian Studies. *Acta Psychiatrica Scandinavica, 79* (Suppl. 348), 113 – 140.

Edwardson, J. A., Klinowski, J., Oakley, A. E., Perry, R. H. & Candy, J. M. (1986). Aluminosilicates and the ageing brain: Implications for the pathogenesis of Alzheimer's disease. In CIBA Foundation Symposium Staff (Eds.), *Silicon biochemistry: Symposium No. 121* (pp. 169 – 179). New York: Wiley.

Esquirol, J. E. & Parent-Duchâtelet, A.-J.-B. (1833). Note relative à quelques conditions que doivent présenter les hôpitaux destinés à des individus âgés de plus de 60 ans et infirmes. *Annales d'Hygiène Publique du Médicine Légale, 9,* 296 – 307.

Flaten, T. P. (1987). *Geographical associations between aluminium in drinking water and registered death rates with dementia (including Alzheimer's disease) in Norway.* Paper presented at the Second International Symposium on Geochemistry and Health, London.

Folstein, M. F. & McHugh, P. R. (1978). Dementia syndrome of depression. In R. Katzman, R. D. Terry & K. L. Bick (Eds.), *Alzheimer's disease: Senile dementia and related disorders* (Vol. 7, pp. 87 – 93). New York: Raven.

Frackowiak, R. S. J. (1986). The significance of regional cerebral blood flow and metabolism for processes of aging and dementia. In H. Häfner, G. Moschel & N. Sartorius (Eds.), *Mental health in the elderly* (pp. 146 – 153). Berlin: Springer-Verlag.

Fürstner, P. (1889). Senile insanity. *American Journal of Insanity, 45,* 432.

Graves, A. B., White, E., Koepsell, T. & Reifler, B. (1987). A case-control study of Alzheimer's disease. *American Journal of Epidemiology, 126,* 754.

Griesinger, W. (1845). *Die Pathologie und Therapie der psychischen Krankheiten.* Stuttgart: Krabbe.

Hachinski, V. L., Potter, P. & Merskey, H. (1987). Leuko-araiosis. *Archives of Neurology, 44,* 21 – 23.

Häfner, H. (1986). *Psychische Gesundheit im Alter.* Stuttgart: Gustav Fischer.

Häfner, H. (1989). Epidemiologie von Suizid und Suizidversuch. *Psychiatrie, Neurologie und medizinische Psychologie, 41,* 449 – 475.

Häfner, H. (1991). Epidemiology of Alzheimer's disease. In K. Maurer, R. Riederer & H. Beckmann (Eds.), *Epidemiology, neuropathology, and clinics* (pp. 23 – 39). New York: Springer.

Häfner, H., Riecher, A., Maurer, K., Löffler, W., Munk-Jörgensen, P. & Strömgren, E. (1989). How does gender influence age at first hospitalization for schizophrenia? A transnational case register study. *Psychological Medicine, 19,* 903 – 918.

Häfner, H. & Schmidtke, A. (1987). Suizid und Suizidversuche – Epidemiologie und Ätiologie. *Nervenheilkunde, 6,* 49 – 63.

Häfner, H., Welz, R., Gorenc, K. & Kleff, F. (1983). Selbstmordversuche und depressive Störungen. *Schweizer Archiv für Neurologie, Neurochirurgie und Psychiatrie, 133,* 283 – 294.

Harding, C., Brooks, G. W., Ashikaga, T., Strauss, J. S. & Breier, A. (1987). The Vermont longitudinal study: II. Long-term outcome of subjects who once met the criteria for DSM-III schizophrenia. *American Journal of Psychiatry, 144*, 718 – 727.

Heiss, W.-D., Pawlik, G., Herholz, K. & Wienhard, K. (1986). Regional cerebral blood flow and glucose metabolism in old age and in dementia evaluated by PET. In H. Häfner, G. Moschel & N. Sartorius (Eds.), *Mental health in the elderly* (pp. 140 – 145). Berlin: Springer-Verlag.

Henderson, A. S., Jorm, A. F. & Korten, A. (1989). A case-control study of Alzheimer's disease. In NH&MRC Social Psychiatry Research Unit, The Australian National University (Ed.), *Annual Report for 1989* (pp. 4 – 7). Canberra: NH&MRC Social Psychiatry Research Unit.

Heston, L. L. (1982). Alzheimer's dementia and Down's syndrome: Genetic evidence suggesting an association. *Annals of the New York Academy of Sciences, 396*, 29 – 37.

Hutton, J. T. (1981). Results of clinical assessment of the dementia syndrome: Implications for epidemiologic studies. In J. A. Mortimer & L. M. Schuman (Eds.), *The epidemiology of dementia* (pp. 62 – 69). Oxford: Oxford University Press.

Jaeger, J. (1987). Trends in der stationären gerontopsychiatrischen Versorgung in der Bundesrepublik Deutschland. *Zeitschrift für Gerontologie, 20*, 187 – 194.

Jorm, A. F., Henderson, A. S. & Jacomb, P. A. (1989). Regional differences in mortality from dementia in Australia: An analysis of death certificate data. *Acta Psychiatrica Scandinavica, 79*, 179 – 185.

Jorm, A. F., Korten, A. E. & Henderson, A. S. (1987). The prevalence of dementia: A quantitative integration of the literature. *Acta Psychiatrica Scandinavica, 76*, 465 – 479.

Kang, J., Lemaire, H. G., Unter-Beck, A., Salbaum, J. M., Masters, C. I., Grzeschik, K. H., Multhaupt, G., Beyreuther, K. & Müller-Hill, B. (1987). The precursor of Alzheimer's disease – Amyloid A4 protein resembles a cell surface receptor. *Nature, 325*, 733 – 736.

Kohlmeyer, K. (1988). Neuroradiologische Diagnostik bei organisch bedingten psychischen Störungen. In K. P. Kisker, H. Lauter, J.-E. Meyer, C. Müller & E. Strömgren (Hrsg.), *Psychiatrie der Gegenwart* (Bd. 6, S. 123 – 154). Berlin: Springer-Verlag.

Kohlmeyer, K. (1989). Probleme der CT-Diagnostik des alternden Gehirns. *Der Radiologe, 29*, 584 – 591.

Kraepelin, E. (1903/04). *Psychiatrie. Ein Lehrbuch für Studierende und Ärzte* (7. Aufl.). Leipzig: Barth.

Krauss, B., Cornelsen, J., Lauter, H. & Schlegel, M. (1977). Vorläufiger Bericht über eine epidemiologische Studie der 70jährigen und Älteren in Göttingen. In R. Degkwitz, H. Radebold & P. W. Schulte (Hrsg.), *Gerontopsychiatrie* (S. 18 – 32). Düsseldorf: Janssen.

Lehtinen, V., Joukamaa, M., Lahtela, K., Raitasalo, R., Jyrkinen, E., Maatela, J. & Aromaa, A. (1990). Prevalence of mental disorders among adults in Finland: Basic results from the Mini Finland Health Survey. *Acta Psychiatrica Scandinavica, 81*, 418 – 425.

Liston, E. H. (1982). Delirium in the aged. *Psychiatric Clinics of North America, 5*, 49 – 66.

Magnússon, H. & Helgason, T. (1989). *Epidemiological study of dementia in Iceland.* Paper presented at the VIIIth World Congress of Psychiatry, October, Athens.

Martyn, C. N., Osmond, C., Edwardson, J. A., Barker, D. J. P., Harris, E. C. & Lacey, R. F. (1989). Geographical relation between Alzheimer's disease and aluminium in drinking water. *The Lancet, I,* 59 – 62.

Ministerium für Arbeit, Gesundheit und Sozialordnung Baden Württemberg (Hrsg.) (1983). *Die Lebenssituation älterer Menschen. Ergebnisse einer Repräsentativerhebung in Baden-Württemberg.* Stuttgart: Ministerium für Arbeit, Gesundheit und Sozialordnung Baden-Württemberg.

Ministerium für Wissenschaft und Kunst Baden-Württemberg (Hrsg.) (1990). *Wissenschaftlicher Arbeitskreis »Einrichtung eines Zentrums für Altersforschung«. Abschlußbericht.* Stuttgart: Ministerium für Wissenschaft und Kunst Baden-Württemberg.

Mölsä, P. K., Paljärvi, L., Rinne, J. O., Rinne, U. K. & Säkö, E. (1985). Validity of clinical diagnosis in dementia: A prospective clinicopathological study. *Journal of Neurology, Neurosurgery, and Psychiatry, 48,* 1085 – 1090.

Morris, R. G., Morris, L. W. & Britton, P. G. (1988). Factors affecting the emotional wellbeing of the caregivers of dementia sufferers. *British Journal of Psychiatry, 153,* 147 – 156.

Mortimer, J. A. (1989). Epidemiology of dementia: Cross-cultural comparisons. In R. J. Wurtman, S. Corkin, J. H. Growdon & E. Ritter-Walker (Eds.), *Alzheimer's disease: Advances in basic research and therapies. Proceedings of the fifth meeting of the International Study Group on the Pharmacology of Memory Disorders Associated with Aging, Zurich, 1989* (pp. 51 – 74). Cambridge, MA: Center for Brain Sciences & Metabolism Charitable Trust.

Murphy, E. (1982). Social origins of depression in old age. *British Journal of Psychiatry, 141,* 135 – 142.

Murphy, E. (1989). Depression im Alter. In K. P. Kisker, H. Lauter, J.-E. Meyer, C. Müller & E. Strömgren (Hrsg.), *Psychiatrie der Gegenwart* (Bd. 8, S. 225 – 251). Berlin: Springer-Verlag.

Myers, J. K., Weissman, M. M., Tischler, G. L., Holzer, C. E., Leaf, P. J., Orvaschel, H., Anthony, S. C., Boyd, J. H., Burke, J. D., Jr., Kramer, M. & Stolzman, R. (1984). Six month prevalence of psychiatric disorders in three communities. *Archives of General Psychiatry, 41,* 959 – 967.

Riegel, K. F. (1955). Personality theory and ageing. In J. E. Birren (Ed.), *Handbook of aging and the individual* (pp. 797 – 851). Chicago, IL: Chicago University Press.

Roth, M. & Mountjoy, C. Q. (1989). Neurobiologische Aspekte psychischer Störungen bei degenerativen Hirnerkrankungen im Alter. In K. P. Kisker, H. Lauter, J.-E. Meyer, C. Müller & E. Strömgren (Hrsg.), *Psychiatrie der Gegenwart* (Bd. 8, S. 85 – 133). Berlin: Springer-Verlag.

Rückert, W. (1987). Demographische Grundlagen der Altenhilfe-Planung. In H. Brand, E. M. Dennebaum & W. Rückert (Hrsg.), *Stationäre Altenhilfe* (S. 59 – 97). Freiburg: Lambertus.

Rudelli, L., Strom, J. O., Welch, P. T. & Ambler, M. W. (1982). Post-traumatic premature Alzheimer's disease: Neuropathologic findings and pathogenetic considerations. *Archives of Neurology, 39,* 570 – 575.

Scheid, K. F. (1933). Über die senile Charakterentwicklung. *Zeitschrift für die gesamte Neurologie und Psychiatrie, 148,* 437 – 468.

Schmidtke, A., Häfner, H., Möller, H.-J., Wedler, H. & Böhme, K. (1988). Häufigkeiten und Trends von Suizidversuchen in der Bundesrepublik Deutschland — eine methodische Studie. *Öffentliches Gesundheitswesen, 50,* 272 – 277.

Schreiter-Gasser, U. (im Druck). Der Alzheimer-Kranke und seine Familie: Erfahrungen mit einer Angehörigengruppe. In H. Häfner & M. Hennerici (Hrsg.), *Psychische Krankheiten und Hirnfunktion im Alter.* Stuttgart: Gustav Fischer Verlag.

Schulte, W. (1958). Möglichkeiten der Entfaltung und Gestaltung im Alter. *Nervenarzt, 29,* 97 – 103.

St. George-Hyslop, P. H., Haines, J. L., Farrer, L. A., Polinsky, R., Broeckhoven, C. van, Goate, A., McLachlan, D. R. C., Orr, H., Bruni, A. C., Sorbi, S., Rainero, I., Foncin, J.-F., Pollen, D., Cantu J.-M., Tupler, R., Voskresenskaya, N., Mayeux, R., Growdon, J., Fried, V. A., Myers, R. H., Nee, L., Backhovens, H., Martin J.-J., Rossor, M., Owen, M. J., et al. (1990). Genetic linkage studies suggest that Alzheimer's disease is not a single homogeneous disorder. *Nature, 347,* 194 – 197.

Sulkava, R., Wikström, J., Aromaa, A., Raitasalo, R., Lehtinen, V., Latheza, K. & Palo, J. (1985). Prevalence of severe dementia in Finland. *Neurology, 35,* 1025 – 1029.

Tierney, M. C., Fisher, R. H., Jewis, A. J., Zorzitto, M. L., Snow, W. G., Reid, D. W. & Nieuwstraten, P. (1988). The NINCDS-ADRDA work group criteria for the clinical diagnosis of probable Alzheimer's disease: A clinicopathologic study of 57 cases. *Neurology, 38,* 359 – 364.

Tomlinson, B. E. & Henderson, G. (1976). Some quantitative findings in normal and demented old people. In R. D. Terry & S. Gershon (Eds.), *Neurobiology of aging* (pp. 183 – 204). New York: Raven Press.

Tomlinson, B. E., Irving, D. & Blessed, G. (1970). Observations on the brains of demented old people. *Journal of the Neurological Sciences, 11,* 205 – 242.

Veiel, H. O. F. (1986). Social support and mental disorder in old age: Overview and appraisal. In H. Häfner, G. Moschel & N. Sartorius (Eds.), *Mental health in the elderly* (pp. 78 – 87). Berlin: Springer-Verlag.

Weissman, M. M. & Meyers, J. K. (1978). Rates and risks of depressive symptoms in a U.S. urban community. *Acta Psychiatrica Scandinavica, 57,* 219 – 231.

Wells, C. E. (1979). Pseudodementia. *American Journal of Psychiatry, 136,* 895 – 900.

Welz, R., Lindner, M., Klose, M. & Pohlmeier, H. (1989). Psychiatrische Störungen und körperliche Erkrankungen im Alter. *Fundamenta Psychiatrica, 3,* 223 – 229.

Weyerer, S. & Dilling, H. (1984). Prävalenz und Behandlung psychischer Erkrankungen in der Allgemeinbevölkerung. Ergebnisse einer Feldstudie in drei Gemeinden Oberbayerns. *Nervenarzt, 55,* 30 – 42.

WHO — World Health Organization (1986). *Dementia in later life: Research and action* (Technical Report Series 730). Geneva: WHO.

Wisniewski, K. E., Wisniewski, H. M. & Wen, G. Y. (1985). Occurrence of neuropathological changes and dementia of Alzheimer's disease in Down's Syndrome. *Annals of Neurology, 17,* 278 – 282.

7. Altern in psychologischer Perspektive

FRANZ E. WEINERT

Zusammenfassung

Das Kapitel enthält nach einer Klärung des psychologischen Alternsbegriffs und
einer kurzen Einführung in die grundlegenden Fragestellungen, Methoden und
Theorien der psychologischen Alternsforschung eine ausführliche Darstellung
folgender Themenbereiche: Der Einfluß des individuellen Überzeugungswissens
und der persönlichen Kontrollüberzeugungen auf das subjektive Erleben des
eigenen Alterns und Alters, die Entwicklung kognitiver Funktionen und intellektueller Leistungsfähigkeiten bei Erwachsenen, die Veränderung von Persönlichkeitsmerkmalen und die Stabilität der Persönlichkeitsunterschiede zwischen
Menschen im Verlauf des Erwachsenenalters, sowie die Möglichkeiten und
Grenzen der praktischen Nutzung psychologischer Erkenntnisse zur Vermeidung, Beeinflussung oder Therapie von Erlebnis-, Verhaltens- und Leistungs-
problemen bei älteren Menschen.

A. Einleitung

Versteht man unter Psychologie alle erfahrungswissenschaftlichen Versuche,
menschliches Erleben und Verhalten zu beschreiben, zu klassifizieren, zu erklären, vorherzusagen und zu modifizieren, so ist unmittelbar einsichtig, wie unklar
die Abgrenzung und wie unübersichtlich die Binnendifferenzierung eines For-
schungsprogramms sein muß, das die psychologischen Aspekte des Alterns zum
Gegenstand hat.

Trotz der Variationsbreite der psychologischen Alternsforschung lassen sich
die einschlägigen Studien aber einigen wenigen grundlegenden Fragestellungen
zuordnen: Erstens geht es dabei um die *Beschreibung und Analyse der Alterns-
veränderungen psychischer Merkmale und Mechanismen.* So wird zum Beispiel
gefragt, wie sich das Gedächtnis oder die Intelligenz im höheren Lebensalter
verändert. Das Interesse kann sich aber auch darauf richten, ob sich bei älteren
Menschen die Art und Weise der Informationsverarbeitung, die Schnelligkeit
und Form des Reagierens auf verschiedene Umweltreize oder die persönliche
Grundstimmung wandeln.

Prof. Dr. Franz E. Weinert ist wissenschaftliches Mitglied und Direktor am Max-Planck-
Institut für psychologische Forschung sowie Honorarprofessor an den Universitäten
Heidelberg und München. Er arbeitet in den Bereichen Entwicklungspsychologie der
Lebensspanne und pädagogische Psychologie des schulischen Lernens.

Eine zweite Thematik liegt in der *Analyse der psychischen oder sich psychologisch manifestierenden Bedingungen des menschlichen Alterns.* Dabei könnte es sich beispielsweise um biologisch gesteuerte Abbauprozesse handeln, die zwar bei allen Menschen auftreten, dies aber individuell zu unterschiedlichen Zeitpunkten und in verschiedenem Ausmaß tun. Gefragt werden muß natürlich, ob alterstypische Veränderungen des Verhaltens und Erlebens unter Umständen weniger biologisch determiniert sind, als allgemein angenommen wird. Vielleicht sind sie auch und sogar in einem besonderen Maße von den speziellen Lebensgewohnheiten älterer Menschen verursacht. Was sind zum Beispiel die Folgen, wenn pensionierte Arbeiter und Angestellte plötzlich ihre kognitiven Funktionen (wie z. B. das Gedächtnis oder die Denkfähigkeit) nur noch wenig benutzen, oder wenn gutgemeinte soziale Hilfsangebote für Betagte diese zu einer gewissen Passivität und Abhängigkeit führen? In diesem Zusammenhang stellt sich natürlich auch die Frage, ob und wie sozio-kulturelle Stereotypien, Einstellungen und Erwartungen gegenüber alten Menschen Auswirkungen auf deren psychische Befindlichkeit und vielleicht darüber hinaus sogar auf deren biologische Funktionen haben.

Eine dritte Fragestellung der Alternspsychologie gilt der *psychischen Verarbeitung und Bewältigung des Alters beziehungsweise der mit dem Älterwerden verbundenen Defizite, Einschränkungen und Verluste.* Führen die subjektiven Erfahrungen des Älterwerdens typischerweise oder im Einzelfall zu Formen der Resignation und Depression, oder können das Erleben und Verarbeiten des eigenen Alterns und des unvermeidlichen Todes auch »erfolgreich« bewältigt werden? Welche individuellen Unterschiede lassen sich dabei beobachten, und wovon hängen diese persönlichen Varianten in der Auseinandersetzung mit dem Altern ab?

Das sind Fragen, deren wissenschaftliche Beantwortung auch für die vierte grundlegende Thematik der psychologischen Alternsforschung von großer Wichtigkeit ist. Dabei geht es um die *psychosoziale Beeinflussung unerwünschter Erscheinungen und Begleiterscheinungen des Altwerdens.* Lassen sich alterstypische Beeinträchtigungen der Lebensqualität durch geeignete Maßnahmen präventiv vermeiden, verzögern oder frühzeitig kompensieren? Kann man bereits manifest gewordene Alternsprobleme therapeutisch beeinflussen oder zumindestens in ihren negativen Auswirkungen auf das Leben älterer Menschen begrenzen? Gibt es individuelle und soziale Lebensformen, die im Vergleich zu anderen geeigneter sind, bei älteren Menschen eine befriedigende Lebensqualität möglichst lange zu erhalten oder wiederherzustellen?

Bei der Erforschung dieser grundlegenden Fragestellungen muß man sich allerdings bewußt sein, daß die psychologische Untersuchung des Alterns eine perspektivische Konzentration auf Veränderungen des individuellen Erlebens und Verhaltens darstellt. Die psychischen Prozesse sind aber stets eingebettet in und beeinflußt durch biologische und gesellschaftliche Vorgänge und Bedingungen, die das seelische Altern in einer zur Zeit noch nicht hinreichend geklärten

Weise charakterisieren und determinieren. Auf diese doppelte Kontextuierung psychologischer Alternsvorgänge ist in jüngster Zeit häufig und mit Nachdruck hingewiesen worden (Birren & Birren, 1990).

B. Der Alternsbegriff in psychologischer Sicht

Was kann man psychologisch unter Altern überhaupt verstehen? Schon in dieser Definitionsfrage besteht keine Einigkeit, denn es werden für verschiedene alters-bezogene Veränderungen, die bestimmten Abschnitten des Lebenslaufes zuge-ordnet werden können, unterschiedliche Begriffe verwendet. Drei Varianten verdienen dabei besonderes Interesse, weil sie in prototypischer Weise verschie-dene theoretische Positionen widerspiegeln:

Erstens wird seelisches Altern in formaler Übereinstimmung mit dem klas-sischen Entwicklungskonzept für die Kindheit von manchen Psychologen in einer stark biologischen Orientierung als universeller, fortschreitender, in der Tendenz nicht beeinflußbarer und langfristiger Prozeß gekennzeichnet, bei dem sich eine zeitlich ausgedehnte vorsymptomatische und eine symptomatische Phase unterscheiden lassen (Fries, 1989, S. 21). Definiert wird Altern dabei als eine Gruppe von Veränderungen des menschlichen Organismus, die nach der optimalen Zeit für die Reproduktion auftritt, das Erscheinungsbild des Verhal-tens, des Erlebens sowie der sozialen Rollen in typischer Weise beeinflußt und zunehmend die Überlebenswahrscheinlichkeit des Individuums verringert (Bir-ren, 1988).

Zweitens wird eine solche biologistisch orientierte Festlegung des Alterns auf eine umschriebene Lebensperiode, die fast ausschließlich durch Abbau, Verluste und zunehmende Defizite funktionaler Kompetenzen charakterisiert wäre, von vielen Wissenschaftlern zumindest für den psychologischen Bereich ausdrücklich zurückgewiesen. Dementsprechend unterscheidet auch Featherman zwar zwischen Entwicklungs- und Alternsprozessen, weist sie jedoch nicht verschiedenen Abschnitten der Lebensspanne zu: »Development involves addi-tions to reserve or adaptive capacity in mind and behavior across the life-span«. Demgegenüber versteht er unter Altern »the losses of adaptive capacity, that is, the reductions of developmental reserve« (Featherman, 1989, S. 43).

Drittens gibt Paul Baltes (1990) in konsequenter Anwendung der theoreti-schen Prinzipien einer Lebensspannenpsychologie auch diese Unterscheidung auf. Er subsumiert Altern begrifflich unter Entwicklung und versteht darunter »jegliche (positive oder negative) Veränderung in der adaptiven Kapazität eines Organismus« (P. Baltes, 1990, S. 8). Die Aufnahme von Gewinn- *und* Verlust-phänomenen in den Entwicklungsbegriff wird ausdrücklich damit begründet, daß Entwicklung während der gesamten Lebensspanne grundsätzlich veränder-bar und damit auch beeinflußbar ist (Plastizität), sich gleichzeitig, aber nicht gleichartig in verschiedenen Bereichen der Persönlichkeit vollzieht (Multidimen-

sionalität) und auf allen Altersstufen Gewinne und Verluste von Erkenntnis-
und Erlebnismöglichkeiten mit sich bringt (Multidirektionalität).

In Erweiterung und Vertiefung solcher formaler Definitionskriterien ist das
normale, das heißt nicht durch Krankheiten überformte Altern aus psychologischer Perspektive durch folgenden Merkmalskatalog charakterisierbar:

- Altern läßt sich in Teilaspekten als ein Prozeß der Veränderung beschreiben,
  dem alle Menschen unterliegen und der im allgemeinen in der *Reduzierung*
  körperlicher und psychischer *Leistungsmöglichkeiten* oder *Leistungsgrenzen*
  besteht.
- Solche universellen Veränderungen dürfen nicht mit typischen Alternsphä-
  nomenen verwechselt werden, die durch Übereinstimmungen der *kulturellen,*
  historischen und *sozial-strukturellen Lebensbedingungen* bei einer Gruppe
  von Individuen zustande kommen.
- Die universellen Veränderungen, die sich zum Beispiel in der Geschwindigkeit bei der Verarbeitung neuer Informationen manifestieren, weisen im
  Hinblick auf ihren Beginn, den Verlauf, die Intensität und die funktionalen
  Auswirkungen *große Unterschiede zwischen den Menschen* auf. Mit steigendem Lebensalter nehmen diese Unterschiede (»interindividuelle Differenzen«) wahrscheinlich sogar noch zu (Fries, 1989).
- Unabhängig, aber möglicherweise nicht unbeeinflußt von solchen Alterns-
  phänomenen gibt es in den mittleren und späten Lebensabschnitten viele
  psychische Merkmale, die in Abhängigkeit von *individuellen Voraussetzun-*
  gen, persönlichen Daseinsbedingungen, sozialen Einflüssen und kritischen
  Lebensereignissen (z. B. Verwitwung oder schwere Erkrankung) relativ unverändert bleiben, sich sogar verbessern oder auch verschlechtern können.
  Diese offenkundige Variabilität der seelischen Entwicklung im höheren
  Lebensalter hat manche Wissenschaftler dazu verführt, universelle psychische Veränderungen generell zu leugnen, zu ignorieren oder zu bagatellisie-
  ren.
- Nach den Befunden vieler neuerer Untersuchungen sind die Fähigkeiten
  älterer Menschen, *neue Kompetenzen* zu erwerben, von speziellen Erfahrungen (z. B. von Trainingsprogrammen) zu profitieren und für universelle
  Abbauphänomene vielfältige individuelle *Kompensationsmöglichkeiten* zu
  entwickeln, größer, als aufgrund des allgemein verbreiteten Altersstereotyps
  häufig erwartet wird.
- Sowohl für die Entwicklung des Verhaltens und Erlebens wie für deren
  gezielte Veränderbarkeit spielen nicht nur die »objektiven« Faktoren der
  individuellen Funktionstüchtigkeiten und der sozialen Lebensverhältnisse
  eine Rolle; vielmehr scheinen auch die oft gesellschaftlich vermittelten persönlichen Überzeugungen, die intuitiven Erklärungen des Alterns und die
  subjektiven Deutungen der eigenen Situation sowie die daraus abgeleiteten
  spontanen Zukunftserwartungen von Bedeutung zu sein. Das Wortspiel,
  nach dem man so alt ist, wie man sich fühlt, hat also durchaus eine
  (allerdings im Geltungsbereich begrenzte) psychologische Grundlage.

C. Fragestellungen und Methoden der psychologischen Alternsforschung

Ist es schon in der Kinderpsychologie problematisch, wenn man im Hinblick auf die für diese Altersstufe typischen Entwicklungsverläufe toleriert, daß die Frage nach dem *Warum* häufig durch jene nach dem durchschnittlichen Wann psychischer Veränderungen ersetzt wird, so muß ein solches Vorgehen in der Alternsforschung zu schwerwiegenden wissenschaftlichen Problemen, Defiziten und Mißinterpretationen führen. Die vorliegenden empirischen Befunde sprechen nämlich überzeugend dafür, daß die beobachtbaren Verhaltensänderungen in variabler Gewichtung durch biologische Prozesse, sozial-strukturelle Bedingungen und biographische Ereignisse beeinflußt werden. Es besteht deshalb die latente Gefahr, daß die faktisch auftretenden Altersphänomene als konstitutive Alternsmechanismen interpretiert werden. So muß zum Beispiel kritisch gefragt werden, ob die nachlassende soziale Aktivität alter Menschen, die man in mehreren Industrieländern beobachtet hat, tatsächlich auf eine mit dem Alter zunehmende Tendenz des Sich-Zurückziehens aus sozialen Verbindungen und Verpflichtungen zurückzuführen ist, oder lediglich mit der gesellschaftlichen Lage alternder Menschen zusammenhängt, die ihnen befriedigende soziale Kontakte erschwert. Neuere wissenschaftliche Befunde sprechen deutlich zugunsten der zweiten Erklärungshypothese (Lehr & Minnemann, 1987).

Will man die vorschnelle Interpretation beobachtbarer Altersphänomene als Manifestationen unentrinnbarer Alternsprozesse vermeiden, so müssen zwei methodische Anforderungen an die entwicklungspsychologische Erforschung des Erwachsenenalters gestellt werden. Zum einen geht es um die Gewinnung möglichst repräsentativer Datensätze, das heißt um die Vermeidung von Stichprobenfehlern, die dadurch entstehen, daß man im Vergleich zum Bevölkerungsdurchschnitt bei einer Altersgruppe zu gebildete, zu gebrechliche, zu gesunde oder zu leistungsfähige Menschen untersucht. Natürlich ist es oft auch zweckmäßig, hochselegierte Gruppen auszuwählen, um Untersuchungsergebnisse in theoriegeleiteter Weise vergleichen zu können. Zum anderen ist es notwendig, daß die Analyse von Entwicklungs- und Alternsmechanismen nicht mit der oberflächlichen Erfassung durchschnittlicher Verhaltensänderungen und deren korrelativen Zusammenhängen mit einigen person- oder umweltspezifischen Variablen verwechselt wird.

Der Erkenntniswert der psychologischen Alternsforschung leidet zweifellos darunter, daß sich viele empirische Untersuchungen auf »samples of convenience« (Schaie, 1989a, S. 2) stützen. Mit anderen Worten: Manche Forscher tendieren dazu, bevorzugt jene Menschen zu studieren, die sich leicht für psychologische Untersuchungen gewinnen lassen. Sie tun dies darüber hinaus mit Aufgaben und Methoden, die bereits vorhanden sind, keine Probleme bei der praktischen Verwendung verursachen und sich in anderen Untersuchungen bewährt haben. Durch ein solches »pragmatisches« Vorgehen werden die theoretische Gültigkeit und Verallgemeinerbarkeit mancher Ergebnisse in Frage gestellt. So erlauben zum Beispiel weder einzelne Quer- noch Längsschnittstudien eine Klärung der Frage, ob alterstypische Unterschiede und Veränderungen des Verhaltens durch erfahrungsunabhängige artspezifische Mechanismen oder durch einen säkularen sozialen Wandel verursacht sind.

Eine sehr intensiv geführte methodologische Diskussion hat inzwischen zu dem Fazit geführt, daß bei vielen Fragestellungen nur dann theoretisch interpretierbare Ergebnisse zu erzielen sind, wenn man Menschen verschiedener Generationszugehörigkeit über eine möglichst lange Altersspanne in regelmäßigen zeitlichen Abständen mit einem für die Fragestellung repräsentativen Satz von zuverlässigen Aufgaben untersucht. Nur auf diese Weise ist es möglich, Einflüsse des Alterns als solche von Auswirkungen des historischen Wandels und von den Folgen der individuellen Lebensbedingungen so zu separieren, daß die Effekte der einzelnen Faktoren und ihrer Wechselwirkungen in theoretisch befriedigender Weise analysiert werden können. Natürlich muß man sich aus praktischen Gründen im allgemeinen darauf beschränken, in Abhängigkeit von der jeweiligen Fragestellung spezielle Ausschnitte eines solchen umfassenden »längsschnittlichen« Forschungsplanes zu realisieren.

D. Theoretische Orientierungen in der Entwicklungspsychologie des Erwachsenenalters

Bis vor kurzem war es in der psychologischen Alternsforschung üblich, sich auf eng umschriebene Merkmalsbereiche zu konzentrieren. Typisch dafür sind viele Untersuchungen zum Gedächtnis, zur Intelligenz, zur sozialen Kompetenz, zu depressiven Neigungen oder zur Lebenszufriedenheit alternder Menschen. Eine theoriegeleitete Verknüpfung solcher Einzelfragestellungen unterblieb in der Regel.

Diese oft beklagte Situation hat sich in jüngster Zeit sehr verändert. Die traditionelle Analyse alterstypischer Unterschiede und Veränderungen einzelner Merkmale des Verhaltens bei gleichzeitiger, oft impliziter Fixierung an ein biologistisches Degenerationsmodell ist durch eine intensive theoretische Diskussion abgelöst worden. Neben vielen eklektischen Auffassungen lassen sich dabei auch verschiedene akzentuierte Positionen erkennen. Sie können in stark schematisierter Weise mit Hilfe einer zweidimensionalen Matrix klassifiziert werden (Tab. 1).

Das in Tabelle 1 wiedergegebene Klassifikationsschema psychologischer Alternstheorien ist eine zweifache Erweiterung der von Reese und Overton (1970) vorgeschlagenen Unterscheidung zwischen mechanistischen und organismischen Vorstellungen in der Entwicklungspsychologie. Während im mechanistischen Menschenbild die Verhaltensentwicklung als komplexes Resultat elementarer, mechanisch funktionierender und quantifizierbarer Prozesse angesehen wird, gehen organismische Modelle vom Menschen als einem aktiven, in ständigem Austausch mit der Umwelt befindlichen, adaptiven und sich selbst

Tabelle 1: Klassifikationsschema psychologischer Alternstheorien.

Dominantes Menschenbild	Forschungsschwerpunkt	
	Einzelne Verhaltensmerkmale (»Variablen«)	Charakteristika der Persönlichkeit (»Personen«)
mechanistisch	funktionale Defizitmodelle (z. B. des Gedächtnisses oder der Intelligenz)	behavioristische Modelle über die personale Organisation von Gewohnheiten und Fähigkeiten
organismisch	Entdifferenzierungsmodelle (z. B. der kognitiven Fähigkeiten)	kontextualistische und ökopsychologische Modelle
»humanistisch« (Betonung typischer menschlicher Merkmale der Entwicklung)	Variablenmodelle zum Selbstkonzept und zur Lebenszufriedenheit	handlungspsychologische, hermeneutische, biographische und epistemologische Subjektmodelle

organisierenden Wesen aus. Funktionalistische Abbaumodelle, in denen Veränderungen kognitiver Mechanismen, Effekte externer Sozialisationsbedingungen oder automatische Folgen eingeschränkter Lernmöglichkeiten angenommen werden, sind typische Beispiele für mechanistische Konzeptionen.

Erweiterungen stadientheoretischer Ansätze auf die Entwicklung im Erwachsenenalter, Entdifferenzierungsmodelle und unterschiedliche soziale Kontexttheorien des Alterns repräsentieren demgegenüber organismische Modelle. Alle diese theoretischen Konzeptualisierungen sind typische Beispiele für Dannefers Behauptung (1989, S. 7), daß der sich entwickelnde Organismus in den meisten herkömmlichen Theorien letztlich »a prisoner of age and stage« ist.

Inzwischen haben sich die wissenschaftlichen Einwände gegen diese Reduzierung des Menschen auf seine biologische Natur und deren Austauschprozesse mit der (sozialen) Umwelt so vehement verstärkt, daß es zweckmäßig erscheint, die Klassifikation von Reese und Overton (1970) um ein genuin menschliches Entwicklungsmodell zu erweitern. Dessen anthropologisches Vorverständnis wird von Kenyon (1988) wie folgt charakterisiert: »As self-aware entities, human beeings are intentional creatures. This means that they place meanings on things« (Kenyon, 1988, S. 7). Programmatische Überlegungen dazu finden sich in den vielfältigen Versuchen zu einer phänomenologisch-hermeneutischen, zu einer dialektischen oder zu einer handlungstheoretisch orientierten Gerontopsychologie (Kaiser, 1989).

Die bedeutsamen Unterschiede zwischen dem »humanistischen« Entwicklungsmodell und mechanistisch oder organismisch orientierten Ansätzen zeigen sich dann besonders deutlich, wenn man das Klassifikationsschema von Reese und Overton (1970) nicht nur um eine Kategorie ergänzt, sondern um eine ganze Dimension erweitert. Es handelt sich dabei um die bevorzugte theoretische »Einheit« bei der Erhebung, Analyse und Interpretation psychologischer Daten. Unterschieden werden kann zwischen einer isolierten Betrachtung einzelner Variablen (subpersonale Ebene) und einer Berücksichtigung der Person als einer übergeordneten Einheit psychischer Merkmale (personale Ebene; H. Heckhausen & Weinert, 1988; Magnusson, 1990). Charakteristisch für die subpersonale Ebene sind die separate Analyse und funktionale Verknüpfung von Variablen (Lebensalter, Intelligenz, Gedächtnis, Selbstkonzept, Lebenszufriedenheit, Geschlecht usw.). Unterstellt wird dabei, daß psychologische Gesetzmäßigkeiten unabhängig von der Person als eines wertorientierten, intentional handelnden und zur Selbstreflexion fähigen Subjekts wissenschaftliche Geltung haben. Auch wenn man mit Hilfe sogenannter metakognitiver Kompetenzen die funktionalen Zusammenhänge zwischen den Variablen etwas mit Geist, Reflexivität und Intentionalität anzureichern versucht hat, bleibt die Interpretationsebene der Daten und damit der theoretischen Aussagen letztlich personunabhängig. Es kann allerdings keinen begründeten Zweifel geben, daß mit diesem wissenschaftstheoretischen Ansatz auf vielen Gebieten der Psychologie – einschließlich der Altersforschung – wesentliche Erkenntnise über menschliches Verhalten und Erleben gewonnen wurden.

Es stellt sich deshalb nicht die Frage, ob der subpersonale Variablenansatz ersetzbar ist, sondern wie er durch eine personale Integrationsebene ergänzt werden kann. Die Person als Ganzes ist in diesem Fall die Analyse-, Organisations- und Interpretationseinheit der empirischen Daten. Eine solche Personorientierung ist natürlich nichts Neues in der Psychologie, und sie läßt sich durchaus auch mit mechanistischen oder organismischen Entwicklungsmodellen vereinbaren.

Wissenschaftstheoretisch schwerwiegender ist die aktuelle Diskussion über die privilegierte Verbindung eines humanistischen Entwicklungsmodells mit der personalen Deutungsebene. Denn es soll dabei mehr oder minder explizit die in der psychologischen Altersforschung bisher dominierende nomothetische, auf die Gewinnung allgemeiner Gesetzmäßigkeiten ausgerichtete Orientierung durch eine stark ideographische, eher an der Einzigartigkeit des Individuums interessierte Wissenschaftsauffassung abgelöst werden (Kaiser, 1989). Die Konsequenzen für die Forschung, das heißt für die Erhebung, Verarbeitung, Integration und Interpretation von empirischen Daten, müßten gravierend sein. Ein solcher »Paradigmenwechsel« wäre wissenschaftlich extrem bedenklich, weil die theoretisch ergiebigsten und praktisch nützlichsten Erkenntnisse der psychologischen Altersforschung bisher auf der Grundlage eines nomothetischen Wissenschaftsverständnisses gewonnen wurden. Allerdings zeigt sich inzwischen der wissenschaftliche Nutzen mehrschichtiger Modelle unter Einbeziehung der personalen Interpretationsebene.

Quer zu den bisher dargestellten entwicklungspsychologischen Modellen liegt ein Konzept, das in der aktuellen theoretischen Diskussion eine besondere

Stellung einnimmt und als »erfolgreiches Altern« bezeichnet wird. In diesem Konzept sind beschreibende, erklärende und normative Komponenten enthalten (M. Baltes, Kohli & Sames, 1989). Der Ansatz hat nur am Rande mit umgangssprachlichen Redewendungen zu tun, nach denen zum Beispiel jemand »weise geworden«, »jung geblieben« oder »trotz seines Alters immer noch unternehmungslustig« ist. »Erfolgreiches Altern« meint dies alles auch, geht aber in seinen Bestimmungsmerkmalen weit darüber hinaus.

Der Begriff wurde von Havighurst und Albrecht (1953) ursprünglich zur Charakterisierung der Alternsprozesse jener Menschen eingeführt, die mit ihrem vergangenen und gegenwärtigen Leben glücklich und zufrieden sind. Kein Zweifel, daß die Wortverbindung »erfolgreiches Altern« inzwischen selbst sehr erfolgreich gealtert ist (Lehr, 1989). Dabei spielten vermutlich die metaphorische Anschaulichkeit, Offenheit und Vagheit des Ausdrucks eine wesentliche Rolle. Inzwischen verbindet man nämlich mit diesem Konzept die subjektiven Erlebnisse der Zufriedenheit mit dem eigenen Alter, die dafür relevanten Kriterien und Bedingungen körperlichen, psychischen und sozialen Wohlbefindens sowie die geeigneten Strategien für eine Entwicklungsoptimierung durch Auswahl persönlich affiner Lebensformen und durch individuelle Kompensation erfahrener Verhaltensbeschränkungen (Baltes & Baltes, 1989). Der allmähliche Wechsel von einem deskriptiven Begriff subjektiver Lebenszufriedenheit zum präskriptiven Konzept einer zu meisternden Entwicklungsaufgabe läßt sich bei Rowe und Kahn (1987) besonders gut erkennen:

> »A revolutionary increase in life-span has already occurred. A corresponding increase in health-span, the maintenance of full function as nearly as possible to the end of life, should be the next gerontological goal. The focus on successful aging urges that goal for researchers, practitioners and for old men and women themselves« (Rowe & Kahn, 1987, S. 149).

An dieser leistungsorientierten Auffassung des menschlichen Alterns, das in einer solchen Perspektive erfolgreich gelingen oder auch mißlingen kann, gibt es allerdings vielfältige sozialwissenschaftliche und gesellschaftspolitische Kritik.

E. Subjektives Altern: Überzeugungswissen und Kontrollüberzeugungen

Ob jemand von sich selbst sagt oder ob von jemandem gesagt wird, er sei für sein Alter noch sehr aktiv, leistungsfähig, sozial engagiert oder lebenslustig, hängt selbstverständlich vom herangezogenen Maßstab, von kollektiven oder individuellen Erwartungen und vom jeweiligen Bewertungsmodus ab. Dabei spielt das sozio-kulturell vorgeprägte, oft stereotype Bild des Alterns und des Alters eine zentrale Rolle. Die darauf bezogenen oder davon abhängigen subjektiven Wahrnehmungen, Erwartungen und Bewertungen sind deshalb zu einem wichtigen Thema der alternspsychologischen Forschung geworden.

Konkret geht es dabei um sehr unterschiedliche Fragen: Was weiß der psychologische Laie über das Alter und das Altern, oder was glaubt er, darüber zu wissen? Variieren seine Beschreibungen, Erwartungen und Beurteilungen in Abhängigkeit vom eigenen Lebensalter? Was denken alte Menschen über die Befindlichkeiten und Prozesse ihres persönlichen Alterns? Wie nehmen sie sich selbst wahr, und wie zuverlässig sind diese Urteile? Was erwarten sie noch oder nicht mehr von sich selbst und ihrem künftigen Leben? Wie stark ist ihr Glaube an die persönliche Wirksamkeit bei der Bewältigung der Daseinsaufgaben? Und schließlich: Wirkt sich dieses individuelle Überzeugungswissen und die damit verbundenen subjektiven Kontrollüberzeugungen auf das aktuelle Erleben oder Verhalten und auf die weitere Entwicklung aus?

Die gegenwärtig verfügbaren wissenschaftlichen Antworten auf diese Fragen können hier nur in einer sehr summarischen Form wiedergegeben werden:

– Erwachsene unterschiedlichen Alters besitzen ein relativ ähnliches Überzeugungswissen zu den Phänomenen der menschlichen Entwicklung. Diese intuitiven Erwartungen sind bei älteren Menschen elaborierter und differenzierter als bei jüngeren (J. Heckhausen, Dixon & P. Baltes, 1989).

– In einer beachtlichen Übereinstimmung mit Ergebnissen der modernen entwicklungspsychologischen Forschung sind auch Laien davon überzeugt, daß auf allen Altersstufen erwünschte und unerwünschte Veränderungen stattfinden, daß aber im höheren Alter ein deutliches Übergewicht funktionaler Einbußen gegenüber möglichen Kompetenzzuwächsen zu erwarten ist (J. Heckhausen, Dixon & P. Baltes, 1989).

– Die Selbstwahrnehmung des eigenen Alters wird von entwicklungspsychologischem Überzeugungswissen beeinflußt, hängt aber auch sehr stark von der tatsächlichen Leistungsfähigkeit und der sozialen Lebenslage des einzelnen ab. So berichtet Deusinger (1986), daß das leistungsbezogene Selbstbild von älteren Erwachsenen um so positiver ist, je besser ihre kognitiven Leistungen tatsächlich sind. Dieser Befund wird dadurch bestätigt, daß trainingsbedingte Verbesserungen kognitiver Kompetenzen bei verschiedenen Intelligenzaufgaben auch zu entsprechenden Veränderungen des Selbstkonzepts der eigenen Leistungsfähigkeit führten (Dittmann-Kohli, 1986).

– Die subjektiv wahrgenommene Leistungsfähigkeit älterer Menschen wird auch durch eine Fragebogenstudie belegt, über die Perlmutter (1988) berichtet. Stichproben von 20-, 40-, 60- und 80jährigen Erwachsenen mußten ihr Leistungsniveau in fünfundvierzig kognitiven Funktionen einschätzen. Außerdem sollten die Probanden der zwei jüngeren Altersgruppen angeben, welche Leistungsveränderungen sie erwarten, wenn sie alt werden; die älteren Versuchsteilnehmer wurden gefragt, welche Leistungen sie erzielt hätten, als sie jünger waren. Während die jungen Erwachsenen befürchteten, im Alter auf allen kognitiven Dimensionen mit Ausnahme der Weisheit an Leistungsfähigkeit abzunehmen, glaubten die älteren, daß sie sich in allen kognitiven Funktionsbereichen, außer dem der Weisheit, mit zunehmendem Alter verbessert haben.

– Obwohl die Nichtbeeinträchtigung der Leistungsfähigkeit und die damit korrespondierende subjektive Überzeugung von der anhaltenden eigenen Tüchtigkeit für eine Gruppe älterer Menschen zweifellos zutrifft, ist dieser Befund nicht beliebig zu verallgemeinern. Dazu sind die Unterschiede in der Leistungsfähigkeit und im Selbstkonzept beim einzelnen Menschen (intra-individuelle Variation) und zwischen verschiedenen Menschen (interindividuelle Variation) im höheren Lebensalter viel zu groß. Dies gilt auch für die Überzeugungen und Erwartungen gegenüber künftigen Leistungen. In Abhängigkeit vom Expertisegrad, den sich jemand auf einem speziellen Gebiet zuschreibt, und als Folge situativer Aufgabenstellungen, persönlicher Erfahrungen mit den jeweiligen Leistungsanforderungen und den subjektiv herangezogenen Vergleichsmaßstäben, lassen Selbsteinschätzungen erhebliche individuelle Schwankungen erkennen (Lachman & Jelalian, 1984; Weaver, Lachman & Dick, 1990). Insgesamt gesehen, scheint es bei vielen Menschen mit zunehmendem Alter eher eine gewisse Unterschätzung der kognitiven Leistungsfähigkeiten (besonders bei Anforderungen an das Gedächtnis) zu geben. Das zeigt sich vor allem dann, wenn man anstelle des generalisierten, relativ stabilen Selbstkonzepts von den eigenen Fähigkeiten die konkreten Leistungsprognosen für bestimmte kognitive Aufgaben heranzieht. So fand zum Beispiel Knopf (1987), daß ältere Menschen zwar sehr gut in der Lage sind, Schwierigkeitsunterschiede zwischen verschiedenen Aufgaben bei den Leistungsprognosen zu berücksichtigen (metakognitiver Aspekt), daß sie aber gleichzeitig dazu tendierten, ihre Lern- und Gedächtnisleistungen zu unterschätzen (motivationaler Aspekt); und das selbst dann noch, nachdem sie die Leistung bereits erfolgreich erbracht hatten. Dieser Trend scheint tendenziell mit dem Lebensalter zuzunehmen.

– Die Zusammenhänge zwischen dem subjektiven Wissen über eigene Leistungen, dem Selbstkonzept von der eigenen Tüchtigkeit, der subjektiv erlebten Selbstwirksamkeit oder Hilflosigkeit bei der Bearbeitung neuer Aufgaben und der persönlichen Überzeugung von der internen Kontrollierbarkeit oder Nichtkontrollierbarkeit der Leistungsergebnisse auf der einen sowie den tatsächlich erzielten Leistungen auf der anderen Seite sind keineswegs einfach, sondern erweisen sich als sehr kompliziert. Es kann deshalb nicht verwundern, daß es bei dieser Thematik auch widersprüchliche Ergebnisse in den vorliegenden empirischen Untersuchungen gibt. Das ist besonders dann der Fall, wenn es nicht nur um die Einschätzung aktueller Leistungsfähigkeiten, sondern auch um Erwartungen über die weitere körperliche und psychische Entwicklung geht.

– Von besonders großem wissenschaftlichem und praktischem Interesse sind Untersuchungsbefunde über Zusammenhänge zwischen den subjektiven Kontrollüberzeugungen gegenüber der eigenen Entwicklung, verschiedenen Indikatoren der Lebenszufriedenheit, individuellen Bereitschaften zur Selbstregulation und einer eher optimistischen oder pessimistischen Zukunftsperspektive sowie den »objektiven« Veränderungen im Bereich der körperlichen Gesundheit, der kognitiven Funktionstüchtigkeit und der persönlichen Lebensgestaltung (Brandtstädter, 1989). Um wenigstens den subjektiven Glauben an eine relativ autonome Kontrolle über die eigene Entwicklung aufrechterhalten zu können, das heißt, um das Erleben weitgehender interner oder externer Determiniertheit der persönlichen Gegenwart und Zukunft durch individuell nicht zu kontrollierende Einflußfaktoren zu vermeiden, sind vor allem bei objektiven Beeinträchtigungen und Belastungen sowohl Angleichungen der Lebensumstände an die persönlichen Kompetenzen notwendig als auch aktive Anpassungen der eigenen Ziele, Ansprüche und Vorlieben an die begrenzten Handlungsspielräume erforderlich (Brandtstädter, 1989).

Aufgrund ihrer zwar begrenzten, aber doch bedeutsamen Effekte auf das Handeln und die Entwicklung älterer Menschen sind dysfunktionale Formen des Selbstkonzepts, der subjektiven Erklärungen von Erfolgen und Mißerfolgen sowie pessimistische Kontrollüberzeugungen Inhalte psychologischer Interventionsbemühungen geworden. Ob und inwieweit solche Veränderungsprogramme bei unterschiedlichen Persönlichkeiten, bei schwer zu verändernden Lebensbedingungen (z. B. in Altersheimen) und bei gravierenden persönlichen Belastungen erfolgreich sein können und zu den erwünschten Konsequenzen führen, ist immer noch eine offene Frage. Ungeklärt ist auch, ob wirklichkeitsgetreue Kontrollüberzeugungen durchwegs vorteilhaft sind und welche Rolle etwas zu optimistische Erwartungen über die persönliche Selbstwirksamkeit für die individuelle Zufriedenheit im Alter spielen. Aus der Depressionsforschung gibt es jedenfalls Hinweise, daß zu viel Realitätssinn unter bestimmten Umständen auch dysfunktional sein kann (Alloy & Abramson, 1979).

F. Die Entwicklung kognitiver Funktionen im höheren Alter

Der subjektiven Perspektive des Alterns läßt sich ein stärker objektiver Aspekt gegenüberstellen, wie er zum Beispiel in der körperlichen Entwicklung, aber auch in den typischen Veränderungen kognitiver Funktionen, Kompetenzen und Leistungen manifest wird. Dabei konzentriert sich die psychologische Forschung seit Jahrzehnten auf die Klärung der Frage, welche theoretische Gültigkeit das Stereotyp vom altersbedingten Abbau kognitiver Fähigkeiten eigentlich hat.

Ein aktuelles Zwischenresümee dieser Bemühungen mag auf den ersten Blick wegen seiner Widersprüchlichkeit unbefriedigend erscheinen. Bei genauerem Hinsehen erweist sich die Forschungslage jedoch als praktisch nutzbar und für die weitere wissenschaftliche Arbeit durchaus stimulierend: Der größte Teil kognitiver Leistungen wird in seiner manifesten Variabilität nicht durch das Lebensalter als Indikator biologischer Veränderungen, sondern durch verschiedene individuelle und soziale Lebensbedingungen beeinflußt (Magnusson, 1990). Nichtsdestoweniger kann es gegenwärtig keine begründeten Zweifel an der

Wirksamkeit kognitiver Mechanismen geben, die bei allen Menschen einem Altersabbau unterliegen, der allerdings eine erhebliche individuelle Variationsbreite aufweist. Schließlich ist es nach heutigem Erkenntnisstand eher unwahrscheinlich, daß es außerhalb spezieller Wissensbereiche kognitive Kompetenzen gibt, die sich mit zunehmendem Lebensalter systematisch verbessern. Eine solche Entwicklung war zum Beispiel für die Altersweisheit vermutet worden. Versteht man unter Weisheit eine Form des Expertenwissens über grundlegende Lebensfragen, so belegen neuere empirische Untersuchungen jedoch, daß

> »in general, wisdom-related knowledge appears to be one cognitive domain in adulthood that does not show an overall advantage to one age or cohort group but rather reflects individual and specific life experience« (Smith & P. Baltes, 1990, S. 494).

Die vielfältigen sozial- und verhaltenswissenschaftlichen Versuche, das Defizitmodell des kognitiven Alterns zu widerlegen, in Frage zu stellen oder zu differenzieren, haben zu einer ungewöhnlich reichen und reichhaltigen Forschungsszenerie geführt. Die Anzahl und Unterschiedlichkeit der thematischen Fragestellungen, der untersuchten Phänomenbereiche, der empirischen Paradigmen und der theoretischen Interpretationen sind so groß, daß im folgenden nur kurze Schlaglichter auf einige Schwerpunkte der psychologischen Untersuchung kognitiver Alternsprozesse geworfen werden können. Ausgangspunkt eines solchen Überblicks muß selbstverständlich die aus Querschnittstudien erschlossene Abnahme der allgemeinen intellektuellen Leistungsfähigkeit im mittleren und höheren Erwachsenenalter sein (vgl. zusammenfassend Denney, 1982). Gegen die generelle Gültigkeit dieses Befundes sind viele methodische und theoretische Einwände erhoben worden, von denen einige für die aktuelle wissenschaftliche Diskussion besonders wichtig sind.

1. Altersstabile und altersabhängige intellektuelle Fähigkeiten

Intelligenz ist kein einheitliches Merkmal, sondern ein mehrdimensionales Fähigkeitskonzept. Für die psychologische Alternsforschung hat sich das Zwei-Faktoren-Modell der fluiden und kristallinen Intelligenz als besonders fruchtbar erwiesen. Unter fluider Intelligenz versteht man die stark biologisch determinierte Fähigkeit, figurale Zusammenhänge zu erkennen und abstrakte Schlußfolgerungen bei Aufgaben zu ziehen, die in ihrem Inhalt relativ bildungsunabhängig sind. Mit kristalliner Intelligenz bezeichnet man jene kognitiven Kompetenzen, die notwendig sind, um stark wissensabhängige Aufgaben zu lösen. Es gibt eine größere Zahl von Hinweisen, daß vorwiegend die fluide Intelligenzkomponente von einem allgemeinen Altersabbau betroffen ist, während die kristalline Intelligenz sich als relativ altersstabil erweist. Dazu zählen zum Beispiel der verfügbare Wortschatz, das allgemeine Verständnis für sprachliche Äußerungen und die Einsicht in allgemeine Lebenszusammenhänge.

2. Generationsunterschiede in der kognitiven Entwicklung

Ein erheblicher Teil der in Querschnittstudien gefundenen Leistungseinbußen bei den älteren Versuchsteilnehmern im Vergleich zu den jüngeren hat sich als Kohorteneffekt erwiesen, das heißt als eine Folge unterschiedlicher historischer, kultureller und schulischer Anregungs-, Lern- und Bildungsbedingungen, die Menschen verschiedener Generationszugehörigkeit typischerweise vorfinden.

3. Individuelle Unterschiede in der kognitiven Entwicklung

Hinter den durchschnittlichen Altersunterschieden bei intellektuellen Leistungen verbergen sich nicht nur Kohortendifferenzen, sondern auch große interindividuelle Unterschiede innerhalb der jeweils gleichen Generation. So berichtet Schaie (1989b) von der Seattle-Längsschnittstudie, in der bisher Probanden zwischen dem 25. und 81. Lebensjahr in jeweils siebenjährigem Abstand untersucht wurden, daß zum Beispiel 75 Prozent der 60jährigen während der folgenden sieben Jahre ihre Leistungen in wenigstens vier der fünf untersuchten primären intellektuellen Fähigkeiten aufrechterhalten konnten. Selbst von den über 80jährigen erreichte noch mehr als die Hälfte dieses Kriterium. Schaie schließt aus seinen Befunden, »that rate of change in cognitive behavior ... is a highly individuated phenomenon« (Schaie, 1989b, S. 84).

4. Testintelligenz und Alltagskompetenz

Ein weiterer Einwand gegen die Gültigkeit eines generellen Defizitmodells des kognitiven Alterns bezieht sich auf das dominierende, ganz auf Testleistungen aufbauende psychometrische Intelligenzmodell. Dieses Modell berücksichtigt allgemeine Denkfähigkeiten, die vom erworbenen Wissen relativ unabhängig sind und mit Hilfe vergleichsweise lebensferner Testaufgaben erfaßt werden. Ältere Menschen schneiden bei der Bewältigung solcher unvertrauter Leistungssituationen oft schlechter ab als bei der Lösung kognitiver Alltagsprobleme. Entscheidend für die Bewältigung von Aufgaben im Alltag wie im Beruf sind nämlich nicht nur und nicht einmal in erster Linie allgemeine kognitive Fähigkeiten oder rein logische Kompetenzen, sondern die Quantität und Qualität des inhaltsspezifischen Wissens, die persönlichen Erfahrungen mit ähnlichen Problemen und die automatisierten Routinen, kurz: die verfügbare Expertise für einen bestimmten Aufgabenbereich.

Die Ergebnisse vieler Vergleiche zwischen Anfängern und Experten sind ein überzeugender Beleg für die Bedeutung des bereichsspezifischen Wissens bei der Lösung inhaltlich schwieriger Aufgaben. Leider ist der Begriff der Expertise sehr allgemein, unscharf und nur vage definiert. Er umfaßt hochspezialisierte und automatisierte Fertigkeiten wie Schreibmaschineschreiben, erstreckt sich auf inhaltlich abgegrenzte Bereiche des Wissens (z. B. über das Schachspiel) und meint darüber hinaus sowohl das notwendige Erfahrungswissen, um vertraute Alltagsprobleme zu lösen, als auch die erforderlichen speziellen Kompetenzen für herausragende wissenschaftliche, künstlerische, handwerkliche und sportliche Leistungen.

Sieht man von diesem wenig befriedigenden theoretischen Status des Konzepts der Expertise ab, so zeigt ein Überblicksreferat von Knopf, Kolodziej und Preussler (1990) sehr eindringlich, wie fruchtbar dieser Ansatz für die kognitive Altersforschung ist: Untersuchungen zur Altersstabilität von Berufsleistungen, zum Einfluß langfristig erworbenen Expertenwissens auf Leistungen in spezifischen Aufgabenklassen (z. B. Schach oder Bridge) und zu den Effekten eines gezielten Erwerbs bereichsspezifischer Expertise verweisen darauf, daß bei Verfügbarkeit einer wohlorganisierten und reichhaltigen Wissensbasis die Leistungsfähigkeit auf diesem Gebiet auch im höheren Lebensalter oft lange erhalten bleibt. Eine interessante Funktion des Expertenwissens ist die damit verbundene Möglichkeit, die altersabhängige Beeinträchtigung kognitiver Mechanismen zu kompensieren. Das konnte Salthouse (1984) am Beispiel des Maschineschreibens demonstrieren. Danach können zum Beispiel ältere Sekretärinnen durch Nutzung ihrer Erfahrung gleich schnell und gut wie jüngere Kolleginnen schreiben, obwohl bei ihnen die reine Anschlaggeschwindigkeit wesentlich langsamer ist.

Wenn in diesem Zusammenhang vom Einfluß der Expertise auf kognitive Leistungen gesprochen wird, so sind damit natürlich nicht einfache Kenntnisse gemeint, sondern der Reichtum und die interne Organisation des relevanten Wissens (»gewußt was«), der Automatisierungsgrad kognitiver Fertigkeiten (»gewußt wie«) und die damit verbundene metakognitive Kompetenz zur erfolgreichen Steuerung des eigenen Verhaltens. Nur wenn solche Formen des bereichsspezifischen Wissens im Jugend- und Erwachsenenalter aufgebaut wurden, kann erwartet werden, daß die davon abhängigen Leistungen auch im höheren Alter relativ stabil bleiben.

5. Plastizität geistiger Fähigkeiten

Der Einfluß individueller, sozialer und beruflicher Lebensbedingungen auf die Konstanz und Veränderung kognitiver Leistungsfähigkeiten im Alter hängt in erster Linie von der Quantität und Qualität der Erfahrungen und Kenntnisse ab, die das Individuum erwirbt. Das zeigt sich nicht nur in dem mehrfach gefundenen Zusammenhang zwischen der Komplexität beruflicher Arbeitsanforderungen und der Entwicklung intellektueller Flexibilität, sondern vor allem dann, wenn man fehlende oder mangelhafte Alltagserfahrungen durch gezielte Trainingsprogramme ausgleichen will. Die Vermittlung spezifischer Erfahrungen, Kenntnisse und Strategien ist für den Erfolg solcher Interventionen ausschlaggebend. Dies ist auch bei Menschen im höheren und hohen Alter noch möglich, wenn man bei der Planung eines Programms die individuellen Voraussetzungen der Teilnehmer berücksichtigt, subjektive Belastungen oder Überforderungen vermeidet und die Ziele nicht zu anspruchsvoll macht (Willis & Nesselroade, 1990).

6. Grenzen der Plastizität geistiger Fähigkeiten

Die geringen Alterns- und Altersabhängigkeiten von Leistungen, die nicht dem Prototyp einer wissensarmen und inhaltsfreien Intelligenzaufgabe entsprechen, sondern eher vertraute, alltagsnahe, erfahrungsabhängige und in einer Wissensdomäne eingebettete Probleme repräsentieren, haben in den letzten Jahren gelegentlich zu einer theoretischen Leugnung oder zur praktischen Bagatellisierung eines unvermeidbaren Altersabbaus kognitiver Funktionen geführt. Dabei gibt es in der einschlägigen Forschungsliteratur genügend Belege dafür, daß alte Menschen auch in gutkontrollierten Längsschnittstudien Leistungseinbußen erkennen lassen, die vor allem bei Aufgaben beobachtbar sind, in denen unter Zeitdruck mehrere Informationselemente gleichzeitig verarbeitet werden müssen oder die den flexiblen Zugriff auf größere Mengen gespeicherten Wissens und dessen Transformation in ein aufgabenspezifisches mentales Modell erfordern.

Salthouse (1985) geht bei seiner Analyse der einschlägigen Forschungsliteratur davon aus, daß Verhaltens- und Leistungsveränderungen im höheren Alter durch mehrere Ursachen bedingt, also multikausal determiniert sind. Um die damit verbundenen Schwierigkeiten für eine theoretische Erklärung dieser Veränderungen zu überwinden, bemüht er sich um die systematische Beantwortung von drei Fragen:

Sind erstens die empirischen Befunde über kognitive Altersveränderungen Hinweise auf abnehmende Fähigkeiten oder lediglich Indikatoren für Beeinträchtigungen des situativen Leistungsverhaltens? Für die Wirksamkeit der zuletzt genannten, eher oberflächlichen, sehr variablen und im allgemeinen leicht beeinflußbaren Probleme in ungewohnten oder als überfordernd erlebten Leistungssituationen sprechen einige Untersuchungsergebnisse zum sprachlichen Verhalten im höheren Erwachsenenalter. Das ist nach Auffassung von Salthouse bei vielen Gedächtnis-, Intelligenz- und Denkleistungen aber völlig anders. Weder die empirischen Befunde über Leistungssteigerungen als Folge eines speziellen Trainings noch die Verhaltensunterschiede alter Menschen bei vertrauten gegenüber unvertrauten Aufgaben oder die Untersuchungsresultate zum Einfluß motivationaler Faktoren auf das leistungsbezogene Verhalten reichen aus, um die durchschnittlichen Leistungsunterschiede zwischen Menschen verschiedenen Alters und die individuellen Leistungsveränderungen als Funktion des Lebensalters befriedigend zu erklären. So wichtig situative Einflüsse auf die Leistungen bei älteren Menschen auch sind, so sehr sprechen die Literaturrecherchen von Salthouse dafür, daß es *auch* einen Kompetenzabbau im höheren Erwachsenenalter gibt, von dem alle Individuen mehr oder minder stark betroffen sind.

Wenn es zweitens einen Kompetenzabbau im Alter gibt, handelt es sich dann um Effekte genereller kognitiver Mechanismen oder um sehr spezielle Funktionseinbußen? Obwohl in empirischen Studien vielfältige Kompetenzdefizite bei älteren Menschen gefunden wurden, gibt es überzeugende Evidenz für die

Annahme einer sehr begrenzten Anzahl genereller Mechanismen, die zu Veränderungen bei vielen Leistungen beitragen. Nach Salthouse könnte es sich dabei um Beeinträchtigungen der Kapazität des Arbeitsgedächtnisses, der mentalen Aufmerksamkeitsenergie und der Geschwindigkeit bei der Verarbeitung neuer Informationen handeln, wobei dem zuletzt genannten Mechanismus besondere Bedeutung beigemessen wird.

Lassen sich drittens die immer wieder gefundenen Verlangsamungen kognitiver Prozesse im höheren Alter vorwiegend durch artspezifische Erbfaktoren oder eher durch Umwelteinflüsse erklären? Diese Frage kann beim gegenwärtigen Stand der wissenschaftlichen Forschung nicht zuverlässig beantwortet werden. Immerhin kommt Salthouse aufgrund der vorliegenden Befunde zu der theoretischen Schlußfolgerung, daß

> »the mechanism primarily responsible for the slowing in healthy adults cannot yet be identified, but the evidence suggests that it probably has a biological rather than psychological origin« (Salthouse, 1985, S. 283).

Das alternde Gedächtnis mit seiner im Durchschnitt abnehmenden Leistungsfähigkeit ist ein besonders intensiv untersuchtes kognitives Funktionssystem, bei dem sich im nicht-pathologischen Zustand sowohl die anhaltende Leistungstüchtigkeit als auch der gleichzeitige Fähigkeitsabbau, die enorme Plastizität und deren zunehmende Grenzen zeigen lassen.

Beispiel eines theoriegeleiteten, auf altersspezifische Veränderungen zentrierten Forschungsansatzes ist ein Projekt von Baltes und Kliegl (1986), das die Grenzen der individuellen Leistungsfähigkeit bei jungen und alten Menschen durch intensive Vermittlung spezieller Gedächtnisstrategien für das freie Erinnern von Wörtern oder Zahlen nach einmaliger Darbietung analysiert.

Abbildung 1 gibt einen Überblick über die Befunde, die Paul Baltes (1990) wie folgt zusammenfaßt:

> »Einerseits zeigte sich auch für die höheren Altersgruppen ein beträchtliches Maß an Plastizität. Alle Altersgruppen wiesen eine substantielle Kapazitätsreserve auf, die den einzelnen Probanden dazu befähigte, sich an lange Zahlen- und Wortreihen zu erinnern (Anmerkung: Ohne Erwerb spezieller Strategien können junge Erwachsene 7 +/- 2 Wörter oder Ziffern nach einmaliger Darbietung korrekt wiedergeben). Andererseits waren deutliche Altersunterschiede vorhanden, die sich auf die Grenze der Kapazitätsreserve beziehen und diese kenntlich machen. Testet man Untersuchungspersonen unter immer anspruchsvolleren Bedingungen, die zum Beispiel durch längere Trainingsprogramme und schnellere Präsentationsraten zu erzeugen sind, so vergrößern sich die Altersunterschiede im Sinne eines Schereneffektes. In der genannten Studie waren die Altersunterschiede so stark vergrößert, daß sich die Leistungsverteilungen der in ihren IQ-Werten vergleichbaren jungen und älteren Untersuchungspersonen am Ende des Testing-the-limits-Verfahrens (also einer Analyse der individuellen Leistungsgrenzen) kaum mehr überlappten« (P. Baltes, 1990, S. 13).

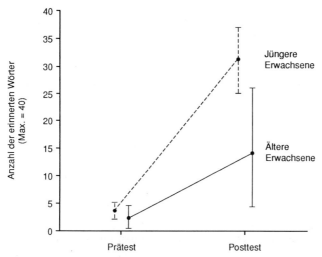

Abbildung 1: Gedächtnisreserven und Testing-the-Limits (nach Kliegl, Smith & P. Baltes, 1989).

Das Ergebnismuster stellt einen überzeugenden Beleg für Steigerungsmöglichkeiten von Gedächtnisleistungen bei Versuchsteilnehmern unterschiedlichen Lebensalters als Folge individuellen Expertiseerwerbs dar, enthält zugleich aber deutliche Hinweise auf die altersabhängig zunehmende Begrenzung eben dieser Fähigkeit.

G. Altern wir und bleiben doch die alten? – Persönlichkeitsentwicklung im höheren Alter

Veränderungen kognitiver Funktionen, Entwicklungen von Persönlichkeitsmerkmalen und der Wandel des sozialen Verhaltens sind begriffliche Separierungen eines Vorgangs, der sich zwar unter verschiedenen thematischen Aspekten analysieren läßt und auch unterschiedliche Verlaufsformen aufweist, der aber als konzeptuelle Einheit das individuelle Altern ebenso repräsentiert wie das alternde Individuum. Was immer man im einzelnen unter Struktur und Veränderung der Persönlichkeit versteht, es wird in jedem Fall auch durch kognitive Vorgänge maßgeblich beeinflußt. Es ist deshalb nicht erstaunlich, daß zur Zeit kognitive Theorien der Persönlichkeit und ihrer Entwicklung innerhalb der Psychologie eine wichtige Rolle spielen (Thomae, 1970; 1988).

Unabhängig von solchen theoretischen Verknüpfungen sind die beiden Begriffe »Kognition« und »Persönlichkeit« natürlich auch in je spezifische Forschungsprogramme eingebettet. Für die Persönlichkeitsentwicklung steht seit langem das Problem der Stabilität, Variabilität und Veränderung von Eigenschaften im Mittelpunkt des Interesses. Von Anfang an haben sich dabei viele und unterschiedliche psychologische Theorien bemüht, Persönlichkeit als das zu definieren, was sich nicht ändert, wenn man eigentlich Veränderung erwarten würde. Dieser Phase eines Grundkonsensus folgte eine Periode heftiger wissenschaftlicher Auseinandersetzungen über die Annahme, daß Menschen in ähnlichen Situationen auch über längere Zeitspannen hinweg ähnliches Verhalten zeigen (Moos & Susman, 1980). Inzwischen ist die theoretische Streitlust wieder abgeflaut; die Begriffe Konstanz und Veränderung werden heute genauer definiert und operationalisiert, als das früher der Fall war. Zugleich bildeten sich neue theoretische Konzeptionen heraus, aber die klassische entwicklungspsychologische Persönlichkeitsforschung hat sich wieder ihrer traditionellen Beschäftigung zugewandt: dem Studium von Konstanz und Variabilität grundlegender Persönlichkeitseigenschaften während der Lebensspanne. Ihr bisheriger Beitrag zur Alternspsychologie erscheint allerdings eher bescheiden: »There is no evidence for *the* aged personality – interindividual differences are overwhelming« (M. Baltes & Schmid, 1987, S. 102).

Bei den Untersuchungen über Stabilität und Veränderung von Persönlichkeitsmerkmalen steht in letzter Zeit das sogenannte Fünf-Faktoren-Modell im Mittelpunkt. Gemeint sind damit die in vielen Studien immer wieder gefundenen Persönlichkeitszüge des Neurotizismus, der Extraversion, der Soziabilität/Freundlichkeit, der Gewissenhaftigkeit/Willensstärke und der Offenheit für neue Erfahrungen/Intelligenz (vgl. Digman, 1990). Diese Eigenschaften erlauben es, die Persönlichkeit eines Menschen zu charakterisieren, Unterschiede zwischen Personen zu beschreiben und ihr Verhalten in sehr verschiedenen Situationen vorherzusagen. Die interindividuelle Stabilität dieser Persönlichkeitsfaktoren ist im Erwachsenenalter relativ hoch und erreichte nicht nur in einer sechsjährigen, sondern auch in einer neunzehnjährigen Längsschnittuntersuchung durchwegs beachtliche Werte (Conley, 1984; Costa & McCrae, 1988).

Was aber bedeutet eine solche Stabilität interindividueller Unterschiede bei den meisten Persönlichkeitseigenschaften? Wie kommt es, daß das Älterwerden, daß kritische Lebensereignisse, thematische Umorientierungen und Veränderungen der persönlichen Lebenslage keinen bedeutsamen Niederschlag in den empirischen Ergebnissen finden? Man muß dabei bedenken, daß stabile interindividuelle Unterschiede bei allgemein definierten Persönlichkeitsmerkmalen keineswegs Veränderungen dieser Merkmale ausschließen. Eine hohe Stabilität der Persönlichkeitseigenschaften heißt ja nichts anderes, als daß die Unterschiede zwischen den Individuen erhalten bleiben, unabhängig davon, ob und wie sich das jeweilige Merkmal entwickelt.

Im Vergleich zu eigenschaftszentrierten Modellen der Persönlichkeitsentwicklung haben stadientheoretische Konzeptionen des Erwachsenenalters zwar immer wieder die Aufmerksamkeit der Lehrbuchautoren und der breiten Öffentlichkeit, nicht aber das Interesse der empirischen Forscher gefunden. Das gilt vor allem für die von Erikson (1966) entworfene Stadientheorie der Ich-Entwicklung. Zwar haben die von ihm unterschiedenen drei Stufen des Erwachsenenlebens (Intimität und Distanzierung gegenüber Selbstbezogenheit; Generativität gegenüber Skeptizismus; Integrität gegenüber Verzweiflung) eine gewisse empirische Bestätigung in Querschnittstudien erfahren, doch muß es bei der verfügbaren Datenlage offenbleiben, ob es sich bei diesen Entwicklungsstadien um Idealisierungen von Alternsprozessen oder um prototypische Beschreibungen mit großer individueller Variationsbreite handelt.

Überblickt man die Vorzüge und Schwächen der persönlichkeitspsychologischen Forschung für das höhere Lebensalter, so erscheint es künftig aussichtsreicher, neben den stabilen Persönlichkeitseigenschaften und den großen Entwicklungsstadien in verstärktem Maße konkrete Verarbeitungs- und Reaktionsmodi bei der Bewältigung von Streßsituationen (z. B. chronischen Erkrankungen, Wohnungsproblemen), bei der Umorientierung nach kritischen Lebensereignissen (z. B. Verwitwung oder Pensionierung), bei der Auseinandersetzung mit beruflichen oder sonstigen Anforderungen und bei der Harmonisierung von sozialer Anpassung und Bewahrung der Selbstidentität zu studieren (Thomae, 1988).

Besonders zahlreich waren in den letzten Jahren die psychologischen Forschungen zu kritischen Lebensereignissen, zu ihrer statistischen Auftretenswahrscheinlichkeit auf unterschiedlichen Altersstufen, zu der Art und Weise, wie ältere Menschen solche Ereignisse erleben und verarbeiten, und zu den Formen der Auseinandersetzung (»coping«) mit den damit verbundenen psychischen Belastungen (»stress«). Ob und wie ein schwerwiegendes Ereignis (z. B. Tod eines Familienangehörigen oder Freundes, schwere Erkrankung, Arbeitslosigkeit, Pensionierung, Verlust der Wohnung, Aufnahme in ein Altersheim, allgemeine oder spezielle Hinweise auf den eigenen Tod) psychisch bewältigt oder nicht bewältigt wird und wie diese individuelle Verarbeitung die weitere Entwicklung beeinflußt, hängt von den besonderen Umständen des Ereignisses (z. B. unerwartet oder vorhersehbar; mit vorübergehenden oder dauernden persönlichen Folgen), von individuellen Voraussetzungen (Persönlichkeitseigenschaften, eher positive oder negative Gestimmtheit, kognitive Kompetenzen, persontypische Reaktionsweisen auf belastende Situationen) und von der Qualität sozialer Unterstützungen ab (Filipp, 1990; Saup, 1987). Zuverlässige Vorhersagen über die Auswirkungen kritischer Lebensereignisse auf die weitere Entwicklung alternder Menschen sind deshalb sehr schwierig; die wissenschaftlichen Studien zu dieser Thematik sind für ein besseres Verständnis der psychischen Entwicklung im Erwachsenenalter aber von ganz besonderer Bedeutung (Montada, 1990; Murrell, Norris & Grote, 1988).

H. Auf dem Weg zu theoretisch fundierten und praktikablen psychologischen Interventionen für das höhere Erwachsenenalter

Natürlich hat wissenschaftliche Erkenntnis ihren Eigenwert und eine allgemeine aufklärerische Funktion. Nichtsdestoweniger erhoffen sich viele Forscher − auch und gerade in der Psychologie − zusätzlich einen gewissen praktischen Nutzen ihrer Befunde. Für die Altersforschung gilt das in ganz besonderer

Weise, denn die zu lösenden Alltagsprobleme von alternden Menschen und besonders bei der Betreuung hochbetagter Personen sind groß, und die sich stellenden Aufgaben müssen mit oder ohne wissenschaftliche Anleitung gemeistert werden (vgl. z. B. Schmitz-Scherzer, Kapitel 21 in diesem Band).

Die angewandte gerontopsychologische Forschung besteht bisher zu einem erheblichen Teil aus der Evaluation vorfindbarer Programme zur Betreuung, Unterstützung, Förderung und Therapie alternder Menschen. Inzwischen gibt es aber auch eine zunehmende Zahl von wissenschaftlichen Initiativen, die die Überprüfung bereits realisierter Programme durch die Entwicklung theoretisch besser fundierter Modelle ersetzen wollen.

Obwohl die Aufgaben, Ziele, Rahmenbedingungen, Strategien und Methoden psychologischer, psychosozialer oder psychotherapeutischer Interventionen sehr verschieden und variabel sind, lassen sich doch einige grundlegende Typen unterscheiden:

— *Instrumentelle Ansätze*, die auf Erhaltung oder Wiederherstellung der kognitiven Funktionstüchtigkeit, des psychischen Wohlbefindens und der Realitätsangepaßtheit alternder Menschen ausgerichtet sind. Abgesehen davon, daß sich die Wirkungen solcher Trainings- oder Therapieprogramme oft als sehr spezifisch und wenig stabil erwiesen haben, besteht zusätzlich die Gefahr, daß dysfunktionale Abhängigkeiten gegenüber dem Therapeuten oder der Therapie bei den alten Menschen aufgebaut werden.

— *Operante Ansätze*, die die Aktivität, die Initiative, die Selbstorganisation, die kognitive Kompetenz, die persönlichen Kontrollüberzeugungen und die flexible Anpassungsfähigkeit an unterschiedliche Realitäten bei alten Menschen wecken, stärken oder verbessern wollen. Dabei geht es vor allem um die Anregung und Bereicherung des alltäglichen Lebens, gelegentlich verbunden mit gezielten Förderungsprogrammen.

— *Klientenzentrierte Ansätze*, die die Autonomie, Kompetenz und Reflexivität des alten Menschen auch bei starker Behinderung und Vergreisung prinzipiell voraussetzen und stützen, seine aktive Eingliederung in unterstützende soziale Netzwerke fördern und die Aufgaben der psychosozialen Arbeit eher in Beratung und Hilfe zur Selbsthilfe als in der Anwendung gezielter Interventionsstrategien sehen. Der Möglichkeit einer individuellen Selbstbestimmung bei gleichzeitig gesicherter Einbettung in ein verläßliches soziales Gefüge kommt dabei große Bedeutung zu. Im Gegensatz zur öffentlichen Meinungsbildung spielt in diesem Zusammenhang die Familie als soziales Netz die wichtigste Rolle (Schubert, 1990). Diese Basis durch materielle Unterstützung, durch Beratung, durch gezielte Hilfen und durch zusätzliche Angebote zu stabilisieren und zu fördern, wird inzwischen von vielen Wissenschaftlern und Praktikern für notwendiger gehalten als die Bereitstellung isolierter Trainings- oder Therapieprogramme.

Es wäre ohne jede Frage problematisch, würde man diese unterschiedlichen Konzepte psychologischer Intervention unabhängig von den konkreten Bedürfnissen und Bedingungen alternder Menschen in puristischer Weise anwenden. Insofern sind Mischmodelle vernünftigerweise eher die Regel als die Ausnahme.

Das ändert aber nichts daran, daß Erkenntnisse aus der Grundlagenforschung zunehmend häufiger in psychologische Präventions- und Interventionsmaßnahmen eingehen: als theorieleitende Konzepte für die Programmentwicklung, als Hintergrundwissen für Praktiker und als Entscheidungshilfe bei der Auswahl besonders geeigneter Strategien. Praxis kann jedoch nie angewandte Wissenschaft sein. Entscheidend sind deshalb nicht nur verbesserte theoretische Einsichten, sondern auch eine größere Offenheit und Anpassungsbereitschaft gegenüber den konkreten Anforderungen der Praxis. Der Erwerb der dafür erforderlichen fachlichen und menschlichen Doppelqualifikation ist inzwischen das erklärte Ziel vieler gerontopsychologischer Ausbildungsprogramme für Praktiker.

Literatur

Alloy, L. B. & Abramson, L. Y. (1979). Judgment of contingency in depressed and nondepressed students: Sadder but wiser? *Journal of Experimental Psychology: General, 108,* 441 – 485.

Baltes, M. M., Kohli, M. & Sames, K. (Hrsg.) (1989). *Erfolgreiches Altern.* Bern: Huber.

Baltes, M. M. & Schmid, U. (1987). Psychological gerontology. *The German Journal of Psychology, 11,* 87 – 123.

Baltes, P. B. (1990). Entwicklungspsychologie der Lebensspanne: Theoretische Leitsätze. *Psychologische Rundschau, 41,* 1 – 24.

Baltes, P. B. & Baltes, M. M. (1989). Optimierung durch Selektion und Kompensation – ein psychologisches Modell erfolgreichen Alterns. *Zeitschrift für Pädagogik, 35,* 85 – 105.

Baltes, P. B. & Kliegl, R. (1986). On the dynamics between growth and decline in the aging of intelligence and memory. In K. Poeck, H. J. Freund & H. Gänshirt (Eds.), *Neurology* (pp. 1 – 17). Berlin: Springer-Verlag.

Birren, J. E. (1988). A contribution to the theory of the psychology of aging: As a counterpart of development. In J. E. Birren & V. L. Bengtson (Eds.), *Emergent theories of aging* (pp. 153 – 176). New York: Springer.

Birren, J. E. & Birren, B. A. (1990). The concepts, models, and history of the psychology of aging. In J. E. Birren & K. W. Schaie (Eds.), *Handbook of the psychology of aging* (3rd ed., pp. 3 – 20). San Diego, CA: Academic Press.

Brandtstädter, J. (1989). Optimale Entwicklung als Problem der Selbstregulation von Entwicklungsprozessen. In M. M. Baltes, M. Kohli & K. Sames (Hrsg.), *Erfolgreiches Altern* (S. 319 – 323). Bern: Huber.

Conley, J. J. (1984). The hierarchy of consistency: A review and model of longitudinal findings on adult individual differences in intelligence, personality, and self-opinion. *Personality and Individual Differences, 5,* 11 – 25.

Costa, P. T. & McCrae, R. R. (1988). Personality in adulthood: A six-year longitudinal study of self-reports and spouse ratings on the NEO Personality Inventory. *Journal of Personality and Social Psychology, 54,* 853 – 863.

Dannefer, D. (1989). Human action and its place in theories of aging. *Journal of Aging Studies, 3,* 1 – 12.

Denney, N. W. (1982). Aging and cognitive changes. In B. B. Wolman (Ed.), *Handbook of developmental psychology* (pp. 807 – 827). Englewood Cliffs, NJ: Prentice Hall.

Deusinger, I. M. (1986). Kognitive Leistungen und Leistungskonzepte älterer Personen. Ein Beitrag zur gerontologischen Grundlagenforschung. *Zeitschrift für Gerontologie, 19,* 300 – 308.

Digman, J. M. (1990). Personality structure: Emergence of the five-factor model. *Annual Review of Psychology, 41,* 417 – 440.

Dittmann-Kohli, F. (1986). Die trainingsbedingte Veränderung von Leistungsselbstbild und kognitiven Fähigkeiten im Alter. *Zeitschrift für Gerontologie, 19,* 309 – 322.

Erikson, E. H. (1966). *Identität und Lebenszyklus.* Frankfurt/M.: Suhrkamp.

Featherman, D. L. (1989). What develops in adulthood?: A developmentalist's response to Atchley's demographic view. In K. W. Schaie & C. Schooler (Eds.), *Social structure and aging: Psychological processes* (pp. 41 – 56). Hillsdale, NJ: Erlbaum.

Filipp. S.-H. (Hrsg.) (1990). *Kritische Lebensereignisse* (2. Aufl.). München: Psychologie Verlags Union.

Fries, J. F. (1989). Erfolgreiches Altern: Medizinische und demographische Perspektiven. In M. M. Baltes, M. Kohli & K. Sames (Hrsg.), *Erfolgreiches Altern* (S. 19 – 26). Bern: Huber.

Havighurst, R. J. & Albrecht, R. (1953). *Older people.* New York: Longman Green.

Heckhausen, H. & Weinert, F. E. (1988). Psychologie. In Görres-Gesellschaft (Hrsg.), *Staatslexikon* (Bd. 4, 7. Aufl., S. 615 – 619). Freiburg: Herder.

Heckhausen, J., Dixon, R. A. & Baltes, P. B. (1989). Gains and losses in development throughout adulthood as perceived by different adult age groups. *Developmental Psychology, 25,* 109 – 121.

Kaiser, H. J. (1989). *Handlungs- und Lebensorientierungen alter Menschen.* Bern: Huber.

Kenyon, G. M. (1988). Basic assumptions in theories of human aging. In J. E. Birren & V. L. Bengtson (Eds.), *Emergent theories of aging* (pp. 3 – 18). New York: Springer.

Kliegl, R., Smith, J. & Baltes, P. B. (1989). Testing-the-limits and the study of adult age differences in cognitive plasticity and of mnemonic skill. *Developmental Psychology, 25,* 247 – 256.

Knopf, M. (1987). *Gedächtnis im Alter.* Berlin: Springer-Verlag.

Knopf, M., Kolodziej, P. & Preussler, W. (1990). Der ältere Mensch als Experte – Literaturübersicht über die Rolle von Expertenwissen für die kognitive Leistungsfähigkeit im höheren Alter. *Zeitschrift für Gerontopsychologie und -psychiatrie, 4,* 233 – 248.

Lachmann, M. E. & Jelalian, E. (1984). Self-efficacy and attributions for intellectual performance in young and elderly adults. *Journal of Gerontology, 39,* 577 – 582.

Lehr, U. (1989). Erfolgreiches Altern – Einführung. In M. M. Baltes, M. Kohli & K. Sames (Hrsg.), *Erfolgreiches Altern* (S. 2 – 4). Bern: Huber.

Lehr, U. & Minnemann, E. (1987). Veränderung von Quantität und Qualität sozialer Kontakte vom 7. zum 9. Lebensjahrzehnt. In U. Lehr & H. Thomae (Hrsg.), *Formen seelischen Alterns* (S. 80 – 91). Stuttgart: Enke.

Magnusson, D. (1990). Personality research – challenges for the future. *European Journal of Personality, 4,* 1 – 17.

Montada, L. (1990). Kritische Lebensereignisse im Brennpunkt: Eine Entwicklungsaufgabe für die Entwicklungspsychologie? In S.-H. Filipp (Hrsg.), *Kritische Lebensereignisse* (2. Aufl.). München: Psychologie Verlags Union.

Moos, H. A. & Susman, E. J. (1980). Longitudinal study of personality development. In
O. G. Brim, Jr. & J. Kagan (Eds.), *Constancy and change in human development*
(pp. 530 – 595). Cambridge, MA: Harvard University Press.

Murrell, S. A., Norris, F. H. & Grote, C. (1988). Life events in older adults. In L. H.
Cohen (Ed.), *Life events and psychological functioning* (pp. 96 – 122). Newbury Park,
CA: Sage.

Perlmutter, M. (1988). Cognitive potential throughout life. In J. E. Birren & V. L.
Bengtson (Eds.), *Emergent theories of aging* (pp. 247 – 268). New York: Springer.

Reese, H. W. & Overton, W. F. (1970). Models of development and theories of development. In L. R. Goulet & P. B. Baltes (Eds.), *Life-span developmental psychology:
Research and theory* (pp. 116 – 145). New York: Academic Press.

Rowe, J. W. & Kahn, R. L. (1987). Human aging: Usual and successful. *Science, 237,*
143 – 149.

Salthouse, T. A. (1984). Effects of age and skill in typing. *Journal of Experimental
Psychology: General, 113,* 345 – 371.

Salthouse, T. A. (1985). *A theory of cognitive aging.* Amsterdam: North-Holland.

Saup, W. (1987). Coping im Alter – Ereignisse und Probleme psychologischer Studien
zum Bewältigungsverhalten älterer Menschen. *Zeitschrift für Gerontologie, 20,*
345 – 354.

Schaie, K. W. (1989a). Introduction: Social structure and behavior. In K. W. Schaie &
C. Schooler (Eds.), *Social structure and aging: Psychological processes* (pp. 1 – 10).
Hillsdale, NJ: Erlbaum.

Schaie, K. W. (1989b). Individual differences in rate of cognitive change in adulthood.
In V. L. Bengtson & K. W. Schaie (Eds.), *The course of later life. Research and
reflections* (pp. 65 – 85). New York: Springer.

Schubert, H. J. (1990). Mitglieder der erweiterten Familie in persönlichen Hilfsnetzen –
Ergebnisse einer egozentrischen Netzwerkanalyse. *Zeitschrift für Familienforschung,
2,* 176 – 210.

Smith, J. & Baltes, P. B. (1990). Wisdom-related knowledge: Age/cohort differences in
response to life-planning problems. *Developmental Psychology, 26,* 494 – 505.

Thomae, H. (1970). Theory of aging and cognitive theory of personality research. *Human
Development, 12,* 1 – 16.

Thomae, H. (1988). *Das Individuum und seine Welt* (2. Aufl.). Göttingen: Hogrefe.

Weaver, S. L., Lachman, M. E. & Dick, L. (1990). *Enhancing memory and self-efficacy:
What works and for whom?* Unpublished manuscript, Brandeis University, Psychology
Dept., Waltham, MA.

Willis, S. L. & Nesselroade, C. S. (1990). Long-term effects of fluid ability training in
old-old age. *Developmental Psychology, 26,* 905 – 910.

8. Arzneimittelwirkungen im Alter: Bedingungen – Besonderheiten – Folgerungen

HELMUT COPER & GERT SCHULZE

Zusammenfassung

Mit steigender Lebenserwartung und der mit ihr parallel verlaufenden Häufung von Krankheiten wird das Wissen über Besonderheiten von Arzneimittelwirkungen im Alter immer wichtiger. Abweichungen von den Verhältnissen bei jüngeren Personen kommen bei der Aufnahme, Verteilung, Verstoffwechselung und Ausscheidung der Medikamente (Pharmakokinetik) wie auch in der Reaktion des Organismus auf die einzelnen Stoffe (Pharmakodynamik) vor. Änderungen in den zwei Bereichen werden von um so größerer Bedeutung, wenn es sich – was die Regel ist – um chronische Krankheiten handelt, die einer längeren Behandlung bedürfen.

Das funktionell wahrscheinlich gravierendste Phänomen alternder Lebewesen ist die sich fortschreitend verringernde Anpassungsfähigkeit gegenüber inneren und äußeren Stimuli. Sie ist das Resultat eines Kontrollverlustes über die Abstimmung einer Vielzahl von Einzelreaktionen, die sich in einem wechselseitig voneinander abhängigen Zustand (Homöostase) befinden. Pharmaka, die über ganz verschiedene Mechanismen in Zell- und Organ-Funktionen eingreifen, treffen somit im Alter auf ein geschwächtes Adaptationsvermögen. Eine verstärkte oder verminderte Wirkung von Arzneimitteln oder ein gehäuftes Auftreten von Nebenwirkungen sind daher Ausdruck und Folge des Verlustes an regulatorischer Leistungsfähigkeit. Dieses Grundprinzip und seine Auswirkungen werden an einer Reihe von Beispielen dargestellt und erläutert.

Prof. Dr. Helmut Coper ist Leiter der Abteilung für Neuropsychopharmakologie der Freien Universität Berlin, Universitätsklinikum Rudolf Virchow – Charlottenburg. Forschungsinteressen: Verhaltenspharmakologie und biochemische Pharmakologie mit Schwerpunkt experimentelle Gerontologie.
Dr. Gert Schulze ist wissenschaftlicher Mitarbeiter der Abteilung für Neuropsychopharmakologie der Freien Universität Berlin, Universitätsklinikum Rudolf Virchow – Charlottenburg. Forschungsinteressen: Verhaltenspharmakologie und biochemische Pharmakologie mit Schwerpunkt experimentelle Gerontologie.

A. Einleitung

Mit der Biologie des Alterns hat sich die Pharmakologie erst seit etwa 20 Jahren intensiver beschäftigt. Davor konzentrierte sich das wissenschaftliche Interesse auf chemische, strukturelle und funktionelle Altersveränderungen des Zellkerns, der Zelle und einzelner Gewebe, speziell des Bindegewebes. Aus ihnen wurde eine Reihe von Theorien über das Altern abgeleitet, die von Rubners »Erschöpfung der Lebensenergie« von 1908 bis zu den heutigen Vorstellungen über eine defizitär werdende Informationsverarbeitung in den Zellen bei genetisch festgelegter Lebensdauer reichen (vgl. auch Danner & Schröder, Kapitel 4 in diesem Band). Schon relativ früh wurde auch registriert, daß alte Individuen auf Arzneimittel oder Gifte nicht selten empfindlicher reagieren. Später kamen Studien über Resorption, Verteilung und Elimination von Pharmaka im Altersvergleich hinzu.

Bei all diesen Untersuchungen und ihrer gedanklichen Verarbeitung wurde lange die Frage ausgeklammert, ob ein System, in dem einzelne Grundeinheiten nicht mehr voll funktionstüchtig sind oder fehlerhaft arbeiten, auch als Ganzes gestört sein muß und welches Ausmaß Zell- und Gewebeveränderungen erreichen müssen, um die Funktionsfähigkeit eines Zellverbandes, eines Organs oder des gesamten Organismus zu beeinträchtigen. Erst seit den 50er Jahren wird dieser Frage gezielt nachgegangen, und vorzugsweise wird sie dahingehend beantwortet, daß in vielen Bereichen eine Einschränkung oder gar der Verlust einer Teilleistung ohne wesentliche Folgen für den Gesamtorganismus bleiben kann, da fast alle Funktionssysteme mehrfach abgesichert sind. Dieser Schutzmechanismus erlaubt es jedem Lebewesen, sich in allen seinen Lebensphasen ständig an seine Umwelt anzupassen. Durch zahlreiche, kompensatorisch wirkende Regulationsmechanismen sind genügend Stabilität, Plastizität und Kapazität seiner Strukturen und Funktionen vorhanden, um eine Homöostase auch unter erschwerten oder ungünstigen Bedingungen zu gewährleisten. Das Adaptationsvermögen garantiert auf diese Weise die Kontinuität während der Ontogenese, gibt dem Organismus aber auch die Möglichkeit, auf aktuelle Situationen artgemäß zu reagieren.

An der Aufrechterhaltung des Normbereiches als Basis und Voraussetzung für adaptive Leistungen sind der allgemeine Stoffwechsel sowie periphere und zentrale Steuerungssysteme beteiligt. Im ZNS werden die zahllosen endogenen und exogenen Informationen selektiert, geordnet, weitergeleitet und zum Teil im Gedächtnis gespeichert. Diese Prozesse ermöglichen es dem Individuum, Entscheidungen zu treffen, die in den vielfältigsten Verhaltensäußerungen ihren Ausdruck finden.

Ein einfaches Beispiel für innere und äußere Reizgebung, Reaktion und Anpassung an Umweltbedingungen im Zusammenspiel peripherer Rezeptoren, Effektoren und zentralnervöser Reizverarbeitung ist die Regulation der Körpertemperatur. Schon von der Peripherie aus wird das System durch mehrere

Faktoren gesichert, indem zum Beispiel die Wärmeproduktion etwa über Verhaltensänderung, Muskelzittern und Stoffwechselsteigerung oder die Wärmeabgabe über Wärmeabstrahlung, Verdunstung und ähnliches erfolgt. Den Ausfall eines der Stellglieder der Temperaturregulation können andere weitgehend kompensieren.

Im biochemischen Bereich läßt sich die Anpassungsfähigkeit ebenfalls gut demonstrieren. Einige wichtige Enzyme im Stoffwechsel der Neurotransmitter können durch Pharmaka weitgehend und irreversibel gehemmt werden, ohne daß es zu einer wesentlichen Beeinträchtigung zentraler Funktionsabläufe kommt, weil auch auf dieser Ebene relativ schnell eine Anpassung möglich ist.

Zahlreiche, mehrfach gesicherte Regulationssysteme sind darüber hinaus miteinander gekoppelt. Die Verknüpfung geht sogar so weit, daß zum Schutz des einen Systems ein anderes, unter vitalen Aspekten unwichtigeres, dekompensiert. Bei älteren Patienten mit gestörter Kreislaufregulation kann zum Beispiel nächtliches Aufwachen und Umherwandern eine sinnvolle Notreaktion des Organismus sein, um unter anderem ein zu starkes und damit vital gefährdendes Absinken des Blutdrucks zu verhindern. Der Schlaf wird zugunsten der Kreislaufstabilität geopfert.

B. Reaktivität und Adaptivität im Alter

Reaktivität ist in der Pharmakologie die Reiz-Wirkungsbeziehung eines Organismus unter den zur jeweiligen Zeit vorliegenden Bedingungen. Adaptivität ist das Regulationsvermögen, das einer Normverschiebung entgegenwirkt. Die enge Verknüpfung beider Prozesse wird besonders klar erkennbar an der Toleranz oder Supersensitivität nach chronischer Einwirkung von Pharmaka, aber auch an der Ontogenese eines Lebewesens mit all ihren Anpassungserfordernissen.

Mit fortschreitendem Alter läßt die Adaptationsfähigkeit nach. Diese Minderung ist vielleicht die funktionell wichtigste Auswirkung der Alterung eines Lebewesens (Coper, Jänicke & Schulze, 1986). Bei großer interindividueller Variabilität wird die zentrale Reizverarbeitung langsamer, möglicherweise auch fehlerhafter. Der Normbereich der Adaptationsfähigkeit wird enger, seine Kompensationskapazität und damit die Stabilität des Organismus geringer. Ausdruck der verminderten Stabilität regulierter Systeme im Alter ist ihre wachsende Störanfälligkeit. Sie läßt sich durch Normabweichung, speziell bei Belastung, feststellen und nahezu quantifizieren, ohne (immer) deren Ursache im einzelnen zu kennen. Gleiches gilt für die Kompensationskapazität. Sie wird vom Umfang und der Geschwindigkeit der ausgleichend wirkenden oder steuernden Mechanismen bestimmt und kann durch Feststellung des Grenzwertes für Überforderung des betroffenen Systems geprüft werden (»testing-the-limits«). Nach exogenen Reizen sind die Antworten der einzelnen Funktionssysteme gelegentlich überschießend. Sie können aber auch ausbleiben. Unter Belastung reicht das Adaptationsvermögen nicht mehr aus, so daß eine Anforderung an ein

Funktionssystem zur Überforderung werden kann und leichter entgleist. Die Störanfälligkeit des Organismus ist nicht in jedem Funktionsbereich gleich stark ausgeprägt. Vorrangig betroffen sind das zentrale und vegetative Nervensystem sowie die durch sie kontrollierten Reaktionen. Bemerkenswert ist aber, daß eine Leistungsminderung, zumindest im nicht-somatischen Bereich, über lange Zeit durch erfahrungsabhängige Qualitätszunahme und durch Training ausgeglichen werden kann. Der Organismus besitzt auch im Alter durchaus nutzbare Reserven (Baltes & Willis, 1982).

1. Reaktivität und Adaptivität beim alten Versuchstier

An dem in den letzten zwei Jahrzehnten erreichten Wissenszuwachs über das Altern in seinen vielfältigen Aspekten hat die experimentelle Gerontologie einen erheblichen Anteil, auch wenn ihr Wert unterschiedlich eingeschätzt wird. Die Gründe für eine eher zurückhaltende Beurteilung tierexperimenteller Befunde sind vielschichtig: Aus zahlreichen vergleichenden Studien und Übersichten geht hervor, daß Altern ein fundamentaler Prozeß ist, der in allen höherentwickelten Lebewesen, wenn auch in verschiedenen Ausdrucksformen, weitgehend nach dem gleichen Prinzip und über ähnliche Mechanismen abläuft. Beobachtungen, die im Tierexperiment über Altersveränderungen gemacht werden, müssen daher zumindest partiell auf den Menschen übertragbar sein (Johnson, 1978). Allerdings gibt es bisher wenig überzeugende Methoden, um im Tierversuch das Nachlassen speziell kognitiver Leistungen im Alter valide und reliabel zu messen. Außerdem ist Altern ein Teil der Biographie eines Individuums, die beim Versuchstier weniger Variablen enthält. Schließlich ist der Übergang zwischen Alter und Krankheit, der schon im Humanbereich fließend ist, schwer abzustecken.

In Kenntnis des insgesamt noch schwachen präklinischen Fundaments soll im folgenden die Änderung der Anpassungsfähigkeit im Alter beim Versuchstier und beim Menschen auf der zellulär-molekularen und auf der Verhaltensebene dargestellt werden. Dabei wird es zur Beantwortung und zur experimentellen Bearbeitung vieler Einzelfragen häufig notwendig und nützlich sein, die Komplexität adaptiver Regulationen zu vereinfachen und auf Subsysteme und auf die ihnen zugrundeliegenden Mechanismen zu reduzieren. Denn nur durch Vereinfachung lassen sich repräsentative Modelle im Sinne Stachowiaks (1973) finden, die es erlauben, einzelne Elemente der Adaptivität, wie zum Beispiel Stabilität und Kapazität der verschiedenen regulierten Systeme, aber auch Wirkprinzipien, etwa Plastizität von Rezeptoren, zu betrachten.

– Zellulär-molekulare Ebene

Zunächst ist festzuhalten, daß die Aufrechterhaltung vieler Funktionen eines Organismus von der schnellen und genauen Vermittlung von Informationen an das Zielorgan abhängt. Diese Vermittlung erfolgt über Schaltstellen (Synapsen) oder Rezeptoren, denen eine Reihe intrazellulärer regulatorischer Folgereaktionen nachgeschaltet sind. Je nach Art und Dauer einer Stimulierung oder Blok-kierung können die Rezeptoren mit einer Vermehrung (up-regulation) oder Verminderung (down-regulation) ihrer Zahl, aber auch einer Änderung ihrer Affinität reagieren (Klein, Sullivan, Skopura & Aguilar, 1989), was entsprechende Auswirkungen auf die Weiterleitung der Informationen und auf die Antwort am Zielorgan hat.

Die im Alter nachlassende Anpassungsfähigkeit auf zellulär-molekularer Ebene, insbesondere gegenüber Anforderungen, ist gut belegt (Roth, 1988; Schulze, Coper & Fähndrich, 1990) und läßt sich am Beispiel des β-adrenergen Systems (einer Untergruppe des neuronalen Übertragungssystems) detailliert zeigen. In einigen Geweben, zum Beispiel im Gehirn, ist die Zahl von β-Rezeptoren verringert. Auch die Affinität der β-Rezeptoren zu Substanzen, die sich an ihnen binden, nimmt ab. Darüber hinaus sind die enzymatischen Nachfolgereaktionen in der Zelle (Adenylatcyclase-Aktivität) abgeschwächt. Schließlich ist das wichtigste Merkmal einer Adaptationsleistung – die »up-« und »down-regulation« – im Alter deutlich eingeschränkt (Palm & Wiemer, 1982). Bemerkenswerterweise weist das α-adrenerge System weniger Altersveränderungen auf (Borton & Docherty, 1989; Toda, Bian & Inoue, 1987).

Die Opiatrezeptoren sind bei Ratten im Alter ebenfalls vermindert. Diese Reduktion wird anders als im adrenergen System (erhöhte Noradrenalin-Konzentration) nicht durch Zunahme von Opioidpeptiden kompensiert. Ihre Konzentration ist vielmehr in verschiedenen Teilen des Gehirns geringer als bei erwachsenen Tieren. Eine isolierte Zunahme einiger Neuropeptide wie β-Endorphin, Met-Enkephalin und Adrenocorticotropes-Hormon (ACTH) ist in der Hypophyse zwei Jahre alter Ratten gefunden worden. Der auf dieses Organ begrenzte erhöhte Peptidgehalt ist mit der im Alter verminderten Streßantwort in Verbindung gebracht worden (Herz, 1985).

Analoge Störungen, wenngleich mit einem anderen Rezeptor/Postrezeptor-Muster und mit anderen Konsequenzen, lassen sich auch für das cholinerge und weitere Transmitter- und Modulatorensysteme anführen (Bloom, 1988; Freeman & Gibson, 1988; Pilch & Müller 1988; Scarpace, 1988). Bekanntestes Beispiel einer im Alter geringeren Leistung eines Enzyms ist die Abnahme der Cholin-Acetyl-Transferase-Aktivität. Sie führt jedoch nicht zu einer Verringerung des Acetylcholin-Gehaltes (Rogers & Bloom, 1985).

Der Energiestoffwechsel des Gehirns ist etwas reduziert (Hoyer, 1985). In der Leber kommt es zu einer abgestuften Leistungsminderung der Arzneimittel abbauenden Enzyme. Auch deren Induzierbarkeit ist zumindest hinsichtlich der Geschwindigkeit vermindert. Die Glucokinase-Aktivität von zwei Monate alten Ratten sinkt um 90 Prozent, wenn die Tiere 72 Stunden hungern müssen (»testing-the-limits«). Sie wird jedoch innerhalb kurzer Zeit komplett wiederhergestellt, wenn die Tiere gefüttert werden. Die Fähigkeit zur Restitution ist bei zwei Jahre alten Ratten deutlich vermindert (Adelmann, 1970). Durch Kälteeinwirkung wird das Enzym Tyrosinamino-Transferase der Leber bei jungen wesentlich stärker induziert als bei 26 Monate alten Mäusen. Der Effekt ist nicht nur geringer, sondern er tritt auch später ein. Analoge Ergebnisse lassen sich für die Phosphorenolpyruvat-Carboxykinase und andere Enzyme nachweisen (Adelmann, 1971).

Derartige mehr oder weniger isolierte Befunde können allerdings nur, wie eingangs erwähnt, Hypothesen generierend in eine einfache Ursache-Folge-Beziehung gebracht werden. Denn in einem regulierten, meist mehrfach gesicherten System, in dem einzelne Stellglieder nicht mehr voll leistungsfähig sind oder fehlerhaft arbeiten, kann der Verlust einer Teilleistung ohne wesentliche Folgen für die Funktionsfähigkeit des Gesamtorganismus oder auch einzelner Organfunktionen bleiben. Andererseits sind abgeschwächte Reaktionen oder auch größere Empfindlichkeit im Alter Ausdruck einer mangelhaft gewordenen Plastizität von Funktionssystemen, die sich offensichtlich schon auf der molekularen Ebene nachweisen lassen. Deshalb können Anforderungen an die Stabilität und Kompensationsfähigkeit des betroffenen Systems leicht zur Überforderung, das heißt zu einer Dekompensation, aber auch zu einer Un- oder Überempfindlichkeit führen.

– Verhaltensebene
Es hat sich als ein wesentlicher Mangel, wenn nicht gar Fehler herausgestellt zu glauben, gerontologische Fragen könnten experimentell auch an jungen Tieren beantwortet und altersbedingte Leistungsminderungen in wenigen ausgesuchten Versuchsanordnungen festgestellt werden. Wie zufällig das Ergebnis bei Prüfung einer zu geringen Zahl von Verhaltensäußerungen ist, läßt sich am besten am motorischen System demonstrieren. Gerade in diesem Bereich gab es bis in die 70er Jahre widersprüchliche Angaben, ob und in welchem Umfang die Motorik im Alter beim Tier Einschränkungen unterliegt. Heute besteht Übereinstimmung darüber, daß mit dem Alter, speziell bei höheren Anforderungen, motorische Leistungen graduiert und differenziert nachlassen. An Ratten konnte dann auch recht gut gezeigt werden, daß in der Regel ontogenetisch früh entwickelte Verhaltensweisen wie Spontanaktivität und Schwimmbewegungen sich bis ins hohe Alter kaum verändern. Das Koordinationsvermögen ist dagegen schon zu Beginn der dritten Lebensphase deutlich vermindert (Jänicke, Schulze & Coper, 1983).

Zum basalen physiologischen Verhalten gehört der Futter- und Flüssigkeitsverbrauch und mit ihnen verbunden der Verlauf des Körpergewichts. Analog zur Lokomotion funktioniert dieses Regulationssystem über das ganze Leben recht gut, wird aber im Alter wieder deutlich störanfälliger. Unter »testing-the-limits«-Bedingungen durch Verminderung des Sauerstoffgehalts (Hypoxie) der Einatmungsluft auf zehn Prozent (normobar) ist die Nahrungsaufnahme bei Ratten aller Altersgruppen zunächst stark eingeschränkt. Bei weiterbestehendem Sauerstoffmangel passen sich die jungen Tiere innerhalb von vier Tagen der neuen Situation an und ernähren sich wie unter Normalbedingungen. Die alten

erreichen in dieser Zeit das Ausgangsniveau dagegen noch nicht. Die Flüssigkeitsaufnahme ist interessanterweise stabiler (Schulze & Jänicke, 1986).

Analoge Verhältnisse gelten für die Temperaturregulation. Sie weist im
Bereich einer Umgebungstemperatur zwischen vier und 31 Grad Celsius keine
Altersunterschiede auf. Alte Tiere sind auch in der Lage, Schwächen in einzelnen
Stellgliedern durch Aktivierung der nicht-geschädigten weitgehend auszuglei-
chen. Bei zusätzlicher Belastung ist die Kompensationskapazität jedoch schnell
erschöpft (Schulze, Tetzner & Topolinski, 1981).

Einbußen in kognitiven Fähigkeiten oder von Lernleistungen im Alter sind
auch bei Tieren nachzuweisen und können durch Modifikation bekannter
Modelle konkretisiert, differenziert und zum Teil quantifiziert werden. Im
sogenannten »one trial passive avoidance«-Test erhält eine Ratte nach Aufsu-
chen des von ihr bevorzugten dunklen Teils einer Kammer einen Fußschock.
Stunden später wird geprüft, ob sich das Tier an dieses Erlebnis erinnert und
den Raum meidet. In diesem Schockvermeidungsverhalten bestehen ausgeprägte
Altersunterschiede. Ähnliches gilt für den »active avoidance test«, bei dem das
Tier durch Hebeldruck den aversiven Reiz vermeiden kann. Allerdings sind die
Ergebnisse, wie nicht oft genug betont werden kann, nicht unabhängig von den
experimentellen Bedingungen und daher nur bedingt vergleichbar.

In einem instrumentellen Lerntest kann geprüft werden, wie schnell Ratten
von einem Reiz-Reaktionszusammenhang auf einen qualitativ anderen umlernen. Dabei läßt sich zeigen, daß das primär angebotene Programm von alten
wie jungen Tieren gleich gut erlernt wird. Doch um die gleiche, ihnen schon
bekannte Aufgabe unter erschwerten »testing-the-limits«-Bedingungen (nor-
mobare Hypoxie) zu bewältigen, benötigen ältere Ratten wesentlich mehr
Übungszeit als junge. Beim Umlernen auf das zweite Programm werden die
Altersdifferenzen noch augenfälliger. Die alten Tiere versagen unter Hypoxie
vollständig (Jänicke & Schulze, 1987).

Um tierexperimentell Qualitäten wie Gedächtnis, räumliche Orientierung,
Lernfähigkeit und -geschwindigkeit zu prüfen, werden verschiedene Techniken
angewandt. In einem in vielen Variationen und mit unterschiedlichem Schwierigkeitsgrad häufig benutzten Verfahren wird zum Beispiel Ratten oder Mäusen
wiederholt die Aufgabe gestellt, ein Labyrinth zu durchlaufen, an dessen Ende
als Verstärker der Motivation, das Ziel zu erreichen, Futterbelohnung erfolgt.
An dem Erfolg während des Experiments am ersten Versuchstag zeigt sich, daß
die Lösung einer neuen Aufgabe alten Tiere insgesamt wesentlich schwerer fällt
als jüngeren. Auch speziellen Funktionen zugeordnete Variablen, zum Beispiel
jene, die an der räumlichen Orientierung beteiligt sind, weisen auf eine geringere
kognitive Adaptationsleistung im Alter hin.

Bei der Verwertung und Übung des am ersten Tag Gelernten ändern sich die
zeitabhängigen Verhaltensweisen im Sinne eines Trainingseffektes und nähern
sich asymptotisch einem konstant bleibenden Wert, der bei alten Tieren stets
etwas ungünstiger liegt. Das zeitunabhängige Verhalten verbessert sich durch

Training nur bei jungen Tieren regelhaft. Auch an Sicherheit gewinnen die alten Tiere nicht, wenn die Länge einer nicht unterbrochenen Wegstrecke als Maß für die Vertrautheit mit der Situation angesehen wird (Schulze, Coper & Jänicke, 1988). Doch reicht auch in diesem Bereich ein Test, selbst wenn mit ihm, wie beim Labyrinth-Lernen, mehrere kognitive Qualitäten gemessen werden können, nicht aus, um eine globale Aussage über Erhalt oder Nachlassen der verschiedenen Fähigkeiten zu machen.

Welche Schlußfolgerungen lassen sich aus diesen und den zahlreichen in der Literatur beschriebenen Experimenten mit prinzipiell ähnlichem Ergebnis ziehen? Zunächst hat sich die allgemeine Erfahrung bestätigt, daß Altern ein dynamischer Prozeß ist, der sich über einen langen Zeitraum erstreckt. Defizite treten graduiert und differenziert auf. Durch Einsatz und Fortentwicklung geeigneter Methoden läßt sich für das Konzept der Adaptivität recht gut belegen, wann und in welchem Bereich sich im Laufe des Lebens Leistungsminderungen zentral gesteuerter Funktionen ergeben, ob Leistungsreserven durch Training oder erhöhte Anforderungen ausgenutzt werden können oder aber die Grenze zur Überforderung erreicht ist.

2. Reaktivität und Adaptivität beim alten Menschen

Der Sinn von Modellen, zum Beispiel den Verlust an Adaptivität an alten Labortieren zu messen, besteht in der Möglichkeit, entsprechende Funktionseinbußen beim alten Menschen nachzuahmen, sie zu analysieren und zu erklären. In der Gerontologie sind viele Befunde jedoch primär beim Menschen erhoben und erst später im Tierversuch nachvollzogen worden. Die erstaunliche Parallelität der Schwerpunkte der Untersuchungen ist auf der molekularen Ebene in der Regel durch das gleiche methodische Instrumentarium, auf der Ebene des Verhaltens dagegen durch Analogieannahmen bestimmt.

— Zellulär-molekulare Ebene

Weitgehend unabhängig von den Ergebnissen der Tierversuche ist festgestellt worden, daß mit fortschreitendem Alter das funktionelle Informationssystem der Transmitter und seine enzymatische Steuerung beim Menschen an Stabilität verlieren. Dabei ist wieder das β-adrenerge System besonders intensiv untersucht worden. Schon länger war bekannt, daß einige durch Aktivierung oder Hemmung dieses Systems auftretende Reaktionen im Alter schwächer ausfallen. Bertel, Bühler, Kiowski und Lütold (1980) fanden im Plasma älterer Personen schon unter Ruhebedingungen einen vergleichsweise erhöhten Noradrenalingehalt, der unter physischer Belastung stärker ansteigt als bei jüngeren Erwachsenen bei gleicher Steigerung der Herzfrequenz. Eine Abnahme von β-Rezeptoren im Alter ist wie beim Tier keineswegs regelhaft. Dagegen scheinen die nachgeschaltete Adenylatcyclaseaktivität und ihre Stimulierbarkeit vermindert zu sein (Ebstein, Stessman, Eliakim & Menczel, 1985). Andererseits konnte keine Beeinträchtigung der Glucagon-empfindlichen Adenylatcyclase (Enzym in der intrazellulären Kaskade der Informationsvermittlung) gefunden werden, so daß von einer generellen Störung von Postrezeptor-Reaktionen als allgemeinem Phänomen der Alterung nicht die Rede sein kann.

Analog zur Situation beim Tier sind die Kenntnisse über Altersveränderungen im α-adrenergen System eher spärlich. Die wenigen Untersuchungen sprechen aber dafür, daß seine Stellglieder weitgehend funktionstüchtig bleiben (Scott, 1982). Stoffwechsel-Leistungen werden beim Menschen im Alter geringer, auch wenn dies normalerweise wenig Auswirkungen hat. Die Ergebnisse über eine altersbedingte Änderung bei »gesunden« Personen, zum Beispiel der Cholin-Acetyl-Transferase-Aktivität oder anderer Stufen des Acetylcholinstoffwechsels im Gehirn, sind widersprüchlich. Gleiches gilt auch für andere Transmitter (Rogers & Bloom, 1985). Sie betragen selten mehr als 25 Prozent. Begrenzt auftretende Schwächen oder Störungen innerhalb einzelner Reaktionsketten müssen daher noch nicht zu schwerwiegenden Schäden führen, sondern können fast immer kompensiert werden. Es ist schwer vorstellbar, daß vielfach regulierte und kontrollierte Vorgänge permanent am Rande der Entgleisung ablaufen und ein Teilverlust der metabolischen oder informationsverarbeitenden Leistungen zum Zusammenbruch der Funktion eines ganzen Systems führt.

— Ausgewählte Funktionsbereiche

Bekanntlich wird die Körpertemperatur des gesunden Menschen und anderer Warmblüter mit geringen Schwankungen konstant gehalten. Verändern sich äußere Bedingungen wie die Umgebungstemperatur, reagieren sofort eines oder mehrere der regulierenden Elemente, um eine Abweichung von der Norm zu verhindern. Im Alter ist die Wahrnehmung einer Änderung der Körpertemperatur offenbar weniger empfindlich und/oder die Reaktion auf sie verlangsamt. Betroffen ist (auch) die Gefäßreaktion, besonders die Gefäßverengung auf Kältereiz (Collins & Exton-Smith, 1983; Wagner & Horvath, 1985). Die Wärmeabgabe durch Schwitzen als Antwort auf entsprechende thermische Reize ist bei Menschen über 70 Jahren im Vergleich zu jüngeren deutlich vermindert (Foster, Ellis & Dose, 1976). In Studien, die in England durchgeführt worden sind, hatten etwa zehn Prozent der Bevölkerung über 65 Jahren eine leicht verminderte Körpertemperatur. Bemerkenswerterweise fühlten sich die Personen nicht unbehaglich, empfanden also auch keinen Reiz zu thermoregulatorischem Verhalten (Fox, Woodward, Exton-Smith, Green, Donnison & Dicks, 1973). Es gibt bekanntlich aber auch das Phänomen, daß alte Menschen bei einer Umgebungstemperatur von über 20 Grad Celsius und normaler Körpertemperatur »frieren«.

Nach ähnlichen Prinzipien wie bei der Aufrechterhaltung der Körpertemperatur erfolgt die Regulation des Wasser- und Elektrolythaushaltes. Auch sie verliert im Alter ihre Stabilität. Wahrscheinlich ist die zentrale Erkennung von Sollwertabweichungen des Flüssigkeitsvolumens zwischen den Zellen und dessen Gehalt an Salzen weniger sensibel, so daß das normalerweise als Folge unzureichender Flüssigkeitszufuhr auftretende Symptom »Durst« ausbleibt. Die Folge der reduzierten Flüssigkeitsaufnahme ist die bei älteren Personen nicht selten zu beobachtende Abnahme des Körperwassers, wobei die Konzentration der gelösten Substanzen ansteigt (Hess, 1987).

Die Vigilanz regelt Aktivitätszustände, wie Aufmerksamkeit, Konzentration, Ermüdbarkeit und auch die Bereitschaft, komplexe Aufgaben zu lösen, und ist auf diese Weise eng mit der Emotionalität verbunden. Nach vielen klinischen Beobachtungen und allgemeiner Erfahrung läßt sie im Alter deutlich nach. Alte Menschen ermüden leicht, können sich nicht mehr so gut konzentrieren, sind allgemein verlangsamt. Die Verschiebung zur Subvigilität zeigt sich auch im Anfangsstadium von Hirnleistungsstörungen im Alter. Verminderte Vigilanz ist schließlich ein Charakteristikum der Altersdepression (Bente, 1982). Eine typische Alterserscheinung ist auch der partielle Verlust der motorischen Koordination (Potvin, Syndulko, Tourtellotte, Lemmon & Potvin, 1980; Sabin, 1982; Tinetti & Ginter, 1988).

Geschwächte Adaptivität im Alter besteht außerdem für die Kreislauf-, speziell für die Blutdruckregulation (Orthostase-Syndrom; Swales, 1979). Die Adaptation an Veränderungen des atmosphärischen Drucks und der zirkadianen Rhythmik ist ebenfalls verlangsamt. Schließlich sei an die im höheren Lebensalter zu beobachtenden qualitativen und quantitativen Veränderungen des Schlafzyklus erinnert, die als Folge nachlassender Abstimmung von Reaktionen auf interne und externe Reizgeber interpretiert werden können (Liebermann, Wurtman & Teicher, 1989; Monk, 1989).

C. Änderung der Pharmakokinetik im Alter beim Menschen

Jedes Arzneimittel muß an den Ort seiner Wirkung transportiert werden. In der Regel gelangt es über den Magen-Darm-Trakt in das Blut. Im Alter ist die Resorption (Aufnahme) normalerweise nicht behindert. Doch kann die maximale Blutkonzentration oral verabreichter Medikamente im Alter zeitlich etwas verschoben sein. Die Verteilung im Gefäßsystem ist durch nachlassende Herzleistung und längere Kreislaufzeiten verzögert. Der Eiweißgehalt im Plasma nimmt im Alter auf Kosten des Anteils von Albumin etwas ab. Dadurch wird die Bindungskapazität für Arzneimittel geringer, was bei einer Monotherapie mit der jeweils üblichen Dosis weitgehend ohne Belang ist. Bei der im Alter wegen Multimorbidität häufigen Mehrfachmedikation kann die mäßige Abnahme des Albumins im Plasma jedoch von Bedeutung sein. Zu berücksichtigen ist in diesem Zusammenhang auch, daß die Muskelmasse, an der die Arzneistoffe in erheblichem Umfang, wenn auch mit geringerer Affinität gebunden werden, im Alter abnimmt. Schließlich vermindert sich in der dritten Lebensphase der Wassergehalt des Organismus von 60 Prozent des Körpergewichts auf etwa 50 Prozent. Die Folge des relativen Wasserverlusts ist eine Änderung der Durchlässigkeit des Diffusionsmediums. Daneben treten an den Kapillaren und Präkapillaren sklerotische Veränderungen auf. Die kapillare Strömungsgeschwindigkeit ist verlangsamt. Da sich auch der Anteil des Fettgewebes im Alter nicht unerheblich erhöht, ergibt sich insgesamt ein verändertes Verteilungsvolumen, vor allem für fettlösliche Arzneimittel. Doch haben derartige altersabhängige Verschiebungen in der Verteilung von Pharmaka im Blut und Gewebe nur selten Auswirkungen auf ihre erwünschten Wirkungen, wohl aber auf die Wirkdauer, eventuell auch auf das Auftreten von unerwünschten Arzneimittelwirkungen.

Von größerer und auch von praktischer Bedeutung ist die verlangsamte Entgiftung verschiedener Arzneimittel in der Leber beziehungsweise ihre eingeschränkte Ausscheidung durch die Niere. Die Biotransformation ist jedoch nicht generell beeinträchtigt. Für viele Stoffwechselleistungen ist offenbar eine so hohe Kapazität vorhanden, daß im therapeutischen Bereich der Abbau zahlreicher Pharmaka ungestört verläuft. Enzyme, die eine Inaktivierung durch Bindung an Glucuronsäure, Schwefelsäure oder Essigsäure ermöglichen, sind von Altersveränderungen – soweit bisher untersucht – kaum betroffen. Andere haben eine begrenztere Kapazität, so daß bei nachlassender Aktivität die Umwandlung in unwirksame Metabolite verzögert abläuft. Dies gilt insbesondere für arzneimittelabbauende Reaktionen, die zum Beispiel durch Oxydation oder Abspaltung von Teilen des Moleküls erfolgen. Die Konsequenz ist eine Anreicherung der entsprechenden Substanz und Steigerung aller – also auch der unerwünschten – Wirkungen.

Die Ausscheidung durch die Niere dagegen ist im Alter fast immer vermindert. Bei gleicher Applikationsfrequenz einer »normalen« Dosis bleibt also eine immer größer werdende Menge im Organismus zurück, so daß es schon nach kurzer Zeit zu Überdosierungserscheinungen kommen kann (ausführliche Übersichten Cherry & Morton, 1989; Coper & Schulze, 1986a; Cusack, 1988; Loi & Vestal, 1988; Tsujimoto, Hashimoto & Hoffman, 1989a).

D. Änderung der Pharmakodynamik im Alter

1. Beim Versuchstier

Ein wichtiges Kriterium für die Stabilität eines Funktionssystems und seiner Kapazitätsreserven ist die Reaktion auf ein Pharmakon. Amphetamin, der Prototyp der Psychostimulantien, führt zum Beispiel bei jungen Nagern nach einmaliger Gabe dosisabhängig zu einer erhöhten Reaktionsbereitschaft, vermehrtem Explorationsverhalten, Putzen, Aufrichten und größerer lokomotorischer Aktivität. Diese durch das Stimulans ausgelösten Verhaltensäußerungen werden bei alten Tieren nicht verstärkt; die betroffenen Systeme sind also recht stabil. Doch im Alter schon verminderte Leistungen, zum Beispiel in der motorischen Koordination, werden deutlich verschlechtert.

Gegen die nach Amphetamin entstehende und im Alter wesentlich stärkere Anorexie (verminderte Nahrungsaufnahme) entwickelt sich bekanntlich Toleranz. Sie tritt bei alten Ratten verzögert ein. Auch die Gegenregulation nach Absetzen des Stimulans ist weniger ausgeprägt. Größere Auslenkung und Adaptationsschwächen zeigen sich in gleicher Weise nach Gabe so unterschiedlich wirkender Pharmaka wie dem Analeptikum »Pentylentetrazol« oder dem Tranquilizer »Diazepam« (Jänicke & Coper, 1991).

Bei einer einmaligen Injektion des Neuroleptikums Perazin sinkt bei alten Ratten in einer Umgebungstemperatur von vier Grad Celsius die Körpertemperatur genauso stark ab wie bei jüngeren nach der doppelten Dosis. Wird die Behandlung fortgesetzt, so verstärkt sich der Effekt zunächst bei beiden Altersgruppen. Während bei den jungen nach einigen Tagen trotz Fortsetzung der Perazin-Applikation eine allmähliche Normalisierung einsetzt und die Körpertemperatur wieder innerhalb der normalen Streubreite liegt, tritt bei den alten Ratten gegen den temperatursenkenden Effekt des Perazins offenbar keine ausreichende Gegenregulation ein. Erst nach Beendigung der Behandlung sind sie in der Lage, ihre Körpertemperatur bei vier Grad Celsius in normaler Höhe zu halten (Fähndrich & Hadass, 1969). Analoge Ergebnisse sind auch bei pharmakogen ausgelöster erhöhter Körpertemperatur nachweisbar (Kendrick, Baskin, Goldfarb & Lowenthal, 1985; Schulze, Tetzner & Topolinski, 1981). Bei der Analyse des Mechanismus der Wärmeabgabe läßt sich weiter feststellen, daß in einer Umgebungstemperatur von 31 Grad Celsius die Gegensteuerung gegen einen durch Amphetamin induzierten Temperaturanstieg bei alten Ratten offenbar schlechter funktioniert als bei jüngeren. Erwachsene Tiere steigern den Anteil des »evaporative heat loss« am Gesamtenergieumsatz von 22 auf 48 Prozent, also um den Faktor 2,2, alte Tiere dagegen nur um den Faktor 1,5. Ihre Kerntemperatur liegt demzufolge im Mittel um 0,66 Grad höher als die jüngerer Tiere (Rommelspacher, Schulze & Bolt, 1975).

Beim Labyrinth-Lernen und anderen kognitiven Tests läßt sich zeigen, daß Scopolamin (anticholinerg wirkendes Arzneimittel) einige am Gedächtnis beteiligte Funktionen beeinflußt. Diese Leistungseinbuße ist im Alter wesentlich stärker (Schulze, Coper & Jänicke, 1988). Bemerkenswerterweise besteht aber zwischen den Altersveränderungen auf der Ebene cholinerger Rezeptoren im Gehirn und Einbußen zentral regulierter Verhaltensäußerungen durch Anticholinergica keine einfache Korrelation (Schulze & Siebel, 1989).

2. Beim Menschen

Viele Menschen glauben, daß Alter und Krankheit zusammengehören. Tatsächlich sind aber Gesundheit, Alter und Krankheit nicht eindeutig voneinander abgrenzbar, sondern haben Überschneidungszonen. Gesundsein und Kranksein hängen besonders im Alter nicht zuletzt von den Normen und Maßstäben ab, die ein Betroffener, sein Arzt und seine Umgebung für gültig ansehen (Cartwright & Smith, 1988; vgl. auch Gerok & Brandtstädter, Kapitel 14 in diesem Band).

Arzneimittel wirken bei alten Menschen im Prinzip nicht anders als bei jüngeren Erwachsenen. Sie treffen jedoch – wie mehrfach herausgestellt – auf eine eingeschränkte Adaptationsfähigkeit des Organismus. Deshalb treten bei betagten Patienten auch dreimal häufiger unerwünschte Wirkungen auf, zumal wenn wegen Multimorbidität mehrere Medikamente gleichzeitig eingenommen werden (Caird & Scott, 1986; Kruse, Mander, Merkel, Oster & Schlierf, 1983; Nolan & O'Malley, 1988). Im Krankenhaus erhalten sie im statistischen Mittel vier bis fünf Medikamente, in der freien Praxis drei bis vier (WHO, 1981). Eine umfassende symptomatische Behandlung der Alterspolypathie kann demzufolge manchmal mehr Schaden als Nutzen bringen (vgl. auch Steinhagen-Thiessen, Gerok & Borchelt, Kapitel 5 in diesem Band). Oberster Grundsatz sollte also sein, möglichst wenig Arzneimittel zu verwenden. Unabhängig von diesen stets zu bedenkenden Grundbedingungen und der veränderten Pharmakokinetik ist damit zu rechnen, daß einige Funktionssysteme im Alter auf Pharmaka stärker oder schwächer als in früheren Lebensabschnitten reagieren (Coper & Schulze, 1986b). Betroffen sind besonders diejenigen, deren Stabilität schon ohne exogene Einflußnahme nachgelassen hat. Am Beispiel der Reaktion von Arzneimitteln, die zur Behandlung von Herz-Kreislauf-Erkrankungen, Schmerzzuständen, Schlafstörungen und Altersdepressionen eingesetzt werden, sollen diese Besonderheiten im folgenden kurz beschrieben werden.

– Herz-Kreislauf-Mittel
Herzglykoside (Digitalispräparate) gehören nach wie vor zur Standardtherapie der Herzinsuffizienz. Auch bei Berücksichtigung von Körpermasse, Nierenfunktion und Elektrolythaushalt reagieren ältere Patienten offenbar empfindlicher auf diese Glykoside. Selbst bei der üblichen therapeutischen Dosis treten nicht selten Herzrhythmusstörungen sowie Müdigkeit und verminderter Appetit auf. Zwei dieser Symptome werden bei 40 Prozent von über 70jährigen Patienten gefunden (Landahl, Lindblad, Roupe, Steen & Svanborg, 1977). Zwischen den unerwünschten Arzneimittelwirkungen und der Konzentration der herzwirksamen Verbindungen im Serum besteht keine positive Korrelation. Wahrscheinlich ist im Alter die primär schon geringe therapeutische Breite der Glykoside noch schmaler (Rietbrock, Woodcock & Lassman, 1983). Diese eingeengte Übergangszone in den toxischen Bereich ist nicht spezifisch für die Herzglykoside, sondern nur besonders gravierend. Sie ist letztlich bei allen Arzneimitteln, bei denen erwünschte oder unerwünschte Effekte nahe beieinanderliegen, nachweisbar.
Diuretika (Arzneimittel zur Steigerung der Wasser- und Salzausscheidung), die sowohl zur Behandlung der Herzinsuffizienz wie auch des Hochdrucks eingesetzt werden, sind zunächst »harmloser«. Doch bei längerer Anwendung – was die Regel ist – kann das im Alter insgesamt labile Gleichgewicht des Wasser- und Elektrolythaushaltes mit schwerwiegenden Folgen nachhaltig gestört werden (Thrombosegefahr, Kaliummangel mit Muskelschwäche, erhöhte Empfindlichkeit gegenüber Herzglykosiden, gelegentliche Herzrhythmusstörungen, verminderte Kohlehydrat-Toleranz etc.).

Die im Alter zunehmende Instabilität regulierter Funktionssysteme gilt besonders für den Blutdruck. Ziel einer Hochdruckbehandlung ist es daher, zu einer Stabilisierung des Blutdruckes möglichst nahe am Normbereich und ohne größere tageszeitliche Schwankungen zu gelangen. Bei der Auswahl der Medikamente, mit denen dieses Ziel erreicht werden kann, ist zu beachten, daß sich das Nutzen-Risiko-Verhältnis sowohl für die β-Blocker als auch für Diuretika zu Gunsten des Risikos verändert. Nach übereinstimmenden Untersuchungen läßt der blutdrucksenkende Effekt der β-Blocker im Alter nach, die Nebenwirkungen sind jedoch nicht abgeschwächt. Auf die erhöhten Risiken einer längeren Anwendung von Diuretika ist schon hingewiesen worden. Da eine direkte positive Korrelation zwischen dem blutdrucksenkenden Effekt des Calcium-Antagonisten »Verapamil« und dem Alter besteht (Bühler, Hulthen, Kiowski & Bolli, 1983), gelten derzeit einige Calcium-Antagonisten als Mittel der ersten Wahl zur Behandlung älterer Hypertoniker (Piepho & Sowers, 1989).

– Opioide
Nach einer Studie von Bellville, Forrest, Miller und Brown (1971) steigt die schmerzstillende Wirksamkeit von Morphin und morphinartig wirkenden Pharmaka im Alter an. Dieses Ergebnis ist von Kaiko (1980) sowie von Scott und Stanski (1987), wenn auch mit anderer Methodik, weitgehend bestätigt worden. Bekannt ist auch die beim alten Menschen starke obstipierende Wirkung des in vielen Husten- und Schmerzmitteln enthaltenen Codein. Auf der anderen Seite ist jedoch auch gut belegt, daß die Schmerzschwelle mit dem Alter ansteigt (Neri & Agazzani, 1984).

– Schlaf- und Beruhigungsmittel
Eine erhöhte Empfindlichkeit alter Menschen besteht auch gegenüber Schlaf- und Beruhigungsmitteln (Barbituraten und Benzodiazepinen). Die größere Sensitivität ließ sich durch Untersuchungen nachweisen, in denen gezeigt wurde, daß die Dosis, die einen definierten Zustand von Sedierung hervorruft, für alte Patienten signifikant geringer war als für jüngere. Durch entsprechende Versuchsanordnungen wurde in einigen Studien ausgeschlossen, daß die bekannten Altersveränderungen in der Ausscheidung der Substanzen für die Differenzen verantwortlich sind. Die Rezeptorebene bietet keine ausreichende Erklärung für die Empfindlichkeitssteigerung an. Vielmehr ist anzunehmen, daß bei der im Alter geschwächten Vigilanzregulation das Vigilanzniveau durch die Medikation absinkt. Dafür sprechen auch Befunde, nach denen die mit steigender Dosis von Benzodiazepinen zunehmenden unerwünschten Wirkungen bei alten Personen wesentlich häufiger auftreten als bei jüngeren (Cook, Flanagan & James, 1984; Swift, 1986; Tsujimoto, Hashimoto & Hoffman, 1989b). Extreme Reaktionen gestörter Vigilanzregulation durch Schlafmittel manifestieren sich unter anderem als pathologischer Schlaf und Desorientiertheit.

– Tricyclische Antidepressiva

Es gehört zum gesicherten Wissen, daß zur medikamentösen Behandlung älterer Patienten mit einer Depression nur die Hälfte bis ein Drittel der üblicherweise verwendeten Dosis benötigt wird (vgl. auch Häfner, Kapitel 6 in diesem Band). Anderenfalls muß mit dem Auftreten von Verwirrtheitszuständen, aber auch Kreislaufregulationsstörungen gerechnet werden. Es kann zu deliranten Zuständen oder starker Erregung kommen, die mit getrübtem Bewußtsein einhergeht. Dieser Zustand tritt auch nach Gabe von zentral wirksamen Anticholinergika auf. Die Gründe für die erhöhte Empfindlichkeit gegenüber den erwünschten wie auch den unerwünschten Wirkungen sind weitgehend unbekannt, lassen sich aber nicht auf Änderung der Pharmakokinetik der Substanzen zurückführen, die auch nur für einige Präparate gefunden worden ist. Die wenigen Untersuchungen auf der Rezeptorebene ergeben ebenfalls keinen Aufschluß. Dagegen ist im Kontext des in der Übersicht vertretenden Konzeptes und der zitierten Hinweise auf das im Alter instabil werdende Informationssystem der Transmitter die veränderte Reaktivität alter Menschen gegenüber den Antidepressiva durchaus verständlich. Alle haben ein bemerkenswert breites Wirkungsspektrum. Neben der Interaktion mit einer Vielzahl von Rezeptoren (wie adrenergen, dopaminergen, muscarinergen und histaminergen) hemmen sie mehr oder weniger stark die Wiederaufnahme von Transmittern wie Noradrenalin und Serotonin in die präsynaptischen Nervenendigungen. Jeder dieser Partialeingriffe, für sich genommen, dürfte die mehrfach gesicherte, wenn auch im Alter störanfällige Informationsvermittlung wahrscheinlich nicht zur Entgleisung des gesamten Systems bringen. Doch durch die gleichzeitige und vielfältige Intervention können sich Konstellationen ergeben, die für die Erhaltung einer schon eingeengten Homöostase ungünstig sind und pathologische Reaktionen auslösen.

E. Alkohol- und Medikamentenabhängigkeit im Alter

Nach Glantz (1981) sind ältere Menschen als Risikogruppe für eine Abhängigkeit anzusehen. Die Prävalenzrate für Alkohol- und Drogenabhängigkeit bei über 65jährigen liegt bei Männern zwischen 0,5 und 3,7 Prozent und bei Frauen zwischen 0 und 3,7 Prozent (vgl. Häfner, Kapitel 6 in diesem Band). In der Bundesrepublik Deutschland ist das Interesse an diesem Problem bemerkenswert gering. In epidemiologischen Studien über psychische Erkrankungen in der älteren Bevölkerung wird die Abhängigkeit, wenn überhaupt, nur am Rande erwähnt. Der Großteil der Informationen stammt aus den USA. Ob sie auch auf die Verhältnisse in Europa zutreffen, muß dahingestellt bleiben. Immerhin werden in Europa und den USA ähnliche Gründe angeführt, die für die Entstehung einer Abhängigkeit von Pharmaka im Alter verantwortlich sein sollen.

Genannt werden hauptsächlich psychosoziale Belastungsfaktoren, wie Partnerverlust, Vereinsamung, Isolierung, das Gefühl, nicht mehr gebraucht zu werden, keine von der Umwelt anerkannte Aufgabe zu besitzen oder auch das Konzept der »gelernten Hilflosigkeit«. Keine dieser Hypothesen ist jedoch bisher zum gesicherten Wissen geworden (Montgomery & Borgatta, 1986). Barnes (1979) hat zum Beispiel festgestellt, daß unter Witwen und Witwern über 60 Jahren keineswegs mehr Trinker zu finden sind als unter gleichaltrigen verheirateten Männern und Frauen. Auch Rentner neigen nicht häufiger zur Abhängigkeit vom Alkohol als Personen, die noch im Erwerbsleben stehen. Zimberg (1974) hat in einer Übersicht herausgearbeitet, daß der Alkoholismus im Alter in einer Stadtbevölkerung (Harlem) sich nicht wesentlich von dem im umliegenden Bezirk (Rockland County, New York) unterscheidet. Wahrscheinlich müssen mehrere individuelle Voraussetzungen für den »Verlust eines geordneten Selbstwert- und Umweltbezugs« einer Person (Labhardt & Ladewig, 1973) gegeben sein, um eine Abhängigkeit auszulösen und aufrechtzuerhalten. Am Beispiel der Schlaf- und Beruhigungsmittel und des Alkohols soll die Komplexität des Problems deutlich gemacht werden.

Etwa ein bis zwei Prozent der Bevölkerung industrialisierter Länder benutzen regelmäßig zum Teil über ein Jahr Schlaf- und Beruhigungsmittel ohne medizinische Indikation (Meiner, 1987; Woods, Katz & Winger, 1987). Fast überall sind Frauen der Mittelklasse über 55 Jahren die größte Konsumentengruppe; meist werden ihnen die Psychopharmaka von ihren Ärzten verschrieben. Der Mißbrauch von Sedativa und Anxiolytika (angstlösende Medikamente) wird wahrscheinlich von ähnlichen Faktoren ausgelöst und aufrechterhalten wie der von schwachen Analgetika. Er entwickelt sich aus einer mehrfach erlebten und somit erlernten Beseitigung unangenehmer psycho-vegetativer Symptome. Dadurch werden Verhaltensweisen verstärkt, die darauf abzielen, sich das Mittel erneut zugänglich zu machen, um es zu verwenden, und es kann nach Kontrollverlust eine psychische Abhängigkeit entstehen. Besonders gefährdet scheinen Personen zu sein, die im Gefühlsbereich empfindsam, leistungsbetont und unsicher sind sowie geringes Durchsetzungsvermögen, Schuldgefühle, Antriebsstörungen, das heißt Symptome einer depressiven Stimmungslage aufweisen, die bei älteren Menschen bekanntlich nicht selten vorhanden sind (Ladewig, Dubach, Ettlin & Hobi, 1979).

Gegen Schlafmittel und Tranquilizer kann sich sowohl eine metabolische Toleranz wie auch eine funktionelle Toleranz (verminderte Reaktivität) entwickeln. Für die Abhängigkeit ist in erster Linie die verminderte Reaktivität von Bedeutung. Wie bei den Opioiden sind dämpfende Effekte vom Wirkungsverlust wesentlich stärker betroffen als erregende. Dieses Phänomen haben Isbell, Altschul, Kornetsky, Eisenmann, Flanary und Fraser schon 1950 klar erkannt und darauf hingewiesen, daß Schlafmittel nach chronischem Gebrauch in vielen Fällen nicht mehr sedierend, sondern eher stimulierend wirken. Es ist jedoch nicht sicher, daß diese Änderung im Wirkungsspektrum der Pharmaka bestimmend ist für das Bedürfnis der Konsumenten, sie Tag für Tag zu sich zu nehmen. Bei älteren Menschen wird die stimulierende Wirkung zudem durch den vigilanzsenkenden Effekt nahezu vollständig verdeckt. Nicht wenige Patienten sind in der ersten Tageshälfte stundenlang teilnahmslos, dösig, ja benommen und manchmal in ihrer motorischen Koordination gestört (ataktisch). Nachmittags und abends können sie aber durchaus aktiv, wenn nicht sogar umtriebig sein. Ob diese Reaktion schon Zeichen eines beginnenden Entzuges ist, dessen Symptome bekanntlich erregender Natur sind, ist in der Praxis kaum zu entscheiden, zumal Intensität und Dauer der Abstinenz durch Dosis und Geschwindigkeit der Ausscheidung der verwendeten Substanzen bestimmt werden.

Der Alkoholismus bei älteren Menschen ist zwar wesentlich besser erforscht als alle anderen Arten der Abhängigkeit (Hartford & Samorajski, 1984), doch besteht ihm gegenüber eine bemerkenswerte »Konspiration des Schweigens« (Glassock, 1982) und vielleicht aus diesem Grund über Teilbereiche der Krankheit eine erstaunliche Unkenntnis. Dieses Phänomen ist wahrscheinlich eher kulturgeschichtlich als wissenschaftlich zu erklären. »Rotwein ist für alte Knaben eine von den besten Gaben«, sagte Wilhelm Busch, und viele Personen der Geistesgeschichte und auch hochgeachtete Ärzte vor und nach ihm haben dem Alkohol wohltuende Wirkungen beigemessen. Galen, ein Arzt im antiken Griechenland, nannte ihn zum Beispiel »die Amme des Alters«. Noch 1967 erschien der Artikel »The clinical use of wine in geriatrics« von Leake und Silverman. Darin behaupten die Autoren, daß es kaum ein Medikament gäbe, das im Alter so umfassend positive Wirkungen zeigen würde wie Wein.

Vor einem derartigen Hintergrund ist es daher nicht verwunderlich, daß auch chronischer Alkoholkonsum alter Menschen gesellschaftlich selten negativ bewertet wird und gesundheitliche Schäden nicht der täglichen Flasche Wein, dem Cognac oder dem Melissengeist zugeschrieben werden. Übereinstimmung besteht in der Literatur darüber, daß es sich nur bei etwa einem Drittel der Fälle um Späterkrankungen handelt. Weiter wird immer wieder bestätigt, daß die Häufigkeit schweren Trinkens mit dem Alter abnimmt. Dieses Verhalten hängt wahrscheinlich mit dem körperlichen Zustand der Kranken zusammen und ist kein Beleg für die »maturing out«-Hypothese, nach der der Alkoholismus eine Erkrankung sei, die sich selbst begrenze und später »auswachse« (Atkinson, 1987; Nordström & Berglund, 1987; Stall, 1987).

Beim älteren Alkoholkranken kommt noch ein Problem hinzu, das leider zu wenig beachtet wird: die Interaktion mit häufig verwendeten Medikamenten. Benzodiazepine mit ihrer großen therapeutischen Breite können in Kombination mit Alkohol tödlich wirken. »Blackouts« und andere abnorme Reaktionen wurden bei älteren Personen beobachtet, denen Antidepressiva verordnet worden waren und die Alkohol tranken. Ältere Diabetiker, die mit Sulfonylharnstoffderivaten behandelt werden, können unter Alkohol mit Kreislaufregulationsstörungen reagieren. Ähnliche Unverträglichkeitserscheinungen treten bei gleichzeitiger Gabe bestimmter Antibiotika (z. B. Cephalosporinen) auf. Azetylsalizyl-Säure kann bei Alkoholkranken massive Magenblutungen auslösen.

F. Beeinflussung von Altersbeschwerden durch Arzneimittel

Die Hoffnung auf ein langes Leben in Wohlbefinden, der Wunsch, im Vollbesitz der Kräfte alt zu werden, gehören offenbar zu den erworbenen menschlichen Eigenschaften, die sich unabhängig von nationaler, religiöser oder rassischer Zugehörigkeit und Kulturgeschichte entwickelt haben. Im Bestreben, sich diese Wünsche zu erfüllen, weichen viele Menschen rationalen Überlegungen aus, betrügen sich selbst und flüchten in die Faszination des Irrealen. Es ist wirklichkeitsfremd zu erwarten, daß der Konsum selbst ausgefallener Mittel, von denen behauptet wird, sie könnten das Leben verlängern, das Altern verhindern, aufhalten oder auch nur beschwerdefrei machen, je aufgegeben wird.

Seitdem bekannt ist, daß das maximale Lebensalter genetisch festgelegt ist und alle Bemühungen, den physiologischen Alterungsprozeß durch Pharmaka aufzuhalten, gescheitert sind, hat sich das Schwergewicht der therapeutischen Aktivitäten auf das Ziel verlegt, durch Arzneimittel ein »erfolgreiches Altern« der Menschen zu ermöglichen, das heißt, ihre Leistungsfähigkeit und ihr Wohlbefinden bis zum Lebensende zu gewährleisten. Da viele ältere Menschen sich immer noch nach dem Defizitmodell des Alterns verhalten oder es ihnen aufgedrängt wird, ist ihre Suche nach Kompensation gut verständlich. Das beste Beispiel hierfür sind Präparate, die eine Kombination verschiedener Vitamine enthalten, die zum Teil noch mit Spurenelementen und Pflanzenextrakten angereichert sind. Durch diese Mittel lassen sich die mit dem Alter verknüpften negativen Erwartungen, Befürchtungen und Vermutungen über sich eventuell entwickelnde Mangelzustände und Schwächen offenbar relativ leicht überspielen, zumal von ihnen angenommen wird, daß sie keinerlei schädliche Wirkungen haben. Doch entgegen der weitverbreiteten Annahme kann von Alterserscheinungen durch Vitaminmangel bei Menschen, die im eigenen Haushalt leben und sich ganz normal ernähren, keine Rede sein. Gleiches gilt für die Spurenelemente (Schmidling & Weber, 1982). Nur in Einzelfällen und bei Fehlernährung ist gelegentlich ein verminderter Vitamingehalt festgestellt worden. Die unter der anspruchsvollen Bezeichnung »Basistherapie des Alters« nach dem Gießkannenprinzip durchgeführte Behandlung mit Polyvitaminpräparaten muß daher nach den derzeitigen Kenntnissen als Reaktion auf eine spezielle Form gelernter Hilflosigkeit angesehen werden.

Die Befürchtungen älterer Personen, dem gesellschaftlichen Leben nicht mehr gewachsen zu sein, beziehen sich bekanntlich weit weniger auf ihren körperlichen Zustand als auf ein tatsächliches oder vermeintliches Nachlassen von Hirnleistungen, wie zum Beispiel Vergeßlichkeit, Konzentrationsschwäche und leichte Ermüdbarkeit. Als ein wesentlicher Faktor für die geringer werdende intellektuelle Verhaltenseffektivität wird auch heute noch eine durch Sklerose der Hirngefäße bedingte schlechter werdende Hirndurchblutung angesehen. Nach dem Wissensstand der 50er Jahre waren dieses Konzept und das sich daraus ergebende Ziel, die Hirndurchblutung zu verbessern, durchaus plausibel.

Doch schon seit 1959 wird die Grundannahme mit gewichtigen Argumenten angezweifelt (Lassen, 1959). Seit den 70er Jahren ist klar, daß nur etwa 25 Prozent der dementiellen Erkrankungen vaskulär bedingt sind (vgl. auch Häfner, Kapitel 6 in diesem Band; Tomlinson, Blessed & Roth, 1970). Unabhängig davon ist inzwischen auch weitgehend unstrittig, daß bei oraler Anwendung und in der empfohlenen Dosis keines der im Handel befindlichen Präparate mit entsprechender Indikation einen therapeutischen Nutzen durch erhöhte Hirndurchblutung besitzt. Für einige Substanzen wurde dann eine verbesserte Verwertung von Glukose oder eine gesteigerte Sauerstoffversorgung des Gehirns als Wirkprinzip in den Vordergrund gestellt. Es würde zu weit führen darzulegen, daß auch mit dieser Erklärung weder pathogenetische Zusammenhänge aufgedeckt noch die Wirksamkeit der Präparate erhöht, sondern nur wieder falsche Assoziationen in Gang gesetzt wurden (Coper & Schulze, 1987).

Stimulantien, die aufgrund ihrer zentral adrenergen Wirkung eine Zeit lang zur Behandlung depressiv gestimmter älterer Patienten mit nachlassender Vigilanz eingesetzt worden sind, wirken — wenn überhaupt — nur anfänglich positiv. Nach längerer Anwendung scheinen sie depressive Zustände, Ängstlichkeit und ähnliches eher zu fördern (Loew & Singer, 1983).

Arzneimittel, die speziell gegen Hirnleistungsstörungen im Alter angeboten werden, werden neuerdings als Nootropika bezeichnet (Coper & Kanowski, 1983). Der für den gleichen Indikationsbereich ebenfalls verwendete Begriff »Geriatrika« soll kenntlich machen, daß Leistungseinbußen bei älteren Menschen häufiger zu beobachten sind als bei jüngeren. Obwohl schon seit über 30 Jahren Substanzen gegen die vielfachen Beschwerden im Alter auf dem Markt sind, gibt es nur wenige klinische Untersuchungen, die einer Methodenkritik standhalten und die Wirksamkeit der Präparate belegen. Anfang 1991 wurden Empfehlungen zum Wirksamkeitsnachweis von Nootropika im Indikationsbereich »Demenz« von Gutachterkommissionen des Bundesgesundheitsamts verabschiedet (Beratende Zulassungskommission, 1991). Werden diese Kriterien zur Beurteilung von Studien angelegt, ergeben sich für einige Arzneimittel (Hydergin, Piracetam, Pyritinol und Nimodipin) gegenüber Placebos eine Verbesserung der Behandelten um etwa 20 Prozent. Die Effekte sind offenbar nicht substanzspezifisch. Sie beinhalten eine Aktivierung von Adaptationsleistungen, wodurch Leistungsdefizite wie Konzentrationsschwäche und nachlassende Lernfähigkeit günstig beeinflußt werden. Gelegentlich wirken sie auch auf die Emotions- und Motivationslage positiv. Sie äußern sich als Verbesserung des allgemeinen Wohlbefindens und der Grundstimmung sowie als leistungsbezogene Aktivierung. Die Effekte treten allerdings keineswegs bei allen behandelten Individuen auf und lassen sich nicht sicher vorhersagen (Commission for »Geriatric Diseases and Asthenias«, 1986; Coper & Herrmann, 1988). Nootropika besitzen somit den Rang von Zusatztherapeutika. Ihr Einsatz darf nicht als Ersatz für die gerade bei dementiellen Erkrankungen so wichtige soziale und psychologische Betreuung der Patienten und ihrer Angehörigen angesehen werden (vgl. auch Steinhagen-Thiessen, Gerok & Borchelt, Kapitel 5 in diesem Band). Sie dürfen auch nicht als »Alibi-Präparate« für unterlassene Diagnostik und andere erforderliche Therapieverfahren eingesetzt werden.

G. Pharmakotherapeutische Ansätze zur Behandlung der Alzheimerschen Erkrankung

Im Hinblick auf das wachsende Interesse an der Alzheimerschen Erkrankung ist seit etwa 20 Jahren das Cholinerge System des Gehirns sehr intensiv untersucht worden (vgl. auch Häfner, Kapitel 6 in diesem Band). Aus einer Fülle von Einzelbefunden in Richtung »Defizit« wurde eine »Cholinmangel-Hypothese« dieser Demenzform abgeleitet, gegen die es jedoch inzwischen eine Reihe gewichtiger Einwände gibt.

Unstrittig ist, daß im Gehirn von Alzheimer-Patienten das Enzym »Cholin-Acetyl-Transferase« (CAT), das die Synthese von Acetylcholin katalysiert, wesentlich stärker vermindert ist als in dem »gesunder« alter Menschen. Weitere Befunde auf struktureller, funktioneller und molekularer Ebene haben das Konzept weiterhin gefestigt. Niemand zweifelt heute daran, daß an der Beeinträchtigung kognitiver Leistungen und Störungen der Informationsvermittlung cholinerge Neurone beteiligt sind. Es lag nahe zu versuchen, diese Schäden und Schwächen durch Gabe von Acetylcholin-Präkursoren (Deanol, Cholin, Lecithin) oder Cholinesterase-Hemmstoffen wie Physostigmin oder durch Stimulierung cholinerger Rezeptoren, die bei der senilen Demenz zum Teil noch intakt sind, zum Beispiel mit Arecolin, auszugleichen.

Die Erwartungen, mit diesem Vorgehen einen Durchbruch in der Therapie der Alzheimerschen Erkrankung erzielen zu können, haben sich nicht erfüllt. Bis heute sind keine direkten oder indirekten Cholinomimetika verfügbar, die als echter pharmakotherapeutischer Fortschritt in der Behandlung dementieller Syndrome angesehen werden können. Wahrscheinlich beruht der Mißerfolg nicht nur auf der geringen therapeutischen Breite oder den ungünstigen kinetischen Eigenschaften der Substanzen, sondern auch auf der zu einfachen Vorstellung, Störungen zentral regulierter Funktionen könnten, ja müßten »spezifisch« korrigiert werden. Inzwischen ist gut belegt, daß es im Alter und speziell bei der Alzheimer-Erkrankung auch zu Veränderungen in anderen nicht-cholinergen Transmitter- und Modulatorensystemen kommt (Crook, Bartus, Ferris & Gershorn, 1986; Narang & Cutler, 1986).

In diesem Zusammenhang ist auch darauf hinzuweisen, daß »reine« Anti-Cholinergica, wie Scopolamin, bei Tier und Mensch Hirnleistungsstörungen hervorrufen (Davies, 1985). Dagegen werden nach der Einnahme von Anti-Depressiva und Anti-Parkinson-Mitteln kognitive Störungen nicht so oft und ausgeprägt beobachtet, wahrscheinlich weil sie auch eine Reihe anderer »schützender« Wirkqualitäten besitzen. Auf Hypothesen, wie zum Beispiel zur Slow-virus- oder Autoimmungenese der Alzheimer-Erkrankung, und entsprechende therapeutische Überlegungen kann in der kurzen Übersicht nicht eingegangen werden (Cavagnaro, 1986; Pouplart-Bathelaix, Dubas, Jabbour, Maher & Emile, 1986).

H. Perspektiven

Die Zukunft des Alterns und die gesellschaftliche Entwicklung sind im Grunde nicht Gegenstand pharmakologischer Forschung. Die Pharmakologie kann einen perspektivischen Beitrag nur indirekt durch Darstellung von Defiziten, Fehlentwicklungen, aber auch den Möglichkeiten, die dieses Wissenschaftsgebiet potentiell zum Nutzen für die insgesamt älter werdende Bevölkerung besitzt, leisten.

Die noch bestehenden Defizite sind offensichtlich und in fast jedem Abschnitt der Übersicht deutlich erkennbar. Sie bestehen aber auch schon auf der theoretisch-konzeptionellen Ebene, denn die These vom Adaptationsverlust im Alter als dynamischem Prozeß und bestimmendem Merkmal ist nur ein Denkansatz, zu dem Alternativen, Ergänzungen und Modifikationen formuliert werden können. Eine Auseinandersetzung über Plausibilität und Überzeugungskraft der verschiedenen hypothesengesteuerten Zusammenfassungen der vielen sich zum Teil widersprechenden Einzelbefunde hat bisher kaum stattgefunden. Ähnliches gilt für die Validität der zahlreichen Modelle, mit denen versucht wird, altersbedingte Leistungseinbußen zu analysieren und zu charakterisieren. Auf der zellulär-molekularen Ebene ist nicht nur das Faktenwissen noch unzureichend, es fehlt auch an Systematik in der Durchführung der Einzeluntersuchungen zur Klärung einer veränderten Reaktivität im Alter. Ähnliches gilt für die Pharmakokinetik und Pharmakodynamik von Arzneimitteln, insbesondere ihrer Wechselwirkungen bei Polymedikation, die bei der Multimorbidität im Alter unvermeidlich sind.

Fehlentwicklungen sind in einigen Abschnitten ebenfalls schon angedeutet worden. Sie sind jedoch nicht typisch für die wissenschaftliche Bearbeitung gerontologischer Fragestellungen, sondern entsprechen einem allgemeinen Trend, der sich aus der immer stärkeren Spezialisierung in den einzelnen Fachdisziplinen ergibt. Es ist zum Beispiel eine Seltenheit, daß biochemische und verhaltensbiologische Untersuchungen parallel durchgeführt, die gewonnenen Ergebnisse miteinander korreliert und die Beziehungen durch Zusatzexperimente abgesichert werden. Auch die Vorstellung, nach der Leistungsverluste durch spezifische Störungen in einem Funktionssystem, zum Beispiel in der adrenergen oder cholinergen Informationsvermittlung, bedingt sind und entsprechend korrigiert werden können, muß revidiert werden.

Die Zukunftserwartungen liegen auf dem Gebiet der Pharmakotherapie altersspezifischer Krankheiten, insbesondere der Demenz und der Minimierung der Risiken einer Arzneimittelbehandlung speziell bei Multimorbidität. Nachdem die Cholinmangel-Hypothese zur Erklärung der Alzheimerschen Erkrankung und die darauf aufbauende Substitutionstherapie mit Pharmaka, die Acetylcholin-Wirkung besitzen, in eingeengter Betrachtungsweise verworfen werden mußten, stellt sich die Frage, ob nicht Pharmaka mit einem bestimmten, zum Teil sogar antagonistischen Wirkprofil besser in der Lage sind, Auslenkungen aus der Homöostase zu beseitigen. Immerhin hat sich tierexperimentell gezeigt, daß eine Kombination von Substanzen mit unterschiedlichem Wirkprofil einen stärkeren Effekt haben als die Einzelsubstanzen (Flood & Cherkin, 1988). Darüber hinaus gibt auch die Entwicklungsgeschichte einiger Arzneimittel berechtigte Hoffnungen. Gemessen an dem in den 30er Jahren kaum vorstellbaren Fortschritt in der Chemotherapie von Infektionskrankheiten, dem Durchbruch bei der medikamentösen Behandlung psychischer Erkrankungen mit Neuroleptika und Anti-Depressiva in den 50er Jahren und der ständigen Verbesserung und Erweiterung des Angebots an Medikamenten gegen beispielsweise den Bluthochdruck ist es schwer einzusehen, warum es nicht in nächster Zeit auch gelingen sollte, wirksame Pharmaka gegen Hirnleistungsstörungen und andere Funktionseinbußen im Alter zu finden. Der produktiven Phantasie, dieses Ziel mit Hilfe der biologischen Wissenschaften zu erreichen, sollten keine Grenzen gesetzt sein. Dabei muß klar sein, daß auch wirksamere Stoffe nur die Symptomatik beeinflussen können. Wie der Prozeß eines gestörten Proteinstoffwechsels, der der Demenz wahrscheinlich zugrunde liegt (Beyreuther et al., 1989), aufgehalten werden kann, ist noch nicht absehbar.

Die Minimierung der Risiken einer Arzneimittelbehandlung ist nicht allein durch zurückhaltende Verordnungsweise und Dosisanpassung zu erreichen. Vielmehr werden bessere Kenntnisse über die Faktoren, die den Stabilitätsverlust der verschiedenen Regulationssysteme im Alter verursachen, zu mehr Sicherheit in der Pharmakotherapie, aber auch zu einer »Dekompensations«-Prophylaxe führen können.

Literaturverzeichnis

Adelmann, R. C. (1970). An age-dependent modification of enzyme regulation. *Journal of Biological Chemistry*, 245, 1032 – 1035.

Adelmann, R. C. (1971). Age-dependent effects in enzyme induction – A biochemical expression of aging. *Experimental Gerontology*, 6, 75 – 87.

Atkinson, R. M. (1987). Alcohol problems of the elderly. *Alcohol and Alcoholism*, 22, 415 – 417.

Baltes, P. B. & Willis, S. L. (1982). Plasticity and enhancement of intellectual functioning in old age: Penn State's Adult Development and Enrichment Program (ADEPT). In F. I. Craik & S. Trehub (Eds.), *Aging and cognitive processes* (pp. 353 – 389). New York: Plenum Press.

Barnes, G. M. (1979). Alcohol use among older persons: Findings from a western New York State general population survey. *Journal of the American Geriatrics Society*, 26, 244 – 249.

Bellville, J. W., Forrest, W. H., Jr., Miller, E. & Brown, B. W., Jr. (1971). Influence of age on pain relief from analgesics. A study of postoperative patients. *Journal of the American Medical Association, 271,* 1835 – 1841.

Bente, D. (1982). Vigilanzregulation, hirnorganisches Psychosyndrom und Alterserkrankungen: Ein psychophysiologisches Modell. In D. Bente, H. Coper & S. Kanowski (Hrsg.), *Hirnorganische Psychosyndrome im Alter* (S. 63 – 73). Berlin: Springer-Verlag.

Beratende Zulassungskommission für neue Stoffe & Aufbereitungskommission »Neurologie, Psychiatrie« (1991). Empfehlungen zum Wirksamkeitsnachweis von Nootropika im Indikationsbereich »Demenz« (Phase 3). *Bundesgesundheitsblatt, 34,* 342 – 350.

Bertel, O., Bühler, R. F., Kiowski, W. & Lütold, B. E. (1980). Decreased beta-adrenoceptor responsiveness as related to age, blood pressure and plasma catecholamines in patients with essential hypertension. *Hypertension, 2,* 130 – 138.

Beyreuther, K., Multhaup, G., Salbaum, J. M., Weidemann, A., Dyrks, T., Hilbich, C., Fischer, P., Bunke, D., König, G., Mönninger, U., Beer, J., Schubert, W. & Masters, C. L. (1989). The role of the amyloid (PAD/APP) gene in Alzheimer's disease: Molecular pathology and therapeutic implications. In H. Kewitz, T. Thomsen & U. Bickel (Eds.), *Pharmacological interventions on central cholinergic mechanisms in senile dementia (Alzheimer's disease)* (pp. 65 – 72). München: Zuckschwerdt.

Bloom, F. E. (1988). Noradrenergic receptor function and aging: Beyond the binding. *Neurobiology of Aging, 9,* 59 – 60.

Borton, M. & Docherty, J. R. (1989). The effects of ageing on neuronal uptake of noradrenaline in the rat. *Naunyn-Schmiedebergs Archives of Pharmacology, 340,* 139 – 143.

Bühler, F. R., Hulthen, U. L., Kiowski, W. & Bolli, P. (1983). b-blockers and calcium antagonists: Cornerstones of antihypertensive therapy in the 1980's. *Drugs, 25* (Suppl. 2), 50 – 57.

Caird, F. I. & Scott, P. J. W. (Eds.) (1986). *Drug-induced diseases in the elderly.* Amsterdam: Elsevier.

Cartwright, A. & Smith, C. (1988). *Elderly people, their medicines, and their doctors.* London: Routledge.

Cavagnaro, J. (1986). Possible immunological treatments for Alzheimer's disease. In T. Crook, R. T. Bartus, S. Ferris & S. Gershon (Eds.), *Treatment development strategies for Alzheimer's disease* (pp. 267 – 291). Madison, WI: Mark Powley Associates.

Cherry, K. E. & Morton, M. R. (1989). Drug sensitivity in older adults: The role of physiologic and pharmacokinetic factors. *International Journal of Aging and Human Development, 28,* 159 – 174.

Collins, K. J. & Exton-Smith, A. N. (1983). Thermal homeostasis in old age. *Journal of the American Geriatrics Society, 31,* 519 – 524.

Commission for »Geriatric Diseases and Asthenias« (1986). *Impaired brain functions in old age* (AMI [Arzneimittelinstitut]-Hefte, 1). Berlin: Bundesgesundheitsamt.

Cook, P. J., Flanagan, R. & James, I. M. (1984). Diazepam tolerance: Effect of age, regular sedation, and alcohol. *British Medical Journal, 289,* 351 – 353.

Coper, H. & Herrmann, W. M. (1988). Psychostimulants, analeptics, nootropics: An attempt to differentiate and assess drugs designed for the treatment of impaired brain functions. *Pharmacopsychiatry, 21,* 211 – 217.

Coper, H. , Jänicke, B. & Schulze, B. (1986). Biopsychological research on the adaptivity across the life span of animals. In P. B. Baltes, D. L. Featherman & R. M. Lerner (Eds.), *Life-span development and behavior* (Vol. 7, pp. 207 – 232). Hillsdale, NJ: Erlbaum.

Coper, H. & Kanowski, S. (1983). Nootropika: Grundlagen und Therapie. In G. Langer & H. Heimann (Hrsg.), *Psychopharmaka* (S. 409 – 433). Berlin: Springer-Verlag.

Coper, H. & Schulze, G. (1986a). Arzneibehandlung im Alter. In W. Dölle, B. Müller-Oerlinghausen & U. Schwabe (Hrsg.), *Grundlagen der Arzneimitteltherapie* (S. 419 – 433). Mannheim: Bibliographisches Institut.

Coper, H. & Schulze, G. (1986b). Altersbedingte Änderungen in der Empfindlichkeit für Arzneimittel. *Internist, 27*, 53 – 59.

Coper, H. & Schulze, G. (1987). Charakterisierung und Wirkungsmechanismen von Nootropika. In H. Coper, H. Heimann, S. Kanowski & H. Künkel (Hrsg.), *Hirnorganische Psychosyndrome im Alter* (Bd. 3, S. 3 – 10). Berlin: Springer-Verlag.

Crook, T., Bartus, R. T., Ferris, S. & Gershon, S. (Eds.) (1986). *Treatment development strategies for Alzheimer's disease.* Madison, WI: Mark Powley Associates.

Cusack, B. J. (1988). Drug metabolism in the elderly. *Journal of Clinical Pharmacology, 28*, 571 – 576.

Davies, P. (1985). A critical review of the role of the cholinergic system in human memory and cognition. *Annals of the New York Academy of Sciences, 444*, 212 – 217.

Ebstein, R. P., Stessman, J., Eliakim, R. & Menczel, J. (1985). The effect of age on beta-adrenergic function in man: A review. *Israel Journal of Medical Sciences, 21*, 302 – 311.

Fähndrich, E. & Hadass, H. (1969). Relationship between the perazine concentration in the liver, brain and blood and the pharmacologic effects under chronic perazine medication in rats of different age. *Pharmacopsychiatry, 2*, 109 – 119.

Flood, J. F. & Cherkin, A. (1988). Effect of acute arecoline, tacrine and arecoline and tacrine post-training administration on retention in old mice. *Neurobiology of Aging, 9*, 5 – 8.

Foster, K. G., Ellis, F. P. & Dose, C. (1976). Sweat response in the aged. *Age and Ageing, 5*, 91 – 101.

Fox, R. H., Woodward, P. M., Exton-Smith, A. N., Green, U. F., Donnison, D. V. & Dicks, U. H. (1973). Body temperature in the elderly: A national study of physiological, social and environmental conditions. *British Medical Journal, 1*, 200 – 206.

Freeman, G. B. & Gibson, G. E. (1988). Dopamine, acetylcholine, and glutamate interactions in aging. Behavioral and neurochemical correlates. *Annals of the New York Academy of Sciences, 515*, 191 – 202.

Glantz, M. (1981). Predictions of the elderly drug abuse. *Journal of Psychoactive Drugs, 13*, 117 – 126.

Glassock, J. A. (1982). Older alcoholics: An underserved population. *Generations Spring, 192*, 23 – 24.

Hartford, J. T. & Samorajski, T. (Eds.) (1984). *Alcoholism in the elderly.* New York: Raven Press.

Herz, A. (1985). Neuropeptide als Modulatoren komplexer zerebraler Funktionen. In D. Bente, H. Coper & S. Kanowski (Hrsg.), *Hirnorganische Psychosyndrome im Alter* (Bd. 2, S. 185 – 193). Berlin: Springer-Verlag.

Hess, T. (1987). Durst- und Flüssigkeitshaushalt im Alter. *Schweizerische Medizinische Wochenschrift, 117*, 491 – 495.

Hoyer, S. (1985). The effect of age on glucose and energy metabolism in brain cortex of rats. *Archives of Gerontology and Geriatrics, 4*, 193 – 203.

Isbell, H., Altschul, S., Kornetsky, C. H., Eisenmann, A. J., Flanary, H. G. & Fraser, H. F. (1950). Chronic barbiturate intoxication. *Archives of Neurology and Psychiatry, 64*, 1 – 28.

Jänicke, B. & Coper, H. (1991). Effect of drugs on food and fluid intake. *Growth, Development and Aging, 55*, 69 – 80.

Jänicke, B. & Schulze, G. (1987). Influence of normobaric hypoxia on learning capacity of different aged rats. *Neurobiology of Aging, 8*, 495 – 500.

Jänicke, B., Schulze, G. & Coper, H. (1983). Motor performance achievements in rats of different ages. *Experimental Gerontology, 18*, 393 – 407.

Johnson, H. A. (1978). The relevance of the rodent as a model system of aging in man. In D. C. Gibson (Ed.), *Development of the rodent as a model system of aging* (Vol. 1, pp. 3 – 6). Rockville, MD: National Institute of Child Health and Human Development.

Kaiko, R. F. (1980). Age and morphine analgesia in cancer patients with postoperative pain. *Clinical Pharmacology and Therapeutics, 28*, 823 – 826.

Kendrick, Z. V., Baskin, S. I., Goldfarb, A. H. & Lowenthal, D. T. (1985). Effect of age and salicylate on rectal temperature during heat exposure. *Age, 2*, 34 – 38.

Klein, W. L., Sullivan, J., Skorupa, A. & Aguilar, J. S. (1989). Plasticity of neuronal receptors. *Federation of American Societies for Experimental Biology Journal, 3*, 2132 – 2140.

Kruse, W., Mander, T., Merkel, M., Oster, P. & Schlierf, G. (1983). Unerwünschte Arzneimittel-Wirkungen bei geriatrischen Patienten. *Deutsches Ärzteblatt, 80*, 25 – 32.

Labhardt, F. & Ladewig, D. (1973). Sucht. In C. Müller (Hrsg.), *Lexikon der Psychiatrie* (S. 497 – 499). Berlin: Springer-Verlag.

Ladewig, D., Dubach, U. C., Ettlin, C. & Hobi, V. (1979). Zur Psychologie des Analgetikakonsums bei berufstätigen Frauen. *Nervenarzt, 50*, 219 – 224.

Leake, D. D. & Silverman, M. (1967). The clinical use of wine in geriatrics. *Geriatrics, 22*, 175 – 180.

Landahl, S., Lindblad, G., Roupe, S., Steen, B. & Svanborg, A. (1977). Digitalis therapy in a 70-year-old population. *Acta Medica Scandinavica, 202*, 437 – 443.

Lassen, N. A. (1959). Cerebral blood flow and oxygen consumption in man. *Physiological Reviews, 39*, 183 – 238.

Lieberman, H. R., Wurtman, J. J. & Teicher, M. H. (1989). Circadian rhythms of activity in healthy young and elderly humans. *Neurobiology of Aging, 10*, 259 – 265.

Loew, D. M. & Singer, J. M. (1983). Stimulants and senility. In J. Creese (Ed.), *Stimulants: Neurochemical behavioral and clinical perspectives* (pp. 237 – 268). New York: Raven Press.

Loi, C.-M. & Vestal, R. E. (1988). Drug metabolism in the elderly. *Pharmacology and Therapeutics, 36*, 131 – 149.

Meiner, E. (1987). Beruhigungsmittel in der ärztlichen Praxis. *Deutsches Ärzteblatt, 84*, 921 – 924.

Monk, T. H. (1989). Sleep disorders in the elderly. Circadian rhythm. *Clinics in Geriatric Medicine, 5*, 331 – 346.

Montgomery, R. J. & Borgatta, E. F. (1986). Plausible theories and the development of scientific theory. The case of aging research. *Research on Aging, 8*, 586 – 608.

Narang, P. K. & Cutler, N. R. (1986). Pharmacotherapy in Alzheimer's disease: Basis and rationale. *Progress in Neuropsychopharmacology and Biological Psychiatry, 10,* 519 – 31.

Neri, M. & Agazzani, E. (1984). Aging and right-left asymmetry in experimental pain measurement. *Pain, 19,* 43 – 48.

Nolan, L. & O'Malley, K. (1988). Prescribing for the elderly. Part I: Sensitivity of the elderly to adverse drug reactions. *Journal of the American Geriatrics Society, 36,* 142 – 149.

Nordström, G. & Berglund, M. (1987). Ageing and recovery from alcoholism. *British Journal of Psychiatry, 151,* 382 – 388.

Palm, D. & Wiemer, G. (1982). Alter, Rezeptoren und Neurotransmitter. In D. Bente, H. Coper & S. Kanowski (Hrsg.), *Hirnorganische Psychosyndrome im Alter* (Bd. 1, S. 162 – 175). Berlin: Springer-Verlag.

Piepho, R. W. & Sowers, J. R. (1989). Antihypertensive therapy in the geriatric patient. I: A review of the role of calcium channel blockers. *Journal of Clinical Pharmacology, 29,* 193 – 200.

Pilch, H. & Müller, W. E. (1988). Piracetam elevates muscarinic cholinergic receptor density in the frontal cortex of aged but not of young mice. *Psychopharmacology, 94,* 74 – 78.

Potvin, A. R., Syndulko, K., Tourtellotte, W. W., Lemmon, J. A. & Potvin, J. H. (1980). Human neurologic function and the aging process. *Journal of the American Geriatrics Society, 28,* 1 – 9.

Pouplart-Bathelaix, A., Dubas, F., Jabbour, W., Maher, I. & Emile, J. (1986). An immunological view on the etiology and pathogenesis of Alzheimer's disease. In A. Bés, J. Cahn, R. Cahn, S. Hoyer, J. P. Marc-Vergues & H. M. Wisniewski (Eds.), *Senile dementias: Early detection* (pp. 216 – 222). London: John Libbey Eurotext.

Rietbrock, N., Woodcock, B. G. & Lassman, A. (1983). Digitoxin therapy in the aged. In D. Platt (Ed.), *Cardiology and ageing* (pp. 319 – 334). Stuttgart: Schattauer.

Rogers, J. & Bloom, F. E. (1985). Neurotransmitter metabolism and function in the aging of central nervous system. In C. E. Finch & E. L. Schneider (Eds.), *Handbook of the biology of aging* (pp. 645 – 691). New York: Van Nostrand Reinhold.

Rommelspacher, H., Schulze, G. & Bolt, V. (1975). Ability of young, adult and aged rats to adapt to different ambient temperatures. In J. Lomax, E. Schönbaum & J. Jacob (Eds.), *Temperature regulation and drug action* (pp. 192 – 201). Basel: S. Karger.

Roth, G. S. (1988). Receptors and post-receptor mechanisms in aging. In E. Steinhagen-Thiessen & D. L. Knook (Eds.), *Trends in biomedical gerontology* (Vol. 1, pp. 23 – 28). Rijswijk: TNO Institute for Experimental Gerontology.

Rubner, M. (1908). *Das Problem der Lebensdauer und seine Beziehung zu Wachstum und Ernährung.* München: Oldenbourg.

Sabin, T. D. (1982). Biologic aspects of falls and mobility limitations in the elderly. *Journal of the American Geriatrics Society, 30,* 51 – 58.

Scarpace, J. P. (1988). Decreased receptor activation with age – Can it be explained by desensitization? *Journal of the American Geriatrics Society, 36,* 1067 – 1071.

Schmidling, O. & Weber, E. (1982). Zur Problematik der Zufuhr von Vitaminen und Spurenelementen an alten Menschen. *Aktuelle Gerontologie, 12,* 1 – 6.

Schulze, G., Coper, H. & Fähndrich, C. (1990). Adaptation capacity of biogenic amines turnover to hypoxia in different brain areas of old rats. *Neurochemistry International, 17,* 281 – 289.

Schulze, G., Coper, H. & Jänicke, B. (1988). Animal models for evaluation of age-related changes in behaviour. *Drug Development Research, 14,* 363 – 368.

Schulze, G. & Jänicke, B. (1986). Effects of chronic hypoxia on behavioral and physiological parameters. *Neurobiology of Aging, 7,* 199 – 203.

Schulze, G. & Siebel, A. (1989). Central muscarinic activity, memory impairments, and cholinergic receptors in aging rats. In H. Kewitz, T. Thomsen & U. Bickel (Eds.), *Pharmacological interventions on central cholinergic mechanisms in senile dementia (Alzheimer's disease)* (pp. 218 – 222). München: Zuckschwerdt.

Schulze, G., Tetzner, M. & Topolinski, H. (1981). Operant thermoregulation of rats with anterior hypothalamic lesions. *Naunyn-Schmiedebergs Archives of Pharmacology, 318,* 43 – 48.

Scott, J. C. & Stanski, D. R. (1987). Decreased fentanyl and alfentanil dose requirements with age. A simultaneous pharmacokinetic and pharmacodynamic evaluation. *Journal of Pharmacology and Experimental Therapeutics, 240,* 159 – 166.

Scott, P. J. W. (1982). Review: The effect of age on pharmacodynamics in man. *Journal of Clinical and Experimental Gerontology, 4,* 205 – 226.

Stachowiak, H. (1973). *Allgemeine Modelltheorie.* Berlin: Springer-Verlag.

Stall, R. (1987). Research issues concerning alcohol consumption among aging populations. *Drug and Alcohol Dependence, 19,* 195 – 213.

Swales, J. D. (1979). Pathophysiology of blood pressure in the elderly. *Age and Ageing, 8,* 104 – 109.

Swift, C. G. (1986). Special problems relating to the use of hypnotics in the elderly. *Acta Psychiatrica Scandinavica, 79* (Suppl. 329), 92 – 98.

Tinetti, M. E. & Ginter, S. F. (1988). Identifying mobility dysfunctions in elderly patients. Standard neuromuscular examination or direct assessment? *Journal of the American Medical Association, 259,* 1190 – 1193.

Toda, N., Bian, K. & Inoue, S. (1987). Age-related changes in the response to vasoconstrictor and dilator agents in isolated beagle coronary arteries. *Naunyn-Schmiedebergs Archives of Pharmacology, 336,* 359 – 364.

Tomlinson, B. E., Blessed, G. & Roth, M. (1970). Observation on the brains of demented old people. *Journal of Neurology Sciences, 11,* 205 – 242.

Tsujimoto, G., Hashimoto, K. & Hoffman, B. B. (1989a). Pharmacokinetic and pharmacodynamic principles of drug therapy in old age. Part 1. *International Journal of Clinical Pharmacology Therapy and Toxicology, 27,* 3 – 26.

Tsujimoto, G., Hashimoto, K. & Hoffman, B. B. (1989b). Pharmacokinetic and pharmacodynamic principles of drug therapy in old age. Part 2. *International Journal of Clinical Pharmacology Therapy and Toxicology, 27,* 102 – 116.

Wagner, J. A. & Horvath, S. M. (1985). Influences of age and gender on human thermoregulatory responses to cold exposures. *Journal of Applied Physiology, 58,* 180 – 186.

Woods, J. H., Katz, J. L. & Winger, G. (1987). Abuse liability of benzodiazepines. *Pharmacological Reviews, 39,* 251 – 413.

WHO – World Health Organization (1981). Health care in the elderly: Report of the technical group on use of medicaments by the elderly. *Drugs, 22,* 279 – 294.

Zimberg, S. (1974). The elderly alcoholic. *The Gerontologist, 14,* 221 – 224.

9. Altern in soziologischer Perspektive

Martin Kohli

Zusammenfassung

Alter wird hier nicht – wie in weiten Bereichen der Alternssoziologie als angewandter Soziologie – aus der Perspektive »sozialer Probleme« betrachtet, sondern als Dimension der Gesellschaftsstruktur. Zu diesem Zweck wird das höhere Alter als Teil von Lebenslauf und Altersgliederung insgesamt behandelt und letztere in den Zusammenhang der gesellschaftlichen Organisation der Arbeit gestellt. Besondere Aufmerksamkeit gilt dem Trend zum frühen Ruhestand, der in allen westlichen Ländern zu beobachten ist und im wesentlichen auf die Arbeitsmarktentwicklung zurückgeht. Auf der Grundlage dieser Analyse lassen sich die Bedeutung der modernen Altersschichtung als einer zentralen Dimension der gesellschaftlichen Differenzierung und Ungleichheit, der »Ort« des höheren Alters darin und das Verhältnis von Alter zu anderen Ungleichheitsdimensionen (insbesondere Klasse und Geschlecht) bestimmen. Heute stellt sich für die Forschung die Aufgabe einer »Dauerbeobachtung« des Strukturwandels des Alters, nicht nur im Hinblick auf die besonderen sozialen Probleme, die daraus entstehen, sondern auch im Hinblick auf den Strukturwandel moderner Gesellschaften an sich.

A. Der Ausgangspunkt: Altern in der Arbeitsgesellschaft

Die Soziologie hat, seit sie vor etwa 50 Jahren auch das Thema »Altern« entdeckte, vieles zusammengetragen, was unser Wissen über die Lebensbedingungen im Alter wesentlich erweitert hat. Ein flächendeckender Überblick kann und muß hier nicht gegeben werden, denn manches, was zu den Hauptthemen der Alternssoziologie gehört, wird in den Kapiteln dieses Bandes behandelt, die der zukünftigen Entwicklung der großen institutionellen Bereiche gewidmet sind: Familie, Bildung und Arbeit, Freizeit, Gesundheit, soziale Sicherung und Politik. Ein solcher Überblick wäre aber auch immer noch lückenhaft und letztlich unproduktiv.

Der Grund dafür ist, daß die Alternssoziologie ihren Gegenstand bisher überwiegend als ein »soziales Problem« aufgefaßt hat (vgl. Maddox & Wiley,

Prof. Dr. Martin Kohli ist Professor für Soziologie an der Freien Universität Berlin. Seine Forschungsschwerpunkte liegen in der Soziologie des Lebenslaufs und der Lebensalter, der Sozialisations- und Familienforschung und neuerdings in komparativen Fragen der Wirtschaftssoziologie und Sozialpolitik.

1976). Zwar gibt es auch eine *Theorie* sozialer Probleme, aber vorherrschend ist doch eine andere Perspektive, nämlich die Aufzählung von *Praxisdimensionen*, in denen konkrete Schwierigkeiten zu überwinden sind. Einführungen in die Alternssoziologie und Handbücher gleichen über weite Strecken einem Katalog solcher Praxisdimensionen; er enthält neben den erwähnten institutionellen Bereichen beispielsweise noch Abschnitte über Bevölkerungs- und Haushaltsstruktur, Wohnen, Armut, die besondere Benachteiligung von Frauen und ethnischen Minderheiten, Stereotypisierung und Marginalisierung, Hochaltrigkeit, Pflegebedürftigkeit, abweichendes Verhalten und Tod. So wichtig diese Bereiche sind, so wenig trägt ihre Addition zur Klärung der strukturellen Grundlagen des Alterns in der Gesellschaft bei.

Man kann auch sagen: Die Alternssoziologie stand bisher ganz am Rande der allgemeinen Soziologie. Sie ließ sich ihre Tagesordnung von den drängenden praktischen Problemen ihres Gegenstandsfeldes diktieren. Sie war damit eine angewandte Soziologie im guten wie im schlechten Sinne: im guten, indem sie sich vorbehaltlos auf die institutionelle Wirklichkeit ihres Feldes einließ, im schlechten, indem sie sich die innerhalb dieses Feldes entstandenen Problemdefinitionen aufdrängen ließ und keinen Punkt fand, von dem aus sie diese selber zum Thema machen konnte.

Es hat immer wieder Versuche gegeben, die Problemlagen aus theoretischer Perspektive zu reflektieren. Dabei ist jedoch ein charakteristisches Ungleichgewicht zu beobachten: Manche theoretischen Innovationen der allgemeinen Soziologie sind (partiell und mit einer gewissen zeitlichen Verzögerung) übernommen und auf das Alter angewandt worden, aber ein Rücktransfer hat nicht stattgefunden; die Alternssoziologie ist bisher für die Soziologie als Ganzes folgenlos geblieben. Um zu zeigen, was die Soziologie für die Analyse von Altern und gesellschaftlicher Entwicklung leisten kann und was umgekehrt aus dieser Analyse für das Verständnis moderner Gesellschaften zu gewinnen ist, wird hier ein anderer Weg gewählt: Das höhere Alter wird – wie es inzwischen viele der neuesten Beiträge zur Alternssoziologie versuchen (vgl. Hagestad, 1990; Streib & Binstock, 1990; Tews, 1990) – als Teil von Lebenslauf und Altersgliederung insgesamt behandelt, und letztere wird in den Zusammenhang der gesellschaftlichen Organisation der Arbeit gestellt. Dies ist der strukturelle Grundtatbestand, von dem aus die heutige Form von Lebenslauf und Altersgliederung und ihre gesellschaftliche Bedeutung erst verständlich werden.

Dazu muß natürlich geklärt werden, wodurch diese Organisation der Arbeit charakterisiert ist. Es ist in der deutschen Soziologie seit einigen Jahren üblich geworden, moderne Gesellschaften als »Arbeitsgesellschaften« zu bezeichnen (Matthes, 1983; Offe, 1984). Dieser Begriffsgebrauch bedarf einer Begründung. Wenn man davon ausgehen kann, daß in allen Gesellschaften Arbeit eine wesentliche – oder *die* wesentliche – Basis der Gesellschaftsstruktur ist, sind dann nicht die bisher gebräuchlichen Begriffe »kapitalistische« oder »industrielle« Gesellschaft besser, weil selektiver? Mit dem Begriff »Arbeitsgesellschaft«

soll jedoch auf die besondere Entwicklung der Arbeit in der Form der modernen Erwerbs- oder Lohnarbeit hingewiesen werden. Sie hat sich zu einem eigenen gesellschaftlichen Teilsystem ausdifferenziert, von dessen Institutionen und Werten auch die Lebensbereiche außerhalb seiner Grenzen beeinflußt werden.

Die soziologische Perspektive in bezug auf diesen Tatbestand wird deutlicher, wenn man sie mit der ökonomischen konstrastiert. Für die Ökonomie ist die Wirtschaft ein System, das Produktionsfaktoren zum Zwecke der Produktion von Gütern zusammenfaßt und von dem entsprechende Verteilungswirkungen ausgehen. Für die Soziologie ist sie ein System, das Menschen vergesellschaftet, indem es sie mit Einkommen und entsprechenden Konsumchancen ausstattet, aber auch indem es sie mit systematischen Aufgaben konfrontiert und ihre Kompetenz fordert, ihren Alltag regelhaft strukturiert, sie in soziale Beziehungen – Kooperation ebenso wie Konflikt und Abhängigkeit – einbindet, ihnen ihren gesellschaftlichen Ort anweist und ihre Identität prägt. In den modernen Gesellschaften sind diese Vergesellschaftungsleistungen der Wirtschaft besonders gewichtig, und ihre Charakterisierung als »Arbeitsgesellschaften« hebt gerade dies hervor: Arbeit sichert in ihnen nicht nur – wie auch in allen anderen Gesellschaften – die wirtschaftliche Reproduktion, sondern ist darüber hinaus der Fokus ihrer grundlegenden Werte und Weltauffassung; Arbeit ist nicht nur unter dem Gesichtspunkt des materiellen Überlebens und der Organisation wirtschaftlicher und politischer Interessen relevant, sondern auch unter dem Gesichtspunkt der kulturellen Einheit der Gesellschaft sowie der Erfahrung und Identität ihrer Mitglieder. Von daher gewinnt die Frage, wer an der Erwerbsarbeit beteiligt und wer davon ausgeschlossen oder befreit ist, ihre Brisanz. Die Position der Älteren – sie haben ja das Erwerbssystem auf Dauer verlassen – ist soziologisch unterbestimmt; es ist beispielsweise unklar, wo sie in der Hierarchie gesellschaftlicher Ungleichheit zu verorten sind.

Manche Autoren benutzen den Begriff der »Arbeitsgesellschaft« nur noch, um ihr Verschwinden zu konstatieren: Im Gefolge von Wertewandel und Rückgang der Arbeitszeit seien die Arbeitserfahrungen heute an den »Rand der Biographie« gerückt (Offe, 1984, S. 28). Das ist weit übertrieben. Richtig ist, daß Arbeit keineswegs die einzige Vergesellschaftungsform ist und daß sich das Gewicht der verschiedenen Formen wandelt, im Lebenslauf wie auch im historischen Verlauf. Es sind vor allem drei weitere Formen, die neben Arbeit bedeutsam sind und eine eigenständige Prägungskraft haben können: Familie und Verwandtschaft, soziale Netzwerke außerhalb von Arbeit und Familie (z. B. im Rahmen von Nachbarschaft und Freundschaft) sowie Freizeit und Konsum (einschließlich des Konsums von Massenmedien und Kulturangeboten). Man kann auch die »intermediären Institutionen« zwischen Individuum und Gesellschaft dazu rechnen, also Vereine und Verbände, Parteien, soziale Bewegungen und Kirchen. Während letztere eigenen Traditionen folgen, sind manche dieser Institutionen – Gewerkschaften und Berufsverbände, zum Teil auch Parteien – ihrerseits nach wie vor von den Bedingungen der Erwerbsarbeit abhängig, andere dagegen sind heute eher durch freizeitbezogene Lebensstile bestimmt. Was das höhere Alter betrifft, so spricht vieles dafür, daß die Bedeutung der Erwerbsarbeit zugunsten anderer Vergesellschaftungsformen zurückgeht; allerdings ist Vergesellschaftung nicht ausschließlich eine Funktion der jeweils aktuellen Lebensbedingungen, sondern auch vergangene Lebensbedingungen können im individuellen und kollektiven Gedächtnis gegenwärtig bleiben.

B. Die gesellschaftliche Konstruktion von Lebensaltern

Die Gliederung nach Lebensaltern ist eine der möglichen Dimensionen der Naturalisierung von Gesellschaft (vgl. Elwert, Kapitel 10 in diesem Band). Naturalisierung heißt, daß von Menschen geschaffene gesellschaftliche Ordnungen sich als etwas Natürliches präsentieren, oder anders gesagt, daß Selbstverständlichkeit durch den Rekurs auf Biologisches gewonnen wird. Andere Formen der Naturalisierung sind Geschlecht oder Verwandtschaft. Daß jede Naturalisierung sich auch auf ein biologisches Element stützt, ist offensichtlich und macht ihre Plausibilität aus (wie am deutlichsten das Beispiel Geschlecht zeigt). Aber es ist nur der Grundstoff für die gesellschaftliche Konstruktion. Dies wird allein schon durch die große Bandbreite der gesellschaftlichen Lösungen des Problems der Lebensalter — oder der gesellschaftlichen Nutzung der durch sie gebotenen Möglichkeiten — belegt. Die Art, wie Gesellschaften Lebensalter praktisch und begrifflich gliedern und bestimmte Lebensläufe vorschreiben oder als erstrebenswert definieren, ist außerordentlich vielfältig, wie die ethnologische Forschung anschaulich zeigt (vgl. Elwert, Kohli & Müller, 1990).

Die menschlichen Lebensalter sind sozial konstruiert. Der Begriff »soziale Konstruktion« bezieht sich auf zwei Dimensionen: daß die Lebensalter nicht einfach vorgegeben, sondern das Ergebnis eines Konstruktionsprozesses sind, und daß es sich dabei um einen sozialen Prozeß handelt. Die erste Dimension ist wichtig, um die »naturalistische Täuschung« zu verhindern, das heißt, um die Vorstellung zurückzuweisen, die Lebensaltersgliederung sei nichts anderes als eine Kodifizierung des natürlichen Rhythmus des Lebens. Die zweite Dimension ist wichtig, um die »subjektivistische Täuschung« zu verhindern, das heißt, um allzu optimistische Vorstellungen über die Gestaltbarkeit der Lebensalter durch individuelles Handeln — oder auch durch das Handeln der staatlichen Politik — zurückzuweisen. Dies ist eine Täuschung, zu der man durch die populär gewordenen Überlegungen des Konstruktivismus leicht verführt wird. In der Tat gehen manche Sozialwissenschaftler davon aus, daß ein Phänomen, das sozial konstruiert ist, auch ohne weiteres umkonstruiert werden kann. Der Begriff der »sozialen Definition« gibt zu der gleichen Täuschung Anlaß. Dahinter steht offenbar die bekannte Unterscheidung zwischen »Basis« und »Überbau« (heute würde man eher von »hardware« und »software« sprechen). Wie sich bei genauerer Betrachtung herausstellt, ist die gesellschaftliche

Altersgliederung eine Konstruktion, die eng mit anderen zentralen Dimensionen der Gesellschaftsstruktur zusammenhängt und deshalb nicht einfach zur Disposition steht. Gerade darin liegt die praktische Bedeutung der soziologischen Analyse: den »Eigensinn« und die Widerständigkeit gesellschaftlicher Tatbestände aufzuzeigen – nicht um Resignation zu erzeugen, sondern um dadurch ein klareres Bild von den Gestaltungsmöglichkeiten und den wirksamsten Eingriffspunkten zu gewinnen.

Aus der Perspektive der »sozialen Probleme« ist dies nicht hinreichend erkannt worden. Wieweit die theoretischen Beiträge zur Alternssoziologie es vermocht haben, die strukturellen Grundlagen der gesellschaftlichen Altersgliederung zu klären, soll im folgenden durch eine kurze Darstellung einiger wichtiger Etappen der theoretischen Diskussion gezeigt werden (ausführlicher z. B. bei Rosenmayr & Rosenmayr, 1978 und Tews, 1979; einen guten Überblick über die amerikanische Literatur geben Passuth & Bengtson, 1988).

Der Ansatzpunkt für die theoretischen Debatten war die Ausgliederung des höheren Alters aus den Strukturen der Arbeitsgesellschaft, die sich im Zusammenhang mit der Verallgemeinerung des modernen Ruhestandes vollzog. Dies wurde zunächst vor allem als Problem für die alternden Individuen gesehen; sie mußten sich an den Verlust ihrer Erwerbsrollen anpassen und neue Grundlagen für die Stabilisierung ihres Selbstkonzepts finden. Ähnlich wurden die Rolleneinbußen im Bereich der Familie (Erwachsenwerden der Kinder, Verlust des Ehepartners) verstanden. Die *Aktivitäts*konzepte (z. B. Cavan, Burgess, Havighurst & Goldhamer, 1949) – von einer ausgearbeiteten Theorie kann dabei noch nicht gesprochen werden – gingen davon aus, daß diese Verluste im Alter nur durch die Substitution neuer Rollen wettgemacht werden könnten. Die *Disengagement-Theorie* (Cumming & Henry, 1961) – der bis heute wohl meistzitierte theoretische Entwurf der Alternssoziologie – stellte diese Vorstellungen in Frage. Nach ihr ist der Rückzug der Älteren aus den Rollen des mittleren Erwachsenenalters unvermeidlich und für sie auch funktional, indem er ihnen Zeit für die Vorbereitung auf ihren späteren totalen Rückzug aus dem sozialen Leben gibt – den Tod. Zugleich ist dies immer noch einer der wenigen wirklich soziologischen Ansätze in der Gerontologie, nämlich in dem Sinn, daß er Altern nicht nur als Problem von Individuen behandelt, sondern auch als Problem für die gesellschaftliche Ordnung. Es wäre nach der Disengagement-Theorie gesellschaftlich dysfunktional, wenn die Rollenträger auf einen Schlag und in unregelmäßiger Folge (bei ihrem Tode) aus allen ihren Rollen herausfielen, und deshalb ist eine geregelte Ablösung erforderlich. Die empirisch beobachteten Ablösungsprozesse werden also im Sinne funktionalistischer gesellschaftlicher Harmonievorstellungen gedeutet. Die Behauptung einer solchen gesellschaftlichen Funktionalität zog berechtigte Kritik auf sich, und die These, ein Rückzug der Älteren aus ihren wesentlichen gesellschaftlichen Rollen sei nicht nur für die Gesellschaft funktional, sondern auch für sie selber befriedigend, wurde zum Gegenstand einer großen Zahl von empirischen Untersuchungen mit überwiegend ebenfalls negativen Ergebnissen (vgl. Hochschild, 1975). War diese These schon zur Zeit der Formulierung der Disengagement-Theorie problematisch, so ist sie es im Zuge des demographischen Alterns der Gesellschaft und der Verlängerung des Ruhestandes noch viel stärker geworden. Wenn der Ruhestand bereits ein Drittel des Erwachsenenlebens ausmacht, so kann er nicht mehr als bloße »Restzeit« verstanden werden.

In anderer Weise, aber mit ähnlichem theoretischem Hintergrund, ist die gesellschaftliche Stellung der Älteren von der *Modernisierungstheorie* (vgl. Cowgill & Holmes, 1972) aufgenommen worden. Sie stellt sich die Aufgabe, die historische Variation des Status der Älteren zu erklären. Im Vergleich verschiedener Gesellschaften findet sie, daß der Status der Älteren um so niedriger ist, je weiter die gesellschaftliche Modernisierung oder Industrialisierung fortgeschritten ist. Darunter sind vor allem wirtschaftliche Entwicklung, Ausbau der Gesundheitstechnologie, Urbanisierung und Ausbau des Bildungssystems zu verstehen. Der letzte dieser vier Punkte betrifft den Modus der kulturellen »Fortpflanzung« einer Gesellschaft. Schon immer ist die Bedeutung der Älteren als Bewahrer und Mittler kultureller Traditionen hervorgehoben worden, und gerade im Übergang zu einer Kultur, in der die Tradierung nicht mehr durch mündliche Überlieferung, sondern durch ausdifferenzierte Medien und ein verberuflichtes Bildungssystem erfolgt, sehen manche Autoren einen Hauptgrund für den behaupteten Bedeutungsverlust der Älteren in der Moderne. Dieser Befund eines umgekehrten Zusammenhangs zwischen gesellschaftlicher Modernität und Status des höheren Alters hat allerdings der Kritik nicht standgehalten. Er beruht auf einer unzulässigen Parallelisierung von heutigen nicht-industriellen Gesellschaften – dem Gegenstandsbereich der Ethnologie – mit der europäischen Vormoderne und damit auf einer verklärten Sicht unserer Vergangenheit, die durch die sozial-historische Forschung inzwischen massiv widerlegt worden ist.

Einen Zugang zu gesellschaftlichen Konstruktionsprozessen auf der Mikroebene der Lebenswelt geben die Ansätze des Symbolischen Interaktionismus und der Phänomenologie, die sich in ausdrücklicher Abgrenzung vom Funktionalismus – und auch von der positivistischen Forschungspraxis – ausgebildet haben. Das Schwergewicht liegt hier auf der Schaffung und Aushandlung von gesellschaftlicher Realität durch die handelnden Individuen selbst statt auf ihrer Anpassung an vorgegebene Rollen. Die *Subkultur-Theorie* (Rose, 1965) sieht in der gesellschaftlichen Isolierung des höheren Alters die Grundlage für die Entwicklung einer eigenen normativen Realität, in der das Alter – in Abgrenzung von dem, was für das mittlere Erwachsenenalter gilt – eine positive Bedeutung erhält und damit zur Quelle für eine neue Gruppenidentität wird. Empirisch zeigt sich, daß diese Theorie den Grad der Zusammengehörigkeit im Alter weit überschätzt. Es kann unter bestimmten Bedingungen zur Herausbildung einer Subkultur kommen, aber dies ist im Alter keineswegs die Regel. *Phänomenologische* Theorien (vgl. Gubrium & Buckholdt, 1977; Langehennig,

1987) konzentrieren sich auf die Schaffung von Bedeutung selbst, das heißt auf den Umgang mit Konzepten wie »Entwicklung«, »Alter« oder »Senior«, die in immer erneuten Anläufen die Alltagserfahrungen klassifizieren und damit die Realität des Alters festlegen. Es geht hier um die subtilen Prozesse der symbolischen Konstruktion von Wirklichkeit; die Analyse bleibt jedoch unvollständig, solange sie nicht ergänzt wird durch eine Analyse der Konstruktionsprozesse auf der Ebene der Gesellschaftsstruktur.

Eine kritische Variante dieser Theorien sieht in solchen symbolischen Konstruktionsprozessen eine wesentliche Grundlage für die gesellschaftliche *Marginalisierung* der Älteren (vgl. Hohmeier & Pohl, 1978). Sie versucht zu zeigen, wie Alter als »Stigma« wirkt und wie dies durch die verbreiteten (wenn auch falschen) »Stereotype« des Alters verfestigt wird. Solche Konzeptionen laufen Gefahr, die Wirkung symbolischer Ausgrenzungen zu überschätzen und die Marginalisierung auf der Ebene der materiellen Ressourcen und der Vergesellschaftungsformen aus dem Blick zu verlieren.

Die ökonomische Marginalisierung des Alters ist der Ausgangspunkt der »strukturellen« Theorie des Alterns – oder, wie sie oft genannt wird, der *»politischen Ökonomie des Alterns«* –, die sich in den letzten zehn Jahren herausgebildet hat (vgl. etwa Phillipson, 1982). Das Hauptgewicht liegt dabei auf der Konstruktion des Alters durch den modernen Staat; die Institutionen des Erwerbssystems sind dagegen bisher vernachlässigt worden. Diese Theorie hat einiges zur Klärung der politisch-ökonomischen Determinanten der sozialstaatlichen Politik gegenüber den Älteren beigetragen, aber in ihrer Darstellung des Alters im Rahmen der Arbeitsgesellschaft ist sie – bis auf einzelne Ausnahmen (vgl. Myles, 1984) – nicht überzeugend. So betrachtet beispielsweise die Theorie der »strukturierten Abhängigkeit« der Älteren (Townsend, 1981) den Ruhestand unter ausschließlich negativen Vorzeichen: als eine Phase verstärkter Abhängigkeit. Das ist angesichts der Abhängigkeitsverhältnisse im Erwerbsleben selber keineswegs plausibel; gemessen daran ist das Alter heute durchaus auch ein Stück »späte Freiheit« (Rosenmayr, 1983).

Dieser Einwand macht eine grundlegende Schwierigkeit nicht nur der politischen Ökonomie des Alterns, sondern aller genannten Theorien deutlich: ihr Versäumnis, das höhere Alter als Teil der gesellschaftlichen Altersgliederung insgesamt zu verstehen. Es ist hier nochmals an die Befunde der Ethnologie zu erinnern. Gerade wenn der Blick nicht auf das höhere Alter beschränkt bleibt, sondern den ganzen Lebenslauf umfaßt, treten die Pionierleistungen der Ethnologie klar hervor – allerdings auch die Risiken, die sich aus der Faszination durch exotische Gesellschaften für eine angemessene soziologische Konzeptualisierung der Zukunft des Alterns im Rahmen unserer eigenen gesellschaftlichen Entwicklung ergeben (vgl. Kohli, 1990a).

Seit einiger Zeit sind Lebensalter und Lebenslauf auch in der Analyse westlicher Gesellschaften zu einem zentralen Thema geworden (vgl. die ausgezeichnete zusammenfassende Darstellung von Hagestad, 1990). In dem wichtigen Entwurf zu einer »Soziologie der Altersschichtung« von Matilda Riley und ihren Kolleginnen (Riley, Foner & Waring, 1988; Riley, Johnson & Foner, 1972) verbindet sich das Interesse am Alter als Ordnungsprinzip mit dem Interesse an der Generations- oder Kohortenfolge als Mechanismus, über den strukturelle Veränderungen ablaufen. Das Ergebnis bleibt allerdings eigentümlich unhistorisch. So verdienstvoll dieser Ansatz für die Durchsetzung einer soziologischen Perspektive in bezug auf das Alter und den Lebenslauf ist, so begrenzt bleibt er hinsichtlich seines Potentials für die Analyse materialer Probleme spezifischer Gesellschaften. Es gelingt ihm, die Bedeutung von Lebensalter und Lebenslauf als allgemeine gesellschaftliche Strukturprinzipien und die formale Dynamik von Alternsprozessen und Kohortenfolge darzustellen. Der Preis dafür ist aber, daß historische Ausprägungen und historische Veränderungen der Altersorganisation von Gesellschaften immer nur als – mehr oder weniger beliebige – »Beispiele« für die allgemeinen formalen Prozesse eingeführt werden können.

Das liegt nicht nur an der fraglosen Übernahme des funktionalistischen Theorierahmens, sondern wohl auch an der unreflektierten Orientierung am ethnologischen Ordnungsraster. Damit wird fortgeführt, was auch die funktionalistisch geprägte Modernisierungstheorie in die Irre geleitet hat: eine (mehr oder weniger explizite) Parallele zwischen Lebensformen in »primitiven« Gesellschaften und in der vorindustriellen Vergangenheit unserer eigenen Gesellschaften zu ziehen.

Die neuere sozialhistorische Forschung hat dieser naiven Parallelisierung ein Ende gemacht. Erst auf ihrer Basis ist es möglich geworden, zu zeigen, wie das Lebenslaufregime moderner Gesellschaften entstanden und welcher Dynamik es heute ausgesetzt ist. Das ethnologische Modell mußte dafür zunächst in den Hintergrund gedrängt werden und einer strukturgeschichtlichen Analyse der europäischen Vormoderne und der Veränderungen im Übergang in die Moderne weichen (vgl. Ehmer, 1990; Kohli, 1985).

C. Der Trend zum frühen Ruhestand und seine Dynamik

Die moderne Altersordnung hängt eng mit der modernen (kapitalistischen bzw. industriellen) gesellschaftlichen Organisation der Arbeit und ihrem Verhältnis zu den übrigen Bereichen der Gesellschaft zusammen. Dies ist der strukturelle Grundtatbestand, von dem aus heute auch das höhere Alter (als »Ruhestand«) zu begreifen ist.

Es gehört zur Paradoxie der gesellschaftlichen Rationalisierung, daß im Zuge der Entwicklungsdynamik, durch die sich die strukturelle Bedeutung der Arbeit verstärkte, zugleich die Lebensphase jenseits der Arbeit an eigenem Gewicht gewann. Die empirischen Befunde zeigen, daß bis etwa zur Jahrhundertwende das höhere Alter in quantitativen Begriffen marginal war. Erst seither ist es, durch die Zunahme des Anteils derer, die die Altersgrenze erreichen, sowie derer, die nach dieser Grenze nicht mehr erwerbstätig sind, zu einer Verallgemeinerung des Alters als »Ruhestand« gekommen. Es geht also zum einen um die veränderte Demographie (vgl. Dinkel, Kapitel 3 in diesem Band), zum anderen um die veränderte Lebensarbeitszeit. Dieser zweite Punkt soll im folgenden anhand der Entwicklung der Erwerbsquoten im Alter näher beleuchtet werden (vgl. Jacobs & Kohli, 1990).

Gesicherte Daten zur langfristigen Entwicklung sind nur begrenzt verfügbar. Dennoch lassen sich aus ihnen einige allgemeine Ergebnisse gewinnen. Sie zeigen, daß sich in allen westlichen Ländern, für die wir Daten haben, seit Beginn des Jahrhunderts bis etwa um 1970 ein einheitlicher Prozeß vollzogen hat: Für die Männer ist es zu einer Generalisierung des Ruhestands als eigenständiger Lebensphase gekommen, deren Beginn sich zunehmend um die Altersgrenze von 65 Jahren konzentriert hat. Die Erwerbsbeteiligung der Männer über 65 Jahren sank von 68 Prozent (USA: 1900), 66 Prozent (Frankreich: 1901), 62 Prozent (Schweden: 1910), 57 Prozent (Großbritannien: 1911) und 47 Prozent (Deutschland: 1925) auf zwischen 17 und 29 Prozent im Jahre 1970. Dagegen blieb sie bei den 60- bis 64jährigen Männern im selben Zeitraum − bei einigen Schwankungen − relativ hoch. Soweit die entsprechenden Meßzeitpunkte verfügbar sind, lassen sich die stärksten Schwankungen nach unten während der Weltwirtschaftskrise feststellen (Frankreich 1936, Deutschland 1933).

Insgesamt können wir an der Entwicklung der Erwerbsquoten ablesen, daß sich für Männer bis etwa zum Ende der 60er Jahre der Ruhestand zu einem »normalen« Abschnitt ihres Lebenslaufs entwickelt hatte, der einen selbstverständlichen Teil ihrer Biographie ausmachte. Die moderne Dreiteilung des Lebenslaufs in die Phasen der Vorbereitung, der »aktiven« Erwerbsarbeit und des Ruhestands hatte sich in diesem Zeitraum durchgesetzt. »Alter« war synonym mit »Ruhestand« geworden: mit einer Lebensphase, die strukturell vom Erwerbsleben abgesetzt ist und einen relativ einheitlichen Beginn hat, der maßgeblich durch die Altersgrenzen der öffentlichen Alterssicherungssysteme bestimmt wird. Dieser Prozeß ist ein wesentlicher Teil der historischen Institutionalisierung des Lebenslaufs (Kohli, 1985).

Es ist nützlich, sich die abweichende Entwicklung in Japan genauer zu vergegenwärtigen. Die Abweichung liegt weniger im Trend als im erreichten Niveau. Bei den über 65jährigen gab es auch in Japan einen ständigen Rückgang, doch vollzog er sich wesentlich langsamer. So waren 1970 noch 50 Prozent und 1985 noch 37 Prozent aller japanischen Männer über 65 Jahren erwerbstätig. Zum Teil mag dies mit der besonderen japanischen Arbeitsethik zusammenhängen; vor allem aber ist das japanische Rentenniveau relativ niedrig und zwingt viele Arbeitnehmer, die bereits aus ihrem »normalen« Arbeitsverhältnis ausgeschieden sind, aus finanziellen Gründen zur Weiterarbeit in geringer entlohnten Beschäftigungsverhältnissen oder auf selbständiger Basis. Das Durchschnittsalter des Ausscheidens aus der eigentlichen »Lebensstellung« in den großen Unternehmen lag in Japan traditionell schon immer niedrig, so daß noch eine beträchtliche Zeitspanne für eine »zweite Karriere« außerhalb des Kernsegments des Arbeitsmarktes – und damit unter ungünstigeren Bedingungen – verblieb.

Bei den Frauen verlief die Entwicklung weniger einheitlich. Für Frauen über 65 Jahren war die Erwerbsbeteiligung in den dokumentierten westlichen Ländern (mit Ausnahme von Frankreich) nie von besonderer Bedeutung. Für Frauen unter 65 Jahren wird die Entwicklung des Austrittsverhaltens durch ihre allgemein steigende Erwerbsbeteiligung kaschiert; eine Trennung dieser beiden Trends ist mit Querschnittsdaten nicht möglich, sondern setzt eine Kohortenanalyse voraus.

In den letzten zwei Jahrzehnten hat die Erwerbsbeteiligung der Männer über 65 Jahren weiter abgenommen, aber wesentlicher ist, daß auch die der 55- bis 64jährigen beträchtlich gesunken ist. Dieser Trend gilt wiederum für alle westlichen Länder, für die wir über Daten verfügen. Er läßt erkennen, daß der Übergang in den Ruhestand eine grundlegende Neudefinition erfahren hat. Das Alter von 65 Jahren kann nicht mehr als »normale« Altersgrenze angesehen werden, wenn nur noch weniger als ein Drittel (in Frankreich, der Bundesrepublik Deutschland und den Niederlanden) oder die Hälfte (in Großbritannien und den USA) der Männer zwischen 60 und 64 Jahren zur Erwerbsbevölkerung gehört (vgl. Abb. 1). Ein Rückgang der Erwerbsquoten kann auch schon für die Gruppe der 55- bis 59jährigen Männer beobachtet werden. Was die Frauen betrifft, zeigen Kohortendaten, daß sich bei ihnen zwei Trends überlagern: Für

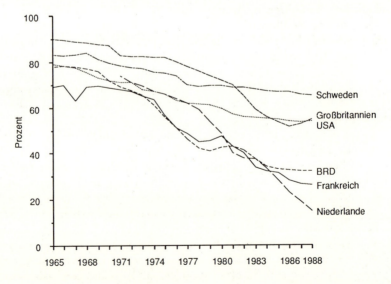

Abbildung 1: Die Entwicklung der Erwerbsquoten der 60- bis 64jährigen Männer im Ländervergleich (nach Jacobs & Kohli, 1990).

jede Geburtskohorte in der Bundesrepublik Deutschland beginnt der Prozeß des Ausscheidens auf einem höheren Niveau (worin sich der allgemeine Anstieg der weiblichen Erwerbsbeteiligung ausdrückt), verläuft aber dann schneller und erreicht im Alter von 61 Jahren ein niedrigeres Niveau (worin sich der Trend zum frühen Ausscheiden ausdrückt; vgl. Abb. 2).

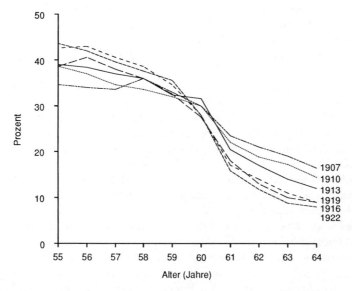

Abbildung 2: Erwerbsquoten einzelner Geburtskohorten von Frauen nach dem Alter (BRD; nach Jacobs & Kohli, 1990).

Der Rückgang des Alters beim Ausscheiden aus dem Erwerbsleben erfolgte in einer Zeit, in der viele Faktoren in die entgegengesetzte Richtung zu weisen schienen. Der »härteste« ist derjenige der Demographie: die Lebenserwartung (sogar im Alter von 60 Jahren) ist in dieser Zeit beträchtlich gestiegen. Überdies verfügen die nachwachsenden Kohorten im Alter über eine bessere Gesundheit, ein höheres Einkommen sowie ein höheres Qualifikationsniveau. Aber es gibt auch dramatische Veränderungen in der kulturellen »software« des Alterns. Eine davon ist der breite Strom (psycho-)gerontologischer Literatur, die − etwa seit 1960 − immer und immer wieder betont hat, daß der Prozeß des Alterns nicht notwendigerweise mit einem Verlust von Leistungsfähigkeit und Produktivität einhergehen müsse (zumindest nicht für die hier betrachteten Altersgruppen) und daß das althergebrachte »Defizitmodell« des Alterns deshalb endlich aufgegeben werden sollte. Desweiteren hat sich die Auffassung durchgesetzt, daß feste Altersgrenzen für das Ausscheiden aus der Erwerbstätigkeit und die Inanspruchnahme von Sozialleistungen nicht zum universalistischen normativen Grundverständnis moderner Gesellschaften passen − mit ihrer Betonung von

Leistung, also von »erworbenen« anstelle von »zugeschriebenen« Merkmalen als Grundlage für die Zuteilung von gesellschaftlichen Rechten und Pflichten. Zwar hat diese Auffassung bislang in Westeuropa noch keine unmittelbaren institutionellen Auswirkungen nach sich gezogen, wohl aber in den USA, wo sie zu einer Gesetzgebung gegen den »obligatorischen« Ruhestand sowie zu einem breiten Diskurs darüber geführt hat, ob anstelle des chronologischen Alters nicht ein »funktionales« Alter als maßgebliches Kriterium eingeführt werden sollte (vgl. Neugarten, 1982).

Trotz dieser Faktoren ist das durchschnittliche Alter des Ausscheidens aus dem Erwerbsleben in allen westlichen Ländern, unabhängig von ihrem jeweiligen institutionellen Regime, zurückgegangen. Offensichtlich ist die Verkürzung der Lebensarbeitszeit ein Schlüsselmechanismus zur Anpassung an die abnehmende Nachfrage nach beziehungsweise das wachsende Angebot an Arbeitskräften. In der Bundesrepublik Deutschland hat parallel dazu auch eine beträchtliche Verkürzung der Jahresarbeitszeit stattgefunden. Entscheidend ist jedoch, daß die Dreiteilung des Lebenslaufs weiter fortbesteht. Das vorzeitige Ausscheiden älterer Arbeitnehmer aus dem Erwerbsleben hat es ermöglicht, diese Grundstruktur des Lebenslaufs aufrechtzuerhalten. Darüber hinaus hat sich die Erwerbsphase durch die Verlängerung der Ausbildungszeiten und der »Suchphase« im Übergang ins formelle Erwerbssystem auch von unten her verkürzt. Diese Tendenz ist noch ausgeprägter bei einer Betrachtung der Beschäftigtenquoten anstelle der Erwerbsquoten (die auch die Arbeitslosen enthalten), da die Arbeitslosenquoten in vielen Ländern − trotz mancherlei statistischer »Kosmetik« − an beiden Enden der Erwerbsphase besonders hoch sind.

Auf die Gründe für diese paradoxe Entwicklung kann hier nicht näher eingegangen werden (vgl. dazu Kohli, Freter, Langehennig, Roth, Simoneit & Tregel, 1991). Immerhin läßt sich zeigen, daß diese Entwicklung den Interessen fast aller Beteiligten entgegenkommt; Interessenkonflikte gibt es weniger über die Entwicklung selber als über ihre Modalitäten und vor allem darüber, wer die Kosten zu tragen hat. Das frühe Ausscheiden aus dem Erwerbsleben ist über weite Strecken das Ergebnis einer »Kooperation« von Personalleitungen, Betriebsräten und älteren Arbeitnehmern selbst, wobei auch der Staat sich entweder aktiv an der Schaffung von institutionellen Regelungen für akzeptable Formen des frühen Ausscheidens beteiligt − wie etwa bei den verschiedenen Vorruhestandsregelungen − oder zumindest die Nutzung der bestehenden Renten- oder Arbeitslosensysteme für diesen Zweck zuläßt (vgl. Guillemard, Kapitel 24 in diesem Band).

Diese Befunde zeigen, daß die Altersgrenze eine gesellschaftliche Konstruktion ist, die gegenüber direkten politischen Eingriffen eine erhebliche Resistenz aufweist. Zwar ist es nicht so, daß die bisherige Entwicklung der Erwerbsbeteiligung der Älteren von sozialpolitischen Maßnahmen unabhängig war; an mehreren Punkten lassen sich plausible Belege für die unmittelbare Wirkung solcher Maßnahmen – zum Beispiel der Einführung der flexiblen Altersgrenze in der Bundesrepublik im Jahre 1972 – finden. Doch sind diese Wirkungen in den letzten 20 Jahren ausschließlich in *eine* Richtung gegangen. Nirgendwo ist es bisher gelungen, den Trend zum frühen Ruhestand umzukehren – auch nicht in den USA, wo die rentenpolitischen Weichen schon 1983 in Richtung auf eine allmähliche Erhöhung der Altersgrenze gestellt wurden. Es ist anzunehmen, daß dies auch in Zukunft der Fall sein wird, solange der allgemeine Angebotsüberschuß am Arbeitsmarkt und damit das geringe Interesse der Unternehmen an der Beschäftigung älterer Arbeitnehmer fortbesteht. Wenn diese Prognose richtig ist, werden in der Bundesrepublik Deutschland die Einstellung des Vorruhestandsprogramms und die schrittweise Erhöhung der Altersgrenze im Rahmen der »Rentenreform '92« vorerst nicht zu einer erkennbaren Erhöhung des Austrittsalters führen, sondern vor allem zu einer verstärkten Inanspruchnahme der übrigen institutionellen Austrittspfade, also insbesondere der Berufs- und Erwerbsunfähigkeitsrenten und der »59er-Regelungen«. Im »Beitrittsgebiet« erweist sich erneut und in bisher nicht gekannter Massivität, wie der (Vor-)Ruhestand als gesellschaftliche »Kontrolle von Arbeitslosigkeit« (Atchley, 1985) eingesetzt werden kann. Erst längerfristig könnte sich dies ändern, falls sich der demographisch bedingte Rückgang des (inländischen) Arbeitskräftepotentials tatsächlich in eine Verknappung der Arbeitskräfte umsetzen wird.

Der Trend zum frühen Ausscheiden aus dem Erwerbsleben hat zusammen mit der Steigerung der Lebenserwartung zu einer erheblichen Verlängerung des Ruhestandes geführt. Der Median des Austrittsalters – gemessen an den aggregierten Erwerbsquoten – ist für die deutschen Männer zwischen 1960 und 1985 um fünf Jahre gesunken, nämlich von 65 auf 60 Jahre, und ihre mittlere Lebenserwartung im Alter von 60 Jahren ist um rund anderthalb Jahre (von 15 1/2 auf 17 Jahre) gestiegen; die mittlere Dauer des Ruhestandes hat sich damit um fast zwei Drittel verlängert. Für die Frauen ist diese Entwicklung noch ausgeprägter; die langfristige Veränderung ihres Lebenszeitbudgets – unter der Annahme kontinuierlicher Erwerbstätigkeit – wird aus Abbildung 3 deutlich.

Was heißt dies nun für die Altersphase? Was die Vergesellschaftung durch die Erwerbsarbeit betrifft, ist zunächst zu fragen, ob im höheren Alter andere Tätigkeitsformen mit ähnlichen Auswirkungen an ihre Stelle treten können. Die Antwort kann nicht uneingeschränkt positiv ausfallen. Die Ausdifferenzierung eines Bereichs formell organisierter Erwerbsarbeit hat ja auch den Status der Arbeit außerhalb dieses Bereichs umdefiniert und sie zu einer residualen »privaten« Tätigkeit gemacht. Damit soll nicht gesagt werden, diese Arbeit sei wirtschaftlich unproduktiv. Die früher übliche Vernachlässigung ihres Produktionsbeitrags durch die Wirtschaftstheorie und die volkswirtschaftliche Gesamtrechnung verschwindet allmählich, am deutlichsten für die Hausarbeit, in Ansätzen auch schon für die Arbeit der Älteren (vgl. Herzog, Kahn, Morgan,

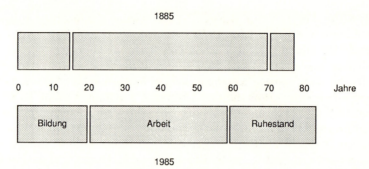

Abbildung 3: Die Veränderung des Lebenszeitbudgets erwerbstätiger Frauen (Deutschland).

Jackson & Antonucci, 1989). In den Begriffen der soziologischen Perspektive jedoch bleibt unbezahlte Arbeit weitgehend irrelevant. Die private Natur dieser Tätigkeit tritt besonders bei der geschlechtsspezifischen Arbeitsteilung vor Augen. Indem die Hausfrauen nicht an der formellen Erwerbsarbeit beteiligt sind, sind sie auch nicht direkt in den wesentlichen Arenen des öffentlichen Lebens engagiert; in den meisten Punkten leitet sich ihre soziale Position von derjenigen ihrer Ehemänner ab. Zum einen trifft das für soziale Ungleichheit zu: Hausfrauen erhalten kein persönliches Einkommen und (in den meisten Ländern) keinen Anspruch auf soziale Sicherung, und sie haben wenig Erfahrung mit Beziehungen der Abhängigkeit oder Zusammenarbeit außerhalb ihrer Familien. Zum anderen trifft das für kulturell verankerte Deutungsmuster zu: Hausarbeit wird sozial geringgeschätzt und ist deshalb keine brauchbare Grundlage für eine personalisierte Identität. Hausfrauen sind, kurz gesagt, keine voll qualifizierten »Individuen« gemäß den Kriterien ihrer Gesellschaft. Die Bedeutung informeller Arbeit außerhalb der Familie als Vergesellschaftungsform dürfte sich in Zukunft vergrößern (nicht zuletzt durch das zunehmende Gewicht der älteren Bevölkerung und die Verlängerung des Ruhestandes selbst), aber bisher ist sie zumindest quantitativ noch bescheiden.

In der gerontologischen Diskussion ist die Bedeutung der Erwerbsarbeit immer wieder thematisiert worden, aber bisher ohne eindeutige Ergebnisse. Die Forschung zum Übergang in den Ruhestand (als Überblick vgl. Kasl, 1980; Palmore, Burchett, Fillenbaum, George & Wallmann, 1985) ist vom Gegensatz zwischen zwei Auffassungen durchzogen: Der Austritt aus der Erwerbsarbeit ist entweder ein Verlust (oder zumindest eine erhebliche Belastung) oder eine Befreiung. Was die Wirkungen auf Gesundheit und Wohlbefinden betrifft, sprechen die empirischen Befunde — soweit der Ruhestand finanziell akzeptabel ausgestattet ist — überwiegend für die zweite Auffassung. Damit ist allerdings noch nicht das letzte Wort gesprochen. Zunächst ist es erforderlich, nach unterschiedlichen Berufsgruppen und weiteren Ausgangsbedingungen zu differenzieren. Aber sogar für Arbeiter — die überwiegend ein früheres Ruhestandsalter wünschen und für die der Abschied von der Arbeit besonders deutlich eine Erleichterung darstellt — ist die Sachlage ambivalenter, als sie auf den ersten Blick scheint (vgl. Wolf, 1988) — ganz abgesehen von erzwungenen Frühverrentungen in dem Alter und Ausmaß, wie sie derzeit in den neuen Bundesländern ablaufen.

Der frühe Ruhestand ist also zwar eine überwiegend populäre Lösung, um mit den Problemen des Überangebots an Arbeit umzugehen, aber aus anderem Blickwinkel ist er durchaus problematisch. Eine Lösung, die die verfügbare Arbeit auf einen immer kürzeren Abschnitt des Lebenslaufs konzentriert und einen immer größeren Anteil der Bevölkerung völlig von der Arbeit fernhält, ist auf Dauer nicht vernünftig. Es gibt gute Gründe für das umgekehrte Szenario, nämlich die Arbeit gleichmäßiger auf alle Altersgruppen zu verteilen, zum Beispiel durch weitere Reduktionen der Wochenarbeitszeit, durch die Ermutigung von Teilzeitarbeit im »aktiven« Erwerbsalter und durch die Förderung von »Sabbat«zeiten — man könnte auch sagen: vorgezogenen »Ruhestands«zeiten — während der Erwerbsbiographie (vgl. Mayer, Kapitel 20 in diesem Band). Die Gründe sind psychologischer Art (im Hinblick auf die Erhaltung von Kompetenzen), soziologischer Art (im Hinblick auf gesellschaftliche Partizipation und Integration) und ökonomischer Art (im Hinblick auf die Finanzierung der sozialen Sicherung). Gute Gründe allein sind allerdings nicht hinreichend, um das gewünschte Ergebnis zu produzieren; es ist die Dynamik der Interessen unter den beteiligten Akteuren, die dafür entscheidend bleibt, und diese Interessen hängen stark von den Arbeitsmarktbedingungen ab.

D. Der »Ort« des höheren Alters in der Gesellschaftsstruktur

Alter ist — neben Geschlecht, Verwandtschaft, Ethnizität, Religion, Bildung und Beruf, um nur die wichtigsten zu nennen — eine der Formen gesellschaftlicher Differenzierung. Und wie bei diesen anderen Formen kann sich daraus eine gesellschaftliche Hierarchie bilden: Alter kann sich zur Grundlage gesellschaftlicher Ungleichheit verfestigen. Dies wird mit dem erwähnten Begriff der »Altersschichtung« (Riley et al., 1972; 1988) angedeutet. Allerdings ist die Artikulation dieses Begriffs mit der soziologischen Ungleichheitsforschung bisher vernachlässigt worden, und der Begriff ist deshalb in dieser Hinsicht überwiegend metaphorisch geblieben.

Soziale Ungleichheit bezieht sich im wesentlichen auf zwei Sachverhalte. Der erste ist die Verortung von Individuen oder Gruppen in der sozialen Hierarchie — anders gesagt: ihre Verteilung auf hierarchisch geordnete Positionen — und ihr entsprechender Zugang zu Ressourcen und Lebenschancen. Es kann dabei um den Zugang zu den ökonomischen Ressourcen von Einkommen und Besitz gehen, den symbolischen Ressourcen von Status und Prestige oder den politischen Ressourcen von Macht und Herrschaft. Der zweite Sachverhalt sind die sozialen Beziehungen, die aus dieser Verortung entstehen, die Formierung von Interessen und damit der Konflikte, die die Gesellschaftsstruktur prägen und ihr ihre Dynamik geben. Für beide Sachverhalte ist im Rahmen einer Arbeitsgesellschaft die Positionierung im Erwerbssystem von zentraler Bedeutung, und für beide schafft deshalb die Verallgemeinerung des Alters als »Ruhestand« eine neue Lage, die begriffliche Schwierigkeiten aufwirft.

Alter ist zunächst bedeutungsvoll mit Bezug auf *Status*. Dies ist der Ausgangspunkt für die historische Forschung über das Alter, mit der die naiven modernisierungstheoretischen Vorstellungen von der »Goldenen Zeit des Alters« vor der Industrialisierung widerlegt worden sind. Daß wir das Alter ehren sollen, ist uns auch heute noch zumindest in Restbeständen gegenwärtig; Ältere haben – ähnlich wie Frauen – Anrecht auf gewisse Höflichkeitsbezeugungen, sie stehen zum Beispiel in der Grußhierarchie höher als Jüngere. Der Vergleich mit den Frauen zeigt allerdings, daß es sich dabei um eine ambivalente Positionierung handelt; die Normen der Höflichkeitsbezeugungen gelten nicht nur den gesellschaftlich Höherstehenden, sondern sind ein gutes Stück weit solche des Schutzes der gesellschaftlich Unterlegenen und symbolisieren damit immer auch diese Unterlegenheit.

Es ist zu einfach, ohne weitere Differenzierung von *dem* Status des höheren Alters zu sprechen. Die in der ethnologischen Literatur vielfach belegte Unterscheidung zwischen den Alten, die noch im Besitz ihrer Kräfte sind, und den hinfälligen Alten ist ein Beispiel dafür. In eine ähnliche Richtung weist die Unterscheidung zwischen »jungen Alten« und »alten Alten« (vgl. Neugarten, 1974). Hochaltrigkeit geht keineswegs notwendig mit physischem Verfall einher, aber das Risiko dafür und für einen entsprechenden Statusverlust ist erheblich.

Die zweite Ungleichheitsdimension ist die der *Macht*. Auch dafür bietet die historische und ethnologische Literatur viele Beispiele, etwa von Gesellschaften, die sich als Gerontokratien verstehen lassen. Aktuelle Beispiele sind jedoch auch leicht zur Hand: Gerade in den jüngsten Umbrüchen in den Staaten des (ehemals) real existierenden Sozialismus ist diese Dimension überdeutlich – so etwa, wenn mit Bezug auf China von den »Gerontokraten« gesprochen wird, den »starrsinnigen alten Männern«, die die Jugend opfern, oder wenn Wolf Biermann sich mit Bezug auf die DDR gegen die »verdorbenen Greise« wendet, für die er »nicht Rache – Rente!« fordert. In offenen Gesellschaften vollzieht sich der Generationswechsel zwar vielfach auch nicht ohne Kämpfe, aber doch evolutionär im Rahmen der bestehenden Institutionen. Ein Überblick über die Repräsentation älterer Menschen in den bundesdeutschen politischen Führungsgremien (Schaal, 1984, S. 100) zeigt zum Beispiel, daß deren Anteil an den Bundestagsabgeordneten zwischen 1965 und 1976 – also im Gefolge der 68er-Bewegung – stark zurückgegangen ist. In einer geschlossenen Gesellschaft wie der ehemaligen DDR wurde dieser Generationswechsel dagegen bis zuletzt verhindert. Viele, vielleicht die meisten Revolutionen sind denn auch Jugendrevolutionen – wenn nicht dem Programm nach, dann zumindest in ihrer

Wirkung: der Entmachtung einer alten Führungselite und ihrer Ersetzung durch eine jüngere. Dies kann allerdings auch verhängnisvoll sein, wie das Beispiel der nationalsozialistischen Machtergreifung zeigt, die man durchaus in diesem Sinn als Jugendrevolution charakterisieren kann – bis hin zum Kampfruf »Macht Platz, Ihr Alten!« (vgl. Borscheid, Kapitel 2 in diesem Band).

Die dritte Dimension der Altersschichtung ist diejenige von *Besitz* und *Einkommen* (vgl. Kohli, 1990b). Die einfachste Art, das Problem des Alters für diese Dimension sozialer Ungleichheit zu lösen, besteht darin, es für irrelevant zu erklären, indem behauptet wird, es ändere sich im Alter gar nichts, es gebe also eine Kontinuität der Klassenlage vom Erwerbsleben in den Ruhestand. Die Bedeutung der gesellschaftlichen Altersgliederung wird damit heruntergespielt oder ganz verneint. Die Ungleichheit *des* Alters verschwindet hinter der Ungleichheit *im* Alter, und letztere ist ein nicht weiter differenzierungsbedürftiger Teil der Ungleichheit im Leben als Ganzem. Von marxistischer Seite wird der Verweis auf die Altersgliederung als gesellschaftliche Strukturdimension zuweilen sogar als Ablenkung vom »Hauptwiderspruch« und damit als Ideologie deklariert. Jedenfalls gilt hier der Klassengegensatz, der in der Verfügung über die Produktionsmittel oder in anderen Dimensionen des Erwerbssystems verankert ist, als entscheidend auch für die nachberufliche Lebensphase.

Die feministische Kritik hat diese Argumentationsfigur inzwischen übernommen: Auch sie unterwirft Gliederungsversuche, die nicht dem von ihr hervorgehobenen »Hauptwiderspruch« (nämlich zwischen den Geschlechtern) folgen, sofort dem Verdacht, diesen verschleiern zu wollen (vgl. Crompton & Mann, 1986). Gerade für das höhere Alter scheint diese Perspektive durchschlagend zu sein: Das höhere Alter ist demographisch ganz überwiegend weiblich, und aufgrund der demographischen Strukturen und der sich lebenslang kumulierenden Benachteiligungen machen die Frauen auch den größten Teil der alleinlebenden und der armen Alten aus (vgl. Guillemard, Kapitel 24 in diesem Band; Tews, 1990). Zwar wird in der Bundesrepublik Deutschland das demographische Übergewicht der älteren Frauen im Zuge des Aussterbens der noch im Krieg dezimierten Kohorten etwas zurückgehen, aber für die entwickelten Länder insgesamt nimmt die Differenz zwischen der Lebenserwartung von Frauen und Männern und damit die Unausgewogenheit der Geschlechterproportion im Alter nach wie vor zu (vgl. Dinkel, Kapitel 3 in diesem Band).

Wenn die Perspektive des Geschlechtsunterschiedes allerdings verabsolutiert wird, hat dies die Konsequenz, daß von den »Älteren« überhaupt nicht mehr gesprochen werden darf, sondern nur noch von älteren Frauen und Männern. Was beide (strukturell) »älter« macht, bleibt damit jedoch ungeklärt. Es ist eine legitime Frage, wie hoch die Durchschlagskraft der einen im Vergleich zur anderen Ungleichheitsdimension ist. Aber es ist falsch, die eine hochzuspielen, um damit der anderen jede Bedeutung abzusprechen. Und auch wer darauf beharrt, daß die beiden Ungleichheitsdimensionen nicht (im Sinne eines additiven Modells) getrennt voneinander behandelt werden sollten, daß es also erforderlich ist, auch unter den Älteren immer zwischen Frauen und Männern zu unterscheiden, muß sich dem Problem stellen, daß Ungleichheit nach Geschlecht unter den Bedingungen des Ruhestands – wie noch zu sehen sein wird – anders strukturiert ist als unter den Bedingungen der Erwerbsphase.

Diese Ansätze verbinden also die Betonung von Kontinuität mit der Betonung von Heterogenität (vgl. Baltes & Baltes, Kapitel 1 in diesem Band). Beides spielt auch in der gerontologischen Forschung eine zentrale Rolle. Die »Kontinuitätstheorie« des Alterns (vgl. Atchley, 1989) geht davon aus, daß die alternden Individuen – über die Veränderungen hinweg, die mit dem Alternsprozeß notwendig einhergehen – eine Kontinuität ihrer inneren und äußeren Strukturen anstreben und daß dies auch auf soziale Billigung stößt. Soweit es die Heterogenität betrifft, ist auf den gut gesicherten Befund zu verweisen, daß in vielen Funktionsbereichen die Unterschiede zwischen den Individuen mit dem Alter zunehmen. Was dies bedeutet, ist zwischen Soziologen und Psychologen umstritten. Während erstere darin – in Analogie zu den erwähnten marxistischen und feministischen Argumentationsfiguren – sozial produzierte Unterschiede zwischen sozialstrukturell abgrenzbaren Gruppen sehen (Dannefer, 1988), lesen letztere den Befund häufig im Sinne einer stärkeren Durchschlagskraft individueller gegenüber sozialen Variablen, eines Triumphs des Individuums über die soziale Umwelt. Die Forderung nach einer »differentiellen Gerontologie« (vgl. Thomae, 1983) kann sich so zur Abweisung aller soziologischen Argumente steigern: Aussagen über Ältere lassen sich dann nur noch unter Berücksichtigung ihrer je individuellen biographischen Vorbedingungen machen. Offensichtlich wird hier vor lauter Bäumen der Wald nicht mehr gesehen. Aber auch die soziologische Variante muß sich den Vorwurf gefallen lassen, daß sie über der (zutreffenden) Betonung der sozialen Unterschiede zwischen den Älteren – neben Geschlecht und Erwerbsklasse spielt auch Ethnizität hier eine zunehmende Rolle – deren sozialstrukturelle Gemeinsamkeiten vernachlässigt.

Was soziale Ungleichheit betrifft, könnte man das Kontinuitätsargument soweit akzeptieren, als die Ungleichheiten des Erwerbssystems »chronifiziert« werden und dadurch auch das Leben im Alter weiterhin dominieren. Für das Einkommen gilt das zum Teil in der Tat: Soweit die Rentensysteme an die Erwerbsarbeit gekoppelt sind, gibt es eine hohe Korrelation zwischen Erwerbs- und Ruhestandseinkommen. Aber diese scheinbar leichte Lösung des Problems ist mit verschiedenen Schwierigkeiten behaftet. Erstens ist die Korrelation nicht vollständig. Es gibt Fälle und Gruppen, für die das Transfereinkommen der Rentenversicherung nach anderen Dimensionen strukturiert ist als ihr früheres Arbeitseinkommen. In der Bundesrepublik Deutschland sind einige dieser Gruppen – insbesondere die Selbständigen – in den letzten Jahrzehnten in die öffentliche Rentenversicherung integriert worden; das Hauptbeispiel für eine niedrige Korrelation sind jetzt noch diejenigen mit einer beschränkten Zeit formaler Beschäftigung, und mit der gegenwärtigen Zunahme von informeller Erwerbsarbeit (insbesondere unter den Jüngeren) dürfte ihre Zahl wieder ansteigen. Auch die flächendeckende Frühverrentung in den neuen Bundesländern dürfte neue Ungleichheiten dieser Art schaffen (vgl. Dieck, Kapitel 25 in diesem Band).

Zweitens ist die Korrelation zwischen Erwerbs- und Ruhestandseinkommen eine solche des Rangs, aber nicht des absoluten Niveaus; das Ruhestandseinkommen bringt gegenüber dem Erwerbseinkommen gewöhnlich eine erhebliche Einbuße. In der Bundesrepublik beläuft sich das Netto-Rentenniveau – das Verhältnis von »Jahres-Standardrente« (= Rente eines Durchschnittsverdieners nach 40 Versicherungsjahren) zu durchschnittlichem Nettoarbeitsentgelt – für 1986 auf 63,7 Prozent (Statistisches Bundesamt, 1987, S. 193). Aufschlußreicher für unsere Fragestellung ist das individuelle Zugangsrentenniveau, das heißt das Verhältnis von Zugangsrente zu letztem Arbeitsentgelt. Eine detaillierte Analyse auf der Grundlage einer Stichprobe einer Landesversicherungsanstalt zeigt, daß sogar innerhalb der Arbeiterrentenversicherung eine erhebliche Variation um das mittlere Zugangsrentenniveau herum besteht (Göbel, 1985). Der Zugang zu Betriebsrenten und anderen – zum Beispiel familialen – Ressourcen bringt weitere Variationsquellen ins Spiel.

Und schließlich gibt es eine dritte Schwierigkeit, die grundsätzlichste: Das Kontinuitätsargument versagt gegenüber dem Beziehungsaspekt der Klassenlage. Vor allem bei einer Orientierung am marxistischen Klassenkonzept führt dies zu unlösbaren Problemen. Wenn der Kern der Klassentheorie in der Existenz einer Masse von (formal) freien Lohnabhängigen besteht, die ihre Arbeitskraft als Ware im Tausch für die Mittel zu ihrer Subsistenz verkaufen müssen, wird es in der Tat schwierig, diese Theorie auf Personen zu beziehen, die einen auf Sozialbürgerrechte gestützten Einkommensanspruch haben.

An der Theorie der »strukturierten Abhängigkeit« der Älteren kann man die Ambiguität erkennen, die sich aus diesem Problemdruck ergibt. Auf der einen Seite wird von ihren Vertretern die Kontinuität von Erwerbs- und Ruhestandseinkommen und damit die Kontinuität der im Erwerbssystem fundierten Ungleichheit betont. Auf der anderen Seite wird darauf hingewiesen, daß die Älteren durch den Zwang, aus dem Erwerbsleben auszuscheiden, in eine neue Lage verstärkter Abhängigkeit – zum Beispiel aufgrund des niedrigen Rentenniveaus – gerieten. Diese These ist sehr fragwürdig (und bei einem marxistischen Argumentationsrahmen vollends unverständlich); sie setzt ja voraus, daß der Zwang zur Teilnahme am Erwerbsleben weniger Abhängigkeit bedeutet als der Empfang einer Altersrente, die auf einem staatlich garantierten Rechtsanspruch beruht (oder – so könnte man hinzufügen – einer Betriebsrente, die durch einen Rentenfonds garantiert wird). Es mag zugestanden werden, daß dort, wo die Rente im Verhältnis zum Erwerbseinkommen besonders niedrig ist, die durch sie verliehene Unabhängigkeit eher prekär bleibt. Und in der Tat läßt sich zeigen, daß die Einkommen im Rentenalter im Verhältnis zu denjenigen im Erwerbsalter in Großbritannien besonders niedrig sind (Smeeding, 1990, S. 377). Aber auch dort gibt es Unterschiede; die Älteren mit niedrigen Renten sind − worauf ja das Kontinuitätsargument abzielt − auch diejenigen mit unsicheren und niedrig entlohnten Erwerbsverläufen, also diejenigen, die besonders wenig Kontrolle über die Risiken des Arbeitsmarkts hatten. Für sie bedeutet der Ruhestand eher mehr Sicherheit und Kontrolle über ihr Einkommen und jedenfalls weniger Abhängigkeit auf der Beziehungsebene.

Aus diesen Gründen ist ein einfaches Modell von Kontinuität vom Erwerbsleben zum Ruhestand nicht brauchbar. Die angeführten Schwierigkeiten legen eine andere Lösung nahe, nämlich eine biographische Konzeption. Die Frage, ob Kontinuität oder Diskontinuität der Klassenlage vom Erwerbsleben zum Ruhestand vorherrsche, erweist sich als falsch gestellt. Nicht die Entscheidung dieser Frage steht an, sondern die Analyse der Strukturbedingungen und Prozesse, unter denen Kontinuität aufrechterhalten bleibt oder Diskontinuität entsteht, und der Dimensionen der Lebenslage, die dafür relevant sind.

Formal lassen sich dabei mehrere Ebenen zunehmender Komplexität unterscheiden. Die erste und einfachste besteht darin, daß die zeitliche Dauer einer Ungleichheitsposition begrenzt ist (und einer neuen Position Platz macht), daß es sich also um »Ungleichheitsphasen« (Berger, 1990) handelt. Bereits komplexer ist es, wenn Sequenzen von Positionen betrachtet werden, zwischen denen bestimmte Übergangswahrscheinlichkeiten bestehen und die durch bestimmte institutionelle Regeln verknüpft sein können (also das, was aus der Forschung über Mobilität im Lebenslauf und über die Verkettung von Lebensereignissen geläufig ist). Von besonderer Bedeutung sind dabei Positionsverknüpfungen, die sich zu einer allgemeineren Verlaufsform zusammenfügen, wie etwa Aufstiegs- oder Abstiegssequenzen. Die dritte Ebene − die vor allem bei der Berücksichtigung der Altersphase unabweisbar wird − ist diejenige der internen Gliederung solcher Sequenzen, beispielsweise durch institutionalisierte Altersgrenzen. Und schließlich erzwingt die Thematisierung des Alters auch die Berücksichtigung einer vierten Ebene, derjenigen der biographischen Perspektiven. Zeit ist nicht einfach nur Dauer und Sequenz, sie ist auch gelebte Zeit mit Vergangenheits- und Zukunftshorizonten. Es geht hier also um die biographischen Erinnerungen und Antizipationen, über die die Individuen ihre Position definieren und ihre Handlungen planen oder über die sie von anderen positioniert werden. Ein bereits vertrauter Weg der Konzeptualisierung solcher Perspektiven ist das Konzept der »Bezugsgruppen«; das Verhältnis von »Bezugsklasse« − zum Beispiel in Form einer Herkunftsklasse, die nach wie vor wirksame Orientierungen bindet, oder von Aufstiegsaspirationen für sich selber oder die eigenen Kinder − und aktueller Klassenlage bildet in manchen Fällen die zentrale Handlungsdynamik. Da im höheren Alter die aktuelle Klassenlage relativ unbestimmt ist und die aktuellen institutionellen Anreize und Bindungen spärlich sind, können solche biographischen Bezüge die Oberhand gewinnen. Auch für die Fremdpositionierung sind hier biographische Bezüge oft wichtiger als aktuelle Lagen. Jedenfalls ist es nur auf dieser Ebene möglich, zu einer hinreichenden Klärung des Ausmaßes von Kontinuität und Diskontinuität zu kommen.

Biographische Bezüge gehen schon in die Definition von Lebenslagen ein. Eine Lebenslage hat nicht nur aktuelle Implikationen, sie konstituiert auch einen zeitlichen Verweisungszusammenhang. Dieser simple Tatbestand ist bisher in der Ungleichheitsdiskussion nicht angemessen gewürdigt worden, obwohl seine Bedeutung auf der Hand liegt. Es ist beispielsweise etwas völlig anderes, ob man etwas noch vor sich oder schon hinter sich hat. Jugendliche und Ältere stehen − obwohl sich ihre aktuelle Lage (bis zu einem gewissen Grad) in analoger Weise bestimmen läßt, nämlich als Marginalität gegenüber dem Erwerbssystem − in einem anderen Zeithorizont.

Die Bedeutung der biographischen Perspektiven kann anhand der Forschungsliteratur zum Thema »Lebensrückblick« im Alter (vgl. Coleman, 1986) präzisiert werden. Der Prozeß der Erinnerung wird darin gewöhnlich im Hinblick auf erfolgreiche Anpassung an das Alter − oder im Gegensatz dazu auf einen Rückzug aus den aktuellen Belastungen in eine bessere Vergangenheit − untersucht. Anstelle einer solchen psychologischen Fassung legt unsere Diskussion eine soziologische nahe: Erinnerung als eine Stütze für Vergesellschaftung, also als Prozeß, in dem die Geltung vergangener Erfahrungen und Lebensformen aufrechterhalten wird.

Biographische Vergesellschaftung ist eine Funktion nicht nur der individuellen, sondern auch der kollektiven Erinnerung. Dazu ein empirisches Beispiel: Newmans (1985) Untersuchung über die Schließung eines großen Betriebes, der ein Jahrhundert lang die örtliche Wirtschaft und Kultur dominiert hat, zeigt, wie schmerzlich der Verlust solcher institutioneller Stützen sein kann. Für die ältesten Arbeiter, die in den Ruhestand gehen können, ist die Betriebsschließung weniger − wie für die jüngeren − ein materieller als ein symbolischer Schlag: Sie bedeutet für sie einen tiefgreifenden Identitätsverlust, da sie den Ort, an dem sie und viele ihrer Familienmitglieder ihr Arbeitsleben verbracht haben, nun nicht mehr vor Augen haben. Überdies sehen sie den Verlust des Betriebs auch als Metapher für die Veränderungen in der amerikanischen Wirtschaft, die ihr eigenes Arbeitsleben seines Sinns berauben. Die Lebensform, der diese Arbeiter verpflichtet waren, verliert damit ihren greifbaren Platz im kollektiven Gedächtnis. Die Arbeiter haben keinen realen Beweis mehr dafür, daß sie einen nützlichen Beitrag zum gesellschaftlichen Prozeß geleistet haben; ihre Arbeit wird nachträglich entwertet. Angesichts des rasanten Umbaus der Produktionsstruktur ist ein solcher Verlust der materiellen Realität, an der die Erinnerung haftet, keineswegs mehr eine Ausnahme. Für viele ehemalige Arbeiter gilt, daß ihr Betrieb und vielleicht sogar ihr Beruf nicht mehr existieren. Im Gebiet der ehemaligen DDR wird Kontinuität im Alter noch in weit größerem Maße von solch institutionalisierter Erinnerung abhängen und vom Verlust ihrer materiellen Vergegenwärtigung bedroht sein.

Auch wo die Erinnerung wirksam bleibt, ist jedoch zu vermuten, daß sich für die Selbst- und Fremdpositionierung im Alter der Akzent tendenziell von der Erwerbsarbeit weg verlagert. Stattdessen dürfte die Familie als Vergesellschaftungsform bedeutungsvoller werden. Für ältere Männer könnte zum Beispiel die Klassenlage ihrer Kinder anstelle der mit ihrer eigenen früheren Arbeit verbundenen zum zentralen Bezugspunkt werden (ähnlich wie es für die Hausfrauen die Klassenlage ihrer Ehemänner ist). Die Familie gewinnt im Alter auch durch den intergenerationellen Transfer von Besitz und persönlichen Dienstleistungen (Pflege in die eine Richtung, Betreuung von Enkeln in die andere) an Gewicht. Für das kommende Jahrzehnt ist mit einer starken Vergrößerung des zu vererbenden Besitzes zu rechnen, wobei angesichts der demographischen Gegebenheiten der Erbfall die »Kinder« gewöhnlich dann trifft, wenn sie selber schon an der Schwelle zum höheren Alter stehen (vgl. Hauser & Wagner, Kapitel 23 in diesem Band). Das Verhältnis von wohlfahrtsstaatlicher und familialer Sicherung im Alter wird sich also wieder etwas in Richtung der letzteren verlagern, und es wird zu neuen Beziehungsmustern zwischen den jungen Alten und ihren alten Eltern kommen, in denen sich ökonomische, moralische und emotionale Aspekte vielfältig mischen. In diesem Sinn kann für das Alter von einer stärkeren Einbindung in die familiale Beziehungsstruktur gesprochen werden (vgl. Bengtson & Schütze, Kapitel 19 in diesem Band).

Damit verändert sich auch die geschlechtsspezifische Ungleichheit. Zwar vertieft sich diese im Alter in gewisser Weise, nämlich in der Strukturierung der Altersarmut, die überwiegend eine Armut alleinstehender Frauen ist. Dies ist die direkte Folge eines Rentensystems, das an die Erwerbstätigkeit gekoppelt ist, sich also auf die ehemals Erwerbstätigen als primäre Bezugsgruppe richtet und die Ansprüche der nicht mit ihnen zusammenlebenden »Abhängigen« – den Geschiedenen und Hinterbliebenen – nur unzureichend bedient. Auch für die Frauen mit eigener Erwerbstätigkeit führen die schlechtere Entlohnung dieser Tätigkeit und ihre geringere Kontinuität im Lebenslauf zu drastisch niedrigeren Renten als für die Männer (vgl. Allmendinger, Brückner & Brückner, 1991; Sørensen, 1990). In anderer Weise jedoch nimmt die geschlechtsspezifische Ungleichheit im Alter ab. Der Verlust der Erwerbsposition bedeutet für die Männer – überspitzt gesagt – eine strukturelle »Feminisierung«. Sie finden sich stärker auf die Ehe und Haushaltsführung als alltägliche Ordnungsschemata verwiesen. Es entspricht dieser Veränderung ihrer Lebenslage, daß sie sich – wenn man die entsprechenden Befunde von Gutmann (1987) verallgemeinern kann – auch in ihren psychischen Merkmalen »verweiblichen«, während die Frauen sich gleichzeitig »vermännlichen«: Es kommt im Alter zu einer gegenseitigen Annäherung der Geschlechtscharaktere.

Allerdings geht dies nicht ohne Widerstände vor sich. Ein Beispiel dafür ist, daß die Frauen, soweit sie den Zeitpunkt des Ausscheidens aus dem Erwerbsleben selber wählen können, sich dabei stark an ihren Ehemann anpassen (vgl. Allmendinger, 1990). Was vor allem vermieden wird, ist eine Rollenumkehrung:

Ehefrau bei der Arbeit, Ehemann zu Hause. Dies wird im übrigen in den meisten Ländern durch das frühere Ruhestandsalter für Frauen erleichtert. Getrennte Altersgrenzen − gewöhnlich 60 Jahre für Frauen und 65 Jahre für Männer − sind seit den 40er Jahren eingeführt worden, hauptsächlich mit der Begründung, daß dies angesichts des mittleren Altersunterschieds zwischen Ehemann und Ehefrau es ihnen erlauben würde, gemeinsam in den Ruhestand zu gehen (Ehmer, 1990, S. 116 f.). Der Wunsch, eine Rollenumkehrung zu vermeiden, war offensichtlich sehr stark; mit der Differenz von fünf Jahren wurde auch noch eine erhebliche Reserve eingebaut, da ja der mittlere Altersunterschied zwischen den Ehepartnern geringer ist. Die Einführung von Möglichkeiten des vorzeitigen Ruhestandes ist oft mit einer Aufhebung dieser Differenz verbunden, was für viele Ehepaare zu Schwierigkeiten bei ihrem Versuch zur Synchronisierung des Ruhestandszeitpunkts geführt hat; einige von ihnen sind dadurch zu unbeabsichtigten Experimenten mit einer Umkehrung der Arbeitsteilung im Haushalt gezwungen worden (vgl. Kohli et al., 1989).

Dennoch kann eine gewisse Annäherung der Geschlechter auch hinsichtlich ihres Tätigkeitsspektrums nachgewiesen werden. Eine französische Längsschnittstudie zeigt, daß die Frauen in ihren Freizeitaktivitäten im Übergang in den Ruhestand gegenüber den Männern quantitativ aufholen und ihnen qualitativ ähnlicher werden (Attias-Donfut, 1988). Der gleiche Befund ergibt sich übrigens auch für die Unterschiede zwischen den sozialen Schichten. Für beide Geschlechter und alle Schichten gilt − im Gegensatz zu dem, was manche Querschnittsvergleiche suggerieren −, daß die Freizeitaktivitäten sich im Ruhestand ausweiten; Freizeit als Vergesellschaftungsform gewinnt also an Gewicht. Und sowohl für die Geschlechter wie für die Schichten gilt, daß die im Erwerbsleben benachteiligten Gruppen einen Teil ihres Rückstandes aufholen; der Ruhestand führt also zu einer gewissen sozialen Homogenisierung.

E. Aufgaben für die Forschung

Man kann aus den voranstehenden Überlegungen den Schluß ziehen, daß die bisher geltenden Rahmenbedingungen für das höhere Alter, die vor allem mit der gesellschaftlichen Organisation der Arbeit gesetzt sind, eine erhebliche Beharrlichkeit aufweisen. Das Entwerfen von Szenarien dürfte deshalb unverbindlich und folgenlos bleiben, solange es nicht mit der Widerständigkeit dieser Konstruktionsbedingungen rechnet (vgl. Mayer, Kapitel 20 in diesem Band). Andererseits ist deutlich, daß das Bedingungsgefüge in manchen Aspekten in Veränderung begriffen ist. Für die Forschung stellt sich also die Aufgabe, die Stabilität *und* die Dynamik der gesellschaftlichen Altersgliederung herauszuarbeiten und auf dieser Grundlage den Raum der erwartbaren Entwicklungen, der möglichen Alternativen und der erfolgversprechenden politischen Eingriffspunkte auszuleuchten (vgl. Guillemard, Kapitel 24 in diesem Band).

Nach Tews (1990) läßt sich der gegenwärtige Strukturwandel des Alters in fünf Aspekten beschreiben: Verjüngung, Entberuflichung, Feminisierung, Singularisierung und Hochaltrigkeit. Es handelt sich um Aspekte, die zum Teil aus den demographischen Veränderungen folgen, zum Teil aus den hier ausführlicher dargestellten Veränderungen der Altersgliederung im Zusammenhang mit der gesellschaftlichen Organisation der Arbeit. Zu jedem dieser Aspekte gehören auch veränderte kulturelle Bewertungen und Deutungsmuster, und jeder wirft Fragen auf, die sich als »soziale Probleme« konturieren. So wichtig es für die Alternssoziologie ist, sich im Sinne einer angewandten Soziologie auf diese sozialen Probleme einzulassen, so entscheidend bleibt doch, daß sie die sozialstrukturellen Grundlagen dieser Veränderungsprozesse im Blick behält und mit der erforderlichen theoretischen Breite behandelt.

Vier Grundlagenbereiche sollen zum Abschluß kurz erwähnt werden. Der erste umfaßt die zeitliche Dynamik der Veränderungsprozesse selbst. Mit dem Kohortenansatz ist es gelungen, den strukturellen Wandel in die sich schrittweise verändernden Lebensbedingungen und demographischen Merkmale der einander ablösenden Kohorten von Älteren zu übersetzen. Vernachlässigt worden ist dagegen bis heute die Frage nach generationstypischen Erfahrungsaufschichtungen im Lebenslauf und nach den besonderen Deutungen, Ansprüchen und Lebensstilen, die jede einzelne Generation in die Altersphase mitbringt (vgl. Riley & Riley, Kapitel 17 in diesem Band). Trotz aller theoretischen und formalen Schwierigkeiten gewinnt der Generationsansatz in der Soziologie wieder an Boden, weil sich gezeigt hat, daß er für das Verständnis der Veränderungsdynamik unentbehrlich ist. Was bedeutet es, wenn die »skeptische« Altersgeneration durch die Altersgeneration der »68er« abgelöst wird (vgl. Bengtson & Schütze, Kapitel 19 in diesem Band)?

Der zweite Bereich betrifft die Frage, wieweit es überhaupt noch eine wirksame Altersgliederung geben wird. Einige Tendenzen zeichnen sich bereits ab, sie bedürfen aber einer genaueren Untersuchung. Zu einer völlig »altersirrelevanten« Gesellschaft dürfte es nicht kommen. Die Blütenträume eines unbehinderten Oszillierens zwischen Phasen der Arbeit, der Bildung und der Muße im Lebenslauf werden noch lange nicht reifen; das »Reich der Freiheit« ist noch fern. Aber ein gewisser Bedeutungsverlust chronologischer Altersmarken ist unübersehbar. Der Spielraum für eine »Politik der Lebensalter« und für individuelle Entscheidungen in diesem Bereich vergrößert sich. »Ruhestand« und »Alter« sind nicht mehr völlig deckungsgleich; das Ausscheiden aus dem Erwerbsleben fällt nicht mehr regelmäßig mit dem Punkt zusammen, an dem man sich dem »Alter« zugehörig fühlt. Die Unterscheidung zwischen »jungen Alten« und »alten Alten« ist eine andere Ausdrucksweise für diesen Sachverhalt. Chronologische Marken dürften für diese Unterscheidung – soweit sie überhaupt empirisch auffindbar ist – zunächst wenig Bedeutung haben (vgl. Riley & Riley, Kapitel 17 in diesem Band). Dagegen könnten funktionale Kriterien (insbesondere Gesundheit) in Zukunft gewichtiger werden, und es wird zu analysieren sein, wieweit sich daraus eine neue Chronologie bildet; die Unterscheidung zwischen handlungsfähigen und hinfälligen Alten könnte sich zu einer neuen Altersgrenze verfestigen, jenseits derer die bisher ungelösten sozialpolitischen Probleme (insbesondere Pflegebedürftigkeit) kulminieren.

Als ein Drittes ist für die »jungen Alten« auf neue Handlungsspielräume hinzuweisen — eine Entwicklung, die im Rahmen der aktuellen soziologischen Debatten über Individualisierung und Pluralisierung der Lebensstile zu untersuchen wäre. Durch die Verlängerung des Ruhestandes und die zunehmend besseren Aktivitätsressourcen, mit denen er begonnen wird — Gesundheit, Einkommen, Bildung —, gewinnt er eine andere Färbung: Er entwickelt sich immer mehr von einer bloßen »Restzeit«, die es irgendwie zu durchleben gilt, zu einer eigenständigen Lebensphase, die sich nach neuen Kriterien ordnet und nach neuen Handlungsprojekten ruft. Man kann von einer »Biographisierung« des Ruhestandes sprechen: Er kann und muß stärker durch eigenes Handeln gestaltet werden. Die institutionellen Vorgaben dafür sind gering.

Für die Lebensführung stellt sich die Frage, wieweit und unter welchen Bedingungen es im Übergang in den Ruhestand zu einem Neuanfang kommt. Im Zuge des gegenwärtigen Strukturwandels steigen die Chancen dafür; die Karten werden neu gemischt. Besonders deutlich ist dies dort, wo der Übergang mit geographischer Mobilität einhergeht. Die Befreiung vom Zwang zur Erwerbsarbeit bedeutet, daß man nicht mehr den Bedingungen des Arbeitsmarkts zu folgen braucht, sondern sich nach anderen Opportunitätsstrukturen ausrichten kann — beispielsweise danach, wo das angenehmste Klima oder die angenehmste soziale Umgebung zu finden ist oder wo die eigene Rente am meisten wert ist. In den USA hat sich dies in einer massenhaften Altersmigration vor allem in die Staaten des Südostens und Südwestens niedergeschlagen. Zwar zeigt die Literatur über »retirement communities«, daß diese mit Bezug auf frühere Einkommenspositionen relativ homogen zusammengesetzt sind, was schon durch die finanziellen Bedingungen für den Erwerb der entsprechenden Häuser erzwungen wird. Aber dies betrifft doch nur einen Teilaspekt. Das Verlassen der früheren Umwelt führt dazu, daß die dort geltenden Kriterien ihre Verbindlichkeit einbüßen. Das gilt auch in einem negativen Sinn: Erreichte Statuspositionen lassen sich nicht ohne weiteres transferieren. »We don't care what you have been up North« heißt es auf einem Autoaufkleber, den man in Florida sehen kann.

Migrationsprozesse Richtung Süden lassen sich auch in Europa beobachten: in England an die Südküste, in Frankreich an die Riviera und in Deutschland an den Bodensee. Der Abbau von Mobilitätsschranken innerhalb der EG dürfte diesen Trend verstärken. Ob die Entwicklungsprobleme des EG-Südens sich — wie manche EG-Planer meinen — in nennenswertem Ausmaß durch eine Migration der mittel- und nordeuropäischen Rentner in die Mittelmeerregionen lösen lassen, mag offenbleiben, aber eine Zunahme solcher Migration — dauerhaft oder saisonal – ist abzusehen. Die Konsequenzen – für die Älteren selber ebenso wie für die aufnehmenden und abgebenden Regionen – harren noch weitgehend der Analyse.

Noch kaum zusammenhängend untersucht worden ist der vierte Bereich: die Veränderung des Gewichts der verschiedenen Vergesellschaftungsformen – sowohl lebensgeschichtlich (im Alternsverlauf) wie historisch. Einige Aspekte sind bereits erwähnt worden: die Aufwertung von Familie und Verwandtschaft sowie von Freizeit und Konsum im Alter. Auch Netzwerke außerhalb der Familie dürften an Bedeutung gewinnen – nicht zuletzt als Folge des Rückgangs von Verheiratung und Elternschaft. Auch hier kann die Forschung an ein steigendes Interesse an diesen Fragen in der allgemeinen Soziologie anknüpfen.

Für die Alternssoziologie stellt sich in diesem Sinne die Aufgabe einer »Dauerbeobachtung« des tiefgreifenden Strukturwandels des Alters, der zur Zeit im Gange ist. Sie sollte dabei die Qualitäten einer angewandten Soziologie nicht vernachlässigen – genaue Kenntnis der institutionellen Wirklichkeit ihres Feldes und Sensibilität für die sozialen Probleme, die sich darin stellen. Sie muß aber auch den Mut haben, den Strukturwandel als Grundlagenproblem anzugehen – im Anschluß an die großen Auseinandersetzungen in der Soziologie über den Strukturwandel der Moderne und im Bestreben, das Altern auf die Tagesordnung der Soziologie insgesamt zu setzen. Das Nachdenken über die Zukunft des Alterns muß ein notwendiger Teil des Nachdenkens über die Zukunft der Gesellschaft werden.

Literaturverzeichnis

Allmendinger, J. (1990). Der Übergang in den Ruhestand von Ehepaaren. Auswirkungen individueller und familiärer Lebensverläufe. *Kölner Zeitschrift für Soziologie und Sozialpsychologie, 42* (Sonderheft 31), 272–303.

Allmendinger, J., Brückner, H. & Brückner, E. (1991). Lebensarbeit und Lebensarbeitsentlohnung. Die Produktion sozialer Ungleichheit im Alter. In K. U. Mayer, J. Allmendinger & J. Huinink (Hrsg.), *Vom Regen in die Traufe: Berufsverläufe und Familienentwicklung von Frauen* (S. 423–459). Frankfurt/M.: Campus.

Atchley, R. C. (1985). Social security-type retirement policies. In Z. S. Blau (Ed.), *Current perspectives on aging and the life cycle* (pp. 275–293). Greenwich: JAI Press.

Atchley, R. C. (1989). A continuity theory of normal aging. *The Gerontologist, 29,* 183–190.

Attias-Donfut, C. (1988). Die neuen Freizeitgenerationen. In L. Rosenmayr & F. Kolland (Hrsg.), *Arbeit – Freizeit – Lebenszeit* (S. 57–73). Opladen: Westdeutscher Verlag.

Berger, P. A. (1990). Ungleichheitsphasen. Stabilität und Instabilität als Aspekte ungleicher Lebenslagen. *Soziale Welt, 41* (Sonderheft 7), 319–350.

Cavan, R. S., Burgess, E. W., Havighurst, R. J. & Goldhamer, H. (1949). *Personal adjustment in old age.* Chicago, IL: Social Science Research Associates.

Coleman, P. C. (1986). *Ageing and reminiscence processes.* New York: Wiley.

Cowgill, D. O. & Holmes L. D. (Eds.) (1972). *Aging and modernization.* New York: Appleton-Century-Crofts.

Crompton, R. & Mann, M. (Eds.) (1986). *Gender and stratification.* Cambridge, MA: Basil Blackwell.

Cumming, E. & Henry, W. E. (1961). *Growing old: The process of disengagement.* New York: Basic Books.

Dannefer, D. (1988). What's in a name? An account of the neglect of variability in the study of aging. In J. E. Birren & V. L. Bengtson (Eds.), *Emergent theories of aging* (pp. 356 – 384). New York: Springer.

Ehmer, J. (1990). *Sozialgeschichte des Alters.* Frankfurt/M.: Suhrkamp.

Elwert, G., Kohli, M. & Müller, H. K. (Hrsg.) (1990). *Im Lauf der Zeit. Ethnographische Studien zur sozialen Konstruktion von Lebensaltern.* Saarbrücken: Breitenbach.

Göbel, D. (1985). Zur Einkommenssituation beim Übergang vom Erwerbsleben in den Ruhestand. *Zeitschrift für Gerontologie, 13,* 285 – 290.

Gubrium, J. F. & Buckholdt, D. R. (1977). *Toward maturity: The social processing of human development.* San Francisco, CA: Jossey-Bass.

Gutmann, D. (1987). *Reclaimed powers.* New York: Basic Books.

Hagestad, G. O. (1990). Social perspectives on the life course. In R. H. Binstock & L. K. George (Eds.), *Handbook of aging and the social sciences* (3rd ed., pp. 151 – 168). San Diego, CA: Academic Press.

Herzog, A. R., Kahn, R. L., Morgan, J. N., Jackson, J. S. & Antonucci, T. C. (1989). Age differences in productive activities. *The Journals of Gerontology, 44,* 129 – 138.

Hochschild, A. R. (1975). Disengagement theory: A critique and proposal. *American Sociological Review, 40,* 553 – 569.

Hohmeier, J. & Pohl, H.-J. (Hrsg.) (1978). *Alter als Stigma.* Frankfurt/M.: Suhrkamp.

Jacobs, K. & Kohli, M. (1990). Der Trend zum frühen Ruhestand: Die Entwicklung der Erwerbsbeteiligung der Älteren im internationalen Vergleich. *WSI-Mitteilungen, 43,* 498 – 509.

Kasl, S. V. (1980). The impact of retirement. In C. L. Cooper & R. Y. Payne (Eds.), *Current concerns in occupational stress* (pp. 137 – 186). New York: Wiley.

Kohli, M. (1985). Die Institutionalisierung des Lebenslaufs. Historische Befunde und theoretische Argumente. *Kölner Zeitschrift für Soziologie und Sozialpsychologie, 37,* 1 – 29.

Kohli, M. (1990a). Lebenslauf und Lebensalter als gesellschaftliche Konstruktionen: Elemente zu einem interkulturellen Vergleich. In G. Elwert, M. Kohli & H. K. Müller (Hrsg.), *Im Lauf der Zeit* (S. 11 – 32). Saarbrücken: Breitenbach.

Kohli, M. (1990b). Das Alter als Herausforderung für die Theorie sozialer Ungleichheit. *Soziale Welt, 41* (Sonderband 7), 387 – 406.

Kohli, M., Freter, H.-J., Langehennig, M., Roth, S., Simoneit, G. & Tregel, S. (1991). *Engagement im Ruhestand. Rentner zwischen Erwerb, Ehrenamt und Hobby.* Opladen: Leske & Budrich.

Kohli, M., Gather, C., Künemund, H., Mücke, B., Schürkmann, M., Voges, W. & Wolf, J. (1989). *Je früher – desto besser? Die Verkürzung des Erwerbslebens am Beispiel des Vorruhestandes in der chemischen Industrie.* Berlin: Edition Sigma.

Langehennig, M. (1987). *Die Seniorenphase im Lebenslauf. Zur sozialen Konstruktion eines neuen Lebensalters.* Augsburg: Maro.

Maddox, G. L. & Wiley, J. (1976). Scope, concepts and methods in the study of aging. In R. H. Binstock & E. Shanas (Eds.), *Handbook of aging and the social sciences* (pp. 3–34). New York: Van Nostrand Reinhold.

Matthes, J. (Hrsg.) (1983). *Krise der Arbeitsgesellschaft?* Frankfurt/M.: Campus.

Myles, J. (1984). *Old age in the welfare state: The political economy of public pensions.* Boston, MA: Little & Brown.

Neugarten, B. (1974). Age groups in American society and the rise of the young-old. *The Annals of the American Academy of Political and Social Sciences, 415,* 187–198.

Neugarten, B. (Ed.) (1982). *Age or need? Public policies for older people.* Beverly Hills, CA: Sage.

Newman, K. S. (1985). Turning your back on tradition: Symbolic analysis and moral critique in a plant shutdown. *Urban Anthropology, 14,* 109–150.

Offe, C. (1984). *Arbeitsgesellschaft – Strukturprobleme und Zukunftsperspektiven.* Frankfurt/M.: Campus.

Palmore, E. B., Burchett, B. M., Fillenbaum, G. G., George, L. K. & Wallmann, L. M. (1985). *Retirement: Causes and consequences.* New York: Springer.

Passuth, P. M. & Bengtson, V. L. (1988). Sociological theories of aging: Current perspectives and future directions. In J. E. Birren & V. L. Bengtson (Eds.), *Emergent theories of aging* (pp. 333–355). New York: Springer.

Phillipson, C. (1982). *Capitalism and the construction of old age.* London: Macmillan.

Riley, M. W., Foner, A. & Waring, J. (1988). Sociology of age. In N. J. Smelser (Ed.), *Handbook of sociology* (pp. 243–290). Newbury Park, CA: Sage.

Riley, M. W., Johnson, M. E. & Foner, A. (1972). *Aging and society (Vol. 3).* New York: Russell Sage.

Rose, A. M. (1965). The subculture of aging: A framework for research in social gerontology. In A. M. Rose & W. A. Peterson (Eds.), *Older people and their social world* (pp. 3–16). Philadelphia, PA: Davis.

Rosenmayr, L. (1983). *Die späte Freiheit.* Berlin: Severin und Siedler.

Rosenmayr, L. & Rosenmayr, H. (1978). *Der alte Mensch in der Gesellschaft.* Reinbek: Rowohlt.

Schaal, F. (1984). *Repräsentation und Partizipation älterer Menschen in Politik und Gesellschaft.* Berlin: Deutsches Zentrum für Altersfragen.

Smeeding, T. M. (1990). Economic status of the elderly. In R. H. Binstock & L. K. George (Eds.), *Handbook of aging and the social sciences* (3rd ed., pp. 362–381). San Diego, CA: Academic Press.

Sørensen, A. (1990). Unterschiede im Lebenslauf von Frauen und Männern. *Kölner Zeitschrift für Soziologie und Sozialpsychologie, 42* (Sonderheft 31), 304–321.

Statistisches Bundesamt (1987). *Datenreport 1987.* Bonn: Bundeszentrale für politische Bildung.

Streib, G. F. & Binstock, R. H. (1990). Aging and the social sciences: Changes in the field. In R. H. Binstock & L. K. George (Eds.), *Handbook of aging and the social sciences* (3rd ed., pp. 1–16). San Diego, CA: Academic Press.

Tews, H. P. (1979). *Soziologie des Alterns* (3. Aufl.). Heidelberg: Quelle & Meyer.

Tews, H. P. (1990). Neue und alte Aspekte des Strukturwandels des Alters. *WSI-Mitteilungen, 43,* 478–491.

Thomae, H. (1983). *Alternsstile und Altersschicksale. Ein Beitrag zur differentiellen Gerontologie.* Bern: Huber.

⅄ Townsend, P. (1981). The structured dependency of the elderly: A creation of social policy in the twentieth century. *Ageing and Society*, *1*, 5 – 28.

Wolf, J. (1988). Langeweile und immer Termine. Zeitperspektiven beim Übergang in den Ruhestand. In G. Göckenjahn & H.-J. v. Kondratowitz (Hrsg.), *Alter und Alltag* (S. 190 – 208). Frankfurt/M.: Suhrkamp.

10. Alter im interkulturellen Vergleich

Georg Elwert

Zusammenfassung

Bei vorindustriellen Kulturen springt die Verschiedenheit der Formen der Altersorganisation ins Auge. Sehr komplex, das heißt viele Lebensbereiche einbezie-
hend, sind die Institutionen, die die Alterssicherung gewährleisten. Alter ist aber
nicht nur Sicherung. Altersordnungen implizieren immer auch den Konflikt
zwischen Lebensaltern. An den Themen Vernachlässigung von Alten, Altentötung und Rollenzuweisung (Identität) wird dies verdeutlicht. Jenseits von Funktionen und Konflikten sollten wir unseren Blick auf die mit der gesellschaftlichen
Integration von Alten verbundene Formulierung von Lebenssinn und damit von
Weisheit lenken.

Die nicht-industriellen Kulturen sollten nicht nur Folie für unsere Überlegungen sein. Ihre aktuellen Veränderungen (»Modernisierung«) zeigen uns das
Altenelend, aber auch die Entwicklung neuer Lösungen. Ein Exkurs über
Forschungsprobleme beschließt den empirischen Teil. Ein Ausblick deutet an,
wo wir aus der Kenntnis dieser fremden Kulturen Anregungen gewinnen könnten, aber auch Schwierigkeiten sehen.

A. Einleitung

Die vergleichende Altersforschung in nicht-industriellen Kulturen hat sich bisher
nicht (bewußt) der Frage gestellt, welche Perspektiven sich aus diesen Forschungen für die Entwicklung der letzten Lebensphasen in *unserer* Kultur gewinnen
ließen. Solche Antworten kann freilich auch dieser Aufsatz nicht geben, wohl
aber kann er durch die Darstellung, was Alt-Sein in vor-industriellen Kulturen
bedeutet, Hinweise geben. Das empirische Material, auf das wir zurückgreifen
können, ist allerdings sehr ungleich verteilt. Aus nicht nachvollziehbaren Gründen gibt es viele Studien zu *zirkumpolaren* Kulturen (Feuerland, Eskimo, Nord-
sibirien), in denen fast ausschließlich die Altentötung behandelt wird. In vielen
Studien über afrikanische Gesellschaften stehen dagegen die Generationsklassen
im Vordergrund. Um die Senioritätsgesellschaften, die für uns neben den Ge-

Prof. Dr. Georg Elwert lehrt Ethnologie und Soziologie an der Freien Universität Berlin.
Seine theoretischen Arbeiten betreffen Nationalismus und Ethnizität und die Entwicklung
von Schriftkultur. Empirisch forscht er über bäuerliche Wirtschaft in Westafrika, Migration in der Türkei und die Geschichte zweier ethnischer Gruppen in Benin.

nerationsklassengesellschaften wichtiges Anschauungsmaterial liefern, angemessen behandeln zu können, muß auch auf eigene Forschungen zurückgegriffen werden.

B. Typen der Altersorganisation

Die Art, wie Gesellschaften Lebensläufe begrifflich und praktisch gliedern und bestimmte Lebensverläufe als erstrebenswert, typisch oder normativ hervorheben, und die Art, in der diese Gesellschaften ihre Alten behandeln oder wie die Alten sich gesellschaftliche Institutionen zunutze machen, ist in nicht-industriellen Kulturen noch weit unterschiedlicher als in den westlichen und östlichen Industriegesellschaften. Es läßt sich kein gemeinsamer Nenner finden für Gesellschaften mit politischer Dominanz der Alten auf der einen und Gesellschaften mit erzwungenem Selbstmord von alten Menschen auf der anderen Seite. Nur eines scheint in allen nicht-industriellen Gesellschaften zu fehlen: eine Zuordnung von Sozialstatus zu nach Jahren gezähltem, zu chronologischem Alter. Entsprechend fehlt auch ein chronologischer Altersbegriff. Daß Zeit chronologisierbar ist, ist allen Kulturen vertraut: Tage, Monate und Jahre können sie zählen. Daß nicht die chronologisierte Zeit, sondern wechselhafte natürliche Ereignisse, wie der erste Regenfall, mit dem die Regenzeit beginnt, oder die erste Menstruation oder menschliche Entscheidungen, wie der Zeitpunkt einer Heirat, den Gang der Dinge prägen, ist für sie die selbstverständliche Voraussetzung ihres Zeitverständnisses. Aus dieser Perspektive taugt abgezählte Zeit zwar für Prognosen, nicht aber für die Organisation der Lebensläufe. Erst mit der Entwicklung der Industriegesellschaften kam es zu einer »Institutionalisierung des Lebenslaufs«, ausgerichtet an chronologischer Zeit (Kohli, 1985).

Es gibt vier Typen der Altersgliederung von Gesellschaft:
- Physisch-funktionale Differenzierung
  Vor allen Dingen bei Wildbeutergesellschaften (Jägern und Sammlern) haben wir Altersbegriffe im allgemeinen und eine Vorstellung vom alten Menschen insbesondere, die zentral auf die physischen Fähigkeiten abheben. Wer nicht mehr zu den größten Anstrengungen in der Lage ist (bei Männern etwa weite Jagdzüge; bei Frauen die Versorgung von Kleinkindern) oder bei wem die Zeugungsfähigkeit nachläßt oder die Menopause eintritt, gilt als alt.
- Alters- und Generationsklassensysteme
  Hier gehört jeder Mensch zu einer Gruppe als gleichaltrig bezeichneter Menschen, die mit ihm (oder ihr) in gleichem Verhältnis zur vorhergegangenen Generation steht. Zusammen mit diesen de facto oft sehr unterschiedlich alten »Gleichaltrigen« rückt der Mensch in rituell bestimmten Jahreszyklen (im Gada-System der Oromo in Äthiopien und Kenia etwa alle acht Jahre) in andere Alterskategorien auf. Der Transfer von Gütern zwischen den Generationen, wie ihn bei uns das Erbe leistet, ist dort als kollektive Weitergabe von Rechten an die nächste Generationsklasse institutionalisiert.

— Differenzierung nach Positionen im Reproduktionszyklus
In manchen Gesellschaften ist vor allem bei Frauen nicht das Alter, sondern der Ehestatus die dominante Ordnungskategorie im Lebenslauf (vgl. zu den Unberührbaren [scheduled casts] Gujarats: Randeria, 1990; zu den Hackbauern Nord-Sambias: Beck & Dorlöchter, 1990). Entscheidend für sie ist, ob sie schon heiratsfähig, verheiratet, Mutter, geschieden, Witwe oder Schwiegermutter sind. Unverheiratete und kinderlose alte Frauen oder Männer können so unter Umständen nie zu »Alten« werden. Dieses Alterssystem hat, obwohl es in vielen Gesellschaften, gerade für Frauen, das dominante ist, auffallend wenig Beachtung in der Forschung gefunden.
— Senioritätssysteme
Bei diesen Systemen impliziert das Vorrücken in der Geburten- und/oder Generationenfolge einen Zuwachs an Macht. Alter wird immer relativ im Verhältnis zu den Nachgeborenen definiert. Es kann auch durch das Kohortensystem der den Altersgruppen gemeinsamen Initiation gegliedert sein (Altersschichten). Während bei den Alters- und Generationsklassensystemen das physische Alter oft beträchtlich variiert, so daß in einer Gruppe von Alten manche Leute knapp 40 Jahre jünger sind als die ältesten der jüngeren Kategorie, kommt hier die Vorstellung von »alt« unserer Vorstellung von chronologischem Altern am nächsten. Auch in solchen Gesellschaften, in denen Alter und Macht verknüpft sind, werden keineswegs alle alten Menschen zu »Geronten« und teilen das hohe Prestige, das mit Alter assoziiert wird. Wer alt wird, ohne ein »Ältester« zu sein, kann unter Umständen marginalisiert werden.
Diese vier Typen der altersbezogenen Gesellschaftsorganisation sind klassifikatorische Pole der Orientierung. In der Realität kommen zahlreiche Übergangsformen und Parallel-Ordnungen (etwa für Frauen und Männer unterschiedlich) vor.

1. Frauen und Männer

Eine grundlegende Differenzierung fehlt in zahlreichen Studien: die zwischen Männern und Frauen. Gerade weil es verschiedene Pfade von Lebensläufen alter Menschen gibt, sind diese in den meisten Gesellschaften in Aushandlungsprozesse zur Ausgestaltung ihrer persönlichen Rolle im Alter verwickelt. Dies gilt für Frauen wie für Männer; bei Frauen scheint aber die Auffächerung noch deutlicher zu sein. Es sieht so aus, als bedeute das Alter in vielen Kulturen für die Männer einen Rückzug von der Macht, zumindest von ihrer aktiven Ausübung. Bei den Frauen hingegen scheint die Macht zuzunehmen. Sie gehen eher zu einem aktiven Umgang mit der Macht über (Cool & McCabe, 1983; Fry, 1985, S. 224–225; Gutmann, 1977). Dies kann aber nicht generalisiert werden, wie einzelne Gegenbeispiele zeigen. Das Verhältnis der Frauen zur Macht kann von der Lokalitätsregelung determiniert sein. In den meisten Gesellschaften ziehen die Frauen mit der Heirat zum Mann (Patri-Viri-Lokalität). Sie verlieren dadurch meist viele in der Kindheit und Jugend gewachsene Solidarbeziehungen. Da soziale Kohäsion eine Machtquelle ist, werden sie politisch schwächer. Vor allem in Verwandtschaftslinien-Gesellschaften, in denen Frauen nicht zur politischen Struktur der Verwandtschaftslinie des Mannes hinzugerechnet werden, kommt es vor, daß sie dann im Alter wieder zu ihrer Ursprungslinie zurückziehen. Dort gewinnen sie dann − nach diesem Umzug − sehr rasch ein erhebliches Maß an Einfluß und Macht (Elwert, 1990).

Eine starke Position alter Frauen finden wir aber auch dort, wo die Frauen im Alter bei ihren Kindern bleiben. Kinderlose sind dort freilich marginalisiert. Frauen, die Mütter von Söhnen sind (aber nur diese!), werden vor allem im mediterranen Raum zu politisch außerordentlich dominanten Gestalten. Diese Frauen können auch dann, wenn sie nicht in die Öffentlichkeit treten, durch ihre indirekte Einflußnahme mehr Gewicht haben als gleichaltrige Männer (vgl. zu Kalabrien: Abate & Behrmann, 1984; zu Korsika: Cool & McCabe, 1983; zu Taiwan: Harrell, 1981). Die Männer leiden darunter, daß ihnen durch die Vater-Sohn-Konflikte ein wichtiger Hebel zur Ausbildung einer direkten Gefolgschaft fehlt.

Solche Bilder von mächtigen alten Frauen (»Matriarchinnen in patrilinearen Gesellschaften«) dürfen wir freilich nicht generalisieren. Bei Hirtennomaden gibt es nach Simmons (1970/1945, S. 79) keine Beispiele, in denen alte Frauen mehr Prestige hätten als alte Männer. Im Gegenteil, ihr Prestige ist deutlich geringer. Nach Simmons begünstigt das Vorhandensein von Eigentumsrechten eher alte Männer als alte Frauen. Kodifiziertes Recht, Verwaltung durch Räte korrelieren mit einem hohen Ansehen von alten Männern, sichern aber auch alten Frauen eine angesehene und ökonomisch nicht irrelevante gesellschaftliche Stellung.

2. Altersbegriffe

Ein Problem der vergleichenden Auswertung von ethnographischen Studien zum Alter in vorindustriellen Gesellschaften besteht darin, daß wir Unterschiedliches vergleichen. Wir vergleichen die Lebenssituation jener Menschen, die der Ethnograph als alte Menschen bezeichnet. Dabei verwendet er freilich meistens den emischen (kulturimmanenten) Altersbegriff der jeweiligen Gesellschaft. Wir können jedoch nicht davon ausgehen, daß diese Altersbegriffe im wesentlichen gleich sind und unserem Altersbegriff entsprechen. Der Altersbegriff der Industriekulturen verknüpft drei Dinge: den relativen Zeitabstand von Geburten (älter sein als jemand), das absolute Lebensalter (*n* Jahre alt) und das subjektive biologische Alter (alt wirken). Das Wort »alt« muß aber in anderen Sprachen keineswegs die gleiche Verknüpfung dieser drei Dimensionen aufweisen. Alter scheint eine natürliche Kategorie zu sein. Erst auf den zweiten Blick wird deutlich, daß auch hier eine gesellschaftliche Konstruktion zugrunde liegt.

Bei den Tuareg zum Beispiel wird nach Spittler (1990) das Alter nie abgezählt. Alter drückt sich vielmehr in Zuständen physischer Reife aus. Entsprechend kann ein Kind nie »für sein Alter unterentwickelt« sein. In dieser Gesellschaft wird mit dem Begriff des hohen Alters Hinfälligkeit assoziiert, nicht aber Macht. Ganz anders bei den westafrikanischen Ayizo (Elwert, 1990). Dort wird die Macht entsprechend dem relativen Alter der Geburtenreihenfolge zugeschrieben (Senioritätsprinzip). Alter und Macht fallen begrifflich zusammen, da Macht jeweils von der ersten noch lebenden Person in der Geburtenreihenfolge ausgeübt wird. Das Wort, das wir gemeinhin mit »alt« übersetzen, bezeichnet bei den Ayizo ein Lebensalter, das für die Männer früher mit etwa 35 bis 40 Jahren begann, heute schon mit 30 Jahren beginnt. Bei Frauen setzte und setzt dieser Lebensabschnitt schon mit der Heirat (früher ab 20, heute schon ab 18 Jahren) ein. Eine ähnlich frühe Schwelle für das, was man als alten Menschen bezeichnet, fand man im vorindustriellen Japan (Linhart, 1978, S. 379), in dem »Alter« mit 40 Jahren begann. Bei den Mesakin im Sudan wurden schon Personen ab 30 Jahren als alt bezeichnet (Nadel, 1952). Bei solchen Altersbegriffen ist der Forscher gezwungen, auf die Beobachterkategorie des nach Jahren abgezählten (chronologischen) Alters zurückzugreifen. Hierbei scheint es Standard zu sein, Personen ab 60 Jahren als Alte zu bezeichnen. Im allgemeinen fehlen aber gerade in Entwicklungsländern die entsprechenden präzisen Angaben zum Geburtszeitpunkt.

Die Analyse der Altersbegriffe veranschaulicht die gesellschaftliche Organisation von Alter. Bei den Ayizo in Westafrika etwa stehen hinter dem Ausdruck für »alt« (*mexo*) vier unterschiedliche Begriffe, die durch ihren Gebrauch im Kontext auch für die Sprecher dieser Sprache deutlich zu unterscheiden sind:

– Alt im Sinne von älter als jemand anders; hier kann schon ein kleines Kind »alt« sein, denn es hat aufgrund seines Altersvorsprungs Autorität über Jüngere.
– Alt im Sinne von erwachsen, weil verheiratet; unverheiratet gebliebene Personen kommen erst bei Hinfälligkeit in diesen Status.
– Alte oder Alter im Sinne von Inhaberin oder Inhaber einer Autoritätsposition.
– Der oder die Alte als Bezeichnung für die männliche und die weibliche Führungsposition in der wichtigsten politischen Einheit, der Verwandtschaftslinie. Diese Person ist zugleich die älteste noch lebende Person ihres Geschlechts in dieser Verwandtschaftslinie. An diesem Beispiel erkennen wir deutlich ein Senioritätssystem mit Elementen der Differenzierung nach dem Reproduktionszyklus.

C. Defizite des alten Menschen und kompensierende Institutionen

Der Mensch ist ein Mängelwesen, und das Alter ist die überprägnante Ausformung dieses Spezifikums (Baltes, 1989, S. 54; Gehlen, 1966). So formuliert, erscheint die Zeit nachlassender physischer Kraft, die Zeit zurückgehender Schnelligkeit des Geistes, die Zeit nach der Menopause beziehungsweise nachlassender Manneskraft als eine Schlüsselperiode für einen Institutionenaufbau, der Mängel kompensiert.

Es ist offensichtlich, daß die physische Leistungsfähigkeit nachläßt. Es gehört zu den normalen Merkmalen des Alters, daß im Verhältnis von selbstproduzierter und selbstkonsumierter Nahrung jeder Mensch dort, wo sich dieses Verhältnis überhaupt noch rechnerisch nachvollziehen läßt, wieder zum Netto-Empfänger wird. Warum die Alten (und Kranken) trotz dieses ökonomisch-materiellen Zusammenhangs auch in den als am stärksten materialistisch erscheinenden Kulturen, den Wildbeutern (Jägern und Sammlern), nicht wie die anderen Netto-Empfänger, wie Kinder, behandelt werden, hat die Neugierde der Forscher in der Zeit erregt, als individualistisches ökonomisches Denken zum Grundmuster der Zeit zu werden schien. Ihr Blick wurde auf ein Phänomen gerichtet, das die physische Defizienz zu dramatisieren scheint: die Altentötung (Senizid). Viele gesellschaftliche Konstruktionen lassen sich als kompensatorische Leistungen im Interesse der Alten interpretieren, wenn wir – so dramatisiert – erkennen, daß die Versorgung der Alten nichts Natürliches ist.

Betrachten wir nach der physischen nun die psychische Funktionsfähigkeit alter Menschen, rückt zunächst die Intelligenz in den Blick. Während man früher von einem allgemeinen Abbau der Intelligenz nach dem 25. bis 30. Lebensjahr ausging, zeigt uns die neuere Forschung (Cattell, 1971; Horn, 1978), daß wir hier differenzieren müssen. Es gibt eine fluide Intelligenz, die sich insbesondere beim abstrakten Problemlösen und Gestalterfassen zeigt, und eine kristalline Intelligenz, die vor allem beim akkumulierten Kulturwissen hervortritt. Während wir in der letzteren Dimension bis ins hohe Alter wachstums- und lernfähig bleiben, nimmt die erste Fähigkeit von der Jugendzeit kontinuierlich ab. Die Polyvalenz unserer geistigen Fähigkeiten und die kulturell geschaffenen Instrumente gewährleisten nun eine derartige Flexibilität, daß die kristalline Intelligenz die schwindende fluide Intelligenz zu einem wesentlichen Teil kompensieren kann. Dies lenkt unseren Blick auf die in der interkulturellen Forschung praktisch noch nicht beachtete Frage (Baltes, 1989), in welchen spezifischen Formen gerade alte Menschen das Gewicht der Intelligenzanforderungen zugunsten des Bereiches, in dem sie unverändert stark sind, verlagern.

Die Fähigkeit auch eines sehr alten Menschen, sein Selbst (z. B. Selbstwert, Lebenszufriedenheit) durch die Anpassung von Bewertungsmaßstäben zu bewahren, gilt als sicher (vgl. auch Baltes & Baltes, Kapitel 1 in diesem Band). Sie scheint zu jenen Persönlichkeitsmerkmalen zu gehören, die vom Alterungsprozeß nicht tangiert werden. Der Vergleich von Studien aus verschiedenen Kulturen, die alten Leuten einen abrupten Wechsel ihrer gesellschaftlichen Identität (nicht des persönlichen mit sich selbst Eins-Seins) zumuten, legt jedoch die Hypothese nahe, daß das Management einer neuen Rollenidentität zu den Fähigkeiten gehört, die für alte Menschen erheblich größere Anstrengungen erfordert als für junge (vgl. auch Weinert, Kapitel 7 in diesem Band). Diese Annahme erscheint auf den ersten Blick unplausibel, da die Industriegesellschaften nun schon seit mehreren Generationen das Prinzip des brüsken Wechsels der Rollenidentität mit dem Renten- beziehungsweise Pensionsalter »erfolgreich« praktizieren. Der gesellschaftliche »Erfolg« eines bestimmten Zivilisationsmodells ist für sich jedoch noch kein Beweis für die altersspezifische Funktionalität einzelner gesellschaftlicher Institutionen. Wir dürfen nicht übersehen, daß das Phänomen der plötzlichen Berufslosigkeit der Rentner und Pensionäre aufgrund der in den letzten Jahrzehnten »gewonnenen Lebenszeit« (Imhof, 1984) erst jetzt gesellschaftliche Aufmerksamkeit erregt (Kohli, 1987). Aus sozialanthropologischer Sicht müssen wir fragen, ob dieser Rollenwechsel nicht doch erhebliche Probleme für das »Identitätsmanagement« impliziert.

1. Institutionelle Sicherung des Lebensabends

Die Institutionen, die ich behandeln werde, dienen keineswegs ausschließlich dem Zweck der Absicherung des Überlebens alter Menschen. Im Gegenteil, es ist außerordentlich unwahrscheinlich, daß Institutionen, die nur einem einzigen Zweck dienen, über lange Zeiträume Stabilität behalten.

– Magie

In Anlehnung an Lévy-Bruhl (1927, S. 268 – 274) vertreten viele Autoren die Position, das hohe Ansehen der Alten sei von einer Vorstellung mystischer Kraft abgeleitet. Die empirischen Belege freilich, die Lévy-Bruhl für seine These heranzieht, halten einer empirischen Überprüfung nicht stand (Koty, 1934, S. 230). Zu Recht weist Koty darauf hin (1934, S. 231), daß die Vorstellung magischer Kräfte genauso auch Begründung für eine Verachtung oder Tötung der Alten sein könne, wie das weiter unten am Beispiel der Hexerei ausgeführt wird.

Damit soll aber nicht grundsätzlich für alle menschlichen Kulturen bestritten werden, daß alte Menschen intentional und in der gesellschaftlichen Wahrnehmung ihre Macht auf Magie stützen. Diese Macht ist oft labil. In vielen Gesellschaften haben die Alten die Macht, durch öffentliche Verfluchung zu töten. Typischerweise nutzen die Alten dieses Potential nicht zur Stärkung ihrer Situation; sie weisen nur manchmal implizit darauf hin. Diese Waffe ist auch ihrer Vorstellung nach zweischneidig. Das Instrument sei so gefährlich, daß es auch den töten könne, der den Fluch ausspricht, sagen etwa die Ayizo. Ein Aussprechen des Fluchs impliziert das Risiko, daß er ohne Folgen bleibt und so die Alten ihrer »magischen Macht« entkleidet. Magie ist aber auch monopolisiertes Wissen; Wissen, das Prestige verleiht.

– Prestige und Wissen

In einer Reihe von Sprechkulturen (allerdings nicht in der überwiegenden Zahl der Fälle) stützen die Alten ihre Macht auf die Kontrolle einer ganz besonderen Ressource: der Beherrschung von Wissenselementen, die für die Gesellschaft unverzichtbar sind. Einzelfallstudien zu sehr unterschiedlichen Kulturen, ebenso wie Querschnittsstudien, machen deutlich, daß Prestige bei Alten besonders mit technischem rituellen Wissen verknüpft ist (vgl. zu den Mekranoti in Brasilien: Werner, 1981; zu den Bakongo in Afrika: Messine, 1980; sowie als Überblicksstudien: Fry, 1985, S. 229; Keith, 1985, S. 232; Maxwell & Silverman, 1970; Simmons, 1970/1945).

Wir finden mit beeindruckender Konstanz interkulturell eine Spezialisierung von Alten auf memorierbares Wissen, also eine Konzentration auf kristalline Intelligenz (vgl. allgemein Vansina, 1985; als Illustration für die Dschagga: Gutmann, 1932, S. 2 – 19). Hier können sie einen Vorsprung demonstrieren und ausbauen. Dies entspricht dem, was die gerontologische Intelligenzforschung auch für alte Leute in unserer Kultur nahelegt (Baltes, 1989, S. 54). Weniger gut belegt – weil in der Forschung bisher noch nicht beachtet – ist, daß die Alten den Vergleich mit den Jungen im Bereich der fluiden Intelligenz – also der raschen Erfassung von Gestalt und der Analyse komplexer, opaker Situationen – meiden. Auch dort, wo Altsein und Macht assoziiert sind, meiden die mächtigen Alten, die Geronten, die Rolle der Strategen bei Kriegs- und Raubzügen, eine Rolle, die anders als der Kampf keine physische Leistung erfordert. In Alters- und Generationsklassengesellschaften ist hierfür eine junge Kohorte (Kriegerkohorte) zuständig. Die Erkundung fremden Terrains oder fremder Kulturen wird im allgemeinen jüngeren Menschen übertragen.

Keine Gesellschaften, außer den Industriegesellschaften, scheinen die mit der fluiden Intelligenz assoziierten Fähigkeiten höher zu bewerten als die der kristallinen. (Dieses Bild mag sich freilich mit weiteren Forschungen ändern.) Während beim Aufbau von Institutionen, die physischen Leistungsabfall kompensieren, die Alten als »Kulturschöpfer« erscheinen, ist bei der Privilegierung des memorierbaren Wissens als Prestigequelle (also einem Bonus für Alte) die Relation nicht so eindeutig. Denn mit der derart zurückgestellten fluiden Intelligenz werden Leistungen verbunden, die im Erfassen von Komplexität und in Kreativität liegen – beides Potentiale, die für die selbstorganisierte Veränderung von Gesellschaften unverzichtbar sind. Zu diesem Zusammenhang von fluider Intelligenz und Gesellschaftsveränderung können die Beobachtungen passen, daß soziale und religiöse Bewegungen vor allem von Jungen getragen werden und Beobachtern häufig auch als Generationskonflikte erscheinen.

– Eigentum und andere personenbezogene Rechte

Die Alten erscheinen nur dann generell als Netto-Empfänger, wenn die gesellschaftlichen Leistungen nach dem Modell des physischen Beitrags zur Ernährung formuliert werden. In solchen Zusammenhängen ist auch den Alten selbst bewußt, daß sie von den Leistungen anderer abhängen, wenn auch diese Leistungen Teil einer Pflichterfüllung sind. Diesen Aspekt dramatisiert Fry (1985, S. 226) mit dem Begriff des Schmarotzers: »Chronic dependence boarders on freeloading. In no known society do freeloaders enjoy prestige and high self esteem.« Dieses Problem verschwindet aus dem Bewußtsein der Menschen, sobald die Produktionsverhältnisse die Transferleistungen anders definieren –

nach dem Paradigma eines Transfers zwischen Inhabern von Rechten, nicht mehr nach dem Paradigma der physischen Leistung. Das erstere sind personenbezogene Rechte wie Eigentum, die einem Menschen unabhängig vom Alter zugesprochen sind. Das letztere sind performanzbezogene Rechte, die von den Fähigkeiten abhängen. Der Inhaber von Eigentum kann auch dann als Produzent, der unter Umständen sogar anderen etwas abgibt, erscheinen, wenn er selbst keinen physischen Beitrag zur Produktion mehr leistet. So findet sich keine menschliche Gesellschaft, in der die Alten Eigentumsrechte haben und sie zugleich von Senizid bedroht würden.

Eigentumsrechte sind freilich nur eine von mehreren Formen, in denen sich eine Gesellschaft ein Modell von Transferleistungen unabhängig vom physischen Beitrag schaffen kann. Es mag auch sein, daß die Alten (wie in zahlreichen afrikanischen Gesellschaften vor der Durchsetzung europäischer Bodenrechtssysteme) in der Verwandtschaftslinie als Verwalter von Grund und Boden erscheinen. Zu diesem »Verwaltungssystem« gehört auch die Pflicht, das von den Ahnen geschlossene Bündnis mit den Naturmächten zu bewahren. Die Alten sind verpflichtet, mit größter Anstrengung dem Austauschverhältnis mit den transzendentalen Mächten gerecht zu werden. Dazu müssen sie Opfer bringen und unter Umständen neue religiöse Kulte integrieren, um sie der Bündnispflicht dienstbar zu machen. Zu diesem System gehört es genauso, daß die jungen Menschen der Verwandtschaftslinie eventuell auch auf den Feldern der Alten arbeiten.

Seit Meillassoux (1964) wurde der Blick verstärkt auf die anscheinend sehr weit verbreiteten Systeme der Kontrolle der Heiraten beziehungsweise der Zirkulation von heiratsfähigen Frauen gelenkt. Die alten Männer (selten alte Frauen) erscheinen hier als »Eigentümer« der heiratsfähigen jungen Frauen. Vor, zur und nach der Heirat sind kompensatorische Gaben an sie erforderlich, die von der jungen Generation der die Frauen empfangenden Verwandtschaftslinie gegeben werden müssen. Mit der Kontrolle der Alten über die »Brautzirkulation« ist das Recht älterer Männer auf Polygynie (Heirat mehrerer Frauen) verbunden. Zusammen mit den Rechten der Männer auf Arbeit von Frauen und Kindern kann die Polygynie unter Umständen zu einer erheblichen ökonomischen Ungleichheit zwischen jungen und alten Männern führen (vgl. zu den matrilinearen Lele im heutigen Zaire: Douglas, 1971).

Institutionenbildung kann dann die Position der Alten stärken und ihre Ernährung zur Selbstverständlichkeit machen, wenn die entsprechenden Institutionen mehr als nur diesem Zweck und dieser sozialen Gruppe dienen. Das Eigentum ist eine in diesem Sinn »gelungene« Institutionenbildung. Der alte Mensch kann sich, sofern er Eigentümer von Produktivvermögen (etwa eines Feldes) ist, dessen Ertrag als »seine Produktion« aneignen. Je mehr jedoch eine Institution – wie etwa Brautgaben-Systeme – nur für die Alten von Nutzen ist, desto deutlicher muß soziale Kontrolle die entsprechenden Transfers stabilisieren. Auch manche religiöse Institution, in der Wissen um wirksame Gebete oder Heilkräuter den Alten vorbehalten ist, kann in diesem Sinne als eine Variante der institutionellen Lösung betrachtet werden.

Von einigen Gesellschaften wird berichtet, daß die Alten besser behandelt werden, wenn eine kontrollierende Öffentlichkeit die Hilfe an sie im Auge hat (Keith, 1985). Wenn die Versorgungssysteme offensichtlich an ein solches Informations- und Sanktionssystem geknüpft sind, sind sie von jedem Wandel der äußeren Machtverhältnisse bedroht. Schon die Migration der Jungen läßt solche soziale Fürsorge fraglich werden.

Die Mängelphase des Alters motiviert besonders zur Ausbildung von Institutionen, wie zum Beispiel dem Eigentum, die die Versorgung von der eigenen physischen Leistung abkoppeln. Daß nun auch gerade alte Menschen diese Institutionen geschaffen hätten, kann daraus nicht zwingend gefolgert werden. Deutlich wird nur ihr Interesse an der Erhaltung solcher Institutionen.

D. Konflikte

Gerade an der Betrachtung der gesellschaftlichen Stellung der Alten wird deutlich, daß man gesellschaftliche Ordnungen nicht nur als funktional schildern kann. Einige Konfliktbereiche − wie die Vernachlässigung von Alten ohne die Statuspassagen im Alter −, die uns aus unseren Kulturen durchaus vertraut sind, können wir auch anhand von Kulturen der Dritten Welt thematisieren.

1. Statuspassagen und Identität

Wir sehen beim Alters- und Generationsklassensystem, was es bedeutet, wenn die Zuweisung von Status − ähnlich wie in unserer Gesellschaft − rigide an eine chronologische Ordnung gebunden ist. Altersklassen liegen etwa beim *Gada*-System der Oromo als Altersstufen vor, die in einem Acht-Jahres-Rhythmus jeweils mit einer neuen Initiation eröffnet werden. Es gibt fünf solcher Stufen. Nach 40 Jahren wiederholen sich grundsätzlich die Klassennamen. Erst nach der Initiation in die betreffende Klasse kann man heiraten und Kinder bekommen. Ein Sohn kann jedoch erst in die erste Altersklasse eintreten, wenn sein Vater die letzte Altersklasse verlassen hat. Innerhalb einer Klasse finden sich also Menschen recht unterschiedlichen Lebensalters. Die Regel, daß ein Sohn erst einen Zyklus nach seinem Vater initiiert werden kann, ergibt Verzögerungen bei der Heirat, hat Abtreibung und Kindstötungen zur Folge (wenn Kinder geboren werden, bevor die Eltern heiratsberechtigt sind). Es führt aber auch zum Überspringen einer Generation, zu Auswanderung, Adoption und ähnlichen Manipulationen (vgl. Legesse, 1973, S. 70, 73, 167; Streck, 1987, S. 18; Zitelmann, 1990). Frauen, denen aufgrund zu geringen sozialen Alters das Recht zu legitimem Gebären genommen ist und nur der Zwang zu schmerzhaften Abtreibungen bleibt, fliehen oft eine solche Gesellschaft. Es kommt zu einem »Leiden an der Alters- und Generationsklassenzugehörigkeit« (Schlee, 1990). Durch diese Klassen werden generationsspezifisch Heiratschancen und die wichtigsten »Kapitale« (wie Rinder) monopolisiert und zugleich Konflikte zwischen den jüngsten und ältesten Angehörigen einer solchen Altersklasse eingeklammert (Müller, 1989).

2. Vernachlässigung und Altentötung

Gängig ist ein romantisierendes Bild vom Umgang vorindustrieller Gemeinschaften mit dem Alter (vgl. auch Borscheid, Kapitel 2 in diesem Band). Im Einklang mit der Natur und im Gleichklang der Lebensziele, gewährleistet durch eine stabile soziale Ordnung, lassen sie den Lebenszyklus durch eine Phase von Ehrerbietung und »Netto«-Versorgung bis zum friedlichen Tod ausklingen. Nichts verletzt dieses Bild so sehr wie die Praxis der Altentötung, der Senizid. Unter Senizid verstehen wir eine rituell festliche Altentötung (*kamitok*), deren Erscheinungsformen zum Beispiel Lebendbegraben, Verhungernlassen und ein überfallartiges Erwürgen oder Erschlagen sind. Die Tötung wird allgemein gebilligt oder zumindest nicht mißbilligt. Wir müssen auch den durch sozialen Druck, insbesondere durch Spott, erzwungenen Selbstmord zum Senizid hinzurechnen. Senizid, Vernachlässigung und Altenverfolgung sollten jedoch nicht synonym verwendet werden.

— Senizid

Bei den Tschukschen erscheint die Tötung von Hinfälligen und Siechen auf Verlangen oder mit Zustimmung als hochorganisierte gesellschaftliche Institution. De Windt (1899) schildert das dort *kamitok* genannte Ritual: In einem Familienrat wird beschlossen, ob und wann eine bestimmte alte Person getötet wird und wie das Tötungs-Fest durchzuführen sei. Dieses Fest findet unter Beteiligung des Todesopfers statt und wird von diesem anscheinend als Auszeichnung verstanden. Über die ebenfalls in Sibirien lebenden Jakuten liegen ähnliche Berichte vor. Nach Siroszewski (1896, S. 621, zitiert nach Koty, 1934, S. 311−312) hatten die Jakuten früher ein feierliches Tötungszeremoniell für hinfällige Alte. Später aber wurden schwache Alte zum Gegenstand des Spottes der ihnen Nahestehenden und wurden allgemein vernachlässigt. Diese Vernachlässigung war nicht abhängig von wirtschaftlicher Not der Jüngeren, die eigentlich für ihre Versorgung zuständig gewesen wären. Sie kam sowohl bei im Wohlstand Lebenden als auch von Not bedrückten Verwandtschaftsverbänden vor (Siroszewski, 1896, S. 510−511, zitiert nach Koty, 1934, S. 312). Ein wichtiges Ergebnis der Studien von Koty und Simmons ist, daß die Tötung von Alten dort, wo sie im Bereich des normativ Erwünschten oder Geduldeten liegt, immer (sofern die Quellen hierzu eine Aussage machen) nur jene alten Personen trifft, die nach dem kulturimmanenten Verständnis als siech oder hinfällig bezeichnet werden − und nicht Alte schlechthin. Die Altentötung war Teil und Ausdruck einer bestimmten moralischen Ordnung, die zum Teil religiös verankert zu sein schien. Es ist fragwürdig, die Geringschätzung von Alten mit Senizid gleichzusetzen. Der Senizid in der Form des *kamitok* kann durchaus

Ausdruck einer sehr hohen Wertschätzung sein. In anderen Fällen besteht eine Unterscheidung zwischen Alten, die hochgeschätzt werden, und Hinfälligen oder Siechen, die »den korrekten Todeszeitpunkt verpaßt haben«.

Da der Senizid nicht überall auftritt, lag es nahe, zu untersuchen, welche Faktoren mit seinem Auftreten beziehungsweise seinem Nichtauftreten zusammenhängen könnten. Aus diesen Studien erkennen wir, daß es falsch wäre, Senizid mit einem urtümlichen, naturnahen Zustand menschlicher Gesellschaften zu identifizieren. Einen Schluß können wir allerdings aus dem Vorkommen von Senizid ziehen: Der Transfer von Nahrungsmitteln an die Alten ist keineswegs ein unabdingbares funktionales Erfordernis von Gesellschaft. Der Senizid gehört durchaus zum möglichen Inventar menschlicher Gesellschaft. Gerade die Versorgung der Alten hängt in besonderem Maße davon ab, ob eine gesellschaftliche Ordnung·entwickelt wurde, die über individuelle Interessen hinausgeht und jedem Alter seine Funktion zuschreibt.

– Vernachlässigung

Statistische Aussagen wie die, daß in 84 Prozent der erfaßten Gesellschaften eine nicht-unterstützende Behandlung (non-supportive treatment) von Alten vorkomme (Glascock & Feinman, 1981), sind nicht direkt eine Information zum Senizid. Denn Vernachlässigung der Alten kann auch dort vorkommen, wo es der sozialen Norm widerspricht.

In Wildbeutergesellschaften sind die Möglichkeiten zur physischen Überwachung der einzelnen durch das Herumwandern gering. Dadurch besteht ein größerer individueller Spielraum im Umgang mit sozialen Normen. So berichtet etwa Eastman (1849, S. XIX) von den nordamerikanischen Dakota, daß keineswegs alle Menschen die Norm der Hilfeleistung respektierten. Manche jungen Leute entledigten sich dieser Norm dadurch, daß sie die in ihrer Obhut zurückgelassenen Alten ermordeten (vgl. auch den Bericht von Rasmussen, 1931, S. 143 zu den Netsilik-Eskimos). Individueller Spielraum wird auch innerhalb anderer Kulturen sichtbar. Das Ideal einer hohen Achtung vor den Alten gewährleistet nicht, daß nicht einzelne Menschen die ihnen nahestehenden Alten vernachlässigen (vgl. zu den Ibo in Westafrika: Arth, 1968).

Ikels (1980) zeigt, daß in China der Respekt vor dem Alter zwar die (konfuzianische) Norm war, daß aber die Realität vor allem in Situationen eines Ressourcenmangels davon erheblich abweichen konnte (Linck, 1988, S. 78 – 81). Dies wird in den Romanen von Lu Hsün (1974) dramatisch ausgemalt. Es scheint, als sei die Norm der Altenversorgung im alten China nur bei den Wohlhabenden von prognostischem Wert für das tatsächliche Verhalten gewesen. In den Unterschichten gab es möglicherweise davon abweichende unöffentliche beziehungsweise nicht ausgesprochene Para-Normen.

– Verfolgung

In der neueren ethnographischen Literatur finden Hexenverfolgungen besondere Beachtung (Warwick, 1975). Es fällt auf, daß dann, wenn die Hexereiverfolgung in eine Ermordung oder Hinrichtung mündet, alte Menschen, vor allem alte Frauen, überproportional häufig die Opfer sind. In den älteren ethnologischen Quellen, die Simmons auswertete (1970/1945, S. 230), wird auffallenderweise die Altentötung in der Form einer Hinrichtung als Folge eines Hexereivorwurfes noch deutlich weniger oft erwähnt als etwa der Altenselbstmord. Es gibt Indizien dafür, daß die Hexereiverfolgungen als ein Modernisierungsphänomen interpretiert werden können (Elwert, 1984). Sie können als eine Veränderung von Gesellschaftsform und Glaubenswelt gesehen werden, die als eine Variante zu den verschiedenen Formen des Übergangs in eine individualistische Marktgesellschaft gehört. Da die Hexereivorstellungen, mit denen wir es hier zu tun haben, den heimlichen individuellen Kauf eines Schadenszaubers unterstellen, passen sie gut zu den neuen – als bedrohlich erlebten – Gesellschaftsformen, die Individualität und Kauf in den Vordergrund rücken. Eine solche – den Akteuren modern erscheinende – Erklärung von Unglück eignet sich besonders gut dazu, marginalisierte Personen, wie hier vor allem alte Frauen, als Sündenböcke auszusondern und zu verfolgen.

An den Tötungen im Zusammenhang mit Hexenverfolgungen zeigt sich auch, daß die oft vertretene These, Vorstellungen von der magischen Macht der Alten schützten diese und seien eine Gewähr für gute Versorgung im Alter, so nicht haltbar ist. Denn bei der Hexereiverfolgung stützten sich die Verfolger gerade häufig auf solche überkommenen Vorstellungen von der magischen Macht der Alten, die sie dann freilich entscheidend verändern. Während sich die magische Macht von Heilern auch im persönlichen Erfolg zeigt, ist das Unglück, die Marginalität der Hexen irrelevant; ihre vorgebliche magische Macht zeigt sich im Mißerfolg der anderen.

3. Rollenidentität

Ein brüsker Wechsel von Rolle und Identität mit dem Beginn des »Alters« scheint in unserer Kultur innerhalb weniger Jahrzehnte als das Normale akzeptiert worden zu sein. Alter wird individuell als Leiden erfahren. Auf die Gesamtmenge der differenzierbaren menschlichen Kulturen bezogen, ist diese Form eher selten. Die große Zahl der nach dem Senioritätsprinzip organisierten Gesellschaften (vor allem in Afrika) vermeidet recht rigide jeden Rollenwechsel im Alter.

Wo – wie bei der Generationsklassengesellschaft – ein Rollenwechsel und damit Wechsel von Identität vorkommt, wird dies mit einem erheblichen gesellschaftlichen Aufwand bewältigt. Es gibt hierfür spezielle Übergangsriten (rites de passage, nach van Gennep, 1981/1909). Der Übergangsritus markiert einen Statusverlust und muß den Alten deswegen mit Nachdruck abgefordert werden; er beinhaltet jedoch auch einen kompensatorischen Tausch: Macht wird gegen Prestige eingetauscht. Bei Generationsklassengesellschaften geschieht dies in der Form der Selbstpreisung (Legesse, 1973, S. 101). Häufiger sind noch Preislieder durch Dritte, oft professionelle Barden. Auffallend ist die Ähnlichkeit, ja sogar Parallelität zu den »primitiven Übergangsriten«, die sich in unseren Industriekulturen bei drei Berufsgruppen der Oberschicht, die keinen vollständig automatischen und chronologisierten Rollenwechsel haben, entwickelten: Auch bei Topmanagern, Politikern und Wissenschaftlern finden wir mit Festschriften, Erinnerungsbänden, Ordensverleihungen und Preisreden eine Konversion von Macht in Prestige.

Der oben angedeuteten Skepsis im Hinblick auf die Fähigkeiten alter Menschen, produktiv mit einem Identitätswechsel umzugehen, scheinen die Erfahrungen mit der Ausbildung von Siedlungsgemeinschaften (»communities«) alter Menschen in den USA zu widersprechen (Fry, 1985, S. 234). Als Beleg für die interkulturelle Generalisierbarkeit US-amerikanischer Erfahrungen kann man auch Berichte über altershomogene Siedlungen in afrikanischen Gesellschaften heranziehen (Paulme, 1969; Wilson, 1951). Diese relativ altershomogenen Siedlungen bilden sich allerdings schon im Jugendalter heraus. Das Rollengefüge innerhalb der Siedlungen bleibt erhalten. Das unterscheidet sie von den Neugründungen in den USA.

Aus meiner Sicht ist es nicht überraschend, daß Keith (1985) bei diesen von einem hohen Niveau parteilicher (faktionaler) Konflikte berichtet. Ob man solche Konflikte als Zeichen der Vitalität interpretieren kann, wie sie das tut (Keith, 1985, S. 252), ist nicht sicher. Diese auch in Europa in Altersheimen zu beobachtende Konfliktneigung könnte auch eine Folge des abrupten Status- und Rollenwechsels im Alter sein. Das Gesellschaftsgefüge und damit auch die Verteilung der Rollen und rollenbezogenen Identitäten zu verändern, ist nicht Sache der Alten. Alte Menschen sind nie die Träger nationalistischer, religiöser oder anderer sozialer Bewegungen, sie sind höchstens Repräsentanten oder Führer. Alte Menschen sind auch oft explizite Gegner solcher Bewegungen (vgl. zum Nationalismus: Foner, 1984; Wilson, 1977; und zu charismatischen und chiliastischen Bewegungen: Mühlmann, 1961). Alle, die sich an solchen Bewegungen beteiligen, versprechen sich eine Verbesserung ihres Status. Sich dann auch auf eine neue Identität einstellen zu müssen, erscheint nur den jungen Menschen nicht als Anstrengung. Für Alte ist es eine oft problematische Belastung.

E. Weisheit und Lebenssinn

Jede Gesellschaft weist einen Satz von Lebenslaufmodellen — nie nur ein einziges — auf, die sowohl handlungsleitend als auch sinnstiftend sein können. Je mehr Alter und Macht verknüpft sind, desto eher können sie auch normative Bedeutung haben. Sie können, müssen aber nicht auch sinnstiftend sein. Bei bestimmten Gesellschaften wird Lebenssinn mit der Leistung für die Nachkommen verbunden. Dies ist dort der Fall, wo die Wir-Gruppe als Verwandtschaftslinie nach einem strikt patri- oder matrilinearen Prinzip organisiert ist. Außerdem ist in solchen Fällen das Linienprinzip auf die Toten ausgedehnt, so daß die

Ahnen die Wir-Gruppe der Lebenden weiter unterstützen. Die Ahnen können dafür Opfergaben und Verehrung — oder zumindest Respekt — nach dem Tode erwarten. In manchen afrikanischen Gesellschaften sind Lebensrückblicke ein Standardbestandteil von Begräbnisriten (Fortes, 1971; Le Vine, 1978). Entsprechend sind der Erwerb und die Pflege von Prestige, das über den Tod hinausreicht, ein wichtiger Antrieb im Leben.

Weisheit (vgl. Dittmann-Kohli, 1984; Erikson, 1968) ist die Lösung des Dilemmas, negative Entwicklungen wie Tod und körperliche Schwäche ins Positive zu kehren, ohne sie zu leugnen. Auch hier erscheint das Alter wieder als eine Lebensphase, die besonders motivierend für die Entwicklung einer spezifischen gesellschaftlichen Schöpfung ist: die Formulierung von Lebenssinn (vgl. auch Staudinger & Dittmann-Kohli, Kapitel 16 in diesem Band).

Es bietet sich die Möglichkeit, zwischen Perspektiven der Hoffnung und der Angst vor dem Tode zu vermitteln, indem der Lebenslauf durch das Lebensziel als spezifischem Spannungsbogen überhöht wird. Nicht mehr individuelle Risiken oder Genüsse stehen im Vordergrund, sondern gesellschaftliche Leistung und Anerkennung. Erikson spricht von Generativität, die dann zum Konstrukt des Lebensziels verdichtet wird. Dieses schafft Motivation für Handlungen, die sich erst langfristig und nur überindividuell auszahlen, obwohl es die realistischere Lebensperspektive wäre, die Ungewißheit über das Erwachen am nächsten Tag in den Vordergrund zu stellen. Das Lebensziel schafft die Möglichkeit, im hohen Alter den Lebensgenuß, der zu entgehen droht, in der Bewertung zurückzustellen; der Rückblick auf das Erreichte kann Frustration über physische Defizienz und Todesangst kompensieren.

Es scheint kein Zufall zu sein, daß dieser Spannungsbogen »Lebensziel« gerade bei den komplex-bürokratischen Gesellschaften Asiens und des neuzeitlichen Europa ausgebildet wurde. Die Beziehung scheint mir aber nicht derart zu sein, daß unser Gesellschaftstyp die Ausbildung von Lebenszielkonstruktionen (und allgemeiner: Altersweisheit) besonders begünstigt, sondern vielmehr, daß dann, wenn solche Modelle vorhanden sind, die alten Menschen sich eher als produktive Kraft in die Schaffung von sozialen Bezügen einbringen, ohne sich durch depressive Verstimmung bremsen zu lassen. Ob dies freilich auch heute noch für die große Mehrheit von Menschen in den Industriegesellschaften gilt, mag man bezweifeln.

Es wäre jedoch falsch, alle alten Menschen und die von ihnen vertretenen gesellschaftlichen Ordnungsmodelle als weise zu bezeichnen. In unserer Kultur sind Altersdepression, Hypochondrie und paranoider Haß wahrscheinlich sogar noch häufiger zu finden als Weisheit im Eriksonschen Sinne (Erikson, 1968, S. 291). Inwiefern diese Phänomene das Leben alter Menschen in anderen Kulturen bestimmen, wurde noch nie systematisch untersucht. In manchen westafrikanischen Kulturen scheint es zum Stereotyp der Alten zu gehören, daß sie untereinander angeblich betrübt über den Tod reden. Gerade alte Menschen zeichnen sich dort durch einen paranoiden Haß auf vermutete Hexen aus, die ihnen und anderen Unglück bringen. Sie sind heute die besten Kunden der Verkäufer magischer Mittel gegen dieses oder jenes befürchtete Gebrechen (was sie allerdings auch leicht dem Verdacht aussetzt, Magie gegen andere einsetzen zu wollen).

F. Die Modernisierung der außereuropäischen Kulturen

In den Überblicksdarstellungen überwiegt ein romantisierend-fatalistisches Bild vor-industrieller Kulturen:

> »Nonindustrial societies are remnants of a world on the wane. Small-scaled egalitarian societies have become victims of progress« (Fry, 1985, S. 229).

Dies enthält gefährliche Generalisierungen. Eine bemerkenswerte Anzahl der vorindustriellen Kulturen, beziehungsweise ihrer Machtträger, nutzte mit Geschick die Möglichkeiten des Welthandels und manipulierte die Kolonialherrschaft, um in der Situation der Unterwerfung und Marginalisierung ihre Chancen zu verbessern. Die Menschen veränderten ihre inneren Sozialorganisationen, höhlten traditionelle Strukturen so aus, daß nur noch der äußere Anschein blieb, und schufen Neuerungen, die in Teilbereichen durchaus erfolgreich mit den von den Europäern eingeführten Verwaltungen und industriellen Komplexen konkurrieren konnten. Die Gesellschaften der Dritten Welt sind keineswegs pauschal als Opfer von Modernisierungsprozessen zu sehen. Einige ihrer Glieder – bei den von Meillassoux (1964) beschriebenen Guro der Elfenbeinküste gerade die Alten – konnten aus diesen Veränderungen einen deutlichen Nutzen ziehen. Der Gewinn der Alten an Macht und ökonomischer Kontrolle bei den Guro sollte uns skeptisch machen gegenüber generalisierenden Äußerungen, die Modernisierung bringe für alte Menschen einen reduzierten Status (Cowgill & Holmes, 1972).

In dem Maße, in dem Lohnarbeit in einer gewerkschaftlich und staatlich organisierten Form (nicht sogenannte informelle Arbeit) zur Standard-Erwerbsform wird, in dem Maße kommt es auch zu einer »Institutionalisierung des Lebenslaufs« in der von Kohli (1985) für Industriegesellschaften beschriebenen Form (so z. B. auch in Korea oder Mexiko). Dort, wo sich zugleich das demographische Muster so verändert, daß der Tod nicht mehr »zufällig« über alle Lebensalter verteilt ist, sondern geballt erst nach dem 60. Lebensjahr auftritt (vgl. Imhof, 1984), kommt es zu einer Standardisierung der Lebensläufe, die die Planung der »Lebenszeit Alter« an den lebensweltlichen Horizont bringt. Ob es hierdurch zu einer legitimitätsstiftenden Verschränkung von wirtschaftlichen Erfordernissen mit lebensweltlichen Perspektiven und individuellen Motiven kommt, hängt davon ab, ob Lohnarbeit zum allgemeinen Muster wird und zugleich Renten und Pensionen als dominante Altersversorgung effektiv langfristig stabil garantiert werden können (Kohli, 1990, S. 16 – 17, 22). In Ghana mißlang dies (Blumbach, 1985). In der Dritten Welt, einschließlich der europäischen Peripherie, ja sogar in Teilen »westlicher« Industriegesellschaften wie

Japan, hat die Chronologisierung des Lebenslaufs (noch?) nicht zu dieser Verschränkung von System- und Sozialintegration geführt; sie wurde und blieb
Privileg der Staatsdiener und eines durch Fachqualifikation gesicherten Teils
der Arbeiter.

Eines der dominanten Phänomene in allen Ländern der Dritten Welt ist die
Etablierung von Staatsapparaten, die dazu tendieren, alle konkurrierenden
Formen der sozialen Kontrolle zu ersetzen. Zugleich privilegieren diese Apparate
ihre Glieder, die Beamten, mit sozialstaatlichen Versorgungssystemen. Der durch
staatliches Eingreifen geförderte Zerfall der lokalen Netze der sozialen Kontrolle
nimmt den Alten, dort wo sie bestand, die Möglichkeit, ihre Versorgung zu
erzwingen. Dieser Zerfall beruht nicht nur auf der Entmachtung traditioneller
Autoritäten durch staatlichen Eingriff. Die Entfaltung großräumiger Märkte,
die die Abhängigkeit von einer örtlichen Subsistenzproduktion reduziert, und
vor allem die staatlich garantierte Freizügigkeit, die die Migration der jungen
Leute ermöglicht, sind hier nicht minder wirksam. Aus »Patriarchen und Ma-
triarchen werden Versorgungsfälle« (Lubig, 1990, S. 124 ff.). Wo die Mehrgenerationenfamilie aufgelöst wird, drückt sich dies auch emotional aus: Liebe
oder Haß zu den Eltern wird ersetzt durch Liebe oder Haß zum Ehepartner.

Die Arbeitsmigration der Jungen kann sogar zum Zurücklassen der unzureichend versorgten Alten führen (Goldstein & Beall, 1981 zu Sherpa in Nepal;
Lubig, 1990 zu anatolischen Türken). In solchen Situationen kommt für die
Alten das neue Thema einer »Altersplanung« auf die Tagesordnung: Investitionen zur Alterssicherung am künftigen Ruhesitz oder Hilfe für die Investitionen
einzelner Kinder, um im Alter dorthin »nachzumigrieren«. Die anschaulichen
Nöte der jungen Migranten in den städtischen Slums verbergen die noch
drastischeren Probleme der zurückgelassenen Alten in den »ländlichen Slums«
des agrarischen Hinterlandes.

Der Verlust sozialer Kontrolle in der Verwandtschaftslinie kann freilich auch
zu charakteristischen kompensatorischen Strategien führen, die die Position der
Alten aufwerten. Dazu gehören Zunahme der Kinderzahl und Schaffung von
Großfamilien. Die Mehrgenerationenfamilie ist für uns das Modell vorindustrieller Integration alter Menschen. Bei Gesellschaften ohne oder mit geringer
Bevölkerungszunahme war dies aber die Ausnahme. Denn nicht jeder alte
Mensch konnte sicher sein, Kinder und Enkel um sich haben zu können. Die
Versorgung der Alten war eher durch weiter in die Verwandtschaft oder andere
soziale Relationen hineingreifende Beziehungen geregelt. Wenn aber heute ein
alter Mensch nicht auf eine Versorgung durch Kinder von Verwandten nach
den Normen der Senioritätsordnung rechnen kann, wird es sinnvoll, vorher so
viele eigene Kinder in die Welt zu setzen und dabei traditionelle Geburten-
Kontrollsysteme außer Kraft zu setzen, daß auch nach der Migration eines Teils
der Kinder noch genügend übrig bleiben, die zu einer Versorgung der Alten
gezwungen werden können (vgl. zur Erhöhung der Kinderzahl bei den Ayizo:
Elwert, 1984). So bilden sich heute in vielen Gegenden der Dritten Welt,

begünstigt durch längere Lebenserwartung und durch größere Kinderzahl, Mehrgenerationenfamilien heraus. Dies geschieht wohl nicht weniger häufig als das Zerbrechen eines Modells von Mehrgenerationenfamilie, wo es zuvor gültig war.

Die andere Seite der Entfaltung moderner Staatsapparate zeigt sich in der neuen sozialen Gestalt des Pensionärs. Ein regelmäßiges Einkommen ohne Arbeit ermöglicht »eine zweite Expansionsphase« der Haushalte, wie dies Elwert-Kretschmer für Malaysia zeigt (1985; 1990). Im Verhältnis zu den Lebenshaltungskosten im ländlichen Raum sind die Pensionen so hoch, daß sie den Pensionären eine Akkumulation als Grundeigentümer ermöglichen. Aus einer Sicherheitsstrategie entsteht eine Möglichkeit zur Expansion als Unternehmer, und es kommt zu einer zweiten Expansionsphase der Haushalte. Durch steigende Lebenserwartung nimmt die Zahl der Alten zu. Bislang marginale Verteilungskonflikte zwischen Jung und Alt können sich explosiv entwickeln. Zu den so stark artikulierten Konflikten gehört der um die Polygamie. (Daß einige Männer viele Frauen heiraten, ist nur dann möglich, wenn andere, nämlich die jüngeren, lange ehelos bleiben.)

Die Entwicklung dürfte mehrfach verzweigt weitergehen. Moderne Formen staatlicher Gesetzgebung, die Durchsetzung der Warenökonomie und die zunehmende Mobilität durch Migration begünstigen in ihrem Zusammenwirken eine Individualisierung. Diese Individualisierung zeigt die ökonomisch expansive Gruppe der Pensionäre am erfolgreichen Pol und die zahlreicheren zurückgelassenen Versorgungsfälle »in den ländlichen Slums« am anderen Pol. Dazwischen bilden sich Mittelgruppen jener heraus, die in strategisch gezielter Altersplanung den Aufbau oder Wiederaufbau sozialer Hilfsbeziehungen betreiben, um sich durch unmittelbare (auch emotional gefestigte) Kontrakte mit Verwandten ihren »Ruhestand« zu sichern. Solche Anstrengungen können auch einer Individualisierung entgegenwirken (z. B. dort, wo als kulturelle Innovation eine Mehrgenerationenfamilie entsteht).

G. Forschungsprobleme

In Studien zum Alter in Industriegesellschaften finden wir oft Verweise auf vorindustrielle Kulturen. Diese Verweise dienen als Kontrastfolie. Solange man bei seiner Lektüre innerhalb einer Denkrichtung oder Schule bleibt, entsteht durch diese Verweise ein relativ homogenes Bild von vorindustriellen Gesellschaften. Derzeit überwiegt das idyllisierende Kontrastbild. Die Alten in vorindustriellen Kulturen werden als hochangesehen und verehrt dargestellt. Sie seien die Bewahrer gesellschaftlichen Wissens. Bis in die vierziger Jahre fanden wir häufiger ein anderes Kontrastbild: Das Phänomen der Altentötung (Senizid) in vorindustriellen Gesellschaften ließ die Position der Alten in unseren Gesellschaften als moderne zivilisatorische Errungenschaft erscheinen.

Ethnographische Belege dienen freilich oft auch als travestiertes Selbstbild. So finden derzeit besonders die sogenannten Altersklassengesellschaften besondere Beachtung, denn auf den ersten Blick erscheint in diesen Gesellschaften, ähnlich wie bei uns, das Alter Teil einer festgefügten chronologisierten Ordnung zu sein, in der sich mit dem Erreichen der letzten Stufe ein abrupter Rollenwechsel vollzieht (Kohli, 1990, S. 14). Solche Beispiele sind auch dadurch attraktiv, daß sie uns suggerieren, bestimmte Ordnungsmuster seien interkulturell allgemeine, also anthropologische Konstanten.

Die Wildbeuterkulturen (Jäger und Sammler) wurden in Altersstudien zum Vergleich gern herangezogen, weil man glaubte, über sie einen Blick in die steinzeitliche Vergangenheit des Homo sapiens werfen zu können. Dabei übersah man jedoch, daß die meisten der heute noch als Wildbeuter lebenden Menschen in Rückzugsgebiete von extremer Kargheit verdrängt wurden, die kaum die ursprünglichen Entwicklungsräume ihrer Kulturen darstellen. Das ökonomische Problem der physischen Versorgung der Alten wurde so in den Vordergrund gedrängt. Aus heutiger Sicht wäre es mindestens ebenso wichtig, vergleichende Forschung über positive Zuweisungen von Rollen für das Alter anzustellen.

H. Ausblick

Bei politischen oder alltäglichen Diskussionen über das Alter in unserer Kultur drängt sich die Frage nach der Versorgung der Siechen in den Vordergrund. Die Diskussionen über Sterbehilfe (vgl. auch Schmitz-Scherzer, Kapitel 21 in diesem Band) haben für den Sozialanthropologen etwas Paradoxes. Senizid kam bisher – und das nicht einmal zwangsläufig – ausschließlich in Gesellschaften mit periodischer Nahrungsknappheit vor. Sollte er sich nun auch in einer Überflußgesellschaft institutionalisieren?

Daß diese Debatten über den vom Medizinsystem selbst geschaffenen Diskussionsbedarf (apparative Lebensverlängerung; vgl. auch Krämer, Kapitel 22 in diesem Band) hinaus so viel Raum einnehmen, könnte wohl auch damit zu tun haben, daß bei uns für die Alten ein Problem der Identitätsfindung und Rollenzuweisung erwächst. Ein Problem, das ähnlich in Generationsklassengesellschaften in festen Rhythmen als große Krise erlebt wird, wenn eine Generation abtreten muß. Da bei uns das Abtreten der Generationen nicht kollektiv und nach Verhandlung geschieht, sondern individuell und automatisch, gibt es keine Möglichkeiten für die Alten, Kompensationen auszuhandeln.

Wo könnten Lösungen liegen? In einem Bereich tendiert unsere Gesellschaft hin zu den Praktiken der Generationsklassengesellschaften: bei den Festschriften, Preisreden und Abfindungen, die die Statuspassage in solchen Berufen begleiten, in denen der Einfluß nicht mit einem festen Datum endet. Diese Lösung läßt sich ausweiten, aber schwerlich verallgemeinern.

Eine andere Möglichkeit sehen wir bei den Senioritätsgesellschaften und bei der Orientierung am Lebenszyklus. In diesen Gesellschaften haben die Großeltern, die Großonkel und die Großtanten eine tragende Rolle (mit Last und Ehre) bei der Kindererziehung. Dem stehen in unserer Gesellschaft ökonomische Hindernisse entgegen: Wohnortwechsel zwischen den Generationen durch Arbeitssuche, kein Raum fürs Altenteil, Rentenminderung durch Berufsaufgabe bei Enkelerziehung durch »junge Alte«. Sind diese Probleme unüberwindbar?

Auch die Re-Integration der älteren Generation in die Kindererziehung verdient zwar gefördert zu werden, taugt aber nicht zu einer Generalisierung. In reproduktionsorientierten Systemen erkennen wir das Problem, das einer Generalisierung entgegensteht, deutlich: Die Frau, die keine Kinder hat (Virilokalität) oder deren Brüder keine Kinder haben (Patrilokalität im Alter), kann nicht in den Autoritätsstatus der Großmutter oder Großtante aufrücken, bleibt ein »altes Mädchen«. Nur dadurch, daß Rollenzuweisung und Identität auf einer Vielzahl von Lebenspfad-Modellen erfolgen, kann unsere Gesellschaft das Identitätsproblem der Alten lösen.

Eine Gesellschaft, die die Integration der Alten jedoch nur als zu lösendes Problem sähe, wäre schlecht beraten. Die Integration der Alten wurde von vielen vorindustriellen Gesellschaften auch als Chance zur Entwicklung genutzt. Der Aufbau ökonomischer Institutionen und die Nutzung des akkumulierten Wissens illustrieren dies hervorragend. In dem Maße, in dem zentrale gesellschaftliche Institutionen − wie Rentenkassen − die Versorgungsprobleme lösen, sinkt freilich der Bedarf an von einer auf das Alter zielenden »unternehmerischen« Lebensplanung. Die Zelebrierung der fluiden Intelligenz − siehe den Mythos von Erfindern als Trägern des wirtschaftlichen Fortschritts − macht die große Bedeutung des akkumulierten Wissens vergessen. In diesen Bereichen entfernen wir uns von den Gesellschaften, aus denen wir entstanden sind: den komplexen Bauernkulturen, die Wissen mit hohem Prestige ausstatteten und einigen − nicht allen − Alten tragende Rollen gaben. Dies muß nicht Gerontokratie heißen. Es läßt sich durchaus vereinbaren, daß Organisationsaufgaben bei Alten liegen, daß aber sehr junge Menschen über mehr Ressourcen verfügen.

Die strenge Koppelung von Wissensvermittlung und formalökonomischer Position, die wir praktizieren, zeigt sich immer wieder dann als Problem, wenn alte erfahrene Menschen aus einem Betrieb oder einer Behörde ausscheiden. Vielleicht könnten wir zu institutionellen Regelungen kommen (wie sie zum Teil auch in Generationsklassengesellschaften funktionieren), die Wissen als »Kapital« behandeln und über den Rentenzeitpunkt hinaus in Arbeitskontexte einspeisen, ohne daß dies mit Macht gekoppelt wäre.

Literaturverzeichnis

Abate, C. & Behrmann, M. (1984). *Die Germanesi. Geschichte und Leben einer süditalienischen Dorfgemeinschaft und ihrer Emigranten*. Frankfurt/M.: Campus.

Arth, M. (1968). Ideals and behavior, a comment on Ibo respect patterns. *The Gerontologist*, 8, 242−244.

Baltes, P. B. (1989). Das Doppelgesicht des Alterns. In Max-Planck-Gesellschaft (Hrsg.), *Max-Planck-Gesellschaft Jahrbuch 1989* (S. 41 – 60). Göttingen: Vandenhoeck & Ruprecht.

Beck, J. & Dorlöchter, S. (1990). Die Instabilität der Ehebeziehungen als Motor weiblicher Einkommensstrategien im Lebenslauf zambischer Kleinbäuerinnen. In G. Elwert, M. Kohli & H. K. Müller (Hrsg.), *Im Lauf der Zeit* (S. 156 – 168). Saarbrücken: Breitenbach.

Blumbach, H. (1985). *Arbeiterkultur und gewerkschaftliche Organisation bei ghanaischen Eisenbahnarbeitern.* Saarbrücken: Breitenbach.

Cattell, R. B. (1971). *Abilities: Their structure, growth, and action.* Boston, MA: Houghton Mifflin.

Cool, L. E. & McCabe, J. (1983). The scheming hag and the dear old thing: The anthropology of aging women. In J. Sokolovsky (Ed.), *Growing old in different cultures - cross-cultural perspectives* (pp. 56 – 68). Belmont, CA: Wadsworth.

Cowgill, D. O. & Holmes, L. D. (Eds.) (1972). *Aging and modernization.* New York: Appleton-Century-Crofts.

Dittmann-Kohli, F. (1984). Weisheit als mögliches Ergebnis der Intelligenzentwicklung im Erwachsenenalter. *Sprache & Kognition, 3,* 112 – 132.

Douglas, A. (1971). *The feminization of American culture.* New York: Alfred A. Knopf.

Eastman, M. (1849). *Dahcotah. Life and legends of the Sioux.* Minneapolis, MN: Ross & Haines.

Elwert, G. (1984). Märkte, Käuflichkeit und Moralökonomie. In B. Lutz (Hrsg.), *Soziologie und gesellschaftliche Entwicklung* (S. 509 – 519). Frankfurt/M.: Campus.

Elwert, G. (1990). Altersordnung, Autorität und Aushandlung bei den Ayizo. In G. Elwert, M. Kohli & H. K. Müller (Hrsg.), *Im Lauf der Zeit* (S. 140 – 155). Saarbrücken: Breitenbach.

Elwert-Kretschmer, K. (1985). *Haushalte zwischen Markt und Verwandtschaft. Entdörflichung und soziale Differenzierung in einem malayischen Dorf.* Saarbrücken: Breitenbach.

Elwert-Kretschmer, K. (1990). »Die Bauern sind faul«. Alter und gesellschaftliche Transformation in einem malayischen Dorf. In G. Elwert, M. Kohli & H. K. Müller (Hrsg.), *Im Lauf der Zeit* (S. 140 – 155). Saarbrücken: Breitenbach.

Erikson, E. H. (1968). Life cycle. In E. Seligmann (Ed.), *International encyclopedia of the social sciences* (Vol. 9, pp. 286 – 292). New York: MacMillan & Free Press.

Foner, N. (1984). Age and social change. In D. Kertzer & J. Keith (Eds.), *Age and anthropological theory* (pp. 195 – 216). New York: Cornell University Press.

Fortes, M. (1971). On the concept of person among the Tallensi. In G. Dieterlen (Ed.), *La notion de Personne en Afrique Noire* (pp. 283 – 321). Paris: Colloques Internationaux du CNRS.

Fry, C. L. (1985). Culture, behavior, and aging in the comparative perspective. In J. E. Birren & K. W. Schaie (Eds.), *Handbook of the psychology of aging* (pp. 216 – 244). New York: Van Nostrand Reinhold.

Gehlen, A. (1966). *Der Mensch. Seine Natur und seine Stellung in der Welt* (8. Aufl.). Frankfurt/M.: Athenäum.

Gennep, A. van (1981). *Übergangsriten.* Frankfurt/M.: Campus. (Erstausgabe 1909).

Glascock, A. & Feinmann, S. (1981). Social asset or social burden: An analysis of the treatment for the aged in non-industrial societies. In C. L. Fry (Ed.), *Dimensions: Aging, culture and health* (pp. 13 – 32). New York: Praeger.

Goldstein, M. C. & Beall, C. M. (1981). Modernization and aging in the third and fourth world: Views from the rural hinterland in Nepal. *Human Organisation, 40,* 48 – 55.

Gutmann, B. (1932). *Die Stammeslehren der Dschagga* (Bd. 1). München: Beck'sche Verlagsbuchhandlung.

Gutmann, D. (1977). The cross-cultural perspective: Notes towards a comparative psychology of aging. In J. E. Birren & K. W. Schaie (Eds.), *Handbook of the psychology of aging* (pp. 302 – 326). New York: Van Nostrand Reinhold.

Harrell, S. (1981). Growing old in rural Taiwan. In P. T. Amoss & S. Harrell (Eds.), *Other ways of growing old* (pp. 133 – 210). Stanford, CA: Stanford University Press.

Horn, J. L. (1978). Human ability systems. In P. B. Baltes (Ed.), *Life-span development and behavior* (Vol. 1, pp. 211 – 256). New York: Academic Press.

Ikels, C. (1980). The coming of age in Chinese society: Traditional patterns and contemporary Hong Kong. In C. L. Fry (Ed.), *Aging in culture and society: Comparative perspectives and strategies* (pp. 80 – 100). New York: Praeger.

Imhof, A. E. (1984). Von der unsicheren zur sicheren Lebenszeit. *Vierteljahresschrift für Sozial- und Wirtschaftsgeschichte, 71,* 175 – 198.

Keith, J. (1985). Age in anthropological research. In R. H. Binstock & E. Shanas (Eds.), *Handbook of aging and the social sciences* (pp. 231 – 263). New York: Van Nostrand Reinhold.

Kohli, M. (1985). Die Institutionalisierung des Lebenslaufes. Historische Befunde und theoretische Argumente. *Kölner Zeitschrift für Soziologie und Sozialpsychologie, 37,* 1 – 29.

Kohli, M. (1987). Ruhestand und Moralökonomie: Eine historische Skizze. *Kölner Zeitschrift für Soziologie und Sozialpsychologie, 28,* 393 – 416.

Kohli, M. (1990). Lebenslauf und Lebensalter als gesellschaftliche Konstruktion. In G. Elwert, M. Kohli & H. K. Müller (Hrsg.), *Im Lauf der Zeit* (S. 11 – 32). Saarbrücken: Breitenbach.

Koty, J. (1934). *Die Behandlung der Alten und Kranken bei den Naturvölkern.* Stuttgart: Hirschfeldt.

Legesse, A. (1973). *Gada. Three approaches to the study of African society.* New York: The Free Press.

LeVine, R. (1978). Comparative notes on the life course. In T. K. Hareven (Ed.), *Transitions: The family and the life course in historical perspective* (pp. 287 – 297). New York: Academic Press.

Lévy-Bruhl, L. (1927). *L'âme primitive.* Paris: Librairie Félix Alcan.

Linck, G. (1988). *Frau und Familie in China.* München: C. H. Beck.

Linhart, S. (1978). Arbeitsleben und Ruhestand in einer außereuropäischen Gesellschaft. Untersuchungen zu den Lebensphasen in Japan. In L. Rosenmayr (Hrsg.), *Die menschlichen Lebensalter* (S. 376 – 392). München: Piper.

Lubig, E. (1990). Wohin mit den Alten? Individualisierung des Alterns – Beobachtungen in einem türkischen Dorf. In G. Elwert, M. Kohli & H. K. Müller (Hrsg.), *Im Lauf der Zeit* (S. 124 – 139). Saarbrücken: Breitenbach.

Lu Hsün (1974). *Einige Erzählungen.* Peking: Verlag für fremdsprachige Literatur.

Maxwell, R. J. & Silverman, P. (1970). Information and esteem. *Aging and Human Development, 1,* 127 – 146.

Meillassoux, C. (1964). *Anthropologie économique des Gouro.* Den Haag: Mouton.

Messine, L. E. (1980). Aging in Bakongo culture. *International Journal of Aging and Human Development, 11*, 283 – 295.

Mühlmann, W. E. (1961). *Chiliasmus und Nativismus*. Berlin: Reimer.

Müller, H. K. (1989). *Changing generations*. Saarbrücken: Breitenbach.

Nadel, S. F. (1952). Witchcraft in four African societies. *American Anthropologist, 54*, 18 – 29.

Paulme, D. (Ed.) (1969). *Classes et associations d'âge en Afrique de l'Ouest*. Paris: Plon.

Randeria, S. (1990). Ehe, Scheidung und Witwenstand: Lebensläufe unberührbarer Frauen im westlichen Indien. In G. Elwert, M. Kohli & H. K. Müller (Hrsg.), *Im Lauf der Zeit* (S. 169 – 186). Saarbrücken: Breitenbach.

Rasmussen, K. (1931). *Nitsilik Eskimo. Report of the Vth Thule Expedition 1921-24*. Copenhagen: Gyldendalske.

Schlee, G. (1990). Altersklassen und Veränderung der Lebenslaufalter bei den Rendille. In G. Elwert, M. Kohli & H. K. Müller (Hrsg.), *Im Lauf der Zeit* (S. 69 – 82). Saarbrücken: Breitenbach.

Simmons, L. (1970). *The role of the aged in primitive society*. New Haven, CT: Yale University Press. (Original work published 1945).

Spittler, G. (1990). Lebensalter und Lebenslauf bei den Tuareg. In G. Elwert, M. Kohli & H. K. Müller (Hrsg.), *Im Lauf der Zeit* (S. 107 – 123). Saarbrücken: Breitenbach.

Streck, B. (1987). Alter. In B. Streck (Hrsg.), *Wörterbuch der Ethnologie* (S. 17 – 21). Köln: DuMont.

Vansina, J. (1985). *Oral tradition as history*. London: James Currey.

Warwick, S. (Ed.) (1975). *Witchcraft and sorcery*. Harmondsworth: Penguin.

Werner, D. (1981). Gerontocracy among the Mekranoti of Central Brazil. *Anthropological Quarterly, 54*, 15 – 27.

Wilson, M. (1951). *Good company. Study of Nyakyusa age villages*. London: Oxford University Press.

Wilson, M. (1977). *For men and elders*. New York: Holmes & Meier.

Windt, H. de (1899). *Through the gold-fields of Alaska to Bering Straits*. London: Chatto & Windus.

Zitelmann, T. (1990). Verzeitlichung und Lebenslauf. Die Alters- und Generationsklassenordnung (Gada) der Borana-Oromo. In G. Elwert, M. Kohli & H. K. Müller (Hrsg.), *Im Lauf der Zeit* (S. 50 – 68). Saarbrücken: Breitenbach.

11. Philosophische Anthropologie und Ethik der späten Lebenszeit

THOMAS RENTSCH

Zusammenfassung

Der Beitrag soll im Blick auf das Phänomen des Alterns das lebensphilosophische Defizit moderner Ethiken ausgleichen. Nach einem kurzen geschichtlichen Überblick über die philosophische Anthropologie werden zunächst konstitutive Züge der menschlichen Situation aufgewiesen: menschliches Handeln als praktische Sinnentwürfe mit ihren Erfüllungsgestalten; das kommunikative Wesen des Menschen; die Einmaligkeit und Ganzheit des menschlichen Lebens und seine Leiblichkeit; die Unvertretbarkeit und Unaustauschbarkeit durch die Mitmenschen; die Endlichkeit und Negativität des Lebens. – Vor diesem Hintergrund wird dann das Altern als Werden zu sich selbst und als Radikalisierung der menschlichen Grundsituation bestimmt.

A. Einleitung

Die moderne *philosophische Anthropologie* ist als systematische Disziplin erst ein Kind der ersten Hälfte unseres Jahrhunderts. Sie tritt in dieser Form nach dem Schwinden allgemein verbindlicher ontologischer, metaphysischer, religiöser und theologischer Orientierungen auf. In der Antike ist das Thema »Mensch« eingebunden in vorgegebene natürliche und politische Ordnungsvorstellungen. Das gilt zum Beispiel auch für den Gesichtspunkt der Lebensalter: Der Mensch strebt einem natürlichen Lebenshöhepunkt (gr.: akme) entgegen; die Zeit davor (Jugend) und danach (Alter) ist kaum von Bedeutung. Im christlichen Mittelalter ist die Reflexion auf den Menschen ganz in die übergreifende Konzeption einer göttlichen Schöpfungs- und Heilsordnung einbezogen. So befassen sich zwar weite Teile der »Summa Theologiae« des Thomas von Aquin (1981) mit den menschlichen Situationsverständnissen und Handlungsmöglichkeiten, jedoch wie selbstverständlich mit dem Rückbezug auf einen letztlich fraglos bleibenden theologischen Gesamtrahmen.

Priv. Doz. Dr. Thomas Rentsch hat sich 1988 an der Universität Konstanz für das Fach Philosophie habilitiert und ist gegenwärtig Heisenberg-Stipendiat. Seine Forschungsinteressen sind: Philosophische Anthropologie, Sprachphilosophie, Ästhetik, Hermeneutik und Religionsphilosophie.

Deswegen überrascht es nicht, daß erste Anzeichen einer Autonomisierung philosophisch-anthropologischer Bemühungen in der Renaissance zu finden sind, in einer Epoche des Schwindens vorgegebener Kosmos- und Ordnungskonzeptionen. Eine eigenständige Reflexion auf den Menschen, seine Würde und seine spezifischen Eigenschaften löst sich hier aus dem Verband der Schulphilosophie, so im »Anthropologium de hominis dignitate, natura et proprietatibus« des Martin Hundt (1501; zitiert nach Landmann, 1982). Zu dieser Zeit schwindet die metaphysisch-theologische Verbindlichkeit einer Wesensbestimmung des Menschen; und andererseits stehen die mathematischen und experimentierenden Naturwissenschaften noch nicht bereit, um ihrerseits eine solche Bestimmung zu versuchen. Ein typischer frühanthropologischer Entwurf der Renaissance ist die berühmte Rede über die Würde des Menschen – »Oratio de dignitate hominis« – des jungen italienischen Philosophen Giovanni Pico della Mirandola aus dem Jahre 1486. In dieser Rede trifft er anthropologische Feststellungen, die viele Ergebnisse der Moderne vorwegnehmen:

– Für den Menschen war – im Gegensatz zu den anderen Wesen – bei der Schöpfung kein Archetyp, kein Urbild mehr im göttlichen Geist vorrätig.
– Es war kein spezifischer Ort in der Welt für ihn da, alles war »schon besetzt« (*iam plena omnia*).
– Der Mensch wird deshalb als ein Lebewesen ohne unterscheidende Züge und positive Eigenschaften entworfen.
– Er muß sich aus diesen konstitutionellen Gründen erst selbst ein Wesen schaffen. Die Existenz geht der Essenz voraus (nicht erst bei Sartre).

In Reformation und Gegenreformation sowie in der barocken Schulmetaphysik nimmt sich die christliche Theologie wieder des Themas »Mensch« an. Literarische Seiten- und Unterströmungen der offiziellen Philosophie, insbesondere die Skepsis (Montaigne, Charron) und die Moralistik (La Rochefoucault, Chamfort), reflektieren weiterhin auf die menschliche Lebenserfahrung in der Alltagswelt, auf die Lage des Menschen, seine *Situation* beziehungsweise *Grundsituation*, die der Skeptiker Pierre Charron 1601 in seinem Werk »De la sagesse« als erster Autor der Neuzeit »condition humaine«, lateinisch *conditio humana* nennt (Charron, 1968/1601).

Während die Schulmetaphysik keine Emanzipation der philosophischen Anthropologie zuließ, sieht man bei Kant deutliche Schritte in eine solche Richtung. Der englische Empirismus (Locke, Hume), der französische Materialismus (Holbach, Helvetius, De la Mettrie) und das Denken Rousseaus wirkten hier vorbereitend. So lehrt Kant, man könne die drei Grundfragen der Philosophie:

– Was kann ich wissen?
– Was soll ich tun?
– Was darf ich hoffen?,

also die theoretische, die praktische und die religionsphilosophische Grundfrage in der anthropologischen Frage

– Was ist der Mensch?

zusammenfassen (Kant, 1800). In seinen nachgelassenen Aufzeichnungen »Opus posthumum« finden sich programmatisch bleibende Entwürfe zu einer von ihm so genannten *anthropologia transcendentalis,* das heißt zu einer philosophischen Anthropologie, die auf dem fundamentalen und kritischen Niveau seiner sonstigen Hauptwerke angesiedelt werden sollte (Kant, 1936). In seiner eigenen ausgearbeiteten »Anthropologie in pragmatischer Absicht« (1798) behandelt Kant Lebensphänomene und Grundbefindlichkeiten, die später ins Zentrum der philosophischen Anthropologie des 20. Jahrhunderts rücken: das Unbewußte, den Traum, Stimmungen wie Melancholie, Depression, Langeweile, Furcht und Angst, Wehmut und Sehnsucht, das Spiel, Lachen und Weinen, die menschliche Sexualität. Er sieht hier, daß eine genuine philosophische Anthropologie weder durch eine Metaphysik noch durch eine theologische Theorie, noch durch die mathematischen Naturwissenschaften geliefert werden kann. Sie alle handeln nicht von den konkreten Alltags- und Lebenserfahrungen des Menschen – auch nicht vom Altern als einem komplexen Lebensphänomen aus solchen Erfahrungen.

Vorläufer der modernen philosophischen Anthropologie im 19. Jahrhundert sind die anti-metaphysischen Autoren Kierkegaard, Marx, Nietzsche und zu Beginn des 20. Jahrhunderts Freud. Es ist für sie charakteristisch, daß sie die konkrete Praxis und Erfahrung des Lebens ins Zentrum stellen, wie Furcht, Angst, Liebe und Tod, die Arbeit, die Herkunft des Menschen aus der Natur, seine Triebhaftigkeit, seine Sexualität, die verborgenen Seiten seines Seelenlebens. Man kann auch noch Darwin zu diesen anthropologischen Autoren des 19. Jahrhunderts zählen. Es bildet sich eine grundsätzliche Vorstellung vom Menschen heraus, die bereits Johann Gottfried Herder mit seiner Bestimmung des »Mängelwesens« Mensch vorweggenommen hatte.

Die Hauptwerke der philosophischen Anthropologie der ersten Hälfte des 20. Jahrhunderts von Helmuth Plessner, »Die Stufen des Organischen und der Mensch« (1928), Max Scheler, »Die Stellung des Menschen im Kosmos« (1928), und Arnold Gehlen, »Der Mensch. Seine Natur und seine Stellung in der Welt« (1974/1940), thematisieren diese organische Mittellosigkeit (das Fehlen besonderer Angriffs-, Schutz- oder Fluchtorgane, die Unspezialisiertheit der Sinne, das Fehlen eines Haarkleides und einer natürlichen Anpassung an die Witterung, dauerhafte Foetalzustände, die lange Hilflosigkeit der Kleinkindphase, die späte Geschlechtsreife). Diese Mittellosigkeit scheint durch Weltoffenheit, Sprache, Kultur und Institutionenbildung des Menschen ausgeglichen (»kompensiert«) zu werden.

Im folgenden soll das menschliche Altern in den Blick philosophisch-anthropologischer Analysen treten. Diese Analysen verstehen sich erstens so, daß sie ein *vernünftiges Verständnis derjenigen Begriffe* erarbeiten sollen, mit denen wir uns die Grundsituation des Menschen angesichts des Alterns vergegenwärtigen können, und zweitens so, daß mit ihnen ein *sinnvolles praktisches Selbst-*

verständnis angesichts der späten Lebenszeit artikulierbar wird. Philosophische Anthropologie und Ethik sollen auf diese Weise verbunden werden.

Es gilt die Thematik des menschlichen Alterns für die Philosophie zurückzugewinnen. Neuzeit und Aufklärung richteten ihre normativen Ansprüche an *alle Vernunftwesen.* Ihre universalistische Ethik mußte aus Prinzip und zu Recht von bestimmten *materialen* Bedingungen und Bedingtheiten des menschlichen Lebens – etwa bestimmten Lebensaltern – absehen. So wendet sich der eben unbedingte, der Kategorische Imperativ Kants nicht an Ältere oder Jüngere, sondern formal an alle freien, potentiell moralischen Wesen und an die Form ihrer Willensbildung.

Die alte, die antike Ethik der Glücksorientierung fragte demgegenüber mit Sokrates und Aristoteles: Wie ist ein gelingendes Leben (gr.: eu zen) für den Menschen möglich? Sie richtet keinen Kategorischen Imperativ, ein universales Soll, an alle Menschen, sondern fragt nach dem Glücken des Lebens jedes einzelnen, nach der *Eudämonie.* Die eudämonistische Ethik muß daher auf die jeweilige Lebenssituation des Menschen Rücksicht nehmen, dem sie raten will. Die Ethik des guten Lebens muß darüber hinaus auf die grundsätzliche Situation des Menschen, die *conditio humana,* blicken, um lebenstragende Einsichten über die Möglichkeiten des Glücks zu gewinnen. Daher entwickelt sich in der Tradition des antiken Eudämonismus eine *Ethik der Lebensalter.* Und die materiale, teleologisch-eudämonistische Ausrichtung dieser Ethik verklammert sie von vornherein ganz eng mit einer *Philosophischen Anthropologie.*

Durch die Untersuchung des Phänomens des menschlichen Alterns soll auch das lebensphilosophische Defizit der modernen Ethik überwunden werden. Die Thematik erfordert es, in eine Philosophische Anthropologie in praktischer Absicht eingebettet zu werden. Aufgrund der nötigen systematischen Behandlung werden Motive der antiken Ethik und der Tradition der Lebensweisheit – übrigens auch theologische Motive – anklingen, jedoch nicht aus philosophiehistorischem Interesse. Vielmehr soll der praktisch-anthropologische Kern der lebensphilosophisch-eudämonistischen Ethik in einem ersten Schritt durch die Freilegung der *Konstitution der menschlichen Grundsituation* wieder erreicht werden. Weiterhin sollen die gewonnenen anthropologischen Grundzüge in bezug auf den *faktischen* Prozeß des Alterns als eines »Werdens zu sich selbst« betrachtet werden, womit sich die These von einer *Radikalisierung der menschlichen Grundsituation* verbindet. Schließlich soll diese Radikalisierung unter dem Stichwort »*Endgültigwerden*« in praktischer Perspektive auf ihre Bedeutung für die Ethik untersucht werden.

B. Die Konstitution der menschlichen Grundsituation

Das menschliche Leben weist konstitutive Grundzüge auf, die wir nicht ändern können und die daher auch praktisch von großer Bedeutung sind. Diese Züge sind somit unhintergehbare Formen des menschlichen Lebens, die alle möglichen

Lebenssituationen prägen: zum Beispiel die Situationalität selbst, die Zeitlichkeit, die Räumlichkeit und die Leiblichkeit des Lebens. Wenden wir uns denjenigen konstitutiven Formen des Lebens zu, die für eine Klärung des Phänomens des menschlichen Alterns entscheidend sind.

1. Praktische Sinnentwürfe
   Alles menschliche Handeln geschieht in einem situationalen Sinnhorizont. Vergegenwärtigen wir uns einige menschliche Lebenssituationen:
   – ein gemeinsamer Einkauf von Lebensmitteln;
   – die Suche nach einem verlegten Gegenstand;
   – eine Streitsituation;
   – das Trösten eines Trauernden;
   – sich erkundigen nach dem Weg.
   Solche Situationen sind überhaupt nur in der Gemeinsamkeit des menschlichen Zusammenlebens verstehbar, weil im Regelfall jeweils der praktische Sinnentwurf allgemein einsichtig ist, der in ihnen verfolgt wird. Seit Aristoteles wird in der Analyse des menschlichen Handelns hervorgehoben, daß die Sinnentwürfe *Ketten* bilden: Ich suche nach meiner Brille, um sie zu finden und um sie dann wieder zu verwenden. Ich erkundige mich nach dem Weg, um weiterzukommen, um zu einer Person zu gelangen, mit der ich sprechen will. Alle Ketten haben ein Ende. Die praktischen Sinnentwürfe sind auf jeweilige *Erfüllungsgestalten* ausgerichtet: das Einkaufen der Lebensmittel auf das Essen und die Erhaltung des Lebens; die Suche auf das Finden des Gegenstandes; das Streiten auf Versöhnung; das Trösten auf die Beruhigung des Trauernden. Die Sinnentwürfe eines Menschen oder einer gemeinsamen Lebenspraxis stehen nicht beziehungslos und isoliert für sich da. Es lassen sich lokalere von totaleren, wichtigere von unwichtigeren Entwürfen unterscheiden. Einzelne, lokale Sinnentwürfe stehen in einem größeren Kontext der Lebenserhaltung, und diese wird umgriffen von ganzen Lebensplänen und Lebensaufgaben, von leitenden Hoffnungen und Rahmenzielen.

   Die praktischen Sinnentwürfe im menschlichen Leben stiften allererst den Sinn für instrumentelle, technische Entwürfe. Das heißt: Wenn wir nicht wissen, welchen praktischen Sinn wir mit einem instrumentellen Handeln verbinden, dann wird auch dieses Handeln sinnlos. Ich finde mich mit einer Schere in der Hand vor, mir fällt aber nicht mehr ein, was ich mit ihr wollte, welchen Zeitungsartikel ich ausschneiden wollte. Wenn die sinnkonstitutive Praxis wegfällt, dann werden die Techniken ihrerseits *als Techniken* sinnlos. An dieser Stelle werden bereits die *Nicht-Instrumentalität* und die *Nicht-Partialität* der genuinen Sinngestalten des Lebens deutlich. Wesentliche praktische Sinnentwürfe *sind* bereits Erfüllungsgestalten des menschlichen Lebens:
   – Die Erfüllung basaler Bedürfnisse durch Essen und Trinken läßt sich nicht lediglich als Mittel zum Zweck der Lebenserhaltung verstehen.

- Genuin moralische Sinnentwürfe sind selbst ihr Sinn, ebenso kommunikative Sinnentwürfe (Freundschaft und Liebe); sie entziehen sich funktionalen und instrumentellen Sichtweisen.
- Ästhetische Sinngestalten (z. B. musikalische Kompositionen oder Gemälde) sind selbst sinnvoll und nicht lediglich »um etwas anderen willen« da. Sie entziehen sich – ihrer Idee nach – instrumentellen und quantitativen Kategorien.
- Religiöse Sinnentwürfe (Gebet, Feier) tragen ihren Sinn in sich selbst.

Entscheidend für die eine menschliche Welt konstituierenden praktischen Sinnentwürfe ist die *Untrennbarkeit* von Entwurf und Erfüllung. In den jeweiligen, komplexen Lebenssituationen besteht in der Regel keine Unklarheit über die möglichen Erfüllungsgestalten. In den konkreten Orientierungssituationen ist vielmehr ein praktisches Vorverständnis der gelungenen (und auch der mißlungenen) Formen menschlicher Praxis geläufig. Diese Tatsache des praktischen Vorverständnisses zeigt: Ohne die jeweilige Erfüllungsgestalt lassen sich die Sinnentwürfe unseres Lebens nicht verstehen. Und das gilt nicht nur für einen distanzierten Betrachter des menschlichen Tuns und Treibens: Es gilt ebenso für jeden Menschen *in bezug auf sich selbst*. Die Störungen solcher praktischer Gewißheit werden selbst als defizitär erfahren: »Ich habe zu nichts Lust«, »Alles ödet mich an«, »Ich weiß nicht, was ich tun soll«, dieses Leiden an mangelnden Sinnentwürfen bekundet bereits das Verlangen nach Beendigung dieses Zustands. *Daß der Mensch selbst als Sinnentwurf existiert und das praktische Vorwissen möglicher Erfüllungsgestalten für ihn orientierungskonstitutiv ist, das ist auch die Voraussetzung von Entfremdung und Entbehrung.*

Die Erfüllungsgestalten sind zentrales Konstituens unserer praktischen Sinnentwürfe. Die praktisch-anthropologische Tradition hatte diesen Grundzug menschlichen Lebens in dem Satz formuliert: *Alle Menschen streben nach dem Glück.* Alle Menschen wollen glücklich sein. In seinen Analysen zum guten Leben spricht Aristoteles (1972) in der »Nikomachischen Ethik« vom *höchsten Gut*, das alle Menschen erreichen wollen. Die christliche Theologie hat das eine höchste Gute im Anschluß an die antike Ethik der Eudämonie dann mit *Gott* identifiziert. In diesem Sinne ist der Satz des Augustinus aus den *Confessiones* zu verstehen: »Unruhig ist unser Herz, bis es ruhet in Dir (in Gott, Anm. d. Verf.)« (Augustinus, 1907, S. 24).

Wir dürfen uns aber die Bezogenheit unserer Sinnentwürfe aufeinander und untereinander *nicht* hierarchisch abgestuft vorstellen. In einer solchen Vorstellung vom Guten haben wir zunächst lokale, einzelne Handlungen, dann treten größere Sinnhorizonte in den Blick, schließlich, »am Ende« der Hierarchie, an der »Spitze« der Pyramide von Zwecken *ein* Endziel: *das gute* oder *das glückliche Leben* genannt. Warum ist diese traditionelle Vorstellung vom guten Leben zu kritisieren?

Der erste Grund der Kritik ist die *Dignität* der vermeintlich unteren, inferioren, in Wirklichkeit elementaren und fundamentalen Entwürfe und Erfüllungen, zum Beispiel die sinnlich-leiblichen wie Essen, Trinken, Schlafen, aber auch Hören und Sehen. Sie haben neben ihren tragenden Funktionen für weitere, komplexe Sinnentwürfe einen selbstzweckhaften, selbstgenügsamen Kern. Die Instrumentalisierung und Funktionalisierung aller Praxis auf *ein* Endziel hin vergleichgültigt die vielen sinnvollen Formen gelingenden Lebens. Der zweite Grund schließt hier an: Es ist die *Komplexität* des Guten. Eine materiale Ziel-Hierarchisierung auf *ein* höchstes Gut hin bringt leicht eine gefährliche Instrumentalisierung mit sich. Aristoteles schloß aus dem Satz »Alle Handlungsketten haben ein Ende« irrtümlich auf die Behauptung »Es gibt genau ein Ende und Ziel aller Ketten, ein höchstes Gut«. *Diese* Konsequenz ist nicht stichhaltig. Wir können die Grundidee der praktischen Anthropologie der Antike: die konstitutive Erfüllungsorientiertheit des Menschen, der selbst als praktischer Sinnentwurf sein Leben führt, festhalten und gleichzeitig von einer Komplexität möglicher Erfüllungen, von der Komplexität des guten Lebens ausgehen. Dies wird auch für das menschliche Altern in praktischer Perspektive wichtig: Es gilt zu fragen, welches die *altersspezifischen* Erfüllungsgestalten des Lebens sind. Entwicklungspsychologen sprechen in diesem Zusammenhang von Entwicklungsaufgaben.

2. Das kommunikative Wesen des Menschen

Die praktischen Sinnentwürfe führen von selbst zu einem zweiten Konstituens der menschlichen Grundsituation, sind es doch ganz wesentlich *kommunikative* Erfüllungsgestalten im gemeinsamen Leben, die wir mit unseren Sinnentwürfen anstreben. Betrachten wir wieder uns allen vertraute Lebenssituationen:
- jemandem zuhören;
- jemandem helfen;
- sich untereinander beraten;
- an jemanden denken;
- auf jemanden warten;
- für jemanden arbeiten;
- einander lieben/hassen/gleichgültig sein.

Das, was wir jeweils tun und wie wir uns zu uns selbst verhalten können, das ist durch solche kommunikativen Weisen des Miteinanderseins geprägt und wird durch sie ermöglicht. Wir *werden Menschen* inmitten eines gemeinsamen Lebens mit den anderen. In diesem Sinne hatte die antike praktische Philosophie den Menschen als *sprachliches* (zoon logon echon) und *politisches*, in der Stadt lebendes (zoon politikon) Wesen bestimmt. Wir werden zu uns selbst im Medium kommunikativer Praxis. Das ist auch für den Prozeß des Alterns, der ebenso ein sozialer, politischer und kultureller Prozeß ist, festzuhalten. Wir dürfen praktisch-anthropologisch bei der Analyse der menschlichen Grundsituation nicht von isolierten Einzelsubjekten ausgehen, die *dann* auch zu gemeinsamen Formen des Lebens zusammenfinden. Vielmehr kommt der kommunikativen Realität des gemeinsamen Lebens der Vorrang vor jeder monologischen, auf einzelne Subjekte zentrierten Perspektive zu. Gerade für die Analyse solcher Phänomene wie Einsamkeit ist dies wichtig. Es sind stets primär *Relationen zwischen Personen* − kommunikative Formen des Lebens −, die allererst die Selbstverhältnisse der Personen ermöglichen. *Menschliche Praxis ist überhaupt nur möglich, wenn mehrere Handelnde das gleiche tun.*

Die antike Ethik der Eudämonie hatte diese kommunikative Perspektive von vornherein. So sind die wesentlichen sogenannten *Tugenden* in der *Nikomachischen Ethik* des Aristoteles kommunikative Lebensformen: Wahrhaftigkeit, Gerechtigkeit, Freundschaft. Erst in der neuzeitlichen Subjekt- und Bewußtseinsphilosophie, beginnend mit Descartes, wird das isolierte Erkenntnissubjekt zum Urmodell der menschlichen Grundsituation. Bis zu Kant bestimmt es auch die Praktische Philosophie. Es war der jüngere Hegel in Jena, der gegen ein solches monologisches Verständnis der Konstitution unserer Welt wieder dezidiert ein kommunikatives Modell setzt: In den gemeinschaftlichen Praxisformen der *Arbeit*, der *Sprache* und der *Liebe* habe sich die Menschheit aus der Natur befreit und zur Kultur entwickelt. Wir müssen dies festhalten: Die Welt des Menschen kann primär nicht im Rekurs auf die Eigenschaften isolierter Subjekte angemessen beschrieben werden, sondern ihre konstitutiven Züge sind bereits jeweils den einzelnen Subjekten vorausliegende kommunikative Beziehungen zwischen Menschen. Das kommunikative Wesen des Menschen zeigt sich evident in der durchgängigen *Angewiesenheit auf die Mitmenschen* in Theorie und Praxis. Es zeigt sich in *pädagogischen* Formen des gemeinsamen Lebens (lehren und lernen), in Formen des *politischen* Lebens (Macht, Herrschaft und Kompromiß), in *ökonomischen* Formen (z. B. tauschen und handeln), in *sexuellen* und *erotischen* Formen des Lebens, in *ästhetischen* Formen (bauen und wohnen), in den kongregativen Formen der *Religion*. Diese *interexistentielle* Grundform unserer Weltorientierung tritt aber auch in verdeckter Gestalt auf: bei der Bestimmung dessen, was »Wirklichkeit« ist, bei der Beschreibung eines Gegenstandes. Niemand kann bloß für sich allein eine solche Bestimmung sicher leisten. Bereits für das Wirklichkeitsverständnis des *common sense* in der alltäglichen Welt ist unbestritten, daß private Einfälle, Phantasien und Intuitionen der gemeinsamen Prüfung bedürfen, um standhalten zu können.

Entscheidend ist, daß das Werden der Menschen zu sich selbst über die *kommunikativen* Erfüllungsgestalten praktischer Sinnentwürfe im gemeinsamen Leben ermöglicht wird. Für die Kindheit, die Jugend, die Erziehung und Ausbildung ist dies klar; zu fragen ist, in welchem Sinne es auch für die Phase des Altwerdens zutrifft. Das kommunikative Wesen des Menschen weist schließlich auf die *soziale, kulturelle* und *geschichtliche Verfassung* der menschlichen Grundsituation. Diese fundamentalen Gegebenheiten relativieren in gewisser Hinsicht die Bedeutung des Alternsprozesses des einzelnen für die Gestalt seines Lebens; eine solche Gestalt kann jedenfalls nicht außerhalb des gemeinsamen Lebens gewonnen werden.

3. Einmalige Ganzheit und Leiblichkeit

Bei aller Akzentuierung des kommunikativen Wesens des Menschen gehört das existentielle *Alleinsein* konstitutiv zur menschlichen Grundsituation. Die Spannung beider bildet einen wesentlichen Zug der Dialektik der menschlichen Situation. Mehr noch: Erst auf dem Grund der Gemeinsamkeit kann sich so etwas wie Einsamkeit, Subjektivität und das Bewußtsein von Individualität entwickeln. Das Leben des einzelnen geht im kommunikativen Wesen des Menschen nicht auf. Vielmehr ist jedes Leben eine *singuläre Totalität*, eine *einmalige Ganzheit*, die konkret an der begrenzten leiblichen Gestalt in Erscheinung tritt. Bereits Platon benannte den menschlichen Leib als Individuationsprinzip. Die sich entwickelnde einmalige Ganzheit des Lebens darf nicht als etwas Substantielles *neben*, *hinter* oder *über* den alltäglichen Lebensvollzügen gedacht werden. Vielmehr zeigt sie sich allein *in* den situativen praktischen Sinnentwürfen des täglichen Lebens.

Das Leben zwingt uns, ihm eine bestimmte *Gestalt* zu geben, eine *existentielle Konfiguration* unserer selbst. Diese müssen wir − in Jugend und Alter − Tag für Tag tätig hervorbringen. Die umfassende Tätigkeit der Gestaltung kann als das *Führen des Lebens* bezeichnet werden. Vom Anfang unseres Lebens an sind wir diskrete, leiblich verfaßte Wesen mit dem Zug der Einmaligkeit, einer zunächst faktisch konstatierbaren Unaustauschbarkeit und Unverwechselbarkeit. *Wir sind in unserem Leben immer an der Gestaltung der einmaligen Ganzheit, die wir faktisch schon sind, praktisch tätig: Unser Leben ist die Gestaltwerdung der singulären Totalität selbst.* Wir müssen unsere ganze jeweilige (einmalige) Situation sowohl sein als auch gestalten.

Die einmalige Ganzheit jedes Lebens ist stets unabgeschlossen und auch im Leben nie abschließend zu gestalten. Wir werden nie identisch mit den Erfüllungsgestalten, deren Sinnentwurf unser Leben ist. Erst mit dem Tod wird das Leben eine endgültige Gestalt. Wie läßt sich die Bezogenheit von Einmaligkeit und Ganzheit aufeinander näher explizieren? Die Gestaltwerdung eines Lebens muß sich in der Form einer existentiellen Dialektik vollziehen, indem einerseits die konkreten Sinnentwürfe in den einzelnen Situationen auch Bewegungen des ganzen Lebens sind und mithin ihren Sinn auch mit Bezug auf diese Ganzheit gewinnen oder verlieren, und indem andererseits dieser Rahmen der Ganzheit immer durch die *einzelnen* Sinnentwürfe in den lokalen Situationen qualifiziert wird. Erst durch diese Dialektik von Einmaligkeit und Ganzheit bildet sich die begrifflich uneinholbare Weltgestalt eines einmaligen menschlichen Lebens als *konkrete Lebensform* aus. Die Ganzheit des Lebens ist nie außerhalb von singulären Situationen erfahrbar; und die singulären Situationen lassen sich näher oder, im Ernstfall, »letztlich« nur in der Perspektive der Ganzheit begreifen. Die volle Schärfe erhält diese Feststellung in der Perspektive einer moralisch begriffenen einmaligen Lebensganzheit: Wir können hier von der *ethischen Zeit* der Verantwortung und der Schuld als der absoluten Zeit eines endlichen menschlichen Lebens sprechen.

Wie konstituiert sich das Werden zu sich selbst in der Zeit? Wie konstituiert sich die einmalige Ganzheit? Wie bildet sich, mit der geläufigen Formulierung, personale Identität heraus? Die Antwort ist wichtig für die Frage nach dem Wesen des Alterns. *Als* dieselben erfahren wir uns im wesentlichen während und nach entscheidenden, nachdrücklich erfahrenen *Veränderungen* unseres Lebens. Vor allem deswegen, weil wir tiefgreifende Wandlungen unserer selbst erleben und uns wiederum zu diesen Wandlungen verhalten müssen, erhält die Gestalt unseres Lebens ihre Unverkennbarkeit. Ein Blick auf die natürliche Gliederung unserer Grundsituation in Kindheit und Jugend, Reife und Erwachsensein, Alter und Tod macht dies bereits deutlich. Diese Wandlungen des sinn- und leiderfahrenden Lebens sind verwoben mit grundlegenden Wandlungen der Sichtweise der Welt. Wir können festhalten: *Die einmalige Ganzheit des Lebens bildet sich gemäß der existentiellen Dialektik von konkreter Einzelsituation und einzelnem Sinnentwurf einerseits, der Perspektive der Totalität unserer Existenz andererseits in den Wandlungen des Lebens aus.* Dabei spielt nicht die Vorwegnahme des eigenen Todes die zentrale Rolle — diesen Aspekt hat Heidegger in »Sein und Zeit« (Heidegger, 1979/1927) überakzentuiert —, sondern wesentlich sind die Weisen des *Sichtwandels* des sinnerfahrenden *Lebens*: Praktisch-anthropologisch von großer Tragweite ist daher die Tatsache, daß die Menschen nicht nur konstitutiv als Sinnentwürfe ihrer selbst zu verstehen sind, sondern darüber hinaus *als Wesen, die zu grundlegendem Wandel der Sicht fähig sind.* Sie müssen auch dazu fähig sein, denn die Probleme und Aufgaben, vor denen ein 10jähriger steht, sind in der Regel sehr verschieden von denen, die ein 40jähriger oder eine 80jährige zu bewältigen haben. Die Ausrichtung an Erfüllungsgestalten der Praxis bleibt aber bestehen.

Die einmalige Ganzheit des Lebens zeigt sich in der *Unvertretbarkeit durch andere*. »Nur ich kann tun, was ich tun kann.« — »Kein anderer kann mir meine Sinnentwürfe abnehmen.« — »Der andere ist, was ich nicht sein kann.« — Diese pragmatisch-tautologischen Sätze gelten für jeden Menschen. Wir haben es mit einer reziproken, symmetrischen Unvertretbarkeit zu tun. Die Lebenserfahrung zeigt, daß ich kein anderer sein kann. Die Unvertretbarkeit wird praktisch zur *Unaustauschbarkeit*. Wir können in diesem Zug unseres Lebens den Grund für dessen »Ernst« sehen. Die geläufige Rede vom *Ernst* des Lebens verweist auf die Unumgänglichkeit, das eigene Leben zu führen. Auch die alltäglich bekannten Wendungen von der *Schwere* und der *Last* des Lebens sind mit dieser Unumgänglichkeit (und mit der Zerbrechlichkeit und Gefährdung des menschlichen Lebens) verbunden. Ihnen kommt für die Phase des Alterns besondere Bedeutung zu.

Die einmalige Ganzheit zeigt sich aber auch in der *Unvertretbarkeit für andere*: Ich bin in meiner existentiellen Eigenart, in der Singularität meines Lebens und gemäß meiner genuinen Fähigkeiten eine praktische Erfüllungsperspektive für die anderen. Wir wachsen in bestimmte natürliche Gestalten des Lebens — Tochter oder Sohn, Mutter oder Vater, Schwester oder Bruder,

Großeltern – hinein, unsere Sinnentwürfe führen zu Gestaltungsaufgaben im gemeinsamen Leben, zu unserer beruflichen Arbeit. Wie stark die praktisch-anthropologische Reflexion auf die gesellschaftlich-geschichtliche Situation bezogen werden muß, zeigt an dieser Stelle ein Blick auf die Thematik der Auflösung der traditionellen Familienstrukturen, ebenso ein Blick auf die hochtechnisierten Organisationsformen der gesellschaftlichen Arbeit. Die Entfremdung der Generationen voneinander, eine Ausdifferenzierung hermetischer Partialkulturen für Alte und Junge, die Ersetzbarkeit menschlicher Arbeit durch Maschinen, diese Beispiele zeigen, daß die analysierten Konstituentien der menschlichen Grundsituation angesichts faktischer gesellschaftlicher Entwicklungen *normative Implikationen* besitzen und daß eine philosophische Anthropologie in praktischer Absicht von sozialen und politischen Fragen nicht zu trennen ist. Das wird auch sichtbar, wenn wir an die interne Komplexität und Abstufung der einmaligen Ganzheit im Verlauf der einzelnen Lebensphasen denken: Unvertretbarkeit für andere besteht jeweils in differenzierter Form während den Lebenszeiten und ihren identitätskonstitutiven Wandlungen. Jeweils handelt es sich um Erfüllungs- und Versagungsperspektiven, bei denen es auf mich *als* Kind, *als* Tochter, *als* Lehrer, *als* Großvater, *als* Kranker oder Gesunder, *als* Erfahrener oder Unerfahrener ankommt, auf etwas, was nur ich tun oder sein kann. Ein Isolationismus der Generationen, zum Beispiel mit gesellschaftlicher Kinderfeindlichkeit und Altenreservaten, läßt sich als *kommunikative Verarmung* derjenigen Erfüllungsgestalten des Lebens analysieren, die sich der differenzierten Unvertretbarkeit für andere verdanken können. Demgegenüber ist praktisch-anthropologisch nach den Voraussetzungen und Chancen erfüllter Ganzheit des Lebens zu fragen, ebenso nach den möglichen Erfüllungsgestalten von Individualität im gemeinsamen Leben.

Die einmalige Ganzheit des Lebens nimmt in der *Leiblichkeit* des Menschen konkrete Gestalt an. Aber wir koinzidieren im normalen Leben nicht mit den Grenzen unserer Haut, sondern wir *erstrecken* uns situativ, handelnd und sprechend, planend und überlegend, weit »in die Welt« hinaus. Diese Erstreckung hat eine zukünftige Ausrichtung und ist durch unsere praktischen Sinnentwürfe fundiert. Der Leib ist im Normalfall der Gesundheit auch keine Art äußerlicher Hülle, in der wir »stecken«. Er ist nicht als das »Außen« eines »Innen« begreifbar. Wir sitzen nicht wie »innere«, versteckte Steuermänner in einer Leibmaschine. Wir stehen auch nicht noch einmal – als luftige Geistwesen – »hinter« unserem Leib. Eine ontologische, dualistische Aufspaltung von räumlicher Körperlichkeit und unausgedehnter Geistigkeit ist philosophisch-anthropologisch verfehlt. Gerade der menschliche Leib ist die »Mitte« unserer Grundsituation, die *Mitte der Lebenswelt*, in der deren natürliche Basis und deren kommunikatives Wesen sich wechselseitig ermöglichen und durchdringen. Zu fragen ist allerdings, was die vielen charakteristischen Veränderungen der konkreten Leiblichkeit im Prozeß des Alterns bedeuten, welche Verschiebungen sie in den »normalen« Verhältnissen bewirken, inwiefern pathologische Verzerrungsformen der leiblich fundierten einmaligen Ganzheit des Lebens zu diesem Leben notwendig dazugehören.

4. Endlichkeit und Negativität

Die Endlichkeit des Menschen ist eine *intensive*, durch und durch jede Lebensbewegung prägende Endlichkeit; sie wäre viel zu oberflächlich und äußerlich konzipiert, wenn wir sie lediglich in den zeitlichen Ereignissen des Geborenwerdens und des Sterbens ansetzen würden. Bei einer Analyse des Alterns ist der Blick auf die intensive Endlichkeit wichtiger als der ständige Blick auf den Tod, der eben nicht mehr zum Leben gehört, weil sich im Alter die Zeitlichkeit des menschlichen Lebens radikalisiert. Die Endlichkeit betrifft nicht nur die *zeitliche* Begrenztheit als Konstituens der menschlichen Grundsituation, sondern alle Begrenztheiten des Menschen. Diese Gesamtheit der existentiellen Grenzen kann daher terminologisch *Negativität* genannt werden. »Negativität« soll keine abwertende Bedeutung mitführen. Wir können an dieser Stelle auch von *Begrenztheit* sprechen. Diese Negativität oder Begrenztheit läßt sich zunächst so präzisieren, daß

— unsere praktischen Sinnentwürfe letztlich *unableitbar* (spontan) sind;
— wir die einmalige Ganzheit unseres Lebens *nicht* begrifflich oder pragmatisch *objektivieren* können und
— die Menschen sich wechselseitig pragmatisch *entzogen* sind.

Positiv liegt in diesen negativen Grundzügen angelegt, was die große Tradition der Praktischen Philosophie als Freiheit und Autonomie, Menschenwürde und universales Sittengesetz bezeichnet hat. Diesen fundamentalen ethischen Sinn der Endlichkeit müssen wir angesichts des Alterns als Werden zu sich selbst erneut aufgreifen.

Die Endlichkeit zeigt sich in der Unwiederbringlichkeit des gemeinsamen und einsamen Lebens, in der Unumkehrbarkeit der sterblichen Lebensbewegung, in der Unvermeidlichkeit der zukünftigen Situationen, in der Unabänderlichkeit des Geschehens, in der Unvordenklichkeit der Anfänge des sinnhaften und bewußten Lebens und in der Unvorhersehbarkeit seines Endes. Die soeben genannten Züge der menschlichen Grundsituation spielen im Prozeß des Werdens zu sich selbst im Altern eine wichtige Rolle. Die Vorsilbe »Un-« indiziert jeweils pragmatische *Handlungsunmöglichkeiten*, etwas, das wir aufgrund der Konstitution unseres endlichen Lebens *nicht können*.

Deutlicher noch wird die interne Durchsetztheit des menschlichen Lebens mit pragmatischen Handlungsunmöglichkeiten durch Grundzüge des Selbstverhältnisses, die wir als die *Verdecktheit* der eigenen Vergangenheit, die ständige mögliche *Selbstverfehlung* und schließlich als ständige *Verletzlichkeit*, *Hinfälligkeit* und *Zerbrechlichkeit* bezeichnen. Die Verdecktheit der Vergangenheit besagt anthropologisch, daß wir uns selbst in unserer Lebensgeschichte nicht gänzlich verständlich sind und sein können. Der Mensch kann aufgrund seiner

Endlichkeit seine Geschichte nicht durchschauen, seine Vergangenheit nur in geringfügigem Maße transparent machen. Dies gilt für individuelle Biographien, aber auch für internationale Groß-Geschichten. Die Menschen können ihre Vergangenheit nicht pragmatisch in ihre Verfügungsgewalt bringen. Das Vergessen des Gewesenen ist sogar notwendig: Könnten wir uns an alles erinnern, so würden wir wahnsinnig werden. Und wir müssen ja hier und jetzt tätig unser gegenwärtiges Leben führen und gestalten. Hingen wir gänzlich dem Gewesenen an und nach, so würden wir lebensunfähig werden. Die Verdecktheit des Lebens vor sich selbst im Vergessen und Verdrängen der eigenen Geschichte ist notwendig. Sie ist aber gefährlich, wenn in diese Verdecktheit eine Selbstentfremdung, eine Flucht vor sich selbst eingearbeitet ist, die hinterrücks ständig zu schaffen macht und eine Ehrlichkeit im Selbstverhältnis hartnäckig verhindert. Philosophisch-anthropologisch verbinden sich hier Fragen der Psychopathologie mit denen der Moralphilosophie. Die Theologie diskutiert die aufgewiesene Negativität im Zusammenhang mit den Grundbegriffen Schuld und Vergebung, Sünde und Gnade.

Damit verbindet sich der Aspekt der Negativität, den wir als ständige mögliche *Selbstverfehlung* bezeichnet haben. Ständig müssen wir um unserer selbst und unserer Erhaltung willen praktische Sinnentwürfe in die offene, leere Zukünftigkeit hinein entwerfen. Dieses tätige Hervorbringen unseres Lebens (auch in den Zuständen der Passivität, in Schlaf und Traum) endet erst mit dem Tod. Diese nötige Aktivität ist dem Irrtum und der Fehlbarkeit ausgesetzt. Aristoteles sagt einmal, daß das Vorbeischießen (beim Bogenschießen) einfach und leicht sei, das Treffen jedoch selten und schwer. Somit kann der Mensch die Zielgestalten seiner Existenz auf unendlich mannigfaltige Weise verfehlen, sich verlieren, an unwesentliche Dinge verfallen und verlorengehen. Die Mühe des menschlichen Daseins, der Ernst der Existenz des Menschen besteht darin, sich aus den mannigfach gegebenen Möglichkeiten des Sich-Verfehlens herauszuarbeiten und dauerhaft zu befreien.

Den Aspekt der Verletzlichkeit können wir terminologisch auch als *Fragilität* des Menschen fassen. Diese ständige Gefährdetheit durch Unfälle, Krankheiten und durch Übergriffe der Mitmenschen, die Phänomene der Furcht, der Angst und des Wahns, schließlich die unumstößliche und dennoch unfaßbare Gewißheit von Sterben und Tod zeigen den Menschen als ein extrem bedrohtes Wesen von Anfang an, seiner Vernichtung sowohl ausgesetzt als auch – schlimmer noch – darum wissend. Die Umdrohtheit und Hinfälligkeit läßt sich auch wiederum nicht individualistisch und subjektivistisch verengen und auf das Geschick der einzelnen einschränken: Diese Hinfälligkeit bestimmt die gesamte Natur und die gesamte Geschichte, alle Völker, Nationen, Kulturen und Zivilisationsformen, alle wissenschaftlichen, politischen und religiösen Organisationsformen. Das Studium des Untergangs von Groß- und Weltreichen vermag dies eindrücklich zu vermitteln, vor allem dann, wenn der eigentliche Grund beziehungsweise das Geflecht von Gründen und Ursachen für den Untergang

– entsprechend der aufgewiesenen geschichtlichen Verdeckungstendenz – im dunkeln bleibt.

Wir dürfen im Rahmen einer philosophischen Anthropologie des Alterns in praktischer Absicht die Modi der Fragilität, der Hinfälligkeit, Gefährdung und Vergänglichkeit durch die Natur, durch andere und durch uns selbst nicht wiederum isoliert von der gemeinsamen Praxis und unseren Selbstverständnissen thematisieren. Es liegt, gerade angesichts des Alterns, nahe, eine pessimistische Anthropologie des Elends des menschlichen Daseins zu entwickeln. Sie ist tatsächlich eines der Hauptmotive der europäischen Dichtung und Theologie, aber auch fernöstlicher Religionen. Philosophisch-anthropologisch wird die sündentheologisch bereits *in extenso* reflektierte konstitutive Gebrochenheit des Menschen paradigmatisch in den Beschreibungen der *condition humaine*, die Blaise Pascal gegeben hat: Die charakteristischen von ihm analysierten Daseinsweisen sind Langeweile, Eitelkeit, Nichtigkeit, Irrtum, Zweifel, Verlorenheit, die Zwiespältigkeit zwischen Nichts und Unendlichkeit, Ohnmacht, Vergänglichkeit und Tod (Pascal, 1947). Diese Analysen lassen sich unter dem Gesichtspunkt der konstitutiven Fragilität des Menschen bestätigen, weil sie zu Recht die *Unaufhebbarkeit* dieser Grundzüge herausstellen. Es muß festgestellt werden: Die Modi der Fragilität, wie auch die anderen Modi der Endlichkeit und Negativität, sie sind im Kern nicht etwa defiziente und tilgbare Mißgestalten des Lebens. Sie gehören so konstitutiv zu diesem Leben dazu, daß eine von ihnen gänzlich freie und untangierte »Normalität« nicht einmal denkbar ist.

Philosophische Anthropologie und Ethik lassen sich nicht trennen. Angesichts der Fragilität, der Leidbedrohtheit und Schuldgefährdetheit muß gefragt werden: Wie sind diese Formen des Lebens in die Konstitution einer menschlichen Welt einbezogen? Sie werden allererst erfahrbar in der Perspektive unserer Sinnentwürfe und ihrer Erfüllungsgestalten. Die praktischen Sinnentwürfe bilden den Hintergrund, auf dem erst die Gestalten der Hinfälligkeit und Zerbrechlichkeit erscheinen können. *Die menschliche Fragilität wird erst in der Perspektive von Sinnentwürfen erfahren*, auf dem Hintergrund *positiver* Modi menschlicher Existenz.

C. Werden zu sich selbst: Altern als Radikalisierung der menschlichen
   Grundsituation

Die bisher analysierten Konstituenten der menschlichen Grundsituation: die praktischen Sinnentwürfe mit ihren Erfüllungsgestalten, das kommunikative Wesen des Menschen, die leiblich fundierte Ganzheit des Lebens, die Endlichkeit, Negativität und Fragilität – diese Konstituenten gelten anthropologisch *universal* für alle Lebensphasen und Lebenssituationen. Sie gelten selbstverständlich auch für die Phase des Alterns und das höhere Alter. Die Grundzüge bieten darüber hinaus die Möglichkeit, auf dem Weg der Analyse ihrer spezifischen *Modifikation* im höheren Alter eine philosophische Wesensbestimmung dieser

Lebenszeit zu unternehmen. Dabei muß der Blick auf das *Typische* gerichtet sein: Also weder auf katastrophische Krankheitsbilder, die ein eigenes Thema einer philosophisch-anthropologischen Pathologie sind, noch auf scheinhaft forcierte Jugendlichkeit bis ins Alter, die eher Gegenstand ideologiekritischer Überlegungen ist. Wie sieht der Alterungsprozeß, zunächst betrachtet frei von besonderen Extremen, aus?

Die Wesensbestimmung des menschlichen Alterns läßt sich so formulieren: *Der Prozeß des menschlichen Alterns ist die Radikalisierung der menschlichen Grundsituation.* Dementsprechend läßt sich die späte Lebenszeit, das höhere Alter und hohe Alter, *als die radikalisierte menschliche Grundsituation* bestimmen. Und dies gilt mit Rücksicht auf alle wesentlichen Aspekte des Lebens, die wir bereits aufgewiesen haben. Als solche Radikalisierung läßt sich der Prozeß des Altwerdens philosophisch-anthropologisch auch als *das aufdringliche Zutagetreten der humanen Sinnkonstitution* begreifen. Von seiten der Philosophie ist der physischen und psychischen Realität dieses Prozesses, seiner Materialität, lange Zeit keine besondere Aufmerksamkeit gewidmet worden. Für die lebensweltliche Realität des Menschseins war weder in der Metaphysik – einer Wissenschaft über zeitlose Geistwesen – noch in den Naturwissenschaften – sie handeln von physischen Körpern – ein Platz. Für diese Realität war aber auch in der neuzeitlichen Vernunftethik kein Raum. Es sind daher bis in die Gegenwart lebensphilosophische und essayistische Annäherungen versucht worden, die durchaus in einer Linie mit den biblischen Weisheitstraditionen, der antiken Ethik der Eudämonie, dem lebensorientierten Skeptizismus Montaignes und der französischen Moralisten sowie dem anthropologischen Pessimismus Schopenhauers stehen. Herausragende zeitgenössische Arbeiten sind »Über das Altern. Revolte und Resignation« von Jean Améry (1968) und »Das Alter« von Simone de Beauvoir (1970). Diese Arbeiten ergänzen sich mit ihrem reichen Erfahrungsmaterial, weil Améry dezidiert individual-anthropologisch seinen eigenen Sichtwandel während des Alterns literarisch zu analysieren versucht, und weil de Beauvoir ebenso dezidiert einen sozial-anthropologischen Zugriff mit Blick auf die alternden unteren Klassen der Gesellschaft wählt.

Die Radikalisierung der menschlichen Grundsituation sowie das aufdringliche Zutagetreten der humanen Sinnkonstitution als Wesensbestimmung des Alterns und des Alt-Seins lassen sich zunächst gemäß folgenden Aspekten des Gesamtprozesses untergliedern: gemäß dem *physischen* Altern, dem *psychischen* Altern, dem *sozialen* und *kulturellen* Altern. Angesichts der einmaligen Ganzheit der menschlichen Existenz (bei noch so hoher interner Komplexität) verbietet sich aber eine vereinzelte Betrachtungsweise dieser Aspekte. Auch die von uns aufgewiesenen Konstituentien der menschlichen Grundsituation sind im strengen Sinne *gleichursprünglich*, liegen gemeinsam als Grundzüge am menschlichen Leben vor, durchdringen und qualifizieren sich wechselseitig. Wir können sie in der Analyse nur künstlich und zum Zweck der Übersicht separieren. Das gilt auch von den Aspekten des komplexen Alternsprozesses. Sie radikalisieren und intensivieren sich wechselseitig. Und dies auf eine Weise, die unsere generelle Überschrift »Werden zu sich selbst« als eine harmonistische und teleologische Unterstellung erscheinen läßt. Denn die Erfahrungsberichte der Alternden zeugen vom »tragischen Ungemach des Alterns« (Améry, 1968, S. 12) und von einem Prozeß der *Selbstentfremdung*, in dem der Lastcharakter der Existenz sich steigert. Die philosophische Anthropologie muß diese Spannung von Selbstwerdung und Selbstentfremdung, von Erfüllung und Negativität reflektieren.

Mit Blick auf das körperliche Altern erscheint die radikalisierte Grundsituation in der Gestalt von *Störungen* leiblicher Funktionen aller Art. Störungen sind seit jeher erkenntnis-konstitutiv. Etwas fällt erst eigentlich auf, wenn es nicht mehr da ist beziehungsweise seinen Dienst versagt. Der normale jüngere Mensch gebraucht seine Gelenke und seine Sinne wie selbstverständlich, der Leib »gehorcht« problemlos. Im Prozeß des Alterns treten typischerweise Störungen ein, die in ihrer Lästigkeit *aufdringlich* sind, in ihrer *Nähe* unabweisbar. Ein alltagssprachlicher Ausdruck − zum Beispiel »die Pumpe will nicht mehr« − bezeugt die entfremdete eigene Leiblichkeit. Wie eine willensbegabte, fremdartige Apparatur erscheinen Herz und Kreislauf als eigenmächtige Instanz, die sich gegen ihren rechtmäßigen Inhaber wendet. Oder das Phänomen des »Entsetzens vor dem eigenen Spiegelbild« bei besonders gut aussehenden, nun alternden Männern: »Das soll ich sein?!« Auch hier erleben wir ein Sich-fremd-Werden, ein Zurückschrecken, eine Unstimmigkeit angesichts seiner selbst. Solche Beispiele deuten auf eine *Gebrochenheit des Selbstwerdungsprozesses* im Altern. Der physische Alterungsprozeß schließt aber keineswegs seine Integration in ein reflektiertes Selbstverständnis aus.

Schließlich mag das Alter seinen unbezweifelbaren Sieg davongetragen haben, die Beteuerungen »Auch ich war einmal jung« den Jungen als schwer glaubhaft erscheinen, ein resignatives Akzeptieren der vollendeten Tatsachen sich einstellen. Dennoch geht der Prozeß der Störungen und Zerstörungen weiter, und der »Mangelzustand des biologischen Mängelwesens Mensch wird im Alter immer größer«, wie Paul Baltes (1989, S. 59) im Anschluß an die Anthropologie Arnold Gehlens formuliert. Wenn wir nur die Glücksfälle und die Unglücksfälle typologisch beiseite lassen, so sehen wir einen Beeinträchtigungs- und Zerfallsprozeß, der unaufhaltsam und irreversibel ist wie die Zeit selbst.

Oscar Wilde, der in seinem *Bildnis des Dorian Gray* die Thematik des Altwerdens subtil behandelt hat, schreibt: »Die Tragödie des Alters beruht nicht darin, daß man alt ist, sondern daß man jung ist« (Wilde, 1924, S. 285). Man bringt eine in jüngeren Jahren ausgebildete personale Identität mit ins Alter, eine Identität, mit der man vertraut ist und die man sich selbst in seinen Sinnentwürfen geschaffen hat. Diese bejahte Identität tritt in Spannung zu der beginnenden physischen Fragilität, die gegen die autonom herausgebildete Gestalt der eigenen Existenz gerichtet scheint. Und doch gehört der physische Alterungsprozeß zur innersten eigenen Natur des Menschen. Die Radikalisierung der Physis kann mit Améry (1968) als *Körperwerdung* und *Materialisierung* charakterisiert werden, insofern ihre Aufdringlichkeit als Belastung und Beschwernis die Sinnentwürfe zunehmend auf sich lenkt. Die körperliche Befindlichkeit drängt sich auf, am unabweisbarsten in chronischen Schmerzen, am schlimmsten in der gänzlichen Schmerzwerdung, die alle anderen Orientierungen tilgt, wenn wir einmal die Möglichkeit eines radikalen Stoizismus beiseite lassen. Die dialektische Spannung im Selbstverständnis, die durch die Radikalisierung der Leiblichkeit mit der Körperwerdung eintritt, läßt Améry formulieren:

> »Ich bin Ich im Altern *durch* meinen Körper und *gegen* ihn: ich war Ich, als ich jung war, *ohne* meinen Leib und *mit* ihm. Das Altern ist der Moment des dialektischen Umschlags: die Quantität meines sich gegen die Vernichtung hin bewegenden Körpers wird zur neuen Qualität eines transformierten Ich« (Améry, 1968, S. 56).

Festhalten können wir, wie auch immer der physische Alterungsprozeß im einzelnen verläuft, daß es sich um eine gravierende *Radikalisierung der leiblich verfaßten Grundsituation* des Menschen handelt, die in diesem Prozeß in der oft schmerzhaften und beschwerlichen Körperwerdung aufdringlich zutage tritt; die einmalige Ganzheit der leiblichen Existenz wird schmerzhaft bewußt.

Dieses Bewußtsein führt uns zum Aspekt des psychischen Alterns. Er ist mit der endlichen Zeitlichkeit des Lebens und mit Modifikationen der praktischen Sinnentwürfe und Erfüllungsgestalten verbunden. Die Zeit des gelebten Lebens und mithin der Erinnerung wird immer mehr, die noch zu lebende zukünftige Zeit immer weniger. Die Möglichkeit, daß ein wehmütiges »einst« die gegenwärtige Erfahrung färbt, wird immer mehr gesteigert. Im Alltag fallen Äußerungen wie »Ein alter Mensch lebt nur noch in der Vergangenheit«. So, wie wir angesichts der Physis von einer Körperwerdung sprechen, können wir mit Bezug auf die Erfahrung des Bewußtseins von einer *Zeitwerdung* sprechen. Die intensive Verzeitlichung ist objektiv durch das Ausrinnen der Lebenszeit und durch das Anwachsen des gelebten Lebens gegeben. Gleichermaßen modifiziert sich der intentionale Charakter der praktischen Sinnentwürfe und ihrer Erfüllungsgestalten. Während in früheren Lebensphasen Hoffnungen, Erwartungen und Anforderungen eine gespannte Ausrichtung auf *mehr neuen Sinn in der Zukunft* motivieren, reduziert sich diese Ausrichtung im Alter. Diesen Aspekt hat bereits Schopenhauer in seinen »Aphorismen zur Lebensweisheit« unter dem Gesichtspunkt der Befreiung von Illusionen pointiert herausgearbeitet:

> »Vom Standpunkt der Jugend aus gesehn, ist das Leben eine unendlich lange Zukunft; vom Standpunkt des Alters aus, eine sehr kurze Vergangenheit; so daß es Anfangs sich uns darstellt wie die Dinge, wann wir das Objektivglas des Opernkuckers ans Auge legen, zuletzt aber wie wann das Okular. Man muß alt geworden seyn, also lange gelebt haben, um zu erkennen, wie kurz das Leben ist« (Schopenhauer, 1974/1851, S. 243).

Schopenhauer akzentuiert die Tendenz, daß im Alter »des Unbedeutenden« immer mehr wird, da schon alle Vorgänge und Ereignisse bekannt seien. »So läuft denn die Zeit immer spurloser ab« (S. 244), »die Dinge eilen vorüber, ohne Eindruck zu machen«, »der Intellekt« wird

> »so abgeschliffen, daß immer mehr Alles wirkungslos darüber hingleitet; wodurch dann die Tage immer unbedeutender und dadurch kürzer werden: die Stunden des Knaben sind länger, als die Tage des Alten. Demnach hat die Zeit unseres Lebens eine beschleunigte Bewegung, wie die einer herabrollenden Kugel; und wie auf einer sich drehenden Scheibe jeder Punkt um so schneller läuft, als er weiter vom Centro abliegt; so verfließt Jedem, nach Maßgabe seiner Entfernung vom Lebensanfange, die Zeit schneller und immer schneller« (Schopenhauer, 1974/1851, S. 248 f.).

Gesteigert wird der Eindruck der rasch verrinnenden Zeit aber nicht nur durch die von Schopenhauer in typisch pessimistischem Gestus akzentuierte Abstumpfung, sondern auch durch das sich radikalisierende Bewußtsein der Kostbarkeit der weniger werdenden verbleibenden Zeit. Im übrigen darf nicht verkannt werden, daß der ganze beschriebene Prozeß im Alter ebenso die reflexive Gestalt der *Lebenszufriedenheit* anzunehmen vermag.

Die Radikalisierung des Zeitbewußtseins im Verlauf des Alterns kann mehr oder weniger stark ausgeprägt sein. Sie hat ihren Gegenhalt in der *Normalität* und *Kontinuität* des alltäglichen Lebens, solange es wie üblich fortgesetzt werden kann. Thomae (1989) weist in seinem Aufsatz »Veränderungen der Zeitperspektive im höheren Alter« verbreitete Auffassungen von einer »krisenhaften« Veränderung der Zeitperspektive im Alter zurück. Es zeige sich, daß

> »Jugendliche und ältere Personen (Durchschnittsalter 71 Jahre) sich nicht in ihrem Zeiterleben voneinander unterschieden. Den Jugendlichen war ihre Zeit genauso wertvoll wie den Älteren, und sie schien ihnen auch genauso rasch zu vergehen wie den Älteren« (Thomae, 1989, S. 60).

Mir scheinen die aufgebotenen empirischen Befunde jedoch die These von der *objektiven* Radikalisierung der menschlichen Situation im Alter nicht zu widerlegen. Eher belegen sie
— die Universalität und Kontinuität der menschlichen Grundsituation, die keineswegs erst im Alter als krisenhaft und schwer zu bewältigen erfahren wird;
— die Bewältigungsstrategien des bewußten Lebens im Alter.
Gemäß der Bonner Gerontologischen Längsschnittstudie rangiert zum Beispiel das »Beschäftigtsein mit Gedanken an die *Endlichkeit des Daseins*« in einer Gruppe von befragten Testpersonen erst auf dem elften Themenrangplatz von insgesamt fünfzehn Themen. Auch die starke Vergangenheitsorientiertheit läßt sich empirisch zumindest relativieren. Die Auseinandersetzung mit der Endlichkeit ist stark von der Sorge um Äußerlichkeiten (Begräbnis) sowie durch eine »forcierte matter-of-fact-mindedness« (Thomae, 1989, S. 64) — das Akzeptieren der Faktizität des Sterbenmüssens — geprägt. Solche und ähnliche empirischen Studien geben, philosophisch betrachtet, die *Meinungen* von bestimmten Menschengruppen im Kontext künstlich hergestellter Befragungssituationen wieder.

Sie können daher nicht das eigene Nachdenken und die Bemühung um praktische *Einsichten* angesichts von Alter und Endlichkeit ersetzen, die philosophisch und ethisch geboten sind.

Wir dürfen die Aspekte des Alternsprozesses nicht voneinander isolieren: Das physische und das psychische Altern gehören zusammen, und sie sind eingebettet in das *soziale und kulturelle* Altern. Es wäre eine verhängnisvolle Subjektivierung und Individualisierung, wollte man die einsame, private Zeiterfahrung des Einzellebens und seiner Endlichkeit losgelöst von den kommunikativen Formen des Lebens und separat von den gesellschaftlich-geschichtlichen Gesamtentwicklungen begreifen. Die Gebrochenheit im Werden zu sich selbst und die radikalisierte Zeiterfahrung können sich im Verlust von Partnern und Angehörigen, nahen Freunden und Verwandten »seiner Generation« verstärken. Dieses Altern ist aufgrund des *kommunikativen Wesens des Menschen* unbestritten einer der gravierendsten Aspekte, das Akzeptieren des Verlustes des Partners eine der am schwersten zu vollbringenden existentiellen Leistungen des Menschen. Sehr Alte beklagen, daß sie sich mit niemandem mehr so recht unterhalten können, weil die Kontexte und Sprachkonventionen, die Horizonte gemeinsamer Erfahrung und Bekanntschaft zerfallen sind. Insofern erscheint das Werden zu sich selbst als *Vereinzelung* und geht mit einem *Fremdwerden* in der Welt einher.

Das soziale und kulturelle Fremdwerden kann durch die generationelle Asymmetrie sowie durch die gesellschaftlichen Innovationsschübe in den westlichen hochtechnologisierten Ländern die Tendenz zum *Nicht-Verstehen der eigenen Lebenswelt* begünstigen. Die eigene Ich-Identität und das eigene Normensystem nebst den für sie konstitutiven Erfahrungen sind in einem sozialen und kulturellen Feld herausgebildet worden, das so nicht mehr besteht. Es ist zur erinnerten Zeit geworden. Das Tempo des gesellschaftlichen Wandels und der geschichtlichen Veränderungen hat sich in den letzten 100 Jahren so gesteigert, daß die Entfremdung und Verständnislosigkeit älterer Generationen nicht überraschen kann. Wenn es auch muntere Anpassung und schwungvolles Aufgreifen modischer Trends bei den »jungen Alten« gibt, wenn auch eine nicht verkümmernde Neugier auf die interessanten Entwicklungen in Gesellschaft und Kultur bei manchen zu beobachten ist, auch solche Haltungen kommen an Grenzen, selbst dann, wenn sie ursprünglich glaubwürdig waren.

Betrachten wir die physischen, die psychischen, die kommunikativ-sozialen und die kulturellen Aspekte des Alterns, die wir aufgewiesen haben *in toto* und in ihrer wechselseitigen Interdependenz, so läßt sich die These von der *Radikalisierung* der menschlichen Grundsituation bei allen Modifikationen und Relativierungen voll aufrechterhalten. Die leiblichen, zeitlichen, interpersonalen und geschichtlich-kulturellen *Konstituentien* humanen Lebens treten, gerade durch ihr Gestörtwerden, aufdringlich zutage. Mit ihnen melden sich *Grenzen des Lebens*, so daß vom voranschreitenden Alter auch als von einer sich erstreckenden *Grenzsituation* der menschlichen Existenz im Sinne von Karl

Jaspers die Rede sein kann. Das Leben ist — faktisch — das Werden des Menschen zu sich selbst. Dieses Werden ist von Negativitäten durchsetzt und von Fragilitäten geprägt. Es erscheint den Alt-Werdenden nicht nur als harmonisch verlaufender teleologischer Prozeß, sondern auch als Belastung, Einschränkung und Mühsal. Dabei darf zweierlei nicht zu einer verzerrten Überakzentuierung der Negativität allein hinsichtlich des Alters führen:

- das Vergessen der *Kontinuität* und *Universalität* der menschlichen Grundsituation. Probleme, Krisen und Konflikte kennzeichnen alle Lebensphasen, zumal die in der Welt noch nicht sichere Jugendzeit. Durch die viel größere Lebenserfahrung besteht im Alter die Chance zur Gelassenheit;
- das Vergessen der *Dominanz* gesellschaftlich-geschichtlicher Prozesse gegenüber dem Einzelleben.

Weltkriege, Inflationen, Diktaturen als Fehlentwicklungen im Großen beeinflussen die Menschen gravierend und zum Teil auch unabhängig von ihrem jeweiligen Lebensalter.

Das Werden zu sich selbst im Alter steht weiterhin, wie das bisherige Leben, unter dem Primat der praktischen Sinnentwürfe mit ihren konstitutiven Erfüllungsgestalten. Den Aspekten der Negativität und Fragilität steht »ein hohes Maß an Zufriedenheit älterer Menschen mit ihrer allgemeinen Lebenssituation« (Thomae, 1989, S. 60) gegenüber, die wir *auch* unter dem Stichwort der Radikalisierung der Grundsituation fassen können. Hier zeigt sie sich als vertiefte Einsicht in die begrenzten Möglichkeiten des Menschen, als ein Element von *Altersweisheit*. An der durchgängigen Erfüllungs- und Glücksorientiertheit im Alter besteht kein Zweifel; sie ist ein *humanum* schlechthin. Angesichts der Phänomene der Selbstentfremdung können wir das auf Erfüllung angelegte Werden zu sich selbst im Alter mithin als ein *konstitutiv riskantes, gefährdetes und gebrochenes Werden zu sich selbst* bestimmen. Auch so bestätigt sich die These von der Radikalisierung der menschlichen Grundsituation: Denn der Mensch ist, praktisch-anthropologisch betrachtet, von Anfang an ein konstitutiv gebrochen auf Erfüllung angelegtes Wesen, konstitutiv gefährdet auf endgültige Erfüllungsgestalten seiner selbst und des gemeinsamen Lebens angelegt. In dieser Perspektive erscheint die *ethische* Dimension einer philosophischen Anthropologie des Alterns.

D. Endgültigwerden: Ethische Konsequenzen

Das Leben läßt sich als existentieller Individuationsprozeß, als das Gestaltwerden der singulären Totalität eines menschlichen Daseins verstehen. Welche ethischen Konsequenzen können wir angesichts des durch Negativität und Fragilität gebrochenen und gefährdeten Selbstwerdungsprozesses, wie wir ihn bisher analysiert haben, formulieren?

Zweifellos bietet die späte Lebenszeit in mehrfacher Hinsicht Chancen für die Entwicklung moralischer, praktischer Einsichten, die in früheren Lebensphasen weniger leicht zu gewinnen sind. Endlichkeit, Negativität und Fragilität des Lebens sind deutlich erkennbar. Die Angewiesenheit des Menschen auf kommunikative Solidarität ist vielfach, auch durch Verluste, erfahren worden. Die Erfahrung der Flüchtigkeit manchen Glücks vermag eine Kraft zur Desillusionierung und Täuschungslosigkeit wachzurufen. All dies sind Komponenten, die nicht altersspezifisch sein müssen. Und kein Altwerden garantiert für die Ausbildung der gerühmten Altersweisheit. Dennoch können wir eine ethische Perspektive entwerfen, die sich *individualethisch* und *sozialethisch* ausdifferenzieren läßt.

Der Aspekt der Endgültigkeit des gebrochenen Selbstwerdungsprozesses im Alter vermag theologische Grundgedanken reformulierbar zu machen, wenngleich die Erosion religiöser Sinnmythen in der säkularisierten modernen Welt die religiöse Kultur erschüttert hat. Das Endgültigwerden besagt, daß ein Leben im Altern seine endgültige Gestalt gewinnt und *seine ganze Zeit wird*: die ganze Zeit seines Lebens. Diese ganze Zeit der singulären Totalität der menschlichen Existenz ist deshalb die *ethische Zeit* zu nennen, weil sie die Zeit ist, in der Schuld und Verantwortung, Autonomie und kommunikative Solidarität, Selbstverfehlung und moralisches Scheitern wirklich geworden sind. Endgültigkeit bewußt zu begreifen heißt, daß die Kürze des Lebens und seine Überschaubarkeit einsichtig werden, daß nun die Chance besteht, das menschlich Wichtige vom vielen Unwichtigen zu unterscheiden. Es besagt, Negativität auch als *lebenssinnkonstitutiv* zu verstehen: Das Leben bringt den Tod mit sich, die Freiheit das Böse, und die Formen kommunikativer Selbstpreisgabe und Solidarität schließen die Möglichkeit ihrer Verletzung und ihres Scheiterns ein. Die Chance zu solchen Einsichten ist keine Garantie, und ohne eigenes Zutun und Wollen, sich dem Endgültigwerden der eigenen Person zu stellen, kann auch das Alter verspielt und vertan werden wie alle Lebenszeiten. Das Alter wurde theologisch als *Gnade* gefaßt; das Endgültigwerden der Person wurde das *ewige Leben* genannt. Die philosophische Anthropologie kann nicht unmittelbar an die positive theologische Redeweise anknüpfen. Viel wäre von deren Sinn schon bewahrt, wenn im Alter die Einsicht in die Verschränktheit von Endlichkeit und Sinn, von Negativität und Erfüllung mit der Idee der untilgbaren Würde der menschlichen Person zusammenfände.

Eine Ethik des Alters darf ihre normativen Vorstellungen aber auf keinen Fall auf die Alten und sehr Alten allein beziehen. Erstens gibt es im strengen Sinne keine solchen Genitiv-Ethiken, sondern nur *eine* universalistische Ethik, deren *Anwendung* auf verschiedene Bereiche des Lebens keine »neuen« Ethiken gebiert. Zweitens richtet sich die ethische Problematik des hohen Alters an die Jungen und Jüngeren, deren Mitmenschen und Mitbürger die Alten sind. Der Kategorische Imperativ Kants verlangt von unserem Handeln, daß dessen Form jederzeit zugleich das Prinzip einer allgemeinen Gesetzgebung sein kann. Die gesamte Problematik der Radikalisierung der menschlichen Grundsituation und des gebrochenen, von Negativität durchsetzten Werdens zu sich selbst bezieht sich so auf die Frage nach der Gerechtigkeit und der kommunikativen Solidarität zwischen den Generationen. Die Jungen sind die potentiell Alten. Sie sollten den jetzt Alten nur das zufügen, was sie selbst einmal von Jüngeren erfahren wollen. Auf diese Weise zeichnet sich eine gesellschaftliche Aufgabe ab: eine *Kultur humanen Alterns* zu entwickeln, in der für die Alten kommunikative und existentielle Erfüllungsgestalten ihrer späten Lebenszeit im gemeinsamen Leben mit den anderen Generationen chancenreich ermöglicht und institutionalisiert werden. In einer solchen Kultur, die sicher noch unterentwickelt ist, müßte gerade angesichts der alle Menschen betreffenden Traurigkeit der Vergänglichkeit für Alte die Möglichkeit bestehen, der Bestimmung des Menschen zu Autonomie und Solidarität zu folgen und so in Würde endgültig zu sich selbst zu werden.

Literaturverzeichnis

Améry, J. (1968). *Über das Altern. Revolte und Resignation.* Stuttgart: Klett-Cotta.

Aristoteles (1972). *Nikomachische Ethik.* Hamburg: Meiner.

Augustinus (1907). *Bekenntnisse.* (Übers. und hrsg. von G. v. Hertling, 2. Aufl.). Freiburg: Herder.

Baltes, P. B. (1989). Das Doppelgesicht des Alterns. In Max-Planck-Gesellschaft (Hrsg.), *Max-Planck-Gesellschaft Jahrbuch 1989* (S. 41 – 60). Göttingen: Vandenhoeck & Ruprecht.

Beauvoir, S. de (1970). *Das Alter.* Reinbek: Rowohlt.

Charron, P. (1968). *De la sagesse.* Genève: Slatkine. (Erstausgabe 1601).

Gehlen, A. (1974). *Der Mensch. Seine Natur und seine Stellung in der Welt.* Frankfurt/M.: Athenäum. (Erstausgabe 1940).

Giovanni Pico della Mirandola (1990). *Über die Würde des Menschen (Oratio de dignitate hominis).* (Übers. von N. Baumgarten, hrsg. von A. Buck). Hamburg: Meiner. (Erstausgabe 1486).

Heidegger, M. (1979). *Sein und Zeit.* Tübingen: Niemeyer. (Erstausgabe 1927).

Kant, I. (1798). *Anthropologie in pragmatischer Hinsicht abgefaßt.* Königsberg: Nicolovius.

Kant, I. (1800). *Logik, ein Handbuch zu Vorlesungen.* Königsberg: Nicolovius.

Kant, I. (1936). *Kants Opus posthumum* (hrsg. v. A. Buchenau). Berlin: de Gruyter.

Landmann, M. (1982). *Philosophische Anthropologie. Menschliche Selbstdarstellung in Geschichte und Gegenwart* (5. Aufl.). Berlin: de Gruyter.

Pascal, B. (1947). *Gedanken.* Wiesbaden: Dieterich.

Plessner, H. (1928). *Die Stufen des Organischen und der Mensch. Einführung in die philosophische Anthropologie.* Berlin: de Gruyter.

Scheler, M. (1928). *Die Stellung des Menschen im Kosmos.* Darmstadt: Reichl.

Schopenhauer, A. (1974). *Aphorismen zur Lebensweisheit.* Stuttgart: Kröner. (Erstausgabe 1851).

Thomae, H. (1989). Veränderungen der Zeitperspektive im höheren Alter. *Zeitschrift für Gerontologie, 22,* 58 – 66.

Thomas von Aquin (1981). *Die deutsche Thomas-Ausgabe der Summa Theologica* (2. Aufl., Bd. 1 – 12). Graz: Styria Verlag.

Wilde, O. (1924). *Das Bildnis des Dorian Gray.* Berlin: Knaur.

12. Sozialrecht

HANS F. ZACHER

Zusammenfassung

Das Alter stellt dem Sozialrecht eine doppelte Aufgabe. Auf der einen Seite soll das Sozialrecht das »risque heureux«, den »wohlverdienten Ruhestand«, regeln. Auf der anderen Seite soll das Sozialrecht die Defizite kompensieren, die mit dem »risque malheureux« des Alters, der Last des Alters, verbunden sind. Das Recht der monetären sozialen Sicherung für den Fall des Alters steht primär im Zeichen des »risque heureux«. Soziale Dienste − oder auch die monetäre Absicherung der Deckung des Bedarfs an Diensten (wie z. B. des Pflegebedarfs) − stehen dagegen primär im Zeichen des »risque malheureux«.

Die Befindlichkeit alter Menschen hängt zunächst davon ab, daß das Recht positive (gesellschaftliche, wirtschaftliche, infrastrukturelle, ökologische usw.) Verhältnisse ermöglicht oder bewirkt. Spezifische soziale Vorkehrungen des Rechts zugunsten älterer Menschen müssen in einem Zusammenspiel mit den rechtlichen Bedingungen der gesellschaftlichen Normalität gesehen werden. Spezifische rechtliche Vorkehrungen für ältere Menschen können vorfindliches Recht (der Bedarfsdeckung: z. B. des Wohnens in Heimen) sozial ausgestalten (internalisierende Lösungen). Sie können aber auch spezifische Regelungszusammenhänge (z. B. der Sozialversicherung) schaffen, die aus dem vorfindlichen Recht der Lebensbezüge herausgelöst sind (externalisierende Lösungen). Die »sozialen« Ziele, die dabei verfolgt werden, sind überaus vielgestaltig. Es ist wichtig, diese Komplexität des »Sozialen« wahrzunehmen.

Das Recht trägt eine umfassende Verantwortung für die Befindlichkeit des alten Menschen und für das gesamte Instrumentarium der sozialen Intervention. »Verrechtlichung« des Alters ist ebenso eine Notwendigkeit im sozialen Rechtsstaat wie Ausdruck problematischer Typisierung des Lebens.

A. Was ist »Alter«?

1. Alter als Chance − Alter als Last

Das Alter stellt dem Sozialrecht eine *doppelte Aufgabe*. Auf der einen Seite ist Alter das *»risque heureux«*, soll Alter ein Vorteil, eine Chance sein: wohl-

---

Prof. Dr. Hans F. Zacher ist Direktor des Max-Planck-Instituts für ausländisches und internationales Sozialrecht, Präsident der Max-Planck-Gesellschaft zur Förderung der Wissenschaften e.V. und Professor an der Universität München für Staats- und Verfassungsrecht, Sozialrecht (einschließlich vergleichendes und internationales Sozialrecht).

verdienter Ruhestand, Befreiung von der Last der Arbeit, Möglichkeit neuer Entfaltung. Dem gerecht zu werden, ist vor allem Sache der Einkommenssicherung, in der Regel ist das der Ersatz des Erwerbseinkommens durch das Sozialeinkommen. Auf der anderen Seite ist Alter das »risque malheureux«, ist Alter ein Nachteil, eine Last: wirkliche oder doch vermutete Invalidität, eine Lebensphase zunehmender Leistungsdefizite und zunehmenden Bedarfs an fremder Fürsorge. In diesem Sinne erfordert Alter ein differenziertes Instrumentarium von Regelungen, Diensten und Einrichtungen, um Gefahren vorzubeugen und Defizite zu kompensieren.

Unter dem Aspekt der Einkommenssicherung findet die Mehrdeutigkeit auch noch spezifischeren Ausdruck. Monetäre Alterssicherung kann sich auf die *Befreiung von der Arbeitslast*, vor allem von der Last, sich durch Arbeit sein Einkommen verdienen zu müssen, beschränken, während das Recht auf Arbeit – im Sinne einer Freiheit zu arbeiten und auch zu verdienen – fortbesteht (Kohl, 1987; Landenberger, 1987). Das »risque heureux« wird voll entfaltet. Monetäre Alterssicherung kann aber auch *vom Zugang zur Erwerbsarbeit ausschließen*. Dann besteht allenfalls noch ein Wahlrecht zwischen Recht auf Arbeit und Einkommenssicherung. Das »risque heureux« wird nur beschränkt entfaltet. Soziale Sicherung des Alterseinkommens heißt auch: Verweisung auf das soziale Alterseinkommen. Die Einkommensquellen sind definitiv verteilt: die einen (die Aktiven) haben das Erwerbseinkommen, die anderen (die alten Menschen) nur das Sozialeinkommen. Einen »Mittelweg« stellt es dar, die *Alterssicherung so niedrig zu halten*, daß ergänzende Erwerbsarbeit notwendig ist, ja daß dazu angeregt werden soll. Er war und ist in »sozialistischen« Ländern verbreitet. In einer freien, marktwirtschaftlichen Sozialordnung wird das Alter zumeist als Befreiung von der Arbeitslast geregelt. Nur in den Übergangszonen »vorgezogener« Renten wird die Kumulation von sozialen Alterseinkommen und Erwerbseinkommen begrenzt (für die Bundesrepublik Deutschland vgl. etwa § 1248 der Reichsversicherungsordnung). Doch taucht bei Unterbeschäftigung immer wieder der Gedanke auf, Alterssicherung auch als Entscheidung über die Verteilung der Einkommensquellen zu begreifen.

2. Die Rolle von Altersgrenzen

Alter kann, vor allem unter dem Gesichtspunkt der Einkommenssicherung, *typisierend* (generell-abstrakt) mit einem bestimmten Lebensalter (z. B. einem »Rentenalter«) verbunden werden oder *je nach der Lage des einzelnen Falles* (individuell-konkret) zu Leistungen und Interventionen führen. Beide Modalitäten ergänzen einander. Zwar werden *spezifische Altersleistungen* immer durch *Altersgrenzen* – wenigstens im Sinne eines Mindestalters – als Altersleistungen qualifiziert. Fehlt eine Altersgrenze, so handelt es sich allenfalls um Leistungen, die nicht nur an Alte erbracht werden, deren Häufigkeit in der Altersphase jedoch zunimmt (z. B. Pflegeleistungen). Darüber hinaus haben Altersgrenzen unterschiedliche Funktionen.

Alter als »risque heureux« ist wesentlich mit *Altersgrenzen* verbunden, jenseits derer das Recht auf bestimmte Altersleistungen einsetzt. Wenn diese Altersgrenze überschritten wird, ohne daß sich auch das »risque malheureux« realisiert, ist die spezifische Vorteilssituation des »wohlverdienten Ruhestandes« gegeben. Das Alter ist eine zureichende Bedingung der Leistung.

Alter im Sinne des »risque malheureux« verlangt dagegen, daß geholfen wird, wenn sich der Nachteil des Alters realisiert. Die *individuell-konkrete Zumessung* von Leistungen dominiert hier. Dabei können Mindestaltersgrenzen den spezifischen Alterscharakter sichern. Das Alter ist eine notwendige, aber keine zureichende Bedingung der Leistung.

Altersgrenzen bewirken in ganz besonderer Weise die Verrechtlichung des Alters (Zacher, 1984). Sie typisieren, wann jemand »alt«, wann er noch nicht »alt« ist, ohne daß diese Regel im Einzelfall zutreffen muß. Altersgrenzen werden nicht nur von der Wahrscheinlichkeit her bestimmt, daß die Menschen, wenn sie die Altersgrenze erreicht haben, eine bestimmte physische und/oder psychische Entwicklung erreicht haben. Altersgrenzen sind vielmehr auch gesellschaftliche und politische Entscheidungen: etwa darüber, von wann an Menschen in den »wohlverdienten Ruhestand« treten und − zu Lasten der Aktiven − soziales Alterseinkommen beziehen dürfen; oder darüber, mit welchem Alter die Menschen ihren Arbeitsplatz räumen und ihn für jüngere Kräfte freimachen sollen. Man könnte sagen: Altersgrenzen sind Verteilungsentscheidungen − können Verteilungsentscheidungen sein.

Diese Bedeutung haben Altersgrenzen erst im modernen Staat, insbesondere im Wohlfahrtsstaat bekommen. Die archaische Gesellschaft kannte grundsätzlich keine festen Altersgrenzen (Partsch, 1983). Die Position des alten Menschen bestimmte sich nach seiner sozialen Rolle und nach seinen Fähigkeiten, diese auszufüllen (vgl. auch Elwert, Kapitel 10 in diesem Band). Die Übergänge waren fließend. Feste Altersgrenzen entstanden erst mit der Einführung *moderner Alterssicherung*. Moderne Alterssicherung ihrerseits setzt eine arbeitsteilige, geldwirtschaftliche, kleinfamiliär strukturierte Gesellschaft voraus. Hand in Hand mit der Einführung moderner Alterssicherung kam es auch zur Einführung fester Altersgrenzen im Arbeits- und Dienstrecht, insbesondere im Recht des öffentlichen Dienstes. In einem langen Prozeß verdrängte in den *modernen Gesellschaften* das »formelle Alter« mehr und mehr das »informelle Alter«. Dieser Prozeß weist aber auch in den modernen Industriegesellschaften immer noch große Unterschiede auf. Für *Entwicklungsländer* ist das Nebeneinander von »formellem Alter« und »informellem Alter« typisch (Zacher, 1988a). Dabei dominiert das »informelle Alter«. Die Lebensverhältnisse sind in Entwicklungsländern wesentlich differenzierter als in modernen Industrieländern. Einrichtungen moderner sozialer Sicherheit sind weitgehend nur für die städtische, im öffentlichen Dienst oder in differenziert organisierten Wirtschaftsunternehmen beschäftigte Bevölkerung möglich − jedenfalls nur für sie vorhanden. Die Vielfalt sonstiger Lebensverhältnisse kann allenfalls mit sozialen Diensten erreicht werden, nicht mit moderner Einkommenssicherung. Weitgehend sind auch soziale Dienste noch nicht oder nur unzureichend vorhanden. Jedenfalls dominiert in Entwicklungsländern das »informelle Alter«, während das »formelle Alter« auf eine Minderheit beschränkt ist.

In jüngerer Zeit *stoßen Altersgrenzen auf Widerstand*. Den Hintergrund bildet der Gedanke, daß niemand wegen seines Alters diskriminiert werden darf (Eglit, 1985; London, 1989). Schon das »Argument Alter« an sich diskriminiere zu Unrecht. Das gelte erst recht für dessen typisierende Vergröberung, also für eine numerische Altersgrenze. Dem wird man nicht schlechthin zustimmen dürfen. Vorbehalte sind zum einen ganz allgemein gegen die Anti-Diskriminierungseuphorie anzubringen. Das immer prekäre Gleichgewicht von Gleichheit und Freiheit wird durch das in einigen Ländern immer dichter werdende Netz der Diskriminierungsverbote nicht unbeträchtlich zuungunsten der Freiheit gefährdet. Doch abgesehen von diesen allgemeinen Erwägungen: die Sozialpolitik wird auf Altersgrenzen nicht ganz verzichten können. Die Alternative könnte nur sein, die Idee des »risque heureux« vollends zu negieren und nur noch das »risque malheureux« abzusichern. Und dessen Realisierung wäre immer konkret festzustellen. Mit anderen Worten: keine Altersrente ohne konkrete Feststellung der Altersinvalidität! Der Preis an Ungewißheit über den Zeitpunkt der Altersrente ebenso wie der Preis des ermittelnden Eindringens der entscheidenden Sachverständigen und Bürokraten in die persönlichen Verhältnisse wäre hoch. Das Anknüpfen an das äußere Kriterium des Alters schont die Privatheit und macht den Zeitpunkt, zu dem eine Leistung erwartet werden darf, zu einem leicht berechenbaren, sicheren Element der Lebensplanung (vgl. Hauser & Wagner, Kapitel 23 in diesem Band). *Nur* begünstigende Altersgrenzen wird sich die Sozialpolitik jedoch nicht leisten können. Letztlich: diskriminieren sie nicht die jeweils Jüngeren? Sosehr man deshalb darüber nachdenken muß, ob wir nicht ein Übermaß an Altersgrenzen haben, sowenig wird man Altersgrenzen einseitig verwerfen dürfen.

3. »Alte« und »sehr alte« Menschen

Wesentlich anders stellt sich die Problematik einer normativen *Unterscheidung zwischen einer ersten und einer zweiten Altersphase* dar (Buttler et al., 1988; ISSA, 1979; Naegele, 1986; Roegele, 1974). Diese Unterscheidung hat sich im wesentlichen daraus ergeben, daß sich nicht nur die durchschnittliche Lebenszeit erhöht hat, sondern auch die durchschnittliche Zeit aktiver, durch das Alter nicht wesentlich beeinträchtigter Lebensmöglichkeit. Die ursprünglich vor allem unter der Prämisse »Alter = typisierte Invalidität« gezogenen Grenzen des Rentenalters wurden jedoch nicht entsprechend hinausgeschoben. Zuweilen wurden diese Grenzen des Rentenalters – aus sehr verschiedenen Gründen – vielmehr herabgesetzt (vgl. Guillemard, Kapitel 24 in diesem Band). Daraus ergab sich für einen großen Teil der Fälle eine Aufteilung der Altersphase: in das – auf das »erste Alter« der Kindheit und Jugend und das »zweite Alter«

der Erwerbstätigkeit oder der aktiven Familienarbeit folgende — »dritte Alter« der »Alten« und in das »vierte Alter« der »sehr Alten«.

Das »dritte Alter« wird grundsätzlich durch rechtliche Altersgrenzen konstituiert. Das »Glück« dieser Phase besteht darin, daß, indem ein bestimmtes Alter überschritten wird, die Last der Erwerbsarbeit durch ein Ersatzeinkommen abgenommen wird, ohne daß die spezifischen Lasten des Alters sich (in wesentlichem Umfang) eingestellt haben.

Das »vierte Alter« der »sehr Alten« wird dagegen dadurch konstituiert, daß die Lasten des Alters sich tatsächlich einstellen. Daß das Recht entsprechende Leistungen bereitstellt, hängt von der individuellen konkreten Situation, nicht von einer Altersgrenze ab. Eine Schwelle zwischen dem »dritten« und dem »vierten Alter« allgemein anzugeben, ist somit nicht eine Frage des Rechts, sondern eine Frage der Statistik.

Im Einzelfall kann das »dritte Alter« bis zum Tod dauern, ohne daß das »vierte Alter« sich einstellt — wann immer der Tod eintreten mag. Ebenso aber kann im Einzelfall das »vierte Alter« sich schon eingestellt haben, wenn das »dritte Alter« von Rechts wegen beginnt. Vielfältige weitere Konstellationen sind denkbar.

B. Grundstrukturen des Sozialrechts

1. Arbeit — Bedarfsdeckung — Unterhalt: Felder der sozialen Realisation

Modernes Sozialrecht (Zacher, 1984) hat sich von der Grundannahme her entwickelt, daß jeder Erwachsene die Möglichkeit hat und auch darauf verwiesen ist, den Lebensunterhalt für sich und seine Familie durch Arbeit zu verdienen. Diese Grundannahme vollzieht sich über drei zentrale Wirkungs- und Problemfelder hin:

— Arbeit und Einkommen: die gesellschaftliche Organisation von Arbeit und Vermittlung von Einkommen durch Arbeit;
— Bedarfsdeckung: die privatwirtschaftliche und administrative Bereitstellung von Gütern zur Deckung der Bedarfe;
— der Unterhaltsverband.

Diesen drei Wirkungs- und Problemfeldern entsprechen Rechtsgebiete wie für Arbeit und Einkommen das Recht der Erwerbstätigkeit, insbesondere das Arbeitsrecht; für Bedarfsdeckung das tief gestaffelte System der Rechtsnormen des öffentlichen und privaten Rechts, das der privatwirtschaftlichen und administrativen Versorgung mit Nahrungsmitteln, Kleidung, Wohnung, Dienstleistungen den Rahmen gibt; und für den Unterhaltsverband das Familienrecht (vor allem das familiäre Unterhaltsrecht). Zwischen diesen drei »Polen« liegt das Feld des Vermögens (und liegen entsprechend die rechtlichen Ordnungen, die Vermögensbildung ermöglichen, aber Vermögen auch der Disposition und Haftung öffnen). Vermögen ist (potentiell) thesauriertes Einkommen und kann dazu dienen, Bedarfe zu decken und Unterhalt zu leisten.

Diese Grundannahme ist eine *Regel*. Sie impliziert die Möglichkeit und auch die Realität von *Ausnahmen*. Sie dient dazu, die Ausnahmen wahrzunehmen und ihnen einen systematischen Ort zu geben. Diese Ausnahmen sind die Anlässe sozialer Sorge und Intervention. Sie weisen unterschiedliche Grade der Intensität auf. Sie können bloße *Gefährdungen* sein (z. B. die Beeinträchtigung der Autonomie oder der körperlichen Integrität alter Menschen, die − in ihren Familien oder in Heimen − auf fremde Hilfe angewiesen sind). Und sie können die Intensität eines *Defizits* annehmen (z. B. wenn hilfsbedürftige alte Menschen unversorgt bleiben). Sozialpolitik und Recht haben die Aufgabe, den Gefahren vorzubeugen und sie abzuwehren und die Defizite zu kompensieren.

− Defizite der Arbeitskraft und des Einkommens
Für das Alter ist typisch, daß die Arbeitskraft − wirklich oder kraft Vermutung − nicht mehr eingesetzt werden kann, um Einkommen zu erzielen. Das Feld der Arbeit ist somit − effektiv oder kraft sozialer und/oder rechtlicher Normierung − defizitär. Das *Arbeitseinkommen* muß durch ein *Sozialeinkommen* ersetzt werden (vgl. auch Hauser & Wagner, Kapitel 23 in diesem Band; Zacher, 1987a; Zacher, 1991).

− Gefährdungen und Defizite der Bedarfsdeckung
Sodann treten im Alter spezifische Bedarfe auf, während sich die Fähigkeit, Bedarfe selbst zu decken, vermindert. Diese Verlagerung und Vermehrung der *Bedarfe* ist, zusammen mit der vermehrten Angewiesenheit auf fremde Hilfe, vielfältiger Anlaß für Gefährdungen und Defizite. Soziale Sorge und Intervention haben diesen *Gefährdungen* (die sich aus der Selbstversorgung − insbesondere aus einer Selbstversorgung »ultra vires« − ebenso ergeben können wie aus der Unzulänglichkeit fremder Hilfe oder dem Mißbrauch der Stellung der helfenden Menschen oder Einrichtungen) *durch* entsprechende *Hilfen* (Dienste) *und Kontrollen* (Regelungen und deren Durchsetzung) *entgegenzuwirken* (v. Eicken, Ernst & Zenz, 1990; Freeman, 1989; Kosberg, 1983). Und sie haben *Defizite* (durch Bereitstellung von Kaufkraft und/oder das unmittelbare Angebot von Dienst- und Sachleistungen) zu kompensieren (Articus & Karolus, 1986; Dahlem, 1982; Deutscher Juristentag, 1978; Dieck, 1979; Dieck & Mühlfeld, 1986; Hokenstad, 1988; v. Kardorff & Oppl, 1989; Kühl, 1988; Means, 1986; Reimann, 1983; Stiefel, 1983).
Dabei besteht zwischen der Kompensation des Arbeitseinkommens durch Sozialeinkommen auf der einen Seite und der Grenze zumutbarer Deckung von Bedarfen aus eigenen Mitteln auf der anderen Seite eine Wechselwirkung. Je höher das Sozialeinkommen, desto mehr Kaufkraft, um Bedarfe selbst zu decken, kann unterstellt werden. Dieser Zusammenhang besteht auch in der Gegenrichtung. Je niedriger die ökonomische Schwelle der Bedarfsdeckung liegt (»Nulltarif« oder »billige« Angebote), desto niedriger kann − unter dem Gesichtspunkt der Bedarfsdeckung − das Sozialeinkommen angesetzt werden (Globokar, 1983; Zacher, 1982). Diese Alternativen sind freilich nicht gleichwertig.

Sowohl für die individuelle Lebensgestaltung als auch für die gesellschaftlichen und ökonomischen Verhältnisse implizieren sie wesentliche Unterschiede.

– Gefährdungen und Defizite im Unterhaltsverband

Schließlich ist für das Alter davon auszugehen, daß entsprechende Hilfen durch *Unterhaltsverbände* möglich, ja wesentlich sind, daß Unterhaltsverbände jedoch nicht schlechthin vorausgesetzt werden können. Auch dort, wo Unterhaltsverbände existieren, sind sie sehr unterschiedlich leistungsfähig, leistungsgeeignet und leistungsbereit (Eekelaar & Pearl, 1989; Grunow, 1985; Lehr, 1987). Vor allem aber sind die Unterhaltsverbände der mittleren Generation von Alterslasten so unterschiedlich betroffen, daß das Einfordern von Unterhaltspflichten – vielfach ganz verständlich – weithin als ungerecht empfunden wird (Zacher, 1989a). Der Schutz vor Gefährdungen durch familiäre Bedarfsdeckung (Bundesministerium für Jugend, Familie, Frauen und Gesundheit, 1986; Dieck, 1987) stößt schließlich an Grenzen, die von der Privatheit der Familie und dem persönlichen Verhältnis zwischen ihren Mitgliedern gesteckt sind. Nicht weniger unterschiedlich ist der aktive Einbezug alter Menschen in Unterhaltsverbände. Auch insofern sind Leistungsnachfrage und Leistungsangebot extrem differenziert.

Sozialpolitik und Recht sind daher, wollen sie gegen Gefährdungen schützen und Defizite kompensieren, ganz besonderen Herausforderungen ausgesetzt. Eine weitgehende Unterstellung, daß notwendige Hilfen durch Unterhaltsverbände nicht erbracht werden können und öffentliche Leistungen diese Problematik daher vermeiden müssen, erscheint als eine sachgerechte Reaktion auf diese Schwierigkeiten.

2. Gefährdungen und Defizite der Selbstbestimmung und Selbstverantwortung

Allem voraus liegt freilich ein Problem, das jene Grundannahme, von der her sich modernes Sozialrecht entwickelt hat, nicht reflektiert. Sie geht von dem zu seiner Selbstbestimmung fähigen Subjekt aus. Von ihm wird Arbeit und Bedarfsdeckung – auch im Unterhaltsverband – erwartet. Diese Regel unterstellt *personale Kompetenz* und ein dieser Kompetenz gemäßes Wechselspiel von Freiheit und Verantwortung. Diese Kompetenz ist notwendig, um den Sinn dieser Felder (Arbeit und Einkommen, Bedarfsdeckung und Unterhaltsgemeinschaft) individuell darzustellen. Sie ist nicht zuletzt auch notwendig, um die Interdependenzen zwischen den Feldern von Arbeit und Einkommen, Bedarfsdeckung und Unterhaltsverband zu beherrschen – um die Gegebenheiten und Möglichkeiten über diese Felder hin zu einem Konzept zu fügen. Gerade diese personale Kompetenz aber ist im Alter spezifischen Gefährdungen ausgesetzt, die sich zum Defizit steigern können.

Die Rechtsordnung ist hier in besonderer Weise gefordert. Sie muß Rechtsinstitute entwickeln, die einer geminderten Fähigkeit zur Selbstbestimmung generell Rechnung tragen. Das herkömmliche Institut ist die Vormundschaft.

Die »mildere«, die Selbstbestimmung betonendere Variante ist die Pflegschaft (Zenz, 1987). Die moderne Gesetzgebung tendiert dazu, diese klassischen Institute unter noch weitergehender Schonung der Selbstbestimmung in »Betreuung« umzuwandeln (Eekelaar & Pearl, 1989; Schulte, 1989). Während das klassische Konzept primär auf rechtliche Schranken der Selbstbestimmung sowie darauf hinausläuft, daß Handlungen, die der alte Mensch nicht mehr sinnvoll selbst vornehmen kann, von einem anderen (Vormund, Pfleger) an seiner Stelle vollzogen werden, versucht das modernere Konzept dagegen beides — die rechtliche Begrenzung der Handlungsmacht ebenso wie das Handeln Dritter anstelle des alten Menschen — nach Möglichkeit einzuschränken und den Gefährdungen, denen der alte Mensch infolge nachlassender personaler Kompetenz ausgesetzt ist, durch Beratung und Unterstützung zu begegnen. Zu wenig beachtet werden daneben die Fälle, in denen Menschen, die (in Familien, in Heimen, in Krankenhäusern usw.) faktisch für die alte Person sorgen, deren freie Selbstbestimmung beschränken und ihre Entscheidungen substituieren. Die Rechtsordnung weigert sich weitgehend — auch in der Bundesrepublik Deutschland —, die Pflege- und Betreuungsverhältnisse differenziert und explizit zu regeln. Dadurch wird auch diese Problematik vernachlässigt. Diese Lücke geht nicht nur zu Lasten der alten Menschen, deren Selbstbestimmung ohne näheres Regulativ darunter leiden kann. Sie geht gerade auch zu Lasten der Menschen, die für sie zu sorgen haben. Sie handeln, wenn sie eine Einschränkung der Selbstbestimmung oder die Substitution von Handlungen für notwendig halten, rechtlich weithin auf ihr Risiko.

3. Die Verantwortung des Gemeinwesens — die Rolle des Rechts

Um sozialen Gefährdungen entgegenzuwirken und soziale Defizite zu kompensieren, ist *Recht* zwar ein *notwendiges und besonders bedeutsames Instrument, nicht* aber *das einzige* (Kaufmann, 1982; Zacher, 1989b). Neben dem Recht stehen finanzielle Mittel (ihre Bereitstellung und Zuteilung), Dienste (ihre Bereitstellung und Erbringung), die Gestaltung der Umwelt im infrastrukturellen und im ökologischen Sinne, schließlich Aufklärung und Unterweisung im engeren Sinne der Bereitstellung von beruflicher Kompetenz (z. B. durch entsprechende Dienste) sowie im weiteren Sinne der Befähigung der Betroffenen zur Bewältigung ihrer sozialen Probleme durch Erziehung und Aufklärung. Jede dieser *Formen sozialer Intervention* hat für die Gesamtwirkung des Ensembles der Interventionen eigenständige Bedeutung. Eine wechselseitige Substitution ist nur begrenzt möglich. Das *Recht* hat jedoch *auch für die anderen Interventionsformen* eine *Verantwortung* (Kaufmann, 1988). In jedem Fall kann das Recht die anderen Modalitäten der Intervention steuern. Weitgehend — vor allem überall dort, wo Zwang im Spiel ist — ist Recht eine notwendige Voraussetzung der Intervention. In anderen Fällen ist Recht jedenfalls zweckmäßig, um der Intervention die notwendige Gleichheit und Verläßlichkeit zu geben und um den Austrag von Konflikten zu ermöglichen.

Damit hat das Recht eine weit ausgreifende, in sich jedoch differenzierte Verantwortung dafür, daß der ältere Mensch in ihm gemäßen rechtlichen Ordnungen leben kann, über die notwendigen wirtschaftlichen Mittel verfügt, die ihm notwendigen oder zumindest förderlichen Dienste vorfindet, in einer ihm möglichst förderlichen, jedenfalls nicht schädlichen Umwelt lebt, berufliche Kompetenz vorhanden ist, um seinen Bedarfen gerecht zu werden, und er selbst durch Information, Unterweisung und Bildung dazu befähigt wird, seine spezifischen Probleme zu meistern.

Das Streben nach sozialen Verhältnissen löst leicht die Assoziation aus, die *erkennbar sozialere Regelung*, Gestaltung oder Verwirklichung des Rechts, der wirtschaftlichen Abläufe, der schulischen Erziehung und so weiter sei auch tatsächlich die sozialere. In Wahrheit aber hängt die soziale Befindlichkeit des einzelnen wie der Gesellschaft primär davon ab, daß die gesellschaftlichen Funktionen in sich richtig entfaltet werden (Kaufmann, 1982; Zacher, 1989b). Gewiß: Diese »in sich« richtige Entfaltung der gesellschaftlichen Funktionen bedarf der sozialen Ergänzung. Aber nicht die maximale, unmittelbare Indienstnahme des Rechts oder anderer gesellschaftlicher Funktionen für soziale Zwecke gewährleistet den sozialeren Erfolg, sondern die *richtige Funktionsteilung* zwischen sozial unspezifischem Recht und spezifischem Sozialrecht, zwischen ökonomischer Produktion und Verteilung und sozialer Umverteilung, zwischen optimaler medizinischer Versorgung und der sozialen Gewährleistung des Zugangs zu ihr.

4. Das »erste Gebot«: funktionsgerechtes Recht

Auch für alte Menschen bewirkt Recht ein soziales Optimum zunächst dadurch, daß es — vor jedem spezifisch sozialen Zweck — *in sich funktionsgerecht gestaltet* ist. Ein Beispiel ist das Wettbewerbsrecht als Ordnung einer leistungsfähigen Wirtschaft, die den Vollzug der Grundannahme im Feld Arbeit und Einkommen ebenso begünstigt wie im Feld der Bedarfsdeckung. Andere Beispiele bilden die sachgerechte Gestaltung des Polizei- und Sicherheitsrechts, die auch den besonderen Sicherheitsbedürfnissen alter Menschen zugute kommt, oder das Umweltschutzrecht, dessen Wirksamkeit Konsequenzen auch und gerade für die besonderen Anfälligkeiten und Interessen alter Menschen hat. Nicht zuletzt: Wie gut oder schlecht das Familienrecht die Möglichkeiten der Familie entfaltet, entscheidet auch darüber, was sie für die Alten leisten kann.

5. Das spezifisch sozial geprägte Recht: Internalisierende-externalisierende Lösungen

Dem gegenüber steht das *spezifisch sozial geprägte Recht*. Es dient dazu, Gefahren, die sich beim Vollzug der Grundannahme ergeben, abzuwehren und Defizite im Vollzug der Grundannahme zu kompensieren. Alles Recht, das auf solche Weise auf die soziale Problematik eingeht und im Sinne sozialer Vorbeugung oder Korrektur gestaltet ist, läßt sich als *Sozialrecht im weiteren Sinne* verstehen.

Diese — indefinite — Gesamtmenge sozialen Rechts ist in sich durch einen wichtigen Gegensatz gekennzeichnet (Zacher, 1984; 1988b; 1989a). Es besteht die Möglichkeit, vorfindliches Recht (Regelungen der Arbeit und des Erwerbseinkommens, Regelungen der Bedarfsdeckung oder Regelungen des Unterhaltsverbandes) in sozialer Absicht spezifisch zu gestalten (etwa das Einbringen des Mieterschutzes in das Mietrecht oder das Einbringen sozialer Vergünstigungen in die Verkehrstarife). Der soziale Zweck wird hier in das vorfindliche Recht eingebracht. Das soziale Problem findet eine *internalisierende Lösung*.

Internalisierende Lösungen sind die Methode der Wahl für die Abwehr von Gefährdungen (z. B. der Schutz derer, die auf fremde Unterbringung angewiesen sind, durch das Heimrecht). Aber das vorfindliche Recht ist nur begrenzt imstande, Defizite zu kompensieren. So können Arbeitgeber nicht (betraglich und/oder zeitlich) unbegrenzt das Arbeitseinkommen alter Arbeitnehmer durch einen »Alterslohn« ersetzen. Und das familiäre Unterhaltsrecht kann Unterhalt und Pflege der Alten durch die Jüngeren nicht »ultra vires« gewährleisten. Die Kompensation von Defiziten muß deshalb — jenseits einer gewissen Grenze, die nach Maßgabe der gesellschaftlichen Verhältnisse und Wertvorstellungen politisch zu bestimmen ist — aus dem vorfindlichen Recht herausgenommen und auf spezifische Institutionen (z. B. Sozialversicherungsträger) übertragen werden. Man spricht in diesem Zusammenhang von *externalisierenden Lösungen*.

Im Bereich der internalisierenden Lösungen bleibt der soziale Zweck des Rechts in einen größeren Zusammenhang von Zwecken eingebunden. Das Arbeitsrecht zum Beispiel mag noch so »sozial« gestaltet werden; es hat nie nur einen »sozialen« Zweck. Es bleibt auch das Recht des Austausches zwischen Arbeit und Entgelt, der Einordnung der Arbeit in einen unternehmerisch bestimmten Betriebsablauf und so weiter. Im Bereich der externalisierenden Lösungen dagegen wird der soziale Zweck von diesen Einbindungen freigesetzt. Letztlich kann der soziale Zweck die rechtliche Ordnung einer sozialen Leistung allein bestimmen.

Entsprechend verändern sich mit der Externalisierung die Wirkungsmöglichkeiten. Ein Beispiel: Betriebliche Alterssicherung kann internalisierend gewährt werden, nämlich durch Zusagen des Unternehmens. Wieviel diese Alterssicherung wert ist, hängt von der Leistungsfähigkeit und dem Fortbestand des Unternehmens ab. Betriebliche Alterssicherung kann auch dadurch gewährt werden, daß ein Versicherungsvertrag mit einem Versicherungsunternehmen abgeschlossen wird. Das ist eine Form der Externalisierung. Die Alterssicherung wird aus dem Arbeitsverhältnis gelöst. Der Wert der Sicherung ist nun eine Frage der Versicherungsberechnung (und ihres Verhältnisses zur wirtschaftlichen Entwicklung). Die Alterssicherung kann aber auch in die Verantwortung des Staates übernommen werden, etwa indem sie auf eine Sozialversicherung hin externalisiert wird. Hinter ihr stehen nun die spezifischen Möglichkeiten des staatlichen Gesetzgebers und der öffentlichen Finanzen. Ihr Risiko liegt in der politischen, gesamtgesellschaftlichen und gesamtökonomischen Entwicklung.

6. Gesellschaftliche Externalisierung — staatliche Internalisierung

Mit diesen Beispielen ist auch schon angedeutet, daß neben der staatlichen (öffentlich-rechtlichen) Externalisierung auch eine *gesellschaftliche (privatrechtliche) Externalisierung* in Betracht kommt: auf Versicherungsunternehmen, Stiftungen privaten Rechts, Genossenschaften, Gewerkschaften, Tarifpartner und Wohlfahrtsverbände.

Auf der anderen Seite aber stoßen wir auf das Phänomen der *staatlichen (öffentlich-rechtlichen) Internalisierung.* Sie ist eine Eigentümlichkeit des Feldes der Bedarfsdeckung. Soziale Probleme der Bedarfsdeckung können dadurch gelöst werden, daß öffentliche, insbesondere administrative Dienste Leistungen allgemein kostenlos (oder zumindest »billig«) erbringen. Das soziale Problem des ungleichen Zugangs zu knappen und teuren Leistungen wird so entschärft, möglicherweise ganz aufgehoben. Ein Beispiel ist der Aufbau eines *nationalen Gesundheitsdienstes,* der die medizinische Versorgung als öffentliche Leistung für jedermann anbietet. Das Risiko Krankheit umschließt zwei »Subrisiken«: den Behandlungs- und Pflegebedarf und den Einkommensausfall wegen Krankheit. Für beide ist eine Krankenversicherungslösung denkbar. Für das »Subrisiko« des Behandlungs- und Pflegebedarfs gibt es jedoch eine Alternative: Die öffentliche Verwaltung bietet die Behandlungs- und Pflegeleistungen unmittelbar an. Je allgemeiner und umfassender diese medizinische Versorgung ist, desto schwächer wird ihr spezifisch »sozialer« Charakter. Ein entsprechend umfassendes Angebot medizinischer Dienste an jedermann »überholt« das soziale Problem der besonderen Nachfrage alter Menschen nach medizinischer Behandlung und Pflege und der besonderen Schwierigkeiten alter Menschen, diese Bedarfe zu decken. Für den sozialen Zweck zeigt das Beispiel eine ähnliche Wirkung wie die gesellschaftliche Internalisierung: Der soziale Zweck verbindet sich mit anderen Zwecken; ja er kann in den Hintergrund treten. Für das Thema ergibt sich so ein *Viereck von Kategorien des sozialen Schutzes und der sozialen Kompensation* (Zacher, 1991; Zacher & Kessler, 1990).

Die *internalisierenden Lösungen* auf der *gesellschaftlichen (privatrechtlichen) Seite* wirken sozialen Gefährdungen und Defiziten in den vorfindlichen Problem- und Regelungsfeldern von Arbeit und Einkommen, Bedarfsdeckung und Unterhaltsverband entgegen und kompensieren die Defizite, wenn sie doch entstehen, dort. Für den alten Menschen sind das primär die Hilfen, die sich ergeben aus:
- dem rechtlichen Schutz vor Selbstschädigung bei nachlassender personaler Kompetenz;
- den fortdauernden Wirkungen des Arbeitsverhältnisses (betriebliche Alterssicherung ohne Vermittlung durch externalisierende Institutionen wie Pensionskassen oder Privatversicherung; andere betriebliche Maßnahmen für

»Pensionäre« wie Werkswohnungen, soziale Betreuung, Kantinenbenutzung usw.; Beteiligung am Kapital des Unternehmens);
— der Vorsorge durch Sparen und andere Arten der Vermögensbildung;
— dem sozialen Schutz und den sozialen Vergünstigungen im Bereich der Bedarfsdeckung (Verbraucherschutz, sozialer Mieterschutz, Vorschriften zum Schutz von Heimbewohnern, soziale Differenzierung von Verkehrsentgelten);
— dem familiären Unterhalt.

Die *externalisierenden Lösungen* auf der *gesellschaftlichen (privatrechtlichen) Seite*, die die sozialen Probleme aus diesen vorfindlichen Feldern lösen und auf gesonderte Ebenen übertragen, sind die folgenden:
— Einheiten kollektiver Selbsthilfe: Selbsthilfegruppen, Genossenschaften, Versicherungsvereine auf Gegenseitigkeit;
— Einheiten kollektiver Interessenwahrung (Gewerkschaften, Interessenverbände alter Menschen), wenn sie über die Interessenvertretung hinaus ihren Mitgliedern auch Leistungen kollektiver Selbsthilfe erbringen;
— Pensionskassen der betrieblichen Alterssicherung; private Versicherungsunternehmen;
— nicht-gewinnstrebige (»gemeinnützige«) Unternehmen sowie Gruppen und Organisationen altruistischer Fremdhilfe (»Initiativen«, Wohlfahrtsverbände), die sich sozialen Problemen der alten Menschen zuwenden.

Die *externalisierenden Lösungen* auf der *staatlichen (öffentlich-rechtlichen) Seite* lösen die sozialen Probleme ebenfalls aus den vorfindlichen Feldern heraus. Sie überlassen sie aber nicht gesellschaftlichen Trägern, sondern übernehmen sie in die Verantwortung des Staates. Für alte Menschen sind das vor allem die staatlichen Behörden und die sonstigen vom Staat eingerichteten, gesteuerten und finanziell garantierten öffentlichen Träger, die *Leistungen der sozialen Sicherheit* bereitstellen und erbringen. Dazu kommen alle *spezifischen sozialen Dienste* für alte Menschen, die von der öffentlichen Verwaltung angeboten werden.

Die *externalisierenden Lösungen der gesellschaftlichen Seite und die externalisierenden Lösungen der staatlichen Seite* gehen dort eine schwer trennbare Verbindung ein, wo Wohlfahrtsverbände (eventuell auch andere Formen gesellschaftlicher Organisationen) Sach- und Dienstleistungen erbringen, die von der öffentlichen Verwaltung finanziert und durch Rahmenbedingungen mehr oder weniger weitgehend gesteuert werden. Hierher gehören »Sozialstationen«. Hierher gehören ferner vielfältige Funktionen spezifischer Altenbetreuung, die — teils im Rahmen des Sozialhilferechts, teils unabhängig davon — vom Staat oder von Gemeinden/Gemeindeverbänden zumindest finanziert, oft auch (mit)konzipiert werden, während die gesellschaftlichen Gruppen oder Organisationen die Ausführung übernehmen.

Die *internalisierenden Lösungen* auf der *staatlichen (öffentlich-rechtlichen) Seite*, die die Gefahr sozialer Defizite dadurch »überholen«, daß sie gewisse

Bedarfe administrativ decken, sind Bildungseinrichtungen, Gesundheitsdienste, Verkehrsleistungen und anderes mehr. Entscheidend ist dabei, daß dies zu Bedingungen geschieht, die den sozialen Unterschieden ihre Bedeutung für Zugang und Teilhabe nehmen. Ihrer allgemeinen Natur nach sind diese Lösungen grundsätzlich nicht spezifisch für alte Menschen bedeutsam. Internalisierende Lösungen auf der staatlichen (öffentlich-rechtlichen) Seite und funktionsgerechte Entfaltung sozial unspezifischen Rechts gehen ineinander über.

Ein eigentümlicher Fall einer internalisierenden Lösung auf der staatlichen (öffentlich-rechtlichen) Seite ist die *Alterssicherung der Beamten, Richter und Soldaten,* wenn sie – wie in der Bundesrepublik Deutschland – mit dem aktiven Dienstverhältnis dieses Personenkreises eine Einheit bildet, in ein und dasselbe Dienstverhältnis »internalisiert« ist.

7. Rechtszusammenhänge und Rechtsvollzug

Dieser Überblick läßt erkennen, in welch *vielfältigen, extrem unterschiedlichen Zusammenhängen* sich soziales Recht zum Schutze der alten Menschen befindet. Sie ergeben sich aus dem geregelten Problembereich (etwa der Pflege für alte Menschen oder ihrer Einkommenssicherung), aus der Regelungsmethode (etwa der Versicherung oder des administrativen Angebotes von Diensten), aus der (internalisierenden) Integration in anderes Recht (z. B. Mietrecht oder Familienrecht) oder der (externalisierenden) spezifischen Gestaltung (z. B. durch die soziale Rentenversicherung oder Hilfs- und Förderungssysteme wie die Altenhilfe der Sozialhilfe), aus dem Zusammenwirken mit anderen Regelungen (z. B. mit dem Arbeitsrecht oder mit bürgerlichem Haftungsrecht), aus dem rechtlichen Großrahmen (privates Recht oder öffentliches Recht), vor allem aber auch daraus, ob die rechtliche Regelung mit anderen Instrumenten der Intervention (finanzielle Mittel, Dienste, Infrastruktur, ökologische Umweltgestaltung, Bereitstellung beruflicher Kompetenz, Erziehung und Aufklärung) zusammenwirkt. All das kann hier nicht weiter beschrieben und somit auch nicht weiter systematisiert werden. In dem vorgegebenen Rahmen ist es nur möglich, einen Eindruck davon zu vermitteln, wie weit die Aufgaben des Rechts reichen und wie sehr sie in sich differenziert sind. Doch soll damit nicht der Eindruck erweckt werden, als ob die Verantwortung des Rechts immer dadurch wahrgenommen werden müßte, daß besondere Rechtsgebiete geschaffen oder auch nur spezifische Regelungen getroffen werden müßten.

Weitgehend ist es nicht nötig, nicht möglich oder jedenfalls nicht wesentlich, den besonderen Schutz alter Menschen durch besondere legislative Gestaltungen, etwa durch Differenzierungen der Rechtsordnung, zum Ausdruck zu bringen. Vielmehr kann es sein, daß die *entscheidende Verantwortung* nicht so sehr beim Gesetzgeber als *beim Rechtsanwender* liegt. Phänomene wie die Gewalt gegen alte Menschen in Familien und Heimen müssen – über die richtige

Gestaltung der Rechtsnormen hinaus — durch die Schulung und Anleitung des jeweils handelnden Personals und die Aufmerksamkeit und Effizienz der für die Kontrolle zuständigen Behörden und Organe bekämpft werden.

8. Rechtsnormen und Rechtsvermittlung

Immer dort, wo das Recht besondere Probleme sozial Schwächerer regelt, ist zwischen der eigentlichen Sachregelung und jenen Regelungen und Vorkehrungen zu unterscheiden, die die Schwierigkeiten überwinden helfen sollen, die der sozial Schwächere gerade damit hat, Zugang zum Recht zu finden, seine Rechte wahrzunehmen, das Recht zu seinen Gunsten wirken zu lassen (Ehrlich & Ehrlich, 1981; Simons, 1985; Zacher, 1981). Gemeint sind vor allem Regelungen und Einrichtungen der Beratung und der Vertretung. Auch an Möglichkeiten der Erleichterung von Form- und Fristerfordernissen ist zu denken, obwohl sich Erleichterungen dieser Art gerade auch zum Nachteil des sozial Schwächeren auswirken können. In Betracht kommen ferner Aufklärungspflichten, um den Schutz des Rechts an den heranzutragen, der nicht ohne weiteres Anteil an den allgemeinen Informationen über das Recht hat.

C. Maximen des Sozialrechts

Im pluralistischen demokratischen Rechtsstaat sind dem Sozialrecht verschiedene, miteinander konkurrierende, nicht selten auch einander widersprechende Zwecke und Werte vorgegeben. Das Sozialrecht versucht, dieser komplexen Vielfalt von Zwecken und Werten durch eine Vielfalt unterschiedlicher Gestaltungsformen Rechnung zu tragen.

1. Die Zwecke des Sozialstaats

Die Gleichzeitigkeit konkurrierender und einander widersprechender sozialer Zwecke und Werte wird vor allem von dem allgemeinsten Nenner reflektiert, den das Verfassungsrecht für das »Soziale« gefunden hat: dem *Sozialstaatsprinzip* (Ritter, 1989; Zacher, 1987a). Es ist keine in sich geschlossene Norm. Es ist vielmehr ein Appell, eine Vielzahl sozialer Zwecke und Werte zu realisieren. Sie können auf die folgenden Begriffe gebracht werden: Garantie des Existenzminimums, mehr Gleichheit, soziale Sicherheit, Mehrung des Wohlstands und Ausbreitung der Teilhabe daran. Alle diese Begriffe sind in sich wieder vieldeutig. Das *Existenzminimum* kann als ein absolut minimales, als ein angemessenes, als ein kulturelles verstanden werden. Die *Gleichheit* kann sowohl als eine Gleichheit nach Maßgabe der Lebensleistung, als eine Gleichheit nach Maßgabe der individuellen Bedarfe, ebenso als eine Gleichheit im Lichte des Allgemeinen und Typischen sowie als eine Gleichheit im Sinne der individuellen Geschichte und Situation verstanden werden. Immer wieder aber drängt Gleichheit danach, die Unterschiede zwischen Stärkeren und Schwächeren aufzuheben, zu mindern oder unter Kontrolle zu bringen. *Soziale Sicherheit* findet eine Deutung in der abstrahierenden Sicherheit der rechtsnormativen Zusage einer Leistung und der Berechenbarkeit der Entscheidung, eine andere Deutung aber in der Sicherheit des — individuell-konkret festzustellenden — Notwendigen. Schließlich kann *Wohlstandsteilhabe* den Akzent auf Chancengleichheit ebenso wie auf Umverteilung, auf mehr Prosperität oder auf mehr Gleichheit legen.

Auf eine andere Weise erschließt sich die Vieldeutigkeit sozialstaatlicher Ziele, indem der soziale Staat und das soziale Recht als ein Staat und ein Recht der *sozialen Gerechtigkeit* gesehen werden (Zacher, 1988b). Soziale Gerechtigkeit kann nie nur *eine* Gerechtigkeit sein. Soziale Gerechtigkeit war und ist immer vielgestaltig. Soziale Gerechtigkeit heißt Bedarfsgerechtigkeit, Leistungsgerechtigkeit und Besitzstandsgerechtigkeit. Und keine dieser Gerechtigkeiten allein macht den Staat oder das Recht sozial gerecht. Sie müssen sich ergänzen. Und auch hier: jede dieser Gerechtigkeiten ist in sich vieldeutig. *Bedarfsgerechtigkeit* kann minimale oder gehobene Bedarfe, kann typische oder individuelle Bedarfe, kann Bedarfe nach allgemeinen Maßstäben oder nach Bedürfnissen im Sinne subjektiver Option meinen. *Leistungsgerechtigkeit* kann das meinen, was sich in Einkommen, Sozialversicherungsbeiträgen oder ähnlichem niedergeschlagen hat. Leistungsgerechtigkeit kann aber auch das meinen, was für die Allgemeinheit geopfert wurde oder was der Gesellschaft nützlich war, ohne einen Ausdruck in Einkommen oder Beiträgen gefunden zu haben. Leistungsgerechtigkeit kann selbst die Leistung meinen, die wegen eines sozialen Nachteils nicht erbracht werden konnte. Auch *Besitzstandsgerechtigkeit* kann Verschiedenes meinen: einfach das Vermögen oder das als Vorsorge durch Beiträge Erworbene oder den Lebensstandard, der vor dem sozialen Verfall geschützt werden soll.

Für das Sozialrecht des Alters bedeutet dies vor allem, daß *soziale Sicherheit im Alter nicht nur durch ein System* gewährleistet werden kann. Kein System ist imstande, alle diese konkurrierenden und widersprüchlichen Zwecke und Werte in sich aufzunehmen, ohne zugleich alle wieder preiszugeben. Eine optimale Realisierung möglichst vieler dieser Zwecke und Werte ist nur möglich, indem *mehrere Systeme, die sich je spezifisch auf gewisse Zwecke und Werte konzentrieren*, nebeneinander etabliert werden (Zacher, 1991). In der Bundesrepublik Deutschland etwa geschieht dies zum einen durch die *Dominanz einer Rentenversicherung*, die vor allem der Leistungsgerechtigkeit — in allen ihren Varianten — dient, damit soziale Sicherheit im Sinne der Sicherheit der Zusage und der Berechenbarkeit der Entscheidung verwirklicht und Besitzstandsgerechtigkeit teils als annähernde Gewährleistung des Lebensstandards, teils als Schutz der erworbenen Anwartschaft zum Ausdruck bringt. Zum anderen erfolgt dies durch ergänzende Systeme der *betrieblichen Alterssicherung oder umfassende (bifunktionale) Systeme* etwa der Knappschaftlichen Rentenversicherung oder der Versorgung der Beamten, Richter und Soldaten, die eine weitergehende Besitzstandsgerechtigkeit des erworbenen Lebensstandards oder — in der betrieblichen Alterssicherung — jene Dimension der Leistungsgerechtigkeit intensivieren, die auf Erwerbsarbeit und Einkommen abstellt.

Sparen, Vermögensbildung und Privatversicherung bieten ebenfalls Möglichkeiten einer am Erworbenen orientierten Leistungs- und Besitzstandsgerechtigkeit. Die *Altershilfe der Landwirte* dagegen nähert sich der Bedarfsgerechtigkeit, indem sie den typischen Bargeldbedarf alter Landwirte absichert. *Soziale Entschädigungssysteme* (wie Kriegsopferversorgung oder Lastenausgleich) tragen nach wieder anderen Aspekten der Gleichheit, der Leistungsgerechtigkeit oder der Besitzstandsgerechtigkeit, zuweilen auch nach Aspekten des Existenzminimums und der Bedarfsgerechtigkeit zur Alterssicherung bei. Hinzu kommt die unspezifische Absicherung besonderer Belastungen und Bedarfe auch alter Menschen durch *besondere Hilfs- und Förderungssysteme* (wie Wohngeld oder Kindergeld). Schließlich aber werden alle diese Systeme durch die *Sozialhilfe* »unterfüttert«, die primär einer individuellen, angemessenen Bedarfsgerechtigkeit, einem individuellen angemessenen Existenzminimum verpflichtet ist.

Diese Kombination ist nur ein Beispiel. Geschichte, Wertvorstellungen, Interessen und Machtkonstellationen führen von Land zu Land zu sehr unterschiedlichen Ensembles der sozialen Sicherheit, auch und gerade der sozialen Sicherheit im Alter. Doch gibt es überall eine – mehr oder minder große – Vielfalt von Werten und Zwecken und demgemäß eine Vielfalt von Formen ihrer Verwirklichung (Zacher, 1991).

Auch die *typischen internalisierenden Regelungen* sind dieser Vielfalt verpflichtet. Das familiäre Unterhaltsrecht versucht einen Ausgleich zwischen der Besitzstands- und der Bedarfsgerechtigkeit zugunsten jeweils der Berechtigten und der Verpflichteten. Schutzvorschriften, die – sei es im Privatrecht, sei es im Strafrecht – dem Schutz älterer Menschen gegenüber denen dienen, von denen sie abhängig sind, oder gegenüber denen, die ihre Schwäche mißbrauchen könnten, dienen primär dem Ziel der Gleichheit: dem Ausgleich zwischen der Schwäche des einen und der Stärke des anderen. Letztlich aber zielen sie auch auf die Gewährleistung eines menschenwürdigen Daseins, sie entsprechen so einer Variante der Garantie des Existenzminimums. Dieses Ziel des angemessenen, menschenwürdigen Existenzminimums verfolgen mehr oder minder auch alle Dienste. Damit zielen sie auch auf Bedarfsgerechtigkeit. Neben einer entsprechenden Gestaltung der monetären Sicherung dienen gerade Dienste aber auch oft der kulturellen und kommunikativen Wohlstandsteilhabe.

2. Der Primat der gesellschaftlichen Realisierung des »Sozialen«

Der freiheitliche Rechtsstaat lebt in der *Dialektik von Staat und Gesellschaft*. Die Grundrechte, insbesondere die Freiheitsrechte, konstituieren den Raum der Gesellschaft. Die Lebensverhältnisse der Menschen werden sowohl von der Gesellschaft als auch vom Staat bestimmt. Die soziale Situation eines jeden einzelnen ist zunächst eine Funktion des Gebrauchs der Freiheiten eines jeden einzelnen und aller anderen, deren Befindlichkeit und deren Handeln zu einer Bedingung für die soziale Situation des einzelnen werden können. Der Sozialstaat, der ein *sozialer Rechtsstaat* sein will, muß so das *»Soziale« zunächst der*

Freiheit und der damit korrespondierenden Verantwortung der einzelnen, ihrer privaten Gemeinschaften und ihrer gesellschaftlichen Zusammenschlüsse überlassen. Der Sozialstaat kann und muß die Spielräume der Freiheit so gestalten, daß der Gebrauch der Freiheit möglichst schon aus sich heraus zu einem sozialen Optimum führt. Er kann und muß den Gebrauch der Freiheit in einer Weise begleiten, die verhindert, daß sich soziale Gefahren realisieren. Und er muß die sozialen Defizite kompensieren. Aber er darf den Raum der Freiheit nicht absorbieren. Er muß den *Primat der gesellschaftlichen Realisation des »Sozialen«* respektieren (Zacher, 1987b).

So ist das *Alter zunächst eine Verantwortung eines jeden einzelnen*: die Vorsorge für das Alter, die Vorbereitung auf das Alter, das Sich-Einrichten im Alter, der Gebrauch seiner Möglichkeiten und das Bewältigen seiner Lasten. Sodann ist das *Alter eine Verantwortung der Familien*, denen alte Menschen angehören. Dabei steht die Autonomie des alten Menschen in einer Wechselbeziehung zu der Freiheit und Verantwortung der Familie, der der alte Mensch angehört. Der Verweisung des alten Menschen auf seine Familie sind schon deshalb Grenzen gesetzt. Dazu kommt, daß, wie schon vermerkt, die Familien äußerst ungleich imstande und bereit sind, das »risque malheureux« ihrer Alten in sich aufzuheben. Der Primat der gesellschaftlichen Realisation konzentriert sich deshalb darauf, dem Raum zu geben, wie die alten Menschen und ihre Familien ihre Beziehungen selbst gestalten wollen. Der Primat der gesellschaftlichen Realisation des »Sozialen« bedeutet ferner, daß Staat und Recht *von der privatwirtschaftlichen Deckung der Bedarfe der alten Menschen ausgehen.* Auch die Möglichkeit gesellschaftlicher Produktion von sozialer Sicherheit (durch Sparen, durch andere Formen der Vermögensbildung, vor allem durch die Privatversicherung) darf zumindest nicht ausgeschlossen werden. Und die kollektive Selbsthilfe alter Menschen (durch Selbsthilfegruppen, Genossenschaften usw.) muß ebenso wirksam werden können wie die altruistische Hilfe für alte Menschen (durch Nachbarschaftshilfe, »Initiativen«, Wohlfahrtsverbände usw.).

Die skizzierte Alternative von internalisierenden und externalisierenden Lösungen zieht daraus ebenso ihren Sinn wie die Alternative zwischen gesellschaftlicher (privatrechtlicher) Externalisierung und staatlicher (öffentlich-rechtlicher) Externalisierung. Internalisierende Regelungen wirken den Gefährdungen und Defiziten im gesellschaftlichen Vollzug des »Sozialen« entgegen. Und gesellschaftliche (privatrechtliche) Weisen der Externalisierung geben den gesellschaftlichen Kräften Raum, um zur Kompensation sozialer Defizite beizutragen. Staatliche (öffentlich-rechtliche) Externalisierung ist damit nicht einfach auf eine subsidiäre Position verwiesen. Doch ist ihr Ausschließlichkeit versagt. Die gesellschaftliche Realisation des »Sozialen«, ihre förderliche rechtliche Ordnung, der darin eingefügte internalisierende Schutz des Schwächeren, gesellschaftliche (privatrechtliche) Externalisierung und schließlich staatliche (öffentlich-rechtliche) Externalisierung müssen sich ergänzen.

Daß diese Dialektik zwischen der gesellschaftlichen Realisation und der staatlichen Intervention nicht im Sinne eines simplen, in sich geschlossenen Konzepts von »sozial« bewältigt werden kann, ist offensichtlich. Zwischen der Vielfalt der sozialen Zwecke und Werte und dem Primat der gesellschaftlichen Realisation des »Sozialen« besteht vielmehr ein wesentlicher Zusammenhang.

3. Individualität versus »Veröffentlichung«

Wo immer in die sozialen Verhältnisse interveniert wird, vor allem wo soziale Defizite externalisierend kompensiert werden, stellen sich vielfältige Fragen, die an die Individualität der Verhältnisse und den Schutz ihrer Privatheit auf der einen Seite und an die Allgemeinheit sozialer Leistungen und die »Veröffentlichung« der persönlichen Verhältnisse (Hohmann-Dennhardt, 1987; Zacher, 1989a) auf der anderen Seite anknüpfen.

Individualität kann dadurch hergestellt werden, daß die *soziale Sicherheit* für den Fall des Alters *an die soziale Biographie anknüpft*: an eine Vorsorgegeschichte (Versicherungsgeschichte, Beitragsgeschichte), an eine Lebensleistung, zumindest an den Erwerb eines Lebensstandards. *Vorsorgesysteme* (Privatversicherung, Sozialversicherung, arbeits- und dienstrechtliche Alterssicherung) entsprechen diesem Interesse an *Individualität*. »*Geschichtslose*« *Sozialleistungssysteme, die nur an die Situation des Alters oder eines spezifischen Altersbedarfs* (wie etwa den Pflegebedarf) *anknüpfen*, werden demgegenüber von *allgemeinen Maßstäben angemessener Lebensverhältnisse* alter Menschen dominiert. Dabei ergibt sich ein weiteres Spiel von *Individualität und Allgemeinheit*. *Grundsicherungssysteme* (demogrants) sind *schlechthin allgemein*. Sie teilen jedem alten Menschen eine Leistung zu, die sich ohne Rücksicht auf seine individuellen Verhältnisse an allgemeinen Maßstäben des Angemessenen oder Notwendigen orientiert. *Fürsorgesysteme* (Sozialhilfesysteme) gehen dagegen auf die Individualsituation und die *individuellen Bedarfe* ein. Ihre Befriedigung aber folgt wieder *allgemeinen Maßstäben* des Angemessenen oder des Notwendigen.

In jedem Fall werden die Lebensverhältnisse allgemeinen Maßstäben unterstellt, werden sie »*veröffentlicht*«. Alle *abstrahierenden Systeme* (*Vorsorgesysteme*, die die Altersleistung aus der Vorsorgegeschichte errechnen; *Grundsicherungssysteme*, die die Alterssicherung unmittelbar nach allgemeinen Maßstäben festlegen) schützen die *Privatheit*, indem sie die Leistung an eine typische Situation (z. B. das Überschreiten einer Altersgrenze) knüpfen, die *ohne ein ermittelndes Eindringen* in die persönlichen Verhältnisse festgestellt werden kann. *Konkretisierende Fürsorgesysteme* (Sozialhilfesysteme) erfordern dagegen ein *ermittelndes Eindringen* in die persönlichen Verhältnisse, weil anders weder der Bedarf festgestellt noch die Leistung bestimmt werden kann, die zu seiner Deckung notwendig ist. Die »*Veröffentlichung*« ist hier also nicht nur eine »Veröffentlichung« der Maßstäbe, sondern auch eine »Veröffentlichung« der Lebensverhältnisse. *Privatheit* nimmt in dem Maße zu, in dem *das soziale Problem des Alters privat bewältigt* wird: durch private Vorsorge (Sparen,

Vermögensbildung, Privatversicherung), durch die eigene Leistung des alten Menschen, durch seine Familie. Die *Inanspruchnahme öffentlicher Intervention in die privaten Verhältnisse* und die Kompensation der mit dem Alter verbundenen sozialen Defizite durch staatliche (öffentlich-rechtliche) Externalisierung implizieren jedoch immer auch ein Mindestmaß an »*Veröffentlichung*«. Das zeigt sich bei der Betreuung alter Menschen bei abnehmender Kompetenz zu selbstbestimmter Lebensführung. Es zeigt sich bei internalisierender Intervention etwa in Heimverhältnisse. Und es zeigt sich selbst bei der Externalisierung der Alterssicherung durch öffentliche Vorsorgesysteme (Sozialversicherung), da sie eine Anwartschaft nicht ohne ein Mindestmaß an lebenslänglicher Offenlegung von Umständen, aus denen sich Vorsorgebedürftigkeit und Vorsorgefähigkeit ergeben, aufbauen können.

D. Rechtsschichten des Sozialrechts des Alters

1. Verfassungsrecht

Diese Überlegungen haben bereits deutlich gezeigt, in welchem Ausmaß das Sozialrecht des Alters vom Verfassungsrecht bestimmt wird: vom Sozialstaatsprinzip, von den Maximen der Rechtsstaatlichkeit, von den Grundrechten, insbesondere von den Freiheitsrechten − in anderen Ländern auch von spezielleren sozialen Verfassungsprogrammen (soziale Grundrechte für alle Menschen, z. B. in Portugal [Art. 72], in Spanien [Art. 50]). Einen wichtigen Platz nimmt dabei die verfassungsrechtliche Gewährleistung von öffentlichen Anwartschaftsrechten auf individualisierende »geschichtliche« Alterssicherung ein, wie sie etwa in der Rentenversicherung erworben werden (Eichenhofer, 1988; Schulte, 1988). In der Bundesrepublik Deutschland werden sie als Eigentum geschützt, in Österreich mit Hilfe der Rechtfertigungszwänge des Gleichheitssatzes, in Italien über das soziale Grundrecht auf angemessenen Arbeitslohn und angemessene soziale Sicherung. Überall aber wird anerkannt, daß öffentliche soziale Sicherung keine starren Anwartschaftsrechte schützen kann, daß das Erworbene vielmehr gegenüber der wirtschaftlichen und gesellschaftlichen Entwicklung und den Bedürfnissen anderer abzuwägen ist. Der Konflikt zwischen den Grundrechten (Freiheitsrechten, Gleichheitsrechten, Verfahrensrechten und Statusrechten) der alten Menschen und ihre Beeinträchtigung bei der Gewährung von Hilfen, insbesondere bei Behandlung und Versorgung in Heimen, wird zu wenig gesehen (Deutscher Juristentag, 1978; v. Eicken et al., 1990; vgl. auch Guillemard, Kapitel 24 in diesem Band).

Einen wesentlich anderen Aspekt ergibt die Zuständigkeitsverteilung im Bundesstaat. In der Bundesrepublik Deutschland ist etwa die Gesetzgebungszuständigkeit des Bundes − abgesehen von der Versorgung der Beamten, Richter und Soldaten − im wesentlichen auf Sozialversicherung (Art. 74, Nr. 12 GG), Privatversicherung (Art. 74, Nr. 11 GG) und öffentliche Fürsorge (Art. 74, Nr. 7 GG) beschränkt (Art. 70 ff. GG; Papier, 1988). Ob der Bund danach zuständig wäre, ohne Verfassungsänderung eine allgemeine Grundsicherung einzuführen, darf bezweifelt werden.

Im internationalen Vergleich bestehen freilich große Unterschiede: hinsichtlich der Inhalte der Verfassungen, hinsichtlich ihrer Bedeutung, vor allem hinsichtlich der Existenz eines Verfassungsgerichts und seiner oder einer anderen richterlichen Kompetenz, Gesetze darauf zu überprüfen, ob sie mit der Verfassung übereinstimmen.

2. Supranationales und internationales Recht

Im internationalen Recht ist die soziale Sicherung für den Fall des Alters vielfältig garantiert (Schuler, 1988), zum Beispiel in den Bereichen Menschenrechte, soziale Sicherung, ärztliche Betreuung und Invalidität. Eine andere — praktisch wichtigere — Funktion des internationalen Sozialrechts besteht darin, die nationalen Regelungen des Sozialrechts für das Alter so miteinander zu verknüpfen, daß der Wechsel eines Menschen von einem Land zum anderen ohne unangemessene Folgen für seinen sozialen Schutz im Alter bleibt. Dabei ist zwischen dem Gebrauch der Freizügigkeit während der aktiven Phase (der Vorsorgephase) und dem Gebrauch der Freizügigkeit im Alter zu unterscheiden. Die Europäische Wanderarbeitnehmerverordnung beispielsweise dient vor allem der Freizügigkeit während des Arbeitslebens für den Bereich der Europäischen Gemeinschaft. Außerhalb ihres Geltungsbereiches liegen diese Aufgaben bei den zahlreichen bi- und multilateralen Abkommen (Däubler, Kittner & Lörcher, 1990; Zacher, 1976).

E. Das Problem der Verrechtlichung

Die umfassende Verantwortung des Rechts für die sozialen Verhältnisse und Interventionen prägt auch den sozialen Schutz im Alter (Ehrhardt-Kramer & Heinz, 1989; Kaufmann, 1988; Zacher, 1984). Diese Verantwortung des Rechts hat vielfältig gute Gründe. Das Gesetz ist ein Instrument der Demokratie und des Rechtsstaats. Es vermittelt Gleichheit der Rechtsanwendung. Es eröffnet Erwartungen und rechtfertigt sie. Es schützt individuelle Rechte. Es macht den einzelnen zum Subjekt, das sich in Auseinandersetzungen einbringen und in Konflikten durchsetzen kann. Es schützt den alten Menschen im Pflege- und Betreuungsverhältnis. Es schützt — als Polizei- und Strafrecht — gegen den Angriff anderer. Insofern wird moderne Alterssicherung — jedenfalls im demokratischen Rechtsstaat — vom Recht wesentlich und positiv nicht nur gestaltet, sondern auch charakterisiert.

Aber Verrechtlichung ist ambivalent. Sie verändert das Leben und die sozialen Hilfen, es zu bewältigen. Das Recht kommt nicht ohne Konditionalprogramme aus. Wie der Jurist sagt: nicht ohne Tatbestände, an die die Rechtsfolgen geknüpft sind. Sollen diese Tatbestände klar und praktikabel sein, müssen sie einfacher sein als das Leben. Sie abstrahieren. Das bleibt jedoch nicht ohne

Rückwirkung auf das Leben. Über das natürliche Leben zieht sich die Schicht der künstlichen Tatbestände. Gerade die Alterssicherung ist ein Beweis dafür. Altern ist ein Phänomen, das sich in unendlicher individueller Vielfalt vollzieht. Altersgrenzen setzen sich über diese Natur auf extremste Weise hinweg. Aber die »Natur« bleibt von diesen Kunstgebilden nicht unberührt. Die gesellschaftlichen Verhältnisse ebenso wie die Überzeugungen passen sich ihnen an.

Verrechtlichung verändert auch das Verhältnis zwischen dem sozialen Phänomen und den sozialen Hilfen, die dem Phänomen entsprechen. Verrechtlichung bekräftigt die monetären Elemente sozialen Schutzes. Nichts ist der rechtlichen Regelung so zugänglich wie monetäre Leistungen. Soziale Dienste drohen dagegen eher vernachlässigt zu werden. Innerhalb der Dienste unterstreicht Verrechtlichung die professionellen Dienste. Sie gehen mit dem Recht eine eigentümliche Verbindung ein. Nicht-professionelle Dienste sind rechtsresistent. In einem verrechtlichten Sozialsystem verlieren sie dadurch an Wahrnehmbarkeit und Bedeutung. Verrechtlichung fördert schließlich die Bürokratisierung des sozialen Schutzes. Bürokratie verlangt nach rechtlicher Regelung. Und rechtliche Regelung verlangt nach bürokratischem Vollzug. Nun haben monetäre Leistungen, professionelle Leistungen und Bürokratien jeweils ihren guten Sinn. Im Prozeß der Verrechtlichung aber kann es zu Ungleichgewichten kommen. Recht ermöglicht nicht nur Konflikte und deren Austrag. Recht verführt auch zu Konflikten.

So ist es immer wieder notwendig, über die Nachteile der Verrechtlichung und über die Möglichkeiten, sie zu vermeiden, nachzudenken. Doch ist das Recht zunächst und vor allem ein notwendiges und wohltätiges Instrument sozialer Gestaltung und Intervention. Der Mensch lebt ein Leben lang auf sein Alter zu. Wie könnte ihm klarer und verläßlicher beschrieben werden, wie er für das Alter vorsorgen kann, als durch das Recht? Wie könnte ihm das, was ihn jenseits aller Vorsorge im Alter an Schutz und Hilfen erwartet, verläßlicher beschrieben werden als durch das Recht?

F. Forschungsdesiderate

Die rechtswissenschaftliche Erforschung der skizzierten Zusammenhänge weist große Unterschiede auf. Teilbereiche sind gut erforscht. Das gilt in der Regel für die monetären Alterssicherungssysteme, vor allem für die allgemeinen Rentenversicherungssysteme. Es gilt in der Regel auch für die Fragenbereiche, die dem Privatrecht angehören oder doch verwandt sind, insbesondere die Probleme der Vormundschaft, der Pflegschaft oder der Betreuung. In der Bundesrepublik Deutschland sind auch die Rechtsgrundlagen allgemeiner Hilfen für alte Menschen (Altenhilfe im Sinne der Sozialhilfe) intensiv erörtert. Sondersysteme der monetären Alterssicherung für einzelne Berufe zum Beispiel sind dagegen ungleich betroffen. Das gilt national wie international. Vor allem aber das Recht der Dienstleistungen für ältere Menschen ist sowohl in der Bundesrepublik

Deutschland als auch anderswo unzulänglich erörtert. Das gilt für die Rechtsdogmatik ebenso wie für die Erforschung der Rechtstatsachen.

Vollends fehlt es an einer umfassenden systematischen Erörterung der gesamten Fragestellung »Recht und Alter«. Das gilt schon — soweit zu sehen ist — für die nationalen Rechtsordnungen, jedenfalls aber für die Bundesrepublik Deutschland. Und es gilt komparativ. Gerade die komparative Erforschung der Rechtsprobleme des Alters wäre, wenn sie umfassend, kreativ und verantwortungsvoll erfolgt, sehr aufschlußreich für das Ineinandergreifen der unterschiedlichen rechtlichen Problemlösungen. Rechtsvergleichende Erforschung des Gesamtzusammenhangs »Recht des Alters« würde die nationalen Selbstverständlichkeiten relativieren und die Interessen- und Zweckzusammenhänge, in denen sie stehen, besser offenlegen. Sie könnte Alternativen zum national jeweils bestehenden Recht aufzeigen und so Verbesserungen den Weg bereiten.

Literaturverzeichnis

Articus, S. & Karolus, S. (Hrsg.) (1986). *Altenhilfe im Umbruch.* Frankfurt/M.: Eigenverlag.

Bundesministerium für Jugend, Familie, Frauen und Gesundheit (Hrsg.) (1986). *Vierter Familienbericht: Die Situation der älteren Menschen in der Familie* (Bundestagsdrucksache 10/6145). Bonn: Bonner Universitätsdruckerei.

Buttler, G., Herder-Dorneich, P., Fürstenberg, F., Klages, J., Schlotter, H.-G., Oettle, K. & Winterstein, H. (1988). *Die jungen Alten. Eine neue Lebensphase als ordnungspolitische Aufgabe.* Baden-Baden: Nomos.

Dahlem, O. (1982). Zu Problemen bei sozialen Diensten für alte Menschen in der Bundesrepublik Deutschland. *Archiv für Wissenschaft und Praxis der sozialen Arbeit, 21,* 79 – 115.

Däubler, W., Kittner, M. & Lörcher, K. (Hrsg.) (1990). *Internationale Arbeits- und Sozialordnung.* Köln: Bund.

Deutscher Juristentag (1978). *Empfiehlt es sich, soziale Pflege- und Betreuungsverhältnisse gesetzlich zu regeln?* (Bd. 1, Teil E; Bd. 2, Teile N & O). Wiesbaden: Eigenverlag.

Dieck, M. (1979). *Wohnen und Wohnfeld älterer Menschen in der Bundesrepublik.* Heidelberg: Quelle & Meyer.

Dieck, M. (1987). Gewalt gegen ältere Menschen im familialen Kontext — Ein Thema der Forschung, Praxis und der öffentlichen Information. *Zeitschrift für Gerontologie, 20,* 305 – 313.

Dieck, M. & Mühlfeld, C. E. (Hrsg.) (1986). *Sozialarbeit mit alten Menschen.* Frankfurt/M.: Diesterweg.

Eekelaar, J. M. & Pearl, D. (Eds.) (1989). *An aging world. Dilemmas and challenges for law and social policy.* Oxford: Clarendon Press.

Eglit, H. (1985). Age and law. In R. H. Binstock & E. Shanas (Eds.), *Handbook of aging and the social sciences* (pp. 528 – 553). New York: Van Nostrand Reinhold.

Ehrhardt-Kramer, A. & Heinz, M. (Hrsg.) (1989). *Alter und Recht. Dokumentation einer Fachtagung* (Schriften allgemeinen Inhalts, Heft 25). Frankfurt/M.: Deutscher Verein für öffentliche und private Fürsorge.

Ehrlich, I. F. & Ehrlich, R. (1981). The law and the elderly — Where is the legal profession? — A challenge and a response. *Journal of Legal Education, 31*, 452–465.

Eichenhofer, E. (1988). Der verfassungsrechtliche Schutz von sozialversicherungsrechtlichen Anrechten in der Bundesrepublik Deutschland, Italien und den USA. *Zeitschrift für ausländisches und internationales Arbeits- und Sozialrecht, 2*, 239–253.

Eicken, B. v., Ernst, E. & Zenz, G. (1990). *Fürsorglicher Zwang. Eine Untersuchung zur Legitimation von Freiheitsbeschränkung und Heilbehandlung in Einrichtungen für psychisch Kranke, für geistig Behinderte und für alte Menschen.* Köln: Bundesanzeiger.

Freeman, M. E. A. (1989). The abuse of the elderly — Legal responses in England. In J. M. Eekelaar & D. Pearl (Eds.), *An aging world. Dilemmas and challenges for law and social policy* (pp. 741–754). Oxford: University Press.

Globokar, T. (1983). Der Übergang der Arbeitnehmer in den Ruhestand in Osteuropa. *Mitteilungen aus der Arbeitsmarkt- und Berufsforschung, 1*, 53–60.

Grunow, D. (1985). Drei-Generationen-Solidarität in der Familie. In K. Weigelt (Hrsg.), *Familie und Familienpolitik. Zur Situation in der Bundesrepublik Deutschland* (S. 146–156). Melle: Knoth.

Hohmann-Dennhardt, C. (1987). Krise des Wohlfahrtsstaates und Existenzsicherung der Familie aus sozialrechtlicher Sicht. *Kritische Vierteljahresschrift für Gesetzgebung und Rechtswissenschaft, 70*, 112–132.

Hokenstad, M. C. (1988). Cross-national trends and issues in social service provision and social practice for the elderly. *Journal of Gerontological Social Work, 12*, 1–15.

ISSA — International Social Security Association (1979). *Social protection and the over-75s* (Studies and Research No. 12). Genf: Eigenverlag.

Kardorff, E. v. & Oppl, H. (Hrsg.) (1989). *Sozialarbeit für und mit alten Menschen.* München: Minerva.

Kaufmann, F.-X. (Hrsg.) (1982). *Staatliche Sozialpolitik und Familie.* München: Oldenbourg.

Kaufmann, F.-X. (1988). Steuerung wohlfahrtsstaatlicher Abläufe durch Recht. In D. Grimm & W. Maihofer (Hrsg.), *Gesetzgebungstheorie und Rechtspolitik. Jahrbuch für Rechtssoziologie und Rechtstheorie* (Bd. 13, S. 65–108). Opladen: Westdeutscher Verlag.

Kohl, J. (1987). Alterssicherung im internationalen Vergleich. Zur Einkommensstruktur und Versorgungssituation älterer Haushalte. *Zeitschrift für Sozialreform, 33*, 698–719.

Kosberg, J. (Ed.) (1983). *Abuse and maltreatment of the elderly. Causes and intervention.* Guildford: Butterworth.

Kühl, J. (1988). Bevölkerungsentwicklung und öffentlicher Dienstleistungsbedarf. *WSI-Mitteilungen, 6*, 330–337.

Landenberger, M. (1987). Arbeitseinkommensbedarf und Arbeitszeitwünsche Älterer. In Deutsches Zentrum für Altersfragen (Hrsg.), *Die ergraute Gesellschaft* (S. 87–91). Berlin: Deutsches Zentrum für Altersfragen.

Lehr, U. (1987). Was bedeutet Familie für ältere Menschen und was bedeuten ältere Menschen für die Familie? In O. Fichtner (Hrsg.), *Familie und soziale Arbeit. Gesamtbericht über den 71. Deutschen Fürsorgetag 1986 in München* (S. 474–493). Stuttgart: Kohlhammer.

London, J. R. (1989). The Canadian experience in mandatory retirement: A human rights perspective. In J. M. Eekelaar & D. Pearl (Eds.), *An aging world. Dilemmas and challenges for law and social policy* (S. 329–362). Oxford: University Press.

Means, R. (1986). The development of social services for the elderly people: Historical perspectives. In C. Phillipson & A. Walker (Eds.), *Aging and social policy* (pp. 87 – 106). Brookfield, VT: Gower.

Naegele, G. (1986). Gegenwärtige Tendenzen und Perspektiven in der Sozialpolitik für ältere Menschen. In C. Mühlfeld, H. Oppl, H. Weber-Falkensammer & W. R. Wendt (Hrsg.), *Sozialarbeit mit alten Menschen* (S. 9 – 33). Neuwied: Luchterhand.

Papier, H. J. (1988). Der Einfluß des Verfassungsrechts auf das Sozialrecht. In B. v. Maydell & R. Ruland (Hrsg.), *Sozialrechtshandbuch* (S. 114 – 150). Neuwied: Luchterhand.

Partsch, M. (1983). *Prinzipien und Formen sozialer Sicherung in nicht-industrialisierten Gesellschaften.* Berlin: Duncker & Humblot.

Reimann, H. (1983). Wohnverhältnisse und Wohnbedürfnisse älterer Menschen. In H. Reimann & H. Reimann (Eds.), *Das Alter – Einführung in die Gerontologie* (2. Aufl., S. 75 – 86). Frankfurt: Enke.

Ritter, G. A. (1989). *Der Sozialstaat – Entstehung und Entwicklung im internationalen Vergleich.* München: Oldenbourg.

Roegele, O. B. (1974). *Das dritte Alter.* Osnabrück: Fromm.

Schuler, R. (1988). *Das internationale Sozialrecht der Bundesrepublik Deutschland.* Baden-Baden: Nomos.

Schulte, B. (1988). Bestandsschutz sozialer Rechtspositionen. Eine vergleichende Betrachtung. *Zeitschrift für ausländisches und internationales Arbeits- und Sozialrecht, 2,* 205 – 225.

Schulte, B. (1989). Zur Reform des Rechts der Entmündigung, Vormundschaft und Pflegschaft – der Diskussionsentwurf eines Betreuungsgesetzes. *Das öffentliche Gesundheitswesen, 3,* 132 – 138.

Simons, T. (1985). *Verfahren und verfahrensäquivalente Rechtsformen im Sozialrecht.* Baden-Baden: Nomos.

Stiefel, M.-L. (1983). *Hilfsbedürftigkeit und Hilfenbedarf älterer Menschen im Privathaushalt.* Berlin: Deutsches Zentrum für Altersfragen.

Zacher, H. F. (1976). *Internationales und europäisches Sozialrecht.* Percha: R. S. Schulz.

Zacher, H. F. (1981). Der Behinderte als Aufgabe der Rechtsordnung. In Verband der Bayerischen Bezirke (Hrsg.), *Der Behinderte als Aufgabe der Rechtsordnung* (S. 1 – 26). München: Eigenverlag.

Zacher, H. F. (1982). Sozialrecht in sozialistischen Ländern Osteuropas. In F.-C. Schroeder & W. Rosenthal (Hrsg.), *Jahrbuch für Ostrecht* (Bd. XXIII, S. 331 – 354). Bonn: Deutscher Bundes-Verlag.

Zacher, H. F. (1984). Verrechtlichung im Bereich des Sozialrechts. In F. Kübler (Hrsg.), *Verrechtlichung von Wirtschaft, Arbeit und sozialer Solidarität* (S. 11 – 72). Baden-Baden: Nomos.

Zacher, H. F. (1987a). Alterssicherung – Spiegel der gesellschaftlichen Entwicklung. *Deutsche Rentenversicherung, 11/12,* 714 – 738.

Zacher, H. F. (1987b). Das soziale Staatsziel. In J. Isensee & P. Kirchhof (Hrsg.), *Handbuch des Sozialrechts* (Bd. I, S. 1045 – 1111). Heidelberg: Müller.

Zacher, H. F. (1988a). Traditional solidarity and modern social security. Harmony or conflict? In F. v. Benda-Beckmann, K. v. Benda-Beckmann, E. Casino, F. Hirtz, G. R. Woodman & H. F. Zacher (Eds.), *Between kinship and the state. Social security and law in developing countries* (pp. 29 – 38). Dordrecht: Foris.

r, H. F. (1988b). Sozialrecht und Gerechtigkeit. In A. Kaufmann, E.-J. Mestmäcker H. F. Zacher (Hrsg.), *Rechtsstaat und Menschenwürde. Festschrift für Werner aihofer* (S. 669 – 691). Frankfurt/M.: Klostermann.

er, H. F. (1989a). Ehe und Familie in der Sozialrechtsordnung. In W. Fiedler & G. ess (Hrsg.), *Verfassungsrecht und Völkerrecht. Gedächtnisschrift für Wilhelm Karl eck* (S. 955 – 983). Köln: Heymanns.

ier, H. F. (1989b). Sozialpolitik: III. Rechtliche Aspekte. In Görres-Gesellschaft Hrsg.), *Staatslexikon* (7. Aufl., Bd. 5, Sp. 51 – 55). Freiburg: Herder.

her, H. F. & Kessler, F. (1990). Die Rollen der öffentlichen Verwaltung und der privaten Träger der sozialen Sicherheit. *Zeitschrift für ausländisches und internationales Arbeits- und Sozialrecht, 4,* 97 – 157.

Zacher, H. F. (1991). Ziele der Alterssicherung und Formen ihrer Verwirklichung. In H. F. Zacher (Hrsg.), *Alterssicherung im Rechtsvergleich. Studien aus dem Max-Planck-Institut für ausländisches und internationales Sozialrecht* (S. 25 – 113). Baden-Baden: Nomos.

Zenz, G. (1987). *Vormundschaft und Pflegschaft für Volljährige.* Köln: Bundesanzeiger.

III. Konzepte

13. Alter im Lebenslauf

ANDREAS KRUSE

Zusammenfassung

Das Alter im Lebenslauf wird aus der Sicht verschiedener anthropologischer Disziplinen untersucht. Zur Einführung in die Thematik werden Ausschnitte aus Werken der deutschen Literatur interpretiert, die sich mit dem Thema Altern auseinandersetzen. Daran schließt sich eine kurze anthropologische Skizze an. Diese dient als Grundlage für die Erörterung theoretischer Ansätze aus den verschiedenen Disziplinen. Zunächst wird Gesundheit im Alter aus einer biographischen Perspektive betrachtet, in einem weiteren Schritt wird auf biographisch orientierte Beiträge zur Psychotherapie eingegangen. Bei der Darstellung psychologischer Ansätze legt die Arbeit besonderes Gewicht auf die Entwicklung der Persönlichkeit, der Auseinandersetzung mit Aufgaben und Belastungen sowie auf die Entwicklung der Fähigkeiten und Fertigkeiten im Alternsprozeß. Ansätze aus der Soziologie erweitern die psychologischen Theorien. Der Lebenslauf wird hier auch als ein sozial normierter Prozeß verstanden. In einem weiteren Schritt geht die Arbeit auf Beiträge aus den Erziehungswissenschaften und aus der Theologie ein; untersucht werden die Ansätze einer biographisch orientierten Bildung sowie eines biographischen Verständnisses der Glaubensentwicklung im Alter.

A. Einleitung

Im folgenden wird der Versuch unternommen, Alter im Lebenslauf aus der Sicht verschiedener Disziplinen zu behandeln. In der Philosophie, Psychologie, Pädagogik, Soziologie, Theologie und Medizin finden sich Arbeiten, die das Alter

Priv. Doz. Dr. Andreas Kruse ist wissenschaftlicher Mitarbeiter am Institut für Gerontologie der Universität Heidelberg. Forschungsgebiete: Anthropologische Fragestellungen des Alters, Psychologie der Lebensspanne, Kompetenz im Alter, Rehabilitation, Auseinandersetzung mit Grenzsituationen im Alter.

im Kontext des Lebenslaufes untersuchen oder die zumindest Folgerungen hinsichtlich einer lebenslauforientierten Analyse des Alters zulassen. Dabei sollen nur beispielhaft einzelne Ansätze dargestellt werden, die unseres Erachtens für die künftige gerontologische Forschung bedeutend sind.

Das Bemühen um ein tieferes Verständnis der Entwicklung im Lebenslauf sowie der Stellung des Alters im Lebenslauf ist nicht nur in der Wissenschaft erkennbar, sondern es ist ein von vielen Menschen geteiltes Anliegen. Dies wird deutlich, wenn man sich mit der Literatur der Gegenwart und der vergangenen Jahrhunderte, in der sich (kollektive) Fragen und Weltdeutungen widerspiegeln, beschäftigt.

B. Entwicklung im Altern und Rückblick auf die Biographie — Beiträge aus der Literatur

> »Wie jede Blüte welkt und jede Jugend
> Dem Alter weicht, blüht jede Lebensstufe,
> Blüht jede Weisheit auch und jede Tugend
> Zu ihrer Zeit und darf nicht ewig dauern.
> Es muß das Herz bei jedem Lebensrufe
> Bereit zum Abschied sein und Neubeginne,
> Um sich in Tapferkeit und ohne Trauern
> In andre, neue Bindungen zu geben.
> Und jedem Anfang wohnt ein Zauber inne.
> Der uns beschützt und der uns hilft zu leben«
> (Hesse, 1990, S. 87).

In dem Gedicht »Stufen« bilden die Entwicklung im Alter und die Offenheit des Menschen für neue Anregungen und Aufgaben das zentrale Thema. In jeder Lebens»stufe« bietet sich die Möglichkeit zu weiterer Entwicklung, vorausgesetzt, der Mensch ist offen für neue »Bindungen«. Das menschliche Leben wird als eine Folge von Abschieden (»abschiedliche Existenz«) und Neuanfängen verstanden. In dem Maße, in dem es dem Menschen gelingt, sich von früheren Aufgaben und Lebensbereichen zu lösen sowie neue Bereiche der Person und der Welt zu erschließen, entwickelt er sich weiter. Als zentrales Element im Entwicklungsprozeß wird die Offenheit des Menschen angesehen, hier verstanden als die Fähigkeit zur Neuorientierung.

> »Daß häufig Menschen im Alter den Sinn für Geschichte bekommen, den sie in der Jugend nicht hatten, beruht auf dem Wissen um diese vielen Schichten, die im Lauf mancher Jahrzehnte des Erlebens und Erleidens sich in einem Menschengesicht und einem Menschengeist überdecken. Im Grunde, wenn auch längst nicht immer bewußt, denken alle Alten historisch. Sie sind mit der obersten Schicht, die den Jungen so gut steht, nicht zufrieden. Sie möchten sie nicht missen oder tilgen, aber sie möchten unter ihr auch die Folge jener Erlebens-Schichten wahrnehmen, die der Gegenwart erst ihr volles Gewicht geben« (Hesse, 1990, S. 142).

Hier werden die engen Beziehungen zwischen biographischen Erfahrungen und der seelischen Situation im Alter hervorgehoben. Erleben und Verhalten älterer Menschen sind nur im biographischen Kontext verstehbar. Die Geschichte der Person wirkt bis in ihr hohes Alter fort, sie strukturiert die Art und Weise, wie die Person Situationen erlebt und wie sie sich mit diesen auseinandersetzt.

> »Denn dieses scheint die Hauptaufgabe der Biographie zu sein, den Menschen in seinen Zeitverhältnissen darzustellen, und zu zeigen, inwiefern ihm das Ganze widerstrebt, inwiefern es ihn begünstigt, wie er sich eine Welt- und Menschenansicht daraus gebildet und wie er sie, wenn er Künstler, Dichter, Schriftsteller ist, wieder nach außen abgespiegelt. Hierzu wird aber ein kaum Erreichbares gefordert, daß nämlich das Individuum sich und sein Jahrhundert kenne, sich, inwiefern es unter allen Umständen dasselbe geblieben, das Jahrhundert, als welches sowohl den Willigen als Unwilligen mit sich fortreißt, bestimmt und bildet, dergestalt, daß man wohl sagen kann, ein jeder, nur zehn Jahre früher oder später geboren, dürfte, was seine eigene Bildung und die Wirkung nach außen betrifft, ein ganz anderer geworden sein« (Goethe, 1962, S. 5 f.).

Die Entwicklung im Lebenslauf und die in der Biographie gewonnenen Erfahrungen sind von historischen, kulturellen und sozialen Ereignissen, Situationen und Entwicklungen beeinflußt und dürfen nicht losgelöst von diesen betrachtet werden. Die Aussage, daß der ältere Mensch von seiner Biographie her verstanden werden müsse, ist zu spezifizieren: Er ist von seiner Biographie in ihrem spezifischen historischen, kulturellen und sozialen Kontext her zu verstehen. Folglich muß die biographische Analyse auch diesen Kontext möglichst differenziert erfassen, wie es im folgenden mit Hilfe von Anthropologie, Medizin, Psychologie, Soziologie, Theologie und Erziehungswissenschaften geschehen soll. Dabei wird jeweils nur auf *einzelne* Beiträge aus den genannten Disziplinen eingegangen, die meines Erachtens von besonderer Bedeutung für das Verständnis des Alters im Lebenslauf sind. Diese Beiträge sollen als *Ergänzung* zu den in den jeweiligen Fachkapiteln diskutierten Aspekten verstanden werden. Es ist keinesfalls beabsichtigt, die Beiträge der einzelnen Disziplinen zur Gerontologie umfassend darzustellen; dies würde zum einen die Kompetenz des Autors bei weitem übersteigen, zum anderen den Rahmen dieses Beitrages sprengen.

Die Auswahl der einzelnen Beiträge ist vor allem durch den *biographischen Kontext* des Alters geleitet. Dieser biographische Kontext stellt ein Thema dar, mit dem sich alle Disziplinen beschäftigen. Unter »biographischem Kontext« verstehen wir den Einfluß biographischer Ereignisse, Erlebnisse und Erfahrungen auf die Lebenssituation im Alter.

C. Eine anthropologische Skizze

Die Beschäftigung mit der Literatur gab uns erste Hinweise auf die Beziehungen zwischen Alter und Lebenslauf, nämlich auf den Einfluß, den biographische Erfahrungen auf die seelische Situation im Alter ausüben, sowie auf den soziokulturellen und historischen Kontext, in dem die Biographie steht.

Diese Beziehungen sollen nun mit Hilfe theoretischer Beiträge aus verschiedenen anthropologischen Disziplinen untersucht werden. Das Gemeinsame der anthropologischen Disziplinen besteht in der Entwicklung von Theorien menschlichen Lebens (bei aller Unterschiedlichkeit der Gültigkeitsbereiche und der Analyseebenen).

Bevor auf die Beiträge einzelner Fachgebiete eingegangen wird, soll jedoch zunächst der Blick auf die philosophische Anthropologie gerichtet werden. Für unser Thema »Alter im Lebenslauf« ist vor allem das von Ernst Bloch verfaßte Werk »Das Prinzip Hoffnung« (1959) bedeutsam, da dieses ausführlich auf das Alter eingeht und gleichzeitig eine Lebenslaufperspektive einnimmt.

> »Insgesamt zeigt das Alter, wie jede frühere Lebensstufe, durchaus möglichen, spezifischen Gewinn, einen, der den Abschied von der vorhergehenden Lebensstufe gleichfalls kompensiert« (Bloch, 1959, S. 41).

Körperliche Einschränkungen, soziale Verluste, die Konfrontation mit der begrenzten Lebenszeit und mit dem herannahenden Tod bilden nur die eine Seite des Alters. Die andere Seite bilden die Gewinne im Alter, zu denen vor allem gehören: »Überblick, gegebenenfalls Ernte« (Bloch, 1959, S. 41).

> »Im allgemeinen werden derart die Spätjahre eines Menschen desto mehr Jugend enthalten, dem unkopierten Sinne nach, je mehr Sammlung bereits in der Jugend war; die Lebensabschnitte, also auch das Alter verlieren dann ihre isolierte Schärfe« (Bloch, 1959, S. 41).

Das Alter ist Teil der Biographie. Die Art und Weise, wie sich der Mensch in früheren Lebensjahren mit neuen Aufgaben auseinandergesetzt und sein Leben gestaltet hat, übt Einfluß darauf aus, in welchem Maße er auch im Alter Kontinuität erfährt. Wurden die Möglichkeiten eigener Entwicklung wahrgenommen und konnten diese verwirklicht werden, so wächst die Überzeugung der persönlichen Kontinuität im Lebenslauf. Das Alter ist nicht mehr ein isolierter Lebens»abschnitt«, abgetrennt von früheren Lebensjahren, sondern in ihm kann der Mensch weiter wachsen.

In welchem Maße sich Entwicklung im Alter, genauso wie in den früheren Lebensjahren, einstellt, ist jedoch nicht nur von der Person abhängig, sondern auch von der Gesellschaft und Kultur, in der diese lebt. Durch die Rollen- und Statuszuordnung untergliedert die Gesellschaft den Lebenslauf, trennt sie ihn in einzelne Lebens»abschnitte«. Gerade dem älteren Menschen werden von der Gesellschaft persönlich bedeutsame Rollen genommen, der soziale Status sowie das Altersbild in unserer Gesellschaft sind negativ geprägt, erst durch die negativen Bewertungen des Alters sowie durch die Rollenverluste im Alter wird das Alter zu einem Lebens»abschnitt«, wird der Mensch seiner Kontinuität beraubt.

Eine »Gesellschaft, die sich verzweifelt auf Jugend schminkt« (Bloch, 1959, S. 40) und die als Norm des gelungenen Alters die möglichst weite Annäherung an die Leistungsfähigkeit sowie an die (äußere und innere) Gestalt des Jugendlichen wählt, erschwert die Annahme sowie die selbstbestimmte Gestaltung des Alters. Anstatt auf die Potentiale im Alter zu achten, diese zu erkennen und zu würdigen, werden ältere Menschen an dem gesellschaftlichen Leitbild des »Immer-Jugendlichen« und »Leistungsfähigen« gemessen.

> »Das gesunde Wunschbild des Alters und im Alter ist das der durchgeformten Reife; das Geben ist ihr bequemer als das Nehmen. [...] So gesammelt sein zu können, das verlangt, daß kein Lärm ist. Ein letzter Wunsch geht durch alle Wünsche des Alters hindurch, ein oft nicht unbedenklicher, der nach Ruhe« (Bloch, 1959, S. 42).

Das »Geben« bezieht sich auf die Weitergabe von Erfahrungen, die der Mensch im Laufe seines Lebens gewonnen hat. In der »Ruhe« spiegelt sich die Veränderung der Perspektive wider, aus der das Leben betrachtet wird: Es werden nicht mehr äußere Erfolge angestrebt, sondern nun wird versucht, das eigene Leben anzunehmen, einzelne Stationen an sich vorbeiziehen zu lassen, zu Kompromissen zwischen dem Erhofften und dem Erreichten zu gelangen, sich mit den Grenzen des Lebens auseinanderzusetzen, Abschied vom Leben zu nehmen. Das »Geben« sowie das Finden der »Ruhe« werden erschwert, wenn der ältere Mensch in einer Gesellschaft lebt, die entweder mit dem Alter nur Defizite verbindet oder die das Alter – mit seinen Grenzen wie mit seinen Entwicklungsmöglichkeiten – leugnet.

Diese kurze anthropologische Skizze, die biographische Kontinuität, Gleichzeitigkeit verschiedenartiger Entwicklungsverläufe (Verluste und Gewinne) sowie Einflüsse der Gesellschaft auf diese Entwicklungsverläufe hervorhebt, leitet auch die folgenden Ausführungen.

D. Beiträge aus der Medizin

1. Eine lebenslauforientierte Sicht der Gesundheit im Alter

Im Alter ist eine Zunahme der körperlichen und psychischen Krankheiten festzustellen. Ältere Patienten leiden in der Regel an mehreren Krankheiten (Multimorbidität), und diese Krankheiten weisen häufiger als in früheren Lebensabschnitten chronische Verläufe auf. Das gehäufte Auftreten von Krankheiten ist zum einen auf spezifische physiologische Prozesse im Alter zurückzuführen, vor allem auf die geringere Anpassungsfähigkeit des Organismus an gesundheitliche Einschränkungen. Zum anderen übt der in früheren Lebensabschnitten gezeigte Lebensstil des Menschen Einfluß auf die Entstehung und den Verlauf von Krankheiten im Alter aus. Unter Lebensstil fassen Mediziner das Gesundheitsverhalten, Art und Ausmaß der Risikofaktoren sowie Art und Grad der Vorsorge zusammen. Weiterhin wirken sich die in früheren Lebensabschnitten aufgetretenen Krankheiten sowie Behandlungsarten und Behandlungserfolge auf den Gesundheitszustand im Alter aus. Der Gesundheitszustand im Alter weist also enge Zusammenhänge mit der gesundheitlichen Situation sowie mit dem Gesundheitsverhalten in früheren Lebensabschnitten auf. Aus diesem Grunde wird von Medizinern gefordert, bei der wissenschaftlichen Analyse der Entstehung und des Verlaufs von Krankheiten im Alter sowie bei der medizinischen Behandlung älterer Patienten auch eine biographische Perspektive zu wählen, die mögliche Zusammenhänge zwischen dem Alter und früheren Lebensabschnitten berücksichtigt (vgl. Steinhagen-Thiessen, Gerok & Borchelt, Kapitel 5 in diesem Band).

Auch die physiologische Kapazität und die Reserven des Organismus sowie die körperliche und kognitive Leistungsfähigkeit des Menschen im Alter stehen in enger Beziehung zum Verhalten sowie zur physischen und kognitiven Kompetenz in früheren Lebensabschnitten. Die großen Unterschiede zwischen älteren Menschen in der physischen und kognitiven Leistungsfähigkeit sind jedoch keinesfalls nur auf genetische Einflüsse zurückzuführen, sondern auch auf das Verhalten und die physische und kognitive Kompetenz in der Biographie. Es ist zu bedenken, daß die Person in ihrer Biographie einzelne physische und kognitive Funktionen stärker nutzt und weiterentwickelt, andere hingegen weniger. Im Lebenslauf bilden sich von daher spezifische Kompetenzformen aus, die hochentwickelte Funktionen einerseits und geringer entwickelte Funktionen andererseits umfassen. Diese Kompetenzformen sind auch im Alter — sofern nicht schwere Krankheiten die physischen und kognitiven Funktionen schädigen oder zerstören — erkennbar.

Die Befunde weisen auf die Bedeutung des Lebensstils für die Gesundheit und Kompetenz im Alter hin. Der Prävention sollte deshalb in Zukunft mehr Aufmerksamkeit geschenkt werden. Sie ist sowohl eine Aufgabe der Person als auch der Gesellschaft. Die Person kann durch ihr gesundheitsbewußtes Verhalten zur Vermeidung von Risikofaktoren beitragen; durch die Entwicklung eines breiteren Interessenspektrums sowie durch den möglichst langen Gebrauch ihrer Fähigkeiten und Fertigkeiten trägt sie selbst zur Aufrechterhaltung ihrer Kompetenz im Alter bei. Der Gesellschaft — hier sind vor allem politische Institutionen angesprochen — stellt sich die Aufgabe der Aufklärung sowie der Unterstützung der persönlichen Vorsorge für das Alter (zum Beispiel durch eine stärkere Förderung präventiver Maßnahmen).

2. Biographische Ansätze in der Psychotherapie älterer Menschen

Der Nutzen einer Psychotherapie älterer Menschen wurde lange Zeit in Frage gestellt, da man von der mangelnden Plastizität des Erlebens und Verhaltens im Alter ausging. Die Vorbehalte gegen die Psychotherapie im Alter sind zwar auch heute noch bei vielen Psychotherapeuten erkennbar, jedoch mehren sich Stimmen, die eine Korrektur des negativen Altersbildes in der Psychotherapie fordern. Das höhere Lebensalter und die mit ihm einhergehenden physischen, psychischen und sozialen Prozesse stellen besondere Aufgaben an die Psychotherapie und erfordern eine Veränderung in den Behandlungszielen und -techniken (vgl. Hirsch, 1990; Radebold, 1989). Stellt man sich auf die Notwendigkeit dieser Veränderungen ein und ist man bereit, die Grenzen des Alters, die sich erschwerend auf den psychotherapeutischen Prozeß auswirken können (wie z. B. schwere chronische Krankheiten, Verlust nahestehender Menschen, Konfrontation mit dem herannahenden Tod), zu akzeptieren, so kann die Psychotherapie im Alter zu einer fruchtbaren Aufgabe werden, die dem älteren Menschen wertvolle Hilfen gibt.

Auch bei der Behandlung älterer Menschen kann auf ein breites Spektrum psychotherapeutischer Ansätze und Methoden zurückgegriffen werden, wobei diese Ansätze und Methoden allerdings in Zukunft noch weiterentwickelt und verfeinert werden müssen. Für die Auswahl des psychotherapeutischen Ansatzes sollten Art und Ätiologie der psychischen Krise oder Störung sowie weitere Merkmale der individuellen Gesamtsituation − wie zum Beispiel der Gesundheitszustand, die physische und kognitive Leistungsfähigkeit, die sozialen Fertigkeiten, Grad der sozialen Integration oder Isolation und die Qualität des räumlichen Umfeldes − beachtet werden. Aufgrund der völlig unzureichenden psychotherapeutischen Versorgung älterer Menschen ist diese Forderung nur schwer zu erfüllen.

Die verschiedenen psychotherapeutischen Ansätze und Methoden heben übereinstimmend hervor, daß sich frühere Erlebnisse und Erfahrungen sowie die im Lebenslauf entwickelten Formen der Auseinandersetzung mit Aufgaben und Belastungen auf die psychische Situation im Alter auswirken; allerdings unterscheiden sich die Ansätze und Methoden darin, in welcher Weise und in welchem Umfang sie biographisches Material in der psychotherapeutischen Behandlung berücksichtigen und aufgreifen.

Einzelne psychotherapeutische Ansätze und Methoden heben den biographischen Kontext besonders hervor. Nicht nur Krisen, Konflikte und Verluste in der Gegenwart, sondern auch nicht-verarbeitete Belastungen, Konflikte und Verluste in der Vergangenheit erschweren die Auseinandersetzung mit neuen Anforderungen im Alter (vor allem mit den Grenzen im Alter) sowie die Annahme der eigenen Biographie. Auch wenn die Psychotherapie im Alter stärker gegenwarts- und zukunftsorientiert ist (was vor allem bei einer Krisenintervention in hoch belastenden Situationen der Fall ist), so werden doch traumatisierende biographische Stationen thematisiert, die in der Biographie entwickelten Formen der Auseinandersetzung mit Aufgaben und Belastungen (die sich auf die Art der Auseinandersetzung mit neuen Anforderungen auswirken) näher untersucht. Es wird versucht, die Herausbildung von Kompromissen zwischen den Erwartungen und der eingetretenen Situation zu fördern.

Die Annahme des eigenen Lebensweges bildet eine bedeutende Voraussetzung für die Annahme und selbstbestimmte Gestaltung des Alters (wobei nicht übersehen werden darf, daß die Fähigkeit und Bereitschaft zur Annahme und selbstbestimmten Gestaltung des Alters durch eine objektiv stark eingeschränkte Situation erheblich erschwert oder unmöglich sein können). Aus diesem Grunde legen einzelne psychotherapeutische Ansätze auf den Lebensrückblick des älteren Menschen besonderen Wert (vgl. Staudinger & Dittmann-Kohli, Kapitel 16 in diesem Band).

E. Beiträge aus der Psychologie

Obwohl in der Psychologie schon seit langem die Forderung nach Untersuchungsansätzen erhoben wurde, die die psychische Entwicklung und ihre Einflußfaktoren über möglichst große Zeitabschnitte innerhalb des Lebenslaufes verfolgen (hier ist vor allem das richtungsweisende Buch »Der menschliche Lebenslauf als psychologisches Problem« von Charlotte Bühler [1959/1933] zu nennen), sind bislang nur wenige Längsschnittstudien durchgeführt worden, in denen diese Forderung erfüllt wurde. Hier sind unter anderem die Berkeley Study, die Guidance Study sowie die Oakland Growth Study zu nennen (mit diesen Studien wurde zwischen 1920 und 1930 begonnen), in der Kinder und Jugendliche über einen Zeitraum von viereinhalb Jahrzehnten untersucht wurden (vgl. Eichorn, Clausen, Honzik & Mussen, 1981). Bei den ersten Meßzeitpunkten dieser Untersuchungen wurden auch die Eltern der Kinder und Jugendlichen befragt (die Eltern waren damals zwischen 30 und 35 Jahre alt); vier Jahrzehnte später wurden die Eltern nochmals ausführlich exploriert. Der Vergleich der psychologischen Daten aus dem vierten und achten Lebensjahrzehnt vermittelt wichtige Erkenntnisse über Konstanz und Variabilität des Erlebens und Verhaltens über weite Abschnitte der Lebensspanne. Aus den von Maas und Kuypers (1975) veröffentlichten Ergebnissen geht einerseits ein recht hohes Maß an Konstanz in den Lebensstilen hervor. Unter »Lebensstil« werden Merkmale wie persönliche Interessengebiete, Grad des Engagements in sozialen Beziehungen, Art der Alltagsgestaltung, Themen, mit denen sich die Person beschäftigt, sowie die Art und Weise der Auseinandersetzung mit Anforderungen im Alltag zusammengefaßt. Andererseits machen die Ergebnisse auch deutlich, daß stark veränderte Lebensbedingungen (wie z. B. nach dem Auszug der Kinder aus dem Elternhaus oder nach dem Ausscheiden aus dem Beruf) häufig auch mit einer Variabilität im Lebensstil einhergehen, wobei sich allerdings der Grad dieser Variabilität von Person zu Person unterscheidet.

In den Untersuchungen der Berkeley-Gruppe wurde ein Aspekt aufgeworfen, der für die Entwicklungs- und Persönlichkeitspsychologie der Lebensspanne generell von großer Bedeutung ist: Konstanz und Variabilität der Persönlichkeit, des Erlebens und Verhaltens sowie der Fähigkeiten, Fertigkeiten und Interessen des Menschen im Lebenslauf (vgl. Brim & Kagan, 1980; Oerter, 1978). Im folgenden werden theoretische Ansätze und empirische Ergebnisse zur Persönlichkeitsentwicklung im Alter, zur Auseinandersetzung mit Aufgaben und Belastungen sowie zu den Fähigkeiten, Fertigkeiten und Interessen im Alter berichtet, wobei das Alter im Kontext des Lebenslaufes betrachtet wird. Dabei wird auf Längsschnittuntersuchungen eingegangen, in denen die psychische Entwicklung über einen Zeitraum von mehreren Jahren (bis zu zwei Jahrzehnten) erfaßt wurde. Allerdings müssen wir uns auch hier auf eine Auswahl aus den vorliegenden Untersuchungen beschränken (vgl. Weinert, Kapitel 7 in diesem Band).

1. Persönlichkeitsentwicklung

In der Baltimore-Studie (vgl. Shock et al., 1984) wurden zahlreiche Quer-schnitt- und Längsschnittuntersuchungen zur Persönlichkeitsentwicklung durch-geführt, die auf dem von Costa und McCrae entwickelten eigenschaftspsycho-logischen Persönlichkeitsmodell aufbauen, das von den folgenden fünf konstan-ten Eigenschaften ausgeht: Neurotizismus, Extraversion, Offenheit, Gewissen-haftigkeit, Freundlichkeit (vgl. Costa & McCrae, 1985). Für das Verständnis des Alters im Lebenslauf sind vor allem zwei Befunde dieser Untersuchungen bedeutsam:

- Die Persönlichkeitsstruktur verändert sich in der Regel im Alter nicht, es sind – wenn überhaupt – nur geringfügige Veränderungen in einzelnen Persönlichkeitseigenschaften erkennbar. Aus diesem Grunde ist von einer Konstanz der Persönlichkeit im Alternsprozeß auszugehen.

- Die Art der Auseinandersetzung mit Aufgaben und Belastungen sowie der Grad der Lebenszufriedenheit im Alter sind in hohem Maße von der Per-sönlichkeitsstruktur beeinflußt. Die Art und Weise, wie sich die Person mit situativen Anforderungen auseinandersetzt, weist geringere Zusammenhänge mit dem Lebensalter, hingegen enge Zusammenhänge mit der Persönlich-keitsstruktur (sowie mit einzelnen Persönlichkeitseigenschaften) auf.

Von ähnlichen Befunden wird in der Duke-Studie (Busse & Maddox, 1985) berichtet. Auch hier ergaben sich in den Längsschnittanalysen Hinweise auf eine hohe Konstanz der Persönlichkeit im Alternsprozeß (die Persönlichkeits-eigenschaften wurden in dieser Untersuchung mit Hilfe eines von Cattell ent-wickelten Persönlichkeitsinventars – 16 PF – erfaßt).

2. Kontrollüberzeugungen, Aktivität, Zukunftserleben und Selbstbild

Neben den Persönlichkeitseigenschaften wurde die Entwicklung der Kon-trollüberzeugungen, der Aktivität, der Zukunftsperspektive sowie des Selbst-bildes untersucht. Die Befunde zur Entwicklung der Kontrollüberzeugungen im Alternsprozeß sind nicht eindeutig. In einigen Untersuchungen wurde die Zu-nahme der externalen Kontrolle im höheren Lebensalter festgestellt (ältere Menschen vertreten eher die Überzeugung, daß ihre Situation stärker durch »äußere« Faktoren und in geringerem Maße durch ihre eigenen Wünsche, Ziele und Entscheidungen bestimmt sei). Andere Studien berichten hingegen von einer Zunahme der internalen Kontrolle im höheren Lebensalter. Schließlich werden Befunde berichtet, wonach sich im Alternsprozeß die allgemeinen Kontrollüber-zeugungen nur geringfügig verändern, während hingegen in den bereichsspezi-fischen Kontrollüberzeugungen (z. B. im Bereich der Gesundheit) eher Verän-derungen festzustellen sind. In den bereichsspezifischen Veränderungen spiegeln sich zum Teil auch Veränderungen der objektiven Lebenssituation (etwa zuneh-mende gesundheitliche Einschränkungen) wider, die allerdings in individueller Weise erlebt und verarbeitet werden (einen Überblick über die Forschungslage geben die Beiträge in Baltes & Baltes, 1986).

In der Bonner Gerontologischen Längsschnittstudie (Lehr & Thomae, 1987) wurde aus den »formalen Verhaltensqualitäten« »Aktivität«, »Anregbarkeit«, »Stimmung« und »Angepaßtheit« der allgemeine Persönlichkeitsfaktor »sozial- und leistungsbezogene Aktivität« gebildet (die Einordnung der Untersuchungs- teilnehmer in den einzelnen formalen Verhaltensqualitäten gründete auf einer fünftägigen Beobachtung). In dem 18jährigen Beobachtungszeitraum wies dieser Faktor eine hohe Konstanz auf (ähnliche Befunde werden auch in der Baltimore- Längsschnittstudie berichtet; vgl. Shock et al., 1984). Der Grad der Aktivität zeigte zudem enge Zusammenhänge mit zahlreichen anderen psychologischen Merkmalen, zum Beispiel mit Lebenszufriedenheit, Art der Alltagsgestaltung und Engagement in Kontakten.

Die Analyse der Zukunftsperspektive bildete einen weiteren Forschungsge- genstand der Bonner Gerontologischen Längsschnittstudie. Aus den berichteten Befunden geht hervor, daß im Alter eine stärkere Konzentration auf die nahe Zukunft (auf die kommenden Monate oder auf das kommende Jahr) erkennbar ist. Unter der Voraussetzung, daß die objektive Lebenssituation die selbstbe- stimmte Gestaltung der Gegenwart und Zukunft zuläßt, entwickeln ältere Menschen eher konkrete Pläne und Vorhaben, deren Verwirklichung bereits in der nahen Zukunft möglich ist. Der Blick in die ferne Zukunft konfrontiert hingegen eher mit den Grenzen (wie gesundheitlichen Einschränkungen, her- annahender Tod, Verlust des Ehepartners). In der Regel zentriert sich das Erleben auf die nahe Zukunft, doch werden auch die Grenzen der eigenen Existenz wahrgenommen und thematisiert. Liegt aber eine objektiv und subjektiv stark eingeschränkte Situation vor, so können die Grenzen dominant werden, die eigene Lage wird dann eher als unveränderbar erlebt (vgl. Thomae, 1985).

Mehrere Autoren heben das Bemühen des Menschen um Aufrechterhaltung einer persönlichen Kontinuität in Phasen stärkerer Veränderungen der Lebens- situation hervor (vgl. z. B. Atchley, 1987). Weiterhin weisen Untersuchungser- gebnisse auf eine relativ hohe Stabilität des Selbstbildes im Alter hin. Diese Stabilität ist auch auf eine veränderte Bewertung der persönlichen Lebenssitua- tion zurückzuführen: Bei einem Teil der älteren Bevölkerung ist die Fähigkeit erkennbar, trotz eingetretener Einschränkungen, Belastungen und Verluste die positiven Aspekte der Situation sowie die erhaltenen Fähigkeiten und Fertig- keiten besonders zu beachten und auf diese Weise negativ bewertete Verände- rungen zumindest teilweise zu kompensieren (vgl. Baltes, 1990).

3. Auseinandersetzung mit Aufgaben und Belastungen

Zu diesem Themengebiet liegen hauptsächlich Querschnittuntersuchungen (unter anderem aus den Arbeitskreisen von Brandtstädter, Lazarus, McCrae & Costa) vor. Aus einer Untersuchung von Brandtstädter und Renner (1990) geht hervor, daß jüngere Menschen bei der Auseinandersetzung mit Aufgaben und Belastungen eher die Tendenz zeigen, trotz bestehender Hindernisse und Risiken an einem Ziel festzuhalten. Bei älteren Menschen ist dagegen eher die Tendenz erkennbar, belastende Situationen neu zu bewerten und Ziele, die sich nicht mehr verwirklichen lassen, aufzugeben. Diese Unterschiede sind vermutlich auch auf die verschiedenartige Lebenssituation im Jugendalter und Alter zurückzuführen.

Längsschnittliche Analysen der Auseinandersetzung mit Aufgaben und Belastungen wurden vor allem im Arbeitskreis von Thomae durchgeführt (z. B. Thomae, 1988). Aus diesen Untersuchungen geht hervor, daß auch ältere Menschen (und nicht nur jüngere Menschen) in der Regel mit zahlreichen Reaktionsformen auf situative Anforderungen antworten; die Auseinandersetzung büßt also auch im Alter ihre hohe *Komplexität* nicht ein. Weiterhin wurde in diesen Untersuchungen deutlich, daß auch ältere Menschen in hohem Maße *situationsspezifisch* reagieren, das heißt auf unterschiedliche Situationen in der Regel mit verschiedenartigen Auseinandersetzungsformen antworten. Innerhalb der einzelnen Bereiche (wie z. B. Familie, Gesundheit, Wohnung und Finanzen) weisen die Auseinandersetzungsformen auch über große Beobachtungszeiträume ein hohes Maß an *Konstanz* auf. Thomae (1988) und Lehr (1991) leiten daraus die biographische Verankerung der Auseinandersetzungsformen ab. In früheren Abschnitten der Lebensspanne entwickeln sich spezifische Auseinandersetzungsformen, die häufig bis ins hohe Alter bestehen bleiben. Größere Veränderungen in der (objektiv gegebenen und subjektiv erfahrenen) Lebenssituation führen zwar häufig zu Veränderungen in einzelnen Reaktionsformen, doch bleibt die grundlegende Struktur der Auseinandersetzung in der Regel bis ins hohe Alter erhalten. In eigenen Untersuchungen zur Kompetenz im Alter sowie zur Auseinandersetzung mit chronischen Krankheiten und mit dem herannahenden Tod wurden Zusammenhänge zwischen der objektiv gegebenen Lebenssituation und den individuellen Auseinandersetzungsformen gefunden (Kruse, im Druck). Es wurde deutlich, daß bei einer (objektiv) stark eingeschränkten und (subjektiv) sehr belastenden Situation sowohl die Komplexität als auch die Situationsspezifität der Auseinandersetzung zurückgingen. Vor allem die Situationsspezifität ist auch als Ausdruck der *Plastizität* des Erlebens und Verhaltens zu interpretieren, so daß unsere Ergebnisse die Annahme erlauben, daß unter stark eingeschränkten und sehr belastenden Lebensbedingungen die Plastizität des Erlebens und Verhaltens, wie auch die subjektive Veränderbarkeit der Situation, zurückgeht.

4. Kognitive Fähigkeiten und Fertigkeiten

Wie bereits festgestellt wurde, weisen die Kompetenzformen im Alter enge Zusammenhänge mit den Fähigkeiten, Fertigkeiten und Interessen auf, die in früheren Lebensabschnitten entwickelt worden sind. Dies gilt für die kognitive Entwicklung und für die Interessen genauso wie für die Kompetenz im Alltag. Zahlreiche Untersuchungen beschäftigen sich mit der kognitiven Entwicklung im Alternsprozeß (vgl. Baltes, 1990; Lehr, 1991). Aus den Befunden geht hervor, daß die erfahrungsgebundene Intelligenz im Alter eher stabil bleibt oder sogar weiter zunimmt, während die fluide Intelligenz (Fähigkeit zur Lösung neuer kognitiver Probleme) Rückgänge zeigt. Allerdings weisen Interventionsstudien darauf hin, daß Rückgänge in der fluiden Intelligenz durch kognitives Training teilweise ausgeglichen werden können. Bei diesen Befunden ist der biographische Kontext zu beachten: Ob die erfahrungsgebundene Intelligenz stabil bleibt oder sogar weiter zunimmt, oder ob sie Rückgänge zeigt, wie stark die Rückgänge in der fluiden Intelligenz sind, in welchem Maße diese Rückgänge durch kognitives Training ausgeglichen werden können, ist auch von der Anwendung der kognitiven Fähigkeiten und Fertigkeiten in früheren Lebensabschnitten, von der Bildungsgeschichte der Person sowie von den Anforderungen in der Biographie beeinflußt.

Jene Menschen, die in früheren Lebensabschnitten besondere Kompetenz in einzelnen Fertigkeiten und Wissensgebieten entwickelt haben, verfügen im Alter über »Expertenwissen« in diesen Fertigkeiten und Gebieten (Baltes, 1990). Dieses Expertenwissen beschränkt sich nicht nur auf den beruflichen Bereich, sondern es umfaßt — wie vor allem im Arbeitskreis von Baltes hervorgehoben wird — auch die kompetente Auseinandersetzung mit praktischen Lebensanforderungen sowie das ausgeprägte Wissen in bezug auf Fragen des Lebens.

F. Beiträge aus der Soziologie

Auch wenn in vielen Beiträgen zur Psychologie der Lebensspanne historische, gesellschaftliche und kulturelle Einflußfaktoren der individuellen Entwicklung ausdrücklich berücksichtigt und in empirischen Untersuchungen (zumindest teilweise) erfaßt werden, so liegt doch der Schwerpunkt psychologischer Forschung auf der Analyse intrapsychischer Prozesse. Die Beiträge aus der Soziologie hingegen wählen eine andere Perspektive. Sie betonen hauptsächlich die *soziale Strukturierung, Normierung und Institutionalisierung des Lebenslaufes* (vgl. z. B. Hagestad & Neugarten, 1985; Kohli, 1978; 1985; 1990; Mayer & Müller, 1986; 1989; Riley, Foner & Waring, 1988).

1. Sozial definierte Lebensperioden

Der Lebenslauf läßt sich verstehen als eine Folge von altersbezogenen Übergängen, die sozial erzeugt, erkannt und anerkannt (oder normiert) sind. *Altersbezogene Übergänge* im Lebenslauf markieren den Beginn und das Ende einzelner zeitlicher Perioden innerhalb des Lebenslaufes, wobei Beginn und Ende vom *Alter* der Person abhängig sind. In den einzelnen Lebensaltern stehen der Person bestimmte Rollen offen, andere sind ihr hingegen versperrt; dabei übt die Gesellschaft in vielen Lebensbereichen (vor allem im Beruf) großen Einfluß darauf aus, *welche* Rollen die Person wahrnehmen kann und welche ihr versperrt bleiben. Die »Angemessenheit« von Rollen in den einzelnen Lebensaltern ist in hohem Maße von gesellschaftlichen Bewertungsprozessen bestimmt (vgl. Kohli, Kapitel 9 in diesem Band).

Das chronologische Alter bildet in allen Gesellschaften eine bedeutende Grundlage für die Zuordnung von Rollen (und damit für Rechte, Privilegien und Pflichten). Allerdings unterscheiden sich die verschiedenen Gesellschaften sowie die einzelnen Gruppen innerhalb einer Gesellschaft in den Rollen, die sie den Lebensaltern zuordnen (vgl. Elwert, Kapitel 10 in diesem Band). Des weiteren unterliegen die altersbezogenen Rollenzuordnungen in einer Gesellschaft Veränderungen; Grad, Geschwindigkeit und Art dieser Veränderungen sind zum einen von historischen Ereignissen und Entwicklungen sowie von demographischen, politischen und ökonomischen Merkmalen der Gesellschaft beeinflußt. Zum anderen üben die aufeinanderfolgenden Kohorten Einflüsse auf den Grad, die Geschwindigkeit und die Art dieser Veränderungen aus. Unter »Kohorte« versteht man Angehörige eines Geburtsjahrganges oder mehrerer aufeinanderfolgender Geburtsjahrgänge, die die gleichen historischen, kulturellen und gesellschaftlichen Ereignisse und Strömungen zu ähnlichen Zeitpunkten ihrer persönlichen Entwicklung erlebt haben. Kohorten lassen sich unter anderem durch spezifische Lebensstile und Lebensformen charakterisieren, die auf die Gesellschaft zurückwirken und zu gesellschaftlichen Veränderungen beitragen können. Gesellschaftliche Veränderungen haben Auswirkungen auf die soziale Zuordnung von Rollen zu den einzelnen Lebensaltern.

Beachtet man die Tatsache, daß die Gesellschaft einzelnen Lebensabschnitten spezifische Rollen und einen spezifischen sozialen Status zuordnet sowie Beginn und Ende eines Lebensabschnittes mit definiert (so daß sich jede Gesellschaft in mehrere »Altersebenen« untergliedern läßt), so ergibt sich folgendes Verständnis des Lebenslaufes: Die Person durchschreitet eine Folge von sozial definierten Lebensperioden, innerhalb dieser Lebensperioden eröffnen sich ihr sozial definierte Möglichkeiten der Lebensgestaltung, wobei sie einzelne Möglichkeiten nutzt, andere Möglichkeiten hingegen ungenutzt läßt oder ungenutzt lassen muß. Welche Möglichkeiten sie nutzt, ungenutzt läßt oder ungenutzt lassen muß, ist unter anderem von ihren Fähigkeiten, Fertigkeiten, Motiven, Zielen, Überzeugungen und Werten abhängig, die ihrerseits von sozialen Faktoren – wie zum Beispiel der Zugehörigkeit zu einer bestimmten Schicht – beeinflußt sind. Sie übt innerhalb dieser Lebensperioden sozial definierte Rollen aus und besitzt einen sozial definierten Status (mit bestimmten Rechten, Privilegien und Pflichten).

Allerdings ist auch zu berücksichtigen, daß in verschiedenen Lebensbereichen unterschiedliche soziale Definitionen der Lebensperioden und der in diesen Lebensperioden ausgeübten Rollen bestehen (vgl. Riley & Riley, Kapitel 17 in diesem Band). In unserer Gesellschaft ist der 18jährige mündig, er hat das Recht, zu wählen. Im beruflichen (oder schulischen) Bereich befindet er sich hingegen noch in der »Ausbildung«. Innerhalb der Familie nimmt er möglicherweise noch die Rolle des »Kindes« ein, das sich in seinen Entscheidungen und Handlungen auch an den Wünschen (oder Auflagen) seiner Eltern orientiert (oder orientieren muß). Diese »Asynchronität« von sozialen Rollen und Positionen ist bei einer

Analyse des Lebenslaufes sowie sozialer Einflußfaktoren des Lebenslaufes ebenfalls zu beachten; sie kann für den einzelnen mit großen Schwierigkeiten verbunden sein (vgl. Riley, 1985).

Die Einflüsse gesellschaftlicher Normen der Entwicklung auf individuelle Lebenspläne wurden schon in der Kansas-City-Studie des Erwachsenenalters deutlich. Diese Studie stellte sich auch die Aufgabe, individuelle Zeitpläne der Entwicklung im Lebenslauf sowie individuelle Vorstellungen von »optimalen« Zeitpunkten für größere Rollenveränderungen zu untersuchen. Die Untersuchungsteilnehmer zeigten eine hohe Übereinstimmung in der Einschätzung der Dauer einzelner Lebensperioden sowie in den als »optimal« angesehenen Zeitpunkten für bestimmte Rollenveränderungen. Diese Befunde wurden auch in späteren Untersuchungen bestätigt. Wie Neugarten schon früh hervorgehoben hat, sind sich Menschen der Tatsache bewußt, daß sie in der Ausübung einzelner Rollen »in der Zeit« oder aber »außerhalb der Zeit« stehen (vgl. Hagestad & Neugarten, 1985). Aus den Ergebnissen der Berkeley-Studien (vgl. Eichorn et al., 1981) geht hervor, daß die im Vergleich zu den sozial definierten Zeitpunkten zu früh oder zu spät eingetretenen Übergänge und Rollenveränderungen im Durchschnitt mit größeren subjektiv erlebten Belastungen verbunden sind als die mit den sozial definierten Zeitpunkten übereinstimmenden Übergänge und Veränderungen.

2. Institutionalisierung des Lebenslaufs

Bislang wurde nur auf die Zuweisung von Rollen zu einzelnen Lebensabschnitten eingegangen und die – sozial definierte – Unterteilung des Lebenslaufes in einzelne Lebens»abschnitte« diskutiert. Im folgenden ist der Blick stärker auf den gesamten Lebenslauf gerichtet (vgl. Kohli, 1985; 1990).

Die historische Institutionalisierung des Lebenslaufes in den westlichen Gesellschaften über die letzten zwei Jahrhunderte läßt sich nach Kohli (1985) wie folgt beschreiben: Das Leben ist in zunehmendem Maße zu einem *verzeitlichten* Leben geworden, das heißt, es hat sich eine *biographisch geordnete* Lebensform entwickelt, der sozial definierte, lebenszeitliche »Ablaufprogramme« zugrunde liegen. Dabei diente das chronologische Alter als wesentlicher Orientierungspunkt: *Soziales Alter* fällt in wachsendem Maße mit dem *chronologischen Alter* zusammen. Aus diesem Grunde besitzen einzelne Zeitmarken für die Gliederung des Lebenslaufes besonderes Gewicht. Der »Normallebenslauf« läßt sich immer mehr von einzelnen Altersmarken (Gliederungspunkten) und den zu diesen Zeitpunkten stattfindenden Veränderungen (wie zum Beispiel Ausscheiden aus dem Beruf) her verstehen. Da diese Altersmarken und die zu diesen Zeitpunkten auftretenden Veränderungen sozial sanktioniert sind, kann auch von einem für die Gesellschaft charakteristischen Normallebenslauf gesprochen werden.

Die einzelnen Lebensbereiche (z. B. der familiäre oder berufliche Bereich) zeichnen sich durch Zeitprogramme aus, die in den Lebenslauf – als Gesamtstruktur – integriert sind. Der Lebenslauf ist als eine von den bereichsspezifischen Zeit- und Ablaufprogrammen bestimmte Einheit zu verstehen. Diese Programme – die sich an dem chronologischen Alter orientieren – schaffen eine Grundgliederung oder Grobstruktur des Lebenslaufes; innerhalb dieser Gliederung und Struktur sind allerdings sehr verschiedenartige Verlaufsformen erkennbar.

Wird von dem Lebenslauf als sozialer Institution gesprochen, so meint man damit die Regelung des äußeren Lebenslaufes sowie des lebensweltlichen Horizonts, an dem sich die Individuen orientieren. Dabei kommt dem Erwerbssystem besondere Bedeutung zu. Die Dreiteilung in Vorbereitungs-, Arbeits- und Ruhestandsphase stellt auch heute ein für die Gliederung des Lebenslaufes zentrales Orientierungsmuster dar.

Auf der anderen Seite ist in unserer Gesellschaft die wachsende Tendenz zur *Singularisierung* erkennbar (Rosenmayr, 1987; Wilbers, 1989; Zapf, 1987). Mit diesem Begriff wird

> »die Tendenz bezeichnet, in immer stärkerem Maße als Einzelperson Entscheidungen zu fällen und Verantwortung zu tragen, ohne durch Bindungen Unterstützung oder Behinderung zu erfahren« (Wilbers, 1989, S. 331).

In der Singularisierung sieht Kohli (1985; 1990) eine der tiefgreifenden Veränderungen in der Deutung des Lebenslaufes; diese Deutung erscheine der Person in wachsendem Maße um das eigene Ich und vom eigenen Ich organisiert.

Die Singularisierung spiegelt sich in der Pluralisierung der Lebensstile sowie in der Vielfalt der biographischen Verlaufsmuster wider. Der Person stellen sich mehr Möglichkeiten der individuellen Wahl sowie der individuellen Entscheidungen hinsichtlich des weiteren Lebensweges. Gerade im familiären Bereich sind sehr verschiedenartige biographische Verlaufsmuster erkennbar, die deutliche Abweichungen von den Normalbiographien aufweisen.

Trotzdem dürfen Institutionalisierung des Lebenslaufes einerseits und Singularisierung sowie Pluralisierung andererseits nicht als einander ausschließende Entwicklungen in unserer Gesellschaft angesehen werden. Wie Kohli hervorhebt, sind beide Entwicklungen *gleichzeitig* erkennbar. So läßt sich seinen Analysen zufolge im familiären Bereich durchaus eine Pluralisierung der Verlaufsmuster beobachten, hingegen gilt dies nicht für den Bereich der Erwerbsarbeit. Die Dreiteilung in Vorbereitungs-, Arbeits- und Ruhestandsphase bestehe in unserer Gesellschaft fort.

G. Beiträge aus der Theologie

Aus theologischer Sicht ist das Alter Teil der natürlichen, von Gott geschaffenen Ordnung. Im Alten und Neuen Testament werden zum einen die körperlichen Gebrechen des Alters sowie die Belastungen und Klagen des Menschen angesichts dieser Grenzen geschildert. Zum anderen wird dem Alter ein besonderer Wert zugeordnet, da der ältere Mensch in vielfältiger Weise Einblick in die natürliche, von Gott geschaffene Ordnung gewonnen hat.

Menschliches Leben ist generell von diesen beiden Aspekten her zu verstehen: von seinen Potentialen einerseits, von seinen Grenzen andererseits. Es kommt ein weiterer Aspekt hinzu: die Freiheit. Dem Leben ist − neben den Potentialen und Grenzen − die Freiheit gegeben. Die Art und Weise, wie wir das Leben gestalten, ist auch von unseren eigenen Entscheidungen und Handlungen abhängig.

1. Vorhersehung und Vorherbestimmung

In dem ersten Band der »Summa Theologica« geht Thomas von Aquin auf die Vorhersehung (22. Untersuchung) sowie auf die Vorherbestimmung (23. Untersuchung) ein.

Vorhersehung: Gott hat alles Seiende geschaffen, und er erkennt alles Seiende. Die Dinge sind auf einen Zweck hin geordnet, sie sind Teil der von Gott geschaffenen Ordnung.

> »Daher muß notwesentlich alles, was in je irgend einer Weise sein hat, von Gott auf einen Zweck abgereiht sein, dem Worte des Apostels gemäß Röm. 13,1: 'Was von Gott ist, steht geordnet da'« (Thomas von Aquin, 1985/1278, S. 177).

Thomas von Aquin verwendet den Begriff »Hinreihung auf ein Ziel«, um diese Ordnung der Dinge zu umschreiben. Jedes Ding hat in der göttlichen Ordnung seinen eigenen Platz und erfüllt einen von Gott bestimmten Zweck.

> »Das Wesen der Reihenstellung der Dinge auf den Zweck selber also wird in Gott Vorhersehung genannt« (Thomas von Aquin, 1985/1278, S. 175).

Vorherbestimmung: In Anlehnung an das bekannte Wort des Johannes von Damaskus (»Über den rechten Glauben«), man müsse wissen, daß Gott alles im voraus erkennt, aber nicht alles im voraus bestimmt; er erkenne nämlich das, was es in uns gibt, im voraus; aber er bestimme es nicht im voraus, hebt Thomas von Aquin hervor, daß es menschliches Verdienst und Mißverdienst gibt,

> »insofern wir die Herren unserer Wirkheiten durch den freien Wahlentscheid sind. Was also im Bereich von Verdienst und Mißverdienst liegt, wird nicht von Gott vorherbestimmt. Damit entfällt eine Vorherbestimmung des Menschen« (Thomas von Aquin, 1985/1278, S. 179).

Die »Natur« des Menschen fällt unter die Vorhersehung, wobei diese Vorhersehung eine zweifache ist: Das eine Ziel ist das ewige Leben; dieses tritt über das Vermögen des Menschen hinaus, in dieses wird er von Gott »hineingeleitet« (Thomas von Aquin, 1985/1278, S. 180).

> »Das andere Ziel aber steht in einem Verhältnisanmaß zur erschaffenen Natur, und das Schöpfungsding kann an es der Wirkkraft seiner Natur nach herangelangen« (Thomas von Aquin, 1985/1278, S. 180).

Was also der Mensch von seinen »naturgegebenen« Möglichkeiten verwirklicht (oder unverwirklicht läßt) und wie er dies tut, ist von seinen Entscheidungen und Handlungen (die auch dem Einfluß der Entscheidungen und Handlungen der Gemeinschaft unterliegen) abhängig.

2. Das Alter als Teil der göttlichen Ordnung

Das Alter gehört aus theologischer Sicht zu der von Gott geschaffenen Natur des Menschen. Es ist ein natürlicher, notwendiger, sinnvoller (da auf einen Zweck hingeordneter) Teil des Lebens. Auch aus der Sicht der christlichen Ethik stellt sich die Aufgabe, das Wesen des Alters zu erkennen und zu achten. Die Grenzen, mit denen der Mensch im Alter konfrontiert wird, können dazu führen, daß uns das Wesen des Alters »verborgen« bleibt, daß das Alter als ein unnatürlicher, nicht-notwendiger, sinnloser Teil des Lebens angesehen wird. Die christliche Botschaft leugnet nicht die Grenzen unserer Existenz, im Gegenteil: Sie stellt diese in das Zentrum des Glaubens. Doch bilden diese Grenzen nur einen Teil unseres Lebens. Die Aufgabe des Menschen besteht auch darin, das Wesen des Lebens – auch in und mit seinen Grenzen – zu ergründen, dieses als Teil einer umfassenden göttlichen Ordnung zu begreifen, nach Möglichkeiten des verantwortlichen Lebens zu suchen. Die häufig anzutreffende Abwertung des Alters widerspricht der Stellung des Alters innerhalb der göttlichen Ordnung und birgt die Gefahr in sich, das »Ziel« dieser Lebensphase zu verfehlen.

Freiheit (Selbstbestimmung) des Menschen ist ein für das ganze Leben gültiges Postulat der christlichen Ethik. Im Prozeß des Alterns treten naturgegebene Veränderungen auf, die zumindest teilweise andere Formen des Umgangs mit den Lebensanforderungen notwendig machen, die aber nicht die Freiheit des Menschen zur selbstbestimmten Gestaltung des Lebens in Frage stellen. Allerdings ist hier zu bedenken, daß durch physische und psychische Krankheiten die Freiheit und Selbstbestimmung des Menschen deutlich eingeschränkt sein können. Trotzdem bleibt auch in diesem Falle die Suche nach einer möglichst weitreichenden Freiheit und Selbstbestimmung Aufgabe der Person und der Gemeinschaft – ein Aspekt, der bei der Behandlung und Unterstützung hilfsbedürftiger Menschen zu berücksichtigen ist.

3. Potentiale und Grenzen im Alter

Das Altern konfrontiert den Menschen auch mit der Erfahrung des Vergehens, der Unverfügbarkeit, der Endlichkeit. In der Art und Weise, wie diese inneren Momente des Lebens erlebt werden, spiegelt sich auch die Einstellung des Menschen zur Religion wider. *Eine* Aufgabe und Chance der Religion besteht, wie Lübbe (1986) in seiner Schrift »Religion nach der Aufklärung« hervorhebt, in der Aufforderung des Menschen zur bewußten Auseinandersetzung mit diesen Momenten. Durch diese bewußte Auseinandersetzung verändere sich auch das Selbstverständnis des Menschen.

Die bewußte Annahme kann durch die im Glauben bestehende Überzeugung, das Leben sei Teil einer umfassenderen Ordnung, positiv beeinflußt werden. Der Glaube, auch in der Tiefe »getragen« zu sein, fördert diese Annahme (siehe dazu die von Bonhoeffer verfaßten Briefe in »Widerstand und Ergebung«, 1978). Umgekehrt bleibt diese bewußte Annahme nicht ohne Wirkung auf den Glauben, wie Böckle (1990) hervorhebt:

> »Je mehr das Vergehen als inneres Moment des Lebens in Aufrichtigkeit angenommen wird, desto mehr vermag sich im Glauben ein Bewußtsein vom Nichtvergehen herausbilden. Diese über die Schranken des Todes hinausreichende Sicht meint ja eben nicht ein in die Ewigkeit gesteigertes Immer-Weiter der irdischen Existenz, sondern 'ein qualitativ Anderes, Freies, Unbedingtes' (Guardini)« (Böckle, 1990, S. 219).

Aus theologischer Sicht ergebe sich die Alternative:

> »Altern und Sterben als Vollendung des Lebens oder Altern und Sterben als sinnwidrige Ohnmachtserfahrung« (Böckle 1990, S. 219).

In den theologischen Beiträgen werden jedoch nicht nur die Grenzen, sondern auch die Potentiale des Alters thematisiert. Die Aufgabe der Pastoraltheologie liegt unter anderem darin, diese Potentiale *in ihren individuellen Formen* zu erkennen und in der Seelsorge anzusprechen (Bierlein, in Vorbereitung; Seitz, 1985; Zulehner, 1990). In einer frühen Schrift über die Lebensalter hat Romano Guardini (1964) das Alter aus theologischer Sicht untersucht. Die Potentiale des Alters stehen in engem Zusammenhang mit der Biographie. In der Biographie kann sich eine Perspektive entwickeln, die die eigene Existenz in eine umfassendere Ordnung stellt — für den gläubigen Menschen heißt dies: in eine göttliche Ordnung. Der gläubige Mensch als »Hörer des Wortes« (Rahner, 1963) nimmt aufgrund der sich im Lebenslauf verändernden Themen, Anliegen und Fragen die christliche Botschaft in immer neuen Aspekten wahr. In dieser ständigen Auseinandersetzung mit dem Wort Gottes (verstanden als die Suche nach Antwort auf die sich verändernden Fragen) kann auch die *Kontinuität* der persönlichen Beziehung zu Gott erfahren werden. Die Entwicklung dieser Beziehung ist einerseits durch Veränderung (im Sinne veränderter Fragen und Antworten), andererseits durch Kontinuität (im Sinne des immer wieder erfahrenen Angenommenseins von Gott) bestimmt. Die Erfahrung des bleibenden Angenommenseins von Gott in den Veränderungen des Lebens trägt zu dem Glauben bei, daß das eigene Leben in eine umfassendere — göttliche — Ordnung gestellt ist. Gott ist »Bürge« (Barth, 1979) der persönlichen Geschichte (oder wie es Barth ausdrückt: unserer geschaffenen Zeit). Das Potential des Alters sieht Guardini in der erweiterten Perspektive, die der Mensch bei seinem Blick auf die Vergangenheit, Gegenwart und Zukunft einnimmt. Von einer erweiterten Perspektive kann insofern gesprochen werden, als
— einzelne Ereignisse und Erlebnisse in den Kontext der gesamten biographischen Entwicklung integriert werden,

- in die Bewertung der Gegenwart und Zukunft auch das in der Biographie Geschaffene und Aufgebaute, ebenso wie die nicht verwirklichten Erwartungen und Wünsche miteingehen,
- bei dem gläubigen Menschen die Gewißheit besteht, daß die individuelle Geschichte in Gott Bestand hat und nicht mit dem Tode »ausgelöscht« ist und
- das eigene Leben Teil der göttlichen Ordnung ist, so daß Altern und Tod nicht als sinnloser Teil des Lebens, sondern eher als Vollendung des irdischen Lebens in Gott erfahren werden können.

Wie aus diesen Ausführungen hervorgeht, betonen viele theologische Beiträge die *Kontinuität* der individuellen Entwicklung im Lebenslauf. Ein tieferes Verständnis der Glaubenssituation älterer Menschen ist – wie Theologen betonen – ohne Kenntnis des biographischen Kontextes nicht möglich. Doch ist nicht nur die *Geschichtlichkeit im Glauben* hervorzuheben. Im Alter entwickelt sich der Glaube weiter, denn Freiheit und Offenheit – als bedeutende Charakteristika des christlichen Lebens (Rahner, 1976) – bestehen auch im Alter fort. Entscheidend für das christliche Leben ist die Annahme des Lebens,

> »ohne sich zu versperren gegenüber all dem, was in der letzten Tiefe der Wirklichkeit unausweichlich dem Menschen auferlegt und aufgetragen ist« (Rahner, 1976, S. 388).

Da das Alter auch neue Aufgaben stellt, erfordert es die Offenheit des Menschen. Aus diesen neuen Aufgaben können neue Themen, Anliegen und Fragen des Menschen hervorgehen, die zwar in einem biographischen Kontext stehen, die aber gleichzeitig durch die gegenwärtige Lebenssituation mitbedingt sind (Bierlein, in Vorbereitung; Lücht-Steinberg, 1981).

4. Die persönliche Glaubensgeschichte: Das »story«-Konzept

Der Lebensrückblick bildet nicht nur innerhalb der Psychologie, sondern auch innerhalb der Theologie ein bedeutendes Instrument zur Erfassung der subjektiv erlebten Biographie. Der Heidelberger Theologe Ritschl hat zahlreiche Beiträge zum Lebensrückblick veröffentlicht, auf die im folgenden Bezug genommen werden soll (Ritschl, 1986; Ritschl & Jones, 1976).

Der gläubige Mensch blickt auf eine persönliche Glaubensgeschichte. Er nimmt zwar am Leben, am Tod und an der Auferstehung Jesu Christi teil, aber er erfährt Jesus Christus sowie die Frohe Botschaft auf seine eigene Art und Weise, setzt sich mit den Fragen des Glaubens auf persönliche Art und Weise auseinander. Die Geschichte des Menschen ist – aus theologischer Sicht – als eine individuelle Geschichte des Fragens und des Hörens zu verstehen. Gottes Wort ist zwar an die christliche Gemeinde gerichtet, doch nicht in einer unpersönlichen, sondern vielmehr in einer persönlichen, die individuelle Existenz ansprechenden Art und Weise. In unseren Fragen sind wir auch geleitet von den Anforderungen, die unsere Existenz an uns heranträgt. Die Fragen und

Antworten sind nicht abstrakt und losgelöst vom individuellen Leben, sondern sie sind auf das individuelle Leben bezogen.

Diese persönliche Glaubensgeschichte läßt sich − wie Ritschl (1986) hervorhebt − nur erfassen, wenn der Mensch die Möglichkeit hat, seine Biographie so zu schildern, wie er diese rückblickend erlebt.

> »Die Wahrheit seines Lebens liegt in der story, die man sorgfältig und immer wieder neu hören soll« (Ritschl, 1986, S. 209).

Die individuelle Geschichte darf nicht mit »fremden Begriffen« beschrieben und nicht in »geordnete, definierte Systeme« eingepaßt werden. Vielmehr ist darauf zu achten, daß die Person *ihre* Geschichte − so wie sie diese rückblickend erlebt − in der ihr eigenen Begrifflichkeit beschreibt. Die »Gesamt-Story« setzt sich aus zahlreichen »Einzel-Stories« zusammen. Erst die Schilderung dieser Einzel-Stories gibt Aufschluß über die individuelle biographische Entwicklung, so wie die Person diese rückblickend erlebt. Für die Erfassung der persönlichen Glaubensgeschichte heißt dies: Der Mensch muß die Möglichkeit erhalten, einzelne »Geschichten« zu schildern, in denen der Glaube angesprochen war. Die persönliche Glaubensgeschichte läßt sich nicht durch einige abstrakte Aussagen − in denen zudem abstrakte Begriffe verwendet werden − nachzeichnen, sondern nur durch die von der Person geschilderten persönlichen Glaubenserlebnisse und -erfahrungen in ihrer Biographie. Der Mensch steht in seiner Geschichte. Die Art und Weise, wie er seine Gegenwart und Zukunft erlebt, ist auch von den biographischen Ereignissen und Erfahrungen beeinflußt. Die Gesamt-Geschichte des Menschen − so wie dieser sie erlebt − verbindet die Vergangenheit mit der Gegenwart und Zukunft. Die gegenwärtige Situation bestimmt die Perspektive mit, aus der die Vergangenheit sowie die einzelnen »Geschichten« betrachtet werden. Die Vergangenheit sowie die einzelnen »Geschichten« in ihr beeinflussen den Blick in die Zukunft (vgl. Staudinger & Dittmann-Kohli, Kapitel 16 in diesem Band).

Der von Ritschl entwickelte Ansatz findet meines Erachtens ein wertvolles empirisches Gegenstück in Untersuchungen von Bierlein (in Vorbereitung) sowie von Lücht-Steinberg (1981). Aus diesem Ansatz wie auch aus den empirischen Untersuchungen ergibt sich: Der gläubige Mensch blickt auf eine Glaubensgeschichte, auf seine Erfahrungen und Begegnungen im Glauben, auf seine geschichtliche Beziehung zu Gott. Die Art und Weise, wie er sich im Alter mit Glaubensfragen auseinandersetzt und wie er die Frohe Botschaft auf sein Leben bezieht, ist beeinflußt von seiner Entwicklung im Glauben. Der Glaube ist nicht abstrakter Inhalt, sondern er ist gelebter Glaube.

H. Beiträge aus den Erziehungswissenschaften

Im folgenden sollen Beiträge zur Erwachsenen- und Altenbildung im Vordergrund stehen, die sich meines Erachtens besonders für die Entwicklung einer lebenslauforientierten Sicht des Alters eignen (vgl. Arnold & Kaltschmid, 1986;

Geißler, 1990; Pöggeler, 1989). Einzelne Autoren weisen darauf hin, daß neben der Bildung im Alter auch die Bildung für das Alter große Bedeutung für die kompetente Auseinandersetzung älterer Menschen mit den Anforderungen des Alltags in einer sich wandelnden gesellschaftlichen und kulturellen Welt besitzt.

1. Bildung und Vorbereitung auf das Alter

Indem die Betonung auch auf die Bildung für das Alter gelegt wird, entsteht hier eine neue, mit der Prävention verwandte Sicht des Alters im Lebenslauf: Durch die Vorbereitung auf das Alter, durch die gedankliche Vorwegnahme der Aufgaben, Möglichkeiten, Risiken und Grenzen im Alter, durch den Erwerb spezifischer Fertigkeiten, die für die selbständige Lebensführung im Alter wichtig sind (z. B. Kompetenz im Haushalt sowie im Kontakt mit Institutionen), sowie durch die frühzeitige Entwicklung von Interessen, die zu einem strukturierten und ausgefüllten Alltag im Alter beitragen, kann der Mensch schon vor dem Eintritt in das Alter erste Grundlagen für ein selbständiges, aufgabenbezogenes und sinnerfülltes Altern schaffen.

2. Bildung im biographischen Kontext

Bei den Bildungsangeboten für ältere Menschen (Bildung im Alter) ist, wie die Autoren ebenfalls übereinstimmend hervorheben, auch die Bildungsgeschichte der Person zu berücksichtigen. Unter Bildungsgeschichte werden sowohl die Bildungsinhalte als auch die Lernstrategien zusammengefaßt. Angehörige einer Kohorte haben spezifische historische, gesellschaftliche und kulturelle Ereignisse, Prozesse und Strömungen erlebt, die sich in spezifischen Bildungsinhalten, zum Teil auch in Lernstrategien niederschlagen. Die Verknüpfung situativer Anforderungen mit biographischen (historisch, gesellschaftlich, kulturell beeinflußten) Ereignissen und Erfahrungen stellt eine bedeutende Voraussetzung für den Erfolg von Bildungsangeboten für ältere Menschen dar. Alter im Lebenslauf wird bei diesem Verständnis von Bildung auch aus einer biographischen Perspektive betrachtet.

3. Bildung im situativen Kontext

Der Erziehungswissenschaftler Weber (1988) arbeitet auf der Grundlage verschiedener Beiträge zur Psychologie der Lebensspanne drei Lernerfordernisse und Bildungsaufgaben heraus, denen seines Erachtens auch für die Altenbildung besondere Bedeutung zukommt:

- generelle, zeitalterbedingte, aus dem sozio-kulturellen Wandel resultierende Lernerfordernisse und Bildungsaufgaben;
- typische, lebensalterbedingte, aus Entwicklungsaufgaben resultierende Lernerfordernisse und Bildungsaufgaben;
- individuelle, schicksalsbedingte, aus kritischen Lebensereignissen resultierende Lernerfordernisse und Bildungsaufgaben.

Historische, gesellschaftliche und kulturelle Veränderungen wirken sich auf den Alltag des älteren Menschen aus (allerdings sind diese Auswirkungen individuell verschieden). Veränderte Altersbilder in den Medien (wie z. B. Berichte über die Generation der »jungen« oder »neuen Alten«), ein sich wandelndes Rollenspektrum älterer Menschen (vgl. z. B. die Initiativen Älterer für Jüngere), technische Innovationen sowie Veränderungen der räumlichen Umwelt (z. B. durch sich wandelnde Vorstellungen von einem menschenfreundlichen Wohnungsbau) stellen auch an den älteren Menschen die Aufgabe der Erweiterung seiner Fertigkeiten sowie der Veränderung seines eigenen Altersbildes. Da historische, gesellschaftliche und kulturelle Veränderungen auch den Alltag der älteren Menschen betreffen, sollten Bildungsangebote geschaffen werden, die eine kompetente Auseinandersetzung mit diesen Veränderungen fördern. Dabei darf das Bemühen des Menschen um Aufrechterhaltung der (äußeren und inneren) Kontinuität und Identität in einer sich wandelnden Welt nicht übersehen werden (vgl. Atchley, 1987).

Biologische Veränderungen, neue Rollen, veränderter sozialer Status sowie personale Veränderungsprozesse führen zu neuen Entwicklungsaufgaben. Weiterhin kann die Lebenssituation durch körperliche Einschränkungen, durch den Fortfall subjektiv bedeutsamer Aufgaben und Rollen sowie durch den Verlust nahestehender Menschen (vor allem aus derselben Generation) erschwert sein (vgl. auch Staudinger & Dittmann-Kohli, Kapitel 16 in diesem Band). Weber hebt hervor, daß Bildungsangebote auch Hilfen bei der Auseinandersetzung mit der veränderten persönlichen Lebenssituation anbieten sollten (z. B. durch Gesprächskreise, durch Veranstaltungen, durch Vermittlung von wichtigen Informationen und Kenntnissen, durch individuelle Beratung).

Wie Pöggeler (1989) feststellt, nutzen nur relativ wenige ältere Menschen die institutionellen Bildungsangebote. Es ist allerdings zu erwarten, daß künftige ältere Generationen die Bildungsangebote intensiver nutzen werden. Ein größeres Problem stellt unseres Erachtens der große Einfluß der Schichtzugehörigkeit auf die Nutzung von Bildungsangeboten dar. Angehörige unterer sozialer Schichten sind in Bildungsveranstaltungen fast gar nicht vertreten. Hier zeigen sich die Einflüsse der persönlichen Bildungsgeschichte auf die Nutzung von Bildungsangeboten im Alter (vgl. auch Mayer, Kapitel 20 in diesem Band).

I. Abschluß

Mit den vorangegangenen Ausführungen wurde das Ziel verfolgt, die vielfältigen Beziehungen zwischen Alter und Lebenslauf aus der Sicht verschiedener anthropologischer Disziplinen zu untersuchen. In allen genannten Disziplinen wurden theoretische (zum Teil auch empirisch überprüfte) Ansätze entwickelt, die unser Verständnis des Alters im Lebenslauf fördern. Eine künftige Aufgabe gerontologischer Forschung besteht darin, diese Ansätze weiterzuentwickeln. Eine weitere Aufgabe ist in dem Austausch zwischen den verschiedenen Disziplinen und in der Entwicklung interdisziplinärer Forschungsansätze zu sehen. Bereits heute bestehen interdisziplinäre Arbeitsgruppen im In- und Ausland (vgl. Baltes & Baltes, Kapitel 1 in diesem Band). Es ist sehr zu wünschen, daß diese Kooperation in Zukunft weiter gefördert wird. Erst in der Zusammenarbeit zwischen Wissenschaftlern aus verschiedenen Disziplinen lassen sich theoretisch und empirisch fundierte Aussagen über Alternsprozesse in den physischen, psychischen und sozialen Bereichen der Person, über die Interaktion der Alternsprozesse in diesen Bereichen sowie über die Einflußfaktoren der Alternsprozesse treffen.

Literaturverzeichnis

Arnold, R. & Kaltschmid, J. (Hrsg.) (1986). *Erwachsenensozialisation und Erwachsenenbildung*. Frankfurt/M.: Diesterweg.

Atchley, R. C. (1987). *Aging: Continuity and change*. Belmont: Wadsworth.

Baltes, M. M. & Baltes, P. B. (Eds.) (1986). *The psychology of control and aging*. Hillsdale, NJ: Erlbaum.

Baltes, P. B. (1990). Entwicklungspsychologie der Lebensspanne: Theoretische Leitsätze. *Psychologische Rundschau, 41*, 1 – 24.

Barth, K. (1979). *Kirchliche Dogmatik: Band III*. Zürich: Theologischer Verlag.

Bierlein, K. H. (in Vorbereitung). *Lebensbilanz und Zukunftsperspektive*. Theologische Dissertation, Universität Erlangen.

Bloch E. (1959). *Das Prinzip Hoffnung*. Frankfurt/M: Suhrkamp.

Böckle, F. (1990). Gerontologisch relevante geisteswissenschaftliche Disziplinen. In Ministerium für Wissenschaft und Kunst Baden-Württemberg (Hrsg.), *Einrichtung eines Zentrums für Alternsforschung* (S. 217 – 222). Stuttgart: Ministerium für Wissenschaft und Kunst.

Bonhoeffer, D. (1978). *Widerstand und Ergebung*. München: Kaiser.

Brandtstädter, J. & Renner, G. (1990). Tenacious goal pursuit and flexible goal adjustment: Explication and age-related analysis of assimilative and accomodative strategies of coping. *Psychology and Aging, 5*, 58 – 67.

Brim, O. G. & Kagan, J. (Eds.) (1980). *Constancy and change in human development*. Cambridge, MA: Harvard University Press.

Bühler, C. (1959). *Der menschliche Lebenslauf als psychologisches Problem*. Göttingen: Hogrefe. (Erstausgabe 1933).

Busse, E. W. & Maddox, G. L. (1985). *The Duke Longitudinal Studies of Normal Aging 1955 – 1980*. New York: Springer.

Costa, P. T., Jr. & McCrae, R. R. (1985). *The NEO personality inventory manual*. Odessa, FL: Psychological Assessment Resources.

Eichorn, D. H., Clausen, J. A., Honzik, M. P. & Mussen, P. H. (1981). *Present and past in middle life*. New York: Academic Press.

Geißler, E. (Hrsg.) (1990). *Bildung im Alter, Bildung für das Alter*. Bonn: Bouvier.

Goethe, J. W. v. (1962). *Dichtung und Wahrheit (1. Teil)*. München: dtv.

Guardini, R. (1964). *Die Lebensalter*. Mainz: Grünewald.

Hagestad, G. & Neugarten, B. (1985). Age in the life course. In R. H. Binstock & E. Shanas (Eds.), *Handbook of aging and the social sciences* (pp. 35 – 60). New York: Van Nostrand Reinhold.

Hesse, H. (1990). *Mit der Reife wird man immer jünger. Betrachtungen und Gedichte über das Alter* (hrsg. von v. Mischels). Frankfurt/M.: Insel.

Hirsch, R. (Hrsg.) (1990). *Psychotherapie im Alter.* Stuttgart: Huber.

Kohli, M. (Hrsg.) (1978). *Soziologie des Lebenslaufs.* Neuwied: Luchterhand.

Kohli, M. (1985). Die Institutionalisierung des Lebenslaufs. Historische Befunde und theoretische Argumente. *Kölner Zeitschrift für Soziologie und Sozialpsychologie, 37,* 1 – 19.

Kohli, M. (1990). Lebenslauf und Lebensalter als gesellschaftliche Konstruktionen: Elemente zu einem interkulturellen Vergleich. In G. Elwert, M. Kohli & H. K. Müller (Hrsg.), *Im Lauf der Zeit* (S. 11 – 32). Saarbrücken: Breitenbach.

Kruse, A. (im Druck). *Kompetenz im Alter in ihren Bezügen zur objektiven und subjektiven Lebenssituation.* Darmstadt: Steinkopff.

Lehr, U. (1991). *Psychologie des Alterns* (7. ergänzte und bearbeitete Aufl.). Heidelberg: Quelle & Meyer.

Lehr, U. & Thomae, H. (Hrsg.) (1987). *Formen seelischen Alterns.* Stuttgart: Enke.

Lübbe, H. (1986). *Religion nach der Aufklärung. Grund der Vernunft – Grenze der Emanzipation.* Graz: Styria.

Lücht-Steinberg, M. (1981). *Gespräche mit älteren Menschen.* Göttingen: Vandenhoeck & Ruprecht.

Maas, H. S. & Kuypers, J. A. (1975). *From thirty to seventy.* San Francisco, CA: Bass.

Mayer, K. U. & Müller, W. (1986). The state and the structure of the life course. In A. B. Sørensen, F. E. Weinert & L. E. Sherrod (Eds.), *Human development and the life course* (pp. 217 – 246). Hillsdale, NJ: Erlbaum.

Mayer, K. U. & Müller, W. (1989). Lebensverläufe im Wohlfahrtsstaat. In A. Weymann (Hrsg.), *Handlungsspielräume* (S. 41 – 60). Stuttgart: Enke.

Oerter, R. (Hrsg.) (1978). *Entwicklung als lebenslanger Prozeß.* Hamburg: Hoffmann & Campe.

Pöggeler, F. (1989). Bildung in lebenslanger Perspektive. In H. Röhrs & H. Scheuerl (Hrsg.), *Richtungsstreit in der Erziehungswissenschaft und pädagogische Verständigung* (S. 339 – 351). Bern: Haupt.

Radebold, H. (1989). Psychotherapie bei älteren Menschen. In K. P. Kisker, H. Lauter, J. E. Meyer, C. Müller & E. Strömgren (Hrsg.), *Psychiatrie der Gegenwart* (2. Bd., S. 234 – 248). Berlin: Springer-Verlag.

Rahner, K. (1963). *Hörer des Wortes.* Freiburg: Herder.

Rahner, K. (1976). *Grundkurs des Glaubens.* Freiburg: Herder.

Riley, M. W. (1985). Age strata in social systems. In R. H. Binstock & E. Shanas (Eds.), *Handbook of aging and the social sciences* (pp. 369 – 411). New York: Van Nostrand Reinhold.

Riley, M. W., Foner, A. & Waring, J. (1988). Sociology of age. In N. J. Smelser (Ed.), *Handbook of sociology* (pp. 243 – 290). Newbury Park, CA: Sage.

Ritschl, D. (1986). *Ökumene, Medizin, Ethik.* München: C. Kaiser.

Ritschl, D. & Jones, H. (1976). *»Story« als Rohmaterial der Theologie.* München: C. Kaiser.

Rosenmayr, L. (1987). Altsein im 21. Jahrhundert. In Deutsches Zentrum für Altersfragen (Hrsg.), *Die ergraute Gesellschaft* (S. 460 – 485). Berlin: Deutsches Zentrum für Altersfragen.

Seitz, M. (1985). *Praxis des Glaubens: Gottesdienst, Seelsorge und Spiritualität*. Göttingen: Vandenhoeck & Ruprecht.

Shock, N. W., Greulich, R. C., Andres, R., Arenberg, D., Costa, P. T., Lakatta, E. G. & Tobin, J. D. (1984). *Normal human aging: The Baltimore Longitudinal Study of Aging*. Washington, DC: U.S. Government Printing Office.

Thomae, H. (1985). *Dynamik menschlichen Handelns*. Bonn: Bouvier.

Thomae, H. (1988). *Das Individuum und seine Welt* (2. völlig neu bearbeitete Aufl.). Göttingen: Hogrefe.

Thomas von Aquin (1985). *Summe der Theologie* (Bd. 1). Stuttgart: Kröner. (Erstausgabe 1278).

Weber, E. (1988). Vortrag gehalten in der Evangelischen Akademie Tutzing. *Mitteilungsblatt der Evangelischen Akademie*, 1, 5 – 18.

Wilbers, J. (1989). Singularisierung – eine Entwicklung in der Zukunft? In C. Rott & F. Oswald (Hrsg.), *Kompetenz im Alter* (S. 331 – 342). München: Bayerischer Monatsspiegel.

Zapf, W. (1987). *Individualisierung und Sicherheit. Untersuchungen zur Lebensqualität in der Bundesrepublik Deutschland*. München: Beck.

Zulehner, P. M. (1990). *Pastoraltheologie: Band III. Pastoral der Lebenswenden*. Düsseldorf: Patmos.

14. Normales, krankhaftes und optimales Altern: Variations- und Modifikationsspielräume

WOLFGANG GEROK & JOCHEN BRANDTSTÄDTER

Zusammenfassung

Normales Altern wird definiert durch die erreichte Lebensspanne in Beziehung zur mittleren Lebenserwartung einer repräsentativen Bezugsgruppe und durch altersgebundene Veränderungen biomedizinischer Parameter. Sowohl quantitative als auch qualitative Parameter zeigen innerhalb altersgleicher Gruppen eine große Variabilität. Sie werden nicht nur durch altersabhängige Prozesse, sondern auch durch altersunabhängige Faktoren beeinflußt.

Krankhaftes Altern wird durch das Auftreten von altersbedingten Krankheiten mit Einbuße an Lebensqualität und mit Verkürzung der individuellen Lebensspanne bestimmt. Die Morbidität steigt mit zunehmendem Alter an. Das Krankheitsspektrum ist durch Multimorbidität und das Vorherrschen chronischer Krankheiten geprägt. Die interindividuelle Variabilität objektiver Krankheitszeichen und subjektiver Befindensstörungen nimmt mit dem Alter zu.

Die Zielvorstellung optimalen Alterns (Maximierung der Lebensspanne und der Lebensqualität) geht davon aus, daß reduzierte Leistungsfähigkeit und verminderte Adaptationsfähigkeit im Alter nicht nur durch den Alternsprozeß per se, sondern wesentlich durch äußere Faktoren bedingt und beeinflußt sind. Eine Verringerung des Morbiditätsprofils im Alter kann vor allem durch einen gesundheitsfördernden Lebensstil, die Mobilisierung funktioneller Reserven, vor allem durch Trainingsmaßnahmen, erreicht werden. Die Ausschaltung von Risikofaktoren führt zum Aufschub der Manifestation chronischer Krankheiten und zu einer verkürzten Krankheitsphase (Kompression der Morbidität).

Prof. Dr. Wolfgang Gerok ist Inhaber eines Lehrstuhls für Innere Medizin und Ärztlicher Direktor an der Medizinischen Klinik an der Universität Freiburg. Seine Forschungsgebiete sind die Biochemie und die Molekularbiologie der Leberkrankheiten.
Prof. Dr. Jochen Brandtstädter ist Inhaber eines Lehrstuhls für Psychologie an der Universität Trier. Seine Arbeitsschwerpunkte liegen im Bereich der Entwicklungspsychologie des Erwachsenenalters, der Handlungstheorie und der psychologischen Methodenlehre. Laufende Forschungsprojekte: Veränderung von Bewältigungsprozessen und subjektive Lebensqualität im höheren Lebensalter, Personale Kontrolle von Entwicklungsprozessen.

A. Einführung

Die Unterscheidung von normalem, krankhaftem und optimalem Altern erfordert definitorische Bestimmungen, die freilich keineswegs unproblematisch sind. Es liegt nahe, sich bei der Festsetzung dieser Begriffe an statistischen Normen beziehungsweise Verteilungsparametern zu orientieren. Die Problematik eines solchen Ansatzes ergibt sich jedoch bereits aus der Tatsache, daß das im statistischen Sinne »Normale« wesentlich von jeweils gegebenen Lebens- und Entwicklungsumständen abhängt, die ihrerseits der kritischen Analyse und Modifikation zugänglich sind oder sein sollten. Schwierigkeiten ergeben sich auch bei Ansetzung funktionaler Normbegriffe. Wenn wir uns bei der Abgrenzung des »Normalen«, »Gesunden« oder gar »Optimalen« gegen das »Krankhafte« etwa am Kriterium der adaptiven Kompetenzen des Organismus — seiner Fähigkeit, exogene und endogene Störungen und Veränderungen im Sinne homöostatischer Regulationen auszugleichen — orientieren, so stellt sich sofort die Frage, wo die Grenzen des Möglichen oder Wünschenswerten einer solchen Anpassung liegen. Solche Grenzziehungen werden wesentlich durch soziale Konventionen, Wertmaßstäbe und Normalitätsstereotype beeinflußt, die sich oftmals selbst als unverträglich mit Desideraten optimaler Entwicklung und gelingenden Alterns erweisen.

Es ist hier nicht der Raum, auf Probleme der wissenschaftlichen Konstruktion und Kritik von Modellen und Szenarien optimaler Entwicklung und erfolgreichen Alterns im Detail einzugehen (Baltes & Baltes, 1989a; Brandtstädter, 1980). Wir werden uns in diesem Beitrag — mit Blick auf biomedizinische Aspekte — an den folgenden Arbeitsdefinitionen orientieren: »*Normales*« Altern kann in erster Annäherung gekennzeichnet werden durch das Erreichen der durchschnittlichen Lebensspanne, beeinträchtigt lediglich durch »alternstypische« Einbußen auf organisch-somatischen und psychischen Ebenen. Die mit dem Normalitätsbegriff vielfach einhergehende Vorstellung, daß das im statistischen Sinne Normale zugleich »natürlich«, unabänderlich oder nicht änderungsbedürftig sei, soll dabei nicht impliziert sein.

Von »*krankhaftem*« Altern soll dagegen die Rede sein, wenn der Alternsprozeß durch das Auftreten von spezifischen Krankheitssymptomen, Leistungseinbußen und Funktionseinschränkungen gekennzeichnet ist, die beim normalen Altern im oben genannten Sinne nicht beobachtet werden und die letztlich zu einer im Vergleich zu repräsentativen Durchschnittswerten verkürzten Lebensspanne bei gleichzeitig eingeschränkter Lebensqualität führen. Auch dieser Begriff soll nicht als starre Kategorie konzipiert werden. Was als »krank« und damit als legitimer Gegenstand korrektiver beziehungsweise therapeutischer Interventionen gekennzeichnet wird, ist wesentlich von sozialen Konstruktionen gelingenden Lebens und Zusammenlebens bestimmt, die historischem Wandel unterliegen. Überdies sind pathologische und nicht-pathologische Aspekte des

Alternsprozesses zwar gegeneinander abgrenzbar, aber nicht voneinander unabhängig (Fozard, Matter & Brant, 1990).

Als »*optimal*« wäre demgegenüber ein Alterungsprozeß zu charakterisieren, der unter so günstigen Voraussetzungen verläuft, daß die erreichte Lebenszeit, die organische Funktionstüchtigkeit, aber auch die subjektive Lebensqualität gegenüber dem Durchschnitt in einer vergleichbaren Population deutlich erhöht sind. Erst Konzeptionen und Szenarien optimaler Entwicklung im höheren Lebensalter liefern Maßstäbe zur kritischen Beurteilung des im Sinne statistischer und sozialer Normen »Üblichen«. Vorausgesetzt ist, daß Entwicklungsfunktionen und Alternsverläufe Variabilitäts- und Modifikationsspielräume aufweisen, die zur Verbesserung der Lebens- und Entwicklungsbedingungen im höheren Lebensalter genutzt werden können. Nicht zufällig hat sich in den biomedizinischen, verhaltens- und sozialwissenschaftlichen Disziplinen die Diskussion um Bedingungen und Möglichkeiten optimaler Entwicklung und »erfolgreichen Alterns« gerade unter dem Eindruck der hohen inter- und intraindividuellen Variabilität und Plastizität von Entwicklungs- und Alternsprozessen intensiviert (vgl. Baltes & Baltes, Kapitel 1 in diesem Band; Lehr & Thomae, 1987; Rowe & Kahn, 1987; Shock et al., 1984). Altern ist zwar ein universelles, aber in seinen biologischen, psychischen und sozialen Aspekten keineswegs uniformes Phänomen. Da Modifikationsspielräume wie auch Effekte modifizierender Interventionen erst aufgrund empirischer und theoretischer Grundlagen abgeschätzt werden können, sind freilich auch Entwürfe optimalen Alterns grundsätzlich als kritikoffene, selbst optimierungsbedürftige Modellbildungen zu verstehen. Die Zuordnung des Alternsprozesses beim einzelnen Individuum zu den Kategorien normalen, krankhaften und optimalen Alterns kann unterschiedlich ausfallen, wenn die biomedizinischen, psychischen, sozialen oder kognitiven Aspekte die Bewertung ganz überwiegend oder ausschließlich bestimmen. Im allgemeinen sollte aber versucht werden, bei der Einordnung in die drei Kategorien die verschiedenen Eigenschaften und Fähigkeiten in eine Gesamtbewertung zu integrieren.

B. »Normales« Altern

Quantitative Kriterien normalen Alterns im oben bestimmten Sinne setzen die individuell erreichte Lebensspanne in Beziehung zur maximal erreichbaren Lebensspanne und zur mittleren Lebenserwartung einer repräsentativen Bezugsgruppe. Auch die Betrachtung der altersgebundenen Veränderung biomedizinischer Parameter liefert Ansatzpunkte für quantitative Kriterien. Hinsichtlich quantitativer wie auch qualitativer Parameter besteht eine große Streubreite innerhalb altersgleicher Gruppen. Viele der scheinbar »alterstypischen« Unterschiede verschwinden oder fallen weniger dramatisch aus, wenn äußere Einflüsse und Lebensumstände, die nicht mit dem Lebensalter zusammenhängen, in Rechnung gestellt werden.

1. Maximale individuelle Lebenszeit

Die maximal erreichbare, individuelle Lebensspanne eines Menschen (»individual maximum life potential«) beträgt nach dem derzeitigen Erkenntnisstand 110 bis 115 Jahre (Fries, 1980; 1989). Sie kann formal unter der − weitgehend utopischen − Bedingung erreicht werden, daß das Individuum während seiner gesamten Lebenszeit von lebensverkürzenden traumatischen Einflüssen und Noxen verschont bleibt. Für die Existenz einer durch artspezifische genetische Faktoren gesetzten Grenze der individuellen Lebensspanne sprechen folgende Argumente:

− Das höchste, von einem Menschen jemals erreichte und verläßlich dokumentierte Alter beträgt 114 Jahre (Fries, 1989).
− In Schweden wird seit Jahrzehnten eine sorgfältige Registrierung und Untersuchung der über 100jährigen durchgeführt. Das Alter von 110 Jahren wurde bislang in keinem Fall überschritten (Fries, 1980).
− In der Überlebenskurve (vgl. Abb. 1) einer Population ist das »Ausklingen« der Kurve (»tailing«) bei höheren Lebensaltern Ausdruck der statistischen Verteilung um einen Mittelwert maximaler Lebensdauer (Greenwood & Irwin, 1939). Unter 10.000 Personen erreicht in den westlichen Industrieländern etwa eine Person ein Alter von über 100 Jahren.
− Die verbleibende Lebenserwartung der über 100jährigen hat sich in den vergangenen 80 Jahren nur geringfügig geändert (0,7 Jahre), wobei an dieser minimalen Zunahme vor allem eine Reduktion der äußeren Todesursachen beteiligt sein dürfte (Faber, 1982).
− Nicht zuletzt haben auch entwicklungsgenetische Untersuchungen für die Variable »Lebensalter« einen deutlichen hereditär bedingten Varianzanteil nachgewiesen; freilich sind hier als vermittelnde Faktoren auch genetisch bedingte Persönlichkeits- und Verhaltensunterschiede in Betracht zu ziehen (Plomin, 1986).

Alle diese Argumente sprechen dafür, daß auch unter günstigen äußeren Bedingungen mit Ausschaltung (bekannter) schädigender Einwirkungen die von einem Menschen erreichbare maximale Lebensspanne begrenzt ist. Die empirischen Abschätzungen mögen geringen Korrekturen aufgrund weiterer Beobachtungen unterworfen sein. Auch ist die Abhängigkeit der maximal erreichbaren Lebensspanne von ethnischen Faktoren eine noch offene Frage (Berkman, 1988).

2. Mittlere Lebenserwartung

Dieser Begriff bezeichnet den statistischen Erwartungswert für die Zeitdauer, die ein Individuum von einem gegebenen Zeitpunkt an, unter sonst gleichbleibenden Bedingungen, voraussichtlich leben wird. Bezugspunkt ist in der Regel der Zeitpunkt der Geburt, jedoch kann auch jeder spätere Zeitpunkt innerhalb der Lebensspanne gewählt werden (vgl. auch Dinkel, Kapitel 3 in diesem Band).

Im Gegensatz zur maximal erreichbaren individuellen Lebensspanne, deren wahrscheinliche Größe aus beobachteten Fällen abgeleitet wird, basieren Angaben über die mittlere Lebenserwartung auf demographischen Statistiken (vgl. auch Dinkel, Kapitel 3 in diesem Band). Aus den Mortalitätsraten der verschiedenen Altersgruppen (z. B. für die Altersstufen 0 − 1, 1 − 2, 2 − 3 ... Jahre) zum gegenwärtigen Zeitpunkt ergibt sich eine Überlebenskurve (vgl. Abb. 1), aus der die durchschnittliche Lebenserwartung rechnerisch ermittelt werden kann. Grundlage ist in jedem Falle die statistische Evidenz zum Zeitpunkt der Berechnung; mögliche zukünftige Änderungen der Lebensbedingungen und -risiken, die die Überlebenschancen beeinflussen könnten, bleiben außer Betracht.

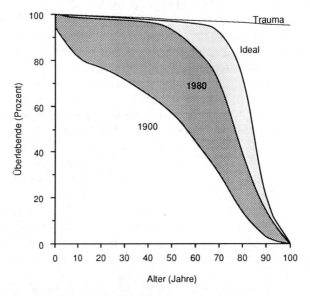

Abbildung 1: Überlebenskurven für das Jahr 1900 und 1980 (nach Fries, 1980) − Von 1900 bis 1980 nähert sich die Überlebenskurve zunehmend der Idealkurve, bei der die Mortalität vorwiegend auf eine Altersspanne von 75 bis 95 Jahren entfällt (»Rektangularisierung« der Überlebenskurve), wobei es zu einer Ausziehung (»tailing«) bei der Altersklasse über 85 Jahren kommt.

Für die Projektion der mittleren Lebenserwartung in die Zukunft sind mehrere mathematische Modelle entwickelt worden. Die Resultate sind stark von den Prämissen der jeweiligen Modelle abhängig. Bei Modellen, die auf der »competing risks«-Theorie basieren, wird eine Trendextrapolation vorgenommen unter der Annahme, daß der Rückgang oder Wegfall einer Todesursache durch eine andere kompensiert wird. Berechnungen aufgrund solcher Modelle überschätzen jedoch häufig − wie Vergleiche mit historischen Daten ergaben − den zukünftigen Zuwachs an Lebenserwartung (Faber, 1982; Fries, 1984).

Ein Hauptgrund hierfür ist, daß nur Krankheiten, nicht hingegen der Prozeß des Alterns per se als mögliche Todesursache in das Modell und die darauf basierende Berechnung eingehen.

Die durchschnittliche Lebenserwartung eines Neugeborenen beträgt derzeit 74,5 Jahre, wobei ein deutlicher Geschlechtsunterschied nachweisbar ist (Männer 70,5 Jahre, Frauen 78,5 Jahre). Dieser Unterschied zwischen Männern und Frauen hat während der letzten Jahre kontinuierlich zugenommen, scheint aber jetzt wieder geringer zu werden. Es bestehen ferner regionale Unterschiede. So ist in den USA die durchschnittliche Lebenserwartung in den Flächenstaaten des Nordens am höchsten und in den großen Industriestädten am geringsten (Fries, 1988).

Seit Beginn dieses Jahrhunderts ist die durchschnittliche Lebenserwartung eines Neugeborenen beträchtlich angestiegen (1900: 47 Jahre). Die wichtigste Ursache dieser Steigerung ist die Reduktion der Neugeborenensterblichkeit und der vorzeitigen Todesfälle durch akute Krankheiten, besonders durch Infektionskrankheiten. Dementsprechend ist die Lebenserwartung der 45jährigen nur gering, die der 75jährigen im Vergleichszeitraum kaum angestiegen. In der Überlebenskurve (vgl. Abb. 1) zeigt sich diese Wandlung in einer zunehmenden »Rektangularisierung« beziehungsweise Verschiebung zur Idealkurve.

3. Maximale durchschnittliche Lebenserwartung

Abschätzungen der maximalen *durchschnittlichen* Lebenserwartung beruhen auf Extrapolationen in die Zukunft. Anders als bei den beiden erstgenannten Parametern gibt es hinsichtlich der maximalen durchschnittlichen Lebenserwartung divergierende Positionen. Zwei Standpunkte zeichnen sich ab:

– Die maximale durchschnittliche Lebenserwartung beträgt 85 Jahre, mit einer Standardabweichung von vier bis fünf Jahren. Diese Grenze wird demnach durch die derzeitige mittlere Lebenserwartung nahezu erreicht (Fries & Crapo, 1981).
– Die maximale durchschnittliche Lebenserwartung ist keineswegs auf absehbare Zeit fixiert, sondern wird sich – oder kann sich zumindest im Prinzip – weiter ausdehnen (Brody, 1985; Grundy, 1984).

Die erstgenannte Position stützt sich auf folgende Argumente: Extrapoliert man, ausgehend von verschiedenen Lebensaltern, die Trendlinien der mittleren Gesamtlebenserwartung, so schneiden sich diese beim Jahr 2045 entsprechend einer maximalen durchschnittlichen Lebenserwartung von 85 Jahren. Unsicherheiten der Extrapolation ergeben sich durch die stark schwankende Lebenserwartung der Neugeborenen seit 1900. Ferner nähern sich die Kurven dem Grenzwert wahrscheinlich asymptotisch an. Entsprechende Korrekturen würden einen etwas niedrigeren Schätzwert ergeben. Die Überlebenskurve nähert sich seit 1900 zunehmend der Idealkurve (Rektangularisierung der Überlebenskurve; vgl. Abb. 1). Dies bedeutet, daß sich die Mortalität zunehmend in den höheren Altersstufen konzentriert. Geht man von einer Normalverteilung der Mortalität

aus, so fallen 66 Prozent der Todesfälle in den Zeitraum zwischen dem 81. und
dem 89. Lebensjahr, 95 Prozent in die Spanne zwischen dem 77. und dem 93.
Lebensjahr (Fries, 1980). Messungen der funktionellen Reserve der Organe
(Herz, Lunge, Niere), die für die Erhaltung lebenswichtiger homöostatischer
Regulationen verantwortlich sind, ergeben einen nahezu linearen Abfall vom
30. Lebensjahr an (vgl. Abb. 2). Die in Abbildung 2 gezeigten Funktionen
basieren auf querschnittlichen Altersvergleichen (Shock, 1962). Der asymptotische Verlauf einiger Funktionen weist darauf hin, daß zwischen dem 80. und
dem 90. Lebensjahr eine kritische Grenze erreicht wird, unterhalb derer eine
lebenserhaltende Homöostase nicht mehr möglich ist. Schließlich läßt sich eine
Beziehung zwischen der nahezu linearen Abnahme der funktionellen Reserve
der Organe und einem exponentiellen Anstieg der Mortalität mit einer Verdop-
pelung der Mortalität in jeweils acht Jahren herstellen (Strehler & Mildran,
1960). Auch hieraus ergibt sich eine Fixierung der maximalen durchschnittlichen
Lebenserwartung bei circa 85 Jahren.

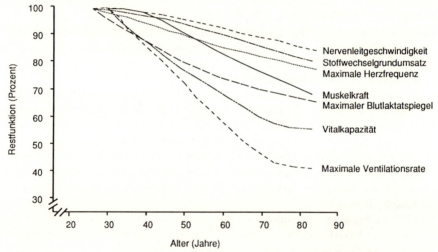

Abbildung 2: Abnahme verschiedener Organfunktionen und biomedizinischer Parameter
in Abhängigkeit vom Lebensalter (nach Skinner, 1971) — Maximale Werte (100 %)
werden zwischen dem 25. und 30. Lebensjahr erreicht, danach erfolgt eine nahezu lineare
Abnahme.

   Zugunsten der zweiten Position können folgende Überlegungen angeführt
werden: Die Mortalitätsrate bei den über 65jährigen hat seit 1920 abgenommen.
Dadurch ist eine Extrapolation aus den Daten seit 1900 nicht möglich. Die
maximale durchschnittliche Lebensspanne wird durch diese Abnahme der Mortalitätsrate in den höheren Lebensjahren verlängert (Brody, 1985; Grundy, 1984).
Weiterhin nähert sich die Überlebenskurve zwar im Bereich der mittleren
Altersstufen einem Plateau, jedoch führt die Abnahme der Mortalität in höheren

Lebensaltern zu einer stärkeren Ausziehung (tailing) der Überlebenskurve bei den Altersstufen jenseits des 70. Lebensjahres. Es ergibt sich dadurch eine Abweichung vom Idealtyp der Rektangularisierung. Nach neueren Untersuchungen besteht keine exponentielle Beziehung zwischen der Abnahme der funktionellen Organreserve und der Mortalitätszunahme im höheren Lebensalter (Thatcher, 1981). Außerdem hat die Abnahme der funktionellen Reservekapazität lebenswichtiger Organe zwar eine erhöhte Anfälligkeit gegen Störungen der Homöostase zur Folge. Aber die Wahrscheinlichkeit der Einwirkung von Störfaktoren kann durch geeignete Maßnahmen zumindest prinzipiell beeinflußt werden.

Zwischen den beiden konträren Grundaussagen läßt sich unseres Erachtens derzeit nicht endgültig entscheiden (vgl. auch Dinkel, Kapitel 3 in diesem Band). Nach der ersten Aussage wird das Leben in einer bestimmten engbegrenzten Altersstufe durch einen gleichsam »natürlichen« Tod (Alterstod) begrenzt, der vorwiegend durch den genetisch determinierten Verlust der funktionellen Organreserven bedingt ist. Dies würde die Abgrenzung zwischen primärem oder biologischem und sekundärem Altern nahelegen (Busse, 1969). Nach der zweiten Alternative ist eine starre Begrenzung nicht zu erwarten, da äußere Faktoren zu verschiedenen Zeitpunkten die Homöostase lebensbedrohend stören können und ein Ausschluß dieser Faktoren sogar eine Abnahme der Mortalität bewirken kann.

Grundsätzlich wird man bei der Unterstellung genetisch fixierter Beschränkungen der Lebensdauer in Rechnung stellen müssen, daß genetische Steuerungen lediglich die Reaktionsnorm eines Organismus unter spezifischen Konstellationen exogener Bedingungen festlegen; über die Wirkung bislang nicht realisierter Einflußfaktoren oder Bedingungskonstellationen kann schlechterdings nichts gesagt werden. Annahmen über genetische Fixierungen sollten dementsprechend auf die in einem spezifischen historischen und kulturellen Kontext gegebenen Erkenntnisse und Handlungsmöglichkeiten bezogen werden: »Genetic differences are those differences that we do not know how to treat or change environmentally« (Scarr, 1982, S. 470). Die Unterscheidung zwischen den diskutierten Alternativen scheint zunächst von geringer oder nur semantischer Bedeutung zu sein, sie ist aber von hoher Relevanz bei der Bewertung krankhaften Alterns.

4. Altersgebundene Änderungen biomedizinischer Parameter

Altern ist im statistischen Normalfall durch eine Reduktion der Leistungsfähigkeit in vielen Funktionsbereichen gekennzeichnet (vgl. Abb. 2). Altersgebundene Funktionseinschränkungen zeigen sich häufig erst unter besonderer Beanspruchung oder Belastung des Organs in Form verminderter Anpassungsfähigkeit an die Belastung und/oder in einer verlängerten Zeitspanne bis zum Wiedererreichen des Ausgangswertes vor der Belastung. Ein Beispiel hierfür ist der verstärkte Anstieg des Blutdrucks beim älteren Menschen unter Belastung und die anschließende verlängerte Erholungsphase bis zur Rückkehr des Blutdrucks zur individuellen Norm. Ein weiteres Beispiel einer reduzierten Funktionsreserve ist die verminderte Glukosetoleranz beim Älteren, bei dem unter normaler Ernährung die Glukosekonzentration im Blut noch im Normbereich liegt, jedoch nach Glukosezufuhr viel stärker ansteigt und anschließend langsamer abfällt als beim Gesunden (vgl. auch Coper & Schulze, Kapitel 8 in diesem Band; Shock, 1977).

Für die körperliche Leistungsfähigkeit des Gesamtorganismus sind der maximale Sauerstoffverbrauch pro Kilogramm Körpergewicht und Minute (aerobe Kapazität) und die Laktatkonzentration im Blut (anaerobe Kapazität) quantitative Kriterien. Beide Parameter erreichen zwischen dem 20. und 30. Lebensjahr ein Maximum und fallen dann annähernd linear ab.

Die aerobe Kapazität, die für länger dauernde körperliche Leistung entscheidend ist, ist bei Frauen um 25 bis 30 Prozent niedriger als bei Männern. Sie nimmt bei Männern und Frauen in jeder Lebensdekade um zehn Prozent ab. Die Ursache dieser Abnahme sind Veränderungen des Herz-Kreislauf-Systems, der Lunge und des Stoffwechsels der peripheren Organe, besonders der Muskulatur. Bei Herz und Kreislauf stehen eine Abnahme der Förderleistung des Herzens und ein Blutdruckanstieg infolge einer Zunahme des peripheren Gefäßwiderstandes im Vordergrund. Strukturelle Veränderungen an der Lunge (Verlust der Elastizität, Überblähung der Alveolen) führen mit zunehmendem Alter zu Störungen der Ventilation und des Gasaustausches. Die altersabhängigen metabolischen Veränderungen beruhen auf einer Verminderung der muskulären Energiespeicher und einer Aktivitätsminderung von Muskelenzymen. Auch treten mit zunehmendem Alter strukturelle Veränderungen der Muskulatur auf, wobei besonders die Veränderungen im Verhältnis von Muskelfasern zu Kapillaren und Änderungen von Zahl und Struktur der Mitochondrien die Sauerstoffverwertung durch die Muskelzellen und damit deren Leistungsfähigkeit einschränken (vgl. auch Danner & Schröder, Kapitel 4 in diesem Band).

Neben der Reduktion der körperlichen Leistungsfähigkeit treten mit zunehmendem Alter Veränderungen biomedizinischer Parameter auf, die selbst keine Krankheitsbedeutung haben, aber die Entstehung chronischer Krankheiten als »Risikofaktoren« fördern können (vgl. auch Steinhagen-Thiessen, Gerok & Borchelt, Kapitel 5 in diesem Band). Solche Parameter, deren altersabhängige Änderung durch Längsschnittuntersuchungen gesichert ist und die sich potentiell zum Risikofaktor entwickeln können, sind der Blutdruck, die Cholesterinkonzentration im Blut, die Glukosetoleranz und der Mineralgehalt des Skelettsystems. Blutdruck und Cholesterinkonzentration im Blut nehmen mit dem Alter zu. Beim Blutdruck zeigt sich die Tendenz zu höheren Werten vor allem unter Belastung. Die Zunahme der Cholesterinkonzentration ist mit einer Veränderung im Verhältnis der Lipoproteinklassen verbunden. Die verminderte Glukosetoleranz mit zunehmendem Alter beruht überwiegend auf einer Abnahme der Rezeptoren für das blutzuckerregulierende Hormon Insulin. Hypertonie,

Hypercholesterinämie und verminderte Glukosetoleranz sind Risikofaktoren für die Entstehung der Arteriosklerose, einer sich schleichend entwickelnden Veränderung an den Blutgefäßen mit der Folge von Durchblutungsstörungen vor allem am Herzen, am Gehirn und an den peripheren Gefäßen. Die altersabhängige Minderung der Calciumsalze im Skelett ist Kennzeichen der Osteoporose und Risikofaktor für Knochenfrakturen im Alter.

Für eine weitere Gruppe biomedizinischer Parameter ist zwar eine altersabhängige Veränderung nachweisbar, jedoch bedeutet diese Veränderung keine Entwicklung zum Risikofaktor für Krankheiten. In diese Gruppe altersabhängiger biomedizinischer Parameter gehören strukturelle Veränderungen der Muskulatur mit Abnahme der Muskelfasern und Kapillaren bei Zunahme des Bindegewebes, biochemische Veränderungen der Faserbestandteile (Kollagene) und der Grundsubstanz des Bindegewebes, Trübung der Augenlinse (grauer Star), Verlust des Hörvermögens für hohe Frequenzen und anderes mehr. Alle diese Änderungen führen mit zunehmendem Alter zu spezifischen Funktionseinbußen bestimmter Organe, jedoch nicht zu Krankheiten im engeren Sinn.

5. Variabilitäts- und Änderungsspielräume

Die großen Unterschiede im Ablauf der Alternsprozesse kommen schon in den Redewendungen zum Ausdruck, daß einer »viel jünger aussieht, als er ist« oder daß einer »mehr leistet als andere seines Alters«. Quer- und längsschnittlich vergleichende Untersuchungen dokumentieren eine außerordentlich große Streubreite der meisten biologischen Parameter innerhalb altersgleicher Gruppen. Überdies nehmen interindividuelle Unterschiede hinsichtlich der Organleistungen und der daraus ableitbaren biologischen Parameter im höheren Alter eher noch zu (Shock et al., 1984). Im Vergleich zu den Streuungen innerhalb einer Altersgruppe erscheinen altersgebundene Veränderungen oft gering. Dies gilt auch für psychische Funktionen und Leistungsparameter (sensorische und kognitive Prozesse) sowie für das subjektive Erleben des Alternsgeschehens und damit verbundene Einstellungen und Handlungsbereitschaften (vgl. Weinert, Kapitel 7 in diesem Band).

Wenn der Alterungsprozeß aus biomedizinischer Sicht durch eine Verminderung der Funktionsreserve gekennzeichnet ist, so stellt sich angesichts der bezeichneten Variabilitätsspielräume die Frage, inwieweit die als »normal« apostrophierten Veränderungen durch eingreifende Maßnahmen verhindert oder zumindest verlangsamt werden können. In der Tat kann zum Beispiel Bewegungstraining der altersbedingten Leistungsabnahme des kardiovaskulären Systems (Arteriosklerose), des Skelettsystems (Osteoporose) und des Stoffwechsels (Glukoseintoleranz und Hyperlipoproteinämie) entgegenwirken. Ein eindrucksvolles Beispiel lieferten Untersuchungen bei Marathonläufern (Fries, 1980). Hier zeigte sich bei den Spitzenläufern verschiedener Altersklassen eine lineare Abnahme der Leistung vom 30. bis zum 70. Lebensjahr. Jedoch kann eine Laufzeit, die bei 30jährigen im Streuungsbereich normaler (untrainierter) Leistung liegt, nach entsprechendem Training als Spitzenleistung auch von einigen 70jährigen erreicht werden (vgl. Baltes & Baltes, Kapitel 1 in diesem Band; Ericsson, 1990).

Die Entwicklungsverläufe zahlreicher Leistungs- und Funktionsparameter sind in einem weiten Bereich modifizierbar. Durch gezielte Interventionen (Training, Übung) können Veränderungen, die sich sonst im Altersablauf normalerweise zeigen würden, innerhalb weiter Grenzen kompensiert werden. Die durch Interventionsmaßnahmen ausschöpfbaren Kapazitätsreserven mögen sogar mit zunehmendem Alter größer werden, wobei freilich anzunehmen ist, daß altersbedingte Unterschiede um so deutlicher hervortreten, je mehr man sich dem oberen Grenzbereich möglicher Veränderungen nähert (Baltes, 1987). Exemplarisch zeigt sich hier, daß der Begriff des »normalen« Alterns nicht im Sinne naturgesetzlich fixierter Entwicklungsverläufe interpretiert werden kann, sondern auf die in einer sozialen und geschichtlichen Situation gegebenen Handlungsspielräume und deren Beschränkungen bezogen werden muß (Brandtstädter, 1990).

B. »Krankhaftes« Altern

Wer jemals an einer Krankheit mit schweren Symptomen gelitten oder einen Patienten in diesem Zustand erlebt hat, dem erscheint Krankheit vom Zustand der Gesundheit eindeutig abgrenzbar zu sein. In vielen Fällen ist der Zustand in der Tat auch eindeutig zu bestimmen. Dies trifft dann zu, wenn strukturelle Veränderungen oder quantifizierbare Funktionsstörungen von Organen oder Organsystemen vorliegen. Wenn Krankheit als Abweichung einer Struktur oder Funktion vom Zustand des Normalen definiert wird, ergibt sich die schon angesprochene Frage, welche Kriterien das Normale bestimmen. Abweichungen von der statistischen Norm bedeuten für den einzelnen nicht notwendig Krankheit, ebensowenig wie Werte innerhalb der Norm Krankheit ausschließen. Für den Einzelfall ist nur die Aussage erlaubt, daß Krankheit um so wahrscheinlicher ist, je weiter oder häufiger die Grenzen einer statistischen Norm in pathologischer Richtung überschritten werden. Abweichungen von einer funktionalen Norm können zudem im statistischen Sinne durchaus normal sein: je differenzierter und umfassender das eingesetzte Arsenal diagnostischer Verfahren ist, desto eher und häufiger treten normabweichende Befunde auf (Gross, 1985).

Schließlich stellt sich auch die Frage, ob Gesundheit in somatischer wie psychischer Hinsicht nicht mehr bedeutet als das bloße Fehlen pathologischer Symptome. So etwa definiert die Charta der Weltgesundheitsorganisation Gesundheit umfassend als Zustand körperlichen, psychischen und sozialen Wohlbefindens, der nicht nur durch die Abwesenheit von Krankheit bestimmt ist. Man wird hierin kaum einen wesentlichen Beitrag zur Präzisierung des Gesundheitsbegriffs sehen können. Die Definition enthält auch ein gefährliches Element, soweit sie den Anspruch nahelegt, daß jede Störung des Wohlbefindens als ein behandlungsbedürftiger, mit therapeutischen Mitteln anzugehender Zustand sei. Auf die methodischen Probleme einer genaueren Explikation unscharfer Begriffe wie »Wohlbefinden«, »Lebensqualität« sei nur am Rande hingewiesen (Becker, 1985; Brandtstädter, 1982). Gleichwohl scheint es sinnvoll, sich in der Explikation der Begriffe von Gesundheit und Krankheit von traditionellen Dichotomien zu lösen (Siegler, 1989). Damit wird einerseits Raum für die Beachtung von Risikofaktoren im Übergangsfeld von Gesundheit und Krankheit, andererseits auch für die Entfaltung von Konzeptionen optimalen Alterns geschaffen.

Den Rahmen oder die Grundlage für die Bestimmung von Gesundheit und Krankheit und für die Anwendung dieser Begriffe auf Entwicklungs- und Alternsprozesse bilden in jedem Falle normative Vorstellungen menschlicher Existenz und Koexistenz. Diese Vorstellungen erfahren im Wandel von wissenschaftlichen Erkenntnissen, von ökonomischen und politischen Bedingungen unterschiedliche Ausgestaltungen. Jaspers (1946) hat dies in dem Satz ausgedrückt:

> »Was krank im allgemeinen ist, das hängt weniger vom Urteil der Ärzte als vom Urteil der Patienten ab und von den herrschenden Auffassungen der jeweiligen Kulturkreise« (Jaspers, 1946, S. 652).

Trotz der bereits angesprochenen Probleme scharfer und unverrückbarer terminologischer Abgrenzungen hat sowohl der einzelne wie die Gesellschaft ein berechtigtes Interesse an genaueren Festlegungen, was als »krank« und damit als legitimer Gegenstand präventiver und therapeutischer Bemühungen bestimmt werden kann. Für den einzelnen stellt sich diese Frage im Zusammenhang mit Fragen der persönlichen Lebensführung, für die Gesellschaft zum Beispiel in Verbindung mit ökonomischen Problemen der Krankenversorgung und -versicherung.

Wenn wir Krankheiten als »Lebensprozesse an der Grenze der unserem Organismus möglichen Anpassung« (Hamperl, zitiert nach Hartmann, 1990, S. 253) verstehen, so müssen definitorische Bemühungen von einer Betrachtung der Interaktionsbeziehungen des Individuums mit seiner physikalischen und sozialen Umwelt ausgehen. Ansatzpunkte zur Explikation des Krankheitsbegriffes ergeben sich aus einer Betrachtung der adaptiven Kapazitäten des Individuums in der Auseinandersetzung mit den in nicht-stationären Umwelten auftretenden Herausforderungen, Belastungen und »Störungen« sowie der Effektivität der Mechanismen, die das Zusammenspiel psychischer und organischer Teilsysteme zur Bewältigung adaptiver Herausforderungen kontrollieren (Canguilhem, zitiert nach Hartmann, 1990, S. 5). Gesundheit und gesundes Altern wären dann zum einen – für das Individuum als biologisches System – in Bezug auf die organischen Funktionsreserven zur Kompensation von Belastungs- und Störfaktoren zu bestimmen (z. B. physikalischen »Stressoren«). Zum anderen wären diese Begriffe – für das Individuum als erlebendes und handelndes Subjekt – im Hinblick auf die Kapazitäten der Person, Entwicklungsaufgaben und adaptive Herausforderungen in sozialen Kontexten (einschließlich solcher adaptiven Forderungen, die sich aus dem Altersgeschehen und aus altersgradierten Entwicklungsübergängen und Entwicklungsaufgaben im Lebensablauf selbst ergeben) zu bewältigen. Freilich enthalten auch diese Bestimmungen Unschärfen und offene Fragen, die im Rahmen dieses Beitrags nicht aufgelöst, sondern nur angedeutet werden können. Adaptive Herausforderungen entstehen in Umwelten, die zum Teil von Menschen selbst geschaffen sind. Was etwa als (»erfolgreiche«) Bewältigung von Herausforderungen zu gelten hat, mag je nach angesetzter Systemperspektive (Individuum, Familie, Gesellschaft) variieren. Regeltechnische oder systemtheoretische Anpassungs- und Stabilitätsbegriffe liefern jedenfalls keine Beantwortungen dieser Fragen, sondern allenfalls einen durch weitere wissenschaftliche und ethische Bestimmungen auszufüllenden konzeptuellen Rahmen (Brandtstädter, 1977).

1. Morbidität und Mortalität im Alter

Unsere Erfahrung lehrt, daß alte Menschen häufiger und schwerer erkranken als jüngere. Der Tod ist meist eine Folge der im Alter gehäuft auftretenden und schwerer verlaufenden Krankheiten. Allerdings fehlen exakte und repräsentative Daten über die Häufigkeit von Krankheiten in den verschiedenen Altersstufen (vgl. Krämer, Kapitel 22 in diesem Band). Die vorliegenden Erhebungen lassen lediglich indirekte Schlüsse zu. So zeigt die subjektive Gesundheitseinschätzung mit zunehmendem Alter der Befragten eine deutliche Zunahme des Zustandes von »krank« oder durch »äußere Einwirkungen behindert«. Diese Angaben sind bei den über 65jährigen doppelt so häufig anzutreffen wie bei den 40- bis 64jährigen. Mit solchen Einschätzungen konvergieren objektive Indikatoren wie die Zunahme des Medikamentenkonsums, Zunahme der Zahl ambulanter Konsultationen und die Zunahme der Krankenhaustage mit zunehmendem Alter. Von diesen Beobachtungen läßt sich allerdings nur unter bestimmten Vorbehalten auf die Morbidität schließen. Einerseits werden spezifische Gesundheitsprobleme (z. B. psychische Erkrankungen, Tumorkrankheiten) bei der subjektiven Einschätzung vermindert erfaßt, auch klaffen mit zunehmendem Lebensalter objektiver Befund und Grad der Beschwerden auseinander. Daraus würde sich eine Unterschätzung der Morbidität im Alter ergeben. Andererseits bestehen bei älteren Personen häufiger Arztkontakte und Krankenhausaufenthalte aufgrund sozialer oder psychischer Faktoren (Kontaktsuche bei Vereinsamung etc.), was eine Überschätzung der Morbidität bedingen könnte.

Bei Abwägung der verschiedenen Gesichtspunkte erscheint die Annahme einer mit dem Alter zunehmenden Morbidität gleichwohl hinlänglich gesichert (z. B. Schneider & Guralnik, 1990). Ein zunehmendes Morbiditätsrisiko weist darauf hin, daß mit zunehmendem Alter die funktionelle Reservekapazität abnimmt und deshalb immer geringere exogene oder endogene Störfaktoren zur Dekompensation der Homöostase und schließlich zum Zusammenbruch der geregelten Lebensvorgänge führen können.

Hinsichtlich der *Mortalität* im Alter bestehen, wie bereits die Ausführungen zur maximalen durchschnittlichen Lebenserwartung deutlich gemacht haben, diskrepante Aussagen und Projektionen für die Zukunft. Diese alternativen Positionen bestimmen auch die Antwort auf die Frage, ob der Tod grundsätzlich als Folge einer Krankheit anzusehen ist oder ob es einen »natürlichen« Alterstod ohne vorausgehende Krankheit gibt. Die Annahme einer sinkenden Mortalität (Brody, 1985) führt zu der Folgerung, daß durch Verbesserungen der Lebensumstände und den effizienteren Ausschluß von Störfaktoren (verbesserte Hygiene, günstigere Wohnverhältnisse, adäquate Ernährung, verbesserte medizinische Versorgung usw.) die Mortalität weiter vermindert und die durchschnittliche Lebenserwartung des alten Menschen über die bisher beobachteten Maxima hinaus verlängert werden kann.

Die andere Alternative (Fries, 1980; Fries & Crapo, 1981) besagt, daß auch bei Ausschluß bekannter Risiken ein »natürlicher« Alterstod bei durchschnittlich etwa 85 Jahren eintritt. Die Beobachtung bei Autopsien von über 85jährigen, bei denen in mindestens 30 Prozent keine zum Tode führende Krankheit nachgewiesen werden konnte, mag für diese These ins Feld geführt werden (Kohn, 1982), auch wenn dieser Prozentsatz ungewöhnlich hoch erscheint. Mit dieser Gegenthese ist freilich die weitere Suche nach Möglichkeiten zur Verlängerung der Lebensspanne nicht grundsätzlich delegitimiert. Fehlende Evidenz für solche Möglichkeiten kann jedenfalls nicht ohne weiteres als definitive Evidenz für deren Fehlen interpretiert werden.

2. Multimorbidität und chronische Krankheiten
Hinsichtlich der Krankheitsformen beim alten Menschen sind zwei Fakten unumstritten:
– Mit zunehmendem Alter wird die ansteigende Morbidität weitgehend durch chronische Krankheiten verursacht, die häufig mit ihren Folgen auch die Mortalität bestimmen;
– mit zunehmendem Alter nimmt die Multimorbidität zu, das heißt, ältere Menschen leiden häufiger als jüngere gleichzeitig an Erkrankungen mehrerer Organe und Organsysteme.
Das Phänomen der Multimorbidität ist dadurch zu erklären, daß die Abnahme der funktionellen Reservekapazität nicht auf ein Organ oder Organsystem beschränkt ist, sondern daß von dieser Einschränkung mehr oder weniger gleichzeitig verschiedene Organe und Organsysteme betroffen sind.

Chronische Krankheiten sind generalisiert und progredient, sie haben eine lange vorsymptomatische Phase und sind relativ behandlungsresistent (Fries, 1989). »Generalisiert« bedeutet, daß nicht lokal begrenzte, sondern sich an mehreren Organen manifestierende krankhafte Veränderungen auftreten. Dabei können diese Funktionseinschränkungen oder Erkrankungen verschiedener Organe einer Kausalkette folgen (z. B. Emphysem, Herzinsuffizienz, cerebrale Minderdurchblutung) oder voneinander unabhängig sein. »Progredient« kennzeichnet das allmähliche Fortschreiten der Krankheit, das allenfalls durch eine Verlangsamung oder zeitlich befristete Stagnation, jedoch nicht durch eine Spontanrückbildung der krankhaften Veränderungen unterbrochen wird. Die Erkrankung durchläuft dabei zunächst eine asymptomatische Phase und führt erst bei Erreichen oder Überschreiten eines Schwellenwertes hinsichtlich der Ausprägung der Krankheitssymptome zur manifesten Krankheit. Je geringer die Progression der Erkrankung, desto später wird der Schwellenwert der klinisch manifesten Krankheit erreicht. Dieser Anstieg im Schweregrad wird bei mehreren chronischen Krankheiten durch sogenannte Risikofaktoren bestimmt. Je zahlreicher und ausgeprägter die Risikofaktoren sind, um so rascher ist meist die Krankheitsprogression und um so früher wird häufig die Schwelle der manifesten Erkrankung erreicht. Die Ausschaltung der Risikofaktoren hat eine langsame Progression mit späterer Manifestation zur Folge oder sogar − bei Nichterreichen der kritischen Schwellen − eine vollständige Prävention der Erkrankung. Da die meisten chronischen Krankheiten nach ihrer Manifestation weitgehend therapieresistent sind, kommt der Ausschaltung von Risikofaktoren größte Bedeutung zu: Sie führt zu einer längeren Latenz der Krankheit und − bei gleichbleibender oder nur gering verlängerter Lebensspanne − zu einer Verkürzung der Morbiditätsphase vor dem Tod, im optimalen Falle zu einer vollständigen Prävention. Generell wird durch die Reduktion oder den Ausschluß von Risikofaktoren die Morbidität stärker gesenkt als die Mortalität (Fries, 1980; 1989).

Neuere Studien bestätigen diese These. So ist bei Herz-Kreislauf-Erkrankungen der Einfluß der Risikofaktoren Rauchen, Bluthochdruck und Erhöhung der Cholesterinkonzentration im Blut auf Morbidität und Mortalität untersucht worden. Dabei zeigte sich bei Ausschluß der Risikofaktoren keine signifikante Änderung der Mortalität, aber eine deutliche Abnahme der Morbidität. Diese Abnahme der Morbidität war am stärksten bei den 25- bis 35jährigen, weniger stark bei den 35- bis 45jährigen und am geringsten bei den 60jährigen, entsprechend einer Verlangsamung der Progression der Erkrankung mit späterem Erreichen der Grenzschwelle der Manifestation (Helsinki-Heart-Study, 1987; Multiple Risk Factor Intervention Trial, 1986).

3. Variabilität der Krankheiten in Abhängigkeit vom Lebensalter

Ebenso wie die interindividuelle Variabilität der normalen biomedizinischen Parameter nimmt auch die Variabilität von Art, Symptomatik und Schweregrad der Krankheiten mit dem Alter zu. Dieses Phänomen beruht zunächst darauf, daß die physiologischen Alterungsprozesse selbst, gekennzeichnet durch Abnahme der funktionellen Reservekapazität, individuell sehr unterschiedlich verlaufen. Die Toleranz gegen exogene und endogene Störfaktoren und Umwelteinflüsse nimmt verschieden rasch ab. Hinzu kommt, daß die Belastungen und Krankheiten, denen der einzelne in den vorausgehenden Lebensphasen ausgesetzt war, häufig Residualdefekte hinterlassen haben, die später auftretende

Krankheiten in ihrer Manifestation und Ausprägung beeinflussen können. Schließlich gewinnen äußere Lebensumstände und Aspekte der psychischen und sozialen Situation (z. B. Ernährung, Wohnverhältnisse, soziale Integration, Gefühle des Nicht-mehr-Gebrauchtwerdens) beim alten Menschen zunehmenden Einfluß auf die Manifestation und den Ablauf von Krankheiten. Dies gilt freilich unter gewissen Vorbehalten: Das Ergebnisbild altersvergleichender epidemiologischer Risikoanalysen läßt sich nicht in allen Punkten mit der pauschalen Annahme einer mit dem Alter zunehmenden Vulnerabilität vereinbaren (Siegler & Costa, 1985). Im Hinblick auf die einschlägige Befundlage äußern Kasl und Berkman den Verdacht

> »... that we have an incomplete grasp of the various positive factors in the lives of the elderly − the resources in the social environment, the adaptive strategies available to them − that serve to diminish the impact of the presumptively stressful experiences« (Kasl & Berkman, 1981, S. 377).

Hinsichtlich des statistischen Zusammenhanges biomedizinischer beziehungsweise pathophysiologischer Parameter mit der Altersvariable besteht ein breites Spektrum der Abstufung:
− Einige biomedizinische Parameter sind altersunabhängig. So besteht zum Beispiel für den Hämatokritwert und die Bildung der roten Blutzellen im Knochenmark keine Beziehung zum Lebensalter (es gibt demnach keine »Altersanämie«; Gordon & Shurtleff, 1973).
− Folgen oder Restzustände von Erkrankungen, aber auch Umwelt-Noxen, denen der einzelne in den vorausgehenden Lebensphasen ausgesetzt war, können sich über die Jahre in ihren Auswirkungen addieren. So können zum Beispiel vorausgehende Infektionskrankheiten eine Änderung der Immunitätslage bewirken und damit die Wahrscheinlichkeit des Auftretens, die Manifestation und den Verlauf späterer Krankheiten beeinflussen. Ein Beispiel für die altersbedingte Summation von Umweltnoxen ist der kumulative Effekt der Lichteinwirkung mit fortschreitendem Alter, der einen wesentlichen Faktor in der Pathogenese des Hautkarzinoms darstellt.
− Bestimmte Krankheiten zeigen ein altersabhängig unterschiedliches Erscheinungsbild. Ein klassisches Beispiel sind Unterschiede in der Symptomatik und Manifestation der Diabetes im Jugendalter und beim älteren Menschen. Ein weiteres Beispiel ist die Überfunktion der Schilddrüse (Hyperthyreose, Morbus Basedow), die beim alten Menschen häufig nicht mit den klassischen Symptomen wie beim Jugendlichen, sondern mit abgeschwächten oder atypischen Symptomen verläuft. Auch psychische Erkrankungen, zum Beispiel endogene Psychosen, manifestieren sich bei alten Menschen oft später und mit anderen Symptomen als beim Jugendlichen (vgl. Häfner, Kapitel 6 in diesem Band; Kay & Bergmann, 1980).
Auch das subjektive Krankheitserleben und sein Zusammenhang mit diagnostischen Befunden ändern sich mit zunehmendem Alter, wenngleich für das

Ausmaß subjektiver Beschwerden Persönlichkeitsunterschiede (z. B. Neurotizismus, Hypochondrie) möglicherweise bedeutsamer sind als Altersunterschiede (Costa & McCrae, 1980). Objektive Veränderungen von Organen und Organsystemen werden vom älteren Patienten oft weniger stark registriert (vgl. Abb. 3). Dies kann auf einer Abnahme kognitiver Fähigkeiten, auf der Nutzung anderer, weniger strenger Vergleichsstandards, aber auch auf einer depressiven Reaktion, auf dissimulativen Tendenzen oder auf einer Fehldeutung von Krankheitssymptomen als bloße Alterserscheinungen beruhen. Jeder in der Praxis stehende Arzt kennt auch das paradoxe Verhalten älterer Menschen, leichte Symptome dem Arzt sehr viel häufiger zu präsentieren als Zeichen schwerer Störungen und Erkrankungen. Dies schließt nicht aus, daß subjektive Befindlichkeitsdaten mit der individuellen Lebensdauer höher korrelieren können als »objektive« Einschätzungen des Gesundheitszustandes (Lehr, 1987).

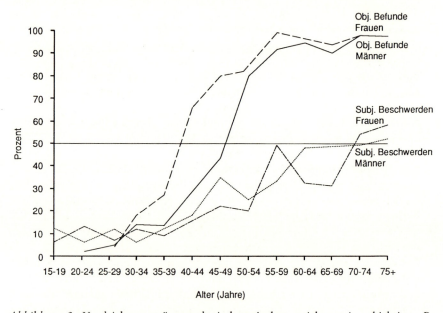

Abbildung 3: Vergleich von röntgenologischen Arthrosezeichen mit subjektiven Beschwerden (nach Wagenhäuser, zitiert nach Hartmann, 1989, S. 171) – Mit zunehmendem Alter vergrößert sich die Diskrepanz zwischen Befund und Beschwerden.

4. Klassifikation chronischer Alterskrankheiten

Ordnet man chronische Alterskrankheiten hinsichtlich ihrer Lebensgefährlichkeit, ihres Gefährdungspotentials und ihrer Zugänglichkeit für präventive Interventionen, so lassen sich grob drei Gruppen unterscheiden (Fries, 1989):

- *Lebensbedrohliche Krankheiten, die durch Ausschaltung von Risikofaktoren beeinflußbar sind*: Hierzu gehören vor allem Arteriosklerose und ihre Folgen (Angina pectoris, Herzinfarkt, Schlaganfall), Lungenkarzinom, Lungenemphysem, Leberzirrhose, Diabetes mellitus. Durch Ausschaltung bekannter Risikofaktoren kann die Manifestation dieser Krankheiten verhindert oder zeitlich verzögert werden.
- *Nicht lebensbedrohliche Krankheiten, die durch Ausschaltung von Risikofaktoren beeinflußbar sind*: Diese zweite Gruppe umfaßt Krankheiten, von denen keine Lebensbedrohung ausgeht und deren Auftreten durch präventive Maßnahmen verhindert beziehungsweise zeitlich verzögert werden kann. Hierzu gehören vor allem Osteoporose, Magengeschwüre, Muskelschwäche, spezifische zahnmedizinische Erkrankungen (Zahnverfall, Paradentose).
- *Nicht lebensbedrohliche Erkrankungen und Veränderungen ohne bekannte Risikofaktoren*: In dieser Gruppe sind Krankheiten zusammengefaßt, deren Inzidenz mit dem Alter zunimmt, bei denen jedoch aufgrund mangelnden ätiologischen Wissens eine Prävention derzeit nicht möglich erscheint. Die wichtigsten Beispiele sind Linsentrübung (»grauer Star«), Gehörverlust, Demenz, Inkontinenz, Parkinsonsche Erkrankung. Eine symptomatische Therapie, zum Beispiel die operative Therapie des »grauen Stars« oder die medikamentöse Therapie des Morbus Parkinson, kann aber bei diesen Krankheiten die Ausprägung der Symptome vermindern und die Lebensqualität des alten Menschen verbessern.

Die Grenzen zwischen diesen Kategorien sind unscharf und im Zuge ätiologischer Forschungsergebnisse auch verschiebbar (z. B. weisen neuere Untersuchungen zur Pathogenese der Linsentrübung auf mögliche Ansatzpunkte zur Verzögerung des Trübungsprozesses hin; Hockwin, 1989). Die Einordnung psychischer Erkrankungen und Störungen in dieses Schema erscheint problematisch. Zwar finden sich neurotische und psychotische Störungen bei einem bedeutsamen Prozentsatz älterer Menschen (vgl. Häfner, Kapitel 6 in diesem Band; LaRue, Dessonville & Jarvik, 1985). Für keine der bekannten klinisch-diagnostischen Kategorien — mit Ausnahme dementieller Erkrankung — liegen freilich zweifelsfreie Hinweise auf eine Zunahme mit dem Alter vor (eingehender Häfner, Kapitel 6 in diesem Band; Kay & Bergmann, 1980). Allerdings hat die verbreitete Annahme einer Zunahme depressiver Störungen im höheren Lebensalter — eine Annahme, die angesichts zunehmender gesundheitlicher Belastungen, irreversibler Verluste und einer zunehmend ungünstigeren subjektiven Bilanz von Entwicklungsgewinnen und -verlusten (Heckhausen, Dixon & Baltes, 1989) durchaus naheliegt — in neueren quer- und längsschnittlichen Untersuchungen keine Stützung gefunden (Lewinsohn, Hoberman, Teri & Hautzinger, 1985; Neumann, 1989). Blazer fordert im Hinblick auf die Befundlage:

»... clinicians must seriously consider the possibility that older adults ... may be ... protected from the development of major or clinical depression« (Blazer, 1989, S. 198).

Diese Vermutung ist für eine genauere theoretische Fassung des Konzepts »erfolgreichen« Alterns von wesentlicher Bedeutung. Aus psychologischer Sicht sind es vor allem Mechanismen der Stabilisierung und Verteidigung des Selbstkonzeptes gegen wahrgenommene Entwicklungsverluste, Anspruchsregulationen und Veränderungen in präferierten Bewältigungsstrategien, die der Entstehung von depressiven Störungen im höheren Lebensalter entgegenwirken können (Baltes & Baltes, 1989b; Brandtstädter & Renner, 1990; Brim, 1988; Greve, 1990).

C. »Optimales« Altern

Optimales Altern vollzieht sich definitionsgemäß unter günstigen Lebens- und Entwicklungsumständen. Was im Sinne biomedizinischer Kriterien »günstige« Alternsbedingungen sind und unter welchen Umständen Altern auch in einem umfassenderen, psychologische und soziale Aspekte des Alterns einschließenden Sinne als »erfolgreich« gelten kann, ist freilich explikationsbedürftig. Vergleichsweise objektiv und auch quantifizierbar sind biomedizinische Kriterien und Parameter des Gesundheitszustandes und der funktionellen Reserven des Organismus sowie spezifische psychologische Leistungs- und Kompetenzaspekte (z. B. Gedächtnisleistung, intellektuelle Funktionen, Selbstwirksamkeit, Kontrollüberzeugungen; vgl. Weinert, Kapitel 7 in diesem Band). Demgegenüber beruhen Selbsteinschätzungen der persönlichen Lebensqualität auch in ihren möglichen psychometrischen Quantifizierungen (etwa durch Lebenszufriedenheitsskalen; vgl. George, 1981) wesentlich auf subjektiven Glücks- und Zufriedenheitskonstruktionen und auf der Relation zwischen Anspruchssetzung und faktischen Lebensumständen, die eine eigene historische und lebenszyklische Entwicklungsdynamik aufweist (Brandtstädter & Renner, 1990; Hofstätter, 1986). Die Konstruktion von Modellen »optimalen« Alterns muß gleichwohl somatische, psychische und soziale Facetten und Bedingungsebenen einschließen und auch die Interdependenz dieser Ebenen beachten, die mit zunehmendem Alter und stärkeren Funktionsverlusten enger wird (Siegler & Costa, 1985). Die folgende Darstellung zentriert weitgehend auf exemplarische biomedizinische Aspekte, da psychische und soziale Aspekte in anderen Kapiteln (Kohli und Weinert, Kapitel 9 und 7 in diesem Band) eingehender behandelt werden.

1. Altersabhängige Risikofaktoren und ihre Beeinflussung durch äußere Faktoren

Die Annahme, daß der Alternsprozeß breite, für optimierende Interventionen nutzbare Spielräume aufweist, gründet sich auf die bereits diskutierte These, daß die Reduktion der Leistungsfähigkeit und die verminderte Anpassungsfähigkeit an Belastungen mit zunehmendem Alter nicht allein durch endogene beziehungsweise genetische Programme, sondern wesentlich durch äußere Faktoren und deren Wechselwirkung mit genetischen Bedingungen bestimmt werden. Durch Änderung kritischer äußerer Faktoren (Risikofaktoren, protektive Faktoren) müßte demnach der Ablauf des Alterungsprozesses günstig beeinflußt werden können.

Hinsichtlich der Ätiologie chronischer Alterserkrankungen sind aus biomedizinischer Sicht vor allem folgende, schon vorher erwähnte Risikofaktoren hervorzuheben:

- verminderte Glukosetoleranz,
- hoher Blutdruck (Hypertonie),
- erhöhte Cholesterinkonzentration im Blut (Hypercholesterinämie) und
- Abnahme des Mineralgehaltes des Skeletts.

Die drei erstgenannten Faktoren sind wesentlich an der Pathogenese der arteriosklerotischen Gefäßveränderungen beteiligt, die sich vor allem an den Herzkranzgefäßen (Koronargefäßen) und an den Gefäßen des Gehirns manifestieren. Koronare Herzkrankheit und Ausfälle der Gehirnfunktion infolge Minderdurchblutung sind deshalb häufige Ursachen altersbedingter Morbidität und Mortalität. Die Abnahme des Mineralgehaltes des Skeletts beginnt ebenfalls mit dem 30. Lebensjahr und schreitet altersabhängig fort. Ihre Folge, die Osteoporose, manifestiert sich in Frakturen am Skelettsystem, die nicht nur die Bewegungsfähigkeit und Belastbarkeit der Betroffenen stark einschränken, sondern durch ihre Folgen, zum Beispiel die Beeinträchtigung der Atmung, die Morbidität und Mortalität zunehmend beeinflussen.

Äußere Bedingungen, von denen diese Risikofaktoren im Sinne einer erhöhten Vulnerabilität beeinflußt werden können, sind vor allem:

- mangelnde körperliche Aktivität, Bewegungsmangel;
- fehlerhafte Ernährung;
- Alkohol- und Nikotinabusus;
- gehäufte oder prolongierte Belastungssituationen (»Streß«).

Fehler in der Ernährung bestehen in den westlichen Industrieländern meist in einem zu hohen Kaloriengehalt der Kost (Überernährung) und einer zu hohen Zufuhr von Fetten (Cholesterin, Triglyceride) mit der Nahrung. Durch diese Ernährungsweise wird die Entwicklung einer gestörten Glukosetoleranz und einer Hypercholesterinämie mit zunehmendem Alter gefördert. In gleicher Weise wirkt mangelnde körperliche Bewegung auf diese Risikofaktoren. Sie begünstigt zusätzlich eine Steigerung des Blutdrucks und eine vermehrte Entkalkung des Skeletts. Nikotin fördert die Entwicklung der Arteriosklerose mit der Folge einer Minderdurchblutung von Organen. Streßsituationen – definiert als Situationen, in denen ein Ungleichgewicht zwischen Bewältigungsressourcen des Individuums und situativen Anforderungen besteht – bewirken einen Anstieg des Blutdrucks und begünstigen dadurch ebenfalls die Entwicklung von arteriosklerotischen Gefäßveränderungen. Damit ist freilich nur eine Facette aus dem breiten Spektrum physiologischer und somatischer, potentiell pathogener Wirkungen von Streßsituationen angesprochen (Eisdorfer & Wilkie, 1977; zu analytischen Problemen vgl. Schroeder & Costa, 1984). Darüber hinaus ist der gesamte psychosomatische Funktionszusammenhang zwischen situativen Stressoren, psychischen Verarbeitungsprozessen, sozialen Bewältigungsressourcen und physiologischen Effekten zu berücksichtigen. Selbstwirksamkeitskognitionen und Kontrollüberzeugungen der Person, aber auch die Einbettung in soziale Stützsysteme, die die Wirkung von Belastungen abschirmen und puffern können, sind in diesem Zusammenhang wichtige Moderatoren (Bandura, 1989; Rodin, 1986; Schwarzer & Leppin, 1989). Ansatzpunkte für die Altersplazierung präventiver Strategien ergeben sich aus der Bindung spezifischer Übergangs-, Umstellungs- und Belastungssituationen (z. B. Pensionierung, Verwitwung) an den Lebenszyklus.

Diese Beispiele zeigen, daß die altersabhängigen Gefährdungsraten durch die Änderung der äußeren Lebensbedingungen beeinflußt werden können. Bei der praktischen Realisierung von Interventionen sind die psychologischen und sozialen Mechanismen zu beachten, die »gesundheitsschädliche« Verhaltensmuster im Lebensumfeld des einzelnen stabilisieren. Der schlichte Hinweis auf Risiken und protektive Faktoren reicht vielfach nicht aus, um im Einzelfall dauerhafte Verhaltens- und Einstellungsänderungen zu erzielen. Vielmehr müssen oft erst die individuellen Lebensumstände so verändert werden, daß es einen Anreiz für positive Verhaltensänderungen gibt.

2. Modifizierbarkeit biomedizinischer Parameter des Alterns

Am Beispiel des körperlichen Ausdauertrainings soll im folgenden gezeigt werden, wie die Leistungsfähigkeit beim älteren Menschen und die biomedizinischen Parameter des Alterns im positiven Sinne beeinflußt werden können (Bortz, 1989).

Ein Maß für die allgemeine körperliche Leistungsfähigkeit und für die Nutzbarmachung von Energiereserven ist die auf das Körpergewicht bezogene maximale Sauerstoffaufnahme pro Minute. Durch Ausdauertraining kann die altersabhängige aerobe Kapazität günstig beeinflußt werden: Trainierte weisen im Vergleich zu Untrainierten in jeder Altersstufe eine signifikant höhere aerobe Kapazität als Maß einer erhöhten körperlichen Leistungsfähigkeit auf. Selbst 70jährige können bei kontinuierlichem Training eine maximale Sauerstoffaufnahme erreichen, die doppelt so hoch ist wie bei gleichaltrigen Inaktiven. Im Durchschnitt werden von Trainierten in einer Altersstufe Werte der maximalen Sauerstoffaufnahme erreicht, die dem Durchschnittswert von um zehn- bis 20 Jahre jüngeren, untrainierten Personen entsprechen (vgl. Abb. 4).

Der günstige Einfluß des Ausdauertrainings auf die maximale Sauerstoffaufnahme beruht auf einer Beeinflussung des Herz-Kreislauf-Systems und des Muskelstoffwechsels. An Herz und Kreislauf kommt es zu einer Senkung der Herzfrequenz und zur Zunahme des Schlagvolumens bei unveränderter Herzgröße. Die Kontraktionskraft des Herzens nimmt zu. Die Stoffwechselveränderungen in der Muskulatur sind durch eine Zunahme des Muskelglykogens als Energiereserve und durch eine Aktivitätszunahme von Enzymen des aeroben

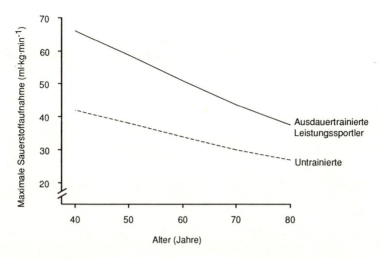

Abbildung 4: Maximale Sauerstoffaufnahme (aerobe Kapazität) als Maß der Leistungs-fähigkeit bei Trainierten und Untrainierten in Abhängigkeit vom Lebensalter (nach Kindermann, 1986, S. 603).

und anaeroben Stoffwechsels gekennzeichnet. Zusammenfassend zeigen diese Untersuchungen, daß körperliches Ausdauertraining zu günstigen Veränderun-gen des Stoffwechsels und der Strukturen auf der Ebene der Zellen und Organe führt. In Verbindung mit Veränderungen am kardiovaskulären System resultie-ren daraus eine gesteigerte Leistungsfähigkeit und Adaptationsfähigkeit im höheren Alter.

Auch die weiter oben benannten Risikofaktoren für chronische Alterskrank-heiten werden durch das Ausdauertraining günstig beeinflußt: Die altersbedingte verminderte Glukosetoleranz infolge einer Insulinresistenz kann durch Bewe-gungstraining verbessert oder normalisiert werden (Reaven & Reaven, 1985; Zavaroni et al., 1986); der mit zunehmendem Alter erhöhte Blutdruck wird durch Ausdauertraining gesenkt (De Vries, 1970); die Entkalkung des Skeletts wird durch Bewegungstraining abgeschwächt oder aufgehalten (Krolner, Toft, Pors Nielson & Tondevold, 1983); die im Alter zunehmende Hypercholesterin-ämie wird vermindert. Auch die im Alter auftretende Änderung des Verhältnisses der Lipoproteinklassen (LDL/HDL), die für die Entstehung einer Arteriosklerose fördernd wirkt, wird durch Ausdauertraining vermindert (Berg, Lehmann & Keul, 1986; Kindermann, 1986).

Die Verminderung oder Ausschaltung dieser Risikofaktoren, die unter »nor-malen« Bedingungen mit dem Alter zunehmen, senkt die Inzidenz der koronaren Herzkrankheit, des Schlaganfalls und der Knochenfrakturen auch beim Älteren (Berg, Lehmann & Keul, 1986; Hollmann, Rost, DuFaux & Liesen, 1983). Weiterhin werden durch Ausdauertraining auch die Fließeigenschaften des Blutes durch eine verminderte Rigidität der Erythrozyten verbessert (Hollmann, Liesen, Rost, Heck & Satomi, 1985), und die Thromboseneigung nimmt durch verringerte Haftung der Blutplättchen an der Gefäßwand und ihre verminderte Verklumpung innerhalb der Gefäße ab (Broustet, Boisseau, Bouloumie, Emeriau, Series & Bricaud, 1978). Auch diese Faktoren können degenerativen Gefäßveränderungen entgegenwirken. Das Beispiel des Ausdauertrainings zeigt, daß nicht nur die altersbedingte Abnahme der körperlichen Leistungsfähigkeit, sondern auch die altersbedingte Entwicklung von Risikofaktoren gemildert werden kann. So wird die Mortalität, vor allem aber die Morbidität durch die von den Risikofaktoren induzierten chronischen Alterskrankheiten gesenkt. Zumindest für die koronare Herzkrankheit konnte dies eindeutig belegt werden (Morris, Everitt, Pollard, Chave & Semmenche, 1980; Pfaffenberger, Wing & Hyde, 1978).

In Tabelle 1 sind geeignete, bedingt geeignete und ungeeignete Sportarten für körperliches Training bei älteren Personen aufgeführt. Geeignet sind vor allem ausdauerorientierte Sportarten mit rhythmischer, dynamischer Arbeit mehrerer Muskelgruppen. Sportarten mit kurzzeitiger Spitzenbelastung (z. B. Sprungdisziplinen, Sprint) sowie Trainingsformen mit statischer Belastung (Gewichtheben, »body building«) sind weniger geeignet als Ausdauertraining.

Tabelle 1: Geeignete, bedingt geeignete und ungeeignete Sportarten beziehungsweise Belastungsformen für ältere Sporttreibende (differenziert auf der Basis des Nutzen-Risiko-Verhältnisses; nach Kindermann, 1986).

Geeignet	Bedingt geeignet	Ungeeignet
Dauerlauf	Rudern	Kurzstreckenlauf (Sprint)
Skilanglauf	Bergsteigen	Radfahren (Sprint)
Radfahren		Sprung- und Wurfdisziplinen der
Schwimmen	Fußball	Leichtathletik
	Handball	
Bergwandern	Tennis	Kniebeugen
	Badminton	Liegestütze
	Tischtennis	Klimmzüge
	Volleyball	Bodybuilding
	Tanzsport	Gewichtheben
	Alpiner Skisport	Surfen
	Spazierengehen oder Wandern	Squash
	Gymnastik	
	Turnen	
	Golf	
	Reitsport	

Das Aneignen und Üben neuer, bisher nicht ausgeführter Sportarten kann beim älteren Menschen riskant sein. Er sollte sich deshalb auf erlernte Sportarten beschränken. Wichtig ist eine kontinuierliche Belastungsdauer von zehn bis 15 Minuten täglich oder 30 bis 40 Minuten an jedem zweiten Tag: Regelmäßig mäßig ist besser als einmal viel (Kindermann, 1986; vgl. auch Bortz, 1989). Auch muß zur Erreichung eines Trainingseffektes die Belastungsintensität genügend hoch sein: Sie soll 50 bis 70 Prozent der maximalen Belastbarkeit betragen (als Faustregel kann gelten: Pulsfrequenz am Ende der Belastung = 180 minus Lebensalter in Jahren; Hollmann, Liesen, Rost, Heck & Satomi, 1985). Die Auswirkungen eines Ausdauertrainings auf die körperliche Leistungsfähigkeit und auf die Reduktion von Risikofaktoren sind um so ausgeprägter, je früher es beginnt. Aber selbst Personen, die jahrzehntelang keinen Sport betrieben haben, können bei Aufnahme einer regelmäßigen körperlichen Aktivität im mittleren oder höheren Lebensalter ihre Leistungsfähigkeit und ihre Adaptationsfähigkeit an Belastungen steigern. Erst jenseits des 70. Lebensjahrs scheinen wesentliche Trainingseffekte nicht mehr möglich zu sein (Kindermann, 1986).

3. Optimales Altern als individuelle und soziale Aufgabe

Wie dargelegt wurde, kann bei chronischen Alterskrankheiten durch einen Ausschluß von Risikofaktoren der präsymptomatische latente Verlauf der Krankheit verlangsamt und damit der Zeitpunkt manifester Krankheitssymptome verzögert werden. Dies wirkt sich wenn nicht in einer Verlängerung der Lebensspanne, so doch zumindest in einer Verkürzung der Krankheitsphase vor dem Tod aus (Kompression der Morbidität). Die zeitliche Verkürzung der Krankheitsphase vor dem Tod ist mithin eine wesentliche Zielsetzung optimierender Interventionen. Die Ausschaltung von Risikofaktoren ist um so wirksamer, je früher sie im Leben des einzelnen stattfindet. Es sollte ein wichtiges Anliegen der Gesundheitsaufklärung und -erziehung bereits bei Jugendlichen, zum Beispiel in der Schule, sein, diese Zusammenhänge zu verdeutlichen.

Wenn Krankheit im Sinne der Einschränkung adaptiver Toleranzen und der Alternsprozeß durch eine Abnahme der funktionellen Organreserven zur Kompensation von Belastungen charakterisiert wird, sollte eine Steigerung dieser Reserven sowohl der Entstehung von Krankheiten als auch involutiven und degenerativen Prozessen entgegenwirken. Wie gezeigt wurde, können auch noch beim alten Menschen körperliche Funktionen durch Training gesteigert und damit die funktionellen Reserven erhöht werden. Allerdings ist die Mobilisierung funktioneller Reserven nicht bei allen Beanspruchungen in gleichem Umfang möglich. Für Ausdauerleistungen und Koordination durch Zusammenspiel zwischen zentralnervösen und motorischen Systemen sind im Alter die Trainingseffekte sehr viel ausgeprägter als etwa für Kraft und Schnelligkeit. Grundsätzlich ist der Förderungsspielraum um so größer, je weiter die Leistungen von den maximalen Grenzen entfernt sind. Optimierende Interventionen sollten sich daher vorzugsweise auf Training und Nutzung solcher Fähigkeiten und Funktionen richten, bei denen eine Steigerung funktioneller Reserven möglich ist, um so eventuell Verluste in Leistungs- und Funktionsbereichen mit geringerem Änderungsspielraum oder geringerer Kapazitätsreserve auszugleichen (entsprechend dem Prinzip der Selektion und Kompensation; vgl. Baltes & Baltes, Kapitel 1 in diesem Band; Baltes & Baltes, 1989a).

Das Vermeiden von Risikofaktoren, die Steigerung funktioneller Reserven durch Training und die Nutzung von Selektions- und Kompensationsspielräumen erfordern beim Individuum entsprechende Handlungsbereitschaften und -kompetenzen. Die Optimierung des Alternsprozesses setzt in jedem Falle nicht nur den weiteren Ausbau primärpräventiver und therapeutischer Ressourcen, sondern vor allem auch den aktiven Beitrag des Individuums zur Gestaltung seiner Entwicklung voraus. Wie das Individuum seine Entwicklung im höheren Alter konzipiert, welche Überzeugungen es im Hinblick auf Verlauf und Änderungsspielräume von Alterns- und Krankheitsprozessen hat, wie es seine persönlichen Einflußmöglichkeiten in diesem Zusammenhang einschätzt, wie es Aus- und Nebenwirkungen eingreifender Handlungen bewertet – all dies sind aus verhaltensmedizinischer und entwicklungspsychologischer Sicht Bedingungen, die den faktischen Verlauf von Alterns- und Krankheitsprozessen erheblich beeinflussen können (Becker, 1974; Lau, 1982). Hier liegen wesentliche Aufklärungs-, Beratungs- und Bildungsaufgaben.

Individuelle Verhaltensmuster und Lebensformen, die im Hinblick auf biomedizinische und verhaltenswissenschaftliche Vorstellungen optimaler Entwicklung und erfolgreichen Alterns kritisierbar erscheinen, sind freilich oft eingebettet in soziale Institutionalisierungen des Lebenslaufes und mit kulturellen Selbstverständlichkeiten und Alternsstereotypen verknüpft, die den präventiven und optimierenden Bemühungen Widerstände entgegensetzen. Es gilt also, das Problem der Optimierung von Entwicklungs- und Alternsprozessen auch in umfassenderen Systemzusammenhängen zu sehen. Nicht übersehen werden darf schließlich, daß die Verbesserung biomedizinischer Parameter, die Steigerung der körperlichen Leistungsfähigkeit und das Zurückdrängen chronischer Krankheiten in eine späte Lebensphase nur Elemente eines zu entwickelnden umfassenderen Konzeptes optimalen oder »erfolgreichen« Alterns sind. Auf die Beschränkungen eines einseitig auf Lebenserhaltung und -verlängerung abzielenden Optimierungsbegriffes hat schon Kant in einer kritischen Besprechung von Hufelands »Makrobiotik« warnend hingewiesen:

> »Dahin führt die Kunst, das menschliche Leben zu verlängern: daß man endlich unter den Lebenden nur so geduldet wird, welches nicht eben die ergötzlichste Lage ist« (Kant, 1798, S. 202).

Die Wahrung einer im weiteren Sinne positiven Lebensperspektive im höheren Lebensalter setzt voraus, daß der alternde Mensch sein Leben in einen sinnstiftenden, motivierenden Lebensentwurf einordnen kann (vgl. auch Rentsch und Staudinger & Dittmann-Kohli, Kapitel 11 und 16 in diesem Band), daß er Handlungsspielräume sieht, sein Leben nach eigenen Zielsetzungen zu gestalten, daß er zugleich auch seine Zielsetzungen und persönlichen Projekte den sich mit dem Alter verändernden Lebensbedingungen flexibel anpassen und auf diese Weise die subjektive Bilanz von Gewinnen und Verlusten im Lebensablauf positiv gestalten kann (Baltes, 1987; Brandtstädter & Renner, 1990). Dies alles setzt Gesundheit und Leistungsfähigkeit im engeren somatischen Sinne nicht nur voraus, sondern wirkt gerade im höheren Lebensalter auch entscheidend auf das gesundheitliche Befinden zurück.

Literaturverzeichnis

Baltes, P. B. (1987). Theoretical propositions of life-span developmental psychology: On the dynamics between growth and decline. *Developmental Psychology, 23,* 611 – 626.

Baltes, P. B. & Baltes, M. M. (1989a). Optimierung durch Selektion und Kompensation: Ein psychologisches Modell erfolgreichen Alterns. *Zeitschrift für Pädagogik, 35,* 85 – 105.

Baltes, P. B. & Baltes, M. M. (1989b). Erfolgreiches Altern: mehr Jahre und mehr Leben. In M. M. Baltes, M. Kohli & K. Sames (Hrsg.), *Erfolgreiches Altern. Bedingungen und Variationen* (S. 5 – 10). Bern: Huber.

Bandura, A. (1989). Perceived self-efficacy in the exercise of personal agency. *The Psychologist: Bulletin of the British Psychological Society, 10,* 411 – 424.

Becker, M. H. (Ed.) (1974). The health belief model and personal health behavior [Special issue]. *Health Education Monograph, 2(4).*

Becker, P. (1985). Bewältigungsverhalten und seelische Gesundheit. *Zeitschrift für Klinische Psychologie, 14,* 169 – 184.

Berg, A., Lehmann, M. & Keul, J. (1986). *Körperliche Aktivität bei Gesunden und Koronarkranken.* Stuttgart: Thieme.

Berkman, L. F. (1988). The changing and heterogeneous nature of aging and longevity: A social and biomedical perspective. *Annual Review of Gerontology and Geriatrics, 8,* 37 – 68.

Blazer, D. (1989). Depression in late life: An update. *Annual Review of Gerontology and Geriatrics, 9,* 197 – 215.

Bortz, W. M., II (1989). Redefining human aging. *Journal of the American Geriatrics Society, 37,* 1092 – 1096.

Brandtstädter, J. (1977). Normen. In T. Herrmann, P. R. Hofstätter, H. P. Huber & F. E. Weinert (Hrsg.), *Handbuch psychologischer Grundbegriffe* (S. 327 – 335). München: Kösel.

Brandtstädter, J. (1980). Gedanken zu einem psychologischen Modell optimaler Entwicklung. *Zeitschrift für Klinische Psychologie und Psychotherapie, 28,* 209 – 222.

Brandtstädter, J. (1982). Kern- und Leitbegriffe psychologischer Prävention. In J. Brandtstädter & A. von Eye (Hrsg.), *Psychologische Prävention. Grundlagen, Programme, Methoden* (S. 81 – 118). Bern: Huber.

Brandtstädter, J. (1990). Entwicklung im Lebensablauf: Ansätze und Probleme der Lebensspannen-Entwicklungspsychologie. *Kölner Zeitschrift für Soziologie und Sozialpsychologie, 42* (Sonderheft 31), 322 – 350.

Brandtstädter, J. & Renner, G. (1990). Tenacious goal pursuit and flexible goal adjustment: Explication and age-related analysis of assimilative and accommodative strategies of coping. *Psychology and Aging, 5*, 58 – 67.

Brim, G. (1988). Losing and winning. *Psychology Today, 9*, 48 – 52.

Brody, J. A. (1985). Prospects for an ageing population. *Nature, 315*, 463 – 466.

Broustet, J. P., Boisseau, M., Bouloumie, J., Emeriau, J. P., Series, E. & Bricaud, H. (1978). The effect of acute exercise and physical training on platelet function in patients with coronary artery disease. *Cardiac Rehabilitation, 9*, 2 – 28.

Busse, E. W. (1969). Theories of aging. In E. W. Busse & E. Pfeifer (Eds.), *Behavior and adaptation in later life* (pp. 11 – 32). Boston, MA: Little Brown.

Costa, P. T. & McCrae, R. R. (1980). Somatic complaints in males as a function of age and neuroticism: A longitudinal analysis. *Journal of Behavioral Medicine, 3*, 245 – 257.

De Vries, H. A. (1970). Physiological effects of an exercise training regime upon men aged 52 to 88. *Journal of Gerontology, 25*, 325 – 336.

Eisdorfer, C. & Wilkie, F. (1977). Stress, disease, aging and behavior. In J. E. Birren & K. W. Schaie (Eds.), *Handbook of the psychology of aging* (pp. 251 – 275). New York: Van Nostrand Reinhold.

Ericsson, K. A. (1990) Peak performance and age: An examination of peak performance in sports. In P. B. Baltes & M. M. Baltes (Eds.), *Successful aging. Perspectives from the behavioral sciences* (pp. 164 – 195). New York: Cambridge University Press.

Faber, J. F. (1982). *Life tables for the United States 1900 – 2050.* Washington, DC: US Government Printing Offices.

Fozard, J. L., Matter, E. J. & Brant, L. J. (1990). Next steps in describing aging and disease in longitudinal studies. *Journal of Gerontology: Psychological Sciences, 45* (Special Issue), 116 – 127.

Fries, J. F. (1980). Aging, natural death, and the compression of morbidity. *New England Journal of Medicine, 303*, 130 – 135.

Fries, J. F. (1984). Aging, natural death, and the compression of morbidity [commentary]. *New England Journal of Medicine, 310*, 659 – 660.

Fries, J. F. (1988). Aging, illness, and health policy: Implications of the compression of morbidity. *Perspectives in Biology and Medicine, 31*, 407 – 428.

Fries, J. F. (1989). Erfolgreiches Altern. Medizinische und demographische Perspektiven. In M. M. Baltes, M. Kohli & K. Sames (Hrsg.), *Erfolgreiches Altern. Bedingungen und Variationen* (S. 19 – 26). Bern: Huber.

Fries, J. F. & Crapo, L. M. (1981). *Vitality and aging: Implications of the rectangular curve.* New York: W. H. Freeman.

George, L. K. (1981). Subjective well-being: Conceptual and methodological issues. *Annual Review of Gerontology and Geriatrics, 2*, 345 – 382.

Gordon, T. & Shurtleff, D. (1973). Means at each examination and interexamination variation of specific characteristics: Framingham Study. In W. B. Kannel (Ed.), *The Framingham Study Washington* (pp. 603 – 610). Washington, DC: US Government Printing Offices.

Greenwood, M. & Irwin, J. O. (1939). The biostatistics of senility. *Human Biology, 11*, 1 – 23.

Greve, W. (1990). Stabilisierung und Modifikation des Selbstkonzeptes im Erwachsenenalter: Strategien der Immunisierung. *Sprache & Kognition, 9*, 218 – 230.

Gross, R. (1985). Geistige Grundlagen der Erkenntnisfindung in der Medizin. In R. Gross (Hrsg.), *Geistige Grundlagen der Medizin* (S. 78 – 84). Berlin: Springer-Verlag.

Grundy, E. (1984). Mortality and morbidity among the old. *British Medical Journal, 288,* 663 – 664.

Hartmann, F. (1989). Alter, Krankheit, Gesundheit. In M. M. Baltes, M. Kohli & K. Sames (Hrsg.), *Erfolgreiches Altern. Bedingungen und Variationen* (S. 170 – 175). Bern: Huber.

Hartmann, F. (1990). *Klinik der Gegenwart* (Neue Folge). München: Urban & Schwarzenberg.

Heckhausen, J., Dixon, R. A. & Baltes, P. B. (1989). Gains and losses in development throughout adulthood as perceived by different adult age groups. *Developmental Psychology, 25,* 109 – 121.

Helsinki-Heart-Study (Ed.) (1987). Primary-prevention trial with gemfibrozil in middle-aged men with dyslipidemia. *New England Journal of Medicine, 317,* 1237 – 1245.

Hockwin, O. (1989). Physiologisches Altern demonstriert am Beispiel der Augenlinse. In M. M. Baltes, M. Kohli & K. Sames (Hrsg.), *Erfolgreiches Altern. Bedingungen und Variationen* (S. 240 – 249). Bern: Huber.

Hofstätter, P. R. (1986). *Bedingungen der Zufriedenheit.* Zürich: Interfrom.

Hollmann, W., Rost, R., DuFaux, B. & Liesen, H. (1983). *Prävention und Rehabilitation von Herz-Kreislauf-Krankheiten durch körperliches Training.* Stuttgart: Hippokrates.

Hollmann, W., Liesen, H., Rost, R., Heck, H. & Satomi, J. (1985). Präventive Kardiologie: Bewegungsmangel und körperliches Training aus epidemiologischer und experimenteller Sicht. *Zeitschrift für Kardiologie, 74,* 46 – 54.

Jaspers, K. (1946). *Allgemeine Psychopathologie* (4. Aufl.). Berlin: Springer-Verlag.

Kant, I. (1798). *Der Streit der Facultäten in drey Abschnitten.* Königsberg: Nicolovius.

Kasl, S. V. & Berkman, L. F. (1981). Some psychosocial influences on the health status of the elderly: The perspective of social epidemiology. In J. L. McGaugh & S. B. Kiesler (Eds.), *Aging: Biology and behavior* (pp. 345 – 377). New York: Academic Press.

Kay, D. W. K. & Bergmann, K. (1980). Epidemiology of mental disorders among the aged in the community. In J. E. Birren & R. B. Sloane (Eds.), *Handbook of mental health and aging* (pp. 34 – 56). Englewood Cliffs, NJ: Prentice Hall.

Kindermann, W. (1986). Sport und Alter. In J. T. Marcea (Hrsg.), *Das späte Alter und seine häufigsten Erkrankungen* (S. 599 – 616). Berlin: Springer-Verlag.

Kohn, R. R. (1982). Causes of death in very old people. *Journal of the American Medical Association, 247,* 2793 – 2797.

Krolner, B., Toft, B., Pors Nielson, S. & Tondevold, E. (1983). Physical exercise as prophylaxis against involutional vertebral bone loss: A controlled trial. *Clinical Science, 64,* 541 – 546.

LaRue, A., Dessonville, C. & Jarvik, L. (1985). Aging and mental disorders. In J. E. Birren & K. W. Schaie (Eds.), *Handbook of the psychology of aging* (2nd ed., pp. 664 – 702). New York: Van Nostrand Reinhold.

Lau, R. R. (1982). Origins of health locus of control beliefs. *Journal of Personality and Social Psychology, 42,* 322 – 334.

Lehr, U. (1987). Subjektiver und objektiver Gesundheitszustand im Lichte von Längs-schnittstudien. In U. Lehr & H. Thomae (Hrsg.), *Formen seelischen Alterns* (S. 153 – 154). Stuttgart: Enke.

Lehr, U. & Thomae, H. (Hrsg.) (1987). *Formen seelischen Alterns: Ergebnisse der Bonner Gerontologischen Längsschnittstudie (BOLSA)*. Stuttgart: Enke.

Lewinsohn, P. M., Hoberman, H. M., Teri, L. & Hautzinger, M. (1985). An integrative theory of depression. In S. Reiss & R. R. Bootzin (Eds.), *Behavioral issues in behavior therapy* (pp. 331 – 362). New York: Academic Press.

Morris, J. N., Everitt, M. G., Pollard, R., Chave, S. P. W. & Semmenche, A. M. (1980). Vigorous exercise in leisure-time: Protection against coronary heart disease. *The Lancet, II*, 1207 – 1210.

Multiple Risk Factor Intervention Trial (1986). Coronary heart disease, death, non-fatal acute myocardial infarction and other clinical outcomes in the multiple risk factor intervention trial. *American Journal of Cardiology, 58*, 1 – 13.

Neumann, J. P. (1989). Aging and depression. *Psychology and Aging, 4*, 150 – 165.

Pfaffenberger, R. S., Wing, A. L. & Hyde, R. T. (1978). Physical activity as an index of heart attack risk in college alumni. *American Journal of Epidemiology, 108*, 161 – 164.

Plomin, R. (1986). Multivariate analysis and developmental behavioral genetics: Developmental change as well as continuity. *Behavior Genetics, 16*, 25 – 43.

Reaven, G. M. & Reaven, E. P. (1985). Age, glucose intolerance, and non-insulin-dependent diabetes mellitus. *Journal of the American Geriatrics Society, 33*, 286.

Rodin, J. (1986). Health, control and aging. In M. M. Baltes & P. B. Baltes (Eds.), *The psychology of control and aging* (pp. 139 – 165). Hillsdale, NJ: Erlbaum.

Rowe, J. & Kahn, R. (1987). Human aging: Usual and successful. *Science, 237*, 143 – 149.

Scarr, S. (1982). On quantifying the intended effects of interventions: A proposed theory of the environment. In L. A. Bond & J. M. Joffe (Eds.), *Facilitating infant and early childhood development* (pp. 466 – 485). Hanover, NH: University Press of New England.

Schneider, E. L. & Guralnik, J. M. (1990). The aging of America: Impact on health costs. *Journal of the American Medical Association, 263*, 2335 – 2340.

Schroeder, D. H. & Costa, P. T., Jr. (1984). The influence of life stress on physical illness: Substantive effects or methodological flaws? *Journal of Personality and Social Psychology, 46*, 853 – 863.

Schwarzer, R. & Leppin, A. (1989). Social support and health: A meta-analysis. *Psychology and Health, 3*, 1 – 15.

Shock, N. W. (1962). The science of gerontology. In F. L. Jeffers (Ed.), *Proceedings of seminars 1959 – 1961* (pp. 123 – 140). Durham, NC: Duke University.

Shock, N. W. (1977). Systems integration. In C. E. Finch & L. Hayflick (Eds.), *Handbook of the biology of aging* (pp. 639 – 665). New York: Van Nostrand Reinhold.

Shock, N. W., Greulich, R. C., Costa, P. T.,Jr., Andres, R., Lakatta, E. G., Arenberg, D. & Tobin, J. D. (1984). *Normal human aging. The Baltimore longitudinal study on aging*. Washington, DC: National Institutes of Health Publications.

Siegler, I. C. (1989). Developmental health psychology. In M. Storandt & G. R. VandenBos (Eds.), *The adult years: Continuity and change* (pp. 122 – 142). Washington, DC: American Psychological Association.

Siegler, I. C. & Costa, P. T. (1985). Health behavior relationships. In J. E. Birren & K. W. Schaie (Eds.), *Handbook of the psychology of aging* (2nd ed., pp. 144 – 166). New York: Van Nostrand Reinhold.

Skinner, J. S. (1971). Age and performance. In J. Keul (Ed.), *Limiting factors of physical performance* (pp. 34 – 46). Stuttgart: Thieme.

Strehler, B. L. & Mildran, A. S. (1960). General theory of mortality and aging. *Science*, *123*, 14–21.

Thatcher, A. R. (1981). Centenarians. *Population Trends*, *25*, 11–14.

Zavaroni, I., Dall'aglio, E., Brushi, F., Bonora, E., Alpi, O., Pezzarossa, A. & Butturini, U. (1986). Effect of age and environmental factors on glucose tolerance and insulin secretion in a worker population. *Journal of the American Geriatrics Society*, *34*, 271–275.

15. Zeitformen des Lebens: Philosophische Unterscheidungen

JÜRGEN MITTELSTRASS

Zusammenfassung

Unterschiedliche Zeiterfahrungen und unterschiedliche Zeittheorien finden ihren Niederschlag in (individuellen und gesellschaftlichen) Zeitformen des Lebens. Dabei läßt sich zeigen, daß Erfahrungen und Theorien in wesentlichen Punkten oft nicht übereinstimmen und daß – insbesondere im Hinblick auf das Altern – ein falsches Bild von den Zeitformen des Lebens häufig dadurch entsteht, daß sich Theorien an die Stelle von Erfahrungen setzen. Um dies zu verdeutlichen, werden ein wissenschaftlicher und ein lebensweltlicher Zeitbegriff einander gegenübergestellt. Der wissenschaftliche Zeitbegriff wird anhand des Zeitbegriffs der Physik erläutert. Es stellt sich heraus, daß dieser Begriff auf die Zeitformen des Lebens nicht (oder nur unerheblich) anwendbar ist. Die physikalische Zeit und die lebensweltliche Zeit, das heißt die Zeit der Natur und die Zeit des Menschen, treten auseinander. Zeit kommt in der Natur nur am Rande vor; im Menschen hingegen bestimmt sie die Struktur aller Erfahrungen. Das wiederum wird am Begriff der Handlungszeit herausgearbeitet, wobei zugleich das Mißverständnis eines mentalen Zeitbegriffs (»Psychologismus« der Zeit) dargelegt wird. Historisch geschieht dies im Zusammenhang mit einer Rekonstruktion des griechischen Zeitbegriffs und seiner Geschichte (Gestaltcharakter der Zeit). Den systematischen Rahmen bildet eine Philosophie des Alterns und des Alters, die sich an dem historischen Faktum orientiert, daß die modernen Zeitformen des Lebens ihren Gestaltcharakter verloren haben.

A. Einleitung

Altern ist altern in der Zeit, das Alter ist eine Zeitform des Lebens. Erfahrungen des Alterns und des Alters verbinden sich mit Vorstellungen von der Zeit, Theorien des Alterns und des Alters mit bestimmten Zeittheorien. Unterschied-

Prof. Dr. Jürgen Mittelstraß ist Ordinarius für Philosophie in der Fachgruppe Philosophie der Universität Konstanz und zugleich Direktor des Zentrums Philosophie und Wissenschaftstheorie der Universität Konstanz. Forschungsinteressen: Allgemeine Wissenschaftstheorie, Wissenschaftsgeschichte (vor allem der Antike und der beginnenden Neuzeit), Erkenntnistheorie, Philosophiegeschichte.

liche Zeiterfahrungen führen zu unterschiedlichen Zeittheorien, und unterschiedliche Zeittheorien beeinflussen unsere Erfahrungen mit der Zeit und mit den (individuellen und gesellschaftlichen) Zeitformen des Lebens. In einer Philosophie der Zeit und einer Soziologie der Zeit (vgl. Nowotny, 1989) wird dieser gegenseitigen Beeinflussung nachgegangen, die auch unsere Erfahrungen mit und unsere Vorstellungen von Altern und Alter prägt. Dabei kann es sich herausstellen, daß Erfahrungen mit der Zeit und Theorien von der Zeit in wesentlichen Punkten nicht übereinstimmen und daß ein falsches Bild von den Zeitformen des Lebens, insbesondere auf das Altern bezogen, häufig dadurch entsteht, daß sich die Theorien von der Zeit an die Stelle unserer Erfahrungen mit der Zeit setzen. Wissenschaftliche Analysen des Alterns und des Alters sowie philosophische und andere Konstruktionen des Alterns und des Alters müssen dies stärker als bisher (nämlich nicht nur in historischer Perspektive) in Betracht ziehen, um nicht der genannten Verwechslung von Theorie und Erfahrung zu unterliegen.

Zeit ist ein altes Thema der Philosophie und der Wissenschaft. »Raum und Zeit« lautet die Formel, die dafür in der Antike ebenso wie bei Kant und in der Relativitätstheorie verwendet wird. Dennoch ist Zeit ein schwieriges Thema geblieben. Bei Kant (in der »Transzendentalen Ästhetik« der »Kritik der reinen Vernunft«) wird deutlich, warum. Die Zeit ist

> »kein empirischer Begriff, der … von einer Erfahrung abgezogen worden. Denn das Zugleichsein oder Aufeinanderfolgen würde selbst nicht in die Wahrnehmung kommen, wenn die Vorstellung der Zeit nicht a priori zum Grunde läge« (Kant, 1956, S. 78).

Die Zeit ist, in der Terminologie Kants, »reine Form der sinnlichen Anschauung«, reine Anschauungsform. Mit anderen Worten: Die Zeit ist kein Element der physischen Welt, wie Himmel und Erde; sie hat vielmehr etwas mit unseren Erfahrungs- und Vorstellungsweisen zu tun. Die empirische Zeit, das heißt das, was Element unserer Erfahrungen ist, bildet sich *in* der Zeit, die selbst nicht Teil, sondern *Form* dieser Erfahrungen ist. Heidegger hat dies später in den Begriff der *Zeitlichkeit* des Daseins gefaßt. Für Heidegger liegt die Einheit der Zeit in den »Ekstasen« der Zeitlichkeit (gemeint sind Zukunft, Gewesenheit und Gegenwart; Heidegger, 1977, S. 323 ff., S. 335 ff.), für Bergson liegt sie in der Synthese der zeitlich gegliederten Erfahrung im Bewußtsein (Bergson, 1901). Augustin hatte diese Einheit (in den »Confessiones«) in der Dreifaltigkeit von memoria (Erinnerung), contuitus (Augenschein) und expectatio (Erwartung) gesehen (Augustinus, 1955, S. 640 ff.). Philosophische – und ästhetische – Konstruktionen treten an die Stelle lebensweltlicher Deskriptionen und mythischer Entrückungen. Dali malt zum Beispiel die »dreieckige Stunde« (1933) und fährt über die »Beständigkeit der Erinnerung« (1931) mit Uhren, die, wachsartig auseinandergezogen, wie über einer Wäscheleine liegen.

Die Zeit wird zum Rätsel, dessen philosophische und andere »Lösungen« sie nur noch rätselhafter erscheinen lassen. Dabei ist die Zeit schon in der griechischen Mythologie als Chronos so bemerkenswert, daß sie Göttergestalt annimmt. Nach Sophokles sieht und hört Chronos alles, bringt alles ans Licht und verbirgt es wieder. Er ist ein hilfreicher Gott (Sophokles). Der Tag ist Tochter des Chronos und der Nacht (Bakchylides), wie Recht und Wahrheit Töchter des Chronos sind (Euripides; Gellius). Früh tritt dabei eine Identifikation mit Chronos ein, dem jüngsten der sechs Söhne und Töchter des Uranos und der Gaia, der seinen Vater entmannt, seine Kinder verschlingt und schließlich, nach seiner Verbannung in den Tartaros, mit Zeus, seinem entkommenen Sohn, versöhnt über die Inseln der Seligen herrscht. So verbindet sich mit dem Gott der Zeit die Vorstellung der Trennung von Himmel und Erde ebenso wie die Vorstellung von der schaffenden und zerstörenden Kraft der Zeit.

Die Zeit hat die eigentliche Macht über den Menschen, unerbittlich und rätselhaft zugleich − wie in Momos Begegnung mit den grauen Herren. Meister Hora belehrt Momo: Diese Herren fristen ihr Dasein von Totem.

> »Du weißt ..., daß sie von der Lebenszeit der Menschen existieren. Aber diese Zeit stirbt buchstäblich, wenn sie von ihrem wahren Eigentümer losgerissen wird. Denn jeder Mensch hat *seine* Zeit. Und nur so lang sie wirklich die seine ist, bleibt sie lebendig« (Ende, 1988, S. 147).

Darum sind auch die grauen Herren Tote. Sie haben keine eigene Zeit. Und ohne die gestohlene Zeit »müßten sie ins Nichts zurück, aus dem sie gekommen sind« (Ende, 1988, S. 147). Momo versteht. Die Zeit, der der griechische Mythos Göttergestalt und kosmogonische Dimensionen verleiht, ist keine *Eigenschaft* der Dinge, sondern eine *Gestalt* der Dinge. Ohne diese Gestalt sind die Dinge nichts. Auch das Leben, das nach den Worten Meister Horas im Herzen wohnt, hat seine Zeit. Wo es seine Zeit verliert, wird es grau und kalt, geht es ins Nichts.

Das Poetische ist ein Geschwister der Philosophie. Doch nicht von ihm, sondern von der Philosophie soll hier, bezogen auf philosophische und wissenschaftliche Aspekte der Zeitformen des Lebens, die Rede sein. Am Anfang steht − weil man auch in diesem Falle häufig meint, in der Naturwissenschaft sei alles klar, diese jedenfalls wisse, was Zeit sei − der *physikalische* Zeitbegriff (Abschnitt B), dann, Philosophisches mit Historischem verbindend, ein *lebensweltlicher* Zeitbegriff (Abschnitt C), der über die Begriffe der Handlungszeit und der *Zeitgestalten* expliziert wird. Der lebensweltliche Zeitbegriff wird schließlich in Überlegungen zu einer *Philosophie der Lebensalter* (Abschnitt D), unter Hervorhebung der Zeitgestalt des Alters, weitergeführt. Das Ziel ist ein neues Verständnis der Begriffe Lebenszeit und Lebensalter, in dessen Rahmen auch das Alter seinen »Ort« in einer wiedergewonnenen, menschlichen Zeit findet.

B. Die physikalische Zeit (»die Zeit der Natur«)

Auch die Physik der Zeit schließt an lebensweltliche Erfahrungsbestände an. »Werden und Vergehen« ist nicht nur das Stichwort einer vorneuzeitlichen, griechischen Physik; gerichtete Vorgänge und rhythmische Abläufe sind vielmehr als natürliche Phänomene allgegenwärtig. Das Älterwerden ist ein Beispiel dafür. Da sich das Elixier der ständigen Jugend dem Zugriff der Wissenschaft beharrlich zu entziehen scheint, handelt es sich hier wohl um einen gerichteten und unumkehrbaren Prozeß. Darüber hinaus ist unser Leben vielfältigen Rhythmen unterworfen, täglichen Routinen ebenso wie dem steten Wandel der Jahreszeiten. Die Welt bewegt sich, verändert sich; die Welt hat eine zeitliche Struktur.

Diese Vorstellung hat in der bekannten Metapher des *Zeitpfeils* ihren Ausdruck gefunden. Im alltagsphysikalischen Verständnis fließt die Zeit. Sie fließt von der Vergangenheit in die Zukunft und weist insofern einen gerichteten und einsinnigen Verlauf auf. Wir reiten gleichsam auf dem Zeitpfeil die Zeit entlang, wie Münchhausen auf der Kugel, und unser jeweiliger Ort in der Zeit ist die Gegenwart. Die Gegenwart scheidet Vergangenheit und Zukunft, das, von dem wir (im Grundsatz) wissen können, von dem, was wir (zumindest manchmal) beeinflussen können. Vergangenheit, Gegenwart und Zukunft sind die wesentlichen Momente einer zeitlichen Struktur der Welt. Terminologischer ausgedrückt: Die Zeit erscheint als eine *eindimensionale, orientierte, kontinuierliche Mannigfaltigkeit*. Ihre Orientiertheit (Anisotropie) besagt, daß in der Zeit nicht, wie im Raume, alle Punkte der Mannigfaltigkeit erreichbar sind. Die Ereignisse sind vielmehr geordnet; zum einen in eine unerreichbare Vergangenheit, deren Spuren die Gegenwart trägt, zum anderen in eine erreichbare Zukunft, aus der keine Spuren in die Gegenwart zurückführen. Und dennoch kennen wir auch in der Naturphilosophie von jeher die Vorstellung, daß es »Werden und Vergehen« in Wahrheit nicht gibt, daß die wahre Welt zeitlos, ohne Früher und Später, ewig und sich selbst immer gleich ist. Werden und Vergehen erscheinen innerhalb dieser Vorstellung als psychologische Konstruktionen und Täuschungen ohne sachliches Fundament in der Natur. Parmenides ist der philosophische Begründer dieser auf den ersten Blick reichlich kontraintuitiven Theorie der Zeit, die eine Theorie der *Unzeit* zu sein scheint.

Man muß allerdings nicht erst Parmenides lesen, um auf die Ansicht zu treffen, daß in der Welt der Physik die Zeit, jedenfalls in dem uns geläufigen Verständnis, nicht vorkommt. Tatsächlich läuft nach Ansicht einiger Wissenschaftstheoretiker die Entwicklung des naturwissenschaftlichen Wissens darauf hinaus, die Zeit zu beseitigen (vgl. Meyerson, 1976). Veränderungen werden durch Gleichungen und Erhaltungssätze ausgedrückt. So bedient sich die Chemie, wenn sie den Prozeß einer chemischen Reaktion mit den dabei auftretenden Qualitätsveränderungen der beteiligten Stoffe beschreibt, des Mittels der Reaktions*gleichung*. Bei einer solchen Gleichung erscheint − das macht gerade den

Begriff der Gleichung aus − auf beiden Seiten dieselbe Größe, nur in anderer Ausdrucksform. Durch die chemische Reaktion scheint daher weder etwas geschaffen zu werden noch etwas verlorenzugehen. Werden und Vergehen verlieren ihren begrifflichen Sinn:

>»On the whole, as far as our explanation reaches, *nothing has happened*. And since phenomenon is only change, it is clear that according as we have explained it we have made it disappear. Every explained part of a phenomenon is a part denied; to explain is to explain away« (Meyerson, 1976, S. 261).

Was hier wie eine bloße Besonderheit der verwendeten mathematischen Sprache anmuten mag, läßt sich auch im Blick auf die Theorienbildung der modernen Physik, in diesem Falle die Spezielle Relativitätstheorie, verdeutlichen. Einsteins Argument bezieht sich auf die *Relativität der Gleichzeitigkeit*. Beobachter mit unterschiedlicher Geschwindigkeit schätzen unterschiedliche Ereignisse als gleichzeitig ein. Was einem Beobachter als gleichzeitig erscheint, mag einem anderen, relativ zum ersten bewegten Beobachter als zu verschiedenen Zeiten stattfindend erscheinen. Zeitabstände, auch räumliche Entfernungen, hängen vom gewählten Bezugssystem ab; nur vierdimensionale, also raumzeitliche Abstände sind unabhängig vom Bezugssystem. Statt daher, so Einstein, von räumlichen Dingen zu sprechen, die sich in der Zeit verändern, sollte man die physikalische Wirklichkeit als vierdimensionale Mannigfaltigkeit oder Gesamtheit auffassen. Und diese vierdimensionale Gesamtheit *wird nicht*, sondern ist einfach:

>»Da es in diesem vierdimensionalen Gebilde keine Schnitte mehr gibt, welche das ›Jetzt‹ objektiv repräsentieren (also keine universellen Gleichzeitigkeitsebenen, Anm. d. Verf.), wird der Begriff des Geschehens und Werdens zwar nicht völlig aufgehoben, aber doch kompliziert. Es erscheint deshalb natürlicher, das physikalisch Reale als ein vierdimensionales Sein zu denken statt wie bisher als das *Werden* eines dreidimensionalen Seins« (Einstein, 1988, S. 103).

Das bedeutet: Wir Menschen kriechen in unserer Beschränktheit auf der uns zugehörigen Weltlinie entlang; das, was in Wirklichkeit schon ist, kommt uns, eine zeitliche Ordnung vortäuschend, nur nacheinander zu Bewußtsein. Werden und Vergehen sind Ausdruck der conditio humana, nicht der Welt.

Ein weiteres Argument führt in das Zentrum des philosophischen Problems der physikalischen Zeit. Bemerkenswerterweise sind alle bekannten physikalischen Gesetze *reversibel*, also zeitumkehrbar. Gemeint ist: Wenn ein bestimmter Prozeßverlauf von den Naturgesetzen zugelassen wird, dann ist auch der rückwärts ablaufende Prozeß mit den Naturgesetzen verträglich. Bei einfachen Vorgängen leuchtet dies sofort ein. Wenn ein Ball gegen eine Wand prallt und zurückgestoßen wird, oder wenn ein Lichtstrahl durch ein brechendes Medium (z. B. eine Linse) tritt, dann ist auch die Umkehrung der Bahn oder des Lichtstrahls physikalisch möglich.

Weniger klar scheint dies bei einer anderen Klasse von Phänomenen zu sein, nämlich bei Mischungen oder beim Ausgleich von Temperaturunterschieden. Wenn man Milch in eine Tasse Kaffee gießt, dann verteilt sie sich; beide Flüssigkeiten mischen sich homogen. Der umgekehrte Vorgang ist nie beobachtet worden. Ebenso gleicht sich etwa die unterschiedliche Temperatur an beiden Enden eines Metallstabs stets aus; eine spontane Entstehung von Temperaturdifferenzen kommt offenbar in der Natur nicht vor. Natürliche Systeme zeigen ein Verhalten, das allem Anschein nach eine bestimmte Zeitrichtung auszeichnet. Sie laufen stets nur in einem Sinne ab, und ihre Umkehrung tritt nicht auf. Mit anderen Worten: Diese Prozesse verlaufen *irreversibel*. Solche irreversiblen Prozesse werden durch den sogenannten Zweiten Hauptsatz der Thermodynamik beschrieben. Danach läßt sich eine Größe, nämlich die *Entropie* einführen, die bei derartigen Prozessen ständig ansteigt. Damit scheint es aber eine physikalische Grundlage dafür zu geben, eine bestimmte Zeitrichtung auszuzeichnen. Der Zweite Hauptsatz, so die naheliegende Vermutung, definiert den physikalischen Zeitpfeil.

Tatsächlich ist dies jedoch nicht der Fall. Es zeigt sich nämlich, daß die den erwähnten Gleichverteilungs- und Ausgleichsphänomenen zugrundeliegenden molekularen Vorgänge von zeitumkehrbaren Gesetzen beherrscht werden. Die mikrophysikalische Grundlage der dem Augenschein nach unumkehrbaren Abläufe besteht also aus reversiblen Prozessen. Die Auszeichnung einer bestimmten Zeitrichtung stützt sich dann darauf, daß bestimmte Umstände faktisch verwirklicht sind. Sie beruht darauf, daß bestimmte Konfigurationen der molekularen Bewegungen wahrscheinlicher sind als andere. Entsprechend wird das Auftreten eines gerichteten Zeitverhaltens nicht vom Zweiten Hauptsatz allein garantiert; es verlangt vielmehr zusätzlich das Vorliegen besonderer Randbedingungen.

Die mit dem Zweiten Hauptsatz erfolgte Begründung der Anisotropie der Zeit ist also von besonderer Art. Sie bedeutet, daß diese Anisotropie *nicht nomologisch* ist: Der Zweite Hauptsatz allein schließt nicht aus, daß die Umkehrung irgendeines Prozesses auftritt. Dagegen gilt sie *faktisch*: Bei bestimmten Prozeßtypen kommen die für eine Umkehrung erforderlichen mikrophysikalischen Randbedingungen tatsächlich nicht vor (vgl. Reichenbach, 1971/1956, S. 108 – 125). Will man demnach den Zweiten Hauptsatz der Thermodynamik wirklich als physikalische Grundlage des Zeitpfeils ansehen, so ist diese Begründung schwach; sie macht die Zeit und ihre Richtung zu einem ephemeren Phänomen. Die Anisotropie der Zeit und der Unterschied zwischen Vergangenheit und Zukunft beruhten nicht darauf, daß die *Naturgesetze* so sind, wie sie sind, sondern darauf, daß die *Tatsachen* und Umstände im Universum (vielleicht zufälligerweise) so sind, wie sie sind.

Diese Schlußfolgerung ist in jüngster Zeit Einwänden ausgesetzt, die sich aus der Nicht-Gleichgewichtsthermodynamik oder Synergetik ableiten. Auf deren Grundlage wird argumentiert, daß die bloß eingeschränkte und bezogen auf die Begründung der Anisotropie der Zeit unzulängliche Ableitbarkeit des Zweiten Hauptsatzes aus einem mikrophysikalisch-mechanischen Ansatz nicht gegen die fundamentale Natur dieses Hauptsatzes spricht, sondern stattdessen die Unangemessenheit einer mikrophysikalischen Beschreibung der einschlägigen Phänomene dokumentiert. Danach wäre die thermodynamisch begründete Anisotropie der Zeit tatsächlich von nomologischem Charakter. Allerdings enthält diese Argumentation einen zweifelhaften Schluß von faktischen Begrenzungen bei der Ermittlung von Randbedingungen auf deren prinzipielle Bedeutungslosigkeit (vgl. Mittelstraß, im Druck). Die folgende Darstellung sieht von dieser in ihrer Geltung und Tragweite noch nicht gesicherten Behauptung ab und beschränkt sich auf die Berücksichtigung unstrittiger Aspekte der Sachlage. Der Schluß ist dann, daß die Anisotropie der Zeit und die Asymmetrie von Vergangenheit und Zukunft nicht in den Naturgesetzen verankert sind, sondern auf besonderen Randbedingungen, auf faktisch realisierten Umständen beruhen.

Zeit, so das Resultat aus der Sicht einer Physik der Zeit, kommt in der Natur nur am Rande vor. Selbst die fortgeschrittene Analyse komplexer Prozesse und Entwicklungen und vielleicht sogar der physikalischen Grundlage biologischer Zeitrhythmen ändert daran nichts. Auch hier beruht die Anisotropie der Zeit oder die physikalische Realität des Wandels darauf, daß faktisch gewisse Bedingungen verwirklicht sind. Die Naturgesetze selbst bleiben blind für den Wandel. Mit anderen Worten, und nunmehr an den Anfang dieser Darstellung zurückkehrend: Die *physikalische* Zeit und die *lebensweltliche* Zeit, die Zeit der Natur und die Zeit des Menschen treten auseinander. Daß die Zukunft für uns wichtiger ist als die Vergangenheit, daß wir unseren Kindern mehr Aufmerksamkeit schenken als unseren Vorfahren, hat keinen Grund in der Natur. An der Grenze zur Lebenswelt bleibt die Wissenschaft (im engeren Sinne) stehen; es beginnt die philosophische Anthropologie (vgl. Rentsch, Kapitel 11 in diesem Band), in diesem Falle eine *Anthropologie der Zeit*.

C. Die lebensweltliche Zeit (»die Zeit des Menschen«)

1. Physikalismus und Mentalismus

An der Grenze zwischen Wissenschaft und Lebenswelt lauert eine philosophische Falle, die schon mancher philosophischen Konzeption zum Unglück geraten ist. Gemeint ist der (philosophische) *Psychologismus* oder *Mentalismus*, der sich nicht nur in Sachen Zeit als philosophische Alternative zu einem (philosophischen) *Physikalismus* anbietet: Was nicht in der Natur ist, so lautet diese Alternative, das ist *in uns*. Neben die physikalische Zeit — die, wie deutlich wurde, im strengen Sinne gar keine Zeit ist — tritt im »Strom des Bewußtseins« die *erlebte* Zeit. Diese erscheint als etwas Verinnerlichtes, allein Subjektives; zwischen ihr und einer physikalischen Zeit liegt nur noch die öffentliche Zeit der Uhren und Fahrpläne, die die Zeit zu einer gesellschaftlichen Institution machen (vgl. Nowotny, 1989). Zwischen einer Physik der Zeit und einer Psychologie der Zeit entscheidet sich nach einer derartigen Vorstellung das philosophische Schicksal einer Anthropologie der Zeit.

Augustin war der erste, der so dachte. Für ihn ist die Zeit nicht eine Eigenschaft der Welt (oder eine Eigenschaft von Welthaftem), sondern eine Eigenschaft (bzw. Leistung) der *Seele*. Nicht Bewegungen in der Welt oder in der Natur »messen« die Zeit, sondern die Seele »mißt« die Zeit, diese im Sinne einer *dauernden Gegenwart* verstanden (Augustinus, 1955, S. 632 ff.). Memoria als »Gegenwart von Vergangenem«, contuitus als »Gegenwart von Gegenwärtigem« und expectatio als »Gegenwart von Zukünftigem« sind psychische oder mentale Leistungen (Augustinus, 1955, S. 640 ff.), denen keine zeitliche Ordnung in der Welt entspricht:

> »Ich messe die Zeit, gewiß; aber ich messe ja nicht die künftige, weil sie noch nicht ›ist‹, messe nicht die gegenwärtige, weil sie gar keine Ausdehnung hat, messe nicht die vergangene, weil sie nicht mehr ›ist‹. Was also messe ich? Die Zeit, die im Vorübergehn nicht schon vergangen ist?« (Augustinus, 1955, S. 656 f.).

Die Antwort Augustins lautet:

> »In dir, mein Geist (oder meine Seele, Anm. d. Verf.), messe ich die Zeiten. ... Der Eindruck, der von den Erscheinungen bei ihrem Vorüberziehen in dir erzeugt wird und dir zurückbleibt, wenn die Erscheinungen vorüber sind, der ist es, den ich messe als etwas Gegenwärtiges, nicht das, was da, den Eindruck erzeugend, vorüberging; nur ihn, den Eindruck, messe ich, wenn ich Zeiten messe. Also sind entweder die Eindrücke die Zeiten, oder ich messe die Zeiten überhaupt nicht« (Augustinus, 1955, S. 660 f.; vgl. Janich, 1980, S. 259 – 271).

Die Seele mißt die Zeit, indem sie *Eindrücke* (darunter auch Eindrücke von vergangenen Eindrücken) mißt. Ein »kosmologisches« Paradigma der Zeit, wie wir es noch bei Platon und Aristoteles kennenlernen werden, wird durch ein »psychologisches« oder »mentales« Paradigma ersetzt, das uhrenunabhängig ist und den Begriff der physikalischen Zeit durch den Begriff der erlebten Zeit ersetzt. Nicht die Welt, die Natur (etwa in Form von periodischen Planetenbewegungen) »hat« Zeit, nur die Seele »hat« Zeit. Und daher ist auch die Seele das Maß der Zeit. Das bedeutet: Zeit hat eine *subjektive* Struktur. Nicht *irgendeine* Zeit − im Sinne von: die (physische) Welt hat ihre Zeit, und der Mensch hat seine oder die Seele hat ihre Zeit −, sondern *die* Zeit. Für Augustin konstituieren die Vergegenwärtigungsleistungen des Menschen (memoria, contuitus, expectatio) die Zeit selbst. Sowohl die Antwort auf die Frage »wo ist die Welt?« als auch die Antwort auf die Frage »wo ist die Zeit?« lautet: »in der Seele«.

Damit scheint das Dilemma perfekt: Auf der einen Seite die *physikalische* Zeit, von der die (moderne) Physik sagt, daß es sie in Wahrheit, bezogen auf das Wesen der Naturgesetze, nicht oder doch nur »am Rande« der Natur gibt. Auf der anderen Seite die *mentale* Zeit, von der ihre Anhänger sagen, daß es außer ihr keine Zeit gibt. Zwischen beiden Vorstellungen von Zeit, erkenntnistheoretisch gesprochen: zwischen einem philosophischen Physikalismus und einem philosophischen Psychologismus, scheint die Zeit selbst ihre eigentümliche Wirklichkeit zu verlieren. Wo wir die Zeit vermuten, irgendwo zwischen der Zeit in der Natur und der Zeit in uns, ist sie nicht.

2. Handlungszeit und Gestaltzeit

An dieser Stelle wird die These vertreten, daß zeitliche Strukturen *Handlungsstrukturen* entnommen werden. Nicht die Natur und nicht das Ich (die »Seele«) sind der Schlüssel der Zeit, sondern die Art und Weise, wie sich der Mensch in seinen Handlungen und durch seine Handlungen orientiert. Handlungen erfolgen nicht so sehr *in* der Zeit — dieser Aspekt ist Handlungen äußerlich, zum Beispiel, wenn man sie relativ zu einer mit Uhren gemessenen Zeit betrachtet —, sie haben vielmehr ihre *eigene* Zeit. Das heißt: sie haben ihre eigene *Dauer* und ihre eigene *Ordnung*. Drei Beispiele sollen das illustrieren.

— Kinder bauen einen Schneemann: Kein Kind beschließt, einen Schneemann in zehn Minuten zu bauen, und kein Kind versucht beim Schneemann mit der Möhrennase zu beginnen. Das heißt: Die Handlung selbst, hier das Bauen eines Schneemanns, bestimmt ihre Dauer (bis der Schneemann fertig ist) und ihre Ordnung nach Früher und Später.

— Wir spielen Schach: Auch hier hat ein Handlungszusammenhang seine Dauer und seine (in diesem Falle regelbestimmte) Ordnung. Daß das Schachspiel, wie andere Spiele, auch gegen die Uhr gespielt werden kann, ist ein eher »äußerliches«, willkürliches Element. Spiele haben ihre eigene Zeit. Wo sie in die Uhrenzeit eingepaßt werden, verlieren sie ein Stück ihres Wesens.

— Das Gespräch der Liebenden: Hier liegt fast schon sprichwörtlich zeitliche Entrückung vor. Dieses Gespräch dient weder einem bestimmten Zweck, noch unterliegt es irgendwelchen Regeln, noch ist man sich seiner als Handlung überhaupt bewußt.

Für alle drei Beispiele gilt, daß sich die Dauer einer Handlung in der (gemessenen) Zeit ausdrücken läßt. Doch ist damit an einer Handlung nur dasjenige erfaßt, was *übertragbar* und gerade darum kein konstitutives Element der Handlung selber ist. Mit anderen Worten: Jede Handlung hat gewissermaßen zwei Zeiten, eine *eigene* Zeit und eine ihr *fremde* Zeit. Die eigene Zeit ist primär, die fremde Zeit sekundär. Konstitutiv für Handlungen überhaupt ist die Existenz einer ihnen eigenen Zeit. Wenn Handlungen nicht ihre eigene Zeit hätten, verstünden wir überhaupt nicht, was Zeit bedeutet. Die »allgemeine«, das heißt die *öffentliche* oder, wie Heidegger sagt, die »Weltzeit« (Heidegger, 1977, S. 406 ff.), hat einen abgeleiteten Modus. Dabei gehört zu den legitimierenden Strukturen dieser allgemeinen Zeit das selbst handlungsbezogene Bedürfnis, Handlungen *und ihre Zeiten* zu vergleichen und zu koordinieren (z. B. in Form von Verabredungen).

An dieser Stelle könnte ein Einwand lauten, es gäbe nicht nur die Zeit von Handlungen, die Handlungszeit, sondern auch die Zeit der Natur, die natürliche

Zeit (z. B. Tag und Nacht, Sommer und Winter, Jugend und Alter). Gemeint wäre: das, was wir *tun* und was wir *können*, hat seine Zeit, und das, was wir *nicht* tun und was wir *nicht* können, hat seine Zeit. Letzteres bestimmt zudem, zum Beispiel in der natürlichen Ordnung der Tage und Nächte, alle Handlungen. Ist also womöglich doch eine *natürliche* Zeit die Zeit, *in* der unsere Handlungen (mit ihrer Zeit) sind?

Auch diese »natürliche« Zeit − die nicht die in einer Physik der Zeit gesuchte oder verabschiedete Zeit ist − läßt sich in Handlungsstrukturen ausdrücken. Dazu ist es erforderlich, sich deutlich zu machen, daß wir nicht erst *handlungslos* in der Natur (in der Welt) sind, um diese dann mit unseren Handlungen oder unsere Handlungen mit ihr zu verbinden. Natur, das ist zunächst einmal nichts anderes als die *naturhafte* Seite von Handlungen. Es ist *eine* Erfahrung, die wir mit unseren Handlungen und mit der Natur machen. So ist beim Gehen der Boden (als ein Stück Natur bzw., wenn bearbeitet, als ein Stück Welt) Teil der Handlung Gehen; im Gehen unterscheiden wir nicht zwischen unseren Beinen und dem Boden. Beim Sprechen sind die Stimmbänder (als ein Stück Natur) Teil der Handlung Sprechen; im Sprechen unterscheiden wir nicht zwischen unseren Stimmbändern und dem, was wir sagen. Beim Schneemannbauen ist der Schnee (als ein Stück Natur) Teil der Handlung Schneemannbauen; beim Schneemannbauen unterscheiden wir nicht zwischen dem Schnee und unseren herstellenden Handlungen. Natur (Welt) ist in allen drei genannten Beispielen als »Unterlage«, »Material«, »Widerstand«, »Raum« (in dem wir z. B. bauen) Teil, und zwar integraler Teil, von Handlungen. Handlungen selbst unterscheiden nicht zwischen dem, was an ihnen Handlung und was an ihnen Natur (Welt) ist. Das gilt im engeren Sinne auch für eine naturhafte Zeit als integralem Teil von Handlungen. Beispiele: Die Zeit zwischen Aufwachen und Aufstehen (eine schwere Zeit), die Zeit zwischen zwei Glas Bier unter Freunden (eine leichte Zeit), die Zeit zwischen Denken und Tun, Wunsch und Verzicht (eine vergeßliche Zeit).

Fazit also: Handlungen haben nicht nur ihre *eigene* Zeit, *in ihnen* lernen wir auch in Handlungs- und in Erfahrungsform das kennen, was an der Welt und was an uns selbst Natur ist. Die Welt ohne unmittelbaren Rekurs auf (eigene) Handlungen, sozusagen auf eigene Faust sehen zu wollen, ist allemal etwas, mit dem wir fortfahren, nichts, mit dem wir beginnen. Deswegen ist aber auch Natur etwas, das wir ursprünglich *haben* (in Handlungsform) und dann verlieren, nichts, dessen primäre Kenntnisform die Aneignung wäre (wie es uns technische Kulturen einzureden versuchen). Damit ist aber auch schon gesagt, daß sich das, was in einem ursprünglichen Sinne eine Einheit bildet (gemeint ist Natur als naturhafte Seite von Handlungen), »nachträglich« begrifflich zerlegen läßt: zum Beispiel in eine *Handlungszeit* und in eine *Naturzeit*, ohne daß jene damit die Zeit der »Seele« und diese die Zeit der Physik wäre. Entscheidend ist vielmehr, daß wir es hier mit einem Zeitbegriff zu tun haben, der dem genannten Dilemma von Physikalismus und Psychologismus nicht unterliegt und selbst einen (zunächst) uhrenfreien, *gestalthaften* Charakter besitzt (vgl. Wieland, 1985). Solche gestalthaften Formen der Zeit sind die Zeit des Nachhausegehens, die Zeit des Abschieds, die Zeit der Liebe, die Zeit des Glücks; aber auch die Zeit des Monsuns, die Zeit des Wassermanns oder die Zeit der Erdbeeren.

Was hier über den Begriff der Handlung klarzumachen versucht wurde, läßt sich auch für den Begriff des *Lebens* verdeutlichen. Wie nicht die Zeit die Handlung schafft, sondern die Handlung sich ihre Zeit, so schafft auch die Zeit nicht das Leben, sondern das Leben sich seine Zeit. Mehr noch. Alle Dinge haben ihre Zeit, wenn auch auf unterschiedliche Weise, zum Beispiel unter dem Aspekt der Vergangenheit:

> »Alles Lebendige überhaupt, ob Pflanze oder Tier, *ist* seine Vergangenheit – auf eine an sich durch den Zukunftsmodus, d. h. rückläufig, *vermittelte* Weise. Darin liegt der Unterschied zu den unbelebten Gebilden. Ein Mineral, ein Berg, eine ganze Landschaft sind auch ihre Vergangenheit, aber sie werden unmittelbar von ihr gebildet, sie bestehen aus ihr. Das Lebendige ist dagegen mehr als nur das, was es gewesen ist« (Plessner, 1981/1928, S. 351).

In der Terminologie Plessners (und Heideggers): Das Lebendige »ist das Seiende, das ihm vorweg ist« (Plessner, 1981/1928, S. 351). Die Gegenwart des Lebendigen besteht nicht nur aus seiner Vergangenheit; sie besteht auch aus den Konturen der Zukunft, die in seinen Lebensformen erkennbar werden. Das wiederum gilt in besonderem Maße vom menschlichen Leben, das sich in seinen Handlungsweisen, Plänen, Wünschen, Antizipationen nicht allein durch Kategorien der Vergangenheit und der Gegenwart beschreiben und begreifen läßt.

Die menschliche Zeit spiegelt sich dann aber auch in den Gestalten des Lebens. Diese sind, noch einmal mit den Worten Plessners, »Schicksalsformen« des Lebens, weil sie, wie Jugend, Reife und Alter,

> »dem Entwicklungsprozeß wesentlich sind. Schicksalsformen sind nicht Formen *des* Seienden, sondern *für* das Seiende; das Sein tritt unter sie und erleidet sie« (Plessner, 1981/1928, S. 211 f.).

Jugend, Alter, aber auch Abschied und Glück sind nicht Eigenschaften des (individuellen) Lebens, sondern *Formen, Gestalten, Zeiten,* unter die ein Leben tritt. Aus der »Natur« des Lebens bestimmt sich seine Zeit; das Leben ist kein zeitlicher Prozeß. Oder noch anders formuliert: *Die Zeit des Lebens sind seine Zeiten.*

Und wieder hat das hier Gesagte weder etwas mit einer Physik der Zeit zu tun, die die Zeit aus den Augen verliert, noch mit einer Verinnerlichung der Zeit, die die Seele zur Hüterin der Zeit erklärt. Eher schon etwas mit Kants Vorstellung, daß die Zeit eine (reine) Form oder eben auch Gestalt ist, die allen unseren Anschauungen, Erfahrungen, Handlungen zugrunde liegt. Weder in einer vierdimensionalen Mannigfaltigkeit noch in der Seele finden wir die Zeit, die unsere Zeit, die eine menschliche Zeit ist.

3. Aion und Chronos

Als die Philosophie die Zeit als ein philosophisches Problem erfand, war sie gerade mit kosmologischen Fragen beschäftigt. Zeit, so Platon im »Timaios«, hat ein kosmisches Wesen. Sie entstand mit dem Kosmos, nämlich mit dessem »unvergänglichen« aionischen Wesen. Aion (αἰὼν), das heißt Leben, erfüllte Zeit, bildet die Ewigkeit ab, die das Wesen eines idealen Kosmos (das Wesen seiner Idee im Platonischen Sinne) ist, die »bewegte« Zeit (χρόωος) bildet den Aion ab. Platon unterscheidet also zwischen den Zeitformen eines idealen Kosmos, bezeichnet als »ewiges Lebewesen« (ζῷον ἀίδιον), eines geschaffenen Kosmos, der ebenfalls eine unvergängliche Struktur hat, und der »bewegten« oder gemessenen Zeit, die ein Abbild des astronomischen Wesens des Kosmos ist und wie dieser eine periodische Struktur hat. Die »bewegte« Zeit (χρόνος) bedeutet hier nicht das »Wesen« der natürlichen Welt (wie »alles ist zeitlich« im Sinne von »alles entsteht und vergeht«), sondern die Darstellung des *aionischen* Wesens der Welt, in dem sich die Ewigkeit »verzeitlicht«.

Von Anfang an ist dabei mit dem Begriff der Zeit der Begriff des Lebens verbunden: *Aion ist Leben.* Ferner ist der Kosmos Inbegriff unterschiedlicher Zeitformen, darunter auch der Formen der Naturzeit, der Handlungszeit und der Lebenszeit. Das wird auch bei Aristoteles, der in kosmologischen Dingen sonst nicht sehr platonisch denkt, (im ersten Buch seiner Schrift »Über den Himmel«) deutlich:

> »Ohne Wandel und Leid hat er (der Kosmos, Anm. d. Verf.) das beste und unabhängigste Leben den ganzen Aion hindurch. Dieses Wort ist in göttlicher Weise von den Alten geprägt worden. Denn das vollendet Ganze (τέλος), das die *Zeit des Lebens* eines jeden einzelnen (Lebewesens, Anm. d. Verf.) umfaßt, außerhalb deren es der Natur nach nichts gibt, wird der Aion jedes einzelnen genannt« (Aristoteles, 1955, A 9. 279a 20 – 25).

Das bedeutet: Nicht nur der Kosmos hat seine Zeit, seinen Aion, sondern auch jedes Lebewesen. Eben das aber war zuvor, ohne »aionische« Terminologie, so ausgedrückt worden, daß nicht die Zeit das Leben schafft, sondern daß das Leben seine Zeit (Aristoteles: seinen Aion) hat (vgl. Böhme, 1974, S. 80 f.). Und diese Zeit ist zugleich eine kosmische, »naturhafte« Zeit. Natur und Leben sind noch, ohne daß dies als sonderlich mythisch angesehen werden müßte, ineinandergearbeitet.

In der Platonischen Konzeption kommt das dadurch zum Ausdruck, daß es die »Teile« der (bewegten) Zeit sind, die in ihrer periodischen Struktur das Ganze des (kosmischen) Aion »nachahmen«. Wie die »Zeit des Kosmos« Tage und Nächte, Monate und Jahre hat, so hat die menschliche Zeit die Lebensalter Kindheit, Jugend, Erwachsensein und Alter. Das Leben besteht aus gegliederten Ganzheiten, eben (zeitlichen) *Gestalten.* Es hat keine zeitliche Struktur im Sinne einer Auflösung in ein zeitliches Kontinuum oder eines Zeitpfeils, auf dem wir vermeintlich reiten; es hat zeitliche Gestalten. Das Ganze ist das Leben (des

Kosmos wie des Menschen in den mythischen Bildern der Platonischen Kosmologie). Daher besteht das Leben auch nicht aus Zeit, sondern aus *Zeiten*. Diese wiederum »ahmen« die zeitliche Struktur des Kosmos »nach«: Die menschliche Zeit und das menschliche Leben stellen die kosmische Zeit und das kosmische Leben dar. Physik und Anthropologie haben sich (noch) viel zu sagen.

Daß dies keine Erfindung der griechischen Philosophie ist, machen frühgriechische Zeugnisse deutlich. Hier ist Chronos ein Gott, aber kein eigentliches Thema. Nicht die Zeit, sondern der *Tag* steht im Mittelpunkt. Er ist es, der Glück und Verhängnis bringt. Die Menschen heißen ἐφήμεροι, diejenigen, die dem wechselnden Geschick der Tage ausgeliefert sind. Der Tag gliedert sich wiederum in weitere zeitliche Gestalten: den frühen Morgen, den Vormittag (die Zeit des Marktes), den Mittag, die Tagesneige. Zeitmodi werden in archaischer Schlichtheit erwähnt: Kalchas »erkannte, was ist, was sein wird oder zuvor war« (Homer, 1961, S. 8). Die Zeit ist kein »kontinuierliches« Fließen, sondern eine »Wiederkehr« von Zeiten. Neben den Tag und seine Zeiten treten die Jahreszeiten und die Lebensalter (vgl. Böhme, 1974, S. 125 ff.).

Auch der Zusammenhang von Leben und Aion, aufgefaßt als Inbegriff des Lebens, des Lebensganzen, tritt zum Beispiel bei Homer deutlich hervor:

> »Könnt' ich die Seele (ψυχή), den Aion (›die Tage des Lebens‹ so dir entziehen …« (Homer, 1967, S. 252); »aber sobald ihn die Seele (ψυχή) und der Aion verlassen, dann übergib ihn dem Tod zum Geleit und dem stillenden Schlafe …« (Homer, 1961, S. 558).

Gelebte und kosmische Zeit verbinden sich im Gestaltcharakter der Zeit. Das Leben hat zeitliche Gestalten, die sich abwechseln wie Tag und Nacht, Morgen und Mittag, Herbst und Winter. Deshalb kann auch Achill immer jung bleiben – sein Leben »hat« nur die Gestalt Jugend; und deshalb birgt auch jede zeitliche Gestalt andere Erfahrungen (nach Aristoteles z. B. Mathematik für die Jugend, Metaphysik für das Alter). Grenzen der zeitlichen Gestalten des Lebens zu bestimmen, ist sinnlos; die Erfindung der Uhr täuscht über diesen Umstand nur hinweg. Die Alternative wäre ein Kontinuummodell der Zeit oder das Bild vom Zeitpfeil, und beide gehören einer anderen Welt, der Welt der Physik, an. Nicht die *Zeit* fließt, sondern die *Dinge* fließen, verändern sich, allerdings gestalthaft, in der Zeit. Schon die Aristotelische Zeittheorie läßt die Vorstellung, wie sie sich in der Wendung »die Zeit vergeht« zum Ausdruck bringt, nicht zu. Zeit ist in der »Physik« des Aristoteles eine Form der Bewegung. Mit der Bewegung bewegt sich aber nicht die Zeit; nur die *Dauer* wächst analog zu der in einer Bewegung zurückgelegten Strecke (vgl. Janich, 1980, S. 255).

Damit entsprechen die Platonischen und die Aristotelischen Zeitkonstruktionen der gelebten und der (in Mythen und alltagssprachlicher Form) dargestellten Zeit ihrer Zeit. Was hier archaisch wirken mag, ist weit eher Ausdruck lebensweltlicher Erfahrungen im Umgang mit der menschlichen Zeit, die noch nicht den Weg entweder in eine abstrakte physikalische Theorie oder in die Seele genommen hat. Daß wir heute andere Erfahrungen zu machen scheinen, liegt daran, daß andere Zeitkonstruktionen, wie beispielsweise alltagsphysikalische, die Lebenswelt beeinflussen. Das Bedürfnis, konkrete Zeiten, darunter auch wieder Handlungszeiten, Naturzeiten und Lebenszeiten, zu koordinieren, jederzeit von einer zeitlichen Gestalt in eine andere gehen zu können, andere Zeitgestalten begreifen zu können, führt zu einer »abstrakten« Zeit, die überall *gleich* und überall *eine* Zeit ist. Zeittheorien, die in der Regel in diesem auch alltagsphysikalischen Sinne Theorien einer abstrakten Zeit sind, haben diesen praktischen Hintergrund.

Paradigmen des Übergangs von konkreten Zeiten, damit auch dem Gestaltmodell der Zeit, zu einer abstrakten Zeit sind die *Uhren*. Diese kommen aus der Gestaltvorstellung der Zeit (astronomische Modelle des Kosmos sind auch Uhren) und führen in die Kontinuumvorstellung oder Zeitpfeilvorstellung der Zeit. In der Platonischen Astronomie zum Beispiel stellt (im Dialog »Timaios«) der »Kreis des Gleichen« (die Drehung des Himmels um seine Achse) die »reine« aionische Periodizität dar (wie das Zifferblatt einer Analoguhr), der »Kreis des Ungleichen« (die Planetenbewegung auf der Ekliptik) einen himmlischen Kalender, der es zum Beispiel erlaubt, Tage zu zählen.

D. Philosophie der Lebensalter

1. Lebensrad und Lebenstreppe

Moderne Zeitkonstruktionen sind den antiken Vorstellungen theoretisch überlegen. Lebensweltlich, also unter Gesichtspunkten einer menschlichen Zeit, sind sie ihnen wahrscheinlich, trotz ihres im genannten Sinne praktischen Charakters, jedoch unterlegen. Darüber täuschen das Altmodischwerden der Analoguhr am Handgelenk, die noch die Sonnenbahn simuliert, und der Vormarsch der Digitaluhr, die gar nichts mehr darstellt, die nur noch »zählt«, nur hinweg. Gleichzeitig wird die Einsicht, daß das Leben nicht Zeit, prozeßhafte Zeit ist, sondern Zeiten, gestalthafte Zeiten hat, blaß.

Bis in die Moderne hinein sind allerdings auch Elemente gestalthafter Zeitkonzeptionen bewahrt geblieben. Das gilt insbesondere im Rahmen einer Philosophie der Lebensalter. Hier bestimmen antike Vorstellungen, in denen das menschliche Leben eine geordnete Folge zeitlicher Gestalten aufweist, maßgeblich die Entwicklung einer philosophischen und literarischen Anthropologie (Boll, 1913; Eyben, 1973; Rosenmayr, 1978). Dabei sind die antiken Vorstellungen keineswegs einheitlich. Einer archaischen Zweiteilung in die Gestalten der Jugend und des Alters folgt, orientiert am Sonnenlauf (Tages- und Jahreslauf), eine Gliederung in drei Lebensaltergestalten (vgl. Martianus Capella, 1983, S. 23). Aus der Zweiteilung entwickelt sich, wohl in Pythagoreischer Tradition (vgl. Klibansky, Panofsky & Saxl, 1964, S. 3 – 15, 55 – 66), eine Teilung in vier Gestalten. Diese entspricht den vier Jahreszeiten, in denen sich nunmehr die

Gestalten des Lebens spiegeln. Ebenso finden wir in Aristotelischer Tradition (Avicenna, 1964/1507, S. 3v) und meist in medizinischen Kontexten eine Widerspiegelung der Gestalten des Lebens in den vier Elementen mit den zentralen »chemischen« Körpereigenschaften warm und kalt, feucht und trocken, den vier Körpersäften und den vier Temperamenten.

Ptolemaios übernimmt die Aristotelischen Vorstellungen, vergleicht Lebensalter mit Jahreszeiten und Sinnesqualitäten und erweitert aus (älteren) kalendarischen und (neueren) astronomischen Gründen die Vier-Zahl der Lebensaltergestalten zur Sieben-Zahl. Die sieben Wochentage und die sieben in der Antike bekannten Planeten bilden das Fundament, auf dem Ptolemaios nun auch direkt Beziehungen zwischen den Eigenschaften der Planeten und den Eigenschaften der Lebensalter darzustellen sucht (Ptolemaios, 1980, S. 436 ff.; vgl. Macrobius, 1963, S. 50). Voraus gehen Hebdomadenvorstellungen (Auszeichnung einer Sieben-Zahl) bei Hesiod und Solon (vgl. Roscher, 1904; 1906), ferner dekadische Vorstellungen, zum Teil verbunden mit der Hebdomadenlehre (Solon gliedert in zehn Hebdomaden).

Mittelalterliche und frühneuzeitliche Konzeptionen schließen unmittelbar an diese Vorstellungen gestalthafter Lebenszeiten an (vgl. Burrow, 1986; Chew, 1962, S. 144 – 173; Sears, 1986). Bekannte Beispiele sind die Wiederaufnahme der Sieben-Planeten-Analogie in Sir Walter Raleighs »History of the World« von 1614 (Raleigh, 1829, S. 60; vgl. Burrow, 1986, S. 51 f.) und in der Rede Jaques' in Shakespeares »Wie es euch gefällt« (Shakespeare, 1970, S. 255), ferner die Wiederaufnahme der Vier-Lebensalter-Konzeption in Dantes »Gastmahl« (Dante, 1980, S. 316 – 343; vgl. Brinton, 1954, S. 271, 286). Die dekadische Lebensaltervorstellung lebt vor allem in Spruchform weiter:

Zehn Jahr ein Kind,
Zwanzig Jahr ein Jüngling,
Dreißig Jahr ein Mann,
Vierzig Jahre wohlgetan,
Fünfzig Jahre stillestahn,
Sechzig Jahr geht's Alter an,
Siebzig Jahr ein Greis,
Achtzig Jahr schneeweiß,
Neunzig Jahr der Kinder Spott,
Hundert Jahre: Gnad' dir Gott!

Diese Lebensweisheit in Merkversform für Kinder verbindet sich mit alten *Lebensrad*-Darstellungen, die auch im Zusammenhang mit der Vier-Lebensalter-Konzeption häufig auftreten, und seit dem 16. Jahrhundert mit dem Bild der *Lebenstreppe*, auf die auf der einen Seite ein Kind, aufsteigend, seinen Fuß setzt, und die auf der anderen Seite, absteigend, ein Greis oder eine Greisin wieder verläßt. Dieses Bild wird immer wieder auch literarisch umgesetzt (vgl. Filz, 1983), wie zum Beispiel in der klassizistischen Nachromantik bei Hamerling:

»Heut lallen an der Mutterbrust, der weichen,
Zu Rosse morgen ziehn in stolzem Trabe
Und übermorgen dann als müder Knabe
Mit grauen Haaren an der Krücke schleichen« (Hamerling, 1911, S. 85).

Knapper und moderner, wieder zu einer archaischen Drei-Zahl zurückkehrend,
Vogt über die Lebensalter:

»da da
bla bla
ga ga« (Vogt, 1973, S. 46).

Hier löst sich auch sprachlich eine alte Ordnung in Sprachlosigkeit und drastischen Sarkasmus auf. Was können uns die alten Lebensformen in ihrer zeitlichen
Gestalt überhaupt noch sagen?

2. Die Zeitgestalt des Alters

Wohin die Sprache nicht mehr reicht, dort hört auch die Welt, die Welt des
Menschen, auf (vgl. Wittgenstein, 1963/1921, S. 89). Wenn sich die Sprache
zurückzieht, wird die Welt kleiner. So auch im Falle der menschlichen Zeit. Wo
diese Zeit nur noch mit Uhren ausgemessen und in das Innere des erlebenden
Subjekts zurückgenommen wird, hat sie ihre eigentliche Wirklichkeit, die die
Griechen im Gestaltcharakter der menschlichen Zeit beschrieben, verloren.
Tatsächlich schleifen sich die Zeitgestalten des menschlichen Lebens schon seit
langem gegeneinander ab. Werden diese Gestalten blaß, *verliert das Leben seine
Zeit*. Ein Beispiel dafür ist die Gestalt des *Alters*. Diese schwankt in der
Geschichte (vgl. Borscheid, Kapitel 2 in diesem Band) und in den Disziplinen,
die sich mit dem Alter historisch und systematisch befassen (vgl. Kruse, Kapitel
13 in diesem Band).

Bereits in der frühen Neuzeit ist nicht mehr viel von der philosophischen
und gesellschaftlichen Anerkennung des Alters, wie sie Cicero in seiner Schrift
über das Alter kraftvoll zum Ausdruck bringt (Cicero, 1963), zu spüren. Der
alte Mensch fällt zur Last, wie schon (in Gengenbachs Fastnachtsspiel von
1515) »vatter vnd mûter mein (ein) schwåre burd vnd grosse pein« gewesen
waren (Pamphilus Gengenbach, 1966/1856, S. 72; vgl. Borscheid, 1987, S. 14).
Der gesellschaftliche Alltag weiß zwischen Literatur und Realität sehr wohl zu
unterscheiden. Die Lebensform des Alters wird blaß, das Leben verliert seine
vierte Gestalt. Auf die Frage, was eigentlich ein Mensch, der alt werde, gegenüber einem anderen, der früh sterbe, gewinne, antwortet ein Ehebüchlein aus
dem Jahre 1472 lapidar:

»nichtz dann mer sorg, arbeit, verdrießen, schmertzen, kranckheit vnd sunde« (Albrecht von Eyb, 1890, S. 25).

Die moderne Wertschätzung der Jugend ist schon ein frühneuzeitliches, wenn
nicht mittelalterliches Phänomen.

Dabei ist es keineswegs nur der alternde Leib, sondern auch der alternde Kopf, der in Gegensatz zu einer bewußt jugendlichen (Renaissance-)Kultur gerät:

> »Das Alter gräbt uns mehr Falten in den Geist, als in das Gesicht; und die Seele aller Menschen, mit wenigen Ausnahmen, bekommt beim Altern einen säuerlichen und muffigen Geruch« (Montaigne, 1953, S. 642).

Die Drastik in der Darstellung der Lebensalter nimmt zu. In einem Holzschnitt von Johann Christoph Artopeus, genannt Wolckenstern, aus der Zeit um 1570 erscheint das Leben in Janusgestalt: Die linke Hälfte einer aus dem Erdboden ragenden Gestalt stellt eine junge Frau mit fünf Brüsten dar, die rechte Hälfte den Tod als Gerippe. Die Frau hält einen erhobenen Schlüssel in der rechten Hand, der Tod einen gesenkten Schlüssel. Links wächst ein Knabe aus der Erde, der in der rechten Hand ein Ei hält, aus dem ein Vogel schlüpft; rechts liegt ein nackter toter Greis: »Omne mortale finit«. Im achten von zwölf Lebensaltern ist der Mensch bereits von Tod und Krankheit gezeichnet: ein Mann hält den blatternnarbigen Kopf einer männlichen Leiche in der linken Hand (vgl. Borscheid, 1987, S. 33 f.; Englert, 1905, S. 405 ff.).

Mit dieser Drastik kontrastieren Träume vom Jungbrunnen. Diese sind ebenso alt wie die gesellschaftliche Asymmetrie der Beurteilung von Jung und Alt. Altweiber- und Altmännermühlen bilden im 17. Jahrhundert ihr »modernes« Pendant (vgl. Meyer, 1964). So werden Frauen durch einen sonst der Mehlgewinnung vorbehaltenen Mechanismus gezogen und, wie es in der Erläuterung zu einem Kupferstich »Die Verjüngungsmühle« von Paulus Fürst um die Mitte des 17. Jahrhunderts heißt, »alßdann ihren Männern wider gantz anmuttig vnd erfrewlich zugestellt« (zitiert nach Borscheid, 1987, S. 30). Das ist auch heute noch eine verbreitete Hoffnung und sorgt für das Auskommen der Schönheitschirurgen. Historisch wendet sich das Blatt noch im selben Jahrhundert. Der (pietistische) Puritanismus gewinnt ebenso wie die Aufklärung, wenn auch aus anderen Gründen und in anderer Weise, an Einfluß, das Alter wieder an Autorität (vgl. Borscheid, 1987, S. 107 ff.). Die Formeln sind so konservativ wie einfach:

> »Insgemein halt man eben das, was alt ist, für das Best: Also wird vil 100. mal das alte herfürgestrichen, das Neue verworffen. Alter Glaub ist der beste Glaub. Alte Bücher halt man für die beste Bücher. Alte Leut seynd recht gescheite Leut. Alt Gelt ist das best Gelt. Alter Wein ist der beste Wein« (Selhamer, 1701, zitiert nach Böck, 1953, S. 49).

Zugleich bemächtigt sich eine aufgeklärte und salbungsvolle Pedanterie der Probleme des Alters:

> »Der Zustand eines alten Mannes, der mit sich selbst bloß seines Alters wegen unzufrieden ist, entfernt sich am weitesten von der Vernunft und dem gesunden Verstande unter allen Wesen, die wir nur kennen. ... Das Alter ist ein Zeitpunct, dahin wir alle zu gelangen wünschen; und wenn wir ihn nun erreicht haben, sind wir

eben so bereit, uns darüber zu beklagen, und machen dadurch die alte Anmerkung wahr, daß Ehestand und Alter Dinge sind, welche man wünscht, und dann wieder bereut« (Weiße, 1763, zitiert nach Borscheid, 1987, S. 136 f.).

Die schlichte Opposition von Jugend und Alter, mit der schon einmal das griechische Denken begonnen hatte, wird nicht verlassen, nur anders, und weltfremd, beurteilt: das Gebrechliche als die »Krone« des Lebens. Mit dem »Sturm und Drang« wird dann alles wieder, zugunsten einer forcierten Jugendlichkeit, anders (vgl. Borscheid, Kapitel 2 in diesem Band).

Das in dieser Form klassische Bild des Alters ist vor der hier konturenhaft entwickelten Philosophie der Zeitgestalten des Lebens nicht nur eine Fehlfarbe; es ist auch Ausdruck eines schwer veränderbaren gesellschaftlichen Arrangements. Ernst Bloch im »Prinzip Hoffnung«:

> »Wein und Beutel bleiben dem trivialen Alter als das ihm bleibend Erwünschte, und nicht immer nur dem trivialen. Wein, Weib und Gesang, diese Verbindung löst sich, die Flasche hält länger vor. Fiducit, fröhlicher Bruder; deshalb wirkt auch ein alter Trinker schöner als ein alter Liebhaber« (Bloch, 1959, S. 38).

Das Alter weiß um die Endgültigkeit dieser Zeitgestalt des Lebens. Konturen einer folgenden Gestalt – wie für den Jüngling der Mann, für das Mädchen die Frau – sind nicht erkennbar. Wo kein transzendentes Bild eines ewigen Lebens gemalt wird, verblassen alle Lebensformen in der Lebensform des Alters. Wünsche gehen zurück, nicht nach vorne. Erfahrungen, sofern sie noch gesucht werden, haben eine Vergangenheit, keine Zukunft (vgl. Staudinger & Dittmann-Kohli, Kapitel 16 in diesem Band).

Und doch: Die Verbindung Alter – Leiden, das Leiden am Alter, ist selbst eine Deformation des Lebens, hier der Lebenszeit Alter, nicht sein Wesen:

> »zum bloßen Leiden am Alter, sofern es nur einigermaßen ein gesundes ist, aufgebaut auf einem tüchtigen Leben, gehören ein Tropf, der es erfährt und eine spätbürgerliche Gesellschaft, die sich verzweifelt auf Jugend schminkt« (Bloch, 1959, S. 40).

Nur wenn Alter mit psychischer und gesellschaftlicher Mißachtung einhergeht, erscheint die Deformation als das Natürliche, Unvermeidbare, Schicksalhafte. So auch Bloch – nun selbst unversehens ein wenig idealistisch geratend:

> »eine blühende Gesellschaft fürchtet nicht, wie die untergehende, im Altsein ihr Spiegelbild, sondern begrüßt darin ihre Türmer« (Bloch, 1959, S. 41).

Sind wir eine untergehende Gesellschaft? Wird nicht nur der einzelne, wird auch unsere Gesellschaft – nicht im demographischen, sondern in einem anthropologischen Sinne – alt? Vieles spricht dafür, auch die aufgeregte Jugendlichkeit der Älterwerdenden. Es sind auch nicht nur ökologische Dinge, die das Bild des Menschen als homo sapiens und homo faber verdüstern, sondern ebenso das Unvermögen, dem Alter jenseits von Seniorenwohnheimen, Pflege- und Intensivstationen eine eigene Lebensform und ein eigenes Glück zuzuweisen. Noch einmal: Das Leben droht eine wesentliche Gestalt, die des Alters, zu verlieren. Nicht nur die Eitelkeit (vgl. Bloch, 1959, S. 42), auch die Jugend, die wahre wie die falsche, ist das letzte Kleid, das der Mensch auszieht.

Auch das hat nicht nur modische, sondern ebenso anthropologische Gründe: Die Furcht vor dem Alter ist stärker als die Furcht vor dem Tod (vgl. Schmitz-Scherzer, Kapitel 21 in diesem Band). Wir fürchten uns nicht so sehr davor, nicht mehr zu sein, als davor, nicht mehr so zu sein, wie es die Jugend und die Mitte des Lebens sind. Vor den Zeitgestalten der Jugend und des Erwachsenseins verblaßt die Gestalt des Alters zur Kehrseite des Lebens, zur Rückseite des (lebendigen) Spiegels, zur eigentlichen Anti-Utopie des Lebens. Der Wunsch, in diese Gestalt des Lebens zu treten, erscheint wie etwas Krankhaftes, der Eintritt in diese Gestalt wie ein unabwendbares Schicksal. Auf der Schale des Glücks liegen die Gestalten der Kindheit, der Jugend und des voll erblühten Lebens, nicht die des Alters. Als wäre Glück selbst allein etwas Junges, auch Erwachsenes; nichts, das auch im Alter wohnt, es zu wärmen vermag. In diesem Punkt hat Augustin recht: »Jugend und Alter können nicht zugleich im Leibe sein, aber in der Seele« (Augustinus, 1976, S. 136). Jugend und Alter sind nicht gestaltgleich, können aber im Handlungs- und Selbstverständnissinne koexistieren. Nicht hingegen Leben und Tod. Leben und Tod sind kontradiktorische (»absolute«) Gegensätze. Es führt keine Brücke vom Leben in den Tod, im strengen Sinne nicht einmal im Sterben: »Der Tod ist kein Ereignis des Lebens. Den Tod erlebt man nicht« (Wittgenstein, 1963/1921, S. 113). Oder Plessner:

> »Der Tod will gestorben, nicht gelebt sein. Er tritt an das Leben heran, das sich natürlicherweise ihm zuneigt *und doch* von ihm überwältigt werden muß, damit es stirbt. Nur dies ist der echte Sinn des Todes, daß er das Jenseits des Lebens ... ist« (Plessner, 1981/1928, S. 206).

Deswegen ist das Alter dem Tode *nah*, aber ihm nicht schon *ähnlich* – wie es die mittelalterlichen Darstellungen wollen, in denen der Greis Züge des neben ihm gehenden Todes annimmt.

Dabei ist der Tod, wenn überhaupt, nicht nur eine dem Alter, sondern allen Gestalten des Lebens nahe Gestalt. Nicht allein, weil er faktisch jederzeit – als das eigentliche Un-Glück des Lebens – einzutreten vermag, sondern weil der Mensch das Wesen ist, das stets, nicht erst im Alter, weiß, daß es sterben muß. Unser *Selbstbewußtsein*, das nicht altert, weiß, daß es mit dem *Leib*, dessen Selbstbewußtsein, dessen Ich es ist, stirbt. Darum leidet auch nicht der Leib an seinem Tode, sondern das Selbstbewußtsein, das Ich. Es weiß um seinen Tod, selbst im Glück. Das wiederum ist nicht nur ein anthropologisches, sondern auch ein evolutionäres Faktum. Der Tod fördert die Evolution, Liebe und Tod rücken auch in evolutionärer Perspektive – nicht nur im Blick auf das Spinnenweibchen, das das kopulierende Männchen aufzufressen beginnt – eng zusammen: »Das tiefe Erlebnis des Zusammenhangs von Liebe und Tod ist kein ästhetischer Irrtum« (Weizsäcker, 1977, S. 153 f.).

Damit noch einmal zurück zum Rätsel der menschlichen Zeit. Das Wissen um den eigenen Tod ist kein Wissen, das sich aus einer »objektiven« Zeitordnung ableiten läßt, aber auch kein Wissen, das sich die »Seele« ausdenkt. Dieses Wissen gibt vielmehr Erfahrungen *mit* Handlungen und Erfahrungen *in* Handlungen, ferner die Erfahrung mit Zeitgestalten des Lebens wieder. Zeit ist, wie zuvor unter dem Begriff der Handlungszeit dargelegt, ein Erfahrungselement, wie auch Raum ein Erfahrungselement ist. Dabei können wir Wege zurückgehen, aber nicht Zeiten. Das macht uns im übrigen den Raum zu etwas Vertrautem, die Zeit zu etwas in Wahrheit Unvertrautem. Ein wenig poetisch formuliert: Der Raum ist das, worin Heimat ist, die Zeit ist das, was heimatlos macht — worüber auch die öffentliche, die verwaltete Zeit, etwa in Lebens- und Wochenarbeitszeit ausgemessen, nicht hinwegzuhelfen vermag.

Die Chance einer wiedergewonnenen Zeit liegt daher auch nicht im immer enger werdenden Netz der verwalteten Zeit und nicht in einer physikalistischen oder mentalistischen Zeitauffassung. Diese haben selbst einen abgeleiteten Status. Wenn wir wissen wollen, was Zeit ist, reicht es nicht aus, auf Zeitpläne und Uhren zu zeigen oder Erinnerungen zu bemühen. Worauf es ankommt, ist, den *Handlungs-* und *Gestalt*charakter der Zeit wieder zu einem wirklichen Erfahrungselement des Lebens, des individuellen wie des gesellschaftlichen Lebens, zu machen. Nur wenn das Leben (gestalthafte) Zeiten hat, weiß es auch, was Zeit ist. So wird denn auch im Gestaltcharakter der menschlichen Zeit, zu der auch die Zeitgestalt des Alters gehört, deutlich, daß der Mensch nicht nur ein Teil der Natur ist. Insofern er um den Gestaltcharakter seiner Zeit weiß und über alle zeitlichen Gestalten hinweg auch um seinen Tod weiß, wendet sich in ihm Natur vielmehr gegen sich selbst (vgl. Plessner, 1976, S. 123). Natur wird, auf Zeit, zum Selbstbewußtsein, zum Ich. Um den Preis des Todes, den nur ein Mensch *sterben* kann, aber auch um einer Freiheit willen, die nur ein Mensch *leben* kann.

Literaturverzeichnis

Albrecht v. Eyb (1890). *Deutsche Schriften I* (hrsg. von M. Herrmann). Berlin: Weidmann.

Aristoteles (1955). *De caelo* (ed. by D. J. Allan). Oxford: Clarendon.

Aristoteles (1956). *Physica* (ed. by W. D. Ross). Oxford: Clarendon.

Augustinus, A. (1955). *Confessiones* (hrsg. von J. Bernhart). München: Kösel.

Augustinus, A. (1976). *Retractationum libri duo/Die Retractationen in zwei Büchern* (hrsg. von C. J. Perl). Paderborn: Schöningh.

Avicenna (1964). *Liber Canonis*. Hildesheim: Olms. (Erstausgabe 1507; Venedig: per Paganium de Paganinis).

Bakchylides (1970). *Carmina cum Fragmentis* (hrsg. von B. Snell & H. Maehler). Leipzig: Teubner.

Bergson, H. (1901). *Essai sur les données immédiates de la conscience* (3. Aufl.). Paris: Alcan.

Bloch, E. (1959). *Das Prinzip Hoffnung I*. Frankfurt/M.: Suhrkamp.

Böck, K. (1953). *Das Bauernleben in den Werken bayerischer Barockprediger.* München: Schnell & Steiner.

Böhme, G. (1974). *Zeit und Zahl. Studien zur Zeittheorie bei Platon, Aristoteles, Leibniz und Kant.* Frankfurt/M.: Klostermann.

Boll, F. (1913). Die Lebensalter. Ein Beitrag zur antiken Ethologie und zur Geschichte der Zahlen. *Neue Jahrbücher für das Klassische Altertum, 31,* 89 – 154.

Borscheid, P. (1987). *Geschichte des Alters. 16.-18. Jahrhundert.* Münster: F. Coppenrath.

Brinton, T. (1954). *The Sermons II* (ed. by M. A. Devlin). London: Offices of the Royal Historical Society.

Burrow, J. A. (1986). *The ages of man. A study in medieval writing and thought.* Oxford: Oxford University Press.

Chew, S. C. (1962). *The pilgrimage of life.* New Haven, CT: Yale University Press.

Cicero, M. T. (1963). *Cato maior de senectute* (hrsg. von M. Faltner). München: Heimeran.

Dante Alighieri (1980). *Convivio* (hrsg. von P. Cudini). Mailand: Garzanti.

Einstein, A. (1988). *Über die spezielle und die allgemeine Relativitätstheorie* (23. Aufl.). Braunschweig: Vieweg.

Ende, M. (1988). *Momo oder Die seltsame Geschichte von den Zeit-Dieben und von dem Kind, das den Menschen die gestohlene Zeit zurückbrachte.* München: dtv.

Englert, A. (1905). Die menschlichen Altersstufen in Wort und Bild. *Zeitschrift des Vereins für Volkskunde, 15,* 399 – 412.

Euripides (1899). *Tragicorum Graecorum Fragmenta* (2. Aufl., hrsg. von A. Nauck). Leipzig: Teubner.

Eyben, E. (1973). Die Einteilung des menschlichen Lebens im römischen Altertum. *Rheinisches Museum für Philologie, 116,* 150 – 190.

Filz, W. (1983). Ameisenpyramide und Pfad im Gras – Die Lebensalter in der Literatur. In P. Joerißen & C. Will (Hrsg.), *Die Lebenstreppe. Bilder der menschlichen Lebensalter* (Schriften des Rheinischen Museumsamtes Nr. 23, Ausstellungskatalog, S. 93 – 100). Köln: Rheinland-Verlag.

Gellius (1968). *Noctes Atticae II* (ed. by P. K. Marshall). Oxford: Clarendon.

Hamerling, R. (1911). *Sämtliche Werke: Band IV* (hrsg. von M. M. Rabenlechner). Leipzig: Hesse & Becker.

Heidegger, M. (1977). *Sein und Zeit* (14. Aufl.). Tübingen: Niemeyer.

Homer (1961). *Ilias* (2. Aufl., hrsg. von H. Rupé). München: Heimeran.

Homer (1967). *Odyssee* (3. Aufl., hrsg. von A. Weiher). München: Heimeran.

Janich, P. (1980). *Die Protophysik der Zeit. Konstruktive Begründung und Geschichte der Zeitmessung.* Frankfurt/M.: Suhrkamp.

Kant, I. (1956). *Werke in sechs Bänden: Band II* (hrsg. von W. Weischedel). Darmstadt: Wissenschaftliche Buchgesellschaft.

Klibansky, R., Panofsky, E. & Saxl, F. (1964). *Saturn and Melancholy. Studies in the history of natural philosophy, religion and art.* London: Nelson.

Macrobius (1963). *Commentarii in Somnium Scipionis* (hrsg. von J. Willis). Leipzig: Teubner.

Martianus Capella (1983). *De nuptiis Philologiae et Mercurii* (ed. by J. Willis). Leipzig: Teubner.

Meyer, M. de (1964). Verjüngung im Glutofen – Altweiber- und Altmännermühle. *Zeitschrift für Volkskunde, 60,* 161 – 167.

Meyerson, E. (1976). The elimination of time in classical science. In M. Čapek (Ed.), *The concepts of space and time. Their structure and their development* (pp. 255 – 264). Dordrecht: Reidel.

Mittelstraß, J. (im Druck). From time to time. Remarks on the difference between the time of nature and the time of man. In *Festschrift für Adolf Grünbaum.*

Montaigne, M. E. de (1953). *Die Essais* (hrsg. von H. Lüthy). Zürich: Manesse.

Nowotny, H. (1989). *Eigenzeit. Entstehung und Strukturierung eines Zeitgefühls.* Frankfurt/M.: Suhrkamp.

Pamphilus Gengenbach (1966). *Gedichte.* Amsterdam: Editions Rodopi. (Erstausgabe 1856; Hannover: Rümler).

Plessner, H. (1976). *Die Frage nach der Conditio humana. Aufsätze zur philosophischen Anthropologie.* Frankfurt/M.: Suhrkamp.

Plessner, H. (1981). *Gesammelte Schriften: Band IV. Die Stufen des Organischen und der Mensch. Einleitung in die Philosophische Anthropologie.* Frankfurt/M.: Suhrkamp. (Erstausgabe 1928).

Ptolemaios, K. (1980). *Tetrabiblos* (hrsg. von F. E. Robbins). Cambridge, MA: Harvard University Press.

Raleigh, W. (1829). *The Works II.* Oxford: Oxford University Press.

Reichenbach, H. (1971). *The direction of time.* Berkeley, CA: University of California Press. (Originally published 1956).

Roscher, W. H. (1904). *Die Sieben- und Neunzahl im Kultus und Mythus der Griechen.* Leipzig: Teubner.

Roscher, W. H. (1906). *Die Hebdomadenlehren der griechischen Philosophen und Ärzte. Ein Beitrag zur Geschichte der griechischen Philosophie und Medizin.* Leipzig: Teubner.

Rosenmayr, L. (1978). Die menschlichen Lebensalter in Deutungsversuchen der europäischen Kulturgeschichte. In L. Rosenmayr (Hrsg.), *Die menschlichen Lebensalter. Kontinuität und Krisen* (S. 23 – 79). München: Piper.

Sears, E. (1986). *The ages of man. Medieval interpretations of the life cycle.* Princeton, NJ: Princeton University Press.

Shakespeare, W. (1970). *Gesammelte Werke: Band VI* (hrsg. von L. L. Schücking). Berlin: Tempel.

Sophokles (1990). *Fabulae* (ed. by H. Lloyd-Jones). Oxford: Clarendon.

Vogt, W. (1973). *Klartext. Gedichte.* Zürich: Verlag der Arche.

Weizsäcker, C. F. v. (1977). *Der Garten des Menschlichen. Beiträge zur geschichtlichen Anthropologie.* München: Hanser.

Wieland, W. (1985). Prolegomena zum Zeitbegriff. In H. Schipperges (Hrsg.), *Pathogenese. Grundzüge und Perspektiven einer Theoretischen Pathologie* (S. 7 – 31). Berlin: Springer-Verlag.

Wittgenstein, L. (1963). *Tractatus logico-philosophicus.* Frankfurt/M.: Suhrkamp. (Erstausgabe 1921).

16. Lebenserfahrung und Lebenssinn

URSULA M. STAUDINGER & FREYA DITTMANN-KOHLI

Zusammenfassung

Die Konzepte der Lebenserfahrung und des Lebenssinns werden zunächst begrifflich verankert und charakterisiert. Es sind beides Begriffe, die zwar über die gesamte Lebensspanne hinweg eine Rolle spielen, doch im Alter noch an zusätzlicher Bedeutung gewinnen. Beide Konzepte sind Schlüsselbegriffe für das Verständnis des Alters und des Alterns. Besonders vor dem Hintergrund der einschneidenden körperlichen Veränderungen im Alter sowie der Veränderungen des gesellschaftlichen Umfeldes sind der Erhalt oder die Neukonstitution positiven Lebenssinns und die Anreicherung von Lebenserfahrung eine Herausforderung für den einzelnen und die Gesellschaft. Es werden Überlegungen dazu angestellt, wie Lebenserfahrung entsteht und Lebenssinn sich konstituiert. Über die Untersuchung des Alters und des Alterns, wie es sich gegenwärtig darstellt, hinaus lenken Lebenserfahrung und Lebenssinn die Aufmerksamkeit jedoch auch weg von den Defiziten hin zum möglichen Potential des Alters und des Alterns. Abschließend werden deshalb Möglichkeiten zur Hilfe und Unterstützung bei der Verwirklichung dieses Potentials diskutiert.

A. Prolog

Kann man aus dem Leben lernen? Wozu lebt man? Kommt die Einsicht aus Erfahrungen immer zu spät? Gibt es vielleicht neben dem individuellen auch einen gesellschaftlichen Nutzen von Lebenserfahrung und gefundenem positivem Lebenssinn? Solche und ähnliche Fragen führen uns zu den beiden Konzepten Lebenserfahrung und Lebenssinn, die im Zentrum dieses Beitrags stehen.

In den folgenden Ausführungen verbinden wir die vornehmlich in der Phänomenologie verankerte Tradition der beiden Begriffe hauptsächlich mit Ge-

Dr. Ursula M. Staudinger ist Psychologin und arbeitet als Wissenschaftliche Mitarbeiterin in der Arbeitsgruppe »Altern und gesellschaftliche Entwicklung« der Akademie der Wissenschaften zu Berlin. Forschungsinteressen: Lebenslange Entwicklung von Kognition sowie von Selbst und Persönlichkeit; Potential des Alters.
Dr. Freya Dittmann-Kohli ist Psychologin und zur Zeit Professorin am Lehrstuhl für Psychogerontologie der Katholischen Universität in Nijmegen. Forschungsinteressen: Alters- und Jugendforschung, Bildungsforschung und interkulturelle Psychologie. Forschungsschwerpunkt: Individuelle und kulturelle Entwicklung von Sinnsystemen sowie Methodik empirischer Sinnforschung.

dankengängen aus der kognitiven und der Persönlichkeitspsychologie sowie einzelnen soziologischen Theorieansätzen. Die Behandlung unseres Themas »Lebenserfahrung und Lebenssinn« muß sich notwendigerweise auch Beschränkungen in der Länge der Darstellung fügen, was zu einer Selektion in mehrerer Hinsicht führt. So haben wir es zum Beispiel nicht zum Gegenstand dieses Kapitels machen können, die komplexen Fragen der Überschneidung und Abgrenzung zwischen Lebenserfahrung und Lebenssinn ausreichend zu klären oder beide Konzepte und die damit verbundenen theoretischen Ansätze ausführlich darzustellen. Darstellungen empirischer Vorgehensweisen mußten fast völlig entfallen. Vielmehr haben wir uns darauf konzentriert, die jeweilige Eigenart der beiden Konzepte kurz zu umreißen und auf weitere Literatur zu verweisen. Geleitet war diese Selektion von der Relevanz für das Verständnis, die Bewertung und die Erschließung möglicher Potentiale des Alterns und des Alters.

B. Was ist Lebenserfahrung?

1. Lebenserfahrung: der Begriff

Man scheint ein intuitives Verständnis davon zu haben, was Lebenserfahrung ist, und doch ist dieser Begriff nach wie vor, genauso wie der der Erfahrung, »einer der unaufgeklärtesten Begriffe, den wir besitzen« (Gadamer, 1960, S. 329). Es soll hier jedoch nicht die Rede sein von Erfahrung im allgemeinen, sondern von *Lebens*erfahrung. Mit diesem Begriff hat man es allerdings in keiner Weise leichter, denn er ist bisher nur sehr selten ein Gegenstand philosophischer oder sozial- und kulturwissenschaftlicher Betrachtungen (Hinske, 1986). Erst in seiner Ausgabe von 1885 führt das Grimmsche Wörterbuch Lebenserfahrung als eigenes Stichwort und auch nur mit einem Beleg aus dem Jahre 1846 auf.

Lebenserfahrung ist einerseits ein spezifischerer, andererseits aber auch ein allgemeinerer Begriff als Erfahrung. Lebenserfahrung ist spezifischer insofern, als sie sich auf Erfahrungen mit grundlegenden Situationen und Befindlichkeiten des Lebens beschränken soll (Staudinger, 1990). Lebenserfahrung ist jedoch auch allgemeiner, denn sie geht über Erfahrungen hinaus, die in einzelnen Lebensbereichen, wie zum Beispiel in einem bestimmten Beruf oder mit einer bestimmten Person, gemacht werden. Lebenserfahrung bezieht sich auf den Gesamtzusammenhang des Lebens, auf das Verständnis der für das Leben konstitutiven Prozesse (Dilthey, 1962a, S. 196 ff.). Dilthey (1962b) beschreibt Lebenserfahrung auch als die »Besinnung über das Leben«, die einzelne Geschehnisse zu Erkenntnissen zusammenführt. Es sind dabei sowohl Einsichten in das eigene Leben als auch das Leben allgemein angesprochen.

Damit wird ein etwas anderer Begriff von Lebenserfahrung geprägt, als wir ihn zum Beispiel bei Spranger (1947) oder auch Hinske (1986) finden. Zwar ist Lebenserfahrung durchaus an den Handlungsentwurf des einzelnen gebunden (Hinske, 1986, S. 40), doch bedeutet dies in der hier vertretenen Konzeption von Lebenserfahrung keineswegs, daß »dieses seltsame Wissen« durch weitere

Verarbeitung nicht von der eigenen Person abzulösen ist, wie Spranger meint (1947, S. 11).

Im alltäglichen Sprachgebrauch lassen sich mindestens drei Verwendungszusammenhänge von Lebenserfahrung unterscheiden. Zum einen spricht man davon, daß »jemand Lebenserfahrungen sammelt« oder »macht«, und zum anderen beschreibt man eine Person als »lebenserfahren« oder als jemanden, der »Lebenserfahrung hat« oder »besitzt«. Eine weitere Verwendung ist schließlich der phänomenologisch geprägte Ausdruck »das Leben erfahren«. Lebenserfahrung soll hier nicht im Sinne von etwas erleben, von »Erfahrungen machen«, sondern im Sinne von Lebensverständnis oder Lebenseinsicht gebraucht werden. Lebenserfahrung wird definiert als Lebenserfahren-Sein und hat von daher die Konnotation des Etwas-Besonderes-Sein. In ähnlicher Weise hat schon Aristoteles »Erfahrungen haben« als eine Stufe des Wissens, dessen höchste Stufe die Weisheit (Sophia) ist, bezeichnet.

2. Die Wertigkeit von Lebenserfahrung

Wenn hier also von Lebenserfahrung gesprochen wird, so ist damit das Ergebnis der Verarbeitung von Lebensereignissen und Erlebnissen gemeint. Lebensereignisse beziehen sich dabei sowohl auf »subjektiv-innere« Ereignisse, zum Beispiel auf eigene Wünsche, Gefühle, innere Konflikte, als auch auf »objektiv-äußere«, das heißt auf Geschehnisse der äußeren Realität. Lebenserfahrung ist jedoch nicht nur die Summe der inneren und äußeren Lebensereignisse und Erlebnisse, sondern hat eine aus solchen Ereignissen synthetisierte neue Qualität der *Einsicht* in und des Verständnisses von den grundlegenden Situationen und Befindlichkeiten des Lebens. Insofern gehört Lernen notwendig zur Entstehung von Lebenserfahrung. Lebenserfahrung gewonnen haben, heißt dann, aus Ereignissen und Geschehnissen eine Konsequenz gezogen haben, sie für sich *bewertet* haben, etwas gelernt haben. Eine Erfahrung, die ohne Konsequenzen bleibt, ist keine gewesen. Lebenserfahrung, im hier verwendeten Sinne, bedeutet Umlernen und Dazulernen (Buck, 1969).

3. Die Zeitlichkeit von Lebenserfahrung

Man kann nur dann Lebenserfahrung gewinnen, wenn man aus dem Zusammenhang des »unmittelbaren Lebens« (Guardini, 1963) heraustritt und über Erlebtes reflektiert. Dies weist auf eine Qualität von Leben und Erfahrung hin, die in den verschiedensten Disziplinen und von verschiedensten Autoren immer wieder hervorgehoben wurde. So hat Kierkegaard in seinen Tagebüchern vermerkt, daß das Leben zwar vorwärts gelebt, jedoch nur rückwärts verstanden werden kann. In einem Briefwechsel zwischen Goethe und dem Grafen Reinhard schreibt letzterer, daß Erfahrungen immer zu spät kommen, nämlich nachdem der Lebensabschnitt gelebt ist.

Diesem Phänomen liegt der *temporäre Charakter* von Lebenserfahrung zugrunde. Die zu machende Erfahrung erstreckt sich über Minuten, Stunden,

Tage, Monate oder Jahre; dagegen ist in der gemachten Erfahrung diese zeitliche Erstreckung in einem Brennpunkt vereinigt (Koselleck, 1979). In diesem Sinne ist Lebenserfahrung dadurch ausgezeichnet, daß sie Vergangenes verarbeitet hat und vergegenwärtigen kann. Lebenserfahrung geht jedoch weiter als Erinnerung oder Reminiszenz. In jede zur Lebenserfahrung verarbeitete Erinnerung fließen Erwartungen, Werte, Ziele oder Sinndimensionen, in gewisser Weise die Zukunft, als organisierende Größen ein. In der gegenwärtigen Erfahrung ist zugleich die vergangene und zukünftige Erfahrung enthalten.

4. Die Gesellschaftlichkeit von Lebenserfahrung

Obwohl sich Lebenserfahrungen im Individuum kristallisieren, sind sie stark geprägt durch die aktuellen gesellschaftlichen Rahmenbedingungen, die Sozialisation jedes einzelnen und durch die überkommenen Lebenserfahrungen vorhergehender Generationen. So prägen die gesellschaftlich vorgegebene Zeit- und Lebenseinteilung oder kollektive Lebenserfahrungen, wie sie in Sprache, Institutionenwelt, sozialen Regeln, Grundeinstellungen und Grundgefühlen einer Gesellschaft oder Kultur zum Ausdruck kommen, das Lebenserfahrungsmuster von Individuen (Berger & Luckmann, 1966).

Wenn man vom Einfluß kollektiver Lebenserfahrungen spricht, sollte das aber keineswegs so verstanden werden, daß sie alle Individuen gezwungenermaßen und in der gleichen Weise betreffen. Vielmehr haben beispielsweise die Arbeiten von Elder und anderen zur Auswirkung der Großen Depression in den USA gezeigt, daß die Wirkung solcher historischen Lebenserfahrungen immer in Interaktion gesehen werden muß mit der individuellen Vorgeschichte des Individuums und dem Kontext, in dem sich das Individuum zum Zeitpunkt des Ereignisses befindet (z. B. Elder & Liker, 1982). In den Lebenserfahrungen des einzelnen werden gesellschaftliche Vereinbarungen gleichzeitig rezipiert und produziert.

5. Auf welchen Gegenstandsbereich bezieht sich Lebenserfahrung?

Es kann im folgenden nicht um eine umfassende und erschöpfende Beschreibung des Gegenstandsbereichs von Lebenserfahrung gehen, denn Lebenserfahrung ist als »fuzzy category« zu verstehen, wie ein Begriff aus der Prototypenforschung besagt (Rosch, 1978). Damit ist gemeint, daß die Ränder des Inhaltsbereiches dieser Kategorie offen sind, daß es jedoch zentrale Bestimmungsstücke dieses Inhaltsbereiches gibt, über die sich die Kategorie klar beschreiben läßt.

Der Gegenstandsbereich für Lebenserfahrung ist der Erlebens- und Ereignisraum »menschliches Leben«. Dieser Raum umfaßt die verschiedenen Lebensbereiche, wie Beruf, Familie, Freizeit, Freunde, Partnerschaft und das eigene Selbst. Er umfaßt Pläne, Handlungen und Erinnerungen. Er reicht von Erkenntnissen über Einstellungen und Einsichten in Fähigkeiten bis hin zu Motiven und Gefühlen. Der Erlebens- und Ereignisraum teilt sich in verschiedene Zieleinheiten auf: das Individuum, Zweiergruppen (z. B. Freundschaft, Partnerschaft), größere Gruppen (Familie, Freunde etc.) und schließlich soziale Einheiten wie Kommunen, Institutionen, Staaten.

Lebenserfahrungen umfassen Einsichten in die eigenen Stärken und Schwächen, Wünsche und Reaktionsweisen. Sie beinhalten aber auch Wissen über die Reaktionsweisen anderer, über deren Ziele und Einflußmöglichkeiten auf das eigene Leben oder das Leben anderer. Weiterhin gehört zu Lebenserfahrung die Kenntnis von den in unserem Gemeinwesen herrschenden sozialen Regeln sowie deren Grenzen, das heißt die Kenntnis, wann diese Regeln überschritten werden können oder sogar müssen. Schließlich beziehen sich Lebenserfahrungen auf Erkenntnisse über das Eingebettetsein menschlicher Existenz in den Generationenzusammenhang, über das Woher und Wohin der eigenen Existenz.

Lebenserfahrungen beziehen sich aber nicht nur auf die Üblichkeiten und Regelmäßigkeiten des Lebens, sondern auch auf die Unverständlichkeiten des Lebens, die Lebensrätsel der Zeugung, der Geburt, der Entwicklung und des Todes. Lebenserfahrung beinhaltet Einsicht in die Macht des Zufalls und die Grundbedingungen menschlicher Existenz, wie zum Beispiel Sterblichkeit, Verletzlichkeit, Sexualität und Emotionalität (vgl. Rentsch, Kapitel 11 in diesem Band). Handelt es sich um Überlegungen zum eigenen Leben, zur eigenen Entwicklung und zum eigenen Tod, so sprechen wir vom persönlichen Sinnsystem (Dittmann-Kohli, 1988). Betrachten wir die höchste Qualitätsstufe dieser Einsichten, so sprechen wir von Weisheit (Baltes & Smith, 1990).

Lebenserfahrung besteht jedoch nicht nur aus Erkenntnissen über Zusammenhänge und Sachverhalte, sondern darüber hinaus auch aus bestimmten Denkweisen, Strategien und Heuristiken. So würde man zum Beispiel von einer lebenserfahrenen Person erwarten, daß sie komplexe Lebensprobleme vereinfacht darstellen und auf den Punkt bringen kann; oder daß sie weiß, auf welche Aspekte man bei Lebensproblemen besonders zu achten hat und welche eher zu vernachlässigen sind. Lebenserfahrung beinhaltet auch die Fähigkeit, scheinbare Paradoxien und Widersprüche zusammenzuführen und eigene Irrtümer zu erkennen und einzugestehen. Nicht zuletzt gehören kommunikative und empathische Fähigkeiten des Urteilens und Ratgebens zur Lebenserfahrung. Man sollte wissen, wem, wann und wie man seine Erfahrungen weitergeben kann. Auch in Kants »Anthropologie in pragmatischer Hinsicht« (1973/1798) lassen sich diese zwei Facetten von Lebenserfahrung, nämlich einerseits die Inhalte und andererseits die Mittel oder Strategien zur Verwirklichung dieser Inhalte, wiederfinden. Kant nennt das eine Weltkenntnis und Klugheit und das andere pragmatisches Wissen.

6. Lebenserfahrung: Erkenntnis, Einsicht und Wissen

Es war jetzt häufig die Rede von Erkenntnis, Einsicht und von Wissen, was vielleicht verwirrt und irritiert haben mag. Erfahrung ist doch gerade *nicht* Wissen, wie uns jahrhundertelange philosophisch-epistemologische Diskussion lehrt. Es bedarf deshalb der Klärung, in welchem Sinne der Begriff »Wissen« hier verwendet wird.

Die Begriffe Wissen, Erkenntnis und Einsicht sollen im Sinne subjektiver Theorien, wie Groeben es nennt (1986) und es auch schon bei Kelly diskutiert wird, oder im Sinne der »personal knowledge« bei Polanyi (1958) verstanden werden. Es geht nicht um »objektive« Erkenntnisse über das Leben, sondern um die Einsichten und das Verständnis einzelner Personen. Diese »Subjektivität« bedeutet aber keineswegs, daß diese Einsichten nicht kommunizierbar und nicht konsensfähig sind. Es zeigt sich vielmehr im Gegenteil, daß man innerhalb einer Gemeinschaft hohe Übereinstimmung in der Vergabe des Prädikats »lebenserfahren« oder gar »weise« findet.

Zu der Sachlichkeit, die Wissen normalerweise zugeschrieben wird, kommen auf diese Weise Wertigkeiten, moralische Erwägungen, Motive und Emotionen des Wissenden hinzu. Obwohl dieses, wie Polanyi zeigt, in gewisser Weise auf jegliche menschliche Erkenntnis zutrifft, ist der Wissensgegenstand grundlegender Lebensfragen ein prototypisches Beispiel für die Verschmelzung von Denken, Fühlen und Wollen. In dieser besonders ausgeprägten persönlichen Beteiligung des Wissenden am Erkenntnisgegenstand liegen denn auch die Schwierigkeiten beim Erwerb und Aufbau von Lebenserfahrung begründet.

C. Was ist Lebenssinn?

1. Historische Wurzeln und begriffliche Einordnung

Die Frage nach »dem« Lebenssinn wurde schon zu Beginn des Philosophierens gestellt und beispielsweise von Aristoteles als Frage nach dem guten Leben gedeutet (vgl. Rentsch, Kapitel 11 in diesem Band). Erkenntnisse darüber, wie man gut und richtig leben und welche Ziele und Zwecke man verfolgen sollte, sind seit altersher von Interesse für die Menschen gewesen. In moderner Version kann man mit Höffe (1988) von Selbstverwirklichung sprechen, einem glückenden oder gelingenden Leben, von Lebenserfüllung.

Ideale, Wünsche, Zielsetzungen und Bedürfnisse sind zentrale Bestandteile der Deutungsmuster, die Menschen bei der Interpretation und Bewertung ihrer Existenz verwenden. Der allgemeine Wunsch nach positivem Lebenssinn – oder die Klage über Sinnlosigkeit – ist kein zufälliges, vorübergehendes oder rein instrumentelles Ziel, sondern ist die Optimierung der Daseinsgestaltung und des Erlebens überhaupt. Die Frage, wie das Leben gelingen kann, lenkt die Aufmerksamkeit nicht nur auf Zielsetzungen und Ideale, sondern auch darauf, wie die Lebenssituation und die eigene Person wahrgenommen (gedeutet) und wie die Möglichkeiten und Beschränkungen für die Erfüllung des Gewünschten definiert werden (Dittmann-Kohli, 1990).

Schon die Griechen und die Römer hatten differenzierte Vorstellungen über den Zusammenhang von Zielsetzungen und Erfüllungsmöglichkeiten, wie die Schriften ihrer Philosophen zeigen. Seitdem hat es im Verlauf der Geschichte viele Theologen, Wissenschaftler, Intellektuelle, Schriftsteller und andere Menschen gegeben, die sich die unterschiedlichsten Gedanken zu den »Sollvorstellungen« vom guten und richtigen Leben machten und darüber, wie sie zu verwirklichen seien. Alle Religionen haben ferner Interpretationen über die Realität, die menschliche Natur und das Leben entwickelt und zum Teil weit voneinander abweichende Forderungen nach dem richtigen Leben und der Haltung zu sich selbst aufgestellt.

Aufgrund der geschichtlichen, kulturellen, religiösen und einstellungsmäßigen Unterschiede in den Auffassungen vom Lebenssinn und in den Vorstellungen von der Natur des Menschen (Baumeister, 1987) scheint es kaum möglich, absolute Kriterien für die Bewertung oder die Zwecksetzung menschlichen Lebens oder seiner Teilaspekte zu finden. Jedoch läßt sich aufweisen, daß die für die eigene Person und Lebensweise entwickelten Interpretationen und Wertungen der wissenschaftlichen Dokumentation zugänglich sind und auf ihre Konsequenzen (für das Subjekt) hin überprüft werden können. So kann man zeigen, welche Implikationen verschiedene Vorstellungen vom Lebenssinn haben und welche Ziele und Zwecke durch religiöse, individualistische, zukunftsorientierte oder gesundheitszentrierte Selbst- und Lebensinterpretationen nahegelegt oder verhindert werden (Shotter & Gergen, 1989).

Die Interpretation und Bewertung von Bedürfnissen und Zielsetzungen können sehr unterschiedlich sein. Selbst die Interpretationsmöglichkeiten der biologisch verankerten menschlichen Bedürfnisse und Empfindungen wie Sexualität und Schmerz sind erstaunlich groß, ebenso wie die persönlichen Vorstellungen über Glück und Erfüllung. So gehören Vorstellungen von Liebe und einer glücklichen lebenslangen Partnerschaft zu den auch angesichts hoher Scheidungsziffern aufrechterhaltenen Illusionen. Die Unterschiedlichkeit von Vorstellungen über ein sinnvolles oder wünschenswertes Leben werden auch an den gegensätzlichen Lebensentwürfen und Glücksvorstellungen von jungen und alten Menschen deutlich. Auch anscheinend eindeutig negative Ereignisse, wie Leiden und Krankheit, können für sinnvoll gehalten und positiv bewertet werden (z. B. deutete Hiob seine Leiden als von Gott auferlegte Prüfung). Selbst Altern und Tod müssen nicht primär als »Absterben« verstanden, sondern können als religiöse Vollendung und höhere Lebensstufe gedeutet werden (Burrow, 1986; Cole & Gadow, 1986).

Es müssen daher verschiedene Arten von Sinngebungen unterschieden werden, zum Beispiel weltliche (und wissenschaftliche) versus religiöse. Weltlichen Sinngebungen können verschiedene Typen von Welt- und Menschenbildern oder von Bedürfnis-Ebenen entsprechen (vgl. Maddi, 1970; Maslow, 1977). Religiöse Vorstellungen sind zwar in vielen, aber nicht allen Ländern der Welt immer noch die wichtigsten Grundlagen für persönliche und neuerdings auch wieder für politische Sinnsysteme. In den weltlichen Sinnsystemen der modernen westlichen Länder ist religiöser Glaube der individuellen Entscheidung untergeordnet. Das gilt auch für die Wahl von Zielen, Werten und Lebensauffassungen (vgl. Freud, 1969; Trilling, 1983). Die für moderne westliche Gesellschaften typische individualistische Sinnkonfiguration geht (etwa im Gegensatz zur kollektiv orientierten oder religiösen Sinngebung) davon aus, daß der einzelne Mensch seine Überzeugungen und Werte selbst bestimmen kann (Sampson, 1989) und daß er auch in gewissem Ausmaß für die Deutung seiner persönlichen Realität und für seine Zielsetzung verantwortlich ist.

Die Entdeckung dieser »Sinngebungs-Autonomie« des Menschen in der Neuzeit war mit religiösen Zweifeln und Erfahrungen von Entwurzelung, Sinnlosigkeit, Verlorenheit verbunden. Die Problematik der Begründung von Werten und Zielen führte auch zur Diskussion der Notwendigkeit von Illusionen (Baumeister, 1989; Stein, 1902). Dadurch gewann die Frage nach dem Lebenssinn an neuer Bedeutung und wurde sowohl in philosophischen als auch in literarischen Werken intensiv gestellt (Höffe, 1988).

2. Die Einflüsse der Umwelt auf das Individuum

Die modernen westlichen Sinnkonfigurationen entspringen zwar der Grundannahme, daß persönliche Entscheidungen und Deutungsmuster die Basis für die Definition von Bedürfnissen, Zielen und Werthaltungen sind und daß sich deshalb der einzelne von allen anderen unterscheidet. Dies ist die herrschende Vorstellung von Individualität. Faktisch allerdings unterscheiden sich die persönlichen Sinnsysteme verschiedener Personen aufgrund der Verankerung des Lebens in einer Gemeinschaft weniger als gemeinhin angenommen. Die Sozialisations- und Enkulturationsprozesse wirken ebenso auf eine Vereinheitlichung hin wie die allgemeinen Entwicklungsgesetze und die biologischen Grundlagen menschlicher Motivation und Emotion (z. B. Angenehmes zu suchen und Unangenehmes zu meiden).

Enkulturation und Entwicklung schaffen Unterschiede und Gleichheiten, die von den materiellen und gesellschaftlichen Vorgaben für die Lebenspraxis noch weiter kanalisiert werden. Solche Vorgaben bewirken bestimmte Muster von Zielen und Zwecken, die soziale Gruppen als wichtig und als Voraussetzung für ein sinnvolles, erfolgreiches oder glückliches Leben ansehen. Bedürfnisse, Ziele und Zwecke orientieren sich an den materiellen und immateriellen Lebensverhältnissen und wahrgenommenen Möglichkeiten, die die jeweils Heranwachsenden vorfinden. Die Deutung von gegebenen Lebensverhältnissen und Möglichkeiten, ebenso wie die Ausformung von Selbstverständnis und Zukunftsidealen, geschieht mit Hilfe der Vorstellungen aus dem sozio-kulturellen Kontext, so zum Beispiel von Ideen über den richtigen Lebensstandard, über Charakterideale, moralische Werte, Bedürfnisse und Gefühle.

Für die Altersthematik von Belang ist der Tatbestand, daß gesellschaftlich verbreitete Deutungsmuster ebenso wie soziale Strukturen Unterschiede darin bewirken, was verschiedene Altersgruppen als sinnvolle Lebensinhalte definieren

(DeVogler & Ebersole, 1981). Ideale und Vorurteile über Jugend und Alter beeinflussen die Selbstdefinition ebenso wie die Positionen und Rollen, die den Altersgruppen tatsächlich zugewiesen werden. Die Möglichkeiten und Beschränkungen von Selbstverwirklichung und Lebenssinn im Alter werden somit nicht nur durch den individuellen biologischen Abbau bedingt, sondern zum Beispiel auch durch die Übernahme sozialer und kultureller Stereotype hinsichtlich der Bedürfnisse, Eigenschaften und der Lebenslage alter Menschen.

3. Wahlmöglichkeiten für das Individuum

Trotz der Abhängigkeit von äußeren Gegebenheiten, biologischen Veränderungen und vom sozio-kulturellen Kontext gibt es für das Individuum einen Freiraum für die Wahl zweckmäßiger oder unzweckmäßiger Selbst- und Lebensinterpretationen oder Sinngebungen. Vor dem Hintergrund der Grundüberzeugung von der individuellen Freiheit liegt es auch beim einzelnen, seine intellektuellen und emotionalen Kapazitäten für die Konstruktion seines Selbst- und Lebensentwurfs und seines persönlichen Sinnsystems zu nutzen. Es hängt auch von der Fähigkeit des einzelnen (und von der Hilfestellung der Umwelt) ab, ob neue Konzepte der Erfüllung oder des lebenswerten Lebens entwickelt werden können.

Die Voraussetzungen dafür, daß ein Leben glückt, liegen sowohl im Menschen selbst als auch in den äußeren beziehungsweise den von ihm nicht kontrollierbaren Lebensbedingungen (Tatarkiewicz, 1967). Was im Menschen selbst liegt, umfaßt sowohl die Art und Angemessenheit seiner Erfüllungsvorstellungen als auch seine Fähigkeiten, diese umzusetzen. Hier interessieren uns von den personabhängigen Faktoren vor allem, welche Konzeptionen und Bewertungen der eigenen Person und des Lebens sich herausbilden und wie zweckmäßig diese sind, um auch noch im höheren Alter das Gefühl eines positiven Lebenssinns zu vermitteln. Denn die Art dieser Konzeptionen, die Natur der Ziele und Erwartungen in der Selbst- und Lebensinterpretation, sind von Einfluß auf das Verhalten und auf das Erleben.

Was sind Einflußfaktoren im Prozeß der Sinngebung? Der informelle zwischenmenschliche Austausch, das Gespräch über subjektiv sinnvolle Lebenszwecke und -interpretationen ist für die Veränderung der Sinngebung und des Selbstverständnisses von großer Bedeutung (Berger & Luckmann, 1966; Nies & Munnichs, 1986). Auch die Massenmedien mit ihren massiven Wertungen und Kritiken können eine große Rolle spielen. In den letzten Jahrzehnten hat sich im Zuge der Ausweitung psychologischer Forschung und Praxis aber auch eine psychologische Ratgeberliteratur entwickelt, die sich mit der Lösung von Konflikten, der Verbesserung von Lebenseinstellungen und Selbstbewertungen, mit Lebensplanung und Lebenserfolg befaßt. Besonders Probleme und Erfüllungsmöglichkeiten im Alter werden in Zukunft vermutlich noch stärker ein Brennpunkt öffentlicher und wissenschaftlicher Deutungen sein.

4. Eine psychologische Konzeption von Lebenssinn

In der psychologischen Forschung und Praxis ebenso wie in anderen Sozialwissenschaften wird deutlich, daß die allgemeine Frage nach dem richtigen und sinnvollen Leben ergänzt werden muß durch wissenschaftliche Kenntnisse darüber, was Menschen tatsächlich wollen, denken und fühlen, wie sie selbst ihre Zwecke und Absichten »konstruieren«. Erst bei einer genaueren Betrachtung der sozialen und kulturellen Wirklichkeit und bei einer Untersuchung dessen, wie Individuen sich selbst und ihr Leben auffassen und bewerten, welche Ziele und Zwecke sie für sich als bedeutsam und sinnvoll ansehen, welche Ideale und Ansprüche sie haben, kommen die Möglichkeiten und Schwierigkeiten von Verallgemeinerungen und Empfehlungen für die Konstruktion und Veränderung eines tragfähigen persönlichen Sinnsystems zum Vorschein (vgl. Freud, 1969).

Zu diesem Zweck wurde in Ergänzung zu den fähigkeitsorientierten Konzeptionen von Kompetenz (Lebensbewältigung) und Weisheit (Dittmann-Kohli, 1982; 1984) das Konzept des persönlichen Lebenssinns ausgearbeitet. Lebenssinn und Selbstverständnis werden nicht nur allgemein angesprochen, sondern es werden auch die tatsächlichen Deutungsmuster anhand von Selbstbeschreibungen analysiert. Fragen der Veränderung von Lebenssinn und Selbstverständnis im Verlauf des Erwachsenenalters sowie Fragen nach der Besonderheit von Sinngebung im Alter werden dadurch zugänglicher. Die Thematik wird damit nicht auf die philosophische und humanistische Perspektive beschränkt (Moody, 1986), sondern um psychologische Ansätze erweitert. Es hat sich hierbei erwiesen, daß Konzeptualisierungen aus philosophischer und humanistischer Perspektive unbedingt durch Ansätze aus verschiedenen Bereichen der Psychologie und der kognitiven Wissenschaften (cognitive sciences) ergänzt werden sollten.

Das persönliche Sinnsystem hat sich als ein psychologisches Konstrukt erwiesen, in dem die individuellen Kognitionen über persönliche Ziele und Zwecke, Utopien und Ideale, aber auch die Interpretation der bereits realisierten eigenen Existenz und Person enthalten sind. Die Vorstellungen des persönlichen Sinnsystems sind nicht eine beliebige Sammlung von Einzelheiten, sondern haben eine bestimmte Ordnung. Sie bilden eine Gestalt mit einer zeitlichen Gliederung und einem subjektiven »Lebensraum«, in dem das körperliche und psychische Selbst im Zentrum der persönlichen Umwelt mit ihren verschiedenen Handlungs- und Lebensbereichen liegen. Außerdem gibt es verschiedene Ebenen der kognitiven und sprachlichen Repräsentation, nämlich eher generelle, abstrakte und eher konkrete Vorstellungen. Vorstellungen über und Interesse an Antworten zur philosophischen Frage nach dem »Sinn des Lebens« können, aber müssen nicht beim einzelnen vorhanden sein. Häufiger sind Wünsche nach einem glücklichen Leben, nach Zufriedenheit und innerer Harmonie oder nach psychischem Wachstum und Selbstrealisierung. Der größte Teil der Vorstellungen bezieht sich auf Ziele, Bedürfnisse, psychische Prozesse, Person-Umwelt-Beziehungen, Charaktermerkmale und Bewertungen der eigenen Person.

D. Wie entstehen Lebenserfahrung und Lebenssinn?

Welche Verarbeitungsprozesse laufen, auf dem Weg von Lebensereignissen, Erlebnissen und Geschehnissen und dem Erlangen von Einsichten in das Leben im einzelnen ab? Wie bildet sich Lebenserfahrung? Aristoteles erörtert in seiner Metaphysik (zitiert nach Mittelstraß, 1991, S. 114 f.), daß dem Menschen, ausgehend vom Wahrnehmungswissen über das Erinnerungswissen, das Erfahrungswissen entstünde. Die Erfahrung beinhaltet im aristotelischen Sinne sowohl das Erkennen der Einzelfälle als auch zugleich die Wahrnehmung des Allgemeinen. Was bedeutet diese aristotelische Aussage über die Entstehung von Erfahrung für die Genese der Lebenserfahrung? Übertragen läßt sich das Charakteristikum der Rekonstruktivität des Entstehungsprozesses.

Betrachten wir diesen rekonstruktiven Prozeß der Entstehung von Lebenserfahrung etwas näher. Es werden dabei zunächst Ereignisse und Geschehnisse aus dem Gedächtnis ausgewählt. Die so erinnerten (re-konstruierten) Lebensereignisse werden dann noch weiter umgeformt, interpretiert und bewertet (Staudinger, 1989). Lebensereignisse werden zum Beispiel in bewertende Kategorien wie Erfolg oder Mißerfolg sortiert; sie werden nach inhaltlichen Themen, wie Familie, Beruf, zwischenmenschliche Beziehungen, gruppiert oder entlang einer Zeitachse aufgereiht. Durch Vergleichsprozesse werden Ähnlichkeiten und Unähnlichkeiten zwischen eigenen Verhaltensweisen zu verschiedenen Zeitpunkten oder über verschiedene Lebensbereiche hinweg festgestellt. Ebenso wird das eigene Leben, die eigene Entwicklung mit dem Leben anderer und gesellschaftlichen Normvorstellungen verglichen. Es wird deutlich, daß *nicht nur* selbst Erlebtes aus Handlungen und Widerfahrnissen oder In-der-Welt-Sein eine Quelle für die Bildung von Lebenserfahrung ist. Vielmehr gehen in den Entstehungsprozeß von Lebenserfahrungen vielfach auch Kenntnisse aus Gesprächen mit anderen, aus Beobachtung, aus Filmen, Büchern und ähnlichem ein.

Der Verarbeitungsprozeß, dem erlebte, gelesene, gesehene und gehörte Lebensereignisse und Geschehnisse unterzogen werden, läßt sich aus kognitiv-handlungstheoretischer Perspektive auch als Verstehensprozeß abbilden. Verstehen wird dabei definiert als das Einordnen von Neuem in das vorhandene System von Kenntnissen beziehungsweise als die Transformation des bestehenden Systems durch das Neue. Es gilt hier festzuhalten, daß der Verarbeitungsprozeß, dem Erlebtes unterzogen wird, sowohl zu einer Erweiterung des bestehenden Erfahrungsschatzes führen als auch die bestehende Ordnung der Erfahrungen verändern kann. Um Ereignisse oder Handlungen zu verstehen, werden im Geschehensablauf zunächst Einheiten abgegrenzt und zueinander in Beziehung gesetzt. Die Sprache bietet dabei Hilfestellung und beeinflußt auch die Bildung solcher Einheiten. Nach der Rekonstruktion dieses inneren Zusammenhangs erfolgt die Einbettung in den äußeren Geschehensfluß oder Ereigniszusammenhang und damit die Klärung von Motiven und Zielen.

In dem Verarbeitungsprozeß, der zu Lebenserfahrung führt – er soll Lebensklärung genannt werden (Staudinger, 1991) –, wird die Vergangenheit vor dem Hintergrund der gegenwärtigen Verfassung und der Erwartungen an die Zukunft beleuchtet (erklärt und bewertet). Lebensklärung vollzieht sich unter sich ständig verändernden Bedingungen. Der jeweils aktuelle Deutungsrahmen ist bestimmt durch die soziale Lage des Individuums, die damit verbundenen Lebenspraktiken und das sich kontinuierlich verändernde Selbstbild einer Person. Welche Ereignisse erinnert, erklärt und bewertet werden, ist geprägt durch die bisherige Lebensgeschichte des Erfahrungsbildenden, durch seine momentane Verfassung, sein persönliches Sinnsystem, das sich in seinen Hoffnungen und Wünschen, aber auch in seinen Ängsten und Enttäuschungen manifestiert, sowie durch den gesellschaftlichen und historischen Kontext, in dem er sich befindet. Dieser Deutungsrahmen selbst steht jedoch wiederum in Wechselwirkung mit dem gewonnenen Erfahrungsschatz. Neu gewonnene Erfahrungen können zum Beispiel zu einer Veränderung des Sinnsystems und damit des Selbstbildes oder der Lebenspraktiken und -einsichten führen (Rosenmayr, 1990).

Wann kommt es nun zu solcher Verarbeitung von Erlebnissen und Lebensereignissen? Nicht alles, was man »äußerlich« erlebt hat, hat »innerlich« etwas verändert. Die aus der phänomenologischen Tradition stammende Unterscheidung zwischen innerer und äußerer Lebensgeschichte trifft diesen Sachverhalt sehr gut (Zacher, 1988). Schütz und Luckmann (1979) argumentieren, daß nur solche Erlebnisse, die sich dem Profil der biographisch erworbenen Deutungsschemata und Typisierungen *nicht* anpassen, nach Veränderung und Neugestaltung des bestehenden Wissensvorrats verlangen. Der Prozeß der Lebensklärung setzt ein, Lebenserfahrungen können sich bilden, wenn wir Lebensprobleme zu lösen oder Fragen zu beantworten haben. Diese Probleme und Fragen können sich auf die Vergangenheit beziehen, aus der Gegenwart stammen oder für die Zukunft wichtig sein. Lebensklärung wird notwendig, wenn man im Leben mit dem Unerwarteten oder der Behinderung üblicher Abläufe konfrontiert wird (Wollheim, 1984). Sloterdijk (1978, S. 113) hat für solche Erfahrungen des Widerspruchs, der Unentscheidbarkeit, des Konflikts, der Unordnung, der Abweichung und der Lüge den Begriff der »Stör-Erfahrung« geprägt.

Jedes Leben ist von solchen Störerfahrungen und – zumindest von geringfügigen – Sinnstörungen durchzogen, doch nicht jeder dadurch ausgelöste Prozeß der Lebensklärung bringt neue Einsichten und die Umstrukturierung bestehender Deutungsschemata. Eine Vielzahl von Faktoren beeinflußt den Verlauf einer Lebensklärung. Beispielsweise spielen die kognitiven Grundfähigkeiten einer Person eine Rolle. Sozio-kulturelle Bedingungen nehmen Einfluß, etwa über die Anzahl und die Art der Begriffe, die einer Person zur Selbstreflexion zur Verfügung stehen. So finden sich bei Berufsschülern und Studenten unterschiedlich differenzierte Deutungsmuster im persönlichen Sinnsystem (Dittmann-Kohli, im Druck). Die Art der Geschehnisse, mit denen man konfrontiert wird, Werthaltungen und selbstreflexive Motivation sind nicht zuletzt Resultate der Sozialisation und des sozialen Schicksals einer Person (Schütz & Luckmann, 1979). Ebenso spricht die marxistische Theorietradition von der gesellschaftlichen Verteilung und Zugänglichkeit bestimmter Erfahrungsbereiche sowie der gesellschaftlichen und historischen Beeinflussung von Deutungsmustern (z. B. Halbwachs, 1966/1925). Aus psychologischer Sicht kommen zu diesen Kontextvariablen noch Persönlichkeitsvariablen, wie Introversion versus Extraversion (Butler, 1974), die erreichte Stufe der Ich-Entwicklung (Loevinger, 1976) und das Interesse an Lebenseinsichten, als den Verarbeitungsprozeß beeinflussende Variablen hinzu.

Die Stufe der Ich-Entwicklung läßt sich in psychoanalytischer Terminologie auch durch das Mengenverhältnis von unzugänglichem oder verdrängtem zu zugänglichem, bewußtem Wissen einer Person beschreiben. Die weniger »reife« oder integrierte Person hat eine abwehrende, selektive und anpassende Art, Erlebtes und Getanes zu ordnen, die »weiter« entwickelte Persönlichkeit ist beim Ordnen kritisch, produktiv und versucht, Widersprüche zu verstehen. Im ersten Fall wird das mit den eigenen Ordnungsvorstellungen Unvereinbare verdrängt und umgedeutet. Im zweiten Fall hingegen entwickelt die Person neue Kategorien, um das zunächst Unvereinbare zu integrieren.

Aus kognitiv-psychologischer Sicht hat Greenwald (1980) drei zentrale Verzerrungsmechanismen des Selbst identifiziert und beschrieben. Erstens die Egozentriertheit in der Verarbeitung, das heißt, das Selbst wird zum Bezugspunkt alles Wissens und Erkennens gemacht. Zweitens die Vorliebe dafür, den Weg des geringsten Übels zu wählen oder die Verantwortung nur für die angenehmen Dinge zu übernehmen, und drittens eine Tendenz zur Bewahrung des Bestehenden, also ein Widerstand, bestehende Kategorien zu verändern. Die Trennungslinie zwischen adaptiven und destruktiven Verzerrungs- oder Abwehrmechanismen hat Vaillant (1977) da gezogen, wo solche Mechanismen rigide und nicht flexibel angewendet werden, wo sie sich mehr an der Vergangenheit als an der Gegenwart und Zukunft orientieren, wo sie Bedürfnisbefriedigung nicht nur einschränken, sondern verhindern, und den Ausdruck von Gefühlen unterdrücken und nicht nur umleiten.

Es wird deutlich, daß für den Konstruktionsprozeß von Lebenserfahrung und von Lebenssinn sowohl Charakteristiken der Person als auch des gesellschaftlichen und historischen Kontexts sowie deren Wechselwirkungen von zentraler Bedeutung sind. Als idealer Endpunkt der so skizzierten Entwicklung von Einsichten in grundlegende Fragen des Lebens und der Entwicklung des persönlichen Sinnsystems sei hier noch das Konzept der Weisheit angesprochen (Assmann, 1990; Baltes, Smith & Staudinger, im Druck; Dittmann-Kohli, 1984; Oelmüller, 1989; Sternberg, 1990).

Eine mögliche Konzeptualisierung von Weisheit ist, daß eine Person dann als weise gilt, wenn sie sehr umfassende Lebenserfahrung besitzt. Diese weltbezogene Weisheit wird definiert als höchste Form des Wissens in grundlegenden

Fragen des Lebens allgemein (Baltes & Smith, 1990). Eine andere Vorstellung von Weisheit bezieht sich auf Wissen über grundlegende Fragen des *eigenen* Lebens. Diese selbstbezogene Weisheit wäre gleichzeitig die höchste Stufe der Entwicklung persönlicher Sinngebung. Es ist durchaus vorstellbar, daß eine Person guten Rat geben kann und tiefe Einsicht hat in grundlegende Fragen des Lebens und von ihrer Umgebung auch als weise bezeichnet wird, diese Einsichten jedoch nicht auf das eigene Leben anwenden kann. Umgekehrt kann man sich Menschen vorstellen, die die höchste Stufe der Sinngebung erreicht haben, jedoch in diesem Bereich nicht abstrakt denken oder auch nicht das Interesse haben, vom eigenen Leben abstrahierte, allgemeine Lebenseinsichten zu formulieren.

Im Idealfall kommen beide Formen der Weisheit, die selbst- und die weltbezogene, in einer Person zusammen (Assmann, 1990). Als Meilensteine auf dem Weg zu dieser Weisheit werden in der Weisheitsliteratur das glückhafte Gelingen, das leidvolle Versagen, Verdienst und Schuld, Vergebung und Vergeben und schließlich liebende Zuwendung, aber auch abgewiesene Liebe genannt (Oelmüller, 1989). Nur einer Person, der es gelungen ist, die Eindrücke der Ratio und der Emotio zu integrieren, ist es möglich, ihre Lebenserfahrung und ihr Sinnsystem zu der beide Formen umfassenden Weisheit zu entwickeln (Labouvie-Vief, 1990; Staudinger, 1989).

E. Lebenserfahrung und Lebenssinn im Alter

Was ist nun das Besondere an Lebenserfahrung und Lebenssinn im Alter, und wie kann es uns helfen, gegenwärtig realisierte Alternsprozesse besser zu verstehen und potentiell mögliche Alternsverläufe aufzuzeigen? Es gehört zu den positiven Vorstellungen vom Alter, daß alte Menschen lebenserfahren sind, das heißt Einsichten darüber haben, wie man ein Leben führt und wie man es sich erklärt. Es wurde versucht, diese einfache Vorstellung, daß mit zunehmenden Lebensjahren und damit zunehmender Anzahl an erlebten Lebensereignissen auch automatisch die Lebenserfahrung anwächst, zu relativieren (Baltes & Smith, 1990; Staudinger, 1989).

Wir gehen nicht von einem einfachen kumulativen Modell der Erfahrungsbildung aus. Vielmehr nehmen wir an, daß neue Gegenwarten auch neue Vergangenheiten konstituieren (G. Mead, 1932). Die Schichten der Erfahrung durchdringen und überlagern sich gegenseitig. Früher gewonnene Wissensbestände geraten durch mangelnde Benutzung in Vergessenheit oder werden durch neu gebildete Erfahrungen transformiert. Wie jede Ontogenese läßt sich auch die Entwicklung von Lebenserfahrung als dynamische Interaktion von Gewinnen und Verlusten, in diesem Fall von Erfahrungen, begreifen (Baltes, 1987; Uttal & Perlmutter, 1989).

Der hier verwendete Begriff von Lebenserfahrung entspricht damit zum Beispiel nicht dem von Mannheim (1964/1928), der »alt sein« mit »erfahren sein« gleichsetzt. Vielmehr wird Lebenserfahrung so verstanden, daß sie nicht allein durch die Tatsache entsteht, daß man lebt oder gelebt hat. Für die Entstehung von Lebenserfahrung sind Reflexion und aktive Verarbeitung von Lebensereignissen und Geschehnissen erforderlich. Sowohl Dilthey (1962a) als auch Freud (1950) haben die Anstrengung und den Arbeitscharakter dieser Verarbeitungsprozesse betont. Es ist deshalb nicht zu erwarten, daß unter den gegenwärtigen gesellschaftlichen und individuellen Bedingungen die Mehrheit einer Generation im Alter als lebenserfahren gelten wird.

Trotz dieser Einschränkungen ist jedoch ein Charakteristikum des Alters in der Tat die schiere Anzahl und Wiederholung von Lebensereignissen und Geschehnissen. So hat zum Beispiel ein Befund zum autobiographischen Gedächtnis ergeben, daß man sich etwa ab der Mitte des Lebens nicht nur sehr gut an die letzten 20 Jahre, sondern auch an die Jugendzeit erinnern kann (Rubin, Wetzler & Nebes, 1986). Man könnte sagen, daß nicht nur die Anzahl der Ereignisse zunimmt, sondern diese, falls keine pathologischen Gehirnprozesse vorliegen, im Langzeitgedächtnis auch präsent bleiben (Holland & Rabbit, 1991).

Die Menge von Ereignissen und die Wahrnehmung ihrer Wiederholung können es für alte Menschen im Vergleich zu jüngeren »leichter« machen, rückblickend zu vergleichen und Muster zu erkennen. Simone de Beauvoir schreibt in ihrem Buch »Das Alter« (1972), daß man lange gelebt haben muß, ehe man *Übersicht* über den Lauf der Dinge gewinnen kann. Es ist auch nur im Alter möglich, einen persönlichen, »*selbstdurchlebten*« Begriff von der *Gesamtheit* des Lebenslaufs auszubilden (Butler, 1974). Die Fähigkeit, zurückliegende Ereignisse in eine umfassende Ordnung zu bringen und neu zu bewerten, wird von alten Menschen selbst häufig als ein Entwicklungsprozeß des Alters genannt (Kruse, 1990). In Studien zum biographischen Wissen zeigt sich außerdem, daß das Wissen älterer Personen weniger schematisch und stereotyp ist als das jüngerer Erwachsener (Strube, 1985).

Ein weiteres Spezifikum des Alters ist die Gleichzeitigkeit oder Dichte vieler verschiedener Störerfahrungen. Es kommt im Alter mit höherer Wahrscheinlichkeit als im früheren Erwachsenenalter zu einer Häufung kritischer Lebensereignisse oder menschlicher Grenzsituationen, wie zum Beispiel dem Verlust von nahestehenden Personen oder Krankheit und körperlichem Abbau sowie dem Näherrücken des eigenen Todes. Der Lebensereignisraum verändert sich desweiteren aufgrund von gesellschaftlichen Bedingungen, wie zum Beispiel dem Ausscheiden aus dem Arbeitsleben. Wie geht der alternde Mensch mit solchen Ereignissen um? Wie spiegelt sich dieser Ereignisraum im Erlebens- und Handlungsraum des alternden Menschen wider?

Psychologische Forschung hat gezeigt, daß alte Menschen in der Auseinandersetzung mit solchen Ereignissen vornehmlich Prozesse der Umbewertung, Distanzierung und des Akzeptierens einsetzen (z. B. Brim, 1988; Dittmann-Kohli, 1989; Folkman, Lazarus, Pimley & Novacek, 1987). Mit zunehmendem

Alter zeigen Menschen einen flexibleren Stil der Auseinandersetzung mit Lebensereignissen (Brandtstädter & Renner, 1990). Damit ist gemeint, daß ältere Menschen eine stärkere Tendenz zur Uminterpretation und zur Neuordnung von Zielhierarchien zeigen und nicht wie jüngere Erwachsene trotz Risiken und unüberwindlicher Schwierigkeiten an einem Ziel festhalten. Diese Fähigkeit zur Uminterpretation findet ihre Grenzen allerdings im Grad der objektiven Belastung durch die Situation. Wird die Belastung der Situation zu hoch, kommt es zu Niedergeschlagenheit und Depression. Wenn man alte Menschen selbst danach befragt, was ihrer Einschätzung nach Besonderheiten des Alters sind, so sind häufige Antworten, daß man im Alter die Möglichkeiten und Grenzen der Existenz realistischer sehen kann, häufiger Kompromisse zwischen Erwartetem und Erreichtem schließt und sich mit Erwartungen und Plänen nicht mehr so sehr auf die ferne, sondern auf die nahe Zukunft richtet (Kruse, 1990).

Diese zuletzt genannte Verkürzung der Zukunftsperspektive weist auf den herannahenden Tod als ein weiteres Charakteristikum des Alters hin, das für die Anreicherung von Lebenserfahrung hilfreich sein könnte. Die Verkürzung der eigenen Zukunft und damit die Abnahme der eigenen Erwartungen an die Zukunft werden im höheren Erwachsenenalter oft durch die Zukunft der nachfolgenden Generationen, meistens die der eigenen Kinder, und deren Erwartungen ersetzt. Die mit dieser Generativität (Erikson, 1959) verbundene Transzendierung eigener Interessen fördert unter Umständen einen klareren und kritischeren Blick auf das eigene Handeln und damit das Selbst- und Lebensverständnis erweiternde Einsichten.

Solche und andere Bedingungen können das Alter − unter sonst vergleichbaren Bedingungen − zu einem aussichtsreicheren Kandidaten für Lebenserfahrung als die Jugend machen. In empirischen Untersuchungen zum Lebenswissen zeigt sich denn auch tatsächlich, im Gegensatz etwa zu Befunden aus der traditionellen Intelligenzforschung, kein Nachweis für einen Altersabbau. Vielmehr befinden sich einige alte Menschen sogar in der Gruppe der besten Leistungen (Baltes, Smith & Staudinger, im Druck).

Häufig kommt es im höheren Alter zu einer tatsächlichen oder antizipierten Abnahme in den Möglichkeiten, sich selbst zu verwirklichen oder Befriedigung zu finden. Die Akkumulation von Leid und Verlusten, etwa durch den Tod von Angehörigen, generellen Verlust von engen Kontakten, Beschränkung oder Verlust von Beweglichkeit, Sinnestüchtigkeit, erfordert im allgemeinen eine umfassende Rekonstruktion des persönlichen Sinnsystems (Dittmann-Kohli, 1988). Ebenso kann das Alter jedoch auch als existentielle Situation mit besonderer Herausforderung für die kreative Neuentwicklung positiver Sinndimensionen aufgefaßt werden. Der Ruhestand etwa bringt eine Entflechtung aus sozialen Einbindungen und erlaubt eine Entfaltung anderer Sinnorientierungen.

Die Zwänge und Möglichkeiten der conditio humana (z. B. der biologischen Natur des Menschen und auch der Gesellschaft) drängen sich bei der Konstruktion oder Auswahl der Sinnkonfigurationen in den Vordergrund. In der Erwachsenen- und Altersforschung wurde häufig festgestellt, daß in der zweiten Lebenshälfte bestimmte Elemente dieser conditio humana zum ersten Mal nachhaltig ins Bewußtsein treten. Allerdings ist dies bereits gefiltert durch das herrschende Menschenbild und Realitätsverständnis. Mit fortschreitendem Alter scheinen in unserem Kulturkreis diese Veränderungen an und in der Person ein immer größeres Gewicht in der Konstitution des persönlichen Sinnsystems und seiner notwendigen Reorganisation zu gewinnen. Diese Veränderungen können zum einen charakterisiert werden durch das Ende der Erweiterung der körperlichen Funktionstüchtigkeit und den Beginn einer fortschreitenden Restriktion. Zum anderen kommt das Ende der Partizipation an zentralen gesellschaftlichen Rollen ins Blickfeld. Manche Rollen und Positionen, wie die der begehrenswerten Frau, der Mutter, des sexuell bewundernswerten Liebhabers oder des mächtigen Abteilungsleiters, enden für die meisten Menschen schon vor dem höheren Alter. Im mittleren Lebensalter, so ist anzunehmen, erfolgen häufig Restrukturierungen des persönlichen Sinnsystems, wobei Verschiebungen von Rollen, Lebensbereichen, Selbstdefinitionen und Zukunftsentwürfen vorgenommen werden, um sie den schon gelebten und noch zu erwartenden Phasen des Lebenszyklus anzupassen.

Im folgenden werden die wichtigsten Subsysteme der persönlichen Sinngebung behandelt, die sich bei der systematischen Analyse von 300, mit Hilfe eines Satzergänzungsverfahrens gewonnenen Selbstbeschreibungen älterer Männer und Frauen ergaben und die mit der Selbstinterpretation junger Erwachsener verglichen wurden. Aus einer großen Zahl von Vorstellungskategorien über die eigene Person und ihre Beziehungen zur Umwelt sowie über die Zukunft und die Vergangenheit wurden aufgrund einer vergleichenden Befragung von mehreren hundert Erwachsenen eines Altersspektrums von 15 bis 85 Jahren die folgenden Feststellungen über alterstypische Merkmale der Sinngebung entwickelt (vgl. Dittmann-Kohli, 1988; 1989; 1990; im Druck).

F. Sinndimensionen des Alters

1. Soziale Beziehungen

Es gilt allgemein als wünschenswert, viele und gute soziale Kontakte zu haben. Einsamkeit gilt dagegen in vielen Kulturen als ein Problem für junge und alte Menschen. Junge und alte Menschen sagen, daß sie sich nach Zärtlichkeit und Trost, nach Aussprache und menschlicher Wärme sehnen, wenn sie sich einsam oder unglücklich fühlen. Im Alter wird die Wahrscheinlichkeit einer Bedrohung durch soziale Isolation höher. Zum Beispiel entfallen frühere Kontakte durch das Ausscheiden aus dem Beruf, durch das Wegziehen von Kindern, durch das Sterben von Freunden und Bekannten. Körperliche Behinderungen und die kulturell verbreitete Abneigung, ältere Menschen überhaupt in gesellschaftliche Aktivitäten einzubeziehen, kommen hinzu.

Empirische Daten zeigen, daß das Gefühl, nicht mehr gebraucht zu werden und nicht mehr nützlich zu sein, eines der typischen Sinnprobleme älterer Menschen sein kann. Kommen Vorstellungen der Einsamkeit hinzu, ist vieles in Frage gestellt, was das Leben subjektiv als lebenswert erscheinen läßt. Ein beträchtlicher Teil der älteren Menschen jedoch entwickelt ein Sinnsystem, das gegen diese Selbstdefinition als einsam oder isoliert gewappnet ist, indem Alleinsein zum Beispiel als erholsam, notwendig und kreativ angesehen wird. Häufig werden parallel dazu Leitlinien für eine aktive Kontaktsuche und neue Beziehungsqualitäten entwickelt. Verbreitet ist bei den Älteren vor allem eine »pro-soziale« Haltung als Ausdruck des Wunsches nach Hilfe für und Interesse an anderen Menschen. Oft läßt sich ein solches generatives Motiv zwar gegenüber den eigenen Kindern nicht konstruktiv umsetzen. Aber viele ältere Menschen sind auch der Ansicht, daß es genügend andere, vor allem auch ältere Menschen in ihrer Umwelt gibt, die hilfsbedürftig sind. So stellt diese Art von sozialer Beziehung gerade auch für ältere Frauen eine Möglichkeit dar, an eine frühere Identität (Liebe, Helfen) anzuknüpfen.

Der Verlust des Ehepartners ist eine besonders einschneidende Anforderung an den Wiederaufbau des persönlichen Lebenssinns (Wortmann & Silver, 1990). Es gibt Detailstudien über die kognitiv-affektive Verarbeitung des Partnerverlustes, die die Störungen und den Wiederaufbau einer positiven Perspektive für den persönlichen Lebenssinn dokumentieren. Je älter eine verheiratete Frau ist, desto wahrscheinlicher ist es für sie, ihren Partner zu verlieren, da Männer eine niedrigere Lebenserwartung haben und bei der Heirat meist älter sind (vgl. Rosenmayr, Kapitel 18 in diesem Band). Das Ausmaß notwendiger Reorganisation von Sinnkonfigurationen und die Schwere und Dauer der durch den Verlust ausgelösten Störung von positivem Sinnerleben hängen unter anderem von der früheren ehelichen Beziehungsqualität ab. Die Neukonstitution von positivem Lebenssinn impliziert, die sozio-emotionalen Kontaktbedürfnisse auf andere Personen zu verschieben oder neue Befriedigungsformen zu entwickeln (Stevens, 1989).

Sinnkonstellationen, wie die Bindung an den Ehepartner, sind jedoch manchmal von verzweiflungsvoller Beständigkeit selbst dann, wenn die Beziehung subjektiv vielleicht gar nicht als so glücklich erlebt wurde. Aber die Beziehung ist Teil eines Sinnsystems, in dem subjektiv bedeutungsvolle Lebensaktivitäten mit so vielen anderen Bedürfnissen und sonstigen Deutungsmustern verbunden sind, daß eine Reorganisation schwierig sein kann. Auf der anderen Seite gibt es viele Beispiele für Frauen, die geradezu mit verstärkter Lebensfreude die neuen Möglichkeiten der Selbstverwirklichung ergreifen, die sich bei Wegfall der männlichen Lebenseinbindung ergeben. Es gelingt ihnen, lohnenswerte Ziele für die Neukonstruktion von Sinn zu finden. Verwitwung ist auch für Männer ein einschneidendes Ereignis, an dem besonders deutlich wird, wie sehr die objektiven Verhältnisse (Existenz möglicher Ehepartner) und die subjektiven Bedeutungen (Wünsche nach Wiederverheiratung bzw. Vorziehen des Alleinseins) miteinander verbunden sind. So möchten Männer wieder versorgt werden, Frauen in höherem Alter sich aber nicht mehr auf neue Ehemänner einstellen müssen.

2. Der Körper und seine Funktionstüchtigkeit

Ältere Menschen befürchten, daß ihnen positiver Lebenssinn aufgrund von Krankheit und allgemeiner psycho-physiologischer Beeinträchtigung nicht mehr zugänglich sein wird. Dies steht in krassem Gegensatz zur Selbstthematisierung jüngerer Menschen, die solche Befürchtungen allenfalls abstrakt für die sehr ferne Zukunft hegen oder Unfälle beim Autofahren oder beim Fußballspielen befürchten. Die Funktionstüchtigkeit des Körpers und der Sinnesorgane hingegen ist für junge Menschen im allgemeinen selbstverständlich. Im Alter tritt die Funktionstüchtigkeit des Körpers als Voraussetzung für viele Befriedigungen, wie etwa Sport, Bewegung in der Natur, Entdeckungs- und Bildungsreisen, nachdrücklich in vielen Einzelheiten ins Bewußtsein. Die körperlichen Beeinträchtigungen werden als Barrieren oder Bedrohungen für Hobbys, Aufgaben und Beschäftigungen verstanden, die bisher lohnend erschienen, das heißt an zentraler Stelle des persönlichen Sinnsystems standen. Die Hoffnung auf Reisen ist bei den jungen Alten noch sehr im Vordergrund, nimmt aber bei den älteren Menschen über 75 Jahren drastisch ab.

Neben der abnehmenden körperlichen Funktionstüchtigkeit stellen Beeinträchtigungen durch Krankheiten, Schmerzen, Schwäche, Bettlägerigkeit in sich selbst negativ erlebte und negativ bewertete Zustände dar. Sie unterminieren auch in subjektiver Sicht den Lebensstil, machen die Verwirklichung von Freuden und sonstiger Interaktion mit der Umwelt schwierig, gefährden das Gefühl der Autonomie. Schwere Krankheit beeinträchtigt auch das Allgemeinbefinden und kann Mutlosigkeit in bezug auf die Aussicht für weitere Lebenserfüllung hervorrufen. Wer jung ist und krank wird, hat die sichere Erwartung, wieder gesund zu werden – im persönlichen Sinnsystem ist dies eine nur vorübergehende Störung. Im höheren Alter ist jede Krankheit der Möglichkeit nach ein folgenreiches Ereignis, das auch die Sicherheit des Selbst im existentiellen Sinne in Frage stellen kann (vgl. Rentsch, Kapitel 11 in diesem Band). Viele alte Menschen müssen sich mit chronischen Belastungen auseinandersetzen.

Eine Aufgabe für die Reorganisation von Sinngebung entsteht beim Übergang ins Altenheim oder sogar Pflegeheim. Materielle Umwelt, soziale Umwelt und Lebensstil verändern sich und müssen neu in den Lebensentwurf eingegliedert werden. Alte Bindungen müssen dabei aufgelöst werden, von vielen geliebten Dingen muß man sich trennen (Saup, 1990). Für die meisten Menschen ist es eine schreckliche Vorstellung, hilflos zu werden und anderen zur Last zu fallen, oder sich nicht mehr selbst versorgen zu können. Gar einen Verlust des Selbst impliziert die Altersdemenz. Den Verlust geistiger Gesundheit fürchten viele Ältere ebenso wie die physische. Deshalb sind sie an Intelligenz- und Gedächtnistraining interessiert.

3. Das psychische Selbst

Diesen Hinweisen auf existentielle Einschränkungen im Alter kann man entnehmen, daß die Selbstachtung, das Selbstwertgefühl als zentraler Bestandteil eines sinnvollen Selbst im Alter in vielfältiger Weise bedroht ist. Jedoch kann das Selbstsystem durch die Integration von körperlichen und sozialen Beschränkungen ins Selbstbild seine Funktionen für die Verhaltenssteuerung beibehalten. Solche Einschränkungen sind zum einen für die aktiv-positiven Arten von Sinnbezügen relevant, weil viele Aktivitäten durch mangelnde Bewegungsfähigkeit und Energie erschwert sein können. Zum anderen spielen Altersprozesse aber auch für das Erleben und Genießen eine erhebliche Rolle, weil sich die Sensibilität der Sinnesorgane verschlechtert und damit zumindest die physiologische Erlebnisfähigkeit reduziert ist. Erlebnisse, die mit diesem Verlust von Selbstverständlichkeiten, des für die Person bisher immer Verfügbaren zu tun haben, führen häufig zu einer bewußten Wahrnehmung und Inkorporation dieser Verluste ins Selbstbild. In manchen Fällen gelingt dies nicht, und es kommt dann zum Beispiel zu Depression, Apathie und tiefer Mutlosigkeit.

Für viele Menschen wird es vermutlich schwieriger, neue Gewohnheiten aufzubauen oder positive Quellen für ihren Lebenssinn zu finden. Die noch verbleibende Lebensspanne wird objektiv immer kürzer, die noch mögliche Selbstrealisierung ist damit begrenzt. Dies könnte unter anderem der Grund dafür sein, daß sich die subjektive Orientierung bei vielen alten Menschen immer mehr auf das körperliche Selbst und die zunehmend kleiner werdende, noch zugängliche Welt konzentriert. Das persönliche Sinnsystem wird enger, es zieht sich aus der weiteren Umwelt zurück und konzentriert sich auf die eigene Person und die Wohnung, die Straße, die Familie. Im Extremfall steht am Ende nur noch das Interesse für das Bett, und es wird nicht einmal mehr das Aufstehen oder Herumfahren mit dem Rollstuhl gewünscht. Das Lebensinteresse ist dann maximal reduziert, auch Wünsche und Handlungsvorstellungen können verschwinden.

Mit steigendem Alter wünschen sich ältere Menschen nicht unbedingt ein langes Leben. Sie sagen auch, daß sie nicht älter werden wollen oder schon viel zu alt sind. Viele wünschen sich einen schnellen Tod, mitten aus dem noch erfreulichen Leben heraus. Nicht der Tod als Auslöschung von Existenz ist das Bedrohliche, sondern der mögliche Verlust an Menschenwürde durch chronische Krankheit und Pflegebedürftigkeit (vgl. Schmitz-Scherzer, Kapitel 21 in diesem Band).

In den Selbstbeschreibungen wurde eine große Zahl von Selbst- und Lebensinterpretationen gefunden, die Sinnverlust kompensieren können. Das Ende der individuellen Zeit wird bedauert, aber häufig auch als passender, ja begrüßenswerter Lauf der Dinge empfunden. Das Erreichen eines möglichst langen Lebens um jeden Preis scheint im persönlichen Sinnsystem vieler älterer Menschen kein Lebensziel zu sein. Man hat das Gefühl, das Leben gelebt zu haben, genug davon zu haben, genug erlebt und gesehen zu haben. Gerade bei sehr reflexiven Menschen stellen sich häufig wohl schon im mittleren Alter Zweifel daran ein, ob ihr Leben und das Leben im allgemeinen sinnvoll sind. Sie fangen an, die früheren Vorstellungen zu hinterfragen, etwa ob Glück, Lebenserfolg, Friede, Ehrlichkeit und Verträglichkeit wirklich möglich sind. Im Alter werden solche Fragen weniger wichtig. Die Wichtigkeit der eigenen Ziele nimmt ab. Man sieht sich selbst als nicht mehr so relevant. Das mag eine der Erklärungen sein für das Phänomen, daß die älteren Menschen so häufig an das Wohl und Wehe anderer Personen denken. Die Reduktion der Ansprüche an das Leben ermöglicht nun, auch die Unzufriedenheit über das Nicht-Erreichte abzubauen. Es besteht kein Anlaß mehr für Kritik an sich selbst und Unzufriedenheit mit dem Leben, wie es für junge Menschen typisch ist.

G. Unterstützungsmaßnahmen zur Entwicklung von Lebenserfahrung und positivem Lebenssinn

Im letzten Teil des Kapitels wollen wir uns damit beschäftigen, wie die Verwirklichung des im Alter latent vorhandenen Potentials an Lebenserfahrung und positivem Lebenssinn unterstützt werden könnte. Diese konstruktive Perspektive setzt die Analyse verfügbarer und potentiell steigerungsfähiger Ausgangsbedingungen für Lebensbewältigung, Lebenserfüllung oder Selbstrealisierung voraus. Dabei fragt man nach der Optimierung des Denkens und Fühlens unter weniger günstigen Lebensbedingungen, was jedoch keineswegs heißen soll, daß die subjektiv leidvollen Aspekte des hohen Alters negiert werden (vgl. Baltes & Baltes, Kapitel 1 in diesem Band).

Das herannahende Ende des Lebens gibt im Alter besonderen Anlaß zur Besinnung auf ungelöste Konflikte und Erlebnisse, die man vielleicht über eine weite Strecke des Lebens mit sich herumgetragen hat. Es entsteht der Wunsch, solche Konflikte aufzulösen oder mit ihnen »Frieden zu schließen«. Erikson (1959) beschreibt die Dichotomie von Integration versus Verzweiflung als spezielle Entwicklungsaufgabe des Alters. Die Stellung im Ablauf der eigenen Lebenszeit gibt dabei einen anderen Deutungsrahmen als in früheren Jahren. Dieser Rückblick am Ende des Lebens kann es dem alten Menschen erlauben, zu einer Integration und Akzeptanz des eigenen Lebens (auch mit allen seinen Fehlern und unbefriedigenden Entwicklungen) zu kommen und damit zu Zufriedenheit. Zufriedenheit soll also nicht mißverstanden werden als beschönigendes Wegwischen. Ein solcher Zustand der Zufriedenheit wiederum gibt dann erst die nötige Ruhe und Gelassenheit, daran zu denken, was man an die nachfolgenden Generationen oder vielleicht sogar die Gesellschaft weiterzugeben hat. Endet der Rückblick dagegen in Verzweiflung über die Sinnlosigkeit des eigenen Lebens oder das eigene Versagen, so bleibt der Rückblickende in seine eigene Problematik verstrickt und kann nicht die nötige Distanz zu seinen eigenen Lebenserfahrungen ausbilden.

Die gerontopsychiatrische Praxis gibt berechtigten Grund zu der Annahme, daß ein Zusammenhang zwischen nicht »erfolgreich« verlaufenen Lebensbilanzierungen und dem Auftreten depressiver oder sogar wahnhafter Symptome besteht (z. B. Butler, 1963). Es gibt daher ein doppeltes gesellschaftliches Interesse an »erfolgreich« verlaufenden Lebensklärungen. Zum einen liefert ein »erfolgreich« verlaufener Lebensrückblick, das heißt ein Abklären von Konflikten, ein Friedenschließen mit dem »ungelebten Leben« (Weizsäcker, 1950), dem alten Menschen die Grundlage zur Entfaltung seiner Generativität. Zum anderen belasten nicht erfolgreiche oder gar nicht begonnene Lebensbilanzen durch die Ausbildung gerontopsychiatrischer Symptomatik das Gesundheitssystem. Auch vor diesem Hintergrund hat sich etwa seit den 60er Jahren eine Therapierichtung etabliert, die es sich zur Aufgabe gemacht hat, den einzelnen oder Gruppen von alten Menschen bei ihrer Lebensbilanzierung (»guided autobiography«; Birren & Hedlund, 1987) zu unterstützen. Angeleitete oder selbstinitiierte Lebensklärung ist ein zentraler Prozeß in der Konstruktion, Erfahrung und Transformation von Identität (Staudinger, 1990).

Ein großes Problem für die therapeutische Intervention ist allerdings die Unvertrautheit alter Menschen mit Maßnahmen für die psychische Gesundheit. Das Stigma der »Nerven«-Krankheit oder des »Verrückt-Seins« verhindert oft den Gang zum Psychologen oder Psychotherapeuten. Eine nach wie vor weitverbreitete Auffassung ist, daß man mit seinen emotionalen Problemen selbst fertig werden muß. Man trägt »so etwas« nicht nach draußen. Vor diesem Hintergrund haben deshalb gruppentherapeutische Zugänge, die sich noch dazu nicht als solche bezeichnen, sicher die besten Aussichten auf Erfolg. Häufig finden ältere Menschen über Einrichtungen der Erwachsenenbildung, wie zum Beispiel die Volkshochschulen, Zugang zu solchen Kursen (Mader, 1989).

Neben dem Lebensrückblick oder der Lebensklärung, ob nun angeleitet oder selbstinitiiert, gibt es eine Reihe anderer, mehr oder minder unwillkürlicher Mechanismen bis hin zu bewußt eingesetzten Strategien, die das Individuum »Herr« der eigenen Existenz und des eigenen Selbst bleiben lassen (z. B. Brandtstädter & Renner, 1990; Brim, 1988; Dittmann-Kohli, 1989). Gerade im Alter mag es gelingen, sich von einer übermäßigen Einbindung in vorherrschende Sinnstrukturen der Gesellschaft zu befreien. Es sind dies Werte, die den einzelnen zum Schuldner gegenüber den grenzenlosen Ansprüchen anderer und gegenüber einem erdrückenden Netzwerk nie erreichter Ideale und Standards im Bereich von Arbeit, Beruf, aber auch Aussehen hatten werden lassen.

Detachment, Verminderung der Ansprüche, sekundäre Kontrolle, Bescheidung sind einige der Mechanismen, die hier eine Rolle spielen. Dies bedeutet, daß man sich aus vielen bisherigen Sinnkonfigurationen löst und diejenigen Aspekte der Selbst- und Lebensdefinition stärkt, die zur neuen Lebenssituation passen. So läßt sich der erstrebenswerte Fleiß, Tatendrang und Unternehmergeist des jüngeren und mittleren Erwachsenenalters umdefinieren als nicht mehr wünschenswerter Aktivismus. Zufriedenheit, ohne höher-weiter-schneller-besser sein zu wollen, ist möglich und wird zum positiven Sinn. Man kann das Lebendig-Sein genießen, ohne ständig mehr haben zu wollen. Insbesondere bei ausreichender finanzieller Absicherung und solange keine extremen Beeinträchtigungen durch Schmerzen, Krankheit oder durch körperlichen und geistigen Abbau vorliegen, können kreative Sinngebungspotentiale zu einem inneren Zustand führen, der gerade in östlichen Religionen als eigentlich erstrebenswertes Ziel des Lebens angesehen wird.

Die Aufgabe, Leid und Bedrohung zu »bearbeiten« und integrativ im Sinnsystem zu verankern, bleibt aber trotz aller »Reparaturmechanismen« für die meisten Menschen bestehen. Zwischenmenschliche Kommunikation kann hier entscheidende Hilfestellung leisten. Religiöse Unterstützung würde in dieser Hinsicht vielen Menschen Erleichterung bringen, jedoch sind derzeit die kirchlichen Aktivitäten eher zurückhaltend (Coleman, 1974). Sozial- und Gemeindearbeiterinnen haben zum Teil den nötigen täglichen Kontakt zu älteren Menschen (z. B. bei Essen auf Rädern), aber keine Zeit, um Zweifel und Mutlosigkeit gegenüber der Zukunft zu diskutieren oder soziale Kontaktarmut zu beheben.

Es ist in urbanen Gesellschaften bisher noch schwierig, den Sinnverlust, der im Alter durch Verlust sozialer Rollen und familiärer Integration entsteht, mit Hilfe gemeinschaftsorientierter Betätigungen oder anderer als sinnvoll wahrgenommener Aufgaben auszugleichen. Die westlichen Industriegesellschaften haben noch keine Lebenswelt und nicht das entsprechende Klima geschaffen, die auch älteren und alten Menschen die Möglichkeit zu einer kontinuierlichen Weiterentwicklung geben würden. Der einzelne ist gefordert, sinnvolle Wege der Selbstverwirklichung zu »erfinden« (vgl. auch Riley & Riley, Kapitel 17 in diesem Band).

Für viele ältere Frauen ist die Dimension des Gebrauchtwerdens allerdings kein Problem, weil sie für die Enkelkinder zum Kinderhüten dringend benötigt werden. Da auch viele Männer an ihren Enkelkindern Freude haben und in der Interaktion Erfüllung finden, wäre dies auch für sie eine positive Sinnmöglichkeit. Jedoch stehen dem häufig die gelernten Selbstdefinitionen und geschlechtsspezifischen Arbeitsnormen entgegen. Öffentlichkeitsarbeit könnte in dieser Hinsicht so manche selbst auferlegte Schranke durchbrechen helfen, wenn nämlich minder bewerteten Tätigkeiten dadurch ein höherer Wert verliehen wird.

Die starke Familienorientierung der Älteren kann auch ein Hindernis für eine sinnvolle Neuorientierung sein. Das Bedürfnis nach sozio-emotionaler Bindung wird manchmal ausschließlich auf die eigenen Kinder gerichtet. Die Kinder wiederum fühlen sich durch solche Ansprüche häufig überfordert. Sie wehren die Bemühungen der alten Eltern ab und können die emotionale Bindung nicht schätzen und auch nur unzureichend erwidern. Wäre es möglich, die Antizipation sozio-emotionaler Erfüllung auch auf den nicht-familiären Bereich auszudehnen, wäre das Problem sozialer Isolation und Einsamkeit im Alter leichter zu lösen. Die Älteren würden dann ihre Wünsche nach engeren Kontakten auf einen größeren Kreis von Menschen beziehen und sich eventuell auch stärker darum bemühen, ihre Kontaktfähigkeit, das heißt ihre sozialen Kompetenzen, zu erhalten oder zu erweitern. Vorhandene Programme zur Erweiterung sozialer Fähigkeiten könnten zweifellos für diesen Personenkreis nutzbar gemacht werden.

Sicher gibt es viele ältere Menschen, die für sich selbst eine Überfülle an Plänen und Wünschen haben, die sie in ihrer freien Zeit verwirklichen wollen. Das gilt aber nicht für alle: sie vermissen ihre Arbeit und können wegen ihrer Vorstellungen über das Unmoralische des Genießens keine Sinnhaftigkeit in rein vergnügungsbezogenen Aktivitäten finden. Es scheint besonders schwierig zu sein, solche Wertvorstellungen und übergeordneten Zwecke wie Altruismus und Orientierung auf andere Menschen zu verändern und durch die Freude an der eigenen Tätigkeit und Erlebnisfähigkeit zu ersetzen. Bildungsmöglichkeiten haben hier immer noch für viele eine große Attraktivität. Können, Bildung, Lernen, Weiterbildung, geistige und körperliche Fitneß sind attraktive Ziele und Aufgaben, die noch aus der Vergangenheit einen Kranz selbstwertförderlicher Erinnerungen enthalten. Deshalb haben auch die universitären Angebote einen großen Reiz für viele Pensionäre, allerdings nur für diejenigen, die bereits eine gute Vorbildung haben (Dittmann-Kohli, im Druck; Mayer, Kapitel 20 in diesem Band).

H. Bergen Lebenssinn und Lebenserfahrung soziales Potential?

Welches soziale Potential kann unter günstigen Bedingungen in den Lebenserfahrungen und der positiven Sinnfindung alter Menschen liegen? Mergler und Goldstein (1983) beschreiben die Transmission von Information als spezifische Aufgabe und Fähigkeit des Alters. Die beiden Autoren zeigen auf, wie es vielleicht gerade der spezifischen Altersveränderungen in den Sinnesorganen und der Lebensenergie bedarf, um eine bestimmte Art der Reflexion des im Individuum vorhandenen Wissens und das Interesse an der Weitergabe an andere, Jüngere zu ermöglichen. Allerdings ist die gesellschaftliche Bewertung einer kontemplativen Lebenshaltung derzeit eher gering.

Geht man von der These Margaret Meads (1971) aus, daß wir in einer »präfigurativen Kultur« leben, das heißt, daß das Alter aufgrund des rapiden gesellschaftlichen Wandels zum Beispiel im Bereich des Konsumverhaltens oder der Technologie, der Freizeitgestaltung, der Selbstdarstellung, des sexuellen Verhaltens und der Werthaltungen von den Jungen lernen muß und nicht umgekehrt: Wie ist dann in der Lebenserfahrung alter Menschen ein soziales Potential zu vermuten? Der Prozeß des Lernens von der jungen Generation kann verstanden werden als eine der vielen möglichen Quellen von Lebenserfahrung für ältere Menschen. Solange ein alternder Mensch sich die Offenheit und Kritikfähigkeit bewahrt, neue Werte und Umgangsformen aufzunehmen, könnten diese dann vor dem Erfahrungshintergrund des alten Menschen im Idealfall zu umfassenderen und weitreichenderen Einsichten führen als bei dem »lehrenden« jungen Menschen selbst, dem dieser Schatz an Lebenserfahrung fehlt.

Es ist gerade eines der Charakteristika von Lebenserfahrung in höchster Qualität, also von Weisheit, daß die Relativität von Werten und Zielen sowie deren gesellschaftliche und historische Bedingtheit erkannt werden. Damit ist auch angesprochen, daß die Vermittlung der Lebenserfahrung der Alten im Idealfall *nicht* mit einer Perpetuierung bestehender Bedingungen gleichzusetzen ist. Vielmehr könnte ein gesellschaftliches Potential der Alten gerade in der Integration historischer Erfahrungen und damit dem Hervorbringen von *neuen*, auch die Gegenwart einschließenden Einsichten liegen. Darüber hinaus bezieht sich diese Umkehrung der Sozialisationsrichtung nicht auf alle Lebensbereiche. Ein Kern, der die Grundbedingungen menschlicher Existenz wie zum Beispiel Tod, Krankheit oder Verlust betrifft, überdauert gesellschaftlichen Wandel (z. B. Rosenmayr, 1983).

Interessierte ältere Menschen könnten als Wissens- und Erfahrungsquelle für die jüngeren in der Kommune und für die Wissenschaft herangezogen werden. Versuche dazu gibt es bereits mit dem Konzept der Wissensläden, Wissensbörsen oder Erzählstuben sowie den Ansätzen der Biographieforschung und der »oral history«. In Berlin läuft zum Beispiel seit drei Jahren am Deutschen Zentrum für Altersfragen (DZA) ein Projekt unter dem Titel »Das Erfahrungswissen älterer Menschen nutzen«. Brachliegende praktische und theoretische Kenntnisse alter Menschen aller Schichten werden dabei reaktiviert und an Ratsuchende weitergegeben. Der »Ruhestand« könnte so zu einer Lebensphase konstruktiver Anwendung und Umsetzung lebenslang erworbener Kenntnisse und Fähigkeiten werden.

Neben diesem Erfahrungstransfer auf der Mikroebene, das heißt gebunden an einzelne Individuen und Interaktionen, sollte man auch den Transfer auf der Makroebene nicht unberücksichtigt lassen. Was hat man unter Lebenserfahrung auf der Makroebene zu verstehen? Es ist dies zum Beispiel die Kristallisation von Lebenserfahrung oder sogar Weisheit in Sprichworten, Epigrammen, Sagen, Märchen und Mythen (z. B. Bacon, 1990/1609). Die Form des Transfers von Lebenserfahrung auf der Makroebene unterliegt natürlich historisch-kulturellem Wandel. War es in früheren Zeiten der wandernde Geschichtenerzähler oder der Dorfälteste, so ist mit der Industrialisierung und dem Einzug des bürgerlichen Zeitalters immer mehr die Literatur, speziell die Biographik und Autobiographik, als Organisationsform von Lebenserfahrung in den Vordergrund gerückt (Sloterdijk, 1978). In lebensgeschichtlicher Literatur findet ein Verweben von individueller Geschichte und kollektiven Interessen, Werten und Phantasien statt. Mit der zunehmenden Pluralisierung unserer postmodernen Gesellschaft im allgemeinen und von individuellen Lebensläufen im besonderen gewinnen

Biographien und Autobiographien eine wichtige Transfer- und vielleicht sogar Innovationsfunktion.

Solche direkten und indirekten Möglichkeiten des Erfahrungstransfers von älteren und alten Menschen auf die nachfolgenden Generationen sind wesentlich für die Erschließung des individuellen und sozialen Potentials des Alters. Das Weitergeben von Lebenserfahrung kann zudem für den alten Menschen selbst durch seine potentielle gesellschaftliche Funktion sinnstiftend sein.

Literaturverzeichnis

Assmann, A. (Hrsg.) (1990). *Weisheit*. München: Fink.

Bacon, F. (1990). *Weisheit der Alten* (hrsg. von P. Rippel). Frankfurt/M.: Fischer. (Erstausgabe 1609).

Baltes, P. B. (1987). Theoretical propositions of life-span developmental psychology: On the dynamics between growth and decline. *Developmental Psychology, 23*, 611 – 626.

Baltes, P. B. & Smith, J. (1990). Toward a psychology of wisdom and its ontogenesis. In R. J. Sternberg (Ed.), *Wisdom: Its nature, origins, and development* (pp. 87 – 120). New York: Cambridge University Press.

Baltes, P. B., Smith, J. & Staudinger, U. M. (in press). Wisdom and successful aging. *Nebraska Symposium on Motivation, 39*.

Baumeister, R. F. (1987). How the self became a problem: Psychological review of theoretical research. *Journal of Personality and Social Psychology, 52*, 163 – 176.

Baumeister, R. (1989). The problem of life's meaning. In D. M. Buss & N. Cantor (Eds.), *Personality psychology* (pp. 138 – 148). New York: Springer.

Beauvoir, S. de (1972). *Das Alter*. Reinbek: Rowohlt.

Berger, P. & Luckmann, T. (1966). *The social construction of reality*. New York: Doubleday.

Birren, J. E. & Hedlund, B. (1987). Contributions of autobiography to developmental psychology. In N. Eisenberg (Ed.), *Contemporary topics in developmental psychology* (pp. 394 – 415). New York: Wiley.

Brandtstädter, J. & Renner, G. (1990). Tenacious goal pursuit and flexible goal adjustment: Explication and age-related analysis of assimilative and accommodative strategies of coping. *Psychology and Aging, 5*, 58 – 67.

Brim, G. (1988). Losing and winning. *Psychology Today, 9*, 48 – 52.

Buck, G. (1969). *Lernen und Erfahrung. Zum Begriff der didaktischen Induktion* (2. Aufl.). Stuttgart: Kohlhammer.

Burrow, J. A. (1986). *The ages of man*. Oxford: Clarendon Press.

Butler, R. N. (1963). The life review: An interpretation of reminiscence in the aged. *Psychiatry, 26*, 65 – 76.

Butler, R. N. (1974). Successful aging and the role of life review. *Journal of the American Geriatrics Society, 22*, 529 – 535.

Cole, T. R. & Gadow, S. A. (1986). *What does it mean to grow old?* Durham, NC: Duke University Press.

Coleman, P. G. (1974). Measuring reminiscence characteristics from conversations as adaptive features of old age. *International Journal of Aging and Human Development, 5*, 281 – 294.

DeVogler, K. L. & Ebersole, P. (1981). Adults' meaning in life. *Psychological Reports*, 49, 87 – 90.

Dilthey, W. (1962a). *Gesammelte Schriften: Band 7. Der Aufbau der geschichtlichen Welt in den Geisteswissenschaften* (3. Aufl.). Göttingen: Vandenhoeck & Ruprecht.

Dilthey, W. (1962b). *Gesammelte Schriften: Band 8. Weltanschauungslehre. Abhandlungen zur Philosophie der Philosophie* (3. Aufl.). Göttingen: Vandenhoeck & Ruprecht.

Dittmann-Kohli, F. (1982). Theoretische Grundlagen der Analyse von Lebensbewältigung und Umwelt. In F. Dittmann-Kohli, N. Schreiber & F. Möller (Hrsg.), *Lebenswelt und Lebensbewältigung* (Forschungsbericht 35, S. 1 – 125). Konstanz: Universität Konstanz.

Dittmann-Kohli, F. (1984). Weisheit als mögliches Ergebnis der Intelligenzentwicklung im Erwachsenenalter. *Sprache und Kognition*, 2, 112 – 132.

Dittmann-Kohli, F. (1988). Sinndimensionen des Lebens im frühen und späten Erwachsenenalter. In H. W. Bierhoff & R. Nienhaus (Hrsg.), *Beiträge zur Psychogerontologie* (S. 73 – 115). Marburg: Universität Marburg.

Dittmann-Kohli, F. (1989). Erfolgreiches Altern aus subjektiver Sicht. *Zeitschrift für Gerontopsychologie und -psychiatrie*, 2, 301 – 307.

Dittmann-Kohli, F. (1990). The construction of meaning in old age: Possibilities and constraints. *Ageing and Society*, 10, 279 – 294.

Dittmann-Kohli, F. (im Druck). *Lebenssinn und Selbstverständnis im Erwachsenenalter: Eine Entwicklungsperspektive*. Habilitationsschrift, Freie Universität Berlin.

Elder, G. H. & Liker, J. K. (1982). Hard times in women's lives: Historial influences across forty years. *American Journal of Sociology*, 8, 344 – 355.

Erikson, E. H. (1959). *Identity and the life cycle*. New York: International University Press.

Folkman, S., Lazarus, R. S., Pimley, S. & Novacek, J. (1987). Age differences in stress and coping processes. *Psychology and Aging*, 2, 171 – 184.

Freud, S. (1950). *Gesammelte Werke: Band 16. Die endliche und die unendliche Analyse*. Frankfurt/M.: Fischer.

Freud, S. (1969). *Studienausgabe: Band 9. Das Unbehagen an der Kultur*. Frankfurt/M.: Fischer.

Gadamer, H.-G. (1960). *Wahrheit und Methode. Grundzüge einer philosophischen Hermeneutik*. Tübingen: J. C. B. Mohr.

Greenwald, A. G. (1980). Self and memory. In G. H. Bower (Ed.), *The psychology of learning and motivation* (pp. 201 – 236). New York: Academic Press.

Groeben, N. (1986). *Handeln, Tun, Verhalten als Einheiten einer verstehend-erklärenden Psychologie*. Tübingen: Franke.

Guardini, R. (1963). *Die Lebensalter. Ihre ethische und pädagogische Bedeutung*. Würzburg: Werkbund-Verlag.

Halbwachs, M. (1966). *Das Gedächtnis und seine sozialen Bedingungen*. Neuwied: Luchterhand. (Erstausgabe 1925).

Hinske, N. (1986). *Lebenserfahrung und Philosophie*. Stuttgart: Frommann.

Höffe, O. (1988). Personale Bedingungen eines sinnerfüllten Lebens. Eine ethisch-philosophische Erkundung. In J. Eisenburg (Hrsg.), *Sucht. Ein Massenphänomen als Alarmsignal* (S. 137 – 166). Düsseldorf: Patmos.

Holland, C. A. & Rabbit, P. M. A. (1991). Ageing memory. Disuse versus impairment. *British Journal of Psychology*, 82, 29 – 38.

Kant, I. (1973). *Gesammelte Schriften: Band 7. Anthropologie in pragmatischer Hinsicht.* Berlin: Preussische Akademie der Wissenschaften und Nachfolger. (Erstausgabe 1798).

Koselleck, R. (1979). *Vergangene Zukunft. Zur Semantik geschichtlicher Zeiten.* Frankfurt/M.: Suhrkamp.

Kruse, A. (1990). Potentiale im Alter. *Zeitschrift für Gerontologie, 23,* 235 – 245.

Labouvie-Vief, G. (1990). Wisdom as integrated thought: Historical and developmental perspectives. In R. J. Sternberg (Ed.), *Wisdom: Its nature, origins, and development* (pp. 52 – 83). New York: Cambridge University Press.

Loevinger, J. (1976). *Ego development.* San Francisco, CA: Jossey-Bass.

Maddi, S. R. (1970). The search for meaning. *The Nebraska Symposium of Motivation, 18,* 134 – 183.

Mader, W. (1989). Autobiographie und Bildung – Zur Theorie und Praxis der »Guided Autobiography«. In E. M. Hoerning & H. Tietgens (Hrsg.), *Erwachsenenbildung: Interaktion mit der Wirklichkeit* (S. 145 – 154). Bad Heilbrunn/Obb.: Klinkhardt.

Mannheim, K. (1964). Das Problem der Generationen. (Erstausgabe 1928). Wieder abgedruckt in K. Mannheim, *Soziologische Texte: Band 28. Wissenssoziologie* (hrsg. von H. Maus & F. Fürstenberg, S. 509 – 665). Neuwied: Luchterhand.

Maslow, A. H. (1977). *Motivation und Persönlichkeit.* Olten: Walter.

Mead, G. H. (1932). The philosophy of the present. In A. E. Murphy (Ed.), *George H. Mead: The philosophy of the present* (pp. 1 – 90). La Salle, IL: Open Court.

Mead, M. (1971). *Der Konflikt der Generationen. Jugend ohne Vorbild.* Olten: Walter.

Mergler, N. L. & Goldstein, M. D. (1983). Why are there old people? *Human Development, 26,* 72 – 90.

Mittelstraß, J. (1991). Die Wissenschaft und das Neue. In K. Schmitt, H. Altner & D. Burkhardt (Hrsg.), *Wissenschaft ohne Grenzen?* (S. 113 – 131). Regensburg: Mittelbayerische Druckerei- und Verlagsgesellschaft.

Moody H. R. (1986). The meaning of life and the meaning of old age. In T. R. Cole & S. Gadow (Eds.), *What does it mean to grow old? Reflections from the humanities* (pp. 9 – 40). Durham, NC: Duke University Press.

Nies, H. & Munnichs, J. (Hrsg.) (1986). *Sinngebung und Altern.* Berlin: Deutsches Zentrum für Altersfragen.

Oelmüller, W. (Hrsg.) (1989). *Philosophie und Weisheit.* Paderborn: Schöningh.

Polanyi, M. (1958). *Personal knowledge.* Chicago, IL: University of Chicago Press.

Rosch, E. (1978). Principles of categorization. In E. Rosch & B. B. Lloyd (Eds.), *Cognition and categorization* (pp. 27 – 48). Hillsdale, NJ: Erlbaum.

Rosenmayr, L. (1983): *Die späte Freiheit. Das Alter – ein Stück bewußt gelebten Lebens.* Berlin: Severin und Siedler.

Rosenmayr, L. (1990). *Die Kräfte des Alters.* Wien: Wiener Journal Zeitschriftenverlag.

Rubin, D. C., Wetzler, S. E. & Nebes, R. D. (1986). Autobiographical memory across the life span. In D. C. Rubin (Ed.), *Autobiographical memory* (pp. 202 – 224). New York: Cambridge University Press.

Sampson, E. E. (1989). The deconstruction of the self. In I. Shotter & K. J. Gergen (Eds.), *Texts of identity* (pp. 1 – 19). London: Sage.

Saup, W. (1990). Übersiedlung und Aufenthalt im Alten- und Pflegeheim. In P. Mayring & W. Saup (Hrsg.), *Entwicklungsprozesse im Alter* (S. 75 – 104). Stuttgart: Kohlhammer.

Schütz, A. & Luckmann, T. (1979). *Strukturen der Lebenswelt* (Bd. 1). Frankfurt/M.: Suhrkamp.

Shotter, J. & Gergen, K. J. (Eds.) (1989). *Texts of identity*. London: Sage.

Sloterdijk, P. (1978). *Literatur und Organisation von Lebenserfahrung*. München: Hanser.

Spranger, E. (1947). *Lebenserfahrung*. Tübingen: Wunderlich.

Staudinger, U. M. (1989). *The study of life review: An approach to the investigation of intellectual development across the life span* (Max-Planck-Institut für Bildungsforschung, Studien & Berichte Nr. 47). Berlin: Edition Sigma.

Staudinger, U. M. (1990). Lebensrückblick: Ein Weg zur Weisheit? *Psychologie Heute, 17*, 60 – 64.

Staudinger, U. M. (1991). *Lebensklärung als Prozeß der geistig-intellektuellen Entwicklung und der Persönlichkeitsentwicklung im Alter*. Vortrag auf der 10. Tagung für Entwicklungspsychologie, September, Köln.

Stein, L. (1902). *Der Sinn des Daseins*. Tübingen: J. C. B. Mohr.

Sternberg, R. J. (Ed.) (1990). *Wisdom: Its nature, origins, and development*. New York: Cambridge University Press.

Stevens, N. (1989). *Well-being in widowhood: A question of balance*. Nijmegen: De Stempel.

Strube, G. (1985). *Knowing what's going to happen in life*. Unveröffentlichtes Manuskript, Max-Planck-Institut für psychologische Forschung, München.

Tatarkiewicz, W. (1967). *The analysis of happiness*. Den Haag: Martinus Nijhoff.

Trilling, L. (1983). *Das Ende der Aufrichtigkeit*. Berlin: Ullstein.

Uttal, D. H. & Perlmutter, M. (1989). Toward a broader conceptualization of development: The role of gains and losses across the life span. *Developmental Review, 9*, 101 – 132.

Vaillant, G. E. (1977). *Adaptation to life*. Boston, MA: Little, Brown and Company.

Weizsäcker, V. von (1950). *Diesseits und jenseits der Medizin*. Stuttgart: Koehler.

Wollheim, R. (1984). *The thread of life*. Cambridge, MA: Harvard University Press.

Wortmann, C. B. & Silver, R. C. (1990). Successful mastery of bereavement and widowhood: A life-course perspective. In P. B. Baltes & M. M. Baltes (Eds.), *Successful aging: Perspectives from the behavioral sciences* (pp. 225 – 264). New York: Cambridge University Press.

Zacher, A. (1988). *Kategorien der Lebensgeschichte: Ihre Bedeutung für Psychiatrie und Psychotherapie*. Berlin: Springer-Verlag.

17. Individuelles und gesellschaftliches Potential des Alterns

Matilda White Riley und John W. Riley, Jr.

Zusammenfassung

Der Beitrag thematisiert das zentrale Dilemma der Diskrepanz zwischen den Stärken und Fähigkeiten einer wachsenden Anzahl alter Menschen in den westlichen Industrienationen und den unangemessenen Rollenstrukturen, die diese Gesellschaften für die Anwendung, Belohnung und Erhaltung dieser Fähigkeiten bereitstellen. Um die Qualität des Alterns zu erhöhen, ist es nötig zu intervenieren, und zwar sowohl was die individuelle Lebensgestaltung angeht als auch die Matrix politischer Institutionen, die Institution der Familie, des Arbeitsmarktes, des Gesundheitssystems und der anderen gesellschaftlichen Strukturen, in die das individuelle Leben eingebettet ist. Schon vorliegende Beispiele für Interventionen hinsichtlich der individuellen Lebensgestaltung und der Rollenstrukturen verdeutlichen das vorhandene Potential für eine Verbesserung. Solche Interventionen werden in der Zukunft nicht nur ältere Menschen, sondern Menschen aller Altersgruppen betreffen und zu einer allmählichen Umgestaltung des Lebenslaufs von der Geburt bis zum Tod führen. Es wird ein analytisches Modell vorgestellt, das den Zusammenhang zwischen individuellem Altern und gesellschaftlichen Veränderungen aufzeigt. Diese Modellvorstellung soll helfen, Interventionen zu planen, die dazu beitragen, die Lebensqualität alter Menschen jetzt und in der Zukunft zu verbessern.

A. Einleitung

Es ist nichts Neues, daß die Menschen weltweit in Gesellschaften leben, in denen der Anteil alter Menschen zunimmt. Die Bevölkerungsgruppe der 65jährigen und Älteren wächst derzeit um 2,4 Prozent pro Jahr, also wesentlich

Prof. Dr. Matilda White Riley ist Associate Director am National Institute on Aging in Bethesda, USA, und Professorin Emerita der Rudgers University und des Bowdoin College. Sie ist eine Pionierin der Soziologie des Alterns. Ihr jüngstes Forschungsinteresse sind konzeptionelle und futuristische Projekte zur Optimierung und Flexibilisierung des Lebenslaufs.

Prof. Dr. John W. Riley ist Soziologe in beratender Funktion, ehemaliger Vizepräsident von Equitable Life und Professor Emeritus der Rudgers University. Sein Forschungsinteresse ist die Soziologie des Lebenslaufs mit besonderem Schwerpunkt auf der Soziologie des Sterbens und des Todes.

schneller als die Gesamtbevölkerung (vgl. Dinkel, Kapitel 3 in diesem Band; Torrey, Kinsella & Taeuber, 1987). Neu ist allerdings, daß Sozialwissenschaftler beginnen, die Potentiale zu untersuchen, zu diskutieren und zu antizipieren, die in diesen demographischen Veränderungen enthalten sind und künftig für die Verbesserung der individuellen und gesellschaftlichen Bedingungen eingesetzt werden können.

Immer mehr Menschen leben länger als früher und werden auch auf neue Weise alt (vgl. Dinkel, Kapitel 3 in diesem Band). Die gesellschaftlichen Strukturen haben auf diesen Prozeß bisher aber nur langsam reagiert. Sie sind nach wie vor auf eine wesentlich jüngere Bevölkerung zugeschnitten. In den meisten entwickelten Ländern hat der Arbeitsmarkt keinen Platz für die vielen Arbeiter, die auch im Alter noch arbeitsfähig sind und sich nicht zur Ruhe setzen wollen. Die Gesundheitssysteme geben den vielen alten Menschen, die trotz ihrer Gebrechen selbständig leben wollen, häufig nicht die nötigen Hilfestellungen. Im Gegensatz zu den sozialen Rollen für Schulkinder und Berufsanfänger sind für ältere Arbeitnehmer, Studierende oder Hausfrauen nur wenige neue soziale Rollen entwickelt worden. Wir bezeichnen dieses derzeitige Mißverhältnis als eine »strukturelle Diskrepanz« (M. Riley, 1987). Die Altersstruktur der möglichen sozialen Rollen hat nicht mit der schnellen Veränderung der Form des heutigen Alterns Schritt gehalten.

Dieses Mißverhältnis ist weltweit mit Problemen verbunden. Gleichwohl liegen in ihm auch unermeßliche Zukunftspotentiale. Unsere Botschaft ist eine optimistische. Wir werden aufzeigen, daß viele – geplante und noch ungeplante – Interventionen das Mißverhältnis verringern können, wenn sie durch entsprechende wissenschaftliche Untersuchungen richtig gelenkt werden (Riley & Riley, 1989). Die Qualität des Alternsprozesses kann gesteigert werden. Soziale Veränderungen können älteren Menschen neue und vielfältige Möglichkeiten eröffnen. Was am wichtigsten ist: Das volle Potential ergibt sich aus dem zentralen soziologischen Prinzip, daß individuelles Altern und sozialer Strukturwandel unterschiedliche, aber voneinander abhängige Prozesse sind. Gegenwärtig ist das individuelle Potential weiter entwickelt als das gesellschaftliche. Aber in beide greifen staatliche Politik, Praktiken des Arbeitsmarktes und individuelle Alltagsentscheidungen ein. So können Verbesserungen in einem Bereich Verbesserungen im anderen bewirken.

B. Die Optimierung des individuellen Alterns

1. Der Mythos vom altersbedingten Abbau

Die Forschung hat gezeigt, daß die Vorstellung vom »unvermeidlichen und generellen Altersabbau« zumindest für das frühe Alter ein Fehlschluß ist; ein Fehlschluß, der durch die falsche Interpretation von biologischen Querschnittsdaten getragen wird (vgl. Baltes & Baltes und Weinert, Kapitel 1 und 7 in diesem Band). Trotz aller Befunde, die auch auf positive Entwicklungen im

Alter hindeuten, wird diese falsche Doktrin von Politikern, Fachleuten und der breiten Öffentlichkeit nach wie vor akzeptiert. In den USA hält sich das Stereotyp vom unvermeidlichen Abbau selbst bei führenden Persönlichkeiten der Gerontologie und der Sozialpolitik des Alterns. Schon der Begriff des Alterns scheint mit Hinfälligkeit und Elend assoziiert zu sein, zum Beispiel »mit der Alzheimerschen Krankheit behaftet«, »in einem Pflegeheim eingesperrt« oder von der »Medizin« als dem einzigen Mittel, das Krankheit oder Heimunterbringung verhindern kann, abhängig.

2. Der »reale« Alternsprozeß

Aber für diejenigen, die wissenschaftliche Beweise ernst nehmen, ist es nicht wahr, daß alle alten Menschen *aufgrund des Alterns* zwangsläufig krank, behindert, verarmt, von der Gesellschaft abgeschnitten, deprimiert sind oder ihre sexuellen Fähigkeiten sowie ihr Denk- und Erinnungsvermögen verlieren. Selbstverständlich stirbt jeder. Auch sind manche alten Menschen – eine nicht unbeträchtliche Minderheit – wirklich ernsthaft benachteiligt und brauchen Unterstützung durch Privatpersonen und gesellschaftliche Einrichtungen. Aber die große Mehrheit ist durch Krankheit und Behinderung *nicht* ernsthaft beeinträchtigt. Sie führt ein relativ ausgefülltes und unabhängiges Leben. Es bilden sich mitunter sogar besondere Fähigkeiten, wie beispielsweise die Lebensweisheit, heraus, die durch ein langes Leben gefördert werden (Baltes & Smith, 1990).

Gewiß kennt jeder einen Verwandten oder einen Freund, der mit dem Älterwerden *nicht* abgebaut hat. Aber es besteht die Tendenz, eine solche Person als atypisch, als einen »Sonderfall« zu betrachten. Nehmen wir als ein Beispiel den Fall Martha. Im Alter von 52 Jahren begann Martha uns zu helfen, unsere Stadtwohnung in New York in Ordnung zu halten. Was aber weitaus wichtiger war, sie vermittelte uns etwas von ihrer Lebensklugheit, die sie durch ihre eigenen Erfahrungen als unterprivilegierte, schwarze Frau gewonnen hatte.

Im Süden von einem alleinstehenden Elternteil mit fünf Geschwistern aufgezogen, mußte Martha arbeiten gehen, bevor sie die Grundschule beendet hatte. Als junge, verheiratete Frau, die von ihrem alkoholabhängigen Ehemann mit drei Kindern und ohne einen Pfennig sitzengelassen worden war, arbeitete sie für eine Familie, die es ihr ermöglichte, die High-School abzuschließen. »Ich habe immer etwas Neues gelernt«, erzählte sie uns. »Am meisten mochte ich die Fächer, die mir etwas über Menschen, und wie sie mit ihren Problemen fertig wurden, beibrachten«. Sie berichtete von ihren Besuchen in der öffentlichen Bücherei, wo sie sich über Suchtverhalten, Obdachlosigkeit und Selbstmord informierte; Probleme, mit denen sie in ihrer eigenen Nachbarschaft und oft auch bei ihren erwachsenen Kindern und Enkelkindern regelmäßig zu tun hatte. Sie sagte oft: »Wenn die Menschen nur wüßten, was sie tun können, dann gäbe es nicht so viel Elend in dieser Welt«.

Wir verloren Martha aus den Augen, als wir von New York wegzogen; doch eines Tages erhielten wir eine Einladung zu ihrer Abschlußfeier am College! Durch sparsamen Umgang mit ihrer Sozialhilfe und von ihrer Kirche ermutigt, hatte sie es irgendwie geschafft. Heute ist Martha 82 Jahre alt (wir kennen sie nunmehr seit 30 Jahren), und unsere häufigen Telefongespräche sagen uns: Ihr Gedächtnis funktioniert immer noch einwandfrei; sie hat immer noch ihre freundliche Lebensklugheit (»Macht Euch nichts daraus, daß Eure ganzen Enkel unverheiratet mit ihren Freunden zusammenleben – das ist heute so üblich!«); und, nicht zuletzt, besucht sie weiterhin Kurse auf dem College. Im neunten Jahrzehnt ihres Lebens ist Martha immer noch eine Lernende. Die Möglichkeiten dazu waren in der gesellschaftlichen Struktur gegeben; aber ihr Leben wurde vor allem dadurch verändert, daß sie sie selbst aktiv auswählte und für sich nutzbar machte.

Natürlich ist Martha ein Sonderfall. Aber die Forschung zeigt, daß es sehr viele dieser »Sonderfälle« gibt. Tatsächlich gibt es schwerwiegende Beweise dafür, daß der menschliche Alternsprozeß weder einen ganz generellen noch einen unveränderlichen Verlauf hat. Biologen weisen heute darauf hin, daß viele körperliche Symptome, die früher dem Altern zugeschrieben wurden (wie z. B. gewisse Störungen der Herzfunktion oder des Glukose-Stoffwechsels im Gehirn), vielmehr krankheitsbedingt sind (vgl. Gerok & Brandtstädter, Kapitel 14 in diesem Band). Die Soziologen und Psychologen zeigen, daß der Alternsprozeß je nach den vorliegenden *sozialen Bedingungen* unterschiedlich verläuft (vgl. Kohli und Weinert, Kapitel 9 und 7 in diesem Band). Die Menschen werden auf sehr unterschiedliche Weise alt, und diese hängt von ihrem Familienleben, ihrem sozio-ökonomischen Status, ihrem Umfeld sowie den religiösen, ökonomischen, Bildungs- und sonstigen gesellschaftlichen Strukturen ab, in denen sie leben (Dannefer, 1987).

Ebenso wie die Gesellschaft verändert sich auch der Alternsprozeß *mit der Zeit* (M. Riley, Foner & Waring, 1988). Geburtskohorten alter Menschen unterscheiden sich im Durchschnitt merklich von den Kohorten noch jüngerer Menschen hinsichtlich solcher Merkmale wie Schulbildung, Arbeitsbiographie, Lebensstandard, Ernährungsgewohnheiten, körperliche Betätigung, körperliche Verfassung, erste Menstruation, Erfahrung mit chronischen (weniger mit akuten) Krankheiten. Die jetzt Alten unterscheiden sich sehr von den Alten früherer Jahrgänge (auf denen noch ein Großteil des heutigen »Wissens« über das Altern basiert); sie unterscheiden sich aber wiederum von denjenigen, die künftig alt sein werden. Unsere Großeltern waren mit 75 Jahren anders, als wir es mit 75 Jahren sind; und unsere Enkel werden wieder ganz anders sein. Derartige Veränderungen des Alternsprozesses können nicht allein durch die Biologie determiniert sein, es sind auch Reaktionen auf die Veränderungen der sozialen und kulturellen Verhältnisse.

Die vielleicht bemerkenswertesten historischen Veränderungen des Alternsprozesses ergeben sich aus der beispiellosen Zunahme der Langlebigkeit. Im zurückliegenden Jahrhundert ist die Lebensdauer stärker gestiegen als jemals zuvor in der gesamten menschlichen Geschichte! Die Veränderung vollzieht sich so rasch, daß wir erst jetzt beginnen, ihre Implikationen zu begreifen (Riley & Riley, 1986). Aufgrund der Langlebigkeit können junge Menschen, die erst vor kurzem geboren wurden, einige Jahre länger zur Schule gehen als ihre Vorgänger; sie verlängert den Ruhestand; sie verzögert das Auftreten altersspezifischer Krankheiten; und sie verleiht den familiären Beziehungen eine längere Dauer, denn es ist heute durchaus üblich, daß Eheleute vier oder sogar fünf Jahrzehnte und länger miteinander leben (Imhof, 1986; vgl. auch Bengtson & Schütze und Rosenmayr, Kapitel 19 und 18 in diesem Band).

3. Das Interventionspotential

Der Alternsprozeß unterliegt also geschichtlichen Veränderungen, und die meisten älteren Menschen verfügen über eine breite Palette von Fähigkeiten und Reserven in den Bereichen Gesundheit, geistige Vitalität, Aktivitäten. Zudem gibt es Möglichkeiten, vorhandene Fähigkeiten zu stärken und Reserven zu aktivieren.

Durch welche Interventionen läßt sich die Qualität des Alterns erhalten oder sogar noch verbessern? Untersuchungen in Israel, Deutschland, Skandinavien, Japan, Polen, den Vereinigten Staaten und in anderen Ländern gelangen zu überraschenden Ergebnissen (Quellen finden sich bei M. Riley, Foner & Waring, 1988):

– Die geistigen Fähigkeiten älterer Arbeiter verbessern sich, im Längsschnitt betrachtet, wenn die Arbeitssituation anspruchsvoll ist und selbständiges Handeln erfordert.

– Sehr alte Menschen, deren Leistung sich bei Intelligenztests verschlechtert hat, können wieder auf ihr Leistungsniveau von vor 20 Jahren gebracht werden, wenn die soziale Umgebung Anreize und Gelegenheiten für das Erlernen und die Anwendung neuer Strategien liefert.

– Das Gedächtnis kann verbessert werden, wenn die eher monotonen und eingeschränkten Lebensverhältnisse, die oft für den Ruhestand kennzeichnend sind, dahingehend verändert werden, daß sie die Herausforderungen einer abwechslungsreichen Umwelt aufnehmen.

– Die verlangsamte Reaktionszeit, die normalerweise auf die unvermeidliche altersbedingte Verlangsamung der Prozesse des Zentralnervensystems zurückgeführt wird, kann unter Umständen wieder beschleunigt werden, wenn die soziale Situation Übungsmöglichkeiten und ständiges Feedback liefert.

– Ältere Patienten in Pflegeheimen können wieder stärker das Gefühl persönlicher Selbstverantwortung und Unabhängigkeit entwickeln, können wieder vermehrt sozial aktiv werden, ein besser funktionierendes Immunsystem bekommen und vielleicht sogar geringere Mortalität zeigen, wenn entsprechende Veränderungen in der sozialen Umgebung erfolgen.

Überdies zeigen die Arbeiten von Paul Baltes und seinen Kollegen am Max-Planck-Institut für Bildungsforschung in Berlin, daß Interventionen über die Wiederherstellung verlorengegangener Fähigkeiten älterer Menschen hinausgehen und auch vorhandene Reserven aktivieren können. So wie die körperlichen Fähigkeiten (durch entsprechende Übungen) können auch die Gedächtnisleistungen (durch Gedächtnistechniken und Strategien) auf ein bemerkenswert hohes Niveau — wenn auch ein nicht so hohes wie bei jüngeren Menschen — gebracht werden (vgl. auch Weinert, Kapitel 7 in diesem Band).

In der Frage der Interventionen hat sich noch eine weitere bemerkenswerte Tatsache gezeigt: Selbst wenn es erst in einer späten Lebensphase zu Veränderungen des Verhaltens, des Lebensstils und der sozialen Kontakte kommt, können solche »späten« Interventionen die Morbidität und die Mortalität dennoch verringern (Kaplan & Haan, 1989). So zeigen beispielsweise Längsschnittuntersuchungen, daß das Einstellen des Rauchens auch in den späteren Lebensjahren noch einen meßbaren Unterschied in der Überlebenswahrscheinlichkeit bewirken kann (vgl. auch Steinhagen-Thiessen, Gerok & Borchelt, Kapitel 5 in diesem Band).

C. Die Optimierung von Rollenmöglichkeiten für alte Menschen

Es ist auffallend, daß all diese und viele andere Beispiele für Interventionen eines gemeinsam haben: Die Leistungsfähigkeit der älteren Menschen kann optimiert werden, aber diese Optimierung hängt zu einem wichtigen Teil von sozialen Faktoren ab. Wenn ältere Menschen nicht die entsprechenden Möglichkeiten, finanziellen Mittel oder Anreize haben, können sie ihre geistigen oder körperlichen Stärken und Fähigkeiten nicht länger nutzen, erhalten oder weiterentwickeln. Die Doktrin vom »unvermeidlichen altersbedingten Abbau« wird dann zu einer »sich selbst erfüllenden Prophezeiung«. Die Grenzen der Leistungsfähigkeit alter Menschen liegen also weniger in ihren Fähigkeiten als vielmehr in den sozialen Rollen, die sie mit zunehmendem Alter wahrnehmen oder eben nicht wahrnehmen können.

1. Die strukturelle Diskrepanz

Dies verweist uns auf die Rollenstruktur der demographisch älter werdenden Gesellschaft. Man muß nicht lange nachdenken, um zu erkennen, daß die heutigen sozialen Strukturen und Normen aus einer Zeit stammen, in der es nicht so viele und so unterschiedliche Menschen gab, die ein hohes Alter erreichten. Diese Strukturen und Normen sind Überreste einer früheren Ära, in der die meisten Menschen starben, bevor ihr Arbeitsleben zu Ende war oder das letzte Kind das Haus verlassen hatte. So ist das Alter von 65 Jahren, das im 19. Jahrhundert in Deutschland von Bismarck als Kriterium für die Rentenberechtigung eingeführt wurde, auch unter den heutigen, völlig veränderten Bedingungen der Langlebigkeit immer noch gültig. Selbst wenn man die Heterogenität der älteren Population in Rechnung stellt, gibt es einige Beispiele für typische Mißverhältnisse zwischen Person und sozialer Rolle:

- Auf dem *Arbeitsmarkt* sind die Beschäftigungsmöglichkeiten für ältere Menschen in der gesamten industrialisierten Welt seit vielen Jahrzehnten zurückgegangen, und das nicht nur in Ländern mit einer so umfassenden Vorsorge wie dem deutschen »Wohlfahrtsstaat« (vgl. Guillemard und Kohli, Kapitel 24 und 9 in diesem Band). In den Vereinigten Staaten beispielsweise waren 1980 nur 46 Prozent der Männer im Alter von 55 Jahren und älter erwerbstätig. Für das Jahr 2000 wird vorausgesagt, daß dieser Prozentsatz auf 34 fallen könnte. Bei den Frauen liegen die entsprechenden Zahlen bei 23 Prozent und 21 Prozent (U.S. Senate, 1989, S. 68). Teilweise ist dieser Rückgang sicherlich durch die Sozialversicherung und die private Altersversorgung bedingt. Ein anderer Teil ist auf gesundheitliche Gründe oder persönliche Entscheidung zurückzuführen. Ein noch größerer Teil geht darauf zurück, daß schlecht bezahlte ältere Arbeiter nach langen Perioden der Arbeitslosigkeit entmutigt sind und aus dem Erwerbsleben ausscheiden. Gleichwohl ist keineswegs klar, was hinter jenem Trend hin zu einer frühen Berufsaufgabe steht (vgl. Mayer, Kapitel 20 in diesem Band). In den Vereinigten Staaten haben die Arbeitgeber im allgemeinen eine positive Einstellung zu älteren Arbeitnehmern. Auf seiten der Arbeitnehmer geben zwar manche sozial akzeptable Gründe für einen frühen Ruhestand an, aber die meisten würden, wenn es entsprechende Stellen gäbe, lieber halbtags weiterarbeiten (Yankelovitch, 1989).
- Was das *Familienleben* angeht, haben etliche ältere Menschen zwar die wichtige Aufgabe, einen Ehepartner oder einen anderen Verwandten zu pflegen, aber viele sind verwitwet und leben allein (vgl. Rosenmayr, Kapitel 18 in diesem Band). In der späten Lebensphase haben sie ihre Elternrolle verloren (vgl. Bengtson & Schütze, Kapitel 19 in diesem Band). Einige haben ruhende Verwandtschaftsbeziehungen, die im Notfall aktiviert werden können (M. Riley, 1983), aber andere, wie beispielsweise die Überlebenden der Nazi-Konzentrationslager, haben sogar ihre Nachkommen überlebt.

Der Platz der älteren Menschen in der modernen *Gesellschaft* ist zutreffend als eine »Rolle der Rollenlosigkeit« bezeichnet worden. Veränderungen in der gesellschaftlichen Rollenstruktur sind hinter den sich rasch verändernden Fähigkeiten und Bedürfnissen der älteren Menschen zurückgeblieben.

2. Die strukturelle Anpassungsfähigkeit

Wenn sich die Rollenstrukturen nicht an die neuen Gegebenheiten angepaßt haben, so liegt das zum Teil an dem starren Charakter der gesellschaftlichen Organisation, der kulturellen Normen und der Anschauungen. Das bedeutet jedoch nicht, daß die sozialen Strukturen und Rollen unveränderbar sind. Wie der Alternsprozeß selbst sind auch sie veränderbar und besitzen ein Innovationspotential.

Schon nach kurzem Nachdenken stößt man auf viele Beispiele für den sich ständig vollziehenden Strukturwandel. Amerikanische Historiker sagen zum Beispiel, daß schon im 19. Jahrhundert, ähnlich wie in den Kindergärten, Kindertagesstätten und Kleinkinderschulen heute, Dreijährige lesen lernten und die Frühreife gefördert wurde. Darauf folgte allerdings eine drastische Erhöhung des »Lesealters«. Es hatte sich die Furcht entwickelt, daß frühes Lernen zu Geisteskrankheit führen könnte. In ähnlicher Weise haben sich die Kriterien für die Bestimmung der Rollen für ältere Menschen verändert: Legte man den Akzent zunächst auf das Problem der Armut im Alter, so befaßte man sich später mit den Auswirkungen von »Disengagement versus Aktivität« auf die Lebensqualität, und in neuerer Zeit ist die Beschäftigung mit Krankheit und Behinderung in den Vordergrund getreten (Foner, 1980).

Solche Veränderungen von Rollen und kulturellen Normen gibt es für jede Lebensphase von der Geburt bis zum Tod. Beispielsweise bedeutet der säkulare Rückgang der Geburtenrate (wenngleich durch den Baby-Boom unterbrochen) zugleich kleinere Familien, Kinder mit weniger Geschwistern, Eltern mit geringerer Verantwortung für die Kindererziehung, mehr Zeit für die Mütter, andere Rollen zu übernehmen, aber auch weniger Kinder, die für die Eltern sorgen, wenn diese alt sind (M. Riley, 1978). Der Rückgang der Mortalität hat die Strukturen verändert, in denen die Menschen sterben (vgl. Dinkel, Kapitel 3 in diesem Band). Die meisten Patienten sterben heute nicht zu Hause, sondern in medizinischen Einrichtungen (vgl. Schmitz-Scherzer, Kapitel 21 in diesem Band). Die Fortschritte in der medizinischen Technologie schaffen zwar mehr Freiheitsgrade, werfen aber oftmals auch schwierige ethische Fragen auf und verlangen quälende Entscheidungen darüber, wann und wie der Tod eintreten soll (J. Riley, 1983).

3. Die Prozesse des Strukturwandels

Das Problem, die strukturelle Diskrepanz zu überwinden und die Entwicklung des sozialen Potentials des Alters zu ermöglichen, besteht somit nicht in einer mangelnden Flexibilität der Strukturen. Es liegt vielmehr darin begründet, daß wir zu wenig darüber wissen, *wie* sich Strukturwandel vollzieht, wie *Interventionen* wirken und welche Konsequenzen sie haben.

Einige Beispiele des Wandels sind zwar klar erkennbar: wie die »sozialstaatlichen« Gesetze und Regelungen in Deutschland (Mayer & Schoepflin, 1989); oder die Heimindustrien und dörflichen Handwerksbetriebe, die als Beschäftigungsprogramme für ältere Menschen von den Vereinten Nationen in Entwicklungsländern gefördert wurden (Nussberg, 1988). Aber die Vorgeschichte, die Mechanismen und die Folgen solcher Interventionen sind keineswegs wissenschaftlich umfassend analysiert. Andere Formen des Strukturwandels, wie die Übersiedlung von jungen Menschen aus Ostdeutschland nach Westdeutschland im Jahre 1989/90, werden häufig erst richtig zur Kenntnis genommen, wenn sie kritische Dimensionen angenommen haben. Die Wissenschaft weiß nur wenig über die oftmals fast unmerklichen Prozesse und Mechanismen, durch die sich solche Einflüsse geltend machen. Es muß erst noch die nötige Wissensbasis geschaffen werden, um fundierte Empfehlungen über mögliche Interventionen aussprechen zu können.

Dem Aufbau dieser Wissensgrundlage stehen jedoch *methodologische Hindernisse* entgegen. Die systematische Erforschung von Rollenveränderungen ist längst nicht so gut entwickelt wie die Erforschung des Alternsprozesses. Konzeptionen über den individuellen Lebenslauf und Methodologien für Längsschnittuntersuchungen sind sehr weit fortgeschritten (Sørenson, Weinert & Sherrod, 1986). Im Gegensatz dazu gibt es nur wenige konzeptionelle und methodologische Instrumente zur Untersuchung der komplexen Altersstrukturen wirtschaftlicher, politischer oder familiärer Systeme; oder der Auswirkung von Gesetzen und »Altersnormen« auf die Herausbildung von Rollenkriterien; oder zur Untersuchung, wie altersabhängige Rollen durch die Beziehungen zwischen Individuen geprägt werden. Die Erforschung der Altersstrukturen von Menschen und Rollen wird häufig vernachlässigt, da die Untersuchungen des Lebensverlaufs die umgebenden sozialen und kulturellen Einrichtungen oft nur als Kontextmerkmale von Individuen behandeln. Normalerweise wird die Frage gestellt, wie Menschen alt werden, und nicht die Frage, wie Strukturen sich verändern oder stabil bleiben.

Es gibt allerdings einige wichtige Ansätze in dieser Richtung (z. B. Foner & Kertzer, 1983; Kertzer, 1989; Kohli & Meyer, 1986). Soziologen und Anthropologen haben *das chronologische Alter schon lange als eine wichtige Grundlage* sozialer Strukturen (Sub-Kulturen, Werten, Institutionen und Rollen) erkannt (vgl. M. Riley, Foner & Waring, 1988; M. Riley, Huber & Hess, 1988, mit dem exemplarischen Kapitel von Mayer). Aber im Vergleich zu Geschlecht oder zu sozialer Klasse variiert der Einfluß des Alters in Abhängigkeit von zeitlich-sozialen Bedingungen. Einige Wissenschaftler sind der Ansicht, daß die strukturelle Bedeutung des Alters in den modernen Gesellschaften – zumindest bis zu den 60er und 70er Jahren des 20. Jahrhunderts – zugenommen hat; andere heben die besondere Bedeutung der Altersnormen und Altersregeln in einfacher strukturierten Gesellschaften hervor (vgl. Elwert und Kohli, Kapitel 10 und 9 in diesem Band).

Eine wichtige Quelle struktureller Veränderungen in jeder Gesellschaft sind die *Unterschiede zwischen sogenannten Kohorten von Menschen*, die in aufeinanderfolgenden Perioden geboren wurden und unterschiedliche historische Zeiten durchlebt haben. Wir haben gesehen, daß Veränderungen der Sozialstruktur auch die individuellen Alternsprozesse verändern können. Jetzt wird umgekehrt deutlich, daß Veränderungen der Alternsprozesse wiederum *zu strukturellen Veränderungen führen können*. Geburtskohorten unterscheiden sich in Umfang und Charakter, und ihre Mitglieder altern auf unterschiedliche Weise. So üben Kohorten einen kollektiven Druck aus, der auf Veränderungen sowohl der Rollenmöglichkeiten in sämtlichen gesellschaftlichen Einrichtungen als auch der altersbezogenen Ideen, Wertvorstellungen und Überzeugungen der Menschen gerichtet ist (M. Riley, 1985; 1987).

Die Auswirkungen von *Unterschieden im Umfang von Kohorten* (Warings »unregelmäßiger Kohortenfluß«, 1975) machen sich in den Vereinigten Staaten mit aller Macht bemerkbar. Die »Baby-Boom«-Kohorten, denen kleinere Kohorten folgten, belasteten zuerst das Schulsystem und den Arbeitsmarkt und werden schon bald ein »Senioren-Boom« sein, der die Unangemessenheit der verfügbaren sozialen Rollen für ältere Menschen noch krasser hervortreten lassen wird.

Den vielleicht verbreitetsten, aber am wenigsten verstandenen Einfluß auf die Strukturierung des Alters übt die »*Normenbildung innerhalb einer Kohorte*« aus (M. Riley, 1978; 1986). Da die Mitglieder ein und derselben Kohorte gemeinsame historische Erfahrungen teilen, entwickeln sie allmählich und fast unmerklich gemeinsame Reaktionsmuster, gemeinsame Definitionen und gemeinsame Überzeugungen, die sich zu gemeinsamen Normen verdichten und in der Sozialstruktur institutionalisiert werden. Diese Normen beinhalten auch Alterskriterien für die Rollenzuweisung und Rollenleistung. In den Vereinigten Staaten haben zum Beispiel viele einzelne Frauen in den Kohorten junger Erwachsener auf gemeinsam erlebte soziale Veränderungen so reagiert, daß sie millionenfach unabhängig voneinander die persönliche Entscheidung getroffen haben, neue Wege zu gehen: das College zu besuchen, Karriere zu machen oder das Familienleben anders zu gestalten. Solche individuellen Entscheidungen durchdrangen allmählich ein ganzes Segment der Gesellschaft, bis sich neue Altersnormen für verheiratete Frauen mit Kindern durchsetzten und neue Rollenmöglichkeiten im Arbeitsleben und in der Familie institutionalisiert wurden. Ein anderes Beispiel zeigt, daß sowjetische Jugendliche, die nach dem letzten Krieg aufgewachsen sind, Deutschlands Mitgliedschaft in der NATO positiv sehen, während ihre Eltern fürchten, daß sich die Geschichte wiederholen wird.

Dieses beginnende tiefere Verständnis von Rollenprozessen verweist gleichzeitig auf die noch klaffende Lücke in der wissenschaftlichen Erkenntnis und stellt eine beträchtliche Herausforderung an die künftige gerontologische Forschung dar. Es sind noch viele intellektuelle Schlachten zu schlagen, bevor der Kampf um ein wirkliches Begreifen der »alternden Gesellschaft« gewonnen werden kann: diese nicht nur als ein *Bevölkerungsaggregat* zu sehen, bei dem der Anteil der älteren Menschen zunimmt, sondern auch als ein *System* von Strukturen, Rollen und Beziehungen, für das das Alter eine fundamentale Basis darstellt.

4. Das Interventionspotential

Trotz der erwähnten konzeptionellen und methodologischen Hindernisse zeigt die Erforschung der Altersrollen, daß verschiedene Arten von Interventionen möglich sind, um die strukturelle Diskrepanz zu verringern. Derzeit werden zwei ganz unterschiedliche Interventionen praktiziert: Einerseits solche, die sich auf die Erweiterung von Rollenmöglichkeiten für ältere Menschen konzentrieren, und andererseits solche, die sich auf die Entwicklung koexistierender Rollen für Menschen aller Altersstufen in der Gesellschaft richten. In der jüngsten Vergangenheit stand die erste Art von Interventionen im Vordergrund. Es sind jedoch die letzteren, die das innovativste Potential für die Zukunft beinhalten. Bedenkt man außerdem die wechselseitigen Abhängigkeiten zwischen allen Altersschichten in einer Gesellschaft, wird klar, daß die eine Art der Intervention ohne die andere nicht möglich ist.

Eine Art struktureller Veränderungen, die dazu dient, die *Rollenmöglichkeiten für ältere Menschen* zu verbessern, findet gegenwärtig im Gesundheitssystem statt, das in den Vereinigten Staaten besonders *unsystematisch* ist. Diese Veränderungen berühren die Rollen älterer Menschen sowohl als Pflegepersonen als auch als Pflegebedürftige. Für sterbende ältere Menschen bilden sich neue Normen und neue unterstützende Einrichtungen, wie beispielsweise Sterbekliniken, heraus (J. Riley, 1983; vgl. Schmitz-Scherzer, Kapitel 21 in diesem Band).

Andere strukturelle Interventionen berühren die Rollen der großen Mehrheit der älteren Menschen, die noch gesund und kräftig sind. Selbst von den 85jährigen und Älteren bezeichneten fast zwei Drittel derer, die nicht in Heimen leben, ihre Gesundheit als gut bis ausgezeichnet, und die Hälfte gab an, daß sie in ihren wichtigsten Aktivitäten nicht eingeschränkt sei (Suzman & M. Riley, 1985; U.S. National Center for Health Statistics, 1987, S. 21). Einige Beispiele seien kurz genannt:

— Im Bildungssystem gibt es neue Rollenmöglichkeiten, indem man entweder eine Lehrtätigkeit übernimmt (z. B. Erwachsenen Lesen beibringt oder Einwanderer unterrichtet, die die Sprache des Landes nicht sprechen) oder selbst noch einmal zur Schule geht. Fast 1.000 Colleges und Universitäten bieten offiziell Veranstaltungen für Studierende über 65 Jahren an (vgl. Mayer, Kapitel 20 in diesem Band).
— Im Freizeitbereich gibt es zunehmend Möglichkeiten sowohl für Entspannung und Unterhaltung als auch für ernsthaftere kulturelle Betätigungen. In der ganzen industrialisierten Welt bieten zahllose Organisationen älteren Menschen so unterschiedliche Aktivitäten wie Radfahren, Fischen, Tanzen, Kartenspielen, Zelten oder einfach nur geselliges Beisammensein an. Die sogenannte »Altenherberge«-Bewegung entwickelt sich in Europa und den Vereinigten Staaten mit großem Erfolg. Seniorenruhesitze befinden sich immer häufiger in der Nähe von Universitäten.
— Auf dem Arbeitsmarkt gibt es immer mehr bezahlte und unbezahlte Möglichkeiten für ältere Menschen. Viele Stellen werden so umgestaltet, daß sie ihren Fertigkeiten und Fähigkeiten entsprechen. Es gibt Umschulungsprogramme. Einige Unternehmen haben Modellprogramme zur Wiedereinstellung von pensionierten Angestellten eingeführt. Und es gibt unzählige Möglichkeiten zur »Schwarzarbeit« für Rentner, über die offiziell nicht berichtet wird (vgl. Kohli, Kapitel 9 in diesem Band).

Von besonderem Interesse ist die zunehmende Tendenz zur *Vernetzung* zwischen bestehenden Einrichtungen und damit zur Entstehung neuer Mischformen anstelle der alten Strukturen. Schulen übernehmen traditionelle Familienfunktionen, indem sie Mahlzeiten oder Einzelunterricht anbieten. Ebenso unterhalten die Unternehmen nicht nur betriebseigene Gesundheitseinrichtungen, sondern auch Betreuungsstätten für die Kinder und älteren Verwandten ihrer Angestellten. Manche Unternehmen übernehmen auch Bildungsfunktionen, indem sie »Aufholkurse« in Orthographie, Grammatik und Informationsverarbeitung sowie fortgeschrittene Kurse im Schreiben und Halten von öffentlichen Reden anbieten. All das führt zur Entstehung von neuen Rollen und einer größeren Vielfalt an Optionen.

Die flexiblere Gestaltung der sozialen Rollen für ältere Menschen wirkt sich auf Menschen jeder Altersstufe aus. So werden die Rollen der traditionell jüngeren Studenten davon beeinflußt, wenn auch ältere Erwachsene die Bildungseinrichtungen in Anspruch nehmen. Zahlreiche Interventionen, *die für alle Altersstufen bestimmt sind*, enthalten auch besondere Potentiale für die Älteren. Tatsächlich beginnt etwas Realität zu werden, was wir früher als reine Vision betrachtet haben: In sämtlichen modernen Gesellschaften fallen die starren Altersbarrieren, die die gesellschaftlichen Rollen in Bildung, Arbeit und Freizeit aufteilten, die Barrieren, die Martin Kohli (1988) die »Dreiteilung« der sozialen Strukturen und des Lebenslaufs genannt hat.

Es gibt zum Beispiel für alle Altersstufen Bildungsurlaub sowie Weiterbildung und Umschulung für Arbeiter. Aus verschiedenen amerikanischen Berichten geht hervor (Dychtwald, 1989), daß 44 Prozent aller Arbeitgeber Teilzeitkräfte beschäftigen, 14 Prozent das »Beurlaubungsjahr« befürworten und 40 Prozent eine flexible Arbeitszeit anbieten. Einige Unternehmen haben Programme angekündigt, die es den Arbeitnehmern ermöglichen werden, sich in ihrem Arbeitsleben für mehrere Jahre beurlauben zu lassen, die sie nach eigener Wahl für familiäre Aufgaben oder für ihre Weiterbildung nutzen können. Viele Programme umfassen die Förderung der berufsspezifischen Sensitivität, Kurse zur Erleichterung des Berufswechsels, Berufsberatung, Seminare über multiple Berufswege, und sie alle kommen sowohl alten als auch jungen Arbeitnehmern zugute.

Diese wenigen Beispiele deuten darauf hin, daß viele solcher Veränderungen der gesellschaftlichen Rollen buchstäblich dadurch erzwungen werden, daß die Demographie und die Technologie in unserer Zeit zwei paradoxe Trends in Gang gesetzt haben. Die Langlebigkeit nimmt zu, und der typische Lebenslauf wird *länger*; aber gleichzeitig bewirken die technologischen Fortschritte, daß die Halbwertzeit des Berufswissens in den meisten Beschäftigungen *kürzer* wird. Ärzte und Krankenschwestern, die eine lange Ausbildung hinter sich haben, müssen feststellen, daß ihr Wissen nach nur einigen Jahren Berufspraxis veraltet ist. Ingenieure, Versicherungsvertreter, Taxifahrer, Bankleute, Computerfachleute, kurzum jeder, und nicht nur die Alten, muß Neues dazulernen, muß Arbeitsperioden mit Weiterbildungsperioden kombinieren.

5. Unbeabsichtigte Konsequenzen

Da sich die gesellschaftlichen Institutionen im Umbruch befinden und da es um Veränderungen des menschlichen Lebens geht, ist eine wissenschaftlich fundierte Wissensgrundlage erforderlich, wenn die Interventionen die beabsichtigten Konsequenzen haben sollen. *Ungeplante* Interventionen haben mitunter nur eine *geringe* Wirkung. So hat in den Vereinigten Staaten das Gesetz über die Abschaffung der Zwangspensionierung den Trend zum frühzeitigen Ruhestand nicht verlangsamt. Manchmal sind Interventionen unkoordiniert und behindern sich auch *gegenseitig*. So kann die Zuweisung von knappen Ressourcen für die medizinische Versorgung älterer Patienten dazu führen, daß die medizinischen Einrichtungen für frühgeborene Kinder verringert werden. Mitunter können Interventionen auch *unerwünschte* Konsequenzen haben. Die Ermutigung älterer Menschen zu körperlichen Übungen zum Beispiel, die eigentlich den Sinn haben, die Gelenke und Muskeln zu stärken, kann dazu führen, daß sie sich verletzen. Liebevolle Betreuung in Pflegeheimen, die den älteren Patienten emotionale Stütze sein soll, kann ihre Unabhängigkeit verringern und ihre Leistungsfähigkeit mindern. Und was am schlimmsten ist: Interventionen, die den Zweck haben, die Produktivität älterer Arbeiter zu belohnen, können zu ihrer Ausbeutung führen.

Andererseits verschärfen *fehlende Interventionen* die Probleme der strukturellen Diskrepanz. Wohin das im Extremfall führen kann, schildert Martin Kohli mit provokativer Ironie:

> »Wenn wir den Trend der letzten zwei Jahrzehnte extrapolieren, werden wir in der zweiten Hälfte des 21. Jahrhunderts den Punkt erreichen, wo Menschen im Alter von 38 Jahren von der Universität direkt in den Ruhestand gehen« (Kohli, 1988, S. 15).

Selbst wenn es »eine natürliche Grenze für diesen Prozeß« geben muß, wie Kohli hervorhebt, können ungelenkte und unkoordinierte Interventionen verheerende Auswirkungen haben. Ganz offensichtlich erfordern Interventionen eine wissenschaftlich fundierte Lenkung und eine umfassende Vorstellung von den zukünftigen Potentialen und damit den Zielen der Interventionen.

D. Eine konzeptionelle Sicht der Intervention

Um diese Potentiale zu realisieren, ist es nötig, daß einzelne Interventionen in ein allgemeines Verständnis von den Möglichkeiten zur Optimierung der Alternsprozesse und der Möglichkeiten älterer Menschen in der Gesellschaft eingebettet sind. Es liegen hier außerordentlich komplexe Zusammenhänge vor, die in jeden Aspekt des Lebens Eingang finden, in Familienberatungsstellen, Arztpraxen, Pflegeheime, Arbeitsplätze, Wahlurnen, Nachbarschafts- und Gemeindeforen, Alltagsleben und intime Beziehungen. Es ist äußerst schwierig, sich immer wieder bewußtzumachen, wie das Problem der strukturellen Diskrepanz aus der Wechselbeziehung zwischen sich verändernden Rollenstrukturen und sich verändernden Formen des Alterns aufeinanderfolgender Kohorten resultiert.

1. Ein heuristischer Rahmen

In Abbildung 1 wird ein konzeptioneller Rahmen schematisch dargestellt, der diese Komplexität besser verständlich macht. (Alternssoziologen ist er bekannt, er knüpft an das von Demographen verwendete Lexis-Diagramm an.) Das Diagramm ist ein sozialer Raum, der auf der vertikalen Achse vom Lebensalter und auf der horizontalen Achse vom Geschichtsverlauf, den ökonomischen, politischen, kulturellen Veränderungen, Fluktuationen und Ereignissen, die im Laufe der Zeit in der Gesellschaft eintreten, begrenzt wird. Innerhalb dieses Raumes kreuzen sich zwei Typen von Linien: die diagonalen Linien, die das individuelle Altern, und die vertikalen Linien, die die soziale Struktur darstellen.

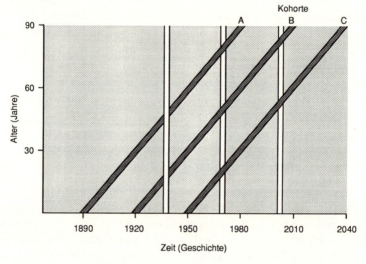

Abbildung 1: Eine schematische Illustration von Altern und gesellschaftlicher Veränderung (nach M. Riley, Foner & Waring, 1988).

Die diagonalen Linien stellen sukzessive Kohorten von Menschen dar, die in bestimmten Zeitperioden geboren wurden und dann *altern.* Während die Menschen altern (siehe z. B. Kohorte A), bewegen sie sich durch die Zeit und durch die soziale Struktur nach oben; durch die sukzessiven Rollen im Familienleben, in der Ausbildung, im Berufsleben, im Ruhestand, bis sie schließlich sterben. Während sie altern, verändern sie sich biologisch, psychologisch und sozial und entwickeln ihre sehr unterschiedlichen individuellen Stärken und Schwächen.

Zudem lenken die vielen diagonalen Linien die Aufmerksamkeit auf folgendes Prinzip: Weil sukzessive Kohorten zu verschiedenen Zeiten geboren werden und unterschiedliche Segmente der historischen Zeit durchleben, altern die Menschen verschiedener Kohorten auf verschiedene Weise. Im Jahre 1900 konnte ein 20jähriger Mann in den Vereinigten Staaten kaum damit rechnen, überhaupt den Ruhestand zu erreichen; heute kann ein solcher Mann davon ausgehen, daß er ein Viertel seines Erwachsenenlebens im Ruhestand verbringt. Der Alternsprozeß hat offensichtlich einen Wandel durchgemacht.

Die vertikalen Linien stellen die ganz andersartige Dynamik des *strukturellen Wandels* dar. Betrachten wir beispielsweise das Jahr 2010. Hier ist die Linie ein Querschnitt durch alle diagonalen Linien. Er stellt schematisch die *Altersstruktur* der Gesellschaft dar. Er gibt an, auf welche Weise *sowohl die Menschen als auch ihre sozialen Rollenstrukturen* in einem bestimmten historischen Augenblick in Altersgruppen organisiert sind, von den Jüngsten ganz unten bis zu den Ältesten ganz oben. Während sich die Gesellschaft im Laufe der Zeit durch die historischen Ereignisse und Veränderungen bewegt, kann man sich vorstellen, wie sich auch diese vertikale Linie bewegt – durch den geschichtlichen Raum von einem Datum zum anderen. Im Laufe der Zeit unterliegen die altersbezogenen Strukturen der Rollenmöglichkeiten und -normen dem sozialen und kulturellen Wandel, können sich also verschieben (oder auch nicht). Aber die Menschen in bestimmten Altersschichten sind nicht mehr dieselben; sie wurden zwangsläufig durch jüngere Mitglieder aus neueren Kohorten mit neueren Lebenserfahrungen ersetzt.

So sind zum Beispiel heute die älteren Menschen zahlreicher, haben eine bessere Schulbildung und sind gesundheitlich stabiler als noch ihre Vorgänger im Jahre 1920 oder 1950; aber ihr Platz in der Gesellschaft hat sich nur wenig verändert, so daß sie im allgemeinen noch immer als eine benachteiligte Minderheit behandelt werden.

Der konzeptionelle Rahmen ist sicherlich auch in seiner Vereinfachung noch kompliziert. Dennoch werden entscheidende Aspekte der ihm zugrundeliegenden Theorie in der vereinfachten Darstellung verdeckt: der multilineare und fluktuierende Geschichtsverlauf, die verschiedenen Arten, wie Menschen älter werden, und die komplizierte Organisation der sozialen Rollen und ihrer Träger. Auch kann das Diagramm nicht zeigen, wie die Altersschichten von anderen gesellschaftlichen Differenzierungen, wie Klassen-, Geschlechts- oder Rassenzugehörigkeit, quer durchschnitten werden. Der Einfachheit halber wird die Diskussion hier auf Kohorte als relativ umfassende Kategorie beschränkt, bei der das Eintreten in das System durch das Geburtsdatum markiert ist. Parallele Konzeptionen beziehen sich auf Kohorten, die in andere Systeme (wie Krankenhäuser oder Arbeitsorganisationen) eintreten, bei denen mit »Altern« die *Verweildauer* beziehungsweise die verbrachte Zeit in dem System gemeint ist.

Trotz dieser Vereinfachungen erlaubt es das gewählte Modell, beide Prozesse, von denen wir gesprochen haben, in den Blick zu bekommen: das Altern von

Menschen in sukzessiven Kohorten und die sich wandelnden gesellschaftlichen Strukturen. Sein heuristischer Wert wird letztlich davon abhängen, ob es geeignet ist, spezifische Fragen zu lokalisieren und zu analysieren sowie Forschungsbemühungen, die Eingriffe in beide dynamische Verläufe lenken können, zu konzipieren und deren Ergebnisse zu interpretieren.

Vor allem aber verweist dieses Modell auf die thematisierten Zukunftspotentiale, indem es zeigt, auf welche Weise die beiden dynamischen Verläufe zu dem Mißverhältnis zwischen ihnen führen. Für eine solche *wissenschaftlich fundierte* Vision sind zwei Punkte wesentlich: die Ungleichzeitigkeit von dynamischen Verläufen als ständige Quelle der strukturellen Diskrepanz und ihrer Veränderungen sowie die Art der Wechselwirkung zwischen beiden dynamischen Prozessen.

2. Ungleichzeitigkeit und strukturelle Diskrepanz

Das Paradigma zeigt, auf welche Weise strukturelle Diskrepanz gesellschaftlicher Dynamik immanent ist; denn während sich das Altern und der Strukturwandel gegenseitig beeinflussen, unterliegen sie verschiedener Zeitgebung. Man braucht nicht lange nachzudenken, um zu erkennen, daß die beiden dynamischen Prozesse verschiedenen Rhythmen folgen. Die alternden Menschen bewegen sich entlang der Lebenslauf-Achse (die diagonalen Linien in Abb. 1). Aber der gesellschaftliche Strukturwandel vollzieht sich entlang seiner eigenen historischen Zeitachse. Diese beiden Arten von Linien (Entwicklungen) kreuzen sich ständig. Sie können aber niemals ganz zusammenfallen. Diese »Ungleichzeitigkeit« erzeugt ein stets wiederkehrendes Mißverhältnis, ein Zurückbleiben des einen Prozesses hinter dem anderen. Dieses Mißverhältnis enthält einen immanenten Veränderungsdruck. Veränderungen, die idealerweise wissenschaftliche Voraussicht und potentielles Eingreifen erfordern.

Am vertrautesten sind Menschen im täglichen Leben mit der *zeitlichen Verzögerung von Alternsprozessen*. Während die Menschen einer bestimmten Kohorte älter werden, verändert sich auch ständig die sie umgebende soziale Struktur. Jede Diagonale in dem Diagramm umfaßt einen Geschichtsabschnitt, in dem sich die vertikale Linie weiterbewegt. Diejenigen, die heute alt sind, lernten noch die Altersnormen und Verhaltensmuster, die zu Beginn des Jahrhunderts vorherrschend waren; sie lernten von ihren Eltern, daß einige Schuljahre für die meisten Arbeitsplätze ausreichend waren, und von ihren Großeltern, daß das Alter früh kommt und trostlos sein kann. Aber jetzt, da diese Menschen selbst alt geworden sind, haben bestimmte soziale Strukturen sie überholt, und nun müssen sie sich anstrengen, diese »einzuholen«.

Noch gravierender ist heutzutage das umgekehrte Problem des »*Hinterherhinkens« von Strukturen*, mit dem sich dieser Beitrag befaßt. Alternsprozesse haben nicht nur »aufgeholt«, in mancher Beziehung eilen sie dem Strukturwandel voraus oder gehen ganz neue Wege. Diejenigen, die heute jung sind, lehnen die traditionelle Norm des persönlichen Einsatzes ab; diejenigen, die im mittleren

Alter sind, protestieren gegen den mehrfachen Streß, der sich aus der Kombination von Arbeits- und Familienrollen ergibt; die älteren Menschen wiederum
sind unzufrieden, weil ihnen im Ruhestand eine langandauernde »Rolle der
Rollenlosigkeit« aufgezwungen wird oder weil sie mitunter auf die Rolle der
Familienhilfe reduziert werden. Für jede Altersstufe bringen wechselnde Einstellungen und Lebensstile neue Normen und andersartige soziale Institutionen
hervor. Vor allem aber erfordert die steigende Zahl alter Menschen eine Neu-
strukturierung der sozialen Rollen. *Leistungsfähige Menschen und inhaltsleere
Rollenstrukturen können nicht lange koexistieren.* Obwohl die Gruppe der
älteren Menschen sehr heterogen ist (z. B. auch in ihrem Wunsch, weiterhin
berufstätig zu sein), wollen sie auf keinen Fall mißachtet, abgestempelt, abhängig
sein und als nutzlos betrachtet werden, als eine Last und nicht als verantwor-
tungsvolle Mitglieder der Gesellschaft.

Das gewählte Modell trägt dazu bei, daß wir in dieser Asymmetrie den
permanenten Veränderungsdruck erkennen, der sowohl durch die Millionen
Gedanken und Handlungen alternder Menschen als auch durch die Entscheidungen von beispielsweise Gesetzgeber, Beamten, Arbeitgebern, Pädagogen und
Ärzten, entsteht. *Individuelles* Potential wird heutzutage gepflegt und gefördert;
aber dringender geboten ist die Optimierung der Rollenstrukturen.

E. Die Wechselwirkung

Welches sind die Implikationen der steten, aber asymmetrischen Wechselwirkung zwischen der Dynamik des individuellen Alterns und der des strukturellen
Wandels? Auf welche Weise *verursacht* eine Veränderung des einen dynamischen
Prozesses Veränderungen in dem anderen, so daß jede Intervention eine Kette
von Rückwirkungen auslöst? Wie wirkt sich beispielsweise eine strukturelle
Intervention beim Rentenalter auf das gesamte Leben der Menschen aus? Wie
kommt es, daß die Konsequenzen damit nicht erschöpft sind, sondern die
veränderten Formen des Alterns sich wiederum auf die Arbeitsmarktstruktur
und Wirtschaftsstruktur der Gesellschaft insgesamt auswirken?

1. Idealtypen sozialer Struktur
Um diese Wechselwirkung etwas anschaulicher zu machen, fordert Abbildung
2 zu einem Gedankenexperiment auf. Abbildung 2 greift die Bereiche Bildung,
Arbeit und Ruhestand (oder Freizeit) heraus und zeigt zwei verschiedene Ausgestaltungen der vertikalen Linien aus Abbildung 1 auf. Zwei idealtypische
Strukturen werden schematisch dargestellt: ein traditioneller oder »altersdiffe-
renzierter« Typus, mit dem die strukturelle Verzögerung einhergeht, und ein
»altersintegrierter« Typus, der theoretisch das Potential hat, diese Diskrepanz
zu reduzieren. Natürlich sind »Idealtypen« von Altersstrukturen, im Sinne Max
Webers, künstliche Vereinfachungen. Dennoch können wir uns vorstellen, daß

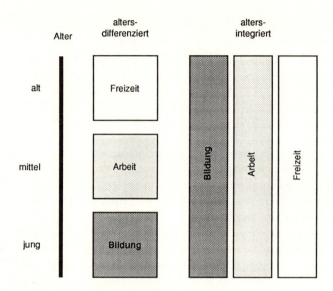

Abbildung 2: Zwei Typen sozialer Struktur.

Schlüsselelemente des einen Typs die Realität der Vergangenheit widerspiegeln, während Schlüsselelemente des anderen Typs potentiell zukunftsweisend sind.

Auf der linken Seite von Abbildung 2 teilen *altersdifferenzierte* Strukturen die gesellschaftlichen Rollen und ihre Träger in drei Kästchen ein: Ruhestand oder Freizeit für ältere Menschen; Arbeitsrollen für Menschen mittleren Alters; an Schule oder Universität gebundene Rollen für die Jüngeren. Diese Struktur, die in den entwickelten Gesellschaften eine lange Tradition hat, ist heute allgemein verbreitet. Obwohl sie den veränderten Lebensweisen der Menschen nicht entspricht, hat sie viele Vorteile, da sie Ordnung in das Leben der Menschen bringt und eine eingespielte gesellschaftliche Praxis darstellt. Sie wurde allgemein in solchen Gesellschaften akzeptiert, in denen Erwerbsarbeit die dominante Rolle, Leistung (oder »Erfolg«) der dominante Wert und bezahlte Arbeit die fast ausschließliche Domäne der Männer war. Sie stammt somit aus einer Zeit, in der die meisten Frauen noch nicht die Doppelbelastung von Erwerbs- und Hausarbeit trugen.

Auf der rechten Seite von Abbildung 2 beschreiben die Balken den Idealtypus der *altersintegrierten* Strukturen. Hier sind die Altersbarrieren gefallen. Menschen jeden Alters stehen Rollenmöglichkeiten in allen Strukturen, Bildung, Arbeit und Freizeit offen. Das bedeutet, daß in allen gesellschaftlichen Bereichen Menschen aller Altersstufen zusammenkommen. Weder Teenager noch Rentner sind wegen ihres Alters von Arbeitsplätzen ausgeschlossen. Universitäten und Ausbildungsgänge stehen den Erwachsenen jeden Alters offen. Selbst Menschen mittleren Alters haben viele Möglichkeiten, sich für eine arbeitsfreie Zeit zu entscheiden. Wie wir gesehen haben, bilden sich heute in den modernen Gesellschaften schon viele Elemente einer solchen Altersintegration heraus. Wenn diese noch durch angemessene Interventionen gelenkt und verstärkt werden, eröffnen sie neue Potentiale für die Zukunft.

2. Implikationen für das Altern

Betrachten wir zunächst die eine Richtung der Wechselwirkung: Während die Menschen aus verschiedenen Kohorten entlang der Diagonale ihres Lebens altern, bewegen sie sich gleichzeitig durch die gesellschaftlichen Strukturen (die vertikalen Linien), und ihr Leben wird je nach der Art dieser Strukturen unterschiedlich geprägt. So wurde in der Ära der *altersdifferenzierten* Strukturen die altersabhängige Dreiteilung der Gesellschaft zu der vertrauten Art und Weise, wie Menschen aufwachsen und alt werden. Diese Strukturen sind im Lebenslauf »institutionalisiert« worden. Im System des »Wohlfahrtsstaates« bietet beispielsweise die wirtschaftliche Sicherheit den Menschen breitgefächerte Optionen *innerhalb* eines jeden der drei Kästchen, während sie gleichzeitig dazu beiträgt, die Alterskriterien zu perpetuieren (vgl. Guillemard, Kapitel 24 in diesem Band; Mayer & Schoepflin, 1989). Obwohl die Menschen heutzutage länger leben als früher und auf ganz andere Weise altern, werden sie nach wie vor so sozialisiert, daß sie ihre Lebensplanung strukturell auf diese drei Stadien ausrichten.

Alternativ dazu werden die Menschen in einer möglichen künftigen Ära größerer *Altersintegration*, in der die früheren starren Altersstrukturen immer durchlässiger werden, mehr Möglichkeiten haben, Perioden der Bildung, Arbeit und Freizeit frei zu wählen und miteinander abzuwechseln. Sind solche Möglichkeiten gegeben, werden einige ältere Menschen dafür optieren, weiterhin am Wirtschaftsleben der Gesellschaft teilzunehmen (eine amerikanische Studie zeigt, daß eine nicht unbeträchtliche Anzahl von Frührentnern, wenn auch die Minderheit, lieber weiterarbeiten würde). Andere ältere Menschen werden sich dagegen für die Freizeit entscheiden, die oftmals mit einer Haushaltstätigkeit kombiniert wird. Wieder andere werden ehrenamtliche Aufgaben übernehmen. Andere sind hingegen so gebrechlich oder behindert, daß sie nicht die Freiheit haben, solche Optionen wahrzunehmen oder eine Wahl zu treffen. (Die stark Behinderten sind indessen nur eine kleine, wenngleich sehr signifikante Minderheit unter den über 65jährigen oder sogar über 85jährigen.) Ältere Menschen sind also sehr unterschiedlich; dementsprechend wäre der Idealfall, daß ihnen eine große Rollenvielfalt geboten würde.

3. Implikationen für die soziale Struktur

Wenden wir uns nun der anderen Richtung der Wechselwirkung zu: In Fortführung des Gedankenexperiments verstehen wir allmählich, wie die Menschen in den verschiedenen koexistierenden Kohorten aktiv Druck in Richtung auf einen Strukturwandel ausüben. Im Rahmen dieser Wechselbeziehung haben die Herausbildung und die Veränderung sozialer Strukturen eine wesentliche Bedeutung für die Zukunft sowohl der Individuen als auch der Gesellschaft. Jede vertikale Linie in diesem Diagramm markiert nicht nur die Strukturen der Rollen, Institutionen und Normen, sondern auch die Interaktionen und Wechselbeziehungen zwischen Menschen aller Altersstufen in der gesamten Gesellschaft. Es ist zum Beispiel für die Analysen von Verwandtschaftsbeziehungen oder Fragen der altersbedingten Ungleichheit der Einkommenssituation nützlich, den Charakter und die Veränderbarkeit bestimmter Strukturen zu begreifen (vgl. Bengtson & Schütze, Kapitel 19 in diesem Band). Es kann auch für die Untersuchung der Beharrungs- oder Veränderungsmechanismen bestimmter Strukturen nützlich sein: Würde zum Beispiel die offene Kommunikation durch alle Altersstufen hindurch in den »altersintegrierten Strukturen« die Macht der älteren Menschen zur Erhaltung der Struktur oder die Macht der jüngeren Menschen zur noch weitergehenden Veränderung dieser Struktur vergrößern?

Mit all diesen Fragen sind zukünftige Potentiale umrissen, die eine wesentlich weiterreichende wissenschaftliche Untersuchung erfordern. Mit dem Erkennen dieser Potentiale und dem Wunsch, nicht in die Fallstricke ungelenkter Interventionen zu geraten, wären wir wieder bei dem zentralen soziologischen Prinzip, von dem wir anfangs gesprochen haben: Obwohl das Altern und der Strukturwandel getrennte und unterschiedliche Prozesse sind, besteht zwischen ihnen eine permanente Wechselwirkung. Jede Seite beeinflußt die andere. Mithin hat jede Intervention eine doppelte Auswirkung und kann einen doppelten Erfolg verbuchen.

F. Wertfragen

Wenn wir uns mit den Interventionspotentialen auseinandersetzen, sind wir letztlich mit − häufig übersehen − Überlegungen konfrontiert, die das den modernen Gesellschaften zugrundeliegende Wertsystem betreffen. Werte sind schließlich *die* grundlegende Komponente der sozialen Struktur. Es sind die Normen, an denen sich die Bemühungen um eine Optimierung sowohl des individuellen Alterns als auch der Strukturen der »alternden« Gesellschaft orientieren. In der heutigen Welt dominieren zwei Werte: Gesundheit und Arbeit.

In den Vereinigten Staaten ist die *Gesundheit* beziehungsweise die Verhütung von Krankheit der überragende Wert, der die Erforschung des Potentials älterer Menschen und die Politik auf diesem Gebiet beeinflußt. Das »medizinische« Modell beherrscht alle Paradigmen, in denen ein umfassenderes Verständnis des Alternsprozesses angestrebt wird. Natürlich ist die Aufrechterhaltung von Gesundheit und Leistungsfähigkeit bis ins hohe Alter hinein auch für uns ein Wert. Aber betrachten wir die Langlebigkeit als einen Wert an sich, auch wenn die »Lebenszufriedenheit« fehlt, die in der früheren Alternsforschung einen so großen Stellenwert hatte? Langlebigkeit auch ohne Selbstwertgefühl oder persönliche Leistungsfähigkeit? Offensichtlich ist die Gesundheit allein kein ausreichender Wert. Gesundheit ist ebenso wie ein angemessenes Einkommen eine wesentliche Grundlage für darüber hinausgehende individuelle und gesellschaftliche Werte.

Einen noch zentraleren Stellenwert als die Gesundheit hat in der Wertestruktur der modernen Gesellschaften die *Arbeit*, und damit verbunden Leistung, materieller Gewinn und Erfolg. Zumindest seit den Tagen von Goethe, Max Weber oder Marx mit ihrem weitreichenden intellektuellen Einfluß sind die Industrieländer eine »Arbeitsgesellschaft«. Die Arbeit ist nicht nur die Grundlage der ökonomischen Sicherheit; sie ist auch der zentrale Bezugspunkt für Werte, ethische Vorstellungen, Ideologien und Weltanschauungen (vgl. Kohli und Mayer, Kapitel 9 und 20 in diesem Band).

Gleichwohl haben wir es auch hier mit einem grundlegenden Paradoxon zu tun: Das Leistungsstreben, das im frühen Alter gelernt werden muß, muß in den späteren Lebensjahren wieder verlernt werden. Diese paradoxe Situation wirft heute besondere Probleme auf, da sich der Ruhestand um viele Jahre verlängert hat. In den Vereinigten Staaten versuchen einige Unternehmen bereits, 40jährige Angestellte, darunter sogar Absolventen von Wirtschaftshochschulen, davon zu überzeugen, daß es für sie lohnend und befriedigend ist, nicht den beruflichen Aufstieg anzustreben, sondern einen Seitenweg einzuschlagen. Welche Veränderungen der Leistungswerte und der persönlichen Zielsetzungen werden notwendig sein, wenn viele ältere Menschen nicht dem Ruhestand den Vorzug geben, sondern neue – bezahlte oder unbezahlte – Aufgaben übernehmen wollen, die schlechter entlohnt und mit weniger Ansehen verbunden sind als ihre früheren Tätigkeiten? Wer wird neue gesellschaftliche Werte prägen, die den Kohorten von heute älteren Menschen, die viele Jahre im Ruhestand verbringen, oder denjenigen, die neue Aufgaben zu finanziell ungünstigeren Bedingungen übernehmen, angemessen sind?

Solche grundlegenden Fragen sind natürlich hypothetischer Natur. Wir versuchen, eine Antwort auf sie zu geben, indem wir zum Schluß eine persönliche Anmerkung machen. Als wir (vor fast 60 Jahren) heirateten, fingen wir an, ein Buch zu schreiben, nicht über Leistung oder Arbeit, sondern über die Freizeit als wünschenswertes *summum bonum*. Wir verstanden unter Freizeit nicht das Freizeitvergnügen oder den Ruhestand, sondern die Beschäftigung mit ernsthaften Dingen im Sinne des griechischen Konzepts von *schole*. Nach einigen Jahren legten wir das Buch beiseite, um es später zu beenden, »wenn wir weiser wären und mehr Lebenserfahrung hätten«. Wir sind immer noch nicht bereit, dieses Buch zum Abschluß zu bringen! Aber wir glauben immer noch, daß in diesem Wertbereich die größeren Potentiale zur Optimierung des individuellen Alterns und der strukturellen Möglichkeiten in alternden Gesellschaften liegen. Abgesehen von so grundlegenden Erfordernissen wie Gesundheit und angemessenem Einkommen: Wie wichtig sind für ein befriedigendes Leben älterer Menschen solche Belohnungen wie Achtung, Anerkennung, die Chance für neue Abenteuer und Liebe? Wir wagen die Prognose, daß diese Fragen bei der zukünftigen Forschungsplanung und bei dem Drängen auf effektivere Interventionen eine große Rolle spielen werden.

Viele von uns Wissenschaftlern und Forschern lernen jetzt, wie die Potentiale für individuelle und soziale Veränderungen freizusetzen sind. Die Politiker und die im praktischen Berufsleben Stehenden lernen jetzt, wie die sich entwickelnde wissenschaftlich fundierte Wissensbasis in die Praxis umzusetzen ist. Wir sollten es nicht versäumen, mit den Kollegen aus Philosophie, Theologie, Geschichte, Kunst und Literatur eng zusammenzuarbeiten. Deren Erkenntnisse sind ganz zentral für die Gestaltung einer menschlicheren Zukunft.

Literaturverzeichnis

Baltes, P. B. & Smith, J. (1990). Toward a psychology of wisdom and its ontogenesis. In R. J. Sternberg (Ed.), *Wisdom: Its nature, origins, and development* (pp. 87 – 120). New York: Cambridge University Press.

Dannefer, D. (1987). Aging as intracohort differentiation: Accentuation, the Matthew effect, and the life course. *Sociological Forum, 2,* 211 – 236.

Dychtwald, K. (1989). *Age wave: The challenges and opportunities of an aging America.* Los Angeles, CA: Tarcher.

Foner, A. (1980). The sociology of age stratification: A review of some recent publications. *Contemporary Sociology, 9,* 771 – 779.

Foner, A. & Kertzer, D. I. (1983). Transitions over the life course: Lessons from age-set societies. *American Journal of Sociology, 83,* 1018 – 1104.

Imhof, A. E. (1986). Life-course patterns of women and their husbands: 16th to 20th century. In A. B. Sørensen, F. E. Weinert & L. R. Sherrod (Eds.), *Human development and the life course: Multidisciplinary perspectives* (pp. 247 – 270). Hillsdale, NJ: Erlbaum.

Kaplan, G. A. & Haan, M. N. (1989). Is there a role for prevention among the elderly? Epidemiological evidence from the Alameda County Study. In M. Ory & K. Bond (Eds.), *Aging and health care: Social science and policy perspectives* (pp. 27 – 51). London: Routledge.

Kertzer, D. I. (1989). Age structuring in comparative and historical perspective. In D. I. Kertzer & K. W. Schaie (Eds.), *Age structuring in comparative perspective* (pp. 3 – 20). Hillsdale, NJ: Erlbaum.

Kohli, M. (1988). *New patterns of transition to retirement in West Germany.* Tampa, FL: International Exchange Center on Gerontology, University of South Florida.

Kohli, M. & Meyer, J. W. (1986). Social structure and social construction of life stages. *Human Development, 29,* 145 – 180.

Mayer, K. U. & Schoepflin, U. (1989). The state and the life course. *Annual Review of Sociology, 15,* 187 – 209.

Nussberg, C. (1988). The role of the elderly in development. *Ageing International, 15,* 9 – 10.

Riley, J. W., Jr. (1983). Dying and the meanings of death: Sociological inquiries. *Annual Review of Sociology, 9,* 191 – 216.

Riley, M. W. (1978). Aging, social change, and the power of ideas. *Daedalus, 107,* 39 – 52.

Riley, M. W. (1983). The family in an aging society: A matrix of latent relationships. *Journal of Family Issues*, *4*, 439–454.

Riley, M. W. (1985). Age strata in social systems. In R. H. Binstock & E. Shanas (Eds.), *Handbook on aging and the social sciences* (pp. 369–411). New York: Van Nostrand Reinhold.

Riley, M. W. (1986). The dynamisms of life stages: Roles, people, and age. *Human Development*, *29*, 150–156.

Riley, M. W. (1987). On the significance of age in sociology. *American Sociological Review*, *52*, 1–14.

Riley, M. W., Foner, A. & Waring, J. (1988). Sociology of age. In N. J. Smelser (Ed.), *Handbook of sociology* (pp. 243–290). Newbury Park, CA: Sage.

Riley, M. W., Huber, B. J. & Hess, B. B. (Eds.) (1988). *Social structures and human lives*. Newbury Park, CA: Sage.

Riley, M. W. & Riley, J. W., Jr. (1986). Longevity and social structure: The added years. *Daedalus*, *115*, 51–75.

Riley, M. W. & Riley, J. W., Jr. (1989). The lives of older people and changing social roles. *The Annals of the American Academy of Political and Social Science*, *503*, 14–28.

Sørenson, A. B., Weinert, F. E. & Sherrod, L. R. (Eds.) (1986). *Human development: Interdisciplinary perspectives*. Hillsdale, NJ: Erlbaum.

Suzman, R. & Riley, M. W. (Eds.) (1985). The oldest old. *The Milbank Quarterly*, *63* (Special issue).

Torrey, B. B., Kinsella, K. & Taeuber, C. M. (1987). *An aging world* (International population reports series P-95). Washington, DC: U.S. Government Printing Office.

U.S. National Center for Health Statistics (Ed.) (1987). *Health statistics on older persons, United States, 1986* (DHHS Publication No. 87–1409). Washington, DC: U.S. Government Printing Office.

U.S. Senate, Special Committee on Aging (Ed.) (1989). *Aging America: Trends and prospects* (Serial No. 101-E). Washington, DC: U.S. Government Printing Office.

Waring, J. M. (1975). Social replenishment and social change. *American Behavioral Scientist*, *19*, 237–256.

Yankelovitch, D. (1989). *Business and older workers*. Washington, DC: American Association of Retired Persons.

Danksagung

Wir danken Herrn Dipl.-Übersetzer Uwe Opolka für die Übersetzung dieses Beitrags.

IV. Szenarien und Institutionen

18. Sexualität, Partnerschaft und Familie älterer Menschen

LEOPOLD ROSENMAYR

Zusammenfassung

Partnerschaft im späten Leben wird als ein von Lebensentwürfen getragener Versuch gesehen, in dem es um die Chancen der Verarbeitung der aus frühester Kindheit stammenden Festlegungen und Beeinträchtigungen geht. Die heute zunehmende gesellschaftliche Individualisierung und Singularisierung und eine in Europa gerade beginnende größere Toleranz im Hinblick auf Sexualität und Erotik im Alter kommen dann den betroffenen Gruppen zugute, wenn sie sich selber von lebensgeschichtlich aufgebauten Zwängen zu befreien vermögen und das Glück haben, Erotik partnerschaftlich längerfristig gestalten zu können. Drei Szenarien werden vorgestellt: »Festungspaare«, Partnerbeziehungen mit kompensatorischen Verhältnissen und geglückte Partnerschaft als Intimität bei gleichzeitiger Abgrenzungsfähigkeit und beidseitigem beziehungsweise wechselseitigem individuellem Wachstum.

Für die trotz Haushaltstrennung verbundene Mehrgenerationenfamilie werden drei Szenarien künftiger Entwicklung skizziert: Die »Erstarrungsfamilie«, die ambivalenz-verstrickte und die ambivalenz-verarbeitende Familie, die trotz aller gesellschaftlicher Normunsicherheit eine »Solidarität à la carte« aushandelt.

Der Funktions- und Bedeutungswechsel der Familie im gesellschaftlichen Singularisierungsprozeß der Gegenwart führt zu starker räumlicher Aufsplitterung und schafft schwer zu überwindende Barrieren für (zeit-)aufwendige Pflege. Ein aus familiären Kräften, privaten und öffentlichen Organisationen gemischtes

Prof. Dr. Leopold Rosenmayr ist Professor für Soziologie an der Universität Wien. Zu seinen Forschungsschwerpunkten zählen Studien zur Stadt-, Gemeinde-, Familien-, Jugend- und Alterssoziologie und zur Wissenschaftstheorie. Außerdem betreibt er multidisziplinäre Feldforschung über Generationenbeziehungen im Entwicklungsprozeß Schwarzafrikas.

und sorgfältig aufeinander abgestimmtes Netzwerk von wechselseitiger Entlastung wird dazu führen können, die aus der Erhöhung der Lebenserwartung der über 60jährigen resultierenden Folgeprobleme der Stützung vor allem der Hochbetagten zu meistern.

A. Multidisziplinäre Betrachtung von »Lebensentwurf« und Bedürfnissen im Alternsprozeß

Nicht nur die Dinge, auch deren Wirkungen seien in dauerndem Fluß, schrieb – als Ausdruck seiner »Altersweisheit« – Kaiser Marc Aurel knapp vor 200 n. Chr. im Feldlager zu Wien in sein Tagebuch. Doch der Wandel sei auch unsere *Chance*, er erlaube den »Kräften der Seele ... jedes Hindernis ihrer Tätigkeit zur Förderung umzuwandeln« (Marcus Aurelius, 1973, S. 60). Auch der vorliegende Versuch, den individuellen Lebenslauf als »Fluß« und Entwurf und die Gesellschaft in ihren Wandlungsprozessen durch Generationen und Epochen aufzufassen, ist von dem Wunsch getragen, Eingriffsmöglichkeiten auf individueller und gesellschaftlicher Ebene zu sichten, Hindernisse im Sinne der Förderung ihrer Überwindung zu sehen.

Für ein solches Vorgehen kann man sich entweder auf »a fuller understanding of the social aspects of aging« konzentrieren, wie Passuth und Bengtson vorschlagen (1988, S. 348), oder man kann die Lebenslauf- und Alternsforschung der Multidisziplinarität öffnen. Hier sei für Multidisziplinarität und die gezielte Befassung mit den Wechselwirkungen biologischer, medizinischer und psychosozialer Faktoren in den Prozessen des Alterns und der Lebensentwicklung optiert, allerdings unter Rückbindung an die eigene theoretische Position in der Ausgangswissenschaft, hier der Soziologie.

Der hier vertretene Dualismus, der *naturbedingte* Prozesse des Alterns *zielgerichtetem* und *wertbezogenem* menschlichem Handlungsvermögen gegenüberstellt, setzt Multidisziplinarität voraus. So wird Altern als biologischer Abbau oder interner biochemischer Vermittlungsmangel mit zellulären Auswirkungen verstanden, die zunehmend Defizite in der Selbsterhaltung des Organismus herbeiführen. Altern ist also eine vielschichtige naturhafte Einschränkung des Lebendigen, die Einfluß auf die psychischen Reaktionen und Haltungen der Persönlichkeiten nimmt. Diesem Altern treten die ausweitenden und differenzierenden Prozesse psycho-sozialer Entwicklung und Gestaltung gegenüber. Der biologische Prozeß des Alterns wird »psychisch, sozial und kulturell beeinflußbar und zum Teil steuerbar« (Rosenmayr, 1988a, S. 100). Dieses korrigierende Steuern soll durch das Konzept des *Lebensentwurfs*, also durch die theoretische Annahme einer *prospektiven, handlungsorientierenden Tendenz*, ergänzt werden. Diese Tendenz geht vom Subjekt aus und kann von Partnern, Gruppen, sozialen und kulturellen Strukturen und Prozessen gefördert oder behindert werden.

Gerade für das Studium der Beziehungen zu Liebespartnern oder engen Verwandten oder der Zuwendungen durch intergenerativ-familiäre Hilfen und Stützung für Personen im dritten und vierten Alter ist eine »Lebensleitlinie mit fiktiven Zielen überreicher Befriedigung« von Bedeutung (Adler, 1922, S. 63). Denn dadurch treten einerseits Idealisierungen, Pläne und Wunschdenken und andererseits Pflichten und Aufgaben ans Licht. Von der »Lebensleitlinie« aus konstituiert und wandelt sich das Selbstbild, aus ihr erklären sich die spezifischen moralischen und sozialen Ressourcen des Subjekts, allerdings auch dessen Grenzen.

Freud hatte die – aus dem Erlebnis der Machtlosigkeit resultierende – *Identifizierung* des (gegenüber den Erwachsenen schwächeren) Kindes mit dem gleichgeschlechtlichen Elternteil als Grundakt der Konstituierung der Persönlichkeit konzipiert. Spätere Identifizierungsmomente mit wichtigen Vorbildern, Lehrern und Freunden werden in die früheren eingetragen und aufgenommen. Nach Adler erfolgt die Herausbildung der Identifikations-Matrix aus der unbewußten Wahrnehmung der *eigenen* Schwächen und deren übersteigerter Kompensation. Anders als Freud konzipiert Adler die *Herausbildung* einer profilierten Bereitschaft, auf bestimmte *Herausforderungen* in bestimmter Weise einzugehen. Diese prospektive Konzeption Adlers nimmt im Prinzip die von Hans Thomae (1956), Robert Havighurst (1972) und Erik Erikson (1966) für verschiedene Lebensphasen ausgearbeiteten Entwicklungsaufgaben vorweg. Sie erlaubt es, die »developmental tasks« (Havighurst, 1972) schon in eine sowohl kontinuierliche als auch flexible Motivationskonstellation des Subjekts einzubinden. Auch läßt sich die vielfältige »Rollengeschichte«, zum Beispiel einer ehelichen Partnerschaft, so aus der konkreten Persönlichkeit mit ihrem aus Kindheit und Jugend heraus verständlichen Lebensentwurf deuten. Für die Sozialarbeit oder für die sozialen Dienste wird ein solches Verständnis der Entwicklung der Persönlichkeit für bestimmte Zwecke von Intervention oder Stützung praxisrelevant. Die Soziologie kann – in der Alternsforschung – nicht auf eine Entwicklungskonzeption verzichten, aus der sich eine persönlichkeitsgebundene Motivationstheorie ableiten läßt. Seit der Jahrhundertmitte hat die Soziologie ihr systemisches Verständnis von Partnerschaft, Familie und Gesellschaft auf sozio-psychischer Basis unter Verwendung tiefenpsychologischer Grundkonzepte eingeführt (Parsons, 1951) und dies auch in mehreren Hinsichten fortgeführt (Rosenmayr, 1989a; Schülein, 1990). Neuere empirische Forschungen und therapeutische Erfahrungen zeigen, daß durch befreiende Erlebnisse und deren Verarbeitung die Herausbildung und Fortentwicklung neuer emotionaler und sexueller Verhaltensweisen bei Menschen über 60 Jahren durchaus möglich sind (Rosenmayr, 1983; Wickert, 1990; Willi, 1986).

Zusätzlich muß nun zeitgeschichtlich in der Analyse der Gegenwartsgesellschaft die Individualisierung als soziales Schicksal der ausgehenden Moderne gesehen werden (Beck, 1986). Ebenso muß man der sozialen Akzeptanz und Verstärkung dieser Individualisierung durch die Festlegung auf *Singularisierung*

(z. B. in Interaktionsweisen, Konsumformen, Haushaltsgestaltung usw.) Rechnung tragen (Rosenmayr, 1985a). So wird man die sozialen Bedürfnisse der Älteren und Alten im Hinblick auf Partnerschaft und Familie einerseits lebensgeschichtlich als Biographie ihrer Motivationen und andererseits unter dem epochalen Einfluß verschiedener Elemente des »Zeitgeistes« sehen müssen. Die gesellschaftliche Zubilligung von erotischem und sexuellem Verhalten folgt allerdings nur zögernd und vor allem sehr selektiv den subjektiven Ansprüchen beziehungsweise unterdrückt manche dieser Ansprüche.

Diese nur zögernde *Zubilligung* von Sexualität im späten Leben als *Bedürfnis* der Individuen und als Raum für Entwicklung (Schönpflug, 1971) hängt in Deutschland und anderen westlichen Ländern mit dem zur Zeit immer noch − wie empirisch nachweisbar − generell *negativen gesellschaftlichen Stereotyp vom Alter* zusammen, das auch zur Verinnerlichung eines negativen Selbstbildes der Alten beiträgt.

Das *vorwiegend negative Sozial- und Selbstbild der Alten* konnte durch die Herausbildung neuer Lebensstile bisher (noch) nicht zum Kippen gebracht werden. Diese neuen Lebensstile werden vor allem durch die »goldenen Alten«, die durch ihre Finanz- und Konsumkraft imponieren, vorangetragen und durch eine ökonomisch eher in der Mitte der Einkommensverteilung stehende, gesundheitlich und kosmetisch wohlgepflegte und interessenmäßig ausgreifende, konsumierende, reisende, lesende und zumindest potentiell bildungszugewandte Gruppe unterstützt. Es wird aber sehr stark von diesem gesellschaftlichen Umschlagen der Bewertung abhängen, wie tolerant und einsichtig die Gesellschaft schließlich auch gegenüber Bedürfnissen sexueller und erotischer Aktivität der Älteren wird. Das Verhalten neuer Generationen von Alten eilt dem gesellschaftlichen Legitimationsprozeß voraus (vgl. Riley & Riley, Kapitel 17 in diesem Band).

Für den Entwurf von Szenarien künftiger Entwicklung ist eine gegenüber den ersten Jahrzehnten des 20. Jahrhunderts zwar stark gehobene, aber noch immer deutlich geschichtete sozialökonomisch differenzierte Bedürfnislage bei den älteren Generationen festzustellen. Je älter die Menschen sind, desto stärker ist die Differenzierung. Ist das chronologische Alter auch nur ein formaler Indikator, hinter dem sich verschiedene konkrete empirische Merkmale wie biologisch-medizinischer Status einerseits und Zugehörigkeit zu bestimmten historischen Kohorten andererseits verbergen, so schlägt es doch in den hier behandelten Fragen als machtvoller Gliederungsfaktor durch. Es bietet sich an, die »jüngeren Alten« von den »älteren Alten« und davon wiederum die »*Hochbetagten*« zu unterscheiden. Für die Gliederung 60 bis 70 Jahre, 70 bis 80 Jahre und 80 Jahre und älter spricht auch, daß die Quote alleinstehender Frauen ab 70 Jahren und das Risiko der Pflege ab 80 Jahren stark steigen (vgl. Abb. 1; Rosenmayr, 1990).

Allerdings unterscheiden sich die Lebensstile der Älteren, was Körperbezug, Intimität und Sexualität anlangt, eher nach Schulbildung, Mobilität und Me-

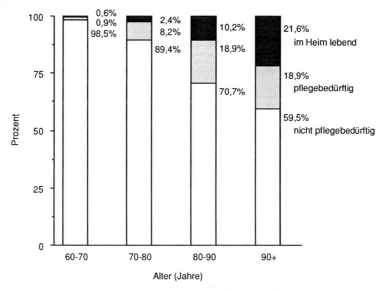

Abbildung 1: Pflegebedürftigkeit in der Bundesrepublik Deutschland nach Altersgruppen (nach Lehr, 1987).

dienkontakt als nach verfügbaren ökonomischen Ressourcen und Sozialschicht (Bretschneider, 1989). Das Neulernen und Neudefinieren eigener intimer und sexueller Verhaltensweisen nimmt bei den höher gebildeten, aktiv-partizipativen, neuen Kohorten stärker zu als bei den übrigen. Die neuen Kohorten sind nachweislich mehr mit ihrem Lebensentwurf befaßt als die früheren, die mehr auf Selbstbescheidung eingestellt waren. Der Anteil aktiver Selbstgestaltung und der mit der Lebensleitlinie verbundenen Verdichtung wächst mit den »neuen Alten« (Attias, 1989; Gaullier, 1988).

Untersuchungen an den gleichen Personen über Jahrzehnte hinweg durch die »Duke Longitudinal Study« (Palmore, 1981) haben etwa 60 Prozent aller Versuchs- beziehungsweise Beobachtungspaare im Alter von 60 bis 74 Jahren als sexuell aktiv beschrieben, 30 Prozent der Untersuchten im Alter von 75 bis 84 Jahren und etwa zehn Prozent im Alter von über 84 Jahren. Dieses Wandlungs- bild *einer* Generation darf allerdings nicht ohne weiteres als »natürliches« oder allgemeines Wandlungsbild »der Sexualität im Alternsprozeß« erklärt und fixiert werden. Auch hat die »Duke Study« die physische und psychische Gesundheit als wichtigste Einflußgröße auf die Sexualität im Alter nachgewiesen und die starken Veränderungen in der Sexualität bei Verwitwung hervorgehoben. Für die Männer über 65 Jahren, die zu zwei Dritteln verheiratet sind, bestehen andere Voraussetzungen für die Realisierung der heterosexuellen Beziehungen als für über 65jährige Frauen, von denen nur noch ein Drittel Ehepartner hat (Busse, 1990). Nicht nur von feministischer Seite wird der Ruf nach Erhöhung der Chancen auf Sexualität bei verwitweten alten Frauen laut. Bei drängendem Bedürfnis wird ihre Realisierung nicht nur Partnerwechsel, sondern auch lesbische Beziehungen einschließen können. Denn auch hier gilt, daß Zuwendung und Empathie – auch außerhalb traditioneller gesellschaftlicher Normen – durch Sexualität und Erotik ihre vermutlich stärkste Stützung erfahren. Wo Liebe und Erfüllung sich mehren, wird auf die Dauer wohl auch die Moral ihre Zustimmung nicht vorenthalten können; eine »Normalität des Faktischen« ist zu erwarten.

Man darf sich allerdings durch Daten über die mit dem Alter abnehmende wöchentliche Koitus-Frequenz, die Reduktion der Erregbarkeit und der Potenz beim Mann, wie sie die Längsschnittdaten zeigen, nicht verleiten lassen, Sexualität als ausschließlich »biologisch« zu begreifen. Vielmehr muß man, was auch durch die neurobiologisch fundierte Motivationskonzeption generell gezeigt werden kann, die subjektiv als »sinnvoll« erlebten Reize, die einem Erlebens-Potential zuzuschreiben sind, in ihrer historischen und kulturellen Abhängigkeit sehen (Guttmann, 1990, S. 261 – 263). Kohortenvergleiche, wenn auch mit unbefriedigender Methodologie, deuten darauf hin, daß die durchschnittlich berichtete Koitus-Häufigkeit der 60jährigen zu Beginn der 80er Jahre die der 40jährigen zur Zeit des Kinsey-Reports in den späten 40er und frühen 50er Jahren erreicht hat (Starr & Weiner, 1982). Wir erkennen den gesellschaftlichen Wandlungsfluß, die Macht der von außerhalb auf den Organismus wirkenden Bedingungen. Bildung, Aktivitätsniveau, Überwindung von Zwanghaftigkeiten und Abbau von Depressivität, somit die Einstellung zu gesundheitlichen und biologischen Veränderungen, sind hinsichtlich Eros und Sexus die einflußreichsten Variablen. Sexuelles Experimentieren entwickelte sich bei den über 60jährigen in den USA schon vor einem Jahrzehnt, besonders bei den sogenannten »jungen Alten«, als ein nicht unwichtiges Minoritätsmuster; westeuropäische Länder scheinen nun nachzufolgen (Wickert, 1990).

B. Szenarien für Partnerschaft und Sexualität im Alter

Für die folgenden Szenarien wird davon ausgegangen, daß sich die Bedürfnisse in (und nach) Partnerschaft, Sexualität und Familie innerhalb eines umfassenden gesellschaftlichen Gesamtgeschehens konstituieren. So gewinnen diese Bedürfnisse als Werte und Normierung Profil und verhaltenssteuernde Wirkung. Die Hauptfrage ist, ob und wie es den gesellschaftlich gesehen schwächeren und »weichen« intimen Substrukturen von Partnerschaft und Familie in der »Arbeitsgesellschaft« (Kohli, 1989; Matthes, 1983) gelingen kann, sich gegen die in dieser Arbeitsgesellschaft herrschenden »harten« Systembedingungen von Zweckrationalität und Funktionstüchtigkeit durchzusetzen. Die Arbeitsgesellschaft generiert »harte« Werte individuellen Wettbewerbs und läßt sich von diesen leiten. Bei affektiver Erkaltung der Individuen und starker Prestige-Orientierung durch den herrschenden Wettbewerbsstil herrschen auch harte

Werte im außerberuflichen Leben. So geraten die rezeptiven und »weichen Werte« (Pflege und Schutz, komplexe Vernunft, Achtung vor anderen, Berücksichtigung persönlicher Erfahrung) in den Hintergrund.

Die im folgenden stichwortartig skizzierten Szenarien von Sexualität und Partnerschaft entsprechen drei im Spektrum von »weich« zu »hart« verteilten Positionen. Verbindlichkeit und Solidarität, auch als »Eros« bezeichnet, kann man dabei der aggressiven Destruktion gegenüberstellen. Diese Gegenüberstellung symbolisiert den Kampf der »weichen« solidarischen und kulturelle Verbindlichkeit schaffenden Werte (des Eros) mit den »harten« Werten. Die »harten« Werte führen entgegen der entwicklungsfähigen und zur Entwicklung befähigenden Liebe zu Erstarrung und Abkapselung und sind insofern etwas Todbringendes (Rosenmayr, 1989b).

Für eine Prognose künftiger Entwicklungen partnerschaftlicher Beziehungen und Sexualität im Alter, im Rahmen der vorgeschlagenen Szenarien, ist vorher allerdings ein Blick auf die gegenwärtige Forschungslage unerläßlich. Die einzelnen Teilgebiete sind, besonders die auf Beobachtungs- und Befragungsdaten aufbauenden, methodisch wenig abgesichert, beruhen meist nur auf kleinen Stichproben oder überhaupt auf relativ willkürlichen Auswahlen von Untersuchungspersonen. Die Mehrzahl der Studien über Sexualität im Alter ist ferner stark auf sexuelle Einzelhandlungen beziehungsweise auf die Koitus-Frequenz orientiert, enthält aber kaum die sozialpsychologischen Kontexte von Partnerschaftsbeziehungen. Besonders schlecht erforscht ist die weibliche Alterssexualität. Bisher gibt es hauptsächlich Untersuchungen zur Sexualität von Frauen bis zum mittleren Erwachsenenalter (Hagstad, 1988). Nur ganz wenige Studien können sich auf Längsschnittdaten stützen (Schiavi, 1990, S. 232). Auch hat man bisher klinische Daten oder die in langjähriger therapeutischer Praxis erworbenen Kenntnisse nicht mit den Beobachtungs- und Befragungsdaten verglichen. Die folgenden aus den Ergebnissen zusammengefaßten Thesen versuchen unter Berücksichtigung der methodischen Kritik (Schneider, 1989) über die Teilgebiete hinweg zu einem synthetischen Urteil und darauf aufbauenden Prognosen zu kommen.

– Sexualität als ein aus Bewertungen, Aspirationen und Verhalten oder Aktivitäten zusammengesetzter Komplex bildet sich als solcher im Alter nicht zurück (Lehr, 1991; Radebold, 1986; Tews, 1979; Schiavi, 1990; Schneider, 1980). Sexualität im Alter spiegelt sich in unverändertem Maße in Phantasien und Träumen, zeigt sich in Vorstellungen und Handlungen (Loewit, 1986; Radebold, 1986), ist aber einerseits vom Gesundheitszustand, besonders manchen chronischen Erkrankungen, andererseits von Medikamenten (z. B. Schlaf- und Beruhigungsmitteln) entscheidend beeinflußt. In dem Maße, in dem es gelingen wird, im Alter durch lebenslang praktizierte Lebensstile und besondere Bemühungen im späten Leben die *Gesundheit zu verbessern*, in dem Maße werden auch die *Chancen für sexuelle Erfüllung* (in der Partnerschaft) *erhöht*. Es dürften aber biologisch und hormonell noch unaufgeklärte Faktoren wirksam sein, die, wie man zumindest bei Männern festgestellt hat, auch bei allgemeinem gesundheitlichen Wohlbefinden Beeinträchtigungen der Frequenz, allerdings weniger der subjektiven Zufriedenheit mit der Sexualität mit sich bringen (Schiavi, 1990, S. 244 f.).

– Alterssexualität hängt entscheidend von der *Partnerbeziehung* ab. Letztere ermöglicht oder verhindert die »Entfaltung von Persönlichkeitsstrukturen« (Willi, 1986, S. 299). Der Entfaltung der Paartherapie (Sarrel, 1982) beziehungsweise der Berücksichtigung des zunehmenden Vertrauensbedürfnisses im Paarkontext kommt für die Entblockierung alternder Ehen in Zukunft steigende Bedeutung zu.

– Das höhere Alter ist, was die sexuellen Biographien anlangt, eine viel *bewegtere Phase*, als allgemein angenommen wird. Aus Krisen sind potentiell Erfüllungschancen zu gewinnen, allerdings unter der Voraussetzung der Stärkung »aktiver«, das heißt problembewußter und lösungsorientierter Grundhaltungen. Auch ist die interpersonelle Varianz verschiedener Dimensionen sexuellen Verhaltens im Alter groß. Dabei sind die Unterschiede bei den Männern größer als bei den Frauen.

– Mehrere Studien machen deutlich, daß *kulturelle Faktoren* für die Wertvorstellungen, die in die Motivationsprozesse älterer Menschen hinsichtlich ihrer sexuellen Einstellungen und Verhaltensweisen eingehen, wichtig sind. Empirisch wird auch in neueren Surveys ein gewisser »Konservativismus« in Einstellungen zur Sexualität gefunden. Weitere Analysen zeigen allerdings, daß dieser vorwiegend indirekt, zum Beispiel durch die kindliche Sozialisation heute hochbetagter Gruppen bedingt ist und damit (auch) als Kohorteneffekt verstanden werden kann (Klassen, Williams & Levitt, 1989; Rosenmayr, 1988b). Allerdings sind die Einstellungen Älterer zu sexualmoralischen Fragen zunehmend solchen um 25 Jahre jüngerer Personen ähnlich. Die entscheidenden Trennungslinien hinsichtlich sexueller Normen verlaufen auch in den Religionsgemeinschaften vorwiegend nach anderen Merkmalen als jenen des Alters.

– Die gesellschaftliche Abwertung von Alterssexualität, die sich auch intergenerativ in der Familie ausdrückt, ist bei einem deutlichen Nord-Süd-Gefälle in Europa zwar noch vorhanden, aber in Veränderung begriffen. Nicht zuletzt ist dies auf Organisationen von und für »Senioren«, also eine institutionalisierte Selbstpräsenz der Älteren als Gruppe zurückzuführen, sowie die damit gegebenen erotischen und sexuellen Kontaktchancen.

1. Szenario: Dominanz der »harten« Werte im Einfluß auf Sexualität und Partnerschaft im späten Leben

Der Kult der »Jugendlichkeit« (nicht der »Jugend« als Bevölkerungs- und Sozialgruppe) verstärkt sich. Trotz wohlfahrtsstaatlicher Minimalsicherung der Älteren und Alten gehen die gesellschaftliche Abwertung und die Ghettoisierung der Alten weiter. Durch ihre gesellschaftliche Unbrauchbarkeit und die Zuweisung von »Spielwiesen« wird ihr Selbstbild weiter geschwächt. Das erhöht ihre teilweise unbewußt bleibende Angst und blockiert Lust und sexuelle Aktivität. Durch die Zunahme der Alten verstärkt sich das Ergrauen der Gesellschaft, was zu sozialen Reaktionen der Abwehr und des Ekels vor den »Senioren-Massen« und damit auch zu verschiedenen Formen von psychischer und physischer Gewalt führt. Die Berührungsängste der Alten selber verstärken sich, ihre singularisierende Einigelung samt Kompensation durch Raffgier und Besitz wird verstärkt. Als Gegenbild holt sich der Jugendlichkeitskult daraus Legitimation.

Ein solches singularisiertes psycho-soziales Klima führt für die Älteren partnerschaftlich entweder zu einem Nebeneinander von zwei Autisten oder zu »Festungspaaren«. Diese Paare zeigen häufig nach außen Einheit, aber erschöpfen sich nach innen in wechselseitigen Grabenkämpfen der Alltagsbewältigung und biographisch-retrospektiven Schuldzuweisungen, bis ein Partner, meist zuerst der Mann, stirbt. Der Tod des Partners führt dann zu nachträglicher demonstrativer Verklärung des Verstorbenen. Dies dient zugleich der Abwehr jeglicher weiterer Versuche sozialer oder erotischer Neu-Bindung, die, wie neuere Untersuchungen zeigen, gute Chancen des Gelingens hätte (Wickert, 1990), und damit zur Radikalisierung der eigenen Abkapselung. Letztere erlaubt es bei dem hier geschilderten Typus auch, von der Umwelt (Kindern, Enkelkindern usw.) Bedauern zu verlangen oder die Verwandtschaft kompensatorisch zu mißbrauchen.

Wurde zur Abwehr einer verstärkt intim-sexuellen Beziehung, um die Nähe zum Partner zu vermeiden, eine *Triangularisierung* (Radebold, 1990) aufgebaut, in der die eingeigelte Person zwischen sich und den Lebenspartner, im Sinne einer Dreiecksbildung, einen Dritten, ein Kind, Schwiegerkind oder Enkelkind schob, so kann sich nach dem Tod des Partners die possessive Beherrschung der ehemaligen »Drittperson« noch weiter verstärken. Triangularisierung als Flucht vor einer sich vertiefenden dualen Beziehung (Willi, 1976) kann außer Kindern, Schwiegerkindern oder Enkeln auch pflege- und hilfsbedürftige hochbetagte Angehörige betreffen. Durch solche oft selbstverordneten »Aufopferungen« für andere Personen wird real die ungelöst und unerfüllt gebliebene Partnerbeziehung preisgegeben. Wechselseitige Abwendung der Partner voneinander und die damit oft verbundene weitgehende oder völlige Ablösung von der Sexualität, die mit Impotenz oder vaginalen Beschwerden somatisch legitimiert wird, können zum Gefühl des Scheiterns des eigenen Lebensprojektes beitragen. Wir können dieses Szenario als jenes der verdrängenden Kompensation, der selbstschädigenden Blockaden und der sexuellen Stagnation sowie des affektiven Sich-schadlos-Haltens an verfügbaren Bezugspersonen charakterisieren. Für die Männer bildet sich kompensatorisch auch erhöhte Prestigesucht nach Ehrenstellungen, Auszeichnungen und ähnlichem heraus.

2. Szenario: Ambivalente Verhältnisse zwischen den Partnern im späten Leben

Dieses zweite Szenario der aufgebrochenen Ambivalenz, worin zumindest einem Partner neben positiven Zuwendungen auch die Ablehnung, neben der Liebe auch der Haß fühlbar wird, führt zu einer Art Zick-Zack-Entwicklung. Blieben im Zusammenhang mit der ursprünglichen Partnerwahl im 1. Szenario die unbewußten Motivationen so gut wie verdeckt, wird bei aufgebrochener Ambivalenz eine oft quälende Suche nach der eigenen Lebensleitlinie virulent. Solcherlei Halbbewußtheit kann einen gewissen Rückfall in (juvenilen) Donjuanismus beim alternden Mann bewirken. Das sporadische *Ausleben* von Sexualität bei den im Vergleich zum Lebenspartner sozial oft nur marginalen »femmes contingentes« (Sartre) überragt ihr *Erleben*. Die psychische Sensibilität bleibt im »Kampf um neue Märkte«, auch auf Seniorenreisen oder in Kurheimen, auf der Strecke. In den Ehen dominieren dann Veränderungsangst und symbiotische Abhängigkeiten, so daß die Ehe zum Beispiel durch eine Vielzahl von »Affairen« begleitet und in gewissem Sinn die soziale, nicht aber die sexuelle Treue aufrechterhalten wird.

Dieses Design, das eher in den begünstigten Schichten, vorderhand primär für Männer, die »es sich leisten können«, toleriert wird, ist eine Folge der festgefahrenen Ambivalenz-Struktur. Es wird sich vermutlich auch in den mittleren Schichten ausbreiten. Wird das Problem einer *Vertiefung* der psychosexuellen Beziehung durch Kommunikation und Experimentieren in der Partnerschaft *nicht* gelöst, so kommt es zu resignativer intimer Interesselosigkeit gegenüber dem Partner bei kompensatorischen Freundschaften mit gleichgeschlechtlichen Personen und heterosexuellen Seitensprüngen und/oder das berufliche Prestige erhöhender *Überbeschäftigung*. Die Verdrängung von Sexualität wird nicht selten durch *Überernährung* oder affektiv stark besetzte Hobbys und Sammlertätigkeiten, die mit selbstbestätigenden Kaufhandlungen verbunden sind (Schulz, 1990), kompensiert.

Die eben skizzierte Ambivalenz und die damit verbundenen Kompensationsprozesse machen Partner allerdings für die Aggressivität der jeweils anderen Person besonders empfindlich. Ausbrüche, die Krisen hervorrufen und dadurch Veränderungschancen zeigen könnten, werden allerdings, statt nach deren Ursachen zu forschen, unterdrückt. Jahrzehntelang mitgeschleppte Depressionen werden kulturell stilisiert und/oder als Migräne, Magenbeschwerden oder Schlafstörungen psychosomatisch umgesetzt. Trotz vorgerückten Lebensalters bleibt das ambivalente Partnerverhältnis in die eigenen kindlichen Abhängigkeitsmuster verstrickt. Abstumpfung blockiert innovative Entwicklung.

Die »Arbeitsgesellschaft«, wie wir sie oben umrissen haben, verschärft die Tendenz zum »erkalteten Einzelnen«, woraus wieder ein Übermaß an kompensatorischen Zuwendungs-Erwartungen in intimen Verhältnissen hervorgeht. Einer erwartet vom anderen, daß er ihn (sie) aus dem Panzer der Singularisierung erlöse, und verlangt vom Gegenüber die Leistung der »Erstliebe«. Fehlt der in der Blockierung erstickte erotische Reiz, fehlt auch die Kraft zu dieser »Erstliebe«, zu einem neuen Anfang.

3. Szenario: Entwicklung von Intimität bei gleichzeitig vorhandener
   Abgrenzungsfähigkeit

Bei diesem Szenario wird vorausgesetzt, daß Ambivalenz bewußtgemacht, bearbeitet, dadurch kontrollierbar wird und sich somit ein Schritt in Richtung auf das prekäre Gleichgewicht von Intimität und Distanz samt Anerkennung eines Eigen-Seins vollzieht. Langfristige Partnerschaft bei beidseitigen Reifungsprozessen setzt Beständigkeit des Sich-Auseinandersetzens mit der Beziehung voraus. Es ist sowohl nötig, Aggressivität zuzulassen, als auch (daraus) entstehende Verstimmtheiten zu verarbeiten. Solche Veränderung in der Beziehung vermag das Streben nach »Abwechslung« außerhalb, mit anderen intimen Partnern, zu reduzieren. Statt »Kollusion«, einer Form unbewußten wechselseitigen Abhängig-Seins in symbiotischen Verhältnissen, kann sich auch in der alten Ehe Ko-Evolution herausbilden (Willi, 1986). Denn es gilt: die »Zeitlosigkeit und Konstanz libidinöser (und aggressiver) Triebimpulse und ihrer Derivate während des gesamten Erwachsenenalters« (Radebold, 1986, S. 1091). Durch Ko-Evolution werden das Anders- und Eigen-Sein und die unaufhebbare Distanz der Partner voneinander wechselseitig akzeptiert. Wechselseitige kritische Auseinandersetzung mit der Sexualität des Partners, die von dessen (deren) Lebensleitlinie bestimmt wird, kann so Bereicherung bringen, wenn auch bei den heute alten Kohorten immer noch die Rolle des Mannes als Initiator dominiert (George & Weiler, 1981).

»Geglückte Dualität« ist jene Form von Partnerschaft, in der die Selbständigkeit nicht der »Gitterstäbe der Einsamkeit« bedarf, um sich zu schützen (Beck, 1989). Duale Reifung konstituiert sich immer aus Eigenaktivität, die Selbstakzeptanz und Mut voraussetzt. In der dualen Reifung bestehen mehr Chancen, die bewußt gemachten Lebensprojekte zu realisieren und dafür beim Partner (der Partnerin) Verständnis oder wenigstens Toleranz zu finden. Auch die Realisierung oder wenigstens die Akzeptanz der androgynen Doppelstruktur, der männlichen Anteile bei der Frau und der weiblichen beim Mann, die im Alter bei beiden Geschlechtern verstärkt hervortreten können und vielleicht auch sollten, hat in einer Beziehung, die Angst abbaut, mehr Chancen. Die »geglückte Dualität« kann sich eher dem Mißbrauch von dritten, zum Beispiel des »Haltens der Kinder an der langen Leine« (Stierlin, 1975), entziehen und bei den verschiedenen Prozessen der Einschränkung und Kompensation (Baltes & Baltes, 1989) im Alter Stützung geben.

C. Wege aus den Krisen langdauernder Partnerschaften

Soll man in den langdauernden Partnerschaften Älterer mehr Bereitschaft zu altersdurchmischten Verhältnissen, dabei natürlich auch des jüngeren Mannes zur älteren Frau, erwarten (Richter, 1989)? Ist es eine Illusion, für langdauernde Partnerschaften soziale Treue mit sexueller Untreue als vereinbar zu erachten? Bei dem enormen Anstieg der Ehedauer der verheiratet Gebliebenen, die sich gegenüber der Zeit vor etwa einem Jahrhundert mehr als verdoppelt hat, wird die Forderung nach Exklusivität von Sexualbeziehungen in der Ehe auf eine in ihrer Härte historisch noch nie gekannte Probe gestellt.

In einer großzügigen Verallgemeinerung kann man sagen, daß sich für die sexuellen Verhaltensweisen und Erlebnismöglichkeiten älterer Menschen im soziokulturellen Wandel der letzten 30 Jahre vermehrt Chancen der Befreiung herausgebildet haben (Rosenmayr, 1985b). Erotisches Glück reicht − potentiell − nun auch tiefer in die späteren Lebensphasen hinein (George & Weiler, 1981), zum Teil als Ergebnis der allgemein verbesserten Gesundheit, der für sexuelles Verhalten in der zweiten Lebenshälfte entscheidende Bedeutung in den Partnerschaften zukommt (Schiavi, 1990). Eine befreitere, vollere körperliche Liebesfähigkeit kann zu einem zunehmend wichtigeren Anteil »später Freiheit« werden, einer Freiheit, die aber bindungsfähig ist.

Der gesunde ältere Mensch, so Bowlby (1983), strebe nach »attachment« (Zugehörigkeit, Bindung) und der Sicherung solcher Bindung. Obhut-Suchen und Obhut-Gewähren seien im späten Leben zunehmende humane Bedürfnisse. Wer beides entwickelt, könne bei Verlust des Partners besser mit diesem Verlust umgehen. Erlebte Bindung scheint die beste Vorbereitung auf die später durch den Tod des Partners auferlegte Einsamkeit zu sein.

Einer der wichtigsten Gründe für das mehr oder minder eingestandene Scheitern langfristiger Partnerschaften liegt nicht nur in der Verlängerung der Ehen, sondern auch in den gewachsenen Anforderungen, die sich aus der Ausweitung des Bewußtseins und den damit steigenden Erwartungen ergeben. Wissende Menschen werden anspruchsvoller, die Verhältnisse werden jedoch ohne beratende oder therapeutische Hilfen (deren Dienlichkeit gezeigt werden kann) vorerst noch belastender. Auch verlaufen die Entwicklungen der Partner abweichender voneinander, als das Eheklischee des »gemeinsamen Älterwerdens« es begütigend wahrhaben möchte (Schlesinger-Kipp & Radebold, 1982). Krisen in langfristigen Partnerschaften entstehen besonders dann, wenn sich innere Veränderungen beim einen durchsetzen, beim anderen aber ausbleiben. Drei Aspekte der Krise der Partnerschaft in langdauernden Beziehungen seien hier benannt:
− Spät hervorgetretene Untauglichkeit einiger bei der Begründung der Partnerschaft verwendeter Fundamente;
− stark divergierende Entwicklungsprozesse und
− fehlende Bewußtmachung und »Arbeit« an der Beziehung.

Kunst und Kultur des Verstehens waren für Paarbeziehungen vermutlich noch nie so relevant wie in der von Sicherungen durch institutionelle Sozialverhältnisse, von Glaubenssystemen und verbindlicher Moral so sehr entblößten, auf Individualität, singularisierte Daseinsformen und Innovationsfähigkeit bezogenen Gegenwartsgesellschaft. Selbstkritisches *und* gemeinsames Entfalten der, wenn auch erst spät, den Subjekten genauer bekannten eigenen Lebensprojekte mag da entscheidend helfen, besonders bei Stützung von außen.

Es ist unwahrscheinlich, daß künftig umfassende Glaubens- und Normsysteme sexualmoralisches und partnerschaftliches Verhalten generell durchgreifend bestimmen werden. Allerdings könnten, ähnlich wie die Angst vor Aids, aber psychologisch motiviert, die verstärkten Bedürfnisse nach Obhut, Schutz und Bewahrung in einer ökologisch gefährdeten Welt neue Haltungen der Kontinuität und Entfaltung personaler Liebesfähigkeit begünstigen, wofür vor allem innerhalb des 3. Szenarios Voraussetzungen bestehen.

D. Die Integrationskraft von Haushalt und Familie

Haushalte sind Gebilde langfristigen Zusammenlebens (oder Einzellebens) in einem ökologischen Kontext zur vorwiegend lebenspraktischen Daseinsbewältigung. In Abgrenzung davon ist die *Familie*, besonders in deren intergenerativen Beziehungen, ein durch strukturelle Vorgegebenheiten spannungsbedingtes Affektgeschehen, das von den Persönlichkeiten und deren »Lebensleitlinien« ausgeht und auf diese wieder zurückwirkt. Dieser Prozeß formt sich über lange Zeit (den »Familienzyklus« hinweg), in verschiedenen Dimensionen aufeinander bezogenen Handelns und wechselseitiger Beeinflussung durch Kontrolle, Erziehung, Ermutigung und Entmutigung und ähnlichem, zu systemischen Gestaltungen von Abhängigkeiten oder Wechselseitigkeiten aus. Der Familienprozeß wird intern durch die Persönlichkeitsstrukturen der Mitglieder und von außerhalb durch die sich geschichtlich wandelnden ökonomischen, sozialen und kulturellen Lebensbedingungen, Werte und Strukturen bestimmt. Konkurrierende oder ergänzende gesellschaftliche Institutionen, wie Pflege- und Dienstleistungsorganisationen, vermögen die intergenerative Integration sowohl des Haushalts als auch der Familie nach dem Urteil der Betroffenen entlastend zu beeinflussen (Hörl, 1989).

Die Unterscheidung zwischen Haushalt einerseits und Familie andererseits, die – wie bei Laslett (1989) – in der historischen Interpretation leicht übersehen oder verwischt wird, ist jedoch nicht nur zum geschichtlich-soziologischen Verständnis, sondern auch zur Erstellung unserer Szenarien wichtig. Denn die *Veränderung des familiären Beziehungsgeschehens hat sich* – nicht erst seit der europäischen Moderne oder gar erst seit der Industrialisierung – *vielfach unabhängig von den Haushaltsstrukturen vollzogen*, und dieser Prozeß hält weiterhin an. Der Konnex zwischen Haushalt und Familie wird sich künftig vermutlich noch weiter lockern.

Die von mir schon hinsichtlich der Paarbeziehungen vorgeschlagene Gegenüberstellung der »harten« Werte und Daseinsorientierungen der »Arbeitsgesellschaft« mit den für die Partnerschaft förderlichen »weichen« Werten läßt sich als Hintergrund für die Analyse der Familie weiterführen. Um dem Druck funktionaler Anpassung an die Strukturmuster der »harten Werte« etwas (unbewußt) entgegenzusetzen, wird eine *überbetonte Selbstzentrierung* nötig. »Selbstverwirklichung« erscheint dann nicht einfach als egoistischer Luxus, sondern als affektive Gegenstrategie des psychischen Überlebens in einer Welt »harter« Werte. Gegen eine die Beziehungen funktionalisierende Arbeitswelt, gegen disziplinierte Sachorientierung, die schon Max Weber als Grundstruktur der späten Moderne herausstellte, bilden sich kompensatorisch narzißtische Identitätsstrukturen heraus (Schülein, 1989). So werden Individualisierung und Singularisierung in den affektiven Prozessen der Familie eher verständlich. Eine Rückkehr zu selbstverständlicher, institutionell vorgeschriebener Solidarität wird unwahrscheinlich, die Selbstwahl der Beziehungsformen im Privatbereich im Sinne einer »Familie à la carte« (Rosenmayr, 1987) erhält die Oberhand.

Jede künftige Solidaritätsklammer wird mit den − gesellschaftlich bedingten − ich-konzentrierten Persönlichkeitsstrukturen rechnen müssen. Wer dies nicht sieht, wird sich sowohl in Prognose als auch in familienpolitischen Entwürfen verkalkulieren. Es gilt hier, wie in der Weltpolitik, daß die gestrigen Lösungen, heute angewandt, meist kontraproduktiv sind. Ein oft romantisierender Konservativismus, der hinsichtlich der Familie defensiv und realitätsfremd wird, vermag dies schwer einzusehen. Er sucht Pseudo-Legitimierungen in »retrospektiven Mythenbildungen« und beschwört idealisierend eine Familie, die es geschichtlich nie gab.

Ähnlich den Mythisierungen haben auch soziologische Theorien vereinfachend die Kontraktionsthese (Durkheim, 1921/1892) entwickelt. In deren Folge wurde und wird behauptet, daß die ehemals in gemeinsamer Arbeit *und* wechselseitiger Stützung (auch räumlich) eng miteinander verbundene Mehrgenerationen-Großfamilie sich aufgelöst habe und an ihre Stelle durch »Nuklearisierung« die nur aus Eltern und Kindern bestehende *Kern*- oder *Klein*familie getreten sei (Coleman, 1990; Parsons, 1943). Die Modernisierungsthese und deren Folge-Theoretiker nehmen noch zusätzlich an, daß die »Nuklearisierung« zu einem auf alle Lebensgebiete bezogenen »Funktionsverlust« der Familie geführt habe. Unter dem Einfluß von technischer Rationalität und deren Durchdringung der Lebensgebiete würde Modernisierung unilinear überall in der Welt *eine* (und nur diese eine) Form von Familie verursachen. Die Forschung der letzten 15 Jahre hat sowohl die Kontraktions- als auch die Nuklearisierungs- und Modernisierungsthese, die sich beide außerhalb und nicht nur innerhalb des wissenschaftlichen Diskurses immer noch großer Beliebtheit erfreuen, zurückgewiesen (Segalen, 1990).

Man darf für Europa nicht von *einem* historischen Grundtypus der Familie oder des Haushalts ausgehen (Mitterauer, 1990). Es gab (im Unterschied zu einigen osteuropäischen Kulturregionen) im westeuropäischen Mittelalter dominant den *Zwei*-Generationen-Haushalt (vgl. Borscheid, Kapitel 2 in diesem Band). Sofern sie überlebten, wohnten die Alten auf eigenen Wunsch nahe bei, aber *getrennt* von den Kindern. Die »Großfamilie unter einem Dach« hatte nur im Adel, zum Teil im Handwerk, also unter ökonomischen und kulturellen Sonderbedingungen als winzige Minderheit eine Chance. »Auch für die deutschen Verhältnisse kann (historisch gesehen) keine Rede von der großen Verbreitung der großfamiliären Lebensformen sein« (Rosenbaum, 1982, S. 489). Paradoxerweise sind erst durch die beginnende Wirksamkeit medizinischer Lebensverlängerung und unter dem Druck von Wohnungsnot und Armut im 19. Jahrhundert die Arbeiter- und Proletarierhaushalte stärker *drei*-generationell geworden.

Die historisch-demographisch untersuchten ländlichen und städtischen Typen von Familie waren ab dem Mittelalter in der Pflege ihrer Angehörigen nach der Analyse der Klagen über sie *immer* insuffizient. Sie mußten durch kirchliche und gemeindliche Institutionen als Auffanghilfen ergänzt werden (Laslett, 1989, S. 109; Segalen, 1990). Nach Laslett ist es historisch *nicht* nachzuweisen, daß im vorindustriellen Europa die Verwandtschaftsbeziehungen in ihrer Stützung der Alten prinzipiell stärker gewesen wären als heute.

Selbst wenn man die enormen Entlastungen in Betracht zieht, die in der zweiten Hälfte des 20. Jahrhunderts durch die allgemeine Sozialversicherung und Sozialhilfe des modernen Wohlfahrtsstaates geboten werden, scheint es bemerkenswert, daß wir bei der enorm gestiegenen *Zahl* der Alten und besonders der Hochbetagten und bei den fühlbaren sozialen Konsequenzen von Individualisierung und Singularisierung mit einer etwa 80prozentigen Quote der *familiären* Pflege der Alten in fast allen europäischen Ländern rechnen können, sofern diese Alten überhaupt Familien haben.

Zwar können wir empirisch belegen, daß das Zusammenwohnen von drei und mehr Generationen in einem Haushalt oder die ökologische Nähe von Eltern- und Kinderhaushalten die wechselseitige Aushilfe und, je älter die Eltern werden, deren Stützung begünstigt. Der Anteil der Mehrpersonenhaushalte aber nimmt ab, und jener der Einpersonenhaushalte – auch unter den Alten – steigt (vgl. Abb. 2). Dadurch sinkt in Zukunft der familiäre Hilfsquotient für die Alten nicht unbedingt (Wenger, 1990), da auch die der Familie »beigeordneten« ambulanten Dienste die Kompetenz der Selbstversorgung im Alter – wenigstens bis zum 75. oder 80. Lebensjahr – verstärken können.

Zur obengenannten These einer generellen geschichtlichen Kontraktion der Familie läßt sich sagen, daß gegenüber dem europäischen Mittelalter heute viel *mehr* innerfamiliäre Generationen (bei getrennten Haushalten) in vielfältigem Austauschverhältnis leben. 75 Prozent der über 65jährigen sind Großeltern und 50 Prozent derselben Altersgruppe Urgroßeltern (Hagestad, 1989, S. 43). Die Familien haben sich nicht, wie früher behauptet, kontrahiert, sondern sich (durch Verringerung der Geschwisterzahlen) einerseits »verschmälert«, andererseits aber verlängert, »vertikalisiert«, so daß von der »Bohnenstangen-Familie« gesprochen wird (vgl. Bengtson & Schütze, Kapitel 19 in diesem Band). Die Reduktion der *Haushalts*größen seit der Jahrhundertwende ist auf den Rückgang der Kinderzahl, der bilateralen Verwandten und der nicht-verwandten Haushaltsmitglieder zurückzuführen und auf die in Europa schon früh beobachtete Tendenz der räumlichen Separierung der Generationen (Tartler, 1961), die nun selbst in Japan stark zunimmt. Die mit der Formel »Intimität auf

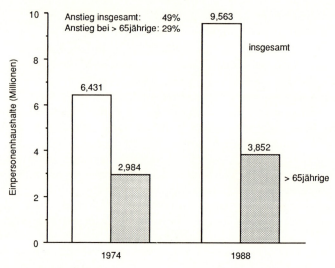

Abbildung 2: Einpersonenhaushalte in der Bundesrepublik Deutschland, 1974 bis 1988 (nach Statistisches Bundesamt, 1989).

Abstand« (Rosenmayr & Köckeis, 1965) gekennzeichneten Verhältnisse und Präferenzen, daß räumliche Distanz (vgl. Abb. 3) sowohl von beiden beziehungsweise drei Generationen im Hinblick auf mehr Selbstbestimmung gewünscht wird, dürften dazu beitragen, die neuerdings erstmals auch in der Umfrageforschung deutlich nachgewiesenen intergenerativen Konflikte in der Familie besser zu ertragen (Majce, 1989).

Der These von einer weltweit die Familienform vereinheitlichenden Modernisierung widersprechen die Ergebnisse zu kulturell *sehr verschiedenen* Stilen des familiären Zusammenlebens, der Autoritätsformen, der wechselseitigen Hilfen und entgegengebrachten Sympathien und der Typen von Kohärenz und Solidarität, die sich nach kleinräumigen regionalen, ethnischen und religionsgemeinschaftlichen Merkmalen wechselvoll ausprägen. Dies trifft schon für die Nord-Süd-Unterschiede in Europa zu (EURAG, 1990), ganz zu schweigen von den Einflüssen stammesgesellschaftlicher Traditionen oder der Weltreligionen, wie des Islam (Lecoh, 1990). Es scheint viel angemessener, von Schritten der Umformung *bestehender kultureller Besonderheiten* der Familien zu jeweils neuen Ausprägungen unter dem Einfluß von zum Beispiel Technologie, Kommunikationssystemen und Individualisierung zu sprechen.

Die vergleichenden Beobachtungen über die Veränderung von Strukturen und Lebensformen in den Familien über Weltkulturen hinweg zeigen: Die ursprüngliche These globaler Modernisierung der Familie muß trotz auftretender Parallelentwicklungen durch Technologie und Medien fallengelassen wer-

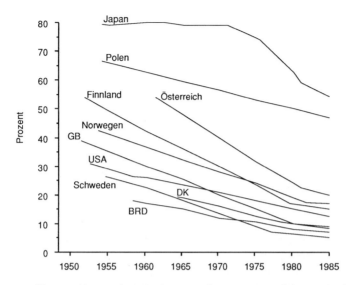

Abbildung 3: Über 65jährige, die mit ihren Kindern zusammenleben, in ausgewählten Ländern, 1950 bis 1985 (adaptiert nach Sundström, 1987, S. 53).

den. Das städtische europäische Bürgertum mit seiner Mischung von Lebens-rationalität und Optimierung einerseits und der Pflege der intimen Gefühle und ihrer Abstimmung auf unauswechselbare Individuen andererseits hatte als Phänomen der Modernität den uns vertrauten Begriff »Familie« im 18. Jahrhundert überhaupt erst hervorgebracht. Dieser sozialgeschichtlich neuen Gestalt »Familie« (Brunner, 1968; Mitterauer, 1990) stand für *alle* ihrer Aktivitäten und Bindungen das Wirtschafts- und Geltungsgefüge der *bürgerlichen Gesellschaft* vor Augen. Die Erziehung in dieser Familie war einerseits auf das *Zugänglich-Machen* der wirtschaftlichen und gesellschaftlichen Bereiche, war auf den sozialen Aufstieg ihrer Mitglieder hin orientiert, andererseits auf Intimität, die Hegel »Pietät« nannte, und somit auf die Verinnerlichung und Personalisierung von Religion, Erotik, der Künste und Wissenschaften. Diese Doppelbewegung der Familie war der Grund für ihre *soziale Zentralität.* Und die bürgerliche Gesellschaft bedurfte der Familie und wies ihr deswegen auch die entsprechende Zentralität zu. Die Integrationskraft der Familie, ihre Wertvermittlungs-Kapazität, die sie weder vorher noch nachher in vergleichbarer Weise auf so großer sozialer Basis besaß (wie von 1830 bis 1930 in Europa), ermöglichte es ihr auch, die ihr von der Gesellschaft eingeräumte und angesonnene Zentralität *auszufüllen.*

War schon seit dem Ausgang des Mittelalters die Intimisierung des Kindes eingeleitet worden (Ariès, 1978; De Mause, 1977), so entstand erst in der

Spätaufklärung und in der beginnenden Romantik, teilweise unter dem Einfluß eines im 18. Jahrhundert wachsenden Interesses am *gesamten Lebenslauf* im Sinne von »Makrobiotik« (Hufeland, 1984/1797) und unter dem Einfluß einer verbesserten hygienischen und moralischen Lebensführung (Van Swieten, 1964/1778), ein erster Schritt zur Intimisierung des Alters. Gut zweieinhalb Jahrhunderte nachdem man die Kindheit als eigene Lebensform entdeckt hatte – die Entstehung des Schulwesens, wenn auch nur für eine Minderheit, spielte dabei eine große Rolle –, begann man die Alten, die man als Herrscher in den Sippen gefürchtet hatte, zu *Vollmenschen* zu erklären und auch sie in die Pietät und Intimität der Familie einzubeziehen.

Die Herausbildung einer Achtung der Alten als *nahestehende Menschen* durch die bürgerliche Familie steht am Anfang einer Entwicklung, die sich nun als zunehmende Akzeptanz ihrer Eigenaktivitäten und auch der Alterssexualität fortsetzen dürfte. Die Chance nahm zu, mit Eltern, Großeltern und Urgroßeltern über viele Jahre hinweg bei getrennten Haushalten in wechselseitigen Beziehungen zu leben, was bislang allerdings kaum zu einer wechselseitigen kulturellen Erschließung der zeitgeschichtlich verschiedenartigen Erfahrungen der Generationen führte. Für die Stützung und teilweise auch Pflege wird auf den internalisierten Verpflichtungen und einen inneren Rückzahlungs-Appell für das von den Eltern Erhaltene aufgebaut, wobei keine unerschöpfbare Bereitschaft zur Rückzahlung besteht. Sie hängt vielmehr einerseits von der allgemeinen eigenen Leistungsfähigkeit und andererseits von den schon erbrachten Leistungen ab und wird entsprechend *kalkuliert* (Finch & Mason, 1990).

Alles in allem erweist sich die *Abstammungsdimension* in der Familie zur Zeit als sozial stabiler als die Partnerschafts-Achse. Man kann, wenn auch mit vielfältigen Einbußen und Verletzungen, den Ehepartner, aber nicht die Eltern, die Geschwister oder die Kinder wechseln. In der innovationsgierigen und änderungsbereiten Spät- oder Postmoderne wird angesichts der stets wachgehaltenen Aussicht auf Verbesserung die Kontinuität der Partnerschaft geopfert. Das (Lebens-)Projekt-Paradigma samt Neuanpassung bei Trennung und Scheidung, das innerhalb der Lebensleitlinie vermutet wird, obsiegt über die soziale Fortschreibung, die Kontinuität. Dabei verfließen allerdings die Grenzen leicht zur Illusion.

Es wurde oben die Gestalt der modernen europäischen Familie beschrieben, wie sie das Bürgertum, das sich seit dem späten 18. Jahrhundert zur gesellschaftragenden Macht entwickelte und kulturellen Einfluß gewann, kennzeichnete. Diese Familiengestalt erhielt ihre intime Einheit aus einer *doppelten* Langfristigkeit von Beziehungen, einerseits zwischen Partnern *und* andererseits zwischen Kindern und Eltern. Diese beiden Achsen lösen sich in der Postmoderne mehr und mehr voneinander.

Die Familie wurde aus der zentralen Sozialisationsrolle und dem gesellschaftlichen Zentrum herausgedrängt, einem Zentrum, das fortan nicht wiederbesetzt, sondern auf mehrere andere Instanzen neu verteilt wurde. Die

Verletzlichkeit der Partnerbeziehungen, die durch ansteigende Scheidungsraten nur unzureichend charakterisiert wird, weist der intergenerativen Achse in der Familie eine Art Korsett-Funktion für integrierende Rettungsversuche zu, so bei unvorhersehbaren Ereignissen von Trennung, Krankheit und Tod, die der Psychographie jeder einzelnen Familie unverwechselbar einmalig zustoßen (Litwak, 1985). Besonders in der durch Scheidung oft stark beeinträchtigten und traumatisierten Form von Familie wird diese intergenerative Achse wirkungsvoll.

E. Die Familie als Stützungskraft der Hilfe und Pflege für ihre alten Mitglieder

Es ist ein empirisch widerlegtes Vorurteil, daß die alten Menschen von ihren Nachkommenschaftsfamilien zur Zeit weitgehend im Stich gelassen werden (vgl. Bengtson & Schütze, Kapitel 19 in diesem Band; Thiede, 1988). Andererseits zeigt die empirische Forschung, daß Partnerschaften, Ehen und Familien häufig eine schwere, wenn auch nicht immer nach außen dringende Krise durchmachen, sobald die Belastungsgrenze in der Betreuung pflegeabhängiger Alter erreicht ist (Brody, 1977). Es gibt eine Reihe von Gründen, die erwarten lassen, daß die Fähigkeit, den alten Familienmitgliedern Stützung und Betreuung zukommen zu lassen, in Zukunft abnehmen und noch stärker belastet werden wird. Unbeantwortet bleibt die Frage, wer die erhöhte Belastung tragen soll.

Durch die zunehmende Hochaltrigkeit (vgl. Dinkel, Kapitel 3 in diesem Band) kommt es zu einer Erhöhung der Wahrscheinlichkeit des Auftretens *mehrerer alter Generationen* innerhalb einer Familie (Lehr, 1985). Scheidungsraten und »unvollständige Familienformen« – samt den daraus resultierenden Komplikationen – steigen, was die Hilfe- und Pflegeressourcen schwächt und Beziehungen verunsichert (Brubaker, 1985). Anzahl und Anteil abhängiger hochaltriger, behinderter und chronisch kranker Personen in der Bevölkerung und solchen mit schwerwiegenden geistigen Behinderungen nehmen weiter zu (Hoover & Siegel, 1986; Moroney, 1978).

Die Gesellschaft, in der wir leben, ist auf zeitlich begrenzte Verträge eingestellt. Die *unbegrenzte* Leistungserbringung war ein integraler Bestandteil der klassischen Familientradition des Bürgertums des 18. und 19. Jahrhunderts, wurde aber in erstaunlich hohem Maße von der Proletarier- und Arbeiterfamilie übernommen und ins 20. Jahrhundert weitergetragen. Doch heute stellt sich beim Problem der *Langzeitpflege* die Situation komplizierter dar, jedenfalls ist das familiäre Verantwortungsgefühl allein nicht ausreichend, um die Dauerpflege eines alten Menschen zu gewährleisten (Brubaker, 1985, S. 122).

»Betreuung durch die Familie« ist eine euphemistische Umschreibung für eine noch immer fast ausschließliche Frauenarbeit in Haushaltshilfe, Stützung und Pflege, wenngleich dies seit neuestem auch durch regional gültige englische Forschungen bestritten wird (Wenger, 1990). Es ist nicht unrealistisch, in der Ungleichverteilung der Hilfe- und Pflegelasten zwischen Mann und Frau einen

Ausgleich zu erwarten (Finch & Groves, 1983). Frauen werden nach der reproduktiven Phase und der Zuwendung zu den Kindern künftig verstärkt auf den Arbeitsmarkt zurückkehren oder nach kurzen Unterbrechungen dort verbleiben. So ist es zweifelhaft, ob die berufstätigen Töchter und Schwiegertöchter von morgen bereit und in der Lage sein werden, den Alten so zu helfen, wie die heutigen Frauen es tun. Durch die Entwicklung zu einer »Familie à la carte« will jedes Familienmitglied *seine* Anschauung und Bewertung von Familie durchsetzen. Solidarität, die als Stützung oder Pflege aktiv wird, kann nicht mehr fraglos vorausgesetzt werden, es bedarf der Abwägung und Verhandlung.

Schließlich können die Beziehungen zwischen den Alten und ihren Familien in den Industrieländern heute nur verstanden und adäquat untersucht werden, wenn die in den letzten drei Jahrzehnten aufgebauten öffentlichen *Interventionen*, insbesondere die massive Expansion von Dienstleistungen, berücksichtigt werden. Die ökonomische und medizinische Sicherung der Alten durch den Wohlfahrtsstaat, die in West- und Mitteleuropa (im Vergleich zu anderen Regionen der Welt) sehr hoch entwickelt wurde, ist mehr und mehr zum Rückgrat von Langlebigkeit und Erträglichkeit des späten Lebens geworden.

Es werden Formen *geteilter Verantwortlichkeit* gefunden werden müssen, die auf der wechselseitigen Ergänzung der Leistungsfähigkeit der Familie und den sozialstaatlichen Gesundheits- und Sozialdiensten beruhen. Will man ernsthaft vorsorgen, muß man die *domizilorientierte Altenpolitik stärken*, auffächern und mit den Hilfen, die die Familie leistet, kombinierbar machen. Dabei muß man jedoch die Familien gesellschaftlich und psychologisch (durch Beratung und Gruppenarbeit) stützen und durch verschiedene Hilfsdienste und -aktionen ergänzen (Vierter Familienbericht, 1986, S. 89, 178 – 180). Eigene Forschungen belegen die Notwendigkeit von Heimhilfe, Essen auf Rädern, Reinigungsdiensten, aber auch Besuchsdiensten, mobilen Schwestern, Notarztdiensten und der Verbindung zwischen diesen. Vor allem die Aktivierung von Diensten über das Wochenende, die vorübergehende Betreuung und Pflege der Alten in Heimen während der Urlaubszeit, die wesentlich verbesserte Erreichbarkeit niedergelassener Ärzte sind notwendige Bedingungen für die Befähigung der Familie, die schwierigen und langdauernden Aufgaben der Hilfe und Pflege zu lösen (Rosenmayr, 1990; 1991).

F. Drei Szenarien zur Zukunft intergenerativer Familienbeziehungen

Wie läßt sich unsere Situation mit dem hohen Anteil von Alten und deren noch nicht gefundener sozialer und kultureller Position beschreiben? Es gibt kaum Nachfrage nach den Erfahrungen der Alten (Dieck, 1987) und ihrer Weisheit (Rosenmayr & Majce, 1990). Allerdings gibt es eine klare, bei Frauen stärker als bei Männern ausgeprägte Tendenz der über 60jährigen, sich (im Unterschied zu den jüngeren Altersgruppen) als deutlich ruhiger, bescheidener, genügsamer, gewissenhafter und strenger gegenüber sich selbst einzustufen. Für ein spezielles

Selbstbewußtsein der Älteren ist aber zur Zeit empirisch kein Anzeichen zu finden (Rosenmayr, 1990, S. 56–58). Welche Entwicklungen können wir in Zukunft erwarten?

Viele Zusammenfassungen von Forschungsergebnissen, wie der deutsche »Vierte Familienbericht« (Die Situation der älteren Menschen in der Familie, 1986) oder der österreichische Familienbericht 1989, sind solche Vorblicke schuldig geblieben. Auch andere Zusammenfassungen über Familie und Alte (Bengtson, Rosenthal & Burton, 1990; Gatz, Bengtson & Blum, 1990) lassen sich auf Prognosen nicht ein. Ich schlage daher einen *datenbezogenen differenzierenden Deutungsversuch* vor, um eine auch politikrelevante Zukunftssicht auf drei *alternative Szenarien* zu öffnen. Dazu muß vorher allerdings das Phänomen des »Wertwandels« angesprochen werden, das wir einerseits als Reaktion auf ökonomische und soziale Veränderungen deuten, andererseits aber als Produkt der verselbständigten Prozesse der Lern- und Mediengesellschaft.

Der Wertwandel reicht tief in das Selbstverständnis der Menschen hinein, und damit auch in Partnerschaft und Familie. Trotz dramatischer Veränderungen von ökonomischen und sozialen Außenbedingungen in den klassischen Industrialisierungs- und Verstädterungsphasen in Europa und Nordamerika griff der Wertwandel im 19. Jahrhundert nicht so rasch und nicht so tief in familiäre Strukturen ein wie nun im letzten Drittel des 20. Jahrhunderts. Denn die Familie war in den städtischen Ballungen ab 1830 als Stützungsapparat an der Bewältigung der umfassenden ökonomischen und sozialen Veränderungen selbst *aktiv beteiligt.* Erst die Jugendbewegung am Ende des 19. Jahrhunderts brachte als Gegengewicht zur Familie die altershomogene Gruppierung in ideologischen und politischen Bünden. In den gegenwärtigen, durch Kulturdeutung vieler Art, darin auch durch Wissenschaft und Medien vorangetriebenen Wertwandelsprozessen wird die Familie viel stärker *passiv selber zum Gegenstand von Einflüssen.* Ihre Fähigkeit, als Gruppe gemeinsam gestaltend zu handeln, ist unter den herrschenden Bedingungen enorm reduziert. In den späten 60er Jahren hat im Gefolge der mit der Jugendbewegung der Jahrhundertwende nur bedingt vergleichbaren »Studentenrevolte«, einer stark bildungsbedingten und gesellschaftlich sektoriell erfolgenden Revolutionierung von Einstellungen durch deren öffentliche Infragestellung, das Angebot von Alternativen zur Familie Auftrieb erhalten. Dieser Wertwandel wird vermutlich durch nachlassende Verpflichtungsgefühle gegenüber den Eltern gekennzeichnet sein (Rosenmayr, 1986a, S. 70).

Für die Ausarbeitung der drei Szenarien schlage ich nun alternativ zu dem von Bengtson entwickelten Modell der Funktionsaufteilung in der Familie (Bengtson et al., 1990, S. 274 ff.) vier wenn auch in sich wieder sehr komplexe und sich zum Teil überschneidende Dimensionen der Betrachtung der Familie vor:

– Aggressivität und Gestaltung von Selbstgeltung und Autorität (A),
– Erlebnisgemeinsamkeit und Beziehungen (B),

- Kommunikation, Symbolisierung und Kulturtransfer (C),
- Intergenerative Aushilfe und Solidarität (D).

Die drei alternativen Gestaltungstypen der »nachfamiliären Familie« (Rosenmayr, 1989a) werden nun hinsichtlich der oben genannten vier Dimensionen A bis D charakterisiert. Folgende drei Typen der nachfamiliären Familie werden unterschieden:
- die defensive Erstarrungsfamilie,
- die verunsicherte und in Ambivalenz verharrende Familie und
- die lösungsorientierte und ambivalenzverarbeitende Familie.

In dieser Konzeption liegt eine gewisse Parallelität zu den oben entworfenen drei Szenarien für die Partnerschaft.

1. Die defensive Erstarrungsfamilie

Für den Typus wechselseitiger Blockierung ist charakteristisch, daß Ambivalenz in den intimen Beziehungen nicht wahrgenommen wird, also außerhalb des bewußten Erlebens verbleibt und, wenn auch dumpf gefühlt, schließlich doch unterdrückt wird. Eine solche Unterdrückung bewirkt die *soziale* Verstärkung vorhandener depressiver Strukturen in den Individuen, die sich mit Herrschaftsgelüsten (A) einzelner Familienmitglieder verbinden. Die Blockade der Beziehungen in der Familie (B) liegt dann auch in der Einschränkung des sozialen Erfahrungskreises, der »Insulierung der Familie« (Claessens, 1962). Bei solchen »hoch-insulierten« Familien kann sich Gewalttätigkeit auch gegen Alte eher entladen (Gelles & Cornell, 1990).

Dem beherrschenden Teil, allenfalls auch aus der ältesten Generation, kann es bei Kappung der Verbindungen zur Außenwelt gelingen, seine Übermacht zu stabilisieren. Stützende Dienste von außen werden abgelehnt. Nichts ist dann so beschaffen, daß es das selbstgewählte Unheil auch nur lindern könnte. In der Erstarrungsfamilie wird durch Erinnerung an Erinnerungen eine artifizielle monologische Welt erzeugt (C). Von möglichst vielen Familienmitgliedern *muß* diese Welt entweder mit ausdrücklichem Mitleid oder ebensolcher Bewunderung entgegengenommen werden, sollen die Machtfiguren der vorletzten oder letzten Generation nicht schwer verstimmt und noch unzufriedener werden. Für die jüngeren Generationen verbleibt unter solchen Umständen entweder Flucht mit Schuldgefühlen oder die »totale Opferrolle« (D). Beides, Flucht wie Opferrolle, lädt die (unterdrückte) Aggressivität nur weiter auf. Typus 1, wie wir ihn hier beschreiben, ist der Weg zum »Tod der Familie«. Wird sie unlebbar, könnten – um dieses Szenario zu einer Horrorvision zuzuspitzen – an ihre Stelle straff organisierte, weitgehend durchtechnisierte »Versorgungsanlagen« mit automatischer Speisenzubringung und depersonalisierter Bildschirm-Überwachung für die Alten treten. Der Generationenkrieg würde sich bei der geschilderten Intoleranz und Selbst-Abkapselung zu einem sozialen Stellungskrieg verhärten (Gronemeyer, 1989). In dem Maß, in dem die Familie, wie hier geschildert, kontraproduktiv wird oder »entfällt«, wird das Defizit im Liebes-, Zuwendungs- und

Versorgungspotential der Alten sprunghaft größer. (Bei der zunehmenden Zahl unverheiratet bleibender Singles und kinderloser Paare – zwischen 25 und 30 Prozent mitteleuropäischer »Familien« sind zur Zeit kinderlos – wird dies höchstwahrscheinlich ein sozial bedeutsames Minoritätsphänomen werden.)

2. Die verunsicherte, in Ambivalenz verharrende Familie

Während im Typus 1 die Ambivalenz so gut wie völlig unbewußt bleibt, wird sie hier in Typus 2 erahnt und auch als »belastend« erlebt. Gegenüber der oben beschriebenen, in ihrer Grundstruktur unterdrückenden und erstickenden Familie, die nach außen aber oft mit Erfolg Integration vortäuscht, tritt in Typus 2 die durch nicht überwundene Abhängigkeit entstehende Ablehnung (Konterdependenz) der erwachsenen Kinder als Grund für Dauerspannung (A) hervor. Diese Spannung kann dann entweder die Form von *Dauerstreit*, meist über gleichbleibende Inhalte und mit ans Groteske reichender Redundanz des Verlaufs, des Abbruchs der Beziehungen oder der »inneren Absenz bei äußerer Präsenz« annehmen. Letztere Form erzeugt die oft unverständlich kalte und zynische Form des Reagierens auf die zum Teil berechtigten Hilfs- oder Pflegewünsche beispielsweise der alten Mutter, Schwiegermutter oder Tante durch Ablehnung einfacher Handreichungen, mit der Begründung, es sei dafür »keine Zeit«.

Die »innere Absenz bei äußerer Präsenz« kann von starken, aber latent bleibenden Vernichtungswünschen, ja, Tötungsphantasien begleitet werden (B). Im Hinblick auf Kommunikation und Kulturtransfer kommt es zu den für diesen Typus 2 häufigen *Schwankungen*: Aussprache-Versuche lösen Verweigerungen ab und umgekehrt (C). Das Anhörungsprinzip regrediert auf Deklaration religiöser oder moralischer Normen. Alles steht unter dem Zeichen von Forderungen und Verurteilungen. Nichts ist so, wie es sein sollte. Unzufriedenheit ergießt sich über den Alltag; der Freuden sind wenige. Die Gebote der Nächstenliebe oder des »Ehrens von Vater und Mutter« werden als belastende Forderungen erlebt, hinter denen zurückzubleiben Schuld auslöst. Wärme und Teilnahme (D) können sich nur selten freispielen.

Während bei Szenario 1 die Einmauerung in die Verpflichtung unter begleitendem Haß erlebt wurde, ergibt sich hier in Szenario 2 Unsicherheit. Zwang bei Szenario 1 die Isolation zur ständigen Befassung mit nicht veränderbaren Verhältnissen und erzeugte eine eigene Leere, ist bei Szenario 2 die Flucht in die anonyme oder einseitige Kommunikation mit Zeitung, Radio (und in hohem Maße) Fernsehen möglich (C). In der ambivalenz-verstrickten Familie tritt dann häufig auch als Ersatz für direkte Auseinandersetzung die Kommunikation über die Kommunikation, das Gespräch über dritte, darüber nämlich, wie die *anderen* miteinander auskommen.

Im realen Familiengeschehen von Szenario 2 (ob im gemeinsamen Haushalt oder nicht) ist die Distanzierung imstande, bei den Mitgliedern der verschiedenen Generationen Formen innerer Vereinsamung hervorzubringen. Während sich die Familienmitglieder durch Rückzüge aus dem gemeinsamen Leben und Erlebnis voreinander »schützen«, wird unterschwellig die »Einverleibung«, das heißt Beherrschung des einen durch den anderen betrieben. Entweder werden die Eltern für die Beaufsichtigung der Enkel oder die Finanzierung des Einfamilienhauses vereinnahmt, oder aber die Kinder werden, oft sehr subtil, zu Erfüllungsgehilfen in der Befriedigung der Bedürfnisse der Eltern eingesetzt. Die mißbräuchliche versteckte Steuerung der anderen auf eigene Ziele hin (B) oder die »zärtliche Besitzergreifung« von Enkelkindern als affektive Ersatzbefriedigung bei frustrierter eigener Erotik gehört zu diesem Muster. Wird im Szenario 1 der Wertwandel aus Erstarrungsgründen generalisierend verurteilt, wird er hier eher resignativ zur Kenntnis genommen. Die alte Generation vermag die beiden oder drei anderen Generationen aus deren historischen Voraussetzungen heraus nicht zu verstehen und bleibt im Gefühl der Hilflosigkeit stecken. Das *Bewegende* an Lust und die Freude zu *leben* bleiben marginal, feiertäglich, als Aufhebung von Pflicht. Denn es gelingt eher, der Pflicht zu trauen, als sich der Bewegung, der Entwicklung auf Neues hin, anzuvertrauen. Die ambivalenzverstrickte Familie kann mit der auf Konsumsteigerung ausgerichteten »Arbeitsgesellschaft« verhältnismäßig reibungslos kombiniert werden. Es fehlt ihr aber die Kraft, dem Lebensstil von Leistung und Entzug einen der Erfüllung und bearbeiteten interpersonellen Zuwendung entgegenzusetzen.

3. Die lösungsorientierte und ambivalenz-verarbeitende Familie

Familien, die diskussions- und verarbeitungsfähig sind, könnten gerade aus der Normunsicherheit heraus und durch direktes Ansprechen ihrer Schwierigkeiten und Unsicherheiten zu selbst gefundenen »phantasievollen« (Strotzka, 1983) Lösungen kommen. Bei Familien, die Werte von Schutz und Solidarisierung (D) *neu* entdecken, können auch neue Bedürfnisse von Zugehörigkeit entstehen, die unter Berufung auf »roots« die eigene Identitätssuche verstärken (C).

Bei Szenario 3 wächst die *Wahrnehmung* der Perspektivenvielfalt der Mitglieder und der Erkenntnis ihrer sehr verschiedenen Sichten von ein und derselben Familie. Das Auf- und Abflackern der Affekte zwischen Eltern und Kindern kann dann als Prozeß der Wahrnehmung der Bedürfnisse des oder der anderen erfahren werden, wenn die Aussprache als Hilfsmittel der Selbstbefreiung und Weg zur Klärung von Ambivalenz eingesetzt wird (Hagestad, 1989, S. 44; Rosenmayr, 1986b). Wird das Bedürfnis der (des) anderen nach der für diese(n) andere(n) gegebenen Notwendigkeit nicht ganz durchschaut, ist *Zubilligung* eine der wichtigsten Formen der Ambivalenzverarbeitung. Zubilligung eröffnet auch den Weg, um intergenerationell die aus der Kindheit stammenden Abhängigkeiten (der bei Szenario 2 besonders ausgeprägten Konterdependenzen, z. B. den »Lauern« der Kinder auf die Schwächen der Eltern) in Richtung auf Verhandlungsfähigkeit zu überwinden. *Verhandlung* kann über jene »gelernte Hilflosigkeit« (im Szenario 2) insofern obsiegen, als sie mit Hilfe eines aus den beteiligten Persönlichkeiten bezogenen Stils, also auf der Basis individueller und gruppenhafter »Selbstfindung«, zu Lösungen kommt (Troll & Bengtson, 1979). So können Finanzprobleme, können Fragen, die die Erziehung von Enkeln und die Bedürfnisbefriedigung der Älteren betreffen, eher gelöst werden. Solche Selbstfindung sehen wir als eine bei Abnahme der Glaubwürdigkeit von generell verpflichteten Wertsystemen notwendige Voraussetzung für das Aufkommen des persönlich bejahten »attachment« (Bowlby, 1983). Letzteres vermittelt als *Obhut* zugleich soziale Wärme und Schutz (B). Erst die *verarbeitete Ambivalenz wird zur Toleranz* und trägt zur Lösung des Machtproblems bei (A). Die Entfaltung des »Anhörungsprinzips« fördert die Überwindung ich-bezogener Fixierung. Zuhören und Anhören schaffen Voraussetzungen für eine »überbalancierende« Empathie der Familienmitglieder, der Zubilligung auch bei Nichtverstehen.

Reale Anhörung löst die ins Heroische fingierte Vergangenheit auf und macht ihren Kern einem neuen und (selbst)kritischen Verständnis zugänglich. Aus dem Verzicht auf das Heroische entsteht *Annäherung*. Es ist das paradoxe Wesen solcher realen Annäherung, daß sie, weil sie Beweglichkeit akzeptiert, auch genug *Distanz* zur Anerkennung der (u. a. auch sexuellen und erotischen) Bedürfnisse der Familienmitglieder der jeweils anderen Generation gewinnt.

Die ambivalenzüberschreitende Familie (Szenario 3) ist im Gegensatz zur Erstarrungsfamilie (Szenario 1) nicht durch soziale Selbstisolierung gefährdet. Sie kann jenes »linkage« (Litwak, 1985) als *Rekurs auf Zusatzhilfen* viel eher finden und bieten – und dies mit gutem, nicht mit dem schlechten Gewissen wie in Szenario 2, wo einer den anderen vereinnahmen will oder auch beleidigt ist, wenn Hilfe innerhalb der Familie durch eine solche von außerhalb noch ergänzt werden soll. Stützung (D) erfolgt in der ambivalenzüberwindenden Familie nach geklärten, zum Teil ausgehandelten Bedingungen.

Für den steigenden »inhome-service«-Bedarf sind zur Entlastung der Familien Verknüpfung und Koordination von verschiedenen stützenden Diensten wie Hauskrankenpflege, Haushilfe, Essen auf Rädern und Besuchsdiensten zu erwarten. Es müssen auch Beratung und Supervision von Familienmitgliedern bei besonders anspruchsvoller oder belastender Langzeitpflege von körperlich oder geistig behinderten Familienmitgliedern wie Alzheimer-Patienten (D) angeboten werden. Neue gesellschaftliche und ökonomische Strukturen wie Pflegegeldversicherung für Langzeitpatienten und ein verstärktes individuelles Vorsorgedenken wären eine ideale Flankierung für Szenario 3, wodurch die Familie stärker entlastet, aber gleichzeitig auch gestützt und ermutigt wird. Andererseits erlaubt der Gruppenzusammenschluß alleinstehender Älterer zu Wohngemeinschaften oder das in den USA und in England praktizierte »sheltered housing« Selbsthilfe in »künstlichen Versorgungsfamilien«.

4. Abschließende Bewertung und Ausblick

Vermutlich wird die Familie des 3. Szenarios zu einer wachsenden »sichtbaren« Minorität werden und die Familie des 1. Szenarios auf eine im Sinne einer Sozialpathologie zu beobachtende Minderheit zurückgehen. Die Familie des 2. Szenarios wird bis auf weiteres in der Mehrheit sein.

Die Propagierung von Individualkompetenz im Alter, wie der »Vierte Familienbericht« der Bundesrepublik Deutschland von 1986 sie forderte, enthält jedoch bei weiterem Abbau gesellschaftlicher Solidaritätsvorstellungen die große Gefahr einer sozialen Falle. In einer Gesellschaft des »totalen Wettbewerbs« muß das Gespenst verwalteter Einsamkeit befürchtet werden. Gerade die deutsche Wiedervereinigung muß mit versteppten Sozialbereichen und der relativen Zunahme von armer Unversorgtheit bei Alten rechnen, während die jüngeren Generationen im vollen Run auf sozialen und wirtschaftlichen Aufstieg davonziehen (vgl. Dieck, Kapitel 25 in diesem Band).

Die Ideologien haben ihre selbst durch Umfragen schon weitgehend bescheinigte Unglaubwürdigkeit zum guten Teil verdient, nicht aber einige der Ideale, die von ihnen (den Ideologen) nicht nur schlecht vertreten, sondern oft ins gelebte Gegenteil verkehrt werden. Auch den Kirchen fällt unter der Jugend keine aktive Mehrheit mehr zu. Das Vakuum, das da zurückbleibt, bedarf der Sorge. Noch zeigt sich *nicht*, wie das *Leben* mit seinem Reichtum an Entwurfsmöglichkeiten, seinem humanen Potential für Toleranz, »Überbalancierung« und Friedfertigkeit in dieses Vakuum wird einziehen und wie Spiritualität, Deutungsreichtum, Symbolisierung, Selbstbescheidung *und* Anspruch auf Entfaltung und inneren Sicherung Platz greifen können, wo institutioneller Rückhalt fehlt. Es ist nicht nur der demokratische Sozialismus der ideologischen Prägung schwer erschüttert, auch die »weit geöffneten Arme der alten Kirchen« (Max Weber) haben im Hinblick auf eine Vielzahl sozialer und politischer Lösungsansätze der späten Moderne sowohl Kraft als auch differenziertes Definitions- und Zugriffsvermögen eingebüßt. Auf der Höhe von Befreiungsprozessen sind weder die Wurzeln noch die Antriebskräfte für eine neue Solidarität in den privaten und intimen Bereichen sichtbar. Die neuen Wege sollten stark Versuchscharakter auf Abruf tragen, um der »Probiergesellschaft« zu entsprechen, die sich ausbreiten muß, wenn Erstarrung oder Ambivalenz (wie in Szenarien 1 und 2 geschildert) überwunden werden sollen. Offenheit, positive Risikobereitschaft, den »Ernst der Lage« zum Ausgangspunkt von Entwürfen zu nehmen, kann der Wissenschaftler empfehlen. Die Steigerung von Achtsamkeit und Liebe in Intimität und Intergenerativität kommt aus Glaubensakten und deren lebensmäßiger Bewährung. Die Familie wird in neuer Weise als ein wichtiges Zentrum affektiver und gesellschaftlicher Regeneration anzusehen, zu informieren und zu stützen sein, allerdings in einer um vieles stärkeren Verflochtenheit mit anderen gesellschaftlichen Kräften und unter jeweils kritischer Betrachtung ihrer Selbstgefährdung und ihres Solidarisierungspotentials.

Literaturverzeichnis

Adler, A. (1922). *Über den nervösen Charakter. Grundzüge einer vergleichenden Individualpsychologie und Psychotherapie* (3. Aufl.). Frankfurt/M.: Fischer.

Ariès, P. (1978). *Geschichte der Kindheit*. München: dtv.

Attias, C. (1989). La maturité. In M. Grawitz (Ed.), *Lexique de sciences sociales* (pp. 275 – 277). Paris: PUF.

Baltes, P. B. & Baltes, M. M. (1989). Erfolgreiches Altern: Mehr Jahre und mehr Leben. In M. M. Baltes, M. Kohli & K. Sames (Hrsg.), *Erfolgreiches Altern* (S. 5 – 10). Bern: Huber.

Beck, U. (1986). *Risikogesellschaft*. Frankfurt/M.: Suhrkamp.

Beck, U. (1989). Jenseits von Frauen- und Männerrollen oder die Zukunft der Familie. In P. Sloterdijk (Hrsg.), *Vor der Jahrtausendwende* (S. 348 – 364). Frankfurt/M.: Suhrkamp.

Bengtson, V. L., Rosenthal, C. & Burton, L. (1990). Families and aging: Diversity and heterogenity. In R. Binstock & L. George (Eds.), *Handbook of aging and the social sciences* (3rd ed., pp. 263 – 287). San Diego, CA: Academic Press.

Bowlby, J. (1983). *Attachment* (2nd ed.). New York: Basic Books.

Bretschneider, R. (1989). *Lebensstile älterer Menschen in Österreich*. Unveröffentlichtes Manuskript, Universität Wien.

Brody, E. M. (1977). *Long-term care of older people: A practical guide*. New York: Human Sciences Press.

Brubaker, T. H. (1985). *Later life families*. Beverly Hills, CA: Sage.

Brunner, O. (1968). *Neue Wege der Sozialgeschichte*. Göttingen: Vandenhoeck & Ruprecht.

Busse, E. (1990). *Intimacy: Health status and social change*. Unpublished manuscript, Duke University, Durham, NC.

Claessens, D. (1962). *Familie und Wertsystem. Eine Studie zur »zweiten, soziokulturellen Geburt« des Menschen*. Berlin: Duncker & Humblot.

Coleman, J. S. (1990). *Foundations of social theory*. Cambridge, MA: Belknap.

De Mause, U. (1977). *Hört ihr die Kinder weinen*. Frankfurt/M.: Suhrkamp.

Dieck, M. (1987). Die ältere Generation im Spiegelbild der großen Regierungserklärungen von 1949 bis 1987. In Deutsches Zentrum für Altersfragen (Hrsg.), *Die ergraute Gesellschaft* (S. 189 – 218). Berlin: Deutsches Zentrum für Altersfragen.

Durkheim, E. (1921). La famille conjugale. *Revue Philosophique, 90,* 2 – 14. (Erstausgabe 1892).

Erikson, E. (1966). *Identität und Lebenszyklus*. Frankfurt/M.: Suhrkamp.

EURAG – Bund für die ältere Generation Europas (1990). Probleme des Alterns im Zuge der Veränderungen der Familie. *EURAG-Mitteilungen, 60/61.*

Finch, J. & Groves, D. (Eds.) (1983). *A labour of love: Women, work and caring*. London: Routledge & Kegan.

Finch, J. & Mason, J. (1990). Filial obligations and kin support for elderly people. *Ageing and Society, 10,* 151 – 175.

Gatz, M., Bengtson, V. L. & Blum, M. J. (1990). Caregiving families. In J. E. Birren & K. W. Schaie (Eds.), *Handbook of the psychology of aging* (3rd ed., pp. 405 – 426). San Diego, CA: Academic Press.

Gaullier, X. (1988). *La deuxième carrière. Age, emplois, retraites.* Paris: Editions du Seuil.

George, L. K. & Weiler, S. J. (1981). Sexuality in middle and late life. *Archive of General Psychiatry, 38,* 919 – 923.

Gelles, R. J. & Cornell, C. P. (1990). *Intimate violence in families* (2nd ed.). Newbury Park, CA: Sage.

Gronemeyer, R. (1989). *Die Entfernung vom Wolfsrudel.* Düsseldorf: Claassen.

Guttmann, G. (1990). *Lehrbuch der Neuropsychologie* (3. Aufl.). Bern: Huber.

Hagestad, G. O. (1989). Familien in einer alternden Gesellschaft: Veränderte Strukturen und Beziehungen. In M. M. Baltes, M. Kohli & K. Sames (Hrsg.), *Erfolgreiches Altern. Bedingungen und Variationen* (S. 42 – 46). Bern: Huber.

Hagstad, A. (1988). Gynecology and sexuality in middle-aged women. *Women and Health, 13,* 57 – 80.

Havighurst, R. J. (1972). *Developmental tasks and education.* New York: McKay.

Hoover, S. L. & Siegel, J. S. (1986). International demographic trends and perspectives on aging. *Journal of Cross-Cultural Gerontology, 1,* 5 – 30.

Hörl, J. (1989). *Lebensführung im Alter. Selbsthelfende, familiale und organisierte Formen der Bewältigung von Hilfsbedürftigkeit alter Menschen.* Habilitationsschrift, Universität Wien.

Hufeland, C. W. (1984). *Makrobiotik oder die Kunst, das menschliche Leben zu verlängern.* Frankfurt/M.: Insel. (Erstausgabe 1797).

Klassen, A. D., Williams, C. H. & Levitt, E. E. (1989). *Sex and morality in the U.S.: An empirical enquiry under the auspices of the Kinsey Institute.* Middletown, CT: Wesleyan University Press.

Kohli, M. (1989). Institutionalisierung und Individualisierung der Erwerbsbiographie. In D. Brock, H. R. Leu, C. Preiß & H.-R. Vetter (Hrsg.), *Subjektivität im gesellschaftlichen Wandel* (S. 249 – 278). München: DSI-Verlag.

Laslett, P. (1989). *A fresh map of life. The emergence of the third age.* London: Weidenfeld and Nicholson.

Lecoh, M. T. (1990). Family trends and demographic transition in Africa. *International Social Science Journal, 126,* 475 – 492.

Lehr, U. (1985). Auf dem Weg zur Fünf-Generationen-Gesellschaft. In R. Muth, H. Halhuber & L. Auinger (Hrsg.), *Das Alter aus der Sicht der Wissenschaft* (S. 31 – 64). Innsbruck: Wagner.

Lehr, U. (1987). Von der neuen Kunst des Älterwerdens. In Aktion Gemeinsinn (Hrsg.), *Das neue Alter – wie wollen wir morgen älter werden?* (S. 10 – 35). Bonn: Aktion Gemeinsinn.

Lehr, U. (1991). *Psychologie des Alterns* (7. Aufl.). Heidelberg: Quelle & Meyer.

Litwak, E. (1985). *Helping the elderly: The complementary roles of informal networks and formal systems.* New York: Guilford.

Loewit, K. (1986). Zur Psychosomatik der sexuellen Störungen. In R. Adler, J. M. Herrmann, K. Köhle, O. W. Schonecke, T. v. Uexküll & W. Wesiack (Hrsg.). *Thure von Uexküll. Psychosomatische Medizin* (S. 641 – 649). München: Urban & Schwarzenberg.

Majce, G. (1989). *Altern. Soziologische Grundlagen.* Unveröffentlichtes Manuskript, Universität Wien.

Marcus Aurelius (1973). *Wege zu sich selbst.* Stuttgart: Kröner.

Matthes, J. (Hrsg.) (1983). *Krise der Arbeitsgesellschaft?* Frankfurt/M.: Campus.

Mitterauer, M. (1990). *Historisch-anthropologische Familienforschung.* Wien: Böhlau.

Moroney, R. M. (1978). *The family and the state. Considerations for social policy.* London: Longman.

Palmore, E. (1981). *Social patterns in normal aging: Findings from the Duke Longitudinal Study.* Durham, NC: Duke University Press.

Parsons, T. (1943). The kinship system of the contemporary United States. *American Anthropologist, 45,* 22 – 38.

Parsons, T. (1951). *The social system.* Glencoe, IL: Free Press.

Passuth, P. H. & Bengtson, V. L. (1988). Sociological theories of aging: Current perspectives and future directions. In J. E. Birren & V. L. Bengtson (Eds.), *Emergent theories of aging* (pp. 333 – 355). New York: Springer.

Radebold, H. (1986). Die psychosomatische Sicht alternder Patienten. In R. Adler, J. M. Herrmann, K. Köhle, O. W. Schonecke, T. v. Uexküll & H. Wesiack (Hrsg.), *Thure von Uexküll. Psychosomatische Medizin* (S. 1079 – 1125). München: Urban & Schwarzenberg.

Radebold, H. (1990). *Partnerschaft und Sexualität aus psychoanalytischer Sicht.* Unveröffentlichtes Manuskript, Gesamthochschule Kassel.

Richter, U. (1989). *Einen jüngeren Mann lieben.* Stuttgart: Kreuz.

Rosenbaum, H. (1982). *Formen der Familie.* Frankfurt/M.: Suhrkamp.

Rosenmayr, L. (1983). *Die späte Freiheit.* Berlin: Severin & Siedler.

Rosenmayr, L. (1985a). Wege zum Ich vor bedrohter Zukunft. *Soziale Welt, 3,* 274 – 298.

Rosenmayr, L. (1985b). In mehr Freiheit mit alten Menschen leben. In Caritasverband (Hrsg.), *Das Altenheim – Eine Chance zur Lebenserfüllung* (S. 21 – 37). Freiburg: Verband Katholischer Heime und Einrichtungen der Altenhilfe in Deutschland.

Rosenmayr, L. (1986a). Familie in den Strukturumbrüchen heute. *Archiv für Wissenschaft und Praxis der sozialen Arbeit, 2 – 4,* 48 – 61.

Rosenmayr, L. (1986b). Belastungen und Befreiungen in den Wechselbeziehungen zwischen Familie und alternden Menschen. Versuch einer disziplinübergreifenden Sicht. *Triangel, 25,* 7 – 12.

Rosenmayr, L. (1987). Familie à la carte. Familienbeziehungen zu den Älteren. *Altenpflege, 5,* 300 – 308.

Rosenmayr, L. (1988a). *Älterwerden als Erlebnis.* Wien: Edition Atelier.

Rosenmayr, L. (1988b). Brief an einen katholischen Freund in Österreich. In D. Bauer, F. Horner & P. Krön (Hrsg.), *Wir sind Kirche – sind wir Kirche?* (S. 254 – 265). Salzburg: Otto Müller.

Rosenmayr, L. (1989a). Ein neues tragfähiges Gefüge zwischen den Geschlechtern und Generationen? Entwicklungen der nachfamiliären »Familie«. In Walter Buchebner Gesellschaft (Hrsg.), *Neuberger Gespräche. Regionale Identität* (S. 67 – 101). Wien: Böhlau.

Rosenmayr, L. (1989b). Altern und Handeln. In A. Weymann (Hrsg.), *Handlungsspielräume, Untersuchungen zur Individualisierung und Institutionalisierung von Lebensläufen in der Moderne* (S. 151 – 162). Stuttgart: Enke.

Rosenmayr, L. (1990). *Die Kräfte des Alters.* Wien: Edition Atelier.

Rosenmayr, L. (1991). *Altenhilfe. Ein soziales Anliegen der Jahrhundertwende.* Wien: Edition Atelier.

Rosenmayr, L. & Köckeis, E. (1965). *Umwelt und Familie alter Menschen*. Neuwied: Luchterhand.

Rosenmayr, L. & Majce, G. (1990). Jung und alt in Österreich. *Der Standard*, 14.10., 10 – 11.

Sarrel, P. M. (1982). Sex problems after menopause: A study of fifty married couples treated in a sex counseling programme. *Maturitas, 4*, 231 – 237.

Schiavi, R. (1990). Sexuality and aging in men. *Annual Review of Sexual Research, 1*, 227 – 249.

Schlesinger-Kipp, G. & Radebold, H. (1982). Familien- und Paartherapie im höheren Alter. In G. Schlesinger-Kipp & H. Radebold (Hrsg.), *Familien- und paartherapeutische Hilfen bei älteren und alten Menschen* (S. 57 – 85). Göttingen: Vandenhoeck & Ruprecht.

Schneider, H.-D. (1980). *Sexualverhalten in der zweiten Lebenshälfte*. Stuttgart: Kohlhammer.

Schneider, H.-D. (1989). Sexualität im Alter. In D. Platt (Hrsg.), *Handbuch der Gerontologie* (Bd. 5, S. 444 – 452). Stuttgart: Gustav Fischer.

Schönpflug, U. (1971). Bedürfnis. In J. Ritter (Hrsg.), *Historisches Wörterbuch der Philosophie* (S. 765 – 771). Basel: Schwabe.

Schülein, J. A. (1989). Symbiotische Beziehungen und gesellschaftliche Entwicklung. *Psyche, 11*, 1007 – 1028.

Schülein, J. A. (1990). *Die Geburt der Eltern*. Wiesbaden: Westdeutscher Verlag.

Schulz, W. (1990). Prestige und Konsum. *Werbeforschung und Praxis, 4*, 127 – 136.

Segalen, M. (1990). *Die Familie. Geschichte, Soziologie, Anthropologie*. Frankfurt/M.: Campus.

Starr, B. C. & Weiner, B. D. (1982). *Liebe und Sexualität in reiferen Jahren*. Bern: Scherz.

Statistisches Bundesamt (Hrsg.) (1989). *Statistisches Jahrbuch 1989 für die Bundesrepublik Deutschland*. Wiesbaden: Eigenverlag.

Stierlin, H. (1975). *Eltern und Kinder im Prozeß der Ablösung*. Frankfurt/M.: Suhrkamp.

Strotzka, H. (1983). *Fairness, Verantwortung, Fantasie*. Wien: Deuticke.

Sundström, G. (1987). *Old age care in Sweden*. Stockholm: The Swedish Institute.

Tartler, R. (1961). *Das Alter in der modernen Gesellschaft*. Stuttgart: Enke.

Tews, H. P. (1979). *Soziologie des Alterns*. Heidelberg: Quelle & Meyer.

Thiede, R. (1988). Die besondere Lage der älteren Pflegebedürftigen in Privathaushalten der BRD. *Sozialer Fortschritt, 37*, 250 – 255.

Thomae, H. (1956). Der Lebenslauf und die biographische Methode in der Psychologie. In O. W. Haseloff & H. Stachowiak (Hrsg.), *Schriften zur wissenschaftlichen Weltorientierung: Band 1. Moderne Entwicklungspsychologie* (S. 132 – 142). Berlin: Lüttke.

Troll, L. E. & Bengtson, V. L. (1979). Generations in the family. In W. R. Burr, R. Hill, F. I. Nye & I. I. Reiss (Eds.), *Contemporary theories about the family* (Vol. 1, pp. 127 – 161). New York: The Free Press.

Van Swieten, G. (1964). *Oratio de senum valetudine tuenda*. Leipzig: Barth. (Erstausgabe 1778).

Vierter Familienbericht (1986). *Die Situation der älteren Menschen in der Familie*. Bonn: Der Bundesminister für Jugend, Familie, Frauen und Gesundheit.

Wenger, G. C. (1990). Change and adaptation in informal support networks of elderly people in Wales 1979 – 1987. *Journal of Aging Studies, 4*, 375 – 389.

Wickert, J. (1990). Heiraten im Alter. In P. Mayring & W. Saup (Hrsg.), *Entwicklungsprozesse im Alter* (S. 15 – 36). Stuttgart: Kohlhammer.

Willi, J. (1976). *Die Zweierbeziehung. Spannungsursache – Störungsmuster – Klärungsprozesse – Lösungsmodelle.* Reinbek: Rowohlt.

Willi, J. (1986). Die Ehe im Alter in psycho-ökologischer Sicht. *Familiendynamik, 4,* 294 – 306.

19. Altern und Generationenbeziehungen: Aussichten für das kommende Jahrhundert

Vern L. Bengtson & Yvonne Schütze

Zusammenfassung

Generationenbeziehungen stellen innerhalb der sozialen Probleme, die mit dem Alter in Zusammenhang gebracht werden, eines der ältesten Themen dar. In diesem Kapitel wird erstens das »Generationenproblem« vor dem Hintergrund historischer und zeitgenössischer Theorieansätze diskutiert. Dabei liegt der Schwerpunkt auf der Differenzierung zwischen Kohorten, Generationen innerhalb von Familien und Generationen innerhalb der Gesellschaft, die sich aufgrund der im gleichen Alter erlebten historischen Ereignisse konstituieren. Zweitens wird ein Überblick über die bis dato sowohl in der Öffentlichkeit als in der Wissenschaft thematisierten Probleme gegeben, die sich auf der Ebene der Familie und der Gesamtgesellschaft aus dem historisch ungewöhnlichen Altersaufbau der Bevölkerung ergeben könnten. Drittens wird am Beispiel dreier Geburtskohorten, 1920, 1950 und 1980, exemplifiziert, in welcher Weise die spezifische Generationslagerung dieser Kohorten sich möglicherweise auf die gegenwärtigen und zukünftigen Beziehungen zwischen verschiedenen Altersgruppen auswirken wird. Zum Schluß werden verschiedene Szenarien des zukünftigen Generationenverhältnisses skizziert. In diesen Szenarien werden sowohl die Argumente resümiert, die für eine Steigerung von Konflikten sprechen, als auch die, die auf eine vermehrte Solidarität verweisen.

Prof. Dr. Vern L. Bengtson ist Inhaber eines Stiftungslehrstuhls für Gerontologie (American Association of Retired Persons) und Professor für Soziologie an der University of Southern California, USA. Er leitet dort eine Drei-Generationen-Langzeitstudie und war 1990 Präsident der Gerontological Society of America. Weitere Forschungsschwerpunkte: Soziologie des Lebensverlaufs, Sozialisation, Ethnische Minderheiten und Altern.
Priv.Doz. Dr. Yvonne Schütze ist wissenschaftliche Mitarbeiterin am Max-Planck-Institut für Bildungsforschung, Berlin. Sie ist verantwortlich für das Teilprojekt »Soziale Beziehungen« der Berliner Altersstudie (Akademie der Wissenschaften zu Berlin). Weitere Forschungsschwerpunkte: Familienentwicklung im Lebensverlauf, Geschichte der Kindheit und Sozialisation.

A. Einleitung

Während der gesamten Menschheitsgeschichte waren die Beziehungen zwischen den Generationen eine Quelle starker Solidarität wie auch gravierender Konflikte. Erinnert sei hier an Hiob und seine Söhne, David und Absalom, König Ödipus, König Lear und seine Töchter. Die Beispiele aus der klassischen westlichen Literatur zeigen, wie zerbrechlich der Generationenvertrag sein kann und welche tiefgreifenden Folgen Konflikte zwischen den Generationen heraufzubeschwören vermögen.

In den letzten Jahrzehnten des 20. Jahrhunderts scheinen jedoch einige neuartige Verwerfungen zu der uralten Generationenfrage hinzugekommen zu sein. Urteilt man auf der Grundlage von Berichten in den Massenmedien aus jüngster Zeit, so sind nicht mehr die Jungen in ihrer Rebellion gegen die Erwachsenen die Hauptprotagonisten des gegenwärtigen und zukünftigen »Generationendramas«. Vielmehr hat sich der klassische Generationenkonflikt, wie er sich zum Beispiel noch während der Protestzeit der 60er Jahre abspielte, auf die ältere Generation verlagert. Kernpunkt dieses neuen Konflikts ist die Diskussion über die ökonomischen, moralischen und sozialen Pflichten der Mittelalten und der Jungen gegenüber einer unablässig anwachsenden Gruppe älterer Menschen. Umgekehrt werden in dieser Diskussion natürlich auch die Pflichten der Älteren gegenüber den Jüngeren thematisiert. Der Ton, in dem dieser neuartige Generationenkampf ausgefochten wird, ist − zumindest in der massenmedialen Berichterstattung − bereits schrill. Eine im Jahre 1989 (Heft 31) erschienene Titelgeschichte des Nachrichtenmagazins *Der Spiegel* war überschrieben mit: »Der Kampf der Generationen: Junge gegen Alte«.

Drei demographische Trends in Europa und Nordamerika machen die Beziehungen zwischen den Altersgruppen für das letzte Jahrzehnt dieses Jahrhunderts und die Zeit danach zu einem neuen und unübersehbaren Problem: Zuerst und vor allem ist die während des 20. Jahrhunderts stark angestiegene durchschnittliche Lebenserwartung zu nennen, die dazu geführt hat, daß in vielen Industriegesellschaften bereits fast ein Fünftel aller Bürger 60 oder mehr Jahre alt ist. Darüber hinaus fand ein Rückgang der Fertilität statt, zu deren Folgen gehört, daß heute weniger Arbeitende auf einen Ruheständler kommen als jemals zuvor. Außerdem wuchs die Sorge um die Kosten der Wohlfahrt und die Höhe der öffentlichen Ausgaben, die für die verschiedenen Altersgruppen eingeplant sind. Dies hat in der Öffentlichkeit schließlich zu einer anhaltenden Debatte über »Gerechtigkeit zwischen den Generationen« geführt (vgl. Guillemard und Hauser & Wagner, Kapitel 24 und 23 in diesem Band; außerdem Bengtson, Marti & Roberts, 1991). Ziel dieses Kapitels ist es, einige Aspekte dieser neuen Fragen im Hinblick auf Generationen und Altern zu untersuchen und über mögliche Szenarien hinsichtlich der zukünftigen Beziehungen zwischen den Generationen zu spekulieren.

B. Die Generationen und der soziale Wandel

1. Geburtskohorten, Zeit und Sozialstruktur

Zunächst einmal müssen wir fragen: Wie stellt sich das »Generationenproblem«, über einen längeren Zeitraum betrachtet, in der Erfahrung von Menschen dar, und in welchem Verhältnis steht es zur Sozialstruktur? Gibt man der Frage nach den Generationen ihre einfachste Form, so lautet sie: Wie kann eine Gruppe von Menschen angesichts ihrer sich fortwährend verändernden Zusammensetzung aufgrund von Geburt, Altern und Generationenfolge (diese Faktoren spiegeln sich im Lebenszyklus ihrer einzelnen Mitglieder) über längere Zeit eine ausreichende Kontinuität ihrer Sozialordnung bewahren? Und wie geht diese Gruppe mit Unterschieden, Ungerechtigkeiten oder Konflikten um, die zwischen den Generationen auftauchen?

Seit den Anfängen der geschriebenen Geschichte wissen wir, daß für alle menschlichen Gruppen eine der Herausforderungen stets darin bestand, das optimale Gleichgewicht zwischen *Kontinuität* mit der Vergangenheit und der *Anpassungsfähigkeit* an sich wandelnde Umwelten zu finden. (Wir verwenden den Begriff »Gruppe« in seiner umfassendsten Bedeutung und beziehen ihn auf individuelle Familieneinheiten, Gemeinschaften oder größere soziale Systeme, gesellschaftliche Institutionen und Kulturen.) Dieses Gleichgewicht muß im Kontext von Veränderungen in der Beschaffenheit und Zusammensetzung der Gruppe hergestellt werden, von denen die »Wachablösung« der Generationen die handgreiflichste darstellt, sowie von Veränderungen in den Umweltbedingungen, von denen die materiellen Bedürfnisse die bedrängendsten sind. Angesichts der Generationenfolge und der Weitergabe von Verantwortung muß dieses Ausbalancieren von Kontinuität und Wandel überdies ohne tiefgreifende Konflikte erreicht werden, weil andernfalls die Gruppe gesprengt würde.

Das Generationenproblem schließt zwei Zeitebenen und zwei Ebenen der Sozialstruktur ein. Bei den beiden Zeitebenen handelt es sich einmal um die *individuelle Zeit,* wie sie sich im Lebensverlauf des einzelnen widerspiegelt und wie sie durch Ereignisse wie Geburt, Eintritt ins Erwachsenenalter, Reife, Verfall und Tod bestimmt ist. Zum anderen geht es um die historische Zeit, den breiten Strom der Ereignisse, der größere Menschengruppen über längere Zeiträume hinweg betrifft. Was die Sozialstruktur angeht, ist erstens die *mikrosoziale* Ebene zu nennen, sie schließt die Beziehungen und Strukturen der unmittelbar für den einzelnen erfahrbaren sozialen Welt ein, darunter die Familie, die Beziehungen am Arbeitsplatz und die im direkten Umfeld gelegenen sozialen Gemeinschaften. Zweitens gibt es die *makrosoziale* Ebene, sie bezieht sich auf Gruppen und soziale Institutionen transzendierende Beziehungen und Strukturen, darunter die Wirtschaft, den Staat sowie die moralische und die Rechtsordnung. Jede dieser vier Ebenen hat in etwas unterschiedlicher Form Auswirkungen auf die Generationenprobleme; sie sind jedoch alle miteinander verknüpft, oft allerdings in schwer entwirrbarer Weise.

2. Generationenunterschiede

Will man die Beziehungen und Unterschiede zwischen den Generationen verstehen, ist es notwendig, sich die Wechselwirkungen zwischen den beiden Ebenen von Zeit und Sozialstruktur vor Augen zu halten. Beispielsweise betrifft ein Aspekt des Generationenproblems die Rolle, die das Altern und Altersgruppen beim Verständnis der gegenwärtigen und zukünftigen Gestalt von sozialen Systemen spielen. Erhellend ist hier das theoretische Modell der Altersschichtung, das Matilda Riley vor beinahe 20 Jahren aufgestellt hat (vgl. Riley & Riley, Kapitel 17 in diesem Band, dort insbesondere Abb. 1). Innerhalb einer bestimmten geschichtlichen Epoche stellt sich die Gesellschaft als ein kontinuierlicher Strom aufeinanderfolgender Generationen (verkörpert in Geburtskohorten) dar. Querschnitthaft betrachtet umfaßt der Altersaufbau einer Gesellschaft zu jedem beliebigen Zeitpunkt verschiedene Kohorten, deren jede sich in einem anderen Stadium der individuellen Zeit beziehungsweise auf einer anderen Entwicklungsstufe im Lebensverlauf befindet. Legt man hingegen längsschnitthaft den Ablauf der historischen Zeit zugrunde, dann verhält es sich so, daß ihrerseits jede Geburtskohorte altert und durch neue Geburtskohorten ersetzt wird, die unter jeweils anderen historischen Bedingungen heranreifen.

Um die Verhaltensorientierungen zu verstehen, die eine Altersgruppe zu einem gegebenen Zeitpunkt von einer anderen unterscheidet – zum Beispiel die Jugendprotestler der 60er Jahre und die mittlere Generation, oder die Alten der 50er Jahre und die der 90er Jahre –, muß man sich vor Augen halten, daß diese unterschiedlichen Verhaltensorientierungen den Schnittpunkt dreier Faktoren reflektieren: eine bestimmte Geburtskohorte, die in einem bestimmten chronologischen oder Entwicklungsalter steht und die mit den gesellschaftlichen Zuständen und Ereignissen an diesem Punkt der historischen Zeit fertig werden muß. Faßt man das Gesagte stärker in formale und analytische Begriffe, so handelt es sich dabei um den Schnittpunkt von Kohorteneffekten, Reifungseffekten und Periodeneffekten (definiert in Bengtson, 1989). Wie Mannheim (1964/1928) feststellte, ist jeder dieser Schnittpunkte einzigartig, weil sich jede historische Epoche mit einer anderen Gruppe von Individuen konfrontiert sieht, die je unterschiedliche Geburtskohorten und je ihr eigene historische Erfahrungen repräsentiert. Folglich hätte man es auch dann, wenn Reifungsprozesse unverändert blieben, nicht nur mit unterschiedlichen historischen Einflüssen zu tun, sondern auch mit anderen Menschen, die in einem historischen Kontext geboren werden, aufwachsen und heranreifen, der deutlich gegen den früherer oder späterer Kohorten abgesetzt ist (Baltes, 1987; Riley, 1985). Daraus läßt sich die Schlußfolgerung ableiten, daß die Alten im Deutschland des Jahres 2050, die 1980 geboren wurden, sich deutlich von den Alten des Jahres 1990 unterscheiden werden, die 1920 das Licht der Welt erblickten.

Bisher haben wir den Begriff »Generation« in jenem umfassenden Sinn verwendet, wie er häufig von einem Laienpublikum oder den Massenmedien gebraucht wird. Um jedoch die verschiedenen, in »Generationen«beziehungen enthaltenen zeitlichen und soziostrukturellen Ebenen entwirren zu können, besteht die Notwendigkeit, drei verschiedene Verwendungsweisen dieses Begriffs voneinander abzugrenzen (Bengtson, Cutler, Mangen & Marshall, 1985). Von nun an werden wir den Begriff *Kohorte* verwenden, um diejenigen zu bezeichnen, die ungefähr zum selben Zeitpunkt geboren wurden und die daher bestimmte historische Ereignisse an einem gemeinsamen Punkt ihrer individuellen Lebensverläufe erlebt haben. Im Anschluß an die heutige soziologische Konvention werden wir die Verwendung des Begriffes *Generation* in erster Linie auf den Bereich mikrosozialer Rollen und auf Interaktionen innerhalb der Familie beschränken.

Auch wenn wir den Begriff der Generation nur auf die Generationenabfolge innerhalb von Familien beschränken wollen, so muß doch erwähnt werden, daß dieser Begriff auch auf der Makroebene Verwendung findet. Europäische Historiker, Politologen und Soziologen bedienen sich des Generationenbegriffs, um die objektive Lage von Geburtskohorten mit dem Strom der historischen Ereignisse zu verbinden. In diesem Zusammenhang spricht man auch von *Generationslagerung*, wobei es sich im übrigen um ein Konzept handelt, das vor mehr als sechs Jahrzehnten von Karl Mannheim (1964/1928) entwickelt wurde. Gemäß diesem Konzept sind Kohorten nicht lediglich Aggregate von Individuen, die ungefähr zum selben Zeitpunkt geboren wurden, sondern sie spiegeln insoweit soziologische Sachverhalte wider, als Mitglieder verschiedener Generationen auf unterschiedliche Weise mit historischen Ereignissen in Kontakt geraten und diese jeweils anders erfahren und kognitiv verarbeiten. Die kollektive »Lagerung einer Generation«, wie Mannheim es nannte – eine Formulierung, die auf die Gleichzeitigkeit der Erfahrung einer Geburtskohorte innerhalb eines spezifischen soziohistorischen Rahmens verweist –, bringt es mit sich, daß die Mitglieder verschiedener Kohorten aufgrund ihrer jeweils anderen Lagerung in der Geschichte bestimmte Ereignisse in ungleichartiger Weise wahrnehmen, erfahren und beurteilen. Wenn die Mitglieder einer Kohorte ein gemeinschaftlich definiertes Bewußtsein der Unterschiede ihrer Erfahrungen in Abgrenzung zu den Mitgliedern anderer Generationen entwickeln, dann entsteht das, was Mannheim (1964/1928) als »Generationseinheit« bezeichnet hat. Will man die Unterschiede zwischen Altersgruppen verstehen und über zukünftige Entwicklungen spekulieren, so könnte sich Mannheims Vorstellung von der unterschiedlichen Lagerung der Generationen möglicherweise als fruchtbarer erweisen, als wenn man den Blick lediglich auf demographische oder ökonomische Daten richtet.

3. Interkohortenkonflikte und Interkohortenkontinuität

Wenn es tatsächlich zutrifft, daß Unterschiede zwischen Altersgruppen sich unvermeidlich aus dem Schnittpunkt von Reifungs-, Perioden- und Kohorteneffekten oder -einflüssen ergeben, dann stellen sich folgende Fragen: Weshalb sind Interkohortenkonflikte in einigen historischen Epochen offenkundig deutlicher ausgeprägt als in anderen? Und was zeichnet − über längere Zeiträume gesehen − für die Kontinuität über die Kohorten und Generationen hinweg verantwortlich?

In der Abfolge der Kohorten und der Generationen und in ihren Beziehungen zueinander steckt in der Tat ein Paradoxon. Denn auf der einen Seite existieren zahlreiche Faktoren, die eigentlich zwingend zu der Annahme führen, es gäbe ausgeprägte Gegensätze beziehungsweise Unterschiede zwischen Geburtskohorten. Bezieht man den Faktor Zeit mit ein, liegen auf der anderen Seite Beweise für beachtliche Kontinuitäten beziehungsweise Ähnlichkeiten zwischen ihnen vor. Nachfolgend sollen kurz vier grundlegende Erklärungen für Kontinuitäten zwischen zur gleichen Zeit nebeneinander lebenden Altersgruppen genannt werden (für eine vollständigere Darstellung siehe Bengtson & Troll, 1978).

Den ersten Ansatz könnte man die Erklärung durch *Sozialisationseffekte* nennen, durch Mechanismen, mit deren Hilfe den jungen Menschen von den Erwachsenen diejenigen Fähigkeiten, Verhaltensweisen und Motive vermittelt werden, die als akzeptabel, notwendig und wertvoll für ein Leben als Erwachsener erachtet werden. Durch indirekte Formung wie durch direkte Unterweisung, durch informelle Interaktion wie durch förmliche Erziehung wird ein bemerkenswerter Grad von Kontinuität zwischen den Generationen erreicht. Ein zweiter Faktor umfaßt *Periodeneffekte,* historische Ereignisse oder Tendenzen, die Auswirkungen auf alle Altersgruppen haben und die eine gemeinsame Reaktion mobilisieren, um sich mit ihnen zu befassen. Ökonomische Ereignisse, Konflikte mit anderen Gruppen, technologische Innovationen, sie alle führen oftmals dazu, daß die Jungen und die Alten gemeinsam lernen. Drittens sind in Sozialisationsbeziehungen auch *Effekte wechselseitiger Beeinflussung* wirksam, bei denen die Jungen Einfluß auf die Alten nehmen und − häufig im Zusammenhang mit neuen Technologien − Veränderungen in deren Fertigkeiten oder Orientierungen hervorrufen. Viertens gibt es das, was man vielleicht *Antizipationseffekte* nennen könnte. Im Gegensatz zu anderen Dimensionen sozialer Differenzierung − Zugehörigkeit zu einer ökonomischen Klasse, einem Geschlecht oder einer Rasse − ist das Alter einzigartig, weil es einen Perspektivenwechsel zwischen sozialen Kategorien ermöglicht. Antizipieren wir beispielsweise unser eigenes Alter, kann uns dies dazu führen, uns stärker mit denjenigen zu identifizieren, die jetzt betagt sind, was unter Umständen die soziale Distanz zwischen den Alten und uns reduziert. Dies ist möglicherweise der Grund für die Weiterführung der Altersversorgung und wohlfahrtsstaatlicher Maßnahmen in allen Industriegesellschaften, sogar in den Vereinigten Staaten, in denen in fiskalpolitischer Hinsicht konservative Kräfte versucht haben, Leistungseinschränkungen durchzusetzen.

Weshalb entstehen in bestimmten Abschnitten der Geschichte die Gesamtgesellschaft erfassende »Generationenkonflikte«, in anderen hingegen nicht? Diese Frage bildete den Brennpunkt von Karl Mannheims (1964/1928) zukunftsweisender Untersuchung mit dem Titel »Das Problem der Generationen«, und sie ist jüngst wieder von Psychologen, Soziologen und Historikern gestellt worden (Bengtson, 1989; Simonton, 1984). Die Antworten scheinen auf der Ebene von Wechselwirkungen zwischen drei Faktoren zu liegen: Eine Geburtskohorte kommt an einen Wendepunkt in ihrer lebenslangen Entwicklung (z.B. erreichen Jugendliche das Erwachsenenalter); zugleich finden politische oder soziale Ereignisse statt, die von »traumatisierender« historischer Bedeutung sind und die bei typischen Mitgliedern dieser Geburtskohorte ein »Bewußtsein« oder eine Art Aufmerksamkeit erzeugen, in besonderer Weise von einem bestimmten Ereignis beziehungsweise bestimmten Ereignissen geformt worden zu sein. Genau dies war in den sechziger Jahren bei den Jugendlichen der Fall (Bengtson, 1989), und das Ergebnis war ein publizistisch außerordentlich stark ausgeschlachteter Konflikt zwischen Jugendkohorten und ihrer Elterngeneration.

C. Generationen- und Kohortenbeziehungen als Gegenstand neuer Sorgen

Wir wenden uns nun der Erörterung einiger der Schwierigkeiten zu, die während der drei letzten Jahrzehnte des 20. Jahrhunderts in den Beziehungen zwischen den Altersgruppen in den westlichen Industriegesellschaften entstanden sind. Dabei handelt es sich um Sorgen, die sich dem öffentlichen Bewußtsein – unabhängig davon, ob sie aktuell oder nur empfunden, lediglich erfunden oder real sind – durch die ihnen von den Massenmedien geschenkte Aufmerksamkeit eingeprägt haben.

1. Die schlanker werdende Bevölkerungspyramide und die »schrumpfende« Familie

Historisch einmalige demographische Trends sowohl bei der Mortalitäts- wie bei der Fertilitätsrate haben zu Veränderungen in der Altersstruktur der Industriegesellschaften geführt (vgl. Dinkel, Kapitel 3 in diesem Band). Auf der Mikroebene der Familie wie auch auf der Makroebene der Sozialstruktur entfalten diese Trends eine besondere Relevanz für die Interaktion zwischen Altersgruppen. Beispielsweise hat sich in den vergangenen 100 Jahren die Lebenserwartung beinahe verdoppelt, während sich die Fertilitätsrate zugleich halbierte (Bengtson, Rosenthal & Burton, 1990). So haben Soldo und Agree (1981) geschätzt, daß in den Vereinigten Staaten im Jahre 1980 das Verhältnis der »abhängigen« Alten zu den Erwerbstätigen 18 zu 100 betragen hat, während es um das Jahr 2000 bei 26 zu 100 und um 2030 bei 32 zu 100 liegen wird. Und Siegel und Taeuber (1986) kamen zu dem Ergebnis, von 1985 bis 2050 werde die Gruppe der über 65jährigen vermutlich mehr als viermal rascher anwachsen als der Rest der Bevölkerung.

Derart markante Veränderungen der Fertilitäts- und der Mortalitätsrate haben zur Entstehung von immer größeren Kohorten älterer Menschen geführt, die jenseits des Rentenzugangsalters noch am Leben sind, und haben auch die Gruppe derer stetig anwachsen lassen, die wegen ihrer Altersgebrechen bei den

Verrichtungen des alltäglichen Lebens auf Unterstützung angewiesen sind. Gleichzeitig ist, auf die Gesamtbevölkerung bezogen, ein Trend zu immer kleineren Kohorten von Jugendlichen und Mittelalten zu verzeichnen.

Auf der Ebene der Familie haben diese demographischen Veränderungen auch Wandlungsprozesse in den Verwandtschaftsstrukturen und den Intergenerationenbeziehungen hervorgebracht. Daraus wiederum keimen Befürchtungen hinsichtlich der »schrumpfenden« Familie sowie − im Zusammenhang mit hohen Scheidungsraten − Sorgen über den »Untergang der Familie« als funktionaler Einheit in postmodernen Gesellschaften. Korrekter wäre es jedoch anzuerkennen, daß gegenüber früheren Zeiten am Ende des 20. Jahrhunderts eine wachsende Heterogenität und Vielfalt von Familienmustern vorhanden sein wird (Bengtson, Rosenthal & Burton, 1990). Dies zeigt sich auf mehrfache Weise:

Erstens sind Verwandtschaftsmuster der Multi-Generationenfamilie entstanden, die sich ihrer Struktur nach deutlich von früheren Mustern unterscheiden (Crimmins, 1985). Die Familiengröße hat sich zwar reduziert, aber die Familie hat im Hinblick auf die gleichzeitige Präsenz verschiedener Generationen an Umfang zugenommen. Man spricht in den USA daher von der sogenannten »bean pole«-Familie, das heißt, die Familienstruktur gleicht einer Bohnenstange − lang und schmal (Bengtson, Rosenthal & Burton, 1990). Allerdings ist in Deutschland der Anteil von Vier- oder gar Fünf-Generationenfamilien nicht so erheblich wie in den USA.

Zweitens führt ein längeres Leben dazu, daß die Mitglieder von Familien mehr Lebenszeit als jemals zuvor damit verbringen werden, Familienrollen zwischen den Generationen einzunehmen. Wegen der wachsenden Lebensdauer werden beispielsweise Angehörige der Geburtsjahrgänge zwischen 1960 und 1980 mehr Lebenszeit sowohl als Eltern wie auch als Kinder verbringen, als historisch gesehen jede Generation vor ihnen (Watkins, Menken & Bongaarts, 1987).

Die Herausbildung von Vier- und sogar Fünf-Generationenfamilien im 21. Jahrhundert gibt zu der Vermutung Anlaß, daß die Komplexität heutiger Verwandtschaftsverhältnisse Auswirkungen auf das Selbst- und Rollenverständnis und auf den sozialen Rückhalt haben wird. Als Beispiele vergegenwärtige man sich nur die Folgen einer »frühen Großmutterschaft« oder die Beziehungsdynamik, die zwischen den Mitgliedern einer Fünf-Generationenfamilie abläuft. Burton und Bengtson (1985) berichten in einer Untersuchung über schwarze Frauen, die in South-Central Los Angeles leben, von denen einige im jugendlichen Alter von 27 Jahren Großmütter wurden.

Derart geringe Abstände zwischen den Generationen verwischen die sie trennenden Grenzen. So orientierten sich in der genannten Studie die Beziehungen zwischen Müttern und Töchtern eher an den Verhältnissen innerhalb einer Generation, und Mütter wie Töchter nehmen einander im wesentlichen eher wie Schwestern und nicht wie Elternteil und Kind wahr. Die meisten jungen

Großmütter in der Studie lehnten es ab, in die Rolle eines Ersatzelternteils für ihr Enkelkind zu schlüpfen. Daher wurde die Last der Sorge für das neugeborene Kind die Generationenleiter hinauf an die Urgroßmutter weitergegeben.

Drittens ergibt sich ein weiteres Intergenerationenmuster, das für Deutschland typischer ist als die »Bohnenstange«; man hat es die »Alterslücken-Struktur« genannt, die sich zeigt, wenn Frauen erst spät in ihrem Leben erstmals Kinder gebären. Während die Schwangerschaft von Teenagern zu zahlreichen Generationen mit sehr geringen Altersunterschieden zwischen ihnen sowie zu sich verwischenden Generationengrenzen führt, hat eine späte Schwangerschaft die entgegengesetzte Wirkung. Wenn Frauen ihre erste Schwangerschaft bis in ein Alter von Mitte oder gar Ende dreißig aufschieben und insbesondere wenn dies über zwei oder mehr Generationen geschieht, dann entsteht eine Familienstruktur mit großen Alterslücken. Diese können Auswirkungen auf die intergenerationellen Beziehungen haben. Denn einmal erleben Menschen, die ihre Eltern- beziehungsweise Großelternrolle relativ spät in ihrem Leben übernehmen, ihren neuen Status unter Umständen nicht über so lange Zeitabschnitte wie ihre jüngeren Pendants in anderen Familien. Zum anderen können die größeren Altersunterschiede zwischen den Generationen über den Lebensverlauf hinweg zu Spannungen führen, vor allem deshalb, weil – in erster Linie – die Frauen sich gleichzeitig mit Erziehungsproblemen bei ihren heranwachsenden Kindern und Pflegefunktionen gegenüber alternden Eltern konfrontiert sehen (Rossi, 1989). Und schließlich, je später im Leben das erste Kind geboren wird, desto weniger Kinder werden aller Wahrscheinlichkeit nach insgesamt nachkommen. Daher ist in diesen Fällen die Zahl derer, die potentiell für hinfälliger werdende Eltern sorgen können, sogar noch kleiner als in der »Bohnenstangen«-Familienstruktur.

Ein viertes Muster, das sich am Ende des 20. Jahrhunderts immer deutlicher abzeichnet, ist die freiwillige Kinderlosigkeit. Sie bringt die kürzeste und dürftigste Generationenstruktur hervor. Denn für ältere kinderlose Erwachsene sind die Chancen für den Aufbau intergenerationeller Bindungen und die Möglichkeiten, innerhalb der Familie Fürsorge und Pflege zu erhalten, ziemlich eingeschränkt. Häufig gehen kinderlose ältere Menschen mit entfernten oder fiktiven Verwandten Beziehungen ein. Die Herstellung derartiger Verbindungen könnte jedoch in dem Maße schwieriger werden, wie die Zahl der Verwandten parallel zur Fertilitätsrate sinkt.

Ein fünfter demographischer Trend, der das Leben in intergenerationellen Familien hat vielfältiger werden lassen, ist die Rekordhöhe der Scheidungsrate bei den jungen Erwachsenen und den mittleren Jahrgängen. Wenn sich die Kinder älterer Eltern scheiden lassen, ist dies mit massiven Auswirkungen auf deren intergenerationelles Familienleben verbunden (Hagestad, 1987). Die Eltern erwachsener Kinder haben aufgrund der Scheidung möglicherweise nicht dieselbe Gelegenheit wie andere Großeltern, sich aktiv am Leben ihrer Enkel zu beteiligen. Zudem werden sie unter Umständen gezwungen, für sie wichtige

Beziehungen zu ihren ehemaligen Schwiegertöchtern oder -söhnen und deren Familien einzuschränken. Falls auf die Scheidung eine Wiederverheiratung folgt, sehen sich ältere (Groß-)Eltern mit dem Problem konfrontiert, daß sich – in einer komplexen Weise – die Intergenerationenfamilie aufs neue konstituiert, ein Problem, dessen Komplexität sich noch zuspitzt, wenn die zweite Ehe die Integration von Stiefkindern in die Verwandtschaftsstruktur notwendig macht.

Kurzum, in den letzten Jahrzehnten des 20. Jahrhunderts sind wir nicht etwa Zeugen einer »Schrumpfung« oder des »Untergangs« der Familie geworden, sondern eher einer wachsenden Heterogenität und Vielfalt von Verwandtschafts-strukturen und -funktionen, die, gemessen am Familienleben der 60er Jahre, unübliche Formen angenommen haben.

2. Solidarität und Konflikte zwischen den Generationen in Familien

Zu den Befürchtungen, die seit den frühen sechziger Jahren hinsichtlich der Generationenbeziehungen geäußert wurden, gehören das Schreckgespenst eines »Niedergangs der Familie« und dessen natürliche Folge, »das Verlassenwerden der älteren Familienmitglieder«. Vor allem in den Vereinigten Staaten wurde in der Boulevardpresse und im Fernsehen häufig die Sorge geäußert, die traditio-nellen Familienformen seien im Begriff, sich aufzulösen, und die Familien seien unfähig, sich der Probleme hilfsbedürftiger älterer Menschen anzunehmen. Zugleich wurde suggeriert, Pflegeheime seien zu »Bewahranstalten« oder »Ab-stellplätzen« für ältere Familienangehörige geworden, die sich nicht mehr selbst zu helfen wissen und, in Rollstühlen sitzend, auf Besuche ihrer Familie warten, die aber nie stattfinden.

Diese Berichte aus den 60er und 70er Jahren erscheinen uns heute jedoch als zu stereotyp und ohne solides Fundament in den Fakten (vgl. Rosenmayr, Kapitel 18 in diesem Band). Denn Tatsache ist, daß viele Untersuchungen die Kraft der Familien nachgewiesen haben, als funktionsfähige Einheiten sozialen Rückhalt zu bieten und für häufige und regelmäßige Kontakte und Hilfelei-stungen zwischen den Generationen zu sorgen (Rossi & Rossi, 1990). Es verhält sich wohl eindeutig so, daß der typische ältere Mensch in Industriegesellschaften weit davon entfernt ist, von seinen Angehörigen verlassen zu sein, vielmehr herzliche Beziehungen zu ihnen unterhält und Unterstützung wie Hilfe sowohl selbst leistet als auch von ihnen erhält (Bengtson, Rosenthal & Burton, 1990).

Wir möchten nun einige der – positiven wie negativen – Auswirkungen auf die Interaktion skizzieren, die sich aus der sich herausbildenden multige-nerationellen, »vertikalisierten« Familienstruktur ergeben. Illustrieren werden wir dies mit Fallbeispielen aus einer Längsschnittuntersuchung über Drei-Ge-nerationenfamilien, die seit 1971 an der University of Southern California durchgeführt wird (vgl. Bengtson, Marti & Roberts, 1991).

Einerseits zeichnen sich Zukunftsaussichten ab, die auf eine *verstärkte soziale Solidarität* zwischen den Generationen hindeuten, was Ausdruck der Tatsache ist, daß die Generationen in den Familien von morgen sehr viel mehr gemeinsame

Jahre miteinander verbringen werden. Hierzu kann man vermuten, daß Großeltern (und Urgroßeltern) als Rollenmodelle dienen, indem sie Verbindungen
zur Vergangenheit und Zukunft aufrechterhalten und somit für jüngere Familienmitglieder aller Altersstufen identitätsstiftende Funktionen haben (Hagestad,
1987). Eine Frau aus der südkalifornischen Studie beschrieb dies folgendermaßen:

> »Was ich über Reifungsprozesse gelernt habe, weiß ich von meiner Großmutter. Sie
> ist nun 87, und ich mit meinen 41 Jahren möchte mein Alter verbringen wie sie« (vgl.
> Bengtson, Marti & Roberts, 1991).

Sind ältere Menschen in einer Familie vorhanden, so intensivieren sie aktiv
den Familienzusammenhalt und verstärken die rituelle Solidarität, sogar über
große Entfernungen hinweg (Rosenthal, 1985). Ein Mann sagte:

> »Sogar mit ihren 80 Jahren hält meine Mutter die Familie zusammen. Alle Genera-
> tionen genießen es, wenn aufgrund ihrer Einladung die Familienmitglieder zusam-
> menkommen« (vgl. Bengtson, Marti & Roberts, 1991).

Mehrere Generationen Erwachsener in einer Familie stellen einen bedeuten-
den Zuwachs an potentieller Unterstützung für hilfsbedürftige Familienmitglieder dar, seien diese jung oder alt. Ein längeres Leben kann längere Phasen
chronischer Krankheit bedeuten, kann aber auch heißen, daß über eine größere
Zahl von Jahren ein Zugriff auf die gemeinschaftlichen Ressourcen der Familie
besteht, sofern Hilfe benötigt wird, wobei, verglichen mit früheren Jahrzehnten,
weniger Kinder und Enkelkinder als Mitbewerber um diese Ressourcen auftreten.

Andererseits enthält die zunehmende Langlebigkeit auch Potentiale für *negative Effekte* auf die Familiensolidarität. In der südkalifornischen Untersuchung
beurteilte eine deutliche Minderheit — ungefähr zehn Prozent — ihre intergenerationellen Beziehungen als schwierig oder unbefriedigend. Es gab Konflikte
zwischen den Generationen, die während vieler Jahre oder Jahrzehnte eines
gemeinsamen Lebens andauerten. Eine Frau äußerte:

> »Meine Mutter hat immer versucht, mein Leben zu lenken und alles zu kontrollieren,
> was ich tat. Sie wollte meine Kinder kontrollieren, indem sie mir sagte, was ich und
> was ich nicht mit ihnen tun sollte. ... Meine Mutter kontrolliert meine Kinder noch
> immer und stellt ihnen zu viele Fragen, genau wie sie es über all die Jahre bei mir
> gemacht hat, und dagegen protestieren meine Kinder mit aller Kraft« (Richards,
> Bengtson & Miller, 1989, S. 356).

Wie alt ist diese Frau? — Sie ist 67, und ihre Mutter 93!
Es liegen auch Schilderungen von lebenslangen Abhängigkeiten vor — Alkohol, Drogenmißbrauch, ein Leben als Krimineller, Geisteskrankheit —, die
das zumeist tragische Zentralthema einer Eltern-Kind-Beziehung bildeten. Auf
diese und auf andere Weise — geographische Entfernung, Konflikte mit anderen
Familienmitgliedern, ungelöste psychische Abhängigkeitsverhältnisse, Parteier-

greifung nach einer Scheidung – können sich im kommenden Jahrhundert Spannungen zwischen Eltern und Kindern sogar über noch längere Zeiträume ausdehnen als in der Vergangenheit.

3. Familiäre Fürsorge für hilfsbedürftige ältere Menschen

Eine weitere Folge der »vertikalisierten« Familienstruktur ist die anwachsende Wahrscheinlichkeit, daß einzelne Familienmitglieder für längere Zeit die Pflege chronisch kranker und betagter Angehöriger übernehmen müssen oder auch »nur« instrumentelle und emotionale Unterstützung zu leisten haben. In Nordamerika ist die Fürsorge für Ältere bereits zu einem normalen Ereignis im Leben der mittleren Jahrgänge geworden, also zu einer Situation, in die eine Mehrheit der Durchschnittsamerikaner durchaus geraten kann (Brody, 1985). Umgekehrt sind offenbar aber auch die »jungen Alten« einer vermehrten Belastung durch ihre Kinder ausgesetzt. Es ist nicht nur die Zahl der noch zu Hause lebenden jungen Erwachsenen gestiegen, sondern ebenso die Zahl derer, die zwar ausgezogen sind, aber gleichwohl noch von ihren Eltern ökonomisch abhängig sind (Vascoviczs, Buba, Eggen & Junge, 1990).

Obwohl weniger Frauen, als bisher angenommen, dem doppelten Zwang ausgesetzt sind, sowohl für unselbständige Kinder als auch für hilfsbedürftige Alte sorgen zu müssen, könnte diese Doppelaufgabe in den nächsten Jahrzehnten für viele Menschen zu einem Lebensmuster werden. Zudem könnten eine höhere Anzahl älterer Menschen und die längere Lebenserwartung des einzelnen zur Vermehrung von »*Zwei-Generationenfamilien*« führen, in denen über 60jährige Kinder ihre Eltern pflegen, die sich jenseits des 80. oder 90. Lebensjahres befinden. Die Härten der Fürsorge für demente oder gebrechliche Alte sind beträchtlich (Gatz, Bengtson & Blum, 1990; Mace & Rabins, 1981; Zarit, Orr & Zarit, 1985). In einer amerikanischen Untersuchung wurde festgestellt, daß Fürsorgeaktivitäten im Durchschnitt vier Stunden pro Tag in Anspruch nahmen, wobei 24 Prozent der Erwachsenen, die einen oder beide Elternteile pflegten, ein unter 18 Jahre altes Kind im Haus hatten und die Hälfte von ihnen erwerbstätig war (Stone, Cafferata & Sangl, 1987). Jedoch dürfen die positiven Seiten vieler Pflegetätigkeiten ebenfalls nicht unerwähnt bleiben (Walker, 1990). In der bereits zitierten Studie der University of Southern California äußerten verschiedene Befragte, daß man sich, seit die Elternperson krank und hilfsbedürftig sei, nähergekommen wäre (Richards, Bengtson & Miller, 1989).

4. Das Problem der Verteilungsgerechtigkeit

In den achtziger Jahren ist auf der makrosozialen Ebene ein politischer Streitpunkt aufgetaucht, der Licht auf eine neue Debatte über den Generationenvertrag wirft. Dieser Streitpunkt dreht sich um potentielle Ungerechtigkeiten zwischen Altersgruppen hinsichtlich der Verteilung ökonomischer Ressourcen. Wünschenswert sei eine veränderte Gesetzgebung, um mehr »Gerechtigkeit« zwischen den Generationen zu schaffen (vgl. Zacher, Kapitel 12 in diesem

Band). Diese Kontroverse basiert auf den bereits beschriebenen, tiefgreifenden demographischen Veränderungen, denen die Industriegesellschaften ausgesetzt sind und die sich vermutlich noch verschärfen. Das Ungleichgewicht in der demographischen Struktur hat sowohl bei den geburtenstarken Jahrgängen der 60er Jahre wie auch bei den folgenden geburtenschwachen Jahrgängen zu der Sorge geführt, daß sie, beim Ausscheiden aus dem Erwerbsleben, nicht dieselben sozialen Leistungen erhalten werden wie die Alten von heute (vgl. Guillemard und Hauser & Wagner, Kapitel 24 und 23 in diesem Band).

Die lautstärksten Verfechter der »Gerechtigkeit zwischen den Generationen« traten bisher in den Vereinigten Staaten auf, in denen die Vereinigung »Americans for Generational Equity« gegründet wurde, um »eine Lobby für die Zukunft« zu bilden, »die sich verpflichtet, für eine Politik einzutreten, die Thomas Jeffersons Mahnung befolgt, daß jede Generation der ihr nachfolgenden einen wenigstens ebenso großen Wohlstand hinterlassen sollte, wie sie ihn selbst genossen hat« (Durenberger, 1989, S. 6). In anderen Ländern mit einer deutlich ausgeprägteren wohlfahrtsstaatlichen Orientierung, darunter Neuseeland und Großbritannien, haben sich Gruppen mit ähnlichen Anliegen zusammengefunden.

Das zentrale Argument derer, die für »Gerechtigkeit zwischen den Generationen« eintreten, läßt sich wie folgt zusammenfassen:

— In den vergangenen Jahren sind in wachsendem Umfang öffentliche Mittel für die älteren Mitglieder der Bevölkerung bereitgestellt worden. Gründe hierfür waren die zuvor teilweise herrschende Armut sowie eine effektive Einflußnahme auf die Politik.

— Dies hat zu substantiellen Verbesserungen im ökonomischen Status der älteren Menschen geführt und ihren Zugang zur Gesundheitsfürsorge entschieden erleichtert.

— Den Älteren geht es, als Gruppe betrachtet, ökonomisch allmählich besser als den Bevölkerungsgruppen nichtbetagter Menschen, insbesondere den Kindern, und der relative Anteil an staatlichen Geldern, der in die Taschen der ältesten Mitbürger fließt, steigt mit jedem Jahr.

— Zugleich ist der Strom von öffentlichen Mitteln an Kinder und andere abhängige Teile der Bevölkerung, proportional gesehen, gesunken.

— Daher wäre es ungerecht und unbillig, weiterhin in diesem Umfang öffentliche Mittel an die Alten zu verteilen, es könne hieraus nur eine Quelle von Konflikten zwischen den Generationen entstehen.

In dieser politischen Debatte herrscht eine gewisse Verwirrung hinsichtlich der Begrifflichkeit und der Daten (Bengtson, Rosenthal & Burton, 1990): Was die öffentliche Unterstützung betrifft, so lenken die Verfechter der »Gerechtigkeit zwischen den Generationen« die Aufmerksamkeit in Wirklichkeit auf — reale oder vermutete — »Ungleichheiten unter Kohorten«. Diese Ungleichheiten lassen sich aber durch Daten keinesfalls belegen, auch nicht im Hinblick auf die Vergabe staatlicher und kommunaler Gelder. Die Vertreter der »Americans for

Generational Equity«-Position nehmen die zwischen Kohorten über historische Zeiträume hinweg existierenden Reziprozitäten nicht zur Kenntnis. Zudem verwischen sie die Unterschiede zwischen Generation und Kohorte, zwischen Familie und Gesellschaft und ignorieren die umfangreichen Transfers privater Mittel, die im Laufe der Zeit innerhalb der Familie zwischen den Generationen vorgenommen werden (vgl. Hauser & Wagner, Kapitel 23 in diesem Band).

Daß diese Debatte über die während des Lebensverlaufs stattfindende Verteilung von Ressourcen gerade heute aufkommen konnte, ist nicht nur ein Beleg dafür, wie aktuell das uralte Problem der Generationenfolge ist, sondern auch ein Hinweis darauf, wie neu die Fragen sind, die sich aus einer alternden Bevölkerung ergeben. In der Zukunft werden wir sehr viel häufiger Diskussionen über die Wiedergutmachung vermuteter »Ungerechtigkeiten« zwischen den Generationen erleben (vgl. Dieck, Kapitel 25 in diesem Band, wo dargestellt wird, daß die Einigung Deutschlands diese Problematik noch intensiviert).

D. Kontinuitäten und Unterschiede am Beispiel dreier Geburtskohorten in Deutschland

Im ersten Teil unseres Beitrags haben wir auf einer eher abstrakten Ebene dargestellt, daß Beziehungen zwischen Generationen stets sowohl durch Kontinuität als durch Unterschiede und Veränderungen gekennzeichnet sind. Im folgenden wollen wir in Anlehnung an Mannheims (1964/1928) Konzept der Generationslagerung die Frage, wie sich eine unterschiedliche Generationslagerung auf die zukünftigen Beziehungen zwischen den Generationen auswirken könnte, am Beispiel dreier deutscher Geburtskohorten, die wir für diesen Zweck wie Generationen behandeln, diskutieren.

Die erste Geburtskohorte, deren Mitglieder um 1920 geboren sind, soll die heutige Ruhestandsgeneration repräsentieren. Die zweite Kohorte, deren Mitglieder um 1950 geboren sind, soll für die zukünftige Ruhestandsgeneration stehen. Bei der dritten Kohorte, von der wir am wenigsten wissen, handelt es sich um die 1980 geborenen Kinder, die die zukünftige Erwerbsgeneration stellen. Wir sind uns bewußt, daß ein Szenario über die zukünftigen Beziehungen zwischen den Generationen nur spekulativen Charakter haben kann, und dies um so mehr in einer Situation, in der die Konsequenzen der Vereinigung beider deutscher Staaten noch nicht in ihrer vollen Tragweite abzusehen sind.

1. Die 20er Kohorte

Als Kinder erlebten die Mitglieder der 20er Kohorte zum großen Teil ökonomische Not (Inflation, hohe Arbeitslosigkeit) und politische Unruhen. Als Jugendliche waren sie eingebunden in die paramilitärischen und sonstigen Organisationen des Nationalsozialismus. Als junge Männer zogen sie zum überwiegenden Teil in den Krieg, und als junge Frauen arbeiteten sie in der Rüstungsindustrie. Der gesamte Lebensverlauf dieser Kohorte sowohl in beruf-

licher, familiärer und auch gesundheitlicher Hinsicht wurde durch die Kriegs-
und Nachkriegsereignisse aus der Bahn geworfen (Brückner & Mayer, 1987).
Besonders schwierig stellte sich die berufliche Situation dar. Im Durchschnitt
haben die Männer dieser Generation insgesamt zehn Jahre ihres beruflichen
Lebens durch Militärdienst, Krieg, Gefangenschaft und Arbeitslosigkeit verloren
(Allmendinger, Brückner & Brückner, 1991). Die durch Verletzungen, Hunger
und Strapazen erlittenen gesundheitlichen Beeinträchtigungen tragen auch dazu
bei, daß ein großer Teil frühzeitig aus dem Erwerbsleben ausgeschieden ist.
Andererseits besteht für viele ein ökonomischer Zwang zur Weiterarbeit, da
sich, bedingt durch die Kriegs- und Nachkriegsereignisse, auch die Familien-
bildungsphase verzögerte und Kinder noch finanzieller Unterstützung bedürfen
(Brückner & Mayer, 1987).

Obwohl die Männer dieser Kohorte häufig viele Jahre ihres beruflichen
Lebens verloren haben, ist ihre gegenwärtige ökonomische Lage im allgemeinen
nicht schlecht. Rentenansprüche blieben auch während dieser Ausfallzeiten
erhalten. Anders sieht die Situation bei den Frauen aus. Fast alle Mitglieder
dieser Kohorte waren zwar einmal erwerbstätig, aber ihre Erwerbszeiten sind
diskontinuierlich. Darüber hinaus waren die Frauen zum überwiegenden Teil
in Niedriglohngruppen eingruppiert, so daß eigene Erwerbsarbeit sich im Vergleich zu Frauen, die eine Witwenrente beziehen, als nachteilig auswirkt (Allmendinger, Brückner & Brückner, 1991; Brückner & Mayer, 1987; vgl. zur
ökonomischen Lage der gegenwärtigen Ruhestandsgeneration Hauser & Wagner, Kapitel 23 in diesem Band).

Auch im Hinblick auf Wertorientierungen ist die Generationslagerung der
20er Kohorte schwierig. Gerade diese Generation, deren politische Sozialisation
oft durch nationalsozialistische Hitlerjugend-Führer, Lehrer und Eltern erfolgte,
stand 1945 gleichsam vor dem ideologischen Nichts und hat sich teilweise
besonders schwer damit getan, die von den Alliierten vorgegebenen demokratischen Werte zu akzeptieren. Dies zeigt zum Beispiel eine Untersuchung über
die Sympathisanten der Nationalsozialistischen Partei (NPD) aus den 60er
Jahren (Klingemann & Pappi, 1969). Mit zunehmender Bildung nahm die
Sympathie für die NPD bei denjenigen ab, die entweder vor oder nach der
Nazizeit zur Schule gegangen waren. Umgekehrt verhielt es sich bei denjenigen,
die zwischen 1933 und 1945 zur Schule gegangen waren. Die höher Gebildeten,
die also länger der nationalsozialistischen Indoktrination durch die Schule
ausgesetzt waren, äußerten eher Sympathie für die NPD als die weniger Gebildeten.

In einem Zusammenhang mit den Sozialisationsbedingungen scheinen auch
die allgemeinen Wertorientierungen der 20er Kohorte zu stehen. Gemäß der
These von Inglehart (1977) neigen Individuen, die ihre sie prägenden Jahre in
ökonomisch unsicheren Zeiten verbrachten, zu materialistischen Werten wie
wirtschaftliches Wachstum, Sicherheit und Ordnung, während postmaterialistische Werte wie politische Partizipation und Solidarität weniger gefragt sind. Im

wesentlichen konnte diese These in zahlreichen Querschnittsuntersuchungen bestätigt werden (Baker, Dalton & Hildebrandt, 1981; Fogt, 1982; Gabriel, 1986; Inglehart, 1977). Allerdings, wie die Ergebnisse von Herz (1987) zeigen, scheinen die in der Jugend erworbenen Wertorientierungen aufgrund von Lebenszykluseffekten auch Veränderungen unterworfen zu sein. Ältere Menschen, die ihre Adoleszenz vor dem Kriege erlebten, veranschlagten zwar Ordnung und Sicherheit hoch und politische Partizipation gering, andererseits aber legten sie im Gegensatz zur mittleren Generation weniger Wert auf Prosperität und mehr Wert auf Solidarität. Herz interpretiert dieses Ergebnis folgendermaßen: Die mittlere Generation trägt Verantwortung gegenüber Kindern und manchmal auch gegenüber alten Eltern und ist dementsprechend stärker an Prosperität interessiert. Solidarität hingegen ist für alte Menschen insofern wichtig, da sie stärker von Beziehungen zu anderen Menschen abhängig sind als die mittlere Generation, die ihre Bedürfnisse nach Solidarität in der Familie realisiert.

2. Die 50er Kohorte

Wenn wir nunmehr die 50er Kohorte betrachten, so zeigt sich ein deutlicher Unterschied zur 20er Kohorte, ein Unterschied, der für die objektive soziale Lage und die subjektiven Orientierungen der zukünftigen Ruhestandsgeneration nicht folgenlos sein dürfte. Im Gegensatz zur 20er Kohorte verlebte die 50er Kohorte ihre Kindheit während des Wirtschaftswunders in sozial und materiell gesicherten Verhältnissen. Der zentrale Unterschied zwischen beiden Kohorten dürfte aber der sein, daß erstere die sie prägenden Jahre im Nationalsozialismus verbrachte, während letztere nicht nur in einem demokratisch verfaßten Staat aufwuchs, sondern während der späten 60er Jahre auch einen kulturellen Umbruch erlebte, der von den Mitgliedern der eigenen Generation getragen wurde. Wenn auch die überwiegende Mehrheit der 50er Kohorte nicht aktiv an der außerparlamentarischen Opposition, der Studentenbewegung, der neu etablierten Frauenbewegung, den Demonstrationen für ein verbessertes Bildungssystem, den Versuchen, neue Formen des Zusammenlebens zu erproben, und der Konfrontation mit der nationalsozialistischen Vätergeneration beteiligt war, so können wir dennoch davon ausgehen, daß der damalige Zeitgeist die politischen und moralischen Orientierungen dieser Kohorte in einer Weise geprägt hat, die sie von der 20er Kohorte deutlich unterscheidet.

Uns sind zwar keine Untersuchungen darüber bekannt, inwiefern das Verhältnis der Nachkriegs- zu der Vorkriegsgeneration durch die nationalsozialistische Vergangenheit der letzteren beeinträchtigt wird, aber aus der familientherapeutischen Literatur geht hervor, daß diese Vergangenheit die innerfamilialen Beziehungen zwischen den Generationen schwer belasten kann (Stierlin, 1981). Stellt man in Rechnung, daß die jüngere Generation die eigenen Eltern stets positiver beurteilt als die ältere Generation allgemein (Fischer, Fuchs & Zinnecker, 1985), so können wir schließen, daß die intergenerationellen Beziehungen in der Familie weniger negativ durch die Vergangenheit beeinflußt werden als die Beziehungen der Nachkriegsgeneration zur Vorkriegsgeneration im allgemeinen.

Aufgrund ihrer Sozialisationsbedingungen scheint die 50er Kohorte geradezu prädestiniert, postmaterialistischen Werten anzuhängen. Hinzu kommt der Bildungseffekt: Höher Gebildete tendieren unabhängig vom Alter eher zu postmaterialistischen Werten als weniger Gebildete. Die Mitglieder der 50er Kohorte haben einen höheren Bildungsstand als die der 20er Kohorte, nur 58,5 Prozent haben einen Hauptschulabschluß (20er Kohorte: 79%) und zu 20,2 Prozent die Hochschul- oder Fachhochschulreife (20er Kohorte: 8%; Statistisches Bundesamt, 1985). Wie aus der Untersuchung von Gabriel (1986) hervorgeht, waren 1982 22 Prozent der um 1950 Geborenen reine Postmaterialisten, und 46 Prozent wurden einer Mischgruppe aus Materialisten und Postmaterialisten zugerechnet. Von den um 1920 Geborenen wurden nur vier Prozent als Postmaterialisten und 39 Prozent als gemischt klassifiziert. Gleichzeitig aber ist auch ein Effekt historischer Veränderungen (Periodeneffekt) zu erkennen. Über alle Altersgruppen hinweg ist ein Anstieg postmaterialistischer Werte zu verzeichnen.

Geht man von diesen Ergebnissen aus und stellt gleichzeitig die erwähnten Lebenszykluseffekte in Rechnung, so kann man spekulieren: Die 50er Kohorte wird aufgrund ihres höheren Bildungsniveaus und ihrer während der Adoleszenz gemachten Erfahrungen im Alter mehr politische Partizipation verlangen als die heutige Ruhestandsgeneration. Aufgrund des Lebenszykluseffektes aber wird sie − ähnlich den heutigen Alten − mehr Gewicht auf Solidarität als auf Prosperität legen.

Wegen ihrer besseren Lebensbedingungen in Kindheit und Jugend sowie verbesserter medizinischer Versorgung und einem teilweise auch stärker gesundheitsorientierten Lebensstil wird die 50er Kohorte in einem besseren Gesundheitszustand sein als die heutige Ruhestandsgeneration. Wenn sich ältere Menschen früh verrenten lassen, werden sie dies weniger − als dies heute der Fall ist − aus gesundheitlichen Gründen tun als aus dem Motiv heraus, ihre Freiheit von beruflichen Zwängen anders zu nutzen. Angesichts der heute schon bestehenden Auflockerung fester Arbeitszeiten ist es durchaus denkbar, daß immer mehr ältere Menschen noch einmal eine andere Tätigkeit aufnehmen, zum Beispiel Teilzeitarbeit, oder eine weitere Ausbildung durchlaufen. Dies könnte sowohl auf eine völlige Flexibilisierung der Altersgrenzen und -normen als auch auf eine weitere Pluralisierung der Lebensformen hinauslaufen (vgl. Mayer, Kapitel 20 in diesem Band). Die mögliche Weigerung der zukünftigen Alten, sich ab dem 65. Lebensjahr kollektiv als Ruhestandsgeneration definieren zu lassen, könnte zwischen den Generationen zu Konkurrenzkämpfen vor allem um höhere Positionen führen. Es könnte aber auch der Fall eintreten − wofür zur Zeit einiges spricht −, daß die zukünftige Erwerbsgeneration ihrerseits nur allzu bereit wäre, das ihr von der Gesellschaft vorgeschriebene Moratorium der Adoleszenz (Ausbildungs- und Berufsfindungszeiten) noch weiter auszudehnen, was eine verstärkte Partizipation der Älteren auf dem Arbeitsmarkt befördern könnte.

Ein weiterer Unterschied zwischen der 20er und der 50er Kohorte ist darin zu sehen, daß die 20er Kohorte, bedingt durch Kriegsverluste, ein extremes Ungleichgewicht im Zahlenverhältnis zwischen Männern und Frauen aufweist. Selbst wenn die geschlechtsspezifischen Unterschiede in der Lebenserwartung sich nicht wesentlich vermindern sollten, so wird in der 50er Kohorte die Zahl der alleinstehenden Frauen zurückgehen. Obwohl zahlreiche Soziologen eine Single-Gesellschaft prognostizieren, waren zum Beispiel die Frauen der 50er Kohorte bereits im Alter von etwa 30 Jahren zu 82,1 Prozent verheiratet und die Männer zu 69,9 Prozent, wozu noch etwa fünf Prozent Frauen und 6,8 Prozent Männer in nicht-ehelichen Lebensgemeinschaften hinzukommen (Papastefanou, 1990). Auch wenn man weiterhin steigende Scheidungszahlen annimmt, so ist doch nicht zu erwarten, daß in der 50er Kohorte die Zahl der Scheidungen die Zahl der kriegsbedingten Verwitwungen der 20er Kohorte übersteigt. Dies bedeutet, daß es mehr ältere Menschen geben wird, die im Pflegefall von ihrem Ehepartner betreut werden, was wiederum sowohl für andere Familienangehörige, in erster Linie Töchter, als auch für öffentliche Institutionen eine Entlastung mit sich bringt.

Denkbar ist auch, daß die zukünftigen Alten, die anders als die gegenwärtige Ruhestandsgeneration schon seit ihrer Jugend an die Existenz von Wohngemeinschaften zumindest gewöhnt sind, auch wenn sie diese Lebensform nicht praktiziert haben, weniger Schwierigkeiten haben werden, sich zu dieser Form des Zusammenlebens zu entschließen. Dabei ist nicht an Altensiedlungen beziehungsweise Altenghettos zu denken, sondern an Wohngemeinschaften in üblichen Wohngebieten, wie sie vereinzelt bereits heute existieren (Schachtner, 1990).

Innerhalb von zehn Jahren ist die Akzeptanz von Wohngemeinschaften bei den älteren Menschen bereits gestiegen. Standen dieser Lebensform noch 1979 94,7 Prozent der über 66jährigen einer repräsentativen Untersuchung ablehnend gegenüber (Korczak, 1979), so waren es laut einer Münchner Umfrage von Schachtner (1987) bereits 41,8 Prozent, die auf die Frage nach der Bereitschaft, in eine Wohngemeinschaft zu ziehen, mit »ja« oder »vielleicht, wenn ich mehr darüber wüßte« antworteten.

Es ist anzunehmen, daß nicht nur die Bereitschaft, sich mit Altersgenossen zusammenzutun, steigen wird, sondern daß die zukünftigen Alten aktiver, als dies bisher der Fall zu sein scheint (Schmitz-Scherzer, Schick, Kühn, Plagemann & Kranzhoft, 1977), Vorkehrungen für eine eventuelle Pflegebedürftigkeit treffen werden. Eine rechtzeitige Planung für diesen Fall wird zum einen bereits den Angehörigen der mittleren Generation durch die in der Öffentlichkeit breit thematisierte Unzulänglichkeit der Heime und die Belastung pflegender Familienmitglieder nahegelegt. Zum anderen ist auch zu erwarten, daß die 50er Kohorte aufgrund des vermuteten erhöhten Anspruchsniveaus an politischer

Partizipation ihre Lebensplanung selbst in die Hand nehmen wird. Dies gilt vor allem für die Frauen. Da im Vergleich zur 20er Kohorte die Frauen der 50er Kohorte ein höheres Bildungsniveau und Tätigkeiten in besser qualifizierten Berufen aufweisen (Blossfeld, 1984), ist davon auszugehen, daß sie selbstbewußter und initiativereicher für ihre Rechte eintreten werden.

Entgegen allen Prognosen, die besagen, daß die moderne Familie in der Zukunft weder bereit noch in der Lage ist, ihre traditionellen Versorgungsfunktionen für alte Menschen auszuüben (Gronemeyer, 1989; vgl. hierzu auch Rosenmayr, Kapitel 18 in diesem Band), gehen wir von der Annahme aus, daß im Hinblick auf die Familiensolidarität Kontinuität gewahrt bleibt. Die Bereitschaft, sich um pflegebedürftige Elternpersonen zu kümmern, spiegelt sich in folgenden Zahlen: Im Jahre 1985 betrug die Anzahl pflegebedürftiger Personen im Alter von über 65 Jahren etwa 220.000. Die meisten davon wurden zu Hause versorgt. Nur rund zehn Prozent erhielten stationäre Pflege in Einrichtungen der Altenhilfe (Schubert, 1987). Aus einer Untersuchung des Senators für Gesundheit und Soziales in Berlin geht hervor, daß von den pflegebedürftigen alten Menschen, die außerhalb einer Institution leben, 80 Prozent mit unmittelbaren Verwandten zusammen wohnen. Dabei handelt es sich zu 40 Prozent um den Ehepartner, zu 20 Prozent um die Tochter (Senator für Gesundheit und Soziales, 1988).

Nun heißt es aber, daß aus objektiven Gründen (sinkende Geburtenzahlen, steigende Erwerbstätigkeit der Frauen) einerseits und subjektiven Gründen (nachlassende Familienorientierung) andererseits die heute noch zu beobachtende intergenerationelle Solidarität verschwände. Hierzu ist anzumerken, daß auch die heutigen Alten sich nicht gerade durch Kinderreichtum auszeichneten. So blieben etwa zehn Prozent der 20er Kohorte kinderlos, und über die Hälfte hatte nur ein bis zwei Kinder. Im Alter von 30 Jahren, also lange bevor die Fertilitätsperiode abgeschlossen ist, war zwar die 50er Kohorte noch etwa zu 30 Prozent kinderlos, aber rund 60 Prozent hatten ein bis zwei Kinder (Huinink, 1988; Sonderauswertung der Kohorten 1919 – 1921 der Lebensverlaufsstudie des Max-Planck-Instituts für Bildungsforschung). Außerdem konnte bisher noch keineswegs nachgewiesen werden, daß eine große Anzahl von Kindern ein Indikator für Familiensolidarität ist. Es könnte durchaus der Fall sein, daß ein oder zwei Kinder sich eher verpflichtet fühlen, sich um eine alte Elternperson zu kümmern, als wenn es viele Geschwister gibt.

Inwiefern die steigende Erwerbstätigkeit die Bereitschaft zur Verantwortungsübernahme schmälern soll, bleibt unklar. Bisher jedenfalls gibt es keine Daten, die belegen, daß die Familiensolidarität nachgelassen hat, seit die Anzahl der erwerbstätigen Frauen gestiegen ist. Darüber hinaus wäre es verfehlt, davon auszugehen, daß die Betreuung alter Elternpersonen weiterhin die alleinige Sache von Frauen bleibt und daß nur der Verantwortung demonstriert, der rund um die Uhr Pflegefunktionen ausübt. Denkbar sind vielfältige Formen arbeitsteiliger Betreuung durch Familienmitglieder und professionelle oder ehrenamtliche Helfer. So gibt es neuerdings – ähnlich wie für Kinder – Altentagesstätten: Die zu betreuende Person wird morgens gebracht und abends wieder abgeholt.

Was die nachlassende Familienorientierung angeht, so scheint sich diese primär auf die Ehe zu beziehen (steigende Scheidungszahlen, sinkende Heirats- und Wiederverheiratungsziffern). Falls sich diese Tendenz fortsetzen sollte, ist sogar mit einer Verstärkung der intergenerationellen Solidarität zu rechnen. Bereits heute ziehen geschiedene Kinder häufig wieder mit ihren Eltern zusammen (Hagestad, 1987). Zu erwarten ist, daß solche Konstellationen wie die, daß die Großmutter die Kinder ihrer alleinerziehenden Tochter betreut, dazu führen, daß die Tochter sich in späteren Jahren ihrerseits um die Mutter kümmert.

Wie aus einer Untersuchung von Alice Rossi (1989) hervorgeht, rangiert das Verantwortlichkeitsgefühl für die eigenen Kinder und Eltern am höchsten. Das Verantwortungsgefühl für den geschiedenen Ehepartner nimmt dagegen den letzten Rangplatz ein. Inwiefern man sich dem Ehepartner verpflichtet fühlt, hat Rossi nicht erhoben. Sie stellt aber die Hypothese auf, daß zum Beispiel im Falle einer gravierenden Normabweichung die intergenerationelle Solidarität höher sein wird als die Solidarität mit dem Ehepartner.

3. Die 80er Kohorte

Wie sich die Mitglieder der 80er Kohorte als Erwachsene zu den Ansprüchen und Bedürfnissen der älteren Generation, etwa der 50er Kohorte, stellen werden, ist nicht vorherzusehen. Wir wissen nur eines: Ihre Kindheit verbringt die 80er Kohorte – hierin ähnlich der 50er Kohorte – in stabilen materiellen und politischen Verhältnissen. Die Eltern dieser Kinder, die sich zum großen Teil aus der 50er Kohorte rekrutieren, praktizieren – zumindest nach eigener Einschätzung – einen liberalen, auf Selbständigkeit zielenden Erziehungsstil, der weniger denn je durch Zwang zu Gehorsam und Unterwerfung geprägt ist (Fischer, Fuchs & Zinnecker 1985). Zu erwarten ist, daß die Beziehungen zwischen den zukünftigen Erwachsenen und den zukünftigen Alten aufgrund starker Autonomiewünsche auf beiden Seiten nicht gerade konfliktlos verlaufen werden. Andererseits wird die 80er Kohorte mit der 50er Kohorte mehr an Gemeinsamkeit im Hinblick auf kulturelle Basiswerte haben, als dies bei der 20er und der 50er Kohorte der Fall ist. Wenn aber trotz der unterschiedlichen Wertorientierungen der Vor- und der Nachkriegsgeneration der Generationen- vertrag nie ernsthaft in Zweifel gezogen wurde, gibt es auch keinen Anlaß zu fürchten, daß dies in der Zukunft der Fall sein könnte. Und dies um so mehr, als die Mitglieder der jüngeren Generation heute beinahe in der Gewißheit leben, selbst einmal ein hohes Alter zu erreichen und dementsprechend auf die Benevolenz der nachwachsenden Generation angewiesen zu sein.

E. Schlußfolgerungen

Greifen wir abschließend noch einmal die eingangs gestellte Frage nach der Steigerung oder Verminderung von Konflikten zwischen den Generationen auf, so lassen sich schematisch verschiedene mögliche Entwicklungen aufzeigen. Diese Entwicklungen werden nicht einseitig auf Kohorten-, Perioden- oder Lebenszykluseffekten gründen, sondern aus der Interaktion dieser Einflußgrößen resultieren, wobei allerdings den zukünftigen ökonomischen und sozialpolitischen Bedingungen ein zentraler Stellenwert zukommen wird.

1. Tendenzen, die eine Zunahme von Konflikten erwarten lassen

Etliche der in diesem Beitrag angeführten Daten sprechen — zumindest in einigen Industrienationen — für eine Steigerung von Konflikten während der nächsten Jahrzehnte.

Anstieg des Belastungsquotienten. Schlicht gesagt, wird es wahrscheinlich immer weniger Arbeitende pro abhängige Person im Kindes- beziehungsweise Greisenalter geben. Parallel dazu werden steigende Ausgaben für die medizinische Versorgung älterer Menschen notwendig sein. Obwohl deutliche Produktivitätszuwächse zu verzeichnen sein werden und es daneben eine wirkliche »Friedensdividende nach Ende des Kalten Krieges« geben wird, die überall in der industrialisierten Welt Früchte trägt, so wird es doch immer schwieriger werden, den Status quo aufrechtzuerhalten, ohne »Grenzen zu setzen« (Bengtson & Dannefer, 1987; Callahan, 1987). Was Deutschland betrifft, so ist unklar, wie sich die Vereinigung mit der ehemaligen DDR auf das Zahlenverhältnis zwischen Erwerbstätigen und Ruheständlern auswirken wird. Allerdings weist einiges auf eine größere Ungleichheit zwischen den Menschen im vereinten Deutschland (zum besonderen Nachteil der Alten) hin, die eventuell zu einer Steigerung des Konfliktpotentials führen könnte (vgl. Dieck, Kapitel 25 in diesem Band).

Zunehmende Wahrnehmung von »Ungerechtigkeit« zwischen den Generationen. Dies ist für einige Länder, darunter Großbritannien und die Vereinigten Staaten, ein besonders realistisches Szenario. Falls die Inflationsrate weiterhin ansteigt (vor allem über die Wohnkosten), wird es immer wahrscheinlicher, daß die Älteren als »gierige Gruftis« wahrgenommen werden, die mehr erhalten, als sie beigetragen haben. Es wird immer häufiger behauptet werden, daß die öffentliche Unterstützung für die Alten aus Mitteln stammt, die auch anderen Teilen der Gesellschaft zugewiesen werden könnten, etwa der Jugend oder jungen Familien, damit diese zu erschwinglichem Wohnraum kommen. Dies ist das Szenario der »Gerechtigkeit zwischen den Generationen«.

Wachsende Altenfeindlichkeit. In dem Maß, wie in der Zukunft immer mehr Menschen ein Alter von mehr als 85 Jahren erreichen und immer größere Zahlen von ihnen unter geistigen Behinderungen wie der Alzheimerschen Krankheit oder vaskulären Demenzen leiden werden, könnte es sein, daß der Alterungsprozeß selbst zunehmend negativ betrachtet werden wird. Wenn darüber hinaus in der Zukunft technologische Fortschritte noch stärker in das persönliche Leben eingreifen, dann wird es dazu kommen, daß diejenigen, die unfähig oder nicht willens sind, die neuen Technologien, die an der Schnittstelle zwischen Mensch und Maschine angesiedelt sind, zu erlernen, auf der Strecke bleiben. Und − dies ist die andere Seite der Medaille − vielleicht wird man die Vorzüge von Jugendlichkeit sogar noch stärker betonen als heute. Angesichts einer niedrigen Fertilitätsrate und einer entsprechend geringen Zahl von Kindern wird man Jugend einen noch höheren Wert beimessen und jungen Menschen auf Kosten der alten größere Aufmerksamkeit zuwenden.

2. Tendenzen, die eine zunehmende Solidarität erwarten lassen

Doch gibt es auch Indizien, die darauf hindeuten, daß intergenerationelle Konflikte im 21. Jahrhundert sogar seltener sein könnten als bisher und daß die Solidarität zwischen den Generationen sich auf der makro- wie der mikrosozialen Ebene verstärkt.

Die Hypothese von der »strukturellen Verzögerung«. Heute befinden wir uns hinsichtlich der zunehmenden Langlebigkeit möglicherweise in einer Situation vorübergehender Normenlosigkeit. Vielleicht haben unsere Sozialstrukturen und Normen die Veränderungen im Altersaufbau der Bevölkerung noch gar nicht eingeholt (vgl. hierzu Riley & Riley, Kapitel 17 in diesem Band). Daraus würde folgen, daß in einigen weiteren Jahrzehnten unsere Sozialstrukturen und kulturellen Werte weit genug entwickelt sein werden, um dem veränderten Altersaufbau gerecht zu werden. Dieses Aufschließen der kulturellen Werte an die soziale Realität könnte es ermöglichen, mehr wirksame Mechanismen zu entwickeln, um in angemessenerer Weise mit einer großen Zahl betagter Menschen umzugehen.

Normen der Solidarität und Hilfeleistung. Zahlreiche Untersuchungen belegen einen beachtlichen Grad an intergenerationeller Solidarität in der Familie, wobei die Beziehungen zwischen den Generationen stabil und befriedigend sind und gegenseitige Hilfeleistungen in großer Zahl stattfinden (Rossi & Rossi, 1990). Darin spiegeln sich Normen kindlicher Pietät, Normen der Reziprozität und Erwartungen an die eigene Zukunft. Könnten nicht ähnliche Einstellungen auf der makrosozialen Ebene gefördert werden? Gibt es nicht gesellschaftliche beziehungsweise kulturelle Werte wie Fürsorge für die Alten, Reziprozität, Interesse an der eigenen Zukunft, die alle potentiellen, aus der »Ungerechtigkeit zwischen den Generationen« erwachsenden Konflikte dämpfen oder reduzieren könnten? Man darf vermuten, daß der Wohlfahrtsstaat nicht hinter die moralischen Prinzipien zurückfallen kann, die nun schon seit so vielen Jahrzehnten wirksam sind. Dies zeigt sich beispielsweise in der Bundesrepublik Deutschland, wo es bei den wohlfahrtsstaatlichen Leistungen keine größeren Veränderungen gab, nachdem die CDU 1982 die SPD in der Regierungsverantwortung ablöste.

Normen der Reziprozität. Obwohl die empirische Untersuchung der Geltung dieser Normen erst begonnen hat (Rossi & Rossi, 1990), läßt sich bereits jetzt sagen, daß intergenerationelle Normen der Reziprozität sehr stark ausgeprägt sind. Das heißt, die Menschen sind davon überzeugt, daß sie während ihres Lebensverlaufs einem zyklischen Prozeß folgen, währenddessen sie helfen oder ihnen geholfen wird. Sie glauben, dies sei »normal«. Daher sehen sie die »Bürde« der Fürsorge für ein Kind als selbstverständlich an, ebenso auch viele »Lasten«, die einem die Pflege Älterer auflädt.

Neue Rollen für die Betagten. Wie wir schon angedeutet haben, ist die Herausbildung eines kollektiven Einstellungswandels im Hinblick darauf zu beobachten, was ältere Menschen zur Gesellschaft beitragen könnten und sollten. Das Wissen über die Vergangenheit und über grundlegende Fragen des Lebens, das alte Menschen unter bestimmten Bedingungen erwerben, könnte als Ressource kulturellen Kapitals aufgefaßt werden (vgl. auch Staudinger & Dittmann-Kohli, Kapitel 16 in diesem Band).

Inwiefern sich die primär negativen Altersstereotype verändern, die sowohl das Fremd- als auch das Selbstbild alter Menschen bestimmen, ist freilich eine offene Frage. Zu vermuten ist, daß die tradierten Vorstellungen über den körperlichen und geistigen Abbau und die Entwicklung negativer Persönlichkeitsmerkmale im Alter sich nicht grundsätzlich wandeln. Aber es ist denkbar, daß sich die Vorstellungen über den Prozeß des Alterns und den Zeitpunkt, zu dem ein Altersabbau erwartbar ist, wandeln.

Unter der Voraussetzung, daß eine völlige Flexibilisierung des Rentenalters erfolgt (vgl. Hauser & Wagner, Kapitel 23 in diesem Band), könnte es sein, daß sich naiv-psychologische Erwartungen über das Auftreten negativer Eigenschaften im Alter nicht mehr stereotyp mit dem siebten Lebensjahrzehnt verbinden (Heckhausen 1990) und stattdessen sich die Urteile über Alterungsprozesse der tatsächlichen Variabilität dieser Prozesse anpassen. Dies könnte bedeuten, daß die zukünftigen Erwachsenen höhere Erwartungen an ältere Menschen stellen, so daß die ältere Generation sich möglicherweise eher über- als unterfordert sehen wird. Möglich ist es aber auch, daß das mittlere Erwachsenenalter – ähnlich wie dies bereits im Hinblick auf Kindheit und Jugend erfolgte – eine Verlängerung erfährt. Das heißt, daß diejenigen, die heute noch als junge Alte gelten, in Zukunft weder in ihrem eigenen noch im Bewußtsein ihrer Umwelt unter die Kategorie »alt« fallen werden. Dies wiederum könnte dazu führen, daß sich, gegen die Trendrechnungen der Demographie, allein über soziale Definitionen ein neues Zahlenverhältnis und damit auch ein neues Beziehungsgefüge zwischen den Generationen herstellen würde.

Literaturverzeichnis

Allmendinger, J., Brückner, H. & Brückner, E. (1991). Arbeitsleben und Lebensarbeitsentlohnung: Zur Entstehung von finanzieller Ungleichheit im Alter. In K. U. Mayer, J. Allmendinger & J. Huinink (Hrsg.), *Vom Regen in die Traufe: Frauen zwischen Beruf und Familie* (S. 423–459). Frankfurt/M.: Campus.

Baker, K. L., Dalton, R. J. & Hildebrandt, K. (1981). Old politics and new politics. In K. L. Baker, R. J. Dalton & K. Hildebrandt (Eds.), *Germany transformed* (pp. 136–159). Cambridge, MA: Harvard University Press.

Baltes, P. B. (1987). Theoretical propositions of life-span developmental psychology: On the dynamics between growth and decline. *Developmental Psychology, 23,* 611–626.

Bengtson, V. L. (1989). The problem of generations. In V. L. Bengtson & K. W. Schaie (Eds.), *The course of later life* (pp. 25–54). New York: Springer.

Bengtson, V. L., Cutler, N. E., Mangen, D. J. & Marshall, V. W. (1985). Generations, cohorts, and relations between age groups. In R. Binstock & E. Shanas (Eds.), *Handbook of aging and the social sciences* (Vol. 2, pp. 304–338). New York: Van Nostrand Reinhold.

Bengtson, V. L. & Dannefer, D. (1987). Families, work, and aging: Implications disordered cohort flow for the twenty-first century. In R. A. Ward & S. S. Tobin (Eds.), *Health in aging: Sociological issues and policy directions* (pp. 256–289). New York: Springer.

Bengtson, V. L., Marti, G. & Roberts, R. E. L. (1991). Age group relationships: Generational equity and inequity. In K. Pillemer & K. McCartney (Eds.), *Parent-child relations across the lifespan* (pp. 253–278). New York: Praeger.

Bengtson, V. L., Rosenthal, C. & Burton, L. (1990). Families and aging: Diversity and heterogeneity. In R. Binstock & L. George (Eds.), *Handbook of aging and social sciences* (Vol. 3, pp. 263–287). San Diego, CA: Academic Press.

Bengtson, V. L. & Troll, L. A. (1978). Youth and their parents: Feedback and intergenerational influence in socialization. In R. Lerner & G. Spanier (Eds.), *Child influences on marital and familial interaction: A life-span perspective* (pp. 215–240). New York: Academic Press.

Blossfeld, H.-P. (1984). Bildungsexpansion und Tertiarisierungsprozeß: Eine Analyse der Entwicklung geschlechtsspezifischer Arbeitsmarktchancen von Berufsanfängern unter Verwendung eines log-linearen Pfadmodells. *Zeitschrift für Soziologie, 13,* 20–44.

Brody, E. M. (1985). Parent care as a normative family stress. *The Gerontologist, 25,* 19–29.

Brückner, E. & Mayer, K. U. (1987). Lebensgeschichte und Austritt aus der Erwerbstätigkeit im Alter – am Beispiel der Geburtsjahrgänge 1919–21. *Zeitschrift für Sozialisationsforschung und Erziehungssoziologie, 2,* 101–116.

Burton, L. M. & Bengtson, V. L. (1985). Black grandmothers: Issues of timing and continuity in roles. In V. L. Bengtson & J. Robertson (Eds.), *Grandparenthood* (pp. 304–338). Newbury Park, CA: Sage.

Callahan, D. (1987). *Setting limits.* New York: Simon & Schuster.

Crimmins, E. M. (1985). The social impact of recent and prospective and mortality declines among older Americans. *Social Science Review, 70,* 192–198.

Durenberger, D. (1989). Education and the contract between the generations. *The Generational Journal, 2,* 5–8.

Fischer, A., Fuchs, W. & Zinnecker, J. (1985). *Jugendliche und Erwachsene '85. Generationen im Vergleich*. Opladen: Leske & Budrich.

Fogt, H. (1982). *Politische Generationen*. Opladen: Westdeutscher Verlag.

Gabriel, O. W. (1986). *Politische Kultur, Postmaterialismus und Materialismus in der Bundesrepublik Deutschland*. Opladen: Westdeutscher Verlag.

Gatz, M., Bengtson, V. L. & Blum, M. J. (1990). Caregiving families. In J. E. Birren & K. W. Schaie (Eds.), *Handbook of the psychology of aging* (3rd ed., pp. 405 – 426). San Diego, CA: Academic Press.

Gronemeyer, R. (1989). *Die Entfernung vom Wolfsrudel*. Düsseldorf: Claassen.

Hagestad, G. O. (1987). Parent-child relations in later life: Trends and gaps in past research. In J. B. Lancaster, J. Altmann, A. S. Rossi & L. R. Sherrod (Eds.), *Parenting across the life span* (pp. 405 – 434). New York: de Gruyter.

Heckhausen, J. (1990). Entwicklung im Erwachsenenalter aus der Sicht junger, mittelalter und alter Erwachsener. *Zeitschrift für Entwicklungspsychologie und Pädagogische Psychologie, 22*, 1 – 21.

Herz, T. A. (1987). Werte, sozio-politische Konflikte und Generationen. Eine Überprüfung der Theorie des Postmaterialismus. *Zeitschrift für Soziologie, 1*, 56 – 69.

Huinink, J. (1988). Die demographische Analyse der Geburtenentwicklung mit Lebensverlaufsdaten. *Allgemeines Statistisches Archiv, 72*, 359 – 377.

Inglehart, R. (1977). *The silent revolution. Changing values and political styles among western publics*. Princeton, NJ: Princeton University Press.

Klingemann, H. D. & Pappi, F. U. (1969). Möglichkeiten und Probleme bei der Kumulation von Umfragen. In R. Wildenmann (Hrsg.), *Sozialwissenschaftliches Jahrbuch für Politik* (Bd. 1, S. 173 – 190). München: Olzog.

Korczak, D. (1979). *Neue Formen des Zusammenlebens*. Frankfurt/M.: Fischer.

Mace, N. L. & Rabins, P. V. (1981). *The 36-hour day*. Baltimore, MD: John Hopkins University Press.

Mannheim, K. (1964). Das Problem der Generationen. (Erstausgabe 1928). Wieder abgedruckt in K. Mannheim, *Soziologische Texte: Band 28. Wissenssoziologie* (hrsg. von H. Maus & F. Fürstenberg, S. 509 – 565). Neuwied: Luchterhand.

Papastefanou, G. (1990). *Familiengründung und Lebensverlauf. Eine empirische Analyse sozialstruktureller Bedingungen der Familiengründung bei den Kohorten 1929 – 31, 1939 – 41 und 1949 – 51* (Studien und Berichte des Max-Planck-Instituts für Bildungsforschung, Bd. 50). Stuttgart: Klett.

Richards, L. N., Bengtson, V. L. & Miller, R. (1989). The »generation in the middle«: Perceptions of adults' intergenerational relationships. In K. Kreppner & R. Lerner (Eds.), *Family systems and life-span development* (pp. 341 – 366). Hillsdale, NJ: Erlbaum.

Riley, M. W. (1985). Age strata in social systems. In R. H. Binstock & E. E. Shanas (Eds.), *Handbook of aging and the social sciences* (2nd ed., pp. 369 – 411). New York: Van Nostrand Reinhold.

Rosenthal, C. J. (1985). Kin-keeping in the familial division of labor. *Journal of Marriage and the Family, 45*, 509 – 521.

Rossi, A. S. (1989). *Normative obligations and parent-child help exchange across the life course*. Paper presented at the conference on »Parent-Child Relations across the Life Span«, May, University of New Hampshire, Durham, NH, USA.

Rossi, A. & Rossi, P. (1990). *Of human bonding: Parent child-relationships across the life course.* Hawthorne, NY: de Gruyter.

Schachtner, C. (1987). Wie sich alte Menschen ihr Leben wünschen. In Deutsches Zentrum für Altersfragen (Hrsg.), *Die ergraute Gesellschaft* (S. 387 – 404). Berlin: Deutsches Zentrum für Altersfragen.

Schachtner, C. (1990). Neue Wohn- und Lebensformen im Alter. *Zeitschrift für Gerontologie, 23,* 34 – 38.

Schmitz-Scherzer, R., Schick, J., Kühn, D., Plagemann, K. & Kranzhoft, U. (1977). *Vorbereitung auf das Alter?* (Schriftenreihe des Bundesministers für Jugend, Familie und Gesundheit, 51). Stuttgart: Kohlhammer.

Schubert, H. J. (1987). Zur Rolle der sozialen Beziehungsnetze in der Altenpflege. *Zeitschrift für Gerontologie, 20,* 292 – 299.

Senator für Gesundheit und Soziales (1988). *Strukturanalyse pflegebedürftiger Menschen. Eine statistische Analyse.* Berlin: Eigenverlag.

Siegel, J. C. & Taeuber, C. M. (1986). Demographic dimensions of an aging population. In A. Pifer & L. Bronte (Eds.), *Our aging society* (pp. 53 – 78). New York: W. W. Norton.

Simonton, D. R. (1984). Generational time-series analysis: A paradigm for studying sociocultural change. In K. J. Gergen & M. M. Gergen (Eds.), *Historical social psychology* (pp. 139 – 155). London: Erlbaum.

Soldo, B. J. & Agree, E. M. (1981). America's elderly. *Population Bulletin, 43,* 1 – 51.

Statistisches Bundesamt (1985). *Beruf, Ausbildung und Arbeitsbedingungen der Erwerbstätigen 1985* (Fachserie 1, Reihe 4.1.2). Stuttgart: Metzler-Poeschel.

Stierlin, H. (1981). The parent's Nazi past and the dialogue between the generations. *Family Process, 26,* 379 – 390.

Stone, R., Cafferata, G. L. & Sangl, J. (1987). Caregivers of the frail elderly: A national profile. *The Gerontologist, 27,* 616 – 626.

Vaskovics, L. A., Buba, H. P., Eggen, B. & Junge, M. (1990). *Familienabhängigkeit junger Erwachsener und ihre Folgen* (Forschungsbericht der Sozialwissenschaftlichen Forschungsstelle). Bamberg: Universität Bamberg.

Walker, A. (1990). *The economic »burden« of aging and the prospect of intergenerational conflict.* Paper presented at the XIIth World Congress of Sociology, Research Committee on Aging, July, Madrid, Spain.

Watkins, S. C., Menken, J. A. & Bongaarts, J. (1987). Demographic foundations of family change. *American Sociological Review, 52,* 346 – 358.

Zarit, S. H., Orr, N. K. & Zarit, J. M. (1985). *The hidden victims of Alzheimer's disease: Families under stress.* New York: New York University Press.

Danksagung

Wir danken Herrn Dipl.-Übersetzer Uwe Opolka für die Übersetzung von Teilen dieses Beitrags.

20. Bildung und Arbeit in einer alternden Bevölkerung

KARL ULRICH MAYER

Zusammenfassung

In dem Beitrag werden Erkenntnisse über Veränderungen der Bildung, der beruflichen Arbeit und des Alters im Zusammenhang des gesamten Lebensverlaufs gesichtet und bilanziert. Es beginnt mit einer Skizze der beiden gegensätzlichen Perspektiven, welche die gegenwärtige Debatte bestimmen: zum einen ein eher »konservatives« Szenario einer weiter zunehmenden Differenzierung des Lebensverlaufs, zum anderen ein eher »progressives« Szenario eines Umbruchs in Richtung einer »post-industriellen« Lebensweise. Danach werden die begriffsgeschichtlichen Grundlagen expliziert, die diese unterschiedlichen Entwürfe bestimmen. In einem dritten Schritt wird aufgearbeitet, welche Tendenzen des gesellschaftlichen Wandels im Bildungswesen und im Beschäftigungssystem bereits relativ sicher abgeschätzt werden können. In diesem Zusammenhang werden auch Hinweise darauf gegeben, welche Ansätze institutioneller Art bereits gegenwärtig existieren, um Bildung im Alter und Bildung für das Alter zu fördern. Schließlich wird ein Zukunftsszenario entworfen, das in seinen Voraussetzungen realistisch ist, aber auf normative Vorgaben und auf das Ausleuchten von Gestaltungsspielräumen für eine aktive Gesellschaftspolitik nicht verzichtet.

A. Einleitung

Als Bismarck 1889 in Deutschland die staatliche Altersversicherung für Arbeiter einführte, wurde das gesetzliche Ruhestandsalter auf 70 Jahre festgelegt. Bismarcks Arbeiterrentenversicherung galt für 54 Prozent der Erwerbstätigen – fast ausschließlich Männer –, und die Rentenhöhe belief sich auf etwa 30 Prozent des vorherigen Einkommens. Aber nicht viel mehr als ein Viertel der Versicherten erreichte überhaupt die gesetzliche Altersgrenze, und die Überlebenden hatten dann noch eine Lebenserwartung von etwa acht Jahren (Frauen

Prof. Dr. Karl Ulrich Mayer ist Direktor am Max-Planck-Institut für Bildungsforschung in Berlin und Honorarprofessor an der Freien Universität Berlin. Er ist stellvertretender Sprecher der Arbeitsgruppe »Altern und gesellschaftliche Entwicklung« der Akademie der Wissenschaften zu Berlin. Seine Forschungsarbeiten befassen sich vornehmlich mit Strukturen sozialer Ungleichheit und deren Entwicklung im Lebensverlauf.

8,5 Jahre; Mayer & Müller, 1986, S. 227, 228; Statistisches Bundesamt, 1987, S. 76).

Die Bismarckschen Rentner dürften in ihrer überwiegenden Mehrheit schon als Kinder und ab dem Alter von zwölf oder 13 Jahren voll gearbeitet haben, jedenfalls auf dem Lande und im Sommer. Denn eine siebenjährige allgemeine Schulpflicht war zwar zum Beispiel in Preußen schon 1717 durch Friedrich Wilhelm I. eingeführt worden, wurde aber erst gegen 1890 allgemein durchgesetzt (Leschinsky & Roeder, 1976, S. 137).

Eine berufliche Ausbildung im Sinne einer Handwerkslehre erhielt nur ein kleiner Teil von ihnen, und eine solche Lehre hatte auch eher den Charakter von harter Arbeit als von Ausbildung. Wir können mit guten Gründen annehmen, daß die Rentner von 1890 bestenfalls sechs bis sieben Jahre und nicht ganzjährig in die Schule gingen und nur zu etwa einem Zehntel eine weiterführende Schul- oder Berufsausbildung erhielten (Lundgreen, 1980; Müller & Zymek, 1987). Sie arbeiteten, wenn sie lange genug lebten, bis zu ihrem Tod (sechs Tage in der Woche und zehn Stunden am Tag), also teilweise über 50 Jahre lang. Einem kleinen Teil von ihnen blieb eine kurze Phase des Ruhestandes.

Die um die Jahrhundertwende geborenen Männer gingen mindestens acht Jahre zur Schule, 50 Prozent machten eine Lehre. Nur ganz wenige genossen eine weiterführende Schulbildung. Mit 17 Jahren begann das Arbeitsleben (Blossfeld & Nuthmann, 1989, S. 862). Diese Männer gingen im Mittel im Alter von 60 Jahren in Rente, bei einem gesetzlichen Ruhestandsalter von 65 beziehungsweise 63 Jahren (flexible Altersrente nach der Rentenreform von 1957). 43 Prozent von ihnen überlebten die Ruhestandsgrenze und hatten dann noch eine Lebenserwartung von 15 bis 16 Jahren. Schon für diese Jahrgänge verringerte sich die Lebensarbeitszeit auf etwa 43 Jahre, von denen noch einige Jahre für Zeiten der Wehrpflicht oder Kriegsgefangenschaft abzuziehen sind (Mayer & Brückner, 1989, S. 106).

Frauen, die nach der Jahrhundertwende geboren wurden, fingen noch ein bis zwei Jahre früher an zu arbeiten als Männer, weil weniger von ihnen eine berufliche Ausbildung erhielten (Blossfeld & Nuthmann, 1989; Mayer, 1981). Die meisten dieser Frauen waren nur bis zur Heirat erwerbstätig (Handl, 1988; Willms-Herget, 1985). Frauen dieser Jahrgänge konnten mit circa 18,5 Rentenjahren rechnen. Viele dieser Frauen haben besondere Belastungen erfahren. Sie wurden häufig in der Rüstungsindustrie arbeitsverpflichtet und hatten nach dem Krieg als »Trümmerfrauen« entscheidenden Anteil am Wiederaufbau. Dennoch haben sie oft keine oder nur sehr geringe Rentenansprüche.

Die heutigen, um 1920 geborenen männlichen Ruheständler, gingen durchschnittlich 8,4 Jahre in eine allgemeinbildende Schule, verbrachten 3,6 Jahre in einer beruflichen Ausbildung und waren 36,8 Jahre erwerbstätig. 6,1 Jahre unterbrachen oder verzögerten sie ihre Erwerbsphase während und nach dem Zweiten Weltkrieg (Wehrdienst, Kriegsgefangenschaft, Flucht u. ä.). Sie gingen im Alter von 61,1 Jahren in Rente und hatten dann noch eine Lebenserwartung von 16 Jahren. Inzwischen ist das Alter von Männern beim Austritt aus der Erwerbstätigkeit im Median unter 60 Jahre gesunken.

Die um 1920 geborenen Frauen gingen — im Mittel — 8,3 Jahre in eine Schule, verbrachten 2,6 Jahre in einer beruflichen Ausbildung und waren 22,2 Jahre erwerbstätig. Soweit sie Ansprüche auf eine eigene Rente aus Erwerbstätigkeit haben, also auch im mittleren Lebensalter und später noch erwerbstätig waren, konnten diese Frauen im Alter von 60 Jahren in Rente gehen. Sie durften dann noch auf eine 21jährige Ruhestandsphase hoffen. Über 40 Prozent dieser Frauenjahrgänge nahmen den Ruhestand aber erst im Alter von 65 Jahren in Anspruch (VDR, 1989), oft deshalb, weil ihre Mindesterwerbszeiten noch nicht erreicht waren.

Wir blicken also auf ein Jahrhundert zurück, in dem Lernen und Arbeit, Bildung und Erwerbstätigkeit zunehmend voneinander getrennt und in der Lebenszeit in einer bestimmten Abfolge organisiert wurden: Schulbildung, berufliche Ausbildung, Erwerbsarbeit, Ruhestand (vgl. Kohli, Kapitel 9 in diesem Band). Diese vierteilige Abfolge gilt mehr und mehr nicht nur für Männer, sondern auch für Frauen. Die Erwerbsdauer der Männer ist um mehr als ein Drittel geschrumpft. Die durchschnittlichen Ausbildungszeiten wuchsen stetig, aber keineswegs dramatisch.

Wie kann man sich die Zukunft von Bildung und Arbeit in einer alternden Bevölkerung vorstellen, in der die einzelnen Menschen länger leben und in denen der Anteil Älterer an der Gesamtbevölkerung zunimmt? Drei unterschiedliche Lösungen für diese neue Lebensphase bieten sich an und werden ja auch propagiert: eine Verlängerung des Arbeitslebens, ein Ausfüllen mit Bildung oder eine völlige Auflösung des starren Lebenszeitregimes. Freilich ist keine dieser drei Varianten soziologisch wahrscheinlich!

Wie sollte diese Zukunft aber dann aussehen und wie kann man sie gestalten? Diese Frage berührt nicht allein die Verteilung der Lebenszeit und die Lebensalter bei den Übergängen zwischen Bildungs-, Arbeits- und Ruhestandsphasen. Sie bezieht sich auf die Qualität von Bildung und Arbeit und darauf, welchen Stellenwert beides im Leben haben soll. Wie muß eine Bildung aussehen, die nicht nur für ein ganzes Arbeitsleben qualifiziert, sondern auch für eine lange Phase nach dem Ruhestand tauglich ist? Kann eine solche Bildung allein in der Jugendphase stattfinden? Ist die starre Trennung von Arbeitsleben und langem Ruhestand menschenwürdig? Welche Art von Bildung, welche Art von Arbeit führen zu einem guten Altern, welche verhindern es?

B. Zwei Perspektiven: Differenzierung des Lebensverlaufs und postindustrielle Lebensweise

1. Differenzierung des Lebensverlaufs
Die gesellschaftliche Entwicklung kann als ein säkularer Prozeß der Differenzierung und Rationalisierung verstanden werden. Erst spaltete sich die politische Herrschaftsgewalt von der Familie, dann entwickelten sich die Wirt-

schaft und der Betrieb getrennt von der Familie und dem Haushalt, die Staats-bürgerschaft trennte sich von Sippe und Landsmannschaft. Schließlich über-nahmen das Bildungssystem Sozialisations- und Qualifikationsfunktionen und der Sozialstaat die Absicherung einer Vielzahl von Lebensrisiken, vor allem die Einkommenssicherung im Alter (vgl. auch Borscheid, Kapitel 2 in diesem Band). Gesellschaftliche Teilbereiche werden also stärker voneinander getrennt (Dif-ferenzierung), und jeder einzelne Teilbereich erhält eine genauere Zweckbestim-mung (Rationalisierung): Gesellschaftliche Differenzierungsprozesse folgen der Logik der effizienteren Zweckrationalität von wechselseitig ausgegrenzten in-stitutionellen Bereichen. Zugleich bedeuten Differenzierungsprozesse immer auch die Ausbildung neuer Integrationsmechanismen: Staatliche Regulierungen und Sozialpolitik sind dafür ein wichtiges Beispiel (Mayer & Müller, 1989). Ausdifferenzierte Teilsysteme können als entlastende Institutionen (Gehlen, 1971) funktionieren, weil ihre spezifischen Handlungskriterien eindeutiger sind (Lepsius, 1990).

Für die einzelne Person spiegelt sich diese gesellschaftliche Differenzierung zwischen Institutionen wider in der gleichzeitigen Teilhabe an verschiedenen sozialen Bereichen, das heißt als Rollensegmentierung, aber auch und zuneh-mend als eine lebenszeitliche Abfolge verschiedener Rollen (Mayer & Müller, 1986). Die Lebenszeit wird teils nacheinander, teils nebeneinander in verschie-denen sozialen Kontexten und Institutionen verbracht: Kindergarten, Vorschule, allgemeinbildende Schule, Berufsausbildung, Erwerbstätigkeit, Ruhestand. Die einzelne Person muß konkurrierende zeitliche Ansprüche und Deutungsmuster gleichzeitig oder als Abfolge bewältigen. Es ist allerdings offen, ob dies zu einem erhöhten Individualisierungsdruck führt oder zu einem Verlust von In-dividualität als einer übergreifenden Sinndeutung des eigenen Lebens (Kauf-mann, 1990, Kap. 3 und 9).

Die jüngste Entwicklung dieses lebensgeschichtlichen Differenzierungspro-zesses betrifft die Familie: Die Partnerschaftsphase (zum Teil in Form nicht-ehelicher Lebensgemeinschaften, zum Teil als Ehe ohne Kinder) und die Eltern-phase werden deutlich voneinander getrennt und zeitlich geordnet (Kaufmann, 1990). Aufgrund der geringen Kinderzahlen verkürzt sich die Elternphase. Das »empty nest« schafft die Möglichkeit einer nach-elterlichen neuen Partner-schaftsphase (vgl. auch Rosenmayr, Kapitel 18 in diesem Band). Ferner entwik-kelt sich aus der früher geltenden Komplementarität der Rollen von Frauen und Männern eine partielle Parallelität (Sørensen, 1990). Die früher größere (und familienbezogene) Ganzheitlichkeit des weiblichen Lebenszusammenhangs (Simmel, 1983, S. 136) ist im Verschwinden. Das Leben von Frauen gleicht sich partiell dem der Männer an (Mayer, 1991).

Die Ausbildung wird vor allem als Vorbereitung auf die Berufsarbeit ver-standen, und der Ruhestand erscheint primär als Entlastung von der Arbeit. Die berufliche Ausbildung ist Qualifizierung für einen ganz bestimmten Beruf. Unter einer solchen Perspektive wäre zu erwarten, daß das Arbeitsleben immer kürzer und – bei einer verlängerten Lebensspanne – die Altersphase immer länger wird. Je rascher berufliches Wissen obsolet wird, desto größer ist das Interesse von Firmen, den technologischen Wandel mit jeweils neu und auf dem neuesten Stand ausgebildeten Arbeitskräften zu bewältigen. Berufliche Fort- und Weiterbildung und berufliche Umschulung wird nur von einem kleinen Teil der Erwerbstätigen in Anspruch genommen. Der Großteil der beruflichen Weiterbildung fällt zudem nur in die ersten Berufsjahre.

Der Widerstand der Arbeitgeber gegen Bildungsurlaub und Sabbatjahr ist groß. Die nach dem Arbeitsförderungsgesetz finanzierten Maßnahmen der Umschulung für Arbeitslose erreichen nur zur guten Hälfte ihr Ziel und sind für viele, vor allem ältere Arbeitnehmer nur eine Zwischenstufe auf dem Weg in die Arbeitslosigkeit oder Verrentung. Dies wird verständlich, wenn Ausbildung vor allem als Humankapital verstanden wird, als Investition für Einkommenserträge, die durch Erwerbsarbeit erzielt werden müssen. Das geringe Interesse an Weiterbildung ergibt sich aber auch aus einer Schwäche der Marktmechanismen. Je mehr Einkommen und Arbeitsplatzsicherheit kollektiv abgesichert sind, desto weniger können sie durch individuelle Weiterbildungsanstrengungen beeinflußt und erhöht werden.

In der Bundesrepublik Deutschland haben institutionelle Beharrungstendenzen zusätzlich dazu geführt, daß die Expansion der allgemeinbildenden Schulen und die duale berufliche Ausbildung sich nicht wechselseitig substituieren, sondern zeitlich aufeinander folgen. So beginnt zum Beispiel über ein Drittel der Abiturienten eine betriebliche Ausbildung (BMBW, 1990, S. 70). Bei weitgehend ungeregelten Studienzeiten und wachsenden Studentenzahlen verlängert sich die Ausbildungsdauer insgesamt. Der Beginn des Arbeitslebens verschiebt sich immer mehr in die zweite Hälfte des zweiten Lebensjahrzehnts und für viele erst in das dritte Lebensjahrzehnt. Nach der Entstehung einer eigenen Kindheitsphase dehnte sich die Jugendphase aus und wird jetzt durch eine Phase der Post-Adoleszenz verlängert.

Trotz der verringerten Arbeitszeiten ist Freizeit immer noch vor allem Rekreation und Reproduktion der Arbeitskraft, nicht zuletzt aufgrund einer höheren psychischen Belastung in der Arbeitswelt. Freizeit wird häufig durch außengesteuerte Konsumangebote und nicht durch eigenbestimmte entwicklungsträchtige Tätigkeiten in einer kommerzialisierten Weise ausgefüllt.

Ein durch äußere Institutionen mehr und mehr geregelter Lebensverlauf schwächt im übrigen eine rationale Lebensführung als selbstreflektive, innengeleitete Planung und Ordnung des Lebens (Meyer, 1986), obgleich paradoxerweise die Absicherung sozialer Risiken im Wohlfahrtsstaat die langfristige Planbarkeit für den einzelnen erhöht hat.

Ein dreifacher Rationalisierungsdruck wirkt in Richtung eines Eintritts in den Ruhestand: Erstens bewirken physische und, vielleicht zunehmend, psychische Belastungen eines rationalisierten Arbeitslebens gesundheitliche Beeinträchtigungen. Sie sind der wichtigste Auslöser vorzeitigen Ruhestands. Zweitens haben Arbeitgeber ein Interesse daran, sich zur Erhöhung der Produktivität früher von älteren Arbeitnehmern zu trennen. Arbeitslosigkeit betrifft vor allem ältere Arbeitnehmer und wird durch vorzeitige »Verrentung« sozial entschärft. Drittens erlaubt das Wohlstandsniveau einer effektiven Wirtschaftsordnung hinreichend hohe Alterseinkommen und damit das Ausscheiden aus der Erwerbstätigkeit teilweise bereits vor Erreichung der maximalen gesetzlichen Altersgrenze (Hainke, 1990).

2. Entdifferenzierung des Lebensverlaufs: die post-industrielle Lebensweise

Die Skizze eines zunehmend rationalisierten Lebensverlaufs wird jedoch nicht nur als Gegenwartsbeschreibung unserer Gesellschaft zunehmend in Frage gestellt. Es wird vor allem bezweifelt, ob dies die Tendenzen einer zukünftigen Gesellschaft noch trifft. Erkennbar seien bereits an vielen Stellen die Konturen einer post-industriellen Lebensweise. Diese alternative Sichtweise soll im folgenden umrissen werden.

Starre Muster der Organisation der Lebenszeit lösen sich zusehends auf. Die Übergänge zwischen Ausbildung und Arbeit, aber auch zwischen Erwerbstätigkeit und Nicht-Erwerbstätigkeit werden fließend und umkehrbar. Viele kehren aus einer ersten Erwerbstätigkeit in eine Ausbildung zurück. Nicht mehr nur Frauen, sondern auch Männer unterbrechen ihre Erwerbstätigkeit oder wechseln ihre Berufe. Die Karriereorientierung auf einen Beruf in immer demselben Betrieb verliert an Gewicht. Phasen des stärkeren Engagements für Kinder bis zur zeitweiligen Reduzierung und Aufgabe der Erwerbstätigkeit werden auch für Männer nicht nur normativ eher akzeptabel, sondern es wird damit auch experimentiert (Bielenski & Strümpel, 1988). Das größere Erwerbsengagement der Frauen erzwingt eine größere Flexibilität der Organisation von Lebens- und Arbeitszeit der Männer, ermöglicht sie ökonomisch aber auch.

Die verringerten Wochen- und Jahresarbeitszeiten fördern die Ausprägung einer eigenbestimmten Freizeitsphäre. Neben der Arbeit können sich noch andere Orientierungen und Fähigkeiten entwickeln:

>»Die Arbeitsgesellschaft ist zwar nicht ’passé’, doch wird die Loyalität gegenüber der Arbeitsrolle durch Ansprüche, Vorbehalte und Bedingungen eingeschränkt. Eine ’Gleichgewichtsethik’, die die verschiedenen Lebensbereiche vollwertig zu ihrem Recht kommen lassen will, zeichnet sich bei vielen, insbesondere jüngeren Menschen ab« (Bielenski & Strümpel, 1988, S. 4).

Einrichtungen des »lebenslangen Lernens« sorgen für eine Auffrischung beruflicher Kenntnisse, aber auch für eine systematische Vorbereitung auf andere Lebensaufgaben − insbesondere das Alter:

>»Was spricht eigentlich dagegen, daß Menschen in einem 45- oder gar 50jährigen Berufsleben einige Male für längere Zeit pausieren, das Leben genießen, sich weiterbilden oder neu orientieren? Die wirtschaftliche Sicherung solcher Zeit ist ausschließlich eine Frage der Organisation. Ebenso ist es möglich, die Lebensarbeitszeit so zu

gestalten, daß auch in einer Dreißigstundenwoche ein auskömmliches Arbeitsentgelt erwirtschaftet werden kann« (Miegel, 1989, S. 46).

Ein wichtiger Motor einer solchen Entwicklung der Verminderung einer starren Organisation der Lebenszeit kommt aus der Frauenbewegung. Jedes sinnvolle denkbare Modell einer besseren Vereinbarkeit von Familie mit Kindern und Beruf muß zu der Forderung führen, Unterschiede in der Arbeitszeit zwischen Männern und Frauen abzubauen und ein höheres Engagement der Männer an der Familienarbeit zu ermöglichen. Die institutionellen − zeitlichen und örtlichen − Trennungen zwischen Ausbildung und Arbeit, Arbeit und Freizeit werden auch dadurch abgeschwächt, daß mehr und mehr Betriebe große Weiterbildungsanstrengungen für ihre Mitarbeiter unternehmen und »Freizeitaktivitäten«, wie gesundheitsförderndes Verhalten, Sport und Geselligkeit, in die Arbeitssphäre zurückholen.

Die Altersgrenze flexibilisiert sich in beide Richtungen und nach eigenen Entscheidungen. Manche arbeiten bis zum Alter von 70 Jahren und noch länger, manche gönnen sich eine neue Bildungsphase im vorzeitigen Ruhestand. Bildung wird zu einer wichtigen Tätigkeit teilweise jüngerer, auf jeden Fall aber gesünderer und besser ausgebildeter Generationen von Älteren. Gerade partnerschaftlich orientierte Ehepaare wollen auch gemeinsam in den Ruhestand treten (Allmendinger, 1990).

Solche Erwartungen und Hoffnungen auf eine Entdifferenzierung des Lebenslaufs werden von verschiedenen Vorstellungen getragen: als vernünftige und zwangsläufige Anpassung an eine verlängerte Lebensspanne (Imhof, 1988), als Eigendynamik des Problems der finanziellen Gewährleistung der Alterssicherungssysteme (Schmähl, 1988), von der Angst vor einer hohen strukturellen Arbeitslosigkeit (Dahrendorf, 1982), den Erkenntnissen der auf Optimierung gerichteten psychologischen Altersforschung (Lehr, 1984) und Überlegungen zu einem strukturellen Auseinanderklaffen zwischen einer Gesellschaft mit einem höheren Anteil älterer Menschen und dafür nicht passenden Institutionen (vgl. Riley & Riley, Kapitel 17 in diesem Band).

C. Zur Bedeutung von Bildung und Arbeit

Will man verstehen, wie es zu derart entgegengesetzten Realitätsbeschreibungen und Zukunftsentwürfen kommen kann, so wird man nicht nur fragen dürfen, was davon schon Wirklichkeit ist und was noch Wunschvorstellungen sind, die bestenfalls in kleinen großstädtischen Avantgarde-Gruppen schon ansatzweise realisiert werden. Es ist eher fruchtbarer, sich der »Theorien« und »Ideologien« zu vergewissern, die − bewußt oder unbewußt − solche Thesen inspirieren und ihre Plausibilität stützen.

Wenn wir heutzutage über Bildung − auch über Bildung für das Alter oder im Alter − sprechen, so benutzen wir fast unwillkürlich einen Bildungsbegriff, der sich auf die Vermittlung praktisch verwertbaren Wissens bezieht. Bildung ist in diesem Sinne Ausbildung und Qualifikation. Auch in der Debatte über den richtigen zeitlichen Ort von Bildung im Lebensverlauf dominiert häufig der Qualifikationsgedanke. Es geht zumeist um berufliche Fort- und Weiterbildung, um Umschulung und Re-Qualifikation, um Vorbereitung auf den Ruhestand, um die Anpassung von Älteren an eine moderne Welt.

Es gibt aber eine zweite Bedeutung von Bildung als Ausbildung von Fähigkeiten zur Teilhabe an einer tradierten Kultur, als Voraussetzung der Erbringung von Sinn- und Orientierungsleistungen, der aktiven Auseinandersetzung mit der Umwelt und der Geschichte:

> »Neben dem Erwerb, der Aufrechterhaltung und Förderung kognitiver Fähigkeiten schließt 'Bildung' den Erwerb von Wissen und Erfahrungen sowie die Entwicklung von Interessen mit ein. Die Ausbildung einer Motivstruktur, die das Interesse an Bildungsinhalten weckt und die aktive Auseinandersetzung mit Bildungsinhalten fördert, stellt ebenfalls eine zentrale Komponente der 'Bildung' dar. Darüber hinaus gehört zur 'Bildung' auch die Fähigkeit, seine eigenen Kompetenzen wahrzunehmen sowie Möglichkeiten und Grenzen der Person richtig zu beurteilen« (Kruse, 1988, S. 179).

Dieser Begriff einer allgemeinen Bildung geht in der deutschen Tradition vor allem auf Wilhelm von Humboldt zurück: Sich in sich zu bilden, ist der Zweck des Menschen im Menschen, dessen Beschäftigungen nie als Mittel für ein Resultat zu betrachten sind (Humboldt, 1960, S. 9 – 32; Lichtenstein, 1971). Gebildet ist derjenige, der »… soviel Welt als möglich zu ergreifen, und so eng, als er nur kann, mit sich zu verbinden« (Humboldt, 1960, S. 235) sucht:

> »Bildung ist das lebensformbezogene Medium, in dem sich die Identität des Individuums in einer rationalen Kultur bildet und dieser Kultur in sich selbst Ausdruck verleiht« (Mittelstraß, 1989, S. 15 – 16).

Diese Vorstellungen werden vor allem in der Humboldtschen Universitätsidee deutlich. Die Universität als eine auf die Bildung des Menschen durch Teilhabe an reiner Erkenntnis und Forschung gestellte Institution stehe prinzipiell im Widerspruch zu den Bedürfnissen der industriellen Gesellschaft. Noch radikaler: Was die Gesellschaft vom Bildungswesen brauche, sei genau nicht mehr nur eine Praxis, ein Erfahrungs- und Berufswissen, sondern ein nur noch durch theoretische Wissenschaft und zweckfreie Forschung vermittelbarer Zugang zur Wirklichkeit (Ritter, 1974, S. 105 – 106).

Je nachdem, ob man Bildung vornehmlich als »Qualifikation« begreift oder als umfassende »Allgemeinbildung«, werden sich auch die Antworten auf die Fragen unterscheiden, in welcher Lebensphase Bildung stattzufinden habe und ob sie in institutionalisierten Bildungseinrichtungen erfolgen solle. Wenn Bildung im Sinne der Investitionen in Humankapital verstanden wird, so lohnen sich diese für den Einzelnen und die Gesellschaft nur, wenn noch eine Rendite dafür zu erwarten ist. Je kürzer die erwarteten »Ertragszeiten«, desto geringer die Neigung, in Bildung zu investieren. Die Konzentration von Bildungsanstrengungen und Bildungsaufwendungen in der Jugendphase erscheint dann als vernünftig. Wenn Bildung hingegen in der Tradition des deutschen Idealismus jene Aktivitäten und geistigen Anstrengungen bedeutet, durch welche die Person ihre eigene Identität durch Verständnis des kulturellen Horizontes erwirbt und sichert, dann ist das Alter dafür vielleicht eine besonders geeignete, weil vom Qualifikationszwang entlastete Lebensphase.

Schließlich sind Ideen des lebenslangen Lernens und der Bildung im Alter eng mit der Vorstellung der Kompensation durch Kultur verbunden. Einerseits lasse das Tempo des sozialen und technischen Wandels ältere Menschen ungleichzeitig zu ihrer Gegenwart werden, und Bildung im Alter müsse kompensatorisch solchen Desorientierungen begegnen (Lübbe, 1977, S. 326 – 327). Andererseits werden die Mängel des Gehlenschen Mängelwesens Mensch im Alter besonders ausgeprägt. Auch dies legt Bildung als Kompensation nahe.

Auch manche aus der Psychologie heraus entwickelten Zielvorstellungen über Bildung im Alter scheinen zum Teil von instrumentellen Ideen geprägt zu sein, welche darauf abzielen, zunehmende Verluste zu kompensieren (Lehr, 1984): als Qualifikationen zur Bewältigung der technisierten Umwelt, zur Verständigung mit Kindern und Eltern, als Kompensation für verlorene Rollen und erfahrene Funktionsverluste, als Gedächtnis- und Intelligenztraining, als Erlernen des Umgehens mit neuen Lebenssituationen, wie Pensionierung, Umzug ins Altenheim, Tod des Partners und Krankheit, als Sinnfindung im Leben und Vorbereitung auf den Tod, als Erwerb neuer Kompetenzen der Altersweisheit (vgl. Kruse, Schmitz-Scherzer, Staudinger & Dittmann-Kohli und Weinert, Kapitel 13, 21, 16 und 7 in diesem Band).

Gleichermaßen werden unsere Vorstellungen über die wünschenswerte Verteilung und Organisation der Lebensarbeitszeit von grundlegenden Begriffen menschlicher Arbeit geprägt. Wenn Arbeit als entfremdete Lohn- und Erwerbsarbeit gilt, die im Extrem mit Ausbeutung, physischem und psychischem Verschleiß verbunden ist, dann ist die Befreiung von der Arbeitslast in Bildungs- und Ruhestandsphasen ein wünschenswertes, humanes Ziel. Die Lebensarbeitszeit gilt als »enteignete Zeit«, die Freizeit, die Zeit nach der Arbeit, als »eigene Zeit«, als Zeitanteil für das »Menschsein« (Negt, 1985, S. 33). Erst außerhalb der Erwerbsarbeit kann der Mensch dann seinen eigentlichen Bestimmungen nachgehen. Arbeit fällt in das »Reich der Notwendigkeit«. Erst die Befreiung von der Arbeit, die Muße, führt in das »Reich der Freiheit«:

> »In allen industriell fortgeschrittenen Gesellschaftsordnungen, die durch ein hohes Niveau der technischen Produktivkräfte ... gekennzeichnet sind, die jedoch an den alten Zeitstrukturen der Arbeit und an einem Arbeitsbegriff festhalten, der sich zu Beginn des bürgerlichen Zeitalters herausgebildet hat und über Jahrhunderte weg das Kerninstitut gesellschaftlicher Anerkennung war, scheint die Tendenz zur Zweiteilung der Gesellschaft unabwendbar zu sein ... Es sind zwei verschiedene Erscheinungen ein und derselben Gesellschaftsstruktur: die Aufrechterhaltung der alten, im wesentlichen kapitalfixierten Formen der Arbeit, durch welche der Anschein erweckt ...

wird, als käme es immer noch vor allem darauf an, durch unmittelbare Anwendung lebendiger Arbeit den gesellschaftlichen Reichtum zu erzeugen ..., und wachsende gesellschaftliche Bereiche, in denen die Menschen für lange Zeit und häufig genug, besonders ab einem bestimmten Lebensalter und in bestimmten wirtschaftsschwachen Regionen, sogar lebenslang zu Fürsorgeobjekten degradiert werden ... Nach wie vor gilt Arbeit in der Form der Berufstätigkeit als wesentliches Medium der sozialen Anerkennung, der Kontakte und der individuellen Identitätsbildung: Arbeit als solche, nicht in ihrer bestimmten Form und auch nicht ausschließlich Arbeit, die Spaß macht und als befriedigend empfunden wird« (Negt, 1985, S. 39–46).

Konsequenterweise ist es eines der Ziele gewerkschaftlicher Politik, möglichst viel arbeitsfreie, eigenbestimmte Zeit zu schaffen, die Wochen-, Jahres- und Lebensarbeitszeit bei gleichzeitiger Sicherung eines angemessenen Lebensunterhalts zu verkürzen.

Im Gegensatz dazu entwickeln an Marx und Hegel geschulte Analysen eine Utopie von Arbeit als einer nicht auf die Produktion von Tauschwerten, sondern auf die Fertigung von Gebrauchswerten gerichteten, selbstbestimmten Tätigkeit und als notwendige Voraussetzung menschlicher Selbstverwirklichung.

»Erst wenn die Freizeit von der Arbeitszeit vollständig abgekoppelt ist, verändert die Freizeit ihren Charakter − erst dadurch eröffnet sie die in ihr liegenden Chancen, als Emanzipations- und gesellschaftliche Orientierungszeit wirklich angeeignet zu werden ... Wo Arbeit einen schöpferischen Charakter annimmt, da löst sich in der Regel die abstrakte Entgegensetzung von Arbeit, Freizeit und Faulheit auf. Problematisch ist also nicht nur die herkömmliche Arbeitszeit, sondern die herkömmliche Arbeit« (Negt, 1985, S. 178).

Entsprechend einem solchen Arbeitsbegriff muß dann die Freisetzung von Arbeit − auch im Alter − als ein bedrohlicher Verlust erscheinen, nämlich dann, wenn Arbeit als ein wesentliches Merkmal menschlichen Daseins begriffen wird, als Chance der Auseinandersetzung mit und Gestaltung der natürlichen und sozialen Umwelt. Der Humboldtsche Bildungsbegriff entspringt, ebenso wie der Hegel/Marxsche Begriff der nicht-enfremdeten Arbeit, den Denktraditionen des deutschen Idealismus. Bildung und Arbeit bekommen in diesem Verständnis, als innere Selbstverwirklichung des Menschen durch die tätige Auseinandersetzung mit der Umwelt, eine ganz ähnliche Bedeutung. So verstanden, werden Bildung und Arbeit zu den notwendigen Grundvoraussetzungen eines unverstümmelten menschlichen Daseins. Eine Altersphase ohne Bildung und Arbeit wäre ein menschenunwürdiges Leben. Wenn es zu den anthropologischen Bestimmungen des Alters zählt, daß der Mensch zu dem Wesentlichen seiner menschlichen Existenz und seiner Person findet (vgl. Rentsch, Kapitel 11 in diesem Band), dann erscheint nach diesem Verständnis eine Bildung ohne Verwertungsabsicht und Arbeit ohne Erwerbsabsicht ein nicht nur möglicher, sondern ein notwendiger Weg dahin.

Wir sehen, daß sich die Begriffe von Bildung als Qualifikation und von Arbeit als Erwerbsarbeit ebenso entsprechen wie die Begriffe von Allgemeinbildung als Selbstentfaltung in Auseinandersetzung mit der Kultur und Arbeit als Selbstverwirklichung in Auseinandersetzung mit der Natur und sozialen Umwelt. Die Utopie vom Alter als einer Bildungsphase ließe sich dann nur im Hinblick auf die Qualität und den Umfang von Arbeit in der Erwerbsphase beurteilen. Wir schleppen den Ballast des deutschen Idealismus ebenso sehr in unseren Köpfen herum wie den Ballast der industriellen Gesellschaft in unseren Strukturen der Lebenszeit.

Insbesondere im Hinblick auf das Problem der Organisation der Lebenszeit und das Problem der Bedeutung von Arbeit und Bildung für das Alter spricht aber vieles dafür, nicht bei diesen tradierten scharfen Begriffsdichotomien stehenzubleiben. Zum einen vermittelt auch eine qualifikationsbezogene Ausbildung Kompetenzen und Fähigkeiten, die über eine spezifische berufliche Tätigkeit hinausreichen. Gerade die deutschen Traditionen beruflicher Bildung und das duale System der Lehrlingsausbildung zielen auf die Verbindung allgemeiner und fachlicher Kompetenzen.

Zum andern kann auch die Erwerbsarbeit in modernen Gesellschaften nicht einfach als entfremdete Arbeit verstanden werden. Arbeit kann allgemeinere Kompetenzen der Lebensbewältigung vermitteln, die für das Leben außerhalb der Arbeit und das Leben der Erwerbsphase bedeutsam sein können. Längsschnittstudien haben nachgewiesen, daß die mit einer Erwerbstätigkeit verbundene Autonomie und kognitiven Anforderungen Langzeiteffekte in Richtung einer höheren intellektuellen Flexibilität und einer höheren allgemeinen kognitiven Leistungsfähigkeit hervorbringen (Kohn & Schooler, 1978). Moderne Formen der Erwerbsarbeit setzen zudem ein hohes Maß an Selbstverantwortung und Selbstkontrolle voraus. Dieses sind Fähigkeiten, die wiederum für eine aktive und sinnvolle Bewältigung des Alters große Bedeutung gewinnen können.

Ein Szenario von Bildung und Arbeit in einer alternden Bevölkerung muß daher zwangsläufig zu einem Stück kritischer Theorie geraten. Es muß sich einerseits an den Beschränkungen realer institutioneller und materieller Verhältnisse orientieren, andererseits aber auch auf die noch unausgeschöpften Möglichkeiten einer hochentwickelten Gesellschaft verweisen. Diese sind aber im Gegensatz zu dem oben skizzierten Idealtyp keine einfachen Arbeitsgesellschaften mehr, sondern sie sind Wohlfahrtsgesellschaften, in denen Lebensverläufe nicht nur, und vielleicht nicht einmal primär, ökonomisch, sondern auch, und zunehmend, politisch geregelt sind (Mayer & Müller, 1989).

D. Entwicklungstendenzen von Bildung und Arbeit in ihrer Bedeutung für die Altersphase

Um ein realistisches Szenario für eine wahrscheinliche und gestaltbare Zukunft von Bildung und Arbeit in einer alternden Bevölkerung erstellen zu können, ist es erforderlich, einige schon laufende und abschätzbare Entwicklungen zu kennzeichnen, die als Bedingungen dieser Zukunft angenommen werden müssen. Dabei haben wir immer einen doppelten Problembezug. Zum einen ist es die Frage nach der Bedeutung von Bildung und Arbeit für eine immer größere Gruppe Älterer und für eine immer längere Altersphase. Zum anderen ist zu berücksichtigen, wie sich Bildung und Arbeit in einer Gesellschaft verändern, in der der Anteil von Kindern und Jugendlichen abnimmt und der Anteil von Älteren zunimmt. In diesem Zusammenhang ist es wichtig, daß nicht allein die demographische Entwicklung als der wesentliche Motor des Wandels berücksichtigt wird. Ein solcher trenddemographischer Determinismus (Mayer, 1989) würde übersehen, daß es bezogen auf die Vergangenheit kaum Belege dafür gibt, daß das Tempo gesellschaftlicher Veränderungen ausschließlich oder überwiegend durch demographische Verschiebungen bestimmt wurde. Die wirtschaftliche Entwicklung, der Anstieg der Bildungsbeteiligung oder der Anstieg der Gesundheitskosten sind Beispiele dafür, daß demographische Veränderungen wichtig, aber in aller Regel nicht ausschlaggebend sind. Allerdings muß man hier hinzufügen, daß die Erfahrung der Menschheit mit demographisch älter werdenden Gesellschaften noch sehr gering ist. Demographisch alternde Gesellschaften der Vergangenheit waren fast immer solche, in denen die Jungen massenhaft auswanderten, wie zum Beispiel Irland.

1. Lebensspanne und Altersstruktur

Bezogen auf die alten Länder der Bundesrepublik, werden in absehbarer Zukunft 60jährige Männer mit einer mittleren Lebenserwartung von bald 18 Jahren rechnen können. Unbeschadet der Kontroversen über den Zusammenhang von Morbidität und höherem Alter kann man wohl *vermuten,* daß die bis in dieses Alter Überlebenden im Mittel mindestens zehn Jahre so gesund sein werden, daß sie eine Erwerbsarbeit nicht von vorneherein ausschließen, und daß sie zehn bis 15 Jahre gesund genug sein werden, daß eine aktive Lebensgestaltung auch im Hinblick auf Bildungsaktivitäten möglich wäre. Bei den Frauen sind die entsprechenden Spannen etwa 22 Jahre für die mittlere Lebenserwartung, 15 für die möglichen Erwerbsjahre und 15 bis 20 hinreichend gesunde Jahre. In den neuen Bundesländern ist die Lebenserwartung im Alter von 60 Jahren um circa ein beziehungsweise zwei Jahre geringer (vgl. Dinkel, Kapitel 3 in diesem Band). Mögen solche Zahlen auch nur Tendenzen zum Ausdruck bringen und mit vielen Unsicherheiten behaftet sein, so kann doch kaum Zweifel daran bestehen, daß mit dem Alter eine signifikante Zunahme von »gewonnenen Jahren« (Imhof, 1988) verbunden sein wird.

Bedeutsam ist allerdings nicht nur die Lebenserwartung, sondern auch die Veränderung der absoluten Zahlen. Bis zum Jahr 2030 werden die über 60jährigen von circa 13 Millionen (1987) auf circa 21 Millionen anwachsen (einschließlich der neuen Bundesländer ca. 25 Millionen), bei den über 80jährigen wird die Zahl von 2,2 auf 3,9 Millionen ansteigen (DIW, 1990). Diese Zahlen werden durch Wanderungen kaum beeinflußt werden. Daraus ergibt sich eine kritische Größenordnung für die Bedürfnisse, Interessen und Ansprüche alter Menschen. Dies gilt nicht zuletzt auch für die Nachfrage nach kulturellen Aktivitäten und anderen Tätigkeiten.

2. Ausbildung und Wandel des Bildungswesens

Die Älteren der Zukunft werden zu einem sehr viel höheren Anteil eine weiterführende und höhere allgemeine Schulbildung mitbringen, und fast alle werden darüber hinaus eine betriebliche oder andere berufliche Ausbildung absolviert haben (vgl. Tab. 1). Aber nicht nur die Erstausbildungen schulischer und beruflicher Art haben sich hinsichtlich der Beteiligten ausgeweitet und in ihrer Dauer verlängert, sondern auch die Weiterbildung hat gerade in den letzten Jahren sprunghaft zugenommen. Edding (1991) schätzt, daß die Kosten für Weiterbildung zwischen 1970 und 1990 von ein auf drei Prozent des Sozialprodukts gestiegen sind, während sich die relativen Kosten für Schulen und Hochschulen leicht verringert haben (von 3,5 auf 3,4 Prozent). Erwachsenenbildung hat also im Vergleich zu Jugendbildung an Bedeutung gewonnen.

Tabelle 1: Allgemeinbildung und Berufsausbildung ausgewählter Geburtsjahrgänge (Berechnungen nach Daten des Statistischen Bundesamtes [Mikrozensus-Zusatzerhebung 1971]; nach Daten der Lebensverlaufstudie des Max-Planck-Instituts für Bildungsforschung 1981/82; BMBW, 1989; die Angaben für den Jahrgang 1970 sind zum Teil geschätzt bzw. extrapoliert).

Geburts-jahrgang	Männer			Frauen		
	10 Jahre Schule	Abitur	betriebliche Ausbildung	10 Jahre Schule	Abitur	betriebliche Ausbildung
1910	13	8	64	17	5	32
1920	15	8	67	15	3	32
1930	11	6	69	13	3	28
1940	14	8	74	16	6	50
1950	19	18	71	18	15	52
1960	22	18	59	29	22	49
1970	24	24	57	35	24	60

Becker (im Druck) hat jedoch nachgewiesen, daß Weiterbildungsaktivitäten zum einen fast ausschließlich von bereits gut Ausgebildeten in Anspruch genommen werden und solche Aktivitäten sich zum anderen in ganz hohem Maße auf die Altersphase vor 35 Jahren konzentrieren. Schließlich konnte er zeigen, daß die Beteiligung an Weiterbildung für die jüngeren, schulisch schon besser ausgebildeten Jahrgänge stark angestiegen ist (vgl. Abb. 1). Es gibt also einen Prozeß der Bildungsakkumulation, aber auch einen Effekt der Akkumulation von Weiterbildung. Mit anderen Worten, Personen, die einmal Weiterbildungs-

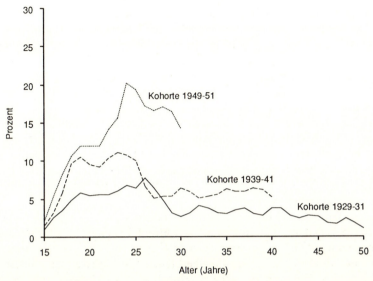

Abbildung 1: Weiterbildungsquoten der Kohorten 1929–31, 1939–41 und 1949–51 (nach Becker, im Druck).

aktivitäten aufgenommen haben, tun dies auch häufiger wieder. Ebenso hat Peters (1988) mit Daten für die OECD-Staaten belegen können, daß die Anzahl und der Anteil von Erwachsenen an Hochschulen in nachberuflichen und nebenberuflichen Studiengängen um so höher ist, je höher der Anteil der Studentenquote unter den 19- bis 25jährigen ist. Dies belegt insbesondere das Beispiel der USA.

Man kann aus diesen Befunden schließen, daß Bildung nicht nur in der Jugendphase, sondern auch im frühen Erwachsenenalter an Bedeutung zunimmt. Zumindest das Potential an Bildungsinteressenten im Alter wird damit enorm ansteigen. Zugleich wird aber auch deutlich, wie Bildungsunterschiede über den Lebensverlauf hinweg eher zunehmen als sich kompensierend auszugleichen. Es kann ferner als ein hoch gesichertes Ergebnis gelten, daß Bildungsaktivitäten im späteren Lebensverlauf am ehesten durch eine gute Allgemeinbildung gefördert werden.

Weiterhin ist zu vermuten, daß Bildungsaktivitäten im Erwachsenenalter und im Alter nicht nur aufgrund der besseren Bildungsvoraussetzungen an Attraktivität gewinnen werden, sondern auch aufgrund der Interessen der »Bildungsanbieter«. Der Rückgang der absoluten Anzahl von Schülern und Studenten, aber auch von jüngeren Erwachsenen in der Fort- und Weiterbildung schafft ein zunehmend weniger ausgelastetes Potential an Ausbildungskapazitäten, das Bildungseinrichtungen von selbst veranlassen könnte, zunehmend Angebote für Ältere zu machen.

3. Qualität der Erwerbsarbeit und Ausdehnung der Freizeit

Die Altengenerationen der Vergangenheit hatten zu einem großen Teil eigene unmittelbare Erfahrungen in praktischen Tätigkeiten: in der Landwirtschaft, im Handwerk oder produzierenden Gewerbe, in einem eigenen Garten oder in der Hauswirtschaft mit einem erheblichen Anteil an Eigenproduktion. Dies sind Erfahrungen und Tätigkeiten, die im Alter zum Teil fortgesetzt werden können und nur graduell reduziert werden müssen oder auf die man im Alter wieder zurückgreifen kann. Ein Bauer auf dem Altenteil konnte (und mußte) noch lange mithelfen, ebenso wie die Bäuerin. Auch ein Nebenerwerbslandwirt weiß, was er nach dem Ausscheiden aus der Fabrik tun wird. Und selbst ein Bergarbeiter aus dem Ruhrgebiet – mit traditionell früherem Ausscheiden aus der Erwerbsarbeit – hat wenig Schwierigkeiten, sich im Alter in erhöhtem Maße seinen Brieftauben zu widmen.

Mit dem Wandel der Berufsstruktur haben sich diese Chancen einer unmittelbaren Verknüpfung von Erwerbsarbeit und Tätigkeit im Alter verändert und vermutlich verschlechtert. Ein immer größerer Anteil der Erwerbstätigen arbeitet für Dienstleistungen und in Büroberufen. Dies erschwert zumindest eine unmittelbare Kontinuität von der Erwerbsarbeit zu Tätigkeiten im Ruhestand. Vor allem ehrenamtliche Tätigkeiten oder Hobbys könnten hier Kontinuität sichern.

Einem graduellen Ausklingen der Arbeit und einer Kontinuität der Erwerbsarbeit im Alter wirkt auch die Tendenz abnehmender Anteile Selbständiger entgegen. Unter Selbständigen findet man auch heute noch im Alter von über 60 und zum Teil über 70 Jahren hohe Erwerbsquoten. Viele Selbständige arbeiten buchstäblich, bis sie sterben. Dies vermutlich nicht nur, weil sie aus finanziellen Gründen weiterarbeiten müssen, sondern weil sie den Unterschied zwischen Arbeit und Freizeit gar nicht kennen und weil sie die für sie typische Sphäre von Gestaltungschancen und Macht nicht aufgeben wollen.

Dem ist freilich entgegenzuhalten, daß die längeren Ausbildungszeiten und eine eigenständige Freizeitsphäre neben der Arbeit viel eher als früher und zunehmend die Chance bieten, eine Vielzahl von Aktivitäten zu pflegen, die im Alter weiterbetrieben werden können. Es geht vielleicht weniger um Transfereffekte von der Erwerbsarbeit auf das Alter als um solche von bereits früher ausgeübten »Tätigkeiten«.

4. Arbeitsplätze für ältere Menschen und Nachfrage nach älteren
   Arbeitskräften

Zwei Entwicklungstendenzen bestimmen das Angebot an Arbeitsplätzen und die Nachfrage nach älteren Arbeitskräften: Rationalisierungsprozesse in der Arbeit und das demographisch und durch Wanderungen bestimmte Angebot an Arbeitskräften. Technologische Rationalisierung in der Produktion und zunehmend auch im Dienstleistungssektor bedeutet zwangsläufig nicht nur eine höhere Arbeitsproduktivität, sondern auch einen geringeren Bedarf an menschlicher Arbeitskraft. Da es – zumindest bislang – betriebswirtschaftliche Grenzen der

Reduzierung der wöchentlichen und jährlichen Arbeitszeit gibt, resultiert daraus nicht nur ein tendenziell hohes Maß an »struktureller Arbeitslosigkeit«, sondern auch ein Druck von seiten der Unternehmen auf eine Verkürzung der Lebensarbeitszeit.

Dieser nahezu unausweichlichen Entwicklungstendenz steht die durch den Geburtenrückgang bedingte Abnahme der Erwerbsbevölkerung entgegen, falls der zurückgehende Anteil an Jugendlichen und jungen Erwachsenen nicht durch den Zustrom von Ausländern sowie Deutschstämmigen aus osteuropäischen Staaten kompensiert wird. Für den wahrscheinlicheren Fall, daß der Geburtenrückgang quantitativ überwiegt, ist mit einer größeren Nachfrage auch nach Arbeitsplätzen für Ältere zu rechnen. Eine geringere absolute Zahl von Erwerbspersonen würde das relative Arbeitsangebot für Ältere ebenso erhöhen wie die Bereitschaft, in Arbeit zu investieren und Erwerbstätige so lange wie möglich in den Betrieben zu halten: Arbeit würde besser bezahlt und intensiver nachgefragt; Jugendliche würden schneller in die Erwerbsarbeit integriert; die Lebensarbeitszeit würde länger, die Erstausbildungszeiten würden kürzer, spätere Ausbildungen würden notwendiger. Bislang scheint es allerdings nur in kleineren Betrieben eine Tendenz zu geben, ältere Arbeitnehmer möglichst lange zu halten, während für Großbetriebe das Gegenteil zutrifft (Hainke, 1990).

Der Arbeitsmarkt in den neuen Bundesländern schafft in diesem Zusammenhang eine paradoxe Situation. Es gibt eine große Nachfrage nach bestimmten Gruppen von Experten (z. B. Manager, Richter, Parteifunktionäre, Hochschullehrer), die unter anderem durch die Rekrutierung von älteren, zum Teil bereits pensionierten Personen ausgeglichen werden soll. Es werden zahlenmäßig aber relativ wenige sein, die tatsächlich solche Aufgaben übernehmen. Andererseits werden durch Entlassungen und Vorruhestandsregelungen massenhaft ältere Erwerbstätige, zum Teil schon ab 54 Jahren, auf Dauer aus dem Arbeitsmarkt ausgeschlossen (vgl. dazu auch Dieck, Kapitel 25 in diesem Band). Dies wird in dreifacher Hinsicht zu den verhängnisvollsten Folgen der Vereinigung führen. Denn diese Menschen werden nicht nur in noch produktiven Jahren von einer Erwerbstätigkeit ausgeschlossen. Gleichzeitig wird auch ihre bisherige Lebensleistung entwertet und die Möglichkeit einer Kompensation in den letzten Erwerbsjahren verschlossen. Schließlich führt dieser Ausschluß aus dem Arbeitsmarkt zu sehr niedrigen Renten für den Rest des Lebens. Sozialpsychologisch ist eine negativere Konstellation kaum noch denkbar.

5. Nachfrage von älteren Menschen nach Arbeitsplätzen

Werden ältere Menschen in erhöhtem Maße nach Arbeitsplätzen suchen? Aufgrund der durch das Altern der Bevölkerung mitverursachten Finanzierungsprobleme der Rentenversicherung und zusätzlicher Soziallasten werden die verfügbaren Renteneinkommen sowohl im Vergleich mit dem früheren Arbeitseinkommen als auch im Vergleich mit dem Einkommen der Erwerbstätigen sinken. Die deutsche Vereinigung wird die Soziallast für einige Jahre zusätzlich erhöhen und den Anstieg der realen Nettoeinkommen begrenzen. Dies wird ceteris paribus die Nachfrage nach bezahlter Erwerbsarbeit durch ältere Menschen als Zusatzeinkommen zu den Renten erhöhen. Wie bereits jetzt in den USA könnte es sehr wohl sein, daß dann nicht nur Jugendliche in den Fast-Food-Ketten arbeiten, sondern auch ältere Menschen. Unter diesen Bedingungen wäre zu erwarten, daß die derzeit schon verbreitete, aber unsichtbare und statistisch nicht registrierte Beschäftigung Älterer, beispielsweise älterer Putzfrauen, deutlich zunehmen wird.

Ein Effekt in derselben Richtung wird von verkürzten und lückenhaften »Rentenbiographien« ausgehen. Verlängerte Ausbildungszeiten, Zeiten von Arbeitslosigkeit und Zeiten freiwilliger Erwerbsunterbrechung und marginaler Beschäftigungen ohne oder mit geringer Sozialversicherungspflichtigkeit werden die Rentenbiographien der Männer und die damit verbundenen Rentenansprüche und Wartezeiten der Männer den gegenwärtigen der Frauen etwas ähnlicher machen. Was dann auch zu dem ähnlichen Zwang führt, länger arbeiten zu müssen.

Allerdings stellt sich die Situation für Alleinstehende ganz anders dar als die Situation von Ehepaaren. Geringere Kinderzahlen bedeuten unter anderem auch, daß Eltern in einem früheren Lebensalter von finanziellen Pflichten für ihre Kinder entlastet werden und damit über mehr Einkommen verfügen. Hinzu kommt, daß bei mehr Ehepaaren Männer und Frauen erwerbstätig gewesen sein werden und gemeinsam über ein höheres Einkommen verfügen. Dies wird es einem Teil der Männer erlauben, früher aus dem Erwerbsleben auszuscheiden – selbst dann, wenn gesetzliche Regelungen einen Abschlag für eine vorzeitige Verrentung vorsehen (Allmendinger, 1990; Matras, 1990).

6. Soziale und medizinische Dienste für ältere Menschen

Die Anzahl der in sozialen Diensten und im Gesundheitswesen Beschäftigten hat sich in der alten Bundesrepublik Deutschland zwischen 1960 und 1985 mehr als verdoppelt (Schmidt & Rose, 1985). Es gab daher in den letzten Jahren große Anstrengungen, die finanziellen Aufwendungen für diese Bereiche zu begrenzen. Die Debatten über die steigenden Kosten des Wohlfahrtsstaates waren begleitet von Warnungen vor Bürokratisierung und zu weitgehender Professionalisierung sowie entsprechenden Forderungen nach verstärkten ehrenamtlichen Diensten und Laienhilfe (Fink, 1988).

Trotz dieser für einen weiteren Ausbau des Wohlfahrtsstaates ungünstigen »Großwetterlage« kann es kaum einen Zweifel daran geben, daß die Anzahl der Beschäftigten in sozialen und medizinischen Diensten für ältere Menschen sprunghaft ansteigen wird und ansteigen muß, wenn die Qualität der Versorgung gehalten und verbessert werden soll. So ist etwa der »Pflegenotstand« sowohl im stationären wie im ambulanten Bereich ein gravierendes Problem, das sich noch weiter verschärfen wird (Alber, 1990).

7. Bildung und kulturelle Aktivitäten im Alter

Die Bildungs- und Kulturangebote für ältere Menschen haben sich gerade in den letzten Jahren außerordentlich verbessert. Die Anzahl der dafür geschaffenen oder in Selbsthilfe entwickelten Einrichtungen und Projekte ist zahlenmäßig sehr rasch gewachsen (Council of Europe, 1988).

Noch besteht aber eine große Diskrepanz zwischen den damit wachsenden Chancen, sich im Alter erneut oder zum erstenmal Bildungsangeboten und kulturellen Aktivitäten zuzuwenden, und den Zahlen und Anteilen der alten Menschen, die davon Gebrauch machen. Obwohl sie über viel freie Zeit verfügen, sind ältere Menschen zum Beispiel keineswegs eifrigere Benutzer der öffentlichen (und kostenlosen) Bibliotheken. Ihr Anteil an den Bibliotheksnutzern wird auf etwas über zehn Prozent geschätzt. Dies gilt, obwohl die Mehrzahl der öffentlichen Bibliotheken sogar spezielle Angebote für ältere Leser macht (Borchardt, 1989).

Auch die gegenwärtige Bildungsbeteiligung älterer Menschen, zum Beispiel in Volkshochschulen und Seniorenprogrammen der Hochschulen, liegt weit unter ihrem Anteil an der erwachsenen Bevölkerung. Trotz vielfältiger Bemühungen, spezielle kulturelle und Bildungsangebote für »Senioren« einzurichten (Kruse, 1988; Lehr, 1984), ist die Nachfrage derzeit noch eher gering. Aber auch für alle Altersgruppen offenstehende Einrichtungen werden von Älteren unterdurchschnittlich häufig besucht. So sind beispielsweise von insgesamt circa 80.000 Studenten der britischen Fernuniversität »Open University« nur zwei Prozent über 65 Jahre alt. Ebenfalls zwei Prozent fallen in die Altersgruppe der 60- bis 64jährigen, drei Prozent in die Altersgruppe der 55- bis 59jährigen. Allerdings sind ältere Studenten nicht weniger erfolgreich: Fünf Prozent der Honours Degrees und 2,6 Prozent der einfachen Bachelor Degrees gingen an über 65jährige (Open University Statistics, 1987, S. 20 – 47).

Die wenigen Daten über die Situation in der (alten) Bundesrepublik Deutschland ergeben ein uneinheitliches Bild. Eine Analyse von Gasthörern an der Universität Bamberg (Faber, 1988) zeigt zwar, daß mit 34 Prozent die 31- bis 45jährigen die stärkste Gruppe stellen und hier das Motiv der beruflichen Weiterqualifizierung dominiert. Die zweitstärkste Gruppe sind aber mit 28 Prozent die über 60jährigen. Auch hier zeigt sich das »eherne Gesetz« der Bildungsakkumulation im Lebensverlauf: Weiterbildung als Erwachsener und im Alter wirkt nicht einfach kompensatorisch in dem Sinne, daß Personen mit geringer Ausbildung Bildung nachholen, sondern vielmehr bereits Gebildete zusätzliche Bildung erlangen (Becker, im Druck). Dennoch scheint es unter den gegenwärtigen Älteren auch einen »Generationseffekt« zu geben. Es gibt offenbar einen starken Nachholbedarf, vor allem auch derjenigen Geburtsjahrgänge, die aufgrund widriger Umstände von der Weltwirtschaftskrise bis zur Nachkriegszeit nicht die erwünschte Ausbildung erhalten konnten. Unter dieser Gruppe gibt es vor allem auch ausgeprägte Wünsche, in solchen Fächern

studieren zu können, die ihnen aus praktischen Zwängen der Berufsvorbereitung
verschlossen blieben:

> »Ältere Gasthörer scheinen das Studium vor allem als Chance einer neuen Konzen-
> tration auf sich selbst zu sehen. Fragen nach Selbstinterpretation, Lebenssinn und
> Weltverständnis erklären den unübersehbaren Rückgriff auf die Geisteswissenschaften
> und damit auf Beteiligung am hermeneutischen Erkenntnisprozeß« (Faber, 1988,
> S. 117).

Das Fach Geschichte hat bei den über 60jährigen Gasthörern einen Anteil von
48 Prozent, an zweiter Stelle stehen Philologien, an dritter und vierter Stelle
folgen Kunstgeschichte und Philosophie.

Von der Offenheit des Zugangs her sollten insbesondere Volkshochschulen
geeignete Einrichtungen sein, um älteren Menschen Bildungsmöglichkeiten zu
eröffnen. Die Statistik des Deutschen Volkshochschulverbandes weist hingegen
aus, daß nur etwa vier Prozent der Kursteilnehmer über 65 Jahre alt sind. An
diesem Anteil hat sich seit 1978 (als die entsprechende Altersdifferenzierung
eingeführt wurde) nichts geändert. Allerdings verbirgt sich hinter diesem konstanten Anteil ein Zuwachs der absoluten Zahl um 50 Prozent von 145.000 auf
213.000 Personen. Wie bei den Gasthörern zeigen auch die Volkshochschuldaten
das große Interesse der Älteren an allgemeinbildenden Veranstaltungen in den
Bereichen Geschichte, Geographie/Reisen und Geisteswissenschaften. Selbst
wenn man die größere Gruppe der über 50jährigen zugrunde legt, so kommt
man auf nicht mehr als circa 15 Prozent der Volkshochschulhörer, mit über die
Jahre leicht steigender Tendenz (Pehl, 1989, S. 65 – 66).

Die gegenwärtige deutsche Situation zeigt demnach vor allem ein starkes
zeitliches Hinterherhinken in der Einrichtung geeigneter Institutionen. Die Erfahrungen anderer Länder, wie zum Beispiel der Senior Citizen Centers in den
USA oder der University of the Third Age in England, belegen nicht nur das
große Potential an bildungsinteressierten älteren Menschen, sondern auch, daß
von ihnen selbst initiierte und organisierte Aktivitäten größeren Zulauf finden
als »Betreuungsangebote« der Jüngeren für Ältere.

8. Werte- und Kulturwandel

Feststellungen über einen Wertewandel als Bedingung des Handelns und der
Einstellungen zukünftiger Altengenerationen sind schwierig, weil die dazu vorliegenden Arbeiten mindestens ebenso stark durch Spekulationen wie durch
systematische Längsschnittbeobachtungen gekennzeichnet sind. Entsprechend
kontrovers ist der Stand der Literatur (Hondrich, Schumacher, Arzberger, Schlie
& Stegbauer, 1988; Noelle-Neumann & Strümpel, 1984). Allerdings spricht sehr
viel dafür, daß grundlegende Orientierungen im frühen Leben geprägt und nicht
mehr entscheidend verändert werden, die Werte der gegenwärtigen Erwachsenen
und Jugendlichen werden demnach grosso modo die Werte der zukünftigen
älteren Menschen sein.

Wenn dies gilt, so ist zu vermuten, daß eine Reihe von Tendenzen der Werteentwicklung bedeutsam sein könnten: von materialistischen, auf Einkommen, Besitz und Lebensstandard gerichteten Einstellungen zu post-materialistischen, auf Individualität und Selbstverwirklichung gerichteten Orientierungen, von Arbeits- und Leistungswerten zu Freizeit- und Beziehungswerten, von der Betonung auf Ordnung, Disziplin und Opfer zu Pluralismus, Toleranz und Recht auf die eigene Persönlichkeitsentwicklung.

Ganz wesentlich für das Leben im Alter könnten Orientierungen werden, die auf ein höheres Maß an sozialer und politischer Beteiligung gerichtet und mit konkreten Erfahrungen in diesem Bereich verbunden sind. Die Alten der Zukunft werden besser vertreten und sehr viel weniger privatistisch sein. Sie werden ihre Belange selber in die Hand nehmen und sich weniger betreuen lassen (vgl. auch Bengtson & Schütze, Kapitel 19 in diesem Band).

Es spricht allerdings auch wenig dafür, daß sich der säkulare Trend einer höheren Bewertung von Jugend und Jugendlichkeit hin zu einer neuen Wertschätzung des Erwachsenseins und Alters verlagert. Vielmehr werden Symbole der Jugendlichkeit auch zur Verhaltenserwartung zumindest der »jungen Alten« gehören.

E. Bildung und Arbeit im Alter und in einer alternden Bevölkerung: ein Zukunftsszenario für eine aktive Gesellschaftspolitik

Es ist zunächst davon auszugehen, daß die institutionellen Rahmenbedingungen der bundesdeutschen Gesellschaft in den nächsten Jahrzehnten relativ unverändert erhalten bleiben werden. Diese These wird nicht zuletzt auch durch die Art und Weise gestützt, mit der sich die Institutionen der alten Bundesländer in der früheren DDR durchgesetzt haben. Dies bedeutet zum Beispiel, daß der Staat zwar die Schul- und Ausbildungsphase im ersten Drittel des Lebens organisiert und finanziert, sich aber relativ wenig im Bereich der neben- und nachberuflichen Bildung engagieren wird. Im Erwachsenenalter werden die Qualifizierungs- und Umschulungsinteressen der Arbeitgeber weiterhin maßgeblich sein, sei es innerhalb oder außerhalb der Betriebe (über die Bundesanstalt für Arbeit). Zwar wird das Gut Arbeitskraft aus demographischen Gründen knapper und Bildungsinvestitionen werden damit lohnender, dies wird aber dennoch eher zu einer Intensivierung der Erstausbildung und zu insgesamt kürzeren Erwerbszeiten führen als zu einer Auflockerung der starren Sequenz von Ausbildung und Arbeitsleben. Die Trägheitstendenzen des staatlichen Bildungswesens und der forcierte Rationalisierungsdruck der Arbeitswelt werden einem »life-long learning«, zumal in den Bereichen der Allgemeinbildung und beruflichen Neuorientierung, enge Grenzen setzen. Die durch den Wettbewerbsdruck in West- und Mitteleuropa eher geschwächten Gewerkschaften werden überwiegend traditionelle Ziele der Wochen- und Jahresarbeitszeitverkürzung und der Einkommenssteigerung verfolgen und dürften – abgesehen vom öffentlichen Dienst – wohl kaum Sabbatjahre und ähnliches zum zentralen Gegenstand von Tarifverhandlungen machen.

Für das Alter beim Ausscheiden aus der Erwerbstätigkeit und für die Höhe der Renteneinkommen und damit der persönlichen Gestaltungsspielräume im Alter werden auch in Zukunft neben den Betrieben die Institutionen der sozialen Sicherung und ihre finanzielle Eigendynamik die stärksten Akteure sein. Die Abgabenlast verschiebt sich von der Fürsorge für Kinder auf die Fürsorge für ältere Menschen und daher von der unmittelbaren, persönlichen Unterstützung der eigenen Kinder zur mittelbaren, unpersönlichen staatlichen Umverteilung über die Rentenversicherungsabgaben an die Gruppe der Alten. Die steigende Soziallast wird eine Erhöhung der persönlichen Alterseinkommen eher bremsen. Der in der letzten Rentenreform verankerte Versuch, durch eine Erhöhung des faktischen Rentenalters finanzielle Entlastungen zu erzielen, wird nur mäßigen Erfolg haben. Die gesetzlichen Vorgaben und die finanzielle Steuerung der Alterssicherung werden nämlich durch Interessen der Arbeitgeber und Erwerbstätigen an einem frühzeitigen Ausscheiden aus der Erwerbstätigkeit konterkariert.

Die Institutionen der sozialen Sicherung nehmen zwar die Ausgabenentlastung aufgrund vermehrter Frauenerwerbstätigkeit gerne an, setzen aber – von der Anrechnung von Erziehungsjahren abgesehen – unverändert auf das traditionelle Modell möglichst stetiger und möglichst langer und ganztägiger Erwerbszeiten. Wer dem Modell nicht folgt, wird mit stark verringerten Alterseinkommen »bestraft«. Soweit aufgrund der Wirtschaftsentwicklung nicht in erhöhtem Maße sozialversicherungspflichtige Beschäftigungen angeboten werden, haben die Kosten vor allem die Frauen zu tragen (Allmendinger, Brückner & Brückner, 1991; für ein Alternativszenario vgl. Hauser & Wagner, Kapitel 23 in diesem Band). Die skizzierte institutionelle Rigidität steht nun allerdings in einem wachsenden Widerspruch zu den Interessen, Bedürfnissen, Wertorientierungen und Möglichkeiten von Frauen, Männern und Familien.

Das höhere Bildungsniveau wird mit Sicherheit das Interesse an Bildungsaktivitäten während der Erwerbsphase und im Alter verstärken. Dieser Trend wird noch dadurch unterstützt, daß weniger Geburten gleichbedeutend sind mit weniger Kindern je Familie und dies wiederum zu höheren Bildungsinvestitionen in jedes einzelne Kind (und eher längeren Ausbildungszeiten) führt. Die längere Lebenserwartung macht es lohnend, auch im Erwachsenenalter in Qualifikationen und Umschulungen zu investieren. Die Ziele von »permanent education« und »recurrent education« werden attraktiver: Menschen möchten zum Teil länger arbeiten, und sie würden gern häufiger unterbrechen, um Ausbildungen zu absolvieren und sich beruflich neu zu orientieren.

Solche Unterbrechungen werden eher möglich, weil das Familieneinkommen nicht allein durch den Mann verdient wird. Auch das Ausscheiden aus der Erwerbstätigkeit wird zu einem Teil der familiären Lebensplanung. Je partnerschaftlicher die Ehe, je gleichgewichtiger sich Mann und Frau für Erwerbs- und

Hausarbeit engagieren, je ähnlicher ihr Bildungsniveau ist, desto eher wollen sie gemeinsam in den Ruhestand gehen (Allmendinger, 1990).

Männer beziehungsweise Eltern müssen sehr viel weniger lange für ihre Kinder aufkommen. Daraus folgt ein geringerer Zwang zur Erwerbsarbeit. Eine höhere Abgabenlast verringert die Attraktivität der Erwerbsarbeit vor allem im Vergleich zur Altersrente. Auch deshalb könnte sich die Neigung zu früheren Übergängen in den Ruhestand verstärken.

Da die Arbeitsinhalte und der Sinn der beruflichen Tätigkeit als Wert wichtiger werden und eine bloße Einkommensorientierung unter anderem wegen des Zusatzeinkommens der Frauen an Bedeutung verlieren wird, wird vermutlich auch das Bedürfnis nach beruflichen Umorientierungen im mittleren Alter zunehmen. Je befriedigender die Tätigkeit ist, desto länger will man arbeiten. Nur wenn bei unbefriedigenden Tätigkeiten berufliche Umorientierungen nicht möglich sind, werden Frauen und Männer aus einer ungeliebten Arbeit in den Ruhestand entfliehen wollen.

Es kann auch sehr wohl sein, daß das größere Ausmaß an Freizeit während des Arbeitslebens frühzeitig Interessen und Tätigkeiten für den Ruhestand einübt. Je größer der Anteil an Freizeit während des Arbeitslebens, desto größer wird die Neigung sein, aus den Freizeittätigkeiten durch eine frühere Pensionierung eine alternative, geliebtere Beschäftigung zu machen. Diese »privaten« Wünsche und Bedürfnisse müssen aber bei einem vorgezogenen Ruhestand in der Regel mit Abzügen bei der Rentenhöhe erkauft werden.

Eine höhere Flexibilisierung des Alters beim Übergang in den Ruhestand darf jedoch nicht dazu führen, daß ältere Arbeitnehmer gegen ihren Wunsch dann aus den Betrieben gedrängt werden, wenn die Arbeitslosigkeit hoch ist. Die politische Herausforderung besteht folglich darin, diesen Konflikt zwischen den übermächtigen Interessen der Arbeitswelt und der institutionellen Trägheit des sozialen Sicherungssystems einerseits und den Bedürfnissen und Wünschen der Menschen andererseits bewußt zu machen und abzubauen. Realistisch erscheint eine Strategie der vielen kleinen Schritte und die Unterstützung zum Beispiel individueller Weiterbildungsanstrengungen. Der erste Schritt könnte darin bestehen, die Qualität und den Umfang der Allgemeinbildung im ersten Lebensdrittel zu erhöhen. Dies ist mit Sicherheit die Voraussetzung dafür, daß Bildung zu einem sinnvollen Inhalt sowohl des Erwachsenenalters als auch des Alters werden kann. Wer nur über eng berufsbezogene Qualifikationen verfügt, kann dem Alter nicht durch Bildung neuen Sinn verleihen. Das Humboldtsche Bildungsideal erweist sich in dieser Hinsicht für die Entwicklung einer alternden Bevölkerung als äußerst praktisch.

Ferner müssen durch staatliche Finanzierungen und staatliche Bildungseinrichtungen die Voraussetzungen dafür geschaffen werden, daß Erwerbstätigkeiten durch Bildungsphasen unterbrochen und verändert werden können. Diese Phasen müssen auf Rentenanwartschaften angerechnet werden, oder aber das Rentenrecht müßte so flexibilisiert werden, daß Beitragslücken später geschlossen werden können. Dies könnte einer der Beiträge der staatlichen Gesetzgebung sein.

Arbeitgeber und Gewerkschaften müssen durch tarifvertragliche Regelungen Requalifizierungen, Bildungsurlaub und Sabbatjahre möglich machen. Die Volkshochschulen und Hochschulen müssen sich in sehr viel stärkerem Maße für ältere Menschen öffnen, nicht nur, aber auch durch spezielle Angebote. Das Modell des Seniorenexperten, wie es teilweise bereits in der Entwicklungshilfe und seit neuestem für die Transformation der ehemaligen DDR praktiziert wird, muß sehr viel breiter durchgesetzt werden.

Zusätzlich zur notwendigen, stärkeren Professionalisierung in den sozialen Diensten müssen ehrenamtliche Tätigkeiten und Laienhelfer institutionell besser verankert und durch gesellschaftliche Wertschätzung belohnt werden. Die neuen sozialen Techniken von Selbsthilfegruppen sollten gerade auch für die Vielzahl der Menschen Anwendung finden, die – häufig ganz isoliert – bis ins hohe Alter kranke und pflegebedürftige Menschen versorgen und betreuen.

Gegenwärtig sind ältere Menschen vielgefragte Kunden kommerzieller Reiseunternehmer für häufig anspruchslose Angebote. In der Zukunft werden diese Ansprüche steigen, nicht zuletzt in bezug auf den Bildungsgehalt von Reisen. Darüber hinaus könnten ältere Menschen zu einer wichtigen Konsumentengruppe auf dem privaten Bildungsmarkt werden. Es ist durchaus denkbar, daß zum Beispiel T'ai Chi, das chinesische Schattenboxen, zu einer beliebten, von privaten Unternehmen vermittelten Altersaktivität werden könnte.

Nicht zu vernachlässigen ist schließlich, daß zwar jeweils immer nur ein kleiner Anteil alter Menschen in Heimen und Pflegestätten wohnt, aber dies doch viele alte Menschen irgendwann einmal tun. Daher ist das Angebot guter Bildungs- und kultureller Aktivitäten in Heimen eine bedeutsame Aufgabe.

Die durch unser Wirtschaftssystem und unseren Sozialstaat produzierte wechselseitige Ausgrenzung von Lebenssphären und Lebensabschnitten kann nicht völlig umgekehrt oder aufgehoben werden. Sie kann aber dadurch menschenwürdiger gemacht werden, daß der Arbeit als in sich befriedigender Tätigkeit und der Bildung als zweckfreier Selbstverwirklichung und Teilhabe an der Kultur mehr Raum verschafft wird.

Insgesamt dürfte damit einsichtig geworden sein, daß die gesellschaftliche Entwicklung keineswegs automatisch jene Bedingungen hervorbringen wird, die ein aktives, produktives und sinnvolles Alter unterstützen. Vielmehr werden, im Gegenteil, manche Entwicklungen das Alter zu einem noch prekäreren Lebensabschnitt werden lassen. Es bedarf also ganz spezifischer, auf das Ziel eines menschenwürdigen Alters gerichteter, politischer und individueller Anstrengungen.

Literaturverzeichnis

Alber, J. (1990). Ausmaß und Ursachen des Pflegenotstands in der Bundesrepublik. *Staatswissenschaft und Staatspraxis, 3*, 335 – 362.

Allmendinger, J. (1990). Der Übergang in den Ruhestand von Ehepaaren. Auswirkungen individueller und familiärer Lebensverläufe. *Kölner Zeitschrift für Soziologie und Sozialpsychologie, 42* (Sonderheft 31), 272 – 303.

Allmendinger, J., Brückner, H. & Brückner, E. (1991). Arbeitsleben und Lebensarbeitsentlohnung: Zur Entstehung von Ungleichheit im Alter. In K. U. Mayer, J. Allmendinger & J. Huinink (Hrsg.), *Vom Regen in die Traufe: Frauen zwischen Beruf und Familie* (S. 423 – 459). Frankfurt/M.: Campus.

Becker, R. (im Druck). Berufliche Weiterbildung und Berufsverlauf. Eine Längsschnittuntersuchung von drei Geburtskohorten in der Bundesrepublik Deutschland. *Mitteilungen aus der Arbeitsmarkt- und Berufsforschung.*

Bielenski, H. & Strümpel, B. (1988). *Eingeschränkte Erwerbsarbeit bei Frauen und Männern. Fakten – Wünsche – Realisierungschancen.* Berlin: Edition Sigma.

Blossfeld, H.-P. & Nuthmann, R. (1989). Strukturelle Veränderungen. Jugendphase als Kohortenprozeß. *Zeitschrift für Pädagogik, 35*, 845 – 867.

Borchardt, P. (1989). Bibliotheksangebote für ältere Menschen – Sinnvoll oder überflüssig? Ergebnisse einer Umfrage der Deutschen Bibliotheksinstituts-Kommission für Öffentlichkeitsarbeit. *Der Bibliotheksdienst, 23*, 1289 – 1299.

BMBW – Bundesminister für Bildung und Wissenschaft (Hrsg.) (1989). *Grund- und Strukturdaten 1989.* Bonn: Eigenverlag.

BMBW – Bundesminister für Bildung und Wissenschaft (Hrsg.) (1990). *Berufsbildungsbericht 1990.* Bonn: Eigenverlag.

Council of Europe (Ed.) (1988). *Adult education and social change.* Strasbourg: Council for Cultural Cooperation.

Dahrendorf, R. (1982). Wenn der Arbeitsgesellschaft die Arbeit ausgeht. In J. Matthes (Hrsg.), *Krise der Arbeitsgesellschaft?* (S. 25 – 37). Frankfurt/M.: Campus.

DIW – Deutsches Institut für Wirtschaftsforschung (1990). Szenarien der Bevölkerungsentwicklung in der Bundesrepublik Deutschland. *Wochenbericht, 8*, 93 – 102.

Edding, F. (1991). *Diskussionsbeitrag zum 3. Europäischen Weiterbildungskongreß.* Unveröffentlichtes Manuskript, Max-Planck-Institut für Bildungsforschung, Berlin.

Faber, G. (1988). Was suchen die Gasthörer? Ergebnisse einer bundesweiten Erhebung und Erfahrungen in Bamberg. In F. Edding (Hrsg.), *Bildung durch Wissenschaft in neben- und nachberuflichen Studien* (Materialien aus der Bildungsforschung, Bd. 32, S. 103 – 121). Berlin: Max-Planck-Institut für Bildungsforschung.

Fink, U. (1988). *Der neue Generationenvertrag. Ich für Dich. Die Zukunft der sozialen Dienste.* München: Piper.

Gehlen, A. (1971). *Studien zur Anthropologie und Soziologie.* Neuwied: Luchterhand.

Hainke, H. (1990). *Arbeitsmarktsegmentation und Rentenzugang. Eine empirische Analyse des Rentenzugangsalters von Männern in den Jahren 1957 bis 1987 mit den Daten des Sozioökonomischen Panels.* Diplomarbeit, Freie Universität Berlin.

Handl, J. (1988). *Berufschancen und Heiratsmuster von Frauen. Empirische Untersuchungen zu Prozessen sozialer Mobilität.* Frankfurt/M.: Campus.

Hondrich, K. O., Schumacher, J., Arzberger, K., Schlie, F. & Stegbauer, C. (1988). *Krise der Leistungsgesellschaft? Empirische Analysen zum Engagement in Arbeit, Familie und Politik.* Opladen: Westdeutscher Verlag.

Humboldt, W. v. (1960). *Gesammelte Werke: Band 1. Schriften zur Anthropologie und Geschichte.* Darmstadt: Wissenschaftliche Buchgesellschaft.

Imhof, A. E. (1988). *Reife des Lebens. Gedanken eines Historikers über das längere Dasein.* München: C. H. Beck.

Kaufmann, F. X. (1990). *Zukunft der Familie. Stabilitätsrisiken und Wandel der familialen Lebensformen sowie ihre gesellschaftlichen und politischen Bedingungen.* München: C. H. Beck.

Kohn, M. L. & Schooler, C. (1978). The reciprocal effects of the substantive complexity of work and intellectual flexibility: A longitudinal assessment. *American Journal of Sociology, 84,* 24 – 52.

Kruse, A. (1988). Bildung im Alter. *Zeitschrift für Gerontologie, 21,* 179 – 183.

Lehr, U. (1984). Zur Aktualität der Thematik »Bildung im Alter«. *Erwachsenenbildung, 30,* 130 – 132.

Lepsius, R. M. (1990). *Strukturanalysen. Aufsätze zur Makrosoziologie.* Opladen: Westdeutscher Verlag.

Leschinsky, A. & Roeder, P. M. (1976). *Schule im historischen Prozeß.* Stuttgart: Klett.

Lichtenstein, E. (1971). Stichwort »Bildung«. In J. Ritter (Hrsg.), *Historisches Wörterbuch der Philosophie* (Bd. I, S. 921 – 938). Basel: Schwabe & Co.

Lübbe, H. (1977). *Geschichtsbegriff und Geschichtsinteresse. Analytik und Pragmatik der Historie.* Basel: Schwabe & Co.

Lundgreen, P. (1980). *Sozialgeschichte der deutschen Schule im Überblick* (Teil I: 1770 – 1918). Göttingen: Vandenhoeck & Ruprecht.

Matras, J. (1990). *Dependency, obligations, and entitlements. A new sociology of aging, the life course, and the elderly.* Englewood Cliffs, NJ: Prentice Hall.

Mayer, K. U. (1981). Gesellschaftlicher Wandel und soziale Struktur des Lebensverlaufs. In J. Matthes (Hrsg.), *Lebenswelt und soziale Probleme* (S. 492 – 501). Frankfurt/M.: Campus.

Mayer, K. U. (1989). Das Altern der Gesellschaft: Theorie- und methodenkritische Anmerkungen. *Zeitschrift für Gerontopsychologie und -psychiatrie, 2,* 67 – 74.

Mayer, K. U. (1991). Berufliche Mobilität von Frauen in der Bundesrepublik Deutschland. In K. U. Mayer, J. Allmendinger & J. Huinink (Hrsg.), *Vom Regen in die Traufe: Frauen zwischen Beruf und Familie* (S. 57 – 90). Frankfurt/M.: Campus.

Mayer, K. U. & Brückner, E. (1989). *Lebensverläufe und Wohlfahrtsentwicklung* (Materialien aus der Bildungsforschung, Bd. 35, Teil I-III). Berlin: Max-Planck-Institut für Bildungsforschung.

Mayer, K. U. & Müller, W. (1986). The state and the structure of the life course. In A. B. Sørensen, F. E. Weinert & L. R. Sherrod (Eds.), *Human development and the life course: Multidisciplinary perspectives* (pp. 217 – 245). Hillsdale, NJ: Erlbaum.

Mayer, K. U. & Müller, W. (1989). Lebensverläufe im Wohlfahrtsstaat. In A. Weymann (Hrsg.), *Handlungsspielräume* (S. 41 – 60). Stuttgart: Enke.

Meyer, J. (1986). The self and the life course: Institutionalization and its effects. In A. B. Sørensen, F. E. Weinert & L. R. Sherrod (Eds.), *Human development and the life course. Multidisciplinary perspectives* (pp. 199 – 216). Hillsdale, NJ: Erlbaum.

Miegel, M. (1989). Spät am Start, früh am Ziel. Die strenge Trennung der drei Lebensphasen muß gelockert werden. *Die Zeit, 13.10.,* S. 46.

Mittelstraß, J. (1989). *Glanz und Elend der Geisteswissenschaften* (Oldenburger Universitätsreden Nr. 27). Oldenburg: Bibliotheks- und Informationssystem der Universität Oldenburg.

Müller, D. & Zymek, B. (unter Mitarbeit von U. Herrmann) (1987). *Datenhandbuch zur deutschen Bildungsgeschichte: Bd. II, Teil 1. Sozialgeschichte und Statistik des Schulsystems in den Staaten des Deutschen Reiches, 1800 – 1945.* Göttingen: Vandenhoeck & Ruprecht.

Negt, O. (1985). *Lebendige Arbeit, enteignete Zeit. Politische und kulturelle Dimensionen des Kampfes um die Arbeitszeit.* Frankfurt/M.: Campus.

Noelle-Neumann, E. & Strümpel, B. (1984). *Macht Arbeit krank? Macht Arbeit glücklich? Eine aktuelle Kontroverse.* München: Piper.

Open University Statistics (1987). *Students, staff, and finance.* Milton Keynes: Open University.

Pehl, K. (1989). *Statistisches Material zur Volkshochschularbeit 1962 bis 1987* (Arbeitspapier Nr. 113 – 6.89). Frankfurt/M.: Pädagogische Arbeitsstelle des Deutschen Volkshochschulverbandes e.V.

Peters, O. (1988). Nicht-traditionelle Studien in der Bundesrepublik Deutschland und in den USA. In F. Edding (Hrsg.), *Bildung durch Wissenschaft in neben- und nachberuflichen Studien* (Materialien aus der Bildungsforschung, Bd. 32, S. 39 – 88). Berlin: Max-Planck-Institut für Bildungsforschung.

Ritter, J. (1974). *Subjektivität.* Frankfurt/M.: Suhrkamp.

Schmähl, W. (1988). Alterssicherung und Familienlastenausgleich. *Die Angestelltenversicherung, 35,* 318 – 323.

Schmidt, K.-D. & Rose, R. (1985). Germany: The expansion of an active state. In R. Rose (Ed.), *Public employment in Western nations* (pp. 126 – 162). Cambridge, MA: Cambridge University Press.

Simmel, G. (1983). *Schriften zur Soziologie. Eine Auswahl* (hrsg. von H. J. Dahme & O. Rammstedt). Frankfurt/M.: Suhrkamp.

Sørensen, A. (1990). Gender and the life course. *Kölner Zeitschrift für Soziologie und Sozialpsychologie, 42* (Sonderheft 32), 304 – 321.

Statistisches Bundesamt (Hrsg.) (1987). *Statistisches Jahrbuch 1987.* Stuttgart: Kohlhammer.

VDR – Verband Deutscher Rentenversicherungsträger e.V. (1989). *Statistik Rentenzugang des Jahres 1988 in der deutschen gesetzlichen Rentenversicherung, einschließlich Rentenwegfall/Rentenumwandlung.* Frankfurt/M.: VDR.

Willms-Herget, A. (1985). *Frauenarbeit. Zur Integration der Frauen in den Arbeitsmarkt.* Frankfurt/M.: Campus.

21. Sterben und Tod im Alter

REINHARD SCHMITZ-SCHERZER

Zusammenfassung

Einer Einführung in die Thematik unter anthropologischen und philosophischen Aspekten, die Sterben und Trauer als »Grenzsituationen« im menschlichen Leben im Sinne von Jaspers herausarbeitet, folgt eine systematische Darstellung der heutigen Situationen des Sterbens im Vergleich zu denen in früheren Zeiten. Danach werden psychologische und soziologische Fragestellungen der thanatologischen Forschung und deren Ergebnisse diskutiert. Die dort bislang erhaltenen Forschungsresultate lassen Sterben als einen individuellen Prozeß, der in vielfältige und komplexe biographische, kognitive, emotionale, gesellschaftliche und situative Bezüge eingebettet ist, verstehbar werden. Ähnlich komplexe Beziehungsgefüge scheinen auch für die Motivation zum beziehungsweise den Vollzug des Suizids bei älteren Menschen zu bestehen. Ebenfalls gilt für das Phänomen der Trauer neben der individuellen Prozeßhaftigkeit die Einbettung in sehr komplexe Beziehungsgefüge. Nachdem die Ergebnisse der Thanatologie auf ihre Aussagefähigkeit für die Sterbebegleitung untersucht wurden, werden abschließend mögliche zukünftige Entwicklungen aufgezeigt und bewertet.

A. Vorbemerkung

Der Mensch erlebt sich in seinem körperlichen Leben zeitlich begrenzt. Er lebt mit dem Wissen um sein eigenes Sterben und um seinen eigenen Tod (vgl. Rentsch, Kapitel 11 in diesem Band). Sterben und Tod haben in den Religionen und in den Philosophien der Völker unterschiedlichste Deutungen und Interpretationen erfahren (vgl. auch Elwert, Kapitel 10 in diesem Band). Allen Aussagen ist gemeinsam, daß sie Sterben und Tod als Grenze sehen, als eine Grenze, die das irdische Leben beendet und anderes Leben von diesem trennt oder aber die hiesige Existenz endgültig abschließt (Scherer, 1988; Stephenson, 1980). Trauer, Leid(en), Sterben und Tod lassen sich auch konkreter als »Grenzphänomene« beschreiben. Sie machen erlebbar, daß der Mensch gebunden ist an (in) seinen Körper und an Ereignisse in seinem Leben, die er nur begrenzt zu gestalten und zu formen vermag.

Prof. Dr. Reinhard Schmitz-Scherzer ist Inhaber des Lehrstuhls für Soziale Gerontologie an der Gesamthochschule Kassel-Universität. Sein Forschungsgebiet umfaßt das Alltagsverhalten alter Menschen, Fragestellungen der Thanatologie und der alternsspezifischen Pflegewissenschaften.

Der Philosoph Karl Jaspers (1883 – 1969) spricht in diesem Zusammenhang von »Grenzsituationen« im menschlichen Leben:

> »…es gibt Situationen, die in ihrem Wesen bleiben, auch wenn ihre augenblickliche Erscheinung anders wird und ihre überwältigende Macht sich in Schleier hüllt: ich muß sterben, ich muß kämpfen, ich bin dem Zufall unterworfen. Diese Grundsituationen unseres Daseins nennen wir Grenzsituationen. Das heißt, es sind Situationen, über die wir nicht hinaus können, die wir nicht ändern können« (Jaspers, 1988, S. 1).

Solche Grenzsituationen können den Menschen erschüttern, ihn aber auch zu seiner Existenz erwecken. Grenzsituationen verlangen vom Menschen eine Auseinandersetzung mit sich selbst und seiner jeweiligen Situation. Nur auf diesem Wege kommt der Mensch nach Jaspers zu seiner Existenz. Existieren heißt bei Jaspers: das Erfahren von Grenzsituationen und die Auseinandersetzung mit ihnen. Jaspers sieht Sterben und Tod als Phänomene des Lebens. Deshalb ist die Auseinandersetzung mit Sterben und Tod geradezu eine Voraussetzung für menschliche Existenz im Sinne von Jaspers.

B. Die heutige Situation des Sterbens

Die historische Entwicklung von Einstellungen zum Sterben und zum Tod sowie von Konzepten des Sterbens und des Todes ist von mehreren Autoren dargestellt worden. Ariès (1980) zeigt in prägnanter Weise die Veränderungen vom frühen Mittelalter bis hin zur Neuzeit. Dabei wird deutlich, wie sehr in der Gegenwart Tod und Sterben institutionalisiert sind, wie sehr Sterben und Tod aus dem alltäglichen Leben verdrängt werden.

Wie nun sieht die Situation des Sterbens heute tatsächlich aus? Schätzungsweise sterben 70 Prozent der Menschen in der Bundesrepublik in Kliniken, Pflegeheimen und vergleichbaren Einrichtungen und nicht zu Hause, wie das in vergangenen Zeiten üblich war. Früher waren die Sterbeprozesse meist von kurzer Dauer und traten in allen Altersgruppen auf, auch im Kindes- und Jugendalter (Imhof, 1981). Dies lag daran, daß Infektionskrankheiten eine der Hauptursachen des Sterbens waren. Heute dauern die Sterbeprozesse oftmals sehr lange, da sie zu 71 Prozent Folgen von Krankheiten des Kreislaufsystems und von Krebs-Tumoren sind. Diese Krankheiten häufen sich sehr in der Altersgruppe ab 70 Jahren (vgl. Tab. 1 und 2).

Bei der Beschreibung der gegenwärtigen Situation des Sterbens bleibt noch ein weiterer Aspekt im Vergleich zu vergangenen Epochen zu berücksichtigen: Heute liegt die Lebenserwartung bei Geburt in der Bundesrepublik bedeutend höher als in früheren Zeiten. Elf Prozent der männlichen Lebendgeborenen erreichten vor 100 Jahren ein Alter von 75 Jahren und 14 Prozent der weiblichen Lebendgeborenen. Derzeit erreichen 64 Prozent der neugeborenen Mädchen und 44 Prozent der neugeborenen Jungen dieses Alter. Anders gesagt: Innerhalb von 100 Jahren stieg das mittlere Sterbealter von Frauen von 38 auf 77 Jahre, von Männern von 36 auf 70 Jahre (vgl. auch Dinkel, Kapitel 3 in diesem Band).

Tabelle 1: Sterbefälle nach ausgewählten Todesursachen in der Bundesrepublik Deutschland (nach Schmied, 1985, S. 20).

Todesursachen	in absoluten Zahlen	in Prozent der Gesamtsterbefälle
Bösartige Neubildungen	148.109	21
Krankheiten des Kreislaufsystems	359.505	50
Kraftfahrzeugunfälle	12.521	2
Suizid und Selbstbeschädigung	12.868	2
Sonstige Todesursachen	181.116	25
Gesamt	714.117	100

Tabelle 2: Im Jahr 1980 Gestorbene in der Bundesrepublik Deutschland und ihr Alter (nach Schmied, 1985, S. 25).

im Alter von ... bis ... Jahren	in absoluten Zahlen	in Prozent der Gesamtzahl der Gestorbenen
0 – 1	7.821	1,1
1 – 10	2.529	0,4
10 – 20	5.578	0,8
20 – 30	8.686	1,2
30 – 50	40.258	5,6
50 – 60	58.391	8,2
60 – 70	110.327	15,4
70 und mehr	480.527	67,3
Gesamt	714.117	100,0

Es sind jedoch nicht nur diese (quantitativen) Aspekte, die die Situation sterbender Menschen heute anders gestalten, als sie früher war. Längere Lebenserwartung, häufigeres Sterben im Alter als in der Jugend, länger währende Sterbeprozesse und zunehmende Häufigkeit des Sterbens in Institutionen führen dazu, daß Sterben und Tod aus der Welt des einzelnen verbannt wurden. Während noch vor 200 Jahren ein Mensch im Alter von 20 Jahren oft den Tod von Geschwistern, einem Elternteil und Verwandten zu Hause erlebt hatte (Imhof, 1981), ist heute eine direkte Konfrontation mit dem Sterben und dem Tod vor dem 40. Lebensjahr selten. Deshalb sind auch die Erfahrungsprozesse, die das Erleben des Sterbens anderer Menschen auslösen kann, eher seltener als früher (Riley, 1968; Schmitz-Scherzer, 1990).

Im Gegensatz zu dieser Entwicklung ist das Personal der Institutionen, in denen Menschen heute überwiegend sterben, qua Beruf mit dem Sterben konfrontiert. Im Pflegealltag ist jedoch der angemessene Umgang mit den Sterbenden sehr erschwert, vor allem Zeitdruck, mangelnde Ausbildung im Umgang mit sterbenden Menschen und die Arbeitsorganisation verhindern dies. Hinzu kommt, daß auch Ärzte, Schwestern und Pfleger ihre persönlichen Einstellungen und Ängste gegenüber dem Sterben und dem Tod haben und von daher häufig spezifische Abwehrmechanismen entwickeln (müssen), um ihre Arbeit verrichten zu können. Nicht selten bewahren sie als Schutz vor (für sie) zu großer Nähe zu Sterbenden eine entsprechende Distanz und ein spezifisch routiniertes professionelles Verhalten. Wenn diese Verhaltensweisen mit dem Ziel einer größeren mitmenschlichen Nähe zum sterbenden Menschen aufgegeben werden sollen, wird das Personal psychosoziale Unterstützung (z. B. Supervision) benötigen. Dies könnte eine wesentliche Hilfe zur Erhaltung sowohl der persönlichen als auch der beruflichen Integrität sowie zum Abbau der psychischen Belastungen sein, die der ständige Umgang mit Sterbenden mit sich bringt (Koch & Schmeling, 1982).

Auch das Verhalten der Angehörigen nimmt Einfluß auf die Situation des Sterbens. Es wurde schon erwähnt, daß eine Entfremdung von Sterben und Tod durch das Fehlen entsprechender Erfahrungen und direkter Konfrontationen mit dem Sterben stattgefunden hat. Dies begünstigt die oftmals zu beobachtende Hilflosigkeit vieler Angehöriger in der Begegnung mit Sterbenden. Es soll jedoch nicht verkannt werden, daß hierfür auch noch andere Momente ausschlaggebend sein können. Häufig lassen sich Gesprächsbarrieren zwischen Angehörigen und sterbenden Familienmitgliedern feststellen. Die Lebensgeschichte der beteiligten Personen, die Gesprächsstile, die sie im Laufe der Zeit entwickelt haben, Art und Inhalt ihrer Gespräche spielen unter anderem eine zentrale Rolle bei der Gestaltung der Situation Sterbender (Schmied, 1985).

Schließlich ist auf einen Wertewandel hinzuweisen. Mit der Säkularisation wurde sowohl auf individueller wie auch auf gesellschaftlicher Ebene die Verbindlichkeit von religiösen Konzepten, von Normen und Werten geringer und wich einer Vielzahl höchst unterschiedlicher Vorstellungen über Sterben und Tod und darauf bezogener Werte. Es gibt keinen allseits gültigen Maßstab mehr für die Angemessenheit bestimmter Vorstellungen und Konzepte. So bleibt es heute dem einzelnen Menschen überlassen, sich eine Haltung im Hinblick auf Sterben und Tod beziehungsweise dem möglichen Leben nach dem Tod zu erarbeiten oder auch nicht (Ariès, 1980).

Bei der Betrachtung der gegenwärtigen Situation sterbender Menschen im Vergleich zu früheren Zeiten ist die Frage, ob heute der Tod verdrängt, verschwiegen, privatisiert und unter Umständen weniger wichtig ist, noch nicht widerspruchsfrei geklärt. Wesentlich aber ist in jedem Fall, daß sich die Sterbenden heute in einer völlig anderen Situation wiederfinden als in vergangenen Zeiten, und dies geschieht durch die Institutionalisierung Sterbender, durch die Verlängerung der Sterbeprozesse, durch die Häufung des Sterbens in den höheren Altersgruppen, durch die generelle Problematik professionellen Handelns mit und für Sterbende und die Entfremdung jedes einzelnen Menschen vom Anblick des Sterbens und des Todes und den daraus möglicherweise resultierenden innerpsychischen Prozessen.

C. Zur Psychologie von Sterben und Tod

Baltes (1984) kam nach der Sichtung psychologischer Arbeiten zur Thematik Sterben und Tod im Alter zu folgenden Schlüssen:
- Es existieren sehr große Unterschiede hinsichtlich der Einstellungen zum Tod bei alten Menschen;
- die Bedeutungen, die der Tod für alte Menschen haben kann, variieren ebenfalls sehr stark;
- auch die Bewältigungsformen in der Auseinandersetzung mit Sterben und Tod zeigen im Alter eine sehr große Heterogenität.

Weiter konnte Baltes (1984) feststellen, daß alte Menschen im Vergleich zu jüngeren keineswegs eine negativere oder konfliktreichere Einstellung zum Sterben und zum Tod haben. Möglicherweise – so die Autorin – schaffe das Altern gar Bedingungen, die eine Bewältigung von Tod und Sterben erleichtern helfen. Diesem Resümee ist zur Zeit nichts Wesentliches hinzuzufügen. Höchstens wäre noch zu ergänzen, daß sich die meisten psychologischen Arbeiten nicht mit dem Sterben selbst befassen, sondern eher Einstellungen, Formen der Auseinandersetzung mit Sterben und Tod, spezifische Ängste, Todeskonzepte und Bewältigungsformen untersuchen (Erlemeier, 1972).

1. Die gedankliche Auseinandersetzung mit Sterben und Tod

Gerade zu diesem Aspekt wurden zahlreiche Untersuchungen mit widersprüchlichen Befunden durchgeführt. Dies liegt vor allem an den methodischen Mängeln vieler Studien. Generell kann man feststellen, daß viele Menschen nur gelegentlich bis selten an den Tod denken. Die gedankliche Auseinandersetzung mit dem Thema Sterben und Tod scheint vielmehr durch persönliche, situative und soziale Momente ausgelöst zu werden. Munnichs (1966) stellte zum Beispiel fest, daß die Lebenserfahrung alter Menschen, die häufig die Erfahrung des Todes anderer Menschen beinhaltet, die Auseinandersetzung mit der Endlichkeit des eigenen Lebens mit sich bringt. Auch Riley (1968) berichtet, daß alte Menschen häufiger an ihren Tod denken als jüngere. Es scheint jedoch weniger das chronologische Alter qua Alter zu sein als vielmehr die jeweilige besondere individuelle Konstellation, die eine gedankliche Auseinandersetzung mit Sterben und Tod begünstigt. Überhaupt scheinen sehr spezifische Hintergrundvariablen für den Grad der Intensität der Auseinandersetzung mit Sterben und Tod weit wesentlicher zu sein als traditionelle Kategorien sozialwissenschaftlicher Forschung wie Geschlechtszugehörigkeit, sozialer Status, Familienstand und Religionszugehörigkeit. Wittkowski (1978) zeigt bei seiner Analyse zahlreicher Studien eindrücklich, daß zum Beispiel das Ausmaß negativ erlebter Lebensum-

stände, mangelnde soziale Integration, instabile Lebensumstände, Hoffnungslosigkeit und eine gering ausgeprägte Zukunftsperspektive die Auseinandersetzung mit Sterben und Tod weit eher beeinflussen als die bislang untersuchten
demographischen Variablen.

2. Angst vor Sterben und Tod

Die Ergebnisse der Studien zum Problem der Angst vor Sterben und Tod
sind ebenfalls widersprüchlich. Mit gebotener Vorsicht läßt sich feststellen, daß
die Angst vor dem Tod mit zunehmendem Alter eher abnimmt, jedenfalls nicht
ansteigt. Frauen tendieren zu einer stärker ausgeprägten Angst vor dem Tod
als Männer. Religiosität scheint keinen Einfluß auf das Ausmaß der Todesangst
zu haben. Kranke haben offenbar mehr Angst vor dem Tod als Gesunde.
Schließlich zeigt die Erfahrung, daß die Vermeidung und Verleugnung von
Todesgedanken sowie die Scheu, mit Schwerkranken und Sterbenden zu reden,
auch von sehr unterschiedlichen Gefühlen der Angst begleitet sein können.

Angesichts dieser Befunde zeigt sich, daß die Thanatologie noch nicht über
entsprechende Konstrukte zur Beantwortung ihrer Fragen verfügt. Die Übernahme von psychologischen Methoden und psychologischen sowie soziologischen Konstrukten – zum Teil in sehr kritikloser Weise – genügt nicht. So
fordert auch Kastenbaum (1986) eine Überprüfung der methodischen Vorgehensweisen und in der Thanatologie mehr theoretische und methodische Sorgfalt
und Entwicklungsarbeit. Möglicherweise würde eine stärkere Differenzierung
des Konzeptes einer globalen Angst für den Gebrauch in thanatologischen
Studien schon hilfreich sein. Eine ähnliche Entwicklung ist auch in anderen
Bereichen der Psychologie (z. B. Intelligenz, Persönlichkeit) zu beobachten, wo
der Nutzen bereichsspezifischer Meßinstrumente eindrucksvoll nachgewiesen
werden konnte.

3. Todesvorstellungen und Todesemotionen

Rosemeier (1984) berichtet die Ergebnisse einer der umfassendsten Untersuchungen über Todesvorstellungen und Todesemotionen. Mit Hilfe des Satzergänzungsverfahrens kamen diese Untersuchungen zu vier Kategorien von
Todesvorstellungen. Diesen zufolge wurde der Tod als Lebensende, als Schicksal,
dem der Mensch ausgeliefert ist, als Erlösung von Schmerzen und Diesseitigem
und als schreckliches Ereignis, welches Angst auslöst, gesehen.

Ältere Menschen neigten überrepräsentativ häufig zur Todesvorstellung als
Erlösung von Schmerzen und Diesseitigem; jüngere Personen eher zu Todesvorstellungen, welche Angst auslösen. Frauen zeigten eher deutliche Bezüge zu
angstbesetzten Todesvorstellungen, Männer zu solchen, die den Tod als Lebensende sehen. Ein hoher Bildungsstand scheint die Angstbesetzung der Todesvorstellungen zu reduzieren. Nichtgläubige Personen weisen eher nüchterne
Todesvorstellungen auf im Gegensatz zu gläubigen Menschen, die das Schick-

salhafte in den Vordergrund stellen. Besonders interessant ist, daß Menschen, die sich schon einmal in Lebensgefahr befunden haben, nach diesen Untersuchungen häufig Gedanken der Erlösung mit ihrem Todeskonzept verbinden.

4. Trauer

Schon die sehr allgemeine Definition der Trauer als Verlustreaktion zeigt, daß Trauer als Prozeß immer in einem komplexen Kontext von persönlicher und sozialer Situation zu sehen ist (z. B. Wortman & Silver, 1990). Allen Studien zufolge muß Trauer zunächst einmal als individueller Prozeß in all seinen möglichen Varianten gesehen werden. Dies gilt für den physischen und psychischen Zustand Trauernder genauso wie für die emotionalen Begleiterscheinungen und für den Trauerprozeß selbst.

So sind manche trauernde Menschen frei von psychischen und psychosomatischen Reaktionen, andere berichten von reduzierter Arbeitsfähigkeit, Antriebsarmut, geringer Belastbarkeit und allgemeiner »Nervosität«. Eine gewisse Anzahl Trauernder wiederum zeigt Angst und Zittern oder neigt zu erhöhtem Gebrauch von Medikamenten; sie rauchen verstärkt und trinken vermehrt Alkohol.

Eine gewisse Ähnlichkeit dieser Symptome mit denen der Depression oder spezifischer Angstreaktionen darf nicht dazu führen, Trauer vorschnell zu pathologisieren. Eine Pathologie der Trauer kann erst dann ins Kalkül gezogen werden, wenn der Trauerprozeß stockt oder Blockierungen erkennbar sind; wenn ein Mensch in seiner Trauer verharrt und dadurch der Vollzug alltäglicher Lebenstätigkeiten vermindert oder unmöglich wird.

Wiewohl die Einteilung des Trauerprozesses in Phasen (Kast, 1987; Spiegel, 1981) nicht den Anspruch erhebt und erheben sollte, diesen konkret und in standardisierter Abfolge zu schildern, sind die in der Literatur beschriebenen Phasen dennoch hilfreich zur Orientierung. Keinesfalls dürfen sie jedoch als Abbilder individueller Wirklichkeit verstanden werden. Kast (1987) unterscheidet insgesamt vier Phasen: die Phase des Nicht-wahrhaben-Wollens, die Phase der aufbrechenden Reaktionen, die Phase des Suchens und Sich-Trennens und die Phase des neuen Selbst- und Weltbezugs. Jede dieser Phasen strukturiert den Trauerprozeß mit vielfältigen individuellen Reaktionen. In jeder dieser Phasen können aber auch Reaktionen auftreten, die den Trauerprozeß in seiner weiteren Entwicklung hemmen. Diese können dann therapeutische Interventionen erforderlich machen. Es deutet sogar einiges darauf hin, daß die Wahrscheinlichkeit chronischer Dysfunktionen stark erhöht ist, wenn der Trauerprozeß innerhalb einer bestimmten Zeitspanne (1–2 Jahre) nicht wesentlich vorangeschritten ist.

In der Regel ist die Familie der Ort der Trauer; Trauer bezieht sich im hier beschriebenen Sinn zumeist auch auf Angehörige. Während früher der Trauerprozeß mit der Beachtung und Erfüllung von gesellschaftlichen Normen verbunden war (und heute noch in weniger industrialisierten Gesellschaften ist), steht heute der normative Aspekt im Trauerverhalten und -erleben nicht mehr so deutlich im Vordergrund. Dies ist schon erkennbar am Verzicht auf äußerlich sichtbare Zeichen der Trauer (z. B. schwarze Kleidung). Die heute geringere Verbindlichkeit von trauerbezogenen Verhaltensweisen, von entsprechenden Sitten und Gebräuchen sowie von Riten, die im Sozialisationsprozeß gelernt wurden, belassen zumeist den Trauernden in einer mehr oder weniger großen Unsicherheit. Lediglich die Beisetzung und die Überbringung der Todesnachricht etwa durch einen Pfarrer oder einen Arzt folgen noch bestimmten, relativ feststehenden Mustern (Schmied, 1985). Dies bringt einen Verlust von Sicherheit und von Riten, Sitten und Gebräuchen innewohnenden therapeutischen Elementen mit sich. Trauer ist mehr zu einer individuellen Lebensaufgabe geworden, genauso wie zuvor die schon erwähnte Auseinandersetzung mit Sterben und Tod. Die stützende Funktion der sozialen Umwelt hat sich extrem reduziert, gesellschaftlich verankerte Trauerhilfe durch entsprechende Gebräuche, Sitten und Riten ist nur noch für die Phase der Beisetzung gegeben, der Friedhof ist heute oft der wichtigste und einzige Ort des »memento mori« (Schmied, 1985).

5. Präfinales Syndrom und Sterbeprozeß

Einige Studien zum Zeitpunkt des Eintreffens des Todes haben ein sehr interessantes Ergebnis erbracht. Baltes (1977) konnte zum Beispiel zeigen, daß Tage mit Todesfällen zu Weihnachten hin eine abnehmende und nach Weihnachten eine steigende Tendenz aufwiesen. Diese Ergebnisse sind bislang noch nicht so abgesichert, daß sich daraus ein Konzept der Kontrolle des Todesdatums zweifelsfrei ableiten ließe. Allerdings zeigen praktische Erfahrungen, daß es in gewissem Umfang eine Kontrolle des Todesdatums geben kann, wenn sehr starke Bedürfnisse bestehen, wie zum Beispiel einen Angehörigen noch einmal zu sehen oder einen Geburtstag noch feiern zu können.

Einige Arbeiten weisen darauf hin, daß es im Vorfeld des Sterbens zu Veränderungen kommt, die sich im Verhalten und Erleben der Sterbenden zeigen. Sie können im Konzept des präfinalen Syndroms zusammengefaßt werden. So wurden eine Reduktion von kognitiven Fähigkeiten und von Abwehrmechanismen festgestellt, ebenso zum Teil extreme Schwankungen in der Stimmungslage sowie sehr rasche Schwankungen zwischen Hoffnung und Hoffnungslosigkeit, Kommunikationsbereitschaft und Ablehnung jedweder Kommunikation. Auch das präfinale Syndrom zeigt natürlich intra- und interindividuelle Variabilität sowohl in seinen einzelnen Komponenten und in der Stärke ihrer Ausprägung als auch hinsichtlich seiner jeweiligen Zusammensetzung aus den genannten einzelnen Merkmalen. Nicht selten scheint es gar ganz zu fehlen.

Genausowenig wie der Beginn des Sterbeprozesses exakt bestimmbar ist, kann dessen Ende exakt prognostiziert werden. Der Sterbeprozeß selbst ist sehr individuell und zeigt höchst differenzierte Verhaltens- und Erlebnismuster, die sich unter dem Einfluß von persönlichen Momenten und solchen des sozialen Umfeldes bilden und entwickeln können. Diese beeinflussenden Momente sind insbesondere:

– der frühere Lebensstil;
– das Ausmaß, in dem das eigene Leben in der Rückschau angenommen werden kann (ggf. trotz Einschränkungen);
– das Ausmaß, in dem der Sterbende einen Sinn in seinem Leben und seiner jetzigen Situation erkennt;
– die soziale Integration und die im sozialen Feld erfahrene Akzeptanz (Kruse, 1988).

Vor diesem Hintergrund entfalten sich die jeweils beobachtbaren Verhaltens- und Erlebnisweisen sowie die höchst unterschiedlichen Auseinandersetzungs- formen. Sie reichen von großer Hoffnung über Ambivalenz bis hin zu tiefer Resignation; sie zeigen evasive Reaktionen und konzentrierte Reflexion; sie finden sich im Sich-Fügen, in Angst, Unmut und Trauer sowie in ausgeprägter Gesprächsbereitschaft oder der strikten Ablehnung jedweder Kommunikation.

In diesem Zusammenhang wird deutlich, daß die empirische Herausarbeitung von Auseinandersetzungsformen mit dem Sterben hilfreicher ist als die proto- typische Konstruktion von sogenannten »Phasen des Sterbens«, deren Zustan- dekommen sich dem kritischen Nachvollzug entzieht. Ob Beobachtungen und Untersuchungen zur Art der Verarbeitung lebensbedrohender Erkrankungen auch auf Formen der Auseinandersetzung mit dem Sterben anwendbar sind, ist bislang zwar nicht eindeutig geklärt, aber wohl nicht unwahrscheinlich. Die Zusammenstellung von Beutel (1988) vermittelt in diesem Zusammenhang wich- tige Perspektiven. Danach ist es unwahrscheinlich, daß über den Lebensweg hinweg hauptsächlich konstante Persönlichkeitsmerkmale diese Auseinander- setzungsformen prägen, ebensowenig wie bestimmte Erkrankungen. Es spricht vielmehr einiges dafür, daß chronisch kranke Patienten gewisse Eigenschaften zeigen, die Hinweise auf Formen der Auseinandersetzung mit lebensbedrohen- den Krankheiten gestatten: Befindlichkeitsstörungen (u. a. Ängste, Depressio- nen, emotionale Labilität, Reizbarkeit), vermindertes Selbstwertgefühl, Bela- stungen in Partnerschaft und Familie wie in der Beziehung zu Pflegepersonal und Ärzten, soziale Belastungen im Beruf und Einengung von Freizeittätigkeiten und Sozialkontakten wurden beobachtet. Auch hier sind die inter- und intra- individuellen Varianten sehr groß. Dies gilt auch für Verleugnungsmechanismen, die eine besondere Rolle zu spielen scheinen, da sie »wichtige adaptive Funk- tionen« (Beutel, 1988, S. 243) erfüllen können. Diese adaptive Komponente wird oft unterschätzt oder gar übersehen. Sterbende Menschen wollen noch am Leben teilnehmen, müssen sich, soweit es geht, der jeweiligen sozialen Welt anpassen und versuchen auch nicht selten, umgekehrt diese Umwelt sich selbst anzupassen.

6. Depressionen bei Sterbenden

Die Frage nach dem Auftreten von Depressionen bei Sterbenden ist schwer zu beantworten. Sie erfordert zum einen ein striktes Bemühen, vorschnelle Pathologisierung zu vermeiden, und zum anderen eine sorgfältige Gewichtung beobachtbarer Symptome. Trauer und Angstreaktionen, Schuldgefühle und Niedergeschlagenheit können durchaus zum »normalen« Verlauf des menschlichen Sterbens gehören und müssen nicht unbedingt ein Zeichen für eine Depression sein.

Der Sterbeprozeß kann in seinem Verlauf depressive Bilder zeigen oder gar in eine Depression münden. Es finden sich zu diesen Phänomenen jedoch nur wenige sorgfältig erarbeitete Beschreibungen, geschweige denn Analysen. Auch die psychiatrische und die psychologische Literatur zur Thematik der Depression klammert die Fragen nach (möglichen) Beziehungsgeflechten zwischen depressiven Erkrankungen und Sterbeprozessen weitgehend aus. Im Zusammenhang mit dem Schicksal und dem (weiteren) Lebensweg unheilbar Kranker und Sterbender wird zwar das Konzept der sogenannten reaktiven Depression strapaziert, doch meist ohne ausreichenden Bezug auf das gelebte und das noch lebbare beziehungsweise zu lebende Leben; das Da-Sein unheilbar Kranker und Sterbender ist kaum nachvollziehbar. Howe (1987) berichtet aufgrund einer Literaturübersicht, daß Depressionen bei Sterbenden als Folge einer konfliktreichen und negativ erlebten Lebenssituation, als Reaktion auf Verlusterlebnisse und durch eine eingeengte Zeitperspektive auftreten können.

Zusammenfassend kann festgestellt werden, daß trotz der nicht zu bestreitenden Fortschritte in der Erforschung und Therapie depressiver Störungen im höheren Lebensalter (Helmchen, 1990) das Wissen um Depressionen bei Sterbenden noch gering ist. Die geläufige Verwendung des Begriffs der Depression bei der Betrachtung von spezifischen Sterbeprozessen führt daher noch häufig zu oberflächlichen Etikettierungen und damit zu wenig sicheren Befunden.

D. Soziologische Forschungsergebnisse zu Sterben und Tod

Riley (1983) stellt fest, daß es bislang noch keine eigentliche Soziologie des Sterbens und des Todes gibt, wenngleich diese Thematik in einzelnen Untersuchungen immer wieder einmal aufgegriffen wurde, allerdings selten in einem gerontologischen Kontext. Das Konzept des sozialen Todes (Glaser & Strauss, 1965) kann auch auf ältere und alte Menschen übertragen werden und gewinnt von daher eine große Bedeutung für die vorliegenden Erörterungen.

Das Konzept vom sozialen Tod beschreibt die vielfach zu beobachtende Situation, in die Menschen kommen können, die in Institutionen sterben müssen: Verringerung der Privatsphäre, Abnahme sozialer Kontakte, zum Teil dramatische Reduzierung eigener Aktivitäten und ähnliches. Dieser »soziale Tod« tritt vornehmlich dann ein, wenn zwischen den Sterbenden und ihrer sozialen Umwelt kein offener Kontakt mehr stattfindet. Sowohl der Sterbende als auch seine Kontaktpartner gehen dabei spezifische Formen des Umgangs miteinander ein:

– Der Sterbende weiß nichts von seinem bevorstehenden Tod, doch oft die anderen.

– Der Sterbende vermutet, daß andere über seinen lebensbedrohenden Zustand wissen, und er will dies validieren oder falsifizieren.

– Der Sterbende und die anderen wissen um den bevorstehenden Tod, nehmen aber an, der jeweils andere weiß es nicht.

– Alle Beteiligten wissen um den bevorstehenden Tod und kommunizieren darüber.

Aus der Aufzählung geht hervor, daß gerade die drei ersten Formen den »sozialen Tod« begünstigen, und dies zum Teil lange, bevor der biologische Tod eintritt. Gerade dieser Ansatz von Glaser und Strauss (1965) ist von überragender Bedeutung für die Kommunikation zwischen Sterbenden und ihren Kontaktpartnern und damit generell für die Sterbebegleitung.

Die Akzeptanz des eigenen Sterbens und des eigenen Todes hängt nach den Ergebnissen soziologischer Studien auch von der Gemeinschaft ab. Wenn die Gemeinschaft selbst und die dieser angehörenden Individuen den Tod als Phänomen des Lebens akzeptieren, wenn keine Unsterblichkeitsphantasien auf beiden Seiten bestehen und die offene Kommunikation über die Endlichkeit des menschlichen Daseins möglich ist, dann kann sich auch eine Akzeptanz des eigenen Lebensendes entwickeln.

Die soziologischen Untersuchungen zur Frage der Zusammenhänge zwischen Ruhestand, Wohnort und ökonomischen Veränderungen einerseits und Mortalität andererseits brachten bislang keine eindeutigen Ergebnisse. Dagegen zeigten Untersuchungen zur Witwen- und Witwerschaft sehr relevante Resultate. Generalisiert man diese, so kann man feststellen, daß die Auseinandersetzung mit dem Tod des Ehepartners ein sehr differenzierter und individueller Prozeß ist. Dieser führt zu unterschiedlichen Anpassungsstrategien, die für die Betroffenen mit sehr differenzierten Folgen für ihr Lebensgefühl und ihr soziales Leben verbunden sein können. Entlastungen (z. B. von der Pflege eines sehr kranken Ehepartners) stehen Belastungen durch die Mühe der Aufrechterhaltung der Sozialkontakte und der notwendigen Entwicklung eines anderen Lebensstils gegenüber (Fooken, 1980). Die Soziologie hat in ihre Fragestellungen auch Einstellungen zum Tod, Trauerprozesse und die soziale Organisation des Todes durch Gebräuche, Sitten und Riten einbezogen. Ihre Ergebnisse entsprechen weitgehend denen, die bereits berichtet wurden.

E. Suizid im Alter

In der ehemaligen Bundesrepublik starben jährlich zwischen 13.000 und 14.000 Menschen durch Suizid. Da die Dunkelziffer sicherlich hoch ist, dürfte die tatsächliche Zahl noch deutlich darüber liegen. 1986 betrug die Suizidrate (tödlich endende Suizidhandlungen auf 100.000 Einwohner) in der ehemaligen Bundesrepublik 19,0. Für die 65- bis 75jährigen Menschen lag sie bei 31,3 Prozent, für die Gruppe über 75 Jahren bei 39,7 Prozent (Demling & Lungershausen, 1989). Alte Menschen – besonders alte Männer – bevorzugen Suizid-

methoden, die nur geringe Überlebenschancen offen lassen (Erhängen, Erschießen, Sprung in die Tiefe etc.). Alte Frauen weisen zwar auch einen höheren
Prozentsatz von Selbsttötungen auf als Frauen aus jüngeren Altersgruppen, doch
finden sich bei Frauen generell weniger Suizide als bei Männern. Unter den
Personen, die eine Suizidhandlung überlebt haben, sind ältere und alte Menschen
aus den zuvor genannten Gründen unterrepräsentiert.

Depressive alte Menschen und vor allem jene, die Involutionsdepressionen
(= gehemmte oder erregte depressive Verläufe im sog. Rückbildungsalter) und
Zyklothymien (= nicht psychotische Verlaufsformen periodischer endogener
Stimmungsschwankungen) zeigen, besitzen ein besonders hohes Suizidrisiko.
Doch wirken auch somatische Erkrankungen auf eine Bereitschaft zum Suizid
verstärkend. Neben diesen Faktoren können soziale Verluste (z. B. Verwitwung),
mangelnde soziale Integration, Isolation und Einsamkeit sowie das Gefühl, nicht
mehr gebraucht zu werden, weitere Motive zum Suizid sein. Der zeitliche
Abstand zwischen dem ersten Aufkommen suizidbezogener Gedanken und der
Ausübung des Suizids ist im Alter vergleichsweise kurz. Konflikte und Alko-
holeinfluß spielen dabei eine begünstigende Rolle.

Ältere und suizidgefährdete Menschen machen nur selten Gebrauch von
Einrichtungen, die der Krisenintervention dienen. Allerdings suchen sehr viele
oft kurz vor ihrem Suizid den Arzt auf, zumeist mit wenig dramatischen
Symptomen. Viele kündigen ihren Suizid verklausuliert an oder äußern Suizid-
gedanken. Die meisten der alten Menschen, die einen Suizidversuch gemacht
haben, sind nach der gelungenen Rettung froh, noch lebendig zu sein; sie
nehmen (nach Demling & Lungershausen, 1989) auch gerne Hilfe an. Die
Therapie umfaßt dabei somatische, psychiatrische und psychotherapeutische
Ansätze. Für den Therapieerfolg ist entscheidend, ob es gelingt, den alten
Menschen wieder einen Lebenssinn zu vermitteln. Sinnkrisen gehen bei alten
Menschen häufig mit Suizidgefährdung einher.

F. Sterbebegleitung

Im folgenden wird von Sterbebegleitung die Rede sein. Die gängigen Begriffe
Sterbehilfe und Sterbebeistand werden nicht verwendet. Sterbebegleitung umfaßt
die einzige Form der Hilfe und des Beistandes in der letzten Lebensphase: Hilfe
und Beistand können ein Bestandteil der Begleitung sein. Dies ist anzustreben
und zeigt den Helfer in der Rolle, die er einnehmen sollte — in der des Begleiters.
Im Terminus der Begleitung wird der Prozeß deutlich, der im Umgang mit
Sterbenden auch für den Begleiter möglich wird. Sterbebegleitung fordert die
ganze Persönlichkeit des Begleiters und nicht nur die von ihm erlernten und
erfahrenen sozialen und kommunikativen Strategien. Dies gilt sowohl für den
Angehörigen des Sterbenden als auch für denjenigen, der durch seinen Beruf
mit der Aufgabe der Sterbebegleitung in Berührung kommt.

Eigene Angst und Unsicherheit sind für viele Sterbebegleiter nur schwer überwindbare Hindernisse. Sie treten in vielfältiger Form auf und deuten sich zum Beispiel in der Sorge an, in einem letzten Kontakt das Falsche zu sagen; nicht zu wissen, wie man reagieren soll; in der Angst vor Verlust und in der Konfrontation mit der Endlichkeit der eigenen Existenz (Schmitz-Scherzer, 1990). Angst kann sich in diesem Zusammenhang als individuelles Problem des Begleiters oder des Sterbenden manifestieren, sie kann aber auch die Beziehung beider stark beeinflussen.

Angesichts der Tatsache, daß Sterbende immer häufiger in Institutionen sterben, wird die Sterbebegleitung immer öfter von Professionellen übernommen. Jedoch unterliegen die professionellen Begleiter den oben angedeuteten Schwierigkeiten genauso wie etwa die Angehörigen. Es liegt auf der Hand, daß Defizite in der Gestaltung der Sterbebegleitung zunächst im Rahmen der Aus-, Fort- und Weiterbildung für Ärzt/innen und Pfleger/innen aufgegriffen werden könnten. Ein Großteil der in diesem Feld Engagierten fordert dies auch. In der Praxis wird diesen Forderungen aber recht unterschiedlich Rechnung getragen.

Bei der Inspektion der Ausbildungspläne für das ärztliche und das pflegerische Personal fällt auf, daß in aller Regel die Themen »Tod und Sterben« und die der Sterbebegleitung nicht erwähnt oder nur unzureichend behandelt werden. Es wird deutlich, daß der funktionale Aspekt in der Ausbildung überzeichnet wird. Es wird der Anschein erweckt, als gäbe es für alle Störungen und Ungleichgewichte im menschlichen Leben Mittel und Gegenmittel. Das Ohnmachtsgefühl von Ärzten und Pflegepersonal gegenüber dem Sterben und dem Tod hat hier eine seiner wesentlichen Wurzeln. Auch viele Krankenhausseelsorger verrichten noch ohne besondere Ausbildung und/oder Stützung ihren Dienst. Andererseits muß aber auch darauf hingewiesen werden, daß die Defizite nicht nur mangelnder Aus-, Fort- und Weiterbildung anzulasten sind. Letztlich hängen sie auch mit der in unserer Gesellschaft vorherrschenden Einstellung gegenüber Tod und Sterben zusammen und unterstehen damit unser aller Verantwortung (Rest, 1982).

Besondere Schwierigkeiten bei der Sterbebegleitung bereiten nach den vorliegenden Untersuchungen, die auf Explorationen von erfahrenen Pflegern beruhen, folgende Momente (Schmitz-Scherzer, 1990):
— Alter der Sterbenden (die Begleitung jüngerer Sterbender wird als schwerer empfunden);
— Unsicherheit;
— Frustration durch eigene Hilflosigkeit;
— Schockreaktion bei plötzlichem Tod;
— Schuldgefühle bei nicht offener Kommunikation;
— Angst vor »Fangfragen« des Patienten;
— Stetige Kontrolle bei ahnungslosen Patienten;
— Identifikation mit dem Sterbenden;
— Mangel an Erfolgserlebnissen;
— Gespräche mit Sterbenden über das Sterben.

Sterbebegleiter sind immer wieder gefordert, auf höchst individuelle und ganz persönliche Nöte der Sterbenden einzugehen. Das Wissen um die Bedürfnisse, die jeder Sterbende mehr oder minder ausgeprägt hat, kann dabei nur begrenzt zur Orientierung dienen. Trotzdem ist dieses Wissen um die Bedürfnisse von Sterbenden von großem Wert (Schmitz-Scherzer, 1990).

Da sind zum einen *körperliche Bedürfnisse,* wie Freisein von großen Schmerzen; sich wohl fühlen im körperlichen Sinne; entlastet sein von unangenehmen körperlichen oder anderen als unangenehm erlebten Empfindungen. Zum anderen handelt es sich um *psychische und soziale Bedürfnisse,* wie Sicherheit und Vertrauen im Hinblick auf das Personal sowie auf die Information über den eigenen Zustand, soweit erfragt und erhofft; wie das Gefühl, nicht alleine zu sein und nicht verlassen zu werden; das Gefühl, zu etwas zu gehören; akzeptiert zu werden; respektiert zu werden; das Bedürfnis nach »sinnvoller« Bewertung des eigenen Lebens; der Anspruch auf Erhaltung und weitere Entwicklung des Selbstwertgefühls, der eigenen Persönlichkeit; die Zuwendung durch die Umwelt sowie der Respekt seitens der Umwelt und die Beachtung der menschlichen Würde.

Die Bedürfnisse von Sterbenden und die Unsicherheiten sowie die Schwierigkeiten der Begleiter/innen und ihr Umgang mit diesen bestimmen die gemeinsame Interaktion. Die psychischen Belastungen, die sich aus der Sterbebegleitung für die Begleiter/innen ergeben können, sind nicht selten sehr groß. Das mit Sterbebegleitung befaßte Personal braucht daher Stützung (z. B. durch Supervision in angemessener Form) und Entlastung, zum Beispiel durch Erfahrungsaustausch, durch entsprechend konzipierte Fortbildungen und durch eine vernünftige Dienstplangestaltung (Koch & Schmeling, 1982).

Der Sterbende und der Begleitende befinden sich beide in einer jedoch jeweils unterschiedlichen Grenzsituation, die besondere Sichtweisen und Kommunikationsformen fordert. Dem Begleiter fällt die Aufgabe des Deutens der Sprache, der Zeichen, der Mimik und der Gestik der Sterbenden zu. Ihre Sprache ist zuweilen durch einen bedeutungsschwangeren Raum zwischen, hinter und neben den Wörtern gekennzeichnet.

G. Trends zukünftiger Entwicklungen

Viele Menschen wünschen sich, zu Hause zu sterben. Sind diese Vorstellungen realistisch, und wenn ja, unter welchen Bedingungen? In dem Wunsch, zu Hause zu sterben, sind zahlreiche Vorstellungen von Geborgenheit und Wärme, des Versorgtseins und des Verständnisses bis hin zu den persönlichsten Erwartungen an bestimmte Familienmitglieder enthalten. Die Erfüllung der Wünsche dieser Menschen setzt oft ein soziales Netz von Familienmitgliedern voraus, die verfügbar, willens und fähig sind, die Sterbebegleitung zu Hause zu übernehmen. In der Regel geht dies nur mit Unterstützung von ambulanten Helfern und – je nach Erkrankung – in enger Kooperation mit dem Hausarzt und der Klinik.

Häufig zeigt sich in der Praxis, daß die Familienmitglieder der Ermutigung durch die Ärzte bedürfen, und nicht selten vergewissern sie sich, daß sie im Falle einer Überforderung mit der Beratung und Hilfe der Ärzte rechnen können. Je nach Art und Dauer des Sterbeprozesses müssen die Familienmitglieder realistisch vorbereitet und kontinuierlich beraten werden.

Es ist jedoch nicht anzunehmen, daß in Zukunft wieder mehr Menschen, wenn sie es wünschen, zu Hause sterben können. Demographische Veränderungen, die eine steigende Zahl alleine lebender älterer und alter Menschen und ebenso eine geringere Anzahl von Kindern nach sich ziehen, setzen in Zukunft eher engere Grenzen. Ob Sterbende in den Krankenhäusern und Pflegeheimen zukünftig mehr Beachtung und damit angemessenere Sterbebegleitung erfahren werden, hängt zunächst einmal von strukturellen Momenten ab. Die Anzahl der Pflegekräfte und ihre Ausbildung auch in Fragen der Sterbebegleitung, die Akzeptanz der Ärzteschaft, die Öffnung von Kliniken und Pflegeheimen für Angehörige sowie deren Beratung und Unterstützung zu jeder Zeit sind nur einige der Aspekte, die verändert werden müßten. Veränderungen wären auch durch den Gesetzgeber notwendig. Diese beträfen hier vor allem die Sicherung der Finanzierung der zuvor erwähnten Maßnahmen.

Wenngleich in vielen Pflegeheimen der Sterbebegleitung mehr Beachtung geschenkt wird, als dies in den meisten Kliniken geschieht, sind auch dort Veränderungen notwendig. Wahrscheinlich wird der zukünftige Sterbeort sogar vermehrt das Pflegeheim sein. Die Länge der Sterbeprozesse und die zunehmende Häufigkeit von Sterbefällen im Alter sowie die Verkürzung der Verweildauer im Bereich der Kliniken lassen dies vermuten. Auch hier wäre eine Verbesserung struktureller Momente (Personalschlüssel!), der Ausbildung des Personals und der Kooperation mit den Angehörigen notwendig für eine angemessene Sterbebegleitung.

Die zuvor geschilderten Aspekte einer Verbesserung der Situation Sterbender zu Hause, in Kliniken und in Pflegeheimen stellen eine Klasse von Veränderungen im Vergleich zur heutigen Situation dar. Eine andere Klasse von Veränderungen weist auf die Entwicklung von Alternativen hin: die Diskussion um Hospize (Stoddard, 1987). In Anlehnung an Vorbilder in England und Amerika existiert auch eine Vielzahl von Initiativen zur Gründung von Hospizen und vergleichbaren Einrichtungen. Zur Zeit existieren in der Bundesrepublik schon mindestens zehn dieser Hospize, zum Teil schon mehr als zehn Jahre.

Eine der Grundlagen der Hospizbewegung ist der Gedanke einer ganzheitlichen Pflege Sterbender in einer Gemeinschaft von Pflegenden und Gepflegten. Grundlegende (christliche) ethische Prinzipien richten sich dabei auf die Aufrechterhaltung der Würde des Sterbenden, seine Wahlfreiheit und den Respekt vor ihm im Kontext einer wohlverstandenen und vor allem im Handeln praktizierten Mitmenschlichkeit. Die Hospizbewegung lehnt weder die moderne Medizin noch die Medizintechnik ab, sie nutzt nach Möglichkeit modernste Methoden schmerzlindernder Behandlung. Sie lehnt jedoch die Art des Sterbens ab, die mehr von Organisation und Betriebsabläufen bestimmt wird als von den Bedürfnissen der Sterbenden selbst. Im Zentrum der Hospizbewegung steht der Sterbende.

Dabei ist die Hospizbewegung nicht unbedingt auf die Institution des »Hospiz« angelegt. Freilich hat sie in manchen Ländern, insbesondere in den USA, Kanada und England gerade in solchen Institutionen, den Hospizen, versucht, ihre Ideen zu realisieren. Doch gibt es dort auch Gruppen von Professionellen und Laien, die im ambulanten Dienst im Sinne der Hospizidee wirken. Dies ist auch in der Bundesrepublik der Fall. Gerade wenn die Institutionen Klinik und Pflegeheim bei der Realisierung einer angemessenen Sterbebegleitung in Zukunft an ihre Grenzen stoßen sollten, könnten diese Gruppen sehr wichtig werden. Sie arbeiten schon heute mit Familien, Kliniken und Pflegeheimen eng zusammen.

Hospize, die sich in eigenen Häusern etablieren, wie auch jene der Idee des Hospizes verpflichteten professionellen und ehrenamtlichen Gruppen (z. B. Sitzwachengruppen), die die ambulante Betreuung Sterbender und ihrer Angehörigen übernehmen, sehen in ihrer Arbeit als Hauptziel eine optimale ganzheitliche Versorgung der Sterbenden und ihrer Angehörigen. In jeder Situation wird versucht, neben der medizinischen die pflegerische, soziale und psychische Betreuung sicherzustellen. Dies beinhaltet auch die konkrete Organisation von Hilfe sowie Beratung. Soweit möglich, soll ein Sterben zu Hause sichergestellt werden.

Die Ausbildung und Weiterbildung professioneller und ehrenamtlicher Mitarbeiter/innen sowie – wenn erforderlich – deren psychologische Unterstützung (z. B. durch themenbezogene Gespräche und Supervision) stellen ein weiteres wesentliches gemeinsames Ziel dar. Hospize versuchen eine enge Zusammenarbeit mit Pflegeheimen und Krankenhäusern. Keinesfalls wollen sie als eine Konkurrenz dieser Einrichtungen verstanden werden. Dies schon deshalb nicht, weil ihr Schwergewicht auf der Schmerzbehandlung und der möglichst ganzheitlichen Betreuung Sterbender und ihrer Angehörigen liegt und sie somit bewußt auf komplexe Diagnostik und Therapie weitgehend verzichten.

Der der Hospizidee oft gemachte Vorwurf einer Ghettoisierung der Sterbenden ist unzutreffend. Ganz im Gegenteil bemühen sie sich um einen Einbezug der Nachbarschaft im Rahmen gemeinwesenorientierter Ansätze und den Einbezug der Angehörigen in ihre Arbeit. Gleiches kann auch von den Gruppen gesagt werden, die eine ambulante Betreuung Sterbender und ihrer Angehörigen leisten. Sie verstehen sich als eine notwendige Ergänzung vorhandener Institutionen und pflegen die Zusammenarbeit mit diesen mit großer Energie.

In den letzten Jahren gründeten sich einige Organisationen als Dachverbände der vielfältigen örtlichen Initiativen. Diese Organisationen stellen ihren Mitgliedern ein Forum zum Erfahrungsaustausch zur Verfügung, bieten organisatorische Beratung, organisieren Maßnahmen zur Fort- und Weiterbildung und stellen durch Regionalbüros Hilfs- und Beratungsmöglichkeiten vor allem für die Angehörigen Sterbender zur Verfügung.

Es scheint, daß die öffentliche Diskussion über Sterben und Tod gerade in den letzten Jahren die Sensibilität gegenüber dem Thema erhöht hat. Die Diskussion um passive und aktive Euthanasie, um das Recht des Einzelnen auf seinen Tod, und die Kritik an der modernen Medizintechnik und an spezifischen Formen von Anwendungen zur Lebensverlängerung rücken Sterben und Tod wieder mehr in das Bewußtsein der Menschen und sollten dazu führen, Sterbebegleitung von der alleinigen Verantwortung der Ärzteschaft und des Pflegepersonals auch auf Angehörige sowie andere Berufsgruppen stärker auszudehnen.

Dieser Prozeß wird sich wahrscheinlich in der Zukunft noch verstärken. Es wird dann notwendig werden, den Menschen, die sich bewußt mit ihrem Sterben und ihrem Tod auseinandersetzen, auch entsprechende Möglichkeiten zum »Leben« ihres Sterbens anzubieten. Dabei wird vor allem auch die Rechtslage entscheidend sein. Allerdings ist anzunehmen, daß es rechtlich gesehen keine Möglichkeiten gibt, Gewissensentscheidungen der Ärzte in Paragraphen nach Erlaubtem und Verbotenem zu sortieren (vgl. Zacher, Kapitel 12 in diesem Band). Es werden wohl die Gerichte sein, die zu entscheiden haben, was in der Sterbebegleitung möglich ist und was nicht; wobei eine aktive Euthanasie dem Ethos des Ärztestandes und unserer Gesellschaft widerspricht und sicherlich in diesen Zusammenhängen nicht diskutabel ist.

Andererseits gab es bislang einige Fälle, in denen Gerichte dem gültigen Recht entsprechend zu entscheiden hatten. Die ergangenen Urteile zeigen, daß manche dieser Fälle nur sehr schwer in Rechtsnormen zu fassen sind. Entsprechend unterschiedlich fielen die Urteile aus. Gemeinsam ist ihnen allerdings die strikte Abgrenzung zum Tötungsdelikt und die generelle Abgrenzung zur aktiven Euthanasie. Den Ärzten und Angehörigen verbleibt somit ein kleiner, rechtlich unzureichend definierter Raum für ihre Entscheidungen in der jeweils konkreten Situation. Verschiedene Vorschläge und Vorlagen für eine Neufassung der hier relevanten Gesetze wurden zwar vorgelegt, doch befinden sie sich noch immer im Stadium der Diskussion.

Die heute zu beobachtenden Entwicklungen lassen vermuten, daß sich in Zukunft die hier erwähnten verschiedenen Institutionen und Initiativen um die Gestaltung eines menschenwürdigen Sterbens an unterschiedlichen Orten bemühen werden. Sowohl Kliniken als auch Pflegeheime und Hospize werden diese Sterbeorte sein und bei entsprechenden Voraussetzungen das Sterben zu Hause ermöglichen. Die in diesem Zusammenhang notwendige Zusammenarbeit wird heute schon an einzelnen Orten praktiziert.

Schließlich muß es in der Zukunft möglich sein, die »Privatisierung« von Sterben und Tod wieder aufzubrechen. Viele der jetzt bekannten Probleme sind darauf zurückzuführen, daß das Sterben und der Tod aus der Wirklichkeit des Lebens verdrängt wurden. Sterben muß wieder in das Leben zurückkehren.

Doch kann sich eine neue »ars moriendi« in Zukunft nur vor dem Hintergrund gesamtgesellschaftlicher Veränderungen, das heißt auch der Veränderungen von Wertvorstellungen zu Tod und Sterben, entwickeln.

Literaturverzeichnis

Ariès, P. (1980). *Geschichte des Todes.* München: Hanser.

Baltes, M. (1977). On the relationship between significant yearly events and time of death. *Journal of Death and Dying: Omega, 8,* 127 – 141.

Baltes, M. (1984). Altern und Tod in der psychologischen Forschung. In R. Winau & H. P. Rosemeier (Hrsg.), *Tod und Sterben* (S. 237 – 251). Berlin: de Gruyter.

Beutel, M. (1988). *Bewältigungsprozesse bei chronischen Erkrankungen.* Weinheim: Edition Medizin.

Demling, J. & Lungershausen, E. (1989). Suizidität. In D. Platt (Hrsg.), *Handbuch der Gerontologie* (Bd. 5, S. 285 – 296). Stuttgart: Gustav Fischer.

Erlemeier, N. (1972). Psychologische Forschungen zum Todesproblem. *Zeitschrift für Gerontologie, 5,* 32 – 49.

Fooken, I. (1980). *Frauen im Alter.* Frankfurt/M.: Lang.

Glaser, B. G. & Strauss, A. L. (1965). *Awareness of dying.* Chicago, IL: Aldine.

Helmchen, H. (1990). *Klinik und Therapie depressiver Störungen im höheren Alter.* Unveröffentlichtes Manuskript, Freie Universität Berlin.

Howe, J. (1987). *Das Sterben als Gegenstand psychosozialer Alternsforschung.* Stuttgart: Enke.

Imhof, A. E. (1981). *Die gewonnenen Jahre.* München: C. H. Beck.

Jaspers, K. (1988). *Denkwege. Ein Lehrbuch.* München: Piper.

Kast, V. (1987). *Trauern* (8. Aufl.). Stuttgart: Kreuz.

Kastenbaum, R. (1986). Death as a research problem in social gerontology. *The Gerontologist, 6,* 67 – 69.

Koch, U. & Schmeling, C. (1982). *Betreuung von Schwer- und Todkranken.* München: Urban & Schwarzenberg.

Kruse, A. (1988). Die Auseinandersetzung mit Sterben und Tod – Möglichkeiten eines ärztlichen Sterbebeistandes. *Zeitschrift für Allgemeinmedizin, 64,* 317 – 332.

Munnichs, J. M. A. (1966). *Old age and finitude. A contribution to social gerontology.* Basel: Karger.

Rest, F. (1982). *Den Sterbenden beistehen.* Heidelberg: Quelle & Meyer.

Riley, J. W., Jr. (1968). Death. In D. L. Sills (Ed.), *International encyclopedia of the social sciences* (Vol. 4, pp. 19 – 25). New York: Macmillan.

Riley, J. W., Jr. (1983). Dying and the meanings of death. *Annual Review of Sociology, 9,* 191 – 216.

Rosemeier, H. P. (1984). Untersuchungen zur Psychologie der Todeskonzepte. In R. Winau & H. P. Rosemeier (Hrsg.), *Tod und Sterben* (S. 217 – 236). Berlin: de Gruyter.

Scherer, G. (1988). *Das Problem des Todes in der Philosophie. Grundzüge.* Stuttgart: Wissenschaftliche Buchgesellschaft.

Schmied, G. (1985). *Sterben und Trauern in der modernen Gesellschaft.* Opladen: Leske & Budrich.

Schmitz-Scherzer, R. (1990). Sterben − Ein Versuch aus sozialgerontologischer Perspektive. In R. Schmitz-Scherzer, A. Kruse & E. Olbrich (Hrsg.), *Altern − ein lebenslanger Prozeß der sozialen Interaktion* (S. 43 − 54). Darmstadt: Steinkopff.

Spiegel, Y. (1981). *Der Prozeß des Trauerns.* München: Kaiser-Grünwald.

Stephenson, G. (Hrsg.) (1980). *Leben und Tod in den Religionen.* Darmstadt: Wissenschaftliche Buchgesellschaft.

Stoddard, S. (1987). *Die Hospiz-Bewegung.* Freiburg: Lambertus.

Wittkowski, J. (1978). *Tod und Sterben. Ergebnisse der Thanatopsychologie.* Heidelberg: Quelle & Meyer.

Wortman, C. B. & Silver, R. C. (1990). Successful mastery of bereavement and widowhood: A life-course perspective. In P. B. Baltes & M. M. Baltes (Eds.), *Successful aging* (pp. 225 − 264). Cambridge, MA: Cambridge University Press.

22. Altern und Gesundheitswesen: Probleme und Lösungen aus der Sicht der Gesundheitsökonomie

WALTER KRÄMER

Zusammenfassung

Das Kapitel diskutiert zunächst den Status Quo von Altersstruktur und Morbidität in westlichen Industrienationen. Wichtigstes Ergebnis ist die wenig überraschende Feststellung, daß Krankheiten wie Krankheitskosten in einer gegebenen Rechnungsperiode mit wachsendem Lebensalter zunehmen. Davon zu unterscheiden ist die Zunahme der Gesundheitskosten bei fortschreitender Kalenderzeit, die alle Altersjahrgänge gleichermaßen betrifft, und die hier vor allem dem medizinisch-technischen Fortschritt angerechnet wird. Als weitere Konsequenz dieses medizinisch-technischen Fortschritts wird ein wachsender Überhang des Machbaren über das Finanzierbare in der Medizin konstatiert, der eine Optimalmedizin für alle immer schwieriger erreichbar erscheinen läßt. Es wird argumentiert, daß dem dadurch bewirkten Rationierungszwang, unter dem vor allem ältere Mitbürger leiden könnten, durchaus auch auf humane Weise begegnet werden kann.

A. Einleitung und Überblick

»Auch ... halt ich es für wahr, daß die Humanität endlich siegen wird, nur fürcht' ich, daß zur gleichen Zeit die Welt ein großes Hospital und einer des anderen humaner Krankenwärter werden wird« (Goethe, 1949, S. 85).

Als Goethe dies 1787 aus Italien an Frau von Stein schrieb, war er gerade 38 Jahre alt. Trotzdem hatte er schon mehr als die Hälfte seines Geburtsjahrganges überlebt. Sechzig von hundert seiner Zeitgenossen starben noch vor ihrem 45. Geburtstag, wenn man verschiedenen Sterbetafeln des 18. Jahrhunderts glauben darf, in der Regel an einer kurzen, aber heftigen Infektionskrankheit, in der Blüte ihrer Jahre, unter Menschen, die im Durchschnitt jünger und, wie weiter unten argumentiert werden wird, auch gesünder waren, als wir es heute sind (vgl. auch Dinkel, Kapitel 3 in diesem Band).

Prof. Dr. Walter Krämer ist Inhaber des Lehrstuhls für Wirtschafts- und Sozialstatistik am Fachbereich Statistik der Universität Dortmund. Arbeitsgebiete: Statistik, Ökonometrie, Gesundheitsökonomie, empirische Kapitalmarktforschung.

Goethe wäre, falls nur auf die Gesellschaft von Gleichaltrigen angewiesen, den größten Teil seines Lebens sehr einsam gewesen. Das moderne Rentenalter von 65 Jahren erreichte zu seiner Zeit nur einer von zehn Geborenen, verglichen mit heute sieben oder acht. Zwischen 20 und 30 Prozent eines Geburtsjahrganges erreichen heute sogar 82 Jahre, das Alter, in dem Goethe schließlich starb. Der Tod, einst in allen Altersklassen gefürchtet, jagt heute in einem weitaus kleineren Revier.

Diese Kompression der Mortalität im Verein mit der dadurch ausgelösten demographischen Revolution kam nicht von allein. Sie hat verschiedene Quellen und auch Konsequenzen vielfältigster Art: Zunächst vertreiben höherer Lebensstandard und moderne Medizin einen frühen Tod. Trotz einiger Krankheiten, die erst durch den medizinischen Fortschritt zugenommen haben, bezweifeln heute nur wenige den positiven Nettoeffekt und die lebensverlängernde Wirkung der modernen Medizin, was auch immer Ivan Illich dazu sagt. Ferner essen wir im Durchschnitt immer gesünder, arbeiten weniger, erholen uns länger und sind weit weniger als unsere Vorfahren den Angriffen des Wetters ausgesetzt, so daß insgesamt der typische Mitteleuropäer heute doppelt so lange wie noch vor 150 Jahren lebt.

Auf der anderen Seite beeinflußt die veränderte Bevölkerungsstruktur aber auch Medizin und Volkswirtschaft. Das Wachstumspotential einer Wirtschaft hängt nämlich nicht unerheblich von der Lebenserwartung ihrer Menschen ab. Die Jäger- und Wandervölker der Altsteinzeit litten unter anderem auch deswegen unter Jahrtausenden wirtschaftlicher Stagnation, weil ein früher Tod ihr Potential an kultureller und ökonomischer Kreativität radikal beschnitt. Wenn man Grabfunden aus China glauben darf, wurden die ersten dort lebenden Menschen im Durchschnitt keine 14 Jahre alt (Weidenreich, 1939, zitiert nach Ascádi & Nemeskéri, 1970, Kap. IV). Nur vier von 22 Steinzeitmenschen, deren Todesalter dieser Schätzung zugrundeliegen, wurden mehr als 30 Jahre alt. Erst mit dem Aufkommen von Ackerbau und Viehzucht in der Neusteinzeit und mit der durch bessere Ernährung leicht ansteigenden Lebenserwartung entfaltete sich das auch schon vorher vorhandene, aber durch frühen Tod quasi vergeudete kreative und produktive Potential, und es begann das wechselseitige Aufschaukeln von Wirtschaftskraft und Lebenserwartung, dessen vorläufigen Höhepunkt wir derzeit sehen.

Aus der Dreiecksbeziehung von Demographie, Medizin und Volkswirtschaft greift das vorliegende Kapitel einige Konsequenzen der Demographie für die Medizin, konkret die Auswirkungen eines wachsenden Anteils älterer Menschen auf Morbidität und Gesundheitskosten, selektiv heraus. Dabei sind weniger die je nach Lebensalter variierenden Ansprüche der Menschen an den Medizinbetrieb und dessen Reaktion darauf von Interesse (vgl. dazu Steinhagen-Thiessen, Gerok & Borchelt, Kapitel 5 in diesem Band) als vielmehr das globale Problem der Finanzierbarkeit und fairen Verteilung von Gesundheitsgütern, die, wie im folgenden argumentiert werden wird, zusehends knapper werden.

Der medizinische Fortschritt hat nicht nur unser Leben verlängert, sondern auch eine Explosion des Bedarfs erzeugt. Der Horizont des medizinisch sinnvoll Machbaren läuft, wenn man der gängigen Lehrmeinung der Gesundheitsökonomen folgt, allen Finanzierungsmöglichkeiten weit davon (vgl. Krämer, 1989, Kap. 2). Selbst in reichen Industrienationen wie der Bundesrepublik Deutschland wird schon heute durchaus nicht alles medizinisch sinnvoll Machbare tatsächlich auch getan, trotz enorm gestiegener Ausgaben, die sich in weniger als zwei Jahrzehnten von 70 Milliarden Mark im Jahr 1970 auf rund 300 Milliarden Mark im Jahr 1990 mehr als vervierfacht haben. So sterben zum Beispiel, wenn man einschlägigen Pressemeldungen glauben darf, in den alten Bundesländern immer noch jährlich rund 15.000 Menschen an chronischer Lebererkrankung, davon die Hälfte jünger als 65 Jahre, von denen wiederum laut Auskunft von Transplantationschirurgen rund zehn Prozent, also pro Jahr etwa 750 Personen, für eine Lebertransplantation in Frage kommen. Tatsächlich werden pro Jahr derzeit aber nur rund 150 Lebern verpflanzt, das heißt, 600 Menschen müssen sterben, weil das Geld für entsprechende chirurgische Einrichtungen fehlt. Anderswo werden Unfallopfer oder Schmerzpatienten mangelhaft versorgt, stehen Leukämiekranke mangels Geld und Spenderdaten für eine Knochenmarktransplantation vor einem sicheren, aber vermeidbaren Tod, oder fehlen allen Ausbauprogrammen zum Trotz immer noch Kapazitäten für die Herz- und Gefäßchirurgie. Der deutsche Allergikerbund bemängelt, daß es in Deutschland noch keinen Lehrstuhl für Allergologie und zuwenig einschlägige Fachärzte gäbe. Sozialmediziner fordern vergeblich ein nationales Bluthochdruckprogramm, und geradezu gerichtsnotorisch sind auch die Notstände in der bundesdeutschen Psychiatrie.

Wenn auch diese aus Pressemeldungen zusammengetragene Mängelliste keinen wissenschaftlichen Beweis ersetzt (der mangels »harter« Daten für diese Hypothese ohnehin sehr schwer zu führen ist), so scheint doch die im weiteren vertretene Hypothese, daß in der aktuellen Gesundheitsversorgung trotz allen Aufwands immer noch viele medizinisch berechtigte Wünsche offen bleiben, nicht ohne weiteres von der Hand zu weisen. Mit einem Wort: Trotz Gesundheitsausgaben, die inzwischen höher sind als das gesamte Sozialprodukt von Ländern wie Griechenland und der Türkei zusammengenommen, ist die medizinische Versorgung Westdeutschlands immer noch nicht optimal, und ein Ende dieser Knappheit scheint nicht abzusehen. Man darf im Gegenteil vermuten, daß die aktuelle »Kluft zwischen Verheißung und Erfüllung«, wie sie in einem FAZ-Leitartikel von dem Wissenschaftsjournalisten Rainer Flöhl genannt wurde, mit weiter zunehmenden Möglichkeiten der modernen Medizin eher wachsen statt verschwinden wird.

Diese Kluft bedroht grundsätzlich alle Altersklassen der Bevölkerung, aber bei älteren Mitbürgern als den Hauptressourcenverbrauchern im Gesundheitswesen manifestiert sie sich besonders scharf. Das Paradox des medizinisch-technischen Fortschritts, von Goethe bereits vorausgesehen, daß mit fast jeder medizinischen Verbesserung die Zahl der Patienten wächst statt sinkt, daß wir zwar älter, aber nicht gesünder werden, tritt hier besonders grell ans Tageslicht.

Das leitet zur wesentlichen Aussage dieses Beitrages hin. Was auch immer unsere alten Mitbürger zur Ausgabenexplosion im Gesundheitswesen beitragen (und das ist weniger, als viele glauben, wie im weiteren deutlich wird), eines ist gewiß: Wenn sie die Kluft zwischen Verheißung und Erfüllung auch nicht verschuldet haben, so könnten sie doch leicht die ersten Opfer sein. Diese Gefahr, daß vor allem alte Menschen unter einer Rationierung knapper Gesundheitsgüter leiden müssen, wie schon heute in durchaus zivilisierten Ländern wie England standardmäßig praktiziert (siehe etwa Aaron & Schwartz, 1984), ist das eigentliche Problem, und weniger die Belastung unseres Gesundheitswesens durch altersbedingte Morbidität.

B. Alter und Morbidität

Nur wenige Menschen werden im Alter gesünder. In der Regel ist das Gegenteil der Fall. Versucht man diese Binsenweisheit jedoch mit harten Daten zu untermauern, ist man bald an den Grenzen unserer Gesundheitsstatistik angelangt.

> »Wir sitzen in der Bundesrepublik auf geradezu überquellenden administrativen Datenbergen, die in jeder Weise ungeeignet sind, den Gesundheitszustand unserer älteren Bevölkerung abzuschätzen« (Schwartz, 1989, S. 75).

Die bundesdeutsche amtliche Statistik kommt ihrer Aufklärungspflicht, zum Teil durch ein überzogenes Datenschutzgesetz gelähmt, hier nur unvollkommen nach. Sie meldet zwar die monatliche Einfuhr elektrischer Bügeleisen aus Hongkong oder den Bestand an Diesellokomotiven in Bangladesh, aber wer Näheres über das nach Altersgruppen aufgeschlüsselte Morbiditätsspektrum der Bundesbürger wissen will — eine für rationale Gesundheitspolitik geradezu zentrale Information —, gräbt in den Datenhalden unserer amtlichen Statistiken vergebens nach. Eine der wenigen amtlichen Informationsquellen ist die periodische Zusatzerhebung »Kranke und unfallverletzte Personen« zum Mikrozensus des Statistischen Bundesamtes (Kern, 1989), die jedoch nur ein Prozent der Bevölkerung oder weniger erfaßt. Tabelle 1 stellt die wichtigsten Ergebnisse zusammen.

Diese Zahlen spiegeln die subjektive Einschätzung der Befragten wider. Sie weisen daher neben der Stichprobenvariabilität noch weitere Fehler auf, wie eine mögliche Untererfassung psychischer Morbidität, besonders in älteren Jahrgängen, oder eine Unterschätzung der Krebsprävalenz. So meldete etwa der Mikrozensus 1982 im Stichmonat April nur ganze 132.000 Krebserkrankungen in der Bundesrepublik, verglichen mit über einer Million Fällen nach einer Schätzung des Krebsforschungszentrums Heidelberg. Wenn diese Zahlen wegen abweichender Berichtszeiträume auch nicht direkt vergleichbar sind, so mahnen sie doch zur Vorsicht bei der Interpretation solcher auf subjektiver Einschätzung der Befragten basierenden Morbiditätsstatistiken.

Tabelle 1: Kranke und unfallverletzte Personen in der Bundesrepublik Deutschland je 10.000 Personen gleichen Alters (nach Kern, 1989).

Altersgruppe	Berichtsperiode					
	1966	1970	1974	1978	1982	1986
< 15 Jahre	604	810	937	739	829	697
15 – 39 Jahre	573	1.167	885	807	745	743
40 – 64 Jahre	1.380	2.879	1.838	1.688	1.750	1.483
> 65 Jahre	2.326	4.983	3.508	3.376	3.566	3.189

Auch Unterschiede im Krankheitsverständnis verschiedener sozialer Schichten und verschiedener Zeitepochen erschweren eine Interpretation. Dezsy (1987, S. 32) etwa meldet »auffallende Unterschiede« des subjektiven Gesundheitszustandes zwischen Stadt- und Landbevölkerung. Bäuerinnen zum Beispiel hielten Rückenschmerzen vielfach für »normal«, Stadtfrauen aber nicht, und ähnliche Diskrepanzen findet man auch anderswo. Fortgesetztes Husten etwa ist für 77 Prozent der Oberschicht Anlaß für einen Arztbesuch, in der Unterschicht dagegen nur für 23 Prozent (Koos, 1970). Bei chronischer Müdigkeit ist dieses Verhältnis 80 zu 19, bei Blut im Stuhl 98 zu 60 und bei Schmerzen im Brustkorb 80 zu 31. Ob man sich »krank« fühlt, hängt also auch davon ab, wo man wohnt und wieviel Geld man hat.

Darüber hinaus nimmt die Toleranz gegenüber körperlichen und seelischen Beschwerden aller Art quer durch alle soziologischen Schichten über die Zeit hinweg ab. Verschleißerscheinungen wie Schwerhörigkeit oder Zahnverlust, Schönheitsfehler wie Akne, Warzen, Hasenscharten oder Haarausfall, früher als gottgegeben hingenommen, begründen heute einen Reparaturanspruch. Niemand wäre vor 50 Jahren auf die Idee gekommen, wegen vorstehender Zähne oder wegen eines Silberblickes die Krankenkasse zu beanspruchen, und auch die aktuelle Kampagne zur Anerkennung der Spielsucht als Krankheit (wie von der Bundesarbeitsgemeinschaft der Landesstellen gegen die Suchtgefahren tatsächlich initiiert) hätte bestenfalls die Humorseiten der Zeitungen gefüllt. Derartige Diskrepanzen in der Definition von »krank« sind also stets zu bedenken, wenn von Morbiditätsvergleichen über Klassen, Raum und Zeit hinweg die Rede ist.

Unter diesen Vorbehalten bestätigt Tabelle 1 aber eine Volksweisheit: Alter und Krankheit gehen heute wie früher Hand in Hand. Von Kindern und Jugendlichen abgesehen, verdoppelt sich der Anteil kranker Menschen in jeder Erhebungsperiode von einer 15-Jahres-Klasse zur anderen. Von den über 65jährigen schließlich fühlen sich zwei Fünftel in einer gegebenen Berichtsperiode krank.

Ein weiterer Indikator für die mit dem Alter abnehmende Gesundheit ist der Medikamentenkonsum. Nach einer Umfrage des EMNID-Instituts (entnommen aus BPI, 1988) nahmen im Februar 1988 mehr als zwei Drittel aller über 65jährigen mehrmals pro Woche Medikamente ein, verglichen mit sechs Prozent bei den 20- bis 24jährigen. Für die Schweiz melden Pedroni und Zweifel (1989, Abb. 9 und 10) rund zehnmal so viele Krankenhaustage pro Jahr bei 65- bis 85jährigen verglichen mit 20- bis 30jährigen, wobei die so gemessene Krankheitshäufigkeit mit weiter wachsendem Alter nochmals dramatisch steigt. So verbrachten zum Beispiel über 85jährige bei der KKB-Krankenkasse in Bern versicherte Frauen im Jahr 1986 im Durchschnitt rund fünfmal mehr Tage im Krankenhaus als Frauen der Altersklasse 65 bis 84 Jahre.

Ähnliches berichten Barer, Evans, Hertzman und Lomas (1987, S. 855, Tab. 1) auch aus Kanada. Sowohl Krankenhauseinweisungen wie Krankenhaustage steigen mit wachsendem Alter bei Männern und Frauen nach gleichem Muster an. Auch der »National Health Interview Survey« des National Center for Health Statistics in den USA stellt eine mit wachsendem Alter monoton abnehmende Gesundheit fest. So hielten im Jahr 1972 21,5 Prozent der Befragten 45- bis 64jährigen ihre Gesundheit für »mäßig« oder »schlecht« (»fair« oder »poor«; zitiert nach Verbrugge, 1984, S. 477), verglichen mit 31 Prozent der über 65jährigen. Das entspricht etwa den in Tabelle 1 wiedergegebenen Krankenziffern in der ehemaligen Bundesrepublik, die auf ähnliche Weise, das heißt durch Erfragen des subjektiven Befindens, ermittelt wurden. Für 1979 sind die entsprechenden Quoten 21,9 Prozent (45- bis 64jährige) beziehungsweise 31,4 Prozent (über 65jährige).

Halten wir also fest: In höheren Altersklassen steigt die Morbidität, wie auch immer gemessen, an. Das ist ein weltweites, über Raum und Zeit gleichbleibendes empirisches Gesetz, das niemanden überraschen sollte. Wenn man auch über Ursachen und Ausmaß des altersabhängigen Morbiditätsanstieges durchaus streiten kann, seine Existenz steht ohne Zweifel fest.

Eine offene, weitaus interessantere und zur Zeit durchaus kontrovers diskutierte Frage dagegen ist die Entwicklung altersspezifischer Morbiditätsquoten über die Zeit. Das oben gezeichnete Bild einer ansteigenden Morbiditätskurve ist nur eine Momentaufnahme, welche die Bevölkerung zu einem gegebenen Zeitpunkt zeigt. Davon unabhängig, und durch diese Momentaufnahme unbeantwortet, ist die Frage: Nimmt die Morbidität in einer gegebenen Altersklasse im Zeitablauf zu oder ab? Mit anderen Worten: Ist ein typischer 65jähriger heute gesünder oder kränker, als sein Vater oder Großvater es in diesem Alter war (vorausgesetzt, sie haben es erlebt)? Oder um noch weiter in die Vergangenheit zurückzugehen: Wie sieht der Vergleich eines Rentners des Jahres 1990 mit einem gleichaltrigen Zeitgenossen Goethes oder Schillers aus?

Hier ist die Antwort längst nicht mehr so klar und möglicherweise durchaus anders, als man zunächst glaubt. Die bekannten Hausarzt-Anekdoten über rüstige 80jährige, die es angeblich früher so nicht gab, verzerren hier vielleicht die Wirklichkeit. Nach Verbrugge (1984) zum Beispiel nehmen sowohl die Gesamtmorbidität moderner Industriegesellschaften (gemessen als Anzahl der

Kranken im Verhältnis zur Gesamtbevölkerung) als auch die altersspezifische Morbidität (etwa kranke 65jährige/Anzahl 65jähriger) — nicht trotz, sondern wegen der Erfolge der modernen Medizin — heute eher zu als ab. Millionen Herzkranker, Diabetiker, Nierenleidender und anderer chronisch Kranker, die bei schlechterer Medizin längst hätten sterben müssen, so Verbrugge, sind heute, wenn auch krank, noch am Leben:

> »The conjunction of increased morbidity and decreased mortality for American adults is not contradictory, but is instead a logical result of medical and social changes in the past 25 years« (Verbrugge, 1984, S. 511).

Ebenso stellt Brody (1985) fest, daß sich das Mehr an Lebensjahren in mehr kranke Jahre übersetzt. Wilkins und Adams (1987) wagen sogar eine Quantifizierung des Anteils kranker an den durch bessere Medizin seit dem zweiten Weltkrieg hinzugewonnenen Lebensjahren und kommen dabei auf rund 70 Prozent. Mit anderen Worten: Sieben von zehn Jahren, welche uns eine bessere Medizin heute im Vergleich zu früher schenkt, verbringen wir, wenn man diesen Zahlen glauben darf, behindert oder im Krankenbett.

An einer Krankheit, an der man heute leidet, stirbt man in der Regel nicht, oder zumindest nicht sofort.

> »Therefore at the same time that persons suffering from chronic diseases are getting an extension of life, they are also getting an extension of disease and disability« (Gruenberg, 1977, S. 5).

So formuliert etwa Gruenberg in einem Aufsatz, der sehr treffend »The failures of success« betitelt ist. Zu den Krankheiten, die durch medizinischen Fortschritt zugenommen haben, zählt er neben den oben genannten noch Arteriosklerose, Bluthochdruck, Schizophrenie, Spina bifida, Mongolismus und senile Demenz (Gruenberg, 1977, S. 14, Tab. 2). Kramer (1980) sieht in den durch bessere Medizin zunehmenden psychischen Störungen sogar eine regelrechte Epidemie.

Hauptschuldiger an diesem Paradox, so diese Theorie, ist niemand anderer als der medizinische Fortschritt selbst. Wir überleben, werden aber nicht gesund. Die so zahlreichen gewonnenen Jahre sind nicht notwendig auch gesunde Jahre. Der Kompression der Mortalität folgt keine Kompression der Morbidität. Diese breitet sich im Gegenteil mit fast jedem medizinischen Fortschritt nur noch weiter aus.

Soweit die Darstellung des pessimistischen Szenarios. Daneben gibt es aber auch viele Beobachter, die die Dinge anders sehen, die glauben, daß der heute 70jährige viel vitaler und gesünder ist als der 70jährige von 1975 und erheblich gesünder als der Gleichaltrige von 1960. Das ist die bekannte These von Fries (1980), wonach die moderne Medizin zusammen mit einer gesundheitsbewußten Lebensführung neben der Mortalität auch die Morbidität komprimiert. Vor allem aufgrund verstärkter Prävention, so diese Theorie, treten letztlich unvermeidbare chronisch-tödliche Krankheiten immer später im Leben auf und werden schließlich innerhalb der »natürlichen Lebensspanne« (nach Fries zwischen 80 und 115 Jahren, je nach genetischer Programmierung des Individuums) nicht mehr klinisch manifest. Anders gesagt: Die natürliche Degeneration lebenswichtiger Organe, die schließlich den menschlichen Organismus auf »natürliche« Weise zum Erliegen bringt, tritt vor dem (hypothetischen) Ausbrechen akuter oder chronischer Krankheitssymptome auf, der Mensch bleibt bis zum Tod gesund. Fries schreibt:

> »These predictions suggest that the number of very old persons will not increase, that the average period of diminished physical vigour will decrease, that chronic disease will occupy a smaller proportion of the typical lifespan, and that the need for medical care in later life will decrease« (Fries, 1980, S. 131).

Das ist das optimistische Szenario. Es steht, so scheint es jedenfalls, zu der Verbrugge'schen Sicht der Dinge in einem unauflösbaren Widerspruch.

Bei näherem Hinsehen sind jedoch die Widersprüche gar nicht mehr so groß. Zunächst macht man sich sehr leicht klar, daß auch dann, wenn die Morbidität in allen Altersklassen sinkt, die Gesamtmorbidität trotzdem anwachsen kann. Das folgende Zahlenbeispiel, in dem wir zur Vereinfachung nur zwei Lebensalter, »jung« und »alt«, betrachten, möge dies verdeutlichen: Im Ausgangszustand gebe es 100 Junge und 20 Alte, davon zehn in jeder Gruppe krank. Die Morbidität, gemessen als Quotient »Kranke/Gruppengröße insgesamt« beträgt damit zehn Prozent für die Jungen, 50 Prozent für die Alten, und $20/120 = 1/6 = 16,67$ Prozent für die Gesamtpopulation. Aufgrund eines medizinischen oder sozialhygienischen Fortschritts sinke nun die Morbidität bei den Jungen auf neun und bei den Alten auf 42 Prozent. Außerdem erreichen jetzt nicht mehr nur 20, sondern 50 Junge das Altenstadium. Damit sind von 100 Jungen neun und von 50 Alten 21 krank, eine Gesamtmorbidität von $30/150 = 20$ Prozent. Mit anderen Worten ist, trotz gesunkener Morbidität, in *beiden* Teilpopulationen die Gesamtmorbidität jetzt größer, als sie vorher war.

In der Statistik ist dieses Phänomen als »Simpson's Paradox« bekannt. Es erklärt zum Beispiel auch, warum trotz sinkender Krebssterblichkeit in allen Altersklassen die Krebsmortalität insgesamt dennoch steigen kann, und viele andere zunächst paradoxe Resultate mehr. Im aktuellen Kontext schließt also eine sinkende Morbidität in allen Altersklassen eine steigende Gesamtmorbidität nicht notwendigerweise aus.

Die weitergehende Konsequenz, daß nicht nur in allen Teilpopulationen, sondern auch in der Gesamtpopulation die Morbidität zurückgehen soll, erfordert eine noch drastischere Reduktion der Morbidität der älteren Bevölkerung. Offenbar schwebt Fries dabei der Idealtypus eines gesund geborenen Menschen vor, dessen einzige Gefahr für seine Gesundheit das eigene Fehlverhalten ist. Nur wenn dieser Typus dominiert, hat die Fries'sche Utopie eine Chance auf Verwirklichung.

Daneben gibt es aber auch den von Fries vernachlässigten und von Verbrugge betonten Typus des Kranken, der ohne eigenes Verschulden dazu geworden ist, wie Unfallopfer, Bluter, von Geburt Behinderte, oder viele Nierenkranke, psychisch Kranke oder Diabetiker. Ohne die moderne Medizin hätten diese Kranken in unserem genannten Zahlenbeispiel nie das Stadium des Alters erreicht. Bei diesen Menschen dehnt die Medizin nicht die gesunden, sondern die kranken Jahre aus, und daran ändert auch aller präventive Aufwand nichts.

In gewisser Weise haben also beide Theorien recht: sowohl die gesunden wie die kranken Jahre nehmen zu. Der Quotient von kranken Jahren und gelebten Jahren insgesamt bleibt dabei zunächst noch offen, wobei Fries eher optimistisch und Verbrugge pessimistisch ist.

Eine Entscheidung zwischen diesen konkurrierenden Visionen fällt aber nicht am grünen Tisch der Theorie, sondern bleibt der künftigen medizinischen und demographischen Praxis vorbehalten. Für einen endgültigen Schiedsspruch bedarf es hier aber einer weitaus detaillierteren Gesundheitsstatistik und -berichterstattung, als sie in den meisten westlichen Industrienationen derzeit verfügbar sind. Die heute vorliegenden Daten jedenfalls erlauben noch kein endgültiges Urteil. Tabelle 1 und die von Barer und anderen (1987), Wilkins und Adams (1987), Pedroni und Zweifel (1989) sowie Verbrugge selbst gelieferten Indizien unterstützen eher die pessimistische Version. Wegen zahlreicher Schwächen dieser Daten (Schwartz, 1989, S. 74—78) erscheint eine endgültige Ablehnung der Fries'schen Theorie jedoch verfrüht.

C. Alter und Gesundheitskosten

Genauso wie die hohe Korrelation von Alter und Krankheit ist auch die hohe Korrelation von Alter und Krankheitskosten wenig kontrovers. Dieser Sachverhalt ist unabhängig davon, ob die altersspezifische Morbidität über die Zeit hinweg fällt oder steigt, das heißt, ob eher die Fries'sche oder die Verbrugge'sche Sicht der Dinge der Realität gerechter wird. Es ist ein empirischer Tatbestand, daß alte Menschen höhere Krankheitskosten verursachen als jüngere. Solange Krankheit einen Anspruch auf Behandlung in sich trägt (woran hier nicht gerüttelt werden soll, um einer angesichts der folgenden Diskussion immer wieder anzutreffenden Unterstellung von vornherein die Spitze zu nehmen), führt im Alter steigende Morbidität auch zu steigenden Behandlungskosten.

Wie schon bei der altersspezifischen Morbidität bleibt die amtliche Statistik hierzu aber stumm. Die Ausgaben für Behandlung und Prävention der bundesdeutschen Gesetzlichen Krankenversicherung liegen zum Beispiel nicht nach Altersgruppen aufgeschlüsselt vor. Eine Sonderauswertung der Ausgaben für Behandlung (ohne Zahnmedizin) der Ortskrankenkassen in Bayern für das Jahr 1975 (hier referiert nach Deutscher Bundestag, 1984, S. 90; vgl. Kosanke & Schwartz, 1978) erbrachte jedoch eine deutliche Abhängigkeit der Ausgaben vom Alter des Leistungsempfängers: Die niedrigsten Pro-Kopf-Ausgaben verursachen die Fünf- bis 15jährigen. Danach steigen die Kosten monoton mit dem Alter an, so daß ein 75jähriger schließlich fünfmal mehr Behandlungskosten verursacht als ein 15jähriger.

Im Gegensatz zur Gesetzlichen stellt die Private Krankenversicherung in der Bundesrepublik ihre Ausgaben auch nach Alter der Versicherten bereit. Abbildung 1, zusammengestellt aus dem Zahlenbericht 1987/88 des Verbandes der Privaten Krankenversicherung e.V., zeigt das sogenannte »Altersprofil« der Ausgaben für ambulante und stationäre ärztliche Behandlung sowie Arzneimittel männlicher und weiblicher Versicherter. In jedem Diagramm sind dabei die Ausgaben für einen 28jährigen Mann gleich 100 gesetzt. Gleichmäßig über Geschlechter und Ausgabenklassen hinweg sehen wir dann einen monotonen Anstieg der Ausgaben mit dem Lebensalter (außer bei den Krankenhauskosten der Frauen, die nach dem 40. Lebensjahr aus naheliegenden Gründen vorübergehend abnehmen). Dieser Ausgabenanstieg ist bei Arzneimitteln am steilsten (ein 73jähriger Mann verursacht zwölfmal höhere Ausgaben als ein 28jähriger), weniger dramatisch bei den Krankenhauskosten und bei ambulanter Behandlung.

Der Anstieg der Pro-Kopf-Ausgaben mit dem Alter der Patienten ist ein internationales Phänomen. Pedroni und Zweifel (1989, S. 64, Abb. 25) melden für die Schweiz für die 75- bis 84jährigen einen im Vergleich zu den 55- bis 64jährigen viermal höheren Aufwand für stationäre Behandlung. Genauso nehmen auch ambulante Behandlungsfälle pro Versicherten wie Kosten pro Fall monoton mit steigendem Alter zu. Für die USA verzeichnet Fisher (1980, S. 66, Tab. 1) ein Verhältnis der Pro-Kopf-Ausgaben für die Gesundheit der Altersgruppen über 64 Jahren, zwischen 19 und 64 Jahren und unter 19 Jahren von sieben zu drei zu eins. Damit ist unzweideutig klar: Mit wachsendem Alter wachsen auch die Ansprüche des modernen Menschen an den Medizinbetrieb.

Daraus wird oft der populäre Schluß gezogen, daß »die Alten« der Hauptmotor der Kostenexplosion im Gesundheitswesen sind. Dieser Schluß jedoch ist falsch. Richtig ist, wie aus den Zahlen deutlich wird, daß in einer gegebenen Rechnungsperiode ein überproportionaler Anteil der Gesundheitsgelder für ältere Menschen ausgegeben wird. Dieser empirische Tatbestand steht jenseits aller Diskussion. Jedoch impliziert dies noch keine Verantwortung für das Wachstum der Gesamtausgaben *über die Zeit*, denn diese Alterslastigkeit gab es auch in den Jahrzehnten davor. Wenn man die Altersprofile aus Abbildung 1 mit denen der 70er oder 60er Jahre vergleicht, stellt man fest, daß sich hier nicht viel geändert hat. Auch damals verbrauchten die über 65jährigen im Vergleich zu den 20jährigen das Fünf- bis Zehnfache an Ressourcen. Geändert haben sich allein die absoluten Zahlen, also das Niveau, nicht das Profil.

Die überproportionale Kostenbelastung durch alte Menschen erklärt somit die absolute Höhe der Gesundheitsausgaben in einer gegebenen Rechnungsperiode, nicht aber deren Wachstum im Zeitverlauf. Hält man altersspezifische Morbidität und Stand der Medizin konstant, geht vielmehr nur ein vergleichs-

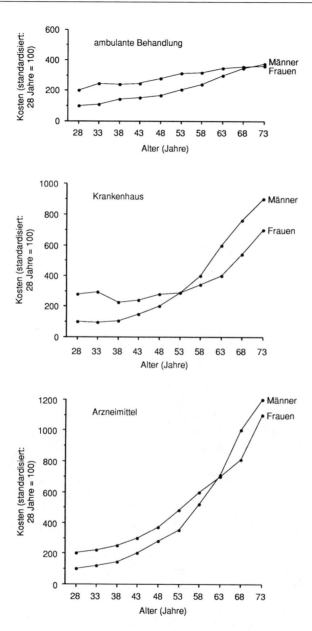

Abbildung 1: Altersabhängige Krankheitskosten (zusammengestellt nach Verband der Privaten Krankenversicherung e.V., 1989).

weise kleiner Teil der vergangenen und künftigen Ausgabensteigerungen auf die Altersverschiebung der demographischen Struktur zurück (vgl. auch Guillemard, Kapitel 24 in diesem Band). Lefelmann und Borchert (1983) beziffern den allein durch demographische Faktoren bedingten Ausgabenanstieg der realen bundesdeutschen Pro-Kopf-Gesundheitsausgaben (alte Bundesländer) von 1980 bis zum Jahr 2000 auf weniger als sechs Prozent. Ein solchen Anstieg verursachen andere Faktoren, so hauptsächlich der medizinische Fortschritt, in einem Zehntel dieser Zeit. Camphausen (1983) und Cornelius, Großjohann und Hußmanns (1984) berichten ähnliches. In einer ex-post Betrachtung etwa führen Cornelius und andere (1984, S. 202, Tab. 1) die Ausgabenzuwächse der Gesetzlichen Krankenversicherung von 1974 bis 1978 zu mehr als 90 Prozent auf andere als demographische Faktoren zurück.

Die Betonung liegt dabei auf Zuwächse. Mag die Höhe der Gesundheitsausgaben in einer gegebenen Rechnungsperiode auch durchaus den alten Menschen zuzurechnen sein, mit deren Wachstum über die Zeit haben sie nichts beziehungsweise nur am Rande zu tun.

D. Konsequenzen für die Gesundheitspolitik

Die in den letzten Abschnitten geschilderte Situation berührt den modernen Medizinbetrieb und das Gesundheitswesen im weiteren Sinn auf zweifache Art. Erstens sind beide auf die Altersverschiebung der Bevölkerung denkbar schlecht vorbereitet. Insbesondere der Medizinbetrieb im engeren Sinn scheint noch immer auf den Idealtypus des Arztes als strahlenden Siegers über Krankheit und Tod fixiert, denn diese Rolle hat die moderne Medizin in den vergangenen Jahrzehnten auch sehr erfolgreich ausgefüllt. Ihre Effizienz als biologisch-technischer Reparaturbetrieb war noch nie so groß, ihre kurative Kompetenz noch nie so anerkannt wie gegenwärtig. Daran ändern auch die allfälligen Kunstfehler-Skandale nichts, denn wer arbeitet, macht Fehler, um mit Alfred Krupp zu sprechen, wer viel arbeitet, macht mehr Fehler, und nur wer die Hände in den Schoß legt und gar nichts tut, wird auch keine Fehler machen. Wäre die medizinische Wissenschaft auf dem Stand des letzten Jahrhunderts stehengeblieben, gäbe es heute viele Kunstfehler-Prozesse weniger.

Jedoch hat das Gesundheitswesen, um ein englisches Wortspiel zu benutzen, nicht nur mit »curing«, sondern auch mit »caring« zu tun. Wir wollen von der Medizin nicht nur geheilt, sondern auch getröstet werden, und hier droht — nicht nur nach Meinung von Gesundheitsökonomen — ein großes Defizit, dessen Bewältigung unter anderem eine verstärkte Mitsprache nicht-ärztlicher Berufe im Gesundheitswesen zu erfordern scheint. Der Bedarf an mehr Pflege statt der gewohnten vorrangigen Fixierung auf Heilung fordert die künftige Gesundheitspolitik zu einer gewissen Kurskorrektur heraus.

Die zweite Konsequenz der Altersverschiebung betrifft die Medizin als biologisch-technischen Reparaturbetrieb. Hier erzwingt das Paradox des medizinisch-technischen Fortschritts einen Abschied von der Illusion, daß durch mehr Medizin die Krankheit zu besiegen sei. Die große Gleichung »mehr Gesundheitskosten = mehr Gesundheit« ist ganz offensichtlich falsch. Eher ist sogar das Gegenteil der Fall. Ganz gleich, wie wir »Gesundheit« definieren oder messen: solange wir damit die durchschnittliche Gesundheit aller Überlebenden meinen, nimmt diese mit wachsendem Aufwand für die Medizin nicht notwendigerweise zu. Mit steigenden Gesundheitsausgaben, und nicht zuletzt gerade wegen dieser, werden wir zwar immer älter, aber im Durchschnitt möglicherweise auch immer kränker. Mit fast jeder Investition in unseren Medizinbetrieb steigt der Bedarf an weiteren Investitionen nur noch weiter an.

Diesen Sachverhalt stelle ich zunächst einmal vollkommen wertfrei fest. Der eigentliche Streitpunkt ist nicht dieser Tatbestand, sondern wie sich die Gesundheitspolitik am besten, und ohne zentrale Grundprinzipien menschlichen Zusammenlebens aufzugeben, dazu stellt. In der angelsächsischen Literatur wird diese Problematik schon lange und sehr offen unter dem Stichwort »Rationierung« diskutiert (z. B. Aaron & Schwarz, 1984; Callahan, 1987; Cooper, 1975; Mechanic, 1978): Wenn die Medizin wegen knapper Mittel nicht allen helfen kann, denen sie theoretisch helfen könnte, wem soll sie helfen und wem nicht?

Hier besteht die Gefahr, daß zu den Opfern dieser Rationierung zunehmend alte Menschen zählen könnten. In Großbritannien etwa ist schon heute die künstliche Blutwäsche bei über 65jährigen Patienten eine Seltenheit. In der Regel stirbt dort ein Patient, der im Rentenalter an Nierenversagen erkrankt, nach kurzer Zeit. Schon in der Altersgruppe von 45 bis 54 Jahren kommen pro einer Million Einwohner nur noch zwei Drittel so viele Patienten wie in Westdeutschland zur Behandlung, in der Altersgruppe von 55 bis 64 Jahren sind es bei vergleichbarer Inzidenz nur noch ein Drittel der Dialysepatienten, wie etwa in Westdeutschland, die behandelt werden (Aaron & Schwartz, 1984). Von den über 65jährigen Nierenpatienten schließlich wird in Großbritannien nur noch jeder zehnte therapiert. Die übrigen müssen sterben, weil das Geld für die künstliche Blutwäsche fehlt. Begründet wird diese Entscheidung in der Regel nicht mit dem Zwang der begrenzten Mittel, sondern mit fehlender medizinischer Indikation. Jedoch entlarvt ein Vergleich mit der ehemaligen Bundesrepublik, in der viele Nierenkranke lange Jahre überleben, die in Großbritannien sterben müßten, diese Strategie als Rationierung lupenreiner Art.

In einem bezeichnenderweise mit »Setting Limits« überschriebenen Buch fordert Callahan (1987) ähnliche Mechanismen, also Altersgrenzen für verschiedene teure medizinische Eingriffe, auch für die USA. Nach Überschreiten dieser Altergrenze hätte ein Kranker dann nur noch Anspruch auf Schmerzlinderung und Trost, nicht mehr jedoch auf kurative Leistungen, und dieses Damoklesschwert hängt auch über den alten Menschen in Deutschland.

Natürlich ist mit Rationierung hier nicht der Verzicht auf medizinisch zweifelhafte Lebensverlängerung gemeint. Eine unterlassene Operation bei einem 80jährigen Krebskranken, die diesem noch zwei weitere Jahre in Schmerz und

Elend bescheren würde und die aufgrund eines zielwidrigen Anreizsystems in der Bundesrepublik vielleicht sogar noch als »heroische« medizinische Großtat gilt, ist keine Rationierung, sondern ein Akt der Humanität. Aber viele der in Großbritannien todgeweihten Nierenkranken hätten mit Dialyse noch vergleichsweise unbeschwerte Jahre, von der Prozedur der Dialyse einmal abgesehen, vor sich gehabt. Hier kommt die Verweigerung einer Behandlung einem Todesurteil gleich, hier wird eindeutig rationiert.

Wie also gehen wir mit dieser drohenden Kluft zwischen Verheißung und Erfüllung in der Medizin um? Die erste Möglichkeit ist, zu leugnen, daß sie existiert. Angesichts der vielfältigen Ineffizienzen westlicher (wie auch östlicher) Gesundheitssicherungssysteme, die aber nicht das Thema dieses Beitrags sind, fällt es vielen schwer zu glauben, daß Rationierung unausweichlich ist. Würden die rund 300 Milliarden Mark, die heute jährlich in das westdeutsche Gesundheitswesen fließen, rationaler eingesetzt, so diese Theorie, verschwände auch der Rationierungszwang (Schwartz, 1989, S. 78).

Leider fällt die Probe aufs Exempel hier nicht leicht. Wenn man aber meinen bisherigen Ausführungen folgt, führte eine bessere, weniger verschwenderische und rationalere medizinische Versorgung zwar zu mehr gesunden (und noch mehr kranken) Jahren für den Durchschnitt der Bevölkerung, auf keinen Fall jedoch zu einer Reduktion der Morbidität. Der Zwang zur Rationierung bestünde weiterhin, wenn auch auf einem höheren Versorgungsniveau.

Andere wiederum halten mehr Prävention statt Therapie für die Wunderformel der künftigen Gesundheitspolitik, die auch den Rationierungszwang besiegen soll.

> »Richtige Lebensweise, verantwortungsbewußte Lebensführung und Einhaltung natürlicher Ordnungen würden mit einem Schlag die Situation im Gesundheitswesen grundlegend ändern und die Kosten auf ein erträgliches Maß absenken« (Illies, 1978).

Diese Meinung steht für die verbreitete Hoffnung, daß auf diese Weise sowohl die Gesundheit der Menschen verbessert als auch der Zwang zur Rationierung knapper Mittel beseitigt werden kann.

Die Hoffnung ist jedoch trügerisch, wie man am Beispiel des Rauchens sieht. Nach einer Modellrechnung von Leu (1981) für die Schweiz würden dort die Gesundheitsausgaben durch ein totales Nikotinverbot keineswegs zurückgehen: Die Menschen würden weiterhin sterben, wenn auch später und an anderen Krankheiten, die aber nicht notwendigerweise »billiger« sind.

> »Für die Gesetzliche Krankenversicherung sieht die Rechnung beim Rauchen makaber günstig aus. Die Raucher sterben so viel früher, daß sie den Kassen wieder jene Kosten sparen, die sie zuvor für die Behandlung von Gefäßverschlüssen, Infarkten, Krebs und Bronchitis gekostet haben« (Schwartz, 1986, S. 119).

Wie wir die Sache also auch drehen und wenden: Der Überschuß des Bedarfs über die Ressourcen verschwindet nicht.

Eine erste Möglichkeit zur Lösung dieses Dilemmas ist die bereits erwähnte Altersgrenze für bestimmte medizinische Güter und Dienstleistungen. Ganz abgesehen von den administrativen Alpträumen, welche diese Regelung mit sich bringt (etwa Medizintourismus und schwarzer Markt; vgl. Callahan, 1987), stellen solche erzwungenen (im Gegensatz zu freiwillig akzeptierten) Altersgrenzen aber auch eine eklatante Diskriminierung alter Menschen dar. Ohne die Problematik derartiger Altersgrenzen hier auszudiskutieren: Wenn wir sie vermeiden können, dann sollten wir es tun.

Von einer ethischen Warte aus noch bedenklicher ist eine Versteigerung knapper Gesundheitsgüter an den Meistbietenden, das heißt die Regulierung von Angebot und Nachfrage durch den Markt. Dieser Allokationsmechanismus, so effizient er anderswo auch ist, verträgt sich wenig mit unserem gesellschaftlichen Grundkonsens, vor dem Tod seien alle Menschen gleich. Wohl niemandem ist es wohl bei dem Gedanken, daß es künftig im Gesundheitswesen wie auf der Titanic Rettungsboote nur noch für die erste Klasse geben soll.

Als gerechter empfinden viele hier eine Allokation nach dem Zufallsprinzip (in Großbritannien tatsächlich einmal zur Verteilung knapper Impfstoffe gegen Kinderlähmung praktiziert) oder nach »sozialem Wert« der Bedürftigen, wie in den Kindertagen der künstlichen Niere, als es auch in reichen Ländern bei weitem nicht genug Dialyseautomaten für alle Nierenkranken gab. Aber auch diese Mechanismen werfen mehr Fragen auf, als sie beantworten (was ist z. B. der »soziale Wert«?), für deren ausführliche Diskussion auf Krämer (1989, Kap. 3) verwiesen sei.

Gibt es einen humanen Ausweg aus der Fortschrittsfalle der modernen Medizin? Die Antwort ist ja. Auch wenn knappe Gesundheitsgüter nicht für alle ausreichen, die ihrer bedürfen, so ist doch eine humane Verteilung weiterhin möglich. Das Stichwort heißt dabei »statistische versus individuelle Menschenleben«. Damit meine ich den generellen Verzicht auf bestimmte medizinische Technologien, für arm und reich, für jung und alt zugleich. Ein Beispiel ist die Weigerung der amerikanischen Bundesregierung zur Weiterförderung eines aufwendigen und mit unübersehbaren Folgekosten belasteten Kunstherzprogramms. Diese Entscheidung hat vielen Menschen das Leben gekostet (genauer: mehr oder weniger viele Menschen werden deswegen früher sterben), die aber zum Teil heute noch nicht einmal geboren sind. Mit anderen Worten: Das sind Menschenleben nur in einem statistischen, nicht in einem individuellen Sinn. Kein einziger konkreter Herzpatient erlitt und erleidet durch diese Sparmaßnahme einen frühen Tod.

Derartige Entscheidungen treffen wir in anderen Lebensbereichen Tag für Tag. Nicht wenige Leser dieser Zeilen verwahren sich energisch gegen ein Alkohol- oder Nikotinverbot oder bekämpfen jedes Tempolimit auf der Autobahn, obwohl allein diese Maßnahmen mehr vorzeitige Todesfälle verhindern würden als alle Herzkliniken der Welt zusammengenommen.

Mit dem gleichen Recht aber, mit dem wir ein Tempolimit ablehnen, dürfen wir auch einen Rettungshubschrauber einsparen. Genau wie in der Frage des Tempolimits wird hier allein über statistische Menschenleben entschieden, in beiden Fällen sind die Opfer zum Zeitpunkt der Entscheidung nicht bekannt, in beiden Fällen steigt allein für alle Verkehrsteilnehmer die Wahrscheinlichkeit eines vorzeitigen Unfalltodes.

Auch wer noch nie etwas von Wahrscheinlichkeitsrechnung gehört hat, ahnt intuitiv, daß es etwas anderes ist, ob man ein Unfallopfer verbluten läßt, obwohl man ihm theoretisch helfen könnte, oder ob man eine Investition in die Verkehrssicherheit unterläßt. Im ersten Fall steht ein konkretes Menschenleben auf dem Spiel. Das hat keinen Preis, zu dessen Rettung sind auch weiterhin und ohne Ansicht des Alters des Patienten keine Kosten und Mühen zu scheuen. Das andere Mal aber stehen allein statistische Menschenleben zur Debatte, und hier ist durchaus Platz auch für den Rechenstift.

Dieser Rechenstift trägt bisher ungekannte Spannungen in das Gesundheitswesen hinein. Er induziert zwischen Anbietern, die den Lohn für ihre Mühe nicht mehr wie gewohnt durch Aufstocken des Gesamtbudgets, sondern nur noch auf Kosten ihrer Mitanbieter erhöhen können, einen bisher unbekannten Verteilungskampf. Er schränkt die Handlungsfreiheit der Heilberufe drastisch ein, denen die Gesellschaft keinen Blankoscheck mehr geben kann. Er mahnt, daß unsere Wünsche unbegrenzt, die Mittel aber endlich sind.

Ich sehe darin aber auch einen positiven Aspekt. Das heute vielfach noch zu beobachtende Zelebrieren der Medizin als »l'art pour l'art«, unter dem vor allem alte Menschen leiden, denen so das Recht auf einen würdigen Tod genommen wird, wird eingedämmt. Die oft unmenschliche Gleichung »Optimalmedizin = Maximalmedizin«, die heute, da für die Anbieter finanziell attraktiv, vielerorts den Klinikalltag dominiert, erscheint in einem neuen Licht. Die Diskrepanz zwischen den Waffen der modernen Medizin, die den Schwerpunkt auf die Behandlung akuter Krankheiten und auf dramatische Schlachten an der Grenze zwischen Leben und Tod setzen, und den Erfordernissen eines neuen Morbiditätsspektrums, in dem chronische Degenerationserscheinungen die Überhand gewonnen haben, wird so vielleicht eher überbrückt.

Diese erzwungene Besinnung auf das Wesentliche der Medizin, nämlich Leiden zu lindern und nicht unter immer größerem Kostenaufwand und Medienrummel einen letztendlich dennoch unvermeidbaren Tod um immer weniger Monate hinauszuschieben; dabei zu helfen, daß die Humanität tatsächlich siegt und einer des anderen humaner Krankenpfleger wird, dieses Umdenken ist eine der angenehmen Seiten der (zumindest zahlenmäßigen) Machtübernahme der Senioren in unserer Gesellschaft, die die Zukunft des Alterns etwas weniger bedrohlich macht.

Literaturverzeichnis

Aaron, H. J. & Schwarz, W. B. (1984). *The painful prescription-rationing hospital care.* Washington, DC: Brookings Institution.

Ascádi, G. & Nemeskéri, J. (1970). *History of human life and mortality.* Budapest: Akadémiai Kiadó.

Barer, M. L., Evans, R. G., Hertzman, C. & Lomas, J. (1987). Aging and health care utilization: New evidence on old fallacies. *Social Science and Medicine, 24,* 851 – 862.

BPI – Bundesverband der Pharmazeutischen Industrie e.V. (1988). *Pharma-Daten '88.* Frankfurt/M.: Eigenverlag.

Brody, J. A. (1985). Prospects for an aging population. *Nature, 315,* 463 – 466.

Callahan, D. (1987). *Setting limits – medical goals in an aging society.* New York: Simon & Schuster.

Camphausen, B. (1983). *Auswirkungen demographischer Prozesse auf die Berufe und die Kosten im Gesundheitswesen.* Berlin: Springer-Verlag.

Cooper, M. (1975). *Rationing health care.* London: Croom Helm.

Cornelius, I., Großjohann, K. & Hußmanns, R. (1984). Bevölkerungsentwicklung und Gesundheitswesen. *Sozialer Fortschritt, 33,* 200 – 206.

Deutscher Bundestag (1984). *Bericht über die Bevölkerungsentwicklung in der Bundesrepublik Deutschland: 2. Teil. Auswirkungen auf die verschiedenen Bereiche von Staat und Gesellschaft.* Bonn: Eigenverlag.

Dezsy, J. (1987). *Gesundheitsreport II – Alter-Krankheit-Pflegefall.* Wien: Maudrich.

Fisher, C. R. (1980). Differences in age groups in health care spending. *Health Care Financing Review, 1,* 65 – 90.

Fries, J. F. (1980). Aging, natural death, and the compression of morbidity. *New England Journal of Medicine, 303,* 130 – 135.

Goethe, J. W. v. (1949). *Briefe der Jahre 1786 – 1814* (Gedenkausgabe der Werke, Briefe und Gespräche). Zürich: Bentler.

Gruenberg, E. M. (1977). The failure of success. *The Milbank Quarterly, 55,* 3 – 24.

Illies, J. (1978). Gesundheit aus eigener Hand. *Rheinischer Merkur,* 24.3.

Kern, K. D. (1989). Gesundheitszustand der Bevölkerung. *Wirtschaft und Statistik, 2,* 104 – 108.

Koos, E. L. (1970). Krankheit in Regionville. In A. Mitscherlich, T. Brocher, O. v. Mering & K. Horn (Hrsg.), *Der Kranke in der modernen Gesellschaft* (S. 304 – 310). Köln: Kiepenheuer & Witsch.

Kosanke, B. & Schwartz, F. W. (1978). Medizinische Leistungen werden durchleuchtet. *Arbeit und Sozialpolitik, 32,* 10 – 12.

Krämer, W. (1989). *Die Krankheit des Gesundheitswesens.* Frankfurt/M.: Fischer.

Kramer, M. (1980). The rising pandemic of mental disorders and associated chronic diseases and disabilities. *Acta Psychiatrica Scandinavica, 62* (Suppl. 285), 382 – 396.

Lefelmann, G. & Borchert, G. (1983). Bevölkerungsentwicklung und Krankheitskosten. *Sozialer Fortschritt, 32,* 173 – 175.

Leu, R. E. (1981). *Rauchen und Gesundheit: eine volkswirtschaftliche Analyse.* Diskussionspapier, Institut für Sozialwissenschaften, Universität Basel.

Mechanic, D. (1978). Rationing medical care. *Center Magazine, 11,* 22 – 27.

Pedroni, G. & Zweifel, P. (1989). *Alter – Gesundheit – Gesundheitskosten (Studien zur Gesundheitsökonomie 12).* Basel: Pharma Information.

Schwartz, F. W. (1986). Prävention im Gesundheitswesen. *Die Ersatzkasse*, *3*, 117 – 125.

Schwartz, F. W. (1989). Annahmen und Wissen zum Gesundheitszustand alter Menschen. In F. Karl & W. Tokarski (Hrsg.), *Die »neuen« Alten* (Kasseler Gerontologische Schriften, Bd. 6, S. 69 – 90). Kassel: Gesamthochschulbibliothek.

Verband der Privaten Krankenversicherung e.V. (Hrsg.) (1989). *Zahlenbericht 1987/1988*. Köln: Eigenverlag.

Verbrugge, L. M. (1984). Longer life but worsening health. Trends in health of middle-aged and older persons. *The Milbank Quarterly*, *62*, 475 – 519.

Wilkins, R. & Adams, O. B. (1987). Changes in the healthfulness of life of the elderly population: An empirical approach. *Revue Epidémiologique et Santé Publique*, *35*, 225 – 235.

23. Altern und Soziale Sicherung

RICHARD HAUSER & GERT WAGNER

Zusammenfassung

Alte Menschen partizipieren gegenwärtig in ähnlicher Weise wie die Erwerbstätigen am Wohlstand. In zunehmendem Maße akkumuliert die alte Generation und noch stärker die mittlere Generation Vermögen, das künftig bei einer großen Gruppe stärker zur Sicherung herangezogen werden kann. Aber für eine dominierende Gruppe wird die staatliche Alterssicherung die alleinige oder zumindest die wichtigste Einkommensquelle im Alter bleiben.

Der absehbare Anstieg der Inaktivenquote nach der Jahrtausendwende – auch wenn er durch Zunahme der Frauenerwerbstätigkeit und Einwanderung weniger stark ausfallen dürfte, als in der Öffentlichkeit befürchtet – wird zu ausgabenreduzierenden Reformmaßnahmen nötigen, die um so größer ausfallen müssen, da auch Sicherungslücken geschlossen werden sollen.

Von den in Frage kommenden Reformszenarien:
- systemändernder Übergang zum Kapitaldeckungsverfahren, entweder auf privater Basis oder im Rahmen der Gesetzlichen Rentenversicherung, in Kombination mit einer steuerfinanzierten staatlichen Mindestsicherung;
- systemimmanente Reformen in Richtung auf einen Ausbau der Mindestsicherung, der eigenständigen Sicherung der Frau, der Pflegeabsicherung, der vollen Einbeziehung der Renten in die Besteuerung und der Begrenzung der Hinterbliebenensicherung

bevorzugen die Verfasser aus ökonomischen und sozialpolitischen Gründen die systemimmanenten Reformen.

Prof. Dr. Richard Hauser ist Wirtschaftswissenschaftler und lehrt Sozialpolitik an der Universität Frankfurt/M. Er ist Projektleiter im Sonderforschungsbereich 3 »Mikroanalytische Grundlagen der Gesellschaftspolitik«. Seine Forschungsschwerpunkte liegen im Bereich der Einkommens- und Vermögensverteilung, der Armutsproblematik und der Systeme sozialer Sicherung im internationalen Vergleich.

Dr. Gert Wagner ist Wirtschaftswissenschaftler. Er ist Leiter der Projektgruppe »Das Sozio-ökonomische Panel« am Deutschen Institut für Wirtschaftsforschung, Berlin, und Lehrbeauftragter der Technischen Universität Berlin. Im Rahmen der empirischen Wirtschaftsforschung gilt sein Hauptinteresse Fragen der Arbeitsmarkt- und Sozialpolitik.

A. Was heißt soziale Sicherheit im Alter?

Die Gewährleistung sozialer Sicherheit im Alter wird in einem sozialen Rechtsstaat als eines der kaum bestrittenen Ziele der Sozialpolitik angesehen (vgl. Zacher, Kapitel 12 in diesem Band). Meinungsstreit besteht darüber, welche Elemente dieses Ziel umfaßt und in welchem Ausmaß, für welche Personengruppen und mit welchen Mitteln eine Absicherung durch den Staat oder parastaatliche Institutionen angestrebt werden soll. Soweit die Absicherung nicht vom Staat vorgenommen wird, bleibt sie der privat organisierten Unterstützung und individueller Vorsorge überlassen. Ein verbleibendes Defizit an Absicherung ist von den Alten selbst in Form einer Verminderung ihres Wohlbefindens, einer Konsumeinschränkung, eines schlechteren Gesundheitszustandes oder gar einer Verkürzung des Lebens zu tragen.

Der Stand der Zieldiskussion und der tatsächlichen Absicherung im Alter läßt sich besser erfassen, wenn man sich zunächst eine Vorstellung von einer Situation höchstmöglicher Absicherung als einem ersten Grenzfall bildet. Dies würde für jeden Alten erfordern:

— einen vollständigen Ersatz des aus Altersgründen ausfallenden Nettoerwerbseinkommens durch eine Nettorente, einschließlich einer laufenden Anpassung an die Nettoeinkommenssteigerungen der erwerbstätigen Generation zur Aufrechterhaltung der bisherigen relativen Lebensstandardposition;

— einen vollständigen Ersatz der bei Tod ausfallenden Unterhaltsleistungen an Hinterbliebene (Ehepartner, Kinder), einschließlich einer laufenden Anpassung, oder eine eigenständige Absicherung der Hinterbliebenen;

— die Verfügbarkeit von angemessenen Gesundheitsleistungen im Krankheitsfall;

— die Verfügbarkeit von angemessenen Hilfe- und/oder Pflegeleistungen im Fall eingeschränkter Selbsthilfefähigkeit oder Pflegebedürftigkeit oder bei Eintritt anderer Sonderbedarfslagen;

— die Deckung angemessener Beerdigungskosten und

— angemessene Rahmenbedingungen für das Leben im Alter (u. a. Verfügbarkeit von geeigneten Dienstleistungen, Wohnraum, Wohnumfeld, Transportleistungen, kulturelles Angebot sowie Schutz gegen Vermögensverlust und Kriminalität).

Ein solches Leitbild — knapp umschrieben mit »Sicherung der relativen Lebensstandardposition im Alter« — überträgt die Ungleichheit der Einkommensverteilung von der Erwerbsphase auch in die Altersphase. Problematisch ist dies für Personen, die während ihrer Erwerbsphase kein ausreichendes Erwerbseinkommen erzielen konnten (z. B. Erwerbsunfähige). Zur sozialstaatlich gebotenen Vermeidung von Armut im Alter ist daher auch bei diesem Leitbild eine Ergänzung durch die Garantie von Mindestleistungen erforderlich.

Eine derartige Absicherung müßte für die noch zu erwartende Lebenszeit sowohl mit hoher objektiver Sicherheit — das heißt aus der Sicht von infor-

mierten Experten — als auch mit hoher subjektiver Sicherheit — das heißt aus
der Sicht jedes einzelnen Alten — gewährleistet sein. Noch anspruchsvoller
wäre die Forderung, daß hohe objektive und subjektive Sicherheit über die
Absicherung im Alter bereits in der mittleren Lebensphase, in der die Altersversorgung aufgebaut werden muß, bestehen sollte.

Der andere Grenzfall eines Leitbildes der Alterssicherung, der vermutlich
gerade noch mit dem Sozialstaatsgebot des Grundgesetzes zu vereinbaren wäre,
besteht in der ausschließlichen Gewährleistung einer Mindestsicherung in den
angesprochenen Bereichen, wobei nochmals zwischen einer »unbedingten Mindestsicherung« und einer »Aufstockungs-Mindestsicherung«, die lediglich die
eigenen Mittel der Alten ergänzt, zu unterscheiden wäre. Auch in diesem Fall
müßte hohe objektive und subjektive Sicherheit in bezug auf diese Absicherung
herrschen und die Mindestleistung im Zeitablauf entsprechend der durchschnittlichen Steigerung der Erwerbseinkommen angepaßt werden.

Das Leitbild der »Sicherung der relativen Lebensstandardposition« mit stär-
kerer Betonung der eigenständigen Ansprüche und ausgedehnt auf die gesamte
Bevölkerung, aber mit einer einmaligen Absenkung bei Rentenbeginn und einer
Begrenzung für höhere Einkommen, verbunden mit einer lückenlosen Mindestabsicherung, liegt auch den folgenden Überlegungen der Verfasser zugrunde.
Diese — wie auch jede andere — Umschreibung des Ziels der sozialen Sicherheit
im Alter beruht auf Werturteilen, die aus wissenschaftstheoretischer Sicht keines
Beweises fähig sind, sondern für die im politischen Prozeß — unter Berücksich-
tigung der Nebenwirkungen — um Anerkennung gerungen werden muß.

Für die staatliche Sozialpolitik wird das Ziel der sozialen Sicherheit im Alter
in der Bundesrepublik gegenwärtig mehrheitlich entsprechend dem Leitbild der
»Sicherung der relativen Lebensstandardposition im Alter«, aber im Niveau und
im Deckungsgrad weniger anspruchsvoll formuliert; dieser Befund gilt auch für
das vereinte Deutschland. In der ehemaligen DDR herrschte offenbar eine in
manchen Punkten bescheidenere, in anderen anspruchsvollere Zielvorstellung.
Die Lebensstandardsicherung war weniger, die Mindestsicherung stärker ausgeprägt; die eigenständige Sicherung der gesamten Bevölkerung wurde einer
Beschränkung der Absicherung auf die unselbständig Beschäftigten und einer
ausgebauten Hinterbliebenensicherung vorgezogen. Die Absicherung im Krank-
heits- und Pflegefall wurde auf bescheidenerem Niveau umfassend geregelt.

Ohne genauer auf die Unterschiede zwischen einzelnen politischen Gruppierungen einzugehen, kann man sagen, daß im vereinten Deutschland nach einem
erfüllten Arbeitsleben eine Absicherung der relativen Lebensstandardposition
auf einem Niveau von 65 Prozent bis 70 Prozent des lebenslangen Nettoerwerbseinkommens angestrebt wird. Dies gilt allerdings nur für Erwerbseinkommen bis etwa zum Eineinhalbfachen des Durchschnitts. Die Absicherung der
darüber hinausgehenden Einkommensteile bleibt der privaten Vorsorge überlassen. Für einen Teil der Selbständigen, insbesondere die Gewerbetreibenden,
wird die Notwendigkeit einer staatlichen Absicherung verneint. Bei Beamten

orientiert sich die Absicherung an deren letzten (höchsten) Dienstbezügen und weist auch keine obere Begrenzung auf. Höhere Absicherungsniveaus, die durch Zusatzversorgungen, Betriebsrenten, private Vorsorgemaßnahmen und ähnliches zustandekommen, werden als erwünscht, aber außerhalb des dem Staat Überantworteten liegend angesehen. Eine allgemeine Mindestsicherung der Alten wird mehrheitlich nur außerhalb der Alterssicherungssysteme über die Sozialhilfe akzeptiert. Die Berücksichtigung des Familienzusammenhangs in Form von abgeleiteten Hinterbliebenenrenten wird weitgehend anerkannt, wenngleich zunehmend Elemente einer eigenständigen Absicherung der Frauen und einer Begrenzung von Überversorgungstatbeständen auf Zustimmung stoßen.

Es ist allgemein akzeptiert, daß angemessene Gesundheitsleistungen im Krankheitsfall für Alte verfügbar sein müssen, während bei Hilfs- und Pflegeleistungen sowie bei den Beerdigungskosten und den Rahmenbedingungen weniger das generelle Ziel als vielmehr das Ausmaß, die Form und die Grenzen der staatlichen Hilfen stark umstritten sind. Aus diesem weitgespannten Problembereich der sozialen Sicherheit im Alter greift der folgende Beitrag nur einige Fragen der staatlichen Alterssicherung mit Hilfe monetärer Sozialleistungen heraus (vgl. für die Sachleistungen Krämer und Guillemard, Kapitel 22 und 24 in diesem Band). Schwergewichtig wird dabei die umfangmäßig dominierende Gesetzliche Rentenversicherung für Arbeiter und Angestellte im Vordergrund stehen.

B. Einige ökonomische Grundprobleme der Gewährleistung sozialer
   Sicherheit im Alter bei stationärer und schrumpfender Bevölkerung

1. Alterssicherung als Umverteilungsproblem zwischen Generationen
   Um die ökonomischen Grundprobleme der Alterssicherung zu erkennen, muß man sich zunächst fragen, wovon man im Alter leben kann. Es sind dies folgende Möglichkeiten:
   — Markteinkommen aus eigener Arbeit;
   — Markteinkommen aus Vermögenserträgen sowie Eigennutzung von Vermögen (z. B. Hausbesitz);
   — Verzehr eigenen Vermögens;
   — Private Geldtransfers sowie Transfers in Form von Sachleistungen, Nutzungen und Dienstleistungen (z. B. Hilfe im Haushalt, Pflege) durch andere Familienmitglieder;
   — Betriebsrenten, die bei manchen Formen als nachgezahlter Lohn, bei anderen als Vermögensverzinsung und Vermögensverzehr aufgefaßt werden können;
   — Staatliche monetäre und reale Sozialleistungen und
   — Nutzung der von der öffentlichen Hand kostenlos zur Verfügung gestellten Infrastruktur.

Im Zuge der Industrialisierung haben sich starke Verschiebungen zwischen den einzelnen Ressourcen für Alte ergeben. Der Beitrag des Markteinkommens aus eigener Arbeit sowie der innerfamilialen Transfers ist stark gesunken. Der Beitrag von Betriebsrenten sowie der öffentlichen Infrastruktur dürfte zugenommen haben, während im Hinblick auf Vermögenseinkommen und Vermögensverbrauch keine klare Tendenz bekannt ist. Staatliche monetäre und reale Sozialleistungen sind zum dominierenden Element der Altersversorgung der breiten Schichten geworden.

Bei gesamtwirtschaftlicher Betrachtung ist für staatliche Sozialleistungen an Alte wie auch für solche an die Generationen der Jungen und der Personen im Erwerbsfähigkeitsalter an die Feststellung des Ökonomen und Sozialpolitikers Mackenroth zu erinnern:

>Nun gilt der einfache und klare Satz, daß *aller Sozialaufwand immer aus dem Volkseinkommen der laufenden Periode gedeckt werden muß*« (Mackenroth, 1952, S. 267).

Von der Einkommensseite her gesehen, heißt dies, daß die zur Finanzierung der staatlichen Sozialleistungen erforderlichen Mittel von den Beziehern von Markteinkommen durch Steuern und/oder Beiträge aufgebracht werden müssen (Umlageverfahren).

Güterwirtschaftlich gesehen bedeutet der Satz von Mackenroth, daß die in jeder Periode gesamtwirtschaftlich verfügbare Konsumsumme — zu der auch Gesundheits- und Pflegeleistungen zählen — zwischen den Gruppen der Alten und der Nicht-Alten aufgeteilt werden muß; dies geschieht durch die Verausgabung der verfügbaren Einkommen. Durch Veräußerung von Vermögensbestandteilen und Verausgabung des Erlöses kann der Anteil der Alten an der Konsumsumme nur in dem Ausmaß weiter erhöht werden, wie die Käufer — in der Regel die mittlere Generation — ihrerseits durch Ersparnis aus laufendem Einkommen auf Konsum verzichten; andernfalls ergeben sich nur inflationäre Preisniveausteigerungen.

Die gesamtwirtschaftliche Konsumsumme ist in jeder Periode bei gegebenem Volkseinkommen durch Einschränkung der Nettoinvestitionen oder durch Importüberschüsse, finanziert durch Auslandsverschuldung oder Repatriierung von Auslandsvermögen, nur geringfügig erweiterbar. Die Auslandsverschuldung stößt kurzfristig ebenso wie die Repatriierung von Auslandsvermögen schnell an ökonomische Grenzen. Zudem wäre ein solcher Vorgang entwicklungspolitisch bedenklich. Dieser Zusammenhang macht die Versorgung der Alten im wesentlichen zu einem Verteilungsproblem zwischen den Generationen im Inland und setzt der Erreichung des Ziels der sozialen Sicherheit im Alter deutliche Grenzen.

Auf längere Sicht erhöhen sich Volkseinkommen und Konsumsumme durch wirtschaftliches Wachstum, so daß der Lebensstandard aller Gruppen ansteigen kann. Einige Reformvorschläge (vgl. hier das 1. Szenario im weiteren Text) setzen hier an: Sie wollen durch vermehrte Kapitalbildung in der Altersversorgung das wirtschaftliche Wachstum verstärken (Kapitaldeckungsverfahren; vgl. dazu Gahlen, Hesse & Ramser, 1990). Jedoch bleibt das Verteilungsproblem — nunmehr in Gestalt der Frage, wie der *Zuwachs* der verfügbaren Konsumsumme auf Alte und Nicht-Alte aufgeteilt werden soll — bestehen.

Die praktische Sozialpolitik hat bislang zur Finanzierung der staatlichen sozialen Alterssicherung das Umlageverfahren angewendet, bei dem die laufenden Beitragseinnahmen (und Staatszuschüsse) dazu benutzt werden, um die laufenden Renten zu zahlen und die sonstigen Ausgaben zu begleichen. Das Umlageverfahren ist in bezug auf die langfristige *Sicherheit* der Altersversorgung allen anderen Verfahren überlegen, da es auf den in der gleichen Periode entstehenden Markteinkommen der Erwerbstätigen und nicht auf zerstörbaren oder entwertbaren Kapitalbeständen fußt (Hauser, 1988; Wagner, 1984). Um es auch gegen wechselnde politische Einflüsse abzusichern, werden langfristige Regelbindungen vorgeschlagen, die bei nicht genau vorhersehbaren Schwankungen des Wirtschaftswachstums, bei inflationären Prozessen und bei demographischen Veränderungen eine faire Aufteilung des Volkseinkommens zwischen Erwerbstätigen und Alten garantieren sollen (»Sozialvertrag« bzw. in etwas engerer, aber populärerer Sicht »Generationenvertrag«; vgl. dazu Rolf, Spahn & Wagner, 1988). Manche Kommentatoren wollen derartigen Regelbindungen für die Alterssicherung sogar Verfassungsrang einräumen.

Das Umlageverfahren und eine zur politischen Absicherung dienende Regelbindung dürfen jedoch nicht nur aus der Sicht der Sozialleistungsempfänger, denen damit Sicherheit gegeben wird, gesehen werden. Auch die Sicht der Steuer- und Beitragszahler ist zu würdigen, weil bei ihnen als zusätzliche *Unsicherheit* im Zusammenhang mit einer künftigen Steuer- und Beitragsbelastung wieder auftaucht, was den Sozialleistungsempfängern als zusätzliche Sicherheit gewährt wird, sofern unerwartete gesamtwirtschaftliche Beeinträchtigungen auftreten. Außerdem kann das Umlageverfahren an Belastungsgrenzen bei den Steuer- und Beitragszahlern stoßen, die allerdings nur schwer quantitativ zu bestimmen sind (Haveman, 1988). Werden diese Belastungsgrenzen erreicht, so zeigt sich der Verteilungskonflikt zwischen den Generationen in aller Schärfe. Bei der mittleren aktiven Generation können sich Reaktionen in Form einer Reduktion des Arbeitsangebots oder der Kapitalbildung oder ein Ausweichen in die Schattenwirtschaft ergeben; auch beim politischen Wahlverhalten wird sich ein Überschreiten der Belastungsgrenzen auswirken und selbst Regelbindungen schließlich außer Kraft setzen.

2. Alterssicherung als Teilproblem der Umverteilung von Aktiven zu
   Inaktiven

Neben den Alten gibt es in jeder Bevölkerung weitere Gruppen von ökonomisch inaktiven Personen, die für ihren Lebensunterhalt auf andere Quellen als Erwerbseinkommen, und zwar im wesentlichen auf staatliche Sozialleistungen,

Vermögenseinkommen oder innerfamiliale Transfers, angewiesen sind. Setzt man die Zahl aller Inaktiven zur Bevölkerungszahl ins Verhältnis, so erhält man eine Inaktivenquote, die einen Indikator für die von den Erwerbstätigen zu tragende »Gesamtlast« darstellt; wir wollen dies die »erforderliche Umverteilungsquote« nennen. Diese wird – soweit die Inaktiven kein ausreichendes Vermögenseinkommen beziehen – teils durch innerfamiliale, teils durch staatliche Umverteilung realisiert.

Selbst in einer Volkswirtschaft, in der die aufeinanderfolgenden Kohorten der Neugeborenen jeweils gleich groß sind und die Bevölkerungszahl und Altersstruktur bei gleichbleibender durchschnittlicher Lebenserwartung konstant bleibt (stationäre Bevölkerung), kann sich die durch die Inaktivenquote bestimmte erforderliche Umverteilungsquote ändern.

Die erforderliche Umverteilungsquote muß um so höher liegen,
- je später die Jugendlichen wegen zunehmender Ausbildungs-, Militär- oder Ersatzdienstzeit ins Arbeitsleben eintreten;
- je höher in der mittleren Generation im Erwerbsfähigkeitsalter die Anteile der Arbeitslosen, der Erwerbsunfähigen und Kranken, der in Umschulung und Fortbildung Befindlichen und der aus anderen Gründen Nichterwerbstätigen sind;
- je niedriger das faktische Renteneintrittsalter liegt und je geringer die Erwerbstätigkeit nach Rentenbeginn ist und
- je höher die pro Kopf der Inaktiven gewährten innerfamilialen und staatlichen Transfers sind.

Außerdem nimmt die erforderliche Umverteilungsquote bei einer Erhöhung der durchschnittlichen Lebenserwartung zu, weil in diesem Fall der Altenanteil ansteigt. Ändern sich die genannten Determinanten in umgekehrter Richtung, so sinkt die erforderliche Umverteilungsquote.

Bei einem Übergang von einer stationären zu einer schrumpfenden Bevölkerung, bei der die aufeinanderfolgenden Kohorten der Neugeborenen immer kleiner werden, sinkt die für die Kinder und Jugendlichen erforderliche Umverteilungsquote und steigt jene für die Alten. Die Belastung mit *staatlichen* Sozialleistungen dürfte beim gegenwärtigen System in der Regel steigen, da der Lebensunterhalt der Alten weit stärker über staatliche Sozialleistungen als über innerfamiliale Transfers gedeckt wird, während bei Kindern und Jugendlichen im Durchschnitt eine umgekehrte Relation vorliegt. Außerdem haben Kinder einen geringeren Bedarf.

3. Zentrale Parameter langfristiger Szenarien für die Alterssicherung

Aufgrund dieser Überlegungen lassen sich die zentralen Parameter von langfristigen Szenarien für die Alterssicherung genauer charakterisieren. Dabei sind zwei miteinander verbundene Typen von Szenarien zu unterscheiden.

Erstens: Das Szenario der Rahmenbedingungen für die Alterssicherung. Maßgebliche Parameter hierfür sind:

- die Bevölkerungsentwicklung;
- das wirtschaftliche Wachstum, charakterisiert durch die Entwicklung des realen Bruttosozialprodukts pro Kopf;
- die Inflationsrate, gemessen an einem Preisniveauindex für einen mittleren Arbeitnehmerhaushalt;
- die Entwicklung der Inaktivenquote;
- das pro Kopf der Inaktiven angestrebte relative Absicherungsniveau;
- der den Inaktiven aus Vermögensbesitz zufließende Anteil am Volkseinkommen und
- die zu erwartende beziehungsweise angestrebte Aufteilung der erforderlichen Umverteilungsquote auf private (innerfamiliale) Umverteilung, Umverteilung über den Unternehmenssektor (z. B. Betriebsrenten, Lohnfortzahlung) sowie Umverteilung über staatliche und parastaatliche Einrichtungen.

Zweitens: Szenarien für unterschiedliche institutionelle Ausgestaltungen des Alterssicherungssystems einschließlich der Gesundheitssicherung der Alten unter Berücksichtigung der Übergangsprobleme aus dem gegenwärtigen System. Die bei unveränderter Fortführung des gegenwärtigen Systems (einschließlich der bereits verabschiedeten Rentenreform '92) sich ergebende Entwicklung wird als Status-quo-Szenario bezeichnet. Es dient als Referenzszenario für zu diskutierende Reformvorschläge.

C. Einige Grundzüge des Alterssicherungssystems in der Bundesrepublik Deutschland

Die soziale Sicherheit im Alter wird in der Bundesrepublik durch ein historisch gewachsenes, nicht konsequent zielorientiert gestaltetes und stark differenziertes System gewährleistet. Dieses System funktioniert im großen und ganzen, deckt jedoch weder die gesamte alte Wohnbevölkerung noch alle Schutztatbestände ab (Sachverständigenkommission Alterssicherungssysteme, 1983; Transfer-Enquête-Kommission, 1981). Es ist immer noch schwergewichtig auf die am Erwerbsleben Beteiligten abgestellt, wenn es auch seit 1972 die freiwillige Versicherung für alle ermöglicht. Soweit Lücken in bezug auf den Kreis der Gesicherten und/oder die abgesicherten Schutztatbestände bestehen, dient subsidiär die Sozialhilfe mit ihren beiden Zweigen der Hilfe zum Lebensunterhalt und der Hilfe in besonderen Lebenslagen als unterstes Auffangnetz. Auf Sozialhilfe besteht ein Rechtsanspruch; die jeweiligen Leistungen richten sich nach den vorhandenen eigenen Ressourcen und den Hilfsmöglichkeiten der Familie und stocken diese — wenn sie zu niedrig sind — auf ein Existenzminimum auf.

Das vom Umfang her in der Bundesrepublik (ohne neue Bundesländer) bei weitem dominierende System ist die Gesetzliche Rentenversicherung (GRV; ca. 39 Mio. Versicherte [1989], ca. 14,4 Mio. Renten [1989]). In der GRV sind circa 90 Prozent der Bevölkerung abgesichert. Die wichtigsten Merkmale dieses

Sicherungssystems für Arbeiter und Angestellte unter Berücksichtigung der bereits verabschiedeten Rentenreform '92 sind:

- Gewährung von Alters-, Hinterbliebenen-, Erwerbsunfähigkeits- und Berufsunfähigkeitsrenten sowie Übernahme der Hälfte des Beitrags zur Rentnerkrankenversicherung;
- Rentenberechnung anhand der eigenen lebensdurchschnittlichen relativen Arbeitseinkommensposition (bis zu Einkommenshöchstgrenzen) sowie der Anzahl der Versicherungsjahre; Witwen- und Witwerrenten in der Regel 60 Prozent der Rente des Verstorbenen mit Kürzung, falls eigene Renten oder Arbeitseinkommen einen dynamisierten Freibetrag übersteigen;
- jährliche Anpassung der Renten entsprechend dem Zuwachs der Nettolohneinkommen der Beschäftigten (ab 1992);
- Rentenaltersgrenzen zur Zeit zwischen 60 und 65 Jahren; generelle Erhöhung auf 65 Jahre bis zum Jahr 2006/2012, mit der Möglichkeit vorgezogener Renten oder Teilrenten unter Hinnahme eines Abschlags;
- Anrechnung von Kindererziehungszeiten (drei Jahre bei nach 1992 geborenen Kindern, vorher ein Jahr);
- nur Besteuerung des Ertragsanteils der Rente; Renten aber faktisch weitgehend steuerfrei;
- Finanzierung durch Arbeitgeber- und Arbeitnehmerbeiträge je zur Hälfte (Beitragssatz 1990 insgesamt 18,7%) sowie Staatszuschuß (1990: 18,8% der Rentenausgaben).

Die Knappschaftliche Rentenversicherung für die im Bergbau Tätigen gewährt ähnliche Leistungen, aber auf höherem Niveau und mit höheren Beitragssätzen und höherem Staatszuschuß (1988: ca. 690.000 Renten). Daneben ist die Beamtenversorgung für circa 1,85 Mio. aktive Beamte und 1,3 Mio. Versorgungsempfänger (1982) von beträchtlicher Bedeutung. Die Alterssicherung der Landwirte schützt circa 640.000 aktive Versicherte und circa 540.000 Leistungsempfänger auf einem Mindestniveau (1981).

Für Arbeiter und Angestellte im öffentlichen Dienst werden die Renten der Gesetzlichen Rentenversicherung durch eine Zusatzversorgung ungefähr auf das Niveau der Beamtenversorgung aufgestockt. Außerdem haben mehr als die Hälfte der in der Privatwirtschaft tätigen Arbeitnehmer Anspruch auf eine meist nicht sehr hohe Betriebsrente, die die gesetzliche Altersrente ergänzt. Für viele Gruppen von freiberuflich Tätigen gibt es eigene berufsständische Versorgungswerke mit Pflichtcharakter. Im wesentlichen ist nur ein Teil der Selbständigen nicht durch eine der gesetzlichen Sicherungseinrichtungen gegen Einkommens- oder Unterhaltsausfall im Alter abgesichert.

Es ist nicht genau bekannt, wie hoch der Anteil der Personen über 65 Jahre ist, die keine Leistungen aus gesetzlichen Sicherungseinrichtungen beziehen oder keinen Anspruch auf Hinterbliebenenrente bei Tod des Ehepartners besitzen. Ebensowenig ist genau bekannt, welcher Anteil der älteren Personen über 40 Jahre keinen eigenen Alterssicherungsanspruch und gegebenenfalls auch keinen

Hinterbliebenenrentenanspruch aufbaut. Es kann sich jedoch nur jeweils um Gruppen im Umfang von wenigen Prozent der Bevölkerung handeln.

Auch das Krankheitskostenrisiko im Alter ist für Rentner der Gesetzlichen Rentenversicherung und ihre Angehörigen sowie für Landwirte voll, für Beamte teilweise gedeckt. Die übrigen Alten sind mit ganz wenigen Ausnahmen durch private Krankenversicherungen geschützt; gegebenenfalls springt die Sozialhilfe ein. Demgegenüber ist der Schutztatbestand der Pflegebedürftigkeit, insbesondere bei erforderlicher Heimunterbringung, bisher nicht durch eine soziale Sicherungseinrichtung außerhalb der Sozialhilfe abgesichert. Nur die Gesetzliche Krankenversicherung gewährt seit dem Gesundheits-Reform-Gesetz (GRG) 1989 für Schwerstpflegebedürftige begrenzte Leistungen zur häuslichen Pflege. Für Beerdigungskosten, die im Vergleich zu den übrigen Schutztatbeständen von geringer finanzieller Bedeutung sind, gibt es eine Art Mindestabsicherung im Rahmen der Gesetzlichen Krankenversicherung sowie der Beamtenversorgung. Man schätzt, daß 1988 etwa die Hälfte aller Sozialausgaben — dies waren 31,1 Prozent des Bruttosozialprodukts — auf alte Menschen entfielen.

D. Die Einkommens- und Vermögenslage der Alten — gegenwärtiger Stand und Entwicklungstendenzen

1. Zur gegenwärtigen Einkommenslage

Über die Einkommenslage der Alten und über ihre Situation im Vergleich zur Erwerbstätigengeneration sowie über deren Veränderungen im Zeitablauf gibt es in der Bundesrepublik nur wenige Informationen (vgl. Hurd, 1990, für die amerikanische Diskussion). Zwar ist durch Veröffentlichungen der Gesetzlichen Rentenversicherung die Streuung der Renten bekannt, jedoch kann man hieraus noch keinen Schluß auf die Verteilung der personellen Nettoeinkommen ziehen, da eine alte Person mehrere Einkommensarten nebeneinander beziehen kann. Darüber hinaus können sich in Zwei-Personen- oder Mehr-Personen-Rentnerhaushalten die Einkommen mehrerer Mitglieder kumulieren; außerdem sind Steuern und Sozialbeiträge zu berücksichtigen.

Einen ersten Eindruck gewinnt man durch einen Vergleich der Schichtung der Alten-Haushalte (mit einem Haushaltsvorstand über 65 Jahre) mit der Schichtung der jüngeren Haushalte nach Nettoeinkommensklassen; die Nettoeinkommensklassen werden dabei als Vielfache des durchschnittlichen Einkommens aller Haushalte bestimmt (vgl. Tab. 1). Insgesamt gab es 1984 knapp ein Viertel Alten-Haushalte, in denen aber auch noch jüngere Personen leben können, sowie gut drei Viertel jüngere Haushalte. Aus den Zeilen zwei und drei der Tabelle 1 ist zu erkennen, daß 83,5 Prozent der Alten-Haushalte weniger als das Durchschnittseinkommen beziehen, während von den jüngeren Haushalten nur etwa die Hälfte unter dem Durchschnitt liegt. Noch deutlicher ist diese Diskrepanz, wenn man sich die Anteile ansieht, die mit weniger als der

Tabelle 1: Verteilung von Haushalten (HH) und Personen nach Alter des Haushaltsvorstands (HHV) auf Vielfache des Nettoeinkommens der Haushalte (VDNE) und Vielfache der Wohlstandsposition der Personen (VDWP) für 1984 (Angaben in Prozent; nach Projektgruppe „Das Sozio-ökonomische Panel", 1990, Welle 2 [1985]; Berechnung von R. Berntsen).

VDNE oder VDWP von ... bis unter ... des Durchschnitts	bis 0,5	0,50 0,75	0,75 1,00	1,00 1,25	1,25 1,50	1,50 1,75	1,75 2,00	>2,00	Summe	Anteil an allen HH/Pers.
Haushalte										
Alle	21,8	20,5	16,1	13,7	10,3	6,9	3,9	6,8	100	100
HHV bis 65 Jahre	14,9	18,6	17,2	15,8	12,4	8,3	4,7	8,1	100	76,4
HHV über 65 Jahre	44,1	26,7	12,7	6,8	3,4	(2,1)	(1,3)	(2,9)	100	23,6
Personen										
Alle	9,9	26,5	23,2	17,3	10,7	4,8	3,0	4,6	100	100
HHV bis 65 Jahre	10,0	25,8	23,0	17,5	11,2	5,1	2,9	4,5	100	84,8
HHV über 65 Jahre	9,9	30,3	23,7	16,4	7,9	3,9	3,3	4,6	100	15,2

Anmerkung: Werte in Klammern betreffen Fallzahlen unter 30

Hälfte des Durchschnittseinkommens auskommen müssen. Es sind dies circa 15 Prozent der jüngeren, aber circa 44 Prozent der Alten-Haushalte.

Es wäre voreilig, dieses Ergebnis als Bestätigung der weit verbreiteten Vorstellung von der ungünstigen Einkommenslage der Alten-Haushalte zu interpretieren, da bisher nicht berücksichtigt wurde, daß in Alten-Haushalten im Durchschnitt eine geringere Personenzahl vom jeweiligen Haushaltseinkommen leben muß als in jüngeren Haushalten. Würde man, um diesem Argument zu begegnen, eine Pro-Kopf-Aufteilung des Haushaltseinkommens vornehmen, so würden dadurch die beim gemeinsamen Wirtschaften entstehenden Einsparungen sowie der geringere Bedarf der Kinder vernachlässigt. Man verwendet daher eine Äquivalenzskala, die dem Haushaltsvorstand das Gewicht eins und weiteren Haushaltsmitgliedern je nach Alter Gewichte zwischen 0,45 und 0,9 verleiht, wie es auch für die Regelsätze der Sozialhilfe vorgesehen ist (vgl. zu diesem Problemkreis Danziger & Taussig, 1979).

Für die auf diese Weise ermittelten Wohlstandspositionen von Personen kann man nun ebenfalls fragen, wie sich die in Alten-Haushalten und jüngeren Haushalten lebenden Personen nach Wohlstandspositionsklassen verteilen. Die untere Zeilengruppe von Tabelle 1 zeigt das überraschende Ergebnis, daß sich die Anteile der unter dem Durchschnitt liegenden Personen stark angenähert haben: Nunmehr liegen 58,8 Prozent der Personen in jüngeren Haushalten und nur noch 63,8 Prozent der Personen in Alten-Haushalten unter dem Durchschnitt. Im untersten Bereich mit weniger als der Hälfte des Durchschnitts, den man als Niedrigeinkommens- oder Armutsbereich bezeichnen könnte, befinden sich aus beiden Gruppen jeweils etwa zehn Prozent aller Personen. Nur im Bereich zwischen dem 0,5fachen und dem 0,75fachen des Durchschnitts liegt der Anteil der Alten deutlich höher; dagegen ist ihr Anteil im Bereich zwischen dem 1,25fachen und dem 1,75fachen des Durchschnitts wesentlich niedriger. Auf Basis dieser Ergebnisse kann man zunächst einmal konstatieren, daß sich die Verteilungen der Wohlstandspositionen der Personen in jüngeren Haushalten und in Alten-Haushalten nicht stark unterscheiden und daß die Alten-Haushalte am Wohlstand der Bundesrepublik in ähnlicher Weise partizipieren wie die jüngeren Haushalte, deren Haushaltsvorstand im erwerbsfähigen Alter steht. In beiden Gruppen gibt es jedoch eine beachtliche Teilgruppe, die sich im Niedrigeinkommens- oder Armutsbereich befindet. Dies kommt auch in den Zahlen von Guillemard (vgl. Kapitel 24 in diesem Band) zum Ausdruck, deren Indikator »relatives Durchschnittseinkommen nach Altersgruppen« allerdings für Mindestsicherungsfragen weniger aussagekräftig ist als das hier verwendete Maß.

In der Bundesrepublik herrscht kein Konsens darüber, in welchen Fällen man von Armut im Alter sprechen kann. Unbestritten dürfte aber sein, daß das Angewiesensein auf Sozialhilfe im Alter ein sozialpolitisches Problem darstellt, dessen Größenordnung von Bedeutung ist. 1988 gab es circa 143.500 weibliche und circa 36.000 männliche Bezieher von laufender Hilfe zum Lebensunterhalt, die 65 Jahre und älter waren und diese Hilfe außerhalb von Einrichtungen bezogen. Die alten Frauen machten damit 5,9 Prozent aller Empfänger aus, die alten Männer 1,5 Prozent. Bezogen auf alle alten Frauen beziehungsweise alle alten Männer lagen die Empfängerquoten aber längst nicht so weit auseinander: Bei den alten Frauen betrug die Quote 2,4 Prozent, bei den Männern 1,2 Prozent (Statistisches Bundesamt, Fachserie 13, Reihe 2). Hinzu kommt eine Dunkelziffer, die nach Schätzungen bis zu 100 Prozent betragen könnte (Hauser & Semrau, 1989); das heißt, daß auf jeden alten Sozialhilfeempfänger noch eine weitere Person kommt, die zwar einen Anspruch hätte, ihn aber nicht wahrnimmt; dabei mögen bei manchen Berechtigten diese Ansprüche nur wenige D-Mark pro Monat betragen.

Da — wie erwähnt — das Pflegebedürftigkeitsrisiko generell nicht abgedeckt ist, muß bei Pflegefällen, die nicht innerhalb der Familie aufgefangen werden können und bei denen das eigene Einkommen nicht zur Bezahlung von Pflegekräften oder eines Pflegeheimplatzes ausreicht, die Sozialhilfe in Form der Hilfe in besonderen Lebenslagen (Pflegehilfe) einspringen. Hilfe zur Pflege im Rahmen der Sozialhilfe mußten 1988 insgesamt circa 337.600 Personen im Alter von 65 Jahren und darüber in Anspruch nehmen. Von diesen erhielten circa 128.700 die Hilfe außerhalb von Einrichtungen und circa 208.900 in Einrichtungen, wie Pflegeheimen. Auch hier überwiegen die alten Frauen bei weitem (ca. 269.800 Frauen, ca. 67.800 Männer), was zum Teil mit der höheren Lebenserwartung der Frauen zusammenhängen dürfte. Die Anteile an der jeweiligen Altenbevölkerung liegen bei weiblichen und männlichen Beziehern von Hilfe zur Pflege (Frauen 4,5%; Männer 2,3%) knapp doppelt so hoch wie bei den Beziehern von laufender Hilfe zum Lebensunterhalt (Statistisches Bundesamt, Fachserie 13, Reihe 2).

Über eine Dunkelziffer im Hinblick auf die Hilfe zur Pflege, die wegen der graduellen Unterschiede in der Pflegebedürftigkeit und der unterschiedlichen Möglichkeiten der Pflege durch Familienmitglieder nur schwer abzugrenzen wäre, ist nichts bekannt.

Die Zusammensetzung der Einkommen der Alten-Haushalte, die für längerfristige Reformüberlegungen über die Beseitigung von Kumulationen oder eine Senkung des Nettorentenniveaus besondere Bedeutung besitzt, ist nur in Umrissen aufgrund älterer Daten bekannt (Bundesminister für Arbeit und Sozialordnung, 1985; Hirvonen, 1989). Renten der Gesetzlichen Rentenversicherung stellen für weit über 90 Prozent der Alten-Haushalte eine wichtige Einkommensquelle dar; aber schon 1982 mußte nur noch eine Minderheit (32% der Alleinstehenden, 15% der alten Ehepaare) ausschließlich von solchen Renten leben. Mindestens ein Drittel der Alten-Haushalte lebt mietfrei im eigenen Haus oder in einer Eigentumswohnung und kann auf diese Weise das Alterseinkommen ergänzen. Alten-Haushalte, die nur von GRV-Renten leben, befinden sich überdurchschnittlich häufig im unteren Einkommensbereich; dies gilt insbesondere für alleinstehende alte Frauen, meistens wohl Witwen oder Geschiedene.

2. Zur gegenwärtigen Vermögenslage

Im Hinblick auf die soziale Sicherheit im Alter würden Informationen über den Vermögensaufbau im mittleren Lebensalter, über zufließende Erbschaften und über die durchschnittliche Vermögenshöhe der Alten-Haushalte sowie über die Verteilung ihrer Vermögen interessieren. Derartige umfassende Informationen liegen für die Bundesrepublik jedoch bislang nicht vor. Konzentriert man sich auf die Frage, in welchem Ausmaß das vorhandene Vermögen der Alten-Haushalte zu ihrer Alterssicherung beitragen kann, so ist es sinnvoll, das jeweilige Nettoeinkommen zur jeweiligen Höhe des Vermögens in Beziehung zu setzen und die Alten-Haushalte danach zu klassifizieren, ob das vorhandene Vermögen lediglich reicht, um kurzfristige Notlagen zu überbrücken, ob es einen merklichen Beitrag zur Alterssicherung leisten kann oder ob es sogar genügt, um durch Vermögenserträge und Vermögensverzehr die Altersphase weitgehend abzusichern. Dementsprechend unterscheiden wir Alten-Haushalte mit einem Nettovermögen

– von weniger als einem halben Jahreseinkommen;
– von einem halben bis zu fünf Jahreseinkommen und
– von mehr als fünf Jahreseinkommen.

Tabelle 2 gibt hierzu einige Resultate wieder, die aus der Einkommens- und Verbrauchsstichprobe 1983, zum Teil mit Hilfe von Schätzungen, abgeleitet wurden. Dabei ist zu beachten, daß die Gruppe der Spitzenverdiener (mehr als DM 25.000, – Nettoeinkommen pro Monat), Personen in Anstalten, Haushalte mit ausländischem Haushaltsvorstand sowie Landwirte nicht enthalten sind. Es zeigt sich, daß sich je etwa ein Drittel der Haushalte in den drei Klassen befindet.

Unterscheidet man zusätzlich nach dem Alter des Haushaltsvorstandes, so würde man erwarten, daß der Anteil der Haushalte mit relativ hohem Nettovermögen mit zunehmendem Alter zunimmt. Dies trifft aber nicht zu. Zwar ist der Anteil der Haushalte mit relativ hohem Vermögen – wie erwartet – bei den jungen Haushalten am niedrigsten, aber er ist nicht bei den Alten-Haushalten, sondern bei den Haushalten im mittleren Alter am höchsten. Dieser Zusammenhang ist ein wichtiger Hinweis darauf, daß im Verlauf von ein bis zwei Dekaden Haushalte das Rentenalter erreichen werden, von denen ein beträchtlich größerer Teil als bei den jetzigen Rentnern durch Vermögen zur eigenen Alterssicherung wesentlich beitragen kann.

Da die Personenzahl der Haushalte je nach dem Alter des Haushaltsvorstandes und je nach Einkommensschicht unterschiedlich ist, kann man fragen, ob sich dieses Muster der relativen Vermögenshöhen auch zeigt, wenn man die Personenzahl berücksichtigt. Der untere Teil von Tabelle 2 läßt erkennen, daß das Grundmuster auch in diesem Fall besteht.

Mit Eintritt des Rentenalters fallen in der Regel die Arbeitseinkommen aus unselbständiger Tätigkeit weg und werden durch Altersrenten und ähnliches ersetzt. Man kann daher die Frage aufwerfen, ob sich das beschriebene Muster

Tabelle 2: Anteilmäßige Verteilung der deutschen Haushalte (HH) und Personen nach dem Verhältnis ihrer Nettovermögen* zu ihrem Jahresnettoeinkommen und nach Altersgruppen in Prozent für 1983 (nach Statistisches Bundesamt Fachserie 13, Reihe 2; Einkommens- und Verbrauchsstichprobe 1983; diese umfaßt lediglich Haushalte mit einem deutschen Haushaltsvorstand außer Haushalten in Einrichtungen und Haushalten mit einem Nettoeinkommen von DM 25.000 und mehr pro Monat. Aus technischen Gründen konnten außerdem Haushalte mit sieben und mehr Personen sowie Haushalte von Landwirten nicht berücksichtigt werden).

Haushalte oder Personen	Nettovermögens-Nettoeinkommensrelation			
	unter 0,5	0,5 bis 5	über 5	alle
alle HH	31,5	36,1	32,4	100
davon				
HHV unter 30 J.	64,7	28,0	7,3	100
HHV 30–64. J.	24,0	38,0	38,0	100
HHV über 64 J.	34,4	35,2	30,4	100
alle Personen in HH	26,1	36,5	37,4	100
davon Personen in HH mit einem				
HHV unter 30 J.	62,0	29,0	9,0	100
HHV 30–64 J.	20,6	37,7	41,7	100
HHV über 64 J.	29,8	35,6	34,6	100

* Die Datenquelle enthält folgende Vermögenskomponenten: Geldvermögen (Spareinlagen, Bausparguthaben, Guthaben bei Lebensversicherungen, Wertpapier- und sonstige Geldvermögen abzüglich Kredite), Haus- und Grundbesitz sowie Betriebsvermögen. Zur Korrektur der verzerrten Wertverhältnisse wurde der Einheitswert von Grundstücken und Gebäuden mit 10 und der Einheitswert der Betriebsvermögen mit 1,5 multipliziert. Dies ist eine äußerst vorsichtige Korrektur, die die Tageswerte immer noch unterschätzen dürfte, da bereits für 1973 ein Wertverhältnis vom 6,4 geschätzt wurde (vgl. Mierheim & Wicke, 1978, S. 23 ff.). Die Datenquelle enthält folgende Komponenten des Jahresnettoeinkommens: Einkommen aus Gewerbebetrieb, aus freiberuflicher Tätigkeit, aus selbständiger und unselbständiger Arbeit, Einkommen aus Vermietung und Verpachtung sowie aus Geldvermögen und staatliche Sozialleistungen abzüglich Einkommens-/Lohnsteuer und Sozialabgaben. Der Berechnung lag ein vom Statistischen Bundesamt anonymisierter und durch Zufallsgrößen leicht veränderter Datensatz des Sonderforschungsbereichs 3 der Universitäten Frankfurt/M. und Mannheim zugrunde (Berechnung von H. Schlomann).

auch zeigt, wenn man lediglich die Relation zwischen Arbeitseinkommen beziehungsweise Renteneinkommen und Nettovermögen betrachtet. Entsprechende Berechnungen ergaben folgendes: Generell ist auch in diesem Fall der Anteil der Haushalte mit relativ hohem Nettovermögen in der mittleren Altersgruppe am höchsten, und zwar noch höher als bei der vorherigen Vorgehensweise. Auch hier wird mindestens ein Drittel der alten Haushalte auf kein nennenswertes Vermögen zurückgreifen können und im wesentlichen auf Sozialrenten zur Alterssicherung angewiesen sein.

Tabelle 3 macht in ihrem oberen Block darüber hinaus deutlich, daß die in Tabelle 2 aufgezeigte Vermögensstruktur eine subjektive Entsprechung hat: Nur etwa ein Drittel aller befragten älteren Personen gibt an, daß ihnen Vermögen den Lebensunterhalt finanziell wesentlich erleichtert. Wie zu erwarten ist, gibt es klare Unterschiede zwischen den ehemaligen sozialen Stellungen, mit dem geringsten Anteil der Vermögensbesitzer bei den Arbeitern und dem höchsten bei den ehemals selbständig Tätigen. Tabelle 4 zeigt die Antworten auf gleichartige Fragen für Erwerbstätige; auch hier erkennt man die gleiche soziale Antwortstruktur wie bei den alten Befragten, man sieht aber auch, daß sich Jüngere in allen sozialen Stellungen stärker auf Vermögen zur Alterssicherung stützen wollen.

Tabelle 3: Subjektive Bewertung ihres Vermögens durch 60jährige und ältere, nichterwerbstätige Personen im Jahre 1988 (Angaben in Prozent, N = Fallzahl; nach Projektgruppe »Das Sozio-ökonomische Panel«, 1990, Welle 5 [1988]; eigene Berechnungen).

Ehemalige soziale Stellung	N	Alter gesichert durch			
		nur Rente	Vermögen	weiß nicht	alle
Selbständig	145	54,5	41,4	4,1	100
Beamter	96	60,4	37,5	2,1	100
Angestellter	478	59,8	37,9	2,3	100
Arbeiter	575	74,3	21,6	4,2	100
	N	Vererbungsabsicht für Vermögen			
		ja	nein		alle
Selbständig	58	70,7	29,3		100
Beamter	32	62,5	37,5		100
Angestellter	172	65,1	34,9		100
Arbeiter	120	80,0	20,0		100

Erbschaften haben einen wesentlichen Einfluß auf die Höhe und Verteilung der Vermögen. Insgesamt ist zwar zu erwarten, daß die in den kommenden Jahrzehnten der mittleren Generation zufließenden Erbschaften deren Vermögensbestände im Durchschnitt wesentlich erhöhen werden, jedoch wird sich dadurch keineswegs eine Tendenz zu einer gleichmäßigeren Vermögensverteilung ergeben. Im Gegenteil: Der sozialen Struktur des Heiratsprozesses und den daraus einmal resultierenden Erbschaften wohnt eine gewisse Konzentrationstendenz inne. Brautpaare gehören mit relativ großer Wahrscheinlichkeit derselben Sozial- und Einkommensschicht an, wodurch Vermögenskonzentration

Tabelle 4: Subjektive Bewertung ihres Vermögens durch Erwerbstätige im Jahre 1988 (Angaben in Prozent, N = Fallzahl; nach Projektgruppe »Das Sozio-ökonomische Panel«, 1990, Welle 5 [1988]; eigene Berechnungen).

| Soziale Stellung | | Alter gesichert durch | | | |
	N	nur Rente	Vermögen	weiß nicht	alle
Selbständig	495	20,8	58,6	20,6	100
Beamter	410	48,0	40,5	11,5	100
Angestellter	993	39,1	43,9	17,1	100
Arbeiter	2.651	53,4	25,0	21,6	100

| | | Vererbungsabsicht für Vermögen | | |
	N	ja	nein	alle
Selbständig	367	47,6	52,3	100
Beamter	145	55,9	44,1	100
Angestellter	762	48,0	52,0	100
Arbeiter	613	59,9	40,1	100

durch Erbschaften gefördert wird. Empirische Analysen von Engel (1985) zeigen deutlich, daß die Wahrscheinlichkeit einer Erbschaft mit höherer sozialer Schicht zunimmt. Es gibt keinen Hinweis darauf, daß sich dies in den nächsten Jahrzehnten ändern wird.

Würden die Besitzer geringer und mittlerer Vermögen unter der alten Generation stärker darauf verwiesen, die Alterssicherung auch durch Vermögensverzehr zu bestreiten, so entstünde dadurch ein neues intergenerationelles Problem; denn bislang gehen Kinder und Enkelkinder in der Bundesrepublik Deutschland davon aus, daß ein nennenswerter Teil des Vermögens der Eltern und Großeltern vererbt und nicht von diesen konsumiert wird beziehungsweise konsumiert werden muß. Für die alte Generation stellt überdies die Möglichkeit, Vermögen zu vererben, auch ein Stück »Altersmacht« über die jüngere Generation dar (Pauly, 1990). Der zweite Block in Tabelle 4 macht die Bedeutung des Erbes deutlich, wobei sie auf seiten der alten Generation gemessen wird: Gut die Hälfte derjenigen, die im Alter über Vermögen verfügen, möchten dies auch vererben. Die Vererbungsabsicht ist allerdings bei den jüngeren Befragten noch nicht so stark ausgeprägt (Ergebnisse nicht in Tab. 4 ausgewiesen). Vielleicht spiegeln sich in diesen Absichten bereits die öffentlichen Diskussionen über die langfristige Unsicherheit der Rentenversicherung wider. Insofern wäre auch die politische Chance gegeben, daß die Bereitschaft zum Vermögensverzehr im Alter nennenswert erhöht werden könnte. Allerdings bleibt die Tatsache bestehen, daß nur höchstens zwei Drittel aller Rentner mit einem ins Gewicht fallenden Vermögen rechnen können.

3. Bewertung und Ausblick

Die mit der Rentenreform '92 modifizierten Regelungen der Gesetzlichen Rentenversicherung sowie das hier skizzierte Bild der Einkommens- und Vermögenslage der Alten bilden die Basis für die folgenden Tendenzaussagen über die zu vermutende künftige Entwicklung unter Status-quo-Bedingungen, das heißt ohne weitere wesentliche Änderung der rechtlichen Regelungen im Bereich der Alterssicherung. Zeitlich gesehen reichen diese Tendenzaussagen — unser Status-quo-Szenario — etwa bis kurz nach der Jahrtausendwende und berücksichtigen auch die bis dahin zu erwartenden Änderungen der Rahmenbedingungen, soweit sie im Zusammenhang mit der Rentenreform '92 abgeschätzt wurden. Die durch die deutsche Vereinigung zusätzlich auftretenden Probleme — die vor allem temporäre Übergangsprobleme sein werden — wurden hier noch nicht berücksichtigt.

Das Status-quo-Szenario:

— Das System funktioniert weitgehend. Die durch die Rentenreform '92 eingeführte Regelbindung wird einen Gleichlauf zwischen Nettolohn- und Nettorentenentwicklung herstellen, so daß die relative Position der Rentner gewährleistet bleibt. Das Finanzierungsproblem wird schwergewichtig zu Lasten der Beitrags- und Steuerzahler gelöst, so daß mit einem Beitragssatzanstieg von circa drei Prozentpunkten zu rechnen ist. Ein leichter Anstieg des durchschnittlichen Renteneintrittsalters kann nach der Jahrtausendwende erwartet werden.

— Der Anteil der Rentnerhaushalte, die im Alter nicht allein auf Renten der Gesetzlichen Rentenversicherung angewiesen sind, wird weiter zunehmen. Für eine größer werdende Gruppe werden mietfreies Wohnen im eigenen Haus oder in der Eigentumswohnung, Vermögenseinkommen und Betriebsrenten die GRV-Renten ergänzen.

— Frauen wird es zunehmend möglich sein, durch Erwerbstätigkeit und Anrechnung von Kindererziehungszeiten die Lücken in ihren »Anwartschaftsbiographien« zu verkleinern, so daß eine Tendenz zur Annäherung der Zahl der Versicherungsjahre von Männern und Frauen entsteht. Außerdem ist eine Tendenz zur Annäherung der Männer- und Frauenlöhne erkennbar. Beide Faktoren werden zu einer Verringerung der Diskrepanzen zwischen Versichertenrenten von Männern und Frauen führen.

— Eine weitere Verbesserung der durchschnittlichen relativen Einkommensposition der Alten, insbesondere der Frauen, dürfte sich künftig trotz des nicht mehr steigenden Nettorentenniveaus wegen der steigenden anderen Einkommen sowie wegen der höheren Rentenansprüche der Frauen ergeben.

— Eine mögliche »Überversorgung« von Witwen und Witwern mit hohen eigenen und hohen abgeleiteten Renten wird zwar durch das 1986 eingeführte Anrechnungsverfahren begrenzt. Da dieses Verfahren aber einen großzügig bemessenen und dynamisierten Freibetrag beinhaltet und Vermögenseinkommen nicht einbezieht, kann sich eine kleine Gruppe besonders begünstigter Witwen und Witwer herausbilden; dies dürften insbesondere Hinterbliebene von Zwei-Verdiener-Ehepaaren mit ehemals hohen Erwerbseinkommen sein.

– Da das System der Alterssicherung immer noch weitgehend an der Arbeitsmarktbeteiligung anknüpft, ist auch künftig mit armutsgefährdeten Alten zu rechnen. Dies könnten sein: Ein-Verdiener-Ehen mit niedrigem Manneseinkommen und mit länger dauernden Arbeitslosigkeitsphasen; Personen mit langen Perioden geringfügiger Beschäftigung oder mit selbständiger Tätigkeit auf der Basis von Werkaufträgen; Lebensgemeinschaften »ohne Trauschein« bei einer Trennung in späteren Jahren, wenn ein Partner nicht gearbeitet und keine Altersversorgung aufgebaut hat; geschiedene, insbesondere Frauen, bei denen der Versorgungsausgleich nur auf einer niedrigen Anwartschaft aufbaut, die durch eigene Erwerbstätigkeit in späteren Lebensjahren mangels Ausbildung nur noch wenig erhöht werden konnte; von Geburt beziehungsweise Jugend an Schwerbehinderte und Pflegebedürftige mit niedrigen oder durchschnittlichen Renten.

E. Langfristige Tendenzen zur Vergrößerung der Inaktivenquote und der staatlichen Umverteilungsquote für die alte Generation sowie sozialpolitische Einwirkungsmöglichkeiten – ein Szenario langfristiger Rahmenbedingungen

Das Problem der sozialen Sicherheit im Alter kann bei einem ausgebauten System der sozialen Sicherung mit Gelassenheit betrachtet werden, solange sich die Inaktivenquote nicht gravierend ändert. Seit 1950 hat die Inaktivenquote trotz vielfältiger Einflüsse – wie Gebietsveränderungen, Zuwanderungen, Verschiebungen der Altersstruktur, Schwankungen der Arbeitslosenzahl, Veränderungen der alters- und geschlechtsspezifischen Erwerbsquoten – nur in einem schmalen Band von etwa 52 Prozent bis 59 Prozent geschwankt, wobei sie von Mitte der 50er bis Mitte der 60er Jahre besonders niedrig lag und sich seit Mitte der 70er Jahre an der Obergrenze bewegt.

Seit einigen Jahren zeichnen sich jedoch für den Zeitraum nach der Jahrtausendwende einige langfristige Trends bei den Determinanten der Inaktivenquote ab, die – wenn auch teilweise gegenläufig – zusammengenommen auf lange Sicht zu einer wesentlichen Erhöhung der insgesamt erforderlichen Umverteilungsquote und ebenso zu einer Zunahme der staatlichen Umverteilungsquote für die alte Generation führen könnten. Allerdings besteht bei langfristigen Abschätzungen immer ein hoher Unsicherheitsgrad, so daß unerwartet günstigere, aber auch noch ungünstigere Entwicklungen nicht ausgeschlossen werden können. Außerdem sind einige der sichtbar gewordenen Trends durch politische Maßnahmen beeinflußbar. Hierauf wird an den jeweiligen Stellen hingewiesen.

Der dominierende Einfluß in Richtung auf eine Erhöhung der Inaktivenquote wird von der seit Ende der 60er Jahre auf weit unter eins abgesunkenen

Nettoreproduktionsrate (1982/84 ca. 0,637) ausgehen, deren Wiederanstieg zur Zeit nicht erwartet wird. Eine zweite Tendenz zur Erhöhung der Inaktivenquote geht von einer auf mittlere Sicht prognostizierten Erhöhung der mittleren Lebenserwartung für ältere Menschen um mehrere Jahre aus (vgl. Dinkel, Kapitel 3 in diesem Band). Eine forcierte politische Einflußnahme auf diese autonome demographische Entwicklung im Sinn einer aktiven Bevölkerungspolitik wird teils aus grundsätzlichen Erwägungen abgelehnt, teils wegen fehlender Wirksamkeit der verfügbaren Instrumente für nicht erfolgversprechend gehalten. Auf Zustimmung stößt jedoch die Verbesserung von Rahmenbedingungen, die zu einer leichteren Realisierung individueller Kinderwünsche beitragen.

Die langfristige Entwicklung der Wohnbevölkerung und ihrer Altersstruktur wird nicht nur durch ihre autonome Dynamik, sondern auch durch die jährlichen Wanderungssalden bestimmt. Ein kontinuierlicher Einwanderungsüberschuß von jungen Menschen mit höherer Fertilität als die anwesende Bevölkerung könnte ein Gegengewicht gegen den erwarteten Anstieg der Inaktivenquote und gegen die Bevölkerungsschrumpfung darstellen. Eine verläßliche langfristige Prognose von Wanderungssalden ist im Augenblick jedoch kaum möglich.

Die demographisch bedingten Einflüsse auf die Inaktivenquote stellen nur eine von mehreren Komponenten dar, da sie mit standardisierten Altersgrenzen und ohne Berücksichtigung der Nicht-Erwerbstätigen im Erwerbsfähigkeitsalter geschätzt werden. Aus gegenwärtiger Sicht besteht eine zusätzliche Tendenz zur Erhöhung der Inaktivenquote durch eine weitere Zunahme der durchschnittlichen Ausbildungszeit und durch einen erhöhten Umschulungsbedarf. Dieser Trend könnte zumindest noch eine Dekade anhalten – wenn er nicht gar im Hinblick auf gerontologische Ziele verstärkt wird, da letztlich nur eine gute Ausbildung in der Jugend hilft, das Alter aktiv zu bewältigen (vgl. Mayer, Kapitel 20 in diesem Band). Eine Kompensation durch eine Verkürzung der individuellen Ausbildungszeiten erscheint nicht sehr wahrscheinlich, wenngleich die Bildungspolitik – auch mit Blick auf die kürzeren akademischen Ausbildungszeiten in den meisten EG-Ländern – Bestrebungen in dieser Richtung entfaltet.

Über die Entwicklung der Krankheits- und Erwerbsunfähigkeitsquoten der Personen im erwerbsfähigen Alter lassen sich keine genaueren Tendenzaussagen machen. Da Erwerbsunfähigkeit einen Schutztatbestand darstellt, der nicht allein von medizinischen Feststellungen, sondern auch von sozialpolitischen Regelungen und von der Arbeitsmarktlage abhängt, kann nicht ausgeschlossen werden, daß die zu Rentenansprüchen führende Erwerbsunfähigkeit ansteigt, sobald der Altersrentenbezug durch Hinausschieben der Rentenaltersgrenze erschwert wird; andererseits sinkt die Inanspruchnahme von Erwerbsunfähigkeitsrenten mit sinkender Arbeitslosigkeit. Leider ist wissenschaftlich noch keineswegs geklärt, in welchem Ausmaß Arbeitslosigkeit einerseits und der

individuelle Gesundheitszustand andererseits den Zuwachs an Erwerbsunfähigkeitsrenten beeinflussen (Hurd, 1990).

Drei wichtige Determinanten üben voraussichtlich einen die Inaktivenquote
dauerhaft mindernden Einfluß aus, wenn sie auch die demographisch bedingte
Erhöhung sicherlich nicht voll kompensieren können:

- Erstens wird für die Arbeitslosenquote, die sich seit 1982 zwischen acht
  Prozent und neun Prozent bewegte, nicht zuletzt aus demographischen
  Gründen ein allmähliches Sinken erwartet (Kühlewind, 1989), wobei allerdings wegen des inzwischen weit höheren Sockels an struktureller Arbeitslosigkeit das niedrige Niveau der 60er Jahre von ein Prozent nicht wieder
  erreicht werden dürfte. Bei der hohen Unsicherheit von Arbeitsmarktprog-
  nosen ist allerdings auch ein temporärer oder dauerhafter Wiederanstieg der
  Arbeitslosigkeit nicht auszuschließen.

- Zweitens kann ein deutlicher Anstieg der durchschnittlichen Frauenerwerbsquote erwartet werden. Hierauf deuten die im Zeitablauf stark gestiegenen
  altersspezifischen Erwerbsquoten jüngerer Frauen sowie die im internationalen Vergleich niedrigen bundesdeutschen Quoten hin (Thiede, 1986). Das
  Ausmaß des Anstiegs der Frauenerwerbsquote wird einerseits von der Entwicklung der Arbeitsmarktlage und andererseits von familienpolitischen
  Maßnahmen abhängen, die zur Erleichterung von gleichzeitiger Berufstätigkeit und Kinderbetreuung ergriffen werden. Hier bietet sich daher ein
  erfolgversprechender sozialpolitischer Ansatzpunkt zur Verringerung der
  Inaktivenquote.

- Drittens scheint der seit Jahren anhaltende Trend zu einer Reduzierung des
  faktischen durchschnittlichen Renteneintrittsalters durch Reformmaßnahmen gestoppt worden zu sein. Bei einer Verbesserung der Arbeitsmarktlage
  können sogar ein allmähliches Ansteigen des Renteneintrittsalters nach dem
  Jahr 2000 und mehr Teilzeitbeschäftigungen von Rentnern erwartet werden.

Allerdings muß hier deutlich auf die in der gerontologischen Diskussion oft
übersehenen wirtschaftlichen Restriktionen bei der Gestaltung des Überganges
vom Erwerbsleben in den Ruhestand hingewiesen werden (vgl. auch Kohli und
Mayer, Kapitel 9 und 20 in diesem Band). Betriebe müssen auf eine »ausge-
wogene Altersstruktur« ihrer Belegschaft achten. Selbst wenn Alte produktiver
sind, als heute viele annehmen, so gibt es personalwirtschaftliche Grenzen.
Umschulungskosten »lohnen« sich weniger, und zuviele Alte versperren den
jüngeren ihren Karriereweg. Ob Teilzeitbeschäftigungen Älterer außerhalb ihrer
angestammten Arbeitsplätze eine Lösung für das Hinausschieben der Ruhestandsgrenze darstellen können, muß abgewartet werden.

Das wirtschaftliche Wachstum, gemessen als Zuwachs des realen Bruttosozialprodukts pro Kopf, sowie die Entwicklung des Preisniveaus gehören ebenfalls zu den in diesem Szenario zu spezifizierenden langfristigen Rahmenbedingungen. Langfristige Prognosen dieser Größen sind jedoch äußerst unsicher. Als
wahrscheinlichste Entwicklung wird man einen mäßigen Wachstumstrend, be-

gleitet von mäßigen, aber anhaltenden Preisniveausteigerungen, ansehen können. Erfreulicherweise ist das gegenwärtig vorhandene Alterssicherungssystem flexibel genug, sich an Wachstums- und Preisniveauschwankungen anzupassen, so daß die staatlichen Umverteilungsquoten für Alte und damit die Sicherheit ihrer Rentenansprüche davon kaum berührt werden. Für alternative Regelungen, die in den folgenden Reformszenarien skizziert werden, ist es jedoch eine unabdingbare Voraussetzung, daß bei der unvermeidlichen Unsicherheit über den künftigen Wachstumspfad durch eine geeignete Dynamisierung eine ähnliche Flexibilität gesichert wird. Andernfalls wäre die Sicherheit der Alterssicherung wesentlich beeinträchtigt.

F. Mögliche Reformszenarien

Die Zunahme der Inaktivenquote wird voraussichtlich nach der Jahrtausendwende für alle Alterssicherungssysteme zu Finanzierungsproblemen führen, denen mit Reformen begegnet werden muß. Unabhängig davon hat die verabschiedete Rentenreform '92 die folgenden Probleme der Gesetzlichen Rentenversicherung nicht oder nicht vollständig gelöst (Sachverständigenkommission Alterssicherungssysteme, 1983; Transfer-Enquête-Kommission, 1981):

- das Fortbestehen von Lücken in den eigenständigen »Anwartschaftsbiographien« von nicht-erwerbstätigen, kindererziehenden oder pflegenden Frauen;
- die mangelnde Absicherung von »kleinen« Selbständigen, deren Zahl zunimmt;
- die weitgehende Steuerfreiheit von GRV-Renten und die nicht vollständige Freistellung der Sozialversicherungsbeiträge von der Lohn- und Einkommensteuer;
- die Sozialhilfebedürftigkeit einer Gruppe von Rentnern und
- die fehlende Absicherung des Pflegefalles außerhalb der Sozialhilfe.

Lösungsvorschläge für diese Probleme können hier nur skizziert werden. Dabei ist grundsätzlich zwischen systemändernden und systemimmanenten Reformen zu unterscheiden. Um einen vorhersehbaren starken Beitragssatzanstieg ab der zweiten Dekade des nächsten Jahrtausends oder eine beachtliche Senkung des Nettorentenniveaus, das heißt der Nettorente eines Standardrentners im Verhältnis zum durchschnittlichen Nettoeinkommen eines erwerbstätigen Versicherten, zu vermeiden, müssen die Reformvorschläge auf größere Einsparungen hin angelegt sein. Sollen überdies die oben erwähnten Probleme durch kostenträchtige strukturelle Verbesserungen gelöst werden, so müssen die durch Reformvorschläge erzielbaren globalen Einsparungen noch wesentlich größer ausfallen.

1. Szenario: Systemänderung durch Kapitaldeckung

Im folgenden behandeln wir zunächst kurz drei systemändernde Reformmöglichkeiten, deren gemeinsames Hauptmerkmal darin besteht, daß zur Finanzierung der Altersversorgung vom Umlageverfahren weitestgehend auf ein

Kapitaldeckungsverfahren übergegangen wird. Hierzu lassen sich drei verschiedene Unterszenarien definieren:

- *Szenario 1a:* Abschaffung des gegenwärtigen Alterssicherungssystems und Ersatz durch freiwillige private Kapitalbildung in Form von Geld- und Sachvermögen sowie Lebensversicherungen bei Beibehaltung eines untersten Auffangnetzes in Form der Sozialhilfe.

- *Szenario 1b:* Abschaffung des gegenwärtigen Alterssicherungssystems und Ersatz durch eine an alle Alten gezahlte, einheitliche, steuerfinanzierte Grundrente, wobei ergänzend eine zusätzliche Alterssicherung durch freiwillige private Kapitalbildung unterstellt wird; auch hier ist die Beibehaltung der Sozialhilfe vorgesehen.

- *Szenario 1c:* Umwandlung des gegenwärtigen Pflichtalterssicherungssystems auf Basis des Umlageverfahrens in ein solches mit voller Kapitaldeckung, wobei auch hier die Sozialhilfe bestehen bliebe.

In allen drei Unterszenarien würde nur noch die Sozialhilfe und im Szenario 1b auch die steuerfinanzierte Grundrente über das Umlageverfahren finanziert werden, während die übrige Alterssicherung über das Kapitaldeckungsverfahren – entweder in privater Hand (Szenarien 1a und 1b) oder über eine parastaatliche Rentenversicherung (Szenario 1c) – geschähe. Die Pflegeabsicherung würde in den Szenarien 1a und 1b völlig der privaten Vorsorge beziehungsweise der Sozialhilfe überlassen bleiben; im Szenario 1c könnte eines der im zweiten Szenario skizzierten Modelle zur Pflegeabsicherung gewählt werden.

Für alle drei Unterszenarien lassen sich einige gemeinsame Feststellungen treffen:

Im Bereich der Alterssicherung sind derartige systemändernde Reformen aus mehreren Gründen besonders schwierig:

- Erstens sind bei Leistungsreduktionen in Versicherungssystemen – wie in den Szenarien 1a und 1b – extrem lange Übergangsfristen von 30 bis 50 Jahren einzuhalten, da Versicherungsbeiträge eigentumsähnliche Ansprüche erzeugt haben, die den Schutz des Grundgesetzes genießen; außerdem ist der Vertrauensschutz für langfristige Lebensplanungen zu beachten. Leistungsverbesserungen bedürfen dagegen keiner langen Übergangsfrist.

- Zweitens führt die Eigenart des Umlageverfahrens dazu, daß bei Leistungseinschränkungen – wie in den Szenarien 1a und 1b – nur die mittlere Generation der Beitragzahler belastet wird: Einerseits wird ihre eigene, später zu erwartende staatliche Alterssicherung vermindert, andererseits muß sie weiterhin die bisherigen vollen Beiträge zur Finanzierung der bereits laufenden Renten aufbringen. Bei Leistungsausweitungen kommt dagegen die Rentnergeneration sofort in ihren Genuß, ohne früher entsprechende Beiträge bezahlt zu haben, während die mittlere Generation zunächst die Finanzierung durch höhere Beiträge übernehmen muß, aber später ebenfalls höhere Leistungen erhält, die dann die junge Generation bezahlt.

– Drittens führt der Übergang zum Kapitaldeckungsverfahren ohne Leistungseinschränkung – wie in Szenario 1c – zu einer starken Zusatzbelastung
der mittleren Generation, weil diese nunmehr mit ihren »normalen« Beiträgen die bereits laufenden Renten und die schon akkumulierten Ansprüche
finanzieren und darüber hinaus durch *zusätzliche* Beiträge den für ihre
eigenen Renten erforderlichen Kapitalstock ansparen muß. Auch bei den
Szenarien 1a und 1b muß die mittlere Generation eine zusätzliche Konsumeinschränkung auf sich nehmen, da sie in diesen Fällen zusätzlich private
Kapitalbildung als Ersatz für die wegfallende staatliche Sicherung betreiben
muß.

Aus diesen Gründen sind systemändernde Reformen in Richtung auf ein Kapitaldeckungsverfahren typischerweise mit Umverteilung zwischen den Generationen und meist auch innerhalb der mittleren und alten Generation verbunden. Die Zusammenhänge werden noch komplizierter, wenn die Systemänderung beim Übergang von einer stationären zu einer schrumpfenden Bevölkerung
vorgenommen wird, weil bereits diese demographische Verschiebung zu einer
stärkeren Belastung der mittleren Generation führt.

Viele Ökonomen erhoffen sich durch die Einführung des Kapitaldeckungs-
verfahrens eine höhere volkswirtschaftliche Kapitalbildung und dadurch die
Erreichung eines höher liegenden Wachstumspfades, das heißt ein in allen
künftigen Jahren höheres reales Bruttosozialprodukt pro Kopf, und damit einen
größeren Verteilungsspielraum (Gahlen, Hesse & Ramser, 1990). Von anderer
Seite wird jedoch bezweifelt, daß die höhere volkswirtschaftliche Kapitalbildung
und der Wachstumseffekt eintreten, weil es auch lediglich zu einer Substitution
verschiedener Kapitalanlageformen oder Ersparnisformen untereinander kommen kann. Wegen dieser Unsicherheit kann ein möglicher Wachstumseffekt
kaum ein durchschlagendes Argument für eine derartige Systemänderung darstellen, und dies um so weniger, als die künftige Rentnergeneration auch an
einem erhöhten Bruttosozialprodukt angemessen zu beteiligen wäre, so daß
durch stärkeres Wachstum – wenn es denn einträte – bei erhöhter Inaktivenquote kaum etwas für die Lösung des Verteilungskonflikts gewonnen wäre.

Ein weiteres wesentliches Problem kommt hinzu: Ein zur Alterssicherung
bestimmter Kapitalstock bietet bei einer stark steigenden Inaktivenquote eine
wesentlich geringere Sicherheit als eine auf dem Umlageverfahren beruhende
Alterssicherung, da ein Rückgang der Vermögensgüterpreise und der Ertrags-
sätze keineswegs auszuschließen ist, ja bei massenhaften, konsumbedingten
Vermögensauflösungen durch die umfangreicher werdende Altengeneration sogar als wahrscheinlich erscheint. Außerdem ist bei den gegenwärtig vorhandenen
Anlageformen kein ausreichender Schutz gegen eine nicht auszuschließende
inflationäre Entwertung gegeben (Hauser, 1988).

Für jedes der drei Unterszenarien sind auch noch einige spezifische Punkte
bedeutsam:

– *Szenario 1a:* Es stellt die extremste Form der Rücknahme staatlicher Alters-
sicherungsmaßnahmen dar. Das Risiko, wegen unzureichenden Einkommens
nicht ausreichend für das Alter vorsorgen zu können oder die erforderliche
Altersversorgung zu unterschätzen, sowie das Kapitalentwertungsrisiko würden voll auf die Individuen zurückverlagert. Auch das aus der erhöhten
Inaktivenquote resultierende Risiko würde weitestgehend der alten Generation aufgebürdet. Dieses Szenario müßte daher zu weit größeren Unterschieden in der Altersversorgung sowie stark erhöhten Sozialhilfeempfän-
gerzahlen und zu einer beträchtlichen Reduktion der staatlichen Umverteilungsquote für die Alten führen. Stärkste sozialpolitische Einwände sprächen
dagegen.

– *Szenario 1b:* Die Rücknahme der staatlichen Verantwortung für die Alterssicherung ist hierbei nicht ganz so weitgehend wie in Szenario 1a, weil eine
unbedingte Basissicherung vom Staat gewährleistet wäre, sofern man unterstellt, daß die einheitlichen Mindestrenten entsprechend der Nettoeinkom-
mensentwicklung dynamisiert und daß Krankheitskosten mitgedeckt werden. Alle gegen Szenario 1a vorgebrachten Argumente gelten aber in abgeschwächter Form weiter. Hinzu kommt, daß selbst Altersarmut nur dann
völlig vermieden würde, wenn die einheitliche Mindestrente für alle Alten
allein auf Basis des Wohnsitzprinzips – ohne Vorbedingung einer langjäh-
rigen Anwesenheit im Inland – gewährt würde. Da das Fehlen einer
Anwesenheitsvoraussetzung jedoch die Einwanderung alter Menschen zum
Erwerb eines Alterssicherungsanspruchs induzieren würde, kann diese Bedingung kaum aufgegeben werden; damit kann auch mit diesem System
Altersarmut nicht völlig vermieden werden.

– *Szenario 1c:* Die Einführung der Kapitaldeckung in der Gesetzlichen Rentenversicherung bedeutet im Gegensatz zu den Szenarien 1a und 1b keinen
Rückzug des Staates aus der sozialpolitischen Verantwortung für die Alterssicherung, so daß auch die in der Gesetzlichen Rentenversicherung enthaltenen Elemente des sozialen Ausgleichs bestehen blieben. Aber sie führt
sofort mindestens zu einer Verdopplung der Beiträge und zu einer entsprechend erhöhten Belastung der mittleren Generation; damit würden ihre
heute noch gegebenen Möglichkeiten zur Eigenvorsorge extrem geschmälert.
Außerdem wird argumentiert: Ein extrem großer Kapitalbestand in Händen
der Gesetzlichen Rentenversicherung stellt eine wettbewerbspolitisch unerwünschte Machtkonzentration dar (zur Höhe des erforderlichen Kapital-
bestandes vgl. Grohmann, 1987); ein großer Kapitalbestand der Rentenversicherung könnte nach aller Erfahrung den Gesetzgeber zur Nutzung dieser
Reserven für andere Zwecke verführen; das Problem der Beseitigung der
Altersarmut außerhalb der Sozialhilfe, die Frage einer eigenständigen Sicherung der Frau und die Absicherung bei Pflegebedürftigkeit sowie andere
offene Probleme blieben ungelöst.

Diese wenigen Hinweise müssen hier genügen, um zu zeigen, daß die geschilderten systemändernden Reformen weder die durch die Zunahme der Inaktivenquote verursachten Probleme mit hoher Wahrscheinlichkeit lösen noch dem sozialpolitischen Leitbild der Sicherung der relativen Lebensstandardposition im Alter für die breiten Schichten bei Ausbau einer eigenständigen Sicherung der Frau und Vermeidung von Altersarmut genügen würden. Systemimmanente Strukturreformen des vorhandenen Systems bieten weit bessere Aussicht auf Erreichung eines optimalen Zielkompromisses.

2. Szenario: Systemimmanente Reform durch inkrementelle Änderungen

Als kleinere systemimmanente Strukturänderungen zur Verbesserung der sozialen Sicherheit im Alter kommen zwei Maßnahmen in Frage (Helberger, 1988). Zum einen kann man an die Einführung eines bedarfsabhängigen Rentenzuschlags in der Gesetzlichen Rentenversicherung denken, der dazu dient, Kleinrenten für Personen ohne sonstiges Einkommen auf das Sozialhilfeniveau aufzustocken und der durch einen Bundeszuschuß finanziert wird; die zusätzliche finanzielle Belastung wäre nicht groß, da es bei der Sozialhilfe zu Einsparungen kommt (Hauser, Cremer-Schäfer & Nouvertné, 1980). Zum anderen handelt es sich um die Verlängerung der angerechneten Kindererziehungszeiten in der Gesetzlichen Rentenversicherung von einem auf drei Jahre oder mehr, auch für Kinder, die vor 1992 geboren wurden.

Die Verwirklichung derartiger Vorschläge würde bereits einige bisher offengebliebene Probleme lösen. Unabhängig von allen Reformen der eigentlichen Einkommenssicherung im Alter gilt es darüber hinaus, eine Absicherung für den Pflegefall zu schaffen (Hurd, 1990, erhebt dies auch für die US-amerikanische Diskussion als zentrale Forderung). Das Problem der Pflegebedürftigkeit resultiert nicht in erster Linie aus den zurückgehenden Kinderzahlen, sondern aus der zunehmenden Langlebigkeit älterer bis sehr alter Menschen. Insofern ist nicht das in diesem Aufsatz im Vordergrund stehende Zahlenverhältnis der älteren zur mittleren Generation von ausschlaggebender Bedeutung, sondern es stehen vielmehr die von Krämer und Guillemard (Kapitel 22 und 24 in diesem Band) diskutierten Probleme der sachgerechten und höheren Leistungszumessung im Krankheits- und Pflegefall zur Diskussion. An dieser Stelle ist es ganz wichtig, darauf hinzuweisen, daß eine Verbesserung der Absicherung bei Pflegebedürftigkeit aber keineswegs zu einer »Explosion« der Kosten führen muß (vgl. dazu Thiede, 1990). Für die Absicherung im Pflegefall stehen mehrere Alternativen zur Verfügung:

(a) die Gewährung eines die ungedeckten Pflegekosten im Alter auffangenden Rentenzuschlags, der aber eine Einkommensüberprüfung voraussetzt oder

(b) die Übernahme der Pflegekosten durch die Krankenversicherung der Rentner als Regelleistung ohne Einkommensüberprüfung oder

(c) die Einführung eines neuen Sozialversicherungszweiges »Pflegeversicherung«, der bei Pflegebedürftigkeit im Alter Leistungen ohne weitere Vorbedingungen für alle früher Erwerbstätigen oder gar für alle Alten gewährt und der durch einkommensproportionale Beiträge finanziert wird oder

(d) die gesetzliche Verpflichtung für jedermann, eine private Pflegefallversicherung abzuschließen oder

(e) die Einführung eines Pflegegeldgesetzes, das im Pflegefall ein aus dem Staatsbudget finanziertes Pflegegeld oder eine Sachleistung »Unterbringung im Pflegeheim« zusichert. Diese neue Sozialleistung könnte ohne oder mit Berücksichtigung des eigenen Einkommens und Vermögens ausgestaltet werden.

Es ist offensichtlich, daß eine Lösung im Rahmen der Rentenversicherung (a) oder ein Pflegegeldgesetz mit Anrechnung des eigenen Einkommens und Vermögens (e) den geringsten Mittelaufwand verursachen würden, weil sie die eigenen Ressourcen des Pflegebedürftigen voll einbeziehen und sie nur ergänzen, während die Versicherungslösungen (b) und (c) wesentlich höhere öffentliche Ausgaben bedeuten würden. In einer Periode steigender Alterslast und verbesserter Möglichkeiten zur individuellen Vermögensbildung – die völlig unabhängig von der Art des Alterssicherungssystems ist – könnte gerade diesem Argument besonderes Gewicht zukommen. Beitragsfinanzierte Versicherungslösungen haben hingegen ein hohes Maß an Akzeptanz und dürften deswegen eine Verbesserung der Pflegedienste am ehesten ermöglichen. Wagner (1991) schlägt deshalb vor, daß alle Krankenversicherungen (private und gesetzliche) durch ein Gesetz verpflichtet werden, auch den Pflegefall zu versichern. Dadurch wird zum einen das Problem gelöst, daß Krankheit und Pflege kaum voneinander abgrenzbar sind (vgl. dazu auch Steinhagen-Thiessen, Gerok & Borchelt, Kapitel 5 in diesem Band); zum zweiten werden private und sozialrechtliche Organisations- und Finanzierungsformen gleichermaßen angewendet. Allerdings müssen private Versicherungen für jede Person gleich hohe Beiträge fordern, so daß hier die soziale Umverteilungskomponente zugunsten unterer Einkommensschichten und mitversicherter Familienmitglieder entfiele.

Eng mit dem Problem der Pflege einerseits und den im Durchschnitt wachsenden Vermögen andererseits verbunden ist das Problem einer angemessenen Vermögensverwaltung im Alter, insbesondere im hohen Alter. Die potentiellen Erben werden nicht immer die besten Berater sein; kommerzielle Helfer werden Eigeninteressen unterliegen, die im Falle einer sinkenden Leistungsfähigkeit des alten Vermögensbesitzers nicht mehr kontrolliert werden können. Hier ist der Staat gefordert, neue Richtlinien und Institutionen für die Qualitätssicherung der Vermögensverwaltung, gegebenenfalls in Anlehnung an die Definition der Mündelsicherheit, zu schaffen. Die Senkung von Transaktionskosten für den flexiblen Umgang mit Immobilien bis hin zur Schaffung »umgekehrter Hypotheken« mit schrittweiser Belastung zur teilweisen Kreditfinanzierung des Lebensunterhalts dürfte ebenfalls an Bedeutung gewinnen (auch dies spielt in der US-amerikanischen Diskussion eine große Rolle; vgl. Hurd, 1990, S. 630).

Systemimmanente Strukturänderungen, die zu wesentlichen Einsparungen führen sollen, müssen auch das Problem berücksichtigen, daß es eine große Gruppe von Rentnern im Niedrigeinkommensbereich geben wird, die auch künftig ausschließlich von GRV-Renten leben müssen. Aus diesem Grund wären pauschale Absenkungen des Nettorentenniveaus ohne gleichzeitige Einführung von Mindestsicherungselementen äußerst problematisch; sie könnten sogar das Problem der Sozialhilfebedürftigkeit von Rentnern wieder vergrößern. Aus diesem Grund sollten Einsparungsmöglichkeiten vor allem bei den Beziehern höherer Renten – die überdies häufig auch noch andere Alterseinkommen beziehen – sowie bei den Beziehern mehrerer Renten gesucht werden.

Hierfür bieten sich zwei systemimmanente Lösungen an, die allerdings sehr ausgewogen gestaltet werden müssen:

– Die Einführung einer vollen Besteuerung der Renten analog der Besteuerung der Pensionen mit zwei unabdingbaren Zusatzregelungen. Zum einen ist das die Steuerfreistellung der gesamten Sozialversicherungsbeiträge durch Erhöhung der Sonderausgabengrenze entsprechend dem steuerlichen Korrespondenzprinzip. Zum anderen ist es die Rückführung der durch die Rentenbesteuerung erhöhten Staatseinnahmen an die Gesetzliche Rentenversicherung in Form eines erhöhten Staatszuschusses, um den Beitragssatzanstieg zu verlangsamen.

Diese Lösung würde einem Monitum des Bundesverfassungsgerichts entsprechen, der Steuergerechtigkeit näherkommen und das seit langem bekannte Problem unterschiedlicher Nettoeinkommensersatzraten deutlich mildern, die für Bezieher höherer Einkommen viel günstiger sind als für Bezieher niedriger Einkommen.

– Der weitere Abbau der Kumulation von eigener Rente und Hinterbliebenenrente, der in einfacher Form durch Erhöhung des Anrechnungssatzes von 40 Prozent und durch Senkung des Freibetrages geschehen könnte.

Kumulationsfälle werden nach dem Jahr 2000 zahlenmäßig und in den Beträgen stark zunehmen, da dann jene Generation, die in der wirtschaftlich relativ günstigen Nachkriegszeit ihr volles Arbeitsleben verbrachte, das Rentenalter erreicht. Diese Tendenz wird durch die höheren Erwerbsquoten der Frauen, die Anrechnung von Kindererziehungszeiten und andere, der eigenständigen Sicherung der Frau dienenden Maßnahmen verstärkt. Damit entsteht ein wachsendes Einsparungspotential bei der Hinterbliebenensicherung, das zur Verringerung des Beitragssatzanstiegs genutzt werden kann, ohne daß das Niveau der Versichertenrenten gesenkt werden müßte. Die hier vorgeschlagene Lösung würde dieses Einsparungspotential nutzen, ohne das Armutsrisiko im Alter – gemessen am Status quo – zu vergrößern.

Diese Skizze sollte genügen, um zu zeigen, daß – neben den Maßnahmen zur Reduzierung der Inaktivenquote – im Bereich der Alterssicherung wesentliche Einsparungen vorgenommen werden könnten, die den bei unverändertem

System zu erwartenden Beitragssatzanstieg stark bremsen würden. Gleichzeitig sind systemimmanente Änderungen denkbar, die wichtigen Problemen Rechnung tragen würden, ohne eine völlige Systemänderung zu erfordern.

3. Szenario: Systemimmanente Strukturreform zur Schaffung einer individualisierten Alterssicherung

Der Übergang zu einer Alterssicherung, die die Tendenzen zur Pluralisierung der Lebensstile durch eine auf die Belange von Individuen zugeschnittene »voll eigenständige« Sicherung systematisch berücksichtigt (Krupp, Hauser, Galler, Grohmann & Wagner, 1981; zuletzt Rolf & Wagner, 1990; vgl. auch Schmähl, 1990), faßt verschiedene Reformelemente zusammen. Sie fügt sich in ein systematisches Gesamtkonzept ein, das mit Hilfe einer Pflichtversicherung für die gesamte erwachsene Bevölkerung eine eigenständige Versorgung aller erwachsenen Personen – also nicht nur der Erwerbstätigen – ermöglicht und für die meisten Fälle auch Armut im Alter vermeidet. Eine solche Strukturreform schafft gegenüber dem zweiten Szenario allerdings weitere Änderungsnotwendigkeiten.

Das Ziel der eigenständigen Sicherung ist die Schaffung einer ausreichenden Altersversorgung innerhalb des bestehenden Systems der Gesetzlichen Rentenversicherung durch die lebenslange Zahlung von Beiträgen, die einen bestimmten Betrag nicht unterschreiten dürfen (Mindestbeiträge). Darüber hinaus bleibt das System wie gewohnt einkommensbezogen, das heißt, es hat für die meisten Menschen lebensstandardsichernde Funktion, wobei aber für Gutverdienende, insbesondere Zweiverdienerehepaare, noch mehr Raum als im geltenden Recht für private, kapitalgedeckte Vorsorge bleibt. Auf der Basis von in der Regel im Alter ausreichenden Anwartschaften sind dann bedarfsbezogene Rentenzuschläge – wie sie in dem zweiten Szenario beschrieben werden – nur noch in wenigen Ausnahmefällen notwendig. Insgesamt kann man deswegen eine hohe Akzeptanz für dieses Szenario annehmen (Schwarze & Wagner, 1990).

Die Zahlung von Pflichtbeiträgen für alle erwachsenen Personen birgt auf der einen Seite emanzipatorische Möglichkeiten. Auf der anderen Seite muß man aber auch klar sagen, daß damit ein stärkerer ökonomischer Zwang als gegenwärtig ausgeübt wird, erwerbstätig zu sein; damit wird auch ein Anreiz zur Verringerung der Inaktivenquote ausgeübt, der durch eine entsprechende Arbeitsmarktpolitik flankiert werden muß. Eigenständige Sicherung erfordert besondere Regelungen für erwerbsfähige Personen, die trotz des Erwerbsanreizes einkommenslos bleiben, sowie für die wegen Kindererziehung oder Pflege erwerbsverhinderten und die erwerbsunfähigen Personen. Hierfür kommt einerseits eine Kombination von Mindestbeiträgen und gleichmäßiger Aufteilung der jährlich erworbenen Rentenanwartschaften eines Ehepaares auf Mann und Frau sowie andererseits Beitragserlaß für Kindererziehungs-, Pflege- und Erwerbsunfähigkeitszeiten in Frage. Hinterbliebenenrenten gäbe es nur noch für Halb- oder Vollwaisen; Witwen- und Witwerrenten entfielen in diesem System. Da einem alten Ehepaar zwei Renten zuständen, könnten Beitragsbemessungsgrenze und Rentenniveau etwas gesenkt werden. Im Falle von Arbeitslosigkeit müßte die Bundesanstalt für Arbeit Rentenbeiträge zahlen.

Gegenüber dem geltenden Recht, das pauschal Ehepaare und Hinterbliebene begünstigt, sind bei einer eigenständigen Alterssicherung in folgenden Situationen neue Regelungen vorzusehen:

— bei fehlenden Arbeitsplätzen oder nicht gelingender Reintegration in den Arbeitsmarkt nach einer Kindererziehungsphase;

— beim Tod eines Ehepartners vor Erreichen der Altersgrenze und Vorhandensein jüngerer Kinder und

— bei größerer Altersdifferenz zwischen den Ehepartnern.

Die letzten beiden Probleme, deren Lösungsmöglichkeiten noch keineswegs ausdiskutiert sind, verweisen auf ein in der Bundesrepublik erst langsam an Bedeutung gewinnendes Phänomen: der gemeinsame Rentenzugang von Ehegatten, die beide erwerbstätig sind (vgl. Mayer, Kapitel 20 in diesem Band, sowie Rolf & Wagner, 1990). Erwerbstätige Ehepaare wünschen sich ein hohes Maß an selbstbestimmter Flexibilität beim Rentenzugang. Die Rentenrefom '92 sieht diese vor und verbindet sie mit versicherungsmathematischen Abschlägen bei einem Rentenzugang zwischen dem 62. und dem 65. Lebensjahr sowie mit Zuschlägen bei Aufschiebung des Zugangs bis zum 67. Lebensjahr. Entsprechend könnte im Rahmen einer voll eigenständigen Alterssicherung eine Zusatzversicherung für Ehepaare mit großer Altersdifferenz eingeführt werden. Wie auch immer: Die Gesellschaft muß darüber entscheiden, ob sie nach wie vor noch bereit ist, die ökonomischen Konsequenzen großer Altersdifferenzen von Ehepaaren zu tragen.

Ob und inwieweit ein System der voll eigenständigen Alterssicherung die gesamte finanzielle Belastung bei schrumpfender Bevölkerung mindern würde, hängt stark von der Ausgestaltung der Einzelregelungen ab. Es würde allen Frauen, also auch Müttern, einen eigenständigen und weitgehend gleich hohen Rentenanspruch wie ihren Männern gewähren und bei lebenslanger Mitgliedschaft auch Armut im Alter vermeiden, vorausgesetzt, Krankheits- und Pflegekosten sind mitversichert. Für Zuwanderer im mittleren Lebensalter wäre die Vermeidung von Armut allerdings nicht gesichert. Aus diesem Grunde sollte auch die eigenständige Sicherung mit dem im zweiten Szenario erwähnten bedarfsabhängigen Rentenzuschlag gekoppelt werden.

G. Alterssicherung im vereinten Deutschland — zusätzliche Aspekte?

Nach der Vereinigung Deutschlands muß man die Frage stellen, ob sich durch die sozialen Strukturen auf dem Gebiet der ehemaligen DDR etwas an der grundsätzlichen Alterssicherungsproblematik geändert hat. Die in der Bundesrepublik vieldiskutierte Bevölkerungsentwicklung wird durch den Vereinigungsprozeß nicht wesentlich verändert (vgl. Dieck, Kapitel 25 in diesem Band).

Verschiebungen könnten mittelfristig freilich bei der Inaktivenquote der mittleren Jahrgänge eintreten. Hier kann einerseits die in den neuen Bundesländern länger anhaltende hohe Arbeitslosenquote die Wiedererreichung eines hohen Beschäftigungsstandes im vereinigten Deutschland erschweren und zeitlich weiter hinausschieben; andererseits können die sehr hohe Frauenerwerbsquote in der ehemaligen DDR und das besser ausgebaute System der außerhäuslichen Kinderbetreuung einen zusätzlichen Anstoß zu entsprechenden Veränderungen in der ehemaligen Bundesrepublik bewirken.

Selbst wenn man erwarten kann, daß das absolute Rentenniveau im früheren Gebiet der DDR über mehrere Jahre schneller steigt als im Gebiet der alten Bundesrepublik und sich diesem damit allmählich annähert, wird sich die Rentenstruktur zwischen dem westlichen und östlichen Landesteil auf lange Zeit deutlich unterscheiden, da sie im Ostteil viel weniger differenziert ist. Außerdem kann man auf mittlere Sicht nicht erwarten, daß Rentenbezieher der ehemaligen DDR ihre Alterseinkommen durch eigene Vermögenseinkommen oder Betriebsrenten wesentlich ergänzen können. Allenfalls würde – sofern die Arbeitsmarktentwicklung dies zuläßt – eine begrenzte Erwerbstätigkeit von Rentnern, die in der DDR stärker verbreitet war als in der Bundesrepublik, nicht-staatliche Zusatzeinkommen ermöglichen. Ein stark zunehmendes Problem der Altersarmut in den neuen Bundesländern wird dadurch entstehen, daß der Sozialzuschlag, der Kleinrenten auf eine Mindestsicherung aufstockt, nicht dynamisiert wird. Es besteht daher die Gefahr, daß die Kleinrenten durch die regelmäßig erhöhte Sozialhilfegrenze überholt werden, so daß immer mehr Kleinrentner einen Sozialhilfeanspruch erhalten werden. Eine ähnliche Problematik wird nach der zu erwartenden Vervielfachung der Pflegeheim- und Altersheimsätze für die Alten in diesen Einrichtungen entstehen. Trotz dieser Probleme kann aber nochmals festgehalten werden, daß es keinen Grund gibt zu befürchten, daß die Einkommenssicherung der alten Generation im vereinten Deutschland künftig nicht gewährleistet werden könnte.

Der Konvergenzprozeß wird lange dauern. Durch die bisherigen Regelungen des früheren DDR-Alterssicherungssystems werden aber einige strukturelle Aspekte wieder zur Diskussion gestellt, die mit der Rentenreform '92 zunächst vertagt schienen:

– die Versicherungspflicht für alle oder zumindest für alle Erwerbstätigen;
– die Einführung einer dynamisierten Mindestsicherung für alte Menschen im Rahmen der Rentenversicherung;
– die Gestaltung des Übergangsprozesses in den Ruhestand und die Regelung der Hinterbliebenenrenten und
– die Absicherung bei Pflegebedürftigkeit.

Dieser Konvergenzprozeß wird dazu beitragen, daß die Rentenreform '92 nicht so lange Bestand haben wird, wie ihre Befürworter am Tag der Verabschiedung, Stunden, bevor die Mauer fiel, dachten.

Literaturverzeichnis

Bundesminister für Arbeit und Sozialordnung (Hrsg.) (1985). *Daten zur Einkommenssituation im Alter* (Forschungsbericht 118, Bde. 1 – 3, bearbeitet von Infratest Sozialforschung). Bonn: Eigenverlag (nur über Ministerium erhältlich).

Danziger, S. & Taussig, M. K. (1979). The income unit and the anatomy of income distribution. *The Review of Income and Wealth*, 25, 365 – 375.

Engel, B. (1985). Stetige und diskrete private Transfers: Zur Bedeutung von Erbschaften und privaten Unterhaltszahlungen für die Einkommens- und Vermögensverteilung. In R. Hauser & B. Engel (Hrsg.), *Soziale Sicherung und Einkommensverteilung. Empirische Analysen für die Bundesrepublik Deutschland* (S. 239 – 253). Frankfurt/M.: Campus.

Gahlen, B., Hesse, H. & Ramser, H.-J. (Hrsg.) (1990). *Theorie und Politik der Sozialsicherung*. Tübingen: J. C. B. Mohr.

Grohmann, H. (1987). Probleme einer Abschätzung des für ein Kapitaldeckungsverfahren in der gesetzlichen Rentenversicherung notwendigen Deckungskapitals – Theoretische Überlegungen und empirische Ergebnisse. In F. Felderer (Hrsg.), *Kapitaldeckungsverfahren versus Umlageverfahren. Schriften des Vereins für Sozialpolitik N.F.* (Bd. 163, S. 67 – 89). Berlin: Duncker & Humblot.

Hauser, R. (1988). Zum Problem der staatlichen Produktion von Verläßlichkeit bei langen Zeiträumen – Möglichkeiten und Grenzen der Gewährleistung sozialer Sicherheit bei schwankendem Wirtschafts- und Bevölkerungswachstum. In G. Rolf, P. B. Spahn & G. Wagner (Hrsg.), *Sozialvertrag und Sicherung* (S. 147 – 193). Frankfurt/M.: Campus.

Hauser, R., Cremer-Schäfer, H. & Nouverné, U. (1980). *Armut, Niedrigeinkommen und Unterversorgung in der Bundesrepublik Deutschland*. Frankfurt/M.: Campus.

Hauser, R. & Semrau, P. (1989). *Trends in poverty and low income in the Federal Republic of Germany* (Sfb3-Working Paper No. 306). Frankfurt/M.: Universität Frankfurt/M.

Haveman, R. (1988). Soziale Sicherungssysteme und ihre Wohlfahrtseffekte – Ein Versuch ihrer Bilanzierung. In G. Rolf, P. B. Spahn & G. Wagner (Hrsg.), *Sozialvertrag und Sicherung* (S. 257 – 274). Frankfurt/M.: Campus.

Helberger, C. (1988). Starre Sozialversicherungssysteme für flexible Arbeitsmärkte? Möglichkeiten und Probleme einer Flexibilisierung der Gesetzlichen Rentenversicherung. In G. Rolf, P. B. Spahn & G. Wagner (Hrsg.), *Sozialvertrag und Sicherung* (S. 381 – 402). Frankfurt/M.: Campus.

Hirvonen, P. (1989). Rentenreform und Einkommensverteilung – gegen eine zu pauschale Argumentation. *Sozialer Fortschritt*, 38, 2 – 10.

Hurd, M. D. (1990). Research on the elderly: Economic status, retirement, and consumption and saving. *Journal of Economic Literature*, 28, 565 – 637.

Kühlewind, G. (1989). Zur längerfristigen Entwicklung verschiedener Belastungsquoten – Perspektiven bis 2030. In F. Buttler & G. Kühlewind (Hrsg.), *Erwerbstätigkeit und Generationenvertrag – Perspektiven bis 2030. Beiträge zur Arbeitsmarkt- und Berufsforschung* (Bd. 130, S. 106 – 129). Nürnberg: Eigenverlag der Bundesanstalt für Arbeit.

Krupp, H. J., Hauser, R., Galler, H. P., Grohmann H. & Wagner, G. (Hrsg.) (1981). *Alternativen der Rentenreform '84*. Frankfurt/M.: Campus.

Mackenroth, G. (1971). Die Reform der Sozialpolitik durch einen deutschen Sozialplan. (Erstausgabe 1952). Wieder abgedruckt in B. Külp & W. Schreiber (Hrsg.), *Soziale Sicherheit* (S. 265 – 275). Köln: Kiepenheuer & Witsch.

Mierheim, H. & Wicke, L. (1978). *Die personelle Vermögensverteilung in der Bundesrepublik Deutschland.* Tübingen: J. C. B. Mohr.

Pauly, M. V. (1990). The rational non-purchase of long-term-care insurance. *Journal of Political Economy, 98,* 153 – 168.

Projektgruppe »Das Sozio-ökonomische Panel« (1990). Das sozio-ökonomische Panel für die Bundesrepublik Deutschland nach 5 Wellen. *Vierteljahrshefte zur Wirtschaftsforschung, 2/3,* 141 – 151.

Rolf, G. & Wagner, G. (1990). Alterssicherung und sozialer Wandel in Deutschland – Defizite der Rentenreform 1992. *WSI-Mitteilungen, 8,* 509 – 519.

Rolf, G., Spahn, P. B. & Wagner, G. (Hrsg.) (1988). *Sozialvertrag und Sicherung.* Frankfurt/M.: Campus.

Sachverständigenkommission Alterssicherungssysteme (1983). *Gutachten der Sachverständigenkommission vom 19.11.1983* (veröffentlicht durch die Bundesregierung). Bonn: Bonner Universitätsdruckerei.

Schmähl, W. (1990). Beitragsfinanzierte Mindestsicherung im Alter. In E. Kantzenbach, B. Molitor & O. G. Mayer (Hrsg.), *Hamburger Jahrbuch für Wirtschafts- und Gesellschaftspolitik* (35. Jg., S. 187 – 205). Tübingen: J. C. B. Mohr.

Schwarze, J. & Wagner, G. (1990). Präferenzforschung für meritorische Güter. *Jahrbücher für Nationalökonomie und Statistik, 207,* 464 – 481.

Statistisches Bundesamt. *Sozialhilfe* (Fachserie 13, Reihe 2). Stuttgart: Metzler-Poeschel.

Thiede, R. (1986). Die Erhöhung der Frauenerwerbsquote zur Entlastung der sozialen Sicherung im demographischen Wandel. *Sozialer Fortschritt, 35,* 251 – 254.

Thiede, R. (1990). *Die gestaffelte Pflegeversicherung.* Frankfurt/M.: Campus.

Transfer-Enquête-Kommission (1981). *Das Transfersystem in der Bundesrepublik Deutschland* (veröffentlicht durch die Bundesregierung). Bonn: Kohlhammer.

Wagner, G. (1984). *Umverteilung in der gesetzlichen Rentenversicherung.* Frankfurt/M.: Campus.

Wagner, G. (1991). Die Absicherung bei Pflegebedürftigkeit wäre in den Krankenversicherungen optimal zu lösen. *Die Krankenversicherung, 43,* 139 – 141.

24. Europäische Perspektiven der Alternspolitik

ANNE-MARIE GUILLEMARD

Zusammenfassung

Wie sehen die Zukunftsperspektiven eines Wohlfahrtsstaates aus, für den das Altern der Bevölkerung eine immer größere Herausforderung darstellt? Dies ist eine der großen Fragestellungen, mit denen die europäischen Länder am Ende dieses Jahrhunderts konfrontiert sein werden. Überall stellt sich mit großer Dringlichkeit die Frage, wie es um den Fortbestand der öffentlichen Rentensysteme bestellt ist und welche Antworten auf die Bedürfnisse der alten Menschen gegeben werden.

Dieses Kapitel will zeigen, daß das Problem der Zukunftsperspektiven des Wohlfahrtsstaates bei einer alternden Bevölkerung nicht angemessen angegangen werden kann, wenn man sich nur an rein demographische und finanzielle Überlegungen hält, die allerdings in der aktuellen Diskussion dieser Fragen dominieren. Über die Berücksichtigung des quantitativen Gewichts der Sozialausgaben hinaus erscheint es notwendig, die in Europa betriebene Alternspolitik sorgfältig zu analysieren. Die Art der Ausgaben, ihre Auswirkung auf die zu befriedigenden Bedürfnisse und die Konsequenzen, die sie für den sozialen Status der alten Menschen in den europäischen Gesellschaften haben, sind Faktoren, die den Umfang und den Charakter der Forderungen zukünftiger älterer Generationen beeinflussen. Ausgehend von dieser Einschätzung der wichtigsten Resultate der Alternspolitik wird es möglich sein, die Herausforderung von morgen, die in der wachsenden Zahl alter Menschen in Europa liegt, besser zu erkennen und die politischen Optionen zu umreißen, die eine Antwort auf diese Herausforderung darstellen könnten.

A. Sozialausgaben und demographisches Altern

Angesichts der veränderten demographischen Strukturen drängen sich beim Nachdenken über die Entwicklung der europäischen Wohlfahrtsstaaten zwei unumgängliche Feststellungen auf. Erstens wird es in den europäischen Ländern zu Beginn des dritten Jahrtausends einen wachsenden Altenanteil an der Be-

Prof. Dr. Anne-Marie Guillemard ist Inhaberin eines Lehrstuhls für Soziologie an der Universität Paris I Panthéon-Sorbonne. Ihre Forschungen und Publikationen beschäftigen sich hauptsächlich mit Altern und Sozialpolitik aus einer ländervergleichenden Perspektive.

völkerung geben. Der Anteil der 65jährigen und Älteren an der Gesamtbevölkerung wird weiter steigen (1982 waren es für das Europa der Zwölf 13,7%, für 2020 sprechen mittelfristige Fertilitäts- und Sterblichkeitsberechnungen von etwa 19%). Zweitens sind die Aufwendungen für die alten Menschen zur wichtigsten Komponente der Sozialausgaben der europäischen Mitgliedsstaaten geworden und werden einen immer größeren Teil des Bruttoinlandsprodukts verschlingen. Man kann in der Tat von einem »Ergrauen« der europäischen Sozialetats sprechen.

Diese beiden Tatbestände sind unbestreitbar; was sich indessen bestreiten läßt, ist ihre unabdingbare Verknüpfung, wenn man die Zukunftsperspektiven der Alterssicherung in Europa analysiert. Die heute vorherrschende Analyse stellt genau einen solchen mechanischen (automatischen) Zusammenhang zwischen diesen beiden Tatbeständen her, um dann zu einer fatalistischen Einschätzung der Entwicklungsperspektiven der sozialen Sicherungssysteme zu kommen.

1. Die mechanistische Auffassung von den Konsequenzen des demographischen Alterns auf die Sozialausgaben

Diese Auffassung betrachtet zunächst die Entwicklung der Struktur der Sozialausgaben in den Mitgliedsländern und gelangt zu der Feststellung, daß die europäischen Wohlfahrtsstaaten größtenteils zu »Wohlfahrtsstaaten für die Alten« geworden sind, um eine Formulierung von John Myles (1984) aufzugreifen. Zwischen 1960 und 1990 hat sich die Struktur der sozialen Leistungen dahingehend verschoben, daß der Posten »Alter« zur wichtigsten Komponente der Sozialausgaben geworden ist. 1986 machte er im Europa der Zehn 42 Prozent der Sozialausgaben aus. Damit lag er eindeutig vor dem Posten Gesundheit, der erst an zweiter Stelle kam und gegenüber 1981 zurückgegangen war. Auf die Gesundheit entfielen 37,6 Prozent der Sozialausgaben. Der Anteil der Familienbeihilfen sinkt weiterhin. Die Ausgaben für Arbeitsbeschaffungsmaßnahmen steigen zwar stark an, bleiben mit 8,8 Prozent strukturell aber sehr gering (vgl. Abb. 1).

Diese Strukturveränderungen der Sozialausgaben haben sich im Rahmen eines starken Gesamtzuwachses der Sozialausgaben vollzogen, die schneller gewachsen sind als das Bruttoinlandsprodukt (BIP; OECD, 1985). Die Sozialausgaben betrugen 1960 in den großen Staaten der Europäischen Wirtschaftsgemeinschaft (EWG) 14 Prozent des BIP. Heute machen sie im Durchschnitt 25 Prozent des BIP aus. Wobei es zwischen den einzelnen Ländern Unterschiede gibt, die von 23 Prozent in Italien bis zu 29,1 Prozent in der Bundesrepublik reichen (EUROSTAT, 1988). Im Zeitraum von 1960 bis 1985 stiegen die öffentlichen Ausgaben für die Alten als Anteil am BIP in der BRD von 9,7 Prozent auf 21,1 Prozent; in Frankreich von sechs Prozent auf 12,5 Prozent; in Italien von 5,5 Prozent auf 14,7 Prozent; in Großbritannien von vier Prozent auf 6,9 Prozent (Holzmann, 1988).

	Alter	Gesundheit	Arbeit	Familie	Anderes
Italien	45,5	44,8	3,2	6,5	0,0
BRD	42,5	40,9	6,6	6,6	3,4
Luxemburg	45,0	42,0	3,4	9,5	0,1
Portugal	38,8	44,1	2,5	8,2	6,4
Spanien	46,0	34,6	16,7	2,4	0,3
Großbritannien	43,0	30,3	9,9	11,8	5,0
Frankreich	41,7	33,9	10,7	10,7	3,0
Belgien	40,2	33,6	13,7	11,0	1,5
Dänemark	37,7	30,5	15,5	10,8	5,5
Irland	31,2	36,2	14,4	12,3	5,9
Niederlande	30,3	44,6	12,1	9,8	3,2
Europäische Gemeinschaft	42,0	37,6	8,8	8,6	3,0

Abbildung 1: Verteilung der Sozialausgaben auf vier große Bereiche in den europäischen Ländern (in Prozent; für die Jahre 1985 oder 1986; nach INSEE, 1990).

Die vorherrschende Analyse, die sich auf eine mechanistische Interpretation stützt, besteht nun darin, die früher festgestellten Progressionstendenzen bei den Sozialausgaben in den Kontext einer Beschleunigung des demographischen Alterns der europäischen Bevölkerungen zu Beginn des dritten Jahrtausends hineinzuverlängern. So gelangt sie zu einem apokalyptischen Zukunftsbild der sozialen Sicherungssysteme. Diese düstere Perspektive stützt sich im allgemeinen auf drei kumulative Elemente:

– Die zunehmende Zahl alter Menschen wird die Forderung nach größeren sozialen Transfers nach sich ziehen, weil sie die beiden empfindlichsten Bereiche des Sozialetats tangiert, nämlich Alter und Gesundheit.

– Der Etatposten »Alter« besteht größtenteils aus den staatlichen Rentenzahlungen. Da diese auf dem Prinzip der Umlage beruhen, sind sie für Veränderungen der demographischen Struktur besonders anfällig.

– Der Posten »Gesundheit« wird aufgrund des Alterns der Bevölkerungen ebenfalls einen Zuwachs verzeichnen. Bekanntlich nehmen die 65jährigen und Älteren etwa viermal mehr medizinische Leistungen in Anspruch als die gesamte Gruppe der unter 65jährigen (OECD, 1988). Die Gruppe der 75jährigen und Älteren nimmt 5,9mal mehr medizinische Leistungen in Anspruch als sämtliche anderen Altersgruppen. Folglich wird ein immer größerer Teil des Volkseinkommens der Bevölkerungsgruppe der Alten zufließen.

– Das demographische Altern wirkt sich aber gerade auch auf die Fähigkeit der Gemeinschaft aus, die Sozialprogramme zu finanzieren, indem es die Zusammensetzung der erwerbstätigen Bevölkerung sowie das Verhältnis zwischen den Erwerbstätigen und den Nicht-Erwerbstätigen verändert.

– Damit werden bald schwierige Entscheidungen anstehen: Wie sind die sozialen Transfers auf die jungen Nicht-Erwerbstätigen und die älteren Nicht-Erwerbstätigen zu verteilen? Wie kann das Einkommensniveau der Erwerbstätigen erhalten werden? Zumal das sinkende Verhältnis von jungen Erwerbstätigen zu Nicht-Erwerbstätigen nicht ausreichen wird, um das rasch steigende Verhältnis von älteren Erwerbstätigen zu Nicht-Erwerbstätigen zu kompensieren. Die immer stärkere Konkurrenz unter den verschiedenen Altersgruppen um die knapper werdenden Transfermittel könnte einigen Autoren zufolge zu einem Krieg zwischen den verschiedenen Altersgruppen führen (Jones, 1988).

2. Die Grenzen des mechanistischen Ansatzes

Der mechanistische Ansatz hat die Tendenz, das demographische Altern nicht als einen zwingenden Tatbestand darzustellen, dem Rechnung getragen werden muß, sondern als ein Verhängnis, das unabwendbare Folgen heraufbeschwört. Diese Auffassung greift unserer Ansicht nach in mindestens drei Punkten zu kurz.

Erstens haben wirtschaftswissenschaftliche Untersuchungen klar belegt, daß der Einfluß der Demographie auf das Ansteigen der Sozialausgaben zu relativieren ist. Dies gilt sowohl für ihren Umfang als auch für ihre Struktur. Die Untersuchungen der Organisation für wirtschaftliche Entwicklung und Zusammenarbeit (OECD, 1988) haben gezeigt, daß die gestiegenen Aufwendungen für Renten und Gesundheit in den OECD-Ländern zwischen 1960 und 1985 nur zu einem begrenzten Teil durch das demographische Altern erklärt werden konnten. Der demographische Faktor machte nicht mehr als ein Viertel der gestiegenen Rentenzahlungen aus und fiel auch bei den erhöhten Ausgaben für das Gesundheitswesen nicht stärker ins Gewicht. Bei der Steigerung der Ausgaben für alte Menschen waren der größere soziale Geltungsbereich der Renten und die Erhöhung des Leistungsniveaus im Zuge der immer besseren Ausgestaltung der Rentensysteme am einflußreichsten.

Sogar in einer Zeit, in der in Europa schon eine erhebliche Zunahme alter Menschen (+ 30% zwischen 1960 und 1985) registriert wird, sind es nicht demographische Faktoren, die den stärksten Einfluß auf Höhe und Struktur der Ausgaben für Alte und Gesundheit haben. Es sind politische Entscheidungen, die bei der Zunahme der Sozialausgaben eine entscheidendere Rolle gespielt haben. Diese Ergebnisse zeigen, daß der demographische Faktor nicht als der einzige Faktor betrachtet werden kann, der die Steigerung der Ausgaben für die alten Menschen erklärt – selbst wenn es durchaus möglich ist, daß der demographische Faktor in Zukunft im Vergleich zu anderen Komponenten ein stärkeres Gewicht bei der Erklärung der Zunahme dieser Aufwendungen erhalten wird.

Zweitens kann man nicht davon ausgehen, daß das Alter invariante Auswirkungen auf das Verhalten hat. Die mechanistische Herangehensweise an die

Frage des Verhältnisses zwischen dem demographischen Altern und den Sozialausgaben stößt damit an eine weitere Grenze: Man geht von der Annahme aus, daß das Alter den Menschen invariante ökonomische und soziale Merkmale verleiht. Diese analytische Perspektive setzt eine »naturalisierende« Auffassung des Alters voraus. Sie basiert auf dem impliziten Postulat, daß man von den Verhaltensweisen der heutigen alten Menschen auf die ökonomischen und sozialen Merkmale der älteren Generationen von morgen schließen kann. Dieses Postulat ist jedoch nicht haltbar. Die Verhaltensweisen und Wünsche der zukünftigen Generationen werden sich zweifellos erheblich von denen der älteren Generationen von gestern und heute unterscheiden, und sei es auch nur aufgrund der Unterschiede in den Bereichen Bildung und Gesundheit (vgl. auch Krämer und Mayer, Kapitel 22 und 20 in diesem Band). Schon jetzt zeichnen sich in der Gruppe der jungen Nicht-Erwerbstätigen neue Verhaltensweisen ab, die beispielsweise um die Übernahme von ehrenamtlichen ökologischen und sozialen Aktivitäten zentriert sind und sich stark von dem gegenwärtig noch vorherrschenden Freizeit-Ruhestand-Modell abheben. Es ist somit nicht angemessen, die Auswirkungen der Veränderungen der Alterspyramide auf die Sozialausgaben dadurch erfassen zu wollen, daß von der Inanspruchnahme medizinischer und sozialer Leistungen der heutigen älteren Bevölkerungsgruppen die finanziellen Belastungen für die Zukunft abgeleitet werden, wobei ein invariantes verteilungspolitisches System angenommen wird.

Hinzu kommt, daß in dieser Sichtweise das kollektive Altern einer Gesellschaft mit der Summe der individuellen Alternsprozesse gleichgesetzt wird. Aber nichts deutet darauf hin, daß eine gealterte Gesellschaft mit einem alten Menschen vergleichbar ist. Das Denken in Analogien, das die gealterte Gesellschaft nach dem Modell des alten Menschen als einen weniger aktiven und weniger dynamischen Körper begreift, ist soziologisch anfechtbar. Der Soziologe weiß sehr wohl, daß das Gesellschaftsganze etwas anderes ist als die Summe seiner Teile.

Es ist richtig, daß wir erst wenig über das Funktionieren einer gealterten Gesellschaft und die in ihr stattfindenden Umstrukturierungen wissen (z. B. soziale Interaktions- und Solidaritätsformen zwischen den Altersgruppen, Formen des Vertrags zwischen den Generationen, Neuverteilung der sozialen Zeit). Auf diesem Gebiet muß beträchtliche Forschungsarbeit geleistet werden. Gleichwohl kann man sagen, daß sich die Konsequenzen des demographischen Alterns nicht erfassen lassen, indem man lediglich von den individuellen Verhaltensweisen der heute alten Menschen ausgeht. Die Analyse der Sozialausgaben in einer alternden Gesellschaft muß vielmehr berücksichtigen, welche Resultate eine Politik der Transfers, die Charakter und Umfang zukünftiger Forderungen mitprägt, zugunsten der Alten hervorgebracht hat. Wir haben festgestellt, daß die europäischen Länder einen wachsenden Anteil ihres Bruttoinlandsprodukts für den älteren Teil der Bevölkerung ausgeben. Die Frage ist, welche Bedürfnisse durch diese Aufwendungen bisher befriedigt wurden und welche noch befriedigt werden müssen.

Die Sozialausgaben können drittens nicht nur als abhängige Variable betrachtet werden, die durch demographische, ökonomische und politische Faktoren völlig zu erklären ist. Die Sozialausgaben beeinflussen selbst Umfang und Charakter der künftigen Forderungen der Bevölkerung und sind von daher auch als determinierender Faktor zu berücksichtigen. Man darf die symbolische Funktion von Sozialpolitik nicht verkennen. Sozialpolitik schafft Bedeutungen und spielt bei der gesellschaftlichen Konstruktion der Bevölkerungskategorien, derer sie sich annimmt, eine große Rolle. Dies hat die Soziologie der Sozialpolitik klar erwiesen.

Um die Zukunft der Wohlfahrtsstaaten richtig einschätzen zu können, ist es deshalb notwendig, besser zu verstehen, wie die jeweils praktizierte Sozialpolitik die Lebensweise der älteren Bevölkerung umgestaltet und eine gesellschaftliche Definition des Alters und seines sozialen Status hervorbringt, die wiederum Rückwirkungen auf die Forderung der künftigen älteren Generationen nach sozialer Absicherung hat. Man kann sich in der Tat fragen, ob die in der Vergangenheit beobachtete rapide Erhöhung der Ausgaben für die Alten quantitativen und qualitativen Veränderungen der Lebensbedingungen und der sozialen Stellung dieser Menschen entsprochen hat.

B. Alternspolitik in Europa: Instrument der Integration oder der Marginalisierung?

Die Altersausgaben sind rasch gestiegen. Welche Auswirkungen hatte dies auf die Lebensweise und den sozialen Status der älteren Menschen? Die Sozialpolitik hat nicht nur die Funktion, Güter und Dienstleistungen zu verteilen. Sie ist auch aktiv an der gesellschaftlichen Konstruktion der Bevölkerungskategorien beteiligt, die ihre Leistungen in Anspruch nehmen. Sie spielt eine große Rolle bei der Definition ihres sozialen Status und ihrer Identität.

Wir vertreten den Standpunkt, daß die Renten- und Alternspolitik in den verschiedenen europäischen Ländern eine Besserstellung alter Menschen bewirkt und Kosten aufgefangen haben. Sie hat es jedoch nicht vermocht, neue inhaltliche Entwürfe zu liefern, die zum Handeln motivieren und unsere Gesellschaften auf das unausweichliche demographische Altern vorbereiten. Sie haben das Alter weitgehend als eine Lebenszeit konstruiert, die durch einen sozialen Status definiert ist, der Unterstützungsbedürftigkeit und gesellschaftliche Randexistenz bedeutet. Das Alter wird nur noch als ein Kostenfaktor mit keinerlei Nutzen für die Gesellschaft betrachtet. Die Alternspolitik hat das Gefälle zwischen Jungen und Alten, zwischen Erwerbstätigen und Nicht-Erwerbstätigen vergrößert und dazu beigetragen, die älteren Menschen immer früher zu marginalisieren. Unter diesen Bedingungen können die Perspektiven des demographischen Alterns nur alarmierend sein. Die »Kostendämpfung« kann dann als die einzige

Antwort erscheinen, die angesichts des demographischen Alterns möglich ist. Und es sieht in der Tat so aus, als sei dies heute die Hauptsorge der Regierungen in den europäischen Ländern. Richtige Sozialpolitik ist meines Erachtens jedoch nicht möglich, wenn sie nur ein Teil der Ökonomie ist und über keinen spezifischen Entwurf für die von ihr betreuten Bevölkerungsgruppen verfügt.

Die Bilanzierung der Alters- und Rentenpolitik in Europa betrifft vor allem drei Bereiche. Der Ausbau der Alterssicherung hatte beträchtliche Auswirkungen auf die ökonomische Integration der älteren Bevölkerung. Allerdings war die Anhebung des relativen ökonomischen Status dieser Bevölkerungsgruppe nicht von einer vergleichbaren Anhebung ihres gesellschaftlichen Status begleitet. Die Politik, die darauf abzielt, den Autonomieverlust der älteren Menschen zu verhindern, hat außer ihren positiven Folgen auch negative Begleiterscheinungen in Form von Segregation und Aufrechterhaltung der Abhängigkeit. Die Marginalisierung der älteren Menschen wird noch dadurch verstärkt, daß die Altersgruppe der 55- bis 64jährigen frühzeitig vom Arbeitsmarkt ausgeschlossen wird und wie die Alten gezwungen ist, von Transferleistungen zu leben.

1. Das Ende der »armen Alten« – auf dem Weg zu einer ökonomischen Integration der älteren Bevölkerung

Alter und Armut gehörten lange zusammen. Zu Beginn der 70er Jahre waren die Alten die Armen der entwickelten Industriegesellschaften. In Frankreich wurden sie lange mit der Vokabel »wirtschaftlich schwach« bezeichnet. 1970 bekam in Frankreich mehr als die Hälfte der Rentner eine Rente, die weniger als 75 Prozent des damaligen Mindestlohnes betrug. Der Unterschied zwischen dem Einkommen der letzten Erwerbsjahre und der Rente belief sich auf etwa 50 Prozent (Andréani, 1974). In Großbritannien hatten 1972 über 65 Prozent der Haushalte, die unter der Armutsgrenze lebten, einen älteren Menschen als Haushaltsvorstand (Johnson & Falkingham, 1988). Verschiedene Untersuchungen kommen übereinstimmend zu dem Ergebnis, daß die Einkommen der älteren Menschen in den 70er Jahren schneller gestiegen sind als die der jüngeren. Folglich haben die Älteren noch nie einen so hohen Lebensstandard gehabt wie heute. Die Gruppe der Älteren steht in der Armutsstatistik nicht mehr an erster Stelle.

Die »neuen Armen« sind heutzutage eher die jungen Armen. So hat die Analyse von Preston (1984) für die Vereinigten Staaten ergeben, daß 1970 eindeutig mehr Menschen über 65 Jahren unter der Armutsschwelle lebten als Menschen unter 25 Jahren, während sich diese Situation 1982 umgekehrt hatte. Mehr Junge als Alte lebten unter der Armutsschwelle, und der Prozentsatz der älteren Menschen, die unterhalb dieser Schwelle lebten, hatte sich in diesem Zeitraum deutlich verringert. Die Daten der »Luxemburg Income Study« scheinen diese Verschiebung zwischen den jungen Armen und den alten Armen in den USA für Europa allerdings nicht zu bestätigen (Torrey, Smeeding & Kinsella, 1990). In der Bundesrepublik Deutschland und in Großbritannien lebten 1980 zwar mehr Alte als Junge unter der Armutsgrenze. Dennoch ist im Vergleich zu den Daten vom Anfang der 70er Jahre die Armutsquote der älteren Bevölkerung überall zurückgegangen (vgl. Tab. 1).

Tabelle 1: Verhältnis zwischen dem verfügbaren Einkommen* der verschiedenen Altersgruppen und dem nationalen Durchschnittseinkommen in verschiedenen Ländern (nach Torrey et al., 1990: Luxemburg Income Study).

Land (Bezugsjahr)	<25	Alter des Haushaltsvorstands (in Jahren)						Standard-abweichung
		25−34	35−44	45−54	55−64	65−74	75+	
Canada (1981)	0,87	0,96	0,96	1,11	1,15	0,94	0,81	0,11
BRD (1981)	0,86	0,88	0,94	1,30	1,07	0,85	0,79	0,17
Norwegen (1979)	0,81	0,96	0,99	1,04	1,18	1,01	0,79	0,12
Schweden (1981)	0,86	1,00	0,98	1,12	1,17	0,96	0,78	0,13
Großbritannien (1979)	0,99	0,97	0,97	1,20	1,17	0,76	0,67	0,18
USA (1979)	0,77	0,93	0,95	1,13	1,21	0,99	0,84	0,14
Mittelwert	0,88	0,96	0,96	1,13	1,17	0,92	0,78	−
Standard-abweichung	0,08	0,04	0,02	0,09	0,05	0,08	0,08	−

* Das verfügbare Einkommen nach Steuern und Sozialabgaben. Die Größe der Familie ist berücksichtigt. Das hier verwendete Gewichtungsschema weicht von dem bei Hauser & Wagner (Kapitel 23 in diesem Band) verwendeten ab.

Die Gruppe der 65- bis 74jährigen hat heute ein verfügbares Einkommen, das dem nationalen Durchschnitt nahe kommt. In einigen Ländern (Vereinigte Staaten, Schweden, Norwegen, Kanada) verfügt diese Gruppe sogar über ein Einkommen, das im Verhältnis über dem der jüngeren Altersgruppen liegt. Was Frankreich betrifft, das in diesen Daten noch nicht erscheint, so gibt es eine Untersuchung des Centre d'Etude des Revenus et des Coûts (CERC, 1986), die es ermöglicht, die relative Entwicklung der Einkommen der Erwerbstätigen und der Nicht-Erwerbstätigen zu vergleichen. Aus ihr geht hervor, daß das verfügbare Einkommen (Basis 100 für sämtliche Haushalte) zwischen 1962 und 1984 bei den Erwerbstätigen von 105 auf 95 gesunken und bei den Nicht-Erwerbstätigen von 79 auf 117 gestiegen ist (die Kategorie der Nicht-Erwerbstätigen besteht zu 77 Prozent aus Rentnern). So haben die Nicht-Erwerbstätigen, deren verfügbares Einkommen 1962 weniger als 80 Prozent des Durchschnittseinkommens betrug, 1984 ein Durchschnittseinkommen, das fast 20 Prozent über dem gesamten Durchschnittseinkommen und damit über dem Durchschnittseinkommen der Erwerbstätigen lag.

Analysen, die mit Durchschnittswerten arbeiten, verdecken bekanntlich Ungleichheiten. Obwohl man davon ausgehen kann, daß die materielle Not der älteren Menschen in den entwickelten Industrieländern abgebaut wurde, so muß man auch feststellen, daß dies nicht für ihre ältesten Mitglieder gilt. Tabelle

1 zeigt, daß bei den über 75jährigen weiterhin eine große Kluft zwischen ihrem verfügbaren Einkommen und dem nationalen Durchschnitt besteht. Die Gruppe der Ältesten (unter ihnen besonders die Frauen) steht hinsichtlich des verfügbaren Einkommens im Vergleich zu den anderen Altersgruppen an letzter Stelle. Es scheint, daß diese relative Armut der 75jährigen und Älteren in Großbritannien besonders stark ausgeprägt ist, wo sie doppelt so hoch ist wie die der Altersgruppe der 65- bis 74jährigen (Hedstrom & Ringen, 1987; Walker 1990).

Der Anstieg der Sozialausgaben zugunsten der älteren Bevölkerung in den entwickelten Ländern hat bemerkenswerte Auswirkungen auf den ökonomischen Status dieser Bevölkerung gehabt, die heute im wesentlichen von Transferleistungen lebt. Die Lage der Alten in Europa ist seit den 70er Jahren nicht mehr durch Armut gekennzeichnet.

Dieser unbestreitbare Erfolg der europäischen Regierungspolitik hat bewirkt, daß sich die Vorstellungen über das Alter und das Altern in diesen Ländern schnell verändert haben. Eine permanente Triebkraft bei der Entwicklung der Alterns- und Rentenpolitik in den verschiedenen Ländern war die Vorstellung, daß diese Altersgruppe eine Kategorie von besonders verdienstvollen Armen war, die einen vorrangigen Anspruch auf die sozialpolitischen Anstrengungen der Nationen hatte.

Heute erscheinen die Rentner als eine relativ begünstigte Gruppe, und die Waagschale droht, sich zu ihren Ungunsten zu verschieben. Obwohl sich in Europa anscheinend nicht eine so lebhafte Diskussion entzündet wie unter dem Einfluß der neuen Interessengruppe »Americans for Generational Equity« in den Vereinigten Staaten (vgl. Bengtson & Schütze, Kapitel 19 in diesem Band), kann man sich fragen, ob die Errungenschaften der europäischen Rentensysteme in ihrem Kern erhalten werden können, wenn einerseits die Legitimität der Sache der Alten abbröckelt und andererseits bei unveränderter Gesetzgebung die Kosten des Rentensystems zwangsläufig steigen werden (vgl. Hauser & Wagner, Kapitel 23 in diesem Band).

2. Autonomie oder Abhängigkeit? Die Ambivalenz der sozialen Leistungen für die alten Menschen

Im Laufe der 70er Jahre wurden in den meisten europäischen Ländern vielfältige Sozialprogramme zugunsten der älteren Menschen geschaffen. Diese Programme zielten nicht mehr darauf ab, diese Altersgruppe ökonomisch abzusichern, sondern es ihr zu ermöglichen, so lange wie möglich in ihrem gewohnten Lebensrahmen zu bleiben und den Verlust ihrer Autonomie zu verhindern. Es handelte sich nicht mehr um eine Politik, die auf den Lebensstandard gerichtet war, sondern um Maßnahmen, die die Lebensweise der älteren Menschen zum Ziel hatten. Die hierbei eingesetzten Mittel bestehen nicht mehr im wesentlichen in Transferleistungen, sondern im Angebot von neuen kollektiven Dienstleistungen und Einrichtungen.

Solche Programme sind darauf abgestellt, die Institutionalisierung älterer Menschen mit all ihren Begleiterscheinungen, wie der drastischen Erhöhung der Abhängigkeit und dem Ausschluß aus dem gesellschaftlichen Leben sowie den Kosten für die Gemeinschaft, zu verhindern. Diese sozialen Programme zugunsten der älteren Bevölkerung basieren auf einer neuen Konzeption von den Bedürfnissen der Alten. Im Zuge des Ausbaus des Rentensystems hat man entdeckt, daß sich die Probleme des Alterns nicht auf Fragen der ökonomischen Sicherheit beschränken. Über den ökonomischen Aspekt hinaus stellten sich die Probleme der Marginalisierung und der Segregation der älteren Bevölkerung. Sie erfordern ein Bündel von koordinierten Maßnahmen, die den Lebensrahmen und die Lebensweise betreffen. Es werden verstärkt Maßnahmen im Bereich des Wohnens, der Hauspflegedienste (Dienste, die Haushaltshilfen, Pflegekräfte und Mahlzeiten in die Haushalte schicken) und bestimmter Einrichtungen ergriffen (Clubs und Restaurants für das Dritte Alter, eine Universität für das Dritte Alter, Tageszentren usw.).

Alle diese Programme haben das Ziel, alternative Räume der Bedürfnisbefriedigung zu schaffen, Räume, die zwischen der einfachen Politik des Substitutionseinkommens − der Rente − und der totalen Betreuung in einem Alten- oder Pflegeheim angesiedelt sind. Von dieser Strategie erwartet man sich eine rationellere Verwendung der Finanzmittel. Sie soll verhindern, daß leichte Behinderungen und Beeinträchtigungen allein durch die Art der Betreuung zu schweren Fällen der Institutionalisierung und Hilfsbedürftigkeit werden. Der Verlust von Autonomie und sozialer Bindung für die älteren Menschen soll begrenzt werden. Die Unabhängigkeit soll erhalten bleiben, indem es ihnen ermöglicht wird, so lange wie möglich in ihrer Wohnung zu bleiben, und indem die völlige Institutionalisierung hinausgezögert wird. Nach und nach hat die Alternspolitik der verschiedenen europäischen Länder den Pflege- und Sozialdiensten Priorität gegenüber der Institutionalisierung eingeräumt.

Trotz dieser insgesamt einheitlichen Entwicklung ist festzuhalten, daß die Unterbringungsraten in Einrichtungen mit langer Verweildauer für die 65jährigen und Älteren in den europäischen Ländern beträchtliche Unterschiede aufweisen. So liegt die Unterbringungsrate in Frankreich, Großbritannien und Westdeutschland bei etwa fünf Prozent der älteren Bevölkerung, während sie in den Niederlanden und Schweden mit zehn Prozent doppelt so hoch ist. Im südlichen Europa ist diese Rate mit ungefähr zwei Prozent sehr niedrig.

Verfolgt die Alternspolitik in den verschiedenen Ländern heute auch die gleichen Ziele, so hängen die Modalitäten der praktischen Verwirklichung doch stets von den nationalen Besonderheiten ab. Sie hängen insbesondere von der allgemeinen Konzeption und Organisation des Gesundheits- und Sozialsystems eines jeden Landes ab. Das stark zentralisierte Frankreich hat sich bereits 1970 für eine soziale Planung der Hauspflegedienste entschieden, indem es die kommunalen Körperschaften ermutigt hat, Anstrengungen auf diesem Gebiet zu unternehmen, und die dafür notwendigen Finanzmittel bereitgestellt hat. Die

Rentenversicherung übernimmt einen großen Teil der Ausgaben für Haushaltshilfen, und die Krankenversicherung ist mit einem Pauschalbetrag an der Finanzierung der häuslichen Krankenpflege beteiligt. England hat sein System auf
der Basis von gemeinschaftlichen Pflegediensten entwickelt, die von den lokalen
Körperschaften verwaltet werden und bei denen zahlreiche ehrenamtliche Helfer
mitwirken. Im deutschen System waren bisher hauptsächlich private, karitative
Organisationen für die Hauspflegedienste verantwortlich. Diese stehen außerhalb des Systems der Krankenversorgung, für das die Krankenversicherung
zuständig ist. Erst seit kurzem – durch das Gesetz zur Reform des Gesundheitswesens – werden finanzielle Mittel für die Pflege alter Menschen zu Hause
beziehungsweise für die sie pflegenden Angehörigen zur Verfügung gestellt.

Angesichts der wirtschaftlichen Rezession, die zu einer Begrenzung der
Sozialausgaben führte, während der Bedarf an sozialer Sicherung durch die
Auswirkungen des demographischen Alterns und die steigende Arbeitslosigkeit
wuchs, wurde aktiv nach Möglichkeiten gesucht, die begrenzten Ressourcen
effektiver einzusetzen. Die Bemühungen der verschiedenen Länder haben sich
folglich hauptsächlich auf die Regulierungs- und Steuerungsmechanismen der
Pflege- und Sozialdienste gerichtet. Zu den wichtigsten Instrumenten, mit denen
auf diesem Gebiet neue Regulierungsformen geschaffen werden sollen, gehören
die Rationalisierung und Rationierung der Ausgaben, die Suche nach Alternativen zur Hospitalisierung und Institutionalisierung der alten Menschen, das
Bemühen um eine Verlagerung der Rollen und Verantwortlichkeiten von den
staatlichen Organen auf die Peripherie: auf lokale Körperschaften, auf den
Privatsektor, der teils mit und teils ohne Gewinn arbeitet, auf Familien und
Einzelpersonen. Die neuen Regulierungsbemühungen haben zweifellos auf dem
Gebiet der häuslichen Betreuung der alten Menschen zu Innovationen geführt.
Aber sie haben auch in vielen Fällen eine Einschränkung des öffentlichen
Angebots an Pflege- und Sozialdiensten bewirkt, die sich letztlich nachteilig auf
die allgemein akzeptierte Zielsetzung auswirkt, den alten Menschen ein unab-
hängiges und selbstbestimmtes Leben zu ermöglichen (Kraan et al., 1991).

Dies läßt sich am Beispiel Großbritanniens illustrieren. Die Privatisierung
der Pflege alter Menschen, die in allen europäischen Ländern feststellbar ist, ist
in diesem Land am stärksten ausgeprägt. Die Pflegeeinrichtungen für die Alten,
vor allem die privatwirtschaftlich betriebenen, wurden von der öffentlichen
Hand subventioniert, die sich auf diese Weise der Verantwortung für die
Verwaltung und Finanzierung dieses Bereichs entledigen wollte. Heute erhalten
50 Prozent der Menschen in Großbritannien, die über einen langen Zeitraum
private Pflegeeinrichtungen in Anspruch nehmen, öffentliche Zuschüsse, damit
die Kosten für ihre Betreuung gedeckt werden können. Durch dieses Verfahren
wird einerseits die Unterbringung in einer privaten Einrichtung ohne medizinische Notwendigkeit gefördert. Dies bedeutet eine Verkehrung der ursprünglichen Zielsetzung und bewirkt, daß die Kosten für die soziale Fürsorge weniger
begrenzbar sind. Andererseits heißt das, daß der Benutzer dieser Einrichtung

einen gewissen Preis zu zahlen hat. Die Rentabilitätserfordernisse sind nicht unbedingt mit einer Verbesserung der Lebensqualität in diesen Einrichtungen vereinbar. Außerdem werden durch die stärkere Heranziehung von privaten Einrichtungen nicht zwangsläufig die Wahlmöglichkeiten des Benutzers vergrößert. Man denke nur an die von den Einrichtungen praktizierten Beschränkungen hinsichtlich des aufzunehmenden Personenkreises und an die Ungleichheiten, die zwischen den wohlhabenden Benutzern und denjenigen entstehen, die die öffentlichen Zuschüsse nicht überschreiten dürfen (Walker, im Druck).

Eine Gesamtbewertung der in den verschiedenen europäischen Ländern betriebenen Politik der häuslichen Hilfs- und Pflegedienste gelangt zu ambivalenten Ergebnissen. Einerseits hat diese Politik ihren Zielgruppen Dienste zugänglich gemacht (Haushaltshilfen, Pflegekräfte, Freizeitmöglichkeiten, Kampf gegen die Isolierung), die sie sich über die Warenkreisläufe nicht direkt verschaffen konnten. Sie hat es auch ermöglicht, endgültige Institutionalisierung oder medizinisch nicht notwendige Hospitalisierung zu vermeiden. Andererseits haben verschiedene soziologische Arbeiten die Grenzen und negativen Auswirkungen dieser Politik aufgezeigt (Guillemard, 1980; 1983; 1986; Phillipson & Walker, 1986; Townsend 1981; 1986; Walker 1980; 1987). Das Hauptargument dieser Autoren ist, daß es diese Programme der häuslichen Hilfs- und Pflegedienste trotz guter Absichten und greifbarer Vorteile für die Empfänger nicht vermocht haben, die Autonomie der älteren Bevölkerungsgruppen wirklich zu erhalten und zu vergrößern.

Die neuen Betreuungsstrukturen scheinen aus jeder körperlichen Beeinträchtigung oder sozialen Benachteiligung eine »Abhängigkeit« zu konstruieren. Sie haben eine neue Definition des älteren Menschen geschaffen, der nämlich »Empfänger von Dienstleistungen ist, deren Art und Umfang andere festlegen« (Townsend, 1986). Dieser wird damit in ein Netz von nicht-gegenseitigen Austauschbeziehungen eingebunden, das ihm weder Gestaltungsmöglichkeiten noch Wahlfreiheit einräumt. Durch die Nicht-Gegenseitigkeit wird für diese Altersgruppe gesellschaftlich eine abhängige Stellung konstruiert. Anstatt den Autonomieverlust zu verhindern, haben diese Programme paradoxerweise eher dazu beigetragen, die gesellschaftliche Konstruktion des Alters als eine Zeit der Abhängigkeit und der verringerten Selbstbestimmung noch zu verstärken. Diese allgemeine Diagnose betont die Rolle, die die Sozialeinrichtungen bei der Festlegung des sozialen Status der Bevölkerungsgruppen, derer sie sich annehmen, spielen. Sie stützt sich auf konkrete empirische Analysen des Verhältnisses, das zwischen den häuslichen Hilfsdiensten und den von ihnen versorgten älteren Menschen geschaffen wurde. Die Untersuchungen zeigen, daß die Zahl der Hilfs- und Pflegedienste für die älteren Menschen überall zugenommen hat, daß es aber an Koordinierung, wenn nicht gar an Kohärenz fehlt (Fogarty, 1987). Das ist um so schwerwiegender, als es im Bereich der Gesundheits- und Sozialpolitik für die Alten eine Vielzahl von Trägern gibt.

So steht die Koordinierung von Maßnahmen im Mittelpunkt der Schwierigkeiten, auf die die Alternspolitik gestoßen ist. Alternspolitik war von ihrer Konzeption her darauf angelegt, daß die verschiedenen Gesundheitsdienste und Sozialeinrichtungen, die dazu bestimmt waren, den Autonomieverlust zu verhindern und die Einbindung alter Menschen in den gesellschaftlichen Rahmen aufrechtzuerhalten, zusammenwirken konnten, indem sie aufeinander aufbauten. Nun ist aber fast überall der Gesamtzusammenhang verlorengegangen.

Eine veränderte Zielsetzung des Programms ist deshalb für die Zukunft unerläßlich. Die angebotenen parzellierten Betreuungen können die Autonomie des alten Menschen nicht fördern. Sie haben im Gegenteil die Tendenz, die Person des Leistungsempfängers in eine Vielzahl von Bedürfnissen aufzuspalten (wie z. B. medizinische Behandlung, Geselligkeit, Haushaltshilfe, häusliche Pflege), für deren Befriedigung die entsprechenden Programme und Fachkräfte oder ehrenamtliche Helfer vorhanden sind. Die Bedürfnisbefriedigung, die eine solche partielle Betreuung gewähren kann, ist vom Lebenskontext des alten Menschen weitgehend losgelöst. Der alte Mensch wird auf diese Weise nicht autonomer, sondern fragmentiert und abhängig vom Angebot an Pflegemöglichkeiten und sonstigen Dienstleistungen. Diese Situation hat zu einem automatischen Ansteigen der medizinisch-sozialen Ausgaben für häusliche Hilfsdienste beigetragen, ohne daß sich dadurch im gleichen Verhältnis das Wohlbefinden der älteren Menschen verbessert hätte.

Die Segmentierung der Unterstützungsleistungen für alte Menschen hat in den letzten Jahren noch zugenommen. Das Bestreben der europäischen Länder, die Kosten für die Krankenversicherung und Altersversorgung zu begrenzen, hat fast überall zu einer verstärkten Fragmentierung der Maßnahmen geführt. In vielen Fällen hat das Bemühen um eine Kostendämpfung die mittelfristige Zielsetzung der Erhaltung der Autonomie und der Wahlfreiheit des älteren Menschen überlagert (Dieck, 1989). Das Resultat ist, daß die Einschränkung des öffentlichen Angebots an häuslichen Hilfs- und Pflegediensten die Nachfrage auf Einrichtungen mit medizinischer Betreuung oder auf das Krankenhaus umgelenkt hat, obwohl die zu behandelnden Probleme eigentlich nicht primär medizinischer Natur sind.

Die Dualität zwischen dem gesundheitlichen und sozialen Bereich, die in unterschiedlichem Maße in den meisten europäischen Ländern besteht, hat diese Koordinierung der gesundheits- und sozialpolitischen Maßnahmen für alte Menschen zu einer sehr schwierigen Aufgabe gemacht. Die Bedürfnisse dieser Altersgruppe sind zwangsläufig ebenso medizinischer wie sozialer Natur. Die unterschiedlichen Funktionsmechanismen und Leistungen dieser beiden Bereiche haben zu einer Diskrepanz zwischen dem Angebot an institutionellen Dienstleistungen und der Gesamtnachfrage dieser Altersgruppe geführt. Folglich werden die angebotenen Leistungen von den betreffenden Bevölkerungsgruppen nicht in einer substitutiven, sondern einer kumulativen Logik in Anspruch genommen. Die Gesundheits- und Sozialausgaben lassen sich so kaum regulieren. Die Kosten steigen, ohne daß sich das Wohlergehen und die Autonomie der älteren Bevölkerung im gleichen Verhältnis verbessern.

In Italien und Frankreich ist die Dualität zwischen dem gesundheits- und sozialpolitischen Bereich vielleicht am stärksten ausgeprägt. Während in Italien die Gesundheitsfürsorge Gegenstand eines nationalen Rahmengesetzes (Servizio Sanitario Nazionale) ist, das die Ausgestaltung, Organisation und Verteilung der medizinischen Leistungen regelt (lokale gesundheitspolitische Einheiten gewährleisten die praktische Umsetzung), gibt es für die Sozialfürsorge keine umfassende Gesetzgebung, so daß diese in zahlreiche private und staatliche Initiativen auf lokaler Ebene aufgespalten bleibt. In jeder Region gelten unterschiedliche Gesetze hinsichtlich der finanziellen Unterstützung, der häuslichen Hilfsdienste, der Unterstützung der Familien und alten Menschen. Es gibt keine Gesetzgebung, die die Integration und Koordination mit den Gesundheitsdiensten gewährleistet.

In Frankreich werden die Bereiche Gesundheitspolitik und Sozialpolitik jeweils durch ein besonderes Gesetz geregelt. Dadurch besteht noch weniger Kohärenz bei den Richtlinien und Tarifen der verschiedenen altenspezifischen Betreuungsformen. Hinzu kommt, daß durch die kürzlich vorgenommene Dezentralisierung des Sozialbereichs in Frankreich, die mit einer Tendenz zur Konzentrierung des Gesundheitsbereichs einher geht, die Suche nach einer integrativen Gestaltung der Maßnahmen für die ältere Bevölkerung noch mehr erschwert wurde.

Zwar ist es in den genannten Ländern besonders schwierig, eine Verknüpfung von Gesundheits- und Sozialbereich herzustellen, aber auch die europäischen Länder, die auf den ersten Blick geradezu als Musterbeispiele der Integration erscheinen könnten, stehen vor dem Problem der umfassenden Koordinierung ihrer gesundheits- und sozialpolitischen Maßnahmen für alte Menschen. Letztlich ist der Mangel an Koordination zwischen den verschiedenen Bereichen und sozialpolitischen Akteuren eines der Haupthindernisse, mit dem die Alternpolitik in Europa gegenwärtig konfrontiert ist.

So wird das niederländische Gesundheits- und Sozialsystem häufig als ein integriertes und effizientes System betrachtet, das den alten Menschen wie der gesamten Bevölkerung eine breitgefächerte Palette von gesundheitsbezogenen und sozialen Leistungen bietet. Dennoch sind niederländische Experten in der jüngsten Zeit zu sehr kritischen Einschätzungen gekommen (Kastelein, Dijkstra & Schouten, 1989). Erstens sind sie der Ansicht, daß die Systeme der Sozial- und Gesundheitsfürsorge, die nicht spezifisch für die ältere Bevölkerung, sondern für alle Altersgruppen konzipiert sind, den spezifischen Problemen der Alten seit etlichen Jahren nicht mehr gerecht werden. Zweitens verweisen sie auf die extreme Fragmentierung ihrer Systeme, die sich in den Finanzierungsformen und der Verteilung der Ressourcen widerspiegelt. Die Versuche der Koordination und Integration der verschiedenen Leistungssysteme sind enttäuschend verlaufen. Es haben sich vor allem Senioreneinrichtungen entwickelt.

Die Hauspflegedienste haben erst in jüngster Zeit einen Aufschwung erlebt. Aber ökonomische Erwägungen der Regierung drohen die Orientierung hin zu häuslichen Hilfsdiensten zu erschweren.

Auch die Bundesrepublik Deutschland verfügt im medizinisch-sozialen Bereich über keine nationale Strukturpolitik. Die Versorgung der alten Menschen in ihrer häuslichen Umgebung ist im wesentlichen eine Sache der Privatinitiative und wird von zahlreichen karitativen Einrichtungen getragen. Die öffentliche Hand behält insofern ein Aufsichtsrecht über diese Entwicklungen, als sie auf Länderebene die Berufsausbildung sicherstellt. Die Sozialleistungen sind im Vergleich zu anderen Ländern begrenzt und nicht mit den Leistungen im Gesundheitsbereich vernetzt. In Großbritannien besteht das Problem ebenfalls im wesentlichen in der mangelnden Koordination zwischen den fragmentierten Sozialdiensten einerseits und den Gesundheitsdiensten der Sozialversicherung andererseits.

Die fehlende Integration des Gesundheits- und Sozialbereichs in allen europäischen Ländern, vielleicht mit Ausnahme Dänemarks, hat die Koordination der Maßnahmen auf dem Gebiet der Alternspolitik zu einem äußerst schwierigen Problem gemacht. Diese Koordinationsversuche sind in ihren Auswirkungen enttäuschend und kommen nur sehr langsam voran. Eine gute Illustration dessen sind die Experimente, die Belgien unternommen hat, um zu umfassenden und integrierten Pflegediensten zu kommen. Sie bestehen in einer Übereinkunft der für die Gesundheitspolitik zuständigen Stellen und in der Bildung von fachübergreifenden Arbeitsgruppen.

Am bedenklichsten ist, daß die Fragmentierung der Maßnahmen im Bereich der Alternspolitik zwangsläufig zu einem Weniger an Autonomie und Wahlfreiheit für die alten Menschen führt und sie von der Organisation des Betreuungssystems abhängig macht. Damit ist eines der größten Paradoxa der gegenwärtigen Alternspolitik benannt: Obwohl sie sich überall die Erhaltung und Steigerung der Autonomie der alten Menschen als wichtigstes Ziel gesetzt hat, hat sie dazu beigetragen, diese von den Betreuungssystemen abhängig zu machen. Dieses Betreuungssystem basiert nicht mehr darauf, daß es sich vorrangig des alten Menschen und seines Bedarfs an bestimmten Pflege- und Sozialleistungen annimmt. Es ist vielmehr an die Kriterien der Institutionen (Geltungsbereich, Leistungskriterien) und an die Verfügbarkeit dieser Leistungen gebunden. Unter diesen Bedingungen

> »können die alten Menschen nur in das Getriebe eines Karussells von Pflege- und Sozialleistungen geraten, das, einmal in Gang gesetzt, selten durch den Willen des Betroffenen aufgehalten werden kann« (Garms-Homolova, 1988, S. 52).

Insgesamt ist festzuhalten: Zwar trifft es zu, daß der Status der Abhängigkeit der Alten von den Leistungssystemen gesellschaftlich erzeugt worden ist, aber es ist möglich, auf diese Entwicklung Einfluß zu nehmen und die Abhängigkeit durch eine Reform der Gesundheits- und Sozialpolitik zu reduzieren.

3. Der Ausschluß aus dem Arbeitsleben

Seit Mitte der 70er Jahre ist ein sehr starker Rückgang in der Erwerbstätigkeit der Altersgruppe der 55- bis 64jährigen zu beobachten. Diese Entwicklung betraf zuerst die Gruppe der 60- bis 64jährigen und hat sich dann deutlich auf die Gruppe der 55- bis 59jährigen ausgedehnt. Mit Ausnahme von Schweden und Japan ist in den meisten Industrieländern ein beträchtlicher Rückgang in der Erwerbstätigkeit dieser Altersgruppen zu verzeichnen. Frankreich steht an der Spitze dieser Entwicklung. Wie aus Tabelle 2 hervorgeht, ist die Beschäftigungsquote bei Männern der Altersgruppe 55 bis 64 Jahre zwischen 1970 und 1988 in Frankreich von 74 Prozent auf 44 Prozent, in den Niederlanden von 75 Prozent auf 35 Prozent, in der Bundesrepublik Deutschland von 82 Prozent auf 54,5 Prozent und in Großbritannien von 87 Prozent auf 60,5 Prozent gesunken. Diese Daten verweisen ganz klar darauf, daß beim Ausscheiden aus dem Berufsleben eine rapide Veränderung eingetreten ist (vgl. Kohli und Mayer, Kapitel 9 und 20 in diesem Band). In dieser Entwicklung spiegelt sich die Bedeutung wider, die die soziale Abfederung der Arbeitslosigkeit in der Sozialpolitik gewonnen hat, die auf diese Weise unter dem Eindruck ökonomischer Zwänge in verschiedene Teile zerfällt. Die sozialen Zielsetzungen werden vorrangig von den Erfordernissen des Produktionssystems bestimmt. Die zahlreichen Vorruhestandsregelungen für ältere Arbeitnehmer illustrieren diese neue Realität. Sie bewirken einen massiven, immer früheren Ausschluß der älteren Arbeitnehmer aus dem Erwerbsleben. Deren Recht auf Arbeit wird zugunsten des Rechts auf einen Ruhestand beschnitten, der häufiger erzwungen als frei gewählt ist. Diese Politik der »verordneten Erwerbslosigkeit« für ältere Arbeitnehmer belastet alle Bemühungen um die Erhaltung der sozialen Einbindung der älteren Bevölkerung (Guillemard, 1986). Wie kann man bei Beginn des Ruhestands gegen den Ausschluß aus dem gesellschaftlichen Leben kämpfen, wenn man ihn schon vorher akzeptiert, indem man die Erwerbstätigen nach dem Alterskriterium in zwei Lager einteilt?

Man hätte annehmen können, daß die rasche Absenkung des Rentenalters nur der Höhepunkt einer säkularen Entwicklung war, die zu einer Tätigkeitsabnahme im Alter führte, und den Triumph des Rechts auf einen bezahlten Ruhestand darstellt. Aber dem ist nicht so. Untersucht man die institutionellen Regelungen, die die Grenzen zwischen der Erwerbstätigkeit und der Nicht-Erwerbstätigkeit verändern, zeigt sich, daß sie einer anderen Logik gehorchen als der der Ruhestandssicherung. Eine zur Zeit durchgeführte vergleichende internationale Untersuchung (Guillemard, 1989a; Kohli, Rein, Guillemard & Van Gunsteren, im Druck) macht deutlich, daß die Rentensysteme überall ihrer zentralen Rolle der Regelung des endgültigen Ausscheidens aus dem Berufsleben beraubt werden. Bei den neuen Vorruhestandsregelungen hat man es, im Gegenteil, hauptsächlich mit zwei Arten zu tun: Entweder sind sie Teil des sozialen Sicherungssystems und werden vorwiegend von der Arbeitslosenversicherung und der Erwerbsunfähigkeitsversicherung getragen, oder sie beruhen auf neuen,

Tabelle 2: Entwicklung der Beschäftigungsraten** 1970–1988 für Männer im Alter von 55 bis 64 Jahren (nach eigenen Berechnungen aufgrund der Statistiken über die erwerbstätige Bevölkerung der OECD, 1989).

	1970	1971	1972	1973	1974	1975	1976	1977	1978	1979	1980	1981	1982	1983	1984	1985	1986	1987	1988
Kanada	79,3	78,8	77,9	77,5	76,8	76,3	73,6	72,8	72,3	73,1	72,7	71,8	68,5	66,4	65,2	64,3	63,5	61,9	62,5
USA	78,4	77,4	76,6	75,1	74,2	71,4	70,2	70,3	70,3	69,9	68,3	67,4	66,3	64,6	64,5	64,4	63,8	64,5	64,0
Japan	84,8	85,3	84,8	85,2	84,5	83,2	82,6	81,6	81,3	81,5	82,2	81,3	81,2	80,5	79,6	78,9	78,7	78,2	78,6
Frankreich	74,0	73,0	71,5	70,7	69,3	67,1	65,8	66,9	65,8	67,1	65,3	61,2	56,6*	50,4	47,2	46,7	45,7	43,9	43,7
BRD	81,5	76,9	73,7	72,2	68,9	65,4	63,9	63,3	62,5	62,6	62,7	61,0	58,2	55,1	52,0	51,2	51,9	54,9	54,5
Niederlande	–	–	–	75,3	72,8	70,7	69,9	68,8	66,0	63,2	60,9	54,7*	51,6	46,1	43,7	44,2	41,5	38,3	35,4
Schweden	84,1	82,8	81,6	81,0	80,4	80,7	80,2	78,8	77,7	77,8	77,4	76,4	75,3	74,0	73,0	73,3	73,3	73,4	73,7
Großbritannien	86,7	83,2	82,4	83,0	83,2	82,3	80,2	79,0	77,5	76,6	74,0	67,1	61,9*	61,1	60,0	58,7	56,6	57,7	60,5

* Bruch in der chronologischen Reihe.

** Die Beschäftigungsrate berücksichtigt nur den erwerbstätigen Teil der Bevölkerung im Verhältnis zur Gesamtbevölkerung, unter Ausschluß der Arbeitslosen.

konjunkturbedingten Beschäftigungsinstrumenten vertraglicher Art (z. B. Solidaritätsverträge über vorgezogene Altersrente in Frankreich, vorgezogene Altersrente in der Bundesrepublik Deutschland).

Die Einführung von Neuregelungen für das Ausscheiden aus dem Erwerbsleben hat zwei tiefgreifende Auswirkungen auf die Art und Weise dieses Ausscheidens. Erstens wird der Übergang in die Nicht-Erwerbstätigkeit zu einem abrupten, schwer voraussehbaren und zumeist erzwungenen Übergang. Die Möglichkeit zur eigenen Entscheidung wird für den Arbeitnehmer extrem eingeschränkt. Die Entscheidung, nicht mehr zu arbeiten, hängt häufig vom Arbeitgeber und seiner Bereitschaft zu Entlassungen ab. Die Aufgabe des Berufslebens wird direkt durch den Zustand des Arbeitsmarktes und die durch ihn produzierten Altersdefinitionen beeinflußt. Sie ist nicht dadurch bedingt, daß man das Rentenalter erreicht hat, sondern dadurch, daß die älteren Arbeitnehmer gesellschaftlich als entwertete und marginale Elemente der Arbeitskraft definiert werden. Wenn fast die Hälfte derjenigen, die eine Rente beziehen, wegen Erwerbsunfähigkeit aus dem Berufsleben ausgeschieden ist, wie es in der Bundesrepublik Deutschland oder in den Niederlanden der Fall ist, wird die Zeit der Nicht-Erwerbsfähigkeit nicht als die Zeit definiert, in der das Recht auf Ruhestand wahrgenommen wird, sondern in der eine Arbeitsunfähigkeit besteht.

Zweitens führt schon der Charakter der neuen Vorruhestandsregelungen für ältere Arbeitnehmer zu einer beträchtlichen Aushöhlung ihres Rechts auf Arbeit. Im Gegensatz zur Rentengesetzgebung, die die Rentenberechtigung nicht generell der Aufgabe des Rechts auf Arbeit unterwirft, verlangt die massive Heranziehung der Arbeitslosen- und Erwerbsunfähigkeitsversicherung für den Vorruhestand oder die Gewährung vorgezogener Altersrenten vom Arbeitnehmer, daß er sein Recht auf Arbeit vorübergehend oder endgültig zugunsten des Rechts auf Substitutionseinkommen preisgibt. Die veränderten Regelungen des Ausscheidens aus dem Erwerbsleben haben auf den im folgenden beschriebenen drei Ebenen wichtige Konsequenzen.

– Die Kategorie des Alters und ihre Grenzen erfahren eine neue gesellschaftliche Definition

Das Alter beginnt immer früher und zwar mit der immer vorzeitigeren Entwertung der älteren Arbeitskraft auf dem Arbeitsmarkt. Es wird mehrheitlich als die Zeit definiert, in der den betroffenen Menschen das Recht auf Arbeit abgesprochen wird und diese in die Welt der Unproduktiven verwiesen werden. Durch die neuen Vorruhestandsregelungen werden die Älteren zu »gesellschaftlich nutzlosen« Personen erklärt und dazu verurteilt, von Substitutionseinkommen zu leben. Sie werden der Kategorie derjenigen zugeschlagen, die, weil sie unterstützungsbedürftig sind, zwangsläufig eine Randexistenz führen. Die Zeit des Alters wird stärker als früher als eine Zeit der Abhängigkeit konstruiert, in der der Lebensunterhalt durch Transfereinkommen gesichert wird. Sie wird von

der Zeit abgekoppelt, in der man seine Ruhegehaltsansprüche geltend macht.
Der soziale Status des Alters verschlechtert sich. Im Laufe der 70er Jahre hatte
er eine gewisse Aufwertung erfahren. Damals zielte die Politik der Bereitstellung
von Einrichtungen und Dienstleistungen für das Dritte Alter darauf ab, dieser
Altersgruppe das Verbleiben in ihrem vertrauten Lebensrahmen zu ermöglichen,
und legte daher das Schwergewicht auf die soziale Integration dieser Gruppe.
Der an den wirtschaftlichen Erfordernissen orientierte Ausschluß aus dem
Erwerbsleben läßt das Anliegen der sozialen Integration in den Hintergrund
treten.

– Die Sozialausgaben für dieses Lebensalter steigen beträchtlich

Die gesellschaftliche Neudefinition der Kategorie der Alten hat unmittelbare
Auswirkungen auf die Höhe der Sozialausgaben für dieses Lebensalter. Durch
die Vorverlegung der Altersgrenze auf immer jüngere Gruppen, das heißt auf
55jährige, mitunter gar auf 50jährige, steigt automatisch das, was die Demographen die Abhängigkeitsrate der Älteren nennen (d. h. das Verhältnis der
älteren Nicht-Erwerbstätigen zu der erwerbstätigen Bevölkerung). Das führt zu
einer Inflation der Sozialausgaben zugunsten dieser Altersgruppe. Man muß
wissen, daß die Senkung der Altersgrenze von 65 auf 55 Jahre die Zahl
derjenigen, die Anspruch auf Rente oder die vorzeitige Versetzung in den
Ruhestand haben, fast verdoppelt hat. Die Politik der Förderung des Vorruhe-
stands hat die Finanzkrise des Sozialstaats beträchtlich vergrößert und verschärft. Überdies wird durch diese Vorruhestandsregelungen die gesamte Kohärenz des sozialen Sicherungssystems erschüttert. Sie haben dazu geführt, daß
die Arbeitslosenversicherung (z. B. in Frankreich) oder die Erwerbsunfähigkeitsversicherung (in der Bundesrepublik Deutschland oder in den Niederlanden) zu
Quasi-Rentenkassen wurden. Umgekehrt muß manchmal die Altersversicherung
der Arbeitslosenversicherung unter die Arme greifen, um die Ziele der Beschäftigungspolitik zu unterstützen. Die Vermischung der Versicherungsarten, der
Risiken und der Finanzierungen ist fast überall die Regel geworden (für Frankreich vgl. Guillemard, 1990). Die Architektur der sozialen Sicherung hat ihre
strenge innere Gliederung verloren. Dieses Phänomen hat bewirkt, daß die
Kosten nicht mehr auseinandergehalten werden können und daß sich in jedem
Land ein komplexer Mechanismus der Substitution der politischen Instrumente
und der Kostentransfers etabliert hat.

– Die Dreiteilung des Lebenszyklus gerät ins Wanken

Die Ersetzung der Rentensysteme durch neue Regelungen für das Ausscheiden
aus dem Erwerbsleben verändert die Kriterien, die dazu dienten, den Übergang
von der Erwerbstätigkeit in die Nicht-Erwerbstätigkeit festzulegen (Guillemard,
1989b). Die zeitlichen Kriterien, die früher durch die Rentensysteme festgelegt
waren (Beginn des Rentenalters, Dauer der Erwerbstätigkeit), werden außer
Kraft gesetzt. Funktionelle Kriterien gewinnen für die Festlegung des Übergangs
in die Nicht-Erwerbstätigkeit sehr an Bedeutung. Diese Entwicklung zeigt sich

besonders deutlich an dem neuen Einfluß der Erwerbsunfähigkeit auf das Ausscheiden aus dem Berufsleben. Die Unterstützung im Fall der Erwerbsunfähigkeit beruht nicht auf einem Alterskriterium. Sie wird bei Arbeitsunfähigkeit gewährt. Die ältere Arbeitskraft wird systematisch als weniger effizient bewertet.

Die zu beobachtende »zeitliche Entgrenzung« der letzten Lebensphase geht zwangsläufig mit einer abnehmenden Standardisierung des Lebenszyklus einher. Die letzte Lebensphase erfährt eine Neubestimmung im Sinne einer größeren Flexibilität. In dieser neuen Flexibilität spiegeln sich allerdings keineswegs größere Entscheidungsmöglichkeiten des Arbeitnehmers wider. In ihr drückt sich vielmehr aus, wie stark die Situation auf dem Arbeitsmarkt und die daraus resultierenden Strategien der Unternehmen das Ausscheiden aus dem Berufsleben beeinflussen. Es gibt tatsächlich die Tendenz zu einer Entinstitutionalisierung der Dreigliedrigkeit des Lebensweges. Dieser kann nicht mehr als eine zentrale Sozialisationsinstanz fungieren, die fähig ist, die Identität zu bestimmen und die symbolischen Horizonte der Individuen in den einzelnen Etappen des Lebenszyklus abzustecken. Die Einteilung des Lebenswegs wird ungenau, für alle zufällig. Das Ausscheiden aus dem Erwerbsleben ist ebensowenig vorhersehbar wie der Zeitpunkt und die Modalitäten des Eintritts in das Erwerbs- und Erwachsenenleben. Die drei Phasen des Lebenszyklus: Ausbildung, Arbeit, Ruhestand gehen nicht mehr so nahtlos und vorhersehbar ineinander über (vgl. auch Riley & Riley, Kapitel 17 in diesem Band). Die Jungen können zwischen Arbeit und Ausbildung hin und her pendeln, ohne wirklich ins Berufsleben einzusteigen. Ebenso machen die älteren Arbeitnehmer die Erfahrung, daß es eine Reihe von Zwischenformen zwischen Arbeit und Ruhestand gibt, so daß sie weder Lohnempfänger noch Rentner, noch richtige Arbeitslose sind. Dieser Umbruch, der sich derzeit in der Organisation des Lebenszyklus vollzieht, gefährdet dessen starke Verknüpfung mit den sozialen Sicherungssystemen, insbesondere den Rentensystemen (vgl. Hauser & Wagner, Kapitel 23 in diesem Band; Mayer & Schoepflin, 1989). Das stellt nicht nur für alle Generationen die Möglichkeit in Frage, eine kontinuierliche und voraussehbare Vorstellung vom Lebenslauf zu entwickeln. Sie destabilisiert auch das System der gegenseitigen Verpflichtung der Generationen, das eng mit ihm verbunden war. Zur Disposition steht nicht nur eine bestimmte Konzeption des Ruhestands, sondern auch der Vertrag zwischen den Generationen, auf dem sie beruhte.

C. Szenarien für die Zukunft

Wie kann man sich, ausgehend von dieser in sich widersprüchlichen Bilanz, die Zukunft der Politik der Alters- und Ruhestandssicherung in Europa vorstellen?

1. Die Logik der Ausgabenbegrenzung

Da die meisten Länder aus dem Alter einen Lebensabschnitt gemacht haben, in dem die betreffenden Altersgruppen der Gesellschaft notwendigerweise finanziell zur Last fallen und eine Randexistenz führen, wird die Frage der

Alterssicherung in einer alternden Gesellschaft unlösbar, und das besorgniserregende Szenario der Kürzung der öffentlichen Sozialausgaben wird tendenziell zum dominierenden. Es kann drei verschiedene Formen annehmen:

– Die Rückkehr zum Markt

Der Rückzug des Staates aus der sozialpolitischen Verantwortung kann sich einer extrem liberalistischen Vision zufolge in der Rückkehr zu den Kräften des Marktes ausdrücken. Die Privatisierung eines Teils der Pflege- und Sozialleistungen ist in vielen europäischen Ländern bereits voll im Gange. Bleibt ihr Umfang gering, kann sie eine belebende Konkurrenz darstellen, durch die die Effizienz des öffentlichen Angebots an Pflege- und Sozialleistungen verbessert wird. Ansonsten führt sie dazu, daß der einzelne oder seine Familie in weitaus größerem Maße zur Kasse gebeten wird und daß sich die Ungleichheiten vertiefen.

In einem solchen Szenario würden die staatlichen Rentensysteme nur noch eine Mindestrente bereitstellen, während der Rest eine Sache der privaten Versicherung wäre. Im Pflege- und Sozialbereich wäre eine private Versicherung die Antwort auf die notwendige Versorgung einer immer größeren Zahl von alten Menschen, das heißt, eine »Versicherungs«-Gemeinschaft würde die Solidargemeinschaft des Wohlfahrtsstaates ersetzen. Es gäbe dann viele Rentner, die den Kreis der Armen vergrößern würden und von den Systemen abhängig wären, die ein Minimaleinkommen gewährleisten und in ganz Europa die Funktion hätten, für eine soziale Mindestsicherung zu sorgen. Dabei ist jedoch zu bedenken, daß dieses Katastrophenszenario möglicherweise zu einer Revolte der Alten und eines Teils der älteren Arbeitnehmer führen und die Regierungen gefährden würde, die die Altenproblematik auf diese Weise angehen.

– Die Entfaltung der informellen Wirtschaft

Ein anderes Szenario wäre die Stimulierung informeller Betreuungsleistungen durch die Familie und ehrenamtliche Helfer. Hier könnten junge Nicht-Erwerbstätige, die gesundheitlich stabiler und besser ausgebildet sind als die älteren Nicht-Erwerbstätigen, eine neue wichtige Kraft darstellen, die solche freiwilligen Arbeiten übernimmt und auf diesem Gebiet die Frauen ablöst, die immer stärker auf den Arbeitsmarkt drängen. Auf diese Weise würden die jungen Nicht-Erwerbstätigen in der informellen Wirtschaft wieder eine sozial nützliche Tätigkeit finden.

Hier nähern wir uns einer neuen Konzeption von gemischter privater und öffentlicher Fürsorge an. Diese Mischung kann dann eine praktikable Lösung sein, wenn die Rentensysteme weiterhin einen angemessenen Teil des Einkommens ersetzen. Andernfalls wären die Rentner gezwungen, entweder auf den Arbeitsmarkt zurückzukehren – es ist jedoch nicht sicher, daß es diese Möglichkeit wirklich gibt – oder Schwarzarbeit zu leisten, wie es heute beispielsweise in verschiedenen osteuropäischen Ländern der Fall ist. Im besten Fall tritt in diesem Szenario die gesellschaftliche Solidarität an die Stelle der staatlichen

Solidarität. Dies entspricht auch einer Tendenz zur Entprofessionalisierung der Dienstleistungen und Einrichtungen im Gesundheitsbereich.

Solche Szenarien wären das Produkt von mehr oder weniger kurzsichtigen Strategien, denen keine umfassende Zukunftsvision zugrunde liegt und deren Hauptziel mehr die Kostendämpfung im Sozialbereich als die Suche nach einem besseren Verhältnis zwischen den politischen Angeboten und den neuen sozialen Bedürfnissen ist, die durch eine Reihe von strukturellen und konjunkturellen Entwicklungen entstanden sind.

2. Neubestimmung der sozialen Sicherung aus der Perspektive einer Alternspolitik

Das alternative Szenario könnte in einer wirklichen Neugestaltung der sozialen Sicherung bestehen, die zu einer neuen Verbindung von sozialer Sicherung und Lebenszyklus führt und die Entwicklung einer wirklich präventiven Alternspolitik und nicht nur einer Politik der reinen Alterssicherung erlaubt. Dabei muß klar gesehen werden, daß diese Orientierung wichtige Korrekturen an sämtlichen öffentlichen und privaten gesundheits- und sozialpolitischen Programmen implizieren würde. Notwendig wäre ein Umdenken auf dem Gebiet der Beschäftigungs- und Bildungspolitik sowie des Umgangs der Unternehmen mit menschlicher Arbeitskraft. Zu verändern wären die Renten-, die Gesundheits- und die Arbeitslosenpolitik. Und schließlich müßte die Rolle der öffentlichen Hand in diesen verschiedenen Bereichen neu definiert werden.

Betrachtet man den aktuellen Stand der Diskussion zwischen den wichtigsten Trägern der sozialen Sicherung, ist es nicht ausgeschlossen, daß ein solches Szenario teilweise Wirklichkeit werden könnte. Denn der soziale Kompromiß, auf den sich die Entwicklung der sozialen Sicherung nach dem Zweiten Weltkrieg gründete, ist ins Wanken geraten. Was die Unternehmen betrifft, so streben diese aktiv eine wachsende Flexibilität im Einsatz der Arbeitskräfte und eine Individualisierung des Arbeitsverhältnisses an. Die derzeitigen Mechanismen der sozialen Sicherung jedoch behindern diese neue Entwicklung eher. Die Aufstellung von Alterskriterien zur Bestimmung des Endes der Erwerbstätigkeit ermöglichte den Unternehmen eine bessere Rationalisierung der Arbeit. Heute scheint diese Lösung den Zielsetzungen der Unternehmen nicht mehr ganz zu entsprechen. Manche Unternehmen sind der Auffassung, daß diese starren Kriterien mit dem Streben nach Effizienz zukünftig nicht mehr vereinbar sind und daß bei der Aushandlung von Leistungen für die Arbeitnehmer neue Wege beschritten werden müßten (z. B. eine Politik, die auf der Bezahlung nach Leistung und nicht nach Dauer der Betriebszugehörigkeit basiert).

Die öffentliche Hand steht vor schwerwiegenden und neuartigen Problemen. Die Regierungen stehen an zwei Fronten unter Druck: Einerseits gibt es eine Arbeitslosigkeit, die zumindest für bestimmte Gruppen dauerhaft ist und die Unternehmen veranlaßt, ältere Arbeitnehmer zurückzuweisen; andererseits besteht das Problem des demographischen Alterns, das bei gleichbleibender Gesetzgebung zu einem starken Anstieg der Sozialausgaben, vor allem der Ausgaben für das Renten- und Gesundheitssystem, führt, während es gleichzeitig die Finanzierungsspielräume verringert. Die Eindämmung der langfristigen Kostenexplosion bei den Renten ist dringend geboten. Jeder weiß, daß es nicht ausreicht, die Lebensarbeitszeit durch eine Reform des Rentensystems zu verlängern. Notwendig sind durchgreifende präventive Maßnahmen (Jacobs & Schmähl, 1989). Solche Maßnahmen müssen darauf abzielen, daß die Integration alter Menschen in die Welt der Arbeit erhalten bleibt, daß der Ruhestand geschützt ist und daß der Prozeß des Ausscheidens aus dem Erwerbsleben flexibel gestaltet wird (Jacobs, 1990).

So muß die Reform der Rentensysteme mit einer einschneidenden Veränderung der Beschäftigungspolitik verbunden werden, denn diese soll fortan das Ziel haben, die Chancengleichheit der Altersgruppen im Berufsleben wiederherzustellen. Zwar enthält die Sozialcharta der Europäischen Gemeinschaft einen Paragraphen über die Gleichstellung der Geschlechter, aber sie sagt nichts über die Chancengleichheit von Altersgruppen aus. Dieses Ziel kann nur durch eine aktive Beschäftigungspolitik und einen vorausschauenden Arbeitskräfteeinsatz in den Unternehmen, die die Dynamik des Alterns integrieren, gefördert werden. Wie gering die Wirksamkeit des *rein* gesetzgeberischen Handelns zur Beseitigung von Diskriminierung ist, zeigt das amerikanische Gesetz über die Nicht-Diskriminierung bestimmter Altersgruppen im Berufsleben.

Einerseits besteht in unseren Gesellschaften eine zunehmende Tendenz zur Individualisierung, die sich zum Beispiel im Streben nach offeneren Lebensentscheidungen und nach einer Flexibilisierung des Lebensweges äußert (z. B. Vielfalt der Familienmodelle, der Beschäftigungs- und Ausbildungsverhältnisse). Andererseits scheinen die sozialen Sicherungssysteme den neuen Risiken, von denen sie bedroht sind und die sich vor allem aus den Veränderungen des Arbeitsmarktes ergeben, nicht mehr ganz gewachsen zu sein. Das schnelle Überholtsein der Kenntnisse und die Marginalisierung der älteren Arbeitnehmer machen andere Formen der sozialen Sicherung als die bisherigen notwendig.

Die politische Antwort auf die Problematik des demographischen Alterns der Gesellschaften wäre eine Alternspolitik, die sich auf alle Bereiche der sozialen Intervention bezieht. Sie hätte das Ziel, das Potential eines jeden Menschen in jedem Lebensabschnitt zu verwirklichen und die Möglichkeiten für die Gestaltung individueller Lebenswege bereitzustellen. Eine solche Politik ist notwendig, wenn man die doppelte Herausforderung der Zukunft bestehen will, die nicht nur in der wachsenden Zahl alter Menschen, sondern auch im Altern der erwerbstätigen Bevölkerung liegt. Allein eine Alternspolitik scheint in der Lage zu sein, die sich abzeichnende neue Flexibilität des Lebenszyklus zu begleiten. Sie impliziert ein Überdenken der bisherigen Verbindung von Lebenszyklus und Sozialpolitik in der Weise, daß sich die Bildungs-, Beschäftigungs-, Freizeit- und Sozialpolitik nicht mehr auf spezifische Abschnitte des Lebenszyklus konzentrieren, sondern sich auf den gesamten Lebensweg verteilen. Flexibilität und

Sicherheit werden so in jedem Alter miteinander verbunden. So wäre das Altersruhegeld, ein Transfer zur Absicherung der Zeit der Nicht-Arbeit, nicht mehr unbedingt auf das Lebensende konzentriert, sondern könnte auf verschiedene Lebensabschnitte verteilt werden. Umgekehrt wäre der letzte Lebensabschnitt nicht unbedingt von jeder Teilnahme am Wirtschaftsleben ausgenommen, wenn die Betroffenen dies wünschen. Allein eine wirkliche Alternspolitik kann es jeder Altersgruppe ermöglichen, ihre Lebensweise entsprechend ihren Wünschen und Vorstellungen zu gestalten (vgl. auch Riley & Riley, Kapitel 17 in diesem Band). Es ist nicht möglich, eine Alternspolitik zu entwickeln, die auf der freien Wahl zwischen dem Verbleiben in der häuslichen Umgebung und der Unterbringung in kollektiven Einrichtungen basiert, wenn nicht auch die Wahlmöglichkeiten in den früheren Lebensphasen gefördert und unterstützt werden.

Das Altern der Gesellschaften müßte nicht zwangsläufig zur Krise und zum Zusammenbruch des Wohlfahrtsstaates führen, wie einige meinen. Es könnte im Gegenteil ein Anstoß für seine Umstrukturierung und für eine Veränderung seiner Interventionsformen sein.

Die Realisierung dieses Szenarios beruht auf der Möglichkeit eines neuen Kompromisses zwischen den verschiedenen Trägern der sozialen Sicherung: den Arbeitgebern, die eine größere Flexibilität der Arbeit wünschen, den gewerkschaftlichen Organisationen und den verschiedenen Verbänden der Leistungsempfänger, die eine bessere Anpassung der sozialen Sicherung an die neuen Risiken wünschen, sowie der öffentlichen Hand, die vor der Notwendigkeit steht, die Sozialausgaben zu begrenzen. Sollte kein derartiger Kompromiß zwischen den verschiedenen Parteien zustandekommen, ist zu befürchten, daß dies zu Lasten der alten Menschen geht; dann würde sich das Szenario der Rationierung durchsetzen.

Die Orientierung auf das letzte Szenario würde zweifellos eine neue Form der staatlichen Intervention erfordern, die mehr auf *Stimulierung* als auf Absicherung ausgerichtet wäre. Neben der unerläßlichen sozialen Sicherung müßte es soziale Interventionsformen geben, die darauf abzielen, die gesellschaftliche Solidarität zu mobilisieren und gemeinnützige Initiativen zu fördern.

Es muß gesehen werden, daß eine der Hauptschwierigkeiten, auf die die Realisierung dieser Vorschläge stoßen würde, die Aufstellung eines mittel- und langfristig koordinierten Aktionsplans wäre. Gleichzeitig verlangen die kurzfristigen Zwänge, die sich vor allem aus der Arbeitslosigkeit und der zunehmenden Abhängigkeit der sehr alten Menschen ergeben, Sofortmaßnahmen, die nur schwer mit den langfristigen Orientierungen in Einklang zu bringen sind. Dennoch scheint die kurz-, mittel- und langfristige Konzertierung der Maßnahmen heute eine unabweisbare Forderung zu sein. Der Weg mag lang und steinig sein. Aber es steht so viel auf dem Spiel, daß es sich lohnt, ihn energisch zu beschreiten. Es geht um nichts weniger, als das Alter aufzuwerten, dem Altern gesellschaftliche Bedeutung und damit allen Menschen eine Zukunft zu geben, und dies in einer Zeit, in der immer mehr Menschen künftig alt und viele sogar sehr alt werden.

Literaturverzeichnis

Andréani, E. (1974). *Indicateurs sociaux pour la population âgée* (Serie Gérontologie, 27/28, Doc. [NRO]). Paris: Caisse Nationale de Retraite des Ouvriers du Bâtime.

CERC − Centre d'Etude des Revenus et des Coûts (1986). *Les revenus des ménages* (Document No. 80). Paris: La Documentation Française.

Dieck, M. (1989). Approche macro-économique pour l'analyse des politiques publiques destinées aux personnes âgées. *Gérontologie et Société, 47*, 35 − 46.

EUROSTAT (1988). Statistiques démographiques (Série 3C, 240). Luxemburg: European Bureau of Statistics.

Fogarty, M. (1987). *Comment répondre aux besoins des personnes âgées.* Luxembourg: Fondation Européenne pour l'Amélioration des Conditions de Vie et de Travail.

Garms-Homolova, V. (1988). La sortie de l'hôpital − le début d'un processus d'orientation. *Gérontologie et Société, 47*, 47 − 55.

Guillemard, A. M. (1980). *La vieillesse et l'état.* Paris: Presses Universitaires de France.

Guillemard, A. M. (1983). *Old age and the welfare state.* London: Sage.

Guillemard, A. M. (1986). *Le déclin du social − Formation et crise des politiques de la vieillesse.* Paris: Presses Universitaires de France.

Guillemard, A. M. (1989a). The trend toward early labour force withdrawal and the reorganization of the life course − A cross-national analysis. In P. Johnson, C. Conrad & P. Thomson (Eds.), *Workers versus pensioners* (pp. 164 − 180). Manchester: Manchester University Press.

Guillemard, A. M. (1989b). Les transformations de la sortie définitive d'activité au niveau international: Vers un réexamen du rôle de la retraite. *Droit Social, 12*, 851 − 860.

Guillemard, A. M. (1990). Les nouvelles frontières entre travail et retraite en France. *Revue de l'IRES, 2*, 41 − 98.

Hedstrom, P. & Ringen, S. (1987). Age and income in contemporary society. A research note. *Journal of Social Policy, 16*, 227 − 239.

Holzmann, R. (1988). *L'incidence du vieillissement démographique sur les dépenses publiques sociales.* Vortrag auf dem »Colloque Futuribles sur le Vieillissement Démographique«, 4.-5. Oktober, Paris.

INSEE − Institut National de Statistique et d'Etudes Economiques (1990). *Données sociales.* Paris: La Documentation Française.

Jacobs, K. (1990). Les retraites partielles: une comparaison européenne. In P. Auer, M. Maruani & E. Reynaud (Eds.), *Chroniques internationales du marché du travail et des politiques d'emploi 1986 − 1989* (pp. 109 − 119). Paris: La Documentation Française.

Jacobs, K. & Schmähl, W. (1989). The process of retirement in Germany. Trends, public discussion and options. In W. Schmähl (Ed.), *Redefining the process of retirement* (pp. 13 − 38). Berlin: Springer-Verlag.

Johnson, P. & Falkingham, J. (1988). *Intergenerational transfers and public expenditure on the elderly in modern Britain* (Discussion Paper 254). London: Center for Economic Policy Research.

Jones, J. R. (1988). Conflit entre générations aux Etats-Unis. *Futuribles, 125*, 27 – 38.

Kastelein, M., Dijkstra, A. & Schouten, C. (1989). *Care of the elderly in the Netherlands – A review of policies and services 1950 – 1980*. Leiden: Institute of Preventive Health Care.

Kohli, M., Rein, M., Guillemard, A. M. & Van Gunsteren, H. (Eds.) (in press). *Time for retirement*. New York: Cambridge University Press.

Kraan, R. S., Baldock, J., Davies, B., Evers, A., Johansson, L., Knapen, M., Thorslund, M. & Tunissen, C. (1991). *Care for the elderly. Significant innovations in three European countries*. Frankfurt/M.: Campus.

Mayer, K. U. & Schoepflin, U. (1989). The state and the life course. *Annual Review of Sociology, 15*, 187 – 209.

Myles, J. (1984). *Old age in the welfare states: The political economy of public pensions*. Boston, MA: Little, Brown and Company.

OECD – Organisation for Economic Cooperation and Development (1985). *Dépenses sociales 60 – 90. Problèmes de croissance et de contrôle*. Paris: OECD.

OECD – Organisation for Economic Cooperation and Development (1988). *Le vieillissement démographique: Conséquence pour la politique sociale*. Paris: OECD.

OECD – Organisation for Economic Cooperation and Development (1989). *Labour force statistic 1970 – 1988*. Paris: OECD.

Phillipson, C. & Walker, A. (Eds.) (1986). *Ageing and social policy*. London: Gower.

Preston, S. H. (1984). Children and the elderly in the U.S. *Scientific American, 251*, 36 – 41.

Torrey, B. B., Smeeding, T. & Kinsella, K. (1990). A comparative study of the economics of the aged. In Centrale d'Achats et Service d'Impression (CIACO) (Ed.), *Populations âgées et révolution grise* (pp. 483 – 497). (Université de Louvain, Chaire Quételet, acte du colloque 6 – 10 octobre 1986). Bruxelles: CIACO.

Townsend, P. (1981). The structured dependency of the elderly: Creation of social policy in the 20th century. *Ageing and Society, 1*, 5 – 28.

Townsend, P. (1986). Ageism and social policy. In C. Phillipson & A. Walker (Eds.), *Ageing and social policy* (pp. 15 – 44). London: Gower.

Walker, A. (1980). The social creation of poverty and dependency in old age. *Journal of Social Policy, 9*, 45 – 75.

Walker, A. (1987). Enlarging the caring capacity of the community: Informal support network and the welfare state. *International Journal of Health Services, 17*, 369 – 386.

Walker, A. (1990). Les politiques de retraite dans la Communauté Européenne. *Revue Française des Affaires Sociales, 3*, 113 – 126.

Walker, A. (in press). Thatcherism and new politics of old age. In J. Myles & J. Quadagno (Eds.), *States, labour market, and the future of old age policy*. Philadelphia, PA: Temple University Press.

Danksagung

Ich danke Bruno Dumons und Giles Pollet, die mir bei den für dieses Kapitel unerläßlichen Recherchen sehr geholfen haben. Für die Übersetzung dieses Beitrags danke ich Frau Dipl.-Übersetzerin Ilse Utz.

25. Besondere Perspektiven des Alterns und des Alters im vereinten Deutschland

MARGRET DIECK

Zusammenfassung

Das Altern im vereinten Deutschland vollzieht sich für die Bevölkerung in der ehemaligen DDR unter Bedingungen, die von der Bundesrepublik Deutschland gesetzt wurden, das heißt im Kontext der Strukturen, Prozeduren und Wertorientierungen, die diese Gesellschaft und ihr Sicherungs- und Versorgungssystem für alte Menschen bereitstellen. In diese Gesellschaft muß eine Altersbevölkerung integriert werden, die sich in ihrem Altersaufbau, in ihren Wohnwünschen und in ihrer Familienorientierung nicht grundsätzlich von der bundesrepublikanischen unterscheidet, die jedoch andere Erwerbsorientierungen und weniger differenzierte materielle Voraussetzungen einbringt. Die ehemalige DDR hat eine weniger entwickelte, schlechtere Infrastruktur; doch heißt dies nicht, sie verfügte nicht über organisierte Sozial- und Gesundheitsdienste und Dienstekonzepte, die einem Vergleich mit der BRD standhalten. Die neue Bundesrepublik Deutschland wird sich in Einzelbereichen mit anderen Wertorientierungen dieses neuen Bevölkerungsteiles auseinanderzusetzen haben, die in Richtung eines Ausbaus des Sozialstaates Bundesrepublik Deutschland wirken können. Dies gilt vor allem dann, wenn Sicherungsinteressen der Bevölkerung einhergehen mit entsprechenden Gestaltungsinteressen der Bundesländer und Kommunen. Die neue Bundesrepublik Deutschland wird durch akzentuiertere Disparitäten charakterisiert sein, als dies für die alte galt.

A. Vergleich der Grundbedingungen des Alterns und des Alters in beiden Teilen Deutschlands

Überlegungen, wie die gesellschaftliche Wirklichkeit des Alterns und des Alters in der neuen Bundesrepublik Deutschland nach 1990 aussehen könnte, müssen von einer Analyse der Bedeutungszuweisung an das Alter im politischen Wertesystem des Staates ausgehen, der das vereinte Deutschland prägen wird. Dieser

---

Dr. Margret Dieck ist Volkswirtin und Wissenschaftliche Leiterin des Deutschen Zentrums für Altersfragen e.V. in Berlin. Ihre Forschungsinteressen sind gerichtet auf die Politik Sozialer Sicherung und Versorgung alter Menschen sowie die Bedingungen, die Politikgestaltung entscheidend prägen, und die Lebenslagen von Risikogruppen innerhalb der Altenbevölkerung.

Staat ist die alte Bundesrepublik Deutschland (BRD) vor 1990. Ebenso unerläßlich ist es aber zu erfassen, wie die Situation der Alten und ihre Lebenswirk-
lichkeit in dem beigetretenen Teil Deutschlands, der ehemaligen Deutschen
Demokratischen Republik (DDR), war. Das Material für eine derartige Untersuchung ist spärlich, da der gerontologische Forschungsstand der DDR nicht
stark entwickelt war und zudem nicht umfassend publiziert wurde. Für die
Jahre 1990 und 1991 müssen begrenzte Informationszugänge und Informationsquellen außerhalb des wissenschaftlichen Schrifttums hingenommen werden.

Die formal am 3. Oktober 1990 vollzogene Vereinigung beider Teile Deutschlands ist im wesentlichen eine Vereinigung, die von den Bedingungen (Strukturen, prozeduralen Regelungen, Wertorientierungen) der BRD geprägt ist.
Festgeschrieben ist dies in dem am 1. Juli 1990 zur Wirkung gelangten Staatsvertrag zwischen der BRD und der DDR. Weiter konkretisiert wurde es in dem
am 3. Oktober 1990 in Kraft getretenen Einigungsvertrag (mit allen Anlagen
und ergänzenden Regelungen). Juristisch gesehen ist die Prägung durch die
BRD eine Folge des Beitritts der DDR nach Artikel 23 des Grundgesetzes, sie
ist aber ebenso zu verstehen als Resultat gegebener Machtkonstellationen.

Sowohl die BRD als auch die DDR zählen zu den industrialisierten Staaten
der Welt mit hohen und weiterhin wachsenden Altenanteilen in der Gesamtbevölkerung. Dieser quantitative Zuwachs der Alterspopulation ist keineswegs
zwangsläufig verbunden mit einem Zuwachs an Einfluß und Macht der Alten
und einer hieraus resultierenden verbesserten Position in den gesellschaftlich-
ökonomischen Verteilungsprozessen. Wie die in den USA vergleichsweise zu-
gespitzte Diskussion um den Ausgleich zwischen den Generationen (»generational equity«) zeigt (zugespitzt in dem Sinne, als sie in dieser Form Europa noch
nicht erreicht hat), kann gerade der wachsende Anteil der Alten eine Position
begünstigen, in der die Altenpopulation sich über Umverteilungen untereinander
zu verständigen hat und daher in eng markierte gesellschaftliche Grenzen
verwiesen wird.

In der BRD vor 1990 hat die alte Bevölkerung bisher keine politisch bedeutsame Position erlangt. Zur Beweisführung kann auf die Vernachlässigung
dieser Personengruppe und ihrer Probleme in den Regierungserklärungen ihrer
Bundeskanzler verwiesen werden (Dieck, 1987). Es bleibt abzuwarten, ob die
1991 erfolgte Schaffung eines eigenen Ministeriums für »Familie und Senioren«
diesen Zustand entscheidend verändern wird. Sozialpolitische Regelungen, seien
sie auf die Rentenversicherung bezogen oder auf die Gesundheitsversorgung,
haben immer primär die Erwerbsbevölkerung zum Ziel und nicht die Alten,
die in hohem Maße sowohl zu den Nutznießern wie zu den von diesen Regelungen Abhängigen zählen. Allerdings haben alte Menschen in der früheren
Bundesrepublik Deutschland, wenn auch mit einer gewissen zeitlichen Verzögerung, von der allgemeinen Anhebung des Lebensstandards und von der
verbesserten Ausstattung der Infrastruktur, der Dienstleistungs- und Versorgungsangebote profitiert (vgl. Dieck & Naegele, 1978; 1989). Man kann daher

davon ausgehen, daß ihre überwiegende Mehrheit heute weit besser gestellt ist, als dies früher in Deutschland je der Fall war. Dennoch bleiben Probleme spezifischer Risikogruppen unter den Alten, darunter jene der armen Altenbevölkerung. Zunehmende Disparitäten prägten das Bild des Alters in der BRD vor 1990.

Wie sah es im Vergleich hierzu mit den Alten in der DDR aus? An Lippenbekenntnissen zugunsten der Alten hat es auch dort nicht gefehlt. Eine Aussage eines Politikers aus dem Jahre 1985 lautet zum Beispiel, es präge sich immer deutlicher die besondere Aufmerksamkeit in der DDR für die Veteranen der Arbeit aus. Diese Haltung sei Ausdruck des Dankes und der Anerkennung der Werktätigen sowie der jungen Generation gegenüber ihren Eltern und Großeltern. In wissenschaftlichen Publikationen des Jahres 1989 wiederum heißt es typischerweise, die Fürsorge für die ältere Generation durch den sozialistischen Staat werde im Zusammenwirken der staatlichen Organe, Betriebe, Einrichtungen, Ausschüsse der nationalen Front der DDR sowie gesellschaftlicher Organisationen unter Beteiligung der Bürger verwirklicht. Den staatsrechtlichen Hintergrund derartiger Äußerungen bietet Artikel 36 der Verfassung der DDR von 1968, der die Fürsorge der Gesellschaft im Alter festschreibt und vorsieht, daß diese durch steigende materielle, soziale und kulturelle Versorgung und Betreuung gewährleistet werden soll (Bundesministerium für innerdeutsche Beziehungen, 1985, S. 40, 1413). Doch Verfassungsnorm und Verfassungswirklichkeit klafften weit auseinander. Bewertungen aus dem Frühjahr 1990 besagen beispielsweise, daß die jetzigen Rentner und diejenigen, die kurz vor der Rente stünden, von den positiven gesellschaftlichen Entwicklungen der letzten vierzig Jahre am wenigsten Nutzen gezogen hätten (Winkler, 1990).

Kondratowitz (1988) hat für die frühe DDR drei unterschiedliche Altersbilder herausgearbeitet: Der Parteiveteran und der Arbeitsveteran beziehungsweise der verdiente Gewerkschaftsveteran waren positiv besetzte, da verdienstvolle Figuren im Sinne der Entwicklung der angestrebten sozialistischen Gesellschaft. Der gewöhnliche Rentner hingegen war eine weniger vertrauensvolle und verläßliche Figur, da weniger stark mit dem Staat und den Staatszielen identifiziert. In der späteren DDR-Geschichte verwischen sich diese Unterschiede. Es bildet sich die Einheitsfigur des Veterans und Rentners, des Bürgers im höheren Lebensalter heraus, dem der Staat im Idealfall soziale Sicherheit und Geborgenheit vermittelt. Hierauf ausgerichtet war das Anfang der 70er Jahre eingeführte Konzept der »komplexen Betreuung« mit kulturellen, sozial-integrativen und versorgenden Elementen. In dieser Zeit verringerte sich, unter anderem im Zuge von Rationalisierungsbemühungen, die Bedeutung der DDR-Rentner als produktiv einsetzbare Kräfte. Sie verloren tendenziell den Status des Trägers produktionsbezogener Geheimnisse, der Kontakte zum westeuropäischen Ausland ausschloß. Die ihnen zugebilligten Reisemöglichkeiten in den kapitalistischen Westen können als Indiz dafür gewertet werden, daß sie für den Staat unwichtig geworden waren (Kondratowitz, 1988, S. 521).

Wir gehen davon aus, daß weder im Westen noch im Osten die Wertzuweisungen an das Alter, die komplexen Austarierungen der Positionen und der Rechte plötzlich obsolet werden. Das mit dem Rechtssystem gleichfalls formal aufgegebene Normensystem der DDR wird trotz Überlagerungen und Verformungen auch im vereinten Deutschland weiterhin einen Einfluß ausüben. Um solche Einflüsse ausloten zu können und die eigene Informationsbasis zu erweitern, wurden Expertengespräche geführt, deren Ergebnisse in die folgenden Ausführungen eingegangen sind. Für die erfolgte Verarbeitung der Expertengespräche zeichnet die Autorin verantwortlich.

B. Vergleich der Lebenssituationen im Alter

1. Größenordnungen
Das vereinte Deutschland von 1990/91 erreicht gegenüber der Bundesrepublik Deutschland von 1989/90 einen Gebietszuwachs von 44 Prozent, einen Bevölkerungszuwachs von insgesamt 27 Prozent und einen Zuwachs der Alterspopulation von 24 Prozent (bezogen auf die 60- und 65jährigen und Älteren). Dieser Zuwachs an Alten findet seinen Ausgleich in einem überproportionalen Zugang an jüngeren Personen unter 18 Jahren (34%). Die rein rechnerisch ermittelte Erwerbsbevölkerung zwischen 18 und 65 Jahren wächst damit fast parallel zum Bevölkerungsdurchschnitt um 27 Prozent. Diese Entwicklung steht aber im Gegensatz zu den tatsächlichen Erwerbsrelationen. Die Zahl der Erwerbstätigen hätte – legt man die Bedingungen der DDR von 1987 zugrunde – durch den Beitritt der DDR um 32 Prozent ansteigen müssen. Dies ist aber nicht der Fall, denn es schlägt schon für 1990/91 ein Anstieg des Potentials an formal als arbeitslos zu registrierenden ehemaligen Erwerbstätigen durch. In einer längeren Übergangsphase ist für das Gebiet der ehemaligen DDR mit einer hohen Arbeitslosigkeit zu rechnen.

2. Vergleichende Demographie des Alters: Entwicklung der Lebenserwartung
Die Bevölkerungsprognosen gingen sowohl für die BRD als auch für die DDR langfristig von einem Rückgang der Gesamtbevölkerung aus. Der Hauptgrund lag jeweils in einer Abnahme der Kinderzahl (vgl. Dinkel, Kapitel 3 in diesem Band). Auch die höhere Geburtenhäufigkeit, wie sie für die DDR kennzeichnend war, wird sich auf lange Sicht nicht halten. Die Schrumpfung der »Bevölkerungspyramide« an der Basis führt zu dem »Bevölkerungsbaum«, der – mit zunehmender Lebenserwartung im höheren Alter – an seiner Spitze über die früheren Umrisse der Pyramide hinauswächst. Die zunehmende Lebenserwartung im höheren und hohen Alter ist ein bedeutsames Phänomen, das gerade in der DDR sehr spezifische Ausprägungen angenommen hatte.

Betrachtet man die *Lebenserwartung bei Geburt*, so lag 1986/87 folgende Situation vor (Wiesner, 1990, S. 100): In der DDR hatte die neugeborene männliche Bevölkerung eine Lebenserwartung von 69,9 Jahren, die weibliche

Bevölkerung von 76,0 Jahren. Die DDR rangierte hiermit im unteren Drittel der 34 entwickelten Länder der Welt, wenn auch an der Spitze der Länder des Ostblocks. (Für die Männer nahm sie die 27. Stelle ein, für die Frauen die 26.)

In der BRD haben männliche Neugeborene eine Lebenserwartung von 72,2 Jahren (2,3 Jahre mehr als in der DDR, aber 3,7 Jahre weniger als das an der Spitze liegende Japan) und weibliche Neugeborene von 78,9 Jahren (2,9 Jahre mehr als die DDR, aber 3,2 Jahre weniger als das hier ebenfalls an der Spitze liegende Japan). Die BRD liegt in guter Mittelposition, betrachtet man die 34 entwickelten Industrieländer der Welt (mit den Männern an 13. und mit den Frauen an 11. Stelle).

Bemerkenswert für die DDR ist bei den *Männern,* daß es zwar eine Zunahme der Lebenserwartung bei Geburt gab, aber eine Abnahme der *Lebenserwartung* der Bevölkerung ab 45 Jahren von 1952 bis 1980, wobei zwischen 1980 und 1985 ein leichter Anstieg zu verzeichnen war. Dies galt bis in die höchsten Altersklassen hinein (Schwitzer, 1989, S. 24). Im Vergleich zur BRD zeigt sich, daß die DDR 1955/59 in allen Altersklassen ab dem ersten Lebensjahr einen Vorsprung an Lebenserwartung hatte, der allmählich aufgezehrt wurde. 1970/74 lag die Lebenserwartung der 65jährigen Männer unter der der Männer in der BRD. 1975/79 lagen alle Altersgruppen der Männer in der DDR unter dem in der BRD erreichten Stand.

Die *Frauen* der DDR hingegen verzeichneten in allen Altersklassen seit 1952 einen kontinuierlichen Anstieg der Lebenserwartung. Allerdings fällt dieser im Vergleich zu anderen Ländern relativ niedrig aus. Nur bis zum Zeitraum 1955/59 lag die Lebenserwartungen der Frauen in der DDR ab 15 Jahren über jenen der BRD. Ab 1960/64 war in der BRD die Lebenserwartung der Frauen in allen Altersklassen höher als in der DDR, und zwar mit deutlich zunehmender Tendenz.

Warum es in der DDR nach 1955/59 zu einer negativen Zäsur in der Entwicklung der Lebenserwartung gekommen ist, bleibt bisher ungeklärt. Aufarbeitungen regionaler Daten zur Arbeitsbelastung und zu den Umweltbedingungen, die Einfluß auf die Lebenserwartung im Erwerbsalter haben könnten, sind bisher nicht erfolgt beziehungsweise nicht zugänglich.

Altenpolitisch sind die Unterschiede der Lebenserwartung kaum wirksam (vgl. Tab. 1). Wie die Aufgliederung der Bevölkerung ab 60 Jahren zeigt, verfügte die DDR 1988 in der Bevölkerungsgruppe des Alters von 75 bis 85 Jahren über höhere Anteile als die BRD, die ihrerseits vergleichsweise höhere Besetzungen in den Altersgruppen von 85 und mehr Jahren aufwies. Doch bleiben die Differenzen undramatisch.

3. Der Gesundheitszustand im Alter im Vergleich

Obwohl der Gesundheitszustand in der Bewertung alter Menschen für ihr Lebensgefühl zentral ist und obwohl die Kosten der Versorgung alter Menschen mit Sozial- und Gesundheitsdiensten in hohem Maße durch gesundheitliche

Tabelle 1: Alterspopulation im Vergleich − Ende 1988 (in 1.000 absolut und Prozent für 60 + Jahre; nach Staatliche Zentralverwaltung für Statistik, 1989, S. 355; Statistisches Bundesamt, 1990, S. 54).

Alters-gruppe		BRD insgesamt	männlich	weiblich	DDR insgesamt	männlich	weiblich
60 − 65	absolut	3.397,4	1.515,8	1.881,6	795,6	324,6	471,0
	Prozent	26,3	31,8	23,1	26,5	31,5	23,9
65 − 70	absolut	3.070,4	1.170,7	1.899,7	712,4	248,4	464,0
	Prozent	23,8	24,6	23,3	23,8	24,1	23,6
70 − 75	absolut	1.882,7	671,1	1.211,6	411,8	133,4	278,4
	Prozent	14,6	14,1	14,9	13,7	13,0	14,1
75 − 80	absolut	2.258,0	750,0	1.508,0	549,1	170,8	378,3
	Prozent	17,5	15,8	18,5	18,3	16,6	19,2
80 − 85	absolut	1.452,5	439,5	1.013,0	350,0	104,9	245,0
	Prozent	11,3	9,2	12,4	11,7	10,2	12,4
85 − 90	absolut	644,5	171,6	472,9	134,5	39,4	104,1
	Prozent	5,0	3,6	5,8	4,8	3,8	5,3
90 +	absolut	207,0	42,9	164,1	37,7	8,2	19,5
	Prozent	1,6	0,9	2,0	1,3	0,8	1,5
60 + ins-gesamt	absolut	12.912,4	4.761,5	8.150,9	2.999,8	1.029,7	1.970,1
	Prozent	100,0	100,0	100,0	100,0	100,0	100,0
65 + ins-gesamt	absolut	9.515,0	3.245,7	6.269,3	2.204,2	705,1	1.499,2
Bevölkerung insgesamt	absolut	61.715,1	29.693,1	32.022,0	16.674,6	7.972,8	8.701,8

Beeinträchtigungen des Klienten- oder Patientenkreises mitbestimmt werden, gibt es in der BRD nur wenig einschlägige Forschung. Dies ist unter anderem die Folge des sehr begrenzten Ausbaus der Epidemiologie körperlicher Krankheiten, der geriatrischen Forschung und der Versorgungsforschung.

Für die DDR zeichnet sich keineswegs ein positiveres Bild der Forschung ab. Die zugänglichen Ergebnisse bleiben darüber hinaus diffus und sind wenig kontrolliert. Differenzierte Aussagen über den Gesundheitszustand in Abhängigkeit von der Schichtzugehörigkeit wurden in der DDR-Literatur aus Gründen der herrschenden Ideologie einer Gesellschaft, die die Klassengegensätze überwunden hat, nicht berichtet. Insoweit muß auch dieser mögliche Schlüssel zur Erklärung der Lebenserwartung ungenutzt bleiben.

Ein hohes Ziel der DDR-Gesellschaft war die Integration der Menschen in die Arbeitswelt (das Recht auf Arbeit war in die Verfassung aufgenommen). Die auffallend niedrigen Invalidisierungsquoten waren in hohem Maße sozial geprägt. Zur Verdeutlichung der Unterschiede zwischen DDR und BRD können

Angaben aus dem Bericht zur Lage der Nation (1987) herangezogen werden. Dort heißt es:

»Gemessen am Bestand der Altersrenten (einschl. der Invaliditätsrenten nach Überschreitung der Grenze für Altersrenten) betrug die Quote der Invalidenrenten von Personen im erwerbsfähigen Alter 1984 nur 11 v.H. (in der DDR, Anm. d. Verf.). In der Bundesrepublik sind 27 v.H. der Bestandsrenten der Angestellten- und Arbeiterrentenversicherung Erwerbs- und Berufsunfähigkeitsrenten« (Bericht zur Lage der Nation, 1987, S. 528).

Leistungsgeminderte Arbeitnehmer wurden in der DDR auf Schonarbeitsplätze gesetzt oder über lange Phasen krank geschrieben, um den Ausschluß aus dem Arbeitsprozeß via Invalidisierung zu vermeiden. Zudem wurden häufig prophylaktische Kuren und Genesungskuren verschrieben. Trotz dieser Informationen bleibt aufklärungsbedürftig, warum zwischen Mitte der 60er und Mitte der 70er Jahre die Invalidisierungsquoten der Frauen über jener der Männer lagen und nach einer Phase des Gleichklangs der Entwicklung ein relativer Anstieg der Invalidisierungshäufigkeit bei Männern ab Mitte der 80er Jahre zu beobachten war (vgl. Schwitzer & Schmidt, 1989, S. 20 f.).

Empirische Befunde in DDR-Studien belegen die subjektiv positivere Einschätzung des eigenen Gesundheitszustandes durch Frauen im Vergleich zu Männern (so z. B. Köbel & Mikulas, 1990, bezogen auf die 65jährige und ältere Normalbevölkerung von Halberstadt; Schwitzer & Schmidt, 1989, S. 22, generalisierend ohne Quellennachweis), obwohl objektive Daten wie Häufigkeit der Bettlägrigkeit oder des Arztbesuches keine Hinweise auf signifikante Unterschiede vermitteln. In der DDR-Literatur findet sich folgende Interpretation,

»die Doppelbelastung der Frau durch Haushalt und Beruf (wirke, Anm. d. Verf.) sich nicht negativ auf ihren Gesundheitszustand und das subjektive Gesundheitsbefinden im Alter (aus, Anm. d. Verf.)« (Schwitzer & Schmidt, 1989, S. 22).

Der Befund selbst steht im Widerspruch zu internationalen Forschungsergebnissen, denen zufolge Männer stärker als Frauen zu einer subjektiv positiven Einschätzung ihres Gesundheitszustandes neigen (Lehr, 1987, S. 155). Ob die Schlußfolgerung haltbar ist, muß mangels weitergehender Forschungsergebnisse dahingestellt bleiben. Denn es gibt wenig Grund anzunehmen, die Situation der Frauen in der DDR sei so entscheidend positiv gewesen, daß dies eine herausgehoben gute subjektive Gesundheitsbeurteilung begründen könnte.

Wenden wir uns den Befunden zur Pflegebedürftigkeit im Alter zu, so kann man zum Beispiel die im Kreis Parchim, DDR, durchgeführte Untersuchung aller 70jährigen und älteren Bürger (Stichtag 31.12.1987) heranziehen. Wie aufgrund internationaler Forschungsbefunde zu erwarten, gibt es bei den pflegebedürftigen Frauen eine höhere Institutionalisierungsrate als bei den Männern, die häufiger verheiratet sind und in der Familie versorgt werden. Auch finden sich die Verheirateten im Vergleich zu den Ledigen in Heimen deutlich unterrepräsentiert. Abweichend von internationalen Befunden hingegen ist die Feststellung, Männer der Altersgruppe 70 Jahre und älter seien zu 24 Prozent und Frauen zu 19 Prozent leicht, mittelgradig, schwer oder schwerst pflegebedürftig (Schmidt & Witte, 1989).

Pflegebedürftigkeit ist ein Risiko des höheren Alters, bei dessen Feststellung verschiedene Ursachen und Wirkungen vermischt werden. So werden zum Beispiel körperliche und geistige Behinderungen bis hin zu Kenntnissen der Haushaltsführung undifferenziert in ihrer Auswirkung auf die Selbstversorgungsfähigkeit bewertet. Da Frauen auch in der DDR eine höhere Lebenserwartung hatten, muß bei ihnen eine höhere Prävalenz von Pflegebedürftigkeit vermutet werden, oder aber die kalendarische Grenze zwischen niedrigerem und höherem Risiko wäre bei den DDR-Männern deutlich abgesenkt. Hierfür jedoch gibt es keinen Hinweis, und ein Grund ist schwerlich auszumachen.

Diese nicht hinsichtlich ihrer Abweichung vom internationalen Forschungsstand, sondern mit Blick auf Aussagen zum Gesundheitszustand im Alter zusammengetragenen Ergebnisse der DDR-Forschung führen uns zu der Schlußfolgerung: Derzeit verspricht auch eine intensivere vergleichende Analyse des Forschungsstandes wenig Aufschluß für ein Zukunftsszenario der Alternssituationen in einem vereinten Deutschland. Vielmehr ist allgemein eine kritische und systematische Sichtung des DDR-Forschungsstandes angezeigt, in die im übrigen die Vielzahl von niemals publizierten Forschungsergebnissen einzugehen hätte.

4. Vergleich der Wohnbedingungen und des Familienstandes im Alter

In der veröffentlichten Literatur der DDR finden sich nur spärliche Informationen zu den Lebenssituationen im Alter; dies trifft sowohl für die amtliche Statistik als auch für die Forschungsberichte zu. An dieser desolaten Situation ändert auch der Altenreport '90 (1990) nur wenig, denn er bewegt sich auf einer rein deskriptiven Ebene und hat gleichfalls mit einer bescheidenen Informationsbasis auszukommen.

Betrachtet man den Familienstand alter Menschen (vgl. Tab. 2) in der BRD und in der DDR von 1986, so zeigen sich vergleichbare Größenordnungen des Anteils verheirateter Männer und Frauen auf der einen und alleinstehender auf der anderen Seite. Bei beiden Geschlechtern sind die Anteile der Ledigen und der Verheirateten in der BRD nach oben verschoben. Unterhalb der Anteilssätze der DDR lagen in der BRD jene der verwitweten Männer und Frauen und der geschiedenen Frauen. Im Alter traf die im allgemeinen Ländervergleich auffallende höhere Heiratsneigung der DDR-Bevölkerung nicht mehr zu. Höhere Anteile unter ihren Älteren blieben nach der Verwitwung oder Scheidung gemäß dem Kriterium des ausgewiesenen Familienstandes alleine.

Der Zuwachs an Privathaushalten im vereinten Deutschland (BRD: 26,2 Mio. 1987; DDR: 7,0 Mio. 1988) entspricht mit 27 Prozent exakt dem Zuwachs der Bevölkerung. In beiden Teilen Deutschlands betrug 1987/88 die durchschnittliche Haushaltsgröße also 2,4 Personen. Haushalt ist nicht gleich Woh-

Tabelle 2: Familienstand alter Menschen 1986 im Vergleich (in Prozent der Männer und Frauen der Altersgruppe 65 + Jahre; nach Staatliche Zentralverwaltung für Statistik, 1989, S. 608; Statistisches Bundesamt, 1988, S. 64).

Familienstand	BRD		DDR	
	Männer	Frauen	Männer	Frauen
ledig	3,8	9,1	1,6	6,6
verheiratet	75,7	29,2	74,2	26,7
verwitwet	18,4	58,0	22,1	60,2
geschieden	2,1	3,8	2,0	6,5

nung, und so können in den neuen Bundesländern Wohnungen zu geringfügig höheren Anteilssätzen durch mehrere Haushalte belegt sein. In den beiden Ländern gab es Reduzierungen der Personenzahl in Mehrpersonenhaushalten und, hiermit einhergehend, das Anwachsen der Einpersonenhaushalte. In der DDR wie in der BRD lebten in verstärktem Maße Frauen im höheren Lebensalter alleine in ihren Wohnungen. Das Zusammenleben mit einem Kind oder mit Angehörigen der nachfolgenden Generation war hier wie dort bei der Alterspopulation die große Ausnahme (Institut für Soziologie und Sozialpolitik, 1989, S. 64 ff.).

In der BRD hat sich die Qualität der von alten Menschen bewohnten Wohnungen in den letzten 30 Jahren zunehmend dem allgemeinen Wohnstandard angeglichen. Dennoch wohnt eine hohe, nicht exakt bezifferbare Anzahl alter Menschen in Substandardwohnungen, die wegen der größeren Schwierigkeiten der Bewirtschaftung vor allem die Selbständigkeit ihrer Inhaber gefährden beziehungsweise ihre Abhängigkeit von fremder Hilfe erhöhen. Für die neuen Bundesländer ist mit Sicherheit davon auszugehen, daß der Anteil von Substandardwohnungen alter Menschen erheblich höher liegt und ein ganz zentrales, sozial gefährdendes Moment darstellt.

Die negative Qualifizierung der Wohnungen wird nach folgenden Kriterien vorgenommen: Fehlen von Zentralheizung, von fließend warmem und kaltem Wasser in der Wohnung, von WC und Bad/Dusche in der Wohnung sowie Fehlen eines Aufzugs bei mehrgeschossiger Bauweise. Hinzu kommen in den neuen Bundesländern fehlende Kommunikationsmöglichkeiten mit Hilfe von Telefon und PKW in der älteren Generation und nach wie vor bestehende erhebliche Mängel in der Infrastruktur, also zum Beispiel der Versorgung mit Gütern des täglichen Bedarfs (Nähe von Geschäften etc.). Ein Hinweis auf die Schwere des Problems sind die ermittelte Umzugsbereitschaft alter Menschen in der DDR sowie der hohe Anteil der in den letzten Jahren umgezogenen alten Menschen (Altenreport '90, 1990, S. 271).

Für die Lebenssituation alter Menschen nach der Umorientierung des Gesellschaftssystems der DDR mag es erschwerend sein, daß entwickelte, vielleicht auch oktroyierte gesellschaftliche Stützungs- und Hilfesysteme fortfallen. Zu denken ist an die bisherige gesellschaftliche Betreuung durch die Betriebe oder an das Wirken der Nationalen Front in den Wohngebieten, neben den tradierten Formen der Nachbarschaftshilfe. Einbrüche dieser formellen und informellen Hilfesysteme seit der Vereinigung werden berichtet.

Auffallend ist die ermittelte Bereitschaft alter Menschen in der DDR, in ein Feierabend- oder Pflegeheim zu ziehen (4 − 7% sind hierzu ohne Vorbehalt bereit; vgl. Altenreport '90, 1990, S. 271). Dies hängt wohl zum einen mit den Wohnbedingungen im Normalwohnungsbau zusammen, zum anderen mit den finanziellen Rahmenbedingungen des Wohnens im Heim, zu denen die Sozialhilfeabhängigkeit bis zur vollen Übernahme des BRD-Sozialrechts in den neuen Bundesländern, ab 1991, nicht zählte.

Deutlich wird die höhere Institutionalisierungsrate alter Menschen in den Heimen der DDR (vgl. Tab. 3). Die Rate teilt sich auf in eine höhere Institutionalisierung der als pflegebedürftig klassifizierten Bevölkerung und in eine höhere Institutionalisierung derjenigen, die in Heimen eine Wohnunterbringung suchen. Das letztere erlaubt unter Umständen einen Rückschluß auf die kritikwürdigen Wohnbedingungen vieler Menschen in den neuen Bundesländern.

5. Materielle Lebensbedingungen alter Menschen im Vergleich

1990 lagen die absoluten Einkommenswerte und das durch Erwerbs- oder Alterseinkommen plus öffentliche Subventionen gesicherte Lebenshaltungsni-

Tabelle 3: Sonderwohnformen für alte Menschen 1988 im Vergleich (absolut und in Prozent; nach Bundesministerium für Jugend, Familie, Frauen und Gesundheit, 1988; Institut für medizinische Statistik und Datenverarbeitung, 1988).

Sonderwohnformen	BRD		DDR	
	absolut	Prozent	absolut	Prozent
Alten- und Pflegeheime/ Feierabend- und Pflegeheime				
− Zahl der Heime	5.955		1.367	
− Zahl der Plätze	423.251		140.020	
− Plätze für 65 + Jahre		4,5		6,1
− Belegung der Plätze mit Pflegebedürftigen		70,0*		73,0*
Altenwohnheime/Wohnheime für ältere Bürger				
− Zahl der Heime	1.000*		588	
− Zahl der Plätze	84.247*		41.767	
− Plätze für 65 + Jahre		0,9		1,8

* Schätzwerte oder Annäherungswerte

veau in der DDR deutlich unter den in der BRD erreichten Werten. Zumindest in der ersten Phase der deutschen Vereinigung waren von Teilen der Bevölkerung der DDR — darunter den Rentnern — Realeinkommensverluste hinzunehmen. Bei niedrigen Einkommen kompensieren sinkende Preise für Industriewaren und Dienstleistungen nicht die sich verteuernden Kosten des alltäglichen Lebens (Nahrungsmittel, Wohnkosten, Transportkosten etc.). Langfristig wird es zu Angleichungen des Lebensniveaus kommen, allerdings mit vorhersehbaren Differenzierungen und sozialen Verwerfungen.

Mitte des Jahres 1990 ergaben sich im Zuge der Einführung der Währungs-, Wirtschafts- und Sozialunion in der DDR folgende Veränderungen (Staatsvertrag, 1990):

- Sparguthaben der über 59jährigen wurden bis zu DM 6.000 in einem Verhältnis von 1:1 umgetauscht, alle darüber hinausgehenden Summen in einem Verhältnis von 2:1. Da angesichts der niedrigen Renten in der DDR gezielt für das Alter gespart wurde, hat dieser Umstellungskurs die »kleinen Vermögen« der Rentner erheblich zusammenschrumpfen lassen, und das, obwohl sie besser gestellt wurden als alle anderen Altersgruppen.

- Die DDR kannte ein komplexes System von Mindestrenten, beitragsabhängigen, nach oben deutlich begrenzten Altersrenten, von freiwilligen Zusatzversicherungen sowie Sonderregelungen für bestimmte Berufsgruppen auf deutlich höherem Sicherungsniveau (Polster, 1990). Ab 1. Juli 1990 erfolgte die Umstellung auf ein vorübergehend vereinfachtes Rentenversicherungssystem der Bundesrepublik Deutschland. Sondersicherungssysteme und Zusatzrentensysteme wurden ab diesem Zeitpunkt nicht weitergeführt.

- Für das neue Rentensystem in den neuen Bundesländern gibt es zwei Bestimmungsebenen: Erstens ist für die Dauer von weiteren fünf Jahren, im Sinne des Vertrauensschutzes für die »rentennahen Jahrgänge« wie für die derzeitigen Rentner, ausnahmsweise in Fortführung des DDR-Rentensystems eine Mindestrente zugelassen, die sich aus dem selbst erwirtschafteten Rentenbetrag plus einem Sozialzuschlag zusammensetzt und Ende 1990 eine Höhe von DM 495 pro Monat erreichte (in Ablösung der Mindestrente der DDR von vormals M 330 pro Monat). Die Mindestrente wurde nicht dynamisch konzipiert. Ihre Ablösung durch beitragsabhängige Rentenrechte plus Sozialhilferechte ist vorgesehen. Der Zeitpunkt ist jedoch Mitte 1991 noch unbestimmt.

- Die zweite Bestimmungsebene des Renteneinkommens geht von einem Modellrentner mit 45 Versicherungs- oder Arbeitsjahren aus, dessen Verdienst sich aus dem jeweiligen durchschnittlichen Nettoeinkommen in der DDR seit 1945 errechnet. Sein Nettorentenniveau wird auf 70 Prozent des aktuellen durchschnittlichen Nettoverdienstes in den neuen Bundesländern festgelegt und betrug Ende 1990 absolut DM 672 pro Monat. Für höhere oder geringere Verdienstrelationen, für mehr oder weniger Versicherungsjahre werden Zuschläge oder Abschläge errechnet.

Die für das Alter relevanten Ausgangswerte für den Vereinigungsprozeß von zwei Wirtschafts- und Sozialordnungen sind unter anderem die Unterschiede in den Erwerbsquoten und im Einkommensgefüge (vgl. Tab. 4). Alte Frauen waren in der DDR in deutlich geringerem Maße als in der BRD auf Witwenrenten angewiesen, da sie in den Jahrgängen der »jungen« Alten weit überwiegend über ein Alterseinkommen aus eigenem Rentenrecht verfügten (vgl. die hohe Frauenerwerbsquote). Allerdings hatte das DDR-Rentensystem die Kumulation von eigener Rente und Witwen- oder Witwerrente stark eingeschränkt. Besonders bedeutsam war der Verzicht auf eine Dynamisierungsautomatik, was dazu führte, daß das Nettorentenniveau nur bei etwa 50 Prozent des Erwerbseinkommensniveaus lag.

Tabelle 4: Erwerbsquoten und Einkommensrelationen 1987/1988 im Vergleich (absolut und in Prozent; nach Achenbach, 1990; Schwarze, Gornig & Steinhöfel, 1990; Staatliche Zentralverwaltung für Statistik, 1989, S. 356; Statistisches Bundesamt, 1989, S. 55, 98).

	BRD		DDR	
	absolut	Prozent	absolut	Prozent
Erwerbsquote insgesamt		65,7		82,0
Erwerbsquote männliche Bevölkerung		79,9		81,0
Erwerbsquote weibliche Bevölkerung		51,4		83,2
Nettoerwerbseinkommen/Monat je Haushalt 1988	2.926		1.695	
Nettoerwerbseinkommen abhängig Beschäftigter/Monat				
– Männer Vollzeit 1988	2.575		1.009	
– Frauen Vollzeit 1988	1.745		762	
Rentenniveau des Modellrentners nach 45 Versicherungsjahren abzüglich Krankenversicherungsbeiträge/Monat	1.615		480	
Nettorentenniveau (gerundete Werte)		70,0		50,0

Das Nettoeinkommen der Haushalte erreichte 58 Prozent des Niveaus der Bundesrepublik Deutschland (da es viele Haushalte mit zwei Verdienern gibt), das Nettoerwerbseinkommen angestellter, vollzeitbeschäftigter Männer betrug 39 Prozent und das der Frauen 44 Prozent des bundesrepublikanischen Niveaus, während die Modellrentner nach dem Einigungsvertrag nur 30 Prozent erhalten. Die DDR-Frauen erzielten ein Erwerbseinkommen, das näher an den Erwerbseinkommen der DDR-Männer lag, (im Gegensatz zu den Relationen im Erwerbseinkommen zwischen Männern und Frauen in der BRD), und dennoch waren sie in ihrer Einkommenserzielung im Alter relativ benachteiligt. Bei den Renteneinkommen schlagen die fehlende Dynamisierung und die mangelnde Bedeutung der Alterspopulation im politischen Kontext deutlich zu Buche.

Die nach der Währungs-, Wirtschafts- und Sozialunion verstärkt einsetzenden Anpassungsprozesse in den neuen Bundesländern, das Verschwinden eines bislang aufgebauten und erhaltenen Schutzraumes für Produktion, Dienstleistungsbereich und Beschäftigung generell, führen sehr wahrscheinlich zu deutlichen Verwerfungen mit spürbaren Einbrüchen in das tradierte Einkommensgefüge. Die bisher nicht gekannte Arbeitslosigkeit trifft überdurchschnittlich häufig Frauen. Sie führt zu einer deutlichen Absenkung des Haushaltseinkommens bisheriger Mehrfachverdiener, und sie erzwingt die Abkehr von der bislang üblichen Rentner-Erwerbstätigkeit. Von 1972 bis 1988 verzeichnete die DDR-Statistik ohnehin einen stetigen Rückgang dieser Erwerbsquoten (von 23% in 1972 auf 10% in 1988; Schwitzer & Schmidt, 1989, S. 17), der durch verbesserte Alterseinkommen aus Rentenzahlungen erklärt wird. Immerhin: Die verbleibenden zehn Prozent werden als Folge herrschender Entlassungstendenzen auf ihr Zusatzeinkommen verzichten müssen. Hinzu kamen noch Veränderungen durch die Anfang 1990 erstmalig eingeführte Vorruhestandsregelung, die eine Beendigung des Arbeitsverhältnisses fünf Jahre vor Erreichen des Rentenalters (das bei Frauen auf 60 Jahre fixiert war und bei Männern auf 65 Jahre) erlaubte und die ab 1991 ein Alter von 57 Jahren vorgibt. Ob die parallel hierzu eingeführte Möglichkeit der Bezuschussung der Lohnkosten von älteren Arbeitnehmern (zu 50% des Tariflohnes ab einem Alter von 55 Jahren) überhaupt noch im Sinne einer Beschäftigungspolitik greifen kann, bleibt offen.

Soweit wurden Bedingungsveränderungen skizziert, die die zukünftigen Alten und die jüngeren Rentnergruppen betreffen. Nicht weniger stark greifen Veränderungen der materiellen Lebensumstände bei den Höheraltrigen, die in Heimen leben. Das staatliche Subventionierungssystem führte bis zum 1. Juli 1990 zu Pflegesätzen, die in den staatlichen Heimen einheitlich auf M 105 pro Monat im Feierabend-(d. h. Altenheim-)Bereich und M 120 pro Monat im Pflegeheimbereich festgesetzt waren. Bei einer Mindestrente von DM 330 pro Monat verblieb ein beachtlicher Restbetrag zur freien Verfügung des Heimbewohners. Ab 1. Juli 1990 wurden die Sätze auf DM 300 pro Monat beziehungsweise DM 335 pro Monat bei einer Mindestrente von DM 495 heraufgesetzt. Im Laufe des Jahres 1991 sollen »normale«, sprich kostendeckende Pflegesätze eingeführt werden, die voraussehbar in einer Höhe liegen werden, die die Alterseinkommen in den neuen Bundesländern durchgängig übersteigen. Eine Population von bisher null Sozialhilfeempfängern wird sich in eine Population von nahezu 100 Prozent Sozialhilfeempfängern verwandeln, inklusive der drohenden Heranziehung der Kinder zur Finanzierung des Unterhaltes und der begleitenden »Abschmelzung« des Restvermögens.

Unzweifelhaft profitieren die ältesten Rentner von der Umstellung des Rentensystems, denn sie verfügen weder über dynamische Renten, noch konnten sie in den Genuß der erst 1971 eingeführten freiwilligen Zusatzversicherung für Arbeitsentgelte oberhalb von M 600 pro Monat kommen. Andererseits ist dies voraussehbar nur eine vorübergehende Verbesserung, da die steigenden Lebenshaltungskosten über die als Übergangslösung geltende Mindestrente sehr bald hinweggehen werden und somit die Sozialhilfe ein sehr zentrales Sicherungssystem für das Alter werden wird. Ende 1990 erhielten etwa 600.000 Altersrentner der ehemaligen DDR lediglich die Mindestrente. Der Anteil von etwa 20 Prozent der Rentner, die von dem Risiko der Sozialhilfeabhängigkeit bedroht sind, kann sich in absehbarer Zeit (wenn die Kosten des täglichen Lebens inklusive Mieten, Strom, Heizung und wichtigen Dienstleistungen weiter steigen) drastisch erhöhen. Zum Vergleich: In der Bundesrepublik Deutschland gab es 1988 140.900 65jährige und ältere Empfänger von laufender Hilfe zum Lebensunterhalt außerhalb von Institutionen (oder knapp 2% der Alterspopulation). Hinzu kommen annäherungsweise die drei Prozent über 65jähriger Sozialhilfeempfänger in Heimen. Die Risikogruppen im vereinten Deutschland entsprechen jenen der BRD vor 1990. Im Hinblick auf materielle Armut, die sich unter anderem im Empfang von Sozialhilfe ausdrückt, sind die Hochaltrigen und unter ihnen wiederum die Frauen besonders gefährdet.

6. Formelle und informelle Hilfe- und Versorgungssysteme

Vergleiche der Hilfe- und Versorgungssysteme von BRD und DDR sind dadurch stark erschwert, daß es gerade auf diesem Gebiet darauf ankommt, erstens rein quantitative Versorgungskennziffern, zweitens Hilfe- und Versorgungskonzepte und drittens Leistungsqualitäten auseinanderzuhalten. Diese Differenzierung kann nachfolgend nur angedeutet werden.

Orientiert man sich an der »Papierform« der registrierten Hilfe-, Behandlungs- und Versorgungsangebote des formellen und professionellen Systems, so war zwischen BRD und DDR keineswegs ein deutliches Gefälle in der rein quantitativen Versorgung feststellbar – etwa bezogen auf Arztzahlen, vorhandene ambulante Pflegedienste, angebotene hauswirtschaftliche Dienste (vgl. Tab. 5). Der Dienstezugang in der DDR war allerdings nach grundlegend anderen Auswahlkriterien geregelt, als dies in der BRD der Fall ist. In der DDR steuerte der Staat den Gesamtumfang der verfügbaren Dienste. Er verzichtete weitgehend auf die Kontrolle der einzelnen Anspruchsberechtigung. In der BRD hingegen erfolgt die Rationierung der Dienste mit dem Ziel einer Kostenkontrolle hinsichtlich der auf Gesamtversorgung primär über die Einzelberechtigung zum Leistungsbezug. Mit diesem unterschiedlichen Systemzuschnitt sind deutlich abweichende Dienstekonzepte verbunden.

Soweit materielle Leistungsqualitäten betroffen sind, ist nach weitverbreiteter Einschätzung von einem deutlich niedrigeren Standard der DDR-Dienste im Vergleich zum Westen auszugehen. Immaterielle Leistungsqualitäten, die etwa mit dem Ausbildungsstand des Personals oder seinem Berufsengagement zusammenhängen, scheinen – folgt man der anlaufenden Fachdiskussion – hingegen sehr viel eher einem Vergleich standzuhalten.

Nachfolgend wird auf einzelne Dienste im Versorgungssystem der ehemaligen DDR eingegangen, die DDR-spezifischen Konzepten folgend das dortige Hilfe-

Tabelle 5: Vergleich der Hilfs- und Versorgungsangebote 1987/88 (absolut und in Prozent; nach Altenreport '90, 1990, S. 277; Baum, Koch-Malunat & Seeger, 1989, S. 22; BPI, 1989, S. 45; Schmidt, Kalbe & Kohnert, 1990, S. 70; Staatliche Zentralverwaltung für Statistik, 1989, S. 339–343; Statistisches Bundesamt, 1989, S. 392 ff.).

	BRD		DDR	
	absolut	Prozent	absolut	Prozent
Krankenhausbetten je 10.000 Bevölkerung insgesamt	110		100	
Anteil der Betten für chronisch Kranke und Geriatrie oder für chronisch Kranke		2,2		1,9
Heimplätze (Alten- bzw. Feierabend- und Pflegeheime) bezogen auf Bevölkerung 65 + Jahre		4,5		6,1
Ärzte je 10.000 Einwohner insgesamt	28		25	
Zahnärzte je 10.000 Einwohner insgesamt	6		8	
Ärzte in freier Praxis oder für ambulante Betreuung je 10.000 Einwohner insgesamt	11,5		12,5	
Betriebsschwesternsanitätsstellen, Gemeindeschwesternstationen, konfessionelle Gemeindepflegestationen DDR und sonstige sozialpflegerische Dienste BRD	5.380		6.974	
1 Gemeindeschwester pro Bevölkerung insgesamt (Annäherungswert)	2.500		2.500	
Anteil Empfänger von Krankenpflege zu Hause bezogen auf Bevölkerung 65 + Jahre		3,0		?
Anteil Empfänger von hauswirtschaftlichen Diensten an Bevölkerung 65 + Jahre		1 – 3*		3,2
Anteil Empfänger von Essen auf Rädern zu Hause bezogen auf Bevölkerung 65 + Jahre		2,0*		2,6

* Maximaleinschätzung

und Versorgungssystem für alte Menschen besonders prägten. Deutlich und bedeutsam war die Bereitstellung von sogenannter Hauswirtschaftspflege für alte Menschen durch die Volkssolidarität, die faktisch ohne gesonderte Kostenberechnung bis Ende 1990 geleistet wurde. Es handelt sich um einen hauswirtschaftlichen Dienst mit Anteilen der Grundpflege, den das Sicherungssystem der BRD bisher nicht vorsieht, der aber in sehr engen Grenzen seit Anfang 1991 als »häusliche Pflegehilfe« entsprechend den Bestimmungen des Gesundheits-Reformgesetzes 1988 eingesetzt hat. In der DDR war dies der (unter Umständen neben der Gemeindekrankenpflege, für die Bedarfsdeckungsquoten nicht verfügbar sind) verbreitetste Dienst für alte Menschen, durchaus parallel zu den in den skandinavischen Ländern gültigen Hilfekonzepten. Es war ein Dienst, der bei den genannten problematischen Wohnungsstandards und der mangelnden Infrastruktur eine hohe Bedeutung erlangte.

Fließende Übergänge zur informellen Versorgung waren insoweit gegeben, als es faktisch üblich war, helfende und pflegende Angehörige durch die Volkssolidarität anzustellen und mit der Versorgung weiterer Personen zu betrauen, wenn im Einzelfall auf diesem Wege die notwendige Versorgung sichergestellt werden konnte (zur Vielfalt der Vorkehrungen vgl. Kohnert, 1990, S. 21 f.). Für diese Variationen läßt das bundesrepublikanische Sicherungssystem bisher keinen Raum.

Pflegeheime und Krankenhäuser haben sich in der DDR, offiziellen Aufgabenzuweisungen folgend, an der Unterbringung, Versorgung und Behandlung chronisch kranker alter Menschen — darunter auch die als pflegebedürftig Klassifizierten — beteiligt. Die Höhe der durch die Patienten/Heimbewohner zu tragenden Kosten war unabhängig vom Aufenthaltsort auf niedrigem Niveau festgelegt. Bedingt durch diese Aufgabenteilung, war zum Beispiel seit 1978 die medizinische Betreuung alter Menschen in den Heimen durch die Installierung von Heimärzten in den großen Heimen und die Beauftragung von Ärzten der Polikliniken beziehungsweise Ambulatorien mit der ärztlichen Behandlung der Bewohner von kleineren Heimen geregelt. Planmäßige Visiten waren vorgeschrieben. Der Heimarzt wirkte bei der Heimaufnahmeentscheidung mit, er war für die Dokumentation der ergriffenen medizinischen und sozialen Maßnahmen verantwortlich, er entschied über Verlegungen in andere stationäre Gesundheitseinrichtungen. Mit der ärztlichen Präsenz hängt es zusammen, daß es — wenigstens konzeptionell — eine Ausrichtung der Pflegeheime auch auf Rehabilitation gab. Das bundesrepublikanische Gesundheits-Reformgesetz von 1988 sieht Prävention der Pflegebedürftigkeit und Rehabilitation bei Pflegebedürftigkeit vor, doch sind die Vorbedingungen für entsprechende Maßnahmen auf diesem Sektor bisher nicht eingelöst.

Wird insoweit wenigstens eine gemeinsame Entwicklungsrichtung angedacht, so stehen sich die Vorstellungen über angemessene Formen ambulanter ärztlicher Versorgung — hier das kassenärztliche Versorgungssystem, dort Ambulatorien und Polikliniken — eher unversöhnlich gegenüber. Verbraucherberichte verweisen auf die Vorzüge einer Angebotskonzentration von Ärzten verschiedener Fachrichtung und von pflegerischem Personal in der ambulanten gesundheitlichen Betreuung der ehemaligen DDR. Leistungen der Gemeindeschwestern erscheinen weniger segmentiert und durchrationalisiert, als dies bei der häuslichen Krankenpflege der Bundesrepublik Deutschland der Fall ist. Die Bundesrepublik Deutschland hingegen verweist auf das hohe individuelle Engagement des niedergelassenen Arztes und auf die in ihr entwickelte Hochleistungsmedizin. Sie setzt auf die schnelle Einführung der Sozialstationen und die

Sicherung häuslicher Pflege inklusive Grundpflege und Haushaltshilfe für Schwerpflegebedürftige durch diese Organisationen.

Zeitgleich mit beachtlichen Konzeptions- und Qualitätsunterschieden im formellen Versorgungssystem sind erhebliche Parallelitäten in den informellen Hilfesystemen feststellbar. In beiden Teilen Deutschlands ist das informelle Hilfesystem tragfähig, und die Familien sind durch harte Pflegeleistungen belastbar (vgl. Tab. 6). Immer sind es vorwiegend die Ehepartner und die Kinder, die den Hauptteil der Pflegeleistungen erbringen, auch durch Verzicht auf Urlaub und durch Einschränkung der Berufstätigkeit. Hohe Anteile der Pflegenden sind selbst alt, krank oder behindert. Bei allen Einschränkungen, die im Zusammenhang mit einem strikten Zahlenvergleich zu machen sind, zeichnet sich doch ein relativ homogenes Bild in der BRD und den neuen Bundesländern ab.

Tabelle 6: Vergleich des Hilfesystems für Pflegebedürftige alte Menschen 1978 in der BRD, 1987 in der DDR (in Prozent; nach Schmidt & Witte, 1989; Socialdata, 1980, S. 61, in Verbindung mit Socialdata, 1987, S. 19; Witte, Schmidt & Gulbin, 1990, S. 8).

	BRD-Bevölkerung 65+ Jahre	DDR-Bevölkerung 70+ Jahre
Anteil Pflegebedürftiger an zu Hause lebender Alterspopulation	18	17
Anteil Pflege durch familiale Haupthelfer	85	88
Anteil Pflege durch professionelle Haupthelfer	15	8
Anteil Pflege durch Nachbarn und Freunde als Haupthelfer	–	4

Die Parallelitäten lassen sich weiterführen im Vergleich der relativen Versorgungslast des informellen Hilfesystems (etwa 80%) zu dem durch die Heime übernommenen Versorgungsanteil (etwa 20%) der pflegebedürftigen Alterspopulation. In beiden Ländern lassen sich bisher keine Versorgungsanteile der Krankenhäuser ermitteln, obwohl diese unbestreitbar mitbelastet sind. Zur Abrundung des skizzierten Vergleichs muß auf Pflegepersonalprobleme in beiden Teilen Deutschlands verwiesen werden, wobei es zu beachten gilt, daß die neuen Bundesländer über die deutlich schlechteren Pflegepersonalschlüssel verfügen.

7. Bewertung von Fakten – Gewichtung von Konzepten

Die Beurteilung der Alterssituationen in den neuen im Vergleich zu den alten Bundesländern wird durch das bisherige Fehlen einer kritischen Sozialwissenschaft und umfangreicher Datensammlungen mit öffentlichem Zugang im Gebiet der neuen Bundesländer erschwert. Stärker als im Westen sind daher widersprüchliche Zustandsanalysen abrufbar, und diese bleiben zwangsläufig ungeprüft, so daß eine synthetische Verarbeitung entfällt. So erfahren wir vom

Zusammenhalt der Familien in der früheren DDR und von ihren Leistungen für alte Angehörige, von einer Kultur der Wärme und der gegenseitigen Hilfe, und wir erhalten gleichzeitig Erlebnisberichte über eine weitverbreitete Isolierung alter Menschen und über deren soziale Folgen, die bis hin zu Selbstmordhandlungen reichen. Die im Westen mögliche wissenschaftliche Erkenntnisprüfung galt nicht für eine in Schubladen und Regale verbannte DDR-Sozialwissenschaft, wobei ihre mangelnde Breite und Tiefe zusätzliche Barrieren aufbaut. Interpretationen der Vergangenheit, ohnehin auf Faktenprüfung nicht unbedingt angewiesen, werden beliebiger, als dies in einem durch ausgebaute Sozialforschung gesteckten Rahmen der Fall wäre. So muß man wohl zugestehen, bedenkt man die Zukunft des Alters im vereinten Deutschland, daß im Zuge des gesellschaftlichen Wandels auch Rekonstruktionen der DDR-Vergangenheit möglich werden, die der 1990 vorherrschenden negativen Bewertung nicht folgen, ja die einen »Mythos DDR« aufbauen.

Der Westen setzt in einem Vergleich von BRD und DDR leicht und fast selbstverständlich sich selbst für die Beurteilung von Lebenssituationen und Entfaltungschancen im Osten zum Maßstab. Geht es um das politische System, um Bürgerrechte und Freizügigkeit, um Chancen der Entfaltung und der Schaffung individuellen Wohlstandes, so ist die klare Überlegenheit westlicher Demokratien gegenüber den staatssozialistischen Ländern des Ostblocks kaum in Frage zu stellen. Durchaus zutreffend, wenn auch plakativ, spricht Habermas (1990), bezogen auf die Vorgänge in der DDR 1989, von einer »nachholenden Revolution«, die ausgerichtet war auf das Erreichen des Zustandes, den eine »politisch glücklichere und ökonomisch erfolgreichere Entwicklung« im Westen ermöglichte, allerdings mit dem »eigentümlichen Zug« eines »fast vollständigen Mangel(s) an innovativen, zukunftsweisenden Ideen« (Habermas, 1990, S. 181).

Doch die schnelle und bruchlose Anpassung und Angleichung gelingt nicht. Man muß nicht auf Interpretationsmuster vom Mangel an Gefühlen der Annahme und Zuwendung seitens des Westens in der Bevölkerung der neuen Bundesländer zurückgreifen, um ambivalente Beurteilungen der »Westintegration« vorauszusagen. Ambivalenzen in der Bewertung von Fakten und der Gewichtung von Konzepten zeichnen sich deutlich ab. So gehen Anpassungen des Ostens an Einkommensstrukturen und Erwerbschancen des Westens für die Mehrheit der Erwerbsbevölkerung einher mit Verlusten, die sich in hohen Arbeitslosigkeitsquoten und hohen Anteilen alter Menschen mit Niedrigstrenten konkretisieren. Betriebe und Nachbarschaften ziehen sich − was für die jetzige Altengeneration vielleicht noch gravierender ist − aus der Pflicht zur Bereitstellung von Dienst- und Betreuungsleistungen zurück; ehemals in die Pflicht genommene gesellschaftliche Großorganisationen sind aufgelöst. Dies ist ein Gewinn an Freiheit und Selbstbestimmung auf der einen, eine Einbuße an Schutz und Sicherheit auf der anderen Seite.

Aufrufe zu ehrenamtlichen Leistungen, die westliche Staaten praktizieren, erreichen kaum den (unseres Erachtens unerwünschten) Effektivitätsgrad von

Zwangsmaßnahmen. Aber: Es fehlen dann auch die Dienstleistungen, die gegen Entgelt nicht bezogen werden können und die kein Versicherungs- oder Versorgungssystem finanziert. Die Abfederung durch die Gemeinschaft, die Klarheit und Übersichtlichkeit von Ansprüchen, die Möglichkeit des Rückgriffs auf übergeordnete Autoritäten, dies waren Elemente der Unbeweglichkeit und Intoleranz der DDR-Gesellschaft, aber sie schufen zugleich Sicherheit und Orientierung, die durchaus individuell vermißt werden können, wenn sie auch untrennbar mit ausufernden Systemen der Überwachung und Kontrolle verbunden waren. Nicht zuletzt setzte mit dem Vereinigungsprozeß eine höhere räumliche und soziale Mobilität der jüngeren Erwerbsbevölkerung ein, die die räumliche und soziale Distanz zu den Angehörigen der alten Generationen vergrößern kann.

Gerade die alten Menschen in den neuen Bundesländern und die auf sie gerichteten Sicherungsleistungen unterliegen im deutschen Vereinigungsprozeß schwierigen Maßstabsverschiebungen. Selbst wenn sich ihr Lebensstandard absolut verbessert, trifft sie doch zukünftig in höherem Maße eine Situation relativer Armut im Zuge eines sich entwickelnden größeren Wohlstandsgefälles. Denn auch oberhalb der Schwelle des Existenzminimums gibt es, beispielsweise im Verhältnis zu dem sichtbaren Wohlstand anderer, relative Deprivation (und somit Armut). Das neu eingeführte Risiko der Sozialhilfeabhängigkeit und der Regreßpflichtigkeit naher Familienangehöriger entwächst einer Leistungs- und Familienideologie, die bereits im Westen nicht ungeteilt akzeptiert wird und die im Osten in ihrer harten und diskriminierenden Konsequenz auf Unverständnis stößt. Die Sicherungsfunktionen von Krankenhäusern, Gemeindeschwestern und Hauswirtschaftspflegediensten bis hin zu Feierabend- und Pflegeheimen für alte Menschen werden sich verringern, die Einzelberechtigung des Leistungsbezuges wird kontrolliert werden, und dafür entstehen längerfristig und selektiv qualitativ bessere Dienste. »Pflegebedürftigkeit«, die in der DDR den Zugang zur Heimunterbringung ermöglichte, wird zukünftig zu einem Kriterium des Leistungsausschlusses beziehungsweise der Leistungseinschränkung an der Nahtstelle von Krankenversicherungs- und Sozialrecht. Heimärzte nach DDR-Muster wird es wohl nicht mehr geben, da das Prinzip der freien Arztwahl auch in den Heimen für alte Menschen gelten wird, trotz seiner offensichtlichen Mängel bei großen Pflegeeinrichtungen. Die Führung von Regionalkarteien von als betreuungsbedürftig eingestuften Menschen, die Sozialdienste, Pflegedienste und ärztliche Dienste im Idealfall zu beanspruchen hatten, wird im Hinblick auf den Datenschutz und den Schutz der Privatsphäre entfallen, aber entfallen wird auch der Betreuungsdienst.

C. Das Alter im politischen System und im Wertesystem des vereinten Deutschland nach 1990

Die skizzierten Grundbedingungen des Alterns und des Alters in Ost und West sind nur unter Berücksichtigung zentraler Wirkungsfaktoren des politischen

Systems, in das sie sich einordnen und das sie hervorgebracht hat, zu Zukunftsszenarien auszuformen. Dabei kann man sich des für Systemvergleiche entwickelten analytischen Instrumentariums bedienen. Da die neuen Bundesländer die politische und die rechtliche Ordnung der BRD übernommen haben, werden automatisch die strukturellen Dimensionen des bundesdeutschen Sicherungs- und Versorgungssystems für alte Menschen zur Geltung gelangen. Die in der BRD ausgebildeten Prozeduren sozialpolitischer Entscheidungsfindung werden auf das Gebiet der neuen Bundesländer übertragen. Als dritter systemprägender Faktor treten Traditionen und Wertorientierungen hinzu. Hier finden sich zum Teil Übereinstimmungen zwischen Ost und West, zum Teil gibt es ausgeprägte Divergenzen. Unsere These lautet: Es wird neue Politikentwürfe insbesondere in den Bereichen geben, in denen gesellschaftspolitisch gehaltvolle Wertorientierungen der Altenbevölkerung auf kongruente (nicht notwendigerweise identische) Interessen wichtiger Glieder des korporativen Sicherungssystems stoßen. Solche Veränderungsperspektiven sind ausgeprägt sektorenspezifisch innerhalb des Sozialen Sicherungssystems, und sie enthalten ein besonderes Element der Wirkungsdifferenzierung nach Altersgruppen (allg. s. Alber, 1982; Alber, Esping-Andersen & Rainwater, 1987; Holz, 1988; 1990; Illsley & Jamieson, 1990; Schaal, 1984).

1. Strukturelle Dimensionen des Sicherungs- und Versorgungssystems für alte Menschen

Die strukturellen Dimensionen des zukünftigen Politiksystems, die für alte Menschen Bedeutung haben werden, entstammen voll und ganz der bundesrepublikanischen Wirklichkeit von vor der Vereinigung. Aus der DDR wurden 5,5 von 16 Ländern eines Bundesstaates mit seiner gegliederten und auf den unteren Ebenen regionalisierten Regelungszuständigkeit. Das heißt konkret, die Kosten der engeren Altenhilfe, die auf der Grundlage des Bundessozialhilfegesetzes und der Gewährleistungspflicht der Kommunen geleistet wird, treffen das Land Berlin, die fünf neuen Bundesländer und deren Kommunen in voller Härte. Eingeschlossen sind die Kosten der materiellen Sicherung auf unterster Ebene, die Sicherung der verschiedenen Leistungen zum laufenden Lebensunterhalt und die Kosten der ambulanten sozialen und sozial-pflegerischen Dienste sowie der teilstationären und stationären sozialen Dienste.

Die neuen Bundesländer haben in vollem Maße das korporative Sicherungssystem der BRD übernommen und die bislang bestehende Einheitsversicherung aufgelöst. Besonders relevant sind die durch die Gewerkschaften und die Arbeitgeberverbände »selbstverwalteten« Rentenversicherungsträger, die von diesen Gruppen ebenfalls »selbstverwalteten« Gesetzlichen Krankenkassen sowie die weithin durch Gewerkschaftsvertreter »selbstverwalteten« Ersatzkassen. Somit haben die neuen Bundesländer in der Rentenversicherung auch die tradierte Unterscheidung zwischen Arbeitern und Angestellten übernommen, die allerdings keine materiellen Konsequenzen hat. Die unmittelbaren Auswirkungen im Gesundheitswesen sind um so gravierender. Denn mit der geltenden Gliederung der Krankenkassen sind deutliche Funktionsschwächen verbunden, so auch eine hierdurch bedingte schwache Verhandlungsposition im Verhältnis zu den Verbänden der Krankenhausträger und der Ärzte. Von Bedeutung für den Stellenwert der alten Bevölkerung innerhalb der Renten- und Krankenversicherung ist, daß sie über keine Repräsentanten in deren Selbstverwaltungsorganen verfügt (mit hier zu vernachlässigenden Ausnahmen bei den Ersatzkassen).

Bleiben als weitere zentrale Gruppierungen die mit Versorgungsaufgaben betrauten Verbände der Kassenärzte (Stichwort: Sicherstellungsauftrag bezogen auf die ärztliche Versorgung der Bevölkerung) und die Verbände der Freien Wohlfahrtspflege (Stichwort: Wahrung des Subsidiaritätsprinzips im Dienstleistungsangebot). Beide vertreten zwangsläufig ihre eigenen Dienstleistungssicherungs- und Verdienstsicherungsinteressen, die nicht notwendigerweise mit den Interessen der alten Patienten oder Klienten übereinstimmen.

2. Prozedurale Dimensionen des Sicherungs- und Versorgungssystems für alte Menschen

In die Politikstrukturen der Bundesrepublik Deutschland eingeordnete, über lange Jahre entwickelte, erprobte und verfestigte Prozeduren der politischen Entscheidungsfindung und der Verteilung finanzieller Ressourcen werden auf das Gebiet der neuen Bundesländer übertragen. Von überragender Bedeutung ist die Tendenz zur Übereinstimmung der wichtigsten Lobbyistengruppen, somit der Teilnehmer an der Selbstverwaltung der Subsysteme sozialer Sicherung, auch der Partner in der Praktizierung der Sozialhilfe und nicht zuletzt der großen politischen Parteien. Diese ist besonders ausgeprägt in der Rentengesetzgebung, wirkt allerdings in der konkreten Handhabung auch in den Vollzug der Bereitstellung von Gesundheitsdiensten hinein. Die Machtpositionen sind ebenso geklärt wie die Ansprüche auf Finanzzugänge. Neue, dritte Parteien finden in dieses verfestigte System des Austarierens von Interessen und Handhabungen nur schwer Eingang. Das heißt konkret: Die Alten bleiben wenigstens mittelfristig aus den Zentren der Zielbildung und Entscheidungsfindung ausgeschlossen. Dies um so mehr, als sie in den politischen Parteien selbst kein Gewicht erlangen konnten, sondern im Gegenteil im Laufe der Zeit bisher an Repräsentanz verloren haben.

In den auf den Systemen der Sozialen Sicherung aufbauenden Versorgungssystemen des sozialen Sektors und des Gesundheitssektors haben die Diensteempfänger eine relativ schwache Verhandlungs- und Einflußposition. Es handelt sich weit überwiegend um durch Experten kontrollierte Märkte, in denen Leistungen auf der Grundlage einer Bedarfsbeurteilung durch Professionelle zugewiesen werden. Im Zusammenwirken von Sicherungssystemen und Versorgungssystemen bildet sich primär eine Diensteorientierung und erst sekundär eine Patienten- und Klientenorientierung heraus. Die Behauptung läßt sich anhand der Gesetzgebungsverfahren und in ihnen wirksam werdender Argumentationsketten untermauern (auf den Gebieten der Finanzierung ambulanter Pflegeleistungen, der Krankenhausfinanzierung, des Zuschnitts der Hilfen bei Schwerpflegebedürftigkeit etc.).

3. Traditionen, Wertorientierungen, Ideologien, Mythen

Trotz aller Unterschiedlichkeiten der beiden deutschen Gesellschaftssysteme der Nachkriegszeit bezieht sich das vereinte Deutschland zum Teil auf bedeutsame gemeinsame Traditionen, die ihre Wirkungskraft entfalten können. Es gibt erstens eine gemeinsame Familienorientierung, die auch die Belastung der Familien durch Pflege- und Hilfeleistungen für ihre alten Angehörigen umfaßt. Diese Familienorientierung mag sich in der DDR nicht so stark verfestigt haben, daß sie an die in Gesetz und Rechtsprechung fixierten Normen der BRD heranreicht. Doch gab es in der DDR das verbreitete Bild der eng zusammenhaltenden Familie, der Familie als schützende Nische für den einzelnen DDR-Bürger. Es ist eine Tatsache, daß die DDR die Heranziehung der Kinder zum Unterhalt der Eltern in ihrem faktisch fast bedeutungslosen Sozialhilferecht nicht aufgehoben hat. Das Ausmaß der durch Familienmitglieder erbrachten Pflegeleistungen, trotz sehr hoher Erwerbstätigenquoten der DDR-Frauen, spricht für sich.

In der Gesundheitsversorgung und Gesundheitsgesetzgebung beider Staaten fand sich zweitens das Konzept der Pflegebedürftigkeit alter Menschen, das nicht mit dem Konzept chronischer Krankheit im Alter gleichgesetzt wird, sondern das nach wie vor auf Erscheinungsformen des körperlichen Verfalls aufbaut. Zwar leiteten die gesetzlichen Bestimmungen der DDR die Förderung geriatrisch-rehabilitativer Maßnahmen ein, doch verhinderte dies nicht die Praktizierung von Verwahrpflege. In der BRD wie in den neuen Bundesländern ist die Schulmedizin eine Akutmedizin, die Chronikermedizin gilt als niederrangig. Geriatrie und Gerontopsychiatrie sind kaum ausgebaut. In den Strukturen und Prozessen, die die altenpolitische Willensbildung im vereinten Deutschland determinieren, finden sich keine Anhaltspunkte für die Annahme, es werde mittelfristig zu Neuorientierungen kommen. Die angeführten gemeinsamen Traditionen der Familienorientierung und der kurativen Ausrichtung der Schulmedizin in Ost und West stützen in ihrer Interaktion die Beibehaltung des heutigen Versorgungssystems für alte Menschen in seinen Grundzügen.

Wenn nicht zu den Wertorientierungen und Traditionen mit gemeinsamer historischer Wurzel, so doch zu den gemeinsamen Erscheinungen der Neuzeit zählt drittens die Abkehr der Rentner von einer produktiven Beschäftigung im Sinne der Erwerbstätigkeit mit deutlichem Verpflichtungscharakter. DDR-Autoren verwiesen zur Begründung auf veränderte Wertorientierungen der jüngeren Rentnergenerationen und auf den Einfluß eines verbesserten Alterseinkommens, zusammen mit den eher abweisenden Arbeitsbedingungen und den mit ihnen verbundenen Arbeitsanforderungen (Mertens, 1990; Schwitzer & Schmidt, 1989, S. 17). Für die alten Bundesländer ist hinreichend belegt, daß sich der Pensionierungswunsch auf einen Zeitpunkt bezieht, der vor die frühestmögliche Pensionierungsgrenze liegt (vgl. Dieck, 1988).

Diese gemeinsamen Orientierungen der Rentner/Pensionäre in beiden Teilen Deutschlands und der Erwerbstätigen in der BRD stützen eine Politik der Herabsetzung des Rentenalters. Sie stehen den Bestrebungen der bundesrepublikanischen Rentenreform 1990, die ab dem Jahr 2001 sukzessive das Verrentungsalter bis zum Erreichen des 65. Lebensjahres hochsetzen möchte, diametral entgegen. Zusätzlich ist auf faktische Hemmnisse zu verweisen. Denn unter den einengenden Bedingungen der Rentenreformgesetzgebung werden vorzeitige Verrentungen mit hohen Abschlägen auf die Renten verbunden werden, die nur bei einem hohen Rentenniveau hingenommen werden könnten. Die Rentner in den neuen Bundesländern werden aber noch über lange Jahre mit einem deutlich niedrigeren Rentenniveau als die Rentner in den alten Bundesländern leben müssen. Zudem potenziert sich im Zuge des Vereinigungsprozesses das Risiko der Arbeitslosigkeit, unter anderem als Folge von Umstrukturierungsprozessen, die noch lange andauern werden. Frühzeitige Zugänge zur Verrentung sind in der Bundesrepublik Deutschland seit Anfang der 70er Jahre das probate Mittel gewesen, um die Arbeitslosigkeit älterer Arbeitnehmer zu reduzieren. Ein besseres Mittel steht auch heute unter sozial erträglichen Bedingungen nicht zur Verfügung. Wir gehen daher davon aus, daß durch den Vereinigungsprozeß die Lebensphase zwischen Erwerbstätigkeit und Ruhestand neu thematisiert werden wird und die Politiker dadurch zu neuen Überlegungen gezwungen werden.

Neben verbundenen Traditionen in Ost und West kommen im vereinten Deutschland gegensätzliche bis antagonistische Bewertungen von Instrumenten der Grundsicherung zur Geltung. Die sozialpolitische Diskussion des Jahres 1991 ist tangiert, die volle Übernahme des Sozialrechts der BRD in den neuen Bundesländern verzögert sich: Zum einen haben in der BRD die Dienste der Altenhilfe im Zuge der Durchsetzung eines neuen Sozialhilferechtes ihren Aufschwung genommen. Hiervon ausgehend, wurden die Prinzipien der Einzelfallhilfe und der Verantwortlichkeit kleiner gesellschaftlicher Einheiten vor der Verpflichtung übergeordneter Instanzen und Zusammenschlüsse (Prinzip der Subsidiarität) ausgeformt und verfestigt. In der DDR war das existierende Sozialhilferecht faktisch ohne Bedeutung. Die DDR hatte insoweit den Transformationsprozeß der alten Fürsorge der Weimarer Zeit in das Recht auf Sozialhilfe der Bundesrepublik Deutschland nicht mitvollzogen. Im übrigen pflegte sie das Konzept der Geborgenheit der Rentner in der ihnen verpflichteten DDR-Gesellschaft, auch wenn die Früchte bescheiden waren. Dennoch: Ein auf Bedarfsprüfungen basierendes, weithin auch auf Ermessensentscheidungen der Sozialhilfeverwaltungen aufbauendes Sicherungssystem war den Bürgern der DDR fremd. Es dürfte bei ihnen auf noch größere Ablehnung stoßen, als dies bereits in der BRD der Fall ist, wo die Dunkelziffer nicht in Anspruch genommener Sozialhilfe bei alten Menschen unstrittig sehr hoch liegt. Fällt die den neuen Bundesländern im Übergang zugestandene Mindestrentenregelung fort oder wird sie in ihrer Wirksamkeit durch Preiserhöhungen und Lohnerhöhungen aufgehoben, so bleiben den neuen Bundesländern unter heutigen Bedingungen in der Gruppe der Rentner 20 Prozent Sozialhilfeempfänger. Vieles spricht dafür, daß dieser Prozentsatz nach oben schnellen wird, wenn keine veränderten gesetzlichen Regelungen greifen.

Die soziale Unverträglichkeit für die Bevölkerung (von der nicht nur die Alten tangiert sind, sondern auch die dem Regreß unterworfenen jüngeren Familienangehörigen) geht mit einer hohen Finanzlast für die Kommunen in den neuen Bundesländern einher, die ohnehin mit großen Finanzierungsschwierigkeiten konfrontiert sind. Hier ist zu bedenken, daß die Belastung der Kommunen der alten Bundesländer mit Sozialhilfelasten letztlich der Grund ist für anhaltende, wenn auch bis 1990 noch nicht wirksame Diskussionen über eine neue Sicherungsform im Falle der Pflegebedürftigkeit.

Zum anderen wurden Mindest-, Grund- oder bedarfsabhängige Renten durch die Vertreter des Rentenversicherungssystems der Bundesrepublik Deutschland wie durch die aktiven Sozialpolitiker in der politischen Diskussion bisher als systemfremd abgelehnt. Die Systemfremdheit wird mit dem Verweis auf das Prinzip der Beitragsbezogenheit der Rente begründet. Allerdings ist dieses Prinzip schon heute vielfach durchbrochen (Rente nach Mindesteinkommen, Öffnung der Rentenversicherung für Selbständige etc.). Die DDR jedoch kannte Mindestrenten, und die Bevölkerung der neuen Bundesländer dürfte deren Ablehnung sofern sie selbst durch Sozialhilfeabhängigkeit betroffen ist oder das Risiko der Betroffenheit für sich selbst sieht, nicht in gleichem Maße wie die Bevölkerung der alten Bundesländer mittragen.

Das erste Jahr nach der deutschen Vereinigung hat die relative politische Brisanz der Sozialhilferegelungen und der Mindestrentenregelungen insoweit unterstrichen, als immer wieder zeitlich begrenzte Zwischenlösungen gefunden und durchgesetzt wurden. Von daher ist die Akzeptanz der Sozialhilfe westlichen Zuschnitts in den neuen Bundesländern noch nicht ausgelotet. In der aktuellen sozialpolitischen Diskussion zeichnet sich ab, daß hinsichtlich der materiellen Grundsicherung und des hinnehmbaren Ausmaßes an Armut im Alter Lösungen gefunden werden müssen. Neue und weiterführende Impulse auf die Altenpolitik im vereinten Deutschland können hiervon ausgehen. So hat das Jahr 1991 bereits den politischen Konsens gebracht, daß es zu neuen Finanzierungsregelungen bei Pflegebedürftigkeit insbesondere im Alter kommen muß. Dabei spielt neben dem sozialen Problem der Sozialhilfeabhängigkeit das finanzielle Problem einer übermäßigen Belastung der kommunalen Haushalte eine entscheidende Rolle. Im Sinne der Alten sind Veränderungschancen zum Positiven gegeben, wenn es gelingt, die Diskussion nicht auf die Umlenkung von Finanzierungsströmen zu beschränken, sondern sie auf die Ebene der Sicherungsqualitäten allgemein sowie der Versorgungsqualitäten für chronisch kranke alte Menschen im besonderen zu lenken (vgl. auch Guillemard, Kapitel 24 in diesem Band). In keinem anderen Sektor sehen wir im Augenblick größere Chancen, Probleme des Alters (hier Armut, niedrige Versorgungsqualitäten) mit Problemen zentraler Politikakteure (hier Länder und Kommunen bezogen auf ihre Finanzbelastung) zu verbinden.

4. Differenzierung der sozialen Teilhabe alter Menschen

Entwicklungen in der Bundesrepublik Deutschland verweisen auf folgende Regel sozialer Teilhabe: Alte Menschen profitieren in ihren Lebenssituationen zentral von dem zunehmenden Wohlstand der Gesamtgesellschaft (z. B. im Hinblick auf Wohnversorgung, Haushaltsausstattung, Infrastruktur der Wohngebiete, soziale Dienste, Dienste der Gesundheitsversorgung, Wahrnehmung von Kultur- und Bildungsangeboten). Allerdings: Die positiven Wirkungen der Wohlstandsentwicklung treten für die benachteiligten Bevölkerungsgruppen, und hierzu zählen die Problemgruppen unter den Älteren, immer zeitverzögert ein.

Im Vereinigungsprozeß der beiden deutschen Staaten kann sich einmal mehr die strukturelle Benachteiligung des Alters erweisen. Diese nicht aufhebbare Benachteiligung besteht in der Knappheit an »Zukunftszeit«, die es verhindert, daß höhere Altersgruppen von langfristig angelegten positiven Veränderungen mehr als marginal profitieren. Eine vergleichbare strukturelle Benachteiligung besteht ergänzend für die Gruppe der älteren Arbeitnehmer in den neuen Bundesländern. Durch bereits erfolgte biographische Festlegungen − inklusive Bildungsschicksal, Arbeitsschicksal, Erwerbsschicksal − ist für sie eine entscheidende Revision kaum mehr möglich.

Die heute alten Menschen in den neuen Bundesländern werden von daher die positiven Auswirkungen der Vereinigung wahrscheinlich am geringsten spüren. Unterhalb der Schwelle übergeordneter politischer und gesellschaftspolitischer Gewinne durch die deutsche Vereinigung wird die Alterspopulation der ehemaligen DDR reale oder vermeintliche Verluste erleiden, die wir in den Wertorientierungen, in den ausgebildeten Traditionen sowie in den entwickelten und akzeptierten Betreuungskonzepten sehen. Verluste wird es auch in der relativen Homogenität der Gesellschaft in den neuen Bundesländern geben, die der ausgeprägten Disparität der bundesrepublikanischen Gesellschaft kritisch gegenübergestellt werden kann. Die Alterspopulation der alten Bundesländer ist in den individuellen Lebensumständen weniger gravierend berührt, sie kann sogar durch die aufgrund der Vereinigung forcierten neuen Lösungen in der Sozialpolitik gewinnen. Die neue Bundesrepublik Deutschland wird durch akzentuiertere Disparitäten charakterisiert sein, als dies für die alte galt.

Literaturverzeichnis

Achenbach, K. (1990). Rentenrechtliche Folgerungen aus Veränderungen im deutsch-deutschen Verhältnis. *Sozialer Fortschritt*, 39, 108−111.

Alber, J. (1982). *Vom Armenhaus zum Wohlfahrtsstaat. Analysen zur Entwicklung der Sozialversicherung in Westeuropa.* Frankfurt/M.: Campus.

Alber, J., Esping-Andersen, G. & Rainwater, L. (1987). Studying the welfare state: Issues and queries. In M. Dierkes, H. N. Weiler & A. Berthoin (Eds.), *Comparative policy research. Learning from experience* (pp. 458 – 469). Aldershot: Gower.

Altenreport '90 (1990). Zur sozialen Lage von Altersrentnerinnen und Altersrentnern in der DDR. *Blätter der Wohlfahrtspflege, 137,* 262 – 305.

Baum, C., Koch-Malunat, N. & Seeger, M. (1989). *Vergleichbare Strukturdaten des Sozial- und Gesundheitswesens ausgewählter Großstädte der Bundesrepublik 1986.* Berlin: Senator für Gesundheit und Soziales.

Bericht zur Lage der Nation (1987). *Materialien zum Bericht zur Lage der Nation im geteilten Deutschland* (Bundestagsdrucksache, 11/11, 18.2.1987). Bonn: Eigenverlag.

Bundesministerium für innerdeutsche Beziehungen (Hrsg.) (1985). *DDR-Handbuch* (Bde. 1 & 2). Köln: Verlag Wissenschaft und Politik.

Bundesministerium für Jugend, Familie, Frauen und Gesundheit (1988). *Einrichtungen nach § 1 Heimgesetz* (vier vervielf. Tabellen, Stand 30.6.1988). Bonn: Bundesministerium für Jugend, Familie, Frauen und Gesundheit.

BPI – Bundesverband der Pharmazeutischen Industrie e.V. (Hrsg.) (1989). *Basisdaten des Gesundheitswesens 1988/1989. Handbuch zur zahlenmäßigen Entwicklung der wesentlichen Teilbereiche des Gesundheitswesens der Bundesrepublik Deutschland und Berlin (West).* Frankfurt/M.: Bundesverband der Pharmazeutischen Industrie e.V.

Dieck, M. (1987). Die ältere Generation im Spiegelbild der großen Regierungserklärungen von 1949 bis 1987. In Deutsches Zentrum für Altersfragen (Hrsg.), *Die ergraute Gesellschaft. Beiträge zur Gerontologie und Altenarbeit* (Bd. 71, S. 189 – 218). Berlin: Deutsches Zentrum für Altersfragen.

Dieck, M. (1988). Erwerbsarbeit im Kontext individueller Wohlfahrtsmaximierung. *Sozialer Fortschritt, 37,* 46 – 55.

Dieck, M. & Naegele, G. (Hrsg.) (1978). *Sozialpolitik für alte Menschen. Alternsforschung für die Praxis* (Bd. 1). Heidelberg: Quelle & Meyer.

Dieck, M. & Naegele, G. (1989). Die »neuen Alten« – Soziale Ungleichheiten vertiefen sich. In F. Karl & W. Tokarski (Hrsg.), *Die »neuen« Alten. Beiträge der XVII. Jahrestagung der Deutschen Gesellschaft für Gerontologie* (Kasseler Gerontologische Schriften, Bd. 6, S. 167 – 181). Kassel: Gesamthochschulbibliothek.

Habermas, J. (1990). *Die nachholende Revolution.* Frankfurt/M.: Suhrkamp.

Holz, G. (1988). Altengerechte Gesundheitsversorgung erfordert den Umbau des Versorgungssystems. Eine kritische Analyse zentraler ordnungspolitischer Determinanten des Gesundheitswesens. *Sozialer Fortschritt, 37,* 55 – 63.

Holz, G. (1990). *Die Alterslast – ein Gewinn für andere? Beiträge zur Gerontologie und Altenarbeit* (Bd. 78). Berlin: Deutsches Zentrum für Altersfragen.

Illsley, R. & Jamieson, A. (1990). Contextual and structural influences on adaptation to change. In A. Jamieson & R. Illsley (Eds.), *Contrasting European policies for the care of older people* (pp. 83 – 94). Brookfield, VT: Gower.

Institut für medizinische Statistik und Datenverarbeitung (Hrsg.) (1988). *Soziale Betreuung* (Mitteilungen, XXV, Heft 6). Berlin: Eigenverlag.

Institut für Soziologie und Sozialpolitik (Hrsg.) (1989). *Demographische Veränderungen 1970 – 1987 und Bevölkerungspolitik in der Deutschen Demokratischen Republik (Fakten-Thesen-Standpunkte).* Unveröffentlichtes Manuskript, Akademie der Wissenschaften der DDR, Berlin.

Köbel, A. & Mikulas, J. (1990). Zum Gesundheitszustand und zur sozialen Situation von Hauswirtschaftspflegefällen in einer Großstadt. *Zeitschrift für Alternsforschung*, 45, 297 – 306.

Kohnert, M. (1990). Soziale Dienste und Einrichtungen in der DDR – insbesondere für ältere Menschen. *Beiträge zum Recht der sozialen Dienste und Einrichtungen, 11*, 13 – 39.

Kondratowitz, H. J. v. (1988). Zumindest organisatorisch erfaßt ... Die Älteren in der DDR zwischen Veteranenpathos und Geborgenheitsbeschwörung. In G.-J. Glaeßner (Hrsg.), *Die DDR in der Ära Honecker. Politik – Kultur – Gesellschaft* (S. 514 – 528). Opladen: Westdeutscher Verlag.

Lehr, U. (1987). Subjektiver und objektiver Gesundheitszustand im Lichte von Längsschnittstudien. In U. Lehr & H. Thomae (Hrsg.), *Formen seelischen Alterns. Ergebnisse der Bonner Gerontologischen Längsschnittstudie (BOLSA)* (S. 153 – 159). Stuttgart: Enke.

Mertens, L. (1990). Arbeitshaltung und Wertorientierung in DDR-Kombinaten. *Arbeit und Sozialpolitik, 44*, 104 – 105.

Polster, A. (1990). Grundzüge des Rentenversicherungssystems der Deutschen Demokratischen Republik. *Deutsche Rentenversicherung, 3*, 154 – 168.

Schaal, F. (1984). *Repräsentation und Partizipation älterer Menschen in Politik und Gesellschaft. Beiträge zur Gerontologie und Altenarbeit* (Bd. 55). Berlin: Deutsches Zentrum für Altersfragen.

Schmidt, U. J., Kalbe, J. & Kohnert, M. (1990). Zum Stand der Versorgung Hochbetagter in der DDR unter besonderer Berücksichtigung der medizinischen und sozialen Betreuung. In A. Hoffmann (Hrsg.), *Die Hochbetagten – eine Herausforderung an die Sozialpolitik der 90er Jahre in Europa*. Schriftenreihe der Hamburger Arbeitsgemeinschaft für Fortbildung in der Altenhilfe (Bd. 5, S. 67 – 81). Hamburg: Eigenverlag.

Schmidt, B. & Witte, F.-D. (1989). Bedingungen der Familienbetreuung älterer behinderter Bürger. *Presse- und Informationsdienst des Kuratoriums Deutsche Altershilfe, 5*, 4 – 5.

Schwarze, J., Gornig, M. & Steinhöfel, M. (1990). Die Bedeutung der Frauenerwerbstätigkeit für die Einkommensverteilung in beiden deutschen Staaten. *Arbeit und Sozialpolitik, 44*, 202 – 206.

Schwitzer, K.-P. (1989). *Probleme des Alterns der Bevölkerung der DDR*. Unveröffentlichtes Manuskript, Akademie der Wissenschaften der DDR (Institut für Soziologie und Sozialpolitik), Berlin.

Schwitzer, K.-P. & Schmidt, E. (1989). *Entwicklung der Bevölkerung im Rentenalter bis zum Jahr 2010 in der DDR – Quantitative und qualitative Aspekte und Konsequenzen. (Sozialpolitik konkret. Rentner in der DDR)*. Berlin: Akademie der Wissenschaften der DDR (Institut für Soziologie und Sozialpolitik).

Socialdata (1980). *Anzahl und Situation zu Hause lebender Pflegebedürftiger. Ermittlung der Repräsentativdaten und Situationsgruppenanalyse* (Schriftenreihe des Bundesministers für Jugend, Familie, Frauen und Gesundheit, Nr. 80). Stuttgart: Kohlhammer.

Socialdata (1987). *Alterssicherung von unentgeltlich Pflegenden – Endbericht* (erstellt im Auftrag des Bundesministeriums für Jugend, Familie, Frauen und Gesundheit). Unveröffentlichtes Manuskript, München.

Staatliche Zentralverwaltung für Statistik (Hrsg.) (1989). *Statistisches Jahrbuch 1989 für die Deutsche Demokratische Republik*. Berlin: Staatsverlag der DDR.

Staatsvertrag (1990). *Vertrag über die Schaffung einer Währungs-, Wirtschafts- und Sozialunion zwischen der Bundesrepublik Deutschland und der Deutschen Demokratischen Republik* (Bulletin, Nr. 63). Bonn: Presse- und Informationsamt der Bundesregierung.

Statistisches Bundesamt (Hrsg.) (1988). *Statistisches Jahrbuch 1988 für die Bundesrepublik Deutschland.* Stuttgart: Kohlhammer.

Statistisches Bundesamt (Hrsg.) (1989). *Statistisches Jahrbuch 1989 für die Bundesrepublik Deutschland.* Stuttgart: Metzler-Poeschel.

Statistisches Bundesamt (Hrsg.) (1990). *Statistisches Jahrbuch 1990 für die Bundesrepublik Deutschland.* Stuttgart: Metzler-Poeschel.

Wiesner, G. E. (1990). Zur Gesundheitslage der DDR-Bevölkerung − Stand und Entwicklung der Lebenserwartung. *Arbeit und Sozialpolitik, 44,* 100 − 102.

Winkler, G. (1990). Jede wirksame Hilfe ist willkommen − Sozialpolitik in der DDR. *Soziale Arbeit, 39,* 99 − 101.

Witte, F.-D., Schmidt, B. & Gulbin, K. (1990). Einige Untersuchungsergebnisse zur Betreuung älterer Bürger im Wohngebiet durch die Volkssolidarität im Kreis Parchim. In Forschungsprojekt Gerontologie der DDR (Hrsg.), *Ergebnisse des Fortbildungslehrganges Geriatrie der DDR 1989* (S. 5 − 13). Berlin: Eigenverlag.

Danksagung

Zu Expertengesprächen haben sich dankenswerterweise bereit gefunden: Dr. Gerd Bansemir, Humboldt-Universität zu Berlin; Senatsrat Dietmar Freier, Stellvertretender Sozialstadtrat in Berlin-Ost; Renate Kirchnek, Hauptgeschäftsführerin der Volkssolidarität e.V., Berlin-Ost; Dr. Monika Kohnert, ehemals Ministerium für Gesundheit und Sozialwesen der DDR; Professor Dr. Günter Miehlke, Humboldt-Universität zu Berlin; Dr. Klaus Schwitzer, Institut für Soziologie und Sozialpolitik der Akademie der Wissenschaften, Berlin-Ost.

26. Altersfreundliche Umwelten: Der Beitrag der Technik

ANDREAS KRUSE

Zusammenfassung

Die altersfreundliche Gestaltung von Umwelten fördert die Kompetenz älterer Menschen. Technische Erzeugnisse bilden ein bedeutendes Merkmal altersfreundlicher Umwelten. Schon heute verfügen wir über zahlreiche technische Erzeugnisse, die der Umsetzung und Erweiterung von Fähigkeiten und Fertigkeiten dienen, die die Kompensation einzelner Funktionen und Tätigkeiten fördern und damit zur Aufrechterhaltung der Selbständigkeit im Alter beitragen. In diesem Kapitel wird zunächst auf den Begriff der »altersfreundlichen Umwelt« eingegangen, danach werden Mängel und Einschränkungen in den Umwelten älterer Menschen untersucht. Weiterhin wird anhand einiger Beispiele aufgezeigt, wie durch technische Hilfsmittel Selbständigkeit und Lebensqualität im Alter positiv beeinflußt werden können.

A. Einführung

Die Wechselwirkungen (Transaktionen) zwischen Person und Umwelt in der lebenslangen Entwicklung bilden die grundlegende Annahme kompetenzorientierter Modelle des Alterns. Unter Kompetenz wird die effektive Auseinandersetzung der Person mit den Anforderungen der Umwelt verstanden, wobei zu berücksichtigen ist, daß sich diese Auseinandersetzung immer auf spezifische Umwelten bezieht: Das Individuum verhält sich in bestimmten Umwelten kompetent, in anderen hingegen nicht. Die effektive Auseinandersetzung mit spezifischen Umwelten ist zum einen von den Fähigkeiten und Fertigkeiten der Person, zum anderen von den Merkmalen dieser Umwelten beeinflußt. Aus diesem Grunde kann zwischen kompetenz-fördernden Umwelten (die optimale Anforderungen an die Person richten) und kompetenz-behindernden Umwelten (die die Fähigkeiten und Fertigkeiten der Person unter- oder überfordern) unterschieden werden (vgl. z. B. Baltes, 1984; Lawton, 1989; Lehr, 1979; Olbrich, 1987).

Priv. Doz. Dr. Andreas Kruse ist wissenschaftlicher Mitarbeiter am Institut für Gerontologie der Universität Heidelberg. Forschungsgebiete: Anthropologische Fragestellungen des Alters, Psychologie der Lebensspanne, Kompetenz im Alter, Rehabilitation, Auseinandersetzung mit Grenzsituationen im Alter.

Das Thema dieses Kapitels richtet das Augenmerk auf Veränderungen in der Umwelt, die die Aufrechterhaltung, Wiedererlangung oder Steigerung der Kompetenz fördern; dabei wird untersucht, in welchem Maße und in welchem Sinne die Technik zu diesen Veränderungen beitragen kann. In jenen Beiträgen, die die Bedeutung der Technik für die Person-Umwelt-Transaktionen hervorheben (vgl. z. B. die Beiträge in Lesnoff-Caravaglia, 1988; Robinson, Livingston & Birren, 1984), ist bisweilen die Tendenz erkennbar, ausschließlich von einer eingeschränkten Kompetenz des Menschen auszugehen und die Frage zu stellen, inwieweit Veränderungen in der Umwelt einzelne Einschränkungen (zumindest ansatzweise) »ausgleichen« können. Auch wenn dieser Aspekt der Technik von großer Bedeutung ist und uns an vielen Stellen des Kapitels beschäftigen wird, so sollte doch ebenso die Frage gestellt (und beantwortet) werden, inwieweit die Verwirklichung der Potentiale, Interessen und Neigungen älterer Menschen bestimmter Veränderungen in der Umwelt bedarf. Das Kapitel wird sich auch mit dieser Frage beschäftigen.

Die Untersuchung des Themas soll mit einer psychologischen Analyse des Umweltbegriffes beginnen; in diesem Kontext wird auch die Frage gestellt, was unter »altersfreundlicher« Umwelt zu verstehen ist (Abschnitt B). Danach wenden wir uns dem Begriff Technik zu (Abschnitt C). Es soll deutlich gemacht werden, daß ohne Technik das kulturschaffende Potential des Menschen gar nicht denkbar wäre (vgl. z. B. Markl, 1989); des weiteren wird hervorgehoben, daß sich Kulturen und Gesellschaften nicht darin unterscheiden, ob sie technische Erzeugnisse entwickeln oder nicht, sondern daß Unterschiede lediglich im Entwicklungsstand der Technik bestehen. Ein weiterer Abschnitt dieses Kapitels (Abschnitt D) faßt die Ergebnisse der Literaturanalyse zum Thema »Alter und Technik« zusammen. Dabei wird weniger auf einzelne technische Produkte Bezug genommen, sondern es soll vielmehr versucht werden, Aspekte des heutigen Forschungsstandes darzustellen. Danach berichten wir über interdisziplinäre Arbeitsgruppen, aus deren Arbeit wichtige technische Hilfsmittel für ältere Menschen hervorgegangen sind (Abschnitt E). Diese in den Vereinigten Staaten angesiedelten Arbeitsgruppen (an denen z. B. die NASA intensiv beteiligt ist) könnten als Vorbild für eine verstärkte interdisziplinäre Forschung in der Bundesrepublik Deutschland dienen. Ein weiterer Abschnitt stellt exemplarisch einzelne technische Erzeugnisse für ältere Menschen dar und versucht aufzuzeigen, wie durch diese Erzeugnisse die Lebensqualität und Kompetenz älterer Menschen gefördert werden kann (Abschnitt F). Ein Ausblick schließt das Kapitel ab (Abschnitt G).

B. »Altersfreundliche Umwelten«

Bei der Analyse von Person-Umwelt-Transaktionen ist einerseits von den objektiv gegebenen Umwelten, andererseits von den subjektiv erfahrenen und bewerteten Umwelten auszugehen. In der Feldtheorie Kurt Lewins (vgl. z. B.

Lewin, 1972) wird besonderes Gewicht auf die subjektiv erfahrene Umwelt gelegt, die — so nimmt Lewin an — entscheidend für menschliches Verhalten sei. Dabei dürfe aber das Wechselwirkungsverhältnis von Person und Umwelt nicht losgelöst von den objektiven Umweltbedingungen betrachtet werden: der Lebensraum des Individuums, also die für das Individuum bedeutsame (räumliche und soziale) Umwelt, sei durch die objektive Umwelt beeinflußt.

1. Unterschiede in den Umwelten und Lebensbedingungen älterer Menschen

Die Zusammenhänge zwischen objektiv gegebener und subjektiv erlebter Umwelt wurden in einer Studie des Autors (Kruse, im Druck) deutlich, in der 480 ältere Menschen (67 bis 103 Jahre alt) aus unterschiedlichen sozialen Schichten (operationalisiert durch Merkmale wie Bildungsstand, Bildungsstand des Ehepartners, Einkommen, Wohnqualität, Wohnlage, soziale Integration) untersucht wurden. Aus den Ergebnissen geht hervor, daß Angehörige unterer sozialer Schichten die Selbständigkeit im Alltag zwar trotz bestehender Barrieren in der Wohnung und im Wohnumfeld lange aufrechtzuerhalten vermögen, daß ihnen dies bei auftretenden gesundheitlichen Einschränkungen jedoch nur noch in geringerem Maße gelingt als Mitgliedern der mittleren und oberen sozialen Schichten. Bei Vorliegen sensorischer oder motorischer Einschränkungen wirken sich Mängel in der Wohnung und im Wohnumfeld besonders kompetenzbehindernd aus; die Kompensation einzelner Einschränkungen (sei es durch Verhalten, sei es durch Hilfsmittel in der Umwelt) gelingt nun deutlich schlechter. In den unteren sozialen Schichten kommen als einschränkende Lebensbedingungen niedriger Bildungsstand und geringe finanzielle Ressourcen hinzu. Vor allem bei den gesundheitlich belasteten Untersuchungsteilnehmern aus unteren sozialen Schichten fanden wir im Vergleich zu den Angehörigen der mittleren und oberen sozialen Schichten im Durchschnitt ein geringeres Tätigkeitsspektrum, geringere Kenntnisse über kulturelle, soziale und ambulante Angebote sowie die stärker ausgeprägte Tendenz, auf gesundheitliche Belastungen mit Niedergeschlagenheit zu antworten. Aufgrund der zahlreichen zusätzlichen Belastungen erlebten sie ihre Situation eher als ungestaltbar und unkontrollierbar.

Dieses empirische Beispiel wurde auch mit der Absicht gewählt, auf ein Problem hinzuweisen, das bei der Diskussion unseres Themas wichtig ist (und nicht immer hinreichend berücksichtigt wird): Die Umwelten älterer Menschen weisen erhebliche Unterschiede auf; darüber hinaus stehen viele technische Erzeugnisse, die zur Förderung der Kompetenz und zur Kompensation einzelner Einschränkungen geschaffen worden sind, einem Teil der älteren Menschen nicht zur Verfügung. Es ist also davor zu warnen, Ergebnisse aus Untersuchungen zur Nutzung technischer Erzeugnisse sowie zur Einstellung gegenüber diesen Erzeugnissen über alle älteren Menschen zu generalisieren. Weiterhin ist bei der Entwicklung von Ansätzen zur Schaffung altersfreundlicher Umwelten zu bedenken, daß in den verschiedenen sozialen Schichten quantitativ und qualitativ unterschiedliche Ansätze gewählt werden müssen. Bei Angehörigen unterer sozialer Schichten sind häufig grundlegende Veränderungen in den objektiven Umwelt- und Lebensbedingungen notwendig, bevor einzelne technische Hilfsmittel eingerichtet werden. Zu diesen grundlegenden Veränderungen sind unter anderem vermehrte finanzielle Ressourcen, verbesserte sanitäre Ausstattung der Wohnungen, zentralere Lage der Wohnungen, die Entwicklung eines kulturellen, sozialen und ambulanten Angebotes, das auch von Angehörigen unterer sozialer Schichten genutzt wird, zu rechnen. Weiterhin ist zu untersuchen, ob Kenntnisse über bestehende technische Hilfsmittel und über die institutionelle Unterstützung bei deren Erwerb vorhanden sind und ob die Bereitschaft zur Nutzung dieser Hilfsmittel besteht (Marx, 1989; Spiegel, 1990; Stolarz, 1989).

2. Definition des Begriffs »altersfreundliche Umwelten«
   Unter »altersfreundlichen Umwelten« sind Umwelten zu verstehen,
   – in denen die spezifischen Problemlagen, Bedürfnisse und Interessen älterer Menschen berücksichtigt sind,
   – die die Kompensation eingeschränkter Funktionen ermöglichen,
   – die bei der Ausübung einzelner Tätigkeiten unterstützen,
   – die zur Anwendung der bestehenden Fähigkeiten und Fertigkeiten anregen und
   – die Möglichkeiten der sozialen Kommunikation bieten.
Bei diesem Verständnis von »altersfreundlichen Umwelten« sind drei Aspekte besonders zu beachten: Zum ersten gilt es zwischen *objektiv gegebener* und *subjektiv erfahrener* Umwelt zu unterscheiden. Menschen haben im Laufe ihres Lebens gelernt, sich mit spezifischen Umwelten effektiv auseinanderzusetzen und sich in diesen Umwelten einzurichten. Aufgrund dieser spezifischen Umweltkompetenzen und der subjektiven Bewertung der Umwelten wäre es falsch, Umwelten als beliebig veränderbar und austauschbar anzusehen. Architekten und Ökopsychologen weisen immer wieder darauf hin, daß objektive Verbesserungsmöglichkeiten der Umwelt subjektiv nicht als solche erlebt werden müssen und häufig auch gar nicht angestrebt oder genutzt werden (vgl. Beiträge in Kruse, Graumann & Lantermann, 1990).

Der zweite Aspekt betrifft die *Erfüllung objektiver Standards*. Trotz der Bedeutung spezifischer Umweltkompetenzen und der subjektiven Bewertung der Umwelten für die Kompetenz und Lebensqualität im Alter dürfen objektive Standards nicht unberücksichtigt bleiben. Es ist richtig, daß der Mensch im Laufe seiner Entwicklung lernen kann, sich in spezifischen Umwelten einzurichten und trotz der Barrieren und Einschränkungen ein selbständiges und subjektiv zufriedenstellendes Leben zu führen. Dennoch schließt dies nicht die Frage aus, ob und in welchem Maße durch objektive Veränderungen der Umwelt eine Förderung der Kompetenz und der Lebensqualität erreicht werden könnte. Gerade im Alter können Situationen eintreten, in denen die individuelle Kompetenz für die Bewältigung dieser spezifischen Umweltanforderungen nicht mehr ausreicht; dies ist vor allem bei sensorischen und motorischen Einschränkungen der Fall. Werden objektive Standards (genannt seien die Beseitigung von Barrieren innerhalb der Wohnung und die Einrichtung technischer Hilfsmittel, z. B. Signalanlagen, Hausnotrufsystem, Hebevorrichtung im Bad) nicht erfüllt, so ist die Aufrechterhaltung des selbständigen Lebens in dieser Umwelt nicht mehr möglich.

Und schließlich sollten drittens die Bedürfnisse älterer Menschen bei der *Stadt- und Verkehrsplanung* berücksichtigt werden (vgl. Sieverts, 1990). Die entwickelten Ansätze zur Schaffung altersfreundlicher Umwelten konzentrieren sich meist auf Veränderungen in der Wohnung. Nur seltener wird diskutiert, wie die Selbständigkeit und die soziale Teilhabe älterer Menschen durch eine veränderte Stadt- und Verkehrsplanung gefördert werden können. Die Wohnungen älterer Menschen liegen häufig weit entfernt vom Stadtkern, der öffentliche Verkehr ist nicht soweit ausgebaut, daß ältere Menschen ohne größere Schwierigkeiten den Stadtkern erreichen können, bei der Weiterentwicklung der Verkehrsmittel wird zu wenig auf mögliche Behinderungen älterer Menschen geachtet (die Nutzung öffentlicher Verkehrsmittel scheitert häufig an den mangelnden Hilfen für den Ein- und Ausstieg sowie an fehlenden Aufzügen, die behinderte Menschen zum Erreichen des Bahnsteigs nutzen könnten).

C. Zum Begriff »Technik«

In der öffentlichen Diskussion wird Technik oft als eine Erfindung neuerer Kulturen verstanden; zugleich wird darauf hingewiesen, daß der Mensch die Kontrolle über technische Erzeugnisse verlieren könne, so daß von der Technik viele Gefahren ausgingen.

Diese Einstellung ist insofern vereinfachend, als sie unbeachtet läßt, daß der Begriff »Technik« ein sehr breites Spektrum technischer Erzeugnisse und Entwicklungen umfaßt. Viele dieser Erzeugnisse sind mittlerweile zu einem festen, allgemein akzeptierten Element unserer Umwelt geworden, wie zum Beispiel Haushaltsgeräte, Hilfsmittel zur Kompensation sensorischer und motorischer Einschränkungen (vgl. z. B. die vielfältigen Seh-, Hör- und Gehhilfen). Wenn über die Gefahren »der« Technik gesprochen wird, dann wählt man aus diesem breiten Spektrum technischer Erzeugnisse und Entwicklungen nur kleine Ausschnitte (wie z. B. den Forschungsstand der Mikroelektronik und der Gentechnologie) aus und setzt diese mit Technik allgemein gleich.

So wichtig es ist, auf die Verantwortung des Menschen in der Entwicklung, Verteilung und Anwendung von Informationen und Produkten hinzuweisen (vgl. z. B. Jonas, 1987), so sehr ist es notwendig, sich der Tatsache bewußt zu sein, daß der Mensch ohne Technik in der Natur gar nicht überleben könnte – dienen ihm technische Erzeugnisse doch zum Ausgleich seiner biologischen Mängel – und daß ihm die Fähigkeit zur Schaffung technischer Erzeugnisse wesensmäßig mitgegeben ist. Der Begriff »Technik« leitet sich aus dem griechischen Wort techne ab, das mit praktischer Kunstfertigkeit übersetzt werden kann. Der Mensch erwirbt diese praktische Kunstfertigkeit durch Übung, also durch die Ausbildung von Fertigkeiten. Diese Fertigkeiten versetzen ihn in die Lage, die Natur zu nutzen und in seinen Dienst zu stellen. Technik kann also definiert werden als »zweckmäßig genutzte Natur« (Markl, 1989). Sie ist dem Menschen nicht wesensfremd, sondern sie bildet sein Potential zur Schaffung von Kultur. Und dies gilt nicht erst für die neueren, sondern auch schon für die ältesten Kulturen. In allen Kulturen hat der Mensch ein hohes Maß an praktischer Kunstfertigkeit entwickelt, ohne die er nicht hätte überleben können. Kulturen unterscheiden sich nicht dadurch, daß in ihnen technische Erzeugnisse geschaffen oder nicht geschaffen wurden, sondern sie unterscheiden sich in der Art, dem Entwicklungsstand, der Nutzung dieser Erzeugnisse.

Mittlerweile sind technische Produkte in ein Entwicklungsstadium eingetreten, in dem sie die Natur (und damit auch den Menschen) schädigen oder gar vernichten können, wenn mit ihnen nicht verantwortlich umgegangen und die Entwicklung neuer Produkte nicht verantwortlich begleitet wird. Doch den möglichen Gefahren der Technik begegnet man nicht dadurch, daß eine pauschale Technik-Kritik geübt wird (die zudem an anthropologischen Grundlagen vorbeigeht), sondern nur dadurch, daß einerseits die durch technische Fortschritte geschaffenen Grundlagen des von uns gewollten Lebens erkannt werden (wobei zu beachten ist, daß durch diese Fortschritte Menschen überleben können, die früher hätten sterben müssen), daß andererseits mögliche Gefahren wahrgenommen werden. Diese sind vor allem dann gegeben, wenn Entwicklungen nicht mehr kontrollierbar sind oder nicht verantwortlich begleitet und genutzt werden. Die differenzierte Bewertung der Technik – ihrer lebenserhaltenden und lebensfördernden Potentiale, aber auch ihrer möglichen Gefahren – setzt eine intensive Beschäftigung mit Technik voraus. Nur dadurch erkennen wir die Rolle,

> »die Naturwissenschaft und Technik bei der Gestaltung unseres täglichen Lebens und der Zukunft des gesamten Planeten spielen. Wissenschaftliche Belesenheit ist ebenso wie kulturelle Belesenheit von entscheidender Bedeutung dafür, daß man eine Vorstellung entwickelt, wer wir eigentlich sind und wohin sich unsere Welt entwickelt« (Golob & Brus, 1991, S. 12; vgl. auch Gergely, 1985, S. 285 ff.).

D. Anmerkungen zum Forschungsstand »Alter und Technik«

Technische Erzeugnisse geben älteren Menschen die Möglichkeit, Fähigkeiten und Fertigkeiten einzusetzen und zu erweitern (vgl. z. B. die Arbeit an einem Personal Computer). Durch die Nutzung technischer Erzeugnisse in der Wohnung, im Wohnumfeld und im Straßenverkehr sowie durch den Abbau von Barrieren in der räumlichen Umwelt können Selbständigkeit, Mobilität und Sicherheit im Alter erhöht werden. Technische Produkte fördern oder ermöglichen die Kompensation einzelner Einschränkungen im sensorischen, motorischen und kognitiven Bereich. Bei der Entwicklung technischer Produkte für älteren Menschen sowie bei der Nutzung dieser Produkte ist von einem differentiellen Kompetenz-Ansatz auszugehen. Differentiell heißt hier: Es ist zu untersuchen, in welchen Funktionen, Fähigkeiten und Fertigkeiten hohe Kompetenz besteht und wie diese erhalten oder gefördert werden kann. Weiterhin ist zu untersuchen, welche Tätigkeiten selbständig, welche nicht (mehr) selbständig ausgeführt werden können und wie letztere zu fördern sind. Schließlich ist zu fragen, in welchen Funktionen Einschränkungen oder Einbußen vorliegen und wie diese gelindert oder kompensiert werden können.

Diesem differentiellen Ansatz sollte auch die Entwicklung und Nutzung technischer Erzeugnisse für ältere Menschen folgen: In welcher Hinsicht können technische Erzeugnisse zur Erhaltung und Förderung der Kompetenz in einzelnen Funktionen, Fähigkeiten und Fertigkeiten beitragen? In welcher Hinsicht stellen sie eine Hilfe bei der Ausübung einzelner Tätigkeiten sowie bei der Kompensation einzelner Einschränkungen und Einbußen dar?

Unsere Anmerkungen können nicht vollständig Antwort auf diese Fragen geben. Sie konzentrieren sich auf die notwendigen und möglichen Veränderungen der räumlichen Umwelt mit dem Ziel der Aufrechterhaltung und Förderung der Kompetenz im Alter. In einem eigenen Abschnitt wird auf die Bedeutung technischer Erzeugnisse für die Rehabilitation eingegangen (Abschnitt F). Die ausführlichere Darstellung dieses Anwendungsgebietes der Technik ist wichtig, da gerade in den letzten Jahren viele Beiträge zur Rehabilitation und Intervention im Alter veröffentlicht worden sind, die auf das Veränderungspotential des älteren Menschen hinweisen. Es ist nun die Frage zu stellen, welchen Beitrag die Technik zur Umsetzung dieses Veränderungspotentials leisten kann.

Bei der zusammenfassenden Darstellung wichtiger Beiträge zu »Alter und Technik« wird nicht auf die Bedeutung der Technik für eine optimale Gestaltung des Arbeitsplatzes eingegangen. In der Diskussion über die beruflichen Fähigkeiten und Fertigkeiten älterer Arbeitnehmer wird zurecht darauf hingewiesen, daß veränderte Arbeitsplatzbedingungen – die der spezifischen Kompetenz sowie den spezifischen Bedürfnissen älterer Arbeitnehmer angepaßt sind – in hohem Maße zur Erhaltung und Förderung der Leistungsfähigkeit beitragen. Doch wird im folgenden auf die Erörterung dieses Themengebietes verzichtet, da der Schwerpunkt der Ausführungen auf dem höheren Lebensalter liegt. Die Anmerkungen zum Forschungsstand »Alter und Technik« lassen sich in acht Punkten zusammenfassen.

1. Thematisches Spektrum der Beiträge

Das thematische Spektrum der Beiträge ist sehr weit gespannt. Es umfaßt Bereiche wie Technik im Haushalt und in der Wohnung, Automatisierung der Wohnung oder des Hauses, Technik in der Rehabilitation, Robotertechnik zur Unterstützung bei der Ausübung einzelner Tätigkeiten, Computertechnik zur

Vermittlung neuer Lernstrategien, Technik in der Stadt-, Verkehrs- und Automobilplanung.

Dieses Spektrum der Beiträge macht deutlich, wie umfassend und differenziert mittlerweile der Forschungsstand zu Technik und Umwelt ist. Schon seit langem kann hier nicht mehr von einem wissenschaftlichen »Neuland« gesprochen werden; dies gilt auch für das Forschungsgebiet »Technik und Alter« (vgl. Lesnoff-Caravaglia, 1988; Robinson, Livingston & Birren, 1984).

2. Die Nutzung von Computern in Bildungsveranstaltungen und im Alltag

Es sind mittlerweile sehr viele Veröffentlichungen erschienen, die sich mit der Stellung des Personal Computers in der menschlichen Umwelt beschäftigen. Aus diesen Veröffentlichungen − ebenso wie aus Beiträgen zur Mediennutzung − geht hervor, daß technische Hilfsmittel nicht nur der Kompensation von sensorischen, motorischen und kognitiven Einschränkungen dienen, sondern auch der Aufrechterhaltung und Erweiterung von Interessen, Fähigkeiten und Fertigkeiten.

Personal Computer sind mittlerweile ein bedeutender Teil der Bildungsangebote für ältere Menschen geworden. Sie eignen sich für die Vermittlung neuer Informationen (unter dem Stichwort »computer-gestützte Instruktionen« behandelt; vgl. McCeely, 1991) sowie für die Anwendung vorhandener und für den Erwerb neuer kognitiver Strategien (vgl. z. B. Chin, 1985; Finkel & Yesavage, 1989; Rott, 1990; ein anschauliches Beispiel für die Förderung kognitiver Kompetenz durch die Nutzung eines Personal Computers gibt das in der Reihe GEO-Wissen erschienene Heft »Altern und Jugendwahn«: Luczak, 1991, S. 104 ff.).

In einigen Beiträgen wird gezeigt, daß »Computerspiele« die Nutzung kognitiver Reserven fördern, kognitiv anregend wirken und eine Hilfe bei der Aufrechterhaltung und Wiedergewinnung sozialer Fertigkeiten bilden. Computerspiele wurden auch in stationären Einrichtungen ·mit Erfolg eingeführt (vgl. Condreay & Condreay, 1984; Kautzmann, 1990). Wird älteren Menschen die Möglichkeit gegeben, mit einem Personal Computer zu arbeiten, so entwickelt sich häufig eine positive Einstellung gegenüber dem Computer, die sich auch auf die Einstellung gegenüber anderen technischen Hilfsmitteln positiv auswirkt (vgl. z. B. Ansley & Erber, 1988; Rott, 1988).

Weiterhin sind Arbeiten erschienen, in denen Erfahrungen bei der Verwendung des Personal Computers als elektronisches Notizbuch oder als Gedächtnisstütze berichtet werden. Der Personal Computer wurde mittlerweile auch als Hilfsmittel für Patienten (vor allem für Diabetiker) eingeführt (vgl. z. B. Bagley & Williams, 1988; Leirer, Morrow, Pariante & Sheikh, 1988). Der Computer erinnert zum einen an die Einnahme von Medikamenten sowie an den Arztbesuch. Er dient zum anderen als elektronisches Notizbuch, das den täglich vom Patienten bestimmten Glucose-Spiegel sowie die Insulin-Dosis speichert und Informationen über das weitere Gesundheitsverhalten gibt.

Schließlich wird auf die erfolgreiche Nutzung des Personal Computers in wissenschaftlichen Untersuchungen mit älteren Menschen hingewiesen. Eine negative Einstellung älterer Untersuchungsteilnehmer gegenüber einem Personal Computer oder leistungsmindernde Probleme bei der Nutzung des Personal Computers wurden in diesen Untersuchungen nicht festgestellt (vgl. Alexander & Davidoff, 1990).

3. Neue Medien

Zunächst stellt sich die Frage, was überhaupt unter dem Begriff »Neue Medien« zu verstehen ist. Gergely (1985) sieht die spezifischen Merkmale der »Neuen Medien« in der Art der Information sowie in der Organisationsform. Die neue Kommunikation − so Gergely (1985, S. 144 ff.) − finde vornehmlich über computerlesbare Daten statt, zumindest seien Mikroprozessoren an der Kommunikation zwischen den einzelnen Parteien beteiligt. Charakteristisch für die »Neuen Medien« sei der Massendialog, hingegen weniger die individuelle Kommunikation zweier Partner oder die Massenkommunikation im Stile des Rundfunks (einer an viele).

> »Bildschirmtext und Kabelfernsehen ermöglichen die interaktive Auseinandersetzung zwischen nahezu unbegrenzt großen Gruppen von Menschen. Sie können eine für den einzelnen maßgeschneiderte Auskunft vermitteln, doch sie beruhen in hohem Maße auf Kontakten zwischen Mensch und Maschine« (Gergeley, 1985, S. 145).

Die wichtigsten »Neuen Medien« sind Bildschirmtext, Teletext (Videotext), Kabelfernsehen. Beim Kabelfernsehen sollte unseres Erachtens nicht generell von einem »Neuen Medium« gesprochen werden, denn in den Vereinigten Staaten breitete sich das Kabelfernsehen schon in den fünfziger und sechziger Jahren aus. Erst die im Jahre 1977 von der Firma Amex zum ersten Mal auf den Markt gebrachte Variante des Kabelfernsehens − die mit Kabelfernsehen ermöglichte Zweiwegkommunikation (»qube«) − verdient den Begriff »Neues Medium«. Schon dieses Beispiel zeigt die Relativität des Begriffes »neu«. Denn was heute in einigen Ländern »neu« genannt wird, existiert in anderen Ländern schon seit vielen Jahren, und es kann nach einigen Jahren schon Allgemeingut geworden sein.

Als wesentliches, auch für ältere Menschen (allerdings nicht für alle älteren Menschen!) bedeutsames Merkmal der »Neuen Medien« wird vor allem die durch Bildschirmtext und Kabelfernsehen ermöglichte Zweiwegkommunikation angesehen (vgl. Straka, 1988; Wald & Stöckler, 1991). Beispiele für die Zweiwegkommunikation sind: interaktives Abrufen von Informationen, Übermittlung von Nachrichten an andere Menschen, Gründung von geschlossenen Benutzergruppen, die intern Informationen austauschen, Abrufen von Kaufangeboten via Bildschirm. Die Zweiwegkommunikation versetzt auch den in seiner Mobilität eingeschränkten Menschen in die Lage, neue Informationen zu gewinnen sowie den Kontakt mit Behörden und anderen Menschen aufrechtzuerhalten.

Die Frage sollte nicht unbeantwortet bleiben, welche Gruppen älterer Menschen ausreichende Kenntnisse über »Neue Medien« besitzen und diese Medien auch tatsächlich nutzen. Es ist anzunehmen, daß Einkommen und Bildungsstand (als wichtige Schichtmerkmale) Einfluß auf den Kenntnisstand und das Nutzungsverhalten ausüben. Weiterhin sollte berücksichtigt werden, daß sich ältere Menschen in ihrer Einstellung gegenüber »Neuen Medien« (wobei hier zwischen einzelnen Medien zu differenzieren wäre) unterscheiden. Für die Ausbildung eines bestimmten Einstellungsmusters ist vermutlich auch der subjektiv erlebte Grad der Förderung oder Behinderung sozialer Kontakte durch die »Neuen Medien« wichtig. Diese Annahme lassen Ergebnisse einer Untersuchung von Brickfield (1984) zu, in der 750 Personen unterschiedlichen Alters (45 – 54, 55 – 64, 65 und mehr Jahre) in ihren Einstellungen zu einzelnen technischen Produkten sowie im Nutzungsverhalten miteinander verglichen wurden. Zum einen nutzten ältere Untersuchungsteilnehmer im Vergleich zu den jüngeren Untersuchungsteilnehmern nur seltener technische Produkte, vor allem »Neue Medien«. Allerdings war dies hauptsächlich bei jenen Menschen der Fall, die einen niedrigeren Bildungsstand aufwiesen und über ein geringeres finanzielles Einkommen verfügten. Zum anderen wurde festgestellt, daß bei älteren Untersuchungsteilnehmern dann eher eine kritische Einstellung zu einzelnen technischen Produkten (wieder vor allem zu »Neuen Medien«) erkennbar war, wenn diese im subjektiven Erleben Kommunikationsmöglichkeiten eher reduzierten als förderten. (Auch der Vorbehalt gegen Hausnotrufsysteme wurde von einigen Untersuchungsteilnehmern damit begründet, daß diese die persönlichen Kommunikationsmöglichkeiten eher verringerten als förderten.) Auf der anderen Seite war die Einstellung zu jenen technischen Produkten positiv, die subjektiv als bedeutsam für die Erfüllung persönlicher Bedürfnisse eingeschätzt wurden; hierzu gehörten vor allem Seh-, Hör- und Gehhilfen. Die Bedeutung der subjektiv erlebten Kommunikationshilfen oder Kommunikationsbarrieren für die Bewertung technischer Erzeugnisse wurde auch in der Untersuchung von Rott (1988) zur Einstellung älterer Menschen gegenüber dem Personal Computer festgestellt (vgl. auch van Noorden & Ekberg, 1990).

4. Technik in der Rehabilitation

Zahlreiche Beiträge beschäftigen sich mit der Technik in der Rehabilitation (vgl. z. B. Brody & Ruff, 1986). In diesen Beiträgen wird eine Aufgabe der Technik sehr deutlich: Sie soll dem behinderten Menschen bei der Bewältigung der Umweltanforderungen unterstützen, so daß dieser möglichst lange in der Lage ist, in seiner vertrauten Umwelt ein einigermaßen selbständiges Leben zu führen. Dieses Ziel wird sowohl durch die Bereitstellung technischer Hilfsmittel zur Kompensation sensorischer und motorischer Einschränkungen als auch durch die Schaffung barrierefreier Umwelten zu erreichen versucht. Ein breites

Spektrum sensorischer, motorischer und kognitiver Funktionseinschränkungen wird bei der Entwicklung technischer Hilfsmittel berücksichtigt.

Viele Beiträge befassen sich mit Funktionseinschränkungen und Behinderungen jüngerer Menschen, deutlich weniger Beiträge mit denen älterer Menschen. Diese Unterschiede sind vermutlich darauf zurückzuführen, daß die Rehabilitation älterer Patienten ein relativ neues Forschungs- und Praxisgebiet darstellt. Eines der wichtigsten Themengebiete im Bereich »Technik und Rehabilitation« besteht in der Verbesserung des Rollstuhls und der dadurch gesteigerten Mobilität (vgl. Rohmert, Lowenthal & Ruckert, 1990). Die Forschung zur Verbesserung dieses technischen Hilfsmittels ist insofern von allgemeiner Bedeutung für die Technik in der Rehabilitation, als sich gerade hier eine enge Kooperation zwischen Wissenschaftlern verschiedener Disziplinen sowie ein produktiver Technologie-Transfer (Übertragung von bereichsspezifischen Erkenntnissen und Produkten auf einen neuen Bereich; vgl. z. B. das NASA Technologie-Nutzungs-Programm) entwickelt haben.

5. Technik und Unterstützung hilfsbedürftiger Menschen

In einigen Beiträgen wird die Bedeutung, die technische Hilfsmittel für die Unterstützung hilfsbedürftiger Menschen besitzen, aufgezeigt (vgl. z. B. Bray & Wright, 1980; Grana & McCallum, 1986). Zum einen wird deutlich gemacht, daß der Einsatz technischer Hilfsmittel das Tätigkeitsspektrum sowie die Mobilität hilfsbedürftiger Menschen erheblich erweitern kann. Hier sei zum Beispiel die Verwendung von Heimrobotern bei Tetraplegikern mit kompletten Läsionen (vgl. Siosteen, Lundqvist, Blomstrand, Sullivan & Sullivan, 1990) erwähnt. Weiterhin seien Signalgeräte genannt, die der betreuenden Person anzeigen, wann der desorientierte Angehörige einen vorgegebenen Sicherheitsraum verläßt, die mit einem Rückkehr-Anzeiger ausgestattet sind und die die ständige Kommunkation zwischen beiden Personen ermöglichen (vgl. Rouse, 1988).

Zum anderen machen die Beiträge deutlich, daß durch den Einsatz technischer Hilfsmittel auch für die betreuende Person große Erleichterungen geschaffen werden können. Um bei den eben genannten Hilfsmitteln zu bleiben: Heimroboter können bei einzelnen, physisch besonders belastenden Tätigkeiten (wie z. B. dem Heben einer Person) eingesetzt werden; Signalgeräte geben auch der betreuenden Person ein höheres Maß an Bewegungsfreiheit und entheben diese von der Aufgabe, ständig in unmittelbarer Nähe des desorientierten Angehörigen zu sein.

6. Wohnung und Wohnumfeld sowie Stadtplanung

Beiträge zur Bedeutung der Wohnung und des Wohnumfeldes für die Aufrechterhaltung der Selbständigkeit im Alter sind mittlerweile in größerem Umfang erschienen (vgl. Bayerische Architektenkammer, 1989; Blosser-Reisen, 1990; Kuratorium Deutsche Altershilfe, 1986), wenige Beiträge beschäftigen sich hingegen mit der Frage, inwieweit die Bedürfnisse älterer Menschen bei der Stadt-

und Verkehrsplanung berücksichtigt werden (oder werden sollten) (Stadtplanung: Marx, 1989, sowie Sieverts, 1990; Verkehrsplanung, Verkehrsverhalten älterer Menschen: Ellinghaus, Schlag & Steinbrecher, 1990; Koppa, 1990; Mathey, 1991).

Bauliche Veränderungen innerhalb der Wohnung sowie die Ausstattung der Wohnung mit technischen Hilfsmitteln dienen nicht nur der Kompensation einzelner Einschränkungen, sondern auch der vermehrten Sicherheit (vgl. z. B. das Hausnotrufsystem, Wald & Stöckler, 1991; oder das Med-E-Lert, ein medizinisches Notrufsystem, welches aus einem kleinen Radio, einer in den Telephonhörer eingebauten Kontrolleinheit und einem Informationsempfänger im Notzentrum besteht. Drückt die Person im Notfall auf das Radio oder spricht sie laut bestimmte Wortfolgen, so werden Signale vom Radio zum Telephonhörer und von diesem zum Notzentrum übertragen; vgl. Brickfield, 1984). Darüber hinaus soll durch bauliche Veränderungen (z. B. durch Verbreiterung der Eingänge, durch Erweiterung der Bewegungsfläche in Bad, WC und Küche, durch veränderte Höhe des Waschbeckens und des WCs, durch Einbau einer Hebehilfe im Bad) die Mobilität älterer Menschen mit Gehhilfen oder im Rollstuhl gefördert werden. In diesen Beiträgen wird auf die erheblichen Mängel in den Wohnungen vieler älterer Menschen hingewiesen; neben der mangelhaften Bausubstanz sind vor allem die unzureichende sanitäre Ausstattung, Barrieren (z. B. Stufen, kleine Eingänge, nicht befestigte Teppiche) sowie der Mangel an technischen Hilfen zu nennen. Stolarz (1989) berichtet, daß in den alten Bundesländern zwei Millionen Haushalte der 60jährigen und älteren Menschen leichtere Mängel aufweisen, in denen Anpassungsmaßnahmen relativ leicht durchzuführen wären, in einer Million Haushalte gravierende Mängel bestehen (z. B. kein vollständiges Bad/WC) und bei einer halben Million Haushalte ein extremer Substandard vorliegt (z. B. kein WC). Es ist davon auszugehen, daß in den neuen Bundesländern ein noch viel größerer Bedarf an Wohnungsanpassungen besteht. Die Verbesserung der Wohnbedingungen älterer Menschen bildet ein zentrales Element bei der Schaffung altersfreundlicher Umwelten (vgl. Dieck, 1991).

Die Kompetenzförderung durch Veränderungen innerhalb der Wohnung wurde in einer Studie belegt, an der 744 hochbetagte Personen (85 Jahre und älter) teilgenommen haben (Hart, Bowling, Ellis & Silman, 1990). Bei jenen Untersuchungsteilnehmern, die in ihren Fertigkeiten eingeschränkt waren, wurden sofort (Gruppe 1) oder nach einem Monat (Gruppe 2) Veränderungen innerhalb der Wohnung vorgenommen (Erweiterung der Eingänge, Einbau eines erhöhten Toilettensitzes, behindertenfreundlicher Armaturen am Waschbecken sowie von Haltegriffen und Handläufen, bauliche Veränderungen in der Küche, Ausstattung mit behindertenfreundlichen Möbeln und Besteck). Bei den meisten Untersuchungsteilnehmern wurde durch diese Wohnungsveränderungen eine Verbesserung ihrer Fertigkeiten im Alltag erreicht.

In Beiträgen zur Stadtplanung wird aufgezeigt, daß Wohnungen älterer Menschen bevorzugt in Sanierungsgebieten und alten Großsiedlungen sowie weit entfernt vom Stadtkern liegen (vgl. z. B. Großhans, 1989; Spiegel, 1990), so daß Geschäfte, Kultur- und Kommunikationsstätten nur schlecht erreichbar sind, vor allem wenn man bedenkt, daß bei der Verkehrsplanung nur unzureichend auf die Bedürfnisse älterer Menschen Rücksicht genommen wird. Desweiteren wird hervorgehoben, daß viele Verkehrstrassen durch Wohngebiete geführt werden, in denen bevorzugt ältere Menschen leben; durch die damit verbundenen Lärm- und Schadstoffbelastungen werden die Wohnbedingungen vieler älterer Menschen weiter verschlechtert (vgl. z. B. Holzapfel, 1990).

7. Verkehrs- und Automobilplanung

Relativ wenige Beiträge sind bislang zum Thema »Ältere Menschen und Verkehr« erschienen (vgl. Mathey, 1991; Murray-Leslie, 1990; Schlag, 1990; vgl. auch Bundesminister für Familie und Senioren, 1991). Wie aus den Untersuchungen der Bundesanstalt für Straßenwesen (Ellinghaus, Schlag & Steinbrecher, 1990) hervorgeht, sind ältere Menschen nicht häufiger an Unfällen beteiligt als Menschen jüngeren Alters. Berücksichtigt man allerdings die geringere Fahrleistung älterer Menschen, so nimmt die Unfall-Leistungsrate oder die Unfall-Zeitrate zu.

Wichtig für die Verkehrsplanung ist die Beantwortung der Frage, in welchen Situationen vermehrtes Fehlverhalten älterer Kraftfahrer erkennbar ist und auf welche Ursachen dieses Fehlverhalten zurückgeht. Darüber geben die genannten Untersuchungen Aufschluß. Vermehrtes Fehlverhalten älterer Kraftfahrer findet sich hauptsächlich an Kreuzungen und in Einmündungen. Vor allem in Knotensituationen (hohe Verkehrsdichte, ungünstige Tageszeiten und Witterungsbedingungen) ist ein erhöhtes Maß an Unsicherheit und fehlerhaften Reaktionen erkennbar. Dieses wird aber, wie die Autoren betonen, häufig durch Anpassungen im Verkehrsteilnahmeverhalten kompensiert: Ungünstige Tageszeiten, hohe Verkehrsdichten, Dämmerungs- und Dunkelheitsfahrten sowie ungünstige Witterungsbedingungen werden eher gemieden, so daß durch eigenes Verhalten viele potentielle Gefahrenquellen erst gar nicht auftreten.

Als wichtige Ursachen für mögliches Fehlverhalten sowie für mögliche Unsicherheit im Straßenverkehr werden vor allem genannt (vgl. Mathey, 1991; Schlag, 1990): vermindertes Sehvermögen (in der Tages- und in der Dämmerungssehschärfe), Rückgang der Hell-Dunkel-Adaptation und der Entfernungsakkomodation, nachlassendes Leistungstempo, Gefahr der Überforderung bei hoher Komplexität (allerdings fallen Leistungsschwächen meist erst in Extremsituationen auf), erhöhter Zeitbedarf, Krankheiten und vermehrter Medikamentengebrauch. Würde bei der Verkehrsplanung auf diese Ursachen Rücksicht genommen, so könnten zusätzliche Gefahrenquellen vermieden oder zumindest verringert werden. Bessere Straßenmarkierung (vor allem an Kreuzungen und Einmündungen), verbesserte Farbabstimmungen im Straßenbereich, ausreichende Lichtfarben und Beschilderungen, Vermeidung komplexer Informationen bei den Beschilderungen und Ampelführungen, richtige Höhe der Verkehrsschilder und Ampeln sowie die Verringerung der Geschwindigkeit im Stadtverkehr sind einige der genannten Hilfen.

Auch durch Veränderungen im Automobil könnte die Verkehrssicherheit älterer Menschen weiter gefördert werden (vgl. Förster, 1991; Koppa, 1990). Dabei geht es nicht »um ein spezifisches Automobil für Ältere, sondern es geht darum, zu erkennen, daß ältere Menschen besonders sensible Meßinstrumente für Schwächen im Straßenverkehr und am Automobil sind« (Förster, 1991, S. 124). Als wichtige Veränderungen am Automobil, die die Mobilität und Sicherheit der älteren Kraftfahrer erhöhen würden, sind zu nennen: verbesserte Einstiegsverhältnisse (z. B. durch Vergrößerung des Türausschnittes, durch Erhöhung des Daches, durch Einbau einer Schiebetür sowie durch Vermeidung zu hoher Längsschweller, die gerade ältere Kraftfahrer daran hindern, die Beine allein durch Drehen um die Körperachse nach außen zu bringen), verbesserte Spiegel (z. B. asphärische Spiegel auf der Wagenseite, durch die der tote Winkel vermieden wird, der Kurvenbiegung folgende Spiegel, Spiegel, die in der senkrechten Erstreckung wesentlich größer sind, Einsatz von Fresnellinsen, die eine bessere Beobachtung des Gebietes unmittelbar hinter dem Wagen ermöglichen), verbesserte Transmission der Scheiben und dadurch erreichte Vermeidung der Tagblendung.

Bei der Weiterentwicklung öffentlicher Verkehrsmittel ist vor allem darauf zu achten, daß diese als Niederflurfahrzeuge konstruiert und eingesetzt werden, so daß eine möglichst geringe Höhendifferenz zwischen der Straße und der Verkehrsfläche des Busses, der Straßen- und Eisenbahn besteht, die auch Menschen im Rollstuhl durch absenkbare Plattformen den Einstieg ermöglicht. Weiterhin wird die Ausrüstung von Haltestellen und Bahnhöfen mit Aufzügen gefordert, eine Forderung, die bislang zu wenig erfüllt wurde (vgl. Marx, 1989).

8. »Menschliche Faktoren« und Technik

Einen weiteren Forschungsbereich bildet die Untersuchung »menschlicher Faktoren« und ihrer Einflüsse auf die Nutzung technischer Erzeugnisse sowie auf die Mensch-Maschine-Interaktionen (vgl. Lesnoff-Caravaglia, 1988; Robinson, Livingston & Birren, 1984). Die Zeitschrift »Human Factors« ist ein international anerkanntes Publikationsorgan, welches neben Fortschritten in der Technologie ethische Fragestellungen, die mit diesen Fortschritten verbunden sind, die Einstellung des Menschen zu einzelnen technischen Produkten, fördernde und hindernde Momente bei der Nutzung technischer Erzeugnisse sowie Probleme bei den Mensch-Maschine-Interaktionen behandelt.

Einige der Probleme bei der Nutzung technischer Erzeugnisse, die in Beiträgen dieser Zeitschrift immer wieder angeführt werden, seien im folgenden kurz genannt. Kenntnisse über einzelne technische Erzeugnisse, die eine große Hilfe bei der Bewältigung der Anforderungen im Alltag darstellen würden, sind bei vielen Menschen gering; dies gilt vor allem für Personen mit einem geringen Bildungsstand. Die Fülle von Funktionen, die ein technisches Produkt bereitstellt, wird oftmals nicht ausgeschöpft. Dies liegt vor allem daran, daß die meisten Menschen im Gebrauch dieser Produkte nicht ausreichend unterwiesen wurden und daß sich viele Menschen den kompetenten Umgang mit technischen Produkten nicht zutrauen. Schwierigkeiten älterer Menschen bei der Nutzung technischer Produkte sind häufig darauf zurückzuführen, daß die Informationen zur Bedienung in einer Weise dargeboten werden, die auf mögliche Einschränkungen in sensorischen Funktionen sowie auf Probleme beim Verständnis einer unvertrauten Sprache wenig Rücksicht nimmt. Einfache Beispiele dafür bilden die Fahrkartenautomaten, deren Nutzung vor allem deswegen Schwierigkeiten bereitet, weil die Informationen zur Bedienung in kleiner Drucktype dargeboten werden und unübersichtlich angeordnet sind (es werden zu viele Informationen auf zu engem Raum dargeboten). Desweiteren ist zu berücksichtigen, daß einem Teil der älteren Menschen dieses technische Hilfsmittel unvertraut ist (dessen Gebrauch also mit einem »Umlernen« verbunden ist), wodurch sich zusätzliche Anwendungsprobleme ergeben können.

E. Die Weiterentwicklung der Technik für ältere Menschen als Aufgabe
   interdisziplinärer Forschung und Praxis

Bei Überlegungen zu diesem thematischen Aspekt kann man von drei Entwicklungen in den heutigen westlichen Gesellschaften ausgehen:
– von der demographischen Entwicklung,
– von der Entwicklung des gerontologischen Forschungsstandes,
– von der Entwicklung in der Technologie.

Demographische Entwicklung: Die absolute wie relative Anzahl älterer Menschen steigt kontinuierlich an; dies ist vor allem in der Gruppe der Hochbetagten der Fall (vgl. z. B. den demographischen Überblick bei Lehr, 1991). Ältere Menschen werden quantitativ zu einem immer bedeutenderen Teil der Gesellschaft. Aus diesem demographischen Wandel erwächst vermehrt die Aufgabe, Umwelten so zu gestalten, daß auch Menschen im hohen Alter die Möglichkeit haben, ihre spezifischen Potentiale (zu denen z. B. ihre Erfahrungen, ihr Wissen, ihre Kreativität gehören) einzubringen und umzusetzen. Diese Aufgabe läßt sich nur in dem Maße erfüllen, in dem es gelingt, negative Altersbilder aufzugeben, die objektiven Lebensbedingungen jener Menschen, deren Lebenssituation zahlreiche Einschränkungen aufweist, zu verbessern und kulturelle wie soziale Angebote zu schaffen (oder bestehende Angebote zu erweitern), die die Aufrechterhaltung von Interessen, Fähigkeiten und Fertigkeiten fördern. Weiterhin müssen diese Umwelten so beschaffen sein, daß sie Menschen im hohen Alter bei der Aufrechterhaltung einer möglichst selbständigen Lebensführung unterstützen.

Entwicklung des gerontologischen Forschungsstandes: Gerontologische Forschung und Praxis hat unser Wissen über die Kompetenz im Alter sowie über kompetenz-fördernde und kompetenz-hindernde Merkmale der Umwelt erheblich erweitert. Dieses Wissen über kompetenz-fördernde und -hindernde Umwelten, ebenso wie über die im Alter bestehende Plastizität, bildet eine bedeutende Grundlage der Weiterentwicklung der Technik für ältere Menschen. Umgekehrt können die Erkenntnisse, die in Untersuchungen zum Umgang älterer Menschen mit einzelnen technischen Erzeugnissen gewonnen wurden, dazu dienen, unser Wissen über die Kompetenz, das Veränderungspotential und kompetenz-fördernde oder -hindernde Person-Umwelt-Transaktionen im Alter zu erweitern.

Entwicklungen in der Technologie: Schon ein erster Blick auf die Untersuchungen in jenen Bereichen der Technologie, die von besonderer Bedeutung für die altersfreundliche Gestaltung von Umwelten sind, weist nicht nur auf den hohen Forschungsstand in diesen Bereichen hin, sondern auch auf die vielfältigen und erfolgreichen Bemühungen, Forschungsergebnisse aus diesen Bereichen für eine Technik für ältere Menschen fruchtbar zu machen. Nicht selten wird in Arbeiten zum Thema »Alter und Technik« die Annahme aufgestellt, hier werde Neuland betreten. Diese Annahme ist unzutreffend. Es wurden mittlerweile so viele technische Produkte speziell für ältere Menschen oder technische Produkte, die auch für ältere Menschen eine Bereicherung und Hilfe darstellen, entwickelt, daß »Alter und Technik« nicht mehr als ein »neues« Themengebiet angesehen werden kann.

Die drei genannten Entwicklungen legen eine noch engere Kooperation zwischen Gerontologie und Technologie — die durch forschungspolitische Programme gefördert werden sollte — nahe. Leider ist in der Bundesrepublik Deutschland diese Kooperation noch nicht so weit entwickelt, wie dies ihrer Bedeutung für die Erhaltung und Förderung der Lebensqualität im Alter nach notwendig wäre. Es bleibt zu hoffen, daß in nächster Zeit sowohl von Wissenschaftlern als auch von Politikern Impulse zur engeren Zusammenarbeit zwischen Gerontologie und Technologie ausgehen, die beispielsweise in interdisziplinären Forschungsprojekten ihren Niederschlag finden könnten.

In dieser Hinsicht kann die Forschungspraxis in den Vereinigten Staaten als vorbildlich angesehen werden (vgl. den Forschungsbericht »Technology and Aging in America«, U.S. Office of Science and Technology, 1985). Beispiele für eine erfolgreiche Kooperation zwischen Gerontologie und Technologie seien im folgenden angeführt, da diese nachahmenswert sind.

1. Beispiele für eine enge Kooperation zwischen Gerontologie und
   Technologie
   Bei der Gründung der NASA (National Aeronautics and Space Administration) im Jahre 1958 wurde dieser Institution die Aufgabe übertragen, Erkenntnisse der Weltraum-Technologie für die Bewältigung von Anforderungen zu nutzen, die das Leben auf der Erde stellt (diese Aufgabe wird in dem »National Aeronautics and Space Act« ausdrücklich genannt). Aus diesem Grunde wurde ein Technologienutzungsprogramm entworfen. Das Arbeitsteam zur Realisie-

rung dieses Nutzungsprogramms setzt sich aus Ingenieuren und Wissenschaftlern anderer Disziplinen zusammen. Dieses Team hat die Aufgabe, die NASA bei dem Technologie-Transfer zu beraten und zu unterstützen.

Die NASA kooperiert eng mit den National Institutes of Health (NIH). Dort wurde ein Institut eingerichtet, das als Zentralstelle für die Technologie-Bewertung und den Technologie-Transfer dient. Diese Zentralstelle soll Erkenntnisse biomedizinischer Forschung mit Erkenntnissen der Technologie verbinden, um unter anderem Empfehlungen für die Weiterentwicklung der Technik im Bereich der medizinischen Versorgung zu erarbeiten.

In mehreren Arbeiten wird die erfolgreiche Kooperation zwischen den National Institutes of Health, zu denen auch das National Institute on Aging (NIA) gehört, mit der NASA hervorgehoben (vgl. z. B. Bagley & Williams, 1988; Rouse, 1988). Mitarbeiter des NIA gehören der interinstitutionellen Arbeitsgruppe »Technology and Aging« an, die sich weiterhin aus Vertretern des National Institute on Handicapped Research, der Administration on Aging und der Veterans Administration zusammensetzt. Diese Arbeitsgruppe arbeitet eng mit der NASA in der Entwicklung neuer technischer Hilfsmittel für ältere Menschen zusammen. Sie hat sich zum Ziel gesetzt, aufzuzeigen, in welchen Lebensbereichen kranken oder behinderten älteren Menschen durch die Entwicklung neuer technischer Hilfsmittel geholfen werden könnte. Wo immer dies möglich ist – so lautet eine weitere Zielsetzung dieser Arbeitsgruppe –, soll auf die von der NASA entwickelte Weltraum-Technologie zurückgegriffen werden.

2. Arbeitsansatz der interinstitutionellen Arbeitsgruppen

Der Arbeitsansatz dieser interinstitutionellen Arbeitsgruppe, ebenso wie die Kooperation zwischen NASA und NIA, läßt sich in vier Schritte untergliedern. Den ersten Schritt bildet die Erkundung jener Anforderungen an ältere Menschen, deren Bewältigung durch Nutzung der Weltraum-Technologie gefördert wird. Dabei bemüht sich die Arbeitsgruppe darum, jene Anforderungen zu benennen, die für ältere Menschen besonders belastend sind und/oder mit denen sich eine große Gruppe älterer Menschen auseinandersetzen muß. Diese Anforderungen werden als vordringlich angesehen. Als vordringliche Probleme und daraus resultierende Aufgaben für die Technik wurden eingestuft:

– Schwierigkeiten bei der Bedienung des Rollstuhls (Problem); Entwicklung von Rollstühlen, die ein deutlich geringeres Gewicht haben, die leichter bedient werden können und die eine längere Verwendungsdauer besitzen (Aufgabe).
– Hohe zeitliche und psychische Beanspruchung betreuender Angehöriger durch das Umherwandern desorientierter oder verwirrter älterer Menschen, darüber hinaus Gefahren, denen sich diese älteren Menschen durch das Umherwandern aussetzen (Problem); Entwicklung eines Signalgerätes, welches umherwandernden Menschen angesteckt und mit dem eine Sicherheits-

zone bestimmt werden kann, bei deren Verlassen sowohl die umherwandernde Person als auch die betreuenden Angehörigen gewarnt werden (Aufgabe).

– Urininkontinenz (Problem); Entwicklung einer Manschette, die um die Urethra gelegt wird und die bei Auffüllung die Urtethra zusammenpreßt, Entwicklung einer Röhre, die leicht durch die Haut eingeführt und mit der die Flüssigkeit aus der Manschette entnommen werden kann (Aufgabe).

In einem zweiten Schritt wird überprüft, inwieweit für die Bewältigung dieser Anforderungen Lösungen gefunden werden können, die auf der NASA-Weltraum-Technologie aufbauen. Bei den drei genannten Bereichen boten sich Lösungen an:

– Entwicklung eines Rollstuhls mit geringem Gewicht und besseren Bedienungsmöglichkeiten: Hier bot sich die Nutzung von Material an, das von der NASA für die Erleichterung des Transports auf dem Mond entwickelt worden war. Außerdem wurden Computerprogramme der NASA für die Strukturanalyse verwendet. Der schließlich hergestellte Rollstuhl wiegt nur noch 12 kg (anstatt 25 bis 27,5 kg); die computergestützte Bedienung wurde verfeinert.

– Entwicklung eines prothetischen Urin-Schließmuskels: Hier bot sich die Nutzung eines hydraulischen Kontrollsystems an, das ursprünglich für Experimente auf dem Mars entwickelt worden war. Außerdem wurde eine Röhre verwendet, die eigentlich dazu diente, der mit Hilfe eines Roboterarms von der Marsoberfläche entnommenen Erde verschiedene Reagenzen hinzuzufügen.

– Entwicklung eines Signalgerätes mit einem Heimkehr-Richtanzeiger: Hier boten sich Signalgeräte an, die bei Mond-Expeditionen benutzt worden waren.

Drittens wird die Kooperation mit infrage kommenden Herstellern dieser technischen Produkte gesucht. Schließlich folgt viertens die Beratung der Hersteller bei der Umsetzung von Projektplänen und der Durchführung der Evaluation.

In der Kooperation zwischen NASA und NIH wurde ein Personal Computer als elektronisches Notizbuch für Diabetiker entwickelt. Weiterhin wurde ein Fallsicherungssystem zur Vermeidung von Stürzen hergestellt. Schließlich ist eine Vielzahl mobiler Roboterdienste zu nennen, die in enger Kooperation von Wissenschaftlern eines Roboter-Forschungsinstituts mit Gerontologen (u. a. des NIA) geschaffen wurden (vgl. Engelhardt, 1986).

F. Schaffung altersfreundlicher Umwelten durch Technik – einige Beispiele aus der Rehabilitation

Es würde die Kompetenz des Autors übersteigen, wollte er einen umfassenden und differenzierten Überblick über die Vielfalt technischer Hilfsmittel für ältere Menschen geben. Auch wäre ein solcher Überblick in einem Kapitel gar nicht möglich. Die Entscheidung, Beispiele für die Schaffung altersfreundlicher Umwelten durch Technik zu geben, leitet sich aus den Zielsetzungen dieses Kapitels ab: Es möchte aufzeigen, wie weit der Forschungsstand zum Themengebiet »Alter und Technik« mittlerweile gediehen ist, in welchem Maße Technik zur Aufrechterhaltung und Förderung der Kompetenz im Alter beitragen kann und wie fruchtbar die Kooperation zwischen Gerontologie und Technologie ist.

Als Beispiele für die Schaffung altersfreundlicher Umwelten durch Technik werden technische Hilfsmittel in der Rehabilitation gewählt. Einige Vorüberlegungen seien diesem Teil des Beitrags vorausgeschickt. Die von der Weltgesundheitsorganisation (1980) vorgeschlagene Differenzierung zwischen »impairment« (auf Organebene liegende Verluste oder pathologische Veränderungen der anatomischen Struktur/der physiologischen/der psychologischen Funktionen), »disability« (auf Personebene liegende Mängel oder Einschränkungen in der Fähigkeit zur normalen Ausübung einer Tätigkeit oder mehrerer Tätigkeiten, wobei diese Mängel oder Einschränkungen durch Verluste oder Veränderungen auf Organebene – »impairment« – verursacht sind) und »handicap« (durch soziale Normen geschaffene Hindernisse bei der Ausübung subjektiv und sozial bedeutsamer Rollen; soziale Ebene) ist auch für das Verständnis der Technik in der Rehabilitation wichtig. Zum einen wurden technische Hilfsmittel mit dem Ziel geschaffen, die auf Organebene liegenden Verluste und Veränderungen von Funktionen soweit zu kompensieren, daß die Ausübung einzelner Tätigkeiten besser gelingt. Als Beispiele sind die Seh-, Hör- und Gehhilfen zu nennen. Zum anderen wurden technische Hilfsmittel mit dem Ziel hergestellt, die Umweltbedingungen soweit zu verbessern, daß die Fähigkeit zur selbständigen Ausübung einzelner Tätigkeiten zunimmt. Als Beispiele sind Hebevorrichtungen im Bad, der elektrische klappbare Treppenlift, Roboterarme und Ultraschallempfänger in der Wohnung (die mit synthetischer Stimme eine Standortansage geben) zu nennen. Schließlich wird durch die Technik in der Rehabilitation die Möglichkeit geschaffen, der Stigmatisierung kranker und behinderter Menschen wenigstens in Ansätzen entgegenzuwirken. Durch die Nutzung technischer Hilfsmittel können die Selbständigkeit, die Umsetzung erhaltener Fähigkeiten und Fertigkeiten sowie die soziale Teilhabe dieser Menschen so weit gefördert werden, daß auch die Gesellschaft die Potentiale kranker und behinderter Menschen eher erkennt. Das Fehlen technischer Hilfsmittel wäre bei vielen Menschen mit einer deutlich geringeren Aktivität, einem weit engeren Interessens- und Tätigkeitsspektrum sowie einer deutlich geringeren sozialen Teilhabe verbunden. Dies würde die Gefahr einer Stigmatisierung kranker und behinderter Menschen erhöhen.

Bei vermehrter Beachtung technischer Hilfen in der Rehabilitation ergibt sich auch eine veränderte Sichtweise sensorischer Einschränkungen. Diese lassen sich dann als Produkt
— organischer Dysfunktionen (in den Rezeptoren, im Zentralnervensystem),

– intrinsischer Kompensationsstrategien (z. B. vermehrte Beachtung visueller Reize bei eingeschränktem Hörvermögen),
– extrinsischer Kompensationshilfen (sensorische Hilfen),
– der Einflüsse der (sozialen und räumlichen) Umwelt auf die Ausübung von Tätigkeiten,
– der Einstellung der Gesellschaft gegenüber kranken und behinderten Menschen (welche Initiativen werden für die Behandlung und Rehabilitation dieser Menschen unternommen?)

verstehen (vgl. Whitlock, 1988). Bei der Nutzung technischer Hilfsmittel wirken also persönliche Strategien, von außen bereitgestellte technische Hilfen und gesellschaftliche Altersbilder zusammen.

1. Technische Sehhilfen

Visuelle Einschränkungen im Alter – meist verursacht durch Katarakt, senile Makulardegeneration, Glaukom und Diabetes mellitus – treten graduell auf und ermöglichen dadurch wenigstens in Ansätzen eine Anpassung durch technische Hilfsmittel. In der Rehabilitation wird auch vom funktionalen Sehen gesprochen; mit diesem Begriff wird die Aufgabe beschrieben, sich vermehrt auf die Maximierung der vorhandenen Sehfähigkeit zu konzentrieren.

Für Menschen mit starken Einschränkungen des Sehvermögens wurden mittlerweile zahlreiche Spezialbrillen entwickelt, die eine optimale Anpassung an die Art und Schwere der bestehenden Einschränkungen aufweisen. Die mit diesen Brillen erzielten Erfolge werden durch Beleuchtungshilfen (wie z. B. durch Kontrasthilfen und durch verstellbare Tische) noch gesteigert. Des weiteren wurden Lesegeräte entwickelt, die die geschriebenen Informationen vergrößern oder die mit Hilfe einer Videokamera Texte lesen und diese in extremer Vergrößerung auf einen Bildschirm projizieren.

Von dem hohen Entwicklungsstand technischer Hilfsmittel zeugen vor allem sensorische Hilfen für erblindete Menschen. Hier ist zum Beispiel die Kurzwell-Lesemaschine zu nennen, ein Computer, der Texte in synthetische Sprache übersetzt. Weiterhin ist das »Textlesen« mit einem Optacon anzuführen, einem tragbaren telesensorischen System, welches den Text mit einer Kamera erfaßt und diesen über vibrierende Stifte in Blindenschrift übersetzt. Schließlich ist auf den Russel Pathsounder hinzuweisen, einen Hindernis-Detektor, der durch Töne die Präsenz eines Gegenstandes anzeigt (einen guten Überblick über technische Hilfen für Blinde geben Blosser-Reisen, 1990; DiStefano & Aston, 1986; Ferguson & Ferguson, 1986).

2. Technische Hörhilfen

Der Rückgang des Hörvermögens im Alter (Presbycusis) läßt sich durch die bisher entwickelten Hörgeräte nur unzureichend kompensieren. In allen Arbeiten wird hervorgehoben, daß die Hörgeräte nicht perfekt arbeiten, die Ausprägung des Hörverlustes sowie die spezifischen Frequenzen, die verloren sind, nicht ausgleichen können, und ein schlechtes Signal-Geräusch-Verhältnis aufweisen (vgl. Glass, 1986; Whitlock, 1988). Desweiteren ist zu bedenken, daß die Bedienung eines Hörgerätes bei motorischen Einschränkungen in der Hand (die z. B. bei Arthrose gegeben sind) sehr schwer, wenn nicht sogar unmöglich ist.

Die Forschung zur Verbesserung technischer Hörhilfen ist intensiv. Es wurde beispielsweise versucht, durch Einbau von Richtmikrophonen die Diskriminierung akustischer Reize zu fördern. Weiterhin wurden Kopfhörer entwickelt, die mit einem Hörverstärker verbunden sind, an den ein Mikrophon angeschlossen ist. Diese Geräte haben den Vorteil, daß sie die begleitenden Geräusche minimieren und die eigentlichen akustischen Signale maximieren. Bei den neuesten Geräten ist eine Verbindung von Mikrophon und Verstärker nicht mehr notwendig.

Für schwerhörige Menschen wurden Spezialbrillen entwickelt, die das Sprachlesen erleichtern sollen. Ein tragbares Sprachanalysierungsgerät wird verwendet, das phonemische Informationen speichert und diese in visuelle Reize umsetzt. Dies geschieht mit Hilfe kleiner weißglühender Lampen, die direkt an den Brillengläsern angebracht sind. Der Träger sieht die phonemischen Symbole in Form von dynamischen Lichtmustern, die über die Lippen des Sprechenden gelegt sind. Die Identifikation der Wörter ließ sich durch diese Methode um bis zu 20 Prozent steigern.

Weiterhin wurden akustische Geräte entwickelt. Ein Hörgerät, zum Beispiel, erfaßt die akustischen Signale und übersetzt diese über vibrierende Stifte in taktile Informationen, die mit den Fingerkuppen entschlüsselt werden können (ähnliches Vorgehen wie bei der Blindenschrift). Für Schwerhörige wurden Geräuschmelder entwickelt, die akustische Signale in die Räume der Wohnung übertragen. Desweiteren beschäftigen sich Forschungsprogramme mit der Herstellung von Videotelephonen (vgl. z. B. RACE-»Research and Development of Advanced Communication in Europe«; vgl. van Noorden & Ekberg, 1990). Mit Hilfe von Teleschreibmaschinen können die über Telephon empfangenen Informationen ausgedruckt werden; umgekehrt können Informationen über die Tastatur eingegeben und dann in synthetische Sprache übersetzt werden.

Schließlich sind Licht-Signalanlagen an der Haustüre oder am Telephon zu nennen, die akustische in visuelle Reize übersetzen. Ebenso wie diese Lichtsignale werden auch Telephongeräte mit Hörverstärker, integriertem Hörgerät und optischem Anzeiger mittlerweile häufig genutzt (einen guten Überblick über technische Hilfen für schwerhörige oder taube Menschen geben Blosser-Reisen, 1990; Glass, 1986; Whitlock, 1988).

3. Technische Hilfen bei polymodalen sensorischen Einschränkungen

Viele Beiträge zur Technik in der Rehabilitation konzentrieren sich auf die Entwicklung und Anwendung technischer Hilfen bei einzelnen sensorischen Einschränkungen. Im Alter nimmt die Gefahr polymodaler sensorischer Einschränkungen zu, so daß die Kompensation verringerter Funktionstüchtigkeit eines sensorischen Organs durch vermehrte Konzentration auf andere sensorische Organe reduziert ist.

Bislang sind nur wenige Arbeiten erschienen, die die Herausforderungen polymodaler sensorischer Einschränkungen an die Technik behandeln (vgl. Ferguson & Ferguson, 1986). Hier sind vor allem die technischen Hilfen bei Einschränkungen des Berührungs- und Tastsinns zu nennen, die mit Hilfe sensorischer Transfersysteme Informationen aus den intakten Bereichen in die geschädigten Bereiche übertragen. Auf diese Weise kann zum Beispiel erblindeten Menschen, bei denen gleichzeitig eine verringerte Sensbibilität in den Fingerkuppen besteht, beim Lesen der Blindenschrift geholfen werden.

In eigenen Untersuchungen des Autors zur Kompetenz im Alter (Kruse, im Druck) wurde deutlich, daß einzelne sensorische Einschränkungen meist verarbeitet werden können, daß hingegen Einschränkungen in mehreren sensorischen Funktionen mit bleibenden hohen psychischen Belastungen verbunden sind. Die Orientierung in der Umwelt ist nun sehr erschwert, so daß sich nicht wenige Menschen von der Umwelt »abgeschnitten« erleben.

4. Technische Hilfen bei Einschränkungen der Mobilität

Auch in diesem Bereich sind die entwickelten technischen Hilfsmittel vielfältig. Sie reichen von Gehgestellen und Gehhilfen bis zum elektronischen Treppenlift, zur Hebevorrichtung und zu Rollstühlen in leicht bedienbarer und zusammenklappbarer Ausführung. Des weiteren können mit Infrarot-Fernbedienung Schalter, Beleuchtungsanlagen und Rolläden im Sitzen betätigt werden.

Wichtige Erkenntnisse für die Zukunft sind von der Roboter-Technologie zu erwarten. Roboter gibt es in den verschiedensten Ausführungen zur Unterstützung bei unterschiedlichen Tätigkeiten. Sie reichen vom Roboterarm, der bei der Ausübung einer Tätigkeit unterstützt, bis zum vollständigen Roboter, der alle Tätigkeiten ausführt, so daß ein kognitiv kompetenter, in seiner Motorik hingegen stark eingeschränkter Mensch in der Lage ist, auch anspruchsvolle Aufgaben auszuführen.

In den skandinavischen Ländern, in den Niederlanden und in den Vereinigten Staaten nehmen gerade in den letzten Jahren Forschungsinitiativen zu, die sich mit der Entwicklung »intelligenter Wohnungen« (smart house) für ältere Menschen beschäftigen. In der »intelligenten Wohnung« ist die zentrale Steuerung vieler Kleincomputer durch einen zentralen Computer (»Computer-Netzwerk«) möglich. Die »intelligente Wohnung« ermöglicht die ferngesteuerte oder automatische Bedienung zahlreicher Gegenstände (z. B. Türen, Rolläden, TV, Radio, Küchengeräte). Dabei können einzelne Abläufe vom Benutzer selbst koordiniert werden, so daß ein Ablauf automatisch Impulse für einen anderen Ablauf gibt.

G. Ausblick

Versucht man einen ersten Überblick über technische Hilfsmittel für ältere Menschen zu gewinnen, so ist man überrascht von der Fülle und Vielfalt dieser Erzeugnisse. Dabei erhebt sich die Frage, welche Erzeugnisse von welchen Gruppen älterer Menschen genutzt werden und in deren »Reichweite« liegen. Bei aller Anerkennung des Forschungsstands der Technik für ältere Menschen darf nicht übersehen werden, daß nur eine relativ kleine Gruppe über den Bildungsstand, über die Kenntnisse bestehender Technik-Angebote sowie über ausreichende finanzielle Ressourcen verfügt, um von den hochentwickelten technischen Hilfen Gebrauch machen zu können. Darüber hinaus weisen die Umwelten nicht weniger älterer Menschen gravierende Mängel auf, deren Behebung oder Linderung als eine vordringliche Aufgabe anzusehen ist. Dabei ist auch zu bedenken, daß die Ausstattung der Wohnung mit technischen Hilfsmitteln die Erfüllung eines objektiven Grundstandards in der Wohnqualität erfordert.

Eine Aufgabe der Zukunft wird darin bestehen, in den Umwelten älterer Menschen gravierende Mängel und Einschränkungen zu beseitigen oder zu lindern. Es ist bekannt, daß in den Wohnungen mit unzureichender Bausubstanz und sanitärer Ausstattung hauptsächlich ältere Menschen leben. Die Verbesserung der Wohnqualität ist der erste Schritt zur Schaffung altersfreundlicher Umwelten.

Neben der Verbesserung der Wohnqualität bildet die vermehrte Berücksichtigung der Bedürfnisse älterer Menschen in der Stadt- und Verkehrsplanung eine wichtige Zukunftsaufgabe. Dabei ist zu bedenken, daß in Zukunft sehr viel mehr ältere Menschen aktiv am Straßenverkehr teilnehmen werden als heute, zum einen aufgrund der Zunahme älterer Menschen in unserer Bevölkerung, zum anderen aufgrund der bei vielen Menschen zu beobachtenden Einstellung, ohne ein eigenes Auto in der Mobilität erheblich eingeengt zu sein. Diese Einstellung findet sich nicht nur bei jüngeren, sondern auch bei älteren Menschen (Wittenberg, 1986). Es ist zu erwarten, daß sie in den künftigen älteren Generationen noch stärker vertreten sein wird als bei den heutigen Alten.

Eine weitere Aufgabe der Zukunft wird darin bestehen, die Kenntnisse älterer Menschen über technische Angebote zu erweitern. Darüber hinaus müssen auch in Berufsgruppen, die sich mit Fragen des Alters befassen, die Kenntnisse über technische Angebote und deren Bedeutung für die Aufrechterhaltung der Selbständigkeit ausgebaut werden. Oft erhalten ältere Menschen nicht das in ihrem Falle notwendige technische Hilfsmittel, weil Ärzte oder Mitarbeiter der ambulanten und stationären Dienste

— keine Kenntnisse über das Angebot dieses Hilfsmittels besitzen,
— nicht über ausreichende Kenntnisse hinsichtlich der institutionellen Unterstützung bei dem Erwerb dieses Hilfsmittels verfügen.

Die Nutzung technischer Hilfsmittel erfordert Kompetenz. Bislang ist zu wenig berücksichtigt worden, daß durch fehlende Unterweisung in der Bedienung eines technischen Hilfsmittels oder durch unzureichende Informationsdarbietung der Wert dieses Hilfsmittels deutlich eingeschränkt sein kann. In den künftigen älteren Generationen wird vermutlich die Einstellung gegenüber einzelnen technischen Hilfsmitteln eine andere sein als in den heutigen älteren Generationen. Für die ersteren ist die hochentwickelte Technik zu einem vertrauten Merkmal der Umwelt geworden, und sie sehen einzelne technische Erzeugnisse als etwas »Selbstverständliches« an. Aus diesem Grunde ist zu erwarten, daß sie auch im Alter in hohem Maße auf technische Produkte zurückgreifen werden.

Möglicherweise sind die künftigen älteren Generationen in ihrer Entwicklung besonders mit den Gefahren der Technik konfrontiert worden. Der Mensch kann im heutigen Entwicklungsstadium der Technik nicht mit Sicherheit Katastrophen ausschließen. Möglicherweise treten solche Katastrophen auf; sie könnten sich auf die allgemeine Einstellung gegenüber Technik auswirken.

Eine weitere Aufgabe der Zukunft kann in der vermehrten Beteiligung älterer Menschen an der Entwicklung technischer Hilfsmittel für das Alter gesehen werden. In den Vereinigten Staaten ist dies mittlerweile zur Selbstverständlichkeit geworden; dort haben sich Expertengruppen älterer Menschen gebildet, die Institute bei der Entwicklung technischer Hilfsmittel beraten. Dies könnte ein Vorbild für die Bundesrepublik Deutschland sein, in der viele ehrenamtliche Initiativen älterer Menschen bestehen, allerdings eher für nachfolgende Generationen als für die eigene Generation.

Schließlich sollte die Zusammenarbeit zwischen Gerontologie und Technologie forschungspolitisch gefördert werden. Diese Zusammenarbeit hat sich in einzelnen Ländern als sehr fruchtbar erwiesen. Die dort gewonnenen Erfahrungen sollten auch in der Bundesrepublik Deutschland vermehrt genutzt werden.

Literaturverzeichnis

Alexander, J. E. & Davidoff, D. A. (1990). Psychological testing, computers, and aging. *International Journal of Technology and Aging, 3*, 47 – 56.

Ansley, J. & Erber, J. T. (1988). Computer interaction. Effect of attitudes on performance in older adults. *Educational Gerontology, 14*, 107 – 119.

Bagley, S. P. & Williams, T. F. (1988). Technology and aging. In G. Lesnoff-Caravaglia (Ed.), *Aging in a technological society* (pp. 19 – 25). New York: Human Sciences Press.

Baltes, P. B. (1984). Intelligenz im Alter. *Spektrum der Wissenschaft, 5*, 46 – 60.

Bayerische Architektenkammer (Hrsg.) (1989). *Wohnen im Alter – Perspektiven einer Lebensform.* München: Bayerische Architektenkammer, Akademie für Fort- und Weiterbildung.

Blosser-Reisen, L. (1990). Selbständige Lebens- und Haushaltsführung bei Behinderungen im Alter mit Hilfe neuer Technologien. *Zeitschrift für Gerontologie, 23*, 3 – 11.

Bray, J. & Wright, S. (Eds.) (1980). *The use of technology in the care of the elderly and the disabled.* London: Frances Pinter Publishers.

Brickfield, C. F. (1984). Attitudes and perceptions of older people toward technology. In P. K. Robinson, J. Livingston & J. E. Birren (Eds.), *Aging and technological advances* (pp. 31 – 38). New York: Plenum Press.

Brody, S. J. & Ruff, G. E. (Eds.) (1986). *Aging and rehabilitation*. New York: Human Sciences Press.

Bundesminister für Familie und Senioren (Hrsg.) (1991). *1. Altenbericht der Bundesregierung*. Bonn: Bundesminister für Familie und Senioren.

Chin, K. (1985). The elderly learn to compute. *Aging, 348*, 4 – 7.

Condreay, V. & Condreay, R. (1984). Introducing computer technology to institutionalized elderly. *The Gerontologist, 22*, 361 – 363.

Dieck, M. (1991). Wohnen. In W. D. Oswald, W. M. Herrmann, S. Kanowski, U. M. Lehr & H. Thomae (Hrsg.), *Gerontologie* (S. 645 – 655). Kohlhammer: Stuttgart.

DiStefano, A. F. & Aston, S. J. (1986). Rehabilitation for the blind and visually impaired elderly. In S. J. Brody & G. E. Ruff (Eds.) (1986). *Aging and rehabilitation* (pp. 203 – 217). New York: Human Sciences Press.

Ellinghaus, D., Schlag, B. & Steinbrecher, J. (1990). *Leistungsfähigkeit und Fahrverhalten älterer Kraftfahrer*. Bergisch Gladbach: Bundesanstalt für Straßenwesen.

Engelhardt, K. G. (1986). Current status and future prospects for robotic technology in the health care delivery. *Journal of American Paralysis Association, 3*, 111 – 126.

Ferguson, S. & Ferguson, S. D. (1986). High-resolution vision prosthesis systems: Research after 15 years. *Journal of Visual Impairment and Blindness, 80*, 523 – 527.

Finkel, S. I. & Yesavage, J. A. (1989). Learning mnemonics: a preliminary evaluation of a computer-aided instruction package for the elderly. *Experimental Aging Research, 15*, 199 – 201.

Förster, H. J. (1991). Beitrag der Technik zur Verkehrssicherheit älterer Menschen. In Steinbeis-Stiftung (Hrsg.), *Technik für den Menschen* (S. 123 – 131). Stuttgart: Steinbeis-Stiftung.

Gergeley, S. M. (1985). *Mikroelektronik*. München: Piper.

Glass, L. E. (1986). Rehabilitation for deaf and hearing-impaired elderly. In S. J. Brody & G. E. Ruff (Eds.), *Aging and rehabilitation* (pp. 218 – 237). New York: Human Sciences Press.

Golob, R. & Brus, E. (Hrsg.) (1991). *Almanach der Naturwissenschaften und Technik. Neue Erkenntnisse aus der Forschung*. München: Droemer Knaur.

Grana, J. M. & McCallum, D. B. (Eds.) (1986). *The impact of technology on long-term care*. Millwood: Center for Health Affairs.

Großhans, H. (1989). Wohnumfeld für Senioren – Quartierbezogene Berücksichtigung der Lebensbedürfnisse älterer Menschen. In Bayerische Architektenkammer (Hrsg.), *Wohnen im Alter – Perspektiven einer Lebensform* (S. 43 – 48). München: Bayerische Architektenkammer, Akademie für Fort- und Weiterbildung.

Hart, D., Bowling, A., Ellis, M. & Silman, A. (1990). Locomotor disability in very elderly people: value of a programme for screening and provision of aids for daily living. *British Medical Journal, 301*, 216 – 220.

Holzapfel, H. (1990). Stadt und Verkehr der Zukunft. In T. Sieverts (Hrsg.), *Zukunftsaufgaben der Stadtplanung* (S. 103 – 132). Düsseldorf: Werner.

Jonas, H. (1987). *Technik, Medizin und Ethik*. Frankfurt/M.: Suhrkamp.

Kautzmann, L. N. (1990). Introducing computers to the elderly. *Physical and Occupational Therapy in Geriatrics, 9*, 27 – 36.

Koppa, R. J. (1990). State of the art in automotive adaptive equipment. *Human Factors*, *32*, 439 – 455.

Kruse, A. (im Druck). *Kompetenz im Alter in ihren Bezügen zur objektiven und subjektiven Lebenssituation*. Darmstadt: Steinkopff.

Kruse, L., Graumann, C. F. & Lantermann, E. D. (1990). *Ökopsychologie*. München: Psychologie Verlags Union.

Kuratorium Deutsche Altershilfe (1986). *Wohnungsanpassung – Maßnahmen zur Erhaltung der Selbständigkeit älterer Menschen* (Schriftenreihe Forum 5). Köln: Kuratorium Deutsche Altershilfe.

Lawton, M. P. (1989). Behavior-relevant ecological factors. In K. W. Schaie & C. Schooler (Eds.), *Social structure and aging* (pp. 57 – 78). Hillsdale, NJ: Erlbaum.

Lehr, U. (Hrsg.) (1979). *Interventionsgerontologie*. Darmstadt: Steinkopff.

Lehr, U. (1991). *Psychologie des Alterns*. Heidelberg: Quelle & Meyer.

Leirer, V., Morrow, D., Pariante, G. & Sheikh, J. (1988). Elder's nonadherence, its assessment, and computer assisted instruction for medication recall training. *Journal of American Geriatrics Society*, *36*, 877 – 884.

Lesnoff-Caravaglia, G. (Ed.) (1988). *Aging in a technological society*. New York: Human Sciences Press.

Lewin, K. (1972). *Die Feldtheorie in den Sozialwissenschaften*. Bern: Huber.

Luczak, H. (Hrsg.) (1991). Alter und Jugendwahn. *GEO-Wissen*, *1*.

Markl, H. (1989). *Wissenschaft: Zur Rede gestellt*. München: Piper.

Marx, L. (1989). Planungskriterien für das Wohnen im Alter. In Bayerische Architektenkammer (Hrsg.), *Wohnen im Alter – Perspektiven einer Lebensform* (S. 49 – 62). München: Bayerische Architektenkammer, Akademie für Fort- und Weiterbildung.

Mathey, J. (1991). Verkehrsteilnahme. In W. D. Oswald, W. M. Herrmann, S. Kanowski, U. M. Lehr & H. Thomae (Hrsg.), *Gerontologie* (S. 606 – 620). Kohlhammer: Stuttgart.

McCeely, E. (1991). Computer-assisted instruction and the older-adult learner. *Educational Gerontology*, *17*, 229 – 237.

Murray-Leslie, C. (1990). Aids for disabled drivers. *British Medical Journal*, *301*, 1206 – 1209.

Noorden, van, L. & Ekberg, J. (1990). Integrated Broadband Communication (IBC): requirements of people with special needs. *International Journal of Rehabilitation Research*, *13*, 137 – 149.

Olbrich, E. (1987). Kompetenz im Alter. *Zeitschrift für Gerontologie*, *20*, 319 – 330.

Robinson, P. K., Livingston, J. & Birren, J. E. (Eds.) (1984). *Aging and technological advances*. New York: Plenum Press.

Rohmert, W., Lowenthal, I. & Ruckert, A. (1990). Ergonomic evaluation of a wheelchair for transfer of disabled passengers at a large airport. *International Journal of Rehabilitation Research*, *13*, 243 – 249.

Rott, C. (1988). Einstellung älterer Menschen zu technischen Innovationen. *Zeitschrift für Gerontologie*, *21*, 225 – 231.

Rott, C. (1990). Veränderungen kognitiver Strategien im Alter. In R. Schmitz-Scherzer, A. Kruse & E. Olbrich (Hrsg.), *Altern – ein Prozeß lebenslanger Sozialisation* (S. 108 – 117). Darmstadt: Steinkopff.

Rouse, D. J. (1988). Translation of technologies to meet needs of the elderly. In G. Lesnoff-Caravaglia (Ed.), *Aging in a technological society* (pp. 26 – 36). New York: Human Sciences Press.

Schlag, B. (1990). Empirische Untersuchungen zur Leistungsfähigkeit älterer Kraftfahrer. *Zeitschrift für Gerontologie, 23*, 300 – 306.

Sieverts, T. (Hrsg.) (1990). *Zukunftsaufgaben der Stadtplanung.* Düsseldorf: Werner.

Siosteen, A., Lundqvist, C., Blomstrand, C., Sullivan, L. & Sullivan, M. (1990). The quality of life of three functional spinal cord injury subgroups in a Swedish community. *Paraplegia, 28*, 476 – 488.

Spiegel, E. (1990). Schwerpunkte des sozialen Wandels. In T. Sieverts (Hrsg.), *Zukunftsaufgaben der Stadtplanung* (S. 35 – 60). Düsseldorf: Werner.

Stolarz, H. (1989). Anpassung der bestehenden Wohnungen und neuere Tendenzen im Altenwohnungsbau. In Bayerische Architektenkammer (Hrsg.), *Wohnen im Alter – Perspektiven einer Lebensform* (S. 37 – 42). München: Bayerische Architektenkammer, Akademie für Fort- und Weiterbildung.

Straka, G. A. (1988). Ältere Menschen und neue Medien. *Zeitschrift für Gerontologie, 21*, 217 – 221.

U.S. Office of Science and Technology (1985). *Technology and Aging in America.* Washington, DC: U.S. Office of Science and Technology.

Wald, R. & Stöckler, F. (1991). *Telekommunikation und ältere Menschen.* Bad Honnef: Wissenschaftliches Institut für Kommunikationsdienste.

Weltgesundheitsorganisation (1980). *International classification of impairments, disabilities, and handicaps (ICIDH).* Genf: Weltgesundheitsorganisation.

Whitlock, J. A. (1988). Technology and sensory disability in the elderly. In G. Lesnoff-Caravaglia (Ed.), *Aging in a technological society* (pp. 71 – 90). New York: Human Sciences Press.

Wittenberg, R. (1986). Einstellung zum Autobesitz und Unsicherheitsgefühle älterer Menschen im Straßenverkehr. *Zeitschrift für Gerontologie, 19*, 400 – 409.

V. Integrative Perspektiven

27. Wissenschaft und Altern

Jürgen Mittelstrass, Paul B. Baltes, Wolfgang Gerok, Heinz Häfner, Hanfried Helmchen, Andreas Kruse, Karl Ulrich Mayer, Ursula M. Staudinger, Elisabeth Steinhagen-Thiessen & Gert Wagner (als erweiterte Arbeitsgruppe)*

Veränderungen im Problemfeld »Altern und gesellschaftliche Entwicklung« erfassen auch die disziplinäre Wirklichkeit der gerontologischen Forschung und ihre Beziehung zu den etablierten Disziplinen. Davon soll im folgenden zunächst die Rede sein. Anschließend werden Perspektiven und Schwerpunkte formuliert, die in der künftigen gerontologischen Forschung besonders berücksichtigt werden sollten.

A. Die Wissenschaften und die gerontologische Herausforderung

Gegenstände der Gerontologie (vgl. die Definition von Baltes & Baltes, Kapitel 1 in diesem Band) sind das Altern des einzelnen, das Altern von Gruppen in einer Gesellschaft, das Altern der Bevölkerung als Ganzes und die Unterschiede im Altern zu verschiedenen historischen Zeitpunkten und in verschiedenen Kulturen. Alter und Altern sind zudem mehrdimensionale Phänomene. Sie betreffen körperliche, psychische und sozio-ökonomische Aspekte. Alter ist dabei weder auf einen klar definierbaren »natürlichen« Abschnitt der Lebenszeit festgelegt, noch sind die speziellen Fragestellungen und Methoden der Altersforschung anders als die, die in anderen Disziplinen der »Lebenswissenschaften« (life sciences) zur Anwendung kommen. Deswegen ist die Gerontologie auch keine Disziplin im strengen wissenschaftssystematischen Sinne (mit eigenen

---

* Als Konsultanten haben folgende Personen an diesem Kapitel mitgewirkt: Margret Dieck, Dieter Grunow, Leopold Rosenmayr, Rudolf-M. Schütz, Friedrich W. Schwartz, Jacqui Smith.

Theorie- und Methodenformen), sondern ein *Forschungsfeld* oder ein *Forschungsprogramm*, das sich in seinen institutionalisierten Formen als Schwerpunkt- und Zentrenbildung innerhalb des üblichen disziplinären Spektrums sowie in Form eines projektorientierten Disziplinenverbunds wissenschaftliche Geltung verschafft hat. Die Notwendigkeit einer disziplinen-übergreifenden Forschung ist in der Gerontologie erkannt. Je nach Fragestellung ist die gerontologische Forschung dabei stärker naturwissenschaftlich (Biologie, Medizin etc.) oder stärker sozial- und geisteswissenschaftlich (Psychologie, Soziologie, Ökonomie etc.) orientiert und entsprechend strukturiert.

1. Verhältnis von Problemstellungen und Disziplin

Disziplinen neigen dazu, Probleme — darunter auch jene, die von »außen« kommen, die also keine Konstruktionen oder Folge ihrer bisherigen Forschungspraxis sind — den eigenen Forschungsgewohnheiten zu unterwerfen. Das gilt bereits für die Definition eines Problems. Wissenschaftliche Probleme, das heißt Probleme, deren Lösung sich eine Wissenschaft zur Aufgabe macht, sind disziplinär definierte Probleme. In unserem Fall bedeutet etwa der Begriff »Altern« in der Biologie und in der Psychologie nicht dasselbe, obgleich in beiden Fällen »der alternde Mensch« im Mittelpunkt der Forschung steht. In der Soziologie und in den Wirtschaftswissenschaften trifft selbst das nicht mehr zu, weil Altersgruppen (als Kollektive), gesellschaftliche Normen und sozio-ökonomische Rahmenbedingungen gleichermaßen berücksichtigt werden. Mit anderen Worten: Die disziplinäre Forschung unterwirft ihren Gegenstand der disziplinären Problemstellung, der disziplinären Begriffsbildung und den disziplinären Problemlösungsstrategien.

Das bedeutet keine Einseitigkeit der disziplinären Problemstellung und Problemlösung, wohl aber eine Begrenzung. Probleme werden nur soweit gelöst, als sie sich den disziplinär üblichen theoretischen und methodischen Rahmenbedingungen fügen. Innerhalb dieser disziplinären Bedingungen kann es aber durchaus zu einer Verschiebung des Problembewußtseins und der inhaltlichen Ausgestaltung von Forschungsfeldern kommen, im Falle gerontologischer Fragestellungen etwa zu einer stärkeren gerontologischen Orientierung von Disziplinen und disziplinären Forschungsfeldern (z. B. in der Medizin, in der Psychologie und in der Sozialpolitikforschung). Das Forschungsprofil einer Disziplin verschiebt sich in Richtung auf gerontologische Fragestellungen.

Aus der Sicht der Gerontologie ist eine derartige Verschiebung erwünscht; nur auf diese Weise gewinnt sie das wissenschaftliche Gewicht, das ihr mit Rücksicht auf den gesellschaftlichen Problemdruck, der sich mit den Begriffen des Alters und des Alterns verbindet, zukommt. Doch diese stärkere Berücksichtigung gerontologischer Orientierungen in einzelnen Disziplinen und disziplinären Forschungsfeldern ist nicht genug, um die Wirklichkeit des Alters und des Alterns in seiner Gesamtheit zu erfassen, und zwar sowohl aus wissenschaftlicher als auch aus gesellschaftlicher Perspektive.

2. Gerontologie als transdisziplinäres Forschungsfeld

Die meisten Diskussionen über eine problemorientierte Verbindung und Vernetzung von Disziplinen beschränken sich auch innerhalb der Gerontologie auf die Begriffe der Multidisziplinarität und der Interdisziplinarität. Aus wissenschaftssystematischer Sicht leistet eine derartige Organisation unterschiedlicher disziplinärer Konzepte jedoch nicht, was man sich von ihr verspricht; es fehlt ihr die synthetische Kraft. Disziplinären Forschungsfeldern allein fehlt wiederum die Fähigkeit, partikulares (disziplinäres) Wissen als (der wissenschaftlichen Tendenz nach) vollständiges Wissen über den alternden Menschen zu formulieren. Der Grund ist, daß wir es, wie etwa in der Umweltforschung und der Energieforschung, auch in der Gerontologie mit Problemen zu tun haben, die der Wissenschaft nicht den Gefallen tun, sich disziplinär zu definieren. Ihre wissenschaftliche Behandlung ist daher nicht nur unbefriedigend, wenn sich nur eine Disziplin ihrer annimmt, sondern auch dann, wenn mehrere Disziplinen auf jeweils ihre Weise, miteinander oder unverbunden, ihre Probleme lösen und in dieser Form disziplinenorientierte Lösungen additiv zusammenstellen.

Probleme, die sich mit dem Phänomen des Alters und des Alterns – zum Beispiel Depression im Alter, demographischer Wandel, Morbiditätswandel, Lebensqualität, Kompetenz im Alter – verbinden, stellen *transdisziplinäre* Problemlagen dar, die insofern auch *transdisziplinäre* Forschungsstrategien und Forschungsorganisationen erforderlich machen. Dies bedeutet keineswegs, daß die Disziplinen verschwinden, sondern daß sich die Forschung aus ihren disziplinären Grenzen löst, Theoriebildungen, Methoden und Erkenntnisinteressen miteinander verbindet, also gerade jene Begrenzungen verliert, die disziplinäre Forschung bestimmen. Dabei bleiben die disziplinären Kompetenzen gewahrt; transdisziplinäre Kompetenzen ersetzen nicht die disziplinären, sondern setzen diese voraus und verbinden sie forschungs- und problemorientiert miteinander. Diese Verbindung muß im übrigen stärker sein als diejenige, die man üblicherweise mit den Begriffen Interdisziplinarität und Multidisziplinarität bezeichnet. Multidisziplinarität stellt die Disziplinen nur nebeneinander, addiert ihre Forschungsergebnisse; Interdisziplinarität, wie sie sich in der gegenwärtigen Forschungspraxis darstellt, ist Kooperation auf Zeit, die die Disziplinen läßt, wie sie sind. Eben dies ist bei recht verstandener Transdisziplinarität nicht der Fall: Transdisziplinarität verändert die disziplinäre Forschung, richtet sie nach nichtdisziplinär definierten Problemlagen aus, gibt der disziplinären Forschung neue Akzente oder sogar ein neues Profil. In diesem Sinne könnte Transdisziplinarität auch als wirklich geglückte Interdisziplinarität verstanden werden, nämlich so, wie Interdisziplinarität eigentlich einmal konzipiert war.

Transdisziplinarität ermöglicht der Wissenschaft, mit der *Komplexität* des Alters und des Alterns, zum Beispiel mit sich überlagernden Kausalitäten, umzugehen. Nur auf diese Weise vermeidet die Wissenschaft *Einseitigkeiten*, die auch die gerontologische Forschung trotz ihrer disziplinen-übergreifenden

Orientierung noch immer bestimmen. Diese Einseitigkeiten bestehen nicht allein in disziplinärer Vereinzelung des Forschungsprozesses, sondern auch in Form von (expliziten oder impliziten) Reduktionsprogrammen. Beispiele dafür sind biologische Reduktionen auf der einen Seite (Altern als allein oder vornehmlich biologischer Zusammenhang) und soziologische Reduktionen auf der anderen Seite (Altern als allein oder vornehmlich gesellschaftlicher Wirkungszusammenhang).

Nun sind Reduktionen, bezogen auf den Menschen, immer irreführend. Sie machen den Menschen einfach und legen seine Natur auf etwas fest, das er *auch*, aber nicht *nur* ist. Für die Gerontologie gilt dies in besonderem Maße. Sie erfaßt den ganzen alternden Menschen in seinen biologischen, psychologischen, medizinischen, soziologischen, ökonomischen, philosophischen und in vielen anderen Dimensionen und besitzt in diesem Sinne eine *anthropologische* Qualität. So sind etwa auch philosophische Dimensionen, wenn sie beispielsweise Begriffe wie den des erfolgreichen oder optimalen Alterns (vgl. Baltes & Baltes, Kapitel 1 in diesem Band) oder Begriffe wie den der Weisheit (im Alter) und des Lebenssinnes (im Alter) betreffen (Staudinger & Dittmann-Kohli, Kapitel 16 in diesem Band), der Gerontologie nicht äußerlich, sondern Teil, und zwar integraler Teil, ihres Forschungsinteresses. Allerdings ist es so, daß gerade diese Begriffe noch immer der Präzisierung und der Verbindung mit einer anthropologischen Reflexion bedürfen, die auch die Voraussetzungen derartiger Begriffsbildungen kritisch analysiert. So setzt der Begriff des Lebenssinnes (im Alter) häufig einen Subjektbegriff voraus, der unverändert der idealistische ist, insofern er durch den Gesichtspunkt der Selbstbestimmung, das heißt der autonomen Verfügung des Individuums über sich selbst, definiert ist. Selbstbestimmung im Alter, zumal im hohen Alter, aber ist (gerontologisch gesehen) ein problematischer Begriff; er setzt Bedingungen voraus, die nicht (mehr) selbstverständlich gegeben sind.

3. Allgemeine Grundsätze für ein transdisziplinäres gerontologisches Forschungsfeld

Gerontologie ist ein Forschungsfeld, auf dem sich viele Disziplinen bewegen. Gerontologische Forschung muß sich, wie dargelegt, aber auch transdisziplinär erweitern, wenn sie die gegenwärtige und künftige Wirklichkeit des Alters und des Alterns in seiner Gesamtheit angemessen erfassen will. Welche allgemeinen theoretischen Ziele sollten gerontologische Forschungsfelder der transdisziplinären Art verfolgen? Als Richtschnur können die in den Buchteilen II (Forschungsbeiträge aus einzelnen Disziplinen) und III (Konzepte) vorgetragenen Argumente und Schlußfolgerungen dienen; sie lassen sich im wesentlichen in fünf allgemeinen Grundsätzen zusammenfassen:

– Altern ist ein lebenslanger Prozeß; das Alter ist daher keine eigenständige, isolierte Lebensphase. Es stellt vielmehr die späte Phase eines lebenslangen Entwicklungsprozesses dar.

- Altern ist kein einfaches Phänomen, sondern besteht aus einer Reihe von
  biologischen, sozio-ökonomischen und psychologischen Prozessen. Manchmal sind dies koordinierte, gleichzeitig oder kausal ablaufende Prozesse,
  manchmal miteinander konfligierende Prozesse. Die Wechselwirkungen zwischen biologischen, sozio-ökonomischen und psychologischen Prozessen verdeutlichen die Komplexität aller mit Alter und Altern zusammenhängenden
  Fragen.
- Das Alter und das Altern weisen innerhalb einer Altersgruppe und zwischen
  den Altersgruppen beträchtliche Unterschiede auf. Diese Unterschiede deuten
  darauf hin, daß der Alternsprozeß selbst unterschiedlich verläuft, daß es
  sich um verschiedene Konstellationen und Wechselwirkungen handelt. Auch
  können Individuen und Kohorten unterschiedlich altern. Die beobachteten
  Streuungen legen nahe, daß Altern kulturell und biologisch weniger stabi-
  lisiert ist, als dies für andere Lebensphasen zutrifft.
- Altern kann nicht mit Abbau gleichgesetzt werden. Untersucht man Altern
  in verschiedenen Dimensionen, wird deutlich, daß es sich um einen äußerst
  vielgestaltigen Prozeß handelt, der neben Abbau auch Stabilität und für
  einzelne Funktionsbereiche sogar Wachstum beobachten läßt.
- Beim gegenwärtigen Stand der Alternsforschung wissen wir noch sehr wenig
  über das Potential des einzelnen und das der Gesellschaft, sich den mit dem
  Alter und einem wachsenden Altenanteil an der Bevölkerung verbundenen
  Veränderungen anzupassen. Im Vergleich mit anderen Lebensstufen, etwa
  der Kindheit oder der Jugend, ist das Alter eine in der menschlichen
  Zivilisation noch relativ wenig ausdifferenzierte Lebensphase.

Diese Grundsätze bilden einen ersten konzeptionellen Hintergrund für die
Forschungshorizonte der Gerontologie. Dabei geht es auch darum, den Alternsprozeß nicht nur unter dem Aspekt der Angst zu betrachten (z. B. Angst vor
zunehmenden Lasten und Kosten, vor Generationenkonflikten und sozialer
Stagnation), sondern den Blick auch auf die positiven Seiten zu lenken, in
Richtung eines möglicherweise vorhandenen, jedoch noch ungenutzten Potentials älterer Menschen. Das kommt treffend in der Wendung zum Ausdruck
»Add life to years and not only years to life«, ferner in dem Titel des 1991 in
den Vereinigten Staaten erschienenen Berichts des Institute of Medicine über
die Zukunft der Alternsforschung: »Extending life, enhancing life«.

Potentiale können quantitativ und qualitativ betrachtet werden, ferner in
unterschiedlichen Lebensbereichen wie Gesundheit, soziales und psychisches
Wohlbefinden. Daher gilt das Interesse, beispielsweise im Bereich der Gesundheit, denjenigen Bedingungen, die nicht nur ein möglichst langes Leben begünstigen, sondern den Menschen auch ein hohes Alter mit möglichst geringer
Beeinträchtigung durch Krankheit ermöglichen. Im sozialen Bereich kommt es
unter anderem darauf an, die Rollenverteilung innerhalb der Sozialstruktur zu
untersuchen und dem alten Menschen Möglichkeiten einzuräumen, in der

Gesellschaft aktiv zu bleiben, ohne ihn schutzlos zu machen. Im persönlichen Bereich geht es darum, die Möglichkeiten geistigen und kognitiven Wachstums sowie die in den Bereichen Selbstkontrolle und Lebenszufriedenheit wirkenden Mechanismen zu untersuchen.

Der Begriff »Potential« deutet darauf hin, daß gewisse Kapazitätsreserven oder ungenutzte Ressourcen vorhanden sind. Das Ausmaß und die Grenzen dieser Reserven sowie ihre Nutzungsmöglichkeiten werden ein zentraler Gegenstand künftiger Forschungsarbeiten sein. Wie kann dieser Begriff des Potentials konkretisiert werden, insbesondere im Hinblick auf die mit dem Altern assoziierten Ängste, zum Beispiel der Angst vor Pflegebedürftigkeit? Die Forschung beginnt erst, sich mit diesen Fragen zu befassen, etwa mit der Frage, ob ältere Menschen lernen können, mit Mobilitäts- und Gedächtnisverlust umzugehen, und wie durch geeignetes Training, Erlernen von Kompensationsstrategien und Nutzung altersfreundlicher Technologien manche Funktionen aufrechterhalten oder kompensiert werden können.

Eine ähnlich defizitorientierte Sichtweise herrscht auch auf dem Gebiet der ökonomischen Ressourcenlage älterer Menschen vor. Die wirtschaftlichen Probleme der älteren Generation wurden in den letzten beiden Jahrzehnten hauptsächlich unter sehr spezifisch demographischen und daraus abgeleitet finanzpolitischen Gesichtspunkten diskutiert. Danach bezahlt – angesichts der für die Rentenversicherung ungünstigen Altersstruktur – eine zahlenmäßig kleine Gruppe der jüngeren und mittleren Jahrgänge die Renten für eine große Gruppe Älterer. Jedoch findet auch eine Vermögensübertragung von der älteren auf die jüngere Generation statt. Das in dieser gegenseitigen Umschichtung enthaltene Potential muß noch genauer erforscht werden; die empirische Erforschung von Vererbungsmotiven und Vererbungsstrategien muß enttabuisiert werden. Schließlich muß geprüft werden, ob ältere Menschen tatsächlich wenig zur »Produktivität« einer Gesellschaft beitragen. In diesem Zusammenhang können neue Überlegungen angestellt werden, die Produktivität nicht mit bezahlter Arbeit gleichsetzen, sondern auch die Bedeutung von ehrenamtlicher Betätigung und Bemühungen um menschliches Wachstum und Gedeihen anerkennen. Zugleich sollte dabei das komplementäre Verhältnis von Erwerbsarbeit und Freizeit berücksichtigt werden (vgl. Mayer, Kapitel 20 in diesem Band).

Beim gegenwärtigen Stand der Alternsforschung wissen wir noch relativ wenig über die angemessene Gestaltung individuell-lebensweltlicher und gesellschaftlicher »Opportunitätsstrukturen« für ältere Menschen (vgl. Riley & Riley, Kapitel 17 in diesem Band). Im Augenblick lassen sich nur Vermutungen darüber anstellen, welche möglichen Vorteile eine altersgemäße Umgebung mit sich bringen würde, beispielsweise im Bereich der Architektur, der Stadtplanung und der sozialen Einrichtungen. Studien auf diesem Feld, aber auch über das im Alter und im Alternsprozeß liegende Potential könnten der gerontologischen Forschung und Praxis neue Impulse geben.

B. Forschungshorizonte

Im folgenden beschreiben wir auf einer etwas konkreteren Ebene Horizonte gerontologischer Forschung. Diese ergeben sich nicht nur aus den dargestellten fünf transdisziplinären Perspektiven. Sie berücksichtigen auch Denklinien und Forschungsschwerpunkte (vgl. Buchteil II), die eher disziplinäre sind oder in bestimmten Disziplinen vorangetrieben wurden. Eine gute Ergänzung zu unseren Empfehlungen, vor allem im biologisch-medizinischen Bereich, ist der jüngst erschienene Report »A National Research Agenda on Aging« des nordamerikanischen Institute of Medicine.

1. Angemessene Konstrukte und Methoden

Die Forderung nach einer »Gerontologisierung« der Wissenschaften bedeutet nicht nur eine einfache Ausweitung auf das höhere Lebensalter, beispielsweise die Berücksichtigung älterer Menschen bei der Standardisierung von Intelligenztests, Blutdruck- oder Cholesterinwerten oder der altersspezifischen Festlegung der Bedarfssätze für die Sozialhilfe. Sie schließt auch ein, daß bislang vorliegende Modelle, Theorien, Methoden und Konstrukte, die vorwiegend für jüngere Lebensphasen entwickelt wurden, möglicherweise verändert werden müssen, um das höhere Lebensalter und das Altern angemessen zu erfassen. Die Ausweitung des Gültigkeitsbereichs auf das Alter bedarf daher einer kritischen Reflexion und einer empirischen Forschung, die sich explizit mit Entwicklungsprozessen im Alter und deren Einflußfaktoren beschäftigt. Durch die Analyse der Entwicklung im Alter können Befunde ermittelt werden, die sowohl für das Verständnis des Alters als auch für das Verständnis der Entwicklung im Lebenslauf bedeutsam sind. In der Messung physischer, psychischer und sozialer Merkmale ist eine stärkere Orientierung an den spezifischen Entwicklungsprozessen im Alter und an den Lebenssituationen älterer Menschen erforderlich. Dies wird im folgenden an den Beispielen der Depressionen, der Intelligenz, der sozio-ökonomischen Lage und der Kompetenz im Alter konkretisiert.

– Depressionen

Während bei gesunden Jugendlichen und Erwachsenen körperliche Mißbefindlichkeiten und Beschwerden oft ein Symptom für Depression sind, ist im Alter – aufgrund des vermehrten Auftretens von körperlichen Krankheiten und gesundheitlichen Einschränkungen (Multimorbidität) – die Orientierung an körperlichen Mißempfindungen in der Diagnostik von Depressionen kritisch zu beurteilen. Es ist offen, inwieweit die vorherrschenden Klassifikationssysteme die Altersdepressionen adäquat und damit in zutreffendem Umfang zu erfassen vermögen (vgl. Häfner, Kapitel 6 in diesem Band).

– Intelligenz

Die Erfassung der kognitiven Fähigkeiten und Strategien im Alter erfordert ebenfalls Meßinstrumente, die an den spezifischen kognitiven Potentialen und

Alltagslagen des älteren Menschen orientiert sind. In den meisten vorliegenden Testverfahren werden hingegen die kognitive Leistungsfähigkeit im Jugend- und Erwachsenenalter sowie der Kontext von Schule und Arbeitswelt als Normen für eine optimale kognitive Leistungsfähigkeit gewählt. Erst durch breit angelegte Untersuchungen zu kognitiven Anforderungen und Leistungen im Alter ist es möglich, den Gültigkeitsbereich bestehender Testverfahren zu beurteilen. Eventuell müssen auch − zur Erfassung der spezifischen kognitiven Potentiale im Alter − bestehende Testverfahren erweitert oder neue Testverfahren entwickelt werden (vgl. Weinert, Kapitel 7 in diesem Band).

− Sozio-ökonomische Lage
   Die konventionellen Indikatoren der Position in der Sozialstruktur − berufliche Stellung des Haushaltsvorstandes, Familienrolle und Nettoeinkommen − messen für ältere Menschen in besonders unzureichendem Maße deren Sozialprestige, Familiensituation, materielle Lage und Handlungspotential. Es ist daher für ältere Menschen notwendig, von der Messung reiner Strukturmerkmale zur Messung von tatsächlichen Handlungsressourcen, Bedürfnislagen, Selbst- und Fremdeinschätzungen und Verhaltensstilen überzugehen. Bei der Erforschung älterer Menschen ist es vordringlich und angemessen, sich nicht auf die Untersuchung von Verteilungen und Zusammenhängen individueller Merkmale zu beschränken, sondern die Ebene interpersonaler Beziehungen in ökonomischen und sozialen Aspekten einzubeziehen.
   Aus ökonomischer Sicht ist es dabei auch bedeutsam, nicht nur das latente Potential älterer Menschen anzunehmen und argumentativ zu vertreten. Es ist ebenso wichtig, diese Annahme zu hinterfragen und den ökonomischen Wert der Produktivität älterer Menschen systematisch zu untersuchen. In diesem Zusammenhang kann es natürlich auch zu einer neuen Konzeptualisierung ökonomischer Institutionen kommen, wie es das Beispiel der Bemühungen um eine Neudefinition des Bruttosozialprodukts zeigt.

− Kompetenz
   Die mit dem Altern einhergehenden Veränderungen in der Person und in der Lebenssituation sollten sich auch in der Operationalisierung des Konstruktes »Kompetenz« sowie in den Kriterien für ein kompetentes Alter(n) widerspiegeln. Dies gilt zum einen für einzelne physiologische Parameter, zum Beispiel für Blutdruck und Ernährungszustand. Die Orientierung an unterschiedlichen Referenzpopulationen führt auch zu anderen Normwerten und damit zu veränderten Aussagen hinsichtlich optimaler, normaler oder pathologischer Werte in diesen Parametern (vgl. Gerok & Brandtstädter, Kapitel 14 in diesem Band). Es gilt zum anderen für das globale Konstrukt »Kompetenz«. Angesichts der im Alter zunehmenden gesundheitlichen Einschränkungen und sozialen Verluste (abnehmende Kontaktmöglichkeiten, Tod nahestehender Personen, Verlust sozialer Rollen) ist unter Kompetenz auch die Fähigkeit zu verstehen, trotz gesundheitlicher Einschränkungen ein einigermaßen selbständiges Leben zu

führen, die eingetretenen Verluste teilweise zu kompensieren, unveränderbare Belastungen anzunehmen oder hinzunehmen, trotz der Verluste und Einschränkungen subjektiv bedeutsame Aufgaben wahrzunehmen. Diese Fähigkeit weist auf besondere Leistungen des älteren Menschen hin, die bei der Definition von Kompetenz berücksichtigt werden müssen. Da die Kompetenz im Alter in hohem Maße von den Bedingungen der Umwelt abhängig ist (inwieweit wirkt sie anregend und kompensatorisch, inwieweit unterstützt sie, inwieweit überträgt sie Aufgaben?), ist bei der Operationalisierung und Erfassung der Kompetenz den Transaktionen zwischen Person und Umwelt besondere Aufmerksamkeit zu schenken. Dies gilt ganz konkret bei der Bestimmung der Einschränkung der Selbständigkeit (z. B. »Konsumentensouveränität« und »Geschäftsfähigkeit« dementer alter Menschen).

2. Der alternde Organismus

Biomedizinische Grundlagenforschung. Altern und Lebensspanne werden durch genetische Faktoren gesteuert (vgl. Danner und Schröder, Kapitel 4 in diesem Band). Hierfür sprechen Beobachtungen bei homozygoten und heterozygoten (d. h. erbgleichen und nicht-erbgleichen) Zwillingen, die genetischen Progerie-Syndrome des Menschen (d. h. vorzeitige Vergreisung) und experimentelle Untersuchungen an Zellen und Zellsystemen. Aber auch äußere Faktoren bestimmen in hohem Maße den Vorgang des Alterns und die Begrenzung der Lebensspanne.

Die Bedeutung von Genen und Genprodukten ist in den letzten Jahren intensiv erforscht worden. Danach sind mehrere Gene, wie zum Beispiel Onkogene und Tumorsupressorgene, an der Programmierung beteiligt, wobei einige Gene offenbar den Alternsvorgang, andere die Lebensspanne bestimmen. Äußere Faktoren können, beispielsweise als Risikofaktoren, wie Ernährung oder Umwelt, in den Prozeß des biologischen Alterns eingreifen.

Zwischen der Steuerung des biologischen Alterns und der Lebensspanne durch ein genetisches Programm einerseits und der Beeinflussung durch äußere Faktoren andererseits besteht kein unüberbrückbarer Gegensatz. Das genetische Programm bestimmt nicht die unausweichliche Wirklichkeit des Lebens; seine Realisierung wird durch Expression und Repression, durch Variabilität im Arrangement der Gene und durch Modifikation auf dem Weg vom Gen zum Protein modifiziert. Gene enthalten Informationen und geben Anleitungen, aber sie sind nicht ein zwanghafter Text, nach dem sich Leben in Gesundheit und Krankheit in der Entwicklungsphase und Alternsphase abspielen muß. Äußere Faktoren können in die Expression und Repression genetischer Informationen eingreifen und sie modifizieren. Andererseits können Schäden durch genetisch programmierte Schutzmechanismen gemildert oder verhindert werden.

Forschungsziele auf dem Gebiet der biomedizinischen Grundlagenforschung sind:

- Identifizierung der Gene und der Genprodukte, die den Vorgang des Alterns und die Lebensspanne bestimmen;
- Untersuchung der Expression und Repression von Genen, die dieses Programm festlegen, in Abhängigkeit von der Altersphase des Individuums;
- Analyse der Regenerations- und Reparationsmechanismen auf molekularer Ebene in ihrer Altersabhängigkeit;
- Einfluß des Alterns auf allgemeine Regulations- und Kontrollsysteme (neuroendokrines System, Immunsystem);
- Entwicklung von Parametern zur Quantifizierung des Alternsprozesses auf molekularer Ebene (»Biomarker« des Alterns).

Klinische Alternsforschung. Die klinische Forschung beim alten Menschen befaßt sich mit Ursachen, Entstehung (Pathogenese), Diagnostik, Prophylaxe und Therapie von Alterskrankheiten. Charakteristisch für diese Krankheiten sind Multimorbidität und chronischer Verlauf. Die Multimorbidität bei alternden Menschen ist dadurch erklärbar, daß von der Abnahme der funktionellen Reservekapazität nicht nur ein einzelnes Organ oder Organsystem, sondern in der Regel mehrere Organe betroffen sind. Bei den chronischen Krankheiten im Alter wird zunächst oft eine asymptomatische Phase durchlaufen. Je langsamer die Erkrankung fortschreitet, um so später wird der Schwellenwert der klinisch-manifesten Krankheit erreicht. Risikofaktoren bestimmen den Beginn der zunächst latenten Erkrankung und deren Progression. Der Ausschaltung von Risikofaktoren kommt deshalb größte Bedeutung zu: Sie führt im optimalen Fall zur vollständigen Prävention, suboptimal zu einer längeren Latenz der Krankheit und zu einer Verkürzung der Morbiditätsphase.

Bis vor wenigen Jahren waren die chronischen Krankheiten im manifesten Stadium einer wirksamen Therapie nicht oder kaum zugänglich. Auftreten und Ablauf dieser Krankheiten konnten nur durch Prophylaxe beeinflußt werden. In jüngster Zeit gibt es jedoch erste Ansätze zu einer medikamentösen Therapie chronischer Krankheiten, wie zum Beispiel zur Rückbildung arteriosklerotischer Gefäßveränderungen, Hemmung der Bindegewebsbildung (Fibrosierung) in alternden Organen und Beeinflussung chronisch-entzündlicher Veränderungen der Gelenke.

Ziele der klinischen Forschung sind:
- Identifizierung von Risikofaktoren für Krankheitsmanifestation und -verlauf;
- Einfluß der Risikofaktoren auf den Krankheitsverlauf (Frage der Kompression der Morbidität);
- Ausschaltung oder Abschwächung von Risikofaktoren durch Umstellung der Lebensweise (Ernährung, körperliche Belastung etc.) und durch Medikamente;
- Entwicklung und Prüfung neuer Pharmaka zur Beeinflussung chronischer Krankheiten des Alters;

- Erforschung der Bedeutung des sozialen Umfeldes auf Diagnose, Verlauf und Therapie der Alternskrankheiten;
- Einfluß von übergeordneten Regulationssystemen (neuroendokrines System, Immunsystem) auf den Ablauf von Alternskrankheiten.

Epidemiologische Forschung. Die deskriptive und analytische Epidemiologie gibt Aufschluß über die Häufigkeit einzelner Krankheiten, ihre Verteilung über verschiedene Altersstufen und über äußere Faktoren, die diese Krankheiten möglicherweise positiv oder negativ beeinflussen.

Diese Untersuchungen der Morbidität und Mortalität müssen sowohl in repräsentativen Querschnittstudien bei verschiedenen Altersklassen der Bevölkerung als auch in Längsschnittstudien und im Kohortenvergleich durchgeführt werden. Die Morbiditäts- und Mortalitätsdaten sollten mit sozio-demographischen Erhebungen in Beziehung gesetzt werden, da neben dem Alter die soziale und ökonomische Stellung des alten Menschen ein wesentlicher, die Gesundheit bestimmender Faktor ist. Die Verbindung von Morbiditäts- und Mortalitätsdaten mit Informationen aus der Makro- und Mikroumwelt kann Hinweise auf mögliche Risikofaktoren sowie prophylaktische und therapeutische Interventionen geben, die dann in weiteren epidemiologischen Studien der Evaluierung bedürfen.

Damit gewinnt die Epidemiologie große Relevanz als Ausgangspunkt biomedizinischer Forschung und als Prüfstein der Bedeutsamkeit von Forschungsergebnissen. Allerdings werden epidemiologische Untersuchungen in Deutschland durch Regelungen des Datenschutzes stark behindert oder beschränkt. Eine Werte- und Güterabwägung, gegebenenfalls eine Verbesserung der rechtlichen Regelungen, ist erforderlich, zumal es neuere Forschungsergebnisse zur faktischen Anonymität von Datensätzen (z. B. Mikrozensus) gibt, die das Datenschutzproblem in einem neuen Licht erscheinen lassen. Bedeutsamer ist aber das personelle und institutionelle Defizit der Epidemiologie. Epidemiologische Forschung ist in Deutschland nach dem Zweiten Weltkrieg vorwiegend auf dem Gebiet der Psychiatrie entwickelt worden, während auf dem Gebiet der Epidemiologie somatischer Krankheiten ein deutliches Defizit besteht, wenn man von der Epidemiologie der malignen Tumoren absieht. Epidemiologische Erforschung der Alterskrankheiten ist in Deutschland deshalb ein besonders förderungswürdiges Gebiet.

Forschungsziele auf dem Gebiet der Epidemiologie sind:
- Erhebung der Morbiditäts- und Mortalitätsdaten in einer nach demographischen Merkmalen (Alter, Geschlecht, sozio-ökomischer Status usw.) hinreichend differenzierten Bevölkerungsgruppe;
- Durchführung von Längsschnitt- und Kohortenstudien zur verläßlichen Beurteilung von Erkrankungsbeginn und Krankheitsverlauf;
- Definition von Risikogruppen hinsichtlich Entstehung und Verlauf von Erkrankungen im höheren Lebensalter;

– Interventionsstudien zur Prüfung der Wirksamkeit präventiver und therapeutischer Maßnahmen (Verhaltensebene, Pharmakotherapie, physikalische Therapie).

3. Selbstgestaltung und Selbstdeutung des Alterns

Das Altern wird häufig als ein Geschehen betrachtet, dem das Individuum ausgeliefert ist. Sicher ist dem Altern und dem Alter auch dieser Widerfahrnischarakter zu eigen, doch sollte die zukünftige Forschung sich ebenso mit dem planenden, handelnden und deutenden – auf diese Weise seine Entwicklung mitgestaltenden – Individuum beschäftigen. Diese veränderte Perspektive sei mit einigen Beispielen verdeutlicht:

– Zu fragen ist, inwieweit die Person durch ihr eigenes Gesundheitsverhalten zur Vermeidung von Krankheiten sowie zu therapeutischen Erfolgen beiträgt. Inwieweit fördert sie durch ihr eigenes Verhalten die Aufrechterhaltung der Leistungsfähigkeit und Kompetenz? Wie bewertet sie selbst einzelne präventive oder therapeutische Maßnahmen? Gibt es Situationen, in denen ältere Menschen präventive oder therapeutische Maßnahmen ablehnen. Warum tun sie dies, wie beeinflußt dies ihre Lebensqualität? Gerade hierbei ist zu bedenken, daß die Analyse der Gründe für die kritische Einstellung gegenüber therapeutischen Maßnahmen auch darauf hinweist, daß ihre Wirkungen auf die subjektive Lebensqualität nicht immer genügend berücksichtigt werden.

– Bei einer stärker individuumszentrierten Sicht von Entwicklung im Alter ist der Tatsache, daß das höhere Lebensalter in zunehmendem Maße mit Grenzen, Einschränkungen und Verlusten konfrontiert wird, Rechnung zu tragen. Die Frage, wie die Person Belastungen deutet, wie sie sich mit diesen auseinandersetzt, welche Bilanzierung der Verluste und Gewinne sie vornimmt, ist in der künftigen gerontologischen Forschung besonders zu beachten. Dabei sind einfache Vorstellungen von einem »erfolgreichen« und »gelungenen« Alter nicht hilfreich. Differentiellen Gesichtspunkten, also den verschiedenen Formen der Auseinandersetzung mit Aufgaben und Belastungen, den verschiedenen Deutungen von Lebenserwartung, Gesundheit, Zufriedenheit, Stimmigkeit und Sinn, ist sehr viel mehr Raum zu geben. Unter welchen Bedingungen wird auch bei objektiv eingeschränkter Lebenssituation Zufriedenheit gefunden? Unter welchen Bedingungen wird eine objektiv gute Situation als große Belastung erfahren? Neben der Beschreibung dieser verschiedenen Erlebens- und Bewältigungsformen des Alterns (als Eingangsaufgabe gerontologischer Forschung) sollte ferner der Untersuchung von Wert- und Prioritätsmustern alter Menschen mehr Aufmerksamkeit gewidmet werden.

– Den Gestaltungsmöglichkeiten und Gestaltungswünschen des Individuums sind häufig ökonomische Grenzen gesetzt. Es gilt deshalb bei allen Überlegungen, die die selbstbestimmte Gestaltung des Alters zu Recht in den Vordergrund rücken, den Schutz der Schwachen zu bedenken, und zwar sowohl der gesundheitlich als auch der ökonomisch Schwachen. Konkret heißt dies, daß beispielsweise noch sehr sorgfältig analysiert werden muß, welche Rückwirkungen eine stärkere Flexibilisierung des Übergangs vom Erwerbsleben in den Ruhestand für ökonomisch Schwache bedeutet. Es ist nicht unwahrscheinlich, daß sie bei jeder Arbeitsmarktlage benachteiligt sind.

4. Soziale Lage, soziale Netzwerke und Allokationsmechanismen für Dienstleistungen

Die Situation älterer Menschen zeichnet sich auch dadurch aus, daß sie im zunehmenden Maße davon abhängig werden, was sie nicht selbst, sondern was andere — Personen und Institutionen — für sie tun. Die Forschung muß dem Rechnung tragen, indem sie den gesellschaftlichen Normen und Strukturen gewachsener Rechte und durchsetzbarer Ansprüche ebenso Aufmerksamkeit schenkt wie den faktischen Prozessen der Hilfeleistung, Unterstützung, Betreuung und Versorgung.

Erforderlich sind hier auf einer ersten Ebene sehr viel detailreichere, also mikroanalytische Untersuchungen über die ökonomischen, persönlichen und institutionellen Ressourcen älterer Menschen. Weder Verteilungsrechnungen der Renteneinkommen noch Analysen der Sozialhilfestatistik allein können zum Beispiel angemessen klären, ob »Überversorgung« oder »Armut im Alter« (oder beides) die richtige Problemperspektive darstellen. Auf einer zweiten Ebene müssen Forschungen verstärkt werden, die formale und informelle Beziehungsgeflechte nicht nur systematisch in ihrem Wandel beschreiben, sondern auch deren Rückwirkungen auf die subjektive und objektive Befindlichkeit und den Alternsprozeß analysieren. Nicht allein auf der Ebene ordnungspolitischer Diskurse, sondern an konkreten Einzelproblemen ist zu untersuchen, wie sich jeweils Effizienz und Kosten der Mechanismen staatlich-administrativer Intervention, familiärer Unterstützung, privatwirtschaftlicher Angebote auf dem Markt und subsidiärer Verbandstätigkeit auf die Situation älterer Menschen auswirken.

Ein breites Forschungsfeld ist schließlich die Höhe und Struktur der Ausgaben für das Gesundheitswesen. Die Steigerung der Gesundheitsausgaben ist zwar kein Phänomen, das nur von älteren Menschen verursacht wird — im Gegenteil (vgl. Guillemard, Kapitel 24 in diesem Band) —, aber alte Menschen tragen mit dazu bei und sind von der Begrenzung der Ausgaben zumindest ebenso betroffen wie andere Bevölkerungsgruppen. Die Verbesserung der Mechanismen für die ökonomischen Entwicklungen im Gesundheitswesen müssen sowohl Gegenstand empirischer Forschungen als auch ethischer Diskurse sein.

5. Altenfreundliche Umwelten

Ein Forschungsdefizit besteht in der Entwicklung von Wissen darüber, wie altenfreundliche Umwelten aussehen könnten. Aufgrund der größeren Verletzbarkeit älterer Menschen, aber auch aufgrund der spezifischen Potentiale im Alter sind an die Umwelten älterer Menschen — zumindest in einzelnen Bereichen — andere Anforderungen zu richten als an die Umwelten jüngerer Menschen (die auch hier noch als Norm für die gesamte Lebensspanne dienen). Wir gehen von einem Umweltbegriff aus, der gesellschaftlich-institutionelle Strukturen ebenso wie die räumlich-physikalische Umwelt umfaßt. Im einzelnen ist die Beantwortung folgender Fragestellungen als vordringliche Aufgabe gerontologischer Forschung anzusehen.

— Räumlich-physikalische Umwelt

Im Sinne einer Epidemiologie räumlich-physikalischer Umwelten im Alter müssen Wohnumwelten (Wohnung, Heim), aber auch das weitere Lebensumfeld alter Menschen, also das Wohnquartier, der Stadtteil bis hin zur Stadt oder Gemeinde in ihren für den alten Menschen relevanten Charakteristiken erfaßt werden. Eine solche Systematik altersrelevanter Umwelten würde die differentielle Umweltbeschreibung (z. B. nach Geschlecht, Alter oder Sozialstatus) und die Verbindung dieser Informationen mit Daten aus der medizinischen Epidemiologie erlauben.

Diese Bestandsaufnahme muß von einer Erfassung der Wünsche und Bedürfnisse alter Menschen an ihre räumlich-physikalische Umwelt auf der einen und den Empfehlungen von Experten (z. B. Ärzte, Psychologen, Sozialarbeiter, Seelsorger) auf der anderen Seite begleitet werden. Solche Fragestellungen weisen auf die Erforschung des Potentials, auf das »Was könnte sein?« der räumlich-physikalischen Umwelt für die Aufrechterhaltung einer möglichst weitgehenden Selbständigkeit in einzelnen Tätigkeiten und Funktionen hin. Gelingt es, die Umwelt so zu gestalten, daß auch bei unveränderbaren Einschränkungen und Verlusten die Fähigkeit, Anforderungen des Alltags zu bewältigen, vergrößert wird? Konkret: Wie hilfreich sind neue Kommunikationstechnologien? Gibt es Berührungsängste auf seiten der alten Menschen? Wie lassen sich diese abbauen? Welche Nachteile könnten aber auch mit dem Einsatz dieser Technologien verbunden sein? Oder wie läßt sich das Verkehrswesen im Hinblick auf die Mobilität alter Menschen verbessern? Welche stadtplanerischen Konzepte kommen den Bedürfnissen alter Menschen am meisten entgegen?

Allerdings gilt es bei all dem zu bedenken, daß es *die* altenfreundliche Umwelt, *die* optimale Umwelt für alte Menschen nicht gibt, ebensowenig wie es *den* alten Menschen gibt. Der differentielle Ansatz verweist hier auf die Grenzen eines verallgemeinerbaren Wissens für die Umweltplanung. Eine wichtige Forschungsfrage ist deshalb häufig die nach dem »größten« gemeinsamen Nenner in Sachen »Umweltoptimierung«.

— Gesellschaftlich-institutionelle Umwelt

Wie sieht gegenwärtig die altersrelevante Institutionenwelt in unserer Gesellschaft aus? Wer sind die wichtigsten Träger dieser Institutionen? Läßt das institutionelle Netz noch genügend oder zu viel »Freiheit« im Hinblick auf eine optimale Gestaltung des Alterns? Wie nutzen alte Menschen die für sie bestimmten Einrichtungen? Gibt es »Schwellenängste« mit der Folge, die angebotene Hilfe und Unterstützung ungenutzt zu lassen? Wie lassen sich diese abbauen?

Eine wichtige Rolle spielen auch jene gesellschafts- und sozialpolitischen Arrangements, die speziell für alte Menschen geschaffen werden. Vielfach sind sie »Problemlöser« und »Problemerzeuger« zugleich (z. B. Rentenversicherung). Hier gilt es, detailliert zu erfassen, wie sich Kompensationsleistungen, Risikosicherungen und Opportunitätsstrukturen wechselseitig beeinflussen und differentiell auf die Lebenssituation älterer Menschen wirken.

Der individuelle Alternsprozeß darf nicht losgelöst von der Gesellschaft betrachtet werden. Das Altersbild der Gesellschaft, die gesellschaftliche Definition »altersadäquater« Rollen, die von der Gesellschaft wahrgenommenen und genutzten Potentiale des Alters wirken sich auf den individuellen Alternsprozeß aus, gestalten diesen mit (vgl. Rosenmayr, Kapitel 18 in diesem Band). Die älteren Generationen sind jedoch auch als aktiver Teil der Gesellschaft zu verstehen; ihre Lebensformen und Lebensstile wirken auf die Gesellschaft zurück. Es ist nicht nur zu untersuchen, wie sich gesellschaftliche Werte und Normen auf den individuellen Alternsprozeß auswirken, sondern auch zu fragen, in welcher Weise und in welchem Maße Lebensformen und Lebensstile älterer Generationen auf die Gesellschaft einwirken und zu einer veränderten Sicht des Alters in der Gesellschaft führen. Aufgrund sich wandelnder Kompetenzen älterer Menschen und aufgrund eines sich verändernden Altersbildes in der Gesellschaft ist von einer dynamischen Interaktion zwischen dem individuellen und dem gesellschaftlichen Altern auszugehen (vgl. Riley & Riley, Kapitel 17 in diesem Band). Die Erfassung dieser dynamischen Interaktion stellt eine bedeutende Aufgabe gerontologischer Forschung dar. Verändern sich die Lebensformen und Lebensstile älterer Menschen? Wird in Zukunft eine größere Übereinstimmung zwischen den individuellen und gesellschaftlichen Potentialen des Alters bestehen? Solche Fragen zu altersfreundlichen Umwelten überschreiten disziplinäre Grenzen. Es sind beispielsweise die Soziologie, die Psychologie, die Wirtschaftswissenschaften, die Politologie, die Kulturanthropologie und die Publizistik in gleicher Weise angesprochen.

C. Institutionalisierungsformen gerontologischer Forschung

Die Institutionalisierung gerontologischer Forschung in Deutschland bedarf einer besonderen Förderung. Von der Alternsforschung wird erhofft, daß sie zur Beantwortung der medizinischen, psychischen, sozialen und wirtschaftlichen Fragen beiträgt, die sich mit der höheren Lebenserwartung von immer mehr Menschen stellen, und auf diese Weise Politik und Gesellschaft mit besseren Voraussetzungen für Entscheidungen und Handeln versorgt. Die zügige und effektive Bereitstellung dieses Wissens erfordert konzentrierte Anstrengungen zur Institutionalisierung gerontologischer Forschung und Lehre.

Als Vergleichsmaßstab seien einige Zahlen der Förderung der Alternsforschung in den USA genannt. Der 1991 erschienene Report des vom Institute of Medicine (National Academy of Sciences) eingesetzten »Committee on a National Research Agenda on Aging« beziffert die gegenwärtig in den USA zur Verfügung stehenden jährlichen Mittel für die Alternsforschung auf etwa 600 Millionen Dollar. Die meisten amerikanischen Universitäten haben inzwischen jeweils mehrere Lehrstühle für Gerontologie und ein Zentrum für Gerontologie. Auf amerikanischer Bundesebene gibt es drei sogenannte gerontologische »Centers of Excellence«. Der vorgelegte Kommissionsbericht schlägt vor, die Zahl der Centers of Excellence in der Gerontologie um zehn zu erweitern und den für die Alternsforschung auf Bundesebene zur Verfügung gestellten Finanzierungsbetrag um jährlich etwa 300 Millionen Dollar, also auf insgesamt ungefähr 900 Millionen Dollar zu steigern. Wenn man diese Summe proportional gemäß der Gesamtbevölkerung verringert, würde für Deutschland eine jährliche Gesamtförderungssumme von circa 400 Millionen Mark resultieren. Diese Summe ist aufgrund der unterschiedlichen Förderungsstrukturen (in Deutschland ist ein Teil der Forschungsförderung im universitären Haushalt abgedeckt) sicher zu hoch gegriffen, aber sie zeigt die Größenordnung, an die die deutsche Alternsforschung möglichst bald herangeführt werden sollte.

Obwohl es während der letzten Jahre wichtige Signale der Institutionalisierung von gerontologischer Forschung gab (etwa die Einrichtung einiger Lehrstühle mit gerontologischem Schwerpunkt oder die Gründung von gerontologischen Forschungsinstituten), besteht für Deutschland im internationalen Vergleich, vor allem mit den USA, ein deutlicher Nachholbedarf. Deutschland war vor dem Zweiten Weltkrieg in Fragen der Alternsforschung international führend. Diese Entwicklung hat sich nach dem Zweiten Weltkrieg nur begrenzt fortgesetzt.

Die Institutionalisierung, die erforderlich ist, um die Qualität und Quantität gerontologischer Forschung anzuheben, bezieht sich im wesentlichen auf vier Zielsetzungen: die Schaffung eines geeigneten Personalbestandes vor allem im Nachwuchsbereich, die Bereitstellung von institutionalisierten Organisationsformen für kontinuierlich und integrativ angelegte gerontologische Forschung, die Entwicklung einer Infrastruktur für die Durchführung von Längsschnittstudien sowie die Förderung einer europäischen gerontologischen Identität und Wissenschaftlergemeinde.

1. Schaffung eines geeigneten Personalbestandes vor allem im
   Nachwuchsbereich

Die Erweiterung und Vertiefung gerontologischer Forschung kann nur gelingen, wenn auch junge Wissenschaftler(innen) für gerontologische Forschung gewonnen werden können. Dabei bedarf es in Bereichen, in denen die gerontologische Kompetenz noch schwach ausgebildet ist, besonderer Anstrengungen. Ein Beispiel dafür ist, wie bereits erwähnt, die Epidemiologie körperlicher

Krankheiten im Alter. Gezielte Förderungs- und Ausbildungsinitiativen sind hier vonnöten. Es wird daher vorgeschlagen, in disziplinen-übergreifenden gerontologischen Spezialisierungen wie auch in fachspezifischen Schwerpunktfeldern möglichst zügig Graduiertenkollegs einzurichten. Ferner wird empfohlen, die Förderung des wissenschaftlichen Nachwuchses frühzeitig in den internationalen Kontext einzubinden, nicht nur weil qualitativ hochstehende gerontologische Forschung in Deutschland nur in einigen wenigen Gebieten vorhanden ist, sondern weil gesellschaftlich relevante gerontologische Forschung auch des komparativen internationalen Ansatzes bedarf.

In der Vergangenheit hat sich gezeigt, daß Privatstiftungen bei der Behebung von Manpower-Problemen besonders effektiv sein können. In der Gerontologie sind die Nuffield Stiftung in England und die MacArthur Foundation in den USA herausragende Beispiele dafür. Es sollten daher besondere Anstrengungen unternommen werden, eine Stiftung zu finden oder eine neue Stiftung ins Leben zu rufen, die sich der Alternsforschung in besonderem Maße annimmt.

2. Geeignete Formen der Institutionalisierung gerontologischer Forschung

Unter dem Gesichtspunkt der Institutionalisierung gerontologischer Forschung geht es erstens darum, bestehende Forschungsstrukturen zu »gerontologisieren«, das heißt, vorhandene Disziplinen und bestehende Forschungsfelder durch gerontologische Fragestellungen anzureichern. Bei der Besetzung bestehender Lehrstühle sollten Personen mit gerontologischem Schwerpunkt besonders berücksichtigt werden, es sollten aber auch speziell gerontologische Lehrstühle zumindest in den für die gerontologische Forschung zentralen Disziplinen (wie der Biologie, Geriatrie, Psychologie und Soziologie) neu eingerichtet werden. Diese könnten dann Zentren transdisziplinärer Forschung werden. In anderen Ländern haben sich derartige Lehrstühle innerhalb der jeweiligen Universität zu Lehrstuhlverbünden, etwa in Form von Instituten oder Zentren, zusammengeschlossen.

Zweitens wird vorgeschlagen, der Interdisziplinarität und Transdisziplinarität gerontologischer Fragestellungen entsprechend, gerontologische »Verbundforschung« gezielt zu unterstützen. Transdisziplinäre Alternsforschung, die für eine große Zahl von gerontologischen Fragestellungen unerläßlich ist, zählt immer noch in nahezu allen Fachbereichen zu den Sonderfällen universitärer und außeruniversitärer Forschung. Sie bedarf deshalb nachdrücklicher Förderung. Transdisziplinäre Forschung ist meist auf mindestens mittelfristig stabile Kooperation von Arbeitsgruppen aus mehreren Disziplinen angewiesen. Kurzfristige Projektförderung ist für diese Form gerontologischer Forschung nicht ausreichend. Schwerpunktprogramme und Sonderforschungsbereiche, etwa der Deutschen Forschungsgemeinschaft, sind angemessenere Förderungformen. Ein besonderes institutionelles Profil würde die Gerontologie auch dadurch erhalten, daß an einer oder mehreren Stellen spezielle Zentren für Gerontologie eingerichtet werden.

3. Entwicklung einer Infrastruktur für Längsschnittforschung

Das Altern ist ein Prozeß, der aus mehreren zeitlich geordneten und sich überlagernden Einflußsystemen konstituiert wird: der Ontogenese, dem gesellschaftlichen Wandel und der Generationsabfolge. Es ist daher, wie bereits erwähnt, unabdingbar, daß ein wesentlicher Teil gerontologischer Forschung langfristig angelegt ist. So basiert ein Großteil der herausragenden modernen Gerontologie auf Langzeit- oder Längsschnittforschung. Dies trifft auch auf die Nutzung von Tierforschung zu, wo es oft darum geht, die Modulation von Alternsfaktoren in unterschiedlichen Züchtungsgruppen und aufeinanderfolgenden Generationen zu untersuchen.

Es wird daher empfohlen, die infrastrukturellen Voraussetzungen für Langzeit- und Längsschnittforschung zu schaffen. Die gegenwärtig angebotenen Förderungszeiträume erfüllen diese Voraussetzung nur sehr bedingt. Dies trifft um so mehr zu, als die von der Bundesregierung vorgelegten und im Prinzip begrüßenswerten Forschungsinitiativen auf dem Gebiet der Alternsforschung vor allem in Ministerien und nicht in der Deutschen Forschungsgemeinschaft oder der Max-Planck-Gesellschaft beheimatet sind. In Ressorts der Bundesregierung ist der zeitliche Planungshorizont zu kurz angelegt, als dies für systematische und programmatische gerontologische Forschung notwendig ist.

4. Europäische Perspektiven

Gerontologie in Europa ist weitgehend fragmentiert. Die internationale Orientierung der Gerontologen in Europa ist vor allem durch bilaterale Beziehungen zu den USA, getrennt für jedes Land, gekennzeichnet. Dadurch gehen wertvolle Impulse für komparative Forschung und die Stärkung der europäischen Stimme im Konzert der internationalen Gerontologie verloren. Auch die Erforschung des Spezifischen einer europäischen Alterskultur und ihrer Veränderungen im Rahmen eines Verbunds von sozialen Wohlfahrtsstaaten wird durch diese europäische Fragmentierung gehemmt. Das Problem ist auf politischer Ebene seit einiger Zeit bekannt, die Organisation wissenschaftlicher Kooperations- und Kommunikationsformen dagegen zeigt eine deutliche Verzögerung.

Allerdings gibt es auch zahlreiche ermutigende Ansätze. Beispiele sind der European Medical Research Council und die Forschungsfelder der Europäischen Gemeinschaft, die sich in einigen Bereichen bereits bewährt haben, etwa im Eurodem-Programm, das viele an der Epidemiologie der Altersdemenz arbeitende Forschergruppen Europas zusammenbrachte. Einen weiteren erfolgversprechenden Ansatz stellt die Nutzung des Erasmus-Programms (europäisches Doktorandenprogramm für den Themenbereich »Entwicklung über die Lebensspanne«) dar. Ferner sind Schwerpunktbildungen im Bereich der molekularen Biologie oder der Längsschnittforschung im Humanbereich zu nennen, wo es mit Hilfe der European Science Foundation gelungen ist, die europäische Forschung durch kooperativ angelegte Projekte und gemeinsame Manpower-Programme zu stärken. Von besonderer Bedeutung ist schließlich die 1988 erfolgte Gründung einer europäischen Akademie der Wissenschaften (Academia Europaea). Diese Akademie hat sich unter anderem zum Ziel gesetzt, die Kommunikation zwischen Wissenschaftlern aus allen europäischen Ländern mit Hilfe von Nachwuchsprogrammen und Arbeitsgruppen zu fördern. Gerade wegen des besonderen Bedarfs an qualifizierten Wissenschaftlern in der Gerontologie liegt es nahe, dieser Institution vorzuschlagen, die Gerontologie als einen wichtigen Schwerpunkt in ihren Themenkatalog aufzunehmen. Ferner sollten die deutschen Forschungsorganisationen gebeten werden, hierfür Forschungsgelder zur Verfügung zu stellen.

D. Altersforschung als interventive Wissenschaft

In den vorangegangenen Kapiteln wurde wiederholt darauf hingewiesen, daß Gerontologen in ihrer Arbeit Wissenschaft und Praxis miteinander verbinden sollten. Gerontologen sind daran interessiert und müssen daran interessiert sein, das Alter(n) nicht nur zu beschreiben und zu erklären, sondern auch Voraussetzungen für praktische Veränderungen zu schaffen. Im Konzept der Transdisziplinarität kommt dies in zweierlei Hinsicht zum Ausdruck. Zum einen verringert die Verknüpfung verschiedener disziplinärer Ansätze die Selektivität des Zugangs zu den praktischen Problemen und erhöht damit die Chancen ihrer Beeinflußbarkeit auf der Grundlage der so erarbeiteten Ergebnisse; zum anderen bedeutet die Verknüpfung der Disziplinen auch eine Kombination von stärker grundlagenorientierter und stärker anwendungsorientierter Forschung.

Die dadurch möglich werdende interventive Rolle der gerontologischen Forschung ist ein wesentliches Charakteristikum der Gerontologie. Das Alter ist eine noch unvollendete Phase der menschlichen Zivilisation mit vielen Schwachstellen, aber auch Chancen; es gilt, das positive Spektrum des im Alter Möglichen zu erweitern. Dies kann unter anderem dadurch gelingen, daß Altern und Alter unter Alternativbedingungen mit Hilfe experimenteller Forschungsdesigns (Simulationen) ebenso wie mit »experimenteller Politik« und kulturvergleichender Forschung untersucht werden. Eine solche Nutzung oder Anwendung wissenschaftlicher Erkenntnisse in den konkreten Praxisfeldern muß wiederum Gegenstand der (Begleit- und Evaluations-)Forschung sein.

Bei der Planung und Durchführung interventionistischer Forschung steht man vor einer komplexeren Kosten-Nutzen-Betrachtung, als dies bei rein deskriptiver Forschung der Fall ist. Gibt es zum Beispiel unbeabsichtigte Nebenwirkungen eines auf Intervention angelegten Forschungsansatzes? Natürlich müssen ältere Menschen zu solchen Kosten-Nutzen-Betrachtungen selbst Stellung nehmen können; aber in welchem Ausmaß ist dies möglich und auch notwendig? Selbst dort, wo gerontologische Forschung nicht explizit auf Veränderung angelegt ist, gibt es eine Reihe von besonderen Problemlagen. Ältere Menschen sind aufgrund ihrer besonderen körperlichen, psychischen und sozialen Lage unter Umständen weniger autonom in ihren Entscheidungen zur

Teilnahme an Forschungsprojekten oder weniger resistent gegenüber den »interventiven« Methoden gerontologischer Forschung als andere Altersgruppen. Im folgenden werden einige dieser besonderen Problemlagen ohne Anspruch auf Vollständigkeit kurz beschrieben.

1. Bedürfnis-, Bedarfs- und Akzeptanzforschung

Interventionen und Dienstleistungen sind nicht deshalb gut, weil man sie intuitiv für gut hält. Es bedarf ihrer Evaluation. Forschung über und mit Menschen steht immer vor der Frage, ob das Subjekt der Forschung, seine Interessen und Motivlagen hinreichend berücksichtigt werden, zumal Forscher dazu tendieren, ihre eigenen Lebenslagen als Rahmen zu setzen. Diese Frage trifft in besonderem Maße auf den älteren Menschen zu. Das Unwissen über die Lebenslage älterer Menschen, über deren latente subjektive Bedürfnisse sowie über objektive Bedarfsabschätzungen der älteren Population ist groß. Dennoch gehört gerade ein derartiges Wissen zu den wesentlichen Randbedingungen bei der Abschätzung interventiver Maßnahmen. Sind die von Wissenschaftlern gesteuerten Interventionsziele und Interventionsmaßnahmen in der Tat diejenigen, die von älteren Menschen als Prioritäten wahrgenommen werden? Oder sind die angestrebten Interventionsziele eher Ausdruck der Welt der Jugend und der Erwachsenen jüngeren und mittleren Alters? Insofern ist die Akzeptanz konkreter Interventionsziele und Interventionsverfahren bei den Adressaten zu prüfen.

Als klassisches Beispiel für diese Akzeptanzproblematik können die Programme zur Krebsfrüherkennung dienen, die von Ärzten (im Sinne einer professionellen Bedarfsfestsetzung) entwickelt und propagiert wurden, aber vor allem in der älteren Zielbevölkerung auf geringe Resonanz stießen, weil deren Bedürfnisse (nach umfassender und belastungsfreier Sicherheit) durch Inhalte und Art der Programmangebote zu wenig berücksichtigt wurden. Ein anderes Beispiel ist die von Wissenschaftlern oft in den Vordergrund gestellte Zielsetzung der Selbständigkeit im Alter. In Beobachtungs- und Interviewstudien konnte gezeigt werden, daß die normative Setzung von hoher Autonomie oder Lebensaktivität für das Alter keine Allgemeingültigkeit hat und Gefahren der Überforderung in sich birgt. Ältere Menschen sind wegen ihrer Kapazitätsverluste oft dazu gezwungen, Unselbständigkeit (Abhängigkeit) als Instrument der eigenständigen Gestaltung von sozialen Beziehungen und ihrer Lebenssituation aktiv einzusetzen. Die Betonung eines aktiven und positiven Alterns als normativer Zielsetzung kann also durchaus negative (Rebound-)Wirkungen für alle diejenigen Alten und ihr Unterstützungssystem haben, die diesem Anspruch nicht gerecht werden können.

2. Implementations- und Wirksamkeitsanalysen in der Versorgungsforschung

Auch wenn durch Bedürfnis-, Bedarfs- und Akzeptanzforschung Grundlagen für erfolgversprechende Interventionen erarbeitet sind, ist ihre Durchsetzung im praktischen Gestaltungsprozeß nicht selbstverständlich. Sowohl hinsichtlich der

Implementation von Kompensationsleistungen (z. B. Pflege) und Risikominderung (z. B. Prävention) als auch hinsichtlich der Schaffung von Opportunitätsstrukturen (z. B. berufliche oder kulturelle Angebote) gilt, daß sie auf ein bestehendes System von Prozessen, Regeln und Strukturen − mit »Eigenlogiken« und »Domäneinteressen« − stoßen. Die »Machbarkeit« von altersgerechten Versorgungsstrukturen ist nicht selbstverständlich, sondern bedarf genauer Untersuchung durch die Implementationsanalyse und Versorgungsforschung. Dazu zählt auch die kritische Prüfung bestehender, vermeintlich auf die Bedürfnisse Älterer zugeschnittener Infrastrukturen.

Qualitätssicherung, Wirksamkeitsprüfung (Evaluation) und Kostenanalyse (vor allem als Kosten-Wirksamkeitsanalyse) sind wichtige Elemente einer wissenschaftlichen Überprüfung von Machbarkeit und Leistungsfähigkeit von Strukturen (im sozialen, beruflichen, gesundheitlichen Bereich), die entweder speziell für Ältere gestaltet oder zumindest auch von Älteren genutzt werden sollten. Dabei geht es nicht nur um die prinzipielle Machbarkeit und Wirksamkeit (im Einzelfall), sondern auch um die faktische Verteilungswirkung der Versorgungsleistungen in der Gesamtgruppe, um so Ungleichheiten entgegenwirken zu können.

3. Politische Steuerung und Analyse der Umsetzung politischer Maßnahmen

Auch wenn es vielfältige Mittel und Wege gibt, das gesellschaftliche, also das kulturelle und sozio-ökonomische Umfeld der Älteren zu beeinflussen (verändern), so müssen doch die meisten Veränderungen durch das politisch-administrative System vorbereitet oder unterstützt werden, da diesem System die Funktion zugeschrieben ist, gesellschaftliche Werteentscheidungen (Präferenzen) und kollektiv bindende Entscheidungen festzulegen.

Eine Beeinflussung der Lebensbedingungen und Lebensoptionen älterer Menschen ist also auch über den Weg der Beeinflussung des politisch-administrativen Systems möglich − ein Prozeß, der selbst Gegenstand (politik- und verwaltungs-)wissenschaftlicher Analysen ist. Die Analyse der Umsetzung politischer Maßnahmen untersucht dabei die Bedingungen, unter denen in der Gestaltung politischer Programme (z. B. für ältere Menschen) die Interessen der Betroffenen artikuliert, wahrgenommen und berücksichtigt werden (können). Ebenso bedeutsam ist die Frage der Informiertheit der an der Programmformulierung Beteiligten über Möglichkeiten der Problemlösung in den jeweiligen Aufgabenfeldern. Interventive Forschung muß sich der Einflußfaktoren hinsichtlich politischer Steuerung vergewissern, um begründete Vorschläge für die Plazierung von Themen und Problemen älterer Menschen in der Politikentwicklung zu unterbreiten. Wichtige Bereiche sind gegenwärtig die Pflegeabsicherung, die Rentenversicherungsreform, die Gesundheitspolitik mit Blick zum Beispiel auf chronisch kranke Menschen.

E. Zur Forschungsmethodik

1. Berücksichtigung unbeabsichtigter Auswirkungen von Forschung

Wegen der besonderen körperlichen, psychischen und sozialen Verletzbarkeit älterer Menschen sollte mehr als bisher eine sekundäre Wirkungsforschung im Sinne der Beobachtung und Bewertung unbeabsichtigter Folgewirkungen von Forschung in die Wege geleitet werden. Wirkungsforschung kann sich auf alle Elemente des Forschungsdesigns beziehen. Einige Beispiele sollen dies verdeutlichen.

Sekundäre Folgen gibt es schon im Bereich der Messung selbst. Vor allem, wenn es um extensive und belastende Befragung und Messungen geht, muß sorgfältig abgewogen oder untersucht werden, ob diese nicht die körperliche, psychische und mentale Belastbarkeit einzelner älterer Menschen überschreiten. Dies ist gerade auch deshalb bedeutsam, weil die allgemeine wissenschaftliche Tendenz darin besteht, Beobachtungen und Messungen älterer Menschen so anzulegen (etwa denselben Intelligenztest zu benutzen), daß sie mit anderen Altersgruppen vergleichbar sind. Die Durchführbarkeit einer Untersuchung und ihrer Folgewirkungen sollte selbst zu einem Untersuchungsgegenstand im Sinne einer Wirkungsanalyse werden.

Sekundäre Wirkungen sind bisher vor allem im Zusammenhang mit der Bewertung einer direkten Intervention untersucht worden, wenn wahrscheinlich auch nicht mit ausreichendem Spektrum. Ein bekanntes Beispiel ist die Untersuchung der Wirksamkeit von Pharmaka und deren Nebenwirkungen und Kontraindikationen. Coper und Schulze (Kapitel 8 in diesem Band) machen deutlich, daß derartige Analysen im Alter berücksichtigen müssen, daß das Nebenwirkungsspektrum quantitativ und qualitativ anders beschaffen sein kann. Sekundäre Wirkungen sind auch in den Verhaltens- und Sozialwissenschaften von Bedeutung. Gelegentlich ist ihre Erfassung sogar tabuisiert. Wenn etwa untersucht wird, unter welchen Bedingungen es möglich ist, kranke ältere Menschen möglichst lange zuhause zu pflegen, ist es wichtig, diese Maßnahmen auch in ihrer Konsequenz für die betreuende Familie zu untersuchen, etwa für die älteste Tochter, die sich dieser Aufgabe oft nicht entziehen kann. Ein derartiger Ansatz, so logisch er auch ist, stößt oft auf manifesten und/oder latenten Widerstand.

Des weiteren sollen sekundäre Wirkungsanalysen auch die Folgen berücksichtigen, die aus den in der Forschung gewonnenen Informationen entstehen. Wie geht man mit der Entdeckung bislang unbekannter und unbehandelter, aber persönlich tolerierter oder subjektiv nicht wahrgenommener Gesundheitsstörungen um? Eine Aufklärung, selbst bei geringen oder fehlenden Behandlungsaussichten, setzt eine ganze Kette eingreifender interventiver Maßnahmen in Gang. Hierbei muß auch berücksichtigt werden, ob das Fehlen von aus der Sicht der Wissenschaftler notwendiger Diagnostik und notwendigen Therapieschritten eine bewußte Entscheidung des älteren Menschen war. Denn es gibt in der gerontologischen Forschung zunehmend Befunde, die zeigen, daß ältere

Menschen als Ausdruck ihrer Strategie, mit dem Alter umzugehen, bewußt geringere Dienstleistungen und Aufmerksamkeit in Anspruch nehmen, entweder um ihre Umwelt nicht aus ihrer Sicht unangemessen zu belasten oder um ihr Lebensende aktiv nach ihren Lebenswerten zu gestalten.

Schließlich ist auch die »sekundäre« Problemerzeugung durch Maßnahmen und Institutionen zu beachten, die zur »Problemlösung« eingerichtet wurden. Dazu zählt beispielsweise das Phänomen des Hospitalismus, aber auch der »Herstellung« von Sozialhilfebedürftigkeit bei Älteren durch eine (Fehl-)Konstruktion des sozialen Sicherungssystems (vgl. Guillemard und Hauser & Wagner, Kapitel 24 und 23 in diesem Band).

2. Probleme der Datenqualität

Bei Studien, die den Anspruch auf interventive Übertragbarkeit ihrer Ergebnisse in soziale und politische Wirklichkeiten erheben, muß stärker als bisher darauf geachtet werden, daß Strukturgleichheit oder wenigstens Strukturähnlichkeit mit der älteren Normalbevölkerung besteht. Wenige Studien an kleinen Kollektiven können hier irreführend sein, es sei denn, diese würden ausgewählt, um ein bestimmtes Problem adäquat zu erfassen (z. B. Suizid). Andererseits sind große Studien oft nicht praktikabel. Das Wesen des Alters schließt ein, daß ein größerer Anteil älterer Menschen krank und zunehmend weniger in der Lage ist, an extensiven wissenschaftlichen Untersuchungen teilzunehmen.

Repräsentativität einer Stichprobe ist eine Zielsetzung, der also im Alter durch das Phänomen »Alter« Grenzen gesetzt sind. Gleichzeitig folgt aus dieser Problemlage, daß Fragen der Stichprobenselektion und der Generalisierbarkeit ein besonderes Problem gerontologischer Forschung darstellen. Insgesamt ist es wohl richtig zu schließen, daß der Großteil gerontologischer Forschung sich auf positiv oder negativ ausgewählte Stichproben bezieht. Der berühmte »Durchschnittsmensch« scheint bemerkenswerterweise am wenigsten erforscht zu sein. Die damit zusammenhängenden hohen Selektions- und Ausfallquoten schränken die Generalisierbarkeit gerontologischer Forschungsbefunde, vor allem was Ergebnisse aus intensiven Längsschnitt- und Interventionsstudien angeht, stark ein.

Die aus sozial-empirischen Studien generell bekannte Problematik der Nichterreichbarkeit und der Follow-up-Verluste (»Drop-outs«) gewinnt bei wenig belastbaren oder vorgeschädigten Personengruppen in der Alternsforschung besonderes Gewicht. Bei institutionalisierten Personen oder speziellen Fragestellungen wie bei der Altersdemenzforschung kann dies einen Forschungsansatz methodisch/ethisch/juristisch von vornherein gefährden. Hohe primäre Selektions- oder sekundäre Drop-out-Effekte schränken die Übertragbarkeit der Ergebnisse im Sinne generalisierbarer Interventionen stark ein.

Je stärker sich Studien zum Zwecke hoher externer und interner Bedingungskontrolle aus variabler alltäglicher Komplexität ausgrenzen, desto geringer ist die Wahrscheinlichkeit, daß sich ihre Ergebnisse in komplexe soziale Zusammenhänge ohne Abstriche, Anpassungen oder Verwerfungen zurückübertragen lassen. Die Übertragung setzt die Kenntnis und die Wirkungsweise der wesentlichen Rahmenbedingungen und Kontextvariablen voraus. Daraus ergibt sich die Notwendigkeit, Wirkungszusammenhänge in verschiedenen Kontexten zu analysieren: im Labor, im kontrollierten Experiment mit Menschen, in relativ gut kontrollierten Praxisfeldern (z. B. Therapiestudien in der Klinik) und in wenig kontrollierbaren Praxisfeldern (z. B. Implementations- und Wirksamkeitsstudien in der Alltagswelt der Älteren). Dabei entstehen Daten unterschiedlicher Qualität und Quantität. Interventive Forschung ist hier in besonderem Maße veranlaßt, Methodologien zu entwickeln oder zu benutzen, die eine Verknüpfung solcher verschiedener Deutungstypen erleichtern oder erst ermöglichen. Dazu gehören in besonderem Maße auch die Nutzung und Fortentwicklung der vergleichenden Methoden.

3. Ethische Implikationen

Die Frage nach einer adäquaten und subjektzentrierten gerontologischen Interventionsforschung führt auch zum Problemkreis der Forschungsethik. Es würde über das Ziel dieses Kapitels hinausführen, eine umfassende Diskussion von forschungsethischen Prinzipien und Konflikten vorzulegen. Im folgenden werden so nur einige Aspekte exemplarisch beschrieben, die gerontologische Interventionsforschung in besonderer Weise kennzeichnen. Unter den ethischen Fragestellungen scheinen uns die folgenden zentral und ihre Bearbeitung daher besonders förderungswürdig, etwa durch Symposien oder Workshops:
— indirekte Zentriertheit gerontologischer Forschung auf die Lebensphasen der Jugend und des frühen oder mittleren Erwachsenenalters;
— zeitlich begrenzte Teilnahme älterer Menschen an gerontologischen Forschungsprojekten und
— Einwilligungsfähigkeit älterer Menschen.
Eine weitere, vor allem in den USA behandelte ethische Fragestellung ist der Einsatz von außergewöhnlich intensiver und kostenaufwendiger Medizintechnologie im hohen Alter und im Kontext von lebensverlängernder Forschung.

Zum Problem der *Zentriertheit gerontologischer Forschung* auf die Lebensphasen der Jugend und des frühen oder mittleren Erwachsenenalters: Wie sähen zum Beispiel wissenschaftliche Konstrukte und Werte einer Medizin und einer Gesellschaft aus, deren Leitbild nicht der 30- bis 40jährige, sondern der 60- bis 70jährige Mensch wäre? In welchem Ausmaß ist in der Forschung, die den älteren Menschen mit Jüngeren vergleicht, eine latente Diskriminierung enthalten und sogar empirisch legitimiert? Wie muß ein Konzept »guten« oder »erfolgreichen« Alterns beschaffen sein, das nicht in Widerspruch zu einem Konzept differentiellen Alter(n)s gerät, Freiräume für differentielles Altern nicht einengt und den Tod als einen natürlichen Endpunkt menschlichen Lebens verstehen lernt? So wissen wir beispielsweise, daß ältere Menschen im Durchschnitt weniger Angst vor dem Tod haben als jüngere Erwachsene. Die Angst älterer

Menschen konzentriert sich vor allem auf das Wie des Sterbens. Auch hier zeigt sich, daß die Norm und die Erwartungshaltung des »erwachsenen Establishments« einer adäquaten Behandlung des Sterbens älterer Menschen eher im Wege stehen können.

Zum Problem der *zeitlich begrenzten Intervention ins Alltagsleben* älterer Menschen ohne entsprechende Maßnahmen der Ablösung: Jede empirische Humanforschung berührt das Leben des erforschten Subjekts, von der Kontaktaufnahme über Beobachtung und Befragung bis hin zur womöglich invasiven körperlichen Untersuchung. Gerade bei älteren Menschen mit weniger sozialen Beziehungen und einer erhöhten Wahrscheinlichkeit des Gefühls von Einsamkeit ist eine größere Verletzbarkeit gegenüber Kontakt- und Beziehungsaufnahme, noch mehr aber gegenüber der Beendigung einer Beziehung zu berücksichtigen. Dies um so mehr, je intensiver und langandauernder die Forschungsbeziehung ist, wie dies etwa auf die für die Alter(n)sforschung so wichtigen Längsschnittstudien zutrifft. Eine »Aktivierung ins Leere« oder auch in das den älteren Menschen umgebende soziale Umfeld ist zu bedenken, wobei die Betreuung und Ablösung nicht nur vom älteren Menschen, sondern auch vom Forschungspersonal als persönliches und ethisches Problem wahrgenommen werden kann. Eine mögliche organisatorische und forschungsstrategische Antwort ist die Einführung von externen Supervisionsprogrammen für das Forschungspersonal und von extensiveren Nachlaufphasen als normalen Elementen intensiver gerontologischer Forschungsprojekte.

Zum Problem der *Einwilligungsfähigkeit* älterer Menschen zur Teilnahme an Forschungsprojekten, vor allem wenn diese interventionistischen Charakter haben: Ein ethisches Dilemma entsteht unter anderem aus der mit dem Alter stark ansteigenden Häufigkeit von Demenzen (vgl. Häfner, Kapitel 6 in diesem Band). Es gibt auf diesem Gebiet einerseits einen zwingenden Forschungsbedarf an Diagnostik, Prävention und Therapie. Andererseits sind demente Personen wegen ihrer Krankheit oft nur begrenzt oder auch gar nicht mehr in der Lage, die üblichen Bedingungen der Einwilligungsfähigkeit zu erfüllen. Gerontologen erleben diese Situation oft als einen massiven Konflikt, der zur Zeit auch rechtlich ungelöst ist. Die Beteiligung der Öffentlichkeit an der Diskussion, inwieweit ein Ersatz der durch die Krankheit beeinträchtigten oder zerstörten Autonomie um der dringend gewünschten Forschungsteilnahme willen zulässig erscheint, ist bisher eher gering. Daher ist es erforderlich, gerontologische Forschungsprojekte nicht nur einmal – meist vor Beginn – durch ein externes Gremium auf ihre ethischen Implikationen hin beurteilen zu lassen, sondern einen Weg zu finden, ethische Fragestellungen zu einem kontinuierlichen Thema interner und externer Beratung zu machen.

4. Über Grenzen des Wissens und der Vorhersagbarkeit

Es wäre sicher hilfreich, wenn der wissenschaftliche Erkenntnisstand so hinreichend umfassend und präzise wäre, daß Politiker diesen als Entscheidungsgrundlage nutzen könnten. Dies trifft jedoch bisher nur bedingt zu. In fast allen Kapiteln dieses Bandes wird hervorgehoben, daß das Alter und das Altern Neuland darstellen, sowohl auf der Landkarte der Wissenschaft als auch auf der Landkarte der menschlichen Zivilisation. Es gibt wichtige gerontologische Erkenntnisse, aber gleichzeitig gehört zu diesem Erkenntnisstand auch die Einsicht, daß unser gegenwärtiges Wissen über das Alter und das Altern Bestandteil einer biologischen und kulturellen Dynamik und von daher sehr veränderungssensitiv ist.

Prognosen über die Zukunft sind schwierig; sie sind immer »wenn-dann«- und »ceteris-paribus«-Prognosen, und selbst unter diesen einschränkenden Bedingungen oft mit einer gehörigen Portion Unsicherheit behaftet. Unsicherheit, weil neue Erkenntnisse über das Altern und die Gesellschaft unsere Prognosen entscheidend verändern können; man denke etwa an die Konsequenzen, die sich aus einer Lösung des Problems der Alzheimer-Demenz ergeben würden. Unsicherheit aber auch, weil Altern ein System von körperlichen, psychischen und sozialen Prozessen darstellt, deren Aktions- und Wirkungsgefüge nur schwerlich in einfachen deterministischen Modellen faßbar scheint. Wie die Ökologie stellen das Alter und das Altern ein System dar, das mannigfach vernetzt und diskontinuitätsanfällig ist.

Prognosen über die künftige Situation des Alters und des Alterns, Perspektiven über künftige Forschungsprioritäten in der Gerontologie sowie Vorschläge zur Form und Effektivität von Politikmaßnahmen bedürfen daher nicht nur einer sorgfältigen und kontinuierlichen Prüfung und des weisen Umgangs mit Unsicherheit. Sie bedürfen auch der Beurteilung durch die nicht-wissenschaftliche Welt. Zu dieser Welt zählen nicht zuletzt die alten Menschen selbst. Wir sind alle an Gerontologie und ihren Erkenntnissen interessiert. Denn anders als mit anderen Fragen des menschlichen Lebens (etwa der Geschlechts- oder Bildungsunterschiede oder des Problems der Arbeitslosigkeit), wo man über »andere« forschen und urteilen kann, nehmen wir am Altern alle teil, antizipatorisch und/oder tatsächlich.

28. Gesellschaft, Politik und Altern

KARL ULRICH MAYER, PAUL B. BALTES, WOLFGANG GEROK, HEINZ HÄFNER, HANFRIED HELMCHEN, ANDREAS KRUSE, JÜRGEN MITTELSTRASS, URSULA M. STAUDINGER, ELISABETH STEINHAGEN-THIESSEN & GERT WAGNER (als erweiterte Arbeitsgruppe)*

A. Einleitung

In den Beiträgen zu diesem Band wurde herausgearbeitet, welche Erkenntnisse die einzelnen wissenschaftlichen Fachdisziplinen zu den Problemen des Alterns des Menschen und des Alterns der Bevölkerung zur Verfügung stellen können, welche übergeordneten Leitideen unser Wissen und unser Verständnis vom Altern vertiefen können und welche Möglichkeiten der zukünftigen gesellschaftlichen Entwicklung im Hinblick auf das Leben im Alter offen stehen. Diese Beiträge sind auch in der Absicht geschrieben worden, der Öffentlichkeit und der Politik Informationen über den wissenschaftlichen Erkenntnisstand zu vermitteln und Kriterien an die Hand zu geben, die praktisches Handeln anleiten können.

Im folgenden Kapitel soll diese Absicht in expliziterer Weise aufgenommen werden. Wir wollen auf der Grundlage der einzelnen Kapitel, insbesondere der Zukunftsszenarien, Schlußfolgerungen für das gesellschaftliche Handeln und für politische Interventionen ziehen. Es geht dabei zum einen um eine Klärung, Definition und Gewichtung des politischen Problemfeldes und der Ziele einer Politik für ältere Menschen, zum anderen aber um die schwierige Frage, wie wissenschaftliche Erkenntnisse und abgeleitete Ziele in praktische Politik umgesetzt werden können, also um »policies« und Politikinstrumente.

Einige Vorbemerkungen sind uns wichtig. Erstens ist sorgfältig zwischen den Problemen des älter werdenden Menschen und den Problemen des Alterns der Bevölkerung zu unterscheiden. Diese Probleme und ihre Folgen für die Entwicklungsdynamik der Gesellschaft dürfen nicht gleichgesetzt werden. Das Älterwerden der Menschen stellt eine große und unvermeidliche Herausforderung an politisches Handeln dar, aber es droht keine »Vergreisung« der Gesellschaft.

---

* Als Konsultanten haben zu dem Kapitel beigetragen: Bernhard Badura, Margret Dieck, Dieter Grunow, Richard Hauser, Franz Xaver Kaufmann, Michael Linden, Rudolf-M. Schütz.

Zweitens richten sich viele Vorschläge für ein verbessertes Altern an den einzelnen Menschen und seine unmittelbare soziale Umwelt. Politik kann, neben den Medien, durch Aufklärung auch darauf einwirken. Sie muß jedoch vor allem auf eine Veränderung institutioneller Rahmenbedingungen hinwirken. Eine solche Politik kann nicht nur aus der Propagierung von Zielen bestehen, sondern muß zugleich die geeigneten politischen Instrumente oder gesellschaftlichen Interventionsformen benennen.

Drittens ist Altern vor allem auch körperliches, ja in hohem Maße genetisch bedingtes Altern. Daraus darf aber nicht geschlossen werden, daß körperliches Altern nicht durch gesellschaftliche Bedingungen, ökonomische Vorsorge und individuelles Handeln beeinflußt werden könnte. Das Gegenteil ist in gewissen Grenzen der Fall. Man denke nur an die großen Gewinne an Lebensjahren in diesem Jahrhundert. Sie sind sicherlich nicht durch Genomveränderungen erklärbar. Die Art des Alterns ist nicht einfach ein hinzunehmendes Schicksal, sondern ein bedeutsamer Gegenstand individueller und politischer Gestaltung.

Viertens kann Politik für ein besseres Altern nicht allein Politik für ältere Menschen sein. Viele der Bedingungen für ein menschenwürdiges Alter werden in früheren Lebensabschnitten geschaffen. Eine Politik für das Alter muß sich daher auf den gesamten Lebensverlauf und alle gesellschaftlichen Teilbereiche beziehen.

Ein besonderes Charakteristikum des Alterns ist, daß es nicht nur das Problem eines Teils der Gesellschaft ist. Es betrifft (fast) alle Menschen und umfaßt einen zunehmend größeren Teil ihres Lebens: Es ist ein unausweichliches Schicksal. Moderne Gesellschaften zeichnen sich genau dadurch aus, daß fast alle Menschen alt und viele Menschen sehr alt werden. Je höher unsere Lebenserwartung wird, desto dringlicher fragen wir uns, ob wir unter den gegebenen gesellschaftlichen und wirtschaftlichen Bedingungen und aufgrund unserer Lebensweise ein sinnvolles und selbständiges Alter erreichen werden oder unser Verhalten und diese Bedingungen ändern müssen, und mit wieviel kranken und wieviel gesunden Jahren wir rechnen dürfen. Wer wird uns im Alter unterstützen und pflegen? Diese Fragen und diese Sorgen betreffen alle, auch diejenigen, die letztlich kein hohes Alter erleben.

Die Aufmerksamkeit, die die Bevölkerungsgruppe der älteren Menschen mit ihren spezifischen Bedürfnissen und Problemen erfährt, leitet sich in der öffentlichen und politischen Diskussion zunächst vordergründig aus drei Entwicklungen her: dem zunehmenden Ausmaß der direkten und indirekten Betroffenheit, der Erwartung stark steigender gesellschaftlicher Kosten und der Erwartung einer zunehmenden Dauer der Altersphase jedes einzelnen. Auf demographischer Ebene betrifft das Altersproblem derzeit etwa ein Fünftel aller Menschen in unserer Gesellschaft, weil sie selbst über 60 Jahre alt sind (vgl. Dinkel, Kapitel 3 in diesem Band). Diese Tatsache fordert deshalb die politische Aufmerksamkeit heraus, weil es sich hier um einen relativ raschen Wandel im Bevölkerungsaufbau handelt. Im Vergleich mit 1950 werden sich der Anteil der über 60jährigen in drei bis vier Jahrzehnten voraussichtlich fast verdoppelt und der Anteil der über 80jährigen fast vervierfacht haben. In absoluten Zahlen muß man in Deutschland um das Jahr 2030 mit etwa 21 Millionen Personen über 60 Jahren und vier Millionen Personen über 80 Jahren rechnen. Altern erscheint aber auch deshalb als ein drängendes gesellschaftspolitisches Problem, weil etwa ein Drittel des Sozialbudgets und der überwiegende Teil der Gesundheitskosten für den älteren Teil der Bevölkerung aufgebracht werden (vgl. Guillemard, Kapitel 24 in diesem Band). Schließlich muß man das Altern in modernen Gesellschaften auch unter einer kultur- und sozialgeschichtlichen Perspektive sehen: Die Verantwortung für alte Menschen fällt zunehmend nicht mehr dem Familienverband, sondern gesellschaftlichen Institutionen zu (vgl. Bengtson & Schütze und Rosenmayr, Kapitel 18 und 19 in diesem Band).

Es gibt ein Defizit an Politik für ältere Menschen und ein Defizit an politischer Repräsentation, Artikulation und Aggregation ihrer Interessen. Die wichtigsten Akteure in der Alternspolitik sind nicht die älteren Menschen selbst, sondern neben dem Staat die Sozialpartner, also Gewerkschaften und Arbeitgeber, die Rentenversicherungsträger, die Wohlfahrtsverbände, die Krankenhausträger sowie die Krankenkassen und Ärzteverbände. Deren Interessen sind primär nicht an den Bedürfnissen der älteren Bevölkerung orientiert. Dies könnte sich freilich rasch ändern. Gerade in den letzten Jahren haben sich die älteren Menschen außerhalb und innerhalb der etablierten Parteien zunehmend organisiert. Sie sind nicht nur Gegenstand von Politik, sondern auch politisch Handelnde geworden. Vor allem die großen Parteien haben neue politische Organisationsformen für ältere Menschen entwickelt. Und – insoweit die Grünen eine Generationspartei sind – werden sie sich bald in eine Partei älterer Menschen verwandeln.

In den 80er Jahren wurde eine Reihe von Anstrengungen unternommen, die Probleme des Alterns als politisches Arbeitsgebiet in den Vordergrund zu rücken und dessen Problembereiche über die Anliegen der Finanzierung der Alterssicherung und der Gesundheits- und Pflegekosten hinaus zu erweitern. Das vorliegende Kapitel ordnet sich in eine Reihe anderer Arbeiten ein, die diesen Prozeß der politischen Gestaltung durch wissenschaftliche Analyse unterstützen und aktiv begleiten. Dazu zählen der Vierte Familienbericht der Bundesregierung mit dem Thema »Familie und ältere Menschen« von 1986, der erste veröffentlichte Teil des Altenberichts der Bundesregierung von 1990 und der Kommissionsbericht »Altern als Chance und Herausforderung« des Landes Baden-Württemberg aus dem Jahre 1988.

B. Voraussetzungen und Ziele von Alternspolitik

Im nun folgenden Abschnitt formulieren wir eine Reihe von Voraussetzungen und Zielen, an denen sich eine Politik für ältere Menschen messen lassen muß. Die sieben zuerst genannten gelten über die bundesdeutsche Gesellschaft hinaus.

Das letzte Kriterium »Einheitlichkeit der Lebensverhältnisse« in Ost- und Westdeutschland ist ein Verfassungsgebot des Grundgesetzes, dem gerade für alte
Menschen politische Priorität eingeräumt werden muß.

1. Altern als Bevölkerungsentwicklung: Führt die Veränderung des
   Altersaufbaus zu einer »Vergreisung« der Gesellschaft?

In den letzten Jahren haben sich Politik und öffentliche Diskussion über das
Alter fast ausschließlich an Befürchtungen orientiert, nach denen ein rasch
wachsender Anteil älterer Menschen die »Alterslast« in bezug auf die Kosten
für Alterssicherung und Gesundheitsfürsorge, für die chronisch Kranken und
Pflegebedürftigen übermäßig ansteigen lassen werde. Aus der Tatsache des
demographischen »Alterns« wurde vielfach das Schreckgespenst einer weniger
innovativen und weniger wohlhabenden Gesellschaft abgeleitet. Die negativen
Stereotype über den alten Menschen wurden auf eine Gesellschaft mit mehr
älteren Menschen übertragen.

Nach unserer Auffassung besteht zu einer dramatisierenden Bewertung der
Folgen des relativen demographischen Alterns der deutschen Bevölkerung kein
Anlaß. Fast alle Befürchtungen, daß die gesellschaftliche Entwicklung allein
oder überwiegend durch eine Zunahme des Altenanteils bestimmt werde, sind
unbegründet oder überzogen. Es gibt keinen demographischen Determinismus.
Dafür sind die eklatanten Fehlprognosen der Entwicklung der Studentenzahlen
ein besonders gutes Beispiel. Veränderungen im Altersaufbau sind nur einer von
vielen Prozessen des sozialen Wandels. Ein höherer Anteil von Älteren ist nicht
gleichzusetzen mit einem »Altern der Gesellschaft«: Sie wird nicht − wie ein
negatives Altersstereotyp vermuten lassen würde − konservativer, innovations-
feindlicher, unflexibler und ärmer (vgl. Bengtson & Schütze, Guillemard und
Riley & Riley, Kapitel 19, 24 und 17 in diesem Band). Daß es in einer älteren
Bevölkerung einen höheren Anteil an kranken und pflegebedürftigen Menschen
geben wird, ist sehr wahrscheinlich, aber keineswegs gewiß. Die gesellschaftliche
Entwicklung verläuft nicht proportional zu demographischen Verschiebungen,
und moderne Wohlfahrtsstaaten, wie die Bundesrepublik Deutschland, verfügen
über eine hohe Selbststeuerungs- und Adaptationskapazität.

Das demographische Altern kommt durch zwei Prozesse zustande: durch
den Rückgang der Geburten und den Anstieg der Lebenserwartung vor allem
auch im sehr hohen Alter (vgl. Dinkel, Kapitel 3 in diesem Band). Wir erwarten,
daß beide Prozesse eher andauern werden. Männer und Frauen werden in
Zukunft noch einige Jahre länger leben, und diese zusätzlichen Jahre werden
sowohl gesunde als auch kranke Jahre sein. Diese Entwicklung wird durch eine
vernünftige Politik beeinflußt und verstärkt werden können. Insbesondere die
Menschen in der früheren DDR können einen Zuwachs ihrer Lebensdauer
erwarten (vgl Dinkel, Kapitel 3 in diesem Band).

Was die Geburtenentwicklung anbelangt, so scheint zwar der Rückgang der
relativen Geburtenhäufigkeit in der alten Bundesrepublik Deutschland zumin-

dest gestoppt worden zu sein, jedoch ist zu erwarten, daß die Geburtenhäufigkeit in den neuen Bundesländern sich eher dem noch niedrigeren Niveau der alten Bundesländer angleichen wird. Unter Soziologen (vgl. Rosenmayr, Kapitel 18 in diesem Band) überwiegt die Erwartung, daß aufgrund veränderter Wertorientierungen und Lebensentwürfe der Anteil der Unverheirateten, Kinderlosen und Familien mit nur einem oder zwei Kindern eher noch zunehmen wird. Aber auch eine entgegengesetzte Entwicklung kann keineswegs ausgeschlossen werden. Sicher ist lediglich, daß bevölkerungspolitische, pronatalistische Maßnahmen − wenn überhaupt − nur sehr geringe Auswirkungen auf die Geburtenhäufigkeit haben würden. Es gibt sehr viele gute Gründe für eine finanzielle Entlastung und Unterstützung von Familien mit Kindern − Bevölkerungspolitik gehört nicht dazu.

Als Folge der demographischen Alterung wurde vor allem die Schrumpfung des absoluten Umfangs der Bevölkerung befürchtet. Tatsächlich ist die Bevölkerungsgröße der alten Bundesrepublik Deutschland hingegen kräftig angestiegen. Und auch in Zukunft wird es aller Voraussicht nach nicht zu einer Schrumpfung der Bevölkerungszahlen kommen, weil weiterhin mit dauerhaften Einwanderungen jüngerer Migranten, insbesondere aus Osteuropa, zu rechnen ist. Es darf auch nicht länger tabuisiert werden, daß die Bundesrepublik Deutschland immer ein Einwanderungsland war und es − auch nach dem Versiegen des Aussiedlerstromes − aufgrund des Wohlstandsgefälles innerhalb und außerhalb der Europäischen Gemeinschaft wohl auf Dauer bleiben wird.

2. Differentielles Altern

Ein entscheidendes Ergebnis der Erforschung des Alterns ist die Einsicht, daß das Alter keine einheitliche Kategorie von Menschen bildet, daß das chronologische Lebensalter und das funktionale Alter weit auseinanderfallen können und daß es sehr große Unterschiede in bezug auf körperliche und geistige Gesundheit, materielle Absicherung und gesellschaftliche Teilhabe· in der älteren Bevölkerung gibt (vgl. Baltes & Baltes und Mittelstraß et al., Kapitel 1 und 27 in diesem Band). Die neueren Unterscheidungen zwischen normalem und pathologischem Altern oder zwischen »jungen Alten« und »alten Alten« weisen auf diesen Tatbestand hin (vgl. Gerok & Brandtstädter, Kapitel 14 in diesem Band). Wegen der beträchtlichen Heterogenität im Alter ist die Bevölkerungsgruppe der älteren Menschen daher als Ganzes zumeist keine in sich homogene Zielgruppe politischer Programme und Maßnahmen. Einerseits muß den unterschiedlichen Bedürfnissen und Problemlagen älterer Menschen durch eine entsprechende differentielle Politik Rechnung getragen werden. Andererseits müssen diese unterschiedlichen Bedürfnisse und Problemlagen in den jeweils angemessenen Kontexten der Arbeitsmarkt-, Sozial-, Wohnungs-, Verkehrs- und Gesundheitspolitik stärkere Berücksichtigung finden.

Notwendig sind daher einerseits Politiken für spezifische Problem- und Risikogruppen, in denen ältere Menschen stark vertreten sind, wie chronisch

Kranke, Behinderte, Einkommensarme und sozial Vereinsamte. So ist zum Beispiel der überwiegende Teil der chronisch Kranken alt, doch nur ein kleinerer Anteil der alten Menschen ist chronisch krank. Andererseits sind Politiken der Eröffnung von verbesserten Lebens-, Entfaltungs- und Teilhabechancen für die absolut und relativ stark angewachsene Gruppe aktiver älterer Menschen in einer erheblich verlängerten Altersphase erforderlich.

Eine bedürfnisgerechte Politik für ältere Menschen würde eigentlich die Abkehr von schematischen Altersgrenzen als Kriterien für die Beendigung der Berufstätigkeit, für die Zuweisung von Sozialleistungen, für die Definition von Empfängergruppen und professionellen Dienstleistungen nahelegen. Das ist etwa der Tenor der nordamerikanischen Entwicklungen. Es war aber ein großer Fortschritt der Sozialpolitik, Regelungen an universelle und nicht-fallbezogene Kriterien zu binden (vgl. Zacher, Kapitel 12 in diesem Band). Dies ist besonders wichtig für ältere Menschen, die häufig ihre berechtigten Ansprüche – zum Beispiel auf Sozialhilfe – nicht durchsetzen können. Aber auch die Tatsache, daß Einzelfallüberprüfungen (beispielsweise über die geistige Leistungsfähigkeit im Zusammenhang mit altersbezogenen Pensionierungsentscheidungen) das Selbstbild der einzelnen eher in Frage stellen als beschützen, beinhaltet ein Argument für universalistische Regelungen. Im Hinblick auf präventive Maßnahmen und Aktivitäten hat es zudem durchaus eine gewisse Berechtigung, ältere Menschen als eine gemeinsame Risikogruppe anzusehen.

Der Aspekt des differentiellen Alterns bezieht sich nicht nur auf den wichtigen Unterschied zwischen funktionalem Alter und chronologischem Lebensalter, sondern auch auf soziale und ökonomische Ungleichheiten innerhalb der Gruppe älterer Menschen. Aufgrund der ökonomischen Lage der älteren Menschen in den neuen Bundesländern und weil gerade ein höherer Grad an Selbstbestimmung eher mehr als weniger Einkommen erforderlich macht, wird die Sicherung ausreichender Alterseinkommen auch in Zukunft eine wichtige politische Aufgabe bleiben (vgl. Dieck, Kapitel 25 in diesem Band).

3. Potentiale

Sowohl die demographische Entwicklung als auch Einsichten über die Plastizität von Alterungsprozessen (Potential) und über neue Generationen älterer Menschen kontrastieren zunehmend mit dem, was immer mehr ältere Menschen leisten *können* und *wollen*, was sie aber unter den gegenwärtigen gesellschaftlichen Rahmenbedingungen nicht leisten *dürfen* (vgl. Riley & Riley, Kapitel 17 in diesem Band). Das ist auch wenig verwunderlich, wenn man bedenkt, daß sich die gesellschaftlichen Institutionen, insbesondere der Arbeit, der Bildung und der Gesundheitsfürsorge zu Zeiten entwickelt haben, in denen nur ein kleiner Teil der Bevölkerung alt war. Eine Reihe struktureller Entwicklungstendenzen sind den Bedürfnissen älterer Menschen vermutlich eher gegenläufig, so beispielsweise der frühzeitige Eintritt in den Ruhestand, die Alterssegregation in der Freizeit, die Jugendzentriertheit unserer Kultur oder der Wandel intergenerationaler Familienbeziehungen und die Tendenz zu Eingenerationen- und Einpersonenhaushalten (vgl. Bengtson & Schütze, Mayer und Rosenmayr, Kapitel 19, 20 und 18 in diesem Band).

Neuere Generationen der »jungen Alten« werden gesünder, besser ausgebildet, beruflich qualifizierter, politisch kompetenter, selbständiger und individualisierter in ihrer Lebensgestaltung sein. Ältere Menschen nehmen trotz dieser zunehmenden Potentiale im Durchschnitt nicht entsprechend ihren Fähigkeiten am Leben der Gesellschaft teil. Es findet eine Art »vergangenheitsbezogener statistischer Diskriminierung« statt. Die Zurechnung von Leistungsfähigkeit und Leistungsansprüchen erfolgt immer noch auf der Grundlage der durchschnittlichen Alterssituation früherer Generationen. Die Überwindung dieses zeitlichen Auseinanderklaffens zwischen institutionellen Arrangements und den Wünschen und Bedürfnissen der Menschen ist daher zentrales Ziel einer Altenpolitik (vgl. Riley & Riley, Kapitel 17 in diesem Band). Die Optimierung dessen, was im Alter prinzipiell möglich ist, ist eine große Unbekannte und eine der großen gesellschaftspolitischen Herausforderungen.

4. Selbstbestimmung, Selbständigkeit und Kompetenz

Die Aufrechterhaltung der Selbständigkeit, Selbstbestimmung und Kompetenz ist eines der bedeutsamsten persönlichen Lebensziele alter Menschen (vgl. Baltes & Baltes und Staudinger & Dittmann-Kohli, Kapitel 1 und 16 in diesem Band). Die Verwirklichung dieses Zieles ist zum einen von der persönlichen Lebensführung des Menschen im Alter sowie in früheren Lebensabschnitten beeinflußt, zum anderen von seiner objektiven Lebenssituation (Gesundheitszustand, finanzielle Ressourcen, Wohnqualität, Grad der sozialen Integration und Unterstützung). Durch politische Entscheidungen kann die objektive Lebenssituation verbessert und damit eine wichtige Bedingung für die Aufrechterhaltung der Selbständigkeit und Kompetenz geschaffen werden. Hier kommt der materiellen Sicherung, der Förderung des Wohnungsbaus sowie der Entwicklung eines sozialen und kulturellen Angebotes für ältere Menschen große Bedeutung zu. Ferner ist die Weiterentwicklung der Geriatrie sowie der Ausbau der ambulanten und stationären Dienste notwendig. Durch diese flankierenden Maßnahmen wird ein anregendes, in einzelnen Funktionen unterstützendes Umfeld geschaffen, das hilft, trotz einzelner Einschränkungen Selbständigkeit und Kompetenz aufrechtzuerhalten.

Nicht der umfassend betreute und verwaltete ältere Mensch kann das Ziel sein, sondern der selbstbestimmte, selbständige und kompetente ältere Mitbürger. Ältere Menschen müssen über ausreichende materielle Mittel verfügen, um selbständig wählen zu können, wie sie ihr Leben gestalten wollen und wie sie sich optimale Unterstützung sichern. Die Förderung der Selbständigkeit im Alter innerhalb der angestammten Wohnumgebung, aber auch in Heimen ist kein vordergründiges Mittel der Kostensenkung, sondern Ausdruck einer Wertentscheidung – sie wird eher mehr Mittel erfordern.

So belegen alle Ergebnisse der psychologischen Alter(n)sforschung die zentrale Bedeutung von Selbständigkeit und Selbstbestimmung für ein gutes Altern. Gleichzeitig zeigen diese Befunde aber auch, daß die Selbständigkeit im Alter auf Grenzen trifft, die zu respektieren sind. Ältere Menschen haben geringere Kapazitätsreserven. Um Selbstbestimmung in bestimmten und dem einzelnen wichtigen Lebensbereichen zu erhalten, ist es notwendig, in anderen Bereichen Abhängigkeit bewußt hinzunehmen.

5. Multimorbidität, chronische Krankheiten und Pflege

Im hohen Lebensalter nimmt die Häufigkeit chronischer Erkrankungen und der Mehrfacherkrankungen zu. Allerdings darf chronische Erkrankung nicht mit Pflegebedürftigkeit gleichgesetzt werden. Der Großteil chronisch kranker älterer Menschen ist in der Lage, ein (einigermaßen) selbständiges und selbstbestimmtes Leben zu führen. Die Aufrechterhaltung der Selbständigkeit setzt jedoch eine ausreichende medizinische Behandlung (zu der je nach Art der Erkrankung auch die Rehabilitation gehört) und (falls nötig) die Unterstützung durch ambulante Dienste voraus. Weiterhin kann die chronische Erkrankung zu Funktionseinschränkungen oder -einbußen führen, die sich nur dann teilweise kompensieren lassen, wenn prothetische Mittel zur Verfügung stehen (zum Beispiel Lesegerät) und Barrieren innerhalb der Wohnung (zum Beispiel Stufen und schmale Türeingänge) sowie im Wohnumfeld beseitigt sind (vgl. Kruse, Kapitel 26 in diesem Band).

Chronische Erkrankungen können zur Pflegebedürftigkeit führen. Der Umgang mit Pflegebedürftigkeit stellt nicht nur für den erkrankten Menschen selbst, sondern auch für seine Angehörigen sowie für die Mitarbeiter stationärer und ambulanter Dienste eine schwere Aufgabe dar. In den stationären Einrichtungen wird man immer wieder mit dem Problem konfrontiert, daß aufgrund der völlig unzureichenden personellen Situation eine fachlich fundierte und menschlich würdevolle Pflege nicht oder nur unter größten Anstrengungen geleistet werden kann. Hier ist speziell auf die Zunahme der dementiellen Erkrankungen im Alter hinzuweisen (vgl. Häfner, Kapitel 6 in diesem Band).

Der Politik stellt sich im wachsenden Maße die Aufgabe, die personelle Situation in stationären Einrichtungen zu verbessern (dies kann nur gelingen, wenn auf die Altenpflege bezogene Berufe attraktiver werden) und die Familien pflegebedürftiger Menschen noch stärker zu unterstützen (dies erfordert den weiteren Ausbau der ambulanten Dienste). Darüber hinaus ist es notwendig, die bestehenden Ansätze der medizinischen Behandlung und der Pflege pflegebedürftiger Menschen auszubauen.

6. Intervention, Prävention und Rehabilitation

Eine der wichtigsten Erkenntnisse dieses Jahrhunderts bezieht sich auf die komplexe Verknüpfung von menschlichem Genom und Umwelt. Prozesse des Alterns sind nicht vollständig genetisch determiniert (vgl. auch Danner &

Schröder, Kapitel 4 in diesem Band), sondern sind beeinflußbar und zum Teil sogar vorübergehend aufhaltbar. Begleitphänomene, die für Altersfolgen gehalten werden – etwa körperliche und geistige Leistungsminderung aus Übungsmangel – sind selbst im Alter noch revidierbar. Die Erweiterung und Verbreitung des Wissens über die Grade und Wege solcher Beeinflußbarkeit des Alterns und die Umsetzung in praktische Angebote ist ein wichtiges Ziel der Politik.

Ein solches Wissen über Prävention und Intervention sollte jedoch nicht nur auf ältere Menschen als Zielgruppe gerichtet sein, sondern bereits Kindern und Jugendlichen vermittelt werden. Es gibt, beispielsweise in der Medizin und Psychologie, überzeugende Befunde, die auf eine hohe kausale Kontinuität im gesamten Lebensverlauf verweisen. Es sollte also schon frühzeitig ein Bewußtsein dafür geschaffen werden, welche späten Folgen eigene Verhaltensweisen haben können. Individuelle und gruppenbezogene Verhaltensinterventionen durch Training körperlicher Beweglichkeit und geistiger Fähigkeiten können erheblich zu einer höheren Lebensqualität im Alter beitragen, wenn sie sich in einen entsprechend veränderten Lebensstil umsetzen lassen (vgl. Gerok & Brandtstädter und Weinert, Kapitel 14 und 7 in diesem Band). Auch die Rehabilitation kranker älterer Menschen ist ein bislang weitgehend vernachlässigtes Gebiet (vgl. Steinhagen-Thiessen, Gerok & Borchelt, Kapitel 5 in diesem Band). Rehabilitation darf sich nicht allein darauf beschränken, die Erwerbsfähigkeit von Personen wiederherzustellen. Sie muß auch eine staatlich anerkannte und von den Kranken- oder Rentenversicherungen voll getragene Aufgabe der Minderung und Überwindung von Krankheitsfolgen bei alten, nicht mehr erwerbstätigen Menschen sein.

7. Menschenwürdiges Altern und Sterben

Krankheit und Tod sind Bestandteil des menschlichen Schicksals, daran ändern auch vielfältige Verbesserungen der sozialen und materiellen Lage sowie der körperlichen und kognitiven Funktionsfähigkeit älterer Menschen nichts (vgl. Kruse, Rentsch und Schmitz-Scherzer, Kapitel 13, 11 und 21 in diesem Band). Insbesondere das häufig damit verbundene langanhaltende Siechtum sollte ebenso wie das Sterben anerkannt und nicht verdrängt werden, weder individuell noch gesellschaftlich. Ein »Hereinholen« des Siechtums und Sterbens in die soziale Lebenswelt könnte dazu beitragen, daß die körperlichen Anzeichen des Alterns, die immer auch auf den Tod verweisen, weniger angstbesetzt und damit weniger verabscheut werden.

Gesellschaftspolitik sollte darauf abzielen, ein Altersbild und eine darin eingebettete »Kultur« und »Kunst« des Sterbens zu entwickeln und zu fördern. Adressaten einer solchen Politik sind neben der Öffentlichkeit insbesondere die für das Sterben bedeutsamen Berufsgruppen – Ärzte, klinische Psychologen, Pflegeberufe, Psychotherapeuten und Seelsorger –, ohne damit Tod und Sterben allein in die Hände von Experten legen zu wollen. Es ist zu erwarten, daß es in den nächsten Jahren intensive und öffentliche Diskussionen zur Gestaltung des Sterbens geben wird. Aufgrund der Untaten des Nationalsozialismus im Dritten Reich (Euthanasieprogramme) wird die Behandlung dieser Frage in Deutschland emotional komplexer sein als in vielen anderen Ländern und wahrscheinlich zeitlich verzögert einsetzen.

8. Einheitlichkeit der Lebensverhältnisse

Das Gebot des Grundgesetzes, für einheitliche Lebensverhältnisse innerhalb der Regionen der Bundesrepublik Deutschland Sorge zu tragen, stellt die Altenpolitik deshalb vor ganz besondere Aufgaben, weil die älteren Menschen in den neuen Bundesländern nicht mehr durch eigene Produktivität und Erwerbstätigkeit zu einer Angleichung ihrer Situation beitragen können. Sie sind auf vielfache Weise benachteiligt: durch ihr niedriges Arbeitseinkommen in der Vergangenheit, durch die geringe Qualität der Wohnungen und die Erhöhung der Mieten und Wohnabgaben, durch den Wegfall von Sozialleistungen für ältere Menschen (Veteranenintegration in Betriebe, Benutzung von Wäschereien und Kantinen, Zusammenbruch der ambulanten Pflege und Betreuung durch die Volkssolidarität). Die alten Menschen in den neuen Bundesländern können auch nicht mehr so lange warten wie die jüngeren, um die Früchte der Vereinigung zu ernten (vgl. auch Dieck, Kapitel 25 in diesem Band).

C. Schwerpunkte im Politikfeld »Altern«

Der Anstieg des relativen Anteils der Alten stellt die Gesellschaft nicht ausschließlich und nicht einmal in erster Linie vor negative Belastungen dramatischer Art, sondern dieser Tatbestand ist eher eine positive Herausforderung, die Menschenwürdigkeit, die Selbstgestaltungsfähigkeit und die Sinnhaftigkeit des Alters für den einzelnen und seinen Beitrag zur Gesellschaft zu erhöhen. Diese Einschätzung muß freilich hinsichtlich der absoluten Zunahme der Alten und vor allem der Hochbetagten eingeschränkt werden. Obgleich von einem Rückzug der Familiensolidarität global kaum die Rede sein kann (vgl. Bengtson & Schütze, Kapitel 19 in diesem Band), verschärft sich das Problem der Betreuung, Versorgung und Pflege vor allem auf der kommunalen Ebene. Die hier vertretene Entdramatisierung bedeutet allerdings nicht, daß eine »Tu-Nichts«- oder »Vogel-Strauß«-Politik propagiert wird. Neben grundlosen Dramatisierungen gibt es notwendige, dringende und wünschenswerte gesellschaftspolitische Aufgaben im Hinblick auf das Alter, die ein moderner Sozialstaat lösen muß, will er ein menschenwürdiges Dasein für alle seine Bürger gewährleisten. Im folgenden sind Schwerpunkte dieser gesellschaftpolitischen Aufgaben ausgeführt.

1. Die »Kosten« des Alterns

Schlagworte wie »Rentnerberg«, »Pflegenotstand«, »Krieg zwischen den Generationen«, »Altersarmut« und »Kostenexplosion im Gesundheitswesen« verweisen direkt oder indirekt auf ökonomische Lasten, die mit dem Altern von

Menschen verbunden sein können. Wir wollen kurz die Ziele benennen, die aus diesen Schlagworten folgen. Danach werden die damit zusammenhängenden Finanzierungsprobleme kritisch durchleuchtet. Zum Teil können wir »Entwarnung« geben: Vieles wird in der öffentlichen Diskussion wie in den Diskursen einzelner Fachdisziplinen überzeichnet. Es gibt allerdings durchaus Reformbedarf, inbesondere in den Bereichen Altersvorsorge und Pflegeabsicherung.

Folgende *Ziele* werden – meist im Rahmen der »Sozialen Sicherung« – von und für alte Menschen, die nicht mehr erwerbstätig sein können oder wollen, verfolgt (vgl. Hauser & Wagner und Zacher, Kapitel 23 und 12 in diesem Band):

– Ersatz des Erwerbseinkommens (Rente),
– Verfügbarkeit angemessener Gesundheitsleistungen und
– Verfügbarkeit angemessener Hilfe- und Pflegeleistungen.

Man kann dies auch knapp als Ziel einer »Sicherung der relativen Lebensstandardpositionen im Alter« zusammenfassen. Dieses Ziel erfordert individuell wie volkswirtschaftlich nicht unbeträchtliche finanzielle Mittel, deren Struktur und Umfang im folgenden diskutiert werden.

Die nordamerikanische Debatte über die Verteilungsgerechtigkeit zwischen den gesellschaftlichen Aufwendungen für die Alten und den gesellschaftlichen Aufwendungen für die Jungen, also der »Krieg« zwischen den Generationen, hat in der Bundesrepublik Deutschland bislang nur einen schwachen Widerhall gefunden (vgl. Bengtson & Schütze, Kapitel 19 in diesem Band). Der Grund dafür ist zum einen, daß – im Gegensatz zu den USA – die Aufwendungen für die Alterssicherung und die Krankenversicherung im Alter historisch seit langem hoch akzeptierte Bestandteile des Wohlfahrtsstaates sind und durch das Beitragsprinzip legitimiert werden. Auf der anderen Seite ist auch die staatliche Finanzierung von Leistungen für Schulen und den Familienlastenausgleich ungleich weiter fortgeschritten und stärker institutionalisiert als in den USA. Zudem handelt es sich bei uns jedenfalls noch nicht um einen Konflikt zwischen Alten und Kindern, die unterschiedlichen Rassen und Ethnien angehören. In der Bundesrepublik Deutschland sind die Aufwendungen für die ältere Bevölkerung zusätzlich dadurch legitimiert, daß die gegenwärtig älteren Menschen vielfach die Kosten des Wiederaufbaus nach dem Kriege zu tragen hatten und dafür im Alter angemessen entschädigt werden sollten. Diese Begründung entfällt freilich zunehmend.

Es gibt auch andere Gründe, warum ein Krieg zwischen den Generationen kein chronisches Problem unserer Gesellschaft werden wird. Der Konflikt zwischen Generationen ist psychologisch völlig anders strukturiert als der zwischen sonstigen Sozialgruppen. Jeder einzelne durchläuft den gesamten Lebenslauf (antizipatorisch und retrospektiv). Deshalb haben auch Jüngere ein Interesse daran, ihr Leben im Alter mitzubedenken. Diese Situation ist völlig verschieden von den Konflikten zwischen anderen Sozialgruppen, wie zum Beispiel zwischen Geschlechtern oder Rassen. In diesen Fällen ist es eher unwahrscheinlich oder sogar unmöglich, im Laufe eines Lebens Mitglied beider beteiligter Gruppen zu sein.

Es darf allerdings nicht übersehen werden, daß sich die Einkommensverteilung in der Tendenz zu Lasten der Kinder verschiebt. Der Anteil von Haushalten, in denen Erwachsene und ältere Menschen mit Kindern zusammenwohnen, geht schon aufgrund der sinkenden Kinderzahlen immer weiter zurück. Daraus folgt mit hoher Wahrscheinlichkeit, daß die Einkommen älterer Menschen in einem zunehmend geringeren Maße innerhalb von Haushalten mit Kindern geteilt werden. Diese Auswirkungen zu Lasten von Kindern sind wenig sichtbar. Obgleich also nicht zu erwarten ist, daß der Generationenkonflikt politisch besonders bedeutsam wird, bleibt dennoch das Problem, ob und in welcher Weise die steigenden Vermögen kommender Altengenerationen in einer gerechten Weise zur Finanzierung der Alterssicherung herangezogen werden können.

Die Katastrophenmeldungen über unbezahlbare Risiken bei der Finanzierung der Alterssicherung sind nicht gerechtfertigt. Vor allem Veränderungen der Frauenerwerbstätigkeit, aber auch mäßige Erhöhungen des Beitragssatzes, eine mäßige Erhöhung des Rentenzugangsalters und Abschläge bei früherem Ausscheiden werden wirksame Anpassungen sein, von möglichen Auswirkungen anhaltender Einwanderungen ganz zu schweigen. Auch eine Mischung des »Umlageverfahrens« zur Finanzierung der Sozialversicherung (wie bei der gesetzlichen Alterssicherung) mit dem »Kapitaldeckungsverfahren« (wie bei der privaten Lebensversicherung) ist für die langfristige Sicherung der sozialen Sicherung hilfreich. Wir sind allerdings der Meinung, daß in der Bundesrepublik Deutschland bereits eine sinnvolle Mischung beider Finanzierungsformen verwirklicht ist. Die Sozialversicherung im engeren Sinne bedient sich der Umlage, die zur Sicherstellung der Effektivität der Versorgung auch weitgehend von Privaten Krankenversicherungen benutzt wird. Die immer mehr an Bedeutung gewinnende betriebliche und private Altersvorsorge beruht dagegen weitgehend auf dem Kapitaldeckungsverfahren. Im Rahmen dieses gegliederten Systems mögen Akzentverschiebungen sinnvoll sein. Eine vollständige Umstellung auf das Kapitaldeckungsverfahren ist nicht sinnvoll.

Es gibt sicherlich eine Reihe gesellschaftlicher Entwicklungen, die für die Altersvorsorge zunehmend problematisch werden könnten. Ein Kapitaldeckungsverfahren wäre davon aber genauso betroffen wie die Umlagefinanzierung. Die stark verlängerten Ausbildungszeiten und ein sinkendes Alter beim Rentenzugang werden die Anzahl der aktiven Beitragsjahre verringern, die angerechneten Ausfallzeiten jedoch erhöhen. Hinzu kommt noch, daß durch die steigenden Teilzeitanteile von Frauen (ca. 30%) geringere Rentenansprüche erworben werden. Darüber hinaus gibt es schon jetzt das Problem langjähriger, zum Teil kontinuierlicher, nicht-versicherungspflichtiger oder in der Schattenwirtschaft ausgeübter Erwerbstätigkeiten von Frauen. Ferner resultieren aus der Vereinigung zusätzliche finanzielle Belastungen der Alterssicherung, die bereits zur Forderung einer Kürzung der (West-)Renten geführt haben.

Diese Entwicklungen legen es nahe, den Erwerb von Rentenanwartschaften von der Dauer der Lebensarbeitszeit und von der Lohnarbeit zu entkoppeln. Es gibt viele Stimmen, die dies durch die Einführung einer Grundrente erreichen wollen. Damit würde zwar das Ziel der Vermeidung von Armut im Alter in vielen Fällen erreicht werden, aber gleichzeitig würden viele, insbesondere Frauen, nicht mehr als dieses Minimaleinkommen erhalten. Außerdem würde eine Grundrente einen nicht absehbaren, überraschenden Bedarf, insbesondere bei Pflegebedürftigkeit, nicht ausgleichen können. Wir befürworten deswegen Vorschläge, die eine allgemeine Versicherungspflicht und ein »Splitting« der Rentenanwartschaften von Paaren mit einer – in Notfällen – *bedarfsabhängigen Mindestsicherung* verbinden.

Materielle Armut im Alter ist – mit Ausnahme der Übergangssituation in den neuen Bundesländern – nicht mehr das zentrale Problem des Alterns in der Bundesrepublik Deutschland (vgl. Dieck, Guillemard und Hauser & Wagner, Kapitel 25, 24 und 23 in diesem Band). Es gibt zwar Ältere, die arm sind, und ihre Anzahl wächst mit der steigenden Altenpopulation. Das mittlere Einkommensniveau der älteren Bevölkerung aber steigt und die Einkommensungleichheit ist unter der älteren Bevölkerung ähnlich der der erwerbstätigen Bevölkerung. Der Anteil der Einkommensärmeren (weniger als die Hälfte des Durchschnittseinkommens aller Haushalte) unter der älteren Bevölkerung bewegt sich, wie beim Durchschnitt der Bevölkerung, bei etwa zehn Prozent und nimmt seit Jahren ab. Umstritten ist freilich, ob der Einkommensbedarf im Alter sinkt oder steigt. Zwar entfallen die Aufwendungen im Zusammenhang mit der Erwerbstätigkeit, und es werden weniger Investitionen in langlebige Konsumgüter getätigt, aber ein aktiveres Alter wird zu einem höheren Einkommensbedarf führen. Wir können nicht davon ausgehen, daß die Genügsamkeit der gegenwärtig älteren Menschen (die häufig sogar für ihre Enkel sparen) auch das Anspruchsniveau der Alten der Zukunft bestimmen wird.

Vermeidbare Risiken und Härten für alte Menschen ergeben sich hier vor allem wegen der Kosten für die Pflege und die damit zum Teil verbundene Gefahr des Absinkens in Sozialhilfeabhängigkeit. Auch die sofortige Einführung einer Grundrente würde das Problem der Einkommensarmut im Alter nicht gänzlich beseitigen, insbesondere nicht im Falle der Pflegebedürftigkeit. Wenn man aus humanitären Gründen alte Menschen nicht auf die Sozialhilfe verweisen will, würde nur die Einführung einer bedarfsabhängigen Mindestsicherung Abhilfe schaffen. Dies würde aber nichts daran ändern, daß die absehbare Pflege in vielen Fällen weiterhin als eine sozialstaatlich zugeteilte Leistung empfunden würde, deren Kosten möglichst minimal zu halten wären. Auf diese Weise würde auch der aktuelle »Pflegenotstand« nicht beseitigt. Hier hilft nur eine planmäßige, als Versicherung organisierte Vorsorge weiter, die insgesamt auch mehr Geld in den Pflegesektor fließen läßt, als dies bei einer anderen Lösung der Fall wäre.

Führt das demographische Altern zu einer Explosion der *Gesundheitskosten*? An alte Menschen müssen nicht nur Renten gezahlt werden, sondern alte Menschen verursachen auch überdurchschnittlich hohe Kosten im Gesundheitswesen. In der öffentlichen Diskussion ist deshalb immer wieder zu hören, daß mit dem Anstieg des Anteils der Alten an der Bevölkerung auch die Gesundheitskosten stark ansteigen, ja sogar explodieren würden.

Obwohl es richtig ist, daß mit dem höheren Alter für Menschen überdurchschnittlich höhere Kosten im Gesundheitswesen anfallen (wofür allerdings in den meisten Fällen das ganze Leben lang Versicherungsbeiträge entrichtet wurden), so ist der größere Anteil älterer Menschen an der Bevölkerung jedoch keineswegs die primäre Ursache der »Kostenexplosion« im Gesundheitswesen. Die allgemeinen Kostensteigerungen im Gesundheitswesen sind von weit größerer Bedeutung als die überdurchschnittlichen Kosten, die von älteren Menschen bislang verursacht wurden (vgl. Krämer und Guillemard, Kapitel 22 und 24 in diesem Band). Höchstens ein Viertel dieses Kostenzuwachses dürfte durch den Anstieg des Anteils Älterer in der Gesamtbevölkerung bedingt sein (Guillemard, Kapitel 24 in diesem Band).

Ganz im Gegensatz zum Tenor der öffentlichen Debatte vertreten wir die Auffassung, daß die *Aufwendungen für die Gesundheit der älteren Menschen nicht zu hoch, sondern zu gering* sind. Die kollektive Kostenbegrenzung bei der stationären und ambulanten Pflege geht einseitig zu Lasten der älteren Menschen. Es spricht alles dafür, daß die Anzahl des in der Pflege tätigen Personals erhöht werden muß und die Aufwendungen für deren Ausbildung und Vergütung gegenwärtig zu niedrig sind.

Strittig ist, ob eine zunehmende Lebenserwartung, die durch medizinischen Fortschritt ermöglicht wird, zu einem weiteren Kostenanstieg führen wird (vgl. Gerok & Brandtstädter und Krämer, Kapitel 14 und 22). Zum einen wird das Zukunftsszenario eines gesunden Altwerdens entworfen, bei dem es gelingen würde, den relativen Zeitanteil von Gesundheit im Lebensverlauf stetig zu vergrößern und die manifeste Morbidität auf immer kürzere Zeitspannen vor dem Tode zu komprimieren. Erst kurz vor dem weiter hinausgeschobenen Tod würden Krankheiten auftreten. Ein sehr viel bewußteres Gesundheitsverhalten der Menschen scheint zumindest in den höheren Bildungsschichten der USA bereits zu einer Entwicklung in dieser Richtung geführt zu haben. Allerdings wird dies zum Teil aufgehoben durch eine Angleichung der Morbidität von Frauen an diejenige von Männern und die noch anhaltende Morbiditätszunahme in »ärmeren« Bevölkerungsgruppen, deren Lebenserwartung noch deutlich unter der liegt, bei welcher eine Kompression der Morbidität erfolgen könnte. Zum anderen ist jedoch darauf hinzuweisen, daß durch das Zurückdrängen einer Todesursache andere Ursachen Bedeutung erlangen, die ebenfalls behandelt werden müssen und Kosten verursachen.

Aber selbst wenn man die eher unwahrscheinliche Annahme zugrunde legt, daß sich bei einer steigenden Lebenserwartung die Gesundheitskosten nicht erhöhen, gibt es noch genügend Möglichkeiten des medizinisch-technischen Fortschritts, die zu permanenten Kostensteigerungen im Gesundheitswesen führen können. Im Grenzfall könnte das gesamte Sozialprodukt für das Gesundheitswesen ausgegeben werden, und es gäbe trotzdem noch Behandlungsmethoden, die nicht finanziert werden können. Dann würde die »Rationierung« von Gesundheitsleistungen besonders deutlich und unausweichlich. Aus diesem Grunde entscheiden wir uns auf der kollektiven Ebene ständig – wenn auch wenig transparent – für eine Form der Rationierung, die nur »statistische Tode« bedeutet.

Unter dem Strich führt dieses System der Rationierung, rein ökonomisch gesehen, vielleicht nicht zu einer optimalen und besonders sparsamen Verwendung der eingesetzten Mittel. Wir halten aber dennoch eine transparentere und »rationale« Planung nicht für notwendig und nicht für erstrebenswert. Zum einen läßt sich feststellen, daß sich viele alte Menschen durchaus weniger eigennützig verhalten, als es im einfachen ökonomischen Modell unterstellt wird, und auf viele Gesundheitsleistungen bewußt verzichten. Zum anderen spricht gegen transparente Formen der Rationierung, daß sie wahrscheinlich für viele von uns schwer zu ertragen wären.

Insgesamt besteht weit weniger Grund zur Aufregung über steigende Gesundheitskosten, als dies aus einer Hochrechnung der demographischen Prognosen auf die Kostenentwicklung nahegelegt wird. Das moderne Gesundheitswesen hat unzweifelhaft zur Verlängerung eines lebenswerten Lebens beigetragen. Da Gesundheit ein hohes Gut ist, wird im Zweifel ein weiteres (mäßiges) Ansteigen der Kosten des Gesundheitswesens in reichen Volkswirtschaften toleriert beziehungsweise gewünscht. Diese Kosten stellen auf der anderen Seite auch wieder Einkommen dar, die volkswirtschaftlich kein Problem sind, deren ungleiche Verteilung jedoch umstritten sein kann. Die Grenzen eines ökonomisch nicht mehr tragbaren Anteils der Gesundheitskosten am Sozialprodukt in der Bundesrepublik Deutschland sind keinesfalls erreicht und noch nicht einmal absehbar. Man kann aus guten Gründen hoffen, daß vor den finanziellen Grenzen soziale und vom einzelnen mitgesteuerte Grenzen der Nachfrage nach Gesundheitsleistungen erreicht werden.

Reformen im Felde der sozialen Sicherung sind schwierig, weil sehr unterschiedliche Interessen eine Rolle spielen. Alle Versuche, durch Effizienzsteigerung Kosten im Gesundheitswesen einzusparen, stoßen natürlich auf den *Widerstand* derjenigen, für die diese Kosten das Einkommen darstellen. Die Durchsetzung von leicht vorstellbaren Einsparungen im Gesundheitswesen, die zu keinen nennenswerten Einbußen seiner Leistungsfähigkeit führen würden, gehört zu den schwierigsten ökonomischen und politischen Problemen. Dies ist kein spezielles Altenproblem und sollte daher auch nicht vorrangig im Zusammenhang mit dem höheren Altenanteil diskutiert werden. Umgekehrt stoßen Maßnahmen zur Ausweitung des Gesundheitssektors und auch des Pflegebereiches auf Widerstände, wenn eine »kollektive« Finanzierung, beispielsweise über Steuern, Grund zur Vermutung gibt, daß jeweils »die anderen«, aber nicht man selbst, davon profitieren. Beitragsfinanzierte Versicherungslösungen haben den Vorzug, daß sie auf höhere Akzeptanz stoßen, da man mit seinen Beiträgen eigene Anwartschaften erwirbt. Dies ist für die Pflegeabsicherung ein wichtiger Gesichtspunkt. Von großem Nachteil für sachgerechte Entscheidungen – besonders im Pflegebereich – ist allerdings, daß in der Bundesrepublik Deutschland nicht die unmittelbar Betroffenen und deren parlamentarische Vertreter den entscheidenden Einfluß ausüben, sondern die Träger der selbstverwalteten Sozialversicherung, also Arbeitgeber und Gewerkschaften, die vor allem Interesse an einer Beitragssenkung haben.

Bei der Diskussion von Reformen im Bereich der Pflege und ihrer notwendigen Infrastruktur ist ferner ein spezifisch bundesdeutsches Problem zu beachten. Die Finanzierung des Pflegesektors im Rahmen des Staates ist gegenwärtig als Teil der »Armenpflege« weitgehend Aufgabe der Kommunen. Dies ist inzwischen ein nahezu einhellig als unzweckmäßig erkanntes System, das aber schwer zu ändern ist, da es bei den meisten Ländern und dem Bund Widerstände gibt.

Bei der Reform der Altersvorsorge schließlich stößt man unvermeidlich an familienpolitische Tabus. Die Rentenversicherung geht – wie übrigens auch die Gesetzliche Krankenversicherung – vom bürgerlichen »Leitbild« der Einverdienerehe aus, in der der Mann erwerbstätig und die Frau als Mutter mehrerer Kinder nicht erwerbstätig ist. Sie wird lebenslang vom Ehemann versorgt, der nach seinem Tod eine Hinterbliebenenrente hinterläßt. Dieses Bild hat für Arbeiterfamilien nie gestimmt, und es stimmt inzwischen für die gesamte Gesellschaft nicht mehr. Frauenerwerbstätigkeit, die auch in der Sozialversicherung beitragspflichtig ist, macht teure Hinterbliebenenrenten überflüssig. Frauenerwerbstätigkeit kann so entscheidend dazu beitragen, daß der Sozialstaat finanzierbar bleibt. Aber man muß sich von der traditionellen Familienideologie trennen. Dies fällt vielen offensichtlich schwer, obwohl ein Blick ins Ausland sogar lehrt, daß Erwerbstätigkeit nicht automatisch Kinderlosigkeit bedeutet. Im Gegenteil: Wenn Erwerbstätigkeit und Kindererziehung durch geeignete Infrastruktureinrichtungen leichter miteinander vereinbart werden können, können bei einer hohen Frauenerwerbsbeteiligung sogar die Geburtenhäufigkeiten höher sein als in Deutschland.

Um bestehende Lücken in der sozialen Absicherung von alten Menschen konsequent zu vermeiden und um die Akzeptanz der damit insgesamt verbundenen Finanzierungslasten zu erhöhen, gibt es in der Bundesrepublik Deutschland nur einen Lösungsweg: eine *Versicherungspflicht aller Bürger für die Risiken Rente, Krankheit und Pflegebedürftigkeit.*

Dies bedeutet erstens, daß bestehende Lücken der Versicherungspflicht von Erwerbstätigen zu schließen sind (bei Selbständigen und »geringfügig Beschäftigten«; an sich wären auch Beamte in die normalen Versicherungen einzubeziehen, wie dies z. B. in der Schweiz der Fall ist). Zweitens müssen auch nicht-erwerbstätige Erwachsene beitragspflichtig gemacht werden. Bei Paaren ist ein »Splitting« der Rentenanwartschaften vorzusehen. Im Rahmen unseres Vorschlages würden diejenigen von Beitragszahlungen befreit, die gesellschaftlich wichtige Funktionen ausüben: die Erzieher kleiner Kinder und Personen, die Pflegebedürftige betreuen. Wer im Rahmen dieses Systems, das nicht nur Rente und Krankheitskosten, sondern auch Pflegekosten garantiert, im Alter trotzdem einen unvorhersehbar hohen Bedarf hat, dem wird mit einem »bedarfsabhängigen Rentenzuschlag« unbürokratisch und außerhalb des Sozialhilfesystems geholfen (vgl. Hauser & Wagner, Kapitel 23 in diesem Band).

Eine Pflicht-Absicherung gegen Pflegebedürftigkeit kann sinnvollerweise nur im Rahmen der Krankenversicherungen selbst – der Privaten und der Gesetzlichen – stattfinden. Denn Krankheit und Pflege sind kaum voneinander zu trennen. Unterschiedliche Absicherungssysteme für zwei schwer unterscheidbare Risiken führen nur zu Versuchen wechselseitiger »Kostenverlagerungen«.

Schließlich muß man sich bei der Reform der Pflegeabsicherung über eines voll im klaren sein: Eine menschenwürdige Pflege kostet mehr Geld, als gegenwärtig dafür aufgewendet wird. Aber die notwendigen Summen würden insgesamt zu keinen unbezahlbaren Belastungen führen. Im Gegenteil: Bei einer Versicherungslösung wäre ein Beitragssatz von etwa zwei Prozent des versicherungspflichtigen Einkommens kein Problem. Mit diesem Geld kann man die Pflege auch qualitativ verbessern. Auf der Grundlage einer Erhöhung der beruflichen Qualifikationen durch eine bessere Ausbildung und der Schaffung eines pflegeorientierten Berufsprofils kann auch die Anhebung der Vergütungen dazu beitragen, den »Pflegenotstand« zu beseitigen.

Auf einer völlig anderen Ebene liegt die Überlegung, eventuell ein »soziales Pflichtjahr« für junge Menschen einzuführen. Es gibt viele Stimmen, die mit der Einführung eines »sozialen Pflichtjahres« hauptsächlich Geld sparen wollen. Die Kosten eines »verlorenen« Erwerbs- oder Ausbildungsjahres sind für junge Menschen jedoch beträchtlich. Ein soziales Pflichtjahr ist dann sinnvoll, wenn es soziales Verständnis schafft und ein absehbares Ende der Pflegetätigkeit wohl dazu führt, daß die belastende Pflege schwieriger Fälle leichter zu ertragen ist.

2. Gesundheit und Krankheit im Alter

Altern ist nicht Krankheit, gleichwohl wird Altern in bio-medizinischer Sicht durch die Zunahme von Funktionseinbußen und Krankheiten geprägt (vgl. Gerok & Brandtstädter, Kapitel 14 in diesem Band). Zwei Fakten sind von besonderer Bedeutung:

- Die ansteigende Morbidität wird vor allem durch chronische Krankheiten verursacht, und
- mit zunehmendem Alter steigt auch die Multimorbidität an.

Ziel gesundheitspolitischer Maßnahmen im Bereich von *chronischer Krankheit und Pflege* sollte es sein, eine medizinische Versorgungsstruktur zu schaffen, die dem alternden Menschen trotz Funktionseinbußen und Krankheit eine möglichst optimale soziale Integration ermöglicht. Wie im folgenden ausgeführt wird, sind die Probleme und Schwierigkeiten, die sich bei der Verfolgung dieses Zieles hemmend und störend auswirken, vielfältiger Natur.

Strukturelle Schwäche der Institutionen medizinischer Versorgung. Zum einen stehen im Falle akuter und zum Teil auch bei chronischen Krankheiten Krankenhäuser verschiedener Versorgungsstufen zur Verfügung, die aber für die speziellen Belange bei der Betreuung alter Menschen nur unzulänglich eingerichtet sind. Zum anderen erfolgt die Betreuung alter Menschen mit chronischen Krankheiten und Gebrechen in Pflegeheimen, die als »Altenghettos« zweifellos zu den umstrittensten Einrichtungen gehören. Schließlich wird aber bei weitem die Mehrzahl der alten Menschen in der Familie oder im privaten Haushalt versorgt. 1990 gab es in der alten Bundesrepublik Deutschland etwa eine Million privater Haushalte mit einer pflegebedürftigen Person, davon wurden über die Hälfte von den Familienangehörigen gepflegt.

Das Problem dieses dreistufigen Versorgungssystems – Krankenhaus, Pflegeheim, häusliche Betreuung – liegt in seiner Diskontinuität. Es gibt keine Zwischenstufen der Versorgungseinrichtungen, die dem kontinuierlichen Übergang zwischen »altersentsprechend gesund«, »krank« und »pflegebedürftig« – ein Übergang mit allen Schattierungen und Grauzonen – gerecht würden. Vor allem das Pflegeheim ist in der Regel eine Endstation, von der es keine Rückkehr zum vertrauteren sozialen Bereich gibt (»Einbahnstraße« Pflegeheim).

Trennung zwischen Behandlungs- und Pflegebedürftigkeit. Das deutsche Gesundheitssystem differenziert zwischen behandlungsbedürftigen und pflegebedürftigen Menschen im Bereich der Krankenhausversorgung und der ambulanten professionellen Pflege, wobei das Kriterium der Nicht-Behandlungsbedürftigkeit (Pflegebedürftigkeit) der Ausgrenzung dient. Diese Trennung entspricht nicht den Erfordernissen, da viele Krankheiten im Alter und besonders die typischen chronischen Alterskrankheiten sowohl behandlungs- als auch pflegebedürftig sind.

Dies zeigt sich besonders an der Institution des Pflegeheims, dessen spezifisches Dienstleistungsangebot sowohl krankenpflegerische als auch altenpflegerische Maßnahmen anbietet. Das Pflegeheim gehört den sozialen Einrichtungen an, versorgt jedoch als zentrale Instanz chronisch Kranke, alte Menschen und Sterbende. Die sozialpflegerischen Institutionen der Alten- und Pflegeheime sind inzwischen Institutionen der Krankenversorgung geworden.

Keine integrierenden Behandlungskonzepte. Die Betreuung alter Menschen mit Funktionsstörungen oder Krankheiten ist auf verschiedene Dienste – ärztlicher Dienst, Krankengymnasten, Sozialarbeiter, Ergotherapeuten und Logopäden – verteilt, jedoch fehlt eine Integration der verschiedenen Dienste zu einem gemeinsamen Behandlungskonzept. Auch sind die Berufsbilder häufig einseitig geprägt.

Die ärztliche Anleitung und Konsultation der übrigen Dienste sind oft verbesserungsbedürftig. Häufig besteht auch ein Ausbildungs- und Wissensdefizit, zum Beispiel über die Möglichkeiten der Krankengymnastik. Auch ist der Arzt vorwiegend durch seine Erfahrungen und Behandlungsprinzipien bei der Betreuung jüngerer Patienten geprägt. Während es hier die Aufgabe ist, eine Restitutio ad integrum anzustreben, geht es bei der Betreuung des alten Menschen in der Regel um eine *Restitutio ad optimum*, das heißt, es sollte ein Höchstmaß an Selbständigkeit und Gesundheit im Rahmen gegebener Grenzen und Möglichkeiten durch das Alter angestrebt werden (vgl. Steinhagen-Thiessen et al., Kapitel 5 in diesem Band).

Die Krankenpflege hat ursprünglich neben der engeren Grund- und Behandlungspflege gesundheitserzieherische, hauswirtschaftliche und therapeutische Aufgabengebiete umfaßt. Sie hat sich jedoch zunehmend auf die zuerst genannten Funktionen eingeengt. Dies ist in gewissen Bereichen, wie bei der Tätigkeit im Krankenhaus, sicher erforderlich. Sie präsentiert sich aber auch bei der Betreuung von Alten primär als eine, in Relation zu ärztlicher Behandlung, ergänzende und stützende Leistung.

Die Altenpflege hat sich von einem unterqualifizierten sozialpflegerisch orientierten Beruf verstärkt in Richtung medizinischer Konzepte entwickelt und findet allmählich Anschluß an das formale Qualifikationsniveau der Krankenpflege. Sie hat derzeit eine ungeklärte Position, da sie einerseits nicht in ein medizinisches Behandlungsmodell integriert, andererseits dem sozialarbeiterischen, sozialpädagogischen und auch hauswirtschaftlichen Kontext entrückt ist.

Sozialarbeiter außerhalb der Krankenhäuser spielen bei der Altenbetreuung gegenwärtig eine untergeordnete Rolle. Weniger als ein Prozent der Altenbevölkerung konsultiert nach einer Erhebung in Mannheim die Sozialarbeiter, obwohl die Stadt über einen sehr gut besetzten Sozialdienst verfügt (vgl. Häfner, Kapitel 6 in diesem Band). Dies mag einerseits mit der Abneigung alter Menschen gegenüber sozialen Hilfen zu tun haben, kann aber auch auf der überspezialisierten Ausbildung von Sozialarbeitern beruhen, die weder spezifische Kenntnisse noch Motivation für Hilfestellungen im Alter besitzen.

Unzureichende Bedarfssteuerung. Die derzeitigen Versuche der Bedarfssteuerung durch monetären Transfer zu den verschiedenen Leistungsbereichen (z. B. Kranken- und Rentenversicherungen, Sozialhilfe etc.) sind untauglich. Sie führen letztlich zu einer breiten Grauzone der Entscheidungsfindung und Entscheidungsbegründung (z. B. bei der Unterscheidung zwischen Behandlungs- und Pflegefall). Bedarfsinterpretationen in Anlehnung an vorgegebene Finanzierungssysteme sind derzeit allgemein üblich. Sie unterlaufen die Bemühungen um Kostendämpfung (in Krankenversicherung und Sozialhilfe) und unterstützen die »Marktmacht« der Dienstanbieter. Das Fehlen von Patienten- oder klientenorientierten Versorgungsangeboten für chronisch kranke, alte Menschen ist ein schlagender Beweis für dieses Defizit.

Zentrale Bedarfsbereiche, die mit dem Pflegebedarf sehr eng und häufig untrennbar zusammenhängen, wie die hauswirtschaftliche Grundversorgung, bleiben im formalen Versorgungssystem wenig berücksichtigt. Gelingt eine

Bedarfsdeckung seitens des informellen Hilfesystems oder wird die benötigte Hilfe nicht unter falschem Etikett dennoch erbracht, muß Rekurs auf benachbarte Dienste genommen werden, wobei sowohl Krankenhäuser wie Heime in Frage kommen.

Aus diesen Überlegungen ergeben sich die folgenden Vorschläge zu praktischen, politisch realisierbaren Lösungen.

- Ineffektive Steuerungsziele, die unter anderem auf der Grundannahme beruhen, die Nachfrage nach Pflegeleistungen sei explosiv, sollten aufgegeben werden (vgl. auch Hauser & Wagner, Kapitel 23 in diesem Band). Eine obligatorische Pflegevorsorge soll nicht nur die Sozialhilfe entlasten, sondern der angemessenen Finanzierung der verschiedenen Dienste bei angemessenen Dienstqualitäten dienen.
- Da die Abgrenzung von Krankheit und Pflege nahezu unmöglich ist, muß die Pflegevorsorge und Pflegeleistung innerhalb der Krankenversicherungen erfolgen. Die Leistungen, die erbracht werden, sollten auch so weit wie möglich monetäre Optionen einschließen, damit der einzelne (und gegebenenfalls seine Angehörigen) selbst über die optimale Verwendung entscheiden kann. Dadurch wird — bei geeigneter staatlicher Aufsicht — Konkurrenz unter den Anbietern von Pflegediensten gefördert und die Qualität der Dienste verbessert.
- Es muß sich dann ein abgestuftes Versorgungssystem für alte Menschen entwickeln, das einen nahtlosen Übergang zwischen stationärer, teilstationärer und ambulanter Versorgung ermöglicht. Das Konzept der chronischen Krankheit muß an die Stelle des Konzeptes der Pflegebedürftigkeit gesetzt werden. Zu den stationären Versorgungseinrichtungen gehören Krankenhäuser und geriatrische Pflegeheime. Der teilstationäre Bereich wird durch Tageskliniken und Tagespflegeheime gebildet. Für den ambulanten Bereich sollten Sozialstationen, Arztpraxen, Physiotherapeuten und Ergotherapeuten in freier Praxis und geriatrische Beratungsstellen zur Verfügung stehen.
- Verschiedene Dienste sollten zu einem therapeutischen Team, bestehend aus Ärzten, Physiotherapeuten, Kranken- und Altenpflegern, Sozialarbeitern und so weiter integriert werden. Diese Integration muß sowohl den ambulanten als auch den stationären Bereich einschließen.

Ziel aller Maßnahmen im Bereich der *Gesundheitsförderung und Prävention* ist ein optimales Altern aus biomedizinischer Sicht. Damit ist ein Alterungsprozeß gemeint, der unter so günstigen Voraussetzungen verläuft, daß die erreichte Lebenszeit, die organische Funktionstüchtigkeit, aber auch die subjektive Lebensqualität gegenüber dem Durchschnitt in einer vergleichbaren Population deutlich erhöht sind (vgl. Gerok & Brandtstädter, Kapitel 14 in diesem Band). Die *Probleme* und *Schwierigkeiten* bei der Verfolgung dieses Zieles sind vielfältig. Sie treten einerseits auf seiten der medizinischen Dienste, andererseits bei den alten Menschen selbst auf.

Die Wahrnehmung des Alters als eines schicksalhaften, streng programmierten Prozesses ist eine Fehleinschätzung, die bei vielen Ärzten, Vertretern der sozialen Dienste, aber auch bei vielen Betroffenen vorhanden ist. Sie wird gestützt durch die falsche Annahme einer absolut strengen, genetischen Determinierung der Alterungsprozesse. Die gerontologische und geriatrische Forschung der letzten Jahrzehnte hat aber gezeigt, daß der Alterungsprozeß interindividuell sehr variabel und auch modifizierbar ist. Diese Spielräume und die Plastizität von Entwicklungs- und Alterungsprozessen bilden die Basis für gezielte Interventionen.

Alterskrankheiten sind im wesentlichen chronische Krankheiten. Ihre Charakteristika sind Generalisierung, zunehmende Verschlimmerung, lange vorsymptomatische Phase und Behandlungsresistenz (vgl. Gerok & Brandtstädter, Kapitel 14 in diesem Band). Es darf nicht übersehen werden, daß bei chronischen Krankheiten akute Krankheitsschübe auftreten können, die schon jetzt einer Behandlung zugänglich sind. Die Krankheitsforschung der letzten Jahrzehnte hat an zahlreichen Beispielen gezeigt, daß die Therapieresistenz nur für das Stadium der manifesten chronischen Erkrankung gilt, hingegen der Ablauf der chronischen Krankheit, insbesondere der zeitliche Beginn manifester Symptome, durch präventive Maßnahmen beeinflußt werden kann. In diese Gruppe gehören vor allem lebensbedrohliche Krankheiten, die durch Risikofaktoren beeinflußbar sind, zum Beispiel die Arteriosklerose und ihre Folgen (Angina pectoris, Herzinfarkt, Schlaganfall), Lungenkrebs, Lungenemphysem, Leberzirrhose, Zuckerkrankheit. Prävention kann hier die Morbidität und vielleicht in begrenztem Umfang auch die Mortalität im Alter beeinflussen. Zu berücksichtigen sind aber auch nicht-lebensbedrohliche Krankheiten, bei denen die Ausschaltung von Risikofaktoren eine Zunahme an Lebensqualität bedeutet, zum Beispiel Osteoporose, grauer Star, zahnmedizinische Erkrankungen. Bei den genannten chronischen Alterskrankheiten ist der Effekt präventiver Maßnahmen größer, je früher sie im Lebensablauf einsetzen. Andererseits ist die Bereitschaft zu präventiven Maßnahmen gering, wenn in dieser frühen Phase Krankheitssymptome fehlen oder nur minimal ausgeprägt sind.

In der Mehrzahl schätzen medizinische Laien die Wirkung verschiedener präventiver Maßnahmen noch immer falsch ein. So wird die Wirkung medikamentöser Maßnahmen überschätzt und die Wirkung von Maßnahmen zur Umstellung der Lebensgewohnheiten unterschätzt. Eine medikamentöse Prävention, beispielsweise zur Behandlung einer zu hohen Cholesterinkonzentration im Blut, wird sehr häufig von den betroffenen Laien gewünscht. Gleichermaßen wird bei Übergewicht und latenter oder manifester Zuckerkrankheit meist die medikamentöse Behandlung in den Vordergrund gerückt. In den frühen Phasen, in denen präventive Maßnahmen besonders effektiv sind, muß jedoch die Umstellung der Lebensgewohnheiten im Vordergrund der präventiven Maßnahmen stehen. Hierzu gehört vor allem körperliches Bewegungstraining, richtige Ernährung, Ausschaltung von Alkoholmißbrauch und Verzicht auf Nikotinkonsum sowie die Kompensation von Streßsituationen durch Phasen der Entspannung (vgl. Baltes & Baltes und Gerok & Brandtstädter, Kapitel 1 und 14 in diesem Band).

Die Einstellung des Arztes zum Behandlungsziel trägt jedoch ebenso zur Problemlage bei. Der Arzt ist aufgrund seiner Ausbildung und seiner Erfahrungen bei der Behandlung akuter Krankheiten geneigt, das Ziel aller medizinischen Maßnahmen in der *Senkung der krankheitsbedingten Mortalität* zu sehen. Ziel muß aber vor allem die *Senkung der Morbidität* sein, mit der Folge, daß die altersabhängigen chronischen Krankheiten erst in späteren Lebensabschnitten manifest werden und möglicherweise die Krankheitsphase verkürzt wird.

Schließlich soll noch die Fehleinschätzung der Wirkung präventiver Maßnahmen im Hinblick auf die Kostendämpfung angesprochen werden. Präventive Maßnahmen stellen sicher ein effektives Mittel dar, um Krankheit und Leid zu vermeiden und die Lebensqualität vieler Menschen im Alter zu erhöhen (vgl. Gerok & Brandtstädter und Steinhagen-Thiessen et al., Kapitel 14 und 5 in diesem Band). Prävention war bislang aber kein Instrument, um die Kosten im Gesundheitswesen zu beschränken. Im Gegenteil! Nur im unwahrscheinlichen Falle, daß das Szenarium eines zunehmend längeren und zunehmend gesünderen Alters zutrifft, könnten präventive Maßnahmen auch einen Kostendämpfungsfaktor darstellen. Ansonsten muß man sich darüber im klaren sein, daß Prävention, auch wenn sie erfolgreich ist, für die Gesellschaft direkte und indirekte Kosten verursacht (vgl. Krämer, Kapitel 22 in diesem Band).

Welche *Lösungswege* sind zur Beseitigung dieser so charakterisierten Problemlage im Bereich Gesundheit und Prävention vorstellbar?

— *Aufklärung von Jugendlichen und Erwachsenen über die Zusammenhänge zwischen Lebensweise und Krankheitsprävention.* Die Kenntnisse über diese Zusammenhänge sind in breiten Bevölkerungsschichten erschreckend gering. Die Aufklärung sollte nicht moralisierend, sondern motivierend erfolgen. Wenn Gesundheitsschutz durch Verhaltensänderung erreicht werden soll, muß das präventive Verhalten zumindest in gewissem Maße Spaß machen, um auf Dauer akzeptiert zu werden. So wird beispielsweise Sport nur in dem Maße präventive Wirkung haben, wie er als Freude an der Bewegung und, gegebenenfalls in gemäßigten Wettkampfsituationen, nicht als Zwang erlebt wird. Wer Sport nur als Instrument der individuellen Gesundheitsvorsorge betreibt und keinen Spaß dabei hat, wird nach empirischen Untersuchungen von Sportwissenschaftlern seine Aktivität bald wieder aufgeben.

— *Gesundheitserziehung in der Schule.* Präventive Maßnahmen sind um so wirksamer, je früher sie einsetzen. Eine sachkundige Information in der Schule sollte hierbei wirksam werden. Aufklärung über die Erhaltung der Gesundheit und die Bewahrung vor Schädlichkeiten durch Lebensweise und Verhalten muß bei der Gesundheitserziehung in der Schule vermittelt werden.

— *Anleitung beim Training und bei der Nutzung von Selektions- und Kompensationsspielräumen im Alter.* Der Alterungsprozeß ist wesentlich durch eine Abnahme der funktionellen Organreserven zur Kompensation von Belastungen charakterisiert. Die gerontologische Forschung hat gezeigt, daß auch beim alten Menschen körperliche Funktionen durch Training gesteigert und die funktionellen Reserven erhöht werden können.

– *Umorientierung von Laien, Ärzten und ihren Mitarbeitern bei der Bewertung präventiver Maßnahmen.* Das primäre Ziel ist nicht die Senkung der Mortalität, sondern die Reduktion der Morbidität mit späterem Einsetzen der manifesten Krankheit im Lebensalter und abgeschwächter Symptomatik.

– *Überwindung von kulturellen Stereotypen und sozialen Institutionalisierungen im Lebenslauf,* wie zum Beispiel die Durchbrechung von Isolation und Inaktivierung mit zunehmendem Alter durch Aktivitäten in Seniorenclubs, Teilnahme an Bildungswochen, Einbindung in Selbsthilfegruppen.

– *Motivation und Verhaltensbeeinflussung durch Bildungspolitik im weiten Sinne.* Eine gute Ausbildung sollte die Grundlage dafür bilden, daß gut informierte Menschen auf entsprechenden Arbeitsplätzen sich frei entscheiden können, welches Ausmaß an Gesundheitsvorsorge sie für sich für vernünftig halten. Es gibt keine hinreichenden Gründe für die Gesellschaft, jemanden zu seinem Lebensglück zu zwingen. Präventive Maßnahmen werden nur erfolgreich sein können, wenn sie sich in einen sinnstiftenden und motivierenden Lebensentwurf einordnen. Gesundheitsförderung und Prävention setzen einen solchen Lebensentwurf voraus, wie umgekehrt ein solcher Lebensentwurf im höheren Lebensalter nur in Abhängigkeit vom gesundheitlichen Befinden realisiert werden kann.

3. Tätigkeiten im Alter

Wenn und insoweit eine längere, aktivere und selbstbestimmtere Lebensphase des Alters ein bereits absehbarer Teil der gesellschaftlichen Zukunft ist, kann sich eine Politik für ältere Menschen nicht nur auf die Probleme von materieller Sicherung, Hilfsbedürftigkeit und Gesundheitsversorgung richten. Sie muß sich vielmehr auch das Ziel setzen, positive Chancen und Entfaltungsmöglichkeiten für diese große Bevölkerungsgruppe zu eröffnen und zu fördern.

Diese allgemeine politische Zielsetzung muß in Vorstellungen über die Art und Weise, wie ältere Menschen den Zugang zu breit gefächerten »Tätigkeitsfeldern« erhalten und neu gewinnen können, konkret werden. Dabei stoßen wir bereits auf ein Problem, das mit den verwendeten Begrifflichkeiten zu tun hat. »Arbeit« wird fast immer gleichgesetzt mit Erwerbsarbeit, also auf die Erzielung von einkommensbezogener Arbeit. Eine Altersphase ohne Erwerbsarbeit erscheint daher wie eine von Tätigkeiten entleerte Phase des »disengagement«. Faßt man aber den Arbeitsbegriff viel weiter oder ersetzt ihn durch einen Begriff zweckgerichteter Tätigkeit, so steht ein aktives, tätigkeitsreiches Alter sehr viel weniger im Gegensatz zur Erwerbsphase. Eine solche veränderte Sichtweise ist nicht zuletzt deshalb wichtig, weil Frauen schon immer in hohem Maße »tätig«, aber in geringerem Maße erwerbstätig waren und sind. Vor diesem Hintergrund diskutieren wir in diesem Abschnitt Ziele und Wege einer Bildungs- und »Arbeits«politik für ältere Menschen.

Im Hinblick auf die Beteiligung am Arbeitsleben im letzten Drittel oder Viertel der Lebensspanne sind drei Leitlinien wichtig: Erstens sollte vor Erreichen des Ruhestandalters (dessen Existenz wir aus sozialpolitischen Gründen allgemein für richtig halten) der Ausstieg aus einer vollen Erwerbstätigkeit dem funktionalen Alter, also der tatsächlichen Leistungsfähigkeit, entsprechen. Zweitens darf die mit der Alterssicherung erreichte Befreiung vom Zwang zur Erwerbsarbeit im Alter nicht zu einem erzwungenen Ausschluß von jeglicher Erwerbstätigkeit und von nicht-erwerbsmäßiger Arbeit und Tätigkeiten führen. Drittens muß es für den einzelnen, aber auch für Paare ein großes Maß an Wahlfreiheit geben, wie sie im Alter Erwerbsarbeit und erwerbsfreie Zeit in Kombination oder Abfolge bringen wollen.

Reformüberlegungen zu Arbeit und Tätigkeit im Alter beziehen sich vor allem auf drei Bereiche: die Veränderungen der Arbeitsformen in der letzten Phase der Erwerbstätigkeit, also etwa jenseits des Alters von 50 bis 55 Jahren; die Veränderungen beim Übergang von der Erwerbstätigkeit in den Ruhestand und die Tätigkeiten im Ruhestand.

– Veränderungen der Arbeitsformen in der letzten Phase der Erwerbstätigkeit

Die Verlängerung der aktiven und gesunden Lebensspanne, aber auch das Tempo des technologischen Fortschritts und ein tiefgreifender Wertewandel in der Gesellschaft, bringen das traditionelle Leitbild einer lebenslangen Tätigkeit in dem gleichen Beruf zunehmend ins Wanken. Der Wechsel in eine »zweite Karriere« entspricht in zunehmendem Maße sowohl den Interessen der Arbeitnehmer als auch der Betriebe. Dazu bedarf es besonderer Angebote von Re-Qualifizierungen für ältere Arbeitnehmer und eines Umdenkens auf seiten der Ausbildungsinstitutionen und Arbeitgeber, die sich nicht mehr allein auf die Erstausbildung junger Menschen konzentrieren dürfen. Informelle und formale Regelungen von Altersgrenzen während des Arbeitslebens (z. B. für Frauen beim Wiedereintritt nach Kinderzeiten, für Manager und Beamte) müssen revidiert werden. Die Chance eines Einstiegs in eine zweite Berufslaufbahn ist von besonderer Bedeutung für Frauen, die nach einer längeren familiär bedingten Unterbrechung wieder eine Berufstätigkeit mit Perspektive aufnehmen wollen.

– Übergänge von der Erwerbstätigkeit in den Ruhestand

Die geforderte Flexibilisierung des Austritts aus der Erwerbstätigkeit vor dem gesetzlichen Ruhestandsalter von 65 Jahren ist bereits weitgehend Realität. Faktisch ist in den letzten Jahren das Ruhestandsalter in der Bundesrepublik Deutschland und in vielen westlichen Ländern drastisch gesunken (vgl. dazu die Beiträge von Kohli, Guillemard und Mayer, Kapitel 9, 24 und 20). Es ist noch ungeklärt, zu welchem Anteil diese Entwicklung durch ein höheres Ausmaß an Gesundheitsverschleiß bedingt ist oder durch einen größeren Druck von seiten der Arbeitgeber verursacht wird. Sollte dadurch Arbeitslosigkeit bei

Jüngeren vermieden werden oder sollten die Betreffenden es sich in höherem Maße finanziell erlauben können, relativ früh »in Rente zu gehen«? Sicher ist jedoch, daß dieser Trend nicht nur durch spezifische institutionelle Regelungen hervorgerufen wird (flexible Altersgrenze, Vorruhestandsregelungen, Berufs- und Erwerbsunfähigkeitsrenten), sondern sich zum Teil auch gegen solche Regelungen durchgesetzt hat. Hingegen ist die Flexibilisierung nach oben, also über das Alter von 65 Jahren hinaus, noch weitgehend tabuisiert und durch Interessen der Arbeitgeber- und Arbeitnehmerorganisationen begrenzt.

Da durch die steigende Frauenerwerbstätigkeit und nennenswerte Einwanderungen in den nächsten Jahren und Jahrzehnten mit keinem systematischen Arbeitskräftemangel zu rechnen ist, wird von seiten des Arbeitsmarkts kein hinreichend starker Druck auf die Betriebe ausgehen, ältere Beschäftigte freiwillig länger zu beschäftigen. Es muß auch bedacht werden, daß einem höheren Renten-Zugangsalter betriebsinterne Grenzen entgegenstehen. Ältere Mitarbeiter sind aufgrund verschiedener Formen von Lebens- oder Dienstalterszuschlägen in der Regel teurer als jüngere Mitarbeiter. Auf diese Weise wird eine längere Beschäftigung zu einem schwer kalkulierbaren Kostenfaktor, dem die Erwartung einer durchschnittlich geringeren Produktivität gegenübersteht. Wenn Ältere länger beschäftigt werden, versperren sie auch Karrierewege für Jüngere.

Aber auch die Erwerbstätigen selbst wollen – zumindest gegenwärtig – in aller Regel nicht länger arbeiten. Eine Veränderung dieser Einstellung ist aufgrund der vorerst noch weiter steigenden Rentenanwartschaften eher nicht zu erwarten. Angehörige qualifizierterer Berufe, die sich vor dem Ruhestand am meisten fürchten, passen sich dieser neuen Lebensphase relativ schnell an. Schlecht Ausgebildete haben oft größere Schwierigkeiten, aber sie haben den Ruhestand gesundheitlich am ehesten nötig und wünschen sich auch, ihn entsprechend früh anzutreten.

Ein gleitender Übergang in den Ruhestand, im Sinne einer Kombination von Teilzeitarbeit (auf dem angestammten Arbeitsplatz) und einer Teil-Rente, ist wahrscheinlich noch eher ein Wunschbild als Realität, da es für dessen Akzeptanz in Deutschland bislang kaum Belege gibt. Er wäre in der Bundesrepublik Deutschland bereits in der Vergangenheit ohne jedes Problem zu realisieren gewesen, wenn das Gleiten in den Ruhestand nach dem 65. Lebensjahr erfolgt. Von diesem Zeitpunkt an gibt es keine Begrenzungen des Hinzuverdienens zur Rente mehr. Seit einigen Jahren laufen in manchen Branchen Modellversuche für einen Teil-Vorruhestand; ab 1992 kann man in der Gesetzlichen Rentenversicherung eine Teil-Rente erhalten. Wenn diese Möglichkeiten von nur ganz wenigen, statistisch kaum erfaßbaren Versicherten akzeptiert und realisiert werden, müssen individuelle beziehungsweise Arbeitsmarktgründe dagegen sprechen. Viele Frauen sind ohnehin teilzeiterwerbstätig. Sie benötigen keine Teil-Rente. Vieles spricht dafür, daß Teilzeitbeschäftigung für Männer und

Frauen in hierarchisch höheren Positionen eine insgesamt noch wenig akzeptierte Beschäftigungsform ist. Dies mag sich in Zukunft ändern (allerdings erst in einigen Jahrzehnten), wenn Teilzeitbeschäftigung auch für Männer und in »Karrierejobs« ein insgesamt akzeptiertes Phänomen sein wird.

Es gibt aber ein anderes »Gleiten« (und dies seit Jahrzehnten): bei Selbständigen und in Form von Nebenerwerbstätigkeit ehemals abhängig Beschäftigter. Bei der Wahl dieser Lösung spielen wahrscheinlich in erster Linie finanzielle Überlegungen eine Rolle. Es könnte aber sein, daß durch Nebenerwerbstätigkeit in einem fremden Betrieb das Problem der sozialen Diskriminierung des teilzeitarbeitenden Älteren durch die ehemaligen Kollegen nicht auftritt.

Die Frage einer Flexibilisierung der Altersgrenze nach oben ist gerade auch für Frauen von besonderer Bedeutung. Zum Teil stehen sie unter dem Zwang, möglichst lange zu arbeiten, um die Anzahl der Versicherungsjahre zu erhöhen und die Halbbelegungszeit (für die Anrechnung von Ausfallzeiten) und damit eine angemessene Alterssicherung zu erreichen. Zum Teil erscheint ihnen das Arbeitsleben nach der familiär bedingten Arbeitsunterbrechung zu kurz, um die angestrebten beruflichen Ziele noch erreichen zu können.

Sowohl die Gerontologie als auch die Arbeitnehmerorganisationen sollten vorurteilsfrei prüfen, ob ein gleitender Übergang in den Ruhestand nicht anders aussehen kann, als man sich dies bislang vorstellte, zumal auch an den Schutz der nicht mehr Leistungsfähigen gedacht werden muß. Mit der Altersgrenze und der Altersvorsorge ist dieser Schutz inzwischen erreicht. Es wäre nun zu bedenken, wie die mit dem Alter zunehmende Varianz der Leistungsfähigkeit noch im Arbeitsleben umgesetzt werden kann. »Nebenerwerb« und »Zweite Karriere« scheinen ein erfolgversprechender Weg zu sein. Die sozialen Gefahren sind offenkundig: Im Extremfall würde ein Gleiten via Nebenerwerbstätigkeit zu einer »Japanisierung« unseres Arbeitsmarktes für Ältere führen, also einem sehr frühen Zwang, »gute« Arbeitsplätze zu verlassen und in schlechter bezahlte und marginale Arbeitsplätze wechseln zu müssen. Einen besonderen Teilarbeitsmarkt für schlecht bezahlte und sozial ungesicherte Ältere wünscht sich in der Bundesrepublik Deutschland niemand.

Eine andere Form der Flexibilität beim Übergang in den Ruhestand nimmt auf jeden Fall zu: der Wunsch nach einem gemeinsamen Übertritt in den Ruhestand von Ehepaaren, die beide erwerbstätig sind. An diesem Beispiel wird deutlich, daß ein Mehr an Flexibilität leicht zu Lasten der Schwächeren gehen könnte. Sogenannte versicherungsmathematische Ab- und Aufschläge bei einem früheren beziehungsweise späteren Rentenzugangsalter sind rein formal ein optimales Instrument, um individuelle Wünsche zu berücksichtigen, ohne daß diese auf Kosten des gesamten Versicherungskollektivs gehen. Freilich ist die Berechnung von wirklich versicherungsneutralen und als fair empfundenen versicherungsmathematischen Ab- oder Aufschlägen äußerst schwierig. Neben geschlechtsspezifischen Differenzen in der Lebenserwartung sind, streng genommen, auch soziale beziehungsweise berufsbezogene Unterschiede der Lebenserwartung zu berücksichtigen. Würde dies nicht geschehen, so käme es bei einer allgemeinen Pflichtversicherung sicherlich zu Ausweichreaktionen der Betroffenen, die zum Beispiel versuchen würden, mit Hilfe einer Erwerbsunfähigkeitsrente gemeinsam in den Ruhestand zu gehen. Die soziale Legitimation der Rentenversicherung wäre dadurch gefährdet.

– Tätigkeiten im Ruhestand

Es wäre ein völlig verzerrtes Bild, wenn die nicht-erwerbstätigen älteren Menschen als untätig dargestellt würden. Gerade ältere Frauen erbringen einen großen Anteil sowohl der Betreuung von kleinen Kindern als auch der Pflege und Betreuung älterer Menschen zu Hause und in Heimen. Die Sozialverwaltungen verlassen sich häufig im hohen Maße auf solche unentgeltlichen Dienste. Diese Tätigkeiten müssen eine stärkere ideelle und materielle gesellschaftliche Anerkennung erhalten und vor allem mit zeitweiligen Entlastungen (z. B. für Urlaubszeiten) verbunden werden. Die Gesellschaft wird sich darauf einstellen müssen, daß ältere Menschen in Zukunft im geringeren Maße bereit sein werden, diese Dienste für andere ungefragt und unbelohnt zu übernehmen.

Aus der Sicht der Gerontologie wäre darüber hinaus ein spezifischer »Arbeitsmarkt« teils bezahlter, teils unbezahlter Tätigkeiten für ältere Menschen jenseits der Ruhestandsgrenze wünschenswert, der den spezifischen Motiven und Fähigkeiten älterer Menschen gerecht wird. In den USA gibt es beispielsweise schon einen großen Markt für ehrenamtliche Tätigkeiten, in denen ältere Menschen ihre beruflichen Kompetenzen weiter verwenden können, und einen Markt für Altersvolontäre, der nicht notwendigerweise etwas mit der früheren Berufstätigkeit zu tun hat.

Politisch besonders vordringlich sind Ideen und Programme für die erzwungenen Vorruheständler in den neuen Bundesländern. Wenn sehr viele Menschen schon ab einem Alter von 54 Jahren – und über Phasen der Arbeitslosigkeit schon früher – aus dem Arbeitsleben gedrängt werden, um die Probleme des Umbruchs im Interesse der Jüngeren besser lösen zu können, dann muß dies kompensiert werden durch sinnvolle Angebote an die jetzt Ausgegrenzten. Dafür sprechen sowohl die damit verbundene psychische Misere als auch die zwangsläufigen (und kostenträchtigen) Folgen für die Gesundheit und die soziale Umwelt der Betroffenen.

Eine ökonomisch gesicherte Entlastung von der Erwerbsarbeit im Alter und die Abkehr von einem passiven Altersbild eröffnen noch weithin ungenutzte Chancen für ein breites Feld selbstbestimmter Tätigkeiten. Dazu zählen auch vielfältige Bildungs-, kulturelle und gesellschaftliche Aktivitäten (vgl. Mayer, Kapitel 20 in diesem Band). Solche Aktivitäten können eine Vielzahl wichtiger Funktionen erfüllen, so zum Beispiel die Vorbereitung und die Auseinandersetzung mit dem Leben im Alter, die reflektive Auseinandersetzung mit der eigenen

Lebens- und Generationsgeschichte, die Entfaltung und Wiedergewinnung eigener künstlerischer und gestalterischer Fähigkeiten in Musik, Tanz und darstellender Kunst, die Teilhabe an politischen Prozessen sowie die Erhaltung der körperlichen Leistungsfähigkeit und der Gesundheit in Sport und Spiel.

Bislang haben kommerzielle Anbieter, wie Reiseveranstalter, diesen »Markt« erschlossen. Öffentliche Einrichtungen, wie die Volkshochschulen und Hochschulen beginnen erst langsam, sich auf diese gewachsenen Bedürfnisse einzustellen. Wichtig ist in diesem Zusammenhang, daß solche Programme den Charakter der Seniorenbetreuung verlieren sollten und der Selbstgestaltung durch ältere Menschen maximaler Raum gegeben wird. Es gibt insgesamt bereits eine große Vielfalt von Initiativen und Programmen, welche aber bisher nur einen sehr kleinen Teil der älteren Menschen erreichen. Aus dieser Situation ergeben sich eine Reihe allgemeiner und konkreter Aufgaben politischer Gestaltung:

— Es muß ein neues Leitbild der Zuordnung von Bildung und Lebenslauf entwickelt und propagiert werden. Nicht nur die Jugend und das frühe Erwachsenenalter dürfen als Bildungsphasen gelten, sondern gerade auch das mittlere Erwachsenenalter und das Alter. Bildung darf nicht nur als Qualifizierung, und Tätigkeiten dürfen nicht nur als Erwerbsarbeit verstanden werden.

— Die Hochschulen müssen in noch stärkerem Maße ältere Menschen sowohl als normale und unter gleichen Leistungskriterien stehende Studenten aufnehmen und fördern als auch spezifische Programme für ältere Menschen anbieten.

— Die Volkshochschulen müssen im höheren Maße als bisher erkennen, daß die älteren Menschen die größte und am raschesten wachsende Gruppe für ihre Bildungsarbeit darstellen. Auch sie müssen den Zugang für ältere Menschen sowohl zu den allgemeinen, als auch zu speziellen Programmen aktiv über Informationen und informelle Netzwerke fördern. Sie müssen älteren Menschen einen Freiraum für eigengestaltete Programme schaffen.

— Bibliotheken, Museen, Theater und Orchester sollten sich in ihrer pädagogischen Arbeit nicht nur an junge Menschen wenden, sondern spezielle Anstrengungen unternehmen, ältere Menschen sowohl aktiv als auch passiv zu beteiligen. Was beispielsweise Leonard Bernstein für Kinder getan hat, könnte auch für Ältere versucht werden: Warum sollte es neben einem European Youth Orchestra nicht ein European Senior Orchestra geben?

— Weil ältere Menschen häufig in ihrer körperlichen Mobilität eingeschränkt sind, ist es vordringlich, Bildungs- und Aktivitätsangebote auf der Ebene von Gemeinden und Wohnquartieren zu verstärken. Dabei bedarf es wiederum einer Mischung zwischen der Förderung der Integration älterer Menschen in altersgemischte Aktivitäten und der Förderung spezieller, im hohen Maße selbstgestalteter Angebote.

4. Lebensqualität im Alter

Nach der Erörterung fiskalischer und institutioneller Zusammenhänge, die mit dem Übergang in den Ruhestand und der sich verändernden körperlichen Verfassung im Alter verbunden sind, wenden wir uns in diesem Abschnitt der Lebensqualität im Alter als einer zentralen übergreifenden *Zielsetzung* von Gesellschaftspolitik zu.

– Lebensqualität: subjektiv *und* objektiv

Beschäftigt man sich mit dem Thema Lebensqualität als einem Schwerpunkt im Politikfeld »Altern«, müssen uns sowohl die subjektiven als auch die objektiven Kriterien von Lebensqualität interessieren. Aus der Gerontopsychologie ist bekannt, daß die subjektive Lebensqualität, meist als Lebenszufriedenheit oder als subjektives Wohlbefinden definiert und erhoben, das objektive Wohlbefinden einer Person überschätzt (vgl. Baltes & Baltes und Weinert, Kapitel 1 und 7 in diesem Band). Das ist wahrscheinlich dadurch bedingt, daß Menschen sich in ihren Bewertungen und Erwartungen auf Gleichaltrige als Vergleichsgruppe einpendeln, also alte Menschen sich mit anderen alten Menschen vergleichen. Erst wenn die objektiv gegebenen Lebensbedingungen sehr stark eingeschränkt sind, wie das beispielsweise im sehr hohen Alter der Fall sein kann, scheint die Aufrechterhaltung der subjektiven Lebensqualität nicht mehr möglich. Umgekehrt kann natürlich eine Verbesserung der objektiven Lebensbedingungen auch die subjektiv erlebte Lebensqualität verbessern. Es ist also – insbesondere für den Politiker – unerläßlich, über objektive Kriterien der Lebensqualität ein relativierendes Gegengewicht zur subjektiven Beurteilung an der Hand zu haben.

Bei der objektiven Bestimmung von Lebensqualität stehen Verhaltensnormen sowie die Definition von Lebensbedingungen, die die Befindlichkeit des alten Menschen beeinflussen, im Vordergrund. Unseres Erachtens besteht die Aufgabe von Alternspolitik darin, die objektiven Lebensbedingungen alter Menschen soweit zu fördern, daß zum einen ein möglichst hohes Maß an Kompetenz aufrechterhalten oder – nach dem Auftreten von Krankheiten – wiedergewonnen werden kann und daß zum anderen vielfältige individuelle Vorstellungen von einem erfüllten und zufriedenstellenden Altern verwirklicht werden können.

Wir schlagen folgende objektiven Kriterien vor, um von einem Mindestmaß an Lebensqualität sprechen zu können: Finanzielle Ressourcen müssen mehr als nur die existentiellen Notwendigkeiten gewährleisten; im Gesundheitsbereich müssen Prävention, Behandlung *und* Rehabilitation von Erkrankungen für die Erhaltung oder Wiedererlangung von Kompetenz sichergestellt sein; in den Gesundheitsbereich gehört auch – besonders zur Entlastung der Angehörigen – ein differenziertes Angebot an stationären und ambulanten Diensten; die gesellschaftliche und soziale Integration (z. B. Kultur- und Bildungsangebot, Rollenmöglichkeiten, soziale Kontakte) muß gewährleistet sein; die Wohnungsqualität sollte die Unabhängigkeit des alten Menschen möglichst lange unterstützen; und schließlich sollte das Wohnumfeld durch eine entsprechende Infrastruktur wie Läden, Ärzte, Ämter, öffentliche Verkehrsmittel den unabhängigen Alltag alter Menschen möglichst lange gewährleisten. Im folgenden wollen wir an einzelnen Lebensbereichen aufzeigen, was an politischer Intervention nötig ist, um Lebensqualität im subjektiven und objektiven Sinne zu gewährleisten.

Eine wichtige Größe bei der Bestimmung dessen, was Lebensqualität sein kann, ist zunächst das, was alte Menschen selbst auf diese Frage antworten. Außerdem ist zu berücksichtigen, inwieweit die Lebenssituation des alten Menschen deutlich werden läßt, was ein alter Mensch kann und was er nicht (mehr) kann. In einem weiteren Schritt gilt es, das herrschende Altersbild und die herrschenden Altersnormen davon abzugrenzen, wie alte Menschen tatsächlich sind und vielleicht sein möchten. Neben Kompetenz und Alterssterotyp trägt unseres Erachtens der Handlungs- und Erlebensspielraum, der alten Menschen zur Verfügung steht, wesentlich zur Lebensqualität bei: Wie leben alte Menschen, und wie möchten sie leben? Es ist dies die Frage nach den Lebensformen und Lebensstilen im Alter. Zudem ist es unerläßlich, den handelnden alten Menschen in seiner Umwelt zu sehen und die Frage zu stellen: Wo leben alte Menschen und wo möchten sie leben?

– Lebensqualität und Kompetenz: Was können und was dürfen alte Menschen?
Wie steht es mit der objektiven Funktionsfähigkeit alter Menschen? Ein zentraler Befund gerontologischer Forschung ist die Variabilität zwischen älteren Menschen und die Unterschiedlichkeit ihrer Leistungsfähigkeit in verschiedenen Funktionsbereichen. Diese Erkenntnis sollte dazu führen, daß mit höherem Lebensalter nicht automatisch geringere Kompetenz verbunden wird, wenn auch die Leistungsreserven alter Menschen Grenzen haben (vgl. Baltes & Baltes und Weinert, Kapitel 1 und 7 in diesem Band). Alte könnten also nicht nur als Konsumenten, sondern auch als »Produzenten« angesehen werden.

Für die Gesellschaftspolitik bedeutet dies, wie in dem Abschnitt »Tätigkeiten im Ruhestand« ausgeführt, daß es alten Menschen möglich sein sollte, adäquate, ihren Kompetenzen angemessene Aufgabenbereiche zu finden (vgl. Riley & Riley, Kapitel 17 in diesem Band). Vieles von dem, was ein alter Mensch kann oder besser eigentlich könnte, bedarf der entsprechenden Umwelt und Anregung. Deshalb sollte eine gezielte Medienarbeit versuchen, die Motivation zur Anwendung solcher Fähigkeiten zu fördern. Die gesellschaftliche Anerkennung der angewendeten Kompetenz muß gegeben sein. Der Selbstwert alter Menschen braucht Quellen innerhalb unserer Gesellschaft. Das bedeutet, daß auch solche Aktivitäten gesellschaftliche Anerkennung finden, die im System ökonomischer Produktivität eine relativ geringe Rolle spielen. Dies sollte nicht auf die »fitten« Alten begrenzt sein. Im Gegenteil: Es gilt gerade auch, Mechanismen zu entwickeln, die den »schwachen« alten Menschen schützen und in seinem Selbstwert unterstützen. Diese Einsicht führt uns zum nächsten Themenkomplex, dem der Normen und Werthaltungen. Denn schwache, kranke alte Menschen können nur dann einen sinnvollen Platz in der Gesellschaft finden, wenn nicht mehr die Ideale von Schönheit, Makellosigkeit, Wachstum und Produktivität im wirtschaftlichen Sinne im Vordergrund stehen.

– Altersbild und Wertewandel: Wie sehen sich alte Menschen, und wie werden sie gesehen?

Es wurde soeben schon angedeutet, daß Altern nicht gleich Altern ist und nicht mit Abbau gleichgesetzt werden kann (vgl. Gerok & Brandtstädter, Kapitel 14 in diesem Band). Diese Erkenntnis hat zwar in den letzten Jahren das bisher stark einseitig negative Altersstereotyp durchaus hin zu einem ausgewogeneren Bild verändert, das auch positive Aspekte des Alter(n)s beziehungsweise Stabilität in bestimmten Funktionsbereichen anerkennt. Doch von dem anzustrebenden Ziel einer öffentlichen Meinung, die weiß, daß es gesundheitlich stark beeinträchtigte und demente Alte gibt, aber auch solche, die in Teilbereichen Abbauerscheinungen zeigen und in anderen noch voll funktionsfähig sind, und Alte, die körperlich und geistig noch völlig selbständig und aktiv sind, sind wir noch weit entfernt.

Ein differenziertes Altersbild wäre allerdings die Grundlage für eine pluralistische Betrachtungsweise von Lebensstilen alter Menschen und den dafür nötigen oder wünschenswerten Lebenswelten. Im Laufe des Lebens entwickeln sich Lebensstile und Wertvorstellungen von einem erfüllten und zufriedenstellenden Leben. Auch wenn Lebensstile und Wertvorstellungen durch die Gesellschaft, in der der jeweilige Mensch lebt, beeinflußt sind, so bestimmen doch auch individuelle Erfahrungen und Erlebnisse mit, wie der Mensch im Alter lebt und von welchen Werten, Überzeugungen und Einstellungen er sich im Alter leiten läßt. Dementsprechend läßt sich im Alter genauso wie in früheren Lebensabschnitten eine große Vielfalt an Lebensstilen beobachten.

Unseres Erachtens kann gerade auch die politische Diskussion zum Abbau des vorherrschenden einseitigen Altersstereotyps beitragen. Die Art und Weise, wie in der politischen Diskussion über das Alter gesprochen wird, hat auch Einfluß auf das gesellschaftlich vorherrschende Altersbild. Wie soll sich beispielsweise in der Öffentlichkeit eine Vorstellung vom Potential des Alters bilden, wenn in der politischen Diskussion hauptsächlich von der finanziellen Abhängigkeit der Alten (Rentendebatte) und der gesundheitlichen Gebrechlichkeit der Alten (Gesundheitskosten, Pflegedienste) die Rede ist? Zentrale Ansatzpunkte zur Veränderung des Altersbildes sind in den Curricula der Schulen und sonstiger Bildungseinrichtungen sowie in den Massenmedien zu sehen. Eine Auflösung des einseitig negativen Altersstereotyps sollte allerdings nicht dazu führen, daß Jugendlichkeit (absolutes und nicht relatives Schönheitsideal) und ein schon in jungen Jahren unrealistisches Selbständigkeits- und Unabhängigkeitsideal ins Alter transportiert werden und der Zwang erzeugt wird, die Verluste und Abbauerscheinungen des Alters verstecken zu müssen.

Eine Höherbewertung des Alters fordert, mit anderen Worten, eine grundlegende Reflexion über das, was Menschlichkeit sein soll, heraus. Zum Beispiel muß der Wertekanon von Schnelligkeit, Fortschritt, körperlicher Makellosigkeit und ähnlichem überdacht werden. Die Motivation zu einer solchen Reflexion resultiert aber sicher nicht nur aus den demographischen Entwicklungen, sondern muß auch vor dem Hintergrund der aktuellen Werteentwicklung gesehen werden.

– Sterben, Leiden und Tod

Altersrelevante Werte und Normen betreffen auch den Umgang mit Leiden, Sterben und Tod. Tod, Sterben und vor allem das Leiden sind gegenwärtig noch weitgehend aus der Öffentlichkeit verbannt. Die Aufgabe sollte es sein, das Lebensende als konstitutiven Teil des Lebenslaufs ins öffentliche Bewußtsein zu rücken (vgl. Rentsch, Kapitel 11 in diesem Band). Es müßte eine »Kultur« des Sterbens entwickelt und gefördert werden, die verschiedenste Formen menschenwürdigen Sterbens ermöglicht. Sie müßte Rituale prägen, die Siechtum und Sterben zum Bestandteil des Lebens machen und diese Erfahrungen nicht angstbesetzt verdrängen. Wir wissen inzwischen, daß die meisten älteren Menschen sich weniger Sorgen über das Faktum des Todes als über die Formen des Sterbens und die Wege dahin machen (vgl. Staudinger & Dittmann-Kohli, Kapitel 16 in diesem Band). In diesem Zusammenhang und vor dem Hintergrund des Fortschritts in der medizinischen Technologie, die Leben immer länger erhalten kann, sollte sich die Proklamation der Ärztekammern, daß Lebensverlängerung um jeden Preis kein Therapieziel mehr ist, auch in der medizinischen Praxis noch stärker durchsetzen. Die Würde des Patienten und dessen Möglichkeiten zur Selbstbestimmung bis hin zur Möglichkeit des selbstbestimmten Tods werden in dieser Diskussion in den Vordergrund treten.

Allerdings betrachten wir die Verrechtlichung des Sterbens nicht als Lösung des Problems. Vielmehr plädieren wir auch hier für möglichst individuelle Gestaltbarkeit. Konkret könnte diese Individualität unter anderem mit Unterstützung eines multidisziplinären beziehungsweise multiprofessionellen Pflege- und Betreuungsteams erreicht werden. Hierbei sollten Mediziner, Psychologen, Sozialarbeiter, Seelsorger und weiteres Pflegepersonal eng zusammenarbeiten. Selbstverständlich sollte diese kooperative Betreuung und Pflege auch die Angehörigen einschließen, die nicht selten ihrerseits der körperlichen und psychischen Betreuung bedürfen.

– Soziale Kontakte im Alter

Neben Einstellungen, Werten und Fähigkeiten sind Anzahl und Charakteristiken der Handlungs- und Erlebensbereiche, die alten Menschen offen stehen, für deren subjektive und objektive Lebensqualität bedeutsam. Es spielt beispielsweise eine wichtige Rolle, inwieweit es gelingt, im Hinblick auf Familienformen und soziale Beziehungen alter Menschen Pluralismus zu fördern und positiv zu bewerten. In bezug auf Formen des familiären Zusammenlebens und sozialer Beziehungen im Alter wird es in der Zukunft mit großer Wahrscheinlichkeit eine größere Vielfalt geben. Was die jetzigen Generationen als junge Erwachsene und später erprobt und erfahren haben, ist eine wichtige Ressource für die Gestaltung des Alters. Neben dem Altern mit dem Ehepartner und in der Verwitwung wird es sehr viele weibliche und männliche Alleinstehende im Alter geben, aber auch nicht-eheliche Lebensgemeinschaften (in gemeinsamer und getrennter Wohnung) und Wohngemeinschaften älterer Menschen. Schon jetzt sind Wohngemeinschaften mit einem Durchschnittsalter von 45 bis 50 Jahren zu finden. Die größere Offenheit von Ehen und noch mehr der anderen Lebensformen für Freundschaften wird wichtige soziale Netzwerke und Aktivitäten für das Alter stiften (Bengtson & Schütze und Rosenmayr, Kapitel 18 und 19 in diesem Band). Dementsprechend kommt den Beziehungen zu Freunden, Bekannten und Nachbarn eine wachsende Bedeutung zu.

Nach wie vor wird von vielen alten Menschen gerade auch der Kontakt mit Personen außerhalb der Familie sehr geschätzt. Dies ist besonders dann der Fall, wenn sich solche Kontakte nicht nur auf Angehörige derselben Generation beschränken, sondern jüngere Menschen einschließen. Aus diesem Grunde sollte bei sozialen und kulturellen Angeboten besonderer Wert auf den Intergenerationenkontakt gelegt werden. Es gibt bereits in zahlreichen Ländern und Gemeinden Initiativen, die den Kontakt zwischen Jung und Alt fördern sollen, wie zum Beispiel die Teilnahme alter Menschen als Zeitzeugen am Geschichtsunterricht in der Schule. Auswertungen solcher Initiativen weisen darauf hin, daß diese Form von intergenerationellen Beziehungen sowohl von den alten als auch den jungen Menschen als wertvoll und anregend empfunden werden. Dieser Hinweis auf die intergenerationellen Kontakte soll jedoch nicht als ausschließlich verstanden werden. Vielmehr leisten zweifellos auch Kontakte mit Gleichaltrigen einen wichtigen Beitrag zum Wohlbefinden alter Menschen, da in solchen Beziehungen zum Beispiel ein Rückgriff auf gemeinsame »Geschichte« problemlos möglich ist.

Eine Vielfalt der Kontakt- und Lebensformen im Alter erfordert einen Wertewandel hinsichtlich der ideologischen Verabsolutierung der Kleinfamilie. Eine solche Veränderung gesellschaftlicher Leitbilder muß durch eine Familienpolitik, wenn schon nicht propagiert, so doch nicht behindert werden. Der Handlungsspielraum alter Menschen sollte durch einen vielgestaltigen Wertekanon bezüglich der Formen familiärer und nicht-familiärer Beziehungen und des Zusammenlebens erweitert werden. Die Lebensqualität alter Menschen wird beispielsweise im Falle einer zu starken Abhängigkeit von familiären Hilfeleistungen beeinträchtigt. Trotzdem besteht auch heute noch die Tendenz, die Unterstützung hilfsbedürftiger alter Menschen ausschließlich oder zumindest hauptsächlich als Aufgabe der Familie anzusehen. Abgesehen davon, daß sich viele Familien, vor allem sind es ja die Töchter, durch diese Unterstützung eines hilfsbedürftigen alten Elternteils oder Verwandten überfordert fühlen, belastet eine solche »innerfamiliäre« Abhängigkeit die emotionalen Beziehungen zwischen den Familienmitgliedern. So ist ein Ausbau der bestehenden ambulanten Dienste auch hinsichtlich der Lebensqualität alter Menschen im Bereich familiärer Beziehungen sehr bedeutsam.

— Sexualität im Alter

Im Handlungs- und Erlebensbereich von Sexualität, Körperlichkeit und emotionaler Verbundenheit setzt sich die Vielgestaltigkeit der Bedürfnisse aus den früheren Lebensphasen fort. So gibt es neben alten Menschen mit aktivem Sexualleben auch solche, die kein Interesse mehr an Sexualität im engeren Sinne, sehr wohl aber an körperlicher Berührung als Ausdruck von emotionaler Verbundenheit haben (vgl. Rosenmayr, Kapitel 18 in diesem Band). Falls sich der demographische Trend der kürzeren Lebenserwartung für Männer fortsetzt, werden sich solche Bedürfnisse zunehmend auch zwischen Frauen verwirklichen. Gesellschaftliche Vorbehalte hinsichtlich gleichgeschlechtlicher Sexualität werden dabei überwunden werden. Gesellschaftliche Normen, die den Anspruch auf Sexualität im Alter behindern, werden sich durch die öffentliche Diskussionen verändern. Neben der Zärtlichkeit zwischen älteren Frauen werden auch sexuelle Beziehungen von älteren Frauen zu jüngeren Partnern enttabuisiert. Die Lust an Sexualität im weitesten Sinne sollte jedoch weder zur Norm für ein erfülltes Alter erhoben noch als unstatthaft und unwürdig aus der Handlungs- und Erlebenswelt alter Menschen verbannt werden.

— Wohnumwelt und städtische Infrastruktur

Eine weitere wesentliche Komponente des Handlungs- und Erlebensraums alter Menschen sind ihre Wohnumwelten und die städtische Infrastruktur. Im Idealfall sind sie eine wichtige Ressource für den Erhalt von Lebensqualität im Alter. Vor dem Hintergrund des oben gezeichneten vielgesichtigen Altersbildes müssen auch die Wohnformen und Wohnumwelten älterer Menschen vielgestaltig sein: Altenheime verschiedenster Art, Pflegeheim, eigene Wohnung, Wohnen mit Gleichaltrigen (WG), Wohnen mit Familie, Wechsel des Wohnorts im Alter aus klimatischen Gründen, um nur die wichtigsten zu nennen.

Die persönliche Wahlmöglichkeit ist wieder ein wichtiges politisches Ziel. Eine wesentliche Grundvoraussetzung sind dabei Hilfen zur Vermögensbildung für das Alter und eine ausreichend hohe Altersversorgung. Dadurch wird die Möglichkeit des alten Menschen optimiert, selbst zu bestimmen. Staatliche oder kommunale Angebote und Dienste beinhalten immer auch den Aspekt der Fremdbestimmung. Von daher sollte vor allem die »Subjektförderung« ausgebaut werden (z. B. spezielles Wohngeld), die es auch einkommensschwachen alten Menschen erlaubt, altengerecht zu wohnen.

Neben den monetären Voraussetzungen ist auch die Unterstützung des häufigen Wunsches alter Menschen, möglichst lange in ihren angestammten Wohnumwelten verbleiben zu können, beispielsweise mit Hilfe sozialer Dienste, eine wichtige Komponente persönlicher Wahlfreiheit im Bereich des Wohnens. Eine möglichst optimale Verteilung von Wohnraum mit der Konsequenz der Räumung von für ältere Menschen »zu großen« Wohnungen darf nicht zu Lasten älterer Menschen durchgesetzt werden. Andererseits sollte gerade für die Zeit nach schweren Krankheiten oder nach dem Auftreten chronischer Krankheiten die rehabilitative Pflege in der stationären Altenhilfe mehr Gewicht bekommen. Eine solche Schwerpunktentwicklung bedarf allerdings als flankierender Maßnahme einer Veränderung des Images der Alten(wohn)heime in der Öffentlichkeit. Umgekehrt ist auch noch eine Steigerung der Attraktivität der stationären Einrichtungen durch Veränderungen in deren Infrastruktur, einem verbesserten Personalschlüssel und verbesserter Personalausbildung und -weiterbildung nötig und möglich. Im Hinblick auf Rehabilitation und Pflege sollten stationäre Einrichtungen in der Lage sein, effektivere Hilfe als die Familie anzubieten.

Schließlich sollte man, was die Kommunalpolitik anbelangt, die Infrastruktur der Kommunen in ihrem Beitrag zur Lebensqualität alter Menschen nicht außer acht lassen. Das Spektrum reicht hier vom Ausbau des Nahverkehrssystems, der altenfreundlichen Gestaltung der Verkehrsmittel (z. B. Höhe der Einsteigetrittbretter, Zeittakt der Ampelschaltung), aber auch zum Angebot von Verkehrstraining für ältere Menschen zur Erhaltung des Führerscheins bis hin zur Beibehaltung oder Förderung dezentraler Einkaufsmöglichkeiten und ärztlicher Versorgung.

D. Ausblick

Ein längeres Leben im Alter und eine älter werdende Bevölkerung stellen die Gesellschaftspolitik vor große Aufgaben. Diese Aufgaben umfassen den Abbau und die Prävention von Wohlfahrtsdefiziten, wie zum Beispiel ökonomische Armut, vermeidbare Krankheit, unzureichende Pflege und soziale Ausgrenzung. Vor allem geht es aber um positive Zielsetzungen wie die eines menschenwürdigen und erfüllten Lebens im Alter und um die Entwicklung von »modernen« Institutionen für eine Gesellschaft mit einer großen Zahl älterer Menschen.

Eine vordringliche Aufgabe der Wissenschaft, der Medien aber auch der Altenpolitik auf allen Ebenen besteht in gesellschaftlicher *Aufklärung*. Wir brauchen nicht nur eine Vielfalt guten Wissens und eine kontroverse öffentliche Debatte über die faktischen und möglichen Lebenschancen im Alter, in der die älteren Menschen sich Gehör verschaffen können, sondern auch eine wirksame Vermittlung von praktischem Orientierungswissen über das Altern. Diese Aufklärung und diese Debatte müssen sich abkehren von Stereotypen und vereinfachenden Dramatisierungen; zugleich muß der Vielfalt und Vielschichtigkeit des Alterns Rechnung getragen werden. Nicht zuletzt müssen die verdrängten Probleme der Leiden des hohen Alters und des Sterbens in die Wahrnehmung, Aufmerksamkeit, Empathie und Gestaltungskraft der Gesellschaft zurückgeholt werden.

Auf der Ebene der gesellschaftlichen *Institutionen* geht es um eine Bekräftigung und Ausweitung der Leitidee der *Solidargemeinschaft zwischen den Ge-*

nerationen. Planmäßige Vorsorge ist notwendig, um die ökonomische Unabhängigkeit der alten Generation zu stärken und vor allem genug Mittel für eine bessere Pflegesituation zu mobilisieren. Dem kann eine allgemeine Versicherungspflicht für die Risiken Alter, Krankheit und Pflegebedürftigkeit dienen, wobei auch die Lebensleistungen von Frauen innerhalb und außerhalb der Erwerbstätigkeit anzuerkennen sind. Für Notfälle ist eine bedarfsgerechte Mindestversorgung integraler Bestandteil dieses Systems, das auch den älteren Menschen in den neuen Bundesländern den Anschluß an das westdeutsche Wohlstandsniveau ermöglichen muß. Das Gesundheitswesen muß institutionell so umgebaut werden, daß lebenslange Prävention, Rehabilitation im Alter und optimale Einrichtungen für ältere Menschen mit chronischen Krankheiten die gegenwärtigen Schwächen der medizinischen Versorgung überwinden. Im Arbeitsleben dürfen ältere Menschen nicht möglichst früh ausgeschlossen werden, sie müssen vielmehr die Chance erhalten, ihre spezifischen Kompetenzen und Leistungsfähigkeiten entsprechend ihren Wünschen einzusetzen. In gleicher Weise muß das Bildungswesen lebenslang angelegt sein und Fähigkeiten und Kompetenzen vermitteln, die nicht nur für das Arbeitsleben ausreichen, sondern auch für das Alter rüsten. Staatlich geförderte Bildungseinrichtungen müssen für ältere Menschen geöffnet, aber auch neu geschaffen werden, in ähnlicher Weise, wie dies zu einem früheren Zeitpunkt der gesellschaftlichen Entwicklung für Kinder und Jugendliche erfolgte. Im Gegensatz zur pädagogischen Versorgung des Kindes- und Jugendalters darf dabei jedoch nicht die pädagogische Bevormundung im Vordergrund stehen, sondern die Aufmerksamkeit muß der Unterstützung bei der Selbstgestaltung gelten.

Historisch weist die Bundesrepublik Deutschland im Vergleich zu anderen Gesellschaften eine relativ gute Mischung der für die individuelle Wohlfahrt im Alter bedeutsamen Mechanismen des Marktes, der Familie, subsidiärer Wohlfahrtspflege, gesetzlich-administrativer Steuerung und professioneller Dienste auf. Jede ideologisch einseitige Verabsolutierung oder Ablehnung eines dieser Mechanismen kann nur von Schaden sein. Auch wenn heutzutage zu Recht ein höheres Maß an Selbstbestimmung in vielen Lebensbereichen gefordert wird, darf nicht vergessen werden, daß Sozialpolitik nicht zuletzt dem Schutz der Schwachen dient. Mittelfristig sind daher Umstrukturierungen nötig, um die Selbstbestimmung und Wahlfreiheit der älteren Menschen zu erhöhen, aber gleichzeitig auch die Eigeninteressen der Güter- und Leistungsanbieter für ältere Menschen effektiv zu regulieren. Dies gilt nicht zuletzt für die Träger der Selbstverwaltung der sozialen Sicherung und des Gesundheitswesens, in denen die Interessen der älteren Bevölkerung weder organisiert noch wirksam artikuliert werden. Es ist gegenwärtig auch nicht auszuschließen, daß die Sozialpolitik in Zukunft in massiver Weise Aufgaben übernehmen muß, die bisher in den Familien erfüllt werden konnten.

Auch bei der gegenwärtig wichtigen, quasi-kompensatorischen Akzentsetzung auf eine gesonderte Altenpolitik darf langfristig deren übergreifende Bedeutung nicht außer Acht bleiben. Politik für ältere Menschen muß auch, darf aber nicht nur Altenpolitik in gesonderten Ressorts und Gremien sein. Sie muß sich vielmehr auf den gesamten Lebensverlauf richten und alle Politikfelder und gesellschaftlichen Institutionen einbeziehen.

Diese gesellschaftspolitischen Aufgaben der Gestaltung des Alters und der institutionellen Anpassung an eine ältere Bevölkerung sind in unserem Gemeinwesen lösbar, wenn sie die ihnen angemessenen Prioritäten und Mittel erhalten. Die Leistungsfähigkeit unserer Volkswirtschaft und die bei weitem noch nicht ausgeschöpften Möglichkeiten präventiver Lebensführung können uns ein längeres und erfüllteres Leben bescheren. Dabei darf jedoch nicht vergessen werden, daß chronische Krankheit und langes Leiden vieler Hochbetagter etwas sein kann, das für die Gesellschaft ebenso unvermeidbar und daher anzunehmen ist wie für den einzelnen. Aber selbst wenn die Zukunft des hohen Alters mehr Krankheit mit sich bringen sollte, kann eine Gesellschaft besser und menschenwürdiger werden.

Autorenindex

Kursiv gesetzte Seitenzahlen weisen auf Kurzbeschreibungen der Autoren dieses Bandes und jeweils den Beginn ihres Kapitels hin.

Aaron, H. J. 566, 575, 579
Abate, C. 263, 279
Abeles, R. P. 63, 92
Abramson, L. Y. 191, 201
Achenbach, K. 651, 664
Achenbaum, W. A. 8, 30, 45, 60
Adams, O. B. 569, 571, 580
Adelmann, R. 109, 121, 208, 225
Adler, R. 463, 487, 488, 489
Agazzano, E. 217, 229
Agree, E. M. 498, 517
Aguilar, J. S. 208, 228
Agutter, P. S. 101, 122
Aktion Gemeinsinn 488
Alber, J. 534, 541, 659, 664, 665
Albrecht v. Eyb 401, 405
Albrecht, R. 188, 202
Alexander, J. E. 676, 691
Allan, D. J. 405
Allmendinger, J. 252, 256, 506, 515, 524, 534, 538, 539, 541, 542
Alloy, L. B. 191, 201
Alm, B. 159, 175
Alpi, O. 385
Altenreport '90 647, 648, 649, 654, 665
Altmann, J. 516
Altner, H. 435
Altschul, S. 219, 228
Amaducci, L. A. 163, 175
Ambler, M. W. 164, 178
Amendo, M. T. 127, 149
Améry, J. 13, 297, 298, 299, 304
Ames, B. N. 109, 121

Amoss, P. T. 281
Andréani, E. 620, 638
Andres, R. 149, 150, 355, 384
Angermeyer, M. C. 175
Ansley, J. 675, 691
Anthony, S. C. 178
Antonucci, T. C. 244, 257
Arenberg, D. 150, 355, 384
Ariès, P. 13, 477, 487, 545, 547, 561
Aristoteles 286, 287, 288, 289, 290, 295, 304, 393, 397, 398, 405
Arnold, R. 350, 353
Aromaa, A. 177, 179
Arth, M. 271, 279
Articus, S. 310, 326
Arzberger, K. 536, 541
Ascádi, G. 564, 579
Ashikaga, T. 153, 177
Assmann, A. 13, 420, 421, 433
Assmann, G. 135, 149
Aston, S. J. 687, 692
Atchley, R. C. 248, 256, 340, 352, 353
Atkinson, R. M. 220, 225
Attias, C. 465, 487
Attias-Donfut, C. 253, 256
Auer, P. 638
Augustinus 288, 304, 387, 393, 404, 405
Auinger, L. 488
Avicenna 400, 405

Bachmann, M. 101, 109, 122, 123
Backhovens, H. 179

Bacon, F. 4, 432, 433
Badura, B. 721
Bagley, S. P. 675, 684, 691
Bakchylides 388, 405
Baker, K. L. 507, 515
Baldock, J. 639
Baltes, M. M. *1*, 2, 3, 11, 13, 21, 22, 24, 25, 28, 29, 30, 31, 32, 33, 92, 121, 123, 142, 148, 149, 188, 198, 201, 202, 248, 265, 339, 353, 357, 358, 366, 374, 380, 381, 382, 383, 384, 428, 436, 438, 471, 487, 488, 548, 551, 561, 562, 695, 698, 725, 727, 742, 749, 750
Baltes, P. B. *1*, 3, 9, 11, 20, 21, 22, 24, 28, 31, 32, 33, 34, 92, 121, 148, 182, 188, 189, 196, 197, 201, 202, 203, 207, 225, 227, 248, 264, 265, 267, 280, 281, 298, 304, 339, 340, 341, 342, 353, 357, 358, 366, 373, 374, 380, 381, 382, 383, 384, 412, 420, 421, 423, 428, 433, 436, 438, 439, 458, 471, 487, 495, 515, 562, 668, 691, 695, 698, *721*, 725, 727, 742, 749, 750
Bandura, A. 376, 381
Barer, M. L. 568, 571, *579*
Barker, D. J. P. 178
Barnes, J. M. 218, 225
Barth, K. 348, 353
Bartus, R. T. 223, 226, 227
Baskin, S. I. 215, 228
Bates, S. R. 150
Bauer, D. 489
Baum, C. 654, 665
Baumeister, R. F. 414, 415, 433
Baumgarten, N. 304
Bayerische Architektenkammer 678, 691, 692, 693, 694
Beall, C. M. 276, 281
Beauvoir, S. de 13, 297, 304, 422, 433
Beck, J. 262, 280
Beck, U. 463, 471, 487

Becker, L. C. 127, 150
Becker, M. H. 380, 381
Becker, P. 367, 381
Becker, R. 531, 535, 541
Beckmann, H. 176
Beer, J. 226
Behrmann, M. 263, 279
Bellville, J. W. 217, 226
Benda-Beckmann, F. v. 328
Benda-Beckmann, K. v. 328
Bengtson, V. L. 24, 31, 60, 201, 202, 203, 235, 252, 254, 257, 258, 441, 443, 456, 462, 475, 479, 481, 485, 487, 489, 490, 492, 493, 495, 496, 497, 498, 499, 501, 502, 503, 504, 512, 515, 516, 537, 622, 723, 724, 727, 730, 731, 753
Benson, D. F. 158, 176
Bente, D. 213, 226, 227, 229
Beratende Zulassungskommission für neue Stoffe 222, 226
Berg, A. 377, 381
Bergener, M. 34, 122, 150
Berger, P. 250, 256, 411, 416, 433
Berglund, M. 220, 229
Bergmann, K. 371, 373, 383
Bergsma, D. 122
Bergson, H. 387, 405
Bericht zur Lage der Nation 646, 665
Berkman, L. F. 359, 371, 381, 383
Bernd, A. 101, 122
Bernhart, J. 405
Bernstein, H. 96, 111, 122
Bertel, O. 211, 226
Berthoin, A. 665
Bés, A. 229
Beutel, M. 552, 561
Beyreuther, K. 119, 123, 177, 225, 226
Bian, K. 208, 300
Bick, K. L. 176
Bickel, H. 153, 157, 158, 160, 162, 164, 172, 173, 175, 176

Bickel, U. 226, 300
Biedert, S. 159, 175
Bielenski, H. 523, 541
Bierhoff, H. W. 434
Bierlein, K. H. 348, 349, 350, 353
Bierman, E. L. 149, 150
Billeter, E. P. 65, 66, 91
Bino, G. 175
Binstock, R. 12, 31, 232, 257, 258,
    281, 326, 353, 354, 459, 487, 515,
    516
Bird, T. D. 163, 165, 175
Birren, B. A. 182, 201, 203
Birren, J. E. 2, 5, 6, 12, 31, 178, 182,
    201, 202, 257, 258, 280, 281, 382,
    383, 384, 429, 433, 487, 489, 516,
    669, 675, 681, 692, 693
Blau, Z. S. 256
Blazer, D. 170, 171, 175, 373, 381
Blessed, G. 158, 179, 222, 300
Bleuler, M. 153, 175
Bloch, E. 334, 335, 353, 403, 404, 405
Blomstrand, C. 678, 694
Bloom, F. E. 208, 212, 226, 229
Blosser-Reisen, L. 678, 687, 688, 691
Blossfeld, H.-P. 510, 515, 519, 541
Blum, M. J. 481, 487, 503, 516
Blumbach, H. 275, 280
Böck, K. 40, 60, 402, 406
Böckle, F. 348, 353
Böhme, G. 397, 398, 406
Böhme, K. 155, 179
Boisseau, M. 378, 382
Boll, F. 399, 406
Bollerup, T. R. 168, 175
Bolli, P. 217, 226
Bolt, V. 215, 229
Bonatti, M. L. 175
Bond, K. 458
Bond, L. A. 384
Bongaarts, J. 499, 517
Bonhoeffer, D. 348, 353
Bonora, E. 385

Bootzin, R. R. 384
Borchardt, P. 535, 541
Borchelt, M. 12, 23, 26, 85, 98, 124,
    166, 173, 216, 336, 364, 442, 564,
    606, 729
Borchert, G. 574, 579
Borgatta, E. F. 218, 228
Bormann, C. 79, 91
Borscheid, P. 13, 35, 39, 51, 54, 55,
    56, 57, 60, 247, 270, 401, 402, 403,
    406, 474, 521
Borton, M. 208, 226
Bortz, II, W. M. 21, 31, 376, 379, 381
Bouloumie, J. 378, 382
Bourgeois-Pichat, J. 80, 91
Bower, G. H. 434
Bowlby, J. 472, 485, 487
Bowling, A. 679, 692
Boyd, J. H. 178
Bracco, L. 175
Brand, H. 178
Brandtstädter, J. 3, 9, 16, 19, 24, 26,
    29, 31, 75, 85, 98, 106, 121, 135,
    148, 191, 201, 215, 340, 353, 356,
    357, 366, 367, 368, 374, 381, 382,
    423, 429, 433, 440, 702, 725, 729,
    734, 737, 740, 741, 742, 751
Brant, L. J. 16, 32, 358, 382
Bray, J. 678, 691
Breier, A. 153, 177
Breitner, J. C. S. 163, 175
Breslow, M. J. 23, 32, 89, 92
Bretschneider, R. 465, 487
Bricaud, H. 378, 382
Brickfield, C. F. 677, 679, 692
Brim, O. G., Jr. 203, 338, 353, 374,
    382, 422, 429, 433
Brinton, T. 400, 406
Britton, P. G. 174, 178
Brocher, T. 579
Brock, D. 2, 19, 23, 31, 488
Brody, E. M. 479, 487, 515

Brody, J. A. 2, 19, 23, 31, 361, 362, 369, 382, 569, 579
Brody, S. J. 677, 692
Broeckhoven, C. van 179
Bromley, D. B. 22, 31
Bronte, L. 517
Brooks, G. W. 153, 177
Broustet, J. P. 378, 382
Brown, B. W., Jr. 217, 226
Brubaker, T. H. 479, 487
Brückner, E. 252, 256, 506, 515, 519, 538, 541, 542
Brückner, H. 252, 256, 506, 515, 538, 541
Bruder, J. 174, 175
Bruni, A. C. 179
Brunner, O. 487
Brus, E. 673, 692
Brushi, F. 385
Buba, H. P. 503, 517
Buck, A. 304
Buck, G. 410, 433
Buckholdt, D. R. 236, 257
Bühler, C. 338, 353
Bühler, F. R. 211, 217, 226
Bundesminister für Arbeit und Sozialordnung 593, 612
Bundesminister für Bildung und Wissenschaft 522, 530, 541
Bundesminister für Familie und Senioren 680, 692
Bundesministerium für innerdeutsche Beziehungen 642, 665
Bundesministerium für Jugend, Familie, Frauen und Gesundheit 311, 326, 649, 665, 666
Bundesverband der Pharmazeutischen Industrie 568, 579, 654, 665
Bunke, D. 226
Burchett, B. M. 244, 258
Burgess, E. W. 235, 256
Burke, J. D., Jr. 170, 175, 178
Burke, K. C. 170, 175

Burkhardt, D. 435
Burr, W. R. 490
Burrow, J. A. 400, 406, 414, 433
Burton, L. 481, 487, 498, 499, 501, 504, 515
Busch-Rossnagel, N. A. 32
Buss, D. M. 433
Busse, E. 339, 353, 363, 382, 465, 487
Butler, J. 128, 149
Butler, R. N. 109, 122, 149, 420, 422, 429, 433
Buttler, G. 308, 326, 612
Butturini, U. 385

Cafferata, G. L. 503, 517
Cahn, R. 229
Cahn, S. 229
Caird, F. I. 216, 226
Callahan, D. 512, 515, 575, 577, 579
Camphausen, B. 574, 579
Candy, J. M. 163, 176
Cantor, N. 433
Cantu, J.-M. 179
Čapek, M. 407
Carella, F. 175
Caritasverband 489
Carolei, A. 175
Carstensen, L. L. 149
Cartwright, A. 215, 226
Caselli, G. 68, 91
Casino, E. 328
Casper, J. L. 74, 91
Cattell, R. B. 265, 280
Cavagnaro, J. 224, 226
Cavan, R. S. 235, 256
Centrale d'Achats et Service d'Impression (CIACO) 639
Centre d'Etude des Revenues et des Coûts (CERC) 621, 638
Charron, P. 284, 304
Chave, S. P. W. 378, 384
Cherkin, A. 225, 227
Cherry, K. E. 214, 226

Chesky, J. 10, 33
Chew, S. C. 400, 406
Chin, K. 675, 692
Christenson, R. 170, 171, 175
CIBA Foundation Symposium Staff
    176
Cicero 4, 401, 406
Ciompi, L. 152, 153, 175
Claessens, D. 482, 487
Clausen, J. A. 338, 353
Club of Rome 11, 31
Coale, A. 91
Cohen, L. H. 203
Cole, T. R. 414, 433, 435
Coleman, J. S. 474, 487
Coleman, P. 251, 256, 430, 433
Collins, K. J. 212, 226
Commission for »Geriatric Diseases
    and Asthenias« 222, 226
Condreay, R. 675, 692
Condreay, V. 675, 692
Conley, J. J. 198, 201
Conrad, C. 638
Cook, P. J. 217
Cool, L. E. 262, 263, 280
Cooper, B. 153, 154, 155, 157, 158,
    160, 162, 164, 170, 171, 172, 173,
    175, 176
Cooper, C. L. 257
Cooper, M. 575, 579
Coper, H. 128, 132, 145, 155, 165,
    204, 206, 208, 209, 211, 214, 215,
    216, 222, 226, 227, 228, 229, 300,
    364, 716
Corkin, S. 178
Cornelius, I. 574, 579
Cornelius, S. W. 11, 34
Cornell, C. P. 482, 488
Cornelsen, J. 168
Cosgrove, N. 127, 149
Costa, P. T., Jr. 150, 198, 201, 339,
    340, 353, 355, 371, 372, 374, 375,
    382, 384

Council of Europe 535, 541
Courtis, N. C. 101, 122
Cowdry, E. V. 5, 6, 31
Cowgill, D. O. 236, 257, 275, 280
Craik, F. I. 225
Crapo, L. M. 361, 369, 382
Creese, J. 228
Cremer-Schäfer, H. 606, 612
Crimmins, E. M. 88, 89, 91, 499, 515
Crompton, R. 247, 257
Crook, T. 223, 226, 227
Cudini, P. 406
Culver, B. H. 128, 149
Cumming, E. 235, 257
Cummings, J. L. 158, 176
Cusack, B. J. 214, 227
Cutler, N. E. 496, 515
Cutler, N. R. 223, 229
Cutler, R. G. 107, 110, 122, 123

Dahlem, O. 310, 326
Dahme, H. J. 543
Dahrendorf, R. 524, 541
Dall'aglio, E. 385
Dalton, R. J. 507, 515
Dambacher, M. A. 138, 149
Dambrosia, J. M. 149
Dannefer, D. 186, 202, 248, 257, 440,
    458, 512, 515
Danner, D. B. 10, 12, 95, 116, 122,
    129, 205, 364, 703, 728
Dante Alighieri 400, 406
Danziger, S. 592, 612
Däubler, W. 324
Davidoff, D. A. 676, 691
Davies, B. 639
Davies, P. 223, 227
Davis, P. H. 136, 149
De Mause, U. 477, 487
De Vries, H. A. 377, 382
Degkwitz, R. 177
Dell'Orco, R. T. 122

Demeny, P. 91
Demling, J. 554, 555, 561
Dennebaum, E. M. 178
Denney, N. W. 192, 202
Dessonville, C. 373, 383
Deusinger, I. M. 189, 202
Deutscher Bundestag 571, 579
Deutscher Juristentag 310, 323, 326
Deutsches Institut für Wirtschaftsfor-
    schung 529, 541
Deutsches Zentrum für Altersfragen
    327, 354, 487, 517, 665
Devlin, M. A. 406
DeVogler, K. L. 416, 434
Dezsy, J. 567, 579
Di Pietro, J. 127, 149
Dick, L. 190, 203
Dicks, U. H. 212, 227
Dieck, M. 63, 143, 249, 310, 311,
    326, 480, 486, 487, 505, 512, 533,
    610, 626, 638, 640, 641, 662, 665,
    679, 692, 695, 721, 726, 730, 733
Diehl-Seifert, B. 101, 123
Diener, H. C. 149
Dierkes, M. 665
Dieterlen, G. 280
Dietrich, O. 47, 60
Digman, J. M. 198, 202
Dijkstra, A. 627, 639
Dilling, H. 154, 155, 157, 158, 176,
    179
Dilthey, W. 409, 422, 434
Dinkel, R. H. 2, 19, 22, 23, 59, 62,
    64, 66, 68, 76, 78, 81, 84, 85, 91,
    92, 106, 239, 247, 359, 363, 438,
    444, 479, 498, 529, 545, 563, 600,
    724
DiStefano, A. F. 687, 692
Dittmann-Kohli, F. 11, 25, 189, 202,
    274, 280, 337, 350, 352, 381, 403,
    408, 412, 413, 417, 419, 420, 422,
    423, 424, 429, 431, 434, 514, 526,
    698, 727, 752

Dixon, R. A. 189, 202, 373, 383
Docherty, J. R. 208, 226
Dölle, W. 227
Donnison, D. V. 212, 227
Dorlöchter, S. 262, 280
Dose, C. 212, 227
Douglas, A. 268, 280
Dubach, U. C. 219, 228
Dubas, F. 224, 229
DuFaux, B. 377, 383
Dumons, B. 639
Durenberger, D. 504, 515
Durkheim, E. 474, 487
Dychtwald, K. 448, 458
Dyrks, T. 226

Eastman, M. 271, 280
Ebersole, P. 416, 434
Ebstein, R. P. 211, 227
Edding, F. 530, 541, 543
Edelstein, B. A. 149
Edwardson, J. A. 163, 176, 178
Eekelaar, J. M. 311, 312, 326, 327
Eggen, B. 503, 517
Eggers, M. 68, 92
Eglit, H. 308, 326
Ehmer, J. 13, 50, 53, 59, 60, 238,
    253, 257
Ehrhardt-Kramer, A. 324, 326
Ehrlich, I. F. 318, 327
Ehrlich, R. 318, 327
Eichenhofer, E. 323, 327
Eichorn, D. H. 338, 344, 353
Eicken, B. v. 310, 323, 327
Einstein, A. 390, 406
Eisdorfer, C. 375, 382
Eisenberg, N. 433
Eisenburg, J. 434
Eisenmann, A. J. 219, 228
Ekberg, J. 677, 688, 693
Elder, G. H. 411, 434
Eliakim, R. 211, 227
Elias, N. 39, 60

Ellinghaus, D. 679, 680, 692
Ellis, F. P. 212, 227
Ellis, M. 679, 692
Elwert, G. 13, 234, 257, *260*, 263,
    264, 272, 276, 280, 281, 282, 307,
    343, 354, 544
Elwert-Kretschmer, K. 277, 280
Emeriau, J. P. 378, 382
Emile, J. 224, 229
Ende, M. 388, 406
Engel, B. 597, 612
Engelhardt, K. G. 685, 692
Englert, A. 402, 406
Erber, J. T. 675, 691
Ericsson, K. A. 21, 31, 366, 382
Erikson, E. 198, 202, 274, 280, 423,
    428, 434, 463, 487
Erlemeier, N. 548, 561
Ermini, M. 34, 122, 150
Ernst, E. 310, 327
Esping-Andersen, G. 659, 665
Esquirol, J. E. 151, 176
Ettlin, C. 219, 228
EURAG – Bund für die ältere Gene-
    ration Europas 476, 487
Euripides 388, 406
EUROSTAT 615, 638
Evans, R. G. 568, 579
Everitt, M. G. 378, 384
Evers, A. 639
Exton-Smith, A. N. 212, 226, 227
Eyben, E. 399, 406
Eye, A. v. 381

Faber, G. 535, 536, 541
Faber, J. F. 359, 360, 382
Fähndrich, E. 208, 215, 227, 229
Falkingham, J. 620, 638
Faltner, M. 406
Farmer, K. J. 109, 122
Farrer, L. A. 179
Featherman, D. L. 33, 182, 202, 227
Feinmann, S. 280

Felderer, F. 612
Ferber, C. v. 13
Ferguson, S. 687, 689, 692
Ferguson, S. D. 687, 689, 692
Ferla, S. 175
Ferring, D. 26, 31
Ferris, S. 223, 226, 227
Fichter, M. 154, 155, 176
Fichtner, O. 327
Fiedler, W. 329
Fieschi, C. 175
Filipp, S.-H. 26, 31, 199, 202
Fillenbaum, G. G. 244, 258
Filz, W. 400, 406
Finch, C. E. 8, 9, 12, 18, 31, 33, 96,
    117, 122, 150, 229, 384
Finch, J. 478, 480, 487
Fink, U. 534, 541
Finkel, S. I. 675, 692
Fischer, A. 507, 510, 516
Fischer, P. 226
Fisher, C. R. 572, 579
Fisher, R. H. 179
Flanagan, R. 217, 226
Flanary, H. G. 219, 228
Flaten, T. P. 163, 176
Fleg, J. L. 127, 150
Flood, J. F. 225, 227
Fogarty, M. 625, 638
Fogt, H. 507, 516
Folkman, S. 422, 434
Folstein, M. F. 157, 163, 168, 175,
    176
Foncin, J.-F. 179
Foner, A. 238, 258, 273, 280, 342,
    354, 440, 441, 444, 445, 450, 458,
    459
Fooken, I. 554, 561
Forrest, W. H., Jr. 217, 226
Forschungsprojekt Gerontologie der
    DDR 667
Förster, H. J. 681, 692
Fortes, M. 274, 280

Foster, K. G. 212, 227
Fox, R. H. 212, 227
Fozard, J. L. 16, 32, 358, 382
Frackowiak, R. S. J. 166, 176
Fraser, H. 219, 228
Fratiglioni, L. 175
Freeman, G. B. 208, 227
Freeman, M. E. A. 310, 327
Freter, H.-J. 242, 257
Freud, S. 415, 417, 422, 434
Freund, H. J. 201
Fried, V. A. 179
Friedman, V. 116, 122
Fries, J. F. 19, 21, 22, 23, 24, 26, 27,
    28, 32, 85, 92, 148, 182, 202, 359,
    360, 361, 362, 365, 369, 370, 372,
    382, 569, 570, 571, 579
Fry, C. L. 262, 267, 273, 275, 280,
    281
Fuchs, W. 507, 510, 516
Fukuchi, K.-I. 120, 122
Fürstenberg, F. 13, 326, 435, 516
Fürstner, P. 151, 176

Gabriel, O. W. 507, 508, 516
Gadamer, H.-G. 409, 434
Gadow, S. 414, 433, 435
Gahlen, B. 586, 604, 612
Galler, H. P. 13, 609, 612
Gambi, A. 175
Gandolfo, C. 175
Gangloff, E. C. 150
Gänshirt, H. 201
Garms-Homolova, V. 628, 638
Gather, C. 257
Gatz, M. 481, 503, 516
Gaullier, X. 465, 488
Gehlen, A. 11, 32, 264, 280, 285, 298,
    304, 521, 541
Gehring, W. J. 123
Geißler, E. 3, 32, 351, 353
Gelles, R. J. 482, 488
Gellius 388, 406

Gennep, A. van 272, 280
Gensler, H. L. 96, 111, 122
George, L. 12, 31, 244, 257, 258, 374,
    382, 471, 472, 487, 488, 515
Gergeley, S. M. 673, 676, 692
Gergen, K. J. 414, 435, 436, 517
Gergen, M. M. 517
Gerok, W. 12, 16, 19, 23, 24, 26, 75,
    85, 98, 106, 121, 124, 135, 148,
    166, 173, 215, 216, 336, 356, 364,
    440, 442, 564, 606, 695, 702, 721,
    725, 729, 734, 737, 740, 741, 742,
    751
Gershon, D. 128, 150, 179, 223, 226,
    227
Gerstenblith, G. 127, 150
Gibson, D. C. 208, 227
Gibson, G. E. 208, 227, 228
Ginter, S. F. 213, 300
Giovanni Pico della Mirandola 284,
    304
Girotti, F. 175
Glaeßner, G.-J. 666
Glantz, M. 218, 227
Glascock, A. 271, 280
Glaser, B. G. 553, 554, 561
Glass, L. E. 688, 692
Glassock, J. A. 220, 227
Globokar, T. 310, 327
Glomset, J. A. 130, 150
Goate, A. 179
Göbel, D. 249, 257
Göckenjahn, G. 259
Goebbels, J. 47, 60
Goethe, J. W. v. 333, 353, 563, 564,
    579
Goldberg, A. P. 21, 32
Goldbourt, U. 130, 149
Goldfarb, A. H. 215, 228
Goldhamer, H. 235, 256
Goldstein, M. C. 276, 281
Goldstein, M. D. 431, 435
Golob, R. 673, 692
Gompertz, B. 80, 92

Gordon, T. 133, 149, 371, 382
Gorenc, K. 156, 176
Gornig, M. 651, 666
Görres-Gesellschaft 329
Görtler, E. 84, 92
Goulet, L. R. 203
Grana, J. M. 678, 692
Graul, E. H. 32
Graumann, C. F. 671, 693
Graves, A. B. 163, 176
Grawitz, M. 487
Green, U. F. 212, 227
Greenwald, A. G. 420, 434
Greenwood, M. 359, 382
Greulich, R. C. 150, 355, 384
Greve, W. 374, 382
Griesinger, W. 151, 176
Grigoletto, F. 175
Grimm, D. 327
Grimm, J. 44, 60
Groeben, N. 413, 434
Grohmann, H. 13, 605, 609, 612
Gronemeyer, R. 482, 488, 510, 516
Gross, R. 366, 383
Großhans, H. 680, 692
Großjohann, K. 574, 579
Grote, C. 199, 203
Groves, D. 480, 487
Growdon, J. H. 178, 179
Gruenberg, E. M. 569, 579
Gruman, G. J. 4, 32
Grundy, E. 361, 362, 383
Grunow, D. 311, 327, 695, 721
Grzeschik, K. 177
Guardini, R. 348, 353, 410, 434
Gubrium, J. F. 236, 257
Guillemard, A.-M. 60, 242, 247, 253,
    308, 323, 443, 455, 493, 504, 574,
    584, 592, 606, 614, 625, 629, 632,
    638, 639, 663, 707, 717, 723, 724,
    733, 734, 744
Gulbin, K. 656, 667

Guralnik, J. M. 2, 19, 22, 23, 24, 31,
    33, 138, 150, 368, 384
Gutmann, B. 267, 281
Gutmann, D. 252, 257, 262, 281
Guttmann, G. 466, 488

Haan, M. N. 442, 458
Haber, C. 45, 60
Habermas, J. 657, 665
Hachinski, V. L. 159, 176
Hadass, H. 215, 227
Häfner, H. 12, 13, 16, 23, 32, 151,
    155, 156, 161, 170, 175, 176, 177,
    179, 218, 222, 223, 371, 373, 695,
    701, 719, 721, 728, 739
Hagberg, J. M. 21, 32
Hagestad, G. O. 13, 232, 237, 257,
    342, 344, 353, 475, 484, 488, 500,
    502, 510, 516
Hagstad, A. 467, 488
Haines, J. L. 179
Hainke, H. 523, 533, 541
Halbwachs, M. 420, 434
Halhuber, H. 488
Hamerling, R. 400, 401, 406
Hanada, K. 81, 92
Handl, J. 519, 541
Harding, C. 153, 177
Hareven, T. K. 281
Harrell, S. 263, 281
Harris, E. C. 178
Harrison, D. H. 122
Hart, D. 679, 692
Hart, R. W. 111, 122
Hartford, J. T. 220, 227
Hartmann, F. 367, 383
Haseloff, O. W. 490
Hashimoto, K. 214, 217, 300
Hauser, R. 13, 60, 252, 308, 310, 493,
    504, 505, 506, 514, 538, 581, 586,
    593, 604, 606, 609, 612, 621, 622,
    633, 717, 721, 731, 733, 737, 740
Hautzinger, M. 373, 384

Haveman, R. 586, 612
Havighurst, R. J. 188, 202, 235, 256, 463, 488
Hayflick, L. 10, 16, 18, 19, 32, 33, 118, 122, 384
Hazzard, W. R. 149, 150
Heck, H. 378, 379, 383
Heckhausen, H. 187, 189, 202
Heckhausen, J. 373, 383, 514, 516
Hedlund, B. 429, 433
Hedstrom, P. 622, 638
Heidegger, M. 292, 304, 387, 394, 396, 406
Heimann, H. 227
Heinemann, L. 79, 91
Heinz, M. 324, 326
Heiss, W.-D. 166, 177
Helberger, C. 606, 612
Helgason, T. 164, 175, 177
Helmchen, H. 553, 561, *695*, *721*
Helsinki-Heart-Study 148, 149, 370, 383
Henderson, A. S. 160, 163, 177
Henderson, G. 158, 161, 162, 179
Hennerici, M. 179
Henry, W. E. 235, 257
Herder-Dorneich, P. 326
Herholz, K. 166, 177
Herkommer, B. 14
Herrmann, J. M. 488, 489
Herrmann, M. 405
Herrmann, T. 381
Herrmann, U. 543
Herrmann, W. M. 12, 33, 222, 226, 692, 693
Hertling, G. v. 304
Hertzmann, C. 568, 579
Herz, A. 208, 227
Herz, T. A. 507, 516
Herzog, A. R. 23, 32, 92, 243, 257
Hess, B. B. 445, 459
Hess, T. 213, 227
Hesse, H. 332, 354, 586, 604, 612

Heston, L. L. 162, 177
Hilbich, C. 226
Hildebrandt, K. 507, 515
Hill, R. 90, 92, 490
Hines, C. 68, 92
Hinske, N. 409, 434
Hirsch, R. 336, 354
Hirtz, F. 328
Hirvonen, P. 593, 612
Hobbes, T. 40, 60
Hoberman, H. M. 373, 384
Hobi, V. 219, 228
Hochschild, A. R. 236, 257
Hockwin, O. 373, 383
Hoeltz, J. 79, 91
Hoerning, E. M. 435
Hofecker, G. 96, 122
Höffe, O. 24, 32, 413, 415, 434
Hoffman, B. B. 214, 217, 300
Hoffmann, A. 666
Hofstätter, P. R. 374, 381, 383
Hohmann-Dennhardt, C. 322, 327
Hohmeier, J. 237, 257
Hokenstad, M. C. 310, 327
Holland, C. A. 422, 434
Hollmann, W. 377, 378, 379, 383
Holmes, L. D. 236, 257, 275, 280
Holz, G. 659, 665
Holzapfel, H. 680, 692
Holzer, C. E. 178
Holzmann, R. 615, 638
Homer 398, 406
Hondrich, K. O. 536, 541
Honzik, M. P. 338, 353
Hoover, S. L. 479, 488
Hörl, J. 473, 488
Horn, J. L. 265, 281
Horn, K. 579
Horner, F. 489
Horvath, S. M. 212, 300
House, J. S. 23, 32, 89, 92
Howe, J. 553, 561
Hoyer, S. 208, 228, 229

Huber, B. J. 445, 459
Huber, H. P. 381
Hufeland, C. W. 41, 48, 60, 478, 488
Hug, P. 123
Hughes, J. P. 175
Huinink, J. 256, 510, 515, 516, 541, 542
Hulthen, U. L. 217, 226
Humboldt, W. v. 525, 527, 539, 542
Hurd, M. D. 590, 601, 606, 612
Hußmanns, R. 80, 92, 574, 579
Hutton, J. T. 177
Hyde, R. T. 378, 384

Ikels, C. 271, 281
Illies, J. 576, 579
Illsley, R. 659, 665
Imhof, A. E. 266, 275, 281, 441, 458, 524, 529, 542, 545, 546, 561
Infratest Sozialforschung 612
Ingegneri, D. 88, 91
Inglehart, R. 506, 507, 516
Inoue, S. 208, 300
Institut für medizinische Statistik und Datenverarbeitung 649, 665
Institut für Soziologie und Sozialpolitik 648, 665
Institut National de Statistique et d'Etudes Economiques 616, 638
Institute of Medicine 6, 32
International Social Security Association (ISSA) 308, 327
Irving, D. 158, 179
Irwin, J. O. 359, 382
Isbell, H. 219, 228
Isensee, J. 328
Ittner, J. 138, 149

Jabbour, W. 224, 229
Jackson, J. S. 244, 257
Jacob, J. 229
Jacobs, K. 239, 240, 241, 257, 636, 638

Jacomb, P. A. 163, 177
Jaeger, J. 172, 173, 175, 177
James, I. M. 217, 226
Jamieson, A. 659, 665
Janich, P. 393, 398, 406
Jänicke, B. 206, 209, 210, 211, 215, 227, 228, 300
Jarvik, L. 373, 383
Jaspers, K. 302, 367, 383, 545, 561
Jeffers, F. L. 384
Jelalian, E. 190, 202
Jewis, A. J. 179
Joerißen, P. 406
Joffe, J. M. 384
Johansson, L. 639
Johnson, H. A. 207, 228
Johnson, M. E. 238, 258
Johnson, P. 620, 638
Jonas, H. 672, 692
Jones, H. 349, 354
Jones, J. R. 617, 639
Jorm, A. F. 160, 161, 163, 177
Joukamaa, M. 177
Junge, B. 80, 92
Junge, M. 503, 517
Jyrkinen, E. 177, 584, 606, 618, 734, 742

Kagan, J. 203, 338, 353
Kahn, R. L. 3, 16, 24, 33, 188, 203, 243, 257, 358, 384
Kaiko, R. F. 217, 228
Kaiser, H. J. 186, 202
Kalbe, J. 654, 666
Kaltschmid, J. 350, 353
Kang, J. 162, 177
Kannel, W. B. 133, 149, 382
Kanowski, S. 12, 33, 222, 226, 227, 229, 692, 693
Kant, I. 284, 285, 286, 290, 303, 304, 380, 383, 387, 396, 406, 412, 435
Kantzenbach, E. 613
Kaplan, G. A. 442, 458

Kardorff, E. v. 310, 327
Karl, F. 15, 32, 580, 665
Karolus, S. 310, 326
Kasl, S. V. 244, 257, 371, 383
Kast, V. 550, 561
Kastelein, M. 627, 639
Kastenbaum, R. 24, 32, 549, 561
Katz, J. L. 219, 300
Katzman, R. 176
Kaufmann, A. 329
Kaufmann, F. X. 312, 313, 324, 327, 521, 542, 721
Kautzmann, L. N. 675, 692
Kay, D. W. 371, 373, 383
Keith, J. 267, 269, 273, 280, 281
Keller, A. v. 39, 61
Kendrick, Z. V. 215, 228
Kent, B. 149
Kenyon, G. M. 186, 202
Kern, K. D. 566, 567, 579
Kertzer, D. 280, 445, 458
Kessler, F. 315, 329
Kessler, R. C. 23, 32, 89, 92
Keul, J. 377, 381, 384
Kewitz, H. 226, 300
Kiesler, S. B. 383
Kindermann, W. 377, 378, 379, 383
King, D. W. 129, 149
Kinney, A. M. 23, 32, 89, 92
Kinsella, K. 438, 459, 620, 639
Kiowski, W. 211, 217, 226
Kirchhof, P. 328
Kirkwood, D. B. L. 111, 122
Kisker, K. P. 13, 175, 177, 178, 354
Kittner, M. 324, 326
Klages, J. 326
Klassen, A. D. 468, 488
Klauer, T. 26, 31
Kleff, F. 156, 176
Klein, W. L. 208, 228
Klibansky, R. 399, 406
Kliegl, R. 20, 32, 196, 197, 201, 202
Klingemann, H. D. 506, 516

Klinowski, J. 163, 176
Klose, M. 152, 179
Kment, A. 96, 122
Knapen, M. 639
Knapp, G. F. 75, 92
Knook, D. L. 229
Knopf, M. 190, 194, 202
Köbel, A. 646, 666
Koch, U. 547, 557, 561
Koch-Malunat, N. 654, 665
Köckeis, E. 476, 489
Koebner, T. 61
Koepsell, T. 163, 176
Kohl, J. 306, 327
Köhle, K. 488, 489
Kohli, M. 2, 9, 13, 16, 24, 25, 28, 31, 33, 57, 59, 61, 123, 188, 201, 202, 231, 234, 237, 238, 239, 240, 241, 242, 247, 253, 257, 261, 266, 275, 278, 280, 281, 282, 342, 344, 345, 354, 374, 381, 382, 383, 440, 443, 445, 447, 448, 449, 457, 458, 466, 487, 488, 520, 601, 629, 639, 744
Kohlmeyer, K. 159, 177
Kohn, M. L. 528, 542
Kohn, R. R. 369, 383
Kohnert, M. 654, 655, 666
Kolland, F. 13, 256
Köllmann, W. 44, 61
Kolodziej, P. 194, 202
Kommission »Altern als Chance und Herausforderung« 13
Kondratowitz, H.-J. v. 259, 642, 666
König, G. 226
Koos, E. L. 567, 579
Koppa, R. J. 679, 681, 693
Korczak, D. 509, 516
Kornetsky, C. H. 219, 228
Korten, A. 160, 177
Kosanke, B. 571, 579
Kosberg, J. 310, 327
Koselleck, R. 411, 435
Kostis, J. B. 127, 149

Koty, J. 13, 266, 270, 281
Kraan, R. S. 624, 639
Kraepelin, E. 151, 177
Kramer, M. 178, 569, 579
Krämer, W. 13, 19, 22, 23, 75, 85,
    278, 368, 563, 565, 577, 579
Kranzhoft, U. 509, 517
Krauss, B. 168, 171, 177
Kreppner, K. 516
Krolner, B. 383
Krön, P. 489
Krupp, H. J. 13, 609, 612
Kruse, A. 9, 24, 28, 29, 32, 34, 59,
    331, 354, 401, 422, 423, 435, 525,
    526, 535, 542, 552, 561, 562, 668,
    670, 689, 693, 695, 721, 728, 729
Kruse, L. 671, 693
Kruse, W. 216, 228
Kübler, F. 328
Kühl, J. 310, 327
Kühlewind, G. 601, 612
Kühn, D. 509, 517
Külp, B. 613
Künemund, H. 257
Künkel, H. 227
Kuo, P. T. 127, 149
Kuratorium Deutsche Altershilfe 678,
    693
Kuypers, J. A. 338, 354

Labhardt, F. 219, 228
Labouvie-Vief, G. 11, 32, 421, 435
Lacey, H. F. 178
Lachmann, M. E. 190, 202, 203
Ladewig, D. 219, 228
Lahtela, K. 177
Lakatta, E. G. 127, 149, 150, 355,
    384
Lampe, T. H. 175
Lancaster, J. B. 516
Landahl, S. 216, 228
Landenberger, M. 306, 327
Landmann, M. 284, 304

Lang, E. 150, 175
Langehennig, M. 242, 257
Langer, G. 227
Lantermann, E. D. 671, 693
LaRue, A. 373, 383
Laslett, P. 473, 475, 488
Lassen, N. A. 222, 228
Lassman, A. 216, 229
Lau, R. R. 380, 383
Lauter, H. 13, 168, 177, 178, 354
Lawton, M. P. 668, 693
Lazarus, R. S. 422, 434
Leaf, P. J. 178
Leake, D. D. 220, 228
Lecoh, M. T. 476, 488
Lefelmann, G. 574, 579
Legesse, A. 269, 272, 281
Lehmann, M. 377, 381
Lehr, U. 2, 3, 4, 12, 13, 15, 16, 21,
    32, 33, 184, 188, 202, 311, 327,
    340, 341, 354, 358, 372, 383, 384,
    465, 467, 479, 488, 524, 526, 535,
    542, 646, 666, 668, 692, 693
Lehtinen, V. 155, 170, 177, 179
Leirer, V. 675, 693
Lemaire, H. G. 177
Lemmon, J. A. 229
Lenzi, G. L. 175
Lepenies, W. 4, 32
Leppin, A. 376, 384
Lepsius, R. M. 521, 542
Lerner, R. 32, 33, 227, 515, 516
Leschinsky, A. 519, 542
Lesnoff-Caravaglia, G. 669, 675, 681,
    691, 693, 694
Leu, H. R. 488
Leu, R. E. 576, 579
Levin, J. S. 8, 30
LeVine, R. 274, 281
Levitt, E. E. 468, 488
Lévy-Bruhl, L. 266, 281
Lewin, K. 669, 670, 693
Lewinsohn, P. M. 373, 384

Lichtenstein, E. 525, 542
Lieberman, H. R. 213, 228
Liesen, H. 377, 378, 379, 383
Liker, J. K. 411, 434
Lilienfeld, A. M. 149
Linck, G. 281
Lindblad, G. 216, 228
Linden, M. 721
Lindenberger, U. 20, 32
Lindner, M. 152, 179
Linhart, S. 264, 281
Lipid Research Clinic Primary Prevention Trial 135, 148, 149
Lippi, A. 175
Liston, E. H. 167, 177
Litwak, E. 479, 485
Livingston, J. 669, 675, 681, 692, 693
Livrea, L. 175
Lloyd, B. B. 435
Lloyd-Jones, H. 407
Loevinger, J. 420, 435
Loew, D. 32, 222, 228
Loewit, K. 467, 488
Löffler, W. 176
Loi, C.-M. 214, 228
Lomax, J. 229, 568, 579
London, J. R. 308, 327
Lopez, A. D. 74, 81, 92
Lörcher, K. 324, 326
Lowenthal, D. T. 215, 228
Lowenthal, I. 678, 693
Lu Hsün 281
Lübbe, H. 347, 354, 526, 542
Lubig, E. 276, 281
Lücht-Steinberg, M. 349, 350, 354
Luckmann, T. 411, 416, 419, 420, 433, 436
Luczak, H. 675, 693
Lumpkin, C. K. 122
Lundgreen, P. 519, 542
Lundqvist, C. 678, 694
Lungershausen, E. 554, 555, 561
Lüthy, H. 407

Lütold, B. E. 211, 226
Lutz, B. 280

Maas, H. S. 338, 354
Maatela, J. 177
Mace, N. L. 503, 516
Mackenroth, G. 585, 613
Macklots Conversationslexikon 44, 61
Macrobius 400, 406
Maddi, S. R. 414, 435
Maddox, G. L. 2, 3, 6, 12, 15, 32, 231, 258, 339, 353
Mader, W. 429, 435
Maehler, H. 405
Mager, C. 14
Magnusson, D. 187, 191, 202
Magnússon, H. 164, 177
Maher, I. 224, 229
Mahnkopf, B. 173, 176
Maihofer, W. 327
Majce, G. 476, 480, 488, 490
Makeham, W. M. 80, 92
Mander, T. 216, 228
Mangen, D. J. 496, 515
Mann, M. 247, 257
Mannheim, K. 13, 421, 435, 495, 497, 505, 516
Manton, K. 93
Marc-Vergues, J. P. 229
Marcea, J. T. 383
Marcus Aurelius 462, 488
Markl, H. 669, 673, 693
Marshall, P. K. 406
Marshall, V. W. 496, 515
Marti, G. 493, 501, 502, 515
Martianus Capella 399, 406
Martin, G. M. 118, 120, 122
Martin, J.-J. 179
Martyn, C. N. 163, 178
Maruani, M. 638
Marx, L. 671, 679, 681, 693
Maslow, A. H. 414, 435

Mason, J. 478, 487
Masters, C. 177, 226
Mathey, J. 679, 680, 693
Matras, J. 534, 542
Matter, E. J. 16, 32, 358, 382
Matthes, J. 232, 258, 466, 489, 541,
    542
Maurer, K. 176
Maus, H. 13, 435, 516
Max-Planck-Gesellschaft 31, 280, 304
Max-Planck-Institut für Bildungsfor-
    schung 510, 530
Maxwell, R. J. 267, 281
Maydell, B. v. 328
Mayer, K. U. 9, 16, 19, 28, 33, 55,
    245, 253, 256, 342, 352, 354, 431,
    443, 444, 445, 447, 455, 457, 458,
    506, 508, 515, 518, 519, 521, 528,
    529, 541, 542, 600, 601, 610, 618,
    629, 633, 639, 695, 700, 721, 727,
    744, 747
Mayer, O. G. 613
Mayeux, R. 179
Mayring, P. 435, 490
McCabe, J. 262, 263, 280
McCallum, D. B. 678, 692
McCartney, K. 515
McCeely, E. 675, 693
McClung, J. K. 115, 122
McCrae, R. R. 198, 201, 339, 340,
    353, 372, 382
McGaugh, J. L. 383
McGee, D. 133, 149
McHugh, P. R. 168, 176
McLachlan, D. R. C. 179
McMillan, M. M. 75, 92
Mead, G. H. 421, 435
Mead, M. 431, 435
Means, R. 310, 328
Mechanic, D. 575, 579
Medvedev, Z. A. 111, 122
Meillassoux, C. 268, 275, 281
Meiner, E. 219, 228

Melton, L. J. 138, 150
Menczel, J. 211, 227
Menken, J. A. 499, 517
Menzel, W. 43, 61
Mergler, N. L. 431, 435
Mering, O. v. 579
Merkel, M. 216, 228
Mero, R. P. 23, 32, 89, 92
Merskey, H. 159, 176
Mertens, L. 661, 666
Messine, L. E. 267, 282
Mestmäcker, E.-J. 329
Metchnikoff, E. 5, 8, 33
Meyer, J. 445, 458, 522, 542
Meyer, J.-E. 13, 175, 177, 178, 354
Meyer, M. de 402, 406
Meyers, J. K. 154, 179
Meyerson, E. 389, 390, 407
Miegel, M. 524, 542
Mierheim, H. 595, 613
Mikulas, J. 646, 666
Mildran, A. S. 362, 385
Milenovic, I. 84, 92
Miller, E. 217, 226
Miller, R. 502, 503, 516
Ministerium für Arbeit, Gesundheit
    und Soziales Baden-Württemberg
    171, 174, 178
Ministerium für Wissenschaft und
    Kunst Baden-Württemberg 171,
    172, 178, 353
Minnemann, E. 184, 202
Mitscherlich, A. 579
Mittelstraß, J. 386, 392, 407, 418,
    435, 525, 542, 695, 721, 725
Mitterauer, M. 50, 52, 61, 474, 489
Molitor, B. 613
Möller, F. 434
Möller, H.-J. 155, 179
Mölsä, P. K. 162, 178
Mommsen, H. 47, 61
Monk, T. H. 213, 228

Monnat, R. J., Jr. 120, 122
Mönninger, U. 226
Montada, L. 199, 203
Montaigne, M. E. de 402, 407
Montgomery, R. J. 219, 228
Moody, H. R. 417, 435
Moos, H. A. 198, 203
Moreyra, A. E. 127, 149
Morgan, J. N. 243, 257
Moroney, R. M. 479, 489
Morris, J. N. 378, 384
Morris, L. W. 174, 178
Morris, R. G. 174, 178
Morrow, D. 675, 693
Mortimer, J. A. 164, 177, 178
Morton, M. R. 214, 226
Moschel, G. 175, 176, 177, 179
Mountjoy, C. Q. 163, 178
Mücke, B. 257
Mühlfeld, C. E. 310, 326, 328
Mühlmann, W. E. 273, 282
Müller, C. 13, 153, 175, 177, 178,
    228, 354
Müller, D. 519, 521, 528, 543
Müller, H. K. 13, 234, 257, 270, 280,
    281, 282, 354
Müller, M. 175
Müller, W. 342, 354, 519, 542
Müller, W. E. 10, 33, 101, 109, 111,
    122, 123, 208, 229
Müller-Hill, B. 119, 123, 177
Müller-Oerlinghausen, B. 227
Multhaupt, G. 177, 226
Multiple Risk Factor Invention Trial
    148, 149, 370, 384
Munk-Jörgensen, P. 176
Munnichs, J. 13, 416, 435, 548, 561
Murphy, A. E. 435
Murphy, E. 169, 172, 178
Murray-Leslie, C. 680, 693
Murrell, S. A. 199, 203
Mussen, P. H. 338, 353
Muth, R. 488

Myers, J. K. 155, 168, 178
Myers, R. H. 179
Myles, J. 237, 258, 615, 639

Nadel, S. F. 264, 282
Naegele, G. 308, 328, 641, 665
Narang, K. P. 223, 229
Nascher, I. L. 4, 5, 8, 33
Nathanson, C. A. 74, 92
Nauck, A. 406
Nebes, R. D. 422, 435
Nee, L. 179
Negt, O. 526, 527, 543
Nemens, E. J. 175
Nemeskéri, J. 564, 579
Neri, M. 217, 229
Nesselroade, C. S. 194, 203
Neufeld, H. N. 130, 149
Neugarten, B. 15, 33, 242, 246, 258,
    342, 344, 353
Neugarten, D. A. 15, 33
Neumann, J. P. 373, 384
Newman, K. S. 251, 258
NH & MRC Social Psychiatry
    Research Unit, The Australian
    National University 177
Niedermüller, H. 96, 122
Niemitz, C. 30
Nienhaus, R. 434
Nies, H. 13, 416, 435
Nieuwstraten, P. 179
Nisbett, R. E. 11, 33
Nochlin, D. 175
Noelle-Neumann, E. 536, 543
Nolan, L. 216, 229
Noorden, L. van 677, 688, 693
Nordin, B. E. C. 131, 138, 139, 150
Nordström, G. 220, 229
Norris, F. H. 199, 203
Nouvertné, U. 606, 612
Novacek, J. 422, 434
Nowotny, H. 13, 387, 392, 407
Nuell, M. J. 122

Nussberg, C. 444, 458
Nuthmann, R. 519, 541
Nye, F. I. 490

Oakley, A. E. 163, 176
Oelmüller, W. 420, 421, 435
Oerter, R. 338, 354
Oettle, K. 326
Offe, C. 232, 233, 258
Olbrich, E. 26, 33, 34, 562, 668, 693
O'Malley, K. 216, 229
Ono, T. 110, 123
Open University Statistics 535, 543
Opolka, U. 459, 517
Oppl, H. 310, 327, 328
Organization for Economic Coopera-
    tion and Development (OECD)
    615, 616, 617, 630, 639
Orgel, L. E. 103, 123
Orr, H. 179
Orr, N. K. 503, 517
Orvaschel, H. 178
Ory, M. 458
Osmond, C. 178
Oster, P. 216, 228
Oswald, F. 355
Oswald, W. D. 12, 33, 692, 693
Overton, W. F. 185, 186, 203
Owen, M. J. 179

Paljärvi, L. 162, 178
Palm, D. 208, 229
Palmore, E. 244, 258, 474, 489
Palo, J. 179
Pamphilus Gengenbach 401, 407
Panofsky, E. 399, 406
Papaconstantinou, J. 18, 34
Papastefanou, G. 509, 516
Papier, H. J. 323, 328
Pappi, F. U. 506, 516
Parent-Duchâtelet, A.-J.-B. 151, 176
Pariante, G. 675, 693
Parsons, T. 463, 489

Partsch, M. 307, 328
Pascal, B. 296, 304
Passuth, P. 235, 258, 462, 489
Paulme, D. 273, 282
Pauly, M. V. 597, 613
Pawlik, G. 166, 177
Payne, R. Y. 257
Pearl, D. 311, 312, 326, 327
Pebley, A. R. 90, 92
Pedone, D. 175
Pedroni, G. 568, 571, 572, 579
Pehl, K. 543
Perl, C. J. 405
Perlmutter, M. 189, 203, 421, 436
Perry, R. H. 163, 176
Peters, O. 531, 543
Peterson, W. A. 258
Pezzarossa, A. 385
Pfaffenberger, R. S. 378, 384
Pfeifer, E. 382
Phillipson, C. 237, 258, 328, 625, 639
Piepho, R. W. 217, 229
Pifer, A. 517
Pilch, H. 208, 229
Pillemer, K. 515
Pimley, S. 422, 434
Plagemann, K. 509, 517
Platt, D. 12, 13, 33, 98, 118, 123,
    229, 490, 561
Plessner, H. 285, 304, 396, 404, 405,
    407
Plomin, R. 16, 19, 33, 359, 384
Poeck, K. 201
Pöggeler, F. 351, 352, 354
Pohl, H.-J. 237, 257
Pohlmeier, H. 152, 179
Polanyi, M. 413, 435
Polinsky, R. 179
Pollard, J. H. 80, 92
Pollard, R. 378, 384
Pollen, D. 179
Pollet, G. 639
Polster, A. 650, 666

Pors Nielsen, S. 383
Potter, P. 159, 176
Potvin, A. R. 213, 229
Potvin, J. H. 213, 229
Pouplart-Bathelaix, A. 224, 229
Preiß, C. 488
Prencipe, M. 175
Preston, S. 68, 74, 92, 620, 639
Preussler, W. 194, 202
Pritchard, D. A. 149
Projektgruppe »Das sozio-ökonomi-
    sche Panel« 591, 596, 597, 613
Ptolemaios 400, 407
Pütter, S. 32
Putz, F. 92

Quadagno, J. 639
Quetelet 4

Rabbit, P. M. A. 422, 434
Rabenlechner, M. M. 406
Rabins, P. V. 503, 516
Radebold, H. 13, 177, 336, 354, 467,
    469, 471, 472, 489, 490
Radkau, J. 47, 61
Rae, D. S. 170, 175
Rahner, K. 348, 349, 354
Rainero, I. 179
Rainwater, L. 659, 665
Raitasalo, R. 177, 179
Raleigh, W. 400, 407
Rammstedt, O. 543
Ramser, H.-J. 586, 604, 612
Randeria, S. 262, 282
Rasmussen, K. 271, 282
Reaven, E. P. 377, 384
Reaven, G. M. 377, 384
Reese, H. W. 185, 186, 203
Regier, D. A. 170, 175
Reichenbach, H. 391, 407
Reichert, M. 29, 31
Reid, D. W. 179
Reif, H. 55, 58, 61

Reifler, B. 163, 176
Reimann, H. 310, 328
Reimann, Helga 328
Rein, M. 629, 639
Reiss, I. I. 490
Reiss, S. 384
Renner, G. 340, 353, 374, 382, 423,
    429, 433
Rentsch, T. 25, 283, 380, 392, 412,
    413, 426, 527, 544, 729, 752
Ress, G. 329
Rest, F. 556, 561
Reulecke, J. 44, 61
Reynaud, E. 638
Reznick, A. 128, 150
Richards, L. N. 502, 503, 516
Richter, L. 43
Richter, U. 471, 489
Riecher, A. 176
Riederer, R. 176
Riegel, K. F. 152, 178
Rietbrock, N. 216, 229
Riggs, B. L. 138, 150
Riley, J. W., Jr. 3, 9, 11, 19, 254,
    343, 430, 437, 438, 441, 458, 459,
    464, 495, 513, 524, 546, 548, 553,
    561, 633, 637, 700, 709, 724, 726,
    727, 750
Riley, M. W. 3, 9, 11, 19, 63, 92,
    238, 245, 254, 258, 342, 344, 354,
    430, 437, 438, 440, 441, 443, 444,
    445, 446, 447, 450, 458, 459, 464,
    495, 513, 516, 524, 633, 637, 700,
    709, 724, 726, 727, 750
Ringe, J. D. 128, 129, 131, 138, 150
Ringen, S. 622, 638
Rinne, J. O. 162, 178
Rinne, U. K. 162, 178
Rippel, P. 433
Ritschl, D. 349, 350, 354
Ritter, G. A. 318, 328
Ritter, J. 490, 525, 542, 543
Ritter-Walker, E. 178

Robbins, F. E. 407
Roberts, R. E. L. 493, 501, 502, 515
Robertson, J. 515
Robine, J.-M. 87, 93
Robinson, P. K. 669, 675, 681, 692, 693
Rocca, W. A. 175
Rockstein, M. 10, 33
Rodeheffer, R. J. 127, 150
Rodin, J. 376, 384
Roeder, P. M. 519, 542
Roegele, O. B. 308, 328
Rogers, J. 208, 212, 229
Rohen, J. W. 10, 33
Rohmert, W. 678, 693
Röhrs, H. 354
Rolf, G. 586, 609, 610, 612, 613
Rommelspacher, H. 215, 229
Rosch, E. 411, 435
Rose, A. M. 236, 258
Rose, R. 534, 543
Rosemeier, H. P. 549, 561
Rosenbaum, H. 475, 489
Rosenmayr, H. 53, 61, 235, 258
Rosenmayr, L. 3, 4, 11, 13, 24, 33, 53, 61, 235, 237, 256, 258, 281, 345, 354, 399, 407, 419, 425, 432, 435, 441, 443, *461, 462, 463, 464*, 467, 468, 472, 474, 476, 480, 481, 482, 484, 489, 501, 510, 521, 695, 709, 723, 727, 753, 754
Rosenthal, C. 481, 487, 498, 499, 501, 502, 504, 515, 516
Rosenthal, W. 328
Rosher, W. H. 400, 407
Ross, R. 130, 150
Ross, W. D. 405
Rossi, A. S. 500, 501, 510, 513, 514, 516, 517
Rossi, P. 501, 513, 514, 517
Rossor, M. 179
Rost, R. 377, 378, 379, 383
Roth, G. S. 208, 229

Roth, M. 163, 178, 222, 300
Roth, S. 242, 257
Rott, C. 355, 675, 677, 693
Roupe, S. 216, 228
Rouse, D. J. 678, 684, 693
Rowe, J. W. 3, 12, 16, 24, 31, 32, 33, 96, 123, 188, 203, 358, 384
Rubin, D. C. 422, 435
Rubner, M. 205, 229
Ruckert, A. 678, 693
Rückert, W. 172, 178
Rudelli, L. 164, 178
Ruegsegger, P. 138, 149
Ruff, G. E. 677, 692
Ruland, R. 328
Rupé, H. 406
Ruzicka, L. T. 74, 92

Sabin, T. D. 213, 229
Sachverständigenkommission Alterssicherungssysteme 588, 602, 613
Saito, Y. 88, 91
Säkö, E. 162, 178
Salbaum, J. M. 177, 226
Salthouse, T. A. 194, 195, 196, 203
Sames, K. 2, 13, 24, 25, 31, 33, 96, 123, 188, 201, 202, 381, 382, 383, 487, 488
Samorajski, T. 220, 227
Sampson, E. E. 415, 435
Sangl, J. 503, 517
Sarrel, P. M. 468, 490
Sartorius, N. 175, 176, 177, 179
Satomi, J. 378, 379, 383
Saul, R. L. 109, 121
Saup, W. 199, 203, 426, 435, 490
Saxl, F. 399, 406
Scarpace, J. P. 208, 229
Scarr, S. 363, 384
Schaal, F. 246, 258, 659, 666
Schachtner, C. 509, 517
Schachtschabel, D. O. 118, 123

Schaie, K. W. 12, 15, 20, 31, 33, 34, 184, 193, 201, 202, 203, 280, 281, 382, 383, 384, 458, 487, 515, 516, 693

Scheid, K. F. 152, 178

Scheler, M. 285, 304

Schellenberg, G. D. 175

Scherer, G. 544, 561

Schettler 135

Scheuerl, H. 354

Schiavi, R. 467, 468, 472, 490

Schick, J. 509, 517

Schipperges, H. 407

Schlag, B. 679, 680, 692, 694

Schlee, G. 269, 282

Schlegel, M. 168, 177

Schlesinger-Kipp, G. 472, 490

Schlie, F. 536, 541

Schlierf, G. 216, 228

Schlotter, H.-G. 326

Schmähl, W. 524, 543, 609, 613, 636, 638

Schmeling, C. 547, 557, 561

Schmid, U. 198, 201

Schmidling, O. 221, 229

Schmidt, B. 647, 656, 666, 667

Schmidt, E. 646, 652, 661, 666

Schmidt, K.-D. 534, 543

Schmidt, U. J. 654, 666

Schmidtke, A. 155, 156, 176, 179

Schmied, G. 546, 547, 551, 561

Schmitt, K. 435

Schmitz-Scherzer, R. 24, 34, 59, 173, 278, 404, 427, 444, 447, 509, 517, 526, 544, 546, 556, 557, 562, 693, 729

Schmortte, S. 48, 61

Schneider, E. L. 12, 22, 23, 24, 31, 32, 33, 96, 109, 117, 122, 123, 138, 150, 229, 368, 384

Schneider, H.-D. 467, 490

Schoenberg, B. S. 149, 175

Schoenberg, D. G. 149

Schoepflin, U. 444, 455, 458, 633, 639

Schönbaum, E. 229

Schonecke, O. W. 488, 489

Schönpflug, U. 464, 490

Schooler, C. 202, 203, 528, 542, 693

Schopenhauer, A. 23, 33, 297, 299, 300, 304

Schouten, C. 627, 639

Schreiber, N. 434

Schreiber, W. 613

Schreiter, U. 159, 175

Schreiter-Gasser, U. 174, 179

Schröder, H. C. 10, 12, 13, 18, 33, 95, 101, 102, 109, 111, 122, 123, 129, 205, 364, 703, 729

Schroeder, D. H. 375, 384

Schroeder, F.-C. 328

Schubert, H. J. 200, 203, 510, 517

Schubert, W. 226

Schücking, L. L. 407

Schülein, J. A. 463, 474, 490

Schulenburg, J. M. v. d. 13

Schuler, R. 324, 328

Schulte, B. 312, 323, 328

Schulte, P. W. 177

Schulte, W. 152, 179

Schulz, W. 470, 490

Schulze, B. 206, 227

Schulze, G. 128, 132, 145, 155, 165, 204, 208, 209, 210, 211, 215, 216, 222, 227, 228, 229, 300, 364, 716

Schumacher, J. 536, 541

Schuman, L. M. 177

Schürkmann, M. 257

Schütz, A. 419, 420, 436

Schütz, R.-M. 12, 16, 21, 24, 26, 33, 695, 721

Schütze, Y. 60, 252, 254, 441, 443, 456, 475, 479, 492, 537, 622, 723, 724, 727, 730, 731, 753

Schwabe, U. 227

Schwartz, F. W. 566, 571, 575, 576, 579, 580, 695

Schwarz, K. 92
Schwarz, W. B. 575, 579
Schwarze, J. 609, 613, 666
Schwarzer, R. 376, 384
Schwitzer, K.-P. 644, 646, 652, 661, 666
Scott, J. C. 217, 230
Scott, P. J. W. 212, 216, 226, 230
Sears, E. 400, 407
Seeger, M. 654, 665
Segalen, M. 14, 474, 475, 490
Seitz, M. 348, 355
Seligmann, E. 280
Semmenche, A. M. 378, 384
Semrau, P. 593, 612
Senator für Gesundheit und Soziales 510, 517
Sengle, F. 43, 61
Series, E. 378, 382
Setlow, R. B. 111, 122
Shakespeare, W. 400, 407
Shanas, E. 258, 281, 326, 353, 354, 459, 515, 516
Sheikh, J. 675, 693
Shepherd, J. C. W. 123
Sherrod, L. R. 354, 445, 458, 459, 516, 542
Shock, N. W. 126, 127, 150, 339, 340, 355, 358, 362, 364, 365, 384
Shotter, J. 414, 435, 436
Shurtleff, D. 371, 382
Siebel, A. 215, 300
Sieder, R. 50, 52, 61
Siegel, J. 479, 488, 498, 517
Siegler, I. C. 23, 33, 367, 371, 374, 384
Sieverts, T. 672, 679, 692, 694
Sills, D. L. 561
Silman, A. 679, 692
Silver, R. C. 425, 436, 550, 562
Silverman, M. 220, 228
Silverman, P. 267, 281
Simmel, G. 521, 543

Simmons, L. 263, 267, 270, 272, 282
Simoneit, G. 242, 257
Simons, T. 318, 328
Simonton, D. R. 498, 517
Singer, J. M. 222, 228
Siosteen, A. 678, 694
Skalicky, M. 96, 122
Skinner, J. S. 384
Skopura, A. 208, 228
Sloane, R. B. 383
Sloterdijk, P. 419, 432, 436, 487
Smeeding, T. 249, 258, 620, 639
Smelser, N. J. 258, 354, 459
Smith, C. 215, 226
Smith, J. 11, 20, 31, 32, 197, 202, 203, 412, 420, 421, 423, 433, 439, 458, 695
Smith, J. R. 122
Snell, B. 405
Snow, W. G. 179
Socialdata 656, 666
Sohal, R. S. 109, 122
Sokolovsky, J. 280
Soldo, B. J. 498, 517
Sophokles 388, 407
Sorbi, S. 179
Sosna, U. 154, 155, 157, 158, 170, 171, 176
Sowers, J. R. 217, 229
Sozialbeirat 14
Spahn, P. B. 586, 612, 613
Spanier, G. 515
Späth, L. 16, 21, 33
Spiegel, E. 671, 680, 694
Spiegel, Y. 550, 562
Spittler, G. 263, 282
Spohr, W. 20, 34
Spranger, E. 409, 410, 436
Sprott, R. L. 109, 122
St. George-Hyslop, P. H. 163, 179
Staatliche Zentralverwaltung für Statistik 645, 648, 651, 654, 666
Staatsvertrag 650, 667

Stachowiak, H. 300, 490
Stähelin, H. B. 34, 122, 150
Stall, R. 300
Stallard, E. 93
Stanski, D. R. 217, 300
Starr, B. C. 466, 490
Statistisches Bundesamt 249, 258,
    476, 490, 508, 517, 519, 530, 543,
    593, 595, 613, 645, 648, 651, 654,
    667
Staudinger, U. M. 11, 20, 25, 30, 34,
    274, 337, 350, 352, 381, 403, *408*,
    409, 418, 419, 420, 421, 423, 429,
    433, 436, 514, 526, *695*, 698, *721*,
    727, 752
Steen, B. 216, 228
Steffen, R. 111, 123
Stegbauer, C. 536, 541
Stein, L. 415, 436
Steinbeis-Stiftung 692
Steinbrecher, J. 679, 680, 692
Steinhagen-Thiessen, E. 12, 14, 21,
    23, 26, 34, 85, 98, *124*, 128, 129,
    131, 139, 150, 166, 173, 216, 229,
    336, 364, 442, 564, 606, *695*, *721*,
    729, 739, 742
Steinhöfel, M. 651, 666
Steinman, B. 125, 150
Stephenson, G. 544, 562
Sternberg, R. J. 20, 34, 420, 433, 435,
    436, 458
Stessman, J. 211, 227
Stevens, N. 425, 436
Stewart, D. A. 122
Stiefel, M.-L. 310, 328
Stierlin, H. 471, 490, 507, 517
Stifter, A. 42, 61
Stöckler, F. 676, 679, 694
Stoddard, S. 558, 562
Stolarz, H. 671, 679, 694
Stolnitz, G. J. 75, 93
Stolzman, R. 178
Stone, R. 503, 517

Storandt, M. 33, 384
Straka, G. A. 676, 694
Strauss, A. L. 553, 554, 561
Strauss, J. S. 153, 177
Streck, B. 269, 282
Strehler, B. L. 96, 99, 109, 123, 362,
    385
Streib, G. F. 232, 258
Strom, J. O. 164, 178
Strömgren, E. 13, 175, 176, 177, 178,
    354
Strotzka, H. 490
Strube, G. 422, 436
Strümpel, B. 523, 536, 541, 543
Sulkava, R. 157, 166, 179
Sullivan, D. F. 87, 93
Sullivan, J. 208, 228
Sullivan, L. 678, 694
Sullivan, M. 678, 694
Sumi, S. M. 175
Sundström, G. 477, 490
Susman, E. J. 198, 203
Sussman, M. 10, 33
Suzman, R. 447, 459
Svanborg, A. 126, 150, 216, 228
Swales, J. D. 213, 300
Swift, C. G. 217, 300
Syndulko, K. 213, 229
Sørensen, A. B. 252, 258, 354, 445,
    458, 459, 521, 542, 543

Tabutin, D. 75, 93
Taeuber, C. M. 438, 459, 498, 517
Tartler, R. 475, 490
Tatarkiewicz, W. 416, 436
Taussig, M. K. 592, 612
Tavolato, B. 175
Teicher, M. H. 213, 228
Teitelbaum, M. S. 63, 92
Teri, L. 373, 384
Terry, R. D. 176, 179
Tetzner, M. 210, 215, 300
Teuteberg, H.-J. 60

Tews, H. 14, 25, 34, 232, 247, 254, 258, 467, 490
Thatcher, A. R. 363, 385
Thiede, R. 490, 601, 606, 613
Thomae, H. 2, 12, 13, 14, 15, 32, 33, 197, 199, 203, 248, 258, 300, 302, 304, 340, 341, 354, 355, 358, 383, 384, 463, 490, 666, 692, 693
Thomas von Aquin 283, 304, 346, 355
Thompson, L. 16, 19, 33
Thomsen, T. 226, 300
Thomson, P. 638
Thorslund, M. 639
Tierney, M. C. 179
Tietgens, H. 435
Tinetti, M. E. 213, 300
Tischler, G. L. 178
Tobin, J. D. 150, 355, 384
Tobin, S. S. 515
Toda, N. 208, 300
Toft, B. 383
Tokarski, W. 6, 15, 32, 34, 580, 665
Tolmasoff, J. M. 110, 123
Tomlinson, B. E. 158, 161, 162, 179, 300
Tondevold, E. 383
Topolinski, H. 210, 215, 300
Torrey, B. B. 438, 459, 620, 621, 639
Tourtellotte, W. W. 213, 229
Townsend, P. 237, 259, 625, 639
Transfer-Enquête-Kommission 588, 602, 613
Tregel, S. 242, 257
Trehub, S. 225
Trilling, L. 415, 436
Troll, L. 485, 490, 497, 515
Tsujimoto, G. 217, 300
Tunissen, C. 639
Tupler, R. 179

U.S. National Center for Health Statistics 447, 459

U.S. Office of Science and Technology 683, 694
U.S. Senate, Special Committee on Aging 443, 459
Uexküll, T. v. 488, 489
Ugarkovic, D. 101, 111, 122, 123
United Nations (UN) 4, 34
Unter-Beck, A. 177
Uttal, D. H. 421, 436
Utz, I. 639

Vaillant, G. E. 420, 436
Vallin, J. 68, 91
Van Gunsteren, H. 629, 639
Van Swieten, G. 478, 490
VandenBos, G. R. 33, 384
Vasina, J. 267, 282
Vaskovics, L. A. 503, 517
Vaupel, J. W. 93
Veiel, H. O. F. 169, 179
Verband der Bayerischen Bezirke 329
Verband der Privaten Krankenversicherung 572, 573, 580
Verband Deutscher Rentenversicherungsträger 520, 543
Verbrugge, L. M. 93, 568, 569, 570, 571, 580
Vesselinovitch, P. 134, 150
Vestal, R. E. 214, 228
Vetter, H.-R. 488
Vierter Familienbericht 480, 481, 486, 490
Vijg, J. 18, 34
Vogel, H. G. 100, 123
Voges, W. 257
Vogt, W. 401, 407
Voskresenskaya, N. 179

Wagner, G. 13, 60, 252, 308, 310, 493, 504, 505, 506, 514, 538, 581, 586, 606, 609, 610, 612, 613, 621, 622, 633, 695, 717, 721, 731, 733, 737, 740

Wagner, J. 116, 122, 212, 230
Wagner, R. K. 34
Wahl, H.-W. 29, 31, 149
Wais, K. K. T. 45, 61
Wald, R. 676, 679, 694
Waldmüller, F. B. 43
Waldron, I. 75, 93
Walker, A. 328, 503, 517, 622, 625, 639
Walldorf, U. 123
Wallmann, L. M. 244, 258
Walter Buchebner Gesellschaft 489
Ward, R. A. 515
Waring, J. M. 238, 258, 342, 354, 440, 441, 445, 446, 450, 459
Warner, H. R. 109, 122
Warwick, S. 271, 282
Watkins, S. C. 499, 517
Weaver, S. L. 190
Weber, A. 58, 59, 61
Weber, E. 221, 229, 351, 352, 355
Weber-Falkensammer, H. 328
Wedler, H. 155, 179
Weidemann, A. 226
Weigelt, K. 327
Weiher, A. 406
Weiler, H. N. 665
Weiler, S. J. 471, 472, 488
Weiner, B. D. 466, 490
Weinert, F. E. 20, 26, *180*, 187, 202, 265, 338, 354, 365, 374, 381, 438, 440, 442, 445, 458, 459, 526, 542, 702, 729, 750
Weischedel, W. 406
Weisfeldt, M. L. 127, 150
Weissman, M. M. 154, 157, 168, 178, 179
Weizsäcker, C. F. v. 404, 407
Weizsäcker, V. v. 429, 436
Welch, P. T. 164, 178
Wells, C. E. 167, 179
Welz, R. 152, 156, 158, 168, 176, 179
Wen, G. Y. 162, 179

Wendt, W. R. 328
Wenger, G. C. 475, 479, 490
Wenger, R. 101, 111, 122, 123
Werner, D. 267, 282
Wesiack, W. 488, 489
Wetzler, S. E. 422, 435
Weyerer, S. 154, 155, 157, 158, 176, 179
Weymann, A. 354, 489, 542
Whisnant, J. P. 149
White, E. 163, 176
Whitlock, J. A. 687, 688, 694
Wicke, L. 595, 613
Wickert, J. 463, 466, 469, 490
Wieland, W. 396, 407
Wiemer, G. 208, 229
Wienhard, K. 166, 177
Wiesner, G. E. 643, 667
Wikström, J. 179
Wilbers, J. 345, 355
Wilde, O. 298, 304
Wildenmann, R. 516
Wiley, J. 231, 258
Wilkie, F. 375, 382
Wilkins, R. 569, 571, 580
Will, C. 406
Willi, J. 463, 468, 469, 471, 490
Williams, C. H. 468, 488
Williams, T. F. 675, 684, 691
Willis, J. 406
Willis, S. L. 20, 34, 194, 203, 207, 225
Willms-Herget, A. 519, 543
Wilson, M. 273, 282
Winau, R. 561
Windt, H. de 270, 282
Wing, A. L. 378, 384
Winger, G. 219, 300
Winkler, G. 642, 667
Winterstein, H. 326
Wisniewski, H. M. 162, 179, 229
Wisniewski, K. E. 162, 179
Wissler, R. W. 134, 150

Witte, F.-D. 647, 656, 666, 667
Wittenberg, R. 690, 694
Wittgenstein, L. 401, 404, 407
Wittkowski, J. 548, 562
Wolf, J. 257, 259
Wolff, G. 49, 61
Wollheim, R. 419, 436
Wolman, B. B. 202
Woodcock, B. G. 216, 229
Woodman, G. R. 328
Woods, J. H. 219, 300
Woodward, P. M. 212, 227
World Health Organization (WHO)
    133, 156, 179, 216, 300, 686, 694
Wortman, C. B. 425, 436, 550, 562
Wright, S. 678, 691
Wunder, B. 55, 56, 61
Wurtman, R. J. 178, 228

Yankelovitch, D. 443, 459
Yesavage, J. A. 675, 692
Yin, F. C. P. 127, 149

Zacher, A. 419, 436
Zacher, H. F. 14, 305, 307, 309, 310,
    311, 312, 313, 314, 315, 318, 319,
    321, 322, 324, 328, 329, 503, 560,
    582, 726, 731
Zahn, R. K. 96, 123
Zapf, W. 345, 355
Zarit, J. M. 503, 517
Zarit, S. H. 503, 517
Zavaroni, I. 377, 385
Zenz, G. 310, 327
Zimberg, S. 219, 300
Zinnecker, J. 507, 510, 516
Zitelmann, T. 269, 282
Zorzitto, M. L. 179
Zulehner, P. M. 348, 355
Zweifel, P. 568, 571, 572, 579
Zymek, B. 519, 543

Sachindex

Abgrenzungsfähigkeit (s. Partnerschaft)
Abhängigkeit(s)
− Alkohol- 218 ff., 375, 741
− altersbedingte (s. Autonomie:
Beeinträchtigung)
− auf der Beziehungsebene 250
− finanzielle 751
− von fremder Hilfe (s. Pflegebedürftigkeit)
− innerfamiliäre 473, 753
− Medikamenten- 218 ff.
− Nikotin- (s. Rauchen)
− Prävalenzrate 218
− psychische 502
− -rate der Älteren 632, 637
− soziale 622 ff., 628
− Sozialhilfe- 733
− strukturierte 237, 249
− symbiotische 470
− -unterstützung, Skript der 142
Academia Europaea 713
Action Plan on Aging 4
Adaptivität, Anpassung(s)
− Aktivierung 222
− im Alter 191, 199 f., 251, 422 f.
− von Bewertungsmaßstäben 29, 265
− funktionelle 128, 212 f.
− gesteigerte 377
− nachlassende, eingeschränkte
206 ff., 216, 224, 335, 356, 374
− auf Organebene 363 f.
− Schwächen 215
− strukturelle 443 f., 724
− an Umwelten 494
− veränderte 133, 182, 206 f.
− auf Verhaltensebene 125, 200,
209 ff.

− auf zellulär-molekularer Ebene
132, 204 ff., 211 ff., 224
Adenylatcyclase 208, 211
Adrenalin 101, 127
Aids 79 f., 473
Aion (s. a. Zeit) 397 f.
Aktivität(s) 30, 200, 444, 714, 743
− Bildungs- 747
− geistige (s. Leistungsfähigkeit)
− körperliche 27, 447
− kulturelle 535 f., 747 f.
− mangelnde 375
− -niveau 466
− Reserven (s. Plastizität)
− -ressourcen, verbesserte 255
− sexuelle (s. Sexualität)
− soziale 184, 424, 618, 699 f., 747
− sozial- und leistungsbezogene
339 f.
Alkoholismus (s. Abhängigkeit)
Alkoholkonsum 75, 79, 136, 148,
166, 220, 741
Alleinleben, Alleinsein (s. a. Einsamkeit) 53, 169, 291, 425 f., 443
Allgemeinbildung (s. Bildung)
Allokationsmechanismus (s. Gesundheitssystem)
Alte(n)
− Ansehen 35, 47, 266
− Bedeutungsverlust 236
− Diskriminierung 38, 308, 577, 718,
746
− -feindlichkeit 512
− -hilfe (s. Sozialhilfe)
− Interessenvertretung 316
− junge/alte 15, 20, 83, 85, 246,
254 f., 301, 352, 464, 503, 651,
725, 727

– neue 465
– -pflege (s. Pflege)
– -politik 480
– -tagesstätten 511 ·
– -teil 51, 279
– -tötung (s. Senizid)
– -verfolgung 270 ff.
– Vernachlässigung 260, 269 ff.
– Versorgung (s. a. Pflege) 265, 278, 443, 628
Alter(s)
– abbau 10 f., 21, 144, 181 ff., 186, 195 f., 416, 438 f., 442, 462, 514, 699, 751
– -armut 232, 252, 582, 592, 599, 605 f., 608 ff., 620 ff., 658, 707, 730, 733
– -begriff (s. Alter: Definition)
– -bild 38 ff., 44, 278 f., 334 ff., 352, 402 f., 642, 682, 709, 729, 747, 750 f., 754
– biologisches 263
– chronologisches 15 f., 242, 261 ff., 343 ff., 445, 464, 548, 725
– Definition 9ff., 14, 261, 263 f., 631
– -defizite 12, 48, 181 f., 221, 241 f., 264 ff., 305 ff., 310, 314, 321, 335, 462
– Einstellung gegenüber dem 38, 45, 181
– Entberuflichung 253
– -erscheinungen 26, 184, 221
– Feminisierung 252 f.
– formelles/informelles 307
– -freundliche Umwelten (s. Umwelt)
– funktionales 242, 725, 744
– Funktionsverlust im (s. a. Leistungseinbußen) 11 f.
– -gestaltung (s. Lebensführung)
– Gewinne 182 f., 334, 381
– -gliederung 231 f., 235 ff., 247, 253 f., 261 f., 344

– -grenze 59, 64, 83, 238 ff., 250, 253 ff., 306 ff., 325, 337, 347, 351, 508, 518, 523 f., 575 ff., 600, 610, 632, 726, 745 f.
– -heim 44 f., 165, 273, 426, 526, 611, 623, 649, 754 f.
– -heimbewohner 173 f.
– Hochaltrigkeit 232, 246, 254, 479, 652 f.
– -integration (s. Integration)
– -klassen, Altersklassensysteme 261 f., 267, 269 f., 278, 565, 644, 705
– Konstruktion (s. Lebenslauf)
– und Krankheit 39, 48, 215
– -kultur 3, 11, 19, 29, 304, 712
– -lasten 309, 311
– maximales (s. Lebensspanne: maximale)
– menschenwürdiges 722, 729 f., 755
– menschliches Verhalten 10, 181
– Mythen über das 402 f., 416, 438 f., 661
– -ordnung, Altersorganisation, 238, 260 ff.
– -phasen 38, 308 f., 726
– physisches 263 f.
– -planung 276 f.
– -potential 1, 19 ff., 23, 30, 335, 347 f., 408 f., 428, 431 ff., 437 ff., 457 f., 682, 699 f., 701 f., 708 f., 726 f., 751
– psychologisches 10
– -schichtung 231, 238, 245, 262, 447, 451, 495
– -schwäche 48, 58
– -sicherung (s. Sicherung: soziale)
– soziales 344
– Status 55, 334, 343, 619 f., 622, 625, 632
– -stereotyp 3, 20, 181, 183, 188, 232, 237, 274, 416, 439, 464, 501, 514, 686, 724, 743, 750 f., 755

- -struktur 63 ff., 72, 82 f., 89, 256, 445, 451, 529 f., 563, 587
- subjektives 263
- Variabilität (s. Variabilität)
- Verjüngung 253
- -verluste 20, 30, 44, 105, 181 f., 334, 381, 702 f., 706
- -versicherung 58, 518, 632
- -versorgung (s. a. Sicherung: soziale) 50 f., 53, 55 f., 276, 497, 583, 585 f., 605, 626, 754
- -vorsorge 52, 321, 323, 731 f., 736, 746

Altern(s)
- antizipatorisches 497, 731
- -begriff 9, 180, 182 f.
- biologisches 95 ff., 205, 363, 699, 703
- chronologisches 262
- Definition 9 ff., 96 f.
- demographisches 62 ff., 69, 81, 90 f., 236, 403, 614 ff., 624, 635 f., 724 f., 734
- differentielles 14 ff., 30, 718, 725 f.
- als Entwicklung (s. Entwicklung)
- erfolgreiches 21, 24 ff., 28 ff., 137, 188, 221, 358, 374, 380, 698, 706, 718
- -forschung (s. a. Gerontologie) 4 ff., 9, 12, 23, 104, 180 ff., 192 ff., 199, 260, 424, 456, 462 f., 524, 673 ff., 695, 699 f., 704 f., 709 ff., 713 ff., 728
- -funktionales 129
- Gene 95, 97, 104 f., 107, 114 ff., 704 f.
- gesellschaftliches 709
- Gestaltbarkeit, Modifizierbarkeit 25, 30, 95
- individuelles 96, 129, 197, 438 ff., 456 f., 709
- in vitro 95, 117 f.
- kognitives 192

- kompetentes 702
- Kontexte 16, 333
- krankhaftes, pathologisches 16, 21 ff., 356 ff., 363, 366 ff., 725
- kulturelles 297, 301, 699
- -modell 12, 22 ff., 28, 95, 185 ff., 181, 241 f., 618, 701
- multifaktorielles 108, 121
- normales 16, 111, 356 ff., 725
- optimales 23 f., 121, 356 ff., 367, 374 ff., 379 ff., 698, 740
- physisches 297 ff., 722
- programmiertes, Alternsprogramm 14, 16 ff., 107, 117, 703
- psychisches 297, 299 ff.
- psychologisches 10, 26, 180 ff., 699
- qualitatives/quantitatives 26
- reales, Realität des 21, 237, 439 ff.
- sekundäres 363
- soziales 297, 301
- subjektives 188 ff.
- -verlauf 126
- vorzeitiges (s. Progerie-Syndrom)
- Werden zu sich selbst (s. a. Anthropologische Grundsituation) 292, 296 ff.
- zelluläres (s. Zelle: alternde)
- Zukunft des 22 ff., 237, 695 ff., 721 ff.

Alter(n)spolitik
- Bilanzierung 620
- europäische 614 ff.
- Fragmentierung 627 f.
- Koordination 628
- soziale, ökonomische (s. Sozialpolitik)
- im vereinten Deutschland 663
- Voraussetzungen 723 ff.
- Ziele 721, 723 ff.
- zukünftige 636 ff., 721, 755 ff.

Alternstheorie 18, 701
- anthropologische 334
- Competing-risk 360
- Disengagement 235 f., 444, 743

– Fehlerkatastrophen 103
– freie Radikale 95, 109 ff.
– genetisch programmiertes Altern
 (s. a. Altern: programmiertes)
 95 ff., 114 ff.
– Kontinuität 248 ff.
– medizinische 47 f., 58
– Modernisierung 236, 238, 246
– nicht-enzymatisches Bräunen 114
– phänomenologische 236 f.
– politische Ökonomie des Alterns
 237
– psychologische 185 ff., 197 ff.
– Reparaturmechanismus 95, 106 ff.,
 111 ff.
– Schrittmacherorgane 116 f.
– soziologische 231 ff., 235 ff.
– Subkultur 236
Alzheimersche Demenz 23, 119, 121,
 151, 158 ff., 439, 513, 720
– Alluminiumzufuhr 163
– Behandlung 23, 165, 223 ff.
– Dauer 165
– Erscheinungsbild 159, 162, 164 f.
– Prävention 23, 165
– Risikofaktoren 163 f.
– Ursprung 162 f.
American Geriatrics Society 5
American National Academy of
 Sciences 6
Americans for Generational Equity
 504 f., 512, 622, 641
Amyloid (s. Beta-Amyloid)
Angehörige 165, 270
– Entlastung, Betreuung 749, 752
– pflegende 143, 151, 174, 443, 485,
 503, 509 f., 624, 655, 685, 728
– von Sterbenden (s. a. Sterben;
 Trauer) 173, 547, 557 ff.
– unterstützende 501
Angstzustände (s. a. Morbidität: psy-
 chische) 165, 170
Anisotropie (s. Zeit)

Anpassungsfähigkeit (s. Adaptivität)
Antagonistische Pleiotropie 105, 108
Anthropologie
– Kultur- 11, 709
– philosophische 283 ff., 333 f., 392,
 399
– der Zeit 392, 398
Anthropologische Grundsituation
 (s. a. Conditio humana)
– Ganzheit des Lebens 291 ff., 296 f.
– Gliederung 292
– Konstitution 286 ff.
– Leiblichkeit 293, 298 f.
– Radikalisierung 286, 297 f., 300 ff.
– Unvertretbarkeit 292 f.
– Zwänge 423 f.
Arbeit(s) 231, 254, 309 ff., 313 ff.,
 345, 453 ff., 518 ff., 633, 700, 726,
 743 ff.
– Bedeutung 238, 524 ff., 528 ff.
– -begriff 526 f., 743, 743
– -biographie (s. Biographie)
– als dominierender Wert 456 f.
– ehrenamtliche (s. a. Ruhestand:
 Tätigkeiten) 532, 540, 618, 634,
 747
– entfremdete 526 ff.
– -gesellschaft 231 ff., 235, 237, 246,
 457, 466, 470, 473 f., 484, 523,
 528
– Haus- (s. Frauen)
– Individualisierung 635
– informelle 244, 275
– -kräfte, ältere 532 ff., 537 ff.
– -leben 442
– lebenslange 50, 55 f.
– -markt 231, 243, 245, 250, 255,
 363, 437 f., 443, 447, 480, 509,
 533, 599, 609 f., 631, 634, 725,
 745, 747
– Recht auf 306, 629
– unbezahlte 447
– -unfähigkeit 53 f.

– Verteilung 245
– -welt 537, 645, 702
– -zeit (s. a. Teilzeitarbeit) 233, 448, 522 f., 533, 537
Arbeitslosenversicherung (s. Versicherung)
Arbeitslosigkeit (s. Erwerbslosigkeit)
Armut 54, 504, 592, 599, 620 f., 755
Arteriosklerose 18, 27, 96, 118 ff., 124, 148, 569, 741
– Definition 133
– und Demenz 161
– Epidemiologie 133 f.
– Genese 133 ff., 365
– periphere 137
– Risikofaktoren 130, 133 ff., 166, 373, 375
Arzneimittel (s. Medikamente; Medikation)
Ausbildung(s) (s. a. Bildung) 450, 535, 633, 743
– Berufs- 519, 521 ff., 530
– -dauer 522, 600, 732
– Erst- 533, 537
– pflegerische 556 ff., 653, 755
Ausgabenbegrenzung (s. Kostendämpfung)
Autobiographie (s. Biographie; Lebensverlauf)
Autonomie, Unabhängigkeit (s. a. Selbständigkeit) 35, 50, 53, 200, 249 f., 294, 304, 449, 714, 750 f., 756
– Beeinträchtigung 181, 310, 449, 719, 728
– Effekte 528
– Erhaltung 625 f., 628
– Sinngebungs- (s. Lebenssinn: Wahlmöglichkeiten)
– -verlust 622 f., 625 f., 628
– -wünsche 511

Baltimore Longitudinal Study of Aging 126, 339 f.

Bedarf(s)
– -deckung 309 ff., 313 ff., 321, 740
– -explosion 565
– -gerechtigkeit 319 f.
– Pflege- 173 f., 305, 315, 322, 574, 739
– -steuerung 739 ff.
– Umschulungs- (s. a. Bildung) 600
Bedürfnisse (s. Lebensqualität)
Behandlung(s) (s. a. Therapie)
– Akut- 140
– ambulante 557, 572 f.
– Ausgaben 571 f.
– -bedarf 315
– -bedürftigkeit (s. a. Pflegebedürftigkeit) 738
– -konzepte 337, 738 f., 749
– medizinische 125, 144, 215 ff., 336, 655, 728, 739, 741
– -resistenz 741
– restitutio ad integrum 125, 144
– restitutio ad optimum 125, 739
– stationäre 572 f., 655
– -ziel 336
Behinderung (s. Morbidität)
Belastung(s)
– Auseinandersetzung mit (s. Bewältigungsstrategien)
– familiäre 479 f., 509, 552
– gesundheitliche 670
– körperliche (s. a. Training) 378 f.
– materielle (s. Kosten; Ungleichheit; Vermögen)
– psychische 522, 547, 689, 716
– -situationen 376, 684
Benachteiligung, strukturelle (s. a. Marginalisierung; Ungleichheit) 664
Berkeley Study 338, 344
Beruf(s) (s. a. Arbeit; Erwerb) 411, 418
– -aufgabe (s. a. Ruhestand) 443

- -leben (s. a. Biographie: Arbeit) 523
Beschäftigtenstruktur (s. Arbeitsmarkt)
Beschäftigungsraten (s. Erwerbsquoten)
Besitzstandsgerechtigkeit 319
Beta-Amyloid 100, 129, 159, 162
Betätigung, körperliche (s. Sport)
Bevölkerung(s)
- Altenanteil 84
- alternde (s. a. Gesellschaft) 520, 539, 755
- Durchschnittsalter, Medianalter 65 f., 68, 90
- -entwicklung 724 f.
- -explosion 90 f.
- Gesamtlastquote, Alterslastquote 64, 66 f.
- internationaler Vergleich 90 f.
- kranke 65
- -prognose 81 ff., 86
- -pyramide, Alterspyramide 63 f., 67, 498 ff., 618, 643
- Reproduktion 105
- schrumpfende 584, 604, 643, 725
- stationäre 584, 604
- -struktur 564
- -studie 88 f.
- -wanderungen (s. Migration)
Bewältigungsstrategien, Coping 26, 199, 300, 340 f., 368, 417, 428, 706
Bewegung(s) 27
- -apparat 137
- -mangel (s. a. Sport) 135, 148, 375
Beziehung (s. Partnerschaft)
Bildung(s) 19, 231, 254 f., 453 ff., 466, 726, 748 f.
- Allgemein- 525, 527 f., 530 f., 537, 539
- im Alter 350 f., 526, 518 ff., 535 ff.
- -angebot 351 f., 535
- Bedeutung 524 ff., 528 ff.

- -begriff 525
- -effekt 508
- Erwachsenen- 350, 429, 530
- Generationseffekt 535
- -geschichte 351
- -investitionen 537 f.
- -niveau, Bildungsstand 508, 510, 538 f., 670, 677, 682, 720
- -politik (s. Politik)
- -reisen 426, 540
- Schul- 440, 464, 519, 521
- -system 236, 447, 507, 518, 521, 530 f., 756
- Volkshochschule 535 f., 540, 748
- Weiter- 431, 448, 508, 522, 530 f., 535, 539
Biographie (s. a. Lebenslauf)
- Alter als Teil der 334
- Arbeits-, Erwerbsbiographie 233, 245, 440, 523
- Auto- 433
- -forschung, Biographik 432 f.
- individuelle 295
- Kontext (s. a. Persönlichkeitsentwicklung) 333, 337, 349
- Konzeption (s. a. Lebenslauf: Gliederung) 9, 250 f.
- Normal- 345
- Renten- 534
- sexuelle 468
- Story-Konzept 349 f.
Biologie 7, 9, 11 f., 95 ff., 696, 711
Bluthochdruck (s. Krankheiten)
Bonner Gerontologische Längsschnittstudie 300, 340
British Society of Gerontology 5 f.
Bruttosozialprodukt 588, 601, 604, 614, 618, 702, 735
Bundesländer
- alte 24, 63 ff., 72, 76, 79, 82 ff., 174, 529, 537, 565, 574, 656, 661 ff., 679, 725

– neue (s. a. DDR) 65, 82 f., 245,
   249, 529, 533, 588, 611, 648, 650,
   652, 656 ff., 679, 725 f., 730, 733,
   747, 756
Bürger, M. 5

Calcium 101, 365
Canstatt, C. 48
Cholesterin 148, 166, 364, 375, 701,
   741
Chronische Erkrankung (s. Krank-
   heit)
Chronos (s. a. Zeit) 397 f.
Clinical Psychiatric Interview Sched-
   ule 155
Computer (s. Personal Computer)
Conditio humana (s. a. Anthropolo-
   gische Grundsituation) 283 ff.,
   390, 432
Coping (s. Bewältigungsstrategien)

DDR
– Altersbild 642
– Altersstruktur 63 f., 644 f.
– Beitritt 640 f., 643
– Erwerbstätigkeit 643, 649 ff., 661
– Familie 647 f., 657
– Forschung 645 ff., 657
– Fürsorge 642, 662
– Gesellschaft 642, 645, 648, 658,
   661 f.
– Gesellschaft für Gerontologie 5 f.
– Gesundheitszustand 644 ff.
– Hilfesysteme, Versorgungssysteme
   648, 653 ff., 658
– Institutionalisierung 646, 649
– Lebensbedingungen 643 ff., 649 ff.,
   656 ff.
– Lebenserwartung 70 f., 643 ff., 647,
   724
– Literatur (s. DDR: Forschung)
– Normensystem 643
– Pflege 646 f., 649, 652 ff., 658, 730

– Rentensystem 611, 650 ff., 663
– Rentner 642, 661 f.
– Sterblichkeit 73, 76, 79
– soziale Sicherung 583, 610 f., 642,
   662
– soziale Ungleichheit 246, 512
– Verfassung 642
– Volkssolidarität 654 f., 730
– Wohnbedingungen 647 ff., 655
Demenz (s. a. Alzheimersche Demenz)
   20, 170, 373, 426, 712, 717
– Behandlung 162, 166
– Definition 156 f.
– Erscheinungsbild 164 f.
– Häufigkeit, Prävalenz 156 ff., 719
– Inzidenz 161 f.
– Multi-Infarkt- (s. vaskuläre
   Demenz)
– Prävention 151, 162, 166, 719
– Pseudo- 159, 167 f.
– reversible 158 f.
– Schweregrad 158
– sekundäre 159, 162
– symptomatische (s. Pseudo-
   Demenz)
– vaskuläre 151, 159 ff., 161 f. 166,
   222, 512, 569
– Ursachen, Ätiologie 159, 162
Demographie 62 ff., 239, 448, 514,
   564, 617, 643
Depression
– Abbau von 466
– Alters- 151, 159, 181, 185, 213,
   216, 218, 274, 285, 470, 697, 701
– Behandlung mit Stimulantien 222
– bei Sterbenden (s. a. Sterben) 552
– bei Trauernden 550
– Epidemiologie 168, 218
– Prävalenz 168
– Prävention 169
– Risikofaktoren 165, 169, 191
– Ursachen 168 f., 423, 427
– Zunahme 373

Deutsche Forschungsgemeinschaft 711 f.

Deutsche Gesellschaft für Gerontologie 5 ff.

Deutsches Zentrum für Altersfragen 5, 432

Deutsche Vereinigung (s. a. Bundesländer: alte/neue; DDR) 81, 486, 512, 583, 610 f., 640 ff., 730

Disengagement (s. Alternstheorie)

DNA (s. a. Alternstheorie) 101, 115
– Addukte 112
– Glykosylierung 114
– Mutation 106
– Reparatur 111 ff.
– Schäden 96, 109, 112 f., 119 f.

Dopamin 101

Down-Syndrom 119, 569

Duke Longitudinal Study 339, 465

Durand-Fardel, M. 48

Ehe (s. a. Familie; Partnerschaft) 252 f., 262, 268 f., 470, 472, 479, 509, 511, 521, 534, 538, 599, 609, 647 f., 736, 753

Ehelosigkeit 53

Eigentum (s. Vermögen)

Einkommen(s) 57, 309 f., 313 ff., 584, 670, 677, 702
– -bedarf 733
– Durchschnitts- 621
– Familien- 538
– -lage der Alten 255, 584 f., 590 ff., 598, 621, 701 f., 705, 726
– -sicherung 306, 308, 317, 521 f., 606, 611, 617
– Sozial- 310
– -verluste 51
– -verteilung 732
– Zusatz- 534

Einsamkeit (s. a. Alleinleben) 156, 424, 430, 483, 486, 555

Einwanderung (s. Migration)

Einwilligungsfähigkeit (s. Forschung: ethische Implikationen)

EMNID-Institut 567

Endlichkeit, Endgültigwerden (s. a. Anthropologische Grundsituation) 283, 286, 294 ff., 300 ff., 548, 554, 556

Enkel 17, 42, 276, 469, 484 f., 500

Entmündigung (s. Recht: Vormundschaft)

Entropie 391

Entwicklung(s)
– -aufgaben 331 ff.
– Dynamik von Gewinnen und Verlusten 10 f., 182 f., 334 f., 381
– -grenzen 10 ff.
– -hilfe 540
– -länder 4, 67, 90 f., 275 ff., 307, 444
– -modell 186 f.
– -möglichkeiten, sozialpolitische (s. a. Politik) 599 ff.
– -psychologie 184 ff.
– -reserven (s. Plastizität)
– Variabilität 183, 358

Epidemiologie
– analytische 705
– körperlicher Krankheiten 645, 710
– medizinische 705, 708
– psychiatrischer Störungen 153 ff.
– soziologische 708

Epidemiologic-Catchment-Area-Studie 155

Erbschaft, Erbe (s. a. Transfer) 39, 52, 596 f.
– Anerbengebiet 50
– Ausgedinge 50 f., 55
– Einlege 52
– Realteilungsgebiet 50
– Vererbungsabsicht 596 ff.

Erfahrung (s. Lebenserfahrung)

Erinnerung (s. a. Lebensrückblick) 251, 411

Ernährung (s. a. Lebensstil) 221, 371,
    375, 440, 702 f.
Erotik (s. a. Sexualität) 461, 466,
    477, 484
Erwerb(s) (s. a. Arbeit)
– -biographie (s. Biographie)
– -einkommen 248 f., 306, 314, 533,
    582 f., 586, 594, 649 ff.
– -phase, Verkürzung der 242
– -quoten 239 ff., 630, 651 f.
– -tätige (s. a. Nicht-Erwerbstätige)
    60, 65, 518, 522, 532 ff., 538, 581,
    597, 607, 609, 616 f., 621, 643
– -tätigkeit (s. a. Frauen; Männer)
    59, 252, 309, 520 ff., 528, 538 f.,
    598 f., 629 ff., 635, 643, 661 f.,
    732 f., 736, 743 ff., 756
– -unfähigkeit 582, 600 f., 629,
    631 ff., 745
Erwerbslosigkeit 242 f., 443, 506,
    522 ff., 532 ff., 539, 599, 600 f.,
    610 f., 624, 629, 635, 637, 643,
    652, 657, 662, 720, 744, 747
Erwerbsunfähigkeitsversicherung
    (s. Versicherung)
Erziehungswissenschaften (s. Pädago-
    gik)
Ethik 24, 281 ff.
– antike 286, 288, 290, 297
– christliche 347
– Fragestellungen 681
– der Lebensalter 286
– Vernunft- 297
Ethnologie 236 ff., 260 ff.
Eudämonie 286, 288, 290, 297
European Medical Research Council
    712
European Science Foundation 712
Euthanasie (s. Sterbehilfe)
Evolution 17 f., 95, 103 ff., 108, 404
Existenz, Existentialität 348, 412, 429
– Grenzen der eigenen 340, 347

– Grundbedingungen (s. Anthropo-
    logische Grundsituation; Conditio
    humana)
– -minimum 320, 588, 658

Familie(n) 42 f., 45 f., 52 ff., 200, 231,
    233, 252 f., 411 f., 418, 437, 461 ff.,
    492, 521, 725, 727, 756
– à la carte 461, 474, 480
– Alternativen 481
– ambivalenz-verstrickte 461, 482 ff.
– ambivalenz-verarbeitende 461,
    482, 484 f.
– Aufwertung 256
– -bild 42 f.
– Bohnenstangen- 475, 499 f.
– Definition 473, 477
– Erstarrungs- 461, 482 ff.
– -gestalt, Familientypus 474 ff.
– Groß- 38, 474 f.
– -ideologie 736
– Integrationskraft 473 ff., 501
– Klein- 444, 474, 753
– -leben 443, 450
– Mehrgenerationen- 42, 276 f., 461,
    474 f., 499, 501 ff.
– -orientierung 430 f., 510 f., 661
– -politik (s. Politik)
– -recht (s. Recht)
– schrumpfende 498 ff.
– -stand 647 f.
– -struktur 293, 499 ff.
– Szenarien 480 ff.
– -tradition, bürgerliche 479
– Untergang (s. a. Alter: Mythen)
    499, 501
– Versorgungsfunktion, Verantwor-
    tung (s. a. Versorgung) 173 f., 321,
    510, 634, 661, 716, 738, 753 f.
– Wandel 476, 499
– -zusammenhalt 502, 657

Fertilität(s)
– -entwicklung 62, 68 f., 72, 82 f.,
  90 f., 600, 615, 724 f.
– -rate 66 f., 444, 498, 513
– -rückgang 63, 67, 90, 493, 510,
  533, 724 f.
– -variationen 68 f.
Fitneß (s. Leistungsfähigkeit)
Florida 255
Forschung(s)
– biologisch-medizinische 20
– epidemiologische 645 ff., 705 ff.
– ethische Implikationen 718 f.
– gerontologische (s. Gerontologie)
– Gerontologisierung 701
– Grundlagen- 22, 26, 201, 254 ff.,
  703 f.
– interdisziplinäre (s. Interdisziplinarität)
– Interventions- 20, 713 ff., 718
– Längsschnitt- 712
– -methodik 716 ff.
– Versorgungs- 714 f.
– Wirkungs- 716
– Zentriertheit 718 f.
Fortschritt
– (medizinisch-)technischer 19, 70,
  76, 80 f., 106, 444, 448, 513, 563,
  565, 569, 574 f., 673, 681, 735, 752
– ökonomischer 70
– ontogenetischer 11
– sozialer 70
Framingham-Studie 133
Frank-Starling-Mechanismus 127 f.
Frauen
– alleinstehende 252, 464 ff., 647
– Alterseinkommen 592 f., 598, 606,
  610
– Anwartschaftsbiographie 602
– Benachteiligung 232, 252, 263
– -bewegung 507, 524
– demographisches Übergewicht 247
– Depression 168

– Doppelbelastung 646
– Erwerbstätigkeit 51, 240 f., 243 f.,
  252, 443, 454, 480, 510, 520, 523,
  581, 601, 608, 611, 651, 661, 732,
  736, 743, 745 f., 756
– Freizeitaktivitäten 253
– Haus-, Hausarbeit 243 f., 438,
  454 f., 539
– Lebenserwartung 70 ff., 78, 361,
  425, 518, 529, 593, 643 ff., 647,
  724
– Rollen 521
– Selbstverwirklichung 425 f., 446
– Sterblichkeit 74 ff., 545
– Suizid (s. a. Suizidversuche) 555
– Verhältnis zur Macht 262 f.
– Vermännlichung 252
Freizeit 231, 233, 253 f., 256, 411,
  431, 447, 453 ff., 524, 527, 532,
  539, 625, 700, 726
Freundschaft 411, 470
Fruchtbarkeit (s. Fertilität)
Fürsorge
– familiäre (s. a. Familie) 503
– Gesundheits- 726
– Kosten 624
– öffentliche 634
– soziale 310, 322, 538, 642

Gebrechlichkeit 26, 39, 403, 751
Geburten
– -rate, Geburtenziffer (s. Fertilitätsrate)
– -rückgang (s. Fertilitätsrückgang)
Geburtskohorte (s. Kohorten)
Gedächtnis (s. a. Leistungsfähigkeit:
  kognitive)
– alterndes 180 f., 185, 187, 196
– -anforderungen 190
– autobiographisches (s. a. Lebensrückblick) 422
– fehlerhaftes 20

– kollektives 251
– Langzeit- 422
– -leistungen 190, 197, 374, 441 f.
– -reserven (s. Plastizität)
– -strategien 196, 675
– im Tierexperiment 210
– -training (s. a. Training) 21, 146,
  526
Gefäßwandveränderungen 129 f., 133
Gehirn 99, 119, 134 f., 156, 158 f.,
  162 ff., 208, 212, 215, 222 f.
Generationen
– -begriff 495 f.
– -beziehungen 38, 50 f., 486, 492 ff.,
  727, 753
– Entfremdung 293, 301
– -grenzen 500
– -klassensysteme 260 ff., 267, 269,
  272, 278 f.
– -konflikt 47, 51, 246, 267, 269 ff.,
  277 ff., 493 f., 497 f., 501 ff., 506 f.,
  512 f., 699, 731 f.
– -krieg 482, 617, 730 f.
– künftige ältere 464, 618 f., 690 f.
– -problem 492 ff., 497 f.
– Solidarität 24, 304, 482, 492 f.,
  501 ff., 510 f., 513 f., 755 f.
– Trennung 52, 475
– -unterschiede 494 ff., 505
– Verteilungsgerechtigkeit (s. a.
  Americans for Generational
  Equity) 304, 493 f., 503 ff., 512,
  513, 604, 641, 732
– -vertrag 60, 479, 493, 503, 511,
  586, 618
– Wandlungsbild 465
– -zusammenhang 412
Generations-
– -einheit 496
– -lagerung 496, 505 f.
– -wechsel 246
Generativität 198 f., 423, 429
Genom (s. a. DNA) 16 f., 113 f.

Geriatrie (s. a. Krankheiten) 4 f., 7,
  124 ff., 661, 711
– Bedeutung 124 f.
– Begriff 8
– Einrichtungen 125, 139, 139 ff.
– Grundlagen 126
– Interdisziplinarität 125
Gerontokratie (s. Gesellschaft)
Gerontological Society of America
  5 f., 22
Gerontological Society of Japan 5 f.
Gerontologie 1 ff., 333, 439, 747
– Definition 5, 8
– differentielle 248
– europäische Perspektiven 712 f.
– experimentelle 207
– Forschung 3 ff., 10 ff., 16 ff., 22 f.,
  25, 267, 332, 446, 682 f., 690,
  695 ff., 701 ff., 709 ff., 713 ff., 741,
  750
– Geschichte 4 ff.
– Grundhaltung 2, 12
– Institutionalisierung 709 ff.
– interinstitutionelle Arbeitsgruppen
  684 f.
– Nachwuchsbereich 710 f.
– Problemstellung und Disziplin 696
Gerontopsychiatrie 7, 661
Gerontopsychologie 7, 186, 200 f.
Geschichte, Geschichtswissenschaften
  38, 458, 536
Gesellschaft(s) (s. a. Kultur)
– alternde (s. a. Altern: demographisches) 22, 442, 446, 456 f., 469,
  529, 618, 634, 636 f., 722 ff.
– Altersaufbau 495, 513
– altersdifferenzierte/altersintegrierte
  453 ff.
– bürgerliche, westliche 344, 403,
  415, 477
– Entwicklung 721
– Industrie-, moderne 261, 265 f.,
  274 ff., 307, 359, 375, 430, 437,

443, 447 f., 457, 493, 497 f., 501,
504, 525, 550, 563, 565, 568, 620,
722 f.
- Innovation 12, 433
- Modernisierung 236, 260, 272,
  275 ff., 474, 476 f., 486
- Naturalisierung 234
- Opportunitätsstrukturen 255
- Pluralisierung 432
- -politik (s. Politik)
- postindustrielle (s. Werte: postmaterialistische; Lebensstil: postindustrieller)
- Produktivität 449, 523, 532, 700,
  702, 750
- Senioritäts- 39, 260, 262, 264, 272,
  276, 278 f.
- sozialistische (s. DDR: Gesellschaft)
- strukturelle Diskrepanz (»structural lag«) (s. a. Rollen) 438, 442 ff.,
  452 f.
- Strukturwandel 8, 231, 301, 432,
  444 ff., 450 ff., 456, 518, 682, 697,
  712
- und Rollenzuordnung (s. Rollenzuweisung)
- Ungleichzeitigkeit 452 f.
- Vergreisung (s. Vergreisung)
- vorindustrielle 38, 50, 52, 54, 57,
  236, 238, 260 ff., 270, 275, 277,
  279
- zukünftige 523
Gesundheit(s) 26, 85 ff., 231, 255,
  335 f., 699, 703, 725, 737 ff., 749
- Definition 215, 366 ff.
- durchschnittliche 575
- -güter, Verteilung der 577
- -kosten 529, 563 f., 571 ff., 605,
  615 ff., 626 f., 636, 707, 723, 727,
  734 f., 737, 742, 751
- -ökonomie 563 ff.
- -politik (s. Politik)

- Reserven (s. Plastizität)
- -statistik 571
- -verhalten 19, 21, 26, 706, 734
- -versorgung 565, 641, 661, 664,
  743
- -vorsorge (s. Prävention)
- als Wert 456 f.
- -wesen (s. Gesundheitssystem)
- Wiederherstellung 125, 144, 739
- -zustand, subjektiver/objektiver
  88, 191, 368, 372, 447, 508, 567 f.,
  582, 644 ff., 727
Gesundheitssystem(s) 138, 142, 429,
  437, 447, 636, 660, 707, 730,
  734 f., 742, 756
- Allokationsmechanismus 577, 707
- Fragmentierung 627 f.
- Integration 627 f.
- Leistungsfähigkeit 735
- Optimalmedizin 563, 578
- Organisation 623 f., 738
- Rationierung 563, 566, 575 ff.,
  624, 735
- Szenarien 577 f.
- und Altern 141, 438, 563 ff.
Gewebesteifheit 100
Gewerkschaft 315, 659, 723, 736
Glaube (s. Religion)
Glück (s. Eudämonie)
Glukose 114, 222
Göteborg-Longitudinalstudie 126
Grenzsituationen (s. a. Sterben; Tod)
  301, 544 f., 557
Großeltern 39, 43 f., 278 f., 440, 452,
  475, 478, 499 ff., 597
Guidance Study (s. a. Berkeley
  Study) 338

Hausarbeit (s. Frauen)
Haushalt(s) 52 f., 521, 651, 674,
  732 f., 738
- Alten- 590 ff., 620

– -ausstattung 664
– Definition 473
– Einpersonen- 50, 475 f., 648
– -größe 475, 647 f.
– -hilfen 624 ff.
– Integrationskraft des 473 ff.
– Mehrgenerationen- 35, 50, 474 f.
– -strukturen 232
– -tätigkeit (s. Frauen: Hausarbeit)
– Zwei-Generationen- 474
Hauspflegedienste (s. a. Pflegedien-
    ste) 623 f., 626, 628
Heirat (s. Ehe)
Helsinki-Heart-Study 370
Herz
– -erkrankungen (s. a. Krankheiten)
    27, 127 f.
– -frequenz 127, 211, 362, 376
– -funktion 126 f., 440
– -infarkt 132 ff., 135, 137, 373, 741
– -volumen 127
Hilfsbedürftigkeit (s. a. Pflegebedürf-
    tigkeit) 158, 503, 678, 743
Hilfsmittel (s. Technische Hilfsmittel)
Hochaltrigkeit (s. Alter: Hochaltrig-
    keit)
Homöostase (s. a. Morbidität) 113,
    128, 204 f., 225, 362 f., 368
Hospitalismus, Hospitalisierung
    624 f., 717
Hospiz, Sterbeklinik 447, 558 ff.
Hutchinson-Gilford-Syndrom (s. a.
    Progerie-Syndrom) 119
Hypertonie (s. Krankheiten)

Identität(s)
– -bildung 527
– gesellschaftliche 265
– Konstruktion 429
– Kontinuität 352
– -management 265 f.
– personale 292, 298

– -problem der Alten 278 f., 425,
    619
– Rollen- 260, 265 f., 272 f.
– Statuspassagen 269 f.
– -strukturen, narzißtische 474
– -suche 484 f.
Immobilität, Immobilisierung (s. a.
    Bewegungsapparat; Mobilität)
    125, 132 f., 140
Immortalität 105, 115
Immunsystem 704 f.
– Autoimmunität 116 f., 119, 223
– Effektivität 10, 441
– Defekte 116 f.
Inaktivenquote (s. a. Arbeit; Erwerb)
    581, 587 f., 599 ff., 605 f., 608 f.,
    611
Individualität (s. a. Singularisierung)
    16, 28, 322, 472, 537
Individualisierung (s. Arbeit; Singula-
    risierung)
Institut für Gerontologie Kiew 5 f.
Institutionen 53, 90, 261, 412, 628,
    708 f., 717
– der Arbeit 232 f., 237, 437
– -bildung 268, 285
– entlastende 521
– intermediäre 233 f.
– kompensierende 264 ff.
– medizinischer Versorgung 738
– öffentliche, gesellschaftliche 509,
    755
– ökonomische 279, 702
– politische 437
– religiöse 268 f.
– der sozialen Sicherung 538
– -verlust 251
Institutionalisierung (s. a. Lebens-
    lauf) 623 ff., 646, 709 ff.
Integration
– Alters- 455, 632, 636
– des eigenen Lebens 428
– intergenerative (s. a. Haushalt;
    Familie) 473, 483

- ökonomische 619 ff.
- soziale 279, 371, 549, 552, 555, 632, 670, 738, 749
Intelligenz
- Altern der 15, 20, 180 f., 185, 701 f., 716
- fluide 192, 265, 267, 279, 341 f.
- -forschung 15, 187, 267, 423
- kristalline 192, 265, 267, 341 f.
- -leistung 441
- Test- 193
- -training (s. a. Training) 526
- Variabilität 15, 193
- Zwei-Faktoren-Modell 192
Interdisziplinarität (s. a. Transdiszi-plinarität) 1 f., 7, 17 f., 125, 353, 669, 697, 711
International Association of Geronto-logy 5 f.
Intervention(s)
- -forschung (s. Forschung)
- geriatrische 137, 145, 728 f.
- Instrumente 317, 325
- Konzeptionen 449 ff.
- Kosten 137
- -maßnahmen, Realisierung der 366, 376, 714 ff.
- medizinische 87, 218
- -modelle 437, 453, 713
- optimierende 374, 379 f.
- -potential 28, 441 f., 446 ff., 456, 741
- psychologische 191, 194, 199 ff., 729
- soziale, öffentliche 306, 310, 312, 322 f., 325, 480, 636 f., 707, 721
- strukturelle 447, 453
- -studien 706
- therapeutische (s. a. Therapie) 21, 429, 705
- ungeplante 449 ff.
- Wirkung 444 f.
- zeitlich begrenzte 719

Intimität 53, 461, 464, 471, 475, 477 f., 486
Invalidität 38 f., 52, 54 ff., 133, 308, 324, 645 f.

Jugend 35 ff., 45, 47, 283, 292, 308, 389, 395 ff., 403 f., 468, 486, 508, 512, 514, 714, 748, 756
- -bewegung 45, 481
- -forschung 718
- Ideale 416
- -mythos 47
- -revolutionen 246 f.
- -stil 35
- Wertschätzung 401 f., 537
- -zentriertheit 726
Jugendlichkeit 297, 403, 468 f., 513, 537, 751
Jungbrunnen 402

Kansas-City-Studie 344
Kapazität(s) (s. a. Leistungsfähigkeit)
- adaptive (s. Adaptivität)
- aerobe 364, 376 f.
- Grenzen der menschlichen 21
- Kompensations- (s. Kompensa-tion)
- -reserven (s. Plastizität)
- Vital- 362
Kapitaldeckungsverfahren (s. a. Si-cherung: soziale) 581, 586, 602 ff., 732
Kinderlosigkeit 500
Kognition
- Altern (s. Altern: kognitives)
- Leistungsfähigkeit (s. Leistungsfä-higkeit: kognitive)
- Potential (s. Potential: kognitives)
- Training (s. Training: kognitives)
Kohorten 69, 76, 86 f., 89 f., 492
- -beziehungen 496 ff.
- -begriff 343, 496

– -effekte 77, 468, 495 f., 512
– -folge 238
– Geburts- 440, 445, 492, 495 ff.,
  505 ff.
– Jugend- 498 f.
– Krieger- 267
– -unterschiede, Ungleichheit 126,
  241, 254, 351, 445 f., 450 f., 465 f.,
  504 ff., 699
– -vergleich 705
– -verläufe 81
Kommunikation(s)
– -hilfen 677
– Massen- 676
– soziale 289 f., 301, 430, 482 f., 671,
  678
– mit Sterbenden 551 f., 554 ff.
– Zweiweg- 676
Kompensation(s)
– von Defiziten 28 ff., 183, 323
– -kapazität des Organismus 206,
  209 f.
– -spielräume 742 f.
– -strategien 687
– durch Technik (s. Umwelt: altersfreundliche)
– verringerter Funktionstüchtigkeit
  24, 181, 670, 672 ff., 677 ff., 689
Kompetenz
– Aufrechterhaltung 727, 749
– Alltags- 193, 341
– -definition 668, 702 f.
– -defizite 182, 195 f., 311, 669
– Erhaltung 245, 706
– Erwerbung neuer 183
– Förderung 668 ff., 674, 679, 682 f.,
  686
– gesellschaftliche Anerkennung 750,
  756
– Individual- 486
– kognitive (s. Leistungsfähigkeit:
  kognitive)
– Konzeption 417

– Minderung 668
– physische, körperliche 336, 364
– Plastizität (s. Plastizität)
– soziale 185, 431
– und Umwelt 671, 703
– -verluste 182, 315, 689 (s. a. Leistungseinbußen)
Konservatismus 468, 474
Kontinuitätstheorie (s. Alternstheorie)
Kontrollüberzeugungen 180, 188 ff.,
  339 f., 374
Kosten
– altersbezogene, des Alters 24, 699,
  722, 730 ff.
– -dämpfung 619, 633 ff., 727, 742
– -explosion (s. a. Gesundheitskosten) 66, 572, 606, 636, 730, 734
– Lebenshaltungs- 650, 652 f.
Krankenhaus (s. a. DDR: Hilfesysteme) 88, 654, 656, 738, 740
– -abteilung, geriatrische 173
– Akut- 85, 139 f., 145
– geriatrische Tagesklinik 140 f.
– -träger 723
Krankenversicherung 367, 571 ff.,
  576, 590, 606 f., 624, 626, 660,
  723, 731, 732, 736 f., 739 f.
Krankheit(s) (s. a. Morbidität) 16,
  23, 29, 88, 132, 335 f., 426, 444,
  680, 699, 703, 729, 736 ff.
– akute 19, 169, 578, 742
– chronische 19, 29, 156, 169, 204,
  337, 341, 356, 364, 369 f., 372 ff.,
  380, 427, 440, 467, 502, 569, 661,
  704, 715, 724, 726, 728, 737 f.,
  740 ff., 755 ff.
– Definition 366 ff.
– Entstehung 336
– -erleben, subjektives 84, 371 f.
– -häufigkeit 84, 87 ff., 138, 204,
  368, 568
– Infektions- 371

- -kosten (s. Gesundheitskosten)
- lebensbedrohliche 373
- Prävention, Vermeidung (s. Prävention)
- psychiatrische (s. a. Krankheiten) 152 ff., 171 ff.
- -schweregrade 155, 373
- Variabilität 370 ff.
- -verlauf 23, 335 f., 371
Krankheiten 16, 23, 29
- Alzheimersche Demenz (s. Alzheimersche Demenz)
- Arteriosklerose (s. Arteriosklerose)
- Arthritis 27
- Arthrose 372, 688
- Bluthochdruck, Hypertonie 27, 79, 100, 130, 134 ff., 148, 166, 225, 364 f., 375, 565, 569
- cerebrovaskuläre 134 ff., 161, 166, 373, 741
- Demenz (s. Demenz)
- Diabetes 27, 114, 119 f., 132, 134 ff., 148, 166, 371, 373, 687, 741
- Einschränkung der Mobilität 173, 255, 689, 748, 748
- Emphysem 27, 132, 148, 369, 373, 741
- Frakturen 23, 133
- Grauer Star, Katarakt 114, 119 f., 132, 365, 373, 687, 741
- Gehörverlust 173, 365, 373, 687 f.
- Hypercholesterinämie 130, 134 ff., 365, 375, 377
- Hyperthyreose 371
- kardiovaskuläre 76, 79, 116, 130, 137, 216, 365, 545 f.
- koronare Herzkrankheit 134 ff., 375, 377
- Krebs, Karzinome 27, 79 ff., 108, 113 f., 116 f., 119 f., 132, 148, 371, 372, 545 f., 566, 576, 705, 714, 741
- Osteoporose (s. Osteoporose)

- paranoide Syndrome 170 f.
- Parkinsonsche Erkrankung 98, 373
- präfinales Syndrom 551
- psychoorganische Syndrome 158, 167
- Psychosen 168, 170
- sensorische Einschränkungen 688 f.
- Thrombophlebitis 27
- Thrombose 378
- transitorische ischämische Attacke 135 f.
- visuelle Einschränkungen 680, 687
Krebsforschungszentrum Heidelberg 566
Kreislauffunktion 127 f.
Kultur (s. a. Gesellschaft) 11, 18 f., 21, 285
- afrikanische 263 f., 268, 272, 274
- -angebot für Ältere 535, 664, 748 f.
- außereuropäische 275 ff.
- Hirtennomaden 263
- nicht-industrielle 260 f.
- präfigurative 431
- Sprech- 266
- Sub- 236, 445
- und Technik 672 f.
- -wandel 536 f.
- Wildbeuter- 261, 265, 278
- zirkumpolare 260

Langlebigkeit(s) 10, 17 f., 106, 480, 513
- -forschung 19
- Gene 97, 105, 114 f., 121, 703 f.
- Strategien 107 f.
- Zunahme, Veränderung 440 ff., 448
Längsschnittstudien 6, 14 f., 126, 185, 193, 195, 198, 253, 300, 338 ff., 365, 373, 442, 465, 501, 528, 705, 710, 712, 717, 719

Lebensabend (s. a. Ruhestand) 49 f., 55, 266

Lebensalter(s) (s. a. Alter) 23, 81, 187, 238, 283, 520, 701, 750
- absolutes 263
- Darstellung 402
- interindividuelle Differenzen 183, 190
- Philosophie 388, 399 ff.
- soziale Konstruktion 234 ff.

Lebensbedingungen 16, 18, 53, 183, 185, 191, 194, 234, 254, 338, 376, 428, 508, 643 ff., 647, 649 ff., 656 ff., 670 f., 682, 715, 727, 749 f.

Lebensgemeinschaft, nicht-eheliche (s. a. Partnerschaft) 509, 521, 725, 753

Lebensentwurf (s. Zukunftsentwurf)

Lebensereignis
- kritisches 26, 29, 169, 183, 198 f., 351, 414, 422
- objektiv/subjektiv 341, 410
- Verarbeitung (s. Lebensklärung)

Lebenserfahrung 11, 193, 285, 302, 408 ff.
- Begriff 409 f., 421 f.
- Entwicklung 428 ff.
- Gegenstandsbereich 411 f.
- Genese 418 ff.
- Gesellschaftlichkeit 411
- Nachfrage 480
- soziales Potential 431 ff.
- und Tod 548
- Transfer, Vermittlung 194, 335, 411, 432 f.
- Wertigkeit 410
- Zeitlichkeit 410 f.

Lebenserfolg 416

Lebenserhaltung (s. a. Sterben) 41, 49, 278, 287, 547, 735, 744, 752

Lebenserwartung (s. a. Lebensalter; Lebensspanne; Lebenszeit) 18 f., 50, 68, 91, 706, 747

- bei Geburt 70 f., 73 f., 76, 78 f., 643 f.
- disability-free life expectancy 87 ff.
- mittlere 23, 106, 356, 358 ff., 369, 529, 587, 600
- maximale (s. Lebensspanne)
- maximale durchschnittliche 361 ff.
- steigende, längere 85, 204, 241, 243, 277, 462, 493, 498, 522, 524, 538, 546, 564, 709, 722, 724
- Veränderung 17, 89, 509, 518 ff., 563 f., 647

Lebensführung, Lebensgestaltung 30, 337, 437

Lebensgeschichte (s. Biographie)

Lebensklärung (s. a. Lebensrückblick) 418 ff., 429

Lebenslauf, Lebensverlauf(s) 8, 16, 51, 54, 422, 505 f., 701, 722, 731, 734, 748, 752
- -achse 452
- Alter im 231 f., 239, 331 ff.
- Chronologisierung 58
- Dreiteilung 239, 241, 345, 448, 455, 520, 632 f.
- Entdifferenzierung 523 f.
- Entinstitutionalisierung 633
- Flexibilisierung 636
- -forschung 462
- Gliederung, Differenzierung, Organisation 261, 334, 342, 344 f., 518, 520 ff.
- individueller 462, 496
- Institutionalisierung, Standardisierung 20, 59, 239, 261, 275, 342, 344 f., 455, 633
- Kontinuität 334, 729
- -modelle 273
- als Strukturprinzip 238
- Verlängerung (s. Lebensspanne)
- Umgestaltung 437

Lebensperspektive 56

Lebensplanung (s. a. Zukunft) 416,
538
Lebensqualität 19, 23, 26, 30, 145 f.,
367, 373, 444, 697, 755
– eingeschränkte 181, 356 f., 753
– Maximierung, Verbesserung 356,
437, 625, 668 f., 671, 683, 729, 742
– objektive 749 f.
– subjektive 274, 358, 374, 706, 740,
749 f.
Lebensrückblick (s. a. Lebensklä-
rung) 332 f., 337, 349 f., 428 f., 552
Lebenssinn 273 ff., 408 f., 413 ff., 536,
552
– Bedrohung 424, 426, 430
– Begriff 411, 413 ff., 424 ff., 698
– Entwicklung 417 ff., 428 ff.
– Entwürfe 283, 287 ff., 291 ff., 299,
302, 417
– Erfüllungsgestalten 287 ff., 291 ff.,
302
– Konstitution 260, 287, 297
– soziales Potential 431 ff.
– Systeme 414 f., 417, 419, 425 ff.,
430
– Verlust 430, 521
– Umwelteinflüsse 415 f.
– Wahlmöglichkeiten, Autonomie
414 ff.
Lebensspanne, Lebensdauer (s. a.
Lebensalter; Lebenserwartung;
Lebenszeit) 9, 17 ff., 341, 356, 427,
529 f., 708
– im Artenvergleich 96 ff., 103 ff.,
109
– und Demenz 160
– Länge 78, 89, 108, 441, 703
– maximale 17 ff., 22 f., 78, 106 f.,
110, 121, 221, 358
– Maximierung, Verlängerung 118,
356, 369, 379, 448
– natürliche 570

– Psychologie (s. a. Entwicklungspsychologie) 182, 338, 342, 351
– verkürzte 105, 111, 118 f., 356 f.,
582
Lebensstil(s) 39, 169 f., 335, 552, 750
– Definition 338
– freizeitbezogener 234
– generationenspezifischer 254
– gesundheitsfördernder 356, 467,
508, 524
– Pluralisierung, Variabilität 255,
338, 345, 464, 508, 751
– postindustrieller 518, 520, 523 f.
– Umstellung 741
– Veränderungen 426, 442
Lebenstreppe 399 ff.
Lebensverlängerung (s. Lebenserhaltung)
Lebensversicherung 57
Lebensweise (s. Lebensstil)
Lebensweisheit (s. Weisheit)
Lebenszeit (s. a. Lebensalter; Lebenserwartung; Lebensspanne) 16, 25,
299, 428, 695, 740
– begrenzte 334
– durchschnittliche 308, 493
– Fixierung 15
– gewonnene 266
– maximale individuelle 359 f.
– späte 297
– Umstrukturierung, Flexibilisierung
(s. a. Gesellschaft; Rollen) 520 f.,
523
Lebensziel 29, 274, 727
Lebenszufriedenheit (s. a. Lebensqualität) 25 f., 185, 187 f., 191, 300,
302, 339, 700, 706, 749
Leistung(s)
– -einbußen 11, 193, 195 f., 210 f.,
221 f., 224, 241, 265, 356 f., 363 f.,
374, 449, 686
– -gerechtigkeit 319
– gesellschaftliche 274
– -motivation 21

- -niveau 20, 441
- -schwächen 680
- -veränderungen 195 f.
Leistungsfähigkeit, Funktionstüchtigkeit
- Erhaltung 144, 193, 378 f., 456,
  706, 748
- geistige 48, 85, 180, 183, 441, 726,
  729, 744, 756
- gesellschaftliches Leitbild (s. a.
  Werte) 335
- kognitive 180, 187, 189 ff., 194,
  200, 207, 336 f., 701 f.
- körperliche 10, 48, 59, 85, 137,
  183, 265, 336, 424, 426, 744, 748,
  756
- Optimierung, Förderung 442, 674,
  727, 743
- organische 358
- reduzierte (s. Leistungseinbußen)
- Reserven, Beeinflussung (s. Plastizität)
- einer Spezies 104 ff.
- Unterschiede 190, 746, 750
Lern(en) (s. a. Bildung)
- -erfordernisse 351
- -fähigkeit 210, 222
- -geschwindigkeit 210
- lebenslanges 523
Lipofuszin 99, 119, 129
Logopädie (s. Therapie)
Luxemburg Income Study 620 f.

Mängelwesen 11, 264 f., 285, 298
Männer
- Einkommen, Alterseinkommen
  592 f.
- Erwerbstätigkeit 51, 239 f., 243,
  443, 630, 651, 736, 745 f.
- Feminisierung 252
- Freizeitaktivitäten 253

- Lebenserwartung 70 ff., 78, 361,
  425, 518, 529, 643 ff., 647, 724,
  754
- Suizid 554
- Übersterblichkeit 74 ff., 81, 83,
  545, 754
Magie, Hexerei 266, 271 f., 275
Mannheimer Altenheimstudie 172 f.
Marginalisierung, Isolierung 169,
  232, 236 ff., 250, 262 f., 272, 275,
  619 f., 623, 625, 636, 657, 755
Maximalalter (s. Lebensspanne)
Max-Planck-Gesellschaft 712
Max-Planck-Institute 6, 442
MacArthur Foundation 711
Medien
- -arbeit 750
- -kontakt 464 f.
- Massen- 233, 416, 498, 722, 751,
  755
- Neue 676 f.
Medikamente(n)
- -abhängigkeit (s. Abhängigkeit)
- Analeptika 215
- Antibiotika 220
- Antidepressiva 167, 218, 220, 225
- Ausgaben 572 f.
- Cholinomimetika 223
- Diuretika 167, 216 f.
- Herz-Kreislauf-Mittel 216 f.
- -konsum 368, 567 f., 680
- Neuroleptika 167, 215, 225
- Nootropika 222 f.
- Opioide 217
- Schlaf- und Beruhigungsmittel
  215, 217, 219 f., 467
- Wirkung 200, 204 ff.
Medikation 132, 137, 704
- Beeinflussung von Altersbeschwer-
  den 221 f.
- Mehrfach- 213, 216, 224
- Vigilanzniveau 217 ff.

Medizinische Behandlung (s. Behandlung)
Mehrgenerationenfamilie (s. Familie)
Menschenbild 186
Mentalismus 392, 405
Mietrecht (s. Recht)
Migration(s) 62 f., 67 f., 82, 277, 581, 600, 725
– Arbeits- 276
– -prozesse 255 f.
– -rate 66
Mindestsicherung (s. Sicherung)
Mini-Finland Health Survey 155
Mobilität, Mobilisierung(s) (s. a. Immobilität) 146, 255, 277, 464, 679, 708, 729
Modernisierung (s. Gesellschaft)
Morbidität(s) (s. a. Krankheit)
– Abnahme 370, 442, 570
– altersbedingte 22 ff., 84 ff., 368 f., 529, 563 f., 566 ff., 571 ff., 697 705
– Behinderung 88 ff., 140, 169, 173, 424, 439, 444, 678, 686, 725
– -entwicklung 62, 567 f., 734
– erhöhte 29, 356, 369, 737
– Gesamt- 568, 570
– Kompression, Verkürzung 24, 148 f., 356, 370, 378 f., 569, 576, 704, 734, 741 ff.
– minimale 137
– Multi- 125, 132 f., 140, 148, 152, 171, 213, 216, 224, 335, 356, 369 f., 701, 704, 728, 737
– psychische 154 ff., 566
– Risikofaktoren 19, 26, 75, 79, 86 f., 135 f., 148, 335 f., 356, 360, 364f, 370, 373, 377 ff., 703 ff., 741
– Risikoprofil 86, 134, 368
– -spektrum 566, 578
– -vergleiche 567
Mortalität(s) (s. a. Sterben; Tod) 10, 65 f., 368 ff., 705

– -entwicklung 62, 68 ff., 72, 76, 78 ff., 90, 615
– geschlechtsdifferenzierte 74 ff.
– von Heimbewohnern 173 f.
– Kompression 378, 564, 569, 741
– krankheitsbedingte 84 ff., 742
– Normalverteilung 361 f.
– Neugeborenen- 361
– -prognosen (s. Prognosen)
– -raten 66, 83, 360, 362, 498
– -reduktion 62, 67, 72, 76, 79, 88, 90 f., 441 f., 444
– -theorien 80
– Unfall- 79, 546
– -variationen 67 f., 362 f.
Multidisziplinarität (s. Interdisziplinarität; Transdisziplinarität)
Mythos, Mythologie 388, 398

National Center for Health Statistics 568
National Health Interview Survey 568
National Institute on Aging 5 f., 684 f.
National Institutes of Health 5 f., 684 f.
Negativität (s. a. Anthropologische Grundsituation) 294 ff., 298, 302 f.
Nervenzelle (s. Zelle)
Netzwerke (s. Soziale Netzwerke)
Neuronen (s. Zelle)
Nicht-Erwerbstätige (s. a. Arbeit; Erwerbstätige) 60, 523, 596, 600, 616 ff., 621, 629, 631 f., 634, 747
Nootropika (s. Medikamente)
Noradrenalin 127, 208, 211, 218
Normen
– altersbezogene, Alters- 445 f., 508, 750 f.
– -bildung in Kohorten 446

– gesellschaftliche, kulturelle 25, 271, 344, 418, 444, 550, 696, 702, 707
– Rechts- 317
– der Reziprozität 513 f.
– soziale 442, 686
– -systeme 301, 473, 643
– traditionelle 452
Normenlosigkeit 513
Nuffield-Stiftung 5, 711

Oakland Growth Study (s. a. Berkeley Study) 338
Ökonomie (s. Wirtschaftswissenschaften)
Ontogenese 95, 205 f., 712
Oral history 432
Organfunktionen, Abnahme verschiedener 362
Organveränderungen, morphologische 686
– Atrophie 129, 131, 166
– Hyperplasie 129
– Hypertrophie 129
Osteoporose
– Behandlung 139
– Definition 138 f.
– Epidemiologie 138
– Erscheinungsbild 120, 365
– Risikofaktoren 373, 741
– Ursachen 118, 133, 375

Pädagogik 333, 350 ff.
Parenchymzellen
– Atrophie 98 ff.
– Hyperplasie 99
– Poliploidie 99
Partizipation, Teilhabe 245, 424, 506 ff., 664, 672, 725, 727, 748
Partnerschaft, Beziehung (s. a. Ehe)
– Abgrenzungsfähigkeit 471
– Differenzierung 521
– eheliche (s. a. Ehe) 463

– Festungspaare 469
– geglückte Dualität 461, 471
– im späten Leben 461 ff.
– Kommunikation 470
– Kompensation 461, 470 f.
– Krisen 471 ff., 478 f.
– langandauernde 411, 414, 471
– Szenarien 466 ff.
– Triangularisierung 469
– Verletzlichkeit 478 f.
Pasteur-Institut 8
Patient, geriatrischer 132 f., 140 ff.
Pensionierung (s. Rente; Ruhestand)
Pension (s. Rente)
Periodeneffekt (s. a. Kohorteneffekt) 89, 495 ff., 512
Personal Computer (s. a. altersfreundliche Umwelt) 673, 675 f., 685, 687, 689
Persönlichkeit(s)
– Charakteristika 186
– Definition 197 f.
– -entwicklung 197 ff., 331 f., 338 f., 463, 537
– Fünf-Faktoren-Modell 198
– Konstanz 198
– -psychologie 409
– -theorien 197 ff.
– Variabilität 180, 198, 338
– -veränderungen 156, 180, 191, 198
Pflege
– aktivierende 140 ff.
– ambulante 734, 738
– -bedürftigkeit (s. a. Hilfsbedürftigkeit) 52, 84 f., 90, 140 ff., 151, 232, 255, 426 f., 447, 465, 509 f., 540, 582, 590, 593, 605 f., 611, 646 ff., 655 f., 658, 661, 663, 700, 724, 728, 733, 736 ff., 740, 755
– -dienste, Pflegebereich (s. a. Soziale Dienste) 141, 143, 171, 473, 624 ff., 653, 658, 736 f., 740, 747, 751, 754

– Epidemiologie 172
– familiäre 314, 475, 478 ff., 503,
  509, 557 ff., 656
– -heim (s. a. DDR: Hilfesysteme)
  29 f., 88, 140 ff., 165, 172 f., 426,
  439, 441, 449, 501, 545, 558 ff.,
  593, 611, 621, 649, 652, 654 f.,
  738 ff., 754
– -hilfe 593
– kooperative 752
– -kosten 606 f., 723, 733, 737
– Langzeit- 479
– -leistung 142, 582, 656, 661, 731
– -notstand 534, 730, 733, 737
– -personal 141 f., 546 f., 556 ff., 653,
  655 f., 755
– Privatisierung 624, 634
– -risiko 464
– Selbst- (s. a. Autonomie; Selbständigkeit) 142
– stationäre 510, 734, 755
– Sterbender (s. a. Sterben) 546 f.,
  556 ff.
– -versicherung, Pflegeabsicherung
  (s. Versicherung)
Pflegschaft (s. Recht)
Pflichtversicherung (s. Versicherung)
Pharmakodynamik 132, 204, 214 ff.,
  224
Pharmakokinetik 132, 204, 213 f.,
  216, 218, 224
Pharmakologie (s. a. Behandlung:
  medizinische) 204 ff.
Philosophie 7, 284, 297, 398, 458, 536
– Bewußtseins- 290
– der Lebensalter 386 ff.
– Moral- 295
– praktische 294
Physikalismus 392, 395
Plastizität, Reserven
– Aktivität 441
– Entwicklung 19 ff., 28 ff., 182, 726
– des Erlebens und Verhaltens 341

– Gedächtnis 21, 197
– geistiger Fähigkeiten 194 ff., 336
– Gesundheit 441
– Grenzen (s. a. Testing-the-limits)
  19 ff., 195
– Kapazität 16, 26, 28 ff., 128, 366,
  379, 728
– Leistungsfähigkeit 20, 128, 376 ff.,
  442
– Vitalität 12, 20 f., 441
Politik (s. a. Alternspolitik)
– Bildungs- 600, 635, 743 f.
– Gesellschafts- 518, 537 ff., 721 ff.,
  729, 750, 755
– Gesundheits- 231, 566, 574 ff., 625,
  627, 635, 715, 725
– Familien- 753
– der Lebensalter 254
– Sozial- und Wirtschaftspolitik 174,
  308, 310 f., 439, 582 f., 586, 619 f.,
  625, 627, 629, 725 f., 756
– Wohnungs- 725
Politische Beteiligung (s. Partizipa-
  tion)
Polypathie (s. Multimorbidität)
Potential
– Alters- (s. Alter)
– genetisches 18
– gesellschaftliches 437 ff., 702
– individuelles 437 ff.
– Interventions- (s. Intervention)
– kognitives 701 f.
– Lebenserfahrung (s. Lebenserfah-
  rung)
– Lebenssinn (s. Lebenssinn)
– Sexualität (s. Sexualität)
– Technik (s. a. Technik) 673
– Veränderungs- 674
Präfinales Syndrom (s. Krankheiten)
Prävalenzrate (s. Krankheitshäufig-
  keit)
Prävention 12, 137, 576, 704, 715,
  719, 729

– Alzheimer (s. Alzheimersche
  Demenz)
– Ausgaben (s. a. Gesundheits-
  kosten) 571
– Demenz (s. Demenz)
– Depression (s. Depression)
– Gesundheitsvorsorge 90, 742 f.
– Krankheit 90, 335 f., 456, 704,
  706, 715, 728, 740 ff., 749, 755 f.
– medizinische, Prophylaxe 137,
  148 f., 225, 569, 576, 704, 741
– Optimierungsstrategien 26 ff., 188
– primäre 124
– psychologische 201
Privatversicherung (s. Versicherung)
Produktivität (s. Gesellschaft)
Progerie-Syndrom 95, 97, 111, 114 f.,
  118, 703
Prognosen
– demographische 78 ff., 724 f.
– Leistungs- 190
– Mortalitäts- 80
Prophylaxe (s. Prävention: medizi-
  nische)
Protein 98, 101 ff., 109, 111, 114 f.
Proteoglycane 100
Psychiatrie (s. a. Krankheiten) 7,
  151 ff., 565, 705
Psychologie 7, 180 ff., 333, 338, 349,
  526, 549, 696, 709, 711, 729
Psychotherapie (s. Therapie)

Qualifikation (s. a. Ausbildung) 521,
  525 ff., 537 ff., 739
Querschnittstudie 126, 155, 185,
  192 f., 199, 267, 339 f., 365, 373,
  705

Rationalisierung(s)
– -druck 522, 537
– gesellschaftliche 238, 520 f.
– des gesamten Lebens 55
– Sozialausgaben 624

– technologische 532
– Versorgungswesen 55, 57
– Wirtschaft, Arbeitswelt 35, 58,
  537
Rationierung (s. Gesundheitssystem)
Rauchen (s. a. Krankheiten; Lebens-
  stil) 27, 75, 79 ff., 100, 134 ff., 148,
  166, 375, 442, 576, 742
Reaktivität
– im Alter 206 ff., 224
– bei Medikamentenkonsum (s. a.
  Pharmakologie) 219
Recht(s)
– Arbeits- 314, 317
– Familien- 309, 313, 317
– funktionsgerechtes 313
– internationales 324
– Miet- 317
– Pflegschaft 312, 325
– und Privatheit (s. Recht: Verrecht-
  lichung)
– Renten- 539
– Rolle 312 f.
– -schichten 323 f.
– Sozial- 305 ff., 662
– Unterhalts- 314, 320
– Verfassungs- 323
– -vermittlung 318
– Veröffentlichung 322 f.
– Verrechtlichung 307, 324 f., 752
– Vormundschaft 311 f.
Rehabilitation(s)
– aktivierende 12, 728 f., 749
– Definition 143 f.
– -formen 144
– geriatrische 124, 140 f., 143 ff.,
  655, 755 f.
– Rolle des Arztes 145
– -station 145
– Technik und 674, 677 f., 685 ff.
Rektangularisierung (s. a. Lebens-
  erwartung) 361, 363
Relativitätstheorie (s. a. Zeittheorien)
  387, 390

Religion, Glaube 245, 288, 290, 296, 347 ff., 477, 486, 544, 549
Rente(n) (s. a. Ruhestand) 54 f., 58 f., 275, 616 f., 646, 731, 736 f.
- -alter 57 ff., 266, 306, 308, 442, 453, 518 ff., 564, 589, 594, 598, 601, 608, 629, 662, 744, 746 f.
- -anpassung, Dynamisierung 59, 589
- -anspruch 442, 506, 518 ff., 534, 602, 610, 732
- -anwartschaft 319, 323, 539, 598 f., 602, 609, 733, 736 f., 745
- -einkommen 248 f., 255, 533, 595, 620, 707
- -gesetzgebung 323
- Jahres-Standard- 249
- -kassen (s. Rentenversicherung)
- Leib- 52
- Mindest-, Grundrente 605, 634, 650, 652 f., 662 f., 733, 756
- -niveau, Rentenhöhe 239, 249, 518, 593, 602, 611, 651, 662
- -system 35, 55 f., 242, 248, 614, 617, 622 f., 629, 632 ff., 363, 650 ff.
- Teil- 745
- Verrentung 245, 249, 522 ff., 662
- vorgezogene (s. a. Ruhestand: frühzeitiger) 306
- -zuschlag 606, 609
Rentenversicherung 57, 248, 279, 317, 319, 323, 325, 533, 597, 603, 625, 641, 650, 659 f., 663, 700, 709, 715, 723, 736, 739, 747
- Altersversorgungskassen 56
- Arbeiter- 249, 518
- Beamten-Witwenkassen 55
- Gesetzliche 38, 53 f., 581, 588 ff., 593, 598, 602, 605 ff., 745
- Knappschaftliche 57, 319, 589
- Pfarrerskasse 55
- staatliche 53 f.
Reserven (s. Plastizität)

Ressourcen (s. Plastizität)
Risiko
- altersabhängig 374 ff.
- Alzheimer (s. Alzheimersche Demenz)
- Arteriosklerose (s. Arteriosklerose)
- Ausschaltung 379 f.
- Depression (s. Depression)
- -gruppen (s. Soziale Risikogruppen)
- bei Krankheiten (s. Morbidität)
- Pflege- (s. Pflegerisiko)
- -profil (s. Morbidität)
- Osteoporose (s. Osteoporose)
- Suizid (s. Suizid)
- Sterbe- (s. Sterberisiko)
RNA, mRNA (s. a. DNA) 101 ff., 109, 111, 115 f.
Rollen
- altersadäquate 342 ff., 514, 709
- Arbeits- 453 f.
- Asynchronität 343
- Familien- 443, 453, 499, 702
- -geschichte 463
- -gestaltung 448
- -modell 502
- -möglichkeiten 442 ff., 445 ff.
- -struktur 437 f., 442 f., 450 ff., 455, 686
- -verlust 235 f., 424, 430, 702
- -wandel (s. a. Gesellschaft: strukturelle Diskrepanz) 344, 352, 447
- -wechsel 266, 272 f.
- -zuweisung 278 f., 343, 416, 437, 442 ff.
Rollenlosigkeit 443, 453
Ruhestand(s) (s. a. Rente) 35, 50, 55, 58 ff., 237, 277, 345, 432, 450 f., 453 f., 521, 633, 662
- -alter (s. Rentenalter)
- Biographisierung 255
- -einkommen (s. Renteneinkommen)

– Einschränkungen 441
– Flexibilisierung 514, 539, 707,
  745 f.
– frühzeitiger 231, 238 ff., 243, 245,
  253, 443, 449, 522 ff., 533 f., 539,
  631 f., 652, 726, 745, 747
– Gesundheit und Wohlbefinden
  244 f., 255
– Gleichsetzung mit Alter 239, 246
– gleitender 745 f.
– obligatorischer 242
– Recht auf 629, 631
– retirement communities 255
– Synchronisierung (s. a. Ehe) 253,
  524, 539
– Tätigkeiten im (s. a. Arbeit) 244,
  747 f., 750
– Übergang 744 ff.
– Verlängerung 243 f., 255, 441, 457
– Vorbereitung 525
– wohlverdienter, risque heureux
  305 ff.

Sauerstoffaufnahme (s. Kapazität:
  aerobe)
Scheidung (s. a. Ehe) 478 f., 500 ff.,
  509
Schlaganfall (s. Krankheiten: cerebrovaskuläre)
Schneemann 394 f.
Seattle-Längsschnittstudie 15, 193
Selbst
– -beschädigung (s. a. Suizid) 546
– -bestimmung, Selbstverantwortung
  (s. Autonomie; Selbständigkeit)
– -bewußtsein 404, 481
– -bild, Selbstkonzept 187, 189 f.,
  235, 339 f., 374, 419, 427, 463 f.,
  469, 514
– -entfremdung 295, 298, 302
– -hilfe 141 f., 316, 485, 535, 540,
  743

– -interpretation, Selbstdefinition
  285, 347, 414, 416 f., 424 f., 427,
  481, 536
– Verlust 426
– -versorgung 310, 441, 475, 528
– -verwirklichung (s. a. Frauen)
  425 f., 473, 527 f., 537, 540, 669
– Verzerrungsmechanismen 420
– -wirksamkeit (s. a. Kontrollüberzeugungen) 274
– -zentrierung 473
Selbständigkeit, Selbstbestimmung
  (s. a. Autonomie) 125, 140, 142,
  144, 146 f., 200, 311 f., 347, 465,
  511, 648, 657, 668, 670, 672, 690,
  698, 703, 706 f., 714, 727 f., 739,
  748, 751, 756
Selektion (s. a. Evolution) 17 f., 28 ff.,
  86 f., 104 f., 163
Senioritätsprinzip (s. Gesellschaft)
Senizid 260, 265 f., 270 f., 277 f.
Servicio Sanitario Nationale 627
Sexualität (s. a. Erotik; Zärtlichkeit)
  285, 412, 414, 461 ff.
– Alters- 468, 478, 754
– Donjuanismus 470
– Einstellungen 468
– Erlebens-Potential 466, 472
– gleichgeschlechtliche 465 f., 754
– Szenarien 466 ff.
– Verhaltensweisen 468, 472
– Zufriedenheit 468
Sicherung(s)
– -anspruch 589, 605, 725
– eigenständige 609 f.
– familiale 252
– institutionelle 266
– Mindest-, Grundsicherung 581,
  583 f., 590, 592, 605, 608, 611,
  634, 663, 733
– Rahmenbedingungen 582, 584,
  587 f., 598 ff., 696

– soziale 57, 90, 171, 231, 244 f.,
   260, 276, 305 ff., 314 ff., 319 ff.,
   538 f., 581 ff., 615, 619 f., 624,
   632 ff., 636 f., 653, 659 f., 662, 717,
   723 ff., 727, 731 f., 736, 743 f., 746,
   756
– -system 239, 325, 524, 588 ff., 603,
   615 f., 636, 654 f., 659 f., 717
Simpson's Paradox (s. a. Gesundheitskosten) 570
Singularisierung 16, 254, 277, 345,
   461, 463 f., 469 f., 474 ff., 521, 636
Sinn (s. Lebenssinn)
Skelettalterung 130 f.
Solidarität(s)
– -abbau 486
– Familien- 174, 474, 476, 480, 482,
   484, 510
– gesellschaftliche 634
– intergenerationelle (s. Generationen)
– kommunikative 303
– staatliche 634 f.
– Volks- (s. DDR)
– als Wert 506, 508
Sozial(e)
– -ausgaben 614 ff., 622, 624, 626 f.,
   632, 634
– Beziehungen 424 f., 463, 714, 719,
   753
– Dienste (s. a. DDR: Hilfesysteme)
   147, 171, 305, 308, 316, 325, 480,
   485, 534, 540, 623 f., 628, 658 f.,
   664, 727 f., 739, 741, 749, 754
– -einrichtungen (s. a. Gesundheitssystem; Pflege; Wohlfahrt) 545
– -hilfe, Altenhilfe 142, 174, 316 f.,
   320, 322, 475, 584, 588, 590,
   592 f., 602 f., 606, 608, 611, 652 f.,
   658 f., 662 f., 701, 717, 726, 733,
   737, 739 f., 755
– Gerechtigkeit 319
– Integration (s. Integration)

– Isolation 424, 430, 555, 726, 743
– Kontakte 146, 169, 184, 423, 442,
   552, 702, 749, 752 ff.
– Lage der alten Menschen 44,
   49 ff., 184, 188, 701 f., 705, 707,
   714, 726
– -leistungen 584 ff., 622 ff., 628,
   634, 726, 730
– Netzwerke 149, 169, 200, 233,
   255, 462, 707, 748, 753
– -politik (s. Politik)
– -recht (s. Recht)
– Potential 431 ff., 437 ff., 702
– Risikogruppen 725 f.
– Rolle der alten Menschen (s. a.
   Rollen) 47
– Sicherheit (s. Sicherung: soziale)
– -staat, Wohlfahrtsstaat 318 ff.,
   323, 443 f., 455, 475, 480, 497,
   504, 513, 521 f., 528, 534, 540,
   614 f., 619, 634, 637, 640, 712,
   724, 730 f., 736
– -station 140 f., 147, 171, 316, 655,
   740
– Teilhabe (s. Partizipation)
– Ungleichheit (s. Ungleichheit)
– Verluste 334
– -versicherung (s. Versicherung)
– -vertrag (s. Generationenvertrag)
Sozialcharta der Europäischen Gemeinschaft 636
Sozialisation(s) 411, 415, 420, 468,
   478, 497, 506, 508, 521, 551
Sozialstruktur (s. Gesellschaft)
Soziologie 7, 231 ff., 331, 333, 342 ff.,
   409, 463, 696, 709, 711
Sport (s. a. Lebensstil; Prävention)
   27, 365 f., 376 ff., 426, 440, 447,
   524, 742, 748
Stadtplanung 672, 678 ff., 690, 700,
   708, 754 f.
Status (s. Alter; Identität; Ungleichheit)

Sterbe-
– -alter, mittleres 70, 545 f.
– -begleitung 544, 554 ff.
– -hilfe (s. a. Sterbebegleitung) 278,
   560, 730
– -klinik (s. Hospiz)
– -raten, altersspezifische 546
– -risiko 70, 81
– -tafel 57, 62, 68 ff., 76, 80 f., 85,
   87, 89, 563
– -wahrscheinlichkeit (s. a. Über-
   lebenswahrscheinlichkeit) 10, 72 f.,
   78
Sterben(s) (s. a. Tod) 25, 294 ff., 300,
   424, 719, 755
– im Alter 544 ff.
– Bewertung 348, 544
– Entfremdung 547
– in Institutionen 546 f., 553, 556
– Kunst des (ars moriendi) 561, 729,
   752
– menschenwürdiges 560, 729 f., 752
– Privatisierung 557, 560
– Psychologie 548 ff.
– Selbststeuerung 24, 752
– Situation 545 ff., 558
– Soziologie 553 f.
– Verlängerung (s. Lebenserhaltung)
– -verlauf, Sterbensprozeß 544,
   551 f.
– Verrechtlichung 752
Sterblichkeit (s. Mortalität)
Steroid-Suizid-Phänotyp 115, 117
Stigmatisierung (s. Altersstereotyp)
Stoffwechsel
– Gehirn- 208
– -grundumsatz 362
– Knochen- 128 ff.
– Leistungsabnahme 365
– Muskel- 128, 364
– -veränderungen 376
Streß (s. a. Belastung) 76, 199, 375,
   742

Studentenbewegung 481, 493, 507
Suizid, Selbstmord
– endokriner (s. a. Steroid-Suizid-
   Phänotyp) 117
– erzwungener 261
– -ideen bei Depressiven 167
– -methoden 554 f.
– Motive, Motivation 156, 169, 544,
   555, 657, 717
– -rate 79, 155, 546, 554
– -risiko 555
– -versuch 155 f.

Technik
– Akzeptanz 673
– -begriff 672 f.
– Einstellung zur 691
– Forschung 673 ff., 682 ff., 690 f.
– und Hilfsbedürftigkeit 678
– Innovation 352
– -kritik 673
– menschlicher Faktor 681 f.
– -nutzung 677, 681 ff., 691
– und Rehabilitation (s. Rehabilitation)
– Transfer 678
– Weiterentwicklung 431, 682 ff.
Technische Hilfsmittel 668, 670, 672,
   677 ff., 684 ff.
Teilzeitarbeit (s. a. Arbeit) 448, 508,
   745 f.
Testing-the-Limits (s. a. Leistungsfähigkeit: kognitive; Potential) 197,
   206, 208 ff.
Thanatologie (s. a. Sterben; Tod)
   544, 549
Theologie (s. a. Religion) 295 f., 331,
   333, 345 ff., 458
Therapie (s. a. Behandlung)
– chirurgische 137
– Ergo- 146, 738, 740
– geriatrische (s. a. Geriatrie) 125,
   139 ff., 704 f.

– Krebs- 87
– Logopädie 146 f.
– medikamentöse (s. Medikation)
– Physio- 145 f., 740
– Psycho- 200, 331, 336 f.
– -resistenz 741
– bei Suizidgefährdung 555
– -ziel 144 f., 752
Thermodynamik 391
Tod(es) (s. a. Mortalität; Sterben)
    17 ff., 23, 29, 39, 41, 48, 84, 103,
    232, 274, 285, 292, 294 ff., 379,
    444, 564, 578, 702, 729, 734, 752
– im Alter 544 ff.
– -angst 404, 427, 549 f., 553, 718
– des (Ehe-)Partners (s. a. Lebens-
    ereignis: kritisches) 156, 169, 469,
    472, 526, 554, 589, 736
– Einstellung zum 545, 548
– -emotion 549 f.
– herannnahender 337, 340, 423,
    553 f.
– natürlicher 14, 363, 369
– programmierter 117
– Psychologie 548 ff.
– sozialer 545, 548, 553 f.
– Soziologie 553 f.
– statistischer 578, 735
– Thanatologie (s. Thanatologie)
– -ursachen 19, 79 ff., 153, 546, 734
– Verarbeitung, Bewältigung (s. a.
    Bewältigungsstrategie) 181, 405,
    412, 414, 548 f., 551
– -vorstellung 402, 404, 544, 549 f.
Training(s) (s. a. Potential)
– Ausdauer- 376 ff.
– Bewegungs- 377
– der Kommunikationsfähigkeit
    146 f.
– -effekte 379, 742 f.
– geistiges 26
– kognitives 189, 342
– körperliches 129, 366

– -programme 21
Transdisziplinarität (s. a. Interdiszi-
    plinarität) 697 f., 711, 713
Transfer
– -einkommen 248, 631
– innerfamilialer 585, 587
– intergenerationeller 252, 411, 505
– Kultur- 482 f.
– monetärer, Vermögens- 584, 637,
    700, 739, 622, 632
– sozialer 268, 616 ff.
– Technologie- (s. Technik)
– von Nahrungsmitteln 271
Trauer
– Definition 550
– Pathologie 550
– -phasen 550 f.
– psychische Reaktionen 550

Übergewicht (s. a. Lebensstil; Präven-
    tion; Morbidität: Risikoprofil)
    148, 166
Überleben(s)
– -kurve 85 f., 98, 359 ff.
– -raten 80
– -wahrscheinlichkeit 74, 76 ff., 81,
    85 f., 89, 182, 442
Überversorgung (s. a. Sicherung:
    soziale) 707
Umlageverfahren (s. a. Sicherung:
    soziale) 585 f., 602 f., 732
Umverteilung(s)
– -quote 586 f., 599, 602, 605
– soziale 313, 607
– zwischen den Generationen 604
Umwelt
– altersfreundliche 29 f., 668 ff.,
    707 ff.
– -bedingungen (s. Lebensbedingun-
    gen)
– -begriff 669, 671 f., 708

– -belastung 78 f.
– Einfluß 687
– Einschränkungen 668
– institutionelle 708
– Interaktion 185 f.
– kompetenz-behindernde 668, 670, 683, 690
– kompetenz-fördernde 668, 670, 674, 682 f.
– kulturelle 16
– physikalische 16, 367, 426, 703, 708
– objektiv/subjektiv 669 ff.
– -optimierung 708
– soziale 367, 426, 722, 747
– verschiedener sozialer Schichten 670 f.
Unabhängigkeit (s. Autonomie)
Unfälle 680 f.
Ungleichheit, Dimensionen sozialer 19, 24, 640, 726
– Alter 233, 245 ff., 445, 642, 644
– Besitz und Einkommen 245, 247 ff., 582, 621 f., 625, 733
– Erwerbsklasse 248
– Ethnizität 245, 248
– Geschlecht (s. a. Frauen) 231, 245, 247 f., 252 f.
– Hausarbeit (s. Frauen)
– Klasse 231, 247, 249 ff., 445
– Macht 246 f.
– Schicht 670 f.
– Status 236, 246
Unsterblichkeit (s. Immortalität)
Unterhalt(s)
– familiärer 316, 320
– -leistungen 582
– -recht (s. Recht)
– -verband 309, 311, 313 ff.

Variabilität im Alter
– Entwicklung (s. Entwicklung)
– Erleben und Verhalten 338

– Intelligenz (s. Intelligenz)
– interindividuelle 9, 14f., 30, 358, 365, 750
– intraindividuelle 358
– Krankheit (s. Krankheit)
– Lebensstil (s. Lebensstil)
– Persönlichkeit (s. Persönlichkeit)
– Spielräume 365 f.
Verfassungsrecht (s. Recht)
Vergesellschaftung 233 f., 243 f.
– biographische 251, 255
– Familie als Form der 252
– historische 256
Vergreisung 41, 47, 721, 724
Verjüngung 48 f.
Verkehrsplanung 672 f., 680 f., 690, 708
Vermögen(s)
– Betriebs- 595
– -bildung 316, 320, 581, 601, 754
– Geld- 52, 595
– -lage der Alten 267 f., 590, 594 ff.
– -nutzung 309, 584
– subjektive Bewertung 596 f.
– -verlust 582
– -verzehr 584, 597
Verrechtlichung (s. Recht)
Verrentung (s. Rente)
Versicherung(s)
– Alters- (s. Altersversicherung)
– Arbeitslosen- 629, 632
– Erwerbsunfähigkeits- 629, 632
– freiwillige 588
– Kranken- (s. Krankenversicherung)
– Pflege- 581, 606, 731, 736 f.
– Pflicht- 609
– Privat- 315, 320 ff., 572, 607, 732, 737
– Renten- (s. Rentenversicherung)
– Sozial- 57, 305, 314, 322 f., 443, 475, 534, 608, 628, 732, 736
Versicherungspflicht 611, 736 f.

Versorgung(s) (s. a. Sicherung)
— ambulante 727 f., 730, 740, 749,
    754
— -angebot 654
— Hinterbliebenen- 55, 589 f., 608 f.,
    736
— Kranken- 171, 367
— medizinische 19, 140, 171, 313,
    315, 504, 512, 565, 756
— Netto-, Netto-Empfänger 265,
    267, 270
— Pflegebedürftiger 172 ff.
— Recht auf 56
— soziale (s. Sicherung: soziale)
— stationäre 727 f., 740, 749, 755
— -system 642 f., 653 ff., 658 ff., 738
Verteilungskonflikt (s. Generationen)
Verwandte (s. Angehörige)
Verwitwung (s. a. Lebensereignis:
    kritisches; Tod des Partners) 53,
    55, 183, 376, 443, 465 f., 509, 555,
    647 f., 651, 753
Vitalität(s)
— Reserven (s. Plastizität)
— -verlust 21, 23
Vitalkapazität (s. Kapazität)
Volkshochschule (s. Bildung: Volks-
    hochschule)
Vormundschaft (s. Recht)
Vorruhestand (s. Ruhestand: frühzei-
    tiger)

Weisheit 11, 20, 29, 41, 192, 273 ff.,
    286, 302 f., 400, 410, 412, 417,
    420 f., 432, 462, 480, 526, 698
Werner-Syndrom 119 f.
Wert(e)
— altersbezogene 446, 751 f.
— Arbeitsgesellschaft 233
— -entwicklung 537, 752
— Erfahrungs- 411
— Glaubwürdigkeit 485
— -haltungen 420, 751

— harte/weiche 466 ff., 473 f.
— materialistische 506
— -orientierung 640 f., 659, 661, 664,
    725
— politische 640 f.
— postmaterialistische 506, 508, 523,
    537
— -prioritäten 25
— -system 658 ff.
— -vermittlung 477
— -wandel 233, 481, 484, 536 f., 751,
    753
Wirtschaftswissenschaften 563 ff.,
    581 ff., 696, 721 ff.
Wirtschaftswunder 507
Wissen(s)
— Begriff 412 f.
— akkumuliertes 279
— biographisches 422
— Erfahrungs- 29, 193, 405, 410,
    418, 432
— Experten- 20, 192 ff., 197, 342
— Kultur- 11, 20, 265
— memorierbares 267
— als Prestigequelle 266 f.
— Stabilität 194
— -vermittlung 279
Witwe, Witwer (s. Verwitwung)
Wohlfahrt(s)
— -defizite 755
— individuelle 756
— -kosten 493
— -organisationen, Wohlfahrtsver-
    bände (s. a. soziale Dienste) 315 f.,
    321, 723
— -pflege 660, 756
— -staat (s. Sozialstaat)
Wohn(en)
— betreutes 140
— mietfreies 598
— -bedingungen 371, 623, 647 ff.,
    655, 664, 670, 679 f., 690, 727,
    730, 749 f.

− -gemeinschaft 485, 509, 753 f.
− -versorgung 664
− -umfeld, Wohnumwelt 670, 678 ff., 728, 754 f.
Wohnung(s) 670, 672 ff., 678 ff., 728, 753, 754 f.
− -ausstattung 671, 679, 690
− Automatisierung 674
− -bau 352, 727
− Eigentums- 598
− intelligente 689
− -qualität (s. Wohnbedingungen)
Würde 560, 722, 728 ff., 737, 752, 755, 757

Zärtlichkeit 424, 484, 754
Zeit
− absolute 291
− Anisotropie 389, 391 f.
− -begriff 386, 395, 399 f.
− chronologische 261
− Eigen-, eigene 63, 394, 526
− enteignete 526
− ethische 291, 303
− -formen des Lebens 386 ff., 396 f., 399, 401 ff.
− Handlungs- 386, 388, 394 ff., 405
− historische 494 f.
− individuelle 494 f.
− lebensweltliche 386, 388, 392 ff.
− natürliche 394 f.

− öffentliche 394
− -perspektive, Veränderung der 300
− -pfeil 389, 391, 397 ff.
− Philosophie 386 f.
− physikalische 386, 388 ff.
− Soziologie 387
− subjektive, Zeiterleben 300, 392 ff.
− -theorien 386 f., 399
− -verständnis 261
− -werdung 299
Zell(e) 103 f., 107 ff., 116, 703
− alternde 101, 103
− Funktionstüchtigkeit 205
− -interaktionen 100
− Nerven- 98
− -veränderungen 98, 100 ff., 205
− -verlust (s. Parenchymzellen)
− -tod 113
Zentralinstitut für Seelische Gesundheit Mannheim 7, 159
Zentralnervensystem 100, 205 f., 441, 686
Zuckerkrankheit (s. Krankheiten: Diabetes)
Zukunft(s)
− Bewertung 349
− -entwürfe, Lebensentwurf 424, 462 ff., 725
− -erleben 339 f.
− -perspektive 183, 423

Walter de Gruyter
Berlin · New York

AKADEMIE DER WISSENSCHAFTEN ZU BERLIN
Forschungsberichte

Sonnenenergie

Herausforderung für Forschung, Entwicklung und internationale Zusammenarbeit

*Herausgegeben von der
Akademie der Wissenschaften zu Berlin, Arbeitsgruppe:
Langfristige Chancen der Sonnenenergienutzung*

Groß-Oktav. XX, 281 Seiten, 12 Abbildungen. 1991.
Kartoniert DM 68,- ISBN 3 11 012954 X (Band 1)

Inhaltsübersicht: Solarthermik, Photovoltaik, Sekundärenergiesysteme - Materialforschung für Solarzellen - Photosynthese, Biomimetische Systeme - Dezentrale Sonnenenergienutzung in Entwicklungsländern - Transport und Speicherung, Elektrische Energie vs. Wasserstoff - Langfristige Kooperation mit arabischen Ländern und der Sowjetunion - Empfehlungen.

Preisänderung vorbehalten

Walter de Gruyter
Berlin · New York

AKADEMIE DER WISSENSCHAFTEN ZU BERLIN
Forschungsberichte

BAND 2: *erscheint im Frühjahr 1992*

Umweltstandards

Grundlagen, Tatsachen und Bewertungen am Beispiel des Strahlenrisikos

Groß-Oktav. Ca. XV, 494 Seiten. 1992.
Kartoniert ca. DM 128,- ISBN 3 11 013450 0

Inhaltsübersicht:

1. Notwendigkeit und Funktion von Umweltstandards -
2. Naturwissenschaftlich-medizinische Grundlagen des Strahlenschutzes - 3. Entwicklung von Umweltschutzstandards für Strahlung und andere Noxen - 4. Individuelle, gesellschaftliche und staatliche Bewertung -
5. Formale Kriterien und Instrumente für den Entscheidungsprozeß - 6. Institutionelle und organisatorische Perspektiven

Preisänderung vorbehalten